BIBLIOGRAPHIE
Gastronomique

PAR

GEORGES VICAIRE

AVEC UNE PRÉFACE DE PAUL GINISTY

ET DES FAC-SIMILÉS

PARIS

CHEZ P. ROUQUETTE ET FILS, ÉDITEURS
69, PASSAGE CHOISEUL, 73

—

1890

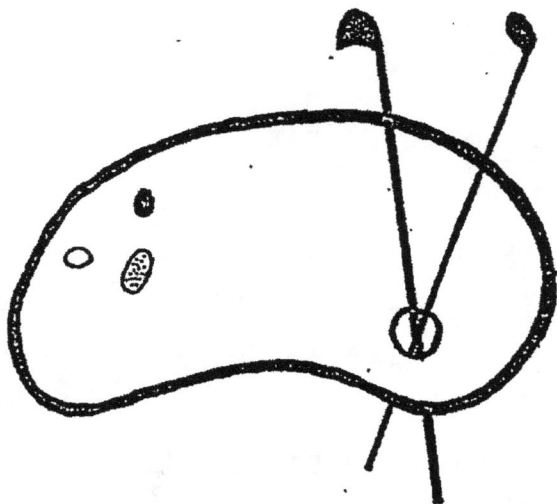

ORIGINAL EN COULEUR
NF Z 43-120-8

S·PERA·S·PERA·S·PERA

TYPOGRAPHVS·EBROICENSIS

à Monsieur Thierry

respectueux hommage

Georges Vivan

BIBLIOGRAPHIE

GASTRONOMIQUE

JUSTIFICATION DU TIRAGE

Tiré a 50 exemplaires sur papier de Hollande.
— 450 —   sur beau papier vélin.

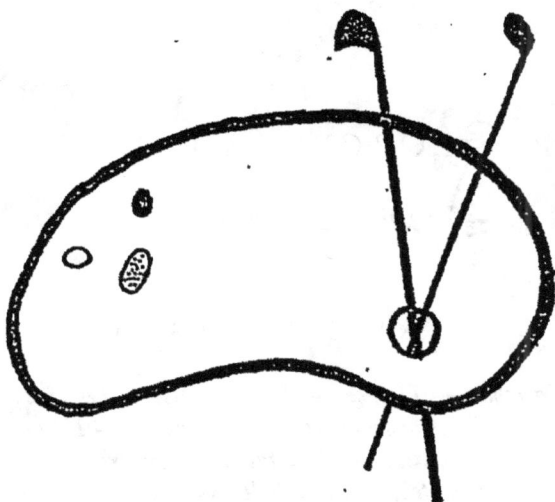

ORIGINAL EN COULEUR
NF Z 43-120-8

BIBLIOGRAPHIE
Gastronomique

PAR

GEORGES VICAIRE

AVEC UNE PRÉFACE

DE

PAUL GINISTY

La cuisine. — La table. — L'office. — Les aliments. — Les vins. — Les cuisiniers
et les cuisinières. — Les gourmands et les gastronomes. — L'économie domestique.
Facéties. — Dissertations singulières.
Pièces de théâtre, etc., etc., depuis le XVᵉ siècle jusqu'à nos jours.

AVEC DES FAC-SIMILÉS

PARIS

CHEZ P. ROUQUETTE ET FILS, ÉDITEURS

69, PASSAGE CHOISEUL, 73

—

1890

A

Monsieur le Baron Jérôme Pichon

PRÉSIDENT DE LA SOCIÉTÉ DES BIBLIOPHILES FRANÇOIS

Respectueux hommage.

AVERTISSEMENT

N plaçant cette bibliographie sous le patronage de M. le Baron Jérôme Pichon, j'ai voulu rendre hommage non seulement au Président de la Société des Bibliophiles françois, mais à l'éminent érudit qui nous a révélé le véritable nom de Taillevent, auteur du premier traité de cuisine française, et qui a reconstitué, pour ainsi dire année par année, les états de service du « queux de bouche » de Philippe de Valois.

Avec une complaisance sans limites, M. le Baron Pichon a bien voulu mettre à ma disposition les trésors de sa bibliothèque; il ne s'est pas borné à m'ouvrir ses vitrines, il m'a encouragé de ses affectueux et savants conseils, fourni les renseignements les plus précieux et communiqué des documents puisés aux sources les plus sûres, entre autres un travail manuscrit sur l'auteur du *Viandier*, travail qui ne tardera pas, il faut l'espérer, à sortir de ses tiroirs pour être livré à la publicité. Qu'il me permette donc de lui témoigner ici toute ma gratitude!

Une bibliographie des livres de cuisine peut sembler, au premier abord, quelque peu futile, et cependant la *Science de gueule*, cette science si chère à Montaigne et à Rabelais, n'a-t-elle pas, depuis que le monde est monde, tenu une place considérable dans la vie des peuples? Je ne voudrais pas avec Berchoux, ce rimeur d'assez triste mémoire,

Mettre au rang des beaux-arts celui de la cuisine,

mais il est juste de reconnaître l'influence qu'elle a toujours exercé sur les rapports sociaux et sur le caractère de l'homme qui, suivant qu'il a bien ou mal dîné, se montre d'humeur enjouée ou grincheuse.

Sans parler des instincts gourmands qui m'ont toujours poussé du côté de la rôtissoire, j'ai été frappé, en feuilletant les catalogues, de la place réservée, dans les plus belles bibliothèques d'amateurs, à l'art culinaire et du prix que ces livres atteignent dans les ventes. Est-ce la gourmandise, est-ce l'amour du livre qui m'ont guidé? Tous les deux peut-être. Toujours est-il que j'ai recueilli, noté, classé, au jour le jour et sans presque y penser, les titres de ces ouvrages gastronomiques jusqu'ici assez négligés par les bibliographes et que leur grand nombre, en même temps que l'intérêt et la rareté de beaucoup d'entre eux, m'a amené à tenter leur réhabilitation.

C'est donc cette œuvre, depuis longtemps entreprise, que je soumets aujourd'hui à tous les amis du livre... et de la gastronomie.

Si je me suis attaché à décrire consciencieusement tous les ouvrages qui figurent dans cette bibliographie et qui, pour la presque totalité, m'ont passé sous les yeux, je n'ai pourtant pas la prétention de croire qu'il ne s'y rencontrera point quelques omissions et quelques erreurs. N'est-ce pas là, d'ailleurs, le sort réservé à tout travail de ce genre? La question est d'être le moins incomplet possible; c'est le but vers lequel ont tendu tous mes efforts. Y aurai-je réussi? Je le désire, mais je réclame néanmoins l'indulgence de ceux qui me feront l'honneur de me lire en les priant de vouloir bien me signaler, pour l'avenir, les fautes et les oublis que j'aurai pu commettre. J'en ai relevé moi-même, pendant le cours de l'impression, que j'ai consignés, à la fin du volume, dans un *Appendice* et dans des *Errata*.

Quant à la table des matières, il m'a semblé, le livre étant rédigé par noms d'auteurs, sauf pour les ouvrages anonymes que l'on trouvera placés à leur ordre alphabétique, il m'a semblé, dis-je, qu'il était indispensable de la composer par noms d'ouvrages. Car il arrive bien souvent, surtout dans ces matières spéciales, que l'on connaisse le titre d'un livre tout en ignorant le nom de son auteur.

Et, maintenant, il me reste un devoir fort agréable à remplir, celui de remercier M. Émile Picot dont je n'ai pas besoin de rappeler les savants travaux bibliographiques; MM. Thierry et A. Pauly, de la Bibliothèque nationale; Franklin, de la Mazarine; Eugène Muller, de l'Arsenal; Henry Céard, de Carnavalet; Gaut, de la Méjanes à Aix; les libraires MM. Théophile Belin, Porquet, Morgand, Durel, Baillieu, M. Henri Leclerc (de la librairie Techener), tous ceux enfin, bibliothécaires, bibliophiles ou amateurs qui m'ont, avec tant d'obligeance, facilité des recherches souvent très longues, toujours minutieuses, et dont, à mon grand regret, il m'est impossible de citer ici les noms.

G. V.

Paris, le 27 janvier 1890.

PRÉFACE

Dans le dialogue qui ouvre la *Physiologie du gout*, l' « ami », que Brillat-Savarin met en scène, appuie la résolution, prise par l'illustre gourmet de publier son livre, de cet argument décisif : « D'ailleurs, conclut-il, ne nous avez-vous pas dit souvent que votre ouvrage manquait à nos bibliothèques ? »

Le vaste, attachant et piquant travail qu'offre aujourd'hui aux curieux l'aimable érudit qu'est M. Georges Vicaire, manquait, lui aussi, à nos bibliothèques. On n'avait pas encore eu l'idée de dresser le répertoire des ouvrages de tout genre qui concernent la Table, soit dogmatiques et professionnels, soit fantaisistes et plaisants. La matière, cependant, en valait la peine. Avec une belle ardeur de chercheur, un soin jaloux d'exactitude, un flair toujours en éveil, M. Georges Vicaire s'est voué à cette tâche laborieuse et délicate, et il a mené à bien cet inventaire de la littérature gastronomique, qui, à ce que l'on verra, en feuilletant ce volume, est singulièrement riche, car ce n'est pas moins de deux mille cinq cents ouvrages que M. Georges Vicaire a décrits, presque toujours *de visu*, d'après la méthode excellente qu'il a adoptée. L'art de manger a, on en aura la preuve, inspiré, en tous les temps, des plumes sévères ou badines, et on constatera, dès les premières pages, que des livres de cuisine ont été parmi ceux qu'ait tout d'abord répandus l'imprimerie : hommage rendu par la typographie naissante à une des plus légitimes préoccupations qui soient!

Le travail de M. Georges Vicaire, s'il abonde en indications précieuses, s'il facilite désormais des recherches malaisées, se lit aussi, page par page, avec un vif intérêt. C'est que tous ces titres, anciens et modernes, les uns naïfs et un peu barbares encore, les autres raffinés et spirituels, sont éminemment suggestifs; et on se trouve facilement amené à évoquer la physionomie de leurs multiples auteurs, et passer, pour ainsi dire, une revue de l'histoire de la Table à travers les âges, et de tout ce qui y a rapport.

Dans ce défilé, il semble voir les maîtres-queux des époques primitives, farcissant d'épices les nombreux plats qu'ils servaient à nos aïeux, « appareillant » pour eux les « rousty, bouilly, poissons de mer et d'eaue doulce », et acceptant encore, comme articles de foi, les plus étranges légendes, comme celle qui faisait admettre que les asperges, légumes rares, alors, étaient le produit de cornes de moutons mises en terre. Puis, ce sont les officiers de bouche, pompeux et solennels, écrivant de doctes traités, tandis que, en leurs abbayes, des moines compilent déjà ces matières en un latin *décadent*, ou, en dépit de la règle d'abstinence, composent des poèmes laborieux, en l'honneur d'un mets. Et voici que les beaux esprits (beaux esprits et beaux mangeurs!) entrent en lice, raffinent les festins, commencent à hasarder de plaisants paradoxes ou à célébrer, de bonne foi, leurs préférences, engagent des tournois au sujet des mérites de tel ou tel aliment, si, ailleurs, des gens graves philosophent sur les choses de la bouche… C'est l'époque où, à la Faculté de médecine de Paris, des thèses sont soutenues sérieusement, avec toutes sortes d'arguments imprévus, sur la supériorité du vin de Champagne ou du vin de Bourgogne, — procès qui devait longtemps diviser les docteurs en deux camps, alors qu'il eût été, à ce qu'il semble, si simple de se mettre d'accord, en déclarant les deux vins également estimables, pour des raisons diverses… Encore un peu de temps, et, avec les almanachs, les règlements des sociétés gastronomiques, une littérature particulière va prendre son essor, et le libre et alerte esprit français, qui relève tous les sujets, trouvera là le prétexte

de badinages parfois exquis. Au reste, la cuisine est devenue délicate, elle est un art : c'est le xviiiᵉ siècle qui, avec ses instincts
d'élégance, opère la métamorphose, renonce à la quantité des plats
pour leur qualité... Et puis, en ses réunions galantes ou philosophiques, il assaisonne le menu du régal de la causerie. Alors seulement, on sait dîner.

Après la tourmente de la Révolution (encore Grimod de la Reynière l'avait-il passée sans perdre un coup de fourchette ; son journal
intime, précisément retrouvé par M. Georges Vicaire, en fait foi !)
la première chose aimable qui renaît, c'est la conversation à table ;
la truffe, cette *ci-devant* un moment suspecte d'aristocratie, elle aussi,
reparaît, et parfois joue un rôle politique, en réconciliant les partis,
autour de quelque volaille irrésistible. Paris se dédommage d'une
période d'austérité et retrouve son bel appétit. Les *traiteurs*, gens de
haut mérite, se multiplient, offrent leurs salons au fameux *Jury
Dégustateur*. On se pique d'être gourmet, et n'est pas considéré comme
tel le premier venu. Il faut manger *avec esprit*, et c'est pourquoi les
gourmets sont des lettrés, qui confient volontiers, en vers ou en
prose, leurs savoureuses méditations aux gazettes ou au livre. Dans
le grand silence de la pensée, sous l'Empire, la littérature gastronomique donne la note vive, légère, frondeuse même : qui se fâcherait ?
Ah, par exemple, les cuisiniers et les confiseurs sont, eux, il faut
l'avouer, de plats courtisans ! C'est le temps où l'illustre Duval, vrai
statuaire en denrées alimentaires, à qui rien ne semble impossible,
imagine de reproduire, d'une façon comestible, l'entrevue du Nié-
men, roulant ses torrents... de sirop, tandis que Napoléon et
Alexandre sont enlevés par une Renommée pralinée, embouchant
sa trompette de sucre vanillé, entourée qu'elle est d'un nuage de
fondants.

Depuis, les lettres et la table ont toujours fait bon ménage.
Les dîners n'ont jamais eu plus d'influence sociale.

Tout est prétexte à dresser grand couvert...

Combien d'esprits charmants n'ont pas dédaigné de recevoir
leur inspiration d'une dixième Muse, la Muse qui sourit aux gourmands ! Mais combien d'ironies aussi : Monselet contraint à jeûner

dans les derniers temps de sa vie, ou le spirituel auteur des *Sonnets du Docteur*, qui chanta « le Homard à la Coppée », finissant prématurément. Et j'ai pensé aussi, en feuilletant cette complète bibliographie, à ce rat de bibliothèque, mélancolique figure, à ce Louis Nicolardot qui écrivait une histoire de la table, en se contentant, pour nourriture, des menus excentriques qu'il décrivait, et qui mourut positivement de faim, voici un an.

Traités spéciaux, fantaisies, thèses, paradoxes, écrits sérieux ou badins, almanachs, sermons facétieux, dictionnaires, dissertations savantes, l'ouvrage de M. Georges Vicaire rappelle tout, dans son expressive étude analytique. Honneur au doyen des livres de cuisine ! C'est le *Viandier* de Guillaume Tirel, dit Taillevent, premier queux du roi Charles V, qui l'écrivit en 1375. C'est la première des *Cuisinières bourgeoises*, le type de tous les fournisseurs de recettes. Le *Ménagier de Paris*, que publia en 1846, d'après un manuscrit, l'érudit président de la société des bibliophiles françois, le Baron Pichon, qu'il est impossible de ne pas citer quand il s'agit de haute curiosité, n'est guère postérieur que d'une dizaine d'années. Vous plaît-il de connaître une des recettes qu'il donne ? Les palais de nos aïeux s'accommodaient de condiments que nous supporterions malaisément aujourd'hui.

BROUET DE FRESSURE DE POURCEL. — Broiez du gingembre, clo, graine, etc., puis deffaites de vinaigre et vin, puis aiez pain rosti et trempé en vinaigre, broiez et coulez ; et mettre tout ensemble ; et ayez vostre fressure cuite, couppée par plusieurs morceaulx et frite en sain doulx. Puis mettez du chaudeau des boudins, ou du chaudeau du chaudun en un pot, avec vostre pain broié après vos espices broyées, et faites boulir ; puis gettez dedans vostre pot les morceaulx de vostre friture et faites boulir un boullon, et dréciez.

« Servez chaud ! » disent nos modernes formulaires, encore rédigés, au moins quant à la tournure des phrases, sur le modèle de ces bouquins vénérables.

O très rares livres, possédés seulement par d'inclytes bibliophiles ! C'est le traité de Platine, bibliothécaire du Vatican en 1470, *De honesta voluptate*, qui parle de la vertu des viandes « et autres gentillesses par quoi l'homme se peut maintenir en prospérité ». C'est la *Nef de santé*, de Nicole de la Chesnaye (1508) « gouvernail du corps humain »; c'est la *Fleur de toute cuysine*, de Pierre Pidoux; ce sont les *Plaisirs de la vie*, de César Pellenc, qui donnait des recettes en dizains naïfs, recettes destinées à Mᵍʳ de Brancas dont il était le domestique, dans le sens latin du mot; c'est ce plaisant abécédaire, dont les exemples sont empruntés au vocabulaire de la gourmandise, et portant ce titre étrange : *Rôti-cochon !* Préceptes qui, dans leur rabelaisienne jovialité, devaient au moins éveiller l'appétit des écoliers !

Pour la plupart de ces livres-là, les curieux devront se contenter de la minutieuse description de M. Georges Vicaire, qui a eu la bonne fortune de les contempler chez des amateurs jaloux de leurs trésors. Peut-être se pourront-ils dédommager, dans les bibliothèques, non sans difficulté, toutefois, et après avoir longtemps parlementé avec les conservateurs, en demandant quelques-uns des piquants ouvrages, dont les titres ont une originalité savoureuse : le *Sermon ioyeulx de la vie saint Ongnon*, qui raconte comment un cuisinier se vengea de l'oignon, qui l'avait fait pleurer, en lui écorchant la peau; — ou le poème composé au XVIIᵉ siècle, par le sieur Le Cordier, à la gloire du Pont-Levesque, — poème en douze chant,s s'il vous plait, tant ce fromage « demy-bleu et marqueté de rouge un peu » avait inspiré sa verve féconde; — ou la *Maltote des cuisinières*, qui prouve que le « sou du franc » n'est point invention moderne, non plus que la « danse de l'anse du panier »; — ou le *Purgatoire des bouchers* — ou encore des vers adressés par un soldat de l'armée d'Italie reconnaissant aux « saints haricots » qui avaient été, en campagne, la seule ressource de son estomac criant la faim :

> Haricots toujours bienfaisants,
> Si par d'heureux événements
> La Fortune, que je n'encense
> Me rendait mon bon revenu
> Sur un plat de bel or moulu
> Vous figureriez sur ma table...
>
> . . . .

> Qui m'aima dans mon infortune
> Je l'aimerai dans ma fortune
> Et lui dresserai des autels !

Où le lyrisme va-t-il se nicher ?

Au reste, comme on le constatera, il n'est guère de mets qui n'ait trouvé son poète ! Les cuisiniers de profession n'ont pas été les derniers à taquiner la muse, et, en tous les temps, le ronronnement de leurs fourneaux leur a souvent soufflé des rimes.

La collection des journaux gastronomiques n'a garde d'avoir été oubliée là. Il y en avait dès 1703, dès les premiers balbutiements de la presse (les *Nouvelles de la Grappe*, *Journal des Dipnosophistes*, etc.). On n'est pas peu surpris de voir figurer dans la collection du *Gastronome* de 1830, ayant pour directeur le bibliophile Jacob, le nom du grave Henri Martin. C'est dans la *Gastronomie*, dont le marquis de Cherville était rédacteur en chef en 1841, que parurent les plaisantes physiologies de Jacques Arago, notamment l'humoristique fantaisie intitulée *Comme on dîne partout*, où il décrivait jusqu'aux repas... d'anthropophages. Mais le plus littéraire de ces recueils fut le *Gourmet*, de Charles Monselet, mettant à contribution, en de paradoxales et libres pages, l'esprit des Goncourt, de Gautier, d'Aubryet. Puis c'est la *Salle à manger*, du baron Brisse, dont Théodore de Banville a donné dans ses *Souvenirs* un si délicieux portrait. « Bouleversant tous les préjugés connus et tous les lieux communs généralement admis, dit le poète, le baron Brisse était à la fois savant cuisinier, fin gourmet délicat, et gourmand toujours tourmenté d'une faim inassouvie. » Feuilles vite dispersées, dont les collections ne se retrouvent plus aisément aujourd'hui !

Et ce sont aussi les annales des sociétés de gourmets, avec leurs « lois et règlements » auxquels a toujours présidé une belle humeur inventive ; notre époque n'a pas, en effet, pour ses dîners où la camaraderie tient ses assises, le monopole des étiquettes mystérieuses ou burlesques. En 1683 il y avait déjà le Dîner de l'*Ordre de la Méduse*, et on rencontre, avant d'arriver aux dîners contemporains de l'*Hippopotame* ou des *Rigobert*, ceux qui remontent loin, de la *Société de l'aloyau* ou du *Club des grands estomacs*. Entre parenthèses, un dîner qui dura peu, mais qui avait son originalité, n'a pas eu encore son historiographe. C'était ce dîner d'artistes, navrés de la monotonie du costume moderne, qui avaient fondé le *Dîner des gilets*, où, avec cette partie du vêtement, du moins, on se dédommageait des notes grises et sombres, en arborant les couleurs les plus éclatantes, les caprices d'ornementation les plus éperdus. A la fin du festin, on élisait un vainqueur, et ce lauréat était tenu à la description « philosophique » de l'ajustement qu'il avait choisi. Mais c'est le propre des choses fantaisistes que d'être éphémères !

Puis voici la série des pièces de théâtre, dont l'énumération ne constitue pas une des parts les moins importantes du travail de M. Georges Vicaire : farces, parades, vaudevilles, voire comédies de mœurs qui, pour une raison ou une autre, rentrent dans l'ordre d'idées qui l'occupe. Elles abondent, en vérité, ces pièces, depuis la farce du *Paté et de la Tarte*, que, pour une édition récente, illustrait si spirituellement le peintre Geoffroy : les *Cuisines parisiennes*, *M. Pique-Assiette*, l'*Ecole des Gourmands*, les *Truffes*, le *Restaurant*, le *Pâté de Chartres*, la *Carte à payer*, le *Déjeuner de garçon*, etc. Je ne fais que signaler à l'attention ce répertoire d'ouvrages dramatiques qui brodent une intrigue sur une donnée... culinaire.

Au reste, j'effleure à peine toutes les matières qu'a traitées M. Georges Vicaire, dans son abondant travail, où il y a place aussi pour la cuisine dévote. Ce n'est pas un des moins curieux volumes qu'il signale, encore qu'il date de ce siècle, que le *Cuisinier praticien* de Reculet, dédié... à la Vierge. Et cette dédicace inattendue est expliquée par des raisons précises : « C'est, ô divine Mère, parce que vous êtes exempte de toute souillure, et le modèle de la pureté la plus parfaite, la plus immaculée, que je viens remettre sous votre sainte protection l'avenir d'un ouvrage qui traite d'une science à laquelle la décence convient si bien. » La sollicitation de ce patronage ne laisse pas d'étonner un peu. Mais j'ai bien vu, à Moscou, de petites lampes brûler devant l'image de la Vierge en des « cabinets particuliers » de restaurants mondains !

Certaines indications rappellent que la cuisine eut, elle aussi, ses moments d'héroïsme. Peut-on retrouver, sans quelque émotion, les petits livres, si crânes, qui, voici bientôt vingt ans, donnaient des recettes à l'usage de la capitale assiégée ! « Nos estomacs sont devenus des musées » disait philosophiquement un des cordons-bleus inspirés par les circonstances. Et c'était la vérité ! Qui aurait jamais cru que les animaux curieux du Jardin des Plantes, qui avaient si souvent reçu la visite des Parisiens, viendraient un jour la leur rendre... sur leur table !... Et le « rôti de chat » et le « filet de chien ! » comme tout cela était vaillant ! « Prenez une partie du chien la plus en chair, ôtez les os, piquez-la de graisse taillée en lardon, faites cuire à la broche et servez dessus des légumes, comme pois conservés, pommes de terre, riz... » Et ce Vatel obsidional ajoutait avec sérénité : « C'est délicieux ! » Hum ! ce mot, quel effet il produit, aujourd'hui ! C'est tout simplement du sublime, comme résignation... Et on découvre, en se reportant à un autre article du livre de M. Georges Vicaire, que quelques années auparavant, un hygiéniste timoré s'était élevé avec indignation contre le commerce de la viande de cheval... Quel retour des choses !

On voit que, dans l'excellent et précieux ouvrage qui nous est offert, si notre curiosité est piquée de mille manières, les occasions ne manquent pas non plus de méditations philosophiques !

PAUL GINISTY.

BIBLIOGRAPHIE

GASTRONOMIQUE

A BADIE. — Essais sur la fermentation des mélanges alimentaires, trad. de l'anglais de Macbride, par M. Abadie, *Paris*, 1766, in-12. (De 5 à 6 fr.)

ABAUMONT (J.-J. Maulbon d') — Le Clos de Vougeot. *Dijon, Dumoulin*, 1862, in-8, *planches*. (De 3 à 4 fr.)

ABEL. (J.). — La Cuisine sans feu, ou moyen infaillible de cuire le pain et toute autre espèce d'aliment sans feu et sans surveillance, à la portée de tout le monde, procurant non seulement une très grande économie mais encore un goût bien supérieur dans la préparation des mets; suivi d'une méthode pour préparer un nouveau potage sans feu, sans liquide et sans marmite; après cuisson, la marmite est faite, le bouillon très abondant, et le goût exquis, par J. Abel, inventeur breveté, *Lyon, l'auteur*, 1861, in-8 de 15 p. (De 5 à 6 fr.)

ABRAHAM (Nicolas), sieur de la Framboisière. — Le Govvernement necessaire a chacvn povr vivre longuement en santé, avec le govvernement reqvis en l'vsage des eaux minérales tant pour la préservation que pour la guarison des maladies rebelles par Nicolas Abraham, sieur de la Framboisière, conseiller et medecin ordinaire du Roy. *A Paris, chez Marc Orry, rue Sainct-Jacques, au Lyon rampant*, 1608, in-8. (De 10 à 12 fr.)

— Le même, *Paris, Michel Sonnius*, 1600, in-8.

— Le même, *ibidem, idem*, 1601, in-8.

ABRÉGÉ des traitez dv caffé, dv thé et dv chocolas, pour la préservation et la guérison des maladies. *Lyon, E. Vitalis*, 1687, in-12. (De 15 à 20 fr.)

I

Voir Blegny, *Le Bon usage du Thé du Caffé et du Chocolat*..... qui a été publié également en 1687 et dont l'ouvrage que nous citons a été extrait.

ABUNDANCE (Jean d'). — Le testament de Carmentrant a VIII personnaiges. Cestassauoir. Carmentrant. Archiepot. Tyrelardon. Lechefroye. Caresme. Haren Souret. Testedaulx. Ognions. (A la fin) : *Finis compose par Abundance a grant haste. S. l. n. d.*, pet. in-8 de 8 ff. non chiffrés. (De 300 à 400 fr.)

Aucun nom d'imprimeur. On connaît seulement deux exemplaires de cette pièce en vers excessivement rare : l'un est à la Bibliothèque nationale, l'autre figure au *Catal. de la Biblioth. de M. le baron James de Rothschild*. Une note de ce catal. dit que le *Testament de Carmentrant* a été imprimé à Lyon, par *Jacques Moderne* vers 1540.

Le sujet de cette facétie est une lutte entre Caresme et le Mardi-Gras que personnifie Carmentrant, lutte dans laquelle Carmentrant est vaincu. Caresme veut anéantir son ennemi, mais Haren Souret, Ognions et Testedaulx le détournent de ce projet.

Testedaulx parle ainsi :

Sur ce point se fault arrester.
Sans iuger si soubdainement
Ia soit ce qu'il est grant gormant
Il ne faict tort que a soy mesme
Pource par mon opinion
Que lon lenuoye en auignon
En iusterie cheux iesse
Auec dauid & macquasse
Par sept sepmaines sest raison
Quil demeure leans en prison.

Et Carmentrant s'en va, non sans avoir fait un grand nombre d'adieux.

Adieu tauernes tauernières
Adieu iouyeurs & gaudisseurs
Adieu Carmes & augustins
Moynes qui mangent gras louppins.

. . . .
Adieu riberies maintenant
Ayez pitié de carmentrant.

Il est à remarquer que Tyrelardon indiqué sur le titre comme un des VIII personnages de cette facétie n'y joue aucun rôle. En revanche, un personnage qui ne figure pas au titre, Talhebudin, prend part au conflit soulevé entre Caresme et Carmentrant.

Une réimpression *figurée* du *Testament de Carmentrant* a été donnée par les soins de MM. Giraud et Veinant. Cette réimpression (*Paris, impr. de J. Pinard*, 1830) a été

tirée à 42 exempl. dont 32 sur papier de Hollande, 4 sur papier de Chine azuré, 4 sur papier de Chine jaune paille et 2 sur vélin.

L'un de ces deux exemplaires a été vendu en mar. citr. (Thouvenin) 46 fr., Soleinne ; un des exempl. sur Hollande, en mar. bl. (Trautz-Bauzonnet) 36 fr., Renard (de Lyon).

ABUS (Les) et tromperies des Tauerniers et Tauernières qui brouillent le vin : et comment on les doibt punir. *A Lyon, chez Jean Saugrain, s. d.*, in-4. (De 150 à 200 fr.)

ACADÉMIE (L') culinaire. journal encyclopédique et officiel de l'Académie de Cuisine de l'union universelle pour le progrès de l'art culinaire, fondée en 1878. Rédigé avec le concours des Sections. *Paris, impr. Aubert*, in-4 de 4 p. à 2 col.

Ce journal paraissait deux fois par mois. Le N° 40 porte la date du 15 août 1885.

ACCUM. — Art de faire les vins de fruits, précédé d'une esquisse historique sur l'art de faire le vin de raisin ; de la manière de soigner une Cave ; suivi de l'art de faire le Cidre, le Poiré, les Hydromels, les Arômes, le Sirop, et le Sucre de pommes de terre..... ; de Considérations diététiques sur l'usage du Vin ; et d'un Vocabulaire des Termes scientifiques employés dans l'ouvrage. Traduit de l'anglais de *Accum*, auteur de l'*Art de faire la bière* par MM. G*** et Ol***. (Guilloud et Olivier). *Paris, Raynal*, 1825, in-12. (De 2 à 3 fr.)

Le même, 1851, in-18.

— Culinary chemistry exhibiting the scientific principles of cookery by fred Accum, *London*, 1821, in-8.

— Nouveau manuel complet de la fabrication des vins de fruits et des boissons économiques contenant l'art de fabriquer soi-même, chez soi et à peu de frais, les vins de fruits, le cidre, le poiré, les vins de grains, les bières économiques et de ménage, les boissons rafraîchissantes, les hydromels, les vins factices et les vins de liqueur français et étrangers. Traduit de l'anglais d'*Accum*, par MM. G*** et Ol***. Nouvelle édition, refondue et augmentée de nouvelles recettes par M. Malepeyre. *Paris, Roret*, 1872, in-18. (De 2 à 3 fr.)

(Collection des Manuels-Roret.)

ACKERMANN. — Regimen Sanitatis Salerni, sive scholæ Salernitanæ de Conservanda bona valetvdine præcepta, edidit stvdii medici Salernitani historia præmissa Joann. Christ. Gottl. Ackermann medicinæ doctor et in vniversitate literarvm Altorfina professor pvblicvs ordinarivs. *Stendaliæ, svmtibus D. Ch. Franzen ejvsque soch Grosse*, 1790, in-8 de 178 pages. (De 15 à 20 fr.)

ADANSON (Mᵐᵉ Aglaé). — La Maison de campagne, ouvrage qui peut aussi, en ce qui concerne l'économie domestique, être utile aux personnes qui habitent la ville, par Mᵐᵉ Aglaé Adanson, fille de Michel Adanson. Cinquième édition. *Paris, Audot ; Bixio*, 1845, 2 vol. in-12. (8 fr.)

Ornée d'un portrait. La première édition date de 1822. Le faux titre porte : Encyclopédie des dames ; la seconde édition a paru en 1825, la quatrième en 1836 ; la sixième, en 1852.

ADENIS (Eugène). — Le Mariage d'un gourmet, récit en vers, dit par Coquelin aîné. *Paris, Paul Ollendorff*, 1887, in-18 de 16 pages (1 fr.)

ADIEU (L') de Tabarin au peuple de Paris, avec les regrets des bons morceaux et du bon vin, adressez aux artisans de la gueule... *Paris, Rocolet*, 1623, in-8. (De 50 à 60 fr.)

Cette pièce ne se trouve pas dans les recueils des œuvres de Tabarin.

ADIEU (L') du Drolifique et Sensifique Arlequin, Marquis de Beure frais, Baron des Capilotades, Comte des Ragoûts, Sur-Intendant des Cuisines, Lieutenant-général des Bouteilles et flacons. *s. d.* (De 150 à 200 fr.)

Facétie imprimée en goth. dans la première partie du xvıᵉ siècle.

ÆGINETA (Paulus). — Pauli Æginetæ medici opera. A Ioanne Gvinterio Andernaco Medico exercitatissimo summique iudicii conuersa, et illustrata commentariis. Adiectæ sunt annotationes Iacobi Govpyli medici Parisiensis, in aliquot singulorum librorum capita. Ioanne Baptista Camotio philosopho nouissimè corrigente, cum quibusdam seoliis in margine positis. *Venetiis*, 1553, pet. in-8 de 34 feuillets limin. et 383 feuillets. (De 15 à 20 fr.)

Edition sortie des presses des Aldes, dont on voit la marque typographique au titre et au vᵒ du dernier feuillet.

Les œuvres de Paul Æginète sont divisées en sept livres. C'est dans le premier que le médecin grec qui vivait, croit-on, dans le vııᵉ siècle de J.-C., traite de l'usage et de la qualité des divers aliments.

Paul Æginète ou Paul d'Egine est également l'auteur d'un opuscule intitulé : *De facultatibus alimentorum tractatus*. Ce traité sur les propriétés des aliments a été imprimé à la suite de l'ouvrage d'Apicius Cœlius, *De re Culinaria*, édition de Lyon, 1541. (Voir Apicius Cœlius.)

Autres éditions : *Bâle*, 1538 (en grec); *Lyon*, 1567 (en latin).

— Pauli Æginetæ Præcepta salubria, Guilielmo Copo Basileensi interprete. *Parisiis, ex officina libraria Simonis Colinæi*, 1527, in-4.

P. Tolet a donné une traduction en français des œuvres d'Æginète, à Lyon, 1539.

AGNEAU Pascal, ou explications des cérémonies que les Juifs observaient en la manducation de l'agneau de Pasque. *Cologne*, 1686, in-8. (De 15 à 20 fr.)

Ouvrage théologique par l'abbé Richard, curé de Triel.

AGNOLETTI (Vincenzo). — Manuale del Credenziere confetturiere e liquorista di raffinato gusto moderno, opera di Vincenzo Agnoletti. *Roma, Ajani,* 1830, in-8. (De 4 à 5 fr.)

AGRÉABLES (Les) divertissemens de la Table ou les règlemens de l'illustre société des frères et sœurs de l'ordre de Méduse. *Lyon, André Laurens, s. d.,* in-12 de 64 pages, fig. gravées par Bouchet. (De 40 à 50 fr.)

Le catalogue Leber mentionne une nouvelle édition de cet opuscule singulier qui aurait été imprimé à Marseille vers 1720. En voici le titre qui diffère peu de celui de l'édition précédente :

— Les divertissements de la Table ou Règlement de l'illustre Société des frères et sœurs de l'ordre de Méduse. *Marseille, de l'imprimerie de l'ordre, s. d.,* in-12 de 64 pages, figures. (De 25 à 30 fr.)

L'ordre de la Méduse était un ordre gastronomique et bachique sur lequel M. Arthur Dinaux nous fournit, dans son livre : *Les Sociétés badines, bachiques, littéraires et chantantes,* de curieux renseignements.

Cette société joyeuse fut fondée à Marseille par des officiers de marine, d'autres disent à Toulon par M. de Vibray, en 1683 ou 1684. Elle n'était composée que de gens de qualité et les femmes y étaient admises. Dès leur entrée dans l'ordre, les membres, étaient affublés du titre de *frère* et de *sœur* ; suivant les règlements, au cours des réunions qui étaient mensuelles, aucun nom de famille ne devait être prononcé.

« L'emblème de l'ordre, dit M. Arthur Dinaux, consistait en un buste de *Méduse,* à figure jeune et agréable, la poitrine découverte, la chevelure entremêlée de serpents sans qu'ils eussent rien d'effrayant, avec cette devise : *Lætificando petrificat.* La *pétrification* consistait dans l'immobilité immédiate de tous les convives, sur un signal du prieur ou de tout autre membre qui frappait sur la table. »

Les membres *pétrifiés* ne devaient plus remuer sous peine d'être condamnés à lamper. *Lamper,* autrement dit boire, était, avec chanter et rire, la principale occupation de cette société joyeuse, qui ne tarda pas à s'étendre dans toute la France.

AGRONOME (L') ou Dictionnaire portatif du cultivateur contenant toutes les connoissances nécessaires pour gouverner les Biens de Campagne et les faire valoir utilement; pour soutenir ses droits, conserver sa santé et rendre gracieuse la vie champêtre. Ce qui a pour objet : 1º les Terres à grains, la Vigne... ; 2º les principales notions... ; 3º les Remèdes... ; 4º les Divers Apprêts des alimens et tout ce qui peut procurer une nourriture saine et agréable... etc. *Paris, Veuve Didot,* 1760, 2 vol. pet. in-8. (De 8 à 10 r.)

Cet ouvrage, qui ne porte pas de nom d'auteur, a été composé par Alletz.

Autres éditions : *Paris, Vve Didot,* 1762, 2 vol. in-12 de 18 ff., 519 et 500 pages.

—*Paris, Nyon,* 1764, 2 vol. pet. in-8.

—*Paris, Savoye,* 1767, 2 vol. pet. in-8.

— *Paris et se vend à Liège, chez Bassompière,* 1770, 2 vol. in-8.

Le même ouvrage a paru en 1770 sous ce titre :

— L'Agronome ou la Maison rustique, mise en forme de dictionnaire portatif à l'usage du cultivateur... *Paris,* 1770, 4 vol. pet. in-8, 27 planches.

— *Rouen, Machuel,* 1780, 2 vol. pet. in-8.

— *Rouen, veuve Duménil,* 1787, 2 vol. in-8.

— *Paris, les libraires associés,* an VII (1799), 2 vol. in-8.

— *Lyon, Robert et Gauthier,* an XI (1803), 2 vol. in-8.

AIGNAN. — Le Prestre médecin ou Discours physique sur l'établissement de la médecine. Avec un traité du Caffé et du Thé de France selon le système d'Hippocrate. Par M. Aignan, médecin du Roy, et de M. le Cardinal de Furstemberg et Docteur de la Faculté de Padoue. *Paris, Laurent d'Houry*, 1696, in-12. (De 8 à 10 fr.)

AIGUE (Estienne de l'). — Voyez Daigue (Estienne).

ALBERT (B.). — Manuel complet d'économie domestique contenant la Cuisine, la Charcuterie, la grosse Pâtisserie et la Pâtisserie fine, l'office dans toutes ses branches ; la Cuisine des malades... la conduite de la Cave, etc., par B. Albert. Seconde édition. *Paris, Emile Babeuf*, 1812, in-8, 4 planches. (De 8 à 10 fr.)

Une édition de 1822, in-8, avec 4 pl., publiée chez *Babeuf* porte comme titre *L'Art du Cuisinier parisien* ou *Manuel complet d'économie domestique...*
A partir de la troisième édition qui a paru en 1825, *Paris, Dufour et Cie*, in-8, l'ouvrage de M. Albert, ex-chef de cuisine de son Excellence le cardinal Fesch est intitulé :

— Le Cuisinier parisien ou Manuel complet d'économie domestique...

... Quatrième édition, *Paris, Dufour*, 1828, in-8.
Cinquième édition, *Paris, Tenré*, 1833, in-8.
Sixième édition, *Paris, Ledentu*, 1838, in-8 de VIII-454 pages, 4 planches.
Septième édition, augmentée du service de la Table, de la manière de découper, d'un Calendrier culinaire, de la Semaine économique et ornée de gravures sur bois, par Duval. *Paris, A. Ledentu fils*, 1845, in-8 de 318 pages, grav. sur acier et sur bois.
En tête du *Cuisinier Parisien* se trouve une gravure représentant l'intérieur d'une cuisine bien ordonnée : un cuisinier debout près de son fourneau goûte une sauce, tandis qu'assise dans le fond de la cuisine, la cuisinière plume une volaille que guettent avec anxiété un chien et un chat.

ALBERT (L') moderne ou nouveaux secrets éprouvés et licites, recueillis d'après les découvertes les plus récentes. Les uns ayant pour objet de remédier à un grand nombre d'accidens qui intéressent la santé. Les autres, quantité de choses utiles à sçavoir pour les différens besoins de la vie. D'autres, enfin tout ce qui concerne le pur agrément, tant aux champs qu'à la ville. Le tout divisé en trois parties, et rangé par ordre alphabétique. *A Paris, chez la veuve Duchesne*, 1768, in-12 de XXIV-430 pages et 1 feuillet non chiffré pour le privilège. (De 7 à 8 fr.)

L'auteur anonyme de l'*Albert moderne* prévient le public, dans sa préface, qu'il ne faut pas confondre son ouvrage « avec un livre fort connu et déjà ancien, divisé en deux parties, dont l'une porte le titre de *Secrets d'Albert le Grand*, et l'autre celui de *Petit Albert* ».
Une bonne partie des secrets de l'*Albert ancien*, ajoute-t-il, a pour objet des matières un peu trop libres et « peu convenables à cette décence que l'on doit garder dans un ouvrage public ».
Pour les *Secrets d'Albert le Grand*, auxquels l'auteur fait allusion, voyez le *Manuel du libraire*, t. I, col. 136.
L'*Albert moderne* est divisé en trois parties : la première a pour objet la *Santé;* la seconde, l'*Utilité ;* c'est dans cette seconde partie que se trouvent des recettes nombreuses relatives à la cuisine et à l'alimentation. On y trouve en effet, la manière de faire des confitures de carottes, la crème au chocolat, la gelée de viande, de conserver le « gibier depuis le commencement du carême jusqu'à Pâques », les raisins et toutes sortes de fruits, de faire cuire les légumes sans eau pour conserver tout leur goût, le « moyen de faire cuire une volaille sans broche et sans feu », etc., etc.
Dans la troisième partie consacrée à l'*Agrément*, on trouve les recettes pour faire les liqueurs et ratafiats.
L'*Albert moderne* a été souvent réimprimé.

ALBUM de la fête des Vignerons de Vevey, 1865. — Voyez Description de la fête des vignerons.....

ALBUM DE LA MARMITE, Illustrations de Barillot, Feyen-Perrin, Jundt, etc. *Paris, L. Baschet*, 1880, in-4 de 124 pages.

Le dîner de la marmite est un dîner mensuel composé d'artistes, de littérateurs et surtout d'hommes politiques.
Il a été tiré 600 exemplaires numérotés dont 10 sur papier du Japon (de 15 à 20 fr.), 290 sur papier de Hollande (de 8 à 10 fr.), et 300 sur papier teinté (de 5 à 6 fr.).

ALBUM de la soupe aux choux d'Auvergne. *Paris, imprimerie de Léon Sault, s. d.* (1881), in-4. (5 à 6 fr.)

Sur la couverture bleue et glacée de cet album dont les dessins, à la manière de Léonce Petit, ont été exécutés par M. Raoul Étienne, on voit une grande soupière dorée. Le couvercle soulevé par la cuiller à pot laisse s'échapper la fumée de la soupe aux choux.

Voici la note inscrite par Charles Monselet dans le catalogue de la vente de ses livres qui eut lieu en 1885, à la suite de cet ouvrage :

« On trouve dans cet album fantaisiste des pièces de vers des poètes contemporains : Gabriel Marc et Georges Vicaire ainsi qu'un grand nombre de dessins appliqués à l'art culinaire. »

ALCOOL (L'), organe de la distillerie française et étrangère. *Paris, imp. Boudet,* gr. in-fol. de 4 p. à 6 colonnes.

Le premier numéro a paru le 24 septembre 1882. Prix de l'abonnement : France, un an : 10 fr. Etranger : 15 fr. Un numéro : 25 centimes.

ALDEBRANDIN. — Le livre de Maistre Aldebrandin pour la santé du corps garder et de chacun membre, pour soi garder et conserver en santé, composé à la requête du roi de France. *Sans lieu ni date,* in-fol., goth., à 2 col. de 53 lignes à la page. (De 200 à 250 fr.)

A la fin du texte, on lit : *Cy finist le liure que Maistre Aldebrandin fist à la requeste du roy de frace pour la conseruation de la santé du corps humain.*

Le *Livre de Maistre Aldebrandin* contient plusieurs chapitres sur la manière de manger et de boire ; il traite de l'usage des différents aliments tels que pain, vin, « cervoise, fromât, har de porc, har de bœuf, har de mouton, har de lieure, de canne, caille, » etc.

L'exemplaire de la Bibliothèque nationale est signé B-K par 8 et L par 4. Le cahier A manque complètement. Ce même cahier manque également dans l'exemplaire de la Bibliothèque de Munich.

De Bure donne cet ouvrage comme ayant été imprimé vers 1475, Brunet et Graesse vers 1480. Aucune de ces dates ne nous paraît exacte, et nous serions assez porté à croire que le *Livre de Maistre Aldebrandin*

est sorti des presses lyonnaises vers 1484, plutôt après.

La Bibliothèque nationale possède deux manuscrits d'Aldebrandin inscrits au *Cat. des manuscr. du fonds français* sous les nos 2021 et 2022 et sous le nom d'Alebrand de Florence. Le premier commence par : « Au commencement de che livre si dirons pourcoi il fu fais et là où il fu prins et quand il fu fais... » et finit par « et li ensegnemens ki sont plus à droit sont cil des iex et du visage ». Le second, intitulé : « Le livre nomme le Regime du corps que fist jadiz Maistre Aldebrandin, medecin du Roy de France » commence par « Dieu qui par sa grant puissance... » et finit par « Et les enseignemens qui sont plus à droit juger si sont ceulx des yeux et du visaige. Explicit ».

ALEXANDRE. — La revue des Gobe-mouches ou les Visites du jour de l'an, folie épisodique en un acte, en vaudevilles dédiée à la Société universelle des gobe-mouches par M. Alexandre, associé libre et breveté, correspondant de ladite société... *Paris, Petit et Martinon,* 1807, in-8 de 27 pages. (De 5 à 6 fr.)

La dédicace est signée : Alexandre, le plus Gobe-mouches de vos confrères.

Grimod de la Reynière, dans l'*Almanach des Gourmands,* 4ᵉ année, page 190, nous apprend que la société universelle des Gobe-mouches composé de Gourmets, a été fondée par M. Journgniac de Saint-Méard. On trouvera aussi d'intéressants détails dans les *Sociétés badines,* de M. Arthur Dinaux, t. I, p. 371.

ALEXIS (Seigneur) Piémontois. — Les Secrets de reverend Seigneur Alexis, Piémontois, contenant excellens remedes contres plusieurs maladies, playes et autres accidens, avec la maniere de distillation, parfums, confitures, etc., traduits de l'italien en françois. *Anuers, Christofle Plantin,* 1557, in-4. (De 50 à 60 fr.)

Voici le titre de la première édition de cet ouvrage qui a été publié en italien :

— De Secreti del reverendo Donno Alessio Piemontese sei libri. *In Venezia, per Sigismondo Bordogna,* 1555, in-8.

De nombreuses éditions, en langue italienne, lui ont succédé ; la plus recherchée en France, dit Brunet, *Manuel du libraire*, est celle de *Lyon, Teob. Pagano*, 1558, in-16, lettres italiques.

L'édition, en français, que nous citons plus haut a été réimprimée : *Paris, Martin le jeune*, 1561, in-8.

En 1564, Plantin donne une nouvelle édition des secrets du seigneur Alexis ; elle porte le titre suivant :

— Les Secrets d'Alexis Piémontois et d'autres auteurs bien experimentez et approuués réduits maintenant par lieux communs et diuisés en six liures. *Anvers, Chr. Plantin*, 1564, petit in-8

Brunet cite encore plusieurs éditions de cet ouvrage dans lequel on trouve différentes recettes pour faire les confitures, les eaux de table, pour savoir si un melon est bon, etc., et après avoir mentionné une édition publiée : *Lyon, Estienne Michel*, 1578, in-16, le savant bibliographe ajoute que les éditions postérieures sont peu estimées.

Quérard attribue les « Secrets du Seigneur Alexis » dont Plantin, édition de 1557, se dit le traducteur, à Guillaume Ruscelli.

ALIMENTATION (L'), journal hebdomadaire, commercial et littéraire organe spécial des négociants des Halles centrales de Paris. *Paris, imp. Dosmond*, in-4 de 4 pages à 2 col.

Premier numéro paru le 29 janvier 1888. Prix de l'abonnement annuel : Paris : 5 fr., Départements : 6 fr. Union postale : 7 fr. 50.

ALIMENTATION (L') publique, journal des débitants et des consommateurs, industrie, commerce, finances. *Paris, imp. Bonnet et Cie*, gr. in-4 de 8 p. à 5 col. (Directeur : L. Delair ; rédacteur en chef : Lucien Rabuel.)

Le numéro spécimen a paru en novembre 1882.

Prix de l'abonnement : Paris et Départements : un an, 15 fr. ; 6 mois : 8 fr. et 3 mois : 4 fr. 50. Un numéro : 30 centimes.

ALMANACH bachique qui durera autant que le bon vin. Et le moyen tres-facile pour sçauoir en quel temps il faut planter & semer les choses nécessaires pour éguiser l'apetit et la soif. Ensemble les lois de Bacchus, prince de Nisse, Roy des Indes et des Buveurs. *A Rouen, chez Jean-B. Besongne, rue Écuyère*. s. d., pet. in-12 de 24 pages. (De 5 à 6 fr.)

ALMANACH complet de la Cuisine, à l'usage des maîtresses de maison et des Cuisinières, contenant, etc., pour 1855. *Chatillon-sur-Seine, Lebeuf ; Paris, chez les principaux libraires*, 1854, in-16. (1 fr. chaque volume.)

Cet almanach a paru pendant cinq ans jusqu'à l'année 1858 (pour 1859).

ALMANACH de Bacchus ou élite de chansons et rondes bachiques. *Paris, Béchet*, 1810, in-12, fig. (2 fr.)

ALMANACH de Jean Raisin, joyeux et vinicole pour 1860. 3e année, publié sous la direction de Gustave Mathieu, rédigé par P. Dupont, Gozlan, A. Dumas, Monselet, etc. *Paris, Eugène Pick*, s. d. (1859), in-16 de XVI-192 pages. (De 1 à 2 fr.)

Cet almanach a paru, pour la première fois, à la fin de 1853 pour l'année 1854 *Paris, chez Bry aîné*, in-16 ; la deuxième année a paru en 1855, et la troisième et dernière, à cinq ans d'intervalle, en 1859 pour 1860.

Illustrée par Nadar, Staal, A. Gautier, cette publication contient des anecdotes culinaires très littéraires et très piquantes, des chansons à boire, etc.

Sous le nom de Jean Raisin se cache le poète Gustave Mathieu.

ALMANACH de M. Ramponeaux, en vers et prose. *A la Basse-Courtille*, 1761, in-32. (De 2 à 3 fr.)

Ramponeaux, cabaretier fameux du XVIIIe siècle, né le 6 octobre 1724, mort le 4 avril 1802. On trouvera sur le cabaret de la Courtille, d'intéressants détails donnés par M. E. Causin à la page 384 de l'*Almanach du vieux Paris, pour 1884, publié par la Société des éclectiques*, Paris, Alphonse Lemerre, 1883, in-8°.

ALMANACH de santé. *A Paris, chez Ruault*, 1774, in-16 de 164 pages. (De 2 à 3 fr.)

Le chapitre VII de cet almanach est consacré au choix des aliments.

ALMANACH de table pour l'année 1750 contenant un détail exact de tout ce qui sert à la vie de l'homme et à la bonne chère, dans chaque saison de l'année. *Paris, veuve Noël Pissot*, 1749, in-12. (De 7 à 8 fr.)

ALMANACH de table. *Paris, Duchesne*, 1761, in-12. (De 2 à 3 fr.)

ALMANACH de la bonne Cuisine et de la Maîtresse de maison. Rédigé avec le Concours des maîtres d'hôtel et chefs de Cuisine des premières maisons de Paris. 1re année, 1858. *Paris, Pagnerre*, 1857, in-16 de 189 pages. (o fr. 50 chaque volume.)

Cet almanach, qui s'appelle maintenant *Almanach manuel de la bonne cuisine*, etc., en est à sa trente-deuxième année d'existence.

En 1873. la propriété de cette publication a été cédée par traité à MM. Plon, Nourrit et Cie, éditeurs.

ALMANACH de la jeune cuisinière bourgeoise, recueil de recettes faciles et clairement expliquées, extraites du Manuel publié par Mlle Marianne, cordon bleu de Paris. Avec la manière de découper les viandes et le poisson. *Lille, Blocquel; Paris, Delarue*, 1854, in-18. (Publié à o fr. 50.)

ALMANACH de la Salle à manger rédigé par des gourmets littéraires et des maîtres de bouche. *Paris, bureau du journal la Salle à manger*, 1865, in-16 de 176 pages, vignette au titre. (De 2 à 3 fr.)

ALMANACH de la Table, 1846, avec la carte gastronomique de Paris. *Paris, Vor Bouton*, 1845, in-32, de 128 pages. (1 fr.)

Après un *avis* signé : l'Abbé Casse, vient un *Calendrier gastronomique* pour les douze mois de l'année. Signalons aussi un article assez singulier : « Comment une ordonnance de police changera la Société française en changeant les heures des repas », une suite de sentences rimées, *in vino veritas*, tirées d'un vieux recueil gaulois, des anecdotes sur les comestibles et les vins, des nouveautés culinaires, des chansons de Romieu, Montémont, Louis XVIII, Eugène de Pradel, un couplet de Victor Hugo et quelques-uns de l'auteur de l'almanach, Victor Bouton.

Quant à la carte gastronomique, c'est un plan de Paris sur lequel on trouve l'indication de près de 500 établissements, restaurants, cafés, pâtissiers, comestibles, etc. L'almanach est terminé par un calendrier des légumes.

ALMANACH des Assiégés pour l'an de guerre 1871, décembre 1870, *aux bureaux du Petit Moniteur*, in-16 de 62 pages. (1 fr.)

Cet almanach renferme d'intéressants détails sur la vie à Paris pendant le siège de 1870-71 et sur la cuisine que l'on y faisait à cette époque. On trouve, entre autres recettes, celles du *Gigot de chien rôti*, du *Cheval à la mode* et des *Horse-steaks*.

ALMANACH des chansons de la table et du vin. *Paris, Delarue*, 1867, in-16 de 64 pages. (o fr. 50.)

Cet almanach, qui parut pour la première fois en 1867, et qui n'a pas cessé de paraître chaque année, en 1870 excepté, en est à sa vingt-deuxième année d'existence.

ALMANACH des chasseurs et des gourmands. Chasse — Table — Causeries. (Impr. de Guiraudet.) *Paris, au dépôt de librairie, rue des Moulins*, 8, in-12 de 144 pages, avec un portrait et une vignette. (De 3 à 4 fr.)

Cet ouvrage a paru sans date, mais il est annoncé dans la *Bibliographie de la France*, n° du 16 août 1851.

La vignette placée au titre (un cuisinier), est la même que celle qui se trouve au feuillet portant « quelques explications préliminaires » des *Classiques de la table*, édition de 1844.

Voyez Causeries de chasseurs et de gourmets, et Revue du confort.

ALMANACH (nouvel) des Cuisinières

pour 1859. *Paris, Vattier*, 1858, in-16 de 128 pages. (0 fr. 50.)

ALMANACH des francs-buveurs pour 1878, guide illustré du pochard. *Paris, impr. Malverge et Dubourg*, 1877, in-4 de 8 pages. (0 fr. 50.)

ALMANACH des Marchés de Paris, étrennes curieuses et comiques, avec des chansons intéressantes, dédié à Marie Barbe, fruitière, orangère, dessiné et gravé par M. Quéverdo. *A Paris, chez Boulanger*, 1782, in-24. (De 60 à 80 fr.)

Cet almanach, d'une excessive rareté, fait partie de la collection de M. le baron Pichon. Voici le titre de ses douze ravissantes gravures :

Le bon Portugal. — Oranges fines. — La Vallée. — Marché au Poisson. — La rue au Fer. — Les Écosseuses. — Les gros Gobets à la courte-queue. — La marchande d'abricots. — La Marchande de crème. — V'là le melon. — V'là le sucré. — Chasselas à la livre. — Marrons bouillis, ils brûlent la poche. — Du bon Boudin gras et salé.

D'après Cohen (*Guide de l'amateur de livres à gravure du XVIIIᵉ siècle*), 70 à 80 fr.

ALMANACH des ménagères et des gastronomes. Produits de chaque mois, provisions, services actuels à la française et à la russe, avec figures, recettes nouvelles ou peu connues, anecdotes, par l'auteur de la *Cuisinière de la Campagne et de la Ville*, 1854. *Paris, Audot*, 1853, in-12. (1 fr.)

Première année. Le même almanach a été publié pour les années 1855 et 1856

ALMANACH des ménagères pour 1888, contenant un grand nombre de recettes utiles à tous et une nomenclature des produits indispensables dans les ménages (16ᵉ année). *Rennes, impr. Oberthur ; Aubenas (Ardèche), Artige et Lascombe ; Lyon, Mercier*, 1887, in-32 de 16 pages. (0 fr. 50.)

Offert gratuitement.

ALMANACH des voluptueux ou les vingt-quatre heures d'un sybarite, par un Épicurien. *Paris*, an XII, in-18. (De 2 à 3 fr.)

ALMANACH du comestible, nécessaire aux personnes de bon goût et de bon appétit ; qui indique généralement toutes les bonnes choses que l'on pourra se procurer à la Halle et chez certains Débitans, dans le courant de chaque mois de l'année. En grosse viande, Volaille, Gibier, plume et poil, Oiseaux de rivière, Poisson de mer et d'eau douce, frais et salé. Légumes verds et secs, farineux ; Fruits précoces, cruds, confits, secs ; Vins de France et Etrangers ; Liqueurs et ratafiats, Café, Chocolat, etc. Les Personnes qui aiment la Bonne Chère, y trouveront de quoi satisfaire leur goût : et celles qui aiment leur santé, y trouveront des préceptes pour la conserver. On a joint à cet ouvrage tout ce qui peut égayer le Lecteur et ceux qui aiment la joie dans les Repas. Pour la présente année. *A Paris, chez Desnos*, s. d., in-16. (De 40 à 50 fr.)

La première partie comprend 115 pages, 5 pages non chiffrées, 12 feuillets blancs et 55 pages pour le supplément, la deuxième partie, 180 pages.

Cet almanach qui est précédé d'une charmante vignette gravée représentant une table servie autour de laquelle sont réunis des convives des deux sexes parut pour la première fois en 1778, ainsi que l'indique le privilège.

Il est divisé en deux parties auxquelles s'ajoute un *Supplément*.

La seconde partie contient « une suite de notices sur les repas des anciens et des modernes, les cérémonies qui s'observaient autrefois et qui s'observent aujourd'hui aux repas publics des Empereurs, des Rois et des Princes souverains qui règnent en Europe, en Asie, en Afrique et en Amérique avec un Précis sur les alimens tiré de la *Gazette de Santé*, morceau précieux pour les personnes qui veulent manger les choses de goût sans faire tort à leur santé, avec quelques préceptes ».

Quant au *Supplément*, on y trouve « les adresses et demeures des fournisseurs, les noms des choses qu'ils peuvent fournir de leur composition et invention ; ou du crû des Provinces et de l'invention des autres.

tant de France que des Isles Françoises et autres Pays Etrangers, mis dans un ordre commode ».

Un avertissement, placé en tête de la première partie, indique que ce petit recueil doit contenir des Tablettes économiques composées d'un *papier nouveau* sur lequel on peut, à l'aide d'un « stylet de minéral sans fin écrire aussi distinctement qu'avec la plume » effacer ce que l'on a écrit et tracer de nouveaux caractères.

Enfin, à la fin du volume, se trouve un calendrier collé sur la dernière page. Comme l'almanach a été, ainsi que nous l'avons dit plus haut, imprimé sans date, l'éditeur pouvait, en modifiant chaque année, le calendrier, vendre son almanach comme un almanach nouveau. Dans les deux exemplaires que nous avons sous les yeux, le calendrier de l'un porte la date de 1789, celui de l'autre celle de 1808.

ALMANACH du Commerce de la boucherie de Versailles, suivi des règlemens concernant le commerce de la boucherie. *Versailles, Dufaure*, 1857, in-8. (De 2 à 5 fr.)

Le même... *ibidem*, 1859, 1860 et 1868.

ALMANACH du Commerce de la Charcuterie de la Ville et faubourgs de Paris, contenant les noms, prénoms et demeures de MM. les Marchands Charcutiers de ladite ville et faubourgs avec les Lois, ordonnances de police et les instructions relatives au dit Commerce. *Paris*, 1825, in-18. (De 2 à 3 fr.)

A pris ensuite le titre de :
Almanach et annuaire général du Commerce de la charcuterie de la ville de Paris et de la banlieue.

ALMANACH du plaisir. Sport, chasses, théâtres, jeux, gastronomie, eaux, bains de mer, voyages, fêtes, etc. Rédigé par Jules Janin, Méry, Léon Gozlan, Paul Féval, Comtesse d'Ash, Pierre Dupont, Eugène Chapus, Edmond Texier, Alfred Busquet, Comte d'Houdetot, Desbarolles, Pellier, Julien Lemer, 1852 *Paris, Garnier frères ; Martinon*, 1851, in-18. (Publié à o fr. 50.)

ALMANACH du siège de Paris pour 1872. *Paris, Pagnerre.* 1871, in-8 de 76 pages.

Page 43 : Nouvelle cuisine. Prix des denrées. Page 63 : La viande de cheval.

ALMANACH-MANUEL de la Cuisinière contenant les recettes les plus nouvelles et les plus simples pour la cuisine, la pâtisserie, l'office, les glaces, sirops, confitures, fruits, viandes et le beurre, le service de la table, la manière de découper les viandes, volailles et poissons ; l'indication générale les mets, etc., etc. *Paris, Delarue*, in-16 de 192 pages. (o fr. 50.)

A paru pour la première fois en 1850 pour 1851. Cet almanach qui n'a pas été publié en 1870 en est donc actuellement à sa 39e année d'existence.

ALMANACH (petit) perpétuel des gastronomes. *Paris, Audot*, 1859, in-32 de 16 pages, avec vignettes. (o fr. 50.)

ALMANACH perpétuel des pauvres diables pour servir de correctif à l'Almanach des Gourmands, dédié à M. d'Arnaud Baculard par un amateur peintre, musicien et poète. *A Paris, chez Madame Caillot*, an XI-1803, pet. in-18 de XVI-124 pages, frontisp. gravé. (De 5 à 6 fr.)

La dédicace de cet almanach fantaisiste à M. d'Arnaud Baculard est signée : l'Antigrimod, fils d'un homme de lettres qui fut fils d'un peintre, qui fut fils d'un musicien, qui fut fils d'un poète, qui fut fils d'un comédien, qui fut fils d'un troubadour, qui fut fils d'un pèlerin, etc.

L'auteur anonyme de ce livret peu commun, où est enseigné l'art de dîner à peu de frais a pris pour épigraphe : *Panis sacra fames.*

Le frontispice gravé représente un savant dans sa bibliothèque et tenant une croûte de pain. Sur la table une carafe d'eau et un verre. Au-dessous de la gravure, on lit : Voilà donc le prix des talens !

ALMANACH spirituel et perpétuel nécessaire à tout homme sensuel et temporel. *S. l. n. d.*, in-16 goth. (De 150 à 200 fr.)

Cet almanach a paru vers 1530. Voici d'après le *Bulletin du Bibliophile*, 1859, page 698, la description de cette plaquette de 16 feuillets rarissime :

« Le titre imprimé en six lignes qui forment un triangle renversé, est orné de huit fleurons semblables à ceux qu'on trouve sur les volumes sortis des presses de Froben et d'autres typographes du xvi° siècle. Cet almanach est une compilation des Evangiles et parait avoir été composé pour décrier les almanachs en vogue qui étaient plus astrologiques que religieux. Il y a lieu de croire que, malgré ses excellentes intentions, notre auteur n'obtint qu'un médiocre succès près des hommes *sensuels et temporels*, qui ont préféré jusqu'à nos jours le célèbre Mathieu Laensberg et ses almanachs où sont indiqués les jours favorables à la saignée et même à la coupe des ongles. »

L'auteur de la note que nous citons ajoute : « C'est un petit livre curieux et utile, surtout aux gourmands, qui y puiseront une excuse légitime pour l'*usance de viande en tous temps.* Ce qui entre en la bouche ne souille point l'homme (S. Mathieu). — Mangez ce que l'on vous met devant (S. Luc). — Celui qui mange ne desprise point celui qui ne mange point (Ep. aux Romains), etc. Si le style est l'homme, on peut juger, par ces citations, des goûts de l'auteur anonyme de l'*Almanach spirituel pour l'homme sensuel et temporel.*

ALQ (Mme Louise d'). — Le maitre et la maitresse de maison. — Les devoirs et les plaisirs du maître et de la maîtresse de maison. — De l'habitation à la ville et à la campagne. — De l'ameublement. — Du budget et des comptes. — Des domestiques. — Des soins du ménage et le service. — La lingerie. — La remise et l'écurie. — La table. — Les provisions. — Les clefs, la desserte, la défroque. — Encore le service, le ménage et conclusion, par Mme Louise d'Alq. Deuxième édition. *Paris, aux bureaux du journal : Les Modes de la Saison, François Ebrardt, s. d.* (1875), in-8 de 297 pages. (7 fr. 50.)

Texte encadré de filets rouges. Ouvrage divisé en douze chapitres. Le chapitre IX est consacré à la Table (la composition d'un

dîner, la manière de servir, petit almanach des mets de chaque saison, les déjeûners, le réveillon de la nuit de Noël, la Cave, la Cuisine).

ALTIMIRAS (Juan). — Nuevo Arte de Cocina, Sacado de la escuela de la experiencia economica, su autor Juan Altimiras. *Madrid, D. Jos. Doblado,* 1791, pet. in-8. (De 8 à 10 fr.)

(Catalogue J.-B. Huzard, 1842.)
Notre édition, dont le titre est exactement le même, mais sans date, est imprimé à *Barcelone par Thomas Piferrer, impressor del Rey,* petit in-8° de XII-179 pages. Elle porte Altamiras et non *Altimiras.*

AMATEUR (L') des fruits, ou l'art de les choisir, de les conserver et de les employer, principalement pour faire les Compotes, Gelées, Marmelades, Confitures, Pâtés, Raisinés, Conserves, Glaces, Sorbets; Liqueurs de tout genre, Ratafias, Sirops, Vins secondaires, etc., par M. L. D. B. *Paris, Bourayne,* 1835, in-12 de 11-216 pages. (De 2 à 3 fr.)

La première édition avait paru en 1829, *Paris, Raynal,* in-12.
M. Barbier, dans son *Dictionnaire des anonymes,* attribue cet ouvrage à M. Louis Du Bois, M. Quérard, *Supercheries littéraires,* à M. Louis de Boislandry.

AMI (L') de Bacchus ou recueil de chansons de table pour l'an XI. *Paris,* 1803, in-18, fig. (2 fr.)

AMI (L') de la joie, recueil de chansons grivoises et bachiques, tant anciennes que nouvelles, la plupart inédites ou réimprimées avec des changements et additions dédié à ceux qui aiment à rire. *S. l. (Rouen, J. Duval),* 1806, in-12. (De 4 à 5 fr.)

Ce volume a été imprimé à petit nombre et seulement pour les amis de l'éditeur, auteur, dit-on, de cet opuscule. (*Manuel du Bibliogr. Normand.*)

AMI (L') du Progrès, secrets, recettes, procédés et remèdes. *Paris, typ. Walder,* 1872, in-12 de 104 pages. (1 fr.)

Ce recueil qui donne des recettes pour la fabrication de toutes les liqueurs sans distillation est anonyme, mais la note suivante qui se lit sur le titre : *Cet ouvrage ne se trouvant chez aucun libraire, il faut, pour se le procurer en faire la demande franco a M.Belouin...* indique que ce dernier en est l'auteur.

AMIS (Mme Sophie). — Travaux manuels et Economie domestique, à l'usage des jeunes filles. Notions très simples sur l'hygiène, l'habitation, l'alimentation, les soins du ménage..... par Mme G. Schefer et Mme Sophie Amis. Quatrième édition. *Paris, Ch. Delagrave,* 1887, in-12 de 299 pages. (2 fr. 50.)

AMOREUX (P.-Jos.). —Dissertation sur les pommes d'or des Hespérides. (*Sans lieu d'impression*), 1800, in-8. (5 fr.)

Une autre édition de ce même ouvrage, a été imprimé à *Montpellier*, 1809, in-8 de 32 pages.

— Opuscule sur les Truffes, traduction libre du latin d'Alphonse Cicarellus, auteur du XVIe siècle, avec des annotations sur le texte et un préambule historique par M. P.-J. Amoreux, médecin-naturaliste de Montpellier. *Montpellier, Tournel ; Paris, Méquignon-Marvis,* 1813, in-8. (De 8 à 10 fr.)

—Traité de l'olivier, contenant l'histoire et la culture des arbres, les différentes manières d'exprimer l'huile d'olive, celle de la conserver, etc. Seconde édition, augmentée et corrigée. *Montpellier, veuve Gontier,* 1784, in-8. (De 8 à 10 fr.)

ANCELIN (L'abbé). — L'Eschole de Salerne ov Préceptes povr se conserver en bonne santé. Le tout en quatrains François par l'Abé Ancelin. *A Paris, de l'imprimerie de Fr. Ivlliot, rue du Paon, au Soleil d'or, près la porte S. Victor,* MDCXXIIX (1628), pet. in-4 de 40 pages. (De 25 à 30 fr.)

Le verso du titre est blanc. L'*Eschole de Salerne* commence à la page 3 par ces mots :

Roy des Anglais... elle est composée de 186 quatrains.

ANDRÉ-PONTIER. — Manuel du distillateur amateur à l'usage des personnes de la Campagne. Recueil pratique des liqueurs de table, hygiéniques, des eaux de toilette... Suivi d'une méthode facile d'essai des vins. *Paris, l'auteur,* 1866, in-8. (5 fr.)

ANDRY (Nic.) —Le Regime du Caresme considéré par rapport à la nature du corps, et des alimens. En trois parties, où l'on examine le sentiment de ceux qui prétendent que les alimens maigres sont plus convenables à l'homme que la viande ; où l'on traite à ce sujet, de la qualité et de l'usage des légumes, des herbages, des racines, des fruits, du poisson, etc. Et où l'on éclaircit plusieurs questions touchant l'abstinence, et le jeûne suivant les principes de la Physique et de la Médecine, entre autres si l'on doit défendre en Caresme l'usage de la Macreuse et du Tabac par Me Nicolas Andry, Docteur, Régent de la Faculté de médecine de Paris, lecteur et professeur royal. *A Paris, chez Jean Baptiste Coignard,* 1710, in-12 de 12 ff. limin. n. chiffr., 630 pages et 7 ff. n. chiffr. (De 6 à 7 fr.)

Ce livre de Nicolas Andry est une réponse au *Traité des dispenses de Carême* par Ph. Hecquet, traité qui avait paru en 1709.

— Traité des alimens de Caresme où l'on explique les différentes qualitez des légumes, des herbages, des racines, des fruits, des poissons, des amphibies, des assaisonnemens : des boissons même les plus en usage, comme de l'eau, du vin, de la bierre, du cidre, du thé, du caffé, du chocolat. Et où l'on éclaircit plusieurs questions importantes sur l'abstinence et sur le jeûne, tant par rapport au Carême que par rapport à la santé. Par Me Nicolas Andry, Conseiller, lecteur et professeur Roïal, etc. *A Paris,*

Jean Baptiste Coignard, 1713, 2 vol. in-12. (De 10 à 12 fr.)

Une nouvelle édition de cet ouvrage, en 5 vol. in-12, contient le *Régime du Caresme*. Nicolas Andry, médecin lyonnais, est également l'auteur de l'ouvrage suivant qu'il n'a pas signé :

— Le thé de l'Europe ou les propriétés de la véronique, tirées des observations des meilleurs auteurs et surtout de celles de M. Francus, médecin allemand. *Paris, imp. de Boudot*, 1704, in-12. (De 5 à 6 fr.)

Réimprimé en 1712, avec 2 planches gravées et à *Reims, Delaistre*, 1746 et 1747 in-12. (Voyez Francus.)

ANGUILBERTUS (Théob .) — Voyez Scotus (Michael).

ANICET-BOURGEOIS. — Treize à table, vaudeville en un acte par MM. Anicet-Bourgeois et Lenglier. *Paris, Henriot ; Tresse*, 1840, in-8. (2 fr.)

Première représentation, 14 septembre 1840, sur le théâtre du Palais Royal.

— Les Sept péchés Capitaux, drame en sept actes dont un prologue par MM. Anicet-Bourgeois et Dennery. *Paris, Michel Lévy*, 1848, in-18. (2 fr.)

ANNA la petite gourmande ; par F... *Paris, Ardant frères*, 1863, in-32 de 64 pages. (0 fr. 50.)

ANNALES de l'inanition pour servir de pendant à l'almanach des Gourmands, par M. Grimod de la Reynière avec le portrait de l'auteur. *Paris, Frechel*, 1808, pet. in-18 de 216 pages. (De 8 à 10 fr.)

Frontispice gravé représentant l'auteur dans un grenier. Au bas on lit cette légende : *Du pain, de l'eau !... et l'Almanach des Gourmands !...* Ce livret est assez rare.

ANNALES ILLUSTRÉES DU GAS-TRONOME. Nouvelliste des plaisirs du goût, repas, concerts, bals, théâtres. No 27, 2e année, 5 juin 1852. *Paris, imp. de Poussielgue*, pet. in-fol.

Continuation de l'*Entre-mets du gastronome* (voyez ce titre). Les *Annales* paraissaient 2 fois par mois.

Prix de l'abonnement annuel : Paris, 18 francs ; départements, 20 francs.

ANNUAIRE de la charcuterie du nord de la France publié par la chambre syndicale de la charcuterie d'Amiens et du département de la Somme pour l'année 1887, par E. A. David, secrétaire du syndicat. *Amiens, imp. Yvert*, in-18 de 512 pages. (De 4 à 5 fr.)

ANNULAIRE agathopédique et saucial. *Imprimé par les presses iconographiques à la congrève de l'ordre des agath* : ∴, *chez A. Labroue et Compagnie, rue de la Fourche, 36, à Bruxelles, cycle IV (1849)*, in-8 de 130 pages. (De 20 à 30 fr.)

Faux titre : au verso du faux titre se trouve un *Avis essentiel* suivi d'un fac-similé du sceau des Agathopèdes. Sur le titre, une vignette représente un cochon couronné de roses, une longue serviette au cou, tenant un couteau et une fourchette. Devant lui, un tonneau sur lequel deux femmes assises bercent entre leurs bras un petit cochon ; enfin, par terre, devant le tonneau, un buveur qui vient de vider quelques flûtes de champagne, et dont l'attitude semble indiquer que le nombre en est assez grand. Puis voici l'*Avertissement de l'éditeur*, la *Préface* signée Chanteclair, et *Notes et documents* signés par le gastrologue : Rousselet, de la classe des Sciants. Après la table des matières se trouve un *Avis au relieur* où il est dit que « les dessins sur bois de l'Annulaire agathopédique et saucial, titre, en-têtes, culs-de-lampe et autres, sont dus au crayon harmonieux et facile de Grimbert Le Blaireau, de la Classe des Beaux-Anes ». Enfin quatre feuillets de musique de l'Annulaire, avec une pagination spéciale.

MM. de Reiffenberg, dans le *Bulletin du Bibliophile belge*, tome VII, pages 13 et 14, Jannet, dans le *Journal de l'amateur de livres*, tome III, et Arthur Dinaux, dans les *Sociétés badines*, ont publié de longs et curieux renseignements sur cette société joyeuse qui avait pris pour emblème le Cochon et qui fut fondée vers 1849 à Bruxelles par le comte de Fortsas.

L'*Annulaire agathopédique* est un recueil des œuvres fantaisistes et bizarres des membres de cette société, composée de gens d'esprit tous bons enfants et « amis comme cochons ». C'est du moins ce qui est inscrit sur le sceau de l'ordre.

Entre autres productions originales des Agathopèdes. nous citerons l'une des premières du volume, le *Calendrier agathopédique*. Comme dans le calendrier républicain, l'année commence à la fin de septembre ; les mois portent les noms suivants : *Huitrimaire, Levreaumaire, Crêpose, Jambonose, Trufose, Boudinal, Camardinal, Fraisinal, Petit-Poisidor, Cerisidor, Melonidor*, et *Raisinaire*. Quant aux saints, il n'en est pas question, bien entendu ; ce sont des noms d'animaux et autres comestibles affriolants qui en tiennent lieu. Les *Nuits purgatoriales* remplacent les jours complémentaires.

L'*Annulaire agathopédique* est écrit en prose et en vers.

ANQUETIN (Louis). — Essai. Poésie nouvelle. Un repas dans la rue de Lille à Paris, par Louis Anquetin. *Chez tous les libraires*, 1861, in-8 de 15 pages. (2 fr.)

ANSE (L') du panier, journal de l'antichambre et de l'office. *Paris, rue Neuve-des-Petits-Champs*, 1835, in-4 de 4 pages à 2 col.

Le prix de l'abonnement pour Paris était de 1 franc par mois.

Le premier numéro sans date, est imprimé sur papier rose ; le 2ᵉ numéro porte la date du dimanche 5 juillet 1835. Le 8ᵉ et dernier a paru le 16 août de la même année. Dans le haut, une vignette représentant des Cuisinières faisant leur marché.

ANTIGASTRONOMIE (l'), ou l'homme de ville sortant de table, poème en IV chants. Manuscrit trouvé dans un pâté et augmenté de remarques importantes, avec figure. A *Paris, chez Hubert et Cⁱᵉ*, 1806, in-12 de 215 pages (De 3 à 4 fr).

Ouvrage anonyme, mais dont l'auteur est J.-B. Gouriet. La figure. placée en tête de ce poème qui fait suite à la *Gastronomie* de Berchoux, est gravée par Bovinet ; elle porte au bas ces quatre vers :

C'en est fait, j'ai perdu la vie,
Hélas ! si vous pleurez ma mort,
Accusez de mon triste sort
L'auteur de la Gastronomie.

Il a été tiré quelques exemplaires sur papier vélin épreuves avant la lettre. (De 7 à 8 fr.)

ANTIMORE (d'). — Petits portraits de gourmands et de paresseux ; par Théophile d'Antimore. philosophe moraliste. *Paris, Paulmier*, 1864. in-32 de 63 pages. (0 fr. 50.)

APICIUS (Cœlius). — Appicius culinarius. — (*In fine :*) *Impressum Mediolani per magistrum Guilermum Signerre Rothomagensem, Anno dñi Mcccclxxxxviii. die XX, mensis Ianuarii*, in-4 de 2 feuillets limin. et 40 feuillets non chiffrés. signés a-e par huit, lettres rondes. (De 60 à 80 fr.)

Le titre est inscrit dans le haut du premier feuillet ; au-dessous, dans un rectangle, on voit un ange tenant une sorte de cercle au milieu duquel ces trois lettres : I H S. On lit sur les bords de ce cercle : M. IOHANES DE LEGNIANO. Dans les coins inférieurs, deux anagrammes.

Au verso du titre, lettre de l'éditeur : « Ad eruditissimū uir Bartholomeū Merulam Magnifici Georgii Cornelii gnator; præceptorem Blasii lanciloti epistola Subitaria. »

Au recto du deuxième feuillet, après la 4ᵉ ligne : « Ludouici Vopisci carmen Subitariū » (et au-dessous) « Ad Io. Antonium Riscium. » (Viennent ensuite cinq distiques au-dessous desquels le mot : *Finis*.) Le verso du deuxième feuillet est blanc.

Le corps de l'ouvrage commence au recto du troisième feuillet en tête duquel on lit : Lasceratum.

Au verso du dernier feuillet : Antonius, mota Ad vulgus (suivent quatre distiques et au-dessous) :

« Ioannes Salandus Lectori » (suivent dix vers) et enfin la souscription que nous avons indiquée plus haut.

Première édition excessivement rare de ce traité culinaire, portant une date ; la Bibliothèque nationale en possède un magnifique exemplaire avec rubriques ; un exempl. de cette même édition figure au Cat. Firmin-Didot, mai 1879, sous le n° 271 ; il a été vendu, en mar. brun (Lortic) 140 francs.

Il existe des exemplaires de cette édition d'Apicius dont les deux premiers feuillets sont différents, le corps de l'ouvrage et la souscription étant identiquement les mêmes que dans celui dont nous venons de donner la description. C'est ainsi que Hain, *Repertorium bibliographicum*, t. I, p. 150, n° 1283, nous apprend que certains de ces exemplaires portent le titre suivant :

Apicivs in re qvoqvinaria (*In fine :*)

Impressum Mediolani etc... (comme le précédent). (De 30 à 40 fr.)

La marque qui est placée au-dessous du titre diffère de la précédente ; on y lit le nom de Gvillermvs le Signerre.

Au verso du feuillet 1, la lettre de l'éditeur, également différente : « Ad Magnificum Ioannem Mollum Ducalé Secretarium Antonii Mottæ Mediolanén Epistola. » « Elle prend fin au feuillet 11, par ce mot : *Digneris.* Au-dessous : « Ad Lectorem Antonii Mottæ Carmen » (suivent huit vers), puis : « Bernardini molli tetrastichon ad genitorem. »

Le corps de l'ouvrage commence en haut du feuillet 111 ; toute cette partie, y compris la souscription finale, est la même que celle de l'*Appicius culinarius.*

M. de la Serna, Santander, *Dict. bibliogr. choisi du XVᵉ siècle*, cite une édition de 1498 (même souscription que les précédentes) sous le titre : *Apicius de re coquinaria*, dont les deux premiers feuillets sont identiques aux deux premiers feuillets de l'édition décrite par Hain.

La seule différence consiste dans le titre qui, d'après M. de la Serna, porterait le mot *de* au lieu du mot *in.*

Il est à présumer que cet exemplaire est le même que celui dont Hain donne la description, et que le mot *de* aura été, par mégarde, écrit au lieu du mot *in.* On ne conçoit guère, en effet, l'intérêt qu'aurait eu l'imprimeur à refaire, pour n'y changer qu'un seul mot sans importance, les deux feuillets en question, la lettre de l'éditeur, les distiques et le tetrastichon de Bernardinus Mollus restant les mêmes que dans les exemplaires portant le titre : *Apicivs in re cjoquinaria.*

— Apitii Celii de re coquinaria libri decem. Suetonius Tràquillus De Claris Gràmaticis. Suetonius Tràquillus De Claris Rhetoribus — Coquinariæ capita Græca ab Apitio posita hæc sunt : Epimeles, etc. (*In fine :*) *Impressum Venetiis, per Bernardinum Venetum, s. d.*, pet. in-4 de 30 ff. de 30 lignes à la page, lettres rondes. (De 25 a 30 fr.)

Édition sans date mais qui est probablement antérieure à la précédente. La lettre « Ad eruditissimum uirum Bartholomeum etc. » se trouve au verso du titre. Le corps de l'ouvrage commence au deuxième feuillet : M. Brunet fait remarquer que, bien que le titre indique : *Suetonius...*, le livre ne renferme que le traité d'Apicius.

M. Brunet signale une autre édition sans date, exécutée par le même imprimeur, in-4° de 44 ff. non chiffrés, avec signatures.

— Apicii Celii de re coquinaria libri decem. — Coquinariæ capita Græca ab Apitio posita hæc sunt. — Epimeles Artoptus : Ceputica : Pandecter : Osprion : Trophetes : Polyteles : Tetrapus : Thalassa : Halicus. Hanc Plato adulatricem medicinæ appellat. (*Finis :*) *Impressum Venetiis p. Iohannem de Cereto de Tridino alias Tacuinum MCCCCCIII die tertio mensis Augusti*, in-4 de 32 ff. de 30 lignes à la page, non chiffrés, signés *a-h* par 4, lettres rondes. (De 25 à 30 fr.)

Au verso du titre se trouve la lettre de l'éditeur : « Ad eruditissimum uirum Bartholomeum Merulam Magnifici Georgii Cornelii gnatorum præceptorem Blasii lanciloti epistola subitaria. »

Suit le corps de l'ouvrage. Au bas du verso de l'avant-dernier feuillet on lit : *Celii Apitii haliens liber decimus & ultimus explicit.* Au dernier feuillet, dont le verso est blanc : *Antonius mota ad uulgus* (suivent des distiques latins, huit vers) et au-dessous : *Ioannes salandi Lectori* (suivent d'autres distiques latins, dix vers).

Vendu : en mar. bl. (Thompson) aux armes de Morante, 20 fr., Morante.

— Cælii Apitii svmmi Advlatricis medicinæ artificis de re cvlinaria libri X recens e tenebris eruti & à mendis uindicati, typis cq summa diligentia excusi. Præterea P. Platinæ Cremonensis viri vndecvnqve Doctissimi, De tuendâ ualetudine, Natura rerum, et Popinæ scientia libri X, ad imitationem C. Apitii ad unguem facti. Ad hæc Pavli Aeginetæ de facvltatibvs alimentorvm tractatvs, Albano Torino interprete. Cum indice copiosissimo. *Basileæ*, MDXLI, pet. in-4 de 8 ff. non chiffrés et 366 pages. (De 15 à 20 fr.)

Les huit feuillets limin., comprennent le titre, la dédicace et l'index. Le corps de l'ouvrage commence à la page 1 et finit à la page 316. On lit à la fin de la dernière page : *Basileæ, mense Martio anno MDXLI.*

— Cælii Apitii svmmi advlatricis medicinæ artificis De re Culinaria libr decem. — B. Platinæ Cremonensis de Tuenda ualetudine, Natura rerum & Popinæ scientia libri X. — Pavli Æginetæ de facultatibus alimentorum Tractatus, Albano Torino Interprete. *Apvd Seb. Gryphivm. Lvgdvni.* 1541, in-8 de 314 pages et 7 ff. de table non chiffrés. (De 15 à 20 fr.)

Au verso du titre qui occupe le premier feuillet non chiffré mais compris dans la pagination, est imprimée la division (en grec et en latin) des dix livres qui composent le traité d'Apicius.

L'épître dédicatoire d'Albanus Torinus « domino D. Georgio Vuirtenbergæ, etc... » est datée de *Basileæ V. Idus Martias, anno MDXLI* (7 pages). A la page 10 commence le « De Re Cvlinaria » qui finit en haut de la page 100. Il est suivi d'un petit appendice « de Conditvris variis, ex Ioanne Damasceno... » (p. 100 à 105). — Vient ensuite (p. 106 à 124), le traité de Paul d'Egine « De facvltatibvs alimentorum... » Le volume se termine par les X livres de Platine « de tuenda ualetudine, Natura rerum et Popinæ scientia... » (p. 125 à 314). Enfin les sept ff. de table non chiffrés, sur 2 col. On voit, au verso du dernier, la marque de l'imprimeur ; mais cette marque est un peu différente de celle qui est placée au titre.

Vendu, en v., 22 fr., Antony Méray.

Ces deux éditions portent la même date de 1541, mais celle qui a été publiée à Bâle a paru avant celle donnée à Lyon par Seb. Gryphe. Cette dernière contient, en effet, la dédicace datée, comme nous l'avons dit plus haut, *Basileæ,* 1541.

— In hoc opere contenta. Apicii Cœde opsoniis et condimentis, sive arte coqvinaria libri X. Item Gabrielis Humelbergii Medici, Physici Isnensis in Apicij Cælij libros X Annotationes. *Tiguri, in officina Froschoviana, Anno* MDXLII, in-4 de 123 ff. chiffrés. (De 15 à 20 fr.)

Au verso du titre : Ioachimvs Egellivs Ravenspurgensis Medicus ad Lectorem (suivent cinq distiques).

Au feuillet 2 : « Reverendissimo principi ac domino D. VVolfgango a Grinenstain Abbati Monasterij Campidonensis dignissimo & domino suo colendissimo, Gabriel Humelbergius medicus, Physicus Isnensis. S.-P.-D. » Cette lettre qui se termine au verso du feuillet 2, est datée du mois de mai 1542. Vient ensuite. au feuillet 3 : « Gabrielis Hvmelbergii Medici in Apicii Cælii de Arte coquinaria libros & annotationes suas ad honestæ & frugi uitæ auctores præfatio. » Cette préface finit au recto du feuillet 4 dont le verso est occupé par : « Nomina Librorum Apicii. » Le corps de l'ouvrage proprement dit commence au feuillet 5. Au bas du dernier feuillet on lit : *Finis.*

— Apicii Cœlii de opsoniis et condimentis sive Arte Coquinaria Libri Decem. Cum Annotationibus Martini Lister, è Medicis domesticis serenissimæ Majestatis Reginæ Annæ et notis selectioribus, variisque lectionibus integris Humelbergii, Caspari, Barthii et Variorum. *Londini, typis Gulielmi Bowyer,* 1705, pet. in-8 de XIV-231 pages et 11 ff. non chiffrés. (De 15 à 20 fr.)

Titre rouge et noir. Une note placée au verso du titre indique qu'il n'a été tiré que 120 exemplaires de ce livre imprimé aux frais des souscripteurs dont la liste se trouve à la suite de la note et en tête de laquelle figure Lord. A. B. de Canterbury.

Les XIV pages liminaires sont occupés par un Avis au lecteur. Le corps de l'ouvrage commence à la page 1 et finit à la page 231, puis viennent les onze feuillets non chiffrés pour l'*index,* et les *errata* (au verso du dernier feuillet).

— Apicii Cælii de opsoniis et condimentis sive Arte Coquinaria libri decem. Cum annotationibus Martini Lister, e medicis domesticis serenissimæ Majestatis Reginæ Annæ, et notis selectioribus, variisque lectionibus integris, Humelbergii, Barthii, Reinesii, A. Van der Linden. & aliorum, ut et variarum Lectionum Libello. Editio secunda longe auctior atque emendatior. *Amstelodami, apud Janssonio-Waesbergios,* 1709, in-8, front. gravé. (De 15 à 20 fr.)

Titre rouge et noir (1 feuillet).

Le frontispice dessiné et gravé par J. Goeree représente un intérieur de cuisine antique.

Dix-sept feuillets préliminaires pour la dédicace de Theod. Jans. Almeloveen à Martin Lister, la préface de Martin Lister au lecteur, les jugements et témoignages sur Apicius. Le corps de l'ouvrage comprend 277 pages. On trouve ensuite 18 pages non chiffrées pour les « Variæ lectiones » et 25 p. également non chiffrées pour l'*Index.*

Cette édition est assez estimée : on peut l'annexer à la collection des *Variorum* ; d'après M. Graesse, *Trésor des livres rares et précieux,* elle n'aurait été tirée qu'à 100 exemplaires, mais cela ne paraît pas absolument certain.

— Cælii Apicii de opsoniis et condimentis sive arte coquinaria libri X, cum lectionibus variis atque indice edidit Joannes Michael Bernhold comes palatinus Cæsareus, phil. et med. D. Serenissimo Marchioni Brandenburgionoldino-Culmbacensi. A consiliis aulæ Physicus supremarum præfectuarum vffenhemensis et Creglingensis academiæ imperiali naturæ scrutatorum adscriptus. *S. l. n. d.* (*Lubeck, 1791*), pet. in-8 de XIV-250 pages. (De 10 à 12 fr.)

L'éditeur, dans sa préface, cite plusieurs éditions d'Apicius, entre autres une de : *Mediolani, 1490* ; M. Brunet doute de son existence.

Une autre édition donnée par Bernhold, *Marcobraitæ, 1787,* pet. in-8, figure au Cat. Boarzi.

— Apici Cæli de re coquinaria libri decem. Novem Codicum ope adiutus, auxit, restituit, emendavit et correxit, variarum lectionum parte potissima ornavit strictim et interim explanavit Chr. Theophil. Schuch. *Heidelbergæ, 1867,* in-8 de 202 pp. (De 5 à 6 fr.)

Le nom d'Apicius est suffisamment connu pour qu'il ne soit pas nécessaire de lui consacrer une longue notice. On sait qu'il a existé trois Apicius, tous trois réputés pour leur gourmandise, l'un vivant sous Tibère, l'autre au temps de Sylla et le troisième sous Trajan. Aucun d'eux ne paraît être l'auteur du traité culinaire dont nous venons d'énumérer les différentes éditions.

M. Gabriel Peignot, dans une note placée au bas de la page 2 de ses *Comestibles et vins de la Grèce,* émet cet avis que, le prénom de Cœlius ne convenant à aucun des trois Apicius, il serait possible que Cœlius fût le

nom de l'auteur et Apicius le titre du livre. Il convient, en effet, de rappeler que, chez les anciens, on donnait le nom d'Apicius à un grand nombre de mets délicats et recherchés.

Ce qu'il y a de certain, c'est que le traité *de Opsoniis* et le traité *de Re Culinaria* ne forment qu'un seul et même ouvrage sous un titre différent, et M. Cadet-Gassicourt a commis une erreur lorsque, dans son *Cours gastronomique,* il en a fait deux ouvrages distincts.

APICIUS A VENDEMIIS (le chevalier). — Nunc est bibendum. Etudes et recherches scientifiques et archéologiques sur le culte de Bacchus en Provence au XVIIIe siècle, par le chevalier Apicius a Vendemiis, *Toulon, 1860,* in-8 de 4 ff. prél. et 70 pages. (De 4 à 5 fr.)

Apicius a Vendemiis n'est qu'un pseudonyme sous lequel s'est dissimulé M. Laurent de Crozet, de Marseille.

APOLOGIE des modernes ou réponse du Cuisinier françois auteur des Dons de Comus à un pâtissier anglois. *S. l.,* in-8 de 44 pages. (*A la fin :* MDCCXL.) (De 8 à 10 fr.)

Par Meusnier de Querlon.

APOLOGIE du jeûne. *Genève, 1787,* in-8 de 124 pages. (De 5 à 6 fr.)

L'auteur anonyme de cet ouvrage y fait l'apologie de la sobriété et discute la question de savoir combien de fois on doit manger par jour. On trouve également une liste prise dans un ouvrage d'Adrien Baillet, contenant une nomenclature des solitaires austères qui mangeaient et buvaient peu, mais vivaient fort longtemps.

APPERT (François). — L'art de conserver pendant plusieurs années toutes les substances animales et végétales, par Appert. *Paris, Barrois, 1810,* in-8.

— Le même..... deuxième édition, revue et augmentée de plusieurs observations et de nouvelles expériences. *Paris, Patris et Cie, 1811,* in-8. (Tirée à 4000 exemplaires.)

La troisième édition a paru sous ce titre :

— Le livre de tous les ménages ou l'art de conserver pendant plusieurs années toutes les substances animales et végétales, par M. Appert, ancien confiseur et distillateur, élève de la bouche de la maison ducale de Christian IV, etc. 3ᵉ édition, revue, corrigée et augmentée de procédés nouveaux, d'expériences et d'observations nouvelles. *Paris, Barrois*, 1813, in-8. (De 2 à 3 fr.)

— Le même....., 4ᵉ édition, *Paris, Barrois l'aîné*, 1831. in-8 de XIX-267 pp., avec 4 planches. (2 fr.)

— Le Conservateur... Cet ouvrage faisant partie de la collection des œuvres de Carême, voyez Carême (Antonin) ; voyez aussi : Encyclopédie domestique.

La première édition de l'*Art de Conserver*, etc., a été traduite en anglais sous ce titre :

— The art of Preserving all kinds of animal and vegetable substances for several years, By M. Appert, translated from the French. *London*, 1812, in-8.

APPERT (Pascal). — J'détaill' du saucisson de Lyon, chansonnette parlée ; paroles de Pascal Appert musique d'E. Gaujet, *Paris, Tralin*, 1887, in-4 de 3 pages. (o fr. 50.)

A PROPOS d'un pâté, ou Rira bien qui rira le dernier. Proverbe en un acte à l'usage des jeunes gens, par M. l'abbé L***, professeur. *Bordeaux, Chaumas*, 1860. in-12 de 47 pages. (o fr. 50.)

AQUŒUS (Stephanus). — Encomium Brassicarum sive Caulium per Stephanum Aquœum. *Parisiis, Christianus Wechelus*, 1531, in-8 de 70 pages. (De 50 à 60 fr.)

Ouvrage rare et curieux qui contient l'éloge ou plutôt l'histoire des choux.

Aquœus (Stephanus) est le nom latin d'Étienne Daigue (voyez ce nom), que La Croix du Maine et du Verdier appellent Estienne de l'Aigue.

ARAGO (Jacques). — Physiologie du bonbon par Jacques Arago. *Chez tous les confiseurs* (*Paris, imp. de Mᵐᵉ Dondey-Dupré*, 1842), in-64 de 22 pages dont 6 non chiffrées, vignette. (De 2 à 3 fr.)

— Comme on dîne partout, par Jacques Arago. *Paris, à la librairie curieuse de Bohaires* (1842), in-18 de VIII-202 pages. Vignette sur la couverture. (De 3 à 4 fr.)

Dans cet opuscule humoristique, M. Jacques Arago nous initie à la cuisine des Patagons, des Hottentots, des Caffres, et de bien d'autres peuples plus ou moins civilisés sans oublier même les repas d'anthropophages.

— Comme on dîne à Paris, par Jacques Arago. *Paris, Berquet et Pétion*, 1842, in-18 de XVIII-291 pages. Vignette sur le titre. (De 2 à 3 fr.)

Ce petit volume contient d'amusantes anecdotes sur les restaurants de Paris et sur la manière dont on s'y nourrit, depuis le dîner à 4 sous, le dîner à la « seringue », jusqu'aux soupers les plus fins des cafés anglais, Foy et de la Maison dorée.

M. Arago a également publié la *Physiologie de la Marraine. Paris, chez tous les confiseurs*, 1843. in-64. Mais, bien que cet opuscule se vende chez tous les confiseurs, la gourmandise n'y joue aucun rôle.

ARANDAS (Georges). — Le bifteck d'ours et la truite d'Alexandre Dumas.

M. Quérard qui cite ce morceau dans ses *Supercheries* et dévoile le véritable nom de l'auteur, M. Humbert Ferrand, avocat à Belley, ne fournit pas d'autre indication. Toutefois, il ajoute qu'il a été reproduit dans un grand nombre de journaux. Nous n'avons pas pu nous procurer cette pièce, qui ne se trouve pas à la Bibliothèque nationale.

ARBUTHNOT. — An essay concerning the nature of aliments by Jo. Arbuthnot. *London*, 1735, in-8. (De 8 à 10 fr.)

Une traduction de l'ouvrage de M. Arbuthnot a paru sous ce titre : Essai sur la nature et le choix des alimens suivant les différentes constitutions, par J. Arbuthnot, trad. de l'anglais. *Paris*, 1741, in-12.

La traduction est de M. Boyer de Prebandier.

ARÇAY (Joseph d').—La salle à manger du docteur Véron, par Joseph d'Arçay (Dr Bonnet de Malherbe). *Paris, Alphonse Lemerre*, 1868, in-12 de VIII-106 pages. (3 fr. 50.)

Préface de Sainte-Beuve en tête de cet ouvrage, qui est la réimpression d'articles publiés par le *Figaro* sous le titre de « Souvenirs de la salle à manger du docteur Véron ». Le chapitre IV est consacré à Sophie, l'illustre cordon bleu de l'auteur des *Mémoires d'un bourgeois de Paris*.

ARCHAMBAULT. — Le cuisinier économe ou Élémens nouveaux de Cuisine, de pâtisserie et d'office, renfermant : 1º des notices sur les diverses espèces d'alimens, des moyens de reconnaître les meilleures qualités des denrées, et des procédés de cuisine beaucoup plus simples et moins dispendieux ; 2º des méthodes pour préparer et conserver les fruits et les légumes ; 3º une notice sur les vins et l'ordre du service, avec cinq planches. Par feu Archambault, ancien restaurateur. *Paris, Bailleul ; Renard ; Baudouin frères*, 1821, in-8. (De 5 à 6 fr.)

—Le même..., seconde édition. *Paris, Bailleul et Renard*, 1822, in-8.

— Le même... 3e édition, revue, corrigée et ornée de cinq planches pour l'ordre du service des tables ; suivie d'une notice sur les vins par M. Jullien, auteur de la Topographie des vignobles et du Manuel du Sommelier. *Paris, Renard*, 1825, in-8.

ARCHESTRATE, poète grec épicurien, a écrit un poème sur la *Gastronomie*; on n'a malheureusement pu retrouver que des fragments de l'œuvre de ce gourmand, qui vivait vers le milieu du IVe siècle avant J. Christ et professait pour les plaisirs de la table un culte des plus profonds.

Ces fragments, au nombre de soixante, ont été imprimés dans la *Collection des auteurs grecs*, publiée par M. Ambroise Firmin-Didot. On les trouvera (le texte grec, avec la traduction latine) dans le volume intitulé : Poetæ bucolici et didactici, Theocritus, Bion, Moschus, etc. *Parisiis, editore Ambrosio Firmin-Didot*, 1846, gr. in-8 à 2 col.

Voici les titres de ces fragments :

Carminum nonnullarum rem naturalem vel medicam spectantium reliquiæ Archestrati Geloi aut Syracusii :

E Carmine cui titulus deliciæ vel ventris leges, vel ventris disciplina, vel dapum disciplina, vel opsoniorum apparatus, vel opsoniorum disciplina quæ supersunt.

Archestrate est souvent cité dans le *Banquet des Savants*, d'Athénée, dans le *Voyage du Jeune Anacharsis*, de Barthélemy, et depuis, dans les *Classiques de la Table* et toutes autres compilations du même genre.

ARLEQUIN friand, comédie, parade en un acte, en prose, mêlée de vaudevilles, représentée pour la première fois sur le Théâtre du Vaudeville en mai 1793. *Paris, madame Toubon*, 1793, in-8. (De 2 à 3 fr.)

Fait partie du théâtre complet de L.-B. Picard, de l'Institut.

ARLEQUIN réformateur dans la cuisine des moines, ou plan pour réprimer la gloutonnerie Monacale, au profit de la Nation épuisée par les brigandages de harpies financières. Dédié à Monseigneur de Brienne, ex-principal ministre, par l'Auteur de Lanterne Magique de la France. *Imprimé à Rome, avec permission & privilége du Pape*, 1789, in-18. (De 10 à 15 fr.)

Cet opuscule violent dirigé contre les moines des couvents à qui l'auteur reproche de faire trop excellente chère est assez rare.

Il a été réimprimé textuellement sur l'édition originale, *Londres, de l'imprimerie particulière de lord C****, 1876, et tiré à cent exemplaires numérotés. (De 5 à 6 fr.)

ARMSTRONG. — L'art de conserver la santé, poème traduit de l'anglais, par N. B. Monne, d. m. p. *Paris, Goujon*, 1827, in-18. (2 fr.)

ARNAL. — La légende des pruneaux, composition et création de M. Arnal, à l'Harmonie de Paris, *Dijon, Demeurat*, 1877, in-4 d'une page à 3 col. (1 fr.)

ARNAUD. — Trésor ménager et commercial ou choix de nouvelles découvertes utiles à tout le monde, recueillies par M. Arnaud. *Toulouse, imp. de Chauvin*, 1854, in-8. (1 fr.)

ARRATA (le chevalier). — Recueil et choix des meilleures recettes applicables à l'économie domestique. Découvertes chimiques et médicales. *Perpignan, impr. d'Alzine*, 1836, in-12. (2 fr.)

Le même.... *Bordeaux, Lanefranque*, 1838, in-8.

Le nom de l'auteur se trouve sur la couverture.

ARREST de la Cour de Parlement, concernant les boulangers de la ville et fauxbourgs de Paris, et les boulangers forains de ladite ville (23 septembre 1757). *A Paris, chez P. G. Simon, imprimeur du Parlement*, in-4 de 2 feuillets. (3 fr.)

ARREST de la Court de Parlement, conformemét suyuant le vouloir et intention du Roy sur le faict de la police, des superfluitez de toutes sortes d'abits : et reiglement des maistres Iurez des mestiers, Tauerniers et Cabarestiers, et vacabons estans en ceste ville. *A Paris, pour Iean Dallier libraire, demourant sur le pont Sainct Michel, à l'enseigne de la Rose blanche*, 1565. Auec priuilége de la Court. (5 fr.)

Arrêt cité par M. de Montaiglon, *Recueil de poésies françoises*, t. XI p. 39 ; publié le 22 décembre 1565, cet arrêt porte défense aux taverniers de recevoir « aucune personnes domiciliers (*sic*) et tenant mesnage »; il défend aussi « à tous artisans et maistres des métiers de ne faire aucuns banquetz, etc. »

ARREST de la Cour de Parlement du vingt septième mars 1696 qui confirme les Mes de la communauté des vinaigriers, distilateurs d'eau de vie et esprit de vin, dans le droit et possession de vendre et débiter de l'eau de vie en gros et en détail, et d'en donner à boire dans leurs boutiques et maisons, dans de petits verres ou tasses : Et qui juge que les limonadiers ne peuvent sous aucun prétexte demander d'aller en visite dans les maisons des Mes Vinaigriers. (27 mars 1696), in-4 de 3 pages. (5 fr.)

ARREST de la Cour de Parlement, pour la subvention et nourriture des pauvres de la province de Normandie. *Rouen, Mart. le Mesgissier*, 1618, pet. in-4. (5 fr.)

ARREST de la Cour de Parlement, rendu en faveur de la communauté des maîtres chaircutiers de Paris, contre la communauté des maîtres Traiteurs. Portant défenses aux Maîtres Traiteurs de vendre et débiter au public du jambon de pays, même de Bayonne et de Mayence, entiers, par morceaux, à la livre, ou autrement, à peine d'amende et de confiscation. Du dix-sept juillet 1741. *De l'imprimerie de Thiboust*, 1741, in-4 de 12 pages. (4 fr.)

ARREST de la Cour du Parlement, qui déclare nulle l'ordonnance de police du 6 septembre 1749, ordonne que les Statuts et Réglemens de la Communauté des Traiteurs seront exécutés selon leur forme et teneur ; en conséquence fait défenses au sieur Potherat et à tous autres maîtres de la Communauté des Traiteurs tant anciens que modernes et jeunes, autres que les Jurés en charge, de faire des visites chez lesdits Maîtres Traiteurs et partout ailleurs à peine de nullité desdites Visites et de demeurer garans en leur propre et privé nom de toutes pertes, dépens, dommages et intérêts ; et condamne ledit Potherat en tous les dépens envers toutes les Parties (9 juin 1756). *De l'imprimerie de Le Breton, imprimeur-ordinaire du Roi, in-4 de 4 feuillets.* (4 fr.)

ARREST de la cour du Parlement qui fait deffense à tous patissier et boulengers de fabriquer ni vendre à l'occasion de la fête des rois, aucuns gâteaux de quelque nature qu'ils soient. Du 31 décembre 1740. (4 fr.)

Réimprimé, p. 239 à 241, tome V des *Variétés historiques et littéraires*, d'Edouard Fournier.

ARREST du Conseil d'État du Roy, du 25 décembre 1742. Qui ordonne l'exécution de l'ordonnance de 1680 et de l'Arrest du Conseil du 20 Juillet 1728. Fait défenses aux Chaircuitiers Forains de faire entrer à Paris des marchandises de porcs frais, hors les jours de marchés et avant l'heure prescrite par l'ordonnance, etc. *A Paris, de l'imprimerie de Mesnier, ruë Saint Severin, au Soleil d'or,* 1743, in-4 de 5 pages. (4 fr.)

ARREST notable rendu au profit de la Communauté des Maistres Vinaigriers, contre les limonadiers (26 mars 1694). *De l'imprimerie de la veuve de Charles Coignard,* in-4 de 11 pages. (6 fr.)

ARREST sur le Traffic de Vin des hostelleries et tavernes. *S. l.,* 1629, in-8. (6 fr.)

ARRÊT de la cour de Parlement de Rouen, qui fait défenses à toutes personnes d'insérer dans les cidres aucuns ingrédiens ou corps étrangers, de quelque nature et qualité qu'ils soient, sous peine d'êtres poursuivies extraord., et punies de peines pécuniaires ou corporelles, même de mort, suivant l'exigence des cas; 7 juillet 1775. *Rouen, Rich-Lallemant,* 1775, in-4 de 6 pages. (4 fr.)

ARRÊT du 29 novembre 1710 qui défend aux charcuitiers de Paris de faire leurs achats de porcs ailleurs que dans les marchés de Paris, Poissy et Sceaux, etc. In-4. (4 fr.)

ARRÊT du 28 juin 1786 qui permet aux Traiteurs-Restaurateurs de recevoir du monde dans leurs salles et y donner à manger jusqu'à onze heures en hiver et minuit en été, etc. *Paris,* 1786, in-4. (3 fr.)

ARRÊT du 21 juillet 1759 concernant la communauté des fruitiers-orangers. In-4. (4 fr.)

ARRÊTS de la cour de Parlement et ordonnances faictes sur la Police en ceste ville de Rouen. *Rouen, Mart. Le Mesgissier,* 1587, in-8. (6 fr.)

Ce volume renferme les actes suivants: sur le pain (1578); sur le vin, sidre et poirey (1574); sur le vin, beurre, suif, foing et bois (1578); sur la chair (1578); sur le vin, sidre, poirey et conihoux et règlement pour les serviteurs et servantes (1573). [*Man. du bibliogr. normand.*]

ARRÊTS du parlement portant permission d'exposer et vendre des œufs dans les marchés et places publiques de Paris, pendant le Carême. *Paris,* 1755, et années suivantes jusqu'en 1787, in-4. (4 fr.)

ARRIVÉE (L') du brave Toulousain et le devoir des braves Compagnons de la petite manicle. *Lons-le-Saulnier, Gauthier, s. d.,* in-12. (De 10 à 12 fr.)

On y trouve le récit du Superlicoquentieux festin fait aux savetiers par Maximilien Belle-Alesne.

ART (L') CULINAIRE. Recueil périodique de Cuisine française et étrangère. Organe officiel de la Société des Cuisiniers français. Paraissant le 1er et le 16 de chaque mois. *Paris, imprim. Mersch,* in-8 de 32 pages.

N'a eu qu'un seul numéro daté du 1er juin 1883. Cette publication n'a aucun rapport avec la suivante.

ART (L') CULINAIRE. Revue de la Cuisine et de la Table, organe spécial de la Société des Cuisiniers français et de l'école professionnelle de Cuisine (cuisine, pâtisserie, office), section générale de l'*Union universelle* pour le progrès de l'Art culinaire à Paris, Cuisine théorique, pratique et historique. Menus et Recettes inédits, Anecdotes, Gastronomie, Causeries, etc., etc. *Paris, Rédaction et Administration*, 15, rue Gozlin.

Cette revue qui paraît le 15 et le 30 de chaque mois a été fondée en 1883. Le premier numéro porte la date du 28 janvier de cette année. Elle est rédigée par des praticiens distingués parmi lesquels nous citerons MM. Dessolliers, Urbain-Dubois, Vassant, A. Suzanne, A. Ozanne. (Voyez ces deux noms.) Les dessins sont signés de MM. Henriot, le spirituel caricaturiste *Pif* du *Charivari*, Victor Morin et Noël, tous deux cuisiniers et artistes.

L'*Art culinaire* publie aussi des chroniques gastronomico-littéraires de MM. Chatillon-Plessis et Fulbert Dumonteil. Depuis sa fondation, cette publication, pleine d'intérêt pour ceux qui touche la gourmandise, a eu quatre rédacteurs en chef, tous quatre des cuisiniers habiles : MM. Tavenet, Levanneur, Genin, le promoteur des concours culinaires, et Dessolliers.

Prix de l'abonnement : France, un an 12 fr. Etranger 14 fr. Un numéro 60 centimes. Voyez Revue (la petite).

ART (L') d'accommoder les restes, dédié aux petites fortunes, par un Gastronome émérite. *Paris, Achille Faure*, 1866, in-18 de 180 pages. (1 fr. 50.)

— Le même... nouvelle édition *Paris, Hachette et Cie*, 1879, in-12 de 178 pages. (1 fr. 50.)

ART (L') de bien traiter, divisé en trois parties. Ouvrage nouveau, curieux et fort galant, utile à toutes personnes et conditions. Exactement recherché, et mis en lumière, par L. S. R. *A Paris, chez Jean Du Puis, ruë S. Jacques à la Couronne d'or*, 1674, in-12 de 1 feuillet limin. et 413 pages. (De 50 à 60 fr.)

Une partie de cette édition porte, sur le titre, la marque et le nom de *Frédéric Léonard, imprimeur du Roy, ruë S. Jacques, à l'Escu de Venise*, 1674.

C'est d'ailleurs à Jean Du Puis, libraire et imprimeur à Paris qu'a été donné le privilège du Roy, lui permettant d'imprimer ou de faire imprimer l'*Art de bien traiter* (sic). Et il est fait mention dans l'extrait de ce privilège que l'on trouve à la dernière page du volume (verso de la page 413) d'un acccord fait entre Jean Du Puis et Frédéric Leonard.

La préface de l'*Art de bien traiter* que Barbier attribue au sieur Robert est des plus curieuses ; on en jugera par ce passage que nous citons : « J'espere donc que cette petite production. écrit l'auteur, ne sera pas tout à fait mal venüe, chés nos illustres friands, pour qui la politesse du manger a des charmes inconcevables, qu'elle sera même goûtée des esprits les plus difficiles, et les moins accoustumés à donner leur applaudissement aux choses, que les experts en cette profession aussi bien que les moins versés y pourront trouver des douceurs, et des satisfactions assés considérables. »

Par exemple, le sieur Robert est peu tendre pour son confrère le Sieur de Varenne qui ne doit être autre que le sieur de la Varenne auteur du *Cuisinier françois* dont nous parlerons plus loin. Il est permis de supposer que le succès obtenu par la Varenne dont le livre avait eu de 1651, date de son apparition jusqu'en 1674, année où fut publié l'*Art de bien traiter*, plusieurs éditions, n'a pas été sans exciter chez l'auteur une certaine pointe de jalousie. Et ne serait-ce pas sous cette impression que le sieur Robert aurait, dans sa préface, si violemment malmené l'escuyer de cuisine de M. le marquis d'Uxelles ? « Je crois même, écrit-il, qu'on ne verra point ici les absurdités et les dégoûtantes leçons que le Sieur de Varenne ose donner, et soutenir dont il a depuis si longtemps leüré et endormy la sotte et ignorante populace... »

Cette querelle qui est assez humaine en somme, n'a d'ailleurs qu'un intérêt médiocre et il convient d'ajouter que l'*Art de bien traiter* est plein de curieux détails sur la cuisine au XVIIe siècle.

Ce livre, dont il n'existe pas, croyons-nous, d'autres éditions est, du reste, fort recherché.

Un exemplaire en maroq. rouge (*Trautz-Bauzonnet*) a été adjugé à la vente de M. le baron Pichon : 150 fr.

ART de conserver les substances alimentaires particulièrement employées dans l'économie domestique pour la nourriture des hommes; suivi des moyens de désinfecter celles qui seraient corrompues et d'utiliser celles qui ne sont pas susceptibles d'être conservées par J. L. R. *Paris, Rousselon*, 1824, in-12. (De 2 à 3 fr.)

Voyez Laiterie (la).

ART (L') de conserver sa santé composé par l'école de Salerne, traduit en vers françois par B. L. M. *La Haye, J. Van Duren*, 1743, in-12 de 104 pages. (De 8 à 10 fr.)

Par Bruzen de la Martinière.
Cette traduction de Bruzen de la Martinière a été plusieurs fois réimprimée. L'épitre dédicatoire est adressée à M. du Perron, docteur de la faculté de médecine de Montpellier.

— Le même... *Paris, Leprieur*, 1749, in-12 de XXXVII-77 pages et 5 feuillets non chiffrés; *Paris*, 1753, pet. in-8; *Paris*, 1760, in-8; *Paris*, 1766, in-12; *Amsterdam*, 1770, in-12.

— Le même... augmenté d'un Traité sur la conservation de la Beauté des Dames et de plusieurs autres secrets utiles et agréables. *Paris, par la Compagnie des Libraires associés*, 1777, in-12 de 12-166 pages et 5 feuillets non chiffrés. (De 4 à 5 fr.)

— L'Ecole de Salerne, ou l'art de conserver sa santé, en vers latins et français. Suivi d'un discours sur l'Ecole de Salerne et sur les vers léonins. *Avignon, F. Seguin aîné*, 1816, in-12 de 11-158 pages. (De 3 à 4 fr.)

— L'art de conserver sa santé ou conseils donnés par l'Ecole de Salerne, avec la traduction en vers français par M. L. M. *Paris, Boiste fils aîné*, 1826, in-16 de XXXVII-134 pages. (De 3 à 4 fr.)

Il a été tiré 20 exempl. sur vélin qui n'ont pas été mis dans le commerce. Une note de la *Bibliographie de la France* dit que cette traduction est la même que celle qui parut en 1743 à la Haye et que les initiales M. L. M. signifient M. La Martinière.

On a conservé dans cette édition la préface et la notice sur l'Ecole de Salerne.

— L'art de conserver sa santé composé par l'Ecole de Salerne. Traduit en vers français par M. B. L. M. Nouvelle édition augmentée de notes importantes. *Paris, chez l'éditeur (impr. de Périsse à Lyon)*, 1848, in-12. (De 2 à 3 fr.)

Enfin tout récemment, un bibliophile, M. Paul de Cauville, vient de donner une réimpression de la traduction de Bruzen de la Martinière (édition de 1743). Cette réimpression exécutée par Crété de l'Arbre, imprimeur à Corbeil, porte au bas du titre : *A Petit-Bourg, chez Paul de Cauville*, 1888.

Quelques exemplaires seulement ont été mis dans le commerce, les autres ont été donnés par l'auteur.

ART (L') de donner à diner, de découper les viandes, de servir les mets, de déguster les vins, de choisir les liqueurs, etc., etc., enseigné en douze leçons, avec des planches explicatives du texte. Par un ancien maître d'hôtel du président de la diète de Hongrie, ex-chef d'office de la princesse Charlotte, etc., etc. *Paris, Urbain Canel*, 1828, in-18 de 141 pages, avec planches. (De 5 à 6 fr.)

Par M. Emile Marco de Saint-Hilaire.
Voyez aussi Mangenville (le chevalier de).
L'auteur de ce petit livre fantaisiste, qui sort des presses de H. Balzac, a pris pour épigraphe cet aphorisme de Brillat-Savarin : « Convier quelqu'un, c'est se charger de son bonheur pendant tout le temps qu'il est sous notre toit. » L'*Art de donner à diner* est orné d'une figure coloriée signée Henry Monnier, avec cette légende : L'auteur dans ses fonctions.
Voici maintenant les titres des douze leçons : I. Coup d'œil général sur la cuisine depuis son origine jusqu'à nos jours; II. Instruction préparatoire; III. Du placement des convives à table; IV. Des menus en général; V. Du couvert et des mets; VI. De la dissection; VII. Des grosses viandes; VIII. Des viandes blanches, du

cochon et de la venaison ; IX. De la volaille ; X. Du gibier ; XI. Des poissons ; XII. Du dessert, du café, des vins et des liqueurs.

Ces leçons sont précédées d'un « avant-propos » et suivies d'une « conclusion ». Les planches, au nombre de 15, paraissent avoir été dessinées d'après celles du *Manuel des Amphytrions*, mais il est à noter qu'elles se trouvent, dans l'*Art de donner à dîner*, en sens inverse.

Dans son Avant-propos, l'auteur raconte qu'il a puisé l'idée de son petit ouvrage dans un manuscrit italien retrouvé par lui, à la bibliothèque du conseil d'État, intitulé : *Catalogo dell' inventori delle cose qui se mangiano*, in-4, orné de plus de cinquante figures coloriées.

ART (L') de faire la bière. Ouvrage élémentaire, théorique et pratique, donnant les moyens de faire la bière en toute saison avec nombre de végétaux et produits de végétaux, soit racines, tiges, fruits, semences, etc. *Paris, Carilian-Gœury*, 1821, in-8. (De 5 à 6 fr.)

ART (L') de faire le beurre et les meilleurs fromages d'après les agronomes qui s'en sont le plus occupés tels que Anderson, Tawnley, Desmarets, Chaptal, Villeneuve, Huzard fils, etc. *Paris, madame Huzard*, 1828, in-8, 5 figures. (De 3 à 4 fr.)

Le même, 2ᵉ édition, *Paris, madame Huzard*, 1833, in-8, 7 fig.
La troisième édition, in-8 de 360 pages et 11 planches a paru, *Paris, Bouchard-Huzard*, 1866.

ART (L') de faire le pain. *Genève, Paschoud*, 1811, in-8. (De 4 à 5 fr.)

ART de faire le vin et de distiller les eaux-de-vie, par A. C***. *Paris, Guibert*, 1820, in-8, 2 planches. (De 4 à 5 fr.)

ART (L') de faire maigre. *Paris, Paul Ollendorff*, 1887, in-8 de VI-107 pages. (5 fr.)

ART (L') d'employer les fruits et de composer à peu de frais toutes sortes de confitures et de liqueurs, pour faire suite à la Pâtisserie de la campagne. *Paris, Audot*, 1818, in-12. (3 fr.)

Le titre de la seconde édition est ainsi modifié :

L'art de conserver et d'employer les fruits, contenant tous les procédés les plus économiques pour les confire et pour composer les liqueurs, sirops, glaces, boissons de ménage, etc. Pour faire suite à la Cuisinière de la campagne et de la ville. Seconde édition entièrement refondue et augmentée de beaucoup de recettes nouvelles. *Paris, Audot*, 1823, in-12 de XI-178 pages. (2 fr.)

— Le même... 3ᵉ édition, *ibidem, idem*, 1829, in-12. (2 fr.)
Pour les éditions suivantes, voyez Quentin (Pierre).

ART (L') des sucreries. Confitures, conserves, pâtes, compotes, gelées, crèmes, tourtes, flans, entremets. *Paris, Librairie illustrée, s. d.*, in-8 de IV-III pages. (3 fr. 50.)

ART (L') du Limonadier, extrait des meilleurs auteurs qui ont traité de la distillation et principalement de *Dubuisson*, contenant la manière de préparer les bavaroises, le cachou, le café, le chocolat ; de former les conserves de roses, les crèmes et fromages glacés..... Ouvrage utile, non seulement aux Limonadiers, aux Distillateurs, mais à tous les Économes et Pères de famille. *Paris, A. Galland*, 1807, in-8. (De 4 à 5 fr.)

ART (L') nouveau de la peinture en fromage ou ramequin. *A. Marolles*, 1755, in-12 de 20 pages. (De 4 à 5 fr.)

Par Rouquet. Nous ne citons cet opuscule qui est une charge contre le comte de Caylus que pour l'originalité de son titre. On sait que le ramequin auquel il est fait allusion est une sorte de mets, composé de fromage, jadis très usité en Bresse.

ART (The) of Cookery. Made plain and Easy which far Exceeds Every Thing of the Kind ever yet published... by a Lady. *London, printed for the Author and sold at Mrs Ashburn's a China shop the*

Corner of fleet Ditch, 1747, in-fol. (De 10 à 15 fr.)

ART (The) of modern cookery displayed, consisting of the most approved Method of cookery, pastry, and confectionary of the present time, etc... By the translator a Foreigner who has been several years Clerck of the Kitchen in noble families in this Kingdom. *Lond.*, Davis, 1767, in-8. (De 5 à 6 fr.)

ARTE novissimo de cocina aumentado, o escelente coleccion de las mejores recetas. *Paris, Rosa*, 1849, in-18. (De 2 à 3 fr.)

Troisième édition de ce livre espagnol, *Paris, Rosa et Bouret*, 1857, in-18 de 396 pages; la huitième, *ibidem, idem*, porte la date de 1878.

ARTICLES, statuts, ordonnances et règlements des jurez, anciens bacheliers, et Maistres Queulx, Cuisiniers. Porte-Chappes. et Traiteurs de la Ville, Faux-bourgs, Banlieuë, Prévoté et Vicomté de Paris. Confirmez par Lettres Patentes de sa Majesté du mois d'Aoust 1663 et Registrez en Parlement le vingt-neuvième janvier 1664. *A Paris, chez Sevestre, au bout du pont Saint-Michel, du costé du Marché-neuf*, 1714, in-4 de 93 pages. (De 4 à 5 fr.)

— Les mêmes... *A Paris, chez Mesnier, ruë Saint-Severin au Soleil d'or*, 1741, in-8 de 168 pages. (De 4 à 5 fr.)
Les premiers statuts des maitres queulx, traiteurs, cuisiniers et porte-chappes datent de 1599.

ARTICLES, statuts, ordonnances et reglemens des Jurez, anciens, bacheliers, et maistres Vinaigriers. *A Paris, de l'imprimerie de Gabriel Martin, ruë Saint-Jacques, au Soleil d'or*, 1682, in-4 de 24 pages. (De 5 à 6 fr.)

ASSELINE (Alfred). — Le Cœur et l'estomac, par Alfred Asseline. *Paris, Michel Lévy frères*, 1853, in-16 de 162 pages. (De 4 à 5 fr.)

— Le même... nouvelle édition. *Paris, Michel Lévy*, 1854, in-16. (3 fr.)

M. Alfred Asseline a dédié son petit livre à la cuisinière de Jules Janin la « célèbre madame Jouanne, grand croix de l'ordre des cordons-bleus ».
Prose et vers. Voir les *Ecrevisses du château de Madrid*. — *La mère Laroche*. — *Un salmis de bécasses*, etc.

ASSELINEAU (Charles). — Les Sept péchés capitaux de la littérature et le paradis des gens de lettres, par Charles Asselineau. *Paris, Alphonse Lemerre*, 1872, pet. in-12 de XV-203 pages. (4 fr.)

Portrait de l'auteur gravé à l'eau-forte par Léopold Flameng. Dédié à Théodore de Banville. Le péché de Gourmandise occupe 24 pages (75-98).

ATHÉNÉE. — Athenæi Deipnosophistarum Libri XV, grœcè editi. *Veneliis, in ædibus Aldi et Andreæ Soceri*, anno 1514, in-fol. (De 40 à 50 fr.)

Première édition de ce livre; elle est magnifiquement exécutée, dit de Bure, et les amateurs de belles impressions en font assez de cas.

— Athenæi dipnosophistarvm sive Cœnæ Sapientvm Libri XV. Natale de Comitibvs Veneto, nunc primùm è Grœca in Latinam linguam vertente : cum pluribus ex manuscriptis antiquissimis exemplaribus additis : quæ in Grœcè hactenus impressis voluminibus non reperiebantur : ad potentissimum Ferdinandum, Pannoniæ, Boemiæ, ac Romanorum Regem. *Lvgdvni, apud Sebastianum, Barptolomæi Honorati*, 1556, in-8 de 12 feuillets et 898 pages, plus 14 feuillets pour l'index. (De 30 à 40 fr.)

Edition qui ne figure ni dans de Bure, ni dans Brunet.

— Athenæi Deipnosophistarum Libri XV gr. et lat. ex interpretatione et cum notis Jacobi Dalechampii : accedunt etiam Isaaci Casauboni animadversiones in Athenœum ; necnon variæ lectiones et conjecturæ. *Lugduni, de Harsy*, 1612, 2 vol. in fol. (De 25 à 30 fr.)

Les mêmes... *Lyon, Huguetan*, 1657, 2 vol. in-fol.

Les mêmes... *Lyon*, 1664, 2. vol. in-fol.

Les mêmes... *Argentorati*, 1801-1807, 14 vol. in-8.

Les mêmes... *Lipsiæ, Weidmann*, 1827, t. I à III in-8.

Les mêmes... *Lipsiæ, Tauchnitz*, 1834, 4 vol. in-16.

La première traduction française de l'œuvre d'Athénée a été donnée en 1680 :

— Les Quinze livres des Déipnosophistes d'Athénée, traduits pour la première fois en françois par M. de Marolles, sur le grec original, après les versions latines de Natalis Comes, de Padoue et de Jacques d'Alechamp de Caen. *Paris, Jacq. Langlois*, 1680, in-4, portr. gravé par Nanteuil. (De 25 à 30 fr.)

Cette traduction, annoncée ainsi par Brunet porte la même date, le même lieu d'impression, le même nom d'imprimeur que celle que décrit de Bure sous le n° 3916 de sa *Bibliographie instructive* et dont il donne le titre suivant:

— Les XV livres des Déipnosophistes d'Athénée ; ouvrage délicieux, agréablement diversifié et rempli de narrations sçavantes sur toutes sortes de sujets ; trad. en françois par Michel de Marolles, Abbé de Villeloin. *Paris, Langlois*, 1680, in-4.

Une nouvelle traduction du *Banquet des Savants d'Athénée* a paru sous ce titre :

— Banquet des savants par Athénée. Traduit tant sur les textes imprimés que sur plusieurs manuscrits, par M. Lefebvre de Villebrune. *A Paris, chez Lamy, libraire... De l'imprimerie de Monsieur*, 1789-1791, 4 vol. in-4.

Frontispices et 27 vignettes d'après B. Picart, Cipriani, Le Bouteux, Le Barbier, Moreau, Saint-Quentin. (De 60 à 80 fr.)

Mélange de figures qui ont servi, dit le *Guide Cohen*, à d'autres ouvrages.

Une édition, 5 vol. in-4, avait été donnée par Didot en 1785. Il en avait été tiré 2 exemplaires sur peau de vélin.

Le traducteur d'Athénée, M. Lefebvre de Villebrune a dédié sa traduction à monseigneur de Barentin, garde des sceaux de France.

Disons maintenant quelques mots sur ce *Banquet* qui doit prendre place dans une bibliothèque gourmande.

Athénée y traite, en effet, d'une quantité de sujets relatifs à la gastronomie. Les noms des gourmands les plus fameux, des cuisiniers célèbres y sont cités ; les vertus et qualités des légumes, poissons et animaux font le sujet de longues dissertations ainsi que les vins, les usages admis dans les repas et fêtes épulaires. On y trouve aussi des renseignements sur les Apicius.

— Morceaux extraits du banquet des savans d'Athénée par M. Hubert, avec le texte en regard, des notes et une table. *Paris, Hachette*, 1828, in-8. (De 5 à 6 fr.)

ATLAS de l'Encyclopédie domestique. Recueil de procédés et de recettes, concernant les arts et métiers et l'économie rurale et domestique. *Paris*, 1830, in-4 obl. (De 3 à 4 fr.)

AUBERGIER. — Mémoire sur la culture de la vigne, l'art de faire les vins, et sur la distillation des eaux-de-vie de marc en particulier et de l'alcool en général. *Paris et Clermont-Ferrand*, 1820, in-8 de 32 pages. (2 fr.)

M. Aubergier, pharmacien à Clermont, est également l'auteur d'une méthode sur la vinification qui a paru, en 1825. chez Mme Huzard, in-12, avec une planche.

AUBERT. — L'interprète gastronomique ou Carte du jour ; par M. Aubert, professeur et traducteur de langues. *Paris, l'auteur*, 1861, in-4 de 23 pages. (2 fr.)

AUBERT (Mme Constance). — Manuel d'économie élégante par Mme Constance Aubert. *Paris, Taride*, 1859, in-18 de 158 pages. (De 3 à 4 fr.)

Divisé en xxiii chapitres. Le chapitre x est intitulé : *Le dîner ;* le chapitre xi, *Service de la table.*

AUDIGER. — La maison réglée et l'art de diriger la maison d'un grand Seigneur & autres, tant à la Ville qu'à la Campagne, et le devoir de tous les Officiers, & autres Domestiques en général. Avec la véritable méthode de faire toutes sortes d'Essences, d'Eaux & de Liqueurs, fortes et rafraîchissantes à la mode d'Italie. Ouvrage utile et nécessaire à toutes sortes de personnes de qualité, Gentilshommes de Provinces, Étrangers, Bourgeois, Officiers de grandes Maisons, Limonadiers & autres Marchands de Liqueurs. Dédié à Monseigneur Phelipeaux. *A Paris, chez Nicolas le Gras, au troisième pilier de la grand'salle du Palais, a l'L couronnée.* 1692, in-12 de 11 feuillets limin. non chiffrés 4-267 pages et 7 feuillets non chiffrés, 6 planches. (De 80 à 100 fr.)

Les 11 feuillets limin. sont occupés par le titre (verso blanc), l'épître à monseigneur Phelypeaux et la préface. Les pages qui suivent (1 à 4) contiennent. « Sonnet sur la maison réglée de monsieur Audiger », « à monsieur Audiger, autheur de la maison réglée. Epigramme », « au mesme sur ce qu'il a eu l'honneur d'apprester les liqueurs,... Madrigal », « a monsieur Audiger sur son livre de la maison réglée. Madrigal ». Ces pièces de vers sont signées par M. Duchesnay.

Le corps de l'ouvrage commence à la page 1 (nouvelle pagination) et finit à la page 267: après le mot *fin.* on lit: *De l'imprimerie de Lamb. Bouland rüe S.-Jacques aux armes de la Reyne.*

Les 7 ff. n. chiff. qui viennent ensuite sont occupés par la table des chapitres et le privilège du roi donné à Audiger, le 21 février 1692. Au-dessous: *Achevé d'imprimer le 7 mai 1692.*

Vendu en mar. bl. (H. Duru), 205 fr. Bon Pichon.

Des exemplaires de cette même édition portent le nom du libraire *Michel Brunet.*

Une autre édition de la *Maison réglée* portant le même titre que l'édition de 1692 a été publiée à *Amsterdam, chez P. Mortier,* 1697, in-12, fig. et à *Amsterdam, chez Paul Marret, dans le Beurstraat, à la Renommée* (même date), in-12.

La même... *Paris, chez Michel Brunet,* 1700, in-12 de 11 feuillets limin. non

chiffrés, 305 pages et 9 feuillets non chiffrés pour l'index et le privilège, planches.

Dans cette seconde édition française le nom de Monseigneur Phelypeaux est écrit avec un y et non un i comme au titre de la première. Le catalogue Potier, 1870, mentionne un exemplaire de cette seconde édition, *Paris, Paul Marret,* 1700, vendu non rogné, avec une reliure de Trautz-Bauzonnet, 200 fr.

Le nom d'Audiger ne figure pas sur le titre, mais l'épître à monseigneur Phelypeaux est signée de lui. Dans l'édition de 1700 il n'y a plus trace des pièces de vers de M. Duchesnay qui se trouvent dans celle de 1692.

La *Maison réglée* fournit des indications précieuses sur la tenue d'une maison au XVIIe siècle, sur la table d'un grand seigneur et sur la manière de la servir; sur les fonctions de l'écuyer de cuisine, de l'officier d'office, du « somelier », du rôtisseur et de tous les autres domestiques; on y trouve également un traité sur la manière de faire les sirops, les confitures, les gelées, etc.

AUDIGUIER. — Coup d'œil sur l'influence de la cuisine et sur les ouvrages de M. Carême. par Mr Audiguier. *Paris, Levavasseur et chez tous les marchands de nouveautés,* février 1830, in-8 de 24 pages. (2 fr.)

AUDOT (Louis-Eustache). — La Cuisinière de la Campagne et de la Ville ou la Nouvelle Cuisine économique précédée d'observations très importantes sur les soins qu'exige une cave et d'une instruction sur la manière de servir à table, et sur la dissection des viandes. Avec figures. *Paris, Audot,* 1818, in-12 de LXXII-248 pages. (De 8 à 10 fr.)

Première édition de ce livre de cuisine; elle a paru sans nom d'auteur.

La seconde édition, *Paris, Audot,* 1819, in-12, porte les initiales L. E. A.

Nous donnons ici les dates de quelques-unes des nombreuses éditions de cette « cuisinière » aussi classique que populaire et que l'on a attribuée à tort à Mlle Aglaé Adanson.

— La même... 3e édition. *Paris, Audot,* 1823, in-12.

— La même... 4e édition. *Paris, Audot*, 1825, in-12 avec 11 planches.

— La même... 6e édition revue, corrigée et augmentée de 150 recettes par M. Sulpice Barrué. *Paris, Audot*, 1827, in-12, avec 9 planches dont 1 coloriée.

— La même... 7e édition. *Paris, Audot*, 1828, in-12.

— La même... 8e édition. *Paris, Audot*, 1829, in-12.

Toutes ces éditions, jusques et y compris la 39e qui parut chez *Audot*, 1859, in-12, ont été publiées sous les initiales L. E. A. Ce n'est qu'à partir de la 40e, *Paris, Audot*, in-12, que le nom de M. L.-E Audot se trouve inscrit en toutes lettres sur le titre. Depuis cette époque, tous les exemplaires de la « Cuisinière de la Campagne et de la Ville » sont signés du nom de leur auteur.

En 1864, paraissait la 44e édition, in-18 avec 300 fig. dans le texte ; la 52e, « mise au courant du progrès annuel », en 1873 ; la 58e, avec 400 figures dont 2 coloriées, en 1880, et enfin la 65e en 1887. (3 fr. 50.)

— Supplément à la Cuisinière de la Campagne et de la Ville. Art de plier les serviettes, service à la française, menus pour déjeuners et dîners. Pose du couvert..... Gastronomie intime, etc. Note gastronomique sur les fromages... par M. L.-E. A. *Paris, Audot*, in-18, *s. d.* (1852). Orné de gravures dans le texte.

La seconde édition de ce supplément qui se vend séparément, porte les noms de MM. Audot, Grandi et Motton ; elle a paru en 1880, in-12 de 216 pages, avec figures. La troisième édition est de 1885, *Paris, Audot, Lebroc et Cie*, in-12.

— Bréviaire du gastronome utile et récréatif. Aide-mémoire pour ordonner les repas dans tout état de fortune par l'auteur de la « Cuisinière de la Campagne et de la Ville ». *Paris, Audot*, *s. d.*, in-18 de près de 300 pages. (1 fr.)

M. Barbier, *Dictionnaire des Anonymes*, indique une édition du *Bréviaire du Gastronome, Paris, Audot*, 1854, in-32. Il cite comme auteur de cet ouvrage, celui de la « Cuisinière bourgeoise », et il ajoute entre parenthèses : M. L. E. A. M. Audot est bien l'auteur du *Bréviaire*, mais M. Barbier se trompe quand il lui attribue la paternité de la « Cuisinière bourgeoise » qui est l'œuvre de Menon.

Voyez QUENTIN (Pierre).

AUGUSTE. — Le déjeuner de garçons, comédie en un acte mêlée d'ariettes par M. Auguste [Creuzé de Lesser]. *Paris, Barba*, 1806, in-8. (1 fr.)

AULAGNIER (A.-F.) — Dictionnaire des substances alimentaires indigènes et exotiques, et de leurs propriétés ; ouvrage utile à ceux qui désirent connaître l'origine, la nature, le caractère spécifique, l'analyse, les falsifications et les moyens de les reconnaître, ainsi que les usages des alimens qui conviennent aux divers tempéramens. Par A.-F. Aulagnier, ancien médecin des hôpitaux militaires..... A *Paris, chez Pillet aîné*, 1830, 2 vol. in-8 de xv-332 et 356 pages. (De 8 à 10 fr.)

Le même ouvrage a paru quelques années plus tard sous ce titre :

Dictionnaire des alimens et des boissons en usage dans les divers climats et chez tous les peuples. Cet ouvrage contient l'histoire naturelle de chaque substance alimentaire, etc., par F. Aulagnier ; précédé de considérations générales sur la nourriture de l'homme. *Paris, Cosson*, 1839, in-8. (De 5 à 6 fr.)

AURIAC (Eugène d'). — Essai historique sur la boucherie de Paris, par Eugène d'Auriac. *Paris, Dentu*, 1861, in-12 de 140 pages. (2 fr.)

AUSSEL (Docteur). — La Gironde à vol d'oiseau. Ses grands vins et ses châteaux. *Paris, Dentu ; Bordeaux, Féret*, 1865, in-8 de xv-359 pages. (2 fr.)

AVANZINI. — Lezzione accademica in lode della cioccolata del dottore Giuseppe Avanzini, Medico... *Firenze, Bernardo Paperini*, 1728, in-4 de 32 pages. (De 5 à 6 fr.)

AYMES (J.). — Bazar provençal rue du Bac, n° 104, tenu par J. Aymes. Succursale boulevart des Capucines, 23. Réunion des denrées du midi et recettes de tous les plats les plus renommés de la cuisine provençale. *Paris, imprimerie de Poussielgue,* 1835, in-16, de 59 pages. (De 3 à 4 fr.)

Livret de réclame pour cet établissement alimentaire dont l'enseigne était « tout à l'ancienne mode et à la bonne foi antique ». Un tableau donnant les « prix courans du bazar provençal pour l'année 1835 » occupe le verso de la page 23 et le recto de la page 24. Le *Vin de Noé* coûtait 4 fr., *les Haricots des Princes,* 1 fr. la livre. A la page 35, commencent les recettes pour accommoder les plats gras et maigres à la manière provençale. Des notes occupent les autres pages de ce prospectus devenu presque introuvable.

— Bazar provençal ou Recueil de toutes les annonces qui ont paru depuis sa fondation et recettes culinaires de la Provence, par Aymes (de Marseille). *Paris, l'auteur, et chez tous les libraires,* 1851, in-16 de 64 pages. (2 fr.)

Cet ouvrage se vendait au profit des pauvres qui s'abstiennent de travailler le dimanche et en faveur desquels l'auteur s'occupe de fonder une bonne œuvre particulière.

BABEAU (Albert). — Les Artisans et les domestiques d'autrefois, par Albert Babeau. *Paris, Firmin-Didot et Cie*, 1885, in-8. (7 fr. 50.)

Un chapitre de cet ouvrage est entièrement consacré à la nourriture.

— Le même... deuxième édition, *Paris, Firmin-Didot*, in-12.

— Les Bourgeois d'autrefois par Albert Babeau. *Paris Firmin-Didot*, in-8. (7 fr. 50.)

— Le même... seconde édition. *Paris, Firmin-Didot*, 1886, in-12 de v-418 pages. (3 fr.)

Le chapitre VIII traite exclusivement des Repas : mais on rencontre dans les autres parties du livre de M. Babeau un grand nombre de renseignements intéressants sur les cuisines, les confitures, les festins et grands dîners, etc., etc.

BACCHUS (Le), journal riant et grondant des Marchands de vins, Liquoristes, Traiteurs, Limonadiers et Consommateurs. *Paris, impr. de Vassal*, in-4.

Le n° 1 de cette feuille bi-hebdomadaire a paru le dimanche 4 juin 1843. La *Bibliothèque nationale* en possède cinq numéros ne se suivant pas ; le dernier de la collection porte n° 11.

BACCHUS et l'Amour ou les Gastronomes en goguettes contenant des chansons, etc. *Rouen, impr. de La Crène-Labbey*, 1817, in-32. (2 fr.)

BACCHUS, l'amour et les plaisirs, ou Recueil de chansons bachiques et de rondes de table. *A Epicure, chez les amis du bonhomme Silène, s. d.*, in-16. (2 fr.)

BACCIUS. — De natvrali vinorvm historia de vinis italiæ et de conuiujs Antiquorum libri septem Andreæ Baccii Elpidiani Medici atq; Philosophi Ciuis Romani accessit de factitiis ac cervisiis, deq; Rhem. Galliæ, Hispaniæ, & de totius Europæ Vinis & de omni Vinorum usu compendiaria tractatio ad Amplissimvm S. R E. card. Ascanivm colvmnam. *Romæ, ex officina Nicolai Mutij*, 1596, in-folio.

L'ouvrage de Baccius est d'une grande rareté ; c'est un des traités les plus considérables qui aient été publiés sur les vins de France, d'Espagne et de tous les pays d'Europe. On y trouve aussi des détails sur les mœurs épulaires des Anciens.

Le titre du volume gravé en taille-douce porte la date de 1596 mais la souscription qui se trouve à la fin du livre mentionne celle de 1597, ce qui a conduit quelques bibliographes à signaler deux éditions différentes. De Bure, dans sa *Bibliothèque instructive*, rectifie cette erreur.

Au commencement de l'ouvrage, on voit 14 feuillets contenant le titre qui, ainsi que nous l'avons dit plus haut, porte la date de 1596 ; une Épître dédicatoire de Baccius, datée de 1595 ; une permission d'imprimer donnée par le pape Clément VIII ; un *Index capitum* et un *index rerum*.

L'ouvrage proprement dit contient 370 pp. et un feuillet d'*errata* non chiffré.

Il n'y a donc eu, on le voit, malgré ces deux dates de 1596 et 1597 qui se trouvent l'une au commencement, l'autre à la fin du volume, qu'une seule édition. La description donnée par De Bure est suffisamment nette pour qu'il n'existe point de doute à cet égard.

Clément annonce une réimpression faite à *Francfort, Nicolas Steinius, 1607*, mais l'existence n'en paraît pas certaine.

Vendu : La Vallière ; 135 fr. ; l'exemplaire de M. Cailhava, veau fauve (*Padeloup*) aux armes du comte d'Hoym, 60 fr. ; en mar. citr. (*Padeloup*), 100 fr. Renard (de Lyon) 1881. en mar. (anc. rel.) 85 fr. Baron Pichon.

— Del Tevere di M. Andrea Bacci medico et filosofo libri III ; dell'uso dell'acque et del bevere in fresco, etc. *Venetia, Aldo, 1576*, in-4.

BACHERIUS. — Spongia ebriosorum. Parænesis seria ad eos qui liberalioribus sunt addicti poculis, Bacchoque sœpiuscule litare gaudent, duobus dialogis comprehensa. *Embricæ Clivorum, excud. Reynerus Wylichius, 1592*, in-12. (10 fr.)

Ouvrage curieux en vers et en prose. La première édition, *Bruxellis, typis Joannis Mommaert, 1589*, in-8, est moins complète.

BACILLY (de). — Chansons pour boire et pour danser de M. de Bacilly. *Paris, Ballard, 1663*, in-12. (10 fr.)

BAILLEUX (Louis). — Le pâtissier moderne ou Traité élémentaire et pratique de la pâtisserie française au dix-neuvième siècle par Louis Bailleux. *Paris, l'auteur, 1856*, gr. in-8 de 267 pages, 34 planches. (8 fr.)

Le même... troisième édition, revue, corrigée et augmentée par l'auteur. *Paris, l'auteur, 1860*, gr. in-8 de 279 pp., avec 39 planches.

BALESTA (Henri). — Absinthe et Absintheurs. *Paris, Marpon, 1860*, in-32. (1 fr.)

BALINGHEM (Antoine de). — Aprees dinees et propos de table contre l'excez av boire et av manger povr vivre longvement, sainement et sainctement dialogisez entre vn prince et sept scauants personnages par le Père Anthoine de Balinghem, de la Compagnie de Jésus. *A Lille, de l'imprimerie de Pierre de Rache, 1615*, in-12. (De 25 à 30 fr.)

Première édition de cet ouvrage facétieux et plaisant contre le vice d'ivrognerie et les vrognes.

L'exemplaire de M. le baron La Roche. Lacarelle, en maroq. bleu (Derôme) qui provenait de la bibliothèque de M. de la Bédoyère s'est vendu, en 1888, 145 francs.

— Aprees dinees et propos de table..... et sept scauants personnages : vn theologien, canoniste, ivrisconsvlte, politiqve, medecin, philosophe moral, et historien. Deuxiesme edition, enrichie par l'Autheur de plusieurs nouueaux discours, et de belles histoires. Avec Douze Propositions pour passer plaisamment et honestement les iours de Quaresmeaux par le R.P. Antoine de Balinghem de la Compagnie de Iesvs. *A S. Omer, de l'imprimerie de Charles Boscart, au nom de Iesvs, l'an 1624*, pet. in-8. (De 25 à 30 fr.)

Les *Douze propositions...* bien qu'ayant un titre spécial, daté de 1625 et portant *troisiesme édition*, font partie des Après-dinées, comme on peut le voir par la pagination. Ainsi, l'épilogue des *Après dinées*, prend fin à la page 616 et les *Douze propositions* commencent à la page 617 pour finir à la page 679.

Vendu : en mar. grenat (Thibaron-Echaubard), 67 fr. Bancel.

— Les Plaisirs spirituels contrequarrez aux Sensuels du Quaresme-prenant, par le R. P. Ant. de Balinghem. *Douay, Bellere, 1672*, in-12. (De 8 à 10 fr.)

BALLARD (Chr.). — Brunettes bachiques ou duos et trios melez de petits airs tendres et à boire, avec une Capilotade de chansons à deux parties recueillies par Chr. Ballard. *Paris,* 1712, 3 vol. in-12. (De 8 à 10 fr.)

Les frontispices placés en tête de chaque volume dessinés par S. Leclerc sont gravés par Audran.

— Tendresses bachiques ou Duo et Trio meslez de petits airs tendres et à boire des meilleurs auteurs avec une Capilotade ou alphabet de chansons à deux parties, recueillies par Christophe Ballard. *Paris,* 1712, 2 vol. in-12. fig. musique notée. (D² 6 à 8 fr.)

Les figures sont de Sébastien Leclerc.

— Nouvelles parodies bachiques mêlées de vaudevilles ou rondes de table par Christophe Ballard, noteur de la chapelle du Roi. *Paris,* 1714, 3 vol. in-12, fig., musique notée. (De 8 à 10 fr.)

—Les mêmes. *Paris, Ballard,* 1700, 3 vol. in-12.

BALLIEU (A.-Jacques). — Un dîner littéraire au XVIIIe siècle. Le dîner du Bout-du-Banc, par A. Jacques Ballieu. *Paris, A. Dupret,* 1888, pet. in-24 de 107 pages. (1 fr.)

Fait partie d'une petite collection dite « collection bleue ». Le dîner du Bout-du-Banc fut fondé par Mlle Quinault ; autour de la table de la charmante actrice, se réunissait une Société de littérateurs et d'hommes d'esprit.

« Les frais du repas, dit M. Ballieu, étaient supportés par l'amphytrion seul ; l'unique redevance, l'unique écot prélevé sur les hôtes était une histoire quelconque. Un encrier et ses accessoires faisait office de pièce de milieu, et, après boire, chacun était tenu de produire quelque chose. »

BALTAZAR. — Le Dictionnaire de la bonne cuisine, surnommé le Trésor des Ménages, par J. Baltazar. *Paris, Roussel.* 1881, in-12 de 252 p. (De 2 à 3 fr.)

BALZAC (Honoré de). — Traité des excitants modernes. Voyez Brillat-Savarin.

Voir aussi dans « les Petites misères de la vie conjugale », un chapitre sur les Timbales aux champignons et dans « Un ménage de garçon », dix lignes sur la manière de faire les omelettes.

BANCENEL (J. de). — Les gaudes à l'eau bénite du notaire Adeline, de Dôle. *Paris, imp. Chassaignon,* 1837, in-8. (De 5 à 6 fr.)

La *Bibliogr. de la France* ajoute : Affaire de localité. On donne le nom de gaudes à la bouillie faite avec la farine du maïs.

BANQUET de comice. Lettre au journal d'Alençon. *Alençon, E. de Broise,* 1868, in-8 de 19 pages. (De 4 à 5 fr.)

L'auteur de cette plaquette signée : « un lauréat du Comice d'Argentan », pseudonyme qui cache un poète délicat, M. Gustave Levavasseur, émet trois vœux, à propos des festins publics : 1° L'extrême soin dans l'aspect extérieur et la préparation des mets. 2° L'abondance, manifestée non pas par la multiplicité des plats, mais par la richesse de leur contenu et la possibilité d'y puiser de larges portions. 3° La nationalité des mets.

Cette lettre, publiée en réponse à un article d'*Un bourgeois de Bellesme* intitulé : *A l'occasion des jours gras* (voyez Occasion), est écrite en vers et en prose. Le « lauréat » voudrait tout au moins voir figurer dans le menu d'un banquet : *La Soupe.* — *Les Tripes.* — *Une fricassée de poulets.* — *Un gigot de mouton.* — *Une salade à la crème et un fromage.* Ces différents mets ont fourni à M. Levavasseur le sujet de pièces de vers très humoristiques.

Les Tripes ont été réimprimées à part et illustrées par Edmond Morin ; nous en donnons la description plus loin.

BANVILLE (Théodore de). — Petites Etudes. Mes Souvenirs : Victor Hugo, H. Heine, Théoph. Gautier, H. de Balzac, H. Daumier, Alfred de Vigny, Méry, Alexandre Dumas, Nestor Roqueplan, Jules Janin, Privat d'Anglemont, Philoxène Boyer, Albert Glatigny, Ch. Asselineau, Ch. Baudelaire, etc. *Paris, G. Charpentier*, 1882, in-18 de 466 pp., front. de G. Rochegrosse. (3 fr. 50)

Voir, chapitre XXXIX : le baron Brisse, pp. 431-438.

BARBERET (J.). — Le travail en France. Monographies professionnelles, par J. Barberet, chef du bureau des Sociétés professionnelles au ministère de l'intérieur. *Paris, Berger-Levrault et Cie*, 1886-1887, 4 vol. in-8. (7 fr. 50 chaque vol.)

Ces monographies professionnelles sont publiées par ordre alphabétique ; quatre volumes ont déjà paru ; le cinquième est sous presse. L'auteur n'en est encore qu'à la lettre C. Nous ne relevons dans ces quatre volumes que les monographies ayant trait à l'alimentation :
Tome I : Bouchers. — Boulangers. Tome II : Brasseurs. Tome III : Charcutiers. Tome IV : Chocolatiers et confiseurs. La Monographie des Cuisiniers doit se trouver dans le cinquième volume.

BARBIER (L.). — Notes sur les vins et cognacs, par Léo Barbier. *Bordeaux, Favrand*, 1885, in-16 de 89 pages. (2 fr.)

BARBIER-DUVAL. — L'Art du Confiseur moderne à l'usage des confiseurs et des ménagères. Fabrication en gros et en détail, par M. Barbier-Duval, confiseur à Nancy. *Paris, Lebroc et Cie*, 1879. in-18 de VII-832 pp., avec 108 figures dans le texte. (6 fr.)

— L'art de la conservation des substances alimentaires. Voyez Quentin (Pierre).

BARDET (J.). — L'indispensable de tous les ménages ou le Trésor de l'économie domestique, etc., par J. Bardet, *Paris, imp. Baudouin, chez tous les marchands de nouveautés*, 1842, in-18. (3 fr.)

— Le même, *Paris, Née*, 1848, in-18.

BARICELLUS. — Jvlii Cæsaris Baricelli A. S. Marco Ciuis Beneuentani, Doctoris Medici, et Philosophi, De lactis, Seri et Butyri Facultatibus, et Vsu

Opuscula. Cum iucunda tuum vtilia, cum pleraque præter medicorum communem multorum opinionem notatu digna examinantur. Cum triplici indice, Capitum numerum, Auctorum et rerum memorabilium. Ad perillustrem D. Joan. Baptistam Nani, baronem Regini dicata. *Neapoli, apud Lazarum Scoriggium*, 1623, in-4. (De 25 à 30 fr.)

— Le même... *Neapoli*, 1629, in-4. Ouvrage curieux sur le lait et le beurre.

BARRA (P.). — L'vsage de la glace, de la neige et dv froid, par M. P. Barra, D. médecin aggregé au College de Lyon. *A Lyon, chez Antoine Cellier fils, rue Mercière, à l'enseigne de la Constance*, 1676, in-12 de 8 ff. n. chiffr., 249 pages et 9 ff. de table non chiffrés. (De 15 à 20 fr.)

Divisé en XIV chapitres et une conclusion. Petit traité dans lequel l'auteur examine les différents usages que l'on peut faire de la glace pour l'alimentation.

BARRAL (J.-A.). — Le blé et le pain. Liberté de la Boulangerie. *Librairie agricole*, 1863, in-12. (1 fr.)

BARRUEL (Comte de). — Le chou et le navet à M. l'abbé D... sur son poème des *Jardins*, par le Comte de Barruel (Rivarol). *S. l. n. d.*, in-8. (2 fr.)

Le chou et le navet se plaignent, dans cette satire en vers, que Delille, l'auteur des *Jardins*, n'ait pas parlé d'eux dans son poème.
Quérard, *France littéraire*, cite une autre édition intitulée :
— Plainte du chou et du navet contre les *Jardins* de l'abbé Delille, 1782, in-8.

BARRY (Edward). — Observations Historical, critical, and Medical on the wines of the Ancients, and the analogy between them and modern wines with general observations on the principles and qualities of water, and in particular on those of Bath. Indægatio ipsa rerum tum maximarum tum etiam occultissimarum habet oblationem. Si vero aliquid occurret quod verisimile videatur

humanissima completur animus voluptate Cic. in Lucullo. By Sir Edward
Barry Bar[t] fellow of the Royal College
of physicians, and of the Royal Society.
London, printed for T. Cadell in the Strand.
1775. in-4 de XII-479 pages, front. grav.
(De 20 à 25 fr.)

BARTHÉLEMY (J.-J.). — Voyage du
jeune Anacharsis en Grèce vers le milieu du quatrième siècle avant l'ère vulgaire, par J.-J. Barthélemy. *A Paris,
chez Jaunet et Cotelle,* 1824. 7 vol. in-8.
portr. (12 fr.)

Nous nous bornons à citer cette édition
voulant seulement indiquer que l'on trouvera dans cet ouvrage plusieurs chapitres relatifs à notre sujet.
Tome II, chap. XXV : Des maisons et des
repas des Athéniens. Tome IV, chapitre
XLVIII : Des mœurs et des usages des Spartiates.

BARTHÉLEMY (Me Nicolas). —
Apologie du banqvet sanctifié de la
veille des Rois. Par maistre Nicolas Barthélemy, advocat en Parlement et au
Bailliage et Siège Présidial de Senlis.
*A Paris, chez Gilles Tompere, ruë Char-
tiere, près le puits Certain, au Treilly
vert,* 1664, in-12 de 19 feuillets et 156
pages. (De 15 à 20 fr.)

L'épître dédicatoire est adressée à Monseigneur Henry de Lorraine.
Ce petit traité, bien que classé dans la
section de théologie, doit figurer dans cette
bibliographie. Il y est, en effet, question des
fêtes et des festins qui se donnaient la veille
des Rois. L'auteur prend la défense de ces
festins contre lesquels s'était élevé, la même
année, Jean Deslyons, dans ses *Discours
ecclésiastiques contre le Paganisme du Roi
Boit.* Voyez Deslyons (Jean).
L'*Apologie du banqvet* a été plusieurs fois
réimprimée ; mais suivant Cailleau, *Dictionnaire bibliographique,* ces diverses éditions
sont peu différentes les unes des autres.

BARTHÉLEMY frères. — Guide des
Cuisinières, domestiques et bonnes, par
Barthélemy frères. *Paris, impr. de Pollet,*
1838, in-18. (1 fr.)

BARTHELOT. — Nouveau manuel

du distillateur-liquoriste contenant les
meilleures recettes, etc. *Paris, impr. de
Baudouin,* 1857, in-18, avec une gravure.
(2 fr.)

BARUFFALDUS. — Jos. Lanzoni de
coronis et unguentis in antiquorum conviviis exercitatio, ab italicâ in latinam
linguam traduxit et auxit Hieron. Bar-
ruffaldus : accessit ejusdem Baruffaldi
schediasma de armis convivialibus.*Fer-
rar,* 1715, pet. in-8. (5 fr.)

BASQUEZ (don Miguel Yelgo de). —
Estilo de servir a principes, con exem-
plos morales para seruir a Dios. *Madrid,*
1614, pet. in-8. (De 10 à 12 fr.)

M. Léon Techener, dans son *Répertoire de
Bibliogr.,* donne quelques renseignements
sur ce livre d'un genre analogue à la *Maison réglée,* d'Audiger. L'auteur, dit-il, a réuni
dans cet ouvrage les instructions nécessaires
aux personnes au service des grands seigneurs.
C'est ainsi qu'on y trouve les devoirs du
cuisinier et du maître d'hôtel et la manière
dont on servait à cette époque.

BASSANVILLE (Mme la Ctesse de).
— Le Trésor de la maison, guide des
femmes économes, par Mme la comtesse
de Bassanville. *Paris, Brunet,* 1867, in-18
de 281 pp. (3 fr.)

— Le Conseiller des bonnes ménagères, almanach perpétuel, vade-me-
cum des femmes économes à la ville et
à la campagne, par Mme de Bassanville.
Paris, Achille Faure, 1868, in-16 de 222
pp. (3 fr.)

Mme la Ctesse de Bassanville est également
l'auteur d'un ouvrage intitulé : *L'Art de tenir
une maison... Paris, Broussois,* 1878, in-8.
Voyez Gonet (Gabriel de).

BASSELIN (Olivier). — Le livre des
chants novveavx de Vavdevire par ordre
alphabétiqve corrigé et augmenté outre
la précédente impression. *A Vire, chez
Jean de Cesne, Imprimeur & Libraire, s. d.*
(vers 1670), in-16 de 53 ff. non chiffrés,
avec signatures. (De 150 à 200 fr.)

Titre au verso duquel : « L'avteur à son

livre » (sonnet qui finit au recto au 2e feuillet). Au verso du 2e feuillet commence le « livre des chants nouveaux de Vaudevire par ordre alphabétique ». Au bas du recto du dernier feuillet est le mot *fin*. Le verso est blanc

Le titre courant porte au recto des 15e et 17e ff. *Vaudeville* au lieu de Vaudevire.

Cette édition est la seule édition ancienne que l'on connaisse des poésies d'Olivier Basselin ; encore n'en existe-t-il que deux exemplaires dont l'un se trouve à la Bibliothèque nationale. Si l'on remarque le titre de cet ouvrage, on verra qu'il y est fait mention d'une « précédente impression ». D'après Brunet, la première édition des Vaudevires de Basselin aurait été publiée vers 1576.

Olivier Basselin qui a chanté les plaisirs de la table pour lesquels il manifestait un joyeux enthousiasme et le vin qu'il adorait, non sans aimer le cidre, doit être compté au nombre des poètes gourmands.

De 1670, date approximative de la seule édition qui nous soit restée, jusqu'au commencement de notre siècle les poésies de Basselin n'ont pas été réimprimées. Ce ne fut qu'en 1811 que M. Asselin, sous-préfet de Vire, prit l'initiative de publier les œuvres du poète normand. Une souscription fut ouverte et les Vaudevires de Basselin parurent sous ce titre :

— Les Vaudevires, poésies du 15e siècle par Olivier Basselin, avec un discours sur sa vie et des notes pour l'explication de quelques anciens mots. *Vire*. 1811, in-8 de 2 ff. non chiffrés, xxxvj et 131 pages. (In-8, de 5 à 6 fr. et in-4, de 10 à 12 fr.)

Bien que le nom de Vire figure au titre c'est à Avranches que fut imprimée par F. Le Court cette édition.

Les 2 ff. n. chiffrés sont occupés par le faux titre, et le titre au verso duquel se trouve la liste des Virois qui ont fait les frais de l'édition. Viennent ensuite xxxvj pages pour le Discours préliminaire sur la vie d'Olivier Basselin ; puis 131 pp. pour les cinquante-six Vaudevires et les notes explicatives.

Cette édition a été tirée à 148 exemplaires, savoir :

11	sur papier vélin superfin,	in 4o
13	— grand carré	in 4o
10	— papier rose	in-8o
64	— vélin	in-8o
48	— raisin	in-8o
2	— épreuve	in-8o

— Vaux-de-Vire d'Olivier Basselin, poète normand de la fin du xive siècle ; suivis d'un choix d'anciens Vaux-de-Vire, de bacchanales et de chansons, poésies normandes, soit inédites, soit devenues excessivement rares ; publiés avec des dissertations, des notes et des variantes, par M. Louis du Bois, ancien bibliothécaire, membre de plusieurs Académies de Paris. des Départemens et de l'Etranger. Prix : Papier ordinaire, 7 fr. ; Papier vélin, 15 fr. *A Caen, de l'Imprimerie de F. Poisson, rue Froide ; à Paris, chez Pluquet, libraire, rue de Tournon, no 4 ; à Londres, chez Martin Bossange et Cie, Great Malborough street,* 1821, in-8 de 2 ff. non chiffrés, iv et 271 pages. (De 5 à 6 fr.)

L'ouvrage est divisé en quatre parties. Les 44 premières pages contiennent une dissertation sur les chansons, le Vaudeville et Olivier Basselin. Les vaux-de-vire commencent à la page 45 et finissent à la page 148. — Pages 149 à 196, choix de chansons normandes tirées d'un manuscrit du milieu du xve siècle — Pages 197 à 244, chansons normandes tirées de recueils imprimés devenus très rares, et enfin pages 245 à 265, le choix de vaux-de-vire de Jean le Houx qui, lui aussi, a célébré les jouissances de la bouteille. Les cinq dernières pages sont occupées par les *errata* et la table des matières.

Tirés à 500 exempl. dont 100 sur papier vélin.

— Les Vaux-de-Vire édités et inédits d'Olivier Basselin et de Jean Le Houx, poètes virois, avec discours préliminaires, choix de notes et variantes des précédents éditeurs, notes nouvelles et glossaire publiés par Julien Travers. *Paris* (Avranches), 1883, in-18. (De 4 à 5 fr.)

Tiré à 1000 exemplaires.

— Vaux-de-Vire d'Olivier Basselin et de Jean Le Houx, suivis d'un choix d'anciens vaux-de-vire et d'anciennes chansons normandes tirés des manuscrits et des imprimés avec une notice préliminaire et des notes philologiques par A. Asselin, L. Du Bois, Pluquet, Julien Travers et Charles Nodier. Nouvelle édition revue et publiée par P. L. Jacob, bibliophile. *Paris, A. Delahays*, 1858, in-18 de XXXVI-288 pages.

Cette édition a paru gr. in-18 (2 fr. 50) et in-16 (5 fr.).

BASTIMENT de receptes, nouuellemēt traduict de italien en langue françoyse. *Lyon, a Lescu de Coloigne*, 1541, in-16. (De 25 à 30 fr.)

— Bastiment des receptes contenant trois petites parties de receptaires. La première traicte de diuerses vertus & proprietez des choses. La seconde est de diuerses sortes dodeurs & compositions dicelles. La tierce comprend aucuns secretz medicinaulx, propres à conserver la sante. Plusieurs choses ont este adioustees oultre les precedantes impressions, & déclaration daucūs motz que cest. *Imprime par Iacques Bouchet à Poictiers le XVIIe jour Dapuril*, 1544, pet. in-8 de LXI feuillets, titre compris, et 14 ff. n. ch. (De 25 à 30 fr.)

L'ouvrage commence au v° du titre et finit au r° du 61e f. au v° duquel commence la table. Au v° du dernier f. de table : « Cy finist la table de ce present liure pour facillement trouuer ce qui est dedans, etc. » et plus bas : « A la fin de ce liure deuant la table de ces dictes receptes est lespitre de Lacteur (qui deuoit estre au cōmancement) communiquea ses amys lecteurs leur remonstrāt que son dict liure est necessaire a ung chascun pour garder la sancte du corps humain ». Au v° du 11e f. n. ch dont le r° est blanc, se trouve la marque de Guillaume et Jacques Bouchet.

— Bastiment de plusieurs receptes pour faire diuerses sēteurs et lauemens pour l'embelissement de la face et conservation du corps en son entier. Aussi de plusieurs confitures liquides et autres receptes secretes et desirees non encore veūs. *De l'imprimerie de Guillaume de Nyuerd libraire à Paris tenant sa boutique en la cour du palais (sans date)*, in-16. (De 30 à 40 fr.)

Cette édition, dit Brunet (*Manuel*, tome I, col. 697), a du paraitre vers 1560 : on y a mis sur le titre le portrait de Nostradamus afin de faire croire que l'ouvrage était de ce célèbre médecin, comme celui du même genre qui porte son nom. Peut-être cette édition de Guil. Nyverd est-elle postérieure à une autre qui a paru sous ce titre : *Bastiment de receptes contenant trois parties de receptaires, Lyon. par Benoist Rigaud*, 1559, in-16 de 62 ff. et 9 ff. pour la table. Voyez Nostredame (Michel de), *Excellent et utile opuscule..*, que nous décrivons plus loin.

— Le Bastiment des receptes en trois parties, la première traite de diverses vertuz des choses, la seconde de diverses sortes d'odeurs, la tierce de secrets medicinaux. Item, le Plaisant Jardin des receptes, *Liège, Gérard du Rieu*, 1597, pet. in-12. (De 20 à 25 fr.)

Ce petit traité a été souvent réimprimé notamment à *Paris, Jean Ruelle*, 1574, in-16, à *Lyon* et à *Troyes*.

— Le bâtiment des receptes ov les vertus et propriétés de plusieurs beaux secrets, vtiles tant pour la beauté que pour la santé du corps, corrigés & augmentés de nouveau par divers Auteurs et divisés en trois parties. Avec les secrets des Arts & et pour les pierreries. *A Lyon, chez Jacques Lions, rue Mercière, au Bon Pasteur*, 1693, in-12 de 146 pp. et 12 ff. de table. (De 15 à 20 fr.)

— Le bâtiment des receptes, traduit d'italien en François et augmenté d'une infinité de beaux secrets depuis peu mis en usage. Avec un autre petit Traité des Receptes intitulé le Grand Jardin. *A Troyes, chez la veuve de Jacques Oudot et Jean Oudot fils, Imprimeur-libraire rue du Temple*, 1726, in-12 de 140 pages. (De 4 à 5 fr.)

Deux feuillets pour le privilège. On trouve dans ce traité « Recepte pour faire des confitures », pour faire « Pommes rôties » (*sic*), « pour scauoir confire écorce d'orange laquelle confiture le long de l'année, mais mieux au mois de may que les dites écorces seront plus grosses et grandes », confire noix vertes », « confire merises.

Le *Batiment des receptes* enseigne aussi la manière de faire toutes sortes de parfums, odeurs et pâtes pour prendre les oiseaux et les poissons.

Brunet n'a sans doute pas connu cette édition puisque après avoir dit que le *Bastiment* a été maintes fois réimprimé jusqu'à la fin du XVIIe siècle, il ajoute : peut-être même encore après. L'édition de 1726 que possède la bibliothèque de l'Arsenal et que nous avons eue entre les mains confirme l'assertion dubitative du savant bibliographe. Voyez : *Livre nouveau nommé le difficile des receptes... et Opera nuova intitolata dificio diricelle... Ce* dernier ouvrage italien est l'édition originale du *Bastiment des Receptes.*

BATAILLE de Charnage et Caresme. Voyez Description du merveilleux Conflict.

BATAILLE DES VINS, fabliau du XIIIe siècle attribué à Rutebœuf. M. Legrand d'Aussy en a donné une traduction dans ses *Fabliaux ou contes, fables et romans du XIIe et du XIIIe siècle,* etc. *Paris, Jules Renouard,* 1829, 5 vol. in-8. (De 40 à 50 fr.) Il se trouve également dans le *Recueil* de Barbazan t. IV, page 80.

Ce fabliau fut composé par le chapelain de Philippe le Hardi pour égayer le roi. Le poète y nomme une quarantaine de vins différents, tant étrangers que français.

M. de la Fizelière en donne une très courte analyse dans ses *Vins à la mode et Cabarets au XVIIe siècle.*

BATAILLARD (J.). — Histoire de la boulangerie, par J. Bataillard, membre de la Société impériale et centrale d'agriculture de France. *Besançon, impr. de J. Roblot,* 1869, in-16. (2 fr.)

— Histoire et législation de la boucherie et de la charcuterie, par J. Bataillard, etc. *Besançon, impr. de J. Roblot,* 1870, in-32 de 95 pp. (2 fr.)

BATILLIAT (P.). — Traité sur les vins de France. Des phénomènes qui se passent dans les vins et des moyens d'en accélérer ou d'en retarder la marche... *Paris, Mathias ; Mâcon, imp.*

Déjussieu ; Lyon, Savy jeune, 1846, in-8. 4 planches. (10 fr.)

BAUD (Théodore). — Histoire des Champignons comestibles et vénéneux, par M. Théodore Baud, naturaliste. *Bourganeuf, impr. Buisson,* 1859, in-8 de 46 pages. (2 fr.)

BAUDOIN. — L'art de fabriquer toutes les liqueurs chez soi et sans aucun appareil ni alambic, par M. J. Baudoin, distillateur. *Paris, Blanc,* 1878, in-32 de 16 pp. (0 fr. 50)

Fait partie de la « Petite bibliothèque utile ».

BAUDRY (Etienne). — Le Camp des Bourgeois, illustrations de G. Courbet. *Paris, E. Dentu,* 1868, in-18 de 316 pages. (5 fr.)

Divisé en dix livres. Livre II, chap. IV : Le repas des domestiques; livre VII, chap. V : un déjeuner en trois actes ; livre IX, chapitre IV : une recette.

BAUME. — La Bacchomanie ou De l'état d'ivresse, de l'abus du vin et de celui des liqueurs fortes, poème en trois parties, par M. M. Baume, propriétaire résidant à la Seyne, près Toulon (Var). *Toulon, impr. veuve Baume,* 1858, in-12 de 88 pp. (2 fr.)

BAUMÉ (A.). — Mémoire sur les Marrons d'Inde, dans lequel on expose les moyens d'en tirer de la Farine propre à faire du Pain salubre, et une nourriture agréable pour l'homme et pour les animaux domestiques... lu à l'Institut national le 21 pluviôse an V, par A. Baumé. *Paris,* 1797, in-8. (10 fr.)

BAUVILLERS. — Le nouveau Cuisinier royal, contenant par ordre alphabétique un traité complet de l'art culinaire d'après MM. Carême, Brillat-Savarin, Albert, Viard, Fouret, etc., avec une instruction sur le choix des vins par M. Bauvillers. Nouvelle édition ornée de planches. *Paris, chez les mar-*

chands de nouveautés, 1836, in-8 de VIIJ-428 pages, front. grav. (5 fr.)

Le frontispice gravé représente un cuisinier à son fourneau entouré d'aides et de marmitons. Au bas, on lit ces quatre vers :

Un cuisinier, quand je dîne
Me semble un être divin :
Qui du fond de sa cuisine
Gouverne le genre humain.

La 1ʳᵉ édition a paru sous ce titre :
— Le nouveau cuisinier royal ou traité complet de l'art culinaire d'après MM. Carême, Brillat-Savarin, Albert, etc., contenant 1° la cuisine proprement dite, 2° la pâtisserie, etc. par M. Beauvilliers. *Paris, Camuzeaux*, 1835, in-8, avec 4 planches.

M. Quérard, en annonçant cet ouvrage au nom de *Beauvillers*, *Littérature contemporaine*, ajoute : Ce nom doit être un pseudonyme ; l'éditeur a eu l'intention de tromper le public par la similitude du nom de *Beauvillers* avec celui de l'ancien restaurateur Beauvilliers à qui l'on doit un ouvrage très estimé sur l'art culinaire.

La seconde édition que nous avons sous les yeux est signée *Bauvillers* et non *Beauvillers*, comme l'indique Quérard. Il est d'ailleurs possible qu'à l'apparition du *Nouveau cuisinier royal* de Beauvillers, l'éditeur ou les héritiers du restaurateur Beauvilliers, mort en 1817, aient protesté contre le pseudonyme de son auteur, en raison de la confusion qui pouvait résulter de la similitude de ces deux noms. M. Beauvillers aurait alors, de gré ou de force, supprimé l'e de son nom et signé la seconde édition Bauvillers.

Cette hypothèse n'est admissible que si Beauvillers est un pseudonyme : car aucune loi ne saurait interdire à quiconque d'écrire un livre, fût-il de cuisine, et de le signer de son nom.

Mais si nous partageons volontiers l'opinion émise par M. Quérard, c'est que nous pouvons fournir à l'appui un argument qui a bien sa valeur et dont aurait certainement fait son profit l'auteur de la *Littérature contemporaine* s'il avait eu connaissance de l'ouvrage suivant :

— Manuel de la Cuisine ou l'art d'irriter la gueule par une Société de gens de bouche. *A Metz, de l'imprimerie C. M. B. Antoine*, 1811, in-8. (De 6 à 7 fr.)

Ce manuel anonyme que nous avons sous les yeux est la véritable première édition du *Nouveau cuisinier royal*, qui en est la reproduction textuelle, sous un titre nouveau.

Comme le *Manuel de cuisine* de 1811, le *Nouveau cuisinier royal* de Bauvillers, de 1836, procède par ordre alphabétique. Ce sont les mêmes articles qui sont imprimés dans l'un et dans l'autre, dans le même ordre et *mot pour mot*. Il n'y a de changé que le titre qui, de mode en 1811, pouvait effaroucher, en 1835, les acheteurs de ce livre, sinon son éditeur.

Ce que nous pouvons affirmer, c'est que des exemplaires du *Manuel de cuisine*, 1811, entre autres celui que nous possédons, ont été brochés sous une couverture du *Nouveau cuisinier royal* (1836) et que l'on y a ajouté le titre de cette édition que nous indiquons plus haut, plus une *liste alphabétique des vins qui doivent meubler une bonne cave*.

Cela prouve-t-il que le nom de Beauvillers soit un pseudonyme ? Assurément oui. Que l'on remarque la date à laquelle a paru l'*Art d'irriter la gueule*, 1811. Beauvilliers, n'avait pas encore publié son *Art du cuisinier* qui n'a paru qu'en 1814 : il n'était alors connu que comme un des plus fameux restaurateurs de Paris. La *Société des gens de bouche*, qui cache un auteur désireux de conserver l'anonyme, n'avait donc pas d'intérêt à prendre un nom rapprochant de celui de Beauvilliers dont le renom comme auteur culinaire n'existait à cette époque ou, ce qui est plus vraisemblable, n'a pas voulu s'exposer aux protestations que n'aurait pas manqué de faire entendre le restaurateur de la rue Richelieu.

Mais nous voilà en 1835 ; Beauvilliers est mort depuis 1817 et son *Art du cuisinier* a eu trois éditions, la dernière en 1824.

Le *Manuel de cuisine ou l'art d'irriter la gueule* n'avait pas obtenu le même succès : il s'était même si peu vendu qu'en 1836 il en restait encore des exemplaires en magasin. Que faire pour écouler ce stock gênant ? Changer le titre ! ce n'était pas une difficulté ; ce qu'il fallait, c'était un nom connu du public comme celui de Beauvilliers. Et c'est alors que la société de gens de bouche disparut du titre du *Manuel de cuisine* et fut remplacée sur le *Nouveau cuisinier royal* par celui de M. Beauvillers d'abord, et de M. Bauvillers ensuite.

Voilà, croyons-nous, une indication qui, jointe à la note de Quérard, peut permettre d'affirmer que le nom de Beauvillers est réellement un pseudonyme. Voir Périgord (A. B. de).

BEAUDET (Félix). — Les dîners de M. Laguipière et Mes déjeuners du lundi, précédés de notices sur la manière de soigner les vins, leur mise en bouteilles, et la façon de les servir, sur l'organisation d'une table et la direction à donner à un dîner, par Félix Beaudet. *Troyes, Léopold Lacroix*, 1883, in-8 de 295 pp. et 1 p. de table. (3 fr. 50.)

M. Félix Beaudet, ancien titulaire du buffet de la gare de Troyes, a réuni dans ce volume les menus qu'il avait publiés dans le journal *l'Aube* pendant l'année 1872 et qu'il avait signés : Laguipière.

Laguipière, chef de cuisine émérite, avait été emmené par Napoléon Ier lors de la campagne de Russie; il est mort de froid pendant la retraite de Moscou.

BEAUFILS (C.). — De parasitis apud veteres. Libellum hunc conscripsit ac parisiensi litterarum facultati proposuit, C. Beaufils. *Parisiis, apud A. Durand bibliopolam editorem,* 1861, in-8 de viii-72 pp. plus 3 ff. non chiffrés pour l'approbation, l'index et les errata. (De 2 à 3 fr.)

BEAUREGARD. — Discours sur le banquet faict le XXVIe de mars par Dame Marguerite de Cvey, héritière de Libessart, etc., à aucuns de ses proches parens et autres amis acquis; par le Sr de Beauregard. 1588, *a Douay, chez Iean Bogart*, in-4 de 44 pp. (De 20 à 25 fr.)

M. Brunet fait suivre le titre de cet ouvrage de la note suivante : Selon M. Emile Neve (*appendice à la bibliothèque douaisienne*), ce petit poème, imprimé en caractères italiques, pourrait trouver place dans un recueil gastronomique.

BEAUVILLE (A. de). — Guide pratique de la ménagère et de la bonne mère de famille à la ville et à la campagne. Traité complet de tout ce qui est relatif au logement, au mobilier, au chauffage, à la cave, à la comptabilité, à la toilette, à la médecine domestique, etc. *Paris, Laplace, Sanchez et* Cie, 1877, in-12. (2 fr. 50.)

BEAUVILLIERS (A.). — L'Art du cuisinier, par A. Beauvilliers, ancien officier de Monsieur, comte de Provence attaché aux Extraordinaires des maisons royales, et actuellement Restaurateur rue de Richelieu n° 26, à la Grande Taverne de Londres. *A Paris, chez Pillet aîné; chez Colnet*, 1824, 2 vol in-8, de xx-388 et 408 pp. plus 1 p. de table, 8 planches. (De 8 à 10 fr.)

Troisième édition d'un ouvrage fort estimé. Une figure gravée par Jubin se trouve sur le titre de chaque tome; celle du premier représente un intérieur de cuisine et quatre cuisiniers, l'un à son fourneau, les trois autres préparant, sur la table, les sauces et les mets. La figure du tome second, dessinée par Démarais. nous montre un pâtissier enfournant des pâtisseries tandis que ses trois aides sont occupés à différentes besognes. L'un d'eux, placé à droite dans le coin du laboratoire, manie le pilon dans un mortier.

La première édition de l'*Art du Cuisinier* a été publiée, *Paris, Pillet; Colnet ; Lenoir*, 1814, 2 vol. in-8° planches. (De 10 à 12 fr.)

— Le même..... seconde édition augmentée d'un supplément renfermant un Traité sur les vinaigres, conserves... *Paris, idem*, 1816, 2 vol. in-8, planches. (De 8 à 10 fr.)

La *Bibliographie de la France*, après avoir annoncé cette édition, ajoute : On s'est contenté pour cette prétendue édition d'ajouter le supplément.

Grimod de la Reynière, malgré les appréciations sévères de Beauvilliers sur l'*Almanach des Gourmands* où il disait « trouver tant de bêtises », classe l'auteur de l'*Art du cuisinier* parmi les restaurateurs les plus fameux de Paris et le qualifie même d'*illustre*. C'est peut-être aller un peu loin. M. Quérard fait naître Beauvilliers en 1754 et l'enterre en 1817.

— La Cuisine ordinaire... Voyez Carême (Antonin). Voyez aussi Bauvillers.

BEAUVOIR (Roger de). — Profils et charges à la plume. Les Soupeurs de mon temps. *Paris, Achille Faure*, 1868, in-12 de xxxi-243 pp. et 1 p. de table. (3 fr. 50.)

Ouvrage posthume. D'après Quérard, *Supercheries littéraires*, Roger de Beauvoir est un pseudonyme ; le véritable nom de l'auteur des *Soupeurs de mon temps* serait Edouard de Bully.

En tête du livre, après une note de l'éditeur, se trouve une notice biographique de XXXI pages consacrée par Alexandre Dumas à la mémoire de Roger de Beauvoir,

On trouve dans les *Soupeurs de mon temps* des détails très curieux sur plusieurs gastronomes parisiens tels que M. de Courchamps, auteur d'un ouvrage culinaire, la *Néo-physiologie du goût*, qui parut sous le couvert de l'anonymat, Briffault, l'amusant écrivain de *Paris à table*, M. de Saint-Cricq, Romieu, etc., etc.

M. Roger de Beauvoir a également signé : *Le café Procope*, Paris, Dumont, 1835, in-8°, et une comédie en deux actes en vers, *le Raisin*, Paris, Michel Lévy, 1855, in-18.

BÉCHET (Mme J.). — Guide d'économie domestique à l'usage des jeunes filles, 2e édition, revue et augmentée. *Lausanne, F. Payot*, 1885, in-12. (De 2 à 3 fr.)

La première édition est de 1883.

BÉDOLLIÈRE (Emile de la). — Les Industriels, métiers et professions en France, par Emile de la Bédollierre (*sic*), avec cent dessins par Henry Monnier. *Paris, librairie de Mme Ve Louis Janet*, 1842, in-8 de IV-231 pages. (De 18 à 20 fr.)

Cet ouvrage, devenu rare, a été publié en 30 livraisons. Le quatres premières sont annoncées dans le n° de la *Bibliographie de la France* portant la date du 25 septembre 1841.

Trente gravures hors texte, parmi lesquelles nous citerons : Le Nourrisseur ; — La Cuisinière ; — La Marchande des quatre saisons ; — Le Marchand de Coco; — Le Boucher de Paris ; — La Marchande de poisson ; — Le Boulanger ; — La Marchande de la halle.

L'ouvrage contient, en outre, un grand nombre de vignettes. Voyez Dubourg (Antony), Dictionnaire des ménages.

BEGUILLET (Edme). — Traité général des substances et des grains qui servent à la nourriture de l'homme. *Dijon*, 1782, 2 vol. in-4. (De 10 à 12 fr.)

Nouvelle édition, *Dijon*, 1802, 6 vol. in-8.

— Œnologie ou Discours sur la meilleure méthode de faire les vins et de cultiver la vigne. *Dijon, Capel*, 17,70 in-12. (De 2 à 3 fr.)

— Observations sur la boulangerie. *Paris, Onfroy*, 1783, in-8. (2 fr. 50.)

BEJOY (C.). — Paris amusant. Conseils donnés aux étrangers pour dépenser leur temps et leur argent. Un

dîner de banquiers. *Paris, impr. de Maulde*, 1855, in-12. (2 fr.)

BELBEUF (Mis de). — Histoire des Grands Panetiers de Normandie et du franc-fief de la grande paneterie, par le marquis de Belbeuf. *Paris, J.-B. Dumoulin*, 1856, gr. in-8 de IV-172 pages. (De 5 à 6 fr.)

Quatre planches, dont le portrait de l'auteur. D'après Du Tillet, le *grand-panetier* de France avait la superintendance sur tous les officiers de paneterie de la maison du roi pour le pain dont ils ont charge.

Cet office fut institué, si nous en croyons M. de la Marre, sous le règne de Philippe-Auguste ; il était confié à des seigneurs puissants. Le *grand-panetier* de France ne remplissait ses fonctions à la table du roi, suivant l'état de la France imprimé en 1749, que le premier jour de l'an et les quatre principales fêtes de l'année. Les jours ordinaires, il était remplacé par des gentilshommes-servant.

BELÈZE. — Dictionnaire universel de la vie pratique à la ville et à la campagne, contenant les notions d'une utilité générale et d'une application journalière et tous les renseignements usuels en matière : 1° de Religion et d'éducation..... 5° d'Économie domestique : Substances alimentaires, Cuisine bourgeoise, pâtisserie domestique, office, conserves, vins, liqueurs, service de table..... etc. Ouvrage rédigé avec la collaboration d'auteurs spéciaux par Belèze. 6e édition, revue, corrigée et augmentée d'un nouveau supplément. *Paris, Hachette*, 1888, gr. in-8. (21 fr.)

La première édition de ce dictionnaire a paru en 1859 ; la seconde, en 1862.

— Le livre des ménages, nouveau manuel d'économie domestique contenant les notions et les renseignements les plus utiles aux ménagères sur... l'achat et la conservation des denrées alimentaires, la préparation des confitures, des liqueurs de ménage et des sirops, les boissons... avec un choix des meilleures recettes et des procédés les plus simples par M. G. Beleze, etc. *Paris, Hachette et Cⁱᵉ*, 1860, in-18 de viii-384 pp. (3 fr.)

La cinquième édition, in-18 de iv-415 pages, même éditeur, a paru en 1883.

BELLE (Gustave). — La Cuisine pour les enfants, les malades, les convalescents et les vieillards, par Gustave Belle. *Paris, L. Sauvaitre; l'auteur*, 1886, in-8 de viii-193 pages. (1 fr. 50.)

BELON. — Le Pâtissier universel et national. *Paris, Mᵐᵉ Huzard*, 1856, in-8, 2 planches. (3 fr. 50.)

Le nom de l'auteur se trouve sur la couverture.

BELTZ. — Dissertatio inavgvralis medica de Carne Ferina von Vildprät qvam præside D. Ioanne Henrico Schvlze medicinæ eloqventiæ antiqvitatvm et philosophiæ professore publico ordinario. Academiæ cæsariæ naturæ curiosorum et regiæ societatis scientiarvm berolinensio sodale patrono præceptore ac promotore omni honoris cvltv prosequendo pro licentia summos in arte medica honores et privilegie doctoralia rite impetrandi d. xi maii MDCCXXXV pvblico crvditorvm examini subiiciet avctor respondens Georgivs vrbanvs Beltz wernigerodensis. *Halæ Magdeburgicæ, Typis Io. Christ. Hilligeri Acad. Typog.* (1735), in-4 de 4 ff. n. chiffrés pour le titre, la dédicace et 20 pages. (3 fr.)

BEN (Paul). — Science du bien vivre ou monographie de la cuisine, envisagée sous son aspect physique, intellectuel et moral, guide de la maîtresse de maison suivie de mille nouvelles recettes par ordre régulier, du service de la table... par Paul Ben et A. D. (A. Desrez.) *Paris, Martinon*, 1844, in-8. (3 fr.)

Cet ouvrage a paru en 14 livraisons, à 2 colonnes ; il est orné de gravures. D'après Quérard, Paul Ben serait un pseudonyme, il cacherait M. Chareau.

—La même,..... 2ᵉ édition. *Paris, Mˡˡᵉ Emélie Desrez*, 1845, in-8°.

—La même,..... 3ᵉ édition, Paris, Mˡˡᵉ Emélie Desrez, 1846, in-8 de 232 pages.

—La même,... nouvelle édition revue avec soin et augmentée de l'Art d'utiliser les restes. *Paris, au bureau du musée des familles et chez Martinon, s. d.* (1864), in-8 de 240 pp.

Dans ces trois dernières éditions, les initiales A. D. sont remplacées par A. Desrez.

Cet ouvrage a été réimprimé en Belgique avec ce titre légèrement modifié :

—Guide de la maîtresse de maison, science du bien vivre, ou monographie de la cuisine envisagée sous son aspect physique, intellectuel et moral, suivi de mille nouvelles..... des moyens de bien faire le café, suivis de quelques conseils sur la manière dont il doit être servi ; par Paul Ben et A. D. *Bruxelles, société typographique Belge, Adolphe Wahlen et Cⁱᵉ, gr. in-18.*

L'éditeur, en annonçant cet ouvrage, ajoute qu'il est conforme à *l'art de donner des bals et soirées* (par Bernardi.)

BENOIST (René). — Traicté du sainct jeusne de caresme, et de la nécessaire disposition à iceluy où il est baillé un advertissement contre les dyaboliques et payennes Bachanales des desbauches de Caresmeprenant lesquelles sont faictes avec plusieurs et plus grands péchez les saincts jours des dimenches et des festes dédiés au service du Dieu éternel, par M. René Benoist, docteur, régent en la Faculté de Paris, désigné evesque de Troye confesseur du roy et conseiller de sa majesté. *Rouen, Richard Lallemant, s. d.*, pet. in-8 de 34 pages, non compris le titre. (De 7 à 8 fr.)

BENZO. — Regole della sanita et natura de cibi de Ugo Benzo Senese, arrichite di vaghe annotationi et di copiosi discorsi, naturali, e morali dal Sig. Lodovico Bertaldi, Medico, et nuouamente in questa seconda impressione aggiontovi alle medeme materie i trattati di Baldasar Pisanelli e sue historie naturali; et annotationi del Medico Galina. *Torino, gli heredi di Gio. Domenico Torino*, 1620, in-8 de 899 pages. (De 7 à 8 fr.)

Voyez Pisanelli.

BÉRANGER. — Œuvres complètes de P.-J. de Béranger. Nouvelle édition, format elzévirien, ornée de 7 gravures. *Paris, Perrotin, libraire éditeur de la méthode Wilhem,* 1847, in-32 de XVI-620 pp. (De 15 à 20 fr.)

Les vignettes sont gravées sur bois d'après Daubigny. Ce volume publié à 5 fr. 75, est très rare aujourd'hui.

Nous ne pouvions omettre, dans cette Bibliographie, le nom du célèbre chansonnier ; nous citons donc une édition de ses œuvres au hasard, renvoyant le lecteur à la *Bibliograph. des ouvr. illustrés du* XIXᵉ siècle, de M. Brivois.

D'autre part, Béranger est trop connu pour que nous ayons à lui consacrer une notice ; bornons-nous seulement à citer quelques-unes de ses chansons gastronomiques : *Les gourmands* (dédiée à MM. les gastronomes), *le Tourne-Broche, Trinquons, le Ventru, la Vivandière, le Mort vivant, le Vin de Chypre,* etc.

BERCHOUX (J. de). — La Gastronomie, ou l'homme des champs à table, poème didactique en quatre chants, pour servir de suite à l'Homme des champs, par Joseph B***. *A Paris, de l'imprimerie de Giguet et Cⁱᵉ,* 180: (9), in-12 de 108 pages. (De 5 à 6 fr.)

Première édition de ce poème qui n'était signé que des initiales de Berchoux.

— La même,...... seconde édition revue et augmentée, avec figure. *A Paris, chez Giguet et Michaud,* 1803 (an XI), in-12 de 176 pages.

La figure, gravée par Bovinet et placée avant le titre du volume, représente la fameuse scène du turbot. Au bas on lit les deux vers du chant premier :

Le Sénat mit aux voix cette affaire importante,
Et le Turbot fut mis à la sauce piquante.

Le nom de l'auteur ne figure pas sur cette édition ; seul l'envoi à Mᵐᵉ Larcher-D'Arcy est signé des initiales J. B.

— La même..., par J. B., du dép. de la Loire, 3ᵉ édition, revue, corrigée et augmentée d'un grand nombre de pièces fugitives. *A Paris, chez Giguet,* 1804, in-12. (De 2 à 3 fr.)

Cette édition est ornée de figures par S.

Myris et Monsiau. La quatrième édition est signée en toutes lettres du nom de l'auteur. En voici le titre :

— La gastronomie, poëme, par J. Berchoux, suivi des poésies fugitives de l'auteur, quatrième édition, corrigée et augmentée. *A Paris, chez Giguet et Michaud,* 1805-an XIII, in-12 de 266 pages, trois grav. (De 2 à 3 fr.)

Le frontispice dessiné par Myris est gravé par Delignon. Les trois autres figures qui se trouvent dans cette édition sont l'œuvre des dessinateurs Monsiau et Myris : Bovinet, Delvaux et Baquoy les ont gravées.

M. Félix Desvernay, dans la notice qui précède l'édition de la *Gastronomie* publiée en 1876 à la librairie des Bibliophiles, écrit que la quatrième édition de ce poème, format in-18, parut en 1808 « accompagnée d'une dédicace en vers à Mᵐᵉ Larcher-D'Arcy et de plusieurs autres pièces qu'on ne retrouve plus dans l'édition de 1829 parmi lesquelles on remarque les stances à Chateaubriand qui terminent le recueil ».

La quatrième édition que nous avons sous les yeux porte la date de 1805-an XIII et non celle de 1808. A part cela, cette édition est conforme à celle que décrit M. Félix Desvernay en ce qui concerne la dédicace en vers qui figure déjà dans la seconde édition et les stances à Chateaubriand.

Le biographe de Berchoux ne commet-il pas aussi une erreur lorsqu'il écrit : « Ce ne fut qu'à la troisième édition (1803) que Berchoux se décida à signer son œuvre en toutes lettres et à en avouer la paternité » ? Ainsi que nous l'avons dit plus haut, l'édition de 1803 a paru sans nom d'auteur et le titre porte *seconde édition.*

— La même... cinquième édition, corrigée et augmentée. *A Paris, chez L. G. Michaud,* 1819, in-12 de XVII-255 pp. et 3 fig. (3 fr.)

— La même... nouvelle édition, *Paris, Michaud,* 1829, in-18, 1 fig. (De 2 à 3 fr.)

Le faux titre de cette édition porte : Œuvres de Berchoux, tome I.

La Gastronomie a été réimprimée dans les *Classiques de la Table* et à la suite de la *Physiologie du goût.*

La dernière édition est celle donnée par M. Félix Desvernay, avec une notice et des notes. *Paris, librairie des Bibliophiles,* 1876, in-18 de XXIX-87 pages. (3 fr.)

Elle a été tirée à petit nombre et fait partie de la collection des Petits chefs-d'œuvre. 30 exemplaires sur papier de Chine. (Nᵒˢ 1 à 30., 6 fr.)

30 exemplaires sur papier Wathman (n°s 51 à 60) et 60 exemplaires numérotés.

Le poème de Berchoux a été traduit en plusieurs langues ; nous citerons seulement une traduction en vers anglais :

— Gastronomy, or the bon vivant Guide. *London*, 1810, in-4. (De 3 à 4 fr.)

Et une traduction espagnole :

— La Gastronomia o los placeres de la Mesa, poema por J. Berchoux, traducido libremente del frances al verso espagnol, por José de Urcullu. *Valencia*, 1820, in-12. (De 2 à 3 fr.)

BERGASSE (Alph.). — Recherches sur la consommation de la viande et du poisson à Rouen depuis 1800. Mémoire. *Rouen, impr. A. Péron*, 1852, in-8 de 182 pages, avec une planche. (3 fr.)

Imprimé par ordre de l'Académie de Rouen. Voyez Patron (Ch. Alph.), et Moyens de porter remède à l'exhaussement.....

BERGER DE XIVREY. — Document culinaire de l'an 1301, par M. Berger de Xivrey. *Paris*, 1838, in-8.

A paru dans la *Revue française*, tome X. Ce document trouvé dans les archives de Poitiers par M. Louis Redet, archiviste du département de la Vienne, est relative aux dépenses de table de madame l'abbesse de Sainte-Croix de Poitiers.

BERGGREN (J.). — Guide français-arabe vulgaire des voyageurs et des francs en Syrie et en Egypte, avec carte physique et géographique de la Syrie et plan géométrique de Jérusalem ancien et moderne comme supplément aux Voyages en Orient par J. Berggren, pasteur, c. d. aumônier de la légation de Suède... *Upsal, chez Leffler et Sebell*, 1844, in-4 à 2 col. de 924 pages. (De 15 à 20 fr.)

On trouve au mot *Cuisine*, col. 259-270, d'intéressants détails sur la cuisine des Arabes et sur les différents mets en usage dans leur pays.

BERLAND D'HALOUVRY. — Œconomie rurale, traduction du poëme du P. Vanière, intitulé *Prædium rusticum*, par Berland d'Halouvry. *Paris, les frères Estienne*, 1756, 2 vol. in-12. (De 5 à 6 fr.)

BERNARD. — Le pâtissier français contenant la manière de préparer soi-même patés, vol-au-vent, timbales, tourtes, bouchées, tartes, poudings, charlottes, soufflés, sirops, liqueurs, et rafraîchissements, pour bal et soirées, crèmes, sorbets et glaces, par Bernard. *Paris, Delarue, s. d.* (1887), in-18 de 251 pp., avec 1 planche. (2 fr.)

Couverture illustrée.

BERNARDI. — L'Ecuyer tranchant ou l'art de découper et servir à table, complément indispensable du Cuisinier royal, par Bernardi, auteur du Glacier royal. Ouvrage entièrement neuf, contenant l'art de découper et de servir à table ; la manière de disposer le couvert ; des Menus en gras et en maigre pour tous les jours de l'année, depuis deux couverts jusqu'à cent cinquante ; la composition des diners avec la desserte, des repas de corps, des ambigus, des buffets ; la manière de commander un déjeuner ou un diner au restaurant, avec l'indication du temps qu'il faut pour préparer les mets ; une nomenclature culinaire pour chaque mois de l'année ; un traité des hors-d'œuvre d'office ; des remarques sur les sauces, etc., etc. Orné de 24 planches explicatives, gravées sur acier. *Paris, Gustave Barba*, 1845, in-8 de 371 pp. (De 7 à 8 fr.)

Chéron, *Cat. génér. de la libr. franç.* indique une édition du même ouvrage également chez Barba, mais de 1835.

— Le glacier royal, ou l'art de donner des bals et soirées, par Bernardi, officier de bouche, contenant les meilleures recettes pour faire les *glaces, sorbets, café, punch, chocolats, thés, marmelades, pâtes, fruits à l'eau-de-vie, sirops*, etc. ; suivi de la construction d'une glacière, d'une distribution indiquant la quantité et l'ordre du service à faire pour recevoir depuis 25 jusqu'à 200 personnes ; de menus de desserts de Déjeuners, Diners et Soupers pour les quatre saisons; orné de six planches gravées pour le service des desserts, et les ustensiles nécessaires à la confection des glaces. Ouvrage entièrement neuf, utile aux gens du monde... *Paris, Gustave Barba.* 1844, in-18 de X-288 pages. (De 4 à 5 fr.)

Une contrefaçon belge a paru à *Bruxelles, Adolphe Wahlen et Cⁱᵉ*, 1844, in-18 de VIII-285 pp. avec ce titre légèrement modifié : *L'art de donner des bals et des soirées ou le Glacier royal.*

M. Bernardi a augmenté d'un grand nombre de recettes le *Cuisinier royal* de Viard. Voyez ce nom.

BERRIAT SAINT-PRIX (Jacques).
— Description des repas d'Humbert II, dernier Dauphin viennois, lue à l'Académie de Grenoble, le 7 janvier 1802.

Cette notice publiée pour la première fois dans le *Magasin encyclopédique*, septième année. t. VI, a été réimprimée en 1836, à la fin des *Recherches sur la législation criminelle*. La réimpression de cette description a été revue et complétée.

BERTALL. — La Vigne, voyage autour des vins de France, étude physiologique, anecdotique, historique, humoristique et même scientifique, par Bertall. *Paris, E. Plon et Cⁱᵉ*, 1878, gr. in-8. (De 18 à 20 fr.)

Faux titre, frontispice, titre et 659 pages. La *Vigne* est ornée d'un grand nombre de dessins (plus de 400) intercalés dans le texte et de 64 planches hors texte ; elle est divisée en deux parties précédées d'un *Avant-propos* et suivie d'une *Conclusion*. Couverture illustrée.

Les exemplaires du 1ᵉʳ tirage sont recherchés.

Le spirituel caricaturiste passe en revue les différents crus de la Bourgogne, de la Gironde et de la Champagne et conte, avec beaucoup d'humour, une foule d'anecdotes amusantes sur les vins, les vignes, les vignerons, les propriétaires et les dégustateurs.

BERTE aîné. — Les Menus d'un Restaurant de Paris durant le siège. Préface d'analogie passionnelle sur les malheurs de la France. *Toulon, imprimerie Tardy*, 1873, in-8 de 142 pp. (2 fr.)

BERTE (Marius). — Les œufs à la Parisienne. 120 recettes froides et chaudes suivies de 25 Purées composées par Marius Berte. *Paris, impr. de E. Perreau*, 1885, in-8 de 68 pages. (2 fr.)

Recettes recueillies de 1852 à 1885. L'auteur a pris pour épigraphe ces lignes tirées des *Lettres gourmandes* de Charles Monselet : « Un traité sur l'Œuf — ce Protée de la Cuisine — est encore à écrire. »

BERTEAU (Violette). — La nourriture. Sa dépense modifiée de 25 p. 100. Traité d'économie alimentaire. *Versailles. impr. de Kléfer*, 1846, in-8. (2 fr.)

BERTHE (Th.). — Traité de l'office, par Th. Berthe, ex-officier de bouche de feu son Exc. M. le Comte Pozzo di Borgo. Ouvrage indispensable aux maitres d'hôtel, valets de chambre, cuisiniers et cuisinières, et utile aux gens du monde. *Paris, Garnier frères*, 1876, in-18 de X-380 pp. (2 fr. 50.)

La première édition a paru : *Paris, l'auteur*, 1844, in-12. (3 fr.)

BERTHELET. — Traité historique et moral de l'abstinence de la viande et des révolutions qu'elle a eues depuis le commencement du monde, parmi les Hébreux, les Payens, les Chrétiens, etc., par D. Greg. Berthelet. *Rouen*, 1751, in-4. (De 3 à 4 fr.)

BERTHOD. — La ville de Paris en vers burlesques. Contenant toutes les Galanteries du Palais, La Chicane des Plaideurs, Les Filouteries du Pont-neuf, L'Eloquence des Harangères de la Halle, L'adresse des Seruantes qui serrent la mulle, L'inuentaire de la Friperie, Le haut style des Secretaires de S. Innocent, Et plusieurs autres choses de cette nature, par le sieur Berthod. *A Paris, chez la veusue Gvillavme Loyson, en la Gallerie des Prisonniers. Au nom de Iesvs et Iean Baptiste Loyson, à l'entrée de la Salle des Merciers du costé de la Saincte Chapelle, a la Croix d'or, au Palais*, 1655, in-4 de 4 ff. non chiffrés et 97 pages. (De 100 à 150 fr.)

Les 4 ff. limin. contiennent : un frontispice gravé au verso du 1er feuillet dont le recto est blanc ; le titre (verso blanc), la dédicace qui finit au bas du 4e feuillet au verso duquel se trouve une autre gravure que l'on peut considérer comme un second frontispice.

L'extrait du privilège, donné au sieur Berthod, le 5 août 1650, est imprimé au verso de la page 97. Il y est dit que Berthod a cédé ledit privilège à la veuve Guillaume Loyson et à Jean Loyson.

La première édition a paru en 1652. La *Ville de Paris en vers burlesques* a été plusieurs fois réimprimée, tantôt sous le nom de Berthod, tantôt sous celui de Berthaud. On peut consulter au sujet de cette différence de nom la *Bibliothèque poétique* de Viollet le Duc, page 504 et la notice de M. Paul Lacroix, placée en tête de *Paris ridicule et burlesque* (*Paris, Delahays, 1859, in-18*).

— Description de la ville de Paris, en vers burlesques, contenant... *Jouxte la copie, a Paris, chez la veufve G. Loyson, au Paulais (sic).* (*Bruxelles, Foppens*), 1654, pet. in-12 de 62 pages. (De 150 à 200 fr.)

Un exempl. de cette édition que l'on place dans la collection elzévirienne s'est vendu en mar. bleu (Müller) 101 fr., Renard, de Lyon) n. rogné, en mar. r. (Trautz-Bauzonnet) 880 fr., Béhague.

— La ville de Paris en vers burlesques contenant Les Galanteries du Palais. La Chicane des Plaideurs. Les Filouteries du Pont-neuf. L'éloquence des Harangères de la Halle. L'adresse des Servantes qui ferrent la mulle. L'inuentaire de la Friperie. Le haut stile des secretaires de S. Innocent. Et plusieurs autres choses de cette nature. Par le sieur Berthaud. Dernière édition augmentée de nouueau de la Foire Sainct-Germain, par le sieur Scaron. *A Paris, chez Antoine Rafflé, rüe de Petit-pont, proche la Fontaine S. Seuerin au Chaudron,* 1665, in-16 de 84 pp. (De 60 à 80 fr.)

Les 3 premiers feuillets non chiffrés font partie de la pagination. (Titre (verso blanc,) A mes Amis de la campagne, 3 ff.). La *Ville de Paris en vers burlesques* commence à la page 7. Au milieu de la page 41, la *Servante qui ferre la mule. — Compliments des harangères de la Halle*, p. 57. — *La vendeuse de Marée*, p. 63. — *La vendeuse de pois*, p. 64.

Les vers de Berthaud finissent au recto de la page 73, le verso non chiffré porte : « La foire Sainct-Germain, en vers burlesques par M. Scaron à Monsieur. » *La Foire de Sainct-Germain* commence à la page 75 et finit à la page 84.

La bibliothèque Carnavalet possède deux exemplaires de cette édition : l'un d'eux contient la seconde partie, qui est intitulée :

— Le Tracas de Paris ov la seconde Partie de la Ville de Paris, en vers Burlesques ; contenant, la Foire Saint-Germain. Les Marionnettes. Les Subtilitez du Pont-neuf. Le départ des Coches. L'intrigue des Seruantes. Le pain de Gonnesse. L'affeterie des Bourgeoises de Paris. Le vin d'Espagne. Les mauuais lieux qu'on fait sauter. Les Crieurs d'eau-de-vie. Les aueugles. Les Gobelins. Les Estrennes. Et de diuerses autres descriptions plaisantes et récréatives. *A Paris, chez Antoine Rafflé, rue de Petit pont, entre le petit Chastelet & la Fontaine Sainct-Seuerin, a l'enseigne du Chaudron,* 1666, in-16 de 6 ff. limin. non chiffrés et 84 pp. (De 50 à 60 fr.)

Titre (1 feuillet.) — Dédicace à « Monsievr Monsievr de Lingendes » signée : Colletet, Avis av lectevr curieux de la poésie burlesque et Extrait du privilège (5 ff.). Au bas du privilège, on lit : Achevé d'imprimer pour la première fois le 2 janvier 1666. Page 49, le pain de Gonnesse. — P. 58, le vin d'Espagne de la croix du Tirouer. — P. 68, Crieurs d'eau-de-vie. — P. 69, les Pâticiers.

Au bas de la dernière page, après le mot *fin*, on trouve 12 lignes pour les fautes d'impression.

On peut aussi consulter la *Bibliographie parisienne* de M. Lacombe, col. 39, 40 et 41.

BERTHOUD (S. Henry). — Mémoires de ma Cuisinière, par S. Henry Berthoud. *Paris, Sandré,* 1846, 2 vol. in-8. (De 8 à 10 fr.)

— Les pains de 6 livres. *Paris, Mellier,* 1844, in-16. (3 fr.)

— Les Hôtes du Logis, illustrés d'un grand nombre de vignettes sur bois gravées par les meilleurs artistes, dessins de Yan' Dargent. *Paris, Garnier frères, s. d.,* gr. in-8. (5 fr.)

Plusieurs chapitres de ce livre écrit pour les enfants sont relatifs à l'alimentation et à la cuisine. Le chapitre VIII est intitulé : *Les Aliments* ; le chapitre XI : *Un Cuisinier célèbre*. L'auteur y raconte un grand nombre d'anecdotes sur Carême. Le *Pain* fait le sujet du chapitre XII et dans le chapitre XV, *Les Boissons*, M. Berthoud montre les dangers de l'alcoolisme.

BERTHOUD (Marc). — La Charcuterie pratique, par Marc Berthoud, ancien charcutier, ex-président de la corporation des charcutiers de Genève. 74 figures dans le texte. Deuxième édition. *Paris, J. Hetzel et Cie*, s. d. (1885), in-18 de II-385 pages. (4 fr.)

Ce traité très complet fait partie de la « Bibliothèque des professions industrielles, commerciales et agricoles », série G, n° 19.

BERTOLI (Lodov.). — Le vigne ed il vino de Borgogna in Friuli. *In Venezia, Recurti*, 1747, in-8. (De 3 à 4 fr.)

BERTOUL (Jean). — Le Reiglement ou Regime de la santé translaté du latin de l'Eschole de Salerne par M. Jean Bertoul, licencié ès droictz et aduocat à Douay. *Douay, Pierre Auroy*, 1615, pet. in-8. (De 15 à 20 fr.)

Traduction en vers, texte latin en regard.

BERTRAND. — Emploi du blé dur pour la fabrication des pâtes françaises dites pâtes d'Italie. — Blés durs de l'Algérie et de l'Auvergne... par Bertrand. *Paris, imp. de Pillet fils aîné*, 1855, in-8. (2 fr.)

BEUGLANT. — Monsieur Dentscourt ou le cuisinier d'un grand homme, tableau politique à propos de lentilles, par M. Beuglant, ami de Cadet-Roussel, auteur de la fameuse complainte sur la mort du droit d'aînesse. *Paris, Touquet*, 1826, in-32 de 32 pages. (De 3 à 4 fr.)

Cette pièce, qui est remplie d'allusions politiques, est attribuée par Quérard à Gérard de Nerval.

BEYNAGUET. — Avis important pour le bien public du Département du Cantal (sur les Fromages d'Auvergne) — Supplément à mon ouvrage. *Aurillac*, 1827, 2 part. in-8 de 8 pages. (1 fr. 50.)

BIANCHI (Giov.). — Se il Vitto Pittagorico di soli vegetabili sia giovevole per conservare la sanità, e per la cura d'alcune malatie. discorso di Giovanni Bianchi Medico primario della città di Rimino. *Venezia, Giambatista Pasquali*, 1752, in-8. (3 fr.)

Traité sur le *Régime Pythagoricien*, régime qui consiste à ne se nourrir exclusivement que de végétaux et qui correspond à celui des *Végétariens* de notre époque.

BIARNEZ (P.). — Les Grands vins de Bordeaux, poème par M. P. Biarnez, précédés d'une leçon du Professeur Babrius intitulée De l'influence du vin sur la civilisation. *Paris, typographie Plon frères*, 1849, in-8. (De 8 à 10 fr.)

Ouvrage illustré de 40 vignettes dessinées par Pauquet. Faux titre, frontispice, titre, et LXV-73 pages, plus un feuillet pour la table.

La première partie du poème de M. Biarnez est consacrée aux *vins de Médoc*, la seconde aux *vins blancs de Bordeaux*.

Sur la couverture, au-dessous du titre, une vignette que l'on retrouve à la page 53 représente deux amours ailés et nus pressant le jus de la treille ; deux autres portant sur la tête des paniers pleins de raisins. Au dos de la couverture, répétition de la vignette placée à la page 37.

Une seconde édition des *Grands vins de Bordeaux*, portant le même titre que la première, mais « revue et augmentée d'une préface », a été publiée à *Bordeaux, Féret et fils*, 1870, in-8, 21 gravures. (De 5 à 6 fr.)

BICAIS (Michel). — La manière de régler la santé par ce qui nous environne, par ce que nous recevons et par les exercices ou par la gymnastique moderne. Le tout appliqué av peuple de France et pour seruir d'exemple quelquefois aux habitants de la ville d'Aix. Par Maistre Michel Bicais, docteur et professeur en médecine dans l'Université de la dite Ville. *A Aix, chez Charles David, imprimeur du Roy, du Clergé et de la ville*, 1669, in-8 de 6 ff. non chiffrés et 337 pages. (De 30 à 40 fr.)

L'épitre dédicatoire est adressée à Monsieur de Maurel. Le livre II (pp. 146-226) est intitulé : *Des choses que nous recevons et qui passent dans nos parties*. Il y est traité : de l'œuf. des poissons, des fruits, des fruits verds. du melon, des fraises et des asperges, des champignons, des truffes. des oublies, de la limonade, du sorbet, de la glace, etc. Cet ouvrage rare et curieux s'est vendu : en mar. r. (Capé), 170 fr., Yemeniz.

BIDET. — Traité sur la nature et sur la culture de la vigne, sur le vin, la façon de le faire, et la manière de le bien gouverner, à l'usage des différens vignobles de France ; 2e édition, augmentée et corrigée, par Bidet et revue par H. L. Duhamel du Monceau, avec figures. *Paris, Savoye*, 1759, 2 vol. in-12. (De 5 à 6 fr.)

BITARD (A.). — La Cuisinière de la maison. La chasse et la pêche par A. Bitard. *Paris, Dreyfous*, 1878, in-12 de 196 pages. (2 fr. 50)

— Le livre de la maitresse de maison et de la mère de famille, ouvrage contenant tous les renseignements indispensables à la vie pratique par Ad. Bitard. *Paris*, 1880, in-12 de 799 pages. (3 fr.)

Cuisine domestique, choix des aliments, légumes, volailles, sirops, liqueurs, etc.

BLANC (E.). — Guide du Consommateur de boucherie. Les Mystères de la boucherie et de la viande à bon marché par E. Blanc, ancien rédacteur en chef de la *Gazette des Communes*. Révélations authentiques sur les abus et les bénéfices illicites de la boucherie, etc., etc. *Paris, E. Dentu*, 1857, in-8 de VI-323 pages. (2 fr. 50.)

BLANC (Honoré), du Fugeret. — Le guide des Dineurs ou statistique des principaux restaurans de Paris ; ouvrage indispensable aux Etrangers, nécessaire aux Personnes qui ne tiennent pas ménage, utile à tous les gens de goût, et dans lequel on trouve : 1º les cartes raisonnées, et les demeures des meilleurs Restaurateurs de Paris ; 2º des observations sur les qualités, quantité, prix des mets et portions dites pour un ; sur l'élégance des salons, l'heureuse et sage disposition des Cabinets particuliers, et sur la promptitude dans le service ; 3º enfin l'indication des Cafés les plus renommés. Prix 2 fr. *A Paris, chez les marchands de Nouveautés*, 1814, in-12 de 222 pp. (De 5 à 6 fr.)

Ce petit volume sur lequel ne figure pas le nom de son auteur, H. Blanc, et qui a été réimprimé en 1815, contient des renseignements curieux sur les prix des restaurateurs au commencement du siècle ; on y trouve la carte et les prix de Balaine — Bancelin — Beauvilliers — Champeaux — les frères Provençaux — Ledoyen. — Véry, etc.

— Les glands, les marrons et les truffes, ou Tableau de l'âge d'or, boutade, pour cause de récidive, à l'occasion du remplacement d'une dinde aux truffes par une dinde aux marrons, par H. Blanc, du Fugeret. *Paris, Lefebvre*, 1824, in-8 de 8 pages. (2 fr.)

Petite pièce en vers de huit pieds dans laquelle l'auteur se plaint qu'on l'ait invité à manger une dinde aux truffes bourrée... de marrons.

— Les rayoles, le mortier et la Sauce de noix. Hommage à mes compatriotes, par H. Blanc, du Fugeret. *Paris, Lefebvre*, 1824, in-8 de 12 pages. (2 fr.)

Trois pièces de vers séparées, réunies en une plaquette. Les Rayoles constituent un mets, très estimé des Provençaux, qui ressemble aux raviolis des Italiens. De même qu'autrefois dans le département de l'Ain, on se réunissait en famille pour manger les *ramequins*, de même, il est d'usage, en Provence, de se réunir pour manger les rayoles, trois ou quatre fois par an, La sauce de noix est l'assaisonnement nécessaire de ce mets.

— L'écho des Alpes ou bluettes gastronomiques et sentimentales. Hommage à mes compatriotes, par H. Blanc, du Fugeret, ancien examinateur des Aspirans à l'Ecole polytechnique, auteur de l'*Oléographie* et du *Guide des dineurs*. *Paris, Lefebvre ; Rosier*, 1825, in-12 de 132 pages. (De 2 à 3 fr.)

Le même... 2e édition. *Paris, Guillemé ; Ponthieu*, 1827, in-12, avec une planche.

Les deux opuscules précédents ont été réimprimés dans l'*Echo des Alpes* où l'on trouve encore l'*Éloge du Marasquin* et d'autres pièces gastronomiques.

— Imprécations contre les détracteurs des rayoles... par H. Blanc, du Fugeret. *Paris, impr. de Rignoux*, 1828, in-8. (2 fr.)

M. Blanc, du Fugeret, est également l'auteur de couplets intitulés : *Le Lapin. Paris, imprimerie de Lefebvre*, 1850, in-8.

BLANCMESNIL (Mme Victorine de). — La Cuisinière à bon marché pour la ville et la campagne, à l'usage des personnes qui veulent se procurer une nourriture saine, confortable et économique. par Mme Victorine de Blancmesnil. *Paris, Audot*, 1851, in-12. (3 fr.)

Ce livre dont la première édition a paru en 1850, *Paris, librairie populaire, in-8*, a été réimprimé en 1853, *ibidem, idem, in-12*.

BLANDEAU. — L'Empire du Café, poème par Blandeau. *Paris*, 1814, in-8. (De 2 à 3 fr.)

BLANQUET (Mme Rosalie). — La Cuisinière des ménages, ou Manuel pratique de Cuisine et d'économie domestique pour la ville et la campagne, contenant l'art de découper, le service de la table, les devoirs d'une maîtresse de maison etc., un traité de la cave et des maladies des vins et un grand nombre de recettes d'économie domestique, par Mme Rosalie Blanquet. Ouvrage orné de 217 fig. *Paris, Lefebvre*, 1863, in-18 de 540 pp. (3 fr. 50.)

Dessin colorié sur la couverture. Très souvent réimprimé. La 15e édition porte la date de 1882.

— Le livre de la ménagère, contenant des recettes d'économie domestique, conserves, liqueurs, confitures, nettoyage des couverts, dégraissage des étoffes, les devoirs d'une maîtresse de maison, le service de la table, la pâtisserie, etc., etc., par Mme Rosalie Blanquet auteur de la *Cuisinière des ménages*, *Paris, Th. Lefebvre*, 1870, in-18 de 360 pp., avec figures. (3 fr.)

Dessin colorié sur la couverture.

— Le même... Nouvelle édition augmentée des aquariums d'eau douce et de mer. *Paris, Lefebvre*, 1880, in-18. (3 fr.)

— Le pâtissier des ménages indiquant les moyens pratiques pour préparer et confectionner les pâtisseries les plus en usage, etc., par Mme Rosalie Blanquet. *Paris, Lefebvre*, 1878. in-18 de 360 pp., avec fig. (3 fr.)

Dessin colorié sur la couverture.

BLASONS, poésies anciennes recueillies et mises en ordre par D. M. M***. *Paris, P. Guillemot*, 1807, in-8. (De 15 à 20 fr.)

Par Méon. Réimprimé deux ans plus tard sous ce titre :

— Blasons, poésies anciennes des xve et xvie siècles extraites des différents auteurs imprimés et manuscrits, par M. D. M. M***, nouvelle édition augmentée d'un glossaire. *Paris, Guillemot*, 1809, in-8. (15 fr.)

Cartons pour les pages 53-64 et 145-148. Les *Blasons*, de Méon, contiennent l'ouvrage de Gilles Corrozet, les *Blasons domestiques* ; on y trouve également à la page 335 le *Blason des vins de France*.

BLATIN. — Usage alimentaire de la viande de cheval, par M. le docteur Blatin, vice-président de la Société protectrice des animaux. *Paris, impr. de Soye et Bouchet*, 1864, in-8 de 23 pages. (2 fr.)

BLEGNY (de).— Le bon usage du thé du caffé et du chocolat pour la préservation et pour la guérison des maladies. Par Mr de Blegny, Conseiller, Médecin Artiste ordinaire du Roy et de Monsieur, et préposé par ordre de sa Majesté, à la Recherche et Vérification des nouvelles découvertes de Medecine. *A Paris chez l'auteur au Collège des quatre Nations. La Veuve D'Houry, Quay des Augustins. Et la Veuve Nion, ruë des Mathurins, 1687*; pet. in-12 de 11 ff. lim. n. ch., 358 pp. et 2 ff. de table n. ch., fig. (De 12 à 15 fr.)

Le traité de M. de Blegny est orné de 13 figures gravées par Hainzelman. Le frontispice qui représente des « Chinois cueillant les fueilles et buvant la liqueur de Thé » est la répétition de la gravure qui forme la page 11 du volume. *Le bon usage du thé*, etc., est divisé en quatre parties : la première traite du thé, la seconde du café et la troisième du chocolat. La quatrième contient l'explication des figures et un catalogue assez singulier des « marchandises qui sont actuellement dispensées par les artistes du laboratoire royal des quatre nations » parmi lesquelles nous relevons *l'Eau d'Ognon, le Diabotanum*, « emplâtre pour resoudre et dissiper les loupes, *l'Orviétan catholique*, ou antidote universel qui ne coûte presque rien et qui survient à toutes les maladies des pauvres gens et de leurs bestiaux », des traités de médecine, etc., etc., et jusqu'à des « *Bésicles à ressort* pour redresser les yeux bigles ».

L'extrait du privilège du Roy placé en tête de l'ouvrage, nous apprend que le privilège a été donné au sieur Thomas Amaulry, marchand libraire à Lyon, qui l'a cédé à l'auteur « pour en jouir suivant l'accord fait entre eux »

Le bon usage du thé, du caffé et du chocolat, bien qu'achevé d'imprimer le 1er décembre 1686, porte sur le titre la date de 1687.

Des exemplaires sont au nom d'*Amaulry, Lyon*, 1687; d'autres portant le titre suivant: Du bon usage du thé, du caffé et du chocolat, par de Blegny, au nom de E. *Michallet, Paris*, 1687.

Voyez du Pradel (Abraham).

BLISMON. — Guide des femmes de ménage, des cuisinières et des bonnes d'enfants... par Blismon. *Lille, Blocquel-Castiaux; Paris, Delarue, 1841*, in-18. (2 fr.)

— Le Chansonnier des amis de la table et du vin dédié aux bons vivants, par Cryptonime Blismon. *Paris, 1844*, in-18. (1 fr. 50.)

Réimprimé, *Paris, Delarue*, 1855, in-32.

Blismon est le pseudonyme de Simon Blocquel, ancien libraire-imprimeur de Lille.

— Eloge de l'ivresse, des buveurs et du jus de la treille suivi d'*Ivrogniana*, recueil d'anecdotes bachiques, publié par Ana-Gramme Blismon. *Paris, Delarue*, 1857, in-32 de 272 pp. (2 fr.)

Biblioth. amusante. Elite des Ana.

— Gastronomiana. Trésor des bons mots, plaisanteries, aventures, excentricités, etc., des Disciples de Comus, édition renfermant tout ce qu'un véritable gastronome doit connaître pour faire son chemin dans tous les états policés de notre globe. Par Ana-Gramme Blismon. *Paris, Delarue, s. d.* (1857), in-32 de 320 pages. (2 fr.)

Bibliothèque amusante.

BODMER (Jean-Jacques). — Noé. poème en douze chants, traduit de l'allemand de Bodmer, par J. J. Trigory, employé à la direction générale des ponts et chaussées. *Paris, Lefebvre*, 1817, in-8. (De 7 à 8 fr.)

Le premier chant seul est en prose. Jean Jacques Bodmer, poète allemand, vivait au XVIIIe siècle : son poème, *Noé*, parut à Zurich, chez David Gessner, in-4, en 1752.

BOECXKEN van Cokeryen. En notabel boecxkē vā cokeryē het welc bewijst alle spise te bercidē elc na sinē staet het si in bruy lochten in feesten banck-ketten oft ander maeltyden besondere in het es cenen ieghelijcken van grooten noode te hebben die sijn dinghen ter ceren doen wilt. — (A la fin): *Gheprint in de pryncelijcke stadt van Bruesel indē Zeeridder Bi mi Thomæ van der Noot, s. d.*, petit in-4 goth. de 30 ff. à 32 lignes par page.

Voici la traduction française du titre de ce livre de cuisine flamand décrit par Hain et qui est d'une excessive rareté :

— Petit livre de cuisine. Un petit livre remarquable de cuisine, lequel apprend à préparer toutes sortes de mets à chacun selon son état, soit pour des noces, fêtes et banquets ou autres repas et qui sera particulièrement utile à tous ceux qui veulent faire les choses avec honneur. *Imprimé dans la ville princière de Bruxelles, au Chevalier de la mer, par moi Thomas van der Noot.*

Au r° du f. 1 (titre), gravure en bois ; au v°, les armes de la ville de Bruxelles, au-dessous desquelles on lit : *Cum privilegio.* Au v° du f. 29, la souscription transcrite plus haut. au r° du f. 30, même gravure qu'au r° du 1er f. Au v° de ce 30e feuillet, autre gravure.

Brunet après avoir cité ce livre d'après Hain ajoute : Ce bibliographe a placé l'édition dont il s'agit parmi celles du XVe siècle ; mais il est douteux qu'elle soit aussi ancienne. car nous ne connaissons aucun livre imprimé par Thomas Van der Noot (ou de la Noot) avec date, avant l'année 1508.

BOESÉ. — Le Chant du vin ; par Charles Boesé, professeur au Collège de Blidah. *Paris, impr. de Unsinger,* 1878, in-4 de 1 page à 2 col. (25 cent.)

Extrait des chants agricoles scolaires.

BŒUF (Le) à la mode. Chanson. *Paris, impr. de Dondey-Dupré,* 1817, in-12. (1 fr. 50)

Réimprimé en 1821. La *Bibliogr. de la France* ajoute : Ne se vend pas.

BŒUF (Joseph-Donat). — Almanach de la ménagère pour l'an 1829. Par Joseph-Donat Bœuf. *Marseille, impr. de Baudillon,* pet. in-12. (2 fr.)

Le même, deuxième année, *Marseille,* 1830.

BOIE (Jo.-Lud.). — De legibus cibariis et vestiariis Pythagoræ earumque causis. *Jenæ,* 1711, in-4. (De 2 à 3 fr.)

BOILEAU (F. V. C.). — Dissertation sur l'indigestion. *Strasbourg, de l'impr. de Levrault,* 1815, in-4 de 28 pages.

BOILEAU-DESPRÉAUX (Nicolas). — Satires du sieur D***. *A Paris, chez Lovis Billaine, dans la Grand'salle du Palais, à la Palme & au grand César,* 1666. in-12 de 6 ff. limin. non chiffrés et 71 pages, front. gravé. (De 50 à 60 fr.)

Nous ne citons ici que l'édition originale des *Satires* de Boileau, notre but étant seulement de faire figurer la Satire III : le *Repas ridicule,* que tout le monde connaît et qui n'a pas été publiée à part, comme plusieurs des autres Satires. Pour les autres éditions, voyez le *Manuel du libraire.*

BOILEAU (Etienne). — Règlemens sur les arts et métiers de Paris, rédigés au XIIIe siècle et connus sous le nom de Livre des métiers d'Etienne Boileau ; publiés pour la première fois en entier, d'après les manuscrits de la Bibliothèque du Roi et des Archives du Royaume, avec des notes et une introduction, par G.-B. Depping, des sociétés d'antiquaires de Paris, Edimbourg, Copenhague, de l'académie royale de Munich, etc. *A Paris, de l'imprimerie de Crapelet,* 1837, in-4 de lxxxvj-474 pages et VIII pages de table. (De 20 à 30 fr.)

Au faux titre : Collection de documents inédits sur l'histoire de France, publiés par ordre du roi et par les soins du ministre de l'instruction publique. Première série. Histoire politique.

Cet ouvrage comprend : *Registres des métiers et marchandises de la ville de Paris et Ordonnances sur le commerce et les métiers rendues par les prévôts de Paris, depuis 1270 jusqu'à l'an 1300.*

Renseignements curieux sur les Taverniers, Cervoisiers (brasseurs), Regratiers (fruitiers et épiciers), Cuiseniers, Poulailliers, Poissonniers, Boulangers, Oubliers (pâtissiers), Oyers (rôtisseurs), etc.

— Les métiers et corporations de la ville de Paris, XIIIe siècle. Le livre des métiers d'Etienne Boileau, publié par René de Lespinasse et François Bonnardot. *Paris (imprimerie nationale), Honoré Champion,* 1879, in-4, avec 7 planches et un fac-similé. (40 fr.)

Fait partie de l'*Histoire générale de Paris.*

BOIS (Louis du). — Du Pommier, du Poirier et du Cormier, considérés dans leur histoire, leur physiologie et les divers usages de leurs fruits, de leurs cidres, de leurs eaux-de-vie, de leurs vinaigres, etc; *Paris, Marchant,* 1804, 2 vol. in-12. fig. (De 5 à 6 fr.)

BOISREDON (A. de). — Manuel du trufficulteur, exposé complet de la méthode pratique pour l'entretien et la création des truffières, suivi de la description des principales variétés de truffes et de l'histoire gastronomique et commerciale de ce tubercule, par A. de Boisredon, syndic de la société des agriculteurs du Périgord. *Périgueux, j aporte,* in-8 de 238 pp., 12 planches. (3 fr.)

BOISSELOT (Paul). — La table des délices, grande ronde dédiée aux artistes dramatiques, dans un banquet servi à la table d'hôte de leur camarade Desquels. Paroles de M. Paul Boisselot. *Paris, impr. de Mme Dondey-Dupré,* 1852, in-4. (1 fr.)

BOISSET (E.). — Notice sur la fécule de pommes de terre, ses divers propriétés et usages dans l'économie domestique, la médecine et les arts par E. Boisset. *Lyon, de l'impr. de Deleuze,* 1838, in-8 de 40 pages. (2 fr.)

BOISSIER DE SAUVAGES. — Observations sur l'origine du miel, par Boissier de Sauvages. *Nismes, Gaude,* 1763, in-8 de 38 pages. (2 fr.)

BOISSONADE (J. F.). — Traité alimentaire du médecin Hiérophile.

Ce traité a été imprimé dans le tome XI des notices et extraits des manuscrits de la Bibliothèque du roi. [1827]

BON BOCK (Le), écho des brasseries françaises, journal illustré hebdomadaire. *Paris, imp. Schlaeber,* pet. in-fol. de 4 pp. à 3 colonnes.

Le numéro-spécimen a paru le 21 février 1885.

Prix de l'abonnement: Paris et Départ^{ts}: 10 fr; étranger: 15 fr. Un numéro : 25 cent.

BON (Le) vin nouveau. *Paris, imp. Moquet,* 1857, in-4 d'une page à 2 col. (25 cent.)

Chanson signée : Eugène Clérambourg, de Mantes.

BONAFOUS. — Mémoire sur la fabrication du Fromage du Mont-Cenis, par Bonafous. *Paris, madame Huzard,* 1833, in-8 de 22 pages, 1 planche. (2 fr.)

Extrait des *Mémoires de la société d'agriculture.*

— Della fabricazione del Cacio d Monte-Cenisio : Memoria di Matteo Bonafous, direttore del Orto agrario di Torino. *Milano, Lampato,* 1833, in-8 de 16 pages. (2 fr.)

— Excursion dans le pays de Gruyères, ou mémoire sur les Fromages de cette contrée, par Bonafous. *Paris, madame Huzard,* 1828, in-8 de 17 pages. (1 fr. 50.)

(Extrait des *Annales de l'agriculture française,* 2e série, tome XLII.)

BONHOMME-COLIN (Jules). — Notice sur les conserves alimentaires, par Jules Bonhomme-Colin. *Nantes, impr. de Merson,* 1843, in-12. (2 fr.)

BONHOMMET (Victor). — Muse populaire. Les chansons de métiers, par Victor Bonhommet (tome premier). *Paris, Léon Vanier,* 1888, in-18. (2 fr.)

Chanson sur les Cuisiniers.

BONNARDEL (L.). — Traité sur les mouches à miel, suivi des procédés pour faire le miel et la cire, avec divers modèles de ruches, par L. Bonnardel. *Lyon, chez Mlle Bonnardel,* 1853, in-8, 2 planches. (3 fr. 50.)

BONNARDOT. — Fantaisies multicolores. — La Robe de Claude Frollo, Archeopoles... Le pâté de Strasbourg et le gibet de Montfaucon; les deux bécasses... *Paris,* 1859, in-12. (De 2 à 3 fr.)

BONNEJOY. — Principes d'alimentation rationnelle hygiénique et économique avec des recettes de cuisine végétarienne, par le docteur Bonnejoy, du Vexin. *Paris, librairie médicale et végétarienne de France*, 1884, in-18 de 264 pp., avec un portrait de l'auteur. (3 fr. 50.)

BONNEPATE (Guillaume). — Le plat de Carnaval ou les Beignets apprêtés par Guillaume Bonnepâte, pour remettre en appétit ceux qui l'ont perdu. *A Bonne Huile, chez Feu Clair, rue de la Poële, à la pomme de Reinette, l'an dix huit cents d'œufs.* (Paris, Barraud, 1802), in-8 de X-142 pp. et 7 ff. (De 8 à 10 fr.)

Cette facétie assez grasse n'a de culinaire que le titre ; il est à noter qu'elle est divisée non pas en chapitres, mais en beignets.

BONNET. — Le Liquoriste parfait et fabricant de vins fins et étrangers, par M. Bonnet, chimiste. *Saint-Servan, imp. de Le Bien*, 1857, in-12 de 24 pp. (2 fr. 50.)

BONNET (Henri). — La Truffe. Etude sur les truffes comestibles au point de vue botanique, entomologique, forestier et commercial. *Paris, Adr. Delahaye*, 1869, in-8 de XII-144 pp. (2 fr. 50.)

BOOK. This is the boke of Cokery *Emprynted without Temple Barre by [Ri] charde Pynson in the yere of our Lorde* M D, in-4.

D'après Lowndes, ce livre commence ainsi This is the boke of Cokery. Here beginneth a noble boke of festes royalle and cokery a boke for a pryncis housholde or anyother estates ; and the making thereof accordynge as ye shall fynde more playnly within this boke. The feste of Kynge Harry the fourth to the Herawldes and Frenchmen whan they hadde justed in smythefelde. The feste of the Erle of Hunlynton at Caleys. The erle of Warnykes feste vnto the Kynge at London. The stallacion of Clyfforde byshop of London. The feste of my lord Chaunceler archibysshop of Yorke at his stallacyon in Yorke : the yere of our Lorde MCCCCLXV, etc...

Un manuscrit de cet ouvrage se trouvait autrefois en la possession de la duchesse de Portland. Le *Book of Cookery* de 1500 a été souvent réimprimé. Voici les titres de quelques-unes de ces éditions :

— A noble booke of Feastes royall and of Cookerie for princes Housholde or any other estate and the making thereof. *Lond., by John Byddell*, in-4. (De 30 à 40 fr.)

— A new Book of Cokery, *Lond., by Thomas Raynalde*, in-16. (De 30 à 40 fr.)

— A proper new booke of Cokery declaring what maner of meates be best in Ceason for all Times of the Yere and ow they ought to be dressed and serued at table bothe for Holie Daies and Fisshes Daies with a newe addition very necessarye for al them that delighteth in Cokery, *Lond., 1546*, in-16. (De 30 à 35 fr.)

— A proper new book of Cookery *Lond., 1575*, in-16. (De 25 à 30 fr.)

— A Book of Cookery necessary for such as delight therein, 1584. (De 25 à 30 fr.)

— A booke of Cookerie and the order of Meats to be served to the table both for flesh and fish days 1620, in-12,

Réimprimé en *1634-1650.*

Toutes ces éditions se trouvent citées dans Lowndes au mot Cookery.

M. Carew Hazlitt dans son « *Old Cookery books and ancient Cuisine* », dit que le *book of Cookery* fut réédité, en 1882, par Mistress Napier, d'après un manuscrit provenant d'Holkam et que le livre imprimé en 1500 par Pynson et réimprimé depuis par John Byddel, son successeur, varie en bien des endroits avec le manuscrit d'Holkham.

La première édition de ce traité culinaire du XVIe siècle est de toute rareté; d'après M. Carew Hazlitt, on n'en connait qu'un exemplaire qui serait à Longleat, après avoir fait partie de la bibliothèque de Balstrode.

BORCH (Cte de). — Lettres sur les Truffes du Piémont écrites par Mr. le Comte de Borch en 1780. *A Milan, chez les Frères Reygends*, in-8 de VIII-51 pages et 1 f. n. ch. d'*errata*. (De 4 à 5 fr.)

BORDEAUX et ses vins ; album de vingt-cinq photographies de J. Stoerk. Avec texte en français, allemand et anglais ; complété par un tableau de classement des grands vins de la Gironde. *Bordeaux, Chaumas*, 1868, in-4 oblong de 57 pages. (De 4 à 5 fr.)

BOREL. — Nouveau dictionnaire de cuisine, d'office et de pâtisserie ; contenant : 1° la manière de préparer et d'accommoder toutes sortes de viandes, gibiers, légumes, fruits, etc., d'après les procédés de MM. Beauvilliers, Archambaut, Fouret, Viard, Robert, etc. ; 2° de faire toutes sortes de pâtés, gâteaux, tourtes, flans et tout ce qui concerne l'art du Pâtissier, d'après MM. Carême, Thomas, Lebeau, etc. ; 3° de composer toutes sortes de sirops, glaces, essences, gelées, liqueurs, ratafiats, etc., d'après MM. Machet, etc. Ouvrage enrichi de découvertes faites dans ces trois parties de l'art culinaire, et d'une Notice sur les vins d'après les procédés de Julien, le tout rédigé et mis en ordre par Borel, chef de cuisine. *Paris, chez Corbet aîné*, 1825, in-12 de 654 pages et 4 planches. (De 4 à 5 fr.)

— Le Cuisinier moderne mis à la portée de tout le monde ou Traité des substances alimentaires... par Borel, chef de cuisine. *Paris, Corbet aîné*, 1836, in-8 de 712 pages, avec 6 planches. (De 3 à 4 fr.)

Voyez Raimbault.

BORIE (Victor). — La question du pot-au-feu. Organisation du commerce des viandes. *Paris, librairie agricole*, 1857, in-8. (2 fr.)

— Le Pain, par Victor Borie. *Paris, Dentu*, 1862, in-8 de 48 pp. (1 fr. 50)

BORY (Paul). — Nos aliments. Le Blé, la Viande, les Fruits, les Boissons, illustré de 87 gravures. *Tours, Alfred*

Mame et fils, 1887, in-4 de 288 pp. (De 4 à 7 fr.)

Divisé en huit parties. La première traite de l'organisme et de l'alimentation ; la seconde, des grains ; la troisième, des viandes ; la quatrième, du laitage ; la cinquième, du poisson ; la sixième, des fruits et des légumes ; la septième, des boissons ; et la huitième, des stimulants.

BOSTON (Dick). — Manuel du pâtissier anglais. Recettes exactes pour fabriquer la pâtisserie anglaise, les pâtés de viande, de volailles et de poisson, les pouding, dumplings, pancakes, cheecakes, cakes, etc. Recueillies et traduites en français par Dick Boston. *Paris, l'auteur*, 1848, in-12. (De 3 à 4 fr.)

BOUCHARD. — Le fromage homicide, histoire véridique et lamentable par Alfred Bouchard. *Rouen, Giroux et Fourcy*, 1887, in-8 de 4 pages. (50 cent.)

En vers.

BOUCHÉ (Jacques). — Gallet et le Caveau, 1698-1757. *Épernay, typographie des éditeurs Bonnedame et fils*, 1883, 2 vol. in-8 de XVI-295 et 344 pp. (De 10 à 12 fr.)

Tiré à 1000 exemplaires sur papier vergé anglais ; 100 exemplaires sur papier de Chine et 2 sur peau de vélin. Nous ne faisons figurer ici cet ouvrage, illustré de dessins par Cornu qu'en raison des renseignements que l'on y trouve sur les cabarets et les sociétés gastronomiques du XVIII° siècle.

Gallet, l'épicier droguiste de la rue de la Truanderie, fut, on le sait, un des huit fondateurs du *Caveau*.

BOUCHER (L.-M.). — Cantique de table par Boucher, M∴ de la L∴ des artistes, O∴ de Paris, chanté au banquet de la fête d'ordre. le 29 juillet 1823, è. v. *Paris, impr. Dondey-Dupré*, 1823, in-8. (1 fr. 50.)

BOUCHERIE (Maurice). — Étude sur les boissons fermentées. Histoire du vin, culture de la vigne, les vendanges, la fermentation, vins blancs, vins rouges, vins de liqueurs, vins d'Europe, d'Amérique, d'Asie, de Turquie, d'Afrique, vins des colonies anglaises. *Paris, E. Lacroix*, 1872, in-8. (5 fr.)

BOUCHET (Du). — La Truffe, anecdote ministérielle de l'année 1826, par le Marquis du Bouchet. *Paris, impr. lithogr. de Saunier*, 1830, in-4. (1 fr. 50.)

En vers.

BOUCHOT (Henry). — Les Gaudes, poésies patoises, par Henri Bouchot (avec un dessin de Jean Gigoux). *Besançon, Marion, Morel et Cie*, 1883, in-8 de XVI-125 pages. (3 fr.)

BOUDARD. — De l'eau, du vin et du pain au point du vue de la santé publique, par M. Boudard, pharmacien et médecin. *Nevers, Bégat*, 1862, in-8 de 24 pp. (2 fr.)

BOUDIN (Augustin). — Lou Soupa de Saboly, poème provençal historique précédé d'une notice sur Saboly, par A. Boudin. *Avignon, Seguin aîné*, 1848, in-8 de 51 pages. (3 fr.)

Ce poème se trouve réimprimé dans les poésies complètes de A. Boudin, *Li set Garbetto* (les sept gerbes), publiées et annotées par A. Deloye, *Avignon, Aubanel frères*, 1879, in-8°.

A vrai dire, *le Souper de Saboly* est plutôt une satire qu'un poème gastronomique; mais on y rencontre des passages où la gourmandise joue un rôle. Dans ce même volume se trouvent la *Dindo mau counseiado* (la Dinde mal conseillée), fable qui a paru pour la première fois dans le *Mémorial de Vaucluse* portant la date du 14 décembre 1865 et *Lou Bèu-l'Aigo* (le buveur d'eau), fable publiée dans l'*Armana Prouvençau* de 1870.

BOUFFARD. — Notice sur les vins de Bordeaux et guide pour le choix, l'usage et le service des vins de table, par J.-A. Bouffard, fils, négociant en vins. *Bordeaux, Coderc*, 1876, in-8 de 23 pp. (1 fr.)

BOUFFARD (A.). — Fabrication du fromage de Roquefort dans le département de l'Hérault : fromagerie de Lunel, par A. Bouffard, professeur à l'école nationale d'agriculture de Montpellier. *Montpellier, Grollier*, 1886, in-8 de 14 pp. (1 fr. 50)

BOUILLABAISSE (La), revue culinaire universelle. *Marseille, impr. Thomas et Cie*, in-fol. de 4 pp. à 5 col.

Le premier numéro de ce journal bi-mensuel a paru le 15 septembre 1876.

Prix de l'abonnement : Marseille, un an 3 fr., départts limitrophes : 3 fr. 50 ; autres départts : 4 fr. 50. Un n°, 10 cent.

Ce journal très curieux n'a eu que trois numéros; le premier daté, comme nous le disons plus haut, du 15 sept. 1876 ; le deuxième du 1er oct. et le troisième et dernier du 15 du même mois. La collection complète est assez difficile à rencontrer ; mais tous les articles de ce journal ont paru ou paraîtront dans les « Secrets de la cuisine dévoilés » de M. Marius Morard qui fut le rédacteur en chef de la « Bouillabaisse ».

BOUILLETTE (A.). — Un dîner de famille, pièce en un service par M. A. Bouillette. *Paris, Tresse*, 1879, in-18 de 44 pp. (1 fr.)

Cette pièce a été représentée, pour la première fois, sur le théâtre d'Amiens, le 5 avril 1879.

BOUILLON-LAGRANGE. — L'art de composer facilement et à peu de frais les liqueurs de table, les eaux de senteur, et autres objets d'économie domestique. Troisième édition, ornée de planches par M. Bouillon-Lagrange, docteur en médecine, etc. *A Paris, chez J.-G. Dentu*, 1825, in-8 de 11-480 pages. (De 3 à 4 fr.)

BOULANGERIE des Familles. Faire le pain chez soi. *Lille, impr. Reboux*, 1857, in-8 de 61 pages. (1 fr. 50.)

L'avertissement est signé : Erckmann-Lecroart.

BOULARD. — Les deux Gourmands, comédie en deux actes et en vers, par Gaston Boulard. *Paris, impr. A. Chaix et Cie*, 1873, in-12 de 62 pages. (1 fr.)

BOULLAY (Jacques). — Manière de bien cultiver la vigne, de faire la vendange et le vin dans le vignoble d'Orléans, etc., par Jacques Boullay, IIIe édition. *Orléans, Borde*, 1723, in-12.(De 10 à 15 fr.)

Des exemplaires de cet ouvrage, même format, même date, même lieu d'impression, portent le nom de *Rouzeau*.

Première édition : 1712.

BOURDON. — La Pâtisserie pour tous, manière de la faire, démontrée et expliquée à l'usage des cuisiniers et cuisinières de maison bourgeoise, illustrée de 25 planches, se trouve chez l'auteur : Pâtisserie des tuileries Bourdon, etc. *Paris, association générale typographique*, 1874, in-8 de 129 pages. (5 fr.)

BOURGEOIS (Anicet). — Treize à table, vaudeville en un acte. *Paris, Tresse*, 1840, in-8. (1 fr.)

— Un souper tête à tête, comédie-vaudeville en un acte. *Paris, Tresse*, 1840, in-12. (1 fr.)

BOURGES (Jean de). — Le Cvredent du Roy de la Febue, historié de l'antiquité du Roy-boit. *A Paris, chez Etienne Prenosteau, demeurant en la rue Sainct-Jean de Latran, au collège de Cambray*, 1602, pet. in 8 de 57 pages et 1 feuillet pour l'approbation. (De 15 à 20 fr.)

Petit traité théologique qui a paru anonyme. Le nom de son auteur se trouve à la fin de l'épitre dédicatoire à « Genereux et illustre Seignevr Messire Philippes Emanuel de Laual, Marquis de Sablé... » qui est signée : I. de Bovrges.

L'auteur y dit qu'il « seroit plus louable d'oindre chrestiennement nos esprits d'huisle desiouyssance ; pour les fortifier en la grande ioye quils doyvent r'emporter de leur grande félicité : que d'engraisser indignement nos corps parmy les oincts de l'Antechrist et d'embaumer la relente charogne de nos sensualitez, des fortes odeurs de Cuysine ».

BOURGOIN (Edme). — De l'alimentation des enfants et des adultes dans une ville assiégée et en particulier de la viande de cheval. Conférence faite le 25 novembre 1870 à l'école de pharmacie de Paris. *Paris, Ad. Delahaye*, 1870, in-8. (1 fr.)

— Du blé, de sa valeur alimentaire en temps de siège et de disette. Conférence faite le 27 décembre 1870, à l'Ecole de pharmacie de Paris. *Paris, Ad. Delahaye*, 1871, in-8. (1 fr.)

BOURGNON DE LAYRE (Bon Antonin). — De la fabrication du pain chez la classe agricole et dans ses rapports avec l'économie publique. *Poitiers, impr. Dupré*, 1846,-in-8. (2 fr.)

BOURNE (Louis). — Petit manuel de la bonne ménagère ou de l'Economie domestique,... par Louis Bourne, propriétaire. *Montbéliard, Deckerr*, 1838, in-18. (2 fr.)

BOURSIN (E.). — Les veillées du Père Gérard. Les Capucins gourmands, par E. Boursin. *Paris, Marpon et Flammarion, s. d.*, in-16 de XII-161 pages. (2 fr.)

Illustrations de Léonce Petit. M. Paul Arène a signé la préface de ce petit volume de nouvelles.

BOUSCHET (H.). — Les Raisins du verger ou Choix des meilleurs et des plus beaux raisins de table pour le verger dans le midi de la France. 1re livraison : Les Raisins de juillet et d'août. *Montpellier, Coulet*, 1870, in-8. (De 2 à 3 fr.)

BOUTIGNY (P.-H.). — Du chocolat, de sa fabrication, des moyens de reconnaître sa falsification, et de ses propriétés alimentaires et médicales, par P.-H. Boutigny, pharmacien à Evreux. *Evreux, impr. d'Ancelle*, 1827, in-8. (2 fr. 50.)

BOUTTEVILLE (Lucien de). — Le Cidre, traité rédigé d'après les documents recueillis par le Congrès pour l'étude des fruits à cidre. Illustré de fig. sur bois. 2ᵉ édition. *Rouen, Deshays,* 1876, in-8. (De 2 à 3 fr.)

La première édition est de 1875. En collaboration avec M. A. Hauchecorne.

BRADLEY (Martha). — The British Housewife : or, the Cook's, Housekeeper's, and Gardener's Companion. *S. l. n. d.,* in-8. (De 3 à 4 fr.)

BRAGARDISSIME (Le) et joyevx Testament de la Bière, dédié aux magnanimes biberons pour les festes de Caresme prenant. *S. l.,* 1611, pet. in-8 de 14 pages. (De 12 à 15 fr.)

Pièce rare et curieuse dont il a été fait une réimpression tirée à petit nombre d'après l'exemplaire de M. le Baron Pichon.
Vendu, en mar. bl. (Duru et Chambolle), 50 fr., baron Pichon ; en mar. brun (Joly) 24 fr., La Roche-Lacarelle.

BRANCATIUS. — Francisci Mariæ Cardinalis Brancatii de Chocolatis potv Diatribe. Prælo subiecta, Instante Dominico Magro Melitensi canonico Theologo Ecclesiæ Cathedralis Viterbiensis. (A la fin :) *Romæ Per Zachariam Dominicum Aesamitek a Kronenfeld, vetero Pragensem Anno MDCLXIV, superiorvm permissv.* In-4 de 37 pages et 1 fig. grav. (De 5 à 6 fr.)

La fig. est la même que celle du traité de Colmenero. On discute, dans cet opuscule, la question de savoir si le chocolat rompt le jeûne ecclésiastique.

BRANDÉS (Mary). — Bébé cordon bleu. *Paris, Paul Ollendorff, s. d.* (1888), in-4 de VI-199 pages. (2 fr.)

Petit livre de cuisine à l'usage des enfants, illustré par Docs. Couverture avec un dessin colorié. La troisième partie de cet album est consacrée aux « petits plats pour les poupées ».

BRASSART (P.-J.). — Guide pratique pour la fabrication du cidre et la culture du pommier. Nouvelle édition, par P.-J. Brassart. *Bruxelles, Laurent,* 1871, in-18. (2 fr. 50.)

BRAUER. — Die Seinere Kochkuns dargestellt nach den Erfordernissen unserer zeit, mit Berucksichtigung der damit in Verbindung Stehenden sonstigen zweigen der Gastronomic, als ; Anfertigung aller Arten Warmer und geistiger Getranke Aufbewahrung der Speisen, etc.; von Ludwig Brauer. *Mulhouse, Risler,* 1860, in-8 de 207 pp. (De 4 à 5 fr.)

BRAUT. — A la mémoire de Parmentier. La Parmentière, marche, paroles de MM. D. et Alph. Braut. Musique de M. Alph. Braut, prix net, 0.30. *Imp. Radenev, Montdidier, Somme,* in-8 de 4 pp.

BRAZIER (Nicolas). — Les Cuisinières, comédie en un acte, mêlée de couplets, par MM. Brazier et Dumersan. *Paris, J. N. Barba,* 1823, in-8 de 40 pp. (2 fr. 50.)

Représentée pour la première fois sur le théâtre des Variétés, le 14 avril 1823. Trois éditions de cette amusante comédie ont paru dans la même année, la seconde avec l'air du *Guernadier* noté.
Nouvelle édition. *Paris, Barba,* 1824, in-8.
En 1835, cette pièce a été réimprimée dans la collection de la *France dramatique, Paris, Barba ; Delloye ; Bezou,* gr. in-8.

— Vol-au-vent, ou le pâtissier d'Anières, folie en un acte, mêlée de couplets ; par un M. d'Anières. *Paris, chez mad. Masson,* 1812, in-8 de 32 pages. (1 fr. 50.)

Représentée, pour la première fois, à Paris sur le théâtre des Variétés, boulevard Montmartre, le mardi 23 juin 1812.

— La Table d'hôte, comédie en un acte, mêlée de couplets, par MM. Brazier et Dumersan, représentée sur le théâtre des Variétés le 12 janvier 1828. *Paris,* 1828, in-8. (1 fr.)

Plusieurs chansons de M. N. Brazier ont été insérées dans le *Caveau moderne.*
Voyez Carmouche, la Carte à payer.

BREIL (André du). — La Police de l'art et Science de medecine, Contenant la refutation des erreurs et insignes abus qui s'y commettent pour le iourdhuy tres vtile & necessaire à toutes personnes qui ont leur santé & vie en recommandation..... Dédiée au Roy par M. André du Breil, Angeuin,..... *Paris, Léon Cavellat*, 1580, in-8 réglé de 8 ff. limin n. ch., 148 pp. et 2 ff. n. ch. (De 10 à 12 fr.)

Au r° du dernier f. marque de Léon Cavellat (au griffon d'argent).

Ouvrage médical ; nous le citons néanmoins parceque quelques passages ont trait aux épiciers qui, en 1580, sophistiquaient — tout comme aujourd'hui — les épices et les confitures.

Le livre de du Breil s'occupe aussi des taverniers qui « meslent les vins nouveaux avec les vieux, le vin blanc avec du cidre, ou avec du vin rouge ». Et pour ceux qui seraient tentés de croire que le *mouillage* est une invention moderne, nous pouvons citer cette phrase de du Breil, qui, ayant énuméré les falsifications usitées de son temps, écrit avec une certaine indignation mêlée de tristesse :... « De sorte qu'il n'est possible, pour le jourd'huy, boire une seule goutte de bon vin pur et naturel, sans aucune brouilleric d'autres liqueurs et drogues. »

BRESSEVILLE (H. de). — Le parfait Cuisinier français moderne. Traité complet de l'art de préparer toutes les substances alimentaires solides et liquides etc., rédigé d'après les manuscrits de H. de Bresseville, ex-chef d'office. *Paris, Vialat*, 1849, in-12. (De 2 à 3 fr.)

A été réimprimé sous ce titre :

— Le parfait Cuisinier français moderne, suivi d'instructions précises sur la manière de faire les honneurs de la table et l'art de découper les viandes. Ouvrage entièrement neuf, rédigé d'après les manuscrits de H. de Bresseville. *Paris, Béchet*, 1856, in-12. (De 2 à 3 fr.)

Le même... *Paris, Bernardin-Béchet*, 1865 et 1867.

— La Cuisinière moderne ou le par-

fait Cordon bleu, traité complet de l'art de préparer toutes les substances alimentaires solides et liquides. Ouvrage entièrement neuf, rédigé sur les manuscrits de H. de Bresseville, ex-chef d'office. *Paris, Bernardin-Béchet*, 1867, in-12 de 168 pages. (5 fr. 50)

Le même, *ibidem, idem*, 1874, in-12.

BRESSON (A.). — Entre deux coups de feu, macédoine poétique par A. Bresson, chef de cuisine. *Paris*, 1873, in-12. (2 fr. 50.)

BRETEUIL (Jules). — Le Cuisinier européen. Ouvrage contenant les meilleures recettes des cuisines française et étrangère pour la préparation des potages, sauces, ragoûts, entrées, rôtis, fritures, entremets, dessert et pâtisseries, complété par un appendice comprenant la desserte ou l'art d'utiliser les restes d'un bon repas, le service de table, etc., par Jules Breteuil, ancien chef de cuisine. *Paris, Garnier frères*, 1860, in-12. (3 fr.)

— Le même... illustré d'environ 300 gravures, nouvelle édition entièrement refondue, *ibidem, idem*, 1863 et 1872, in-18. (3 fr.)

BREVET. — Essai sur la culture du café avec l'histoire naturelle de cette plante, 1768, in-8. (2 fr. 50.)

M. Brevet est également l'auteur d'un *Mémoire sur le gingembre*.

BRÉVIAIRE de table rédigé par Cupidon et Comus contenant les offices journels, nocturnes et hymnes en l'honneur de Bacchus et de l'Amour, à l'usage des abbaïes et monastères de l'ordre de Cypris, pour être seul usité dans le diocèse de Cythère. *A Cocagne, chez les frères Joyeux, rue de la Sensualité, sous les pilliers des Plaisirs, au Temple du goût. Ecrit, noté et dessiné a Paris, par Sylvestre, en janvier 1770*, in-4 de 325 pages.

Manuscrit sur papier exécuté pour Mme Du Barry. Son chiffre, composé de lettres formées de fleurs et placé au centre de rayons solaires, se trouve à la page 310. Ce recueil qui contient les chansons les plus galantes est écrit avec élégance, encadré de filets rouges à toutes les pages et orné de fleurons, de culs-de-lampe coloriés, dessinés dans le style du temps. (*Catal. de Béhague*, 1880.)

En maroq. rouge, doublé de moire, au chiffre et aux armes de la comtesse du Barry, avec sa devise : Boutez en avant, vente Béhague : 2,800 fr.

BRIDAULT. — Mœurs et coutumes des Romains, par M. Bridault, maître de pension. *A Paris, chez P.-G. Le Mercier*, 1754, in-12 de XII-290 pp. (De 3 à 4 fr.)

Pages 192 et suivantes, on trouve des renseignements sur les Repas.

BRIDELLE DE NEUILLAN. — Manuel pratique où l'on traite des différentes manières les plus simples et les meilleures pour faire toutes sortes de vins qui soient de qualité et de garde. Art méthodique de les gouverner joint à de nouveaux secrets pour les bonifier et les moyens les plus sûrs pour les rétablir. *Montargis, Prévost*, 1781, in-12. (2 fr.)

BRIFFAULT (Eugène). — Paris à table, par Eugène Briffault. Illustré par Bertall. *Paris, publié par J. Hetzel*, 1846, pet. in-8 de IV-184 pages. (De 10 à 12 fr.)

La couverture est illustrée ; elle est la reproduction du frontispice qui représente un cuisinier (sans doute le portrait de l'auteur), faisant sauter dans une casserole toutes sortes d'animaux ; ce cuisinier est debout, un pied sur chacune des rives de la Seine qui coule au-dessous de lui ; à sa gauche est plantée une énorme fourchette aux armes de la ville de Paris, sur le manche de laquelle est inscrite cette devise : *Nec pluribus impar* ; à sa droite, une bouteille surmontée d'une statue.

Ce frontispice est placé après le titre, avant le second faux titre sur une seule ligne.

Paris à table a paru en livraisons : la première a été annoncée dans le n° de la *Bibl. de la France* du 5 juillet 1845.

M. Eugène Briffault, dans *Paris à table*, fait, avec beaucoup d'humour, l'historique du dîner depuis Charlemagne jusqu'à nos jours, du souper, des restaurants, etc. Les dessins fantaisistes de Bertall, gravés sur bois, sont intercalés dans le texte.

Une édition populaire illustrée à deux colonnes a paru : *Paris, Havard*, 1851.

BRIGGS (Richard). — The English art of cookery, according to the present practice being a complete guide to all Housekeepers, on a plan entirely new, consisting of thirty eight Chapters containing : etc., etc... with bills of fare for every month in the year neatly and correctly engraved on Twelve Copper Plates. The second edition. By Richard Briggs, many years cook at the globe tavern... *London, printed for G. G. J. and J. Robinson, Pater-noster row*, 1791, in-8 de XX-656 pp. et 12 pl. grav. (De 5 à 6 fr.)

L'avis au lecteur est daté du Temple Coffee House Oct. 1 1788, date de la première édition.

— Le même... *London*, 1794, in-8,

BRILLAT-SAVARIN. — Physiologie du goût, ou méditations de Gastronomie transcendante ; ouvrage théorique, historique et à l'ordre du jour, dédié aux gastronomes parisiens, par un professeur, membre de plusieurs Sociétés littéraires et savantes. *Paris, A. Sautelet et Cie*, 1826, 2 vol. in-8.

Tome I : faux titre, XIV pages (titre, avis au lecteur et aphorismes) et 390 pp.

Tome II : 442 pp., y compris le faux titre et le titre.

Édition originale d'un livre qui a été réimprimé un très grand nombre de fois. Quelques bibliographes ont écrit que la première édition de la *Physiologie du goût* était de 1825. S'ils n'ont pas tout à fait tort, ils n'ont pas tout à fait raison non plus.

La *Physiologie du goût* a paru, pour la première fois, avec la date de 1826 et ce qui a pu causer l'erreur que nous signalons, c'est qu'elle a été enregistrée dans le numéro de la *Bibliographie de la France* du 10 décembre 1825. L'ouvrage a donc été mis en vente en 1825, mais sans porter la date de cette année. Et ce qui corrobore notre assertion, c'est qu'aucune édition de l'œuvre de Brillat-Savarin ne figure dans cette même *Bibliographie* en l'année 1826.

Le cas n'a rien d'extraordinaire; il se présente très fréquemment aujourd'hui pour les publications éditées dans les derniers mois d'une année, et nous n'aurions pas songé à le relever si cette date de 1825, indiquée par des bibliographes autorisés, n'était de nature à jeter le doute dans l'esprit des amateurs d'éditions originales.

Tout le monde connaît la *Physiologie du goût*, qui est devenue, pour ainsi dire, classique: il n'y a donc pas lieu de décrire ici, autrement qu'au point de vue bibliographique, l'ouvrage qui valut à son auteur la gloire de passer à la postérité. Brillat-Savarin (né à Belley (Ain), le premier avril 1755) n'a d'ailleurs pas joui longtemps de son succès, car il est mort le 2 février 1826, c'est-à-dire environ deux mois après la mise en vente de la première édition de son œuvre.

Nous nous bornerons à mentionner dans leur ordre chronologique, les éditions publiées depuis 1826 jusqu'à nos jours, et elles sont nombreuses, en ayant soin de donner une description aussi exacte que possible des principales :

La deuxième édition de la *Physiologie du goût*, Paris, *A. Sautelet et Cie*, 2 vol. in-8, de 412 et 440 pp., porte la date de 1828, bien que la *Bibliographie de la France* l'enregistre en 1827. Elle est précédée d'une notice sur l'auteur.

— Le même ouvrage... troisième édition. *Paris, A. Sautelet et Cie, et Alexandre Mesnier*, 1829, 2 vol. in-8, 2 fig. d'Henry Monnier. (De 8 à 10 fr.)

— Le même... quatrième édition. *Paris, Just Tessier*, 1834, 2 vol. in-8. (De 5 à 6 fr.)

— Le même... nouvelle édition augmentée d'une notice sur l'auteur. *Paris, Charpentier*, 1838, in-12 de VIII-493 pp. (6 fr.)

Première édition, dans ce format, et en un seul volume.

— Le même... nouvelle édition précédée d'une notice sur l'auteur par M. le baron Richerand, suivie d'un traité sur les excitants modernes, par M. de Balzac. *Paris, Charpentier*, 1839, in-12 de 484 pages. (3 fr. 50.)

— Le même... édition précédée d'une notice par M. le baron Richerand, suivie de la *Gastronomie*, poème en quatre chants, par Berchoux. *Paris, Charpentier*, 1840, in-12. (3 fr. 50.)

— Le même... Nouvelle édition, précédée d'une notice par M. Eugène Bareste. *Paris, Lavigne*, 1841, in-18, 7 fig. (2 fr. 50.)

— Le même... *Paris, Charpentier*, 1842 et 1844, in-12 (même titre que celui de l'édition de 1840). (3 fr. 50.)

— Le même... *Paris, Paulin*, 1846, 2 vol. in-16. (De 2 à 3 fr.)

— Le même... *Paris, Charpentier*, 1847, in-12 (même titre que celui de l'édition de 1840). (3 fr. 50.)

— Le même... Nouvelle édition ornée de gravures et précédée d'une notice par M. Eugène Bareste. *Paris, Alphonse Pigoreau*, 1848, 2 parties en 1 vol. in-32 de XI-176 et 185 pages. (De 2 à 3 fr.)

— *Physiologie du goût* par Brillat-Savarin, illustrée par Bertall, précédée d'une notice biographique par Alph. Karr. Dessins à part du texte, gravés sur acier par Ch. Geoffroy, gravures sur bois, intercalées dans le texte par Midderigh. *(Paris) Gabriel de Gonet*, s. d. (1848) in-8 de XXIII-416 pp. (De 18 à 20 fr.)

Cette édition illustrée a paru d'abord en livraisons; il y en a eu 25 à 50 cent. Voici le titre des gravures hors texte qui doivent se trouver au nombre de huit : Les sens — Brillat-Savarin — les alimens — la chasse et la pêche — les boissons — le nanan — l'obésité et la maigreur — Influences. Elles sont tirées sur chine.

M. Brivois signale, à propos de cette édition, qu'il existe certains exemplaires où la page III est textuellement reproduite à la page V paginée III par erreur, de sorte que le texte de la page V manque.

— Le même ouvrage... Nouvelle édition, précédée d'une notice par Eugène Bareste. *Paris, Boulé*, 1850, gr. in-8.

— Le même... *Paris, Passard*, 1851, in-12.

— Le même..., illustré par Bertall. *Paris, G. Barba*, 1852, in-4, et 1853, in-32.

— Le même..., édition accompagnée des ouvrages suivants : Traité des excitants modernes, par H de Balzac; Anecotes et fragments d'histoire culinaire, par des Amateurs ; Pensées et préceptes recueillis par un philosophe ; Recettes et formules par un Cordon bleu ; la Gastronomie, poème par Berchoux ; l'art de dîner en ville, poème par Colnet. *Paris, Charpentier*, 1853, in-12. (3 fr. 50.)

— Le même... *Paris, Charpentier*, 1858 et 1862, in-12 (même titre que celui de l'édition de 1853).

— Le même... précédé d'une notice par Alph. Karr, dessins de Bertall. *Paris, Furne et Cie*, 1864, grand in-8. (De 15 à 20 fr.)

Faux titre — frontispice — titre — 1 feuillet sur lequel se trouve le titre complet de l'œuvre de Brillat-Savarin (verso blanc) et 459 pages.
Réimpression de l'édition publiée par Gabriel de Gonet.

— Le même .. *Paris, Charpentier*, 1865, in-12 (même titre que celui de l'édition de 1853). (3 fr. 50.)

— Physiologie du goût, par Brillat-Savarin. Nouvelle édition ornée de vignettes gravées sur bois et précédée d'une notice par Eugène Bareste. *Paris, Bernardin-Béchet*, 1865, in-32 de XI-176 et 185 pages. (2 fr.)

Même édition que celle de 1848, publiée par Alph. Pigoreau, 2 part. en 1 vol. in 32. Le titre seul a été changé; le nom de l'auteur y figure. La pagination, les gravures sont les mêmes; mais le faux titre et le titre de la deuxième partie ont disparu.

— Le même... *Paris, Marpon*, 1866, 2 vol. in-32. (25 cent., ch. vol.)

(Tomes 80 et 81 de la *Bibliothèque nationale*.)

— Le même. . suivi de la *Gastrono-mie* par Berchoux ; *l'art de dîner en ville*, par Colnet. Nouvelle édition. *Paris, Garnier frères*, 1867, in-18. (3 fr.)

— Le même... nouvelle édition, *Paris, Lévy frères*, 1869, in-12.

— Le même... *Paris, Charpentier*, 1875, in-18 (même titre que celui de l'édition de 1853). (3 fr. 50.)

— Physiologie du goût de Brillat-Savarin, avec une préface par Ch. Monselet. Eaux-fortes par Ad. Lalauze. *Paris, librairie des bibliophiles*, 1879, 2 vol. in-16. (60 fr.)

Tome I: Faux titre au verso duquel se trouve l'indication du tirage, titre, XVI et 296 pp. Entre le faux titre et le titre est placé un portrait de Jean-Anthelme Brillat-Savarin ; au bas, à gauche, on lit : Jouaust Ed.; à droite, Lalauze, Sc.
Tome II : Faux titre, titre et 320 pp.
Les eaux-fortes de Lalauze, intercalées dans le texte, sont au nombre de 52.
Il a été tiré, en plus des exemplaires sur Hollande, 25 exempl. sur papier de Chine et 25 sur Whatman, avec épreuves des gravures avant la lettre.
Il a été également fait un tirage en grand papier à 210 exemplaires numérotés, qui se décomposent ainsi :
20 ex. sur papier de Chine ; (no 1 à 20);
20   —   — Whatman (nos 21 à 40);
170   —   — Hollande (nos 41 à 210).
Les exemplaires en papier de Chine et en papier Whatman de ce dernier tirage contiennent les gravures en double épreuve avant et avec la lettre.
Les compositions de M. Lalauze ont eu un tirage spécial. M. Brivois, dans sa *Bibliographie des ouvrages illustrés du XIXe siècle* en donne le détail suivant :
1° Papier fort du Japon. Epreuves d'artistes en double état, eaux-fortes pures et épreuves terminées avec remarques gravées. Chaque planche porte la signature au crayon de l'artiste (2 exempl.), prix : 1,000 fr.
2° Papier fort du Japon. Epreuves d'artistes signées au crayon par le graveur sur chaque épreuve (3 exempl.), prix : 300 fr.
3° Papier de Hollande. Epreuves d'artistes signées au crayon sur chaque épreuve (3 exempl.), prix: 200 fr.
Ces trois tirages ont été cédés à MM. Morgand et Fatout.

— Le même ouvrage... *Paris, Char-*

pentier, 1881, in-18 (même titre que celui de l'édition de 1853). (3 fr 50.)

— Le même... *Paris, Dentu*, 1883, in-16.

Fait partie de la bibliothèque choisie des chefs-d'œuvre français et étrangers (tome VII).

La *Physiologie du goût*, dont nous venons de citer un grand nombre d'éditions, a été souvent traduite en allemand, en espagnol et en anglais.

Elle a été réimprimée dans les différentes éditions des *Classiques de la table*. (Voyez ce titre.)

BRISEBARRE. — La queue de la poêle, comédie-vaudeville en un acte, par MM. Brisebarre et Couailhac. *Paris, Jules Dagneau*, 1854, in-18. (1 fr.)

Fait partie du « Nouveau Répertoire théâtral ».

— Un gendre aux épinards, scènes de la vie bourgeoise, mêlées de couplets par MM. Brisebarre et Couailhac. *Paris, Beck; Tresse*, 1849, gr. in-8. (1 fr.)

— L'Ecuyer tranchant, comédie en un acte mêlée de chant, par Edouard Brisebarre et Eug. Nyon. *Paris, Beck*, 1842, in-8. (2 fr.)

BRISSE (Baron). — Le Calendrier gastronomique pour l'année 1867. Les 365 menus du Baron Brisse. Un menu par jour. Exclusivement destiné aux abonnés de la *Liberté*, ce calendrier ne se vend pas. *Bureaux de la « Liberté », Paris, rue Montmartre*, 123, 1867, in-18 de 384 pages. (De 2 à 3 fr.)

Le Baron Brisse, garde général des forêts, sous Louis-Philippe, ayant quitté l'administration vers 1850, s'adonna à la gastronomie et publia un grand nombre d'articles intéressants sur ce sujet. Lorsqu'Emile de Girardin fonda la *Liberté*, il fut attaché à la rédaction de ce journal où il rédigea chaque jour un menu. Ce sont ces menus qui ont été réunis en volume et publiés sous le titre de *Calendrier gastronomique*.

Le Baron Brisse ne tarda pas à acquérir une célébrité parmi les gourmands et les gourmets de l'époque et il eut souvent les honneurs de la caricature. Une des plus amu-

santes, pour n'en citer qu'une, est celle d'André Gill, qui a paru dans la *Lune* du 14 avril 1867, accompagnée d'un article spirituel et fin d'Ernest d'Hervilly. Vermersch, dans ses *Binettes rimées*, a consacré une pièce de vers au Baron Brisse dont Léonce Petit nous montre la figure épanouie couronnée de roses entre un pâté de foie gras et un plat de truffes.

— Les trois cent soixante-six menus du Baron Brisse. Edition nouvelle des trois cent soixante-cinq menus, revue, corrigée et augmentée d'un calendrier gastronomique et du complément des recettes de tous les mets de cuisine indiqués dans les menus par le Baron Brisse. *Paris, Donnaud*, 1868, in-18. (De 2 à 3 fr.)

Ce livre, dont la 2ᵉ édition a paru, *Paris*, 1875, a été souvent réimprimé.

— La petite Cuisine du Baron Brisse, indication d'un petit menu avec recettes pour chaque jour de l'année. *Paris, librairie du Petit Journal*, 1870, in-18 de 433 pp. (2 fr. 50.)

Le même..., 2ᵉ édition, *Paris, Donnaud*, 1874, in-12 de 433 pp.

— La Cuisine en Carême avec obédience aux Commandements de l'Église, par le Baron Brisse. Menus et recettes pour le déjeuner et le diner de chaque jour du carême. *Paris, Donnaud*, 1873, in-12 de 65 pp.

Le même..., 2ᵉ édition, *Paris, Donnaud*, 1874, in-18 de 65 pp.

La 4ᵉ édition a paru en 1882 sous ce titre : Obédience aux Commandements de l'Église. La Cuisine en carême du Baron Brisse, 4ᵉ édition *Paris, E. Dentu*, 1882 in-18 de 71 pp. (1 fr.)

— Recettes à l'usage des ménages bourgeois et des petits ménages, comprenant la manière de servir à nouveau tous les restes, par le Baron Brisse. Ouvrage orné de 130 fig. *Paris, Donnaud*, 1868, in-18 de VIII-254 pp. (3 fr.)

A été réimprimé sous ce titre:

— La cuisine à l'usage des ménages

bourgeois et des petits ménages, comprenant la manière de servir à nouveau tous les restes, augmenté de recettes nouvelles de table et d'hygiène et du régime culinaire à suivre contre l'obésité. *Paris, C. Marpon et E. Flammarion, s. d.* (1884), in-18 de XVI-372 pp. (2 fr. 50.)

Le Baron Brisse a fondé plusieurs journaux culinaires, dont l'un qui porte son nom.

Le « *Baron Brisse* », dont la première livraison a paru le 23 juin 1867, paraissait tous les dimanches. Son format était in-4° à 2 colonnes ; il était imprimé *à Paris, chez Bonaventure.* Prix de l'abonnement : un an, 8 fr. ; province : 10 fr. ; étranger : suivant le tarif postal.

Le titre du *Baron Brisse* est orné d'une vignette représentant des comestibles et des ustensiles de cuisine, casseroles, bouteilles, pot-au-feu, etc.

Cette publication, qui n'a duré que fort peu de temps (du 23 juin 1867 à février 1868, 16 numéros), succédait à la *Salle à Manger*, autre organe culinaire fondé en 1864 par le Baron Brisse. (Voyez *Salle à Manger.*)

BRISSEAU. — Dissertation sur les mauvaises et pernicieuses qualitez du cuivre employé pour la construction des ustensiles qui servent à l'usage de la Cuisine et de la Pharmacie, et des bonnes et salutaires qualitez du Fer qu'on doit lui substituer pour le même usage : par Brisseau, D. M. *Tournay, Jovenau,* 1745, pet. in-8 de 70 pages. (De 4 à 5 fr.)

BROCHARD (Docteur). — Des huitres vertes de la Tremblade (Charente-Inférieure), par le Dr Brochard de la Rochelle... *Paris, bureau de la Gazette des eaux ; Baillière et fils,* 1863, in-18 de 24 pages. (1 fr. 50)

BROUAUT (J.). — Traité de l'eau-de-vie ou Anatomie théorique et pratique du vin, divisé en trois livres composez autrefois par feu Me Jean Brouaut, médecin ; dédié à M. de la Chambre, conseiller et médecin du roy, et ordi-

naire de Monseigneur le Chancelier. *Paris, Jacques de Senlecque,* 1646, in-4 de 16 feuillets non chiffrés, 115 et 56 pages et 1 feuillet pour la marque de l'imprimeur. (De 30 à 40 fr.)

Ce traité rare et curieux sur l'art de la distillation, publié par les soins de Jean Balesdens, est orné de figures sur bois et d'une vignette sur le titre. Voyez *Bulletin du Bibliophile,* 1857, page 445.

BRUCKMANN. — Catalogvs exhibens appellationes et denominationes omnivm potvs genervm qvæ olim in vsv fvervnt, et adhvc svnt per totvm terrarvm orbem qvotqvot adhvc reperire potvit avctor Franc Ernest. Bruckmann med. doct. et pract. Brvnsv. *Helmstadt. typis Salomonis Schnorrii,* 1722, in-4 de 6 ff. l. n. ch. et 112 pages. (De 5 à 6 fr.)

BRUGIÉ (A.). — Bouno-Gorjo et Gulo-Fresco ou lou gourmont motat. Poème patois de A. Brugié. *Paris, Techener,* 1841, in-8 de 36 pages. (De 5 à 6 fr.)

Tiré à 60 exemplaires dont 5 sur papier de couleur.

Ant. Brugié, de Lamothe-Fénelon, est né à Salvia, en 1735.

BRUGUIÈRE (Louis). — Le Prunier et la prune d'Agen. *Paris, G. Masson,* 1881, in-12.

BRUNOW (G. de). — Traité sur les effets du café, traduit de l'original allemand par Ern. G. de Brunow. *Dresde, Arnold,* 1824, in-8. (De 2 à 3 fr.)

BRUNSWICK. — Le pain bis, opéra-comique en un acte, musique de Théodore Dubois. *Paris, Barbré,* 1879, in-12. (1 fr.)

En collaboration avec A. de Beauplan. Voyez Leuven (A. de), Le règne des Escargots.

BRUYERINUS (Campegius). — De re cibaria libri XXII omnivm ciborvm genera, omnium gentium moribus, et vsu probata complectentes Jo. Bruyerino Campegio Lugdun. authore. Prima editio. *Lugduni, apud Sebast. Honoratum*, MDLX, cum Privi'egio Regio, in-8 de 11 ff. lim. n. ch. et 1130 pages. (De 50 à 60 fr.)

Première édition de ce traité sur les aliments, leurs qualités, leurs propriétés et leur usage, souvent cité par Le Grand D'Aussy, dans son *Histoire de la vie privée des Français.*

Les onze ff. limin. sont occupés par la dédicace et l'index des chapitres. On lit à la dernière page, non chiffrée, après le mot : *Finis* : Lugduni, suis typis excudebat Nicolavs Edoardvs, campanus, MDLX.

Au titre, marque de l'imprimeur.

— De re cibaria Libri XXII. Omnivm ciborvm genera, omnium gentium moribus et vsu probata complectentes Ioanne Brvyerino Campegio Lugdun. auctore. Omnibvs stvdiosis et patribus familias apprime utiles. *Francofurti, ex Officina Paltheniana*, MDC, in-8 de 8 ff. limin. et 863 pages. (De 40 à 50 fr)

Au titre, marque de l'imprimeur. Cette nouvelle édition du précieux traité de Bruyerin Champier est précédée de la lettre datée de 1560 et dont voici le commencement : « *Ioannes Brvyerinvs Campegivs Michaeli Hospitali, Franciæ Cancellario, prudentissimo, æquissimo, atque literatissimo.* »

— Dipnosophia seu sitologia. Escvlenta et pocvlenta, quæ cuivis Nationi, Homini, Sexui, Sanis, Ægris, Senibus, Iuuenibus, idonea vel minus, vsu probata, complectens omnia. Avctore Ioanne Brvyerino Campegio Lugdunensi. Reuisa, emaculata, dupliciq; indice locupletata ab Othone Casmanno E. S. *Francofvrti, ex officina Paltheniana*, MDCVI, in-8 de 8 feuillets liminaires, 863 pages et 11 feuillets non chiffrés pour l'index. (De 50 à 60 fr.)

C'est le même ouvrage que le précédent, mais avec un titre différent. Les traités, *De re cibaria*, de Bruyerin Champier sont très rares; on les rencontre difficilement.

BRUYTSMA.— Nova-antiqva Schola Salerna. Antiqva sanis solidisque Veterum Archiatrorum preceptis, Rhytmo

breui, facili, suaui datis : Ad sartam tectamique humani corporis Valetudinem conservandâ producendamq; nova ordine concinno, Nexu continuo, fideli citatione ac additione C.C.C.C. & amplius Versû perutili & necessaria : Ad certiùs citiùsque formanda & firmanda Artis potissimum medicæ candidatorum ingenia, iudicia, memoriam & vsum. Operâ quondam Reg. Bruytsma Med. inclytæ Reipublicæ Mechlin. Ord. excussa & nunc distractis primi proeli exemplis omnibus, hac formâ recussa. *Mechliniæ, apud Henricvm Iaye. anno* 1633, in-8 de 6 ff. lim. non chiffrés et 18 ff. n. ch. signés A-C. (De 12 à 15 fr.)

On lit au bas du dernier feuillet : Tvvs Regnervs Brvuts Ma Doctor Ivratvs.
Imprimatur Alex. VanderLaen Archipræt. lib. censor 10 mars 1633.

BUCH (Ein) von guter speise. *Stuttgart, gedruckt auf Kosten des literarischen Vereins*, 1844, in-8 de VI-29 pages. (De 15 à 20 fr.)

Cet ouvrage culinaire, tiré à petit nombre, a été publié d'après un manuscrit très précieux du XIVe siècle qui se trouve à la Bibliothèque de l'université royale de Munich (collect. de M. le Bon Pichon).

BUCHLEIN (Ein schön) von bereitung der wein und bier zugesundheit und nutzbarkeit der menschen. Und wie man auch guten essig machen sol 1530. — (A la fin :) *Gedruckt zu Wittemberg durch Joseph Klug.* Im. Iar. MDXXX. pet. in-8 goth. de 46 feuillets n. ch. de 26 lignes à la page, signés A-F. (De 80 à 100 fr.)

Les cinq premiers cahiers sont signés par 8, le cahier F, par 6. Titre encadré (v° blanc). Au r° du 2e f. « Hienach volget das Register dieses büchleins ». Le corps de l'ouvrage, divisé en 30 chapitres, commence au v° de ce 2e f. et finit au verso du 45e f. au v° duquel on lit la souscription transcrite plus haut. Le recto du 46e et dernier f. est occupé par une fig. gravée ; au v°, une autre fig. grav.

Traité des plus rares sur le vin, la bière et le vinaigre.

—Ein schönes buchlein von bereytung der wein und bier zu gesundtheit und nutzbarkeit der menschen. Vnd wie man guten essick machen sol. — (A la fin :) *Gedruckt yn der Churfurstlichen stad zwickaw durch Wolffgang Meyerpeck*, s. d., pet. in-8, goth., de 43 ff. n. ch. de 26 l. à la page, signés A-F. (De 100 à 120 fr.)

Les cinq premiers cahiers sont signés par 8; le cahier F n'a que 3 feuillets. Au titre, une fig. s. b. représentant un sommelier tenant une chope à la main, dans un cellier garni de fûts et de tonneaux. Le titre occupe le recto du 1er feuillet; au v°. on lit : «Hienach volget das Register diesses büchleins ». Ce « Register » finit au r° du f. signé aij. Le corps de l'ouvrage commence au v° de ce dernier f. et finit au r° du 43° dont le v° est occupé par la souscription que nous avons transcrite plus haut.

Cette édition sans date nous paraît être antérieure à celle de 1530. Elle fait, ainsi que la précédente, partie de la collection de M. le B°ⁿ Pichon.

BUCHLIN (Ain nützlichs) von der speis des menschñ wölche speis gesund sy od nit zeniessen rc. Un für uñ nach vil güter stucklach vó win uñ and rc. *S. l. n. d.* (vers 1500), in-4. goth., de 10 ff. n. ch. signés A. B. (De 60 à 80 fr.)

Le cahier A est signé par 6, le cahier B, par 4. Ce livre très rare qui fait partie de la collection de M. le B°ⁿ Pichon, s'était vendu, en 1854, à Berlin, vente Beuth, 15 fr.

BUCHON (Max.). — Les fromageries franc-comtoises comparées à celles de la Gruyère et de l'Emmenthal. *Lons-le-Saulnier, impr. Damelet*, 1869, in-12. (3 fr. 50.)

BUC'HOZ (J.-P.). — Les Secrets de la nature et de l'art développés pour les alimens, la médecine, l'art vétérinaire et les Arts et Métiers. Auxquels on a joint un Traité sur les Plantes qui peuvent servir à la Teinture et à la Peinture. *A Paris, chez Durand*, 1769, 4 vol. in-12. (De 8 à 10 fr.)

Cet ouvrage a paru sans nom d'auteur; il est divisé en quatre parties dont la première exclusivement consacrée aux aliments; on y trouve des recettes de cuisine, d'office et de pâtisserie, la manière de préparer les gelées, les sirops et les confitures, de faire le café, de soigner les vins, etc., etc.

— Manuel alimentaire des plantes tant indigènes qu'exotiques qui peuvent servir de nourriture et de boisson aux différens Peuples de la terre; contenant la connoissance exacte de tous les Végétaux qui croissent sous les deux hémisphères, leurs noms triviaux et botaniques, suivant les Auteurs les plus célèbres, l'utilité qu'on en peut tirer dans la vie animale et les différentes manières de les préparer pour la cuisine, l'office, la distillation et pour les différens usages de l'économie domestique. Par M. Buc'hoz, médecin du feu roi de Pologne, etc., etc. *Paris, J.-P. Costard*, 1771, in-12. (De 5 à 6 fr.)

M. Quérard, *France littéraire*, annonce cet ouvrage de Buc'hoz sous ce titre :
Manuel élémentaire et usuel tant des plantes exotiques... *Paris*, 1770, 2 vol. in-8.

— L'Art alimentaire ou méthode pour préparer les aliments les plus sains pour l'homme, par M. Buc'hoz. *Paris*, 1783, in-12. (De 4 à 5 fr.)

La seconde édition de ce traité a été donnée en 1787 dans un autre format, avec le titre ainsi modifié :
— L'art de préparer les aliments suivant les différents peuples de la terre, auquel on a joint une notice succincte sur leur salubrité ou insalubrité. Seconde édition, *Paris, l'auteur*, 1787, 2 vol. in-8.

— Histoire naturelle des végétaux considérée relativement aux différents usages qu'on peut en tirer pour la Médecine et l'Economie domestique, par M. Buc'hoz. *Paris, Costard*, 1772, 7 vol. in-12, figures. (De 15 à 20 fr.)

Suivant Barbier, cet ouvrage est le même que celui portant ce titre :

— Traité historique des plantes qui croissent dans la Lorraine, par Buc'hoz,

Nancy, 1762, ou *Paris*, 1770, 10 tomes en 11 vol. in-12. (De 15 à 20 fr.)

— Laboratoire de Flore, ou Chymie champêtre végétale, contenant la manière de faire avec les plantes, les liqueurs, les ratafiats, les essences, les huiles, les eaux cosmétiques et officinales, etc. Nouvelle édition. *Paris, Fétil,* 1773, in-12. (De 4 à 5 fr.)

— Traité économique et physique des Oiseaux de basse-cour, contenant la description de ces oiseaux, la manière de les élever, de les multiplier, de les nourrir, de les traiter dans leurs maladies et d'en tirer profit, tant pour nos aliments que pour nos médicaments et pour les différents Arts et Métiers, par M. Buc'hoz. *Paris, La Combe,* 1775; in-12. (De 4 à 5 fr.)

— Dissertation sur le café, sa culture, ses différentes préparations & ses propriétés tant alimentaires, que médicinales, par M. Buc'hoz. *Paris, l'auteur,* 1785, in-fol., fig. color. (De 6 à 7 fr.)

Le même... *A Paris, et se trouve à Liège, chez F. J Desoer,* 1787, in-12 de 65 pages.

— Dissertation sur le cacao, sur sa culture et sur les différentes préparations du chocolat. *Paris, l'auteur,* 1785, in-fol., fig. color. (De 6 à 7 fr.)

Le même... *Paris, et Liège, Desoer,* 1787, in-12 de 60 pages.

— Dissertation sur le Fraisier, ses différentes races, sa culture, ses propriétés et préparations alimentaires et médicinales. *Paris, l'auteur,* 1786, in-fol., fig. col. (De 6 à 7 fr.)

— Dissertation sur l'abricotier, ses différentes espèces, sa culture et ses propriétés pour les aliments, la médecine et les arts. *Paris, l'auteur,* 1786, in-fol., fig. col. (De 6 à 7 fr.)

— Dissertation sur le Thé, sur sa récolte, et sur les bons et mauvais effets de son infusion. *Paris, l'auteur,* 1786, in-fol., fig. color. (De 5 à 6 fr.)

Le même... *A Paris, et à Liège, Desoer,* 1787, in-12 de 65 pages.

— Dissertation sur le pêcher et l'amandier, leurs différentes espèces et variétés et principalement sur le Pêcher à fruit aplati de la Chine, sur leur culture, et sur leurs propriétés alimentaires, médicinales et économiques. *Paris, l'auteur,* 1787, in-fol., fig. color.(De 5 à 6 fr.)

— Dissertation sur l'arbre au pain de première nécessité pour la nourriture d'un grand nombre d'habitants et qui mérite d'être cultivé dans nos colonies. *Paris, l'auteur,* 1787, in-fol. (De 5 à 6 fr.)

— Dissertations sur l'utilité et les bons et mauvais effets du tabac, du café, du cacao et du thé, ornées de quatre planches en taille-douce, par M. Buc'hoz, etc., etc. *Paris, l'auteur,* 1788, gr. in-8 de 2 ff. lim., 185 pages et 4 pl. grav. (De 7 à 8 fr.)

— Dissertation sur le Cochon, par M. Buc'hoz. *Paris, l'auteur,* 1789, in-fol. (De 6 à 7 fr.)

— Dissertation sur la vigne, sur la culture, sur les propriétés alimentaires et médicinales des raisins, etc., par M. Buc'hoz. *Paris, l'auteur,* 1789, in-fol., fig. color. (De 5 à 6 fr.)

— Histoire naturelle du thé de la Chine, de ses différentes espèces, de sa récolte, de ses préparations, de sa culture en Europe, de l'usage qu'on en fait, comme boisson, chez différens peuples, principalement en Angleterre. A laquelle on a joint un mémoire sur le thé du Paraguay, de Labrador, des Isles, du Cap, du Mexique, d'Oswego, de la Martinique, etc., etc., par J.-P. Buc'hoz, médecin. *Paris, chez la dame Buc'hoz, épouse de l'auteur,* 1806, in-8. (De 4 à 5 fr.)

— Traité usuel du chocolat... édition rédigée par l'éditeur. *Paris, Chambon,* 1812, in-8. (De 3 à 4 fr.)

BUJAULT (J.). — Notice sur la cuisson et l'emploi des Pommes de terre, par J. Bujault, de Melle. *Versailles, impr. de Jacob*, 1815-1820, in-fol. de 64 pp. (De 8 à 10 fr.)

BULENGERUS. — De Conviviis libri qvatvor ad Illustriss. et Integerrimum Dominum, D. Nicolavm de Verdvn, Senatus parisiensis principem, Equitem Torqvatvm et Sanctioris Consistorij Consiliarium Auctore Ivlio Cæsare Bvlengero societatis Iesv presbytero. *Lvgdvni, sumptibus Lvdovici Prost, Hæredis Roville*, 1627, pet. in-8. (De 12 à 15 fr.)

Sept feuillets non chiffrés pour le titre, la dédicace « Ad lectorem Syllabvs Librorvm et Capitvm », l'approbation, Consensus, et la Permission (datée de Lyon le 24 Xbre 1626) ; 394 pages pour le corps de l'ouvrage divisé en 4 livres, et sept feuillets non chiffrés pour l'*index* et les *errata*.
César Boulanger traite au Ier livre des banquets, des lois somptuaires, de la table des Rois, etc. ; au second, des viandes et de toutes sortes de mets, etc ; au troisième, du vin et des boissons en général ; le quatrième livre est consacré aux cuisiniers, aux instruments de cuisine, aux coupes à boire, au pain, etc.

BULLET. — Du Festin du Roi-Boit. *A Besançon, de l'imprimerie Jean-Félix Charmet*, 1762, pet. in-8 de 17 pages. (De 25 à 30 fr.)

Titre encadré. Edition originale dont Barbier dit ne connaître que deux exemplaires. Cette édition est, en effet, fort rare, mais l'auteur du *Dictionnaire des Anonymes* semble en avoir exagéré la rareté.
Cet opuscule a été réimprimé pour la première fois, en 1808 (avec la date de 1762), à Besançon, in-8 et tiré 50 exemplaires. Autres réimpressions : *Besançon*, 1762 (*Paris* 1823), in-12 ; *Paris, J. Renouard*, 1827, in-12 (avec des notes par C. Amanton), tiré à 100 exempl. et à *Lille, imp. Vanackère, s. d.* (1856), in-8 de 12 pp.
L'opuscule de l'abbé Bullet se trouve également dans le tome XC du « Magasin encyclopédique ».

BULLETIN des conserves alimentaires, organe spécial de l'industrie et du commerce d'alimentation, *Paris, impr. Beillet*, in-4 de 8 pp. à 3 col.

Le n° I a paru le 25 avril 1885. Prix de l'abonnement annuel : Paris, 12 fr. ; dép. 15 fr ; union postale : 20 fr. Un numéro : 25 cent.

BULOS (A.). — L'art de conserver les substances alimentaires, solides ou liquides. Traduit de l'allemand de Jean Charles Leuchs, membre de la Société royale d'Agriculture de Klagenfurt et correspondant de la Société des Arts de Francfort, par A. Bulos. *Paris, Urbain Canel; Audin*, 1825, in-12 de xij-480 pp. (De 3 à 4 fr.)

— La Chimie appliquée à la conservation des substances alimentaires, ou Manuel complet des ménages, etc. Traduit de l'allemand de J. Ch. Leuchs, par M. Bulos. *Paris, Audin*, 1827, in-12. (3 fr. 50.)

— Manuel complet des ménages ou les mille recettes pour conserver à la ville et à la campagne les fruits, les viandes, les légumes, etc., par A. Bulos. *Paris, Audin, Lecointe, Dupont, Levavasseur, Charles Béchet, Delaunay*, 1828, in-12. (2 fr.)

BURGAUD (H.). — Quelques mots sur les vins de Bordeaux et conseils aux consommateurs. *Bordeaux, impr. de Lafargue*, 1850, in-8. (2 fr.)

BURGER (A.). — Le Pain (question alimentaire) ; le pain bis de ménage et le pain blanc de boulanger ; causes de l'abandon progressif du premier pour le second. (*Paris*), *Librairie agricole*, 1884, in-8. (1 fr. 50.)

BURNET. — Dictionnaire de cuisine et d'économie ménagère. A l'usage des Maîtres et Maîtresses de maison, Fermiers, Maîtres d'hôtel, Chefs de cuisine, Chefs d'office, Restaurateurs, Pâtissiers, Marchands de comestibles, Confiseurs, Distillateurs, etc., contenant l'explication de tous les termes techniques, les divers procédés employés dans la haute, moyenne et petite cuisine, les menus de repas, les parties les plus intéressantes de l'histoire de la cuisine, etc., etc., enfin toutes les notions relatives à l'art culinaire et l'économie ménagère, par M. Burnet, ex-officier de bouche. *Paris, à la librairie usuelle,* 1836, in-8 de III-788 pages à 2 col., 8 planches. (De 7 à 8 fr.)

BUTIUS. — Vincentii Bvtii medici atqve Philosophi de calido frigido, ac temperato antiqvorum potv. Et quo modo calida in delitijs vterentur. Ad eminem^{mvm} principem Camillvm Card. pamphilivm. *Rome, ex typographia Vitalis Mascardi,* 1653, in-4. (De 5 à 6 fr.)

Titre rouge et noir. Quatre feuillets non chiffrés pour le titre, la dédicace et l'approbation datée de Rome 30 décembre 1652 (le verso du dernier f^t blanc), 69 pages pour le corps de l'ouvrage et 6 feuillets non chiffrés pour l'index. Le traité de Butius, peu commun, est divisé en 24 chapitres.

BUVETTE (La) des philosophes. Ode bachique sur leur histoire, rangée par ordre chronologique, et où ils sont tous caracterisez chacun par leur dogme favori, ou par leurs qualitez personnelles, ou par quelque avanture remarquable de leur vie. *A Douay, de l'impr. de Jacq. F. Willerval,* 1726, pet. in-8. (De 20 à 25 fr.)

La *Buvette des philosophes* a paru sans nom d'auteur; toutefois, dans l'épître dédicatoire signée : Brisseau, ce dernier y expose les raisons qni l'ont décidé à publier les ouvrages de « feu son père ». Après la dédicace, on trouve une *lettre apologétique de l'auteur à un de ses amis,* lettre signée *Arbesius* (anagramme de Brisseau).

L'ode bachique de Brisseau est composée de couplets de huit vers consacrés aux philosophes de l'Antiquité ; il y avance que tous avaient le culte de Bacchus et l'amour de la table. Chaque couplet se termine par le refrain suivant avec une variante dans le premier vers :

*J'en atteste Hypocrate
Qui dit qu'il faut à chaque mois
Du moins s'enyvrer une fois.*

A la suite de cet ouvrage se trouve :

— Théophraste au Cabaret. Ode bachique sur les sciences, et sur les caractères, Employs et Attachemens des Hommes. *A Douay, chez Jacques-François Willerval,* 1726, pet. in-8.

Dans une lettre en forme de préface, l'auteur (Brisseau) écrit que l'on peut considérer son *Théophraste au Cabaret* « comme un traité de morale d'une nouvelle invention où l'on corrige les mœurs en buvant et en chantant : *Castigat bibendo mores* ».

Bien qu'ayant une pagination spéciale, cet ouvage fait partie du volume. On y trouve en effet à la fin une table des matières commune à la *Buvette des philosophes* et à *Théophraste au Cabaret.*

BUVEURS (Aux) très illustres et hauts crieurs du Roy boit. (*Paris, vers 1635*), pet. in-12 oblong. (De 40 à 50 fr.)

Suite complète et peu commune de 24 petits sujets, composés et gravés par Abraham Bosse. Ce sont tous les officiers du Roi de la fève et le Roi à la tête ; avec l'explication, en vers français, des fonctions et des caractères de chaque personnage. (Cat. Leber, 1839.)

CABANON (Emile). — Un roman pour les cuisinières. *Paris, Eugène Renduel*, 1834, in-8, frontisp. (De 7 à 8 fr.)

Le frontispice est gravé par Roger. Au chapitre XXIX, on trouve une recette pour accommoder les cailles. Réimprimé en 1835.

CABARETS (Les) de Paris, ou l'homme peint d'après nature; par un Dessinateur au charbon et un Enlumineur à la litharge, petits tableaux de mœurs philosophiques, galans, comiques, mêlés de couplets et de diverses poésies légères. Orné de quatre gravures, avec cette épigraphe :

A jeun je suis trop philosophe,
Le monde me fait peine à voir;
Je ne rêve que catastrophe,
A mes yeux tout se peint en noir.
Mais quand j'ai bu tout change de figure,
La riante couleur du vin
Prête son charme à toute la nature
Et j'aime tout le genre humain.

LANTARA.

Paris, Delongchamps, 1821, in-18 de 179 pages. (De 10 à 12 fr.)

Livre rare qui a paru anonyme, mais dont J.-P.-R. Cuisin est l'auteur. Il est divisé en dix séances d'observations qui ont pour titre :
I. Au cabaret de la Treille d'amour, rue du Vin tendre, près celle de Vénus Pompette. —
II. Au cabaret de la Valetaille, à l'enseigne du plumeau et de la brosse, rue de la Sonnette. — III. Au cabaret des poètes, à l'enseigne du Mont Parnasse, rue des Jeûneurs, près celle de la Culotte sans fond. — IV. Au cabaret des fiacres, à l'enseigne du Sapin, rue des Boudoirs ambulans, quartier des Rosses. — V. Au cabaret dînatoire des Peintres et des Artistes à l'enseigne du Cervelas à l'ail tenu par M. Litharge, grand inventeur de vins étrangers faits dans ses caves. rue de l'Imitation. — VI. Au Vide-bouteille du coup de poing, à l'enseigne des deux Amis, rue des Coups-de-Canne et de Torgnolle. — VII. Au Cabaret des Singes et des Ours des imprimeries du pays latin, à l'enseigne des Bambous bachiques. — VIII. Au Cabaret des Poissardes de la Halle, à l'enseigne Tiens ben ton bonnet. — IX. Au Caveau des marchands d'habits, à l'argot. — X. Rafraîchissoir des chiffonniers du faubourg Saint-Marceau, rue Copeau.

Les quatre gravures portent ces légendes : La jouissance d'un canon sur le comptoir. — Cabinet particulier où le garçon ne vient que quand on l'appelle. — Tout se passe ici avec Pompe. — V'la de fameux malaga!... C'est sur ça!!.

CABARETS (Les) ou revue bachique, comique, morale, philosophique... par une Société de musiciens (par Frémolle). *Anvers, van Esse*, 1826, in-8 de 200 pages. (De 4 à 5 fr.)

CADET DE GASSICOURT (Ch.-L.). — Le thé est-il plus nuisible qu'utile? ou

Histoire analytique de cette Plante et moyens de la remplacer avec avantage : par Ch. L. Cadet. *Paris, Colas*, 1808, in-8 de 32 pages. (1 fr. 50.)

M. Cadet de Gassicourt a prononcé à la séance publique de la Société de pharmacie un *Éloge de Parmentier*, qui a été imprimé : *Paris, Bleuet*, 1813, in-8.

— Cours gastronomique ou les Diners de Manant-ville, ouvrage anecdotique, philosophique et littéraire ; seconde édition dédiée à la Société épicurienne du Caveau moderne, séante au Rocher de Cancalle ; par feu M. C***, ancien avocat au Parlement de Paris. Imprimerie de Brasseur aîné. *Paris, Capelle et Renand*, 1809, in-8 de xx-364 pp. (De 7 à 8 fr.)

Il n'y a en réalité que xx-348 pp. car l'ouvrage commence, après les pages numérotées en chiffres romains, à la page 17.

L'auteur de ce livre écrit sous forme de dialogue et signé d'une simple initiale est Ch.-L. Cadet de Gassicourt. Les éditeurs, dans un avertissement placé entre la dédicace et la table des xxx chapitres qui composent l'ouvrage, annoncent que le *Cours gastronomique*, bien que le titre porte *Seconde édition*, paraît pour la première fois complet, en volume. Plusieurs chapitres avaient été déjà imprimés dans le journal l'*Épicurien français*. La dédicace à la Société épicurienne du Caveau moderne est signée des deux éditeurs, Capelle et Renand.

L'ouvrage est accompagné d'une *Carte gastronomique de la France* dessinée et gravée par Tourcaty. A côté des noms de villes sont représentés les produits culinaires renommés qui s'y fabriquent et s'y vendent ; c'est ainsi qu'à Bourg on voit une poularde, à Abbeville, des pâtés de bécassines, à Bayonne des jambons, à Périgueux des truffes, à Dijon des pots de moutarde, etc., etc. Dans le coin gauche de la planche, une grotte, la Grotte d'Épicure, au fond de laquelle est dressée une table servie. Au premier plan, on lit : Caveau moderne. Sur les rochers qui forment l'entrée de cet antre de la gourmandise sont inscrits des noms de chansonniers, de poètes et de membres de la Société épicurienne ; à terre, un tambourin, une lyre et tous les attributs de la gaîté et de la chanson. Debout, sur le sommet de la grotte, un gourmand, gras et joufflu, tient en cartouche de forme ovale qui le masque en partie et sur lequel est écrit : *Carte gastronomique de la France.*

CADET-DE-VAUX (Ant.-Alexis). — Dissertation sur le café ; son historique, ses propriétés, et le procédé pour en obtenir la boisson la plus agréable, la plus salutaire et la plus économique ; par Ant.-Alexis Cadet-de-Vaux, membre des sociétés d'agriculture de la Seine, de Seine-et-Oise, etc., etc... suivie de son analyse ; par Charles-Louis Cadet, pharmacien ordinaire de S. M. l'Empereur..... *A Paris (de l'imprimerie de D. Colas)*, 1807, in-12 de 119 pages. (De 3 à 4 fr.)

— Le ménage, ou l'emploi des fruits dans l'économie domestique..... par Ant.-Alexis Cadet-de-Vaux. *Paris, L. Colas*, 1810, in-12.

M. Cadet-de-Vaux, pharmacien-chimiste, a publié beaucoup d'ouvrages et de mémoires sur les pommes de terre, sur le meilleur emploi de ces solanées dans sa copanification avec les farines des céréales. M. Cadet-de-Vaux a également traité le sujet des vins, la culture de la vigne ; il a notamment écrit une brochure intitulée : *L'art de faire le vin d'après la doctrine de Chaptal, instruction destinée aux vignerons... Paris, D. Colas, s.d.*, (1801), in-8 de 80 pages ; mais ces ouvrages, qui auraient leur place dans une bibliographie agricole, sont trop techniques pour que nous les fassions figurer ici. Néanmoins, citons encore :

— De l'Économie alimentaire du peuple et du soldat ou Moyen de parer aux disettes et d'en prévenir à jamais le retour ; d'assurer constamment et dans toutes les contrées, d'excellent pain et de fixer, pour les camps et armées, la nourriture la plus économique, la plus salutaire et qui, la plus appropriée à l'économie animale, la préserve de ces maladies contagieuses provenant du vice du régime alimentaire par A.-A. Cadet-de-Vaux. *Paris, Madame Huzard*, 1814, in-8. (De 2 à 3 fr.)

M. Cadet-de-Vaux est aussi l'auteur de Mémoires sur la gélatine des os et son bouillon, sur la matière sucrée de la pomme, etc., etc.

CADOL (Edouard). — Paris pendant le siège, par Edouard Cadol, auteur des *Inutiles*, aide-médecin à l'Internationale et artilleur volontaire de la batterie de l'école polytechnique. *Bruxelles, office de publicité*, 1871, in-8 de 107 pages. (1 fr. 50.)

On trouvera aux pages 69 et suivantes quelques renseignements sur l'alimentation, à Paris, pendant le siège.

CAFÉ français; recette économique, analysée d'après plusieurs savans. Par C. de T..., membre de l'Athénée royal. *Paris, Dondey-Dupré fils*, 1824, in-8. (2 fr.)

Cet ouvrage a été réimprimé sous ce titre : — *Café national, recette économique analysée d'après plusieurs savans tels que M. le comte François de Neufchâteau*. Par M. C****** membre de l'Athénée royal. *Paris, impr. de Smith*, 1829, in-12. (2 fr.)

CAFÉ (Le grand) parisien, le plus grand café du Monde, une des Curiosités de Paris, construit par Charles Duval, architecte, pour MM. Lafontaine et Cⁱᵉ en 1856. *Paris, impr. de Plon*, 1856, in-8. (0 fr. 50.)

Cette notice est précédée d'un examen sur les cafés qui ont été en vogue à Paris.

CAFÉ (Du), son origine, le temps de sa découverte et celui où l'on commença à en faire usage. A la mémoire de J. Thévenot et de M. de Clyeux. Aux amis du café. Par un ancien commerçant de Paris, auteur d'un essai sur l'industrie. *Rouen, impr. de Berdalle de Lapommeraye*, 1844, in-8. (1 fr.)

Cet opuscule est signé : Lalou jeune.

CAFÉS (Les) de Paris en 1772. *Paris*, 1867, in-12. (2 fr.)

Plaquette publiée par M. J. Cousin. Extrait de la *Revue de poche*.

CAIUS.—Bernardini Caii de alimentis quæ cuiq. naturæ conueniant liber. In qvo etiam de volvptatis natura, de saporibus, de frigidæ Potione, de viribus Salnitri, ad refrigerandum, de Auro potabili, ac de octimensi partu cumulatis-

sime disputatur. Svperiorvm permissv, et privilegiis. *Venetiis, apud Evangelistam Deuchinum et Io. Baptistam Pulcianum socios*, 1608, in-4 de 8 ff. non chiffrés, et 175 pages. (De 10 à 12 fr.)

Au titre, marque de l'imprimeur.

CALANIUS (Prosper). — Traicté excellent de l'entretenement de santé : auquel est déclarée la nature de toutes sortes de pain, vin, eau, chair, poisson et plusieurs autres choses qui sont en commun usage pour la commodité de la vie d'un chascun. Faict premièremēt en latin par Prosper Calanius tresdocte medicin : et mis nouuellement en François. Auec privilège. *A Paris, pour Vincent Sertenas, au palais en la gallerie, par oîi on va en la chancellerie, et au mont S. Hylaire en l'hostel d'Albret*, 1550, pet. in-8 de 68 feuillets et 8 ff. de table non chiffrés. (De 15 à 20 fr.)

Le privilège se trouve au verso du titre. Au bas du rᵒ du dernier feuillet on lit : *Imprimé à Paris par Françoys Girault, imprimeur et fut acheué d'imprimer le premier iour d'Apuril*, 1550.

Première édition française d'un traité dont l'original latin a été imprimé : *Parisiis, apud Franciscum Giraud*, 1549, in-16. Des exemplaires portent l'adresse et le nom de *Lyon, Jean Temporal*.

D'après La Croix du Maine et Du Verdier, c'est Jean Gœurot, médecin du roi François premier, qui est l'auteur de la traduction du traité écrit en latin par Prosper Calanius.

Ce traité contient des détails très intéressants sur l'art culinaire et la manière d'accommoder toutes sortes d'aliments.

Le catalogue Pixerécourt mentionne une édition du même ouvrage : *Lyon, Temporal*, 1553, in-16, et celui de M. Techener (1858) : *Lyon, J. Temporal*, 1554, in-16.

Autre édition : *Lyon, J. Temporal*, 1555, in-12.

Brunet, tome I, col. 1468, pense que l'ouvrage suivant est, selon toutes probabilités, le même que celui traduit par Gœurot :

— Traicte auquel est déclare la faculte de toutes sortes de pain, vin, eau, chair, poisson et autres choses pour l'entretenement de la santé de la vie humaine, extraict de plusieurs anciens docteurs, comme Hippocrate, Dioscoride, Aristote, Galien, Pline et autres. *Lyon, par Benoist Rigaud*, 1567, in-16 de 5 ff. et 153 pages. (De 15 à 20 fr.)

CALMUS. — Plus de disette possible ou Panification du marron d'Inde, de l'Arum maculatum et de la bryone, par Calmus, sergent de voltigeurs au 62e d'infanterie. *Paris, impr. Léautey*, 1851, in-12. (2 fr.)

Réimprimé à *Strasbourg, Ve Berger-Levrault*, 1852, in-12.

CALONNE (Baron Albéric de). — L'alimentation de la ville d'Amiens au xve siècle, étude historique. *Amiens, impr. Douillet*, 1880, in-8. (2 fr.)

CALVI DE LA FONTAINE. — Eglogue sur le retour de Bacchus, en laquelle sont introduits deux vignerons assauoir : Colinot de Beaulne et Jaquinot d'Orléans, compose par Calvi de la Fontaine. *S. l. n. d.*, in-8, goth., de 8 feuillets de 31 vers à la page. (De 25 à 30 fr.)

Frontispice représentant un homme tenant une écuelle et monté sur un grand chien, un os dans la gueule.

Réimprimé dans le *Recueil des poésies françoises des XVe et XVIe siècles*, tome I, pages 240-255.

CAMBACÉRÈS (Jules). — Des moyens de faire cesser dans Paris l'usage clandestin de la chair de cheval. *Paris, impr. Ducessois*, 1841, in-4 de 24 pages. (De 2 à 3 fr.)

CAMPAGNE (E.-M.). — Des substances alimentaires. *Paris, Mégard et Cie*, 1882, in-8. (3 fr.)

CANONHERIUS. — Le Lodi et I biasmi del vino di Pietra Andrea Canonhiero (*sic*). All' Illustrissimo Signore Paris Pinello Marchese di Ciuita Santo Angelo. *In Viterbo, per Girolamo Discepolo*, 1608, pet. in-8. (De 10 à 12 fr.)

A la fin de cet ouvrage se trouve une gravure représentant une Madone, accompagnée de cette légende : Vera effigie della b. Vergine di Loreto.

— Petri Andreæ Canonherii philosophi, medici ac theologi de admirandis vini virtvtibvs libri tres. In quibus multa curiosissima & utilissima, ad vinum pertinentia, tractantur. Ad illvstrissimvm D. Dominicvm Mariam Gentilem Patritivm genvensem. *Antverpiæ, apud Hieronymum Verdussium*, 1627, pet. in-8 de 18 ff. lim. n. chiffr., 684 pages et 1 f. d'errata. (De 8 à 12 fr.)

CANU (F.). — Cidre et poiré, fabrication générale, conduite scientifique de la fermentation, maladies et remèdes, cidre de conserve, cidre champagnisé, cidre économique, eaux-de-vie de cidre et de poiré, distillation, appareils, utilisation des lies et des marcs, par E. Canu, publiciste. *Paris, Le Bailly, s. d.*, in-12 de 36 pages, 1 planche. (0 fr. 50.)

CAPILOTADE bachique à deux parties, contenant quatre alphabets de fragments choisis des meilleures chansons à boire. *Paris, Ballard*, 1668, pet. in-4, titre gravé. (De 12 à 15 fr.)

CARDELLI. — Manuel du cuisinier et de la cuisinière à l'usage de la ville et de la campagne ; contenant toutes les recettes les plus simples pour faire bonne chère avec économie ainsi que les meilleurs procédés pour la Pâtisserie et l'office ; précédé d'un traité sur la dissection des viandes ; suivi de la manière de conserver les substances alimentaires et d'un Traité sur les vins, par P. Cardelli, ancien chef d'office. *Paris, Roret*, 1822, in-18. (2 fr.)

Première édition de cet ouvrage qui a été souvent réimprimé. Cardelli est un pseudonyme. M. Quérard, *Supercheries littéraires*, dévoile le véritable nom de l'auteur, M. H. Duval, ancien secrétaire de M. de Las Cases.

Le même... *Paris, Roret*, in-18, 1825, 1826, 1827, 1828, 1829, 1831, 1837 avec planches et gravures.

L'édition de 1831, qui est la sixième, est

« augmentée des méthodes à suivre pour bien préparer et servir le café, ouvrir les huîtres. »

Le *Manuel du Cuisinier* a paru ensuite sous ce titre :

— Nouveau manuel complet du cuisinier et de la cuisinière ; précédé d'un Traité pour bien découper et servir les viandes à table ; terminé par un traité sur les vins, par Cardelli, ancien chef d'office. Nouvelle édition. *Paris, Roret*, 1842, in-18, planches et vignettes. (2 fr.)

Souvent réimprimé avec des additions, notamment en 1848 avec 2 planches.

— Nouveau manuel complet des gourmands ou l'art de faire les honneurs de sa table, par Cardelli, ancien chef d'office. *Paris, Roret*, 1842, in-18, 4 planches. (3 fr.)

— Manuel du limonadier, du confiseur et du distillateur contenant, etc. Par M. Cardelli, ancien chef d'office du duc de ***. *Paris, Roret et Roussel*, 1822, in-18. (2 fr. 50.)

Une deuxième édition a paru chez Roret, la même année ; elle ne diffère de la précédente que par le frontispice.

Ce manuel réimprimé en 1823, 1825, 1827, a été publié de nouveau sous ce titre :

— Nouveau manuel du limonadier, du glacier, du chocolatier et du confiseur contenant etc... par MM. Cardelli, Lionnet-Clemandot, Julia de Fontenelle. Nouvelle édition. *Paris, Roret*, 1839, in-18, planches. (2 fr. 50.)

Autres éditions : *Paris, Roret*, 1844, 1851, in-18, planches, cette dernière avec les mêmes collaborateurs auxquels s'est joint M. A. Chautard.

En 1862, le titre se modifie de la açon suivante :

— Nouveau manuel complet du confiseur et du chocolatier, contenant la description des meilleurs procédés... par MM. Cardelli et Lionnet-Clemandot. Nouvelle édition, entièrement refondue par M. F. Malepeyre. *Paris, Roret*, 1862, in-18 de 412 pp. et planches. (3 fr.)

Ces ouvrages ont partie de la collection des *Manuels-Roret*.

— Manuel de la jeune femme contenant tout ce qu'il est utile de savoir pour diriger avec ordre, agrément et économie l'intérieur d'un ménage ; par M. Cardelli, auteur du manuel du cuisinier, de la cuisinière, de celui du limonadier, etc. *Paris, Charles Béchet*, 1825, in-18. (2 fr. 50.)

CARÊME (A.). — Le pâtissier royal parisien ou Traité élémentaire et pratique de la pâtisserie ancienne et moderne, de l'entremets de sucre, des entrées froides et des socles ; suivi d'observations utiles aux progrès de cet art, d'une série de plus de soixante menus, et d'une revue critique des grands bals de 1810 et 1811. Composé par M. A. Carême, de Paris, chef pâtissier des grands extraordinaires. Ouvrage orné de 70 planches dessinées par l'auteur, comprenant plus de 250 sujets. *Paris, J.-G. Dentu*, 1815, 2 vol. in-8. (De 10 à 12 fr.)

Faux titre au verso duquel se trouve l'explication du frontispice, titre, dédicace à M. Boucher, contrôleur de la maison du prince de Talleyrand-Périgord, (3 feuillets) ; préface (2 feuillets) ; discours préliminaire, (17 pages) ; division de l'ouvrage et errata. (3 pp.) Le corps de l'ouvrage pour le tome I comprend 482 pp. et 447 pour le second. La deuxième édition du *Pâtissier royal parisien* a été publiée, *Paris, Didot*, 1828, 2 vol. in-8° avec 41 planches. Une troisième édition, revue, très augmentée, avec une notice historique sur Carême, 2 vol. in-8, ornés de 41 planches dessinées par Carême et gravées au trait à l'eau-forte par MM. Normand fils, Hibon et Thierry, a paru *Paris, Laignier*, 1842.

Le *Pâtissier royal*, de Carême, a été réimprimé en 1879 ; mais les nouveaux éditeurs de cet ouvrage ont cru devoir en modifier le titre et l'appeler : Le *Pâtissier national parisien*, etc., etc. Nouvelle édition, revue et corrigée, ornée de nombreuses figures. *Paris, Garnier frères, s. d.* (1879). 2 vol. in-18 de LXVIII-430 et 478 pages. (De 4 à 5 fr.)

Une note placée à la fin du second volume est digne d'être signalée : « L'auteur, y est-il dit, s'est servi quelquefois, dans le cours de ces deux volumes, de l'expression tombée en désuétude de *Sucre royal*, qui était le sucre superfin de son époque », etc., etc. Si Carême, le grand artiste culinaire, vivait encore, il profiterait assurément de cette un peu naïve observation et ne manquerait pas de bannir le mot *royal* de son œuvre pour y substituer celui de *national !*

— Le pâtissier pittoresque composé et dessiné par Antonin Carême, de Paris, contenant cent vingt-cinq planches gravées au trait dont cent dix représentent une variété de modèles de pavillons, rotondes, temples, ruines, tours, belvédères, forts, cascades, fontaines, maisons de plaisance, chaumières, moulins et ermitages précédé d'un traité des cinq ordres d'architecture selon Vignole, auquel on a joint des détails des ordres Cariatide, Pœstum, Egyptien, Chinois et Gothique, tirés du *Parallèle des Monumens* antiques et modernes. Nouvelle édition, revue, très augmentée. *Paris, au dépôt de la Librairie*, 1854, in-8 de 56 pp. de texte avec frontispice. (De 8 à 10 fr.)

Epître dédicatoire à Monsieur Muller, l'un des maitres d'hôtel, contrôleur de la maison de S. M. l'Empereur de toutes les Russies.

C'est une cinquième édition. La première, *Paris, l'auteur; F. Didot*, in-8, avec pl., porte la date de 1815 ; la seconde, revue, corrigée et augmentée, *ibidem, idem*, celle de 1822 ; la troisième a paru en 1842, *Paris, J. Renouard*; *Tresse*; *Mansut*; *Maison, et au dépôt principal rue Thérèse*, n° 11, in-8 de 66 pp. et un front. grav.

— Le maître d'hôtel français ou parallèle de la cuisine ancienne et moderne, considérée sous le rapport de l'ordonnance des menus, selon les quatre saisons. Ouvrage contenant un traité des menus servis à Paris, à Saint-Pétersbourg, à Londres et à Vienne. Par M. A. Carême de Paris. *Paris, l'auteur* (impr. *Firmin-Didot*), 1822, 2 vol. in-8 avec 9 pl. et tableaux. (De 15 à 18 fr.)

Cet ouvrage a été réimprimé en 1842 avec les modifications suivantes dans son titre :

— Le maitre d'hôtel français, traité des menus à servir à Paris, à Saint-Pétersbourg, à Londres et à Vienne par Antonin Carême, auteur du *Pâtissier royal parisien*, du *Pâtissier pittoresque*, etc. Nouvelle édition, revue, corrigée et augmentée. *Paris, au dépôt principal, rue Thérèse, 11; J. Renouard; Mansut; Tresse*, etc., 1842, 2 vol. in-8, front., 10 planches et 24 tableaux.

La nouvelle édition du *Maitre d'hôtel français*, dédiée à Messieurs Robert frères, est précédée d'une notice sur Carême par M. le marquis de Cussy, le célèbre gastronome. Après un avant-propos dans lequel l'auteur explique la division de son ouvrage, et un discours préliminaire, on trouve un « traité des menus de la Cuisine ancienne ». Vient ensuite le corps de l'ouvrage ; le tome I comprend 11-352 pp. ; le tome II, 282 pp.

— Le Cuisinier parisien, ou l'art de la cuisine française au dix-neuvième siècle, traité élémentaire et pratique des entrées froides, des socles et de l'entremets de sucre, suivi d'observations utiles aux progrès de ces deux parties de la cuisine moderne, par M. A. Carême, de Paris, auteur du *Pâtissier royal parisien*, etc., deuxième édition, revue, corrigée et augmentée. Ouvrage orné de 25 planches dessinées par l'auteur, et gravées au trait par MM. Normand fils, Hibon et Thierry. *Paris, l'auteur; galerie de Bossange père*, 1828, in-8 de 422 pp. (De 8 à 10 fr.)

La première édition du *Cuisinier parisien* a paru la même année. Cet ouvrage est dédié à la mémoire de Laguipière.

Une troisième édition a été publiée, *Paris, J. Renouard*, 1842, in-8 avec 25 pl.

— L'art de la cuisine française au dix-neuvième siècle. Traité élémentaire et pratique des bouillons en gras et en maigre, des essences, fumets, des potages français et étrangers ; des grosses pièces de poisson ; des grandes et petites sauces ; des ragoûts et des garnitures ; des grosses pièces de boucherie, de jambon, de volaille et de gibier, suivi de dissertations culinaires et gastronomiques utiles aux progrès de cet art. Par M. A. Carême, de Paris, auteur du *Pâtissier royal*, etc. *Paris, l'auteur,* 1833-1835, 3 vol. in-8. (De 20 à 25 fr.)

De tous les ouvrages de l'ancien chef du prince de Talleyrand-Périgord, *l'Art de la Cuisine française au XIX* siècle est sinon le plus important, du moins celui de plus longue haleine ; il devait se composer de cinq volumes, mais la mort est venue frapper l'auteur avant qu'il ait pu terminer l'œuvre commencée. Ce traité culinaire qui résume toute la grande cuisine de notre époque a été publié par livraisons. La livraison I, contenant les trois premières parties de l'ouvrage qui devait en avoir sept, forme deux tomes ; la livraison II, publiée en 1835, comprend la quatrième et la cinquième partie et forme le tome troisième. (Pour les deux autres vol., voyez Plumerey.)

La seconde livraison (1835) porte le même titre que la première, mais avec cette addition : ... Suivi d'observations sur la connaissance et la propriété des aliments et de dissertations culinaires utiles aux progrès de cet art ; orné de 12 planches, dessinées par l'auteur et gravées au trait, etc., etc. *Paris, chez l'éditeur, rue Neuve-des-Petits-Champs,* n° 71.

Un frontispice est placé en tête de chaque tome ; le premier est, en plus, orné d'un portrait de Carême dessiné par Fremy et gravé par Fontaine.

L'Art de la cuisine est dédié à Lady Morgan qui, dans son livre : *La France* avait écrit à l'adresse de Carême, alors chef des cuisines de Madame la baronne de Rothschild, les appréciations les plus flatteuses sur son talent.

Carême était très ambitieux, on pourrait même dire très prétentieux ; il n'y a qu'à lire ses préfaces pour s'en rendre compte. L'auteur du *Maître d'hôtel français* se piquait fort d'être un lettré et il comptait beaucoup plus sur son talent d'écrivain pour passer à la postérité que sur le mérite de ses travaux culinaires. C'est ainsi qu'avant d'écrire son traité pratique, Carême l'a fait précéder de notices littéraires et historiques comme celle sur la manière dont vivait Napoléon 1er à Sainte-Hélène ; on trouve également dans le tome I de *l'Art de la Cuisine française* : Traits de gastronomie, de brusquerie et de générosité de l'Empereur Napoléon, une histoire philosophique de la cuisine, etc., etc.

Toutefois, il paraîtrait que Carême a eu recours à la collaboration de M. Fayot et Quérard, dans les *Supercheries*, va jusqu'à dire que ce dernier était le rédacteur habituel des ouvrages publiés sous le nom de Carême. Quant à ses deux premiers traités, ils ont été, dit-on, retouchés par Dardant.

L'art culinaire et la littérature ne suffi-

saient même pas à l'ambition de l'auteur du *Pâtissier royal* ; c'est ainsi que nous le voyons dédier à l'Empereur Alexandre des projets d'architecture destinés aux embellissements de Paris et de Saint-Pétersbourg dessinés d'après les esquisses de l'auteur par Mlle Ribaut et gravés à l'eau-forte par MM. Normand fils et Hibon. Ces deux recueils in-folio se composent de six livraisons qui ont paru de 1821 à 1826.

On trouvera sur la vie et les œuvres de Carême d'intéressants détails donnés par M. Fayot dans le *Livre des Cent et un* et à la page 157 du supplément de la *Biographie universelle*, tome LX.

La *Bibliogr. de la France* indique un autre ouvrage auquel Carême aurait collaboré :

— La Cuisine ordinaire par Beauvilliers et Antonin Carême. Quatrième édition très augmentée contenant, etc. *Paris, Brière,* 1847, 2 vol. in-8, avec 10 planches. (10 fr.)

Carême a donné son nom à une collection d'ouvrages culinaires au premier rang de laquelle figurent naturellement tous les siens et qui compte : Le *Conservateur* ; le *Dictionnaire des substances alimentaires d'Aulagnier*, etc., etc.

CARÊME (Polycarpe). — Le dîner politique, pièce en cinq actes et en vers par Polycarpe Carême, ancien officier de bouche et neveu du célèbre chef (année 1819). *Paris, Garnier frères,* 1850, in-8 de XII-112 pp. (2 fr.)

CARMOUCHE (A.). — Cri-cri et ses mitrons, parodie en vers et en cinq tableaux d'une grande pièce en cinq actes et en prose, par MM. Carmouche, Jouslin de Lasalle et Dupeuty. *Paris, Quoy,* 1829, in-8. (1 fr.)

— La carte à payer ou l'aubergiste bourgmestre, vaudeville en un acte par MM. Merle, Brazier et Carmouche. *Paris, Mme Huet ; Barba,* 1822, in-8. (1 fr.)

A été réimprimée dans la collection de la *France Dramatique. Paris, Barba, Bezou, Pollet,* 1835, gr. in-8.

— La place et le dîner, comédie-vaudeville en un acte, par MM. Carmouche et Fr. de Courcy. *Paris, Bezou,* 1828, in-8. (1 fr.)

CARNEIRO. — Novo Manual de Cozinheiro contendo advertencias sobre a cortezia que se deve observar a mesa, regras para trinchar e servir, etc., por Constantino Carneiro, chefe de Cozinha. Obra illustrada con numerosas figuras no texto. *Paris, Garnier frères,* 1867, in-18 de 396 pages. (3 fr.)

CARNET. — Le cuisinier modèle par Carnet, élève de la maison Lointier. *Paris, Lefèvre,* 1862, in-18 de XXXVI-503 pages. (3 fr.)

CARON (L'abbé). — Notice sur le gâteau à la fève et le roi boit, lue à la Société des sciences morales, des lettres et des arts de Seine-et-Oise par M. l'abbé Caron l'un de ses membres. (*Versailles, impr. de Montalant-Bougleux*), 1838, in-8 de 20 pages. (De 2 à 3 fr.)

CARON (E.). — Manuel du liquoriste, par E. Caron. *Paris, impr. Boisseau; l'auteur,* 1852, in-8. (2 fr. 50.)

CARREGHA (L.). — Pratica del Maggiordomo per ben essercitare il suo Carico. Di Gio-Lorenzo Carregha. *In Praga, appresso Paolo Sessio,* 1623, in-4 de 1 f. n. ch. et 77 pages. (De 20 à 30 fr.)

Le 1er feuillet est occupé par le titre au vo duquel la dédicace « All Illsmo & Eccmo », Sigor il Signor D. Hieronymo Carraffa, Marchese di Montenegro, Cavaliero de Santiago, Maggiordomo della Serma Infanta Donna Isabella...... » signée Gio Lorenzo Carregha, qui finit à la page 2. Page 3 « Al Lettore ». Le corps de l'ouvrage commence à la page 4. Traité excessivement rare qui n'est ni à la Bibliothèque nationale, ni à la Bibl. Mazarine, ni à l'Arsenal. Fait partie de la collection de M. le Baron Pichon.

CARTE (La) du jour, moniteur des restaurants, journal quotidien. *Paris, impr. Schiller,* in-4 de 4 pp. à 4 col.

Le numéro spécimen, le seul probablement qui ait paru, est annoncé dans le no de la *Bibliogr. de la France* portant la date du 5 octobre 1867.
Prix de l'abonnement : un an : 16 fr.; six mois, 8 fr. 50. Un numéro, 5 cent.

CARTE ou Menu d'un repas de l'ancienne Rome, dissertation de M. Boettiger, traduction de l'allemand par F.-J. Bast, avec des notes de l'auteur et du traducteur. *Paris, Didot,* 1801, in-8. (De 4 à 5 fr.)

Curieuse brochure dans laquelle se trouve la description d'un banquet à Rome. Ce morceau est inséré dans le *Journal du luxe et des modes,* rédigé par Bertuch et Kraus, 1797, vol. XII, pp. 587-598.

CARTER (Charles). — The Compleat City and Country Cook : or, Accomplish'd Housewife. Containing, several Hundred of the most approv'd Receipts in Cookery, Confectionary .. Illustrated With Forty-nine large Copper Plates, directing the regular placing the various Dishes on the Table... By Charles Carter, Lately Cook to his Grace the Duke of Argyle, the Earl of Pontefract, the Lord Cornwalis, &c. To which is added... *London, printed for A. Bettesworth and C. Hitch; and C. Davis in Pater-Noster Row : T. Green at Charing Cross; and S. Austen in St. Paul's Church-yard,* 1732, in-8 de VI-280 pages, 49 pl. (De 8 à 10 fr.)

CARVIN (de Marseille). — Lou Barbié Rasefin vo Tartellettos patés-chauds, comédie en deux actes, en vers français et provençaux par M. Carvin, de Marseille, auteur de Meslé Barna, de Jean de Cassis, etc. *Marseille, imprimerie de Marius Olive,* 1827, in-8 de 39 pages. (De 2 à 3 fr.)

CASALIUS. — Joh. Baptistæ Casalii romani de profanis et sacris veteribus ritibus opus tripartitum, cujus prima pars agit de Profanis Ægyptiorum Ritibus, veluti Deorum cultu,.... secunda pars agit de Profanis Romanorum ritibus, varioscil. Deorum cultu, Diis, sacrificiis..... Tricliniis..... Tertia pars agit de sacris Christianorum Ritibus..... Editio post Romanam, omnium prima, quæ in Germaniâ prodiit, quam plurimis Æneis tabulis ornata. Accedunt indices Capitum..... *Francofurti et Hannoveræ, sumptibus Thomæ Henrici Hauensteinii, bibliop. Hannov*, 1681, in-4, fig. gravées. (De 7 à 8 fr.)

Le chapitre XXV, page 134, est intitulé : *De Conviviis et Tricliniis.* On y trouve des renseignements sur le nombre des convives à inviter, l'ordre dans lequel on servait les mets, sur les coupes en usage chez les anciens Romains, sur les esclaves, etc.

Dans ce même chapitre, Casalius étudie les mœurs épulaires des premiers chrétiens et les compare avec celles des Romains. A la page 240, une gravure sur cuivre représente le Christ à la table du Pharisien. Marie-Madeleine lui essuie les pieds avec ses cheveux et les arrose de parfums. Cette gravure est signée I.G.S.

— J.-Bapt. Casalii Liber de Profanis et Sacris veterum ritibus, cum figuris æneis. *Romæ*, 1644 et 1645, 2 vol. in-4. (De 8 à 10 fr.)

CASERTA. — Francisci Antonii Casertæ Neapolitani, tractatio de natvra et vsv vinorvm tum in sanis, tum in ægris corporibus, potissimum in podagricis. Cum indice Quæstionum, Articulorum & Dubiorum. Ad illvstriss. et reverendiss. D. D. Odoardvm Farnesivm S. R. E. Card. Ampliss. *Neapoli, ex typographia Secundini Roncalioli*, 1623, in-4 de 4 ff. limin. n. ch. et 174 pages. (De 8 à 10 fr.)

Au titre rouge et noir, es armes du cardinal Farnèse.

CASSAN (D.-C.). — La Saouçou d'espinar ou suito funesto de l'errour d'un Cousinié Capouchin, amé quaouqueis er nouta, par Cassan. *Avignon, Bonnet*, 1837, in-8. (De 2 à 3 fr.)

La *Saouçou d'espinar* n'est pas, à proprement parler, un livre culinaire ; mais l'auteur s'est inspiré de la gourmandise pour traiter son sujet. Il s'agit, en effet, d'une mésaventure arrivée à des moines qui ont inauguré le Carême en mangeant un plat d'épinards accommodé, par une erreur du cuisinier, avec du lard.

La *Saouçou d'espinar* a paru, pour la première fois en 1836, in-8, *Avignon, Bonnet fils*, et l'édition de ce conte fut rapidement enlevée.

CASSIANUS (P.). — De Calidi potvs apvd veteres vsv ad illvstriss. et reverendiss. D. Io. Antonivm Abbatem Fachenetvm, protonot. apostol. etc. Pieri Cassiani Epistola. *Bononiæ, apud Victorium Benatium*, 1606, superiorum permissu, in-4 de 4 feuillets non chiffrés. (De 5 à 6 fr.)

Lettre sur l'usage des boissons chaudes dans l'antiquité.

CASTELLANUS (Petrus). — ΚΡΕΩΦΑΓΙΑ sive de esv carnium libri IV. Authore Petro Castellano, in Academiâ Louaniensi Græcarum literarum et Medicinæ Professore Regio. *Antverpiæ, ex officinâ Hibronymi Verdvsii*, anno 1626. in-16 de 4 ff. lim. n. chiffr. et 296 pages. (De 12 à 14 fr.)

CASTRO. — L'hygiène dans la nourriture et dans la gymnastique par J.-E.-J. Castro. *Paris, au Moniteur de la toilette*, 1860, in-12 de 33 pages. (1 fr.)

CATALOGO dell Inuentori delle cose che si mangiano, e delle beuande c'hoggidi s'usano ; composto da M. anonymo, cittadino di Utopia. *Vinegia, s. d.*, pet. in-8 de 27 feuillets, lettres ital. (De 15 à 20 fr.)

Par Ortensio Lando.

CATALOGUE et almanach du goût et de l'odorat donné par La Faye, marchand, aux Armes de de Soubise, rue Plâtrière. *A Paris, pour l'année 1773, de l'imprimerie de Grangé, rue de la Parcheminerie*, in-32 de 62 pages. (De 12 à 15 fr.)

— Le même, pour l'année 1775, in-32 de 64 pages.

Très curieux petits almanachs dont l'origine remonte à 1751, qui nous montrent comment se faisait la réclame au XVIII⁰ siècle, réclame qui diffère peu de celle actuellement en usage.

Cet almanach donné par le marchand La Faye commence par un calendrier. La page est divisée en deux parties. Au-dessous du nom du mois se trouve une pièce de vers dans laquelle La Faye, parfumeur et distillateur de Dunkerque, vante les différents produits que l'on peut acheter dans sa boutique. Voici comme échantillon la pièce de vers pour le mois de février :

> *Ici l'on vend dans toutes les saisons*
> *Bonnes confitures, Dragées.*
> *Dans des Boëtes bien arrangées ;*
> *Corbeilles de toutes façons*
> *Pour Fêtes, pour Noce et Baptême.*
> *On y trouve, dans l'hiver même,*
> *Fleurs écloses, fleurs en boutons,*
> *Qu'à leur odeur, quoiqu'artificielles*
> *Vous prendriez pour naturelles.*

Le bas de la page contient le calendrier proprement dit :

Mois de novembre, année 1773, page 19.

> *Dans ce magasin tout abonde,*
> *Thé, Café, bons Biscuits, Macarons excellents ;*
> *Pour satisfaire tout le monde,*
> *Nous avons des assortimens.*
> *Nous fabriquons, avec la dernière finesse*
> *Toutes sortes de Chocolats,*
> *Et des Sirops de toute espèce   [mats.*
> *Contre Rhumes et Toux, noirs enfans des Fri-*

Page 21, Pot-pourri dans lequel sont prônés les avantages que l'on trouve au magasin de La Faye ; puis vient une notice biographique du susdit et ensuite « le précis des nouveautés » que l'on peut se procurer chez lui.

On y peut acheter des « crèmes de vinaigre balsamique à l'usage des bains et de la Toilette », des Huiles de tous parfums, des « Pastilles à brûler pour parfumer les Appartements » des pâtes et pommades, des paniers de fleurs pour les fêtes, Rubans de tête pour la nuit, etc., etc., des « Pastilles de bouche », « Plaisirs des dames », Caramels, « Pastilles galantes, amusantes, chinoises et de Malte », Amandes, Avelines, Citrons, Bonbon du Roi, Sucre retord, Jus de Réglisse anisée de Lille, des confitures, fruits confits d'Italie pour les desserts, Thé Bou, thé verd, Café Mocka, Bourbon, Chocolat de santé, de vanille, Diablotins et Pistaches en chocolat... Liqueurs fines, Crème de Barbade, Parfait amour, Coquette flatteuse, etc.

CATERER (The) and Refreshment contractors gazette, pet. in-4. Journal mensuel (en langue anglaise) fondé en 1878. Informations culinaires et commerciales relatives à l'alimentation indispensables aux maîtres d'hôtels, restaurateurs, chefs, stewards, etc. *Londres, Newton and eskell*, 20 21, *High Holborn.*

CATHERINE (Mlle). — Manuel complet de la cuisinière bourgeoise contenant le service de la table, la carte des mets et des vins pour chaque service, la manière de découper, mille recettes gastronomiques, un résumé général des cuisines française, italienne, anglaise, la pâtisserie, les sirops et les glaces, l'art d'accommoder les restes suivi d'instructions sur la cave et les vins par Mlle Catherine. Cent quatrième édition ornée d'un grand nombre de gravures. *Paris, Delarue, s. d.* (1888), in-18 de 448 pp. (3 fr. 50.)

Deux planches en chromolith. La couverture porte seulement : La *Cuisinière bourgeoise* par Mlle Catherine.

Le *Manuel complet de la Cuisinière bourgeoise* a paru, pour la première fois, en 1823 avec le titre de : Le *Petit Cuisinier français*, etc. (Voyez ce titre.)

En 1839, il prend le nom de *Manuel complet de la Cuisinière bourgeoise*, nom sous lequel il a été très souvent réimprimé chez l'éditeur Delarue, mais avec de légères modifications.

CATHERINE (La citoyenne). — La Cuisinière républicaine par la citoyenne Catherine, cordon-tricolore. - Ci-devant cordon bleu. *Paris, Garnot ; Barba*, 1848, in-8 de 14 pages. (De 3 à 4 fr.)

L'auteur anonyme a pris pour épigraphe l'aphorisme de Brillat-Savarin : Dis-moi ce que tu manges et je te dirai qui tu es.

CATON (M. Porcius). — M. Porcii Catonis de Agricultura, sive de Re Rustica Liber; post ultimam A. Popmæ editionem centum amplius locis auctus correctusque, studio atque operâ Joannis Meursii... *Lugduni Batavorum, ex officinâ Plantiniana, apud Franciscum Raphelengium*, 1590, pet. in-8. (De 6 à 7 fr.)

Pour les autres éditions latines, voyez le

catal. J.-B. Huzard qui en donne une longue énumération, pages 53-57.

On trouve dans ce traité d'agriculture de l'un des quatre agronomes latins des recettes pour faire le vin cuit, le vin grec et le vin de paille, l'huile verte, le pain *depsiticus*, le potage à la carthaginoise, la bouillie de froment, le gâteau au vin doux, les fricandeaux de Pouzzoles, etc.

L'Economie rurale de Caton a été traduite par M. Saboureux de la Bonneterie et publiée avec celle de Terentius Varron, *Paris, Barrois*, 2 vol. in-8.

Le texte latin a été imprimé pour la première fois, en 1472, *Nicolaus Jenson*, in-fol. (avec les œuvres de Varron, Columelle et Palladius).

CAUDERLIER. — L'Economie culinaire par Cauderlier. *Gand, de Busscher frères*, 1861, in-12. (3 fr.)

Ouvrage plusieurs fois réimprimé, notamment en 1864, *Bruxelles, Lebègue et Cie*; 1869, *Gand, Hoste*.

Le même... Septième édition revue et considérablement augmentée de recettes nouvelles, *Paris, Lebègue*, 1889, in-12.

— La Cuisinière par Cauderlier, ancien traiteur à Gand. *Gand, Hoste*, 1864, in-18 de 143 pp. (2 fr.)

Ce livre de cuisine belge composé d'extraits de l'*Economie culinaire* a eu plusieurs éditions. La sixième... par Cauderlier, ancien traiteur à Gand, imprimée en cette ville, est sans date.

Le même... septième édition. *Paris, Plon et Cie*, 1879, in-18 de 171 pp.

— Les 52 menus du gourmet. Déjeuners, — Grands Dîners, — Petits dîners — soupers avec toutes les recettes suivis de conseils d'hygiène d'après plusieurs auteurs spécialistes. *Gand, Hoste*, 1877, in-18. (2 fr.)

— Le livre de la grosse et fine charcuterie française, belge, italienne, allemande et suisse, par Cauderlier. *Gand, Hoste*, 1878, in-12. (2 fr. 50.)

— La santé par les aliments pour vivre de 50 à 80 ans et plus, par Cauderlier. *Gand, Hoste*, 1882, in-8. (2 fr.)

— La pâtisserie et les confitures contenant les pâtisseries nouvelles faites avec la farine de Maïzena. *Gand, Hoste*, 1884, in-12. (2 fr. 50.)

CAUSERIES de chasseurs et de gourmets. Dîners, — Réceptions. — Bals — figures originales. *Paris, au dépôt de Librairie, rue des Moulins*, 8 (*impr. de Guiraudet*), in-12 de 144 pp., orné de 3 portraits. (De 6 à 7 fr.)

La vignette placée au titre, signée Daubigny et représentant une maison de comestibles se trouve dans l'édition des *Classiques de la table* de 1845. L'ouvrage paru sans date a été annoncé dans la *Bibliographie de la France*, n° du 6 août 1851. (Voyez *Almanach des Chasseurs et des Gourmets* et *Revue du Comfort*.)

Un peu plus tard, l'*Almanach des chasseurs et des gourmets*, la *Revue du Comfort* et les *Causeries* ont été réunis en un seul volume sous une couverture portant ce titre :

— Causeries de chasseurs et de gourmets. *Almanach des chasseurs, Revue du Comfort. Paris, Garnier frères, s. d.*, in-12.

Chacun de ces trois ouvrages a sa pagination spéciale, et chacun son faux titre et son titre. C'est l'*Almanach des chasseurs et des gourmands* qui vient en tête. Il est augmenté d'un « Supplément (années 1852-53-54) » qui commence à la page 141 et finit à la page 176.

En second lieu, viennent les *Causeries de Chasseurs et de gourmets*, également augmentées d'un « Supplément (années 1852-53-54) » qui commence à la page 141 et finit à la page 236.

Enfin, la *Revue du Comfort*, complétée, elle aussi, par un « Supplément (années 1852-53-54) » et qui occupe les pages 141-176.

Certains exemplaires ont des figures en couleur.

CAUSERIES de gourmets et de chasseurs. *Toute la partie de la gastronomie par le secrétaire d'Ant. Carême ; toute la partie de la chasse par Elzéar Blaze. Paris, Martinon ; Tresse*, 1844, in-32, 2 gravures. (De 6 à 7 fr.)

CAVE (La), soins à donner aux vins, troisième édition. *Dijon, imprimerie Da-*

rantière (sans date), in-16 de 127 pages. (1 fr. 50.)

La première édition est de 1874.

CAVEAU (Le). Quatrième année. *Paris, Ferrier*, 1838, in-18.

Les trois premières années du *Caveau* ont paru sous le titre : *Les Enfans du Caveau*. Depuis 1838, ce recueil de chansons, dont un grand nombre sont des chansons de table et des chants bachiques, n'a pas cessé de paraître chez différents éditeurs notamment Ebrard, Garnier frères; en 1888, *Paris, Dentu*, in-18, il en est à sa 54e année d'existence. Voyez *Enfans* (les) *du Caveau*.

CAVEAU (Le) moderne ou le Rocher de Cancalle, chansonnier de table par les auteurs du *Journal des gourmands*. *Paris, Capelle et Renand*, 1807, in-12, front. grav.

Le *Caveau moderne*, dont le titre a été légèrement modifié pendant ses onze années d'existence, a paru pour la première fois en 1807 ; la collection complète se compose de 11 volumes, tous ornés d'un frontispice gravé. Les convives du *Caveau moderne*, société de gourmands et de littérateurs, étaient MM. Laujon, Ph. de la Madelaine, de Piis, Armand Gouffé, Désaugiers, Brazier, etc. Le dernier volume a été publié en 1817; Le *Caveau moderne* a pris, en 1818, le titre de *Nouveau Caveau*. (Voyez Ourry.)

CAVEAU (Le) Société lyrique et littéraire. *Paris, Appert et Vavasseur*, 1857, in-18 de 12 pp. (1 fr. 50.)

Règlements et statuts de la Société reconstituée en 1854, sous le titre : *Les enfants du Caveau* et qui, en 1838, a pris celui de : *Le Caveau*.

CELNART (Mme). — Manuel complet d'économie domestique contenant, etc., par Mme Celnart. *Paris, Roret*, 1826, in-18, fig. (De 2 à 3 fr.)

— Manuel du charcutier ou l'art de préparer et de conserver les différentes parties du cochon, d'après les plus nouveaux procédés ; précédé de l'art d'élever les porcs, de les engraisser et de les guérir, par une réunion de charcu-

tiers, et rédigé par Mme Celnart. *Paris, Roret*, 1827, in-18. (De 2 à 3 fr.)

— Manuel complet de la maîtresse de maison et de la parfaite ménagère, contenant les meilleurs moyens pour la conservation des substances alimentaires ; la préparation des entremets nouveaux, glaces, confitures, liqueurs ; les soins à donner aux enfants, etc... par Mme Celnart. *Paris, Roret*, 1828, in-18. (De 2 à 3 fr.)

Ce manuel a été réimprimé plusieurs fois. La troisième édition, entièrement renouvelée et très augmentée, a paru en 1833.

— Nouveau manuel complet d'économie domestique contenant, etc., par Mme Celnart. Troisième édition, entièrement refondue et considérablement augmentée. *Paris, Roret*, 1837, in-18, 2 planches,

— Nouveau manuel complet de la ménagère parfaite et de la maîtresse de maison. Nouvelle édition, très augmentée, par Mme Celnart. *Paris, Roret*, 1839, in-18, 1 planche. (2 fr. 50.)

En 1852, ce manuel, fondu avec celui de Mme Pariset, a été réimprimé sous le titre de : Nouveau Manuel complet de la maîtresse de maison... Voyez Pariset (Mme).

Ces ouvrages font partie de la collection des Manuels-Roret.

Celnart est le pseudonyme de Mme Bayle-Mouillard, née Elizabeth Canard, auteur de poésies et de plusieurs autres ouvrages littéraires.

CELSIUS (Olavus). — Melones Ægyptii, ab Israëlitis desiderati num. Cap. XI, v. 5. Quinam et quales fuerint Brevi Διασκεπσει ostendere conatur Olavus Celsius D. T. et L. O. P. in A. U. *Lugduni Batavorum, apud Conradum Wishoff*, 1726, in-8 de 28 pages. (De 4 à 5 fr.)

CE QU'IL y a dans un pot de moutarde, par un Bourguignon. *Paris, Dentu*, 1875, in-18 de VIII-59 pages. (50 cent.)

CERFBERR DE MEDELSHEIM. — Le cacao et le chocolat considérés au point de vue hygiénique, agricole et commercial, par A. de Cerfberr de Medelsheim. *Paris, Société des livres utiles,* 1873, in-12 de 12 pages. (0 fr. 50.)

CERVIO (Vincenzo). — Il Trinciante di M. Vincenzo Cervio, ampliato, et ridotto a perfettione dal cavallier reale Fusoritto da Narni Trinciante dell' Illust^mo & Reuer^mo Signor Cardinal Farnese. *In Venetia, appresso gli Heredi di Francesco Tramezini,* 1581, in-4, fig. s. bois. (De 15 à 20 fr.)

— Il Trinciante di M. Vincenzo Cervio, ampliato, et ridotto a perfettione dal cavallier reale Fvsoritto da Narni, gia Trinciante dell' Illust^mo & Reuerendissimo Signor Cardinal Farnese. Con vna bellissima aggiunta fatta nouamente dall' istesso caualier Reale. Con privilegio. *In Venetia, appresso gli Heredi Giouanni Varisco* (1593), in-4, fig. s. bois. (De 12 à 15 fr.)

Ce curieux traité de l'Ecuyer tranchant contient 68 feuillets chiffrés, plus un feuillet pour le titre et trois pour la dédicace et la table des matières. Ces quatre feuillets ne sont pas chiffrés. Au verso du dernier feuillet se trouve la date d'impression : *In Venetia, appresso gli Heredi di Giouanni Varisco MDXCIII.* Sept planches hors texte, gravées sur bois, représentent des fourchettes, des couteaux de différentes formes et autres instruments nécessaires pour découper les viandes, les poissons et les fruits, etc. L'une d'elles nous montre deux volatiles avec l'indication des principaux morceaux, *Punta d'ala, alla, cossa, sopra-cossa* et... *codirone (codirone veut dire croupion).*
Il Trinciante (Ecuyer tranchant) indique la manière dont doivent se découper toutes sortes de viandes, de poissons et de fruits; on y trouve également l'ordre à suivre pour recevoir un Pape, un Roi et autres Princes, un traité sur les poissons et une curieuse pièce de vers, en tercets, sur la qualité et la préparation des viandes, volailles, gibiers, etc.
Il Trinciante, a été réimprimé en 1604 à la suite des œuvres de Bartolomeo Scappi, avec un titre à part et une pagination spéciale. Sur ce titre, une gravure sur bois divisée en deux représente, à gauche, deux

seigneurs à table, et debout devant eux l'Ecuyer découpant au bout de la fourchette une volaille. Dans la partie droite, on voit un cuisinier faisant rôtir des volailles à la broche et au feu de bois. Cette gravure est reproduite dans le courant de l'ouvrage qui a 30 feuillets chiffrés plus un feuillet non chiffré pour le titre, deux également non chiffrés pour la dédicace et la table des matières. (Voyez Scappi (Bartolomeo.)

Le même... *Venise,* 1610, in-4.

CHABERT (Ferdinand). — Alimentation populaire, société des réfectoires. *Paris, impr. de Desoye,* 1850, in-8. (1 fr.)

CHAIR (La) des animaux ne doit pas servir d'aliment à l'homme ; il est urgent de cesser cet usage. *Paris, Maret,* an VII (1799), in-8 de 12 pages. (De 2 à 3 fr.)

CHAMBRAY (Mis G. de). — L'art de cultiver les pommiers, les poiriers et de faire les cidres. *Paris,* 1765, in-12. (3 fr.)

Ce même ouvrage a été réimprimé plusieurs fois, entre autres sous ce titre :
— L'art de faire le bon cidre avec la manière de cultiver les pommiers et poiriers selon l'usage de Normandie par M. le marquis de Chambray. *Paris,* 1781, in-12 de 66 pages. (3 fr.)
Autres éditions : *Paris,* 1782 et 1803.

CHAMPAGNE (La) vengée, ode anacréontique dédiée à tous les gourmets amis de leur pays, par un Bourguignon resté Champenois. *Dijon, Decailly et Cretenet,* 1850, in-8 de 24 pp. (2 fr.)

Imitée de l'ode latine de Coffin.

CHAMPFLEURY — Contes domestiques par Champfleury. *Paris, Victor Lecou,* 1852, in-12 de 2 ff., 327 pages et 2 ff. de table. (3 fr. 50.)

Parmi les contes réunis en ce volume, il en est deux qui rentrent dans notre cadre : *La chanson du beurre dans la marmite* et *le Cochon.*

CHAMPIER (Symphorien) — Rosa Gallica aggregatoris Lugdunésis domini Symphoriani Chàperij omnibus sanitate affectâtibus vtilis & necessaria. Que in se côtinet precepta, auctoritates, atq; sentêtias memoratu dignas ex Hippocratis, Galeni, Erasistrati, Asclepiadis, Diascoridis, Rasis, Haliabatis, Isaac, Auicênæ, multorûq; aliorû clarorum virorum libris in vnum collectas : quæ ad medicam artem rectâq; viuendi formâ plurimû conducût. Vna cû sua pretiosa Margarita : De Medici atq; egri officio. *Venundantur ab Iodoco Badio* (1518), in-8 de 8 ff. lim. n. ch., et cxxxvi ff. ch. (De 30 à 40 fr.)

Au titre, fig. en bois. On y voit l'auteur dans une chaire au milieu d'un jardin. Sa main gauche tient une rose ; de la droite, il montre un livre fermé à une dame tenant également une rose.

Au vᵒ du titre « Distinctio operis ». Au rᵒ du 2ᵉ f. lim. signé aij « Epistola dedicatoria. Ad reuerendissimû in Christo patrê, dominû Stephanû Pôcheriû Parisiêsem Episcopû Symphoriani Châperij illustrissimi Antonij ducis Calabrû & Lotharingorum & medici primarij in opus suum quod Rosam Gallica inscripsit : Prœmialis Epistola ». Cette lettre dédicatoire finit au rᵒ du f. signé aiij, au vᵒ duquel « Rervm insignivm » (index literarivs). L'*index* finit au vᵒ du 5ᵉ f. lim. « Librorvm index » commence au rᵒ du 6ᵉ et finit au rᵒ du 8ᵉ f. lim. ; au vᵒ de ce dernier f. « Operis commendatio » datée « Ex Nanceio tertio decimo calendas Maias MDXIIII » et au-dessous « Ascensius Lectori S » (4 distiques).

Au rᵒ du premier f. ch. le « Prologvs » qui finit au rᵒ du f. III. Le corps de l'ouvrage commence au vᵒ de ce f. III par ces mots : « De hominvm ortv ». *Margarita pretiosa* commence au vᵒ du f. cxxII et finit ainsi au rᵒ du f. cxxxv. « Finis huius pretiosæ Margaritæ diligentissime cû annotationibus suis. Apud Nanceium Lotharingie primarium oppidum ad octavû Calendas Ianuarij. Anno salutis nostre MDXII » au vᵒ du f. cxxxv « Præclarissimum artium. » etc., etc. Cette lettre finit au rᵒ du f. cxxxvi par la souscription suivante : *Emissum hoc opus iterum ex officina Ascesiana. Anno Domini MDXVIII ad calendas Nouembris.* Le vᵒ du dernier f. est blanc.

Brunet indique une édition de cet ouvrage *Nancei*, 1512, in-8. M. P. Allut, *Etude biographique et bibliographique sur Symphorien Champier* (Lyon, Scheuring, 1859, in-8) ne croit pas à l'existence de cette édition ; il suppose que l'auteur du *Manuel* aura pris, par mégarde, la date de 1512 qui se trouve à la fin de la *Margarita pretiosa*.

Ce qui est certain, c'est qu'il existe une édition de 1514 que celle de 1518 a fidèlement reproduite. M. Allut la donne comme la première, mais il s'avance beaucoup lorsqu'il écrit : « Je crois donc, non seulement que l'édition de 1514 est la première, mais qu'il n'y en a pas eu d'autre ; au moins n'ai-je jamais vu celle qui est attribuée à Josse Bade, Paris, 1518. »

La description que nous venons de donner d'après les exemplaires de M. le baron Pichon et de la Biblioth. nationale de l'édition publiée par Josse Bade en 1518, fait cesser, d'une manière absolue, le doute émis par l'historiographe de Symphorien Champier.

Ce traité, bien que n'étant pas une des œuvres les plus rares du célèbre médecin lyonnais, est loin d'être commun ; le second, le troisième et quatrième livres de la première partie sont entièrement consacrés aux aliments et aux boissons nécessaires à la vie humaine.

CHANSON bachique. *Paris, Normand fils*, 1831, in-8. (o fr. 50.)

Signé : Ch. Roehn.

CHANSON sur l'usage du caffé, sur ses propriétez, & sur la maniere de le bien préparer. (*A Paris, chez Jacques-Estienne, rue Saint Jacques, à la Vertu* 1711), in-4 de 4 pages. (De 3 à 4 fr.)

Cet « Eloge dv caffé » se chantait sur l'air : *Les Bourgeois de Châtres, &c* ; il est suivi de la *maniere de faire le caffé.* Cette chanson qui se compose de xxI couplets a été réimprimée, en 1723, dans un Recueil de chansons sur le café, le chocolat et le ratafiat.

CHANSONNIER (Le) bachique. *Paris, Louis*, 1813, in-18 de xij-231 pp. titre et front. gravés. (2 fr.)

CHANSONNIER (Le) bachique de l'Amour et de la Folie, ou Recueil de chansons, rondes de table, pots-pourris, couplets pour noces, etc., etc., par une société de bons vivans tant anciens que modernes. *Paris, H. Vauquelin*, (1816), in-18 de 104 pp., fig. gravée. (2 fr. 50.)

CHANSONNIER (Le) de la table, recueil de chansons les plus comiques à rire et se divertir très agréablement avec des refrains en chœur répétés par toute la société. *Paris, Lebailly,* 1856, in-18 de 107 pp. vign. (1 fr. 50.)

Première édition 1851.

CHANSONNIER (Le nouveau) de la table et du lit. *Paris, Davi et Locard,* 1816, in-32 de 125 pp., 1 fig. grav. et vign. grav. au titre. (2 fr.)

— Le même, *Paris, impr. de Chassaignon,* 1837, in-18, avec 1 vignette. (2 fr.)

CHANSONNIER (Le petit) des desserts. *Paris, Le Fuel,* (1816), in-32 de 58 ff. n. ch., titre et 2 fig. grav. (2 fr.)

CHANSONNIER (Le) des gais convives. Recueil de chansons de table, chansonnettes, romances, etc., entièrement nouvelles, etc. *Paris, Le Bailly,* 1862, in-18 de 108 pp. (1 fr. 50.)

Réimprimé la même année.

CHANSONNIER du buveur. *Montbéliard, Deckerr,* (1837), in-32 de 180 pp. (1 fr.)

CHANSONNIER (Le) du Gastronome dédié aux bons vivans de tous les siècles. Par une Société de gourmands, réunis de pensée dans tous les départemens.

Anathème au buveur qui se corrigera
Anathème au gourmand qui plus ne mangera.

A Paris, chez Delacour et Levallois; Martinet, 1809, in-18 de 180 pp., fig. grav. (De 2 à 3 fr.).

On lit au-dessous de la fig. grav. : La Gastronomie départementale en insurrection contre celle de Paris.

CHANSONS de table, choisies des meilleurs auteurs anciens et modernes. *Paris, Le Fuel,* 1812, in-64. (1 fr. 50.)

CHANSONS joyeuses et de Table, par Piron, Collé, Gallet, Panard, etc. *Paris, les marchands de nouveautés,* 1836, in-32 de 256 pp., 2 fig. (1 fr. 50.)

CHANSONS pour danser et pour boire recueillies de divers auteurs et mises en musique en XXIX livres. *Paris, P. et Rob. Ballard,* de 1627 à 1667, 7 vol. in-8 obl.

CHANTREL. — Histoire d'un morceau de pain par, J. Chantrel. *Lille, Lefort,* 1861, in-18 de 107 pp. (2 fr.)

— Voyage d'un morceau de pain, suite de l'histoire d'un morceau de pain, par J. Chantrel. *Lille, Lefort,* 1861, in-18 de 100 pp. (2 fr.)

CHANTS (Les) de Ioye des enfans de Bacchus, ov le novveav recueil des plus beaux airs à boire. Imprimez nouuellement. *A Paris, chez Iacqves Villery et Iean Gvygnard, au premier pillier de la Grand'salle du Palais,* 1635, in-12 de 109 pages et 1 feuillet de table non chiffré. (De 10 à 12 fr.)

La dédicace « Avx Bevvevrs » est signée « Gvygnard ».

CHAPTAL (Comte).—L'art de faire le vin, par M. le comte Chaptal. Deuxième édition revue par l'auteur. *Paris, Déterville,* 1819, in-8, avec une planche. (3 fr.)

Chéron, *Cat. génér. de la librairie française,* indique la 1re édition de l'ouvrage du comte Chaptal, comme ayant paru en l'an X; et la deuxième, en 1807. Cette édition de 1819 serait donc une troisième édition et la suivante une quatrième :
— L'art de faire le vin par le Cte Chaptal, 3e édition augmentée de la description d'appareils de la vinification par M. L. de Valcourt. *Paris, Bouchard-Huzard,* 1839, in-8, 2 planches. (3 fr.)
M. le comte Chaptal est également l'auteur, en collaboration avec MM. Parmentier, Dussieux, et l'abbé Rozier, d'un *Traité sur la culture de la vigne, avec l'art de faire, d'améliorer et de conserver les vins,* etc. *Paris, Crapart,* 1811, in-4, avec 25 pl. en taille-douce, ouvrage qui forme le tome X du *Cours complet d'agriculture.*
— Voyez Art (l') de faire le beurre.

CHAPUSOT (Francesco). — La Cucina sana, economica ed elegante secondo le stagioni di Francesco Chapusot, già capo cuoco dell'ambasciatore d'Inghilterra. *Torino, dalla Typografia Favale*, 1846, in-8 de XVI-142; XVI-157; XV-96 et XVI-175 pp. (De 5 à 6 fr.)

Cet ouvrage est divisé en quatre fascicules correspondant aux quatre saisons de l'année. Chaque fascicule a une pagination spéciale. A la fin de l'ouvrage se trouve une table des matières contenues dans les quatre parties.

CHARCUTERIE (La) ou l'art de saler, fumer, apprêter et cuire toutes les parties différentes du cochon et du sanglier, pour faire suite à la Cuisinière de campagne. *Paris, Audot*, 1818, in-12 de XII-82 pp. (2 fr. 50)

— Le même... 2ᵉ édition. *Paris, Audot* 1826, in-12. (2 fr. 50.)

CHARDELLY (H.). — La bonne Cuisinière française ou l'art de la cuisine mis à la portée de tout le monde et approprié au progrès des lumières, contenant, etc., par H. Chardelly, ancien chef de cuisine de l'ambassadeur de Naples. *Paris, Philippe*, 1833, in-12 de 288 pages. (3 fr. .)

CHASTEIGNER (Vᵗᵉ Paul de). — Les vins de Bordeaux, Préface par Charles Monselet, frontispice de Ch. Donzel, quatrième édition. *Paris, Bachelin-Deflorenne*, 1873, in-18 de XX-124 pp. (3 fr.)

Les 25 exemplaires tirés sur papier de Hollande contiennent deux frontispices, l'un en noir, l'autre en couleur.

La préface de Monselet — un sonnet — est précédée d'une lettre de ce poète gourmand à M. le Vᵗᵉ P. de Chasteigner.

La première édition a paru sous les initiales de l'auteur, *Bordeaux, Crugy*, 1867, in-8 de 31 pp.

CHATENET (du). — Le trésor de l'amateur de bon vin ou Recueil complet contenant l'art de cultiver la vigne, de faire le vin, de le soigner dans la cuve; la manière de mettre et de soigner le vin en bouteilles, des recettes pour améliorer les vins communs, pour les conserver.... Augmenté de la manière de faire toutes sortes de vinaigre à peu de frais, et de la recette de toute sorte de bière. Ouvrage indispensable à tous ceux qui ont une cave à soigner, publié par M. du Châtenet. *Paris, Lebigre frères*, 1838, in-18 de 240 pages. (3 fr.)

CHAUTARD. — Nouveau manuel complet du limonadier, glacier, cafetier et de l'amateur de thés et de cafés. Nouvelle édition entièrement refondue et ornée de figures par F. Malepeyre. *Paris, Roret*, 1862, in-18. (2 fr. 50).

Cet ouvrage écrit en collaboration avec M. Julia de Fontenelle fait partie de la collection des Manuels-Roret. Voyez Cardelli, Nouveau Manuel du Limonadier.

CHAVANY. — Guide pratique pour fabriquer soi-même toute espèce de liqueurs, sans appareils ni frais, au moyen des parfums de plantes et fleurs distillées, etc., par L. Chavany, distillateur-chimiste. *Lyon, l'auteur*, 1871, in-12 de 95 pp. (1 fr. 50.)

CHAVETTE (Eugène). — Restaurateurs et restaurés, par Eugène Chavette, dessins par Cham. *Paris, A. Le Chevalier*, 1867, in-16 de 126 pages, plus un feuillet pour la table. (2 fr. .)

Restaurateurs et restaurés d'Eugène Chavette (Vachette) forment un des onze volumes de la collection des *Physionomies parisiennes*.

Voici la liste des chapitres qui se trouvent dans ce petit livre plein d'humour: Avant-propos.—Les grandes cuisines.—Les coulisses.—Types d'originaux.—Les bonnes maisons. — Les petites bourses (à prix fixe; les tables d'hôte, chez Duval). — Les excentriques. — Les fourchettes en fer. — L'arlequin. — Dernier échelon. — Moralité : la cuisine bourgeoise.

CHAZET.—L'Ecole des Gourmands, vaudeville en un acte, par MM. Chazet, Lafortelle et Francis (baron d'Allarde.) Représenté pour les premières fois sur

sur le théâtre Montansier, les 30 thermidor, 1, 2, 3, 4, 5 et 6 fructidor an 12. *A Paris, chez mad. Cavanagh, An XIII* (1804), in-8 de 27 pp. (De 2 à 3 fr.)

Dans cette comédie, les auteurs ont inventé une nouvelle méthode pour apprendre la géographie aux enfants. *Gourmandin,* l'un des personnages de la pièce, qui n'a mis entre les mains de son neveu dont il est chargé de diriger l'éducation, que des livres de cuisine, lui enseigne la géographie par un procédé gourmand. Au lieu d'appeler les villes par leur nom, il les désigne par les spécialités gastronomiques qu'elles produisent.

N'est-ce pas l'*Ecole des Gourmands* qui aurait fourni à M. Tourcaty l'idée de la Carte gastronomique qui accompagne le *Cours gastronomique ou les Diners de ManaulVille,* de M. Cadet de Gassicourt, ouvrage publié cinq ans après cette comédie, en 1809 ?

— M. Partout ou le diner manqué... Voyez Désaugiers (Marc-Antoine).

CHENNEVIÈRES (Henry de). — Le Confiseur du roi Louis XV, d'après des documents inédits tirés des archives nationales par M. Henry de Chennevières. *Paris,* gr. in-8 de 10 pages. (1 fr. 50.)

Extrait de *l'Artiste,* octobre 1881.

CHESNE (Joseph du). — Le povrtraict de la santé, où est au vif représentée la Reigle vniuerselle et particulière de bien sainnement et longuement viure. Enrichy de plusieurs préceptes, raisons, et beaux exemples, tirez des Medecins, philosophes et Historiens, tant Grecs que Latins les plus celebres. Par Ios. dv Chesne sieur de la Violette conseiller et medecin ordinaire du Roy. *A Paris, chez Claude Morel ruë Sainct Iacques à la Fontaine,* 1606, in-8 de 10 ff. n. chiffr., 591 pages et 2 ff. de table. (De 25 à 30 fr.)

Au vº du 10e f. se trouve l'achevé d'imprimer daté du 24 décembre 1605.

— Le même... St-Omer, 1608 et 1618, in-8; *Paris, Claude Morel,* 1620, in-8 de 8 ff. n. ch. et 591 pages. Dans cette dernière édition, le portrait de l'auteur se trouve au vº du 8e feuillet.

Le *Pourtraict de la Santé* a paru, la même année, en latin, sous le titre suivant:

— Ios. Qvercetani doctoris mediciqve regii Diœteticon polyhistoricon opvs vtique varivm magnæ vtilitatis ac delectationis, quod multa Historica, philosophica, & medica, tam conseruandæ sanitatis quam varijs curandis morbis necessaria contineat. *Parisiis, apud Clavdium Morellvm via Iacobœa, ad insigne Fontis,* 1606, in-8 de 6 pages, 463 ff. et 1 f. n. ch. de table.

Le privilège qui se trouve au vº du f. 463 est daté du 5 nov. 1605.

— Le même... *Excudebat David Anastasius, Genevæ,* 1607, in-8 de 418 pp. et 1 f. n. ch. de table (titre rouge et noir).

— Le même... *Genevæ, apud Petrum Chouët,* 1626 in-8 de 418 pp. et 1 f. n. ch. de table.

Autres éditions : *Paris,* 1608, 1615, in-8; *Leipzig,* 1615, in-8, et *Trévoux,* 1625, in-8.

Dans ce traité d'hygiène, Joseph du Chesne s'occupe des aliments dont l'homme doit faire usage pour se garder en santé ; c'est ainsi qu'il parle de toutes sortes de viandes, poissons, volailles, légumes et fruits, etc. Et non seulement le sieur de la Violette indique les aliments sains, mais il donne encore de nombreuses recettes pour les accommoder.

En 1860, M. Léonce Couture a publié dans le tome I de la *Revue de Gascogne* paraissant à Auch, pages 399 et suivantes, une intéressante étude sur le « Régime alimentaire des habitants de l'Armagnac et des contrées voisines aux XVIe et XVIIe siècles », dans laquelle on trouvera des notes curieuses sur le *Pourtraict de la Santé* de Joseph du Chesne, l'auteur du *Grand Miroir du Monde.*

CHEVALLIER (A.) fils. — Les secrets de l'industrie et de l'économie domestique mis à la portée de tous ; choix de recettes et de procédés utiles, la plupart nouveaux et inédits, moyens simples et faciles de reconnaître les falsifications dans les aliments et produits de l'industrie par Alphonse Chevallier fils et Emile Grimaud, sous la direction de M. A. Chevallier. *Poitiers, A. Dupré,* 1857, in-8 de 392 pages. (3 fr.)

— Le même... *ibidem, idem,* 1860, in-8.

—Notice historique et chronologique sur l'emploi de la pomme de terre et de sa fécule dans la panification, par A. Chevallier fils. *Paris, Mme Bouchard-Huzard*, (1848), in-4 de 12 pp. (1 fr.50)

Extrait du *Bulletin de la Société d'encouragement pour l'industrie nationale*, août 1848.

— Dictionnaire des altérations et falsifications des substances alimentaires, médicamenteuses et commerciales.... par M. A. Chevallier.... *Paris, Béchet jeune*, 1850, 2 vol. in-8. (De 5 à 6 fr.)

Cet ouvrage, dédié à M. Dumas, membre de l'Institut, traite beaucoup plus des produits pharmaceutiques que des produits alimentaires. Mais, comme certains articles sont consacrés à ces derniers, nous croyons devoir le faire figurer dans cette bibliographie.

— De la chicorée dite café-chicorée. Origine de son emploi. Fabrication, falsifications qu'on lui fait subir. Moyens de les reconnaître, etc., par M. A. Chevallier fils, chimiste. *Paris, impr. de Penaud*, 1854, in-8. (2 fr.)

— Du café, son historique, son usage, son utilité, ses altérations, ses succédanés et ses falsifications comprenant les condamnations prononcées contre les contrefacteurs par A. Chevallier, pharmacien-chimiste. *Paris, Baillière et fils*, 1861, in-8 de 63 pages (2 fr.)

Voyez Payen (A).

CHEVIGNÉ (comte Louis de) — Le vin de Bourgogne, ode traduite de Grenan, et Journée à Féricy, par le Cte Louis de Chevigné. *Paris, Didot aîné*, 1826, in-8 de 24 pp. (De 3 à 4 fr.)

Le texte latin de Grenan est en regard de la traduction.

— Le Vin de Champagne, ode traduite de Coffin, par le Cte Louis de Chevigné. *Paris, Didot*, 1825, in-8 de 16 pp. (De 3 à 4 fr.)

Texte latin en regard de la traduction. Le texte et la traduction de ces deux odes

ont été réimprimés dans l'ouvrage suivant de M. le comte de Chevigné:

— La chasse, poème en deux chants, orné de gravures par le comte L. M. J. de Chevigné. *Paris, chez Firmin-Didot*, 1828, gr. in-8 de 3 ff. lim. n. ch. et 196 pp. (De 5 à 7 fr.)

On trouve également dans cet ouvrage une ode sur le *Cidre* et la traduction en vers français d'un poème attribué à Virgile, le *Moretum*, traduction qui avait déjà été imprimée à *Paris par Crapelet*, 1816, in-8.

CHEVRIER. — Nouveau manuel du Cuisinier. Contenant les recettes les plus modernes pour faire à peu de frais une Cuisine confortable; ouvrage entièrement neuf, rédigé d'après les observations des plus célèbres hommes de bouche du dix-neuvième siècle; par M. Chevrier. *Paris, imprimerie de Mme Huzard, s. d.*, in-18 de 296 pp., avec deux planches. (De 2 à 3 fr.)

Ce manuel, orné d'un frontispice représentant un cuisinier à ses fourneaux soulevant le couvercle d'une casserole, aurait été, d'après Chéron (*Cat. général de la librairie française, 1800-1855*), publié en 1836. Il fait partie de la « bibliothèque de l'artiste et de l'ouvrier ».

— Le même... deuxième édition revue et augmentée par l'auteur: *Limoges et Paris, Martial Ardant*, 1838, in-18 de 324 pp., 1 fig. grav. et 2 planches.

— Le Cuisinier national et universel contenant, etc., terminé par une notice sur tous les vins, rédigé et mis en ordre d'après les plus célèbres praticiens dans l'art culinaire, par M. A. Chevrier, maître d'hôtel en chef du Cercle des Etrangers. Avec planches gravées. *Paris, chez tous les marchands de nouveautés*, 1836, in-8 de IV-437 pp. (3 fr.)

— Nouveau Manuel complet du maître d'hôtel ou l'art d'ordonner les dîners et autres repas, contenant un traité complet des menus mis à la portée de toutes les fortunes, par M. Chevrier, ancien maître d'hôtel... Ouvrage orné de figures. *Paris*, *Roret*, 1842, in-18 de 306 pp., 4 planches. (2 fr.)

Ce dernier ouvrage dont la 1ʳᵉ édition a paru, *ibidem*, *idem*, 1841, in-18, fait partie de la collection des Manuels-Roret.

CHIMIE de la Cuisine ou Complément indispensable de tous les cuisiniers du monde. Par un chimiste gastronome. *Paris*, *Guibert*, 1830, in-18 (De 3 à 4 fr.)

CHIMIE du goût et de l'odorat ou Principes pour composer facilement, et à peu de frais, les Liqueurs à boire, et les Eaux de Senteurs. Avec figures. *A Paris*, *de l'imprimerie de P.-G. Le Mercier*, 1755, pet. in-8 de xxvj-390 pp. et 1 f. pour le privilège.

Cet ouvrage dont l'auteur est le P. Polycarpe Poncelet, de l'ordre des Récollets, est divisé en quatre parties, précédées d'une Dissertation sur la salubrité des liqueurs et l'harmonie des saveurs. A la fin se trouve un supplément en forme de dictionnaire. La *Chimie du goût et de l'odorat* est ornée d'un frontispice gravé par Audran et de plusieurs planches. Elle a été réimprimée en 1774 sous ce nouveau titre:

— Nouvelle chymie du goût et de l'odorat ou l'art de composer facilement et à peu de frais les Liqueurs à boire et les Eaux de Senteurs. Nouvelle édition entièrement changée, considérablement augmentée et enrichie d'un Procédé nouveau pour composer des Liqueurs fines sans eau-de-vie, ni vin, ni esprit de vin, proprement dit; de plusieurs Dissertations intéressantes et d'une suite d'observations physiologiques sur l'usage immodéré des Liqueurs fortes. Avec figures. *A Paris*, *chez Pissot*, 1774, 2 vol. in-8 de XLVIII-210 et 320 pp., plus 3 ff. pour le privilège et les *errata*. (3 fr.)

Autre édition : *Versailles et Paris*, *Delalain*, an VIII (1800), 2 vol. in-8, fig.

CHIMIE (Nouvelle) du goût et de l'odorat contenant les procédés pour préparer soi-même toutes espèces de liqueurs, de ratafiats, de confitures, de parfums, etc.; ou l'art du distillateur, du confiseur et du parfumeur mis à la portée de tout le monde. Ouvrage entièrement neuf et composé d'après les connaissances modernes sur la chimie par M. G*** professeur de chimie. Orné de 10 planches. *Paris*, *J. G. Dentu* 1819, 2 vol. in-8 de II-447 et 359 pages, front. gravé. (De 4 à 5 fr.)

Barbier attribue cet ouvrage à M. Gauthier. Bien que l'auteur annonce son ouvrage comme entièrement neuf, il est à remarquer qu'il existe entre la *Nouvelle Chimie du goût* du Père Poncelet et celle de M. Gauthier une analogie singulière. Les recettes données par le premier ont été mises à profit par le second qui, de temps à autre, en a légèrement modifié les termes.

CHIVOT-NAUDÉ. — La pêche du hareng et sa préparation, par M. Chivot-Naudé (23 avril 1883). *Amiens*, *impr. Jeunet*, 1884, in-8 de 19 pages. (1 fr.)

Extrait du *Bulletin de la Société industrielle d'Amiens*.

CHOMEL (Noel). — Dictionnaire œconomique contenant l'art de faire valoir les terres..., la culture des vignes..., la façon d'élever et gouverner les abeilles..... On y trouve un ample détail des profits et agrémens que procurent les biens de campagne : objet qui comprend la Chasse ; la Pêche, la Fabrication des filets, Pièges, etc. ; l'apprêt des Alimens ; la Composition des Liqueurs, Confitures et autres choses d'office : une exacte description des végétaux les plus propres à nous servir d'alimens, à favoriser l'exploitation des biens de campagne.... Ouvrage composé originairement par M. Noel Chomel, curé de S. Vincent à Lyon, nouvelle édition, entièrement corrigée, et très considérablement augmentée, par M. de la Marre. *A Paris*, *chez Ganeau*; *Bauche*; *les frères Estienne*, *d'Houry*, 1767, 3 vol. in-fol. (De 20 à 25 fr.)

Imprimé sur deux colonnes. Planches gravées dans le texte et hors texte. Dernière édition de ce dictionnaire qui a paru pour la première fois, *Lyon et Paris, Le Conte et Montalant,* 1709, 2 tomes en 1 vol. in-fol., fig. s. b.

Voici, d'après le cat. J.-B. Huzard, la nomenclature des éditions du dictionnaire de Chomel parues depuis cette date jusqu'à celle de 1767.

— Supplément au dictionnaire œconomique... par Noel Chomel. *Lyon, Jacques Guerrier,* 1712, in-fol., fig. s. b.

— Dictionnaire œconomique..... Seconde édition revue, corrigée et augmentée. *Lyon et Paris, Ganeau,* 1718, 2 vol. in-fol., fig. s. b.

— Le même..... troisième édition corrigée et augmentée... par P. Danjou. *Lyon et Paris, veuve de Jacq. Estienne,* 1732, 2 vol. in-fol., fig. s. b. (De 15 à 20 fr.)

— Le même..... troisième édition, revue, corrigée et considérablement augmentée par J. Marret, enrichie de figures dessinées et gravées par B. Picart. *Amsterdam, chez Jean Covens et Corn. Mortier,* 1732-1740, 2 vol. in-fol. fig.

— Le même..... quatrième édition, revue, corrigée et augmentée par P. d'Anjou. *Paris, Ganeau,* 1740, 2 vol.

Un supplément en 2 vol. in-fol. a paru, *Paris, veuve Ganeau,* 1743.

— Le même..... quatrième édition, revue, corrigée et considérablement augmentée par divers curieux et par J. Marret. — Supplément par Pierre Roger. *Commercy, Thomas,* 1741, 4 vol. in-fol.

CHUQUET (Alph.). — Gulyas Hus. *Strasbourg,* 1868, in-12, de 2 ff. 23 pp. et 2 ff. sur papier bleu pâle. (De 5 à 6 fr.)

On lit sur la couverture : *Se trouve dans les quatre parties du monde.* Les deux premiers ff. de cette curieuse plaquette ne sont pas imprimés. Vient ensuite (p. 1) le titre rouge et noir au milieu duquel on voit un médaillon reproduit sur la couverture. A la page 2 : « Tiré à petit nombre. Imprimerie de veuve Berger-Levrault, Strasbourg. » A la page 3, « A mes amis — Un plat historico-culinaire, » et plus bas : « Alph. Chuquet. » *Gulyas Hus* commence à la page 7 par ces mots : « La vérité aux amateurs du paprika. »

Le *Gulyas* est un mets particulier de la cuisine hongroise dont la préparation « réclame un talent culinaire et une perfection participant de l'art ». M. Alph. Chuquet, qui en donne la recette, ajoute que bien des personnes donnent à ce plat le nom de *paprika,* sans doute à cause du poivre d'Espagne ou de Cayenne que les Hongrois appellent *paprika* et qui domine dans l'assaisonnement.

Page 18, un dessin représentant l'*Indis Capsicum* et pp. 19-23, l'histoire de cette plante. La page 24 et les 2 ff. qui suivent ne sont pas imprimés. Le numérotage ne commence qu'à la page 8.

CIACCONIVS (Petrvs) Toletanvs de Triclinio, siue de modo convivandi apvd priscos romanos & de conviviorum apparatv. Accedit Fulvi Ursini appendix. In his scriptores veteres quamplurimi explicantur & emendantur. *Heidelbergæ,* 1590, in-8 de 2 ff. l. n. ch., 192 pp. et 6 ff. n. ch. (De 12 à 15 fr.)

— Petrus Ciacconius toletanvs de Triclinio sive de modo convivandi apud Priscos Romanos, et de conviviorum apparatu. Accedit Fulvi Ursini Appendix et Hier. Mercurialis De accubitus in cœna Antiquorum origine dissertatio. In his scriptores veteres quamplurimi explicantur et emendantur, nec non res ipsæ adjectis æneis figuris illustrantur. *Amstelodami, apud Andream Frisium,* 1664, in-12 de 6 ff. lim. non chiffrés, 445 pages, et 23 pages de table non chiffrées, front. gravé par P. Philip et 21 fig. gravées. (De 12 à 15 fr.)

D'après Cailleau, la meilleure édition est la suivante :

— Petri Ciaconii Liber singularis de Triclinio Romano, seu de modo convivandi apud Priscos Romanos et de conviviorum apparatu ; accedunt Appendix Fulvii Ursini et Hieronymi Mercurialis de accubitûs in cœna antiquorum origine dissertatio. *Amstelodami, apud Henricum Welstenium,* 1689, in-12, titre gravé et fig. (De 10 à 12 fr.)

On trouve dans cet ouvrage des documents fort intéressants sur les festins des anciens Romains et sur les mœurs épulaires de ce peuple.

— Petrus Ciacconius Toletanus de

Triclinio, sive de modo convivandi apud priscos Romanos, et de conviviorum apparatu. Accedit Fulvii Ursini appendix et Hier. Mercurialis de accubitus in cœna antiqvorvm origine, dissertatio. Editionem novam ad weststenianam cvravit *Lipsiæ Jo. Michael Lvdov. Tevbner*, 1758, in-12 de 6 ff. lim., 445 pp. et 23 pp. n. ch. pour les tables et l'*index*, front. et 21 fig. grav.

C'est une réimpression de l'édition de 1664 avec les mêmes figures. Le frontispice compte, comme dans celle de 1664, dans les 6 ff. liminaires.

CIDRE dit vin de pommes, manière de le préparer selon la méthode de Normandie; par un agronome du canton de Penne, juillet 1854. *Villeneuve-sur-Lot, imp. de Leygues* (1855), in-8 de 36 pages. (2 fr.)

CIDRE (Le), paraissant le 10 et le 25 de chaque mois. Organe des pépiniéristes, cultivateurs, fabricants et négociants. *Auteuil, impr. Roussel*, in-8 de 8 pp. à 2 col.

Le nº 1 a paru le 10 mars 1888. Prix de l'abonnement : France, un an, 10 fr.; six mois, 6 fr.; trois mois, 3 fr. Etranger, un an, 12 fr. Un numéro, 50 centimes.

CIDRE (Le), ode et les deux Chèvres. Fable par C. G. S. de la V*** à la Valette (Mayenne). *Paris, impr. de F. Didot*, 1826, in-8 de 15 pp. (2 fr.)

Par M. de la Valette. C'est une réponse à l'ode latine de Coffin, traduite par M. de Chevigné, où le cidre est appelé « l'épais limon des Normands ».

CIEUX (L.) — L'Art culinaire simplifié par la perfection, par Léon Cieux, ex-chef de cuisine. *Montdidier, impr. Radenez*, 1881, in-12 de VIII-107 pp. (De 2 à 3 fr.)

CIRIMINI. — Della storia e natura del caffè discorso de Gio. Dom. Cirimini. *Firenze*, 1731. (3 fr.)

CLAIRVILLE. — La mère Moreau, débit de chinois, mêlé de prunes et de couplets, pochade en un acte par MM. Clairville et Jules Cordier. *Paris, Beck; Tresse*, 1852, gr. in-8. (2 fr.)

— Un premier souper de Louis XV, comédie-vaudeville en un acte par Mélesville et Clairville. *Paris, Beck, Tresse*, 1845, gr. in-8. (1 fr.)

— L'opium et le Champagne, ou la guerre de Chine, chinoiserie en un acte, par M. Clairville aîné. *Paris, Beck, Tresse*, 1842, in-8. (1 fr.)

CLASSIQUES (Les) de la table, à l'usage des praticiens et des gens du monde. Beau volume de 550 pages, avec les portraits, gravés au burin, par nos premiers artistes, de M. le prince de Talleyrand, M. Grimod de la Reynière, Berchoux, marquis de Cussy, Colnet, feu le docteur Marcel Gaubert, Carême, Appert, etc. Des illustrations sont entremêlées au texte. *Paris, au dépôt, rue Thérèse*, 11. *Dentu; Tresse: J. Renouard et Cie; Mansut; Maison; Amyot;* etc., 1844, in-8. (De 20 à 25 fr.)

La première édition des *Classiques de la table*, 1 vol. in-8, porte la date de 1843. (De 25 à 30 fr.) Elle a exactement le même titre que celle que nous venons de citer et dont voici la description :

Faux titre, au verso duquel se trouve l'énumération des ouvrages contenus dans le volume : *La Physiologie du goût*, par Brillat-Savarin; *La Gastronomie*, par Berchoux; *Des Ressources de la table pendant toute l'année*, par Grimod de la Reynière (résumé communiqué par sa famille); *L'art de dîner en ville*, par Colnet; *La Gastronomie historique*, par le marquis Louis de Cussy; du même, *Quelques corrections acceptées par M. Brillat-Savarin*; du même, *La Gastronomie à Paris en été; Conseils judicieux, quelques recettes délicates* de M. F. Roques. *Dîners étudiés*, par lady Morgan. *Effets excellents du Régime et de la Modération*, par le docteur Réveillé-Parise et F. Fayot; *De la vie de M. le prince de Talleyrand*, par M. le Dr Bourdon; *De la table particulière du même*, par M. F. Fayot. *La vie sage; Les charmes de la retraite : Le potager, la ferme*, par Lalanne; *Les fleurs*, par Evariste de Parny; *Quelques spécimens des poètes de la Table*, Panard, Béranger,

Désaugiers, Armand Gouffé, Brazier, Piis, Saint-Just, etc. ; *Les maximes de l'Etat, devoirs réciproques de l'homme riche et de son praticien,* par Antonin Carême ; *La table de quelques souverains,* par le même ; *La cuisine et la table romaine,* par feu Mazois ; *Quelques aphorismes de l'Ecole de Salerne. Critique.* On lit après cette énumération les noms des « autorités invoquées dans cet ouvrage ».

Titre. La vignette représente le restaurant de Borel : *Au rocher de Cancale.* (Sur le titre de l'édition de 1843, la vignette représente le *Café de Paris.*) — IV pages pour la dédicace « A Monsieur Jules Janin » datée du 10 octobre 1843 et signée : Le secrétaire de feu Carême. — Un feuillet non compris dans la pagination. « Quelques explications préliminaires : Le linge de table. La salle à manger. Le salon, son décor. Le cabinet des intimes », et comme vignette : Un cuisinier.

Les « explications préliminaires » occupent XIII pages. Au verso non chiffré de la treizième page, on lit : Linge de table. C'est une réclame pour un grand magasin de la rue Montmartre et la maison d'orfèvrerie Odiot. Un feuillet non paginé « Les classiques de la table ». Enfin, le corps de l'ouvrage proprement dit, composé de 520 pages (les trois premières non chiffrées). La table des matières commence à la page 521 et finit à la page 528.

Voici maintenant la liste des planches hors texte qui sont au nombre de quatorze. En regard du titre : *Portrait de M. le prince de Talleyrand ;* en regard de la dédicace : *Portrait de M. Jules Janin ;* en tête des explications préliminaires : *Portrait de feu le docteur Marcel Gaubert.* Page Iʳᵉ : *Méditation* (dessin de Pauquet). Page 149 : *Portrait de Joseph Berchoux.* Page 181 : *Portrait de M. Grimod de la Reynière.* Page 203 : *Portrait d'Appert.* Page 203 : *Le marchand de marrons.* Page 219 : *Portrait de Colnet.* Page 249 : *Portrait de M. le marquis de Cussy.* Page 287 : *Contemplation* (dessin de Pauquet). Page 363 : *Portrait d'Antonin Carême, de Paris.* Page 466 : *Peinture à Pompéi.* Page 470 : *Petit triclinium sous une treille à Pompéi.*

— Les Classiques de la table, à l'usage des praticiens et des gens du monde. Avec les portraits, gravés au burin par nos premiers artistes, MM. Henriquel Dupont, Blanchard fils, Normand père et fils, etc., d'après MM. Paul Delaroche, Ary Scheffer, Steuben, etc., de M. le prince de Talleyrand, Carle Ver-

net, Brillat-Savarin, Debucourt, feu le docteur Marcel Gaubert, Carême, Appert, M. Jules Janin, M. Grimod de la Reynière, Berchoux, marquis de Cussy, Colnet, etc. Des illustrations d'Isabey, Carle Vernet, Alfred Johannot, Debucourt, Grenier, Mazois, Pauquet, Daubigny, sont entremêlées au texte. 2ᵉ tirage, très augmenté en texte et vignettes inédites sur acier. *Paris, se vend chez Martinon, rue du Coq-Saint-Honoré 4 ; au dépôt, rue Thérèse ; Maison, Mansut ; Dentu ; Garnier frères ; Dolin, etc.,* 1844, in-8. (De 15 à 20 fr.)

La vignette placée au titre représente : *Bains Frascati, au Havre, vus de la plage,* et non le *Café de France à Rouen,* comme l'indique M. Brivois dans sa *Bibliographie des ouvrages illustrés du XIXᵉ siècle.* Ce dernier s'en sera probablement rapporté à la couverture du livre qui porte en effet : *Le café de France, place des Carmes, à Rouen.*

Faux titre. Titre. Dédicace à « Monsieur Jules Janin », IV pp. — Un feuillet non chiffré « Quelques explications préliminaires »..... (comme dans le premier tirage de 1844), XXII pp. pour les « Explications préliminaires ». Un feuillet non compris dans la pagination consacré à une réclame de 20 lignes en faveur de deux volumes de Plumerey : *Le principal de la cuisine de Paris.* Le verso est blanc. Un autre feuillet non paginé « Les classiques de la table » et 609 pages (les trois premières non chiffrées) pour le corps de l'ouvrage et la table des matières qui commence à la page 607.

Les planches hors texte sont plus nombreuses que dans l'édition précédente ; nous en comptons vingt-trois, c'est-à-dire neuf de plus que dans le premier tirage de 1844.

Voici la nomenclature de ces neuf planches :

Portrait de Carle Vernet. Portrait de Debucourt. Digestions fameuses. Portrait de Mécène. Portrait de Brillat-Savarin. Pratique. Henri II et sa famille. Portrait de lady Morgan. Le Cordon bleu d'une bonne petite maison.

Les quatorze autres planches sont les mêmes que celles de l'édition précédente. Dans certains exemplaires les figures ont été tirées sur papier bistré ; dans certains autres, sur chine.

Les *Classiques de la Table* ont été publiés en 60 livraisons à 30 cent. ; il en paraissait huit par semaine, et c'est M. F. Fayot qui dirigeait cette publication.

Il existe des exemplaires de 1844 (2ᵐᵉ tirage) où le texte n'est pas le même (pages 311, 312, 313 et 314) que dans d'autres exemplaires de ce même second tirage. C'est ainsi que dans certains, les pages 311 et 312 sont remplacées par un feuillet non chiffré (mais compris dans la pagination), dont le recto porte ces mots : De Fontanes : le Jardin, le Potager, le Verger, » et dont le verso est blanc. Les pages 313 et 314, dans ces mêmes exemplaires, contiennent un poème : Le jardin. Dans les autres, les quatre pages dont nous parlons sont occupées par un texte moitié prose et moitié vers qui commence par ces mots : Pratique, Fête antique de Cérès, et que l'on aura supprimé en raison de certains passages qui paraissaient, sans doute, un peu libres à l'époque où ont paru les Classiques de la table.

Nous avons également vu des exemplaires du second tirage de 1844 auxquels on a remis un faux titre et un titre ainsi libellé.

— Classiques de la table. Physiologie du goût par Brillat-Savarin. La Gastronomie par Berchoux. Calendrier gastronomique. Art de dîner en ville. Chansons bachiques et gastronomiques, etc., etc., etc. Paris, Garnier frères (sans date).

— Les Classiques de la table, petite bibliothèque des écrits les plus distingués publiés à Paris sur la gastronomie et la vie élégante, ornés de portraits, vignettes sur acier, eaux-fortes, lithographies, d'après MM. Paul Delaroche, Ary Scheffer, Alfred et Tony Johannot, Isabey, Gavarni, Eugène Lamy, Roqueplan, Chenavard, Denière, par MM. Henriquel Dupont, Blanchard fils, Colignon, Tony Johannot, Roqueplan, Desmadryl, etc., etc., 3ᵉ édition, augmentée. Paris, au dépôt de la librairie, rue Thérèse 11; Dentu; Martinon; Mansut; Treuttel et Würtz, 1845, 1 vol. en 2 part. in-8.

PREMIÈRE PARTIE. Faux titre. Frontispice gravé, titre. Un feuillet non chiffré pour le sommaire des ouvrages, articles et planches contenus dans cette troisième édition et la liste des planches au burin, sur acier, eaux-fortes, lithographies, vignettes sur bois qui ornent les deux parties. Dédicace à « Monsieur Jules Janin », IV pp. — Un feuillet non compris dans la pagination « Quelques explications »..... (le même que dans les éditions

de 1844). — Explications préliminaires, XXII pp. — Un feuillet non chiffré qui forme les pages XXIII et XXIV (réclame pour les ouvrages de Plumerey). Un autre feuillet non chiffré « Les classiques de la table » et 288 pages pour le corps de l'ouvrage. On trouvera en outre des « Observations » dont la pagination spéciale en chiffres romains fait suite à celle des explications préliminaires, c'est-à-dire de I à XLIV. Elles sont intercalées par fragments dans l'ouvrage.

Planches contenues dans la Iʳᵉ partie :

Frontispice. — Portrait de M. le prince de Talleyrand, de Carle Vernet, de Jules Janin. Chiens de chasse. Portrait d'Antonin Carême, de feu le docteur Marcel Gaubert. Relancé du sanglier. Méditation. Debucourt. Digestions fameuses. Portrait de Mécène, de Brillat-Savarin, de Berchoux, de Grimod de la Reynière. Pratique. Portrait de Colnet, du marquis de Cussy. Contemplation.

DEUXIÈME PARTIE. Faux titre. Frontispice (par C. Roqueplan). Titre. La pagination de la seconde partie, faisant suite à celle de la première, commence à la page 289 et finit à la page 641. Il n'y a pas de table des matières à la fin de l'ouvrage. Les « observations » sont paginées, toujours à part, de XLV à L.

Planches contenues dans la IIᵉ partie :

Frontispice. — Le Dessin. Portière en tapisserie d'Abdul-Medjid. Tapis de lady Sutherland. Bronzes et objets d'ameublements. Psyché de Madame la duchesse d'Orléans (planche repliée). Quelques pièces du surtout de Mᵐᵉ de Rotschild. Le départ, voiture de gala, et l'arrivée, calèche de campagne (deux grandes planches d'Eug. Lami gravées par Desmadryt). Table à thé de Madame la duchesse d'Orléans (planche repliée). Peinture à Pompéi. Petit triclinium sous une treille à Pompéi. Henri II et sa famille. Le cordon bleu d'une bonne petite maison. A ce souvenir, les enfants, etc. Le gué. J.-J. Rousseau (planche repliée). Le déjeuner (par Gavarni). Les singes cuisiniers.

Cette troisième édition contient donc, sans compter les deux frontispices, 34 planches hors texte et un grand nombre de vignettes intercalées dans le texte parmi lesquelles : Le café de Paris, le restaurant du café de France à Rouen, Vue des bords de la Seine à Rouen, etc., etc.

— Les Classiques de la table. Petite bibliothèque des écrits les plus distingués publiés à Paris sur la gastronomie et la vie élégante, ornés de 5 portraits et 2 vignettes coloriées, d'après Paul Delaroche, Ary Scheffer, Isabey etc. *Paris, Brière*, 1848, in-8.

— Les Classiques de la table, nouvelle édition comprenant de plus que les précédentes un dictionnaire des origines et provenances des produits des deux Règnes, un Dictionnaire hygiénique des aliments, une histoire de l'art culinaire, etc., des anecdotes, des chansons de table, une bibliographie depuis le XVIᵉ siècle jusqu'à nos jours, etc., et précédée d'une notice sur les principaux auteurs des Classiques de la table, par M. Justin Amero, *Paris, Didot frères*, 2 vol. in-12 de XV-554 et 529 pp. (De 4 à 5 fr.)

Cette dernière édition a été plusieurs fois réimprimée.

CLAUDIN (Gustave). — Paris. *Paris, E. Dentu*, 1862, in-12. (3 fr. 50.)

Faux titre, titre et IV-244 pages. Divisé en XVII chapitres. Le chapitre XI est intitulé : La cuisine à Paris, pages 104-138. On y trouve des détails très curieux sur l'art culinaire et sur les restaurants à la mode.

Gustave Claudin, vrai Parisien de Paris, a publié pendant longtemps de très spirituelles chroniques dans le *Moniteur universel*, sous le pseudonyme d'Eurotas et sous la rubrique de : *Lettres du lundi*. Mentionnons, entre autres, celle du 3 octobre 1887, *Comment on dîne à Paris*.

Paris a été réimprimé en 1867, *Paris, Achille Faure*, in-12 de XI-268 pp. (3 fr.)

CLELAND (Elisabeth). — New Method of Cookery. *Edimbourg*, 1759, in-8. (De 6 à 7 fr.)

CLÉMENT-JANIN. — Notes sur les prix des denrées en Bourgogne par Clément-Janin. *Dijon, impr. Marchand*, 1875, in-8 de 34 pages. (2 fr.)

Tiré à 70 exempl. numérotés, dont 25 sur papier vergé et 45 sur papier véliné.

CLERC (Louis). — L'art de préparer, de composer et de conserver les boissons et les liqueurs de ménage enseigné en douze leçons, par M. L. Clerc, docteur

médecin. *Paris, Audin ; Urbain Canel ; Ponthieu ; Ch. Béchet*, 1826, in-12. (2 fr. 50.)

— Manuel de l'amateur d'huîtres ou l'art de les pêcher, de les parquer, de les faire verdir, de les préserver des maladies qui peuvent les attaquer, de les conserver fraîches pendant un assez long espace de tems, de reconnaître celles qui sont dans cet état et de les ouvrir facilement ; suivi des qualités alimentaires et propriétés médicales de ce mollusque, ainsi que de l'adresse des personnes qui le vendent. Par M. L. Clerc, F. D. M. N. *Paris, chez l'éditeur (Metz, impr. d'E. Hadamard)*, 1828, in-18 de viij-79 pp., fig. coloriée. (De 2 à 3 fr.)

Il convient de remarquer que le *Manuel de l'amateur d'huîtres* de M. Louis Clerc est annoncé dans la *Bibliographie de la France* du 17 mai 1828 ; or, le 9 février de la même année, le même journal annonçait un livre portant le même titre, celui-là par Alexandre Martin. Ce dernier est orné de deux planches, dont l'une coloriée est signée par Henry Monnier.

Si l'on ouvre ces deux manuels, on y trouve des analogies singulières, analogies qui se retrouvent jusque dans les figures coloriées qui, bien que différentes comme composition, sont conçues dans un même esprit. La figure du livret de M. Clerc est d'un dessin assez grossier ; celle du manuel d'Alexandre Martin, au contraire, est très fine, nous avons dit d'ailleurs qu'elle était signée d'Henry Monnier.

On pourrait faire la même réflexion au sujet de l'ouvrage suivant :

— Manuel de l'amateur de café ou l'art de cultiver le cafier, de le multiplier, d'en récolter son fruit et de préparer agréablement et économiquement sa boisson par des procédés tant anciens que nouveaux, suivi des propriétés physiologiques et médicales de cette boisson et de la manière de cultiver la chicorée et d'en préparer la poudre ; ainsi que d'un autre café indigène composé par l'auteur comme ayant un arome et une saveur beaucoup plus agréable. Par M.

L. Clerc, F. D. M. N. *Paris, chez l'éditeur*, 1828, in-18 de 107 pp. (De 2 à 3 fr.)

Ce manuel est annoncé le 17 mai 1828 dans la *Bibliogr. de la France*; un autre *Manuel de l'amateur de café*, par M. H..... (Alexandre-Martin) a paru la même année, mais la *Bibliogr. de la France* l'enregistre à la date du 9 février. Voyez Martin (Alexandre).

— Manuel de l'amateur de marrons et de châtaignes, ou l'art de cultiver le châtaignier, de le multiplier, d'en récolter le fruit favorablement, de le conserver d'une année à l'autre, sans qu'il perde rien de sa bonté ordinaire, et de le préparer de la manière la plus agréable, par un grand nombre de méthodes usitées, soit en France, soit dans les pays étrangers, suivi des propriétés alimentaires et médicales de ce fruit; par M. L. Clerc, F. D. M. N. Deuxième édition. *Paris, Palais-Royal*, 1828, in-18 de viij-90 pp., 1 fig. coloriée. (3 fr.)

— Manuel de l'amateur de fromage et de beurre, ou l'art de préparer à peu de frais toutes les espèces de fromages connues soit en France, soit dans les pays étrangers, par M. L. Clerc, F. D. M. N. *Paris, chez l'éditeur à la librairie française et étrangère; Palais-Royal (Metz, impr. d'Hadamard)*, 1828, in-18 de 108 pp., 1 fig. coloriée. (2 fr. 50.)

CLOSET (A) for Ladies and Gentlewomen or The Art of preserving, conserving and Candying with the manner how to make diverse Kindes of Syrupes; and all Kinde of banquetting stuffes. Also divers soveraigne Medicines and Salues for Sunday Diseases. *London, printed for Arthur Johnson, dwelling neare the great North dore of Paules*, 1618, in-16 de 190 pages. (De 20 à 25 fr.)

Dans le même volume on trouve :

— Delightes for ladies, to adorne their Persons, Tables, Closets, and Distillatories : With Beavties, Banqvets,

Perfumes et Waters. Reade, Practice et Censure. *At London, printed by Hvmfrey Lownes*, 1609, in-16. (De 20 à 25 fr.)

Chaque page est encadrée d'une vignette sur bois. La Bibl. de l'Arsenal possède un exemplaire de ce petit volume rare et curieux. Sur une des gardes, on lit cette note relative au second traité :

« *Ce qui plaît aux dames* est à peu près la bibliothèque de leur toilette et de toutes les friandises qui doivent remplir les vuides immenses qu'elles éprouvent toujours. »

CLOSET (The Queen's) opened. Incomparable secrets in physick, chirurgery, Preserving, Candying and Cookery... Transcribed from the true copies of her Majesties own Receipt Books. By W. M. one of her late Servants. *London*, 1655, in-8. (De 25 à 30 fr.)

— The Queens Closet opened incomparable Secrets in Physick Chyrugery, Preserving and Candying, etc., Which were presented to the Queen : By the most experienced persons of the Times, many whereof were had in Esteem when the pleased to descend to private Recreations. Corrected and Revived, with many new and large Additions : together with three exact Tables. *London, printed for Obadiah Blagrawe, at the sign of the Black Bear in St Pauls Church Yard*, 1679, in-12 de 6 ff. l. n. c. et 190 pp., plus 4 ff. de table.

— A Queens delight or, the art of preserving, Conserving, and Candying. As also, A right Knowledge of making perfumes and Distilling the most excellent Waters. *London id.*, 1679, in-12 de 106 pp. et 2 ff. de table.

— The Compleat Cook : Expertly Prescribing The most Reaty Wayes, Whether Italian, Spanis or Frenche, For dressing of Flesh and Fish, ordering of Sauces Or making of pastry. *London, ib., id.*, 1679, in-12 de 113 pp. et 3 ff. n. c. de table.

Ces ouvrages, bien qu'ayant une pagination différente, ont été imprimés ensemble ainsi que l'indiquent les signatures. En tête, une gravure représentant « Heneretta Maria Late Queen of England ».

Le même livre, très augmenté, a été réimprimé en 1683, in-8.

CLOYÈRE (La) d'huîtres ou les deux Briquebec, comédie-vaudeville en un acte, mêlée de couplets, représentée sur le théâtre de la Porte-Saint-Martin le 25 janvier 1820. *Paris, Quoy*, in-8 de 35 pp. (1 fr.)

COCCHI (Ant.) — Del Vitto Pitagorico per uso della medicina, discorso d'Antonio Cocchi Mugellano. *In Firenze, nella stamperia di Francesco Moücke*, 1743, in-4 de 84 pages. (De 2 à 3 fr.)

Au titre, un médaillon gravé de Pythagore.

— Du Régime de vivre pythagoricien à l'usage de la médecine, discours d'Antoine Cocchi de Mugello, traduit de l'italien. *Genève, les frères Cramer*, 1750, in-8. (De 3 à 4 fr.)

Traduction de Bentivoglio.

— Régime de Pythagore, traduit de l'italien du docteur Cocchi. *Paris, Gogué*, 1762, in-8. (De 2 à 3 fr.)

Traduction de M. P. de Puisieux.

— Le Régime de Pythagore d'après le docteur Cocchi. De la sobriété, conseils pour vivre longtemps par L. Cornaro. Le vrai moyen de vivre plus de cent ans dans une santé parfaite par L. Lessius. *Paris, Baillière et fils*, 1880, in-12 de 243 pp., avec 5 planches. (3 fr.

Tiré à 100 exempl. sur Hollande. (6 fr.)
Le Régime pythagoricien consistait à s'abstenir de l'usage de toutes sortes de viandes et à ne se nourrir que de légumes, régime encore suivi de nos jours par la secte des légumistes ou végétariens.

COCINERO (Nuevo) americano en forma de Diccionario que contiene todos los procedimientos empleados en la alta mediana y pequeñá cocina, etc., *Paris. Rosa et Bouret*, 1868, in-8 à 2 col. de 972 pp. (3 à 4 fr.)

COCINERO (El) universal, o séa coleccion completa y escogida de los mejores tratados del arte de cocina española, italiana, francesa, alemana, inglesa, turca, polonesa, gótica. etc., etc., recopilada por el gastrónomo que ha

poseido el mejor paladar de cuantos se conocido hasta el dia. Seguida de un apendice que comprende el modo de trinchar y servir a la mesa, y un estenso tratado conteniendo varias recetas escogidas y modernas para hacer toda clase de pastas, dulces y licores. Segunda edicion. *Barcelona*, 1847, in-8.

COCKS (Charles). — Bordeaux et ses vins classés par ordre de mérite, par M. Charles Cocks, 3ª édition, refondue et augmentée par M. Ed. Féret, enrichie de 255 vues des principaux châteaux vinicoles de la Gironde. *Bordeaux, Féret et fils*, 1874, in-18. (De 2 à 3 fr.)

— Le même... 4ª édition. *Paris, G. Masson*, 1881, in-18, dessins par Vergez ; 5ª édition, *ibidem, idem*, 1885.

— Bordeaux and its wines classed by order of merit, by Ch. Cocks, 2ª english edition improved by Edouard Féret. Illustrated by Vergez. *Bordeaux, Féret ; Paris, G. Masson*, 1882, in-8 de XII-610 pp., avec vignettes et cartes. (3 fr.)

CODE bachique ou emploi hygiénique du vin par M. L. C. D. M. *Paris, Victor Renaudière*, 1825, in-18 de 82 pages et 1 f. n. ch. (2 fr.)

L'ouvrage est divisé en 3 parties, la 1ʳᵉ consacrée à l'histoire du vin, ses classifications ; la seconde à son emploi ; la troisième aux circonstances qui modifient son emploi comme aliment. Au rº du dernier: . on lit : Sous presse, pour paraître incessamment : *Code gastronomique ou Emploi hygiénique des aliments*, par M. L. C. D. M., un vol. in-18.

CODE pénal de Bacchus. *Paris, impr. lith. Godard*, 1858, tableau in-folio, avec encadrement et vignette. (0 fr. 50.)

COFFIGNON (A.). — Paris vivant. L'Estomac de Paris par A. Coffignon. L'alimentation. Les halles. Les abattoirs. Le pain. La viande. Les boissons, etc. *Paris, librairie illustrée, s. d.* (1887), in-18 de 333 pp. et 1 feuillet de table. (3 fr. 50.)

Huit dessins et trois plans.

COINTEREAU. — L'Economie des ménages par le professeur d'architecture rurale; ouvrage utile à toutes les familles, in-4 avec gravures, prix 3 livres. *Au bureau d'architecture rurale, rue du Fauxbourg Saint-Honoré*, n° 108. *A Paris*, 1793, in-4 de 65 pages et deux planches gravées. (De 3 à 4 fr.)

Cet ouvrage, sur lequel ne figure pas le nom de Cointereau qui en est l'auteur, a pour objet de préconiser l'usage d'un four économique pour la cuisson des viandes et du pain. Les deux planches représentent des fourneaux.

— La Cuisine renversée ou le nouveau ménage par la famille du professeur d'architecture rurale. « Nous ne sommes pas tous cuisiniers, mais comme les bonnes gens qui indiquent aux voyageurs la nouvelle route pour ne pas s'égarer » par la famille Cointereau. *A Lyon, de l'imprimerie de Ballanche et Barret, aux Halles de la Grenette*, an IV, pet. in-12 de 72 pages. (De 4 à 5 fr.)

On lit au bas de la dernière page: *La suite au cahier suivant.* Une note placée sur une des gardes de l'exemplaire, qui se trouve à la Bibliothèque nationale dit que « cette suite n'a jamais paru ». Voyez Lecointe (Jourdan.)

COLARRI (G.). — Brevità di Scalcaria di Giacomo Colarri. *Roma*, 1658, in-12. (De 15 à 20 fr.)

COLIGNY (Charles). — Un souper au XIXᵉ siècle. Lettre à Charles Monselet par Ch. Coligny et lettre à Adolphe Loisel par Salvador. *Paris, Loisel*, 1862, in-8 de 19 pp. (2 fr. 50.)

COLLE. — Refvgio over ammonitorio de gentilhuomo composto per Io. Francesco Colle a lo illustris. & eccelentis. S. D. Alphonso Duca di Ferrara. *S. l.*, 1532, in-8 de 6 ff. limin. non chiffrés et XXVII feuillets, 1 planche. (De 30 à 40 fr.)

Titre encadré, verso blanc. La table des matières contenues dans les trois livres qui composent l'ouvrage occupe les deux feuillets suivants. La préface commence en tête du 4ᵉ feuillet (recto) par ces mots : « Refvgio over ammonitorio, etc... » La planche double représentant des couteaux et des fourchettes, est placée entre le 5ᵉ et le 6ᵉ feuillet. Enfin vient le corps de l'ouvrage.

C'est un livre excessivement rare sur l'art de l'Ecuyer tranchant; il enseigne la manière de découper toutes sortes de viandes, poissons, gibier, fruits, etc. Le verso du dernier feuillet est blanc.

Brunet cite une édition antérieure avec un titre un peu différent, *Ferrara*, 1520, in-4.

COLLECTION (A) of above Three Hundred Receipts in Cookery, Physick and Surgery; for the use of all Good Wives, Tender Mothers, and Careful Nurses. By several Hands. The second edition. To which is Added, A Second Part, Containing a great Number of Excellent Receipts, for Preserving and Conserving of Sweet-Meats &c. *London, printed for Mary Kettilby, and Sold by Richard Wilkin, at the King's Head in St Paul's Church-Yard*, in-8 de 8 ff, lim. 163 pp. 12 pp. n. ch. d'index (Iʳᵉ partie et 86 pp. (les 6 prem. n. ch.) et 7 pp. d'index (IIᵉ partie). (De 15 à 20 fr.)

Le même... *London*, 1729, in-8.

Le même... Cinquième édition. *London*, 1734, in-8.

COLLETET. — L'Illvstre banqvet. Dernière édition Reueüe par l'Autheur. *A Paris, chez la veuue Iean Camvsat, ruë Sainct Iaques, à la Toison d'or*, 1642, in-4 de 8 ff. (De 20 à 25 fr.)

A paru sans nom d'auteur; mais un avis placé au bas de la page 10, à la fin de l'*Illvstre banquet* apprend que ce poëme de Colletet a été souvent réimprimé depuis l'année 1627, date de la première édition.

Colletet, dans ce poëme, célèbre le vin et les buveurs. A la fin, on trouve un sonnet dédié à Cléandre et intitulé: *Le Disner de la Croix de fer*, 1630.

— L'illustre Beuveur à ses amis et autres gayetez de Caresme-Prenant. *Paris, Anthoine de Sommaville*, 1640, in-4 de 16 pp. (De 20 à 25 fr.)

Vendu en mar. r. (Duru et Chambolle), 42 fr, Béhague. C'est la même pièce que la suivante :

— Le Banqvet des poètes, par le sieur Colletet. *A Leide*, 1646, pet. in-12 de 20 pp. (De 40 à 50 fr.)

Ce petit volume, imprimé en caractères elzéviriens par Georges van der Marse, est très rare. Le seul exemplaire connu, dit M. Willems dans ses *Elzevier*, est celui qui a figuré dans la bibliothèque de M. le comte de Béhague. On trouve à la fin une *chanson à boire*.
Vendu en mar. r. (Trautz-Bauzonnet), 155 fr., Béhague.

COLLINGWOOD (F.). — Le Cuisi-
nier anglais universel ou le Nec plus ultra de la gourmandise contenant la manière d'aprêter les viandes de boucherie, la volaille, le gibier, le poisson ; de saler les viandes, de trousser la volaille, de faire les jus, les coulis, les bouillons. Les meilleures recettes pour accommoder les végétaux, et autres mets délicats propres aux soupers, aux collations et aux malades. En outre la manière de faire les pâtés, puddings, crêpes, beignets, etc., etc. Suivi de la manière de confire, mariner les fruits et faire les eaux cordiales ; divers articles d'économie domestique.... Le tableau des productions de chaque mois de l'année, pour dresser le menu des repas et la manière de servir les tables ; l'art de découper ; enfin la manière de choisir les comestibles et de bien faire les achats, par F. Collingwood et J. Woolams, chefs de cuisine très célèbres attachés aux réunions des membres du Parlement ; à Whig-Club et autres sociétés composées des plus fameux gastronomes anglais, traduit sur la 4ᵐᵉ édition et orné de 14 planches. *A Paris, chez Henri Tardieu*, 1810, 2 vol. in-8. (De 8 à 10 fr.)

En tête de l'ouvrage, entre le faux titre et le titre du tome premier, sont placés les portraits des deux auteurs gravés par Canu. L'éditeur a signé de ses initiales H. T. un avis « à Messieurs les Gastronomes ».

L'édition en anglais d'après laquelle a été faite cette traduction porte la date de 1806.

COLMENERO (Ant.) — Cvrioso
Tratado de la natvraleza y calidad de chocolate, divido en quatro puntos. En el primero se trata, que sea Chocolate ; y que calidad tenga el Cacao, y los demas ingredientes. En el segundo, se trata la calidad que resulta de todos ellos. En el tercero se trata el modo de hazerlo, y de quantas maneras se toma en las Indias, y qual dellas es mas saludable. El vltimo punto trata de la quantidad, y como se ha de tomar, y en que tiempo, y que personas. Por el Licenciado Antonio Colmenero de Ledesma, Medico y Cirujano de la ciudad de Ecya. Con privilegio. *En Madrid, por Francisco Martinez, ano de* 1631, in-4 de 2 ff. lim. n. ch. et 11 ff. (De 10 à 15 fr.)

— Dv Chocolate, discovrs cvrieux, divisé en qvatre parties. Par Antoine Colmenero de Ledesma medecin & chirurgien de la ville de Ecya de l'Andalouzie. Traduit d'Espagnol en François sur l'impression faite à Madrid en 1631 & éclaircy de quelques Annotations par René Moreav, professeur du Roy en Medecine à Paris. Plus est adjousté vn Dialogue touchant le mesme chocolate. Dédié à Monseigneur l'Eminentissime Cardinal de Lyon, grand Aumosnier de France. *A Paris, chez Sebastien Cramoisy Imprimeur ordinaire du Roy, ruë S. Iacques aux Cigognes*, 1643, in-4 de 4 ff. limin., n. ch., et 59 pages.

Au titre, marque de Seb. Cramoisy. Le discours de Colmenero occupe les 44 premières pages ; le dialogue, composé par Barthélémy Marradon commence à la page 45 et finit à la page 59.

— Chocolata Inda, opusculum de qualitate & natura chocolatæ. Authore Antonio Colmenero de Ledesma Med. Fac. Professore in Ecisana urbe, Hispano ante hac idiomate editum : nunc vero curante Marco Aurelio Severino Tarsensi, Phil. Medico, & in Gymnäsio Neapolitano Regio Anatomes & chirurgiæ Prof. P. in Latinum translatum. *Norimbergæ, typis Wolfang Enderi,* 1644, in-12 de 10 ff. lim. n. ch., 73 pages et 6 pages n. ch., fig. grav. (De 8 à 10 fr.)

La figure représente une conque marine traînée par des chevaux marins. L'Indien qui la conduit, muni d'un trident, remet à un personnage du continent une boîte sur laquelle on peut lire : *Chocolata inda,* titre de l'ouvrage.

Les ff. lim. comprennent le titre (v° blanc), la dédicace datée : « Norimbergæ cal. Maji ACIDIƆCXLIV » et signée : « Georgius Volcamerus D. » des vers au traducteur de *Inda chocolata* et un avertissement au lecteur.

— Della cioccolata discorso d'Antonio Colmenero medico nell'Andaluzia. Consacrato all'Illustrissimo Signor Gervasio Gvglielmo di Gollen, consigliere della Corte, e Segretario di Stato di sua Maesta Cesarea. *In Venetia,* 1678, *per il Valuasense,* in-12 de 80 pages. (De 7 à 8 fr.)

Le même... *Bologna,* 1694, in-12.

Le Traité de Colmenero a été également traduit en anglais : *London,* 1652, in-12.

COLNET. — L'art de dîner en ville à l'usage des gens de lettres, poème en IV chants. Seconde édition revue et corrigée. *Paris, Delaunay; Colnet,* 1810, in-12 de 144 pp. (2 fr.)

A la suite du poème se trouve : Extrait d'un grand ouvrage intitulé : Biographie des auteurs morts de faim.

La première édition est également de 1810; la troisième, revue et corrigée, *Paris, Delaunay,* 1813, in-12 de 141 pp. Toutes trois ont paru sans nom d'auteur.

Une nouvelle édition, portant alors le nom de Colnet, a été publiée : *Paris, Bureau de la bibliothèque choisie,* 1853, in-16 de 128 pp.

— L'art de dîner en ville à l'usage des gens de lettres, poème en IV chants suivi de la Biographie des auteurs morts de faim par Colnet. Le Parasite Mormon. Salmis de vers et de prose. *Paris, Adolphe Delahays,* 1861, in-16 de 128 pp. (1 fr. 50.)

Réimprimé dans les *Classiques de la table* et à la suite de la *Physiologie du goût.* Voyez *Classiques de la table* et *Brillat-Savarin.*

COLUMELLE. — Les douze liures de Lucius, Iunius, Moderatus Columella, des Choses rustiсques, traduicts de latin en françoys par feu maistre Claude Cotereau, chanoine de Paris. *Paris, Iaques Keruer,* 1551, in-4 de 10 ff. lim. n. ch., 681 pp. et 5 ff. n. ch. (De 60 à 80 fr.)

Au r° du dernier f. on lit : « Imprime à Paris par Gvillavme Morel, povr Iacqves Kerver libraire le XXV. iour de septembre MDLI. » Au v°, vignette avec ces mots : « Constituisti terminos ei. » Première édition de cette traduction.

L'original latin a été publié pour la première fois en 1472, dans un ouvrage intitulé :

— Scriptores rei rusticæ; Marcus Priscus Cato; Marcus Terentius Varro; Lucius Junius Moderatus Columella; et Palladius Rutilius Taurus Æmilianus. *Venetiis, Nic. Jenson,* 1472, in-fol. (De 50 à 60 fr.)

M. de la Serna Santander en donne la description dans son *Dictionnaire bibliogr. choisi du XV° siècle;* quant à nous, nous ne citerons pas les nombreuses éditions latines des œuvres de cet agronome latin, qui ont été souvent réimprimées avec celles de Caton, Varron et Palladius; nous mentionnerons seulement celles de *Lugduni, apud Seb. Gryphium,* 2 tomes en un vol., pet. in-8, et, *ibidem, idem,* 1541, 2 tomes en 1 vol. in-8, ainsi qu'une autre, *Paris, Rob. Etienne,* 1543, in-8.

Les « choses rustiques » de Columelle ont été traduites en italien, en anglais, en allemand.

La traduction française de Claude Cotereau dont nous venons de parler plus haut a été publiée de nouveau, *Paris, Iacques Keruer,* 1552. Une note du Catal. J.-B. Huzard auquel elle figure ainsi que la suivante, dit que cette édition est la même que la précédente, mais avec un titre nouveau.

— Les mêmes livres.... la traduction duquel (Cotereau) ha esté soingneusement reueue et en la plus part corrigée et illustrée de doctes annotations par Maistre Iean Thierry de Beauuoisis. *Paris, Iaques Keruer,* 1555, in-4 de 16 ff. lim. n. ch., 574 pp. et 1 f. pour le privilège,

Au vº de ce dernier f., marque de I. Keruer.

— Economie rurale de Columelle, avec des notes, par Saboureux de la Bonneterie. *Paris, P.- Fr. Didot,* 1772, 2 vol. in-8. (8 fr.)

— L'Economie rurale de Columelle, traduction nouvelle par Louis du Bois, chevalier de la Légion d'honneur, etc *Paris, C. L. F. Panckoucke,* 1845, 3 vol. in-8. (De 8 à 10 fr.)

Ces 3 vol. font partie de la seconde série de la Bibliothèque latine-française depuis Adrien jusqu'à Grégoire de Tours, publiée par Panckoucke.

Le douzième livre de Columelle est consacré aux soins à donner à la maison ; on y apprend comment on faisait le vinaigre dans le premier siècle de l'ère chrétienne, comment on préparait l'hydromel, le vin cuit, et même la moutarde. Le savant agronome indique aussi la manière dont on confisait les olives, les navets et les raves, dont on salait la viande de porc, sans oublier la recette pour faire de très bonne piquette.

Columelle, dans son livre XII, cite un ouvrage en trois livres de C. Matius, ayant pour objet le service des tables de la ville

et les apprêts des festins les plus splendides, intitulé: *Cocus* et *Cetarius* et *Salgamarius* et que le traducteur de Columelle (collection F. Didot 1864, publiée sous la direction de M. Nisard), traduit ainsi : le cuisinier, l'apprêteur de poissons et le confiseur.

COMBEROUSSE (H. de). — Le ministériel, ou la manie des dîners. *Paris, Ladvocat,* 1819, in-8 de 39 pp. (1 fr. 50.)

Comment Sa-tbá et le dieu Bac chus accuse les Tauerniers qui brouillent le Uin.

COMMENT Sathá et le dieu Bacchus accuse les Tauerniers qui brouillent le vin. — *Cy finit la destruction des Tauerniers brouilleurs de vin & usant de faulses Mesures. S. l. n. d. (Lyon, Jacques Moderne,* vers 1540),pet.in-8, goth., de 4 ff. non chiffrés de 22 lignes à la page. (De 150 à 200 fr.)

Le texte commence au verso même du titre. Cet opuscule, extrêmement rare, se compose de 142 vers et débute ainsi :

*Brouilleurs de vins, qui sans compas
Donnez à boire à tous repas
Vins esventez aux bons pions
Du Dieu Bacchus les champions...*

Il existe sur le même sujet deux autres pièces qui ne doivent pas être confondues avec la pièce décrite ci-dessus, la *plaincte du Commun contre les Boulengers*.. et la *Complainte du commun peuple*... (*Recueil des poésies françoises,* II, 230-237, et V, 94-105.)(Catal. de la biblioth. de feu M. le baron James de Rothschild, nº 530.)

Voyez aussi Damerval, le *Liure de la deablerie,* ch. cx.

COMMENTAIRE en vers françois sur l'Ecole de Salerne, contenant les moyens de se passer de medecin & de vivre longtemps en santé, avec une infinité de remèdes contre toutes sortes de maladies & un Traité des Humeurs, & de la Saignée, où sont adjoutez... Le Thé, le Café, le Chocolate, Et le grand secret de la pierre philosophale... Par D. F. C. Docteur en la Faculté de Médecine. *A Paris, chez Gervais Clouzier*... 1671, in-12 de 30 ff. lim. n. ch. et 714 pp. front. gravé. (De 7 à 8 fr.)

Par Dufour de la Crespelière.

— Le même... *Paris, Gilles Alliot*, 1672, in-12 de 34 feuillets prélim. et 714 pp. front. gravé. (De 6 à 7 fr.)

COMMERSON (E.). — Un Souper sous la régence, comédie-vaudeville en un acte de MM. Commerson et Raimond Deslandes. Représenté pour la première fois, à Paris, sur le théâtre des Délassemens-Comiques. le 15 novembre 1845. *Paris, Beck; Wiart; Tresse*, 1845, gr. in-8 de 15 pp. (1 fr.)

COMPAGNIA (Della famosissima) della Lesina, Dialogo, Capitoli e Ragionamenti. Con l'assottigliamento in tredici Punture della punta d'essa Lesina; alla quale s'è rifatto il manico in trenta modi, e doppo quelli in venti altri. Poi si danno cinquanta cinque Ricordi di Flocerdo de' Risparmiati, Tredeci Spaghi di M. Vncino Tanaglia, la Cassettina da riporui la Lesina, et vtilissimi precetti della compagnia a' suoi massai. Con la nuou' aggiunta del modo di receuere li nouitij, delle pene debite a' cattiui Lesinanti, Di tre Consulti delle Matrone per entrare in questa Compagnia, E de gli Auuertimenti sopra le malatie de' Contadini. Post' insieme dall'Academico speculativo e Raccolti dallo Economo della spilorceria. *Venetia, appresso Gio. Alberti*, 1603, in-8 de 8 ff. limin., 108 ff. et 3 ff. non chiffrés. (De 30 à 40 fr.)

— Continuatione degl'ordini e capitoli della Compania della Lesina, nelle quale si contiene il modo di recevere novici, e le punitioni, che si danno a chi trangredisce gl'ordini di detta Compagnia; compositione di detto speculativo academico e cittadino Venetiano. *Venetia, Gio. Alberti*, 1603, in-8 de 82 ff.

— La Contralesina, overo Ragionamenti, costitutioni, et Lodi della Splendidezza, del pastor Monopolitano sotto l'insegna del Pignato Grasso. Con una comedia cavata dall'opera stessa, intitolata : Le nozze d'Antilesina. *Venetiæ, Gio. Battista Ciotti*, 1603, in-8 de 12 ff. limin. et 132 ff.

Par Vialardi. Ces trois ouvrages réunis figurent au catalogue Soleinne de même que la traduction dont voici le titre :

— La fameuse Compaignie de la Lesine ou Alesnes, c'est-à-dire la manière d'espargner, acquérir et conserver, ouvrage non moins utile pour le public que delectable par la variété des rencontres, pleins de doctrine admirable et de moralité autant qu'il est possible. Traduction nouvelle de l'italien par le pasteur Philandre. *Paris, Abraham Saugrain*, 1604, in-12 de 22 ff. limin. et 225 pages.

— Continuation des canons et statuts de la fameuse Compagnie de la Lesine, contenant la manière qu'on practique a la reception des novices et la punition de ceux qui transgressent les articles d'icelle : ensemble les requestes et consultes des femmes, pour estre admises en la confrairie de l'Espargne; et deux discours entre les manans et habitans des villages. Traduction nouvelle de l'italien. *Paris, Abraham Saugrain*, 1604, in-12 de 2 ff. limin. et 48 ff. — Nouvelle consulte des femmes pour estre admises en la confrairie de la Lesine. Ire partie. *Paris, Abraham Saugrain*, 1604, in-12.

La pagination de 50 à 136 continue celle de l'ouvrage précédent. (De 50 à 60 fr.)

— La Contre-lésine ou plustost Discovrs et lovanges de la libéralité, remplis de Moralité, de doctrine et beaux traits admirables. Augmentez d'vne comédie intitulée les Nopces d'Antilésine. Ouurage du Pasteur Monopolitain Et traduict nouuellement de l'Italien. *A Paris, chez Abraham Savgrain, ruë S Jacques, deuant S. Benoist, aux deux Vipéres*, 1604, 2 part. en 1 vol. in-12 de 12 ff. prélimin. 189 et 96 ff. chiffrés. (De 40 à 50 fr.)

M. Techener mentionne, parmi ceux de ses livres qui ont été détruits à Londres dans l'incendie du 29 juin 1865, une édition italienne de la Compagnie de la Lésine : *Trivigi, Zanetti*, 1601, in-4.

— La fameuse compagnie de la Lesine ov Alesne, c'est-à-dire la manière d'espargner, acquérir et conserver. Ouvrage nô moins vtile pour le public que delectable par la variété des rencontres, pleins de doctrine admirable et de moralité autant qu'il est possible. Traduction nouvelle de l'italien. Le contenu se pourra voir plus amplement en la page suiuante. *A Paris, chez Rolet Bovtonné au palais, en la gallerie des prisonniers, près la chancellerie*, 1618, in-12. (De 30 à 40 fr.)

— La Contre-lésine... *Paris, chez Rolet Bovtonné, au palais en la gallerie des prisonniers, près la chancellerie, 1618*, in-12 de 8 ff. n. chiffr. et 260 pages.

— Les Noces d'Anti-Lésine, comédie nouvelle extraite des discours de la Contre-Lésine, par le pasteur Monapolitain, et nouvellement traduite de l'italien par le pasteur Philandre. *Paris, Saugrain*, 1606, in-12. (De 25 à 30 fr.)

Parmi les personnages qui jouent un rôle dans cette comédie, citons : Mangebien, Gorgeseiche, Bonappétit, Facedebacchus etc.

— La Contra Lesina, overo Ragionamenti, costitutioni e lodi della splendidezza del Pastor Monopolitano, sotto l'insegna del Pignato grasso. Con una Comedia cavata dell'opera istessa, intitolata : Le nozze d'Antilesina. *Venetia, Paolo Baglioni*, 1664, in-8 de 10 ff. et 228 pp. (De 15 à 20 fr.)

— Statuts de l'Académie de la Lesine, traduits de l'italien et recueillis par H... *Lesinopolis, imprimerie de la Lésine* 1791, in-12. (10 fr.)

Les deux ouvrages : la Compagnie de la Lésine et la Contre-Lésine contiennent d'intéressants chapitres, l'un sur l'avarice et l'autre sur la prodigalité. On remarquera dans le premier les chapitres suivants : Un œuf pour toute une famille. — De rostir les œufs et le fromage à la chandelle. — De la soupe et de ses vertus. — Louange de l'ail. — De ne point faire de banquets, etc., etc., ainsi qu'une épistre à « Très-avare, très espargnant, bien prenant et bien retenât seigneur Messire Unguent des Chancres, salut et dilection lésinante, » et un sonnet « A la Lésine ». Dans le second qui porte comme titre courant « Compagnie de la marmite grasse ». on trouve les « Stanses sur la Marmite grasse », commençant ainsi :

Qu'on ne me chante plus d'amour
Si par conséquent on ne dine
Il est bon de faire la cour
Pourveu que ce soit en cuisine.

Et les chapitres qui suivent : Description des morceaux friands. — Viandes délicates. — Moyen pour aiguiser l'appétit. — Ne mettre point d'eau au vin. — De la viande. — De ne point farcir son ventre d'herbe. — La soupe d'Epicure. — Louanges de la marmite grasse, etc., etc.

COMPLAINTE (La) du commvn peuple a Iencontre des Boulangiers qui font du petit pain, et des Tauerniers qui brouillent le bon vin, lesquels seront dampnez au grand Diable s'ils ne s'amendent. Avec la louange de tous ceux qui viuent bien et la chanson des brouilleurs de vin. *A Paris, pour Nicolas le Heudier*, 1588, in-8 de 14 pages. (De 70 à 80 fr.)

Cet opuscule est composé de deux pièces, en vers toutes deux, l'une : La Harangue et fameuse Epitaphe des bons et loyaux Taverniers avec la complaincte des bons vins defaicts par brouillerie, l'autre : La Complainte des Bons Vins, tant estrangers que du païs, à l'encontre des maistres de Brouillerie.

M. A. de Montaiglon, qui a réimprimé cette pièce rare dans son *Recueil de poësies françoises*. tome V, pages 94-105, fait remarquer que l'on a sauté la pièce relative aux boulangers.

Cette pièce a été également réimprimée dans la collection des *Joyeusetez*, tirées à 76 exemplaires numérotés, *Techener*, 1829-31.

M. Brunet cite une édition antérieure :

— La Complainte du Commun a lencontre des Usuriers Boulengiers & tauerniers. *Imprimé à Roüe par Jehá ferrát pour Guilleume Mauduyet, s. d.* (mais vers 1540), pet. in-8, goth., de 4 ff.

COMPLAINTES (Les) des Monniers avx Apprentifz des Tauerniers

Les Apprentifz des Tauerniers [niers
Qui font leur complaintes aux Mon-
Et les Monniers (dont c'est pitié)
Se plaignent plus qu'eux la moytié.

A Roven, chez Abraham Cousturier, Libraire : tenant sa boutique près la grand'-porte du Palais, au Sacrifice d'Abraham, s. d., pet. in-8 de 8 ff. (De 60 à 80 fr.)

Le dernier feuillet est blanc. Vignette au titre.

Pièce en vers réimprimée dans le *Recueil de poésies françoises* de M. A. de Montaiglon, t. XI, p. 59.

COMPLETE (The) Servant-Maid, 1682, in-12. (De 10 à 12 fr.)

COMPLETE (The) Family Piece : A very choice Collection of Receipts, 1737, in-8. (De 3 à 4 fr.)

Deuxième édition.

CONCERT (Le) des enfans de Bacchvs assemblez auec ses Bacchantes pour raisonner au son des pots et des verres, les plus beaux Airs et chansons à sa loüange. Composées par les meilleurs beueurs et sacrificateurs de Bacchus. Dédié à leurs rouges Trongnes. Deuxième édition. *A Paris, chez Charles Hvlpeav sur le pont S. Michel à l'Anchre Double : Et en sa boutique dans la grand'sale du palais, proche le parquet de Messieurs les Gens du Roy*, 1628, in-12 de 4 ff. lim., 87 pp. et 2 ff. n. ch. de table.

— Le second tome dv Concert des enfans de Bacchvs augmentées nouuellement au premier volume. *A Paris, chez Charles Hvlpeau*, 1628, in-12 de 2 ff. lim. n. ch., 36 pages et 1 f. de table.

Ces deux tomes font partie du recueil intitulé : Le *Parnasse des mvses ov recueil des plus belles chansons à danser Auquel est adiousté le concert des Enfans de Bacchus dédié à leurs rouges Trognes.* A Paris, chez Charles Hvlpeau sur le pont Saint-Michel à l'ancre double, etc. 1628... Le Ier tome avec son titre et sa pagination spéciale fait suite au *Parnasse des Mvses* qui occupe 184 pages ; le second fait suite au second tome du Parnasse à danser qui occupe 168 pages.

— Le même... *A Paris, chez Charles Sevestre, sur le Pont-Neuf vis à vis la Samaritaine*, 1633, petit in-8 de 68 pp. et 2 ff. n. ch. de table.

Au titre. gravure représentant une table, autour de laquelle des personnages boivent et mangent devant un jeune Bacchus sur son tonneau.

— Le second tome dv concert des Enfans de Bachvs augmentées nouuellement au premier volume, *ibid. id.*, 1633, petit in-8 de 33 pages et 2 pp. n. ch. de table.

Réimprimé, *Bruxelles*, 1864, 2 tomes en 1 vol. in-12.

CONCILES (Les) dévoilés par leur ivresse, ou Tableau historique des plus fameux buveurs qui aient existé parmi les Saints-pères, les papes, les cardinaux, etc. *Londres, Molini, s. d.*, in-18. (De 3 à 4 fr.)

Satire par M. l'abbé M...

CONCOURS (Le) poétique sur le vin de Champagne, Tome I. *Epernay, Alfred Roger*, 1867, in-12 de 204 pages. (De 2 à 3 fr.)

CONCOURS pour la fabrication, en France, des Fromages façon de Hollande, façon de Chester et façon de Parmesan. *Paris, madame Huzard*, 1833, in-8 de 15 pages. (2 fr.)

CONFALONERIUS. — Io. Baptistæ Confalonerii veronensis Philosophi ac Medici consummatissimi, de Vini natura, eiusque alendi ac medendi facultate, modis omnibus absolutissima disquisitio. *Basileæ*, 1535, pet. in-8 de 59 feuillets. (De 12 à 15 fr.)

Au titre, marque de Ioan. Bebelius, dont on lit le nom au v° du dernier feuillet.

CONFECTIONER (The practical) Comprising the Sweets Trade Review. *London, J.-A. Brook et Cie*, pet. in-4.

The practical Confectioner (Le confiseur pratique) paraît tous les mois, c'est l'organe des confiseurs, boulangers, pâtissiers et restaurateurs.

CONFECTIONER (The complete) or the whole art of confectionary etc... by a person late an Apprentice to the well-known Messrs Negri and Witten, of Berkely square. *London, Mathews*, 1789, in-8. (De 4 à 5 fr.)

CONFÉRENCE (La) des Servantes de la ville de Paris sous les charniers Saint-Innocent, avec protestation de bien ferrer la mule ce carême, pour aller tirer à la blanque à la Foire Saint-Germain et de bien faire courir l'anse du panier. *Paris*, 1636, in-8. (De 70 à 80 fr.)

Réimprimée dans le *Recueil des pièces rares*, chez Barrault, 4 vol. in-18 et dans la collection des *Joyeusetez*, tirées à 76 exempl. numérotés, *Techener*, 1829-31.

CONFISEUR (Le nouveau) français ou l'art du Confiseur moderne. *Dijon, Noellat; Paris, Lagier*, 1827, in-12. (De 2 à 3 fr.)

CONSEIL tres-vtile contre la Famine & remedes d'icelle. Item Regime de santé pour les poures, facile à tenir. *A Paris, chez Jaques Gazeau a lescu de Colongne rue Sainct Jaques*, 1546, pet. in-12 de 52 feuillets non chiffrés. (De 15 à 20 fr.)

Petit traité assez singulier où l'on trouve mentionnés un grand nombre de poissons, de légumes, de fruits, de boissons, etc., avec leurs propriétés plus ou moins nourrissantes. On y rencontre aussi de curieux détails sur la *pasticcrie*, le *tartinage*, etc.

Les 4 premiers feuillets sont occupés par le titre, le privilège signé : I. Seguier, et daté du *treizième iour d'Apuril* MDXLV, l'épître « Salvt et consolation aus poures à touts aultres. »

Le *Conseil tres-vtile* commence au 5° feuillet et finit au feuillet 14 ; *les remèdes contre la famine* (f. 15 à f. 31). — *Exhortation aus riches* (f. 32 à f. 36) et enfin *Regime de santé pour les poures* (f. 37 à f. 52).

Vendu : en mar. rouge (Capé), 45 fr., Yemeniz.

CONSEILS pour faire le café par M. le comte de C***, ancien Chambellan. *Paris, chez Mme Huzard (née Vallat la Chapelle)*, 1834, in-18 de 49 pages. (De 1 à 2 fr.)

Le Comte de C*** est M. de Saint-Cricq auquel Roger de Beauvoir a consacré tout un chapitre dans les *Soupeurs de mon temps*.

CONSERVATEUR (Le) contenant 1° Le livre de tous les ménages, par Appert, 5e édition revue par MM. Prieur-Appert et Gannal. 2° Anciens procédés de conservation des Fruits, des Légumes et des Viandes ; Confitures, Fruits à l'eau-de-vie, Liqueurs, Ratafias, Sirops, Parfums, par F***, ancien secrétaire de Carême. Conservation des viandes par le procédé dû à M. Gannal. 3° Monographie des vins, par MM. Joubert, Bouchard et Louis Leclerc. *Paris, au dépôt de la librairie*, 1858, in-8 de XVI-472 pp. avec 5 planches. (5 fr.)

— Fait partie de la « Collection Antonin Carême ». La première édition a paru : *Paris, Dentu; Renouard, Tresse*, 1842, in-8.

CONSIDÉRATIONS sur les sciences, les arts et les mœurs des Anciens par L. C. P. D. V. *Paris, Dentu*, 1840, in-8. (3 fr.)

Ouvrage divisé en 13 chapitres ; on trouvera dans le 8° des détails sur les festins. D'après la *France Littéraire*, l'auteur de ce livre, qui n'a paru qu'avec des initiales, est le comte Pierre de Vaudreuil.

CONSILIUM de usu Herbæ et Potus

Thée et de virtute et usu potionis granorum **Coffée**. *Berolini, Papen,* 1708, in-4 de 12 pages. (2 fr.)

CONSOMMATEUR (Le), journal hebdomadaire de l'hygiène et de la santé. *Nîmes, impr. spéciale,* pet. in-fol. de 4 pp. à 4 col.

Le premier numéro a paru le 2 octobre 1886. Prix de l'abonnement annuel : France, 5 fr. Etranger, 9 fr. Un numéro : 10 c.

CONSTANTIN CESAR. — Les XX liures de Constantin César, ausquels sont traictez les bons enseignemens d'Agriculture : traduictz en françoys par Anthoine Pierre licencié en droict. *Poictiers, Jehan et Enguilbert de Marnef frères, à l'enseigne du Pellican,* 1545, in-fol., lettres ital. (De 30 à 40 fr.)

Ce traité d'agriculture a été souvent réimprimé. Voici la liste des principales éditions :
— Les XX livres de Constantin César... *Poictiers, Jehan et Enguilbert de Marnef frères,* 1545, pet. in-8, ital.
— Les mêmes... reueus de nouueau par le dict traducteur. *Paris, Gilles Corrozet,* 1550, pet. in-8.
Vente Bon Pichon : v. f., 21 fr.
— Les mêmes... *Paris, Iean Longis,* 1550, pet. in-8; et *Paris, Groulleau,* 1550, pet. in-8.
Ces trois éditions, bien que portant des noms de libraires différents, n'en sont en réalité qu'une seule.
— Les mêmes... *Poictiers, à l'enseigne du Pellican (par Ian et Enguilbert de Marnef frères),* 1550, in-16, ital.
— Les mêmes, *Lyon, Thibauld Payan,* 1550, in-16.
— Les mêmes, *Lyon, Arnould l'Angelier,* 1551.
Le Catal. Yemeniz mentionne une édition de 1557 : à Lyon, par Thibauld Payan, 1557 (à la fin :) par *Ignace d'Ogerolles,* 1557, in-16.
Vente Yeméniz : mar. bl.(Bozérian), 14 fr.
Brunet considère l'édition in-fol. comme la plus rare.
Les XX livres de Constantin César ont été traduits en italien par Nicolas Vitelli et Pierre Lauro et publiés en 1542 et à *Venise,* 1542 ou 1549, in-8.
Nous trouvons citée au Catalogue Huzard une autre édition de l'ouvrage de Constantin César, sous ce titre :

— Le grand et bon mesnager compose en latin par Constantin César de Constantinoble. Et traduict en françoys par maistre Anthoine Pierre, licencié en droict; lequel traicte de toute Agriculture, de tous bastimens, lieux de diffices : et comme ilz se doibuent ediffier... *Imprimé nouuellement* en l'an 1544, in-8, goth.

On trouve dans les XX livres d'agriculture de Constantin César un grand nombre de conseils relatifs à l'alimentation, entre autres : *Comme lon pourra faire du pain tres bon qui sera sans leuain;* la manière de conserver et d'accommoder toutes sortes de légumes et de fruits, de soigner sa cave, de gouverner les vins; on y trouve également des recettes pour faire la confiture d'olives, le miel, etc. Le dernier livre traite de la pêche et des poissons.

CONSTANTIN (Marc). — Histoire des Cafés de Paris, extraite des Mémoires d'un viveur, cafés du Palais-Royal, des boulevards, de ville, etc. Revue et augmentée par M. Constantin. *Paris, Desloges,* 1857, in-16 de 124 pages. (2 fr.)

A la fin, sur la couverture, vignette représentant un garçon de café. Ce livre est divisé en xxi chapitres dont voici les titres : Comment on écrit l'histoire. — Palais-Royal : les cafés caveaux. — Palais-Royal : les cafés du rez-de-chaussée. — Palais-Royal : les cafés du premier étage. — Palais-Royal : Les cafés-restaurants et les restaurateurs. — La buvette de la cour des comptes. — Cafés-restaurants des boulevards et autres. — Cafés divers de ville et de boulevards. — Les cafés de Paris en 1857. — Heva (chanson). — Le Moka (chanson). — Histoire du café.
Ce dernier chapitre indiqué à la table des matières comme devant être à la page 119 se trouve, en réalité, dans le volume à la page 117 et est intitulé : Le café et les cafés. — La chanson, *le Moka,* est signée : Victor Pothier.
— La même, nouvelle édition, revue et augmentée. *Paris, Renaud,* 1872, in-12 de 110 pp.

— Le pain d'épice, monologue en vers par M. Constantin. *Paris, Barbré,* 1882, in-12. (1 fr.)

CONTENANCES (Les) de la table. (A la fin :) *Cy finissent les Contenâces de la table. S. l. n. d.*, in-4, goth., de 6 ff. non ch. de 20 vers à la page, signés a.

Au titre, dont le v° est blanc, une grande lettre ornée comme celles employées par Antoine Vérard. Les *Contenances de la table* qui se composent de 37 quatrains et d'une ballade de 3 huitains suivie d'un envoi, commencent au r° du f. aii par ces mots : « Sensuyvent les contenances de la table. » Elles finissent au r° du dernier f. dont le v° est blanc par la souscription donnée plus haut.

C'est une sorte de livre de civilité puérile. L'auteur anonyme y donne aux enfants de sages conseils sur la tenue qu'ils doivent garder à table, entre autres celui-ci :

Enfant tu ne te dois charger
Tant de la première viande
Se plusieurs en as en commande
Que d'austres ne puisses menger.

— Côtenâce de la table. *S. l. n. d.*, pet. in-8, goth., de 4 ff. n. ch. de 28 vers à la page, sans récl. ni signat.

Au titre, un bois représentant trois moines assis. Le texte commence au v° du titre et finit au v° du dernier f., après le huitième vers, par le mot « *finis* ».

— La Côtenance de la table nouvellemét imprimé a Paris. *S. d.*, pet. in-8, goth., de 8 ff., vign. sur le titre.

— La Contenance de la Table. Nouuellement Imprimee a Paris. (A la fin :) *Finis. S. d.* (vers 1525), pet. in-8, goth., de 4 ff. de 25 vers à la page, signés a.

Cette édition dont nous donnons ci-dessus la reproduction du titre, figure au cat. du Bᵒⁿ J. de Rotschild, sous le n° 539.

— La contenâce de la table. Nouuellement imprimé à Paris. *S. d.*, pet. in-8, goth., de 4 ff. n. ch. de 25 vers à la page, signés a.

Au titre, même bois que celui de l'édition précédente. Le texte commence au v° du titre et finit au v° du 4ᵉ f., la dernière page contient 26 vers et se termine par le mot « finis ».

— Les Contenances de la table.·. (a

et finit au r° du dernier f., après le 30ᵉ vers, par la souscription transcrite plus haut. Le v° du dernier f. est blanc.

Deux exemplaires portant également la marque de Barnabé Chaussard et Pierre Mareschal figurent l'un au Cat. du Bᵒⁿ James de Rothschild sous le n° 538, l'autre au Cat.

la fin :) *Cy Finissent les côtenances de la table*, s. d., in-4, goth., de 4 ff. n. ch. de 30 vers à la page, sans signat.

Au titre, la marque de Barnabé Chaussard et Pierre Mareschal, imprimeurs qui exerçaient à Lyon de 1493 à 1515. Le texte commence au v° du titre par ces mots : « Sensuyuent les côtenáces de la table.·. »

Didot (1878), sous le n° 219. Les titres de ces deux exemplaires présentent chacun quelques différences dans l'orthographe avec le titre de celui décrit plus haut.

L'exempl. du Catal. Didot qui, à la vente Léopold Double, s'était vendu en mar. r. (Trautz-Bauzonnet) 375 fr., a atteint le prix (même reliure) de 490 fr., Didot.

— La Contenáce de la table Nouuellemêt imprimée A Paris. *S. d.*, pet. in-8 goth. de 4 ff., fig. s. b.

Un exemplaire de cette édition, ayant appartenu à Charles Nodier, relié avec deux autres opuscules, a été vendu en mar. noir (Thouvenin), 255 fr., Yemeniz; le même, en mar. brun (Trautz-Bauzonnet) 395 fr., La Roche-Lacarelle. (Voir la reproduction du titre à la page précédente.)

— La Contenance de la table. *S. d.*, in-4, goth., de 6 ff. n. ch. (marque de Jehan Trepperel).

Il existe aussi une édition d'Avignon par Jean de Channey, *s. d.*, pet. in-8 de 8 ff. de 23 vers à la page.
Une réimpression de la *Contenance de la table*, in-8, goth., de 6 ff., faite par M. Pilinski et tirée à 20 exemplaires n'a pas été mise dans le commerce. Un exemplaire, un des trois imprimés sur papier ancien, s'est vendu en maroquin bleu jans. (Thibaron-Echaubard), 49 fr., Bancel.
Brunet mentionne une autre réimpression faite à Londres, en 1816, par un membre de la Société des Bibliomanes du club Roxburghe et dont il a été tiré un exemplaire sur vélin.
Les *Contenances de la table* se trouvent également réimprimées dans le *Recueil des poésies françoises* de M. A. de Montaiglon, t. I, pp. 186-193 et dans un livre de M. Alfred Franklin, *La Vie privée d'autrefois* (les Repas, la Civilité à table). M. Franklin en donne une réimpression d'après le manuscrit de la Bibliothèque Nationale (fonds français, n° 1181).

CONVIVES (Les) du Caveau et les grelots de la folie, recueil choisi de chansons de table anciennes et modernes. *Paris, Peytieux; Lyon, Chambert*, 1825, in-18. (2 fr.)

COOKERY for all manner of Dutch Victual Licensed in 1590.

M. W. Carew Hazlitt, après avoir cité cet ouvrage dans « Old Cookery Books and ancient Cuisine », ajoute qu'il n'a pas d'autres renseignements sur ce traité culinaire.

COOKERY (Primitive); or te Kitchen-garden displayed; containing a collection of Receipts for preparing a great variety of cheap, healthful and palatable Dishes, without either fish, flesh, or fowl. To which is added a Bill of Fare of Seventy Dishes, which will not cost above two pence each. *London, Williams*, 1766, in-8. (De 7 à 8 fr.)

COOKERY (Professed) by Ann Cook. *London, s. d.* (vers 1760), in-8. (De 3 à 4 fr.)
Troisième édition.

COOKERY (The lady's own) book, and new dinner-table directory; in which will be found a large collection of original receipts, including not only the result of the authoress's many years observation, experience, and research, but also the contributions of an extensive circle of acquaintance : adapted to the use of persons living in the highest style, as well as those of moderate fortune. Third edition. *London, Henry Colburn* 1844, in-8 de XVI-390 pp. (De 5 à 6 fr.)

COOPER (Joseph), cuisinier de Charles Ier. — The art of Cookery refined and augmented, 1654. (De 10 à 12 fr.)

CORDELLIER-DELANOUE. — Qui dort dîne, vaudeville en un acte, de MM. Cordellier-Delanoue et Roche. *Paris, imp. de Claye*, 1847, gr. in-8. (1 fr.)

CORDIER. — Petite omelette poétique, par A. Cordier. *Bar-sur-Aube, impr. Monniot*, 1871, in-8 de 51 pp. (1 fr. 50.)

CORDIER (François-Simon). — Guide l'amateur de champignons ou Précis de l'histoire des champignons alimentaires, vénéneux et employés dans les arts, qui croissent sur le sol de la France ; contenant la description des caractères particuliers à chacune de ces plantes : des généralités sur leur emploi dans les arts; sur la préparation culinaire des espèces alimentaires ; sur les moyens de distinguer ces espèces des espèces vénéneuses ; sur les moyens de remédier aux accidens que produisent ces dernières etc. Avec 11 planches, par F. S. Cordier, docteur en médecine. *Paris, galerie de Bossange père, et chez l'auteur,* 1826, in-12 de x-247 pp. (De 3 à 4 fr.)

Les 11 planches coloriées, dessinées par E. Blanchard, représentent diverses espèces de champignons et de morilles. La planche 8 sert de frontispice. En outre, à la page 96, se trouve un tableau donnant la classification générique des champignons. Le chapitre xi est consacré à la préparation culinaire de ces cryptogames.

La *Bibliogr.* de la *France* ajoute, après avoir mentionné les figures coloriées qu'il n'en sera pas vendu de noires.

— Les champignons ; histoire, description, culture, usages des espèces comestibles, vénéneuses, suspectes, employées dans les arts, l'industrie, l'économie domestiqne et la médecine, par F. S. Cordier ; orné de vignettes et de 60 chromolithographies dessinées d'après nature. 4ᵉ édition, *Paris, J. Rothschild,* 1875, gr. in-8.

Les trois premières éditions ont paru en 1869, 1870 et 1872.

CORMON (Eugène). — Les Cuisines parisiennes, vaudeville populaire en trois actes et six tableaux, par MM. Dupeuty et Cormon. *Paris, Tresse,* 1843, gr. in-8 de 32 pp. (50 c.)

Cette pièce, représentée pour la première fois, à Paris, sur le théâtre des Variétés, le 15 mai 1843, fait partie du répertoire dramatique des auteurs contemporains.

— Le Festin de Balthazar, pièce de carnaval en trois actes, mêlée de couplets, de MM. Cormon et Grangé. *Paris, Misflicz ; Tresse,* 1855, gr. in-8 de 27 pp. (50 cent.)

CORNARII (Jani) de conviviorum veterum et hoc tempore germanorum ritibus, moribus ac sermonibus libellus. *Basileœ,* 1548, pet. in-8. (De 6 à 8 fr.)

CORNARO Louis. — Hygiasticon sev vera ratio valetvdinis bonœ et vitœ vnâ cum sensvvm, ivdicii, & memoriœ integritate ad extremam senectutem cô servandœ : auctore Leonardo Lessio societatis Iesv Theologo. Subiungitur Tractatus Lvdovici Cornari Veneti, eodem pertinens, ex Italico in Latinum sermonem ab ipso Lessio translatus. *Antverpiœ, ex officina Plantiniana, apud Viduam & Filios Io. Moreti,* 1613, in-8 de 8 ff. lim. n. ch., 108 pages et 1 f. n. ch. (De 5 à 6 fr.)

Au vᵒ du dernier f. la marque de l'imprimeur.

— Le même... Editio secunda... *ibidem, idem,* 1614, in-8 de 127 pp.

— Le même... Editio tertia... *Mediolani, J. B. Bidell,* 1615, in-12.

— Le même... *Parisiis, J. Villery,* 1646, in-24.

— Vray Régime de vivre, pour la conservation de la santé ivsques a vne extrème vieillesse sans l'vsage d'aucune medecine. Traduction Françoise par Sebastien Hardy, Parisien sieur de la Tabaize. Seconde edition. *A Paris, chez Gvillaume Loyson,* 1624, in-8 de 4 ff. lim. n. ch., 198 pp. et 1 f. de table n. ch.

— Le même... *A Paris, chez Gervais Clousier,* 1645, in-8 de 6 ff. lim. n. ch. et 175 pp.

— Trois discovrs novveavx et cvrievx de Louis Cornaro, noble vénitien. Dans lesquels il enseigne le Régime de viure très facile a toutes personnes, par le moyen duquel il a vescu sain & robuste de corps & d'esprit iusqu'à l'aage de cent ans..... Nouuellement traduit d'Italien en François. *Paris, Gervais Clousier,* 1647, in-8 de 88 pp.

Traduction de Jacques Martin.

— De la sobriété et de ses avantages ou le vray moyen de se conserver dans une santé parfaite jusqu'à l'âge le plus avancé. Traduction nouvelle de Lessius & de Cornaro, avec des notes. Par Mr D. L. B. *Paris, Louis Coignard,* 1701, in-12 de 8 ff. lim., 235 pp. et 1 f. n. ch. (3 fr. 50.)

Traduction de M. de la Bonodière.

— Le même... *ibidem, idem*, 1704, in-12 de 7 ff. lim. n. ch., 223 pp. et 2 pp. de table n. ch.

— Le même... *A Paris, chez Edme*, 1772, in-12 de XII-160 pp.

— Le même... *A Salerne, et se trouve à Paris, chez Cailleau*, 1782, pet. in-12 de xij-312 pp. (De 2 à 3 fr.)

Ouvrage divisé en deux parties; dans la première divisée elle-même en douze chapitres, il est traité de la « mesure convenable du boire et du manger », chap. II, pp. 10-20.

— Le vray moyen de vivre plus de cent ans, traduction nouvelle des traités de Lessius et de Cornaro, par D. L. B. et les moyens faciles et assurez pour conserver la santé, par le Sr Domergue. *Bruxelles, J. Léonard*, 1705, in-16.

— Discorsi della vita sobria, edizione con nuove aggiunte. *Venezia, tipogr. di Alvisopoli*, 1816, in-12. (2 fr.)

On trouve également ces discours à la suite d'une édition de l'*Ecole de Salerne*, de Venise, 1650, pet. in-8. Une nouvelle édition des traités de Cornaro qui a été imprimée pour la première fois, *Padoue*, 1558, in-4, a paru en 1880 chez Baillière et fils. (Voy. Cocchi.)

CORROZET (Gilles). — Les Blasons domestiqves contenantz la decoration d'une maison honneste, & du mesnage estant en icelle : Inuention ioyeuse & moderne. Auec priuilege. 1539. *On les véd en la grád salle du Palais, pres la Chappelle de messieurs, en la boutique de Gilles Corrozet Libraire*, in-32 de 47 ff. chiffr., plus 1 f. pour la marque du libraire.

Au v° du titre « A Monseignevr le prévost de Paris ov son lievtenant civil » (supplique de Denys Ianot & Gilles Corrozet, libraires, pour obtenir la permission d'imprimer). Au r° du f. 2, la permission d'imprimer datée du « VI iour de mars mil cinq cens XXXVIII ». Au v° de ce f. « Gilles Corrozet avx lectevrs. » Cet avis occupe le r° du f. 3 et finit au v° par ces trois mots « Plvs qve moins ». Au r° du dernier f. dont le v° est blanc, marque de Gilles Corrozet.

La numérotation des ff. ne commence qu'au f. 4. Chaque blason est précédé d'une vignette sur bois. Les blasons de la cave, de la table, du « dressouer » sont écrits en vers de huit syllabes, celui de la cuisine en vers de dix.

En 1865, la Société des bibliophiles françois a fait réimprimer cet opuscule de Gilles Corrozet. Voici le titre de cette réimpression :

— Les Blasons domestiques par Gilles Corrozet, libraire de Paris. Nouvelle édition publiée par la Société des bibliophiles françois. *Paris, chez les libraires de la Société*, 1865, pet. in-8 de XIX-48 pp. et 1 f. (marque de Gilles Corrozet).

Un exemplaire de sociétaire, cart., non rogné, imprimé sur vélin, a été vendu : 70 francs, Yemeniz.

Les *Blasons domestiques* ont été réimprimés dans d'autres recueils, notamment dans le *Recueil de poésies françoises*, t. VI, pp. 223-285, par M. de Montaiglon. On les trouve aussi dans l'ouvrage suivant :

— Blasons, poésies anciennes recueillies et mises en ordre, par D. M. M*** (Méon), *Paris, chez P. Guillemot*, 1807, in-8. (De 18 à 20 fr.)

CORYPHÉE (Le) des Salons ou l'homme de bonne compagnie ; petite encyclopédie de politesse et de bon ton, à l'usage des deux sexes, présentant des théories rapides sur l'étiquette, le cérémonial à observer à table..... *Paris, Lécrivain*, 1823, in-12 de 306 pages, figure coloriée. (1 fr.50.)

Ce livre qui a paru sans nom d'auteur et qui a été réimprimé sous le titre : *L'art de briller en société* est, d'après Barbier, de M. P. Cuisin. Il est divisé en 4 parties ; la troisième est consacrée aux usages à observer à table ; on y trouve des leçons sur le « talent de découper la volaille, le gibier, le poisson avec grâce, avec aisance et facilité ».

COSMIUS. — Magna naturæ œconomia. Curiose ostendens, Gentium quotquot mundus habet, vivendi rationem simplicem non minus, ac delicationem, & accurate in primis examinans Regnum vegetabile cum exactissima demonstratione potus Theæ, Coffæ, Chocolattæ, Juniperi, etc. Auctore Henrico Cosmio Anglo, adjecto capitum indice locupletissimo. *Francofurti &*

Lipsiæ, impensis Christiani Hauboldi, Bibliopolæ Haffniensis. Hanoviæ, excudit Abraham Aubry, 1687, in-8 de 2 ff. limin. non chiffr., 362 pages et 17 ff. de table non chiffrés. (De 10 à 12 fr.)

Ouvrage peu commun dans lequel il est traité de tous les aliments qui servent à la nourriture de l'homme, depuis le pain, les céréales, les légumes, les fruits, l'huile, le vinaigre, les aromates, jusqu'à la chair des animaux, des poissons, des volatiles, etc. La dernière partie est consacrée au thé, au café et au chocolat.

COSTEAUX (Les) ou les marquis frians, comédie. *A Paris, chez Gabriel Quinet, en la gallerie des prisonniers à l'ange Gabriel*, 1665, in-12 de 3 ff. non chiffrés et 36 pages. (De 8 à 10 fr.)

Les 3 ff. limin. comprennent l'avis av lecteur et la permission de « Monsievr le baillif donnée à Gabriel Quinet et datée du 28 janvier 1665. Au bas, on lit : « Et le dit sieur Quinet a fait part de la susdite permission aux sieurs Thomas Jolly et Estienne Loyson suivant l'accord fait entre eux. » Viennent ensuite les noms des acteurs.

Les *Costeaux* qui ont paru sans nom d'auteur, sont de de Villiers; la pièce est divisée en XIX scènes. On y trouve le récit d'un diner complet au XVIIᵉ siècle et de nombreux passages sur la table, sur les vins surtout.

Boileau, dans la satire III, mentionne l'ordre des Coteaux; un des personnages de la pièce de de Villiers nous fournit au sujet de cet ordre qui est devenu célèbre quelques renseignements. Laissons parler Valère :

Ce sont gens délicats aimant les bons morceaux
Et qui les connaissans ont par expérience,
Le goust le plus certain et le meilleur de France.
Des friands d'aujourd'huy c'est l'élite et la fleur.
En voyant du gibier ils disent à l'odeur,
De quel païs il vient. Ces hommes admirables,
Ces palets délicats, ces vrais amis des Tables
Et que l'on peut nommer les dignes souverains,
Sçavent tous les costeaux où croissent les bons vins,
Et leur goust leur ayant acquis cette science,
Du grand nom de Costeaux on les appelle en France.

On trouvera dans Arthur Dinaux, *Sociétés badines*, t. I, p. 199, et t. II, p. 343, de longs détails sur cette réunion de gourmands.

Vendu, v. gr. (Thouvenin), 31 fr., Soleinne; en mar. v. (Hardy), 79 fr., de Montgermont.

COTTAGE Economy and Cookery. *London*, 1844, in-8. (3 fr.)

COUAILHAC. — La Cuisinière mariée, folie-vaudeville en un acte, par MM. L. Couailhac et Marc-Michel. *Paris, Marchant*, gr. in-8 de 16 pp. (1 fr.)

Première représentation : (Théâtre des Délassements comiques, 19 avril 1845.)

M. Louis Couailhac a également publié : Physiologie du jour de l'an, *Paris, Raymond-Bocquet*, 1842, in-32.

COUBARD D'AULNAY. — Monographie du café ou manuel de l'amateur de café, ouvrage contenant la description du café et la culture du cafier, l'histoire du café, ses caractères commerciaux, sa préparation et ses propriétés; orné d'une belle lithographie par G. E. Coubard d'Aulnay..... *Paris, Mᵐᵉ Huzard; Delaunay*, 1832, in-8 de 215 pp. (3 fr.)

— Le même, 2ᵉ édition, *Paris, madame Huzard*, 1842, in-8, fig.

COURCY (Fr. de). — Le restaurant ou le Quart-d'heure de Rabelais, tableau-vaudeville en un acte par MM. de Courcy, Gustave et Hyppolite (*sic*) représenté pour la première fois à Paris, sur le théâtre du Vaudeville, le 12 juin 1828. *Paris, J.-N. Barba; Bezou;* 1828, in-8 de 36 pp. (1 fr.)

Voyez Carmouche, La place et le diner...

COURT (The) and Kitchen of Elizabeth commonly called Joan Cromwell, the wife of the late usurper truly described and represented, S. l., 1664, in-8. (De 20 à 25 fr.)

Ce livre était, d'après M. Carew Hazlitt, destiné à ridiculiser la parcimonie qui régnait dans la maison du protecteur.

COUSIN-JACQUES. — La mère Lavigne à la barrière de la Chopinette, chanson nouvelle à propos de l'impôt sur les boissons. *Paris, impr. de Bautruche*, 1850, in-8. (o fr. 50.)

Six couplets.

CRESPIN. — L'œconomie ov le vray advis povr se faire bien servir. Par le sieur Crespin. *A Paris*, 1641, pet. in-8 de 31 pp.

Les 6 premières pp. sont occupées par le titre (vº blanc), la dédicace « a havte et pvissante dame madame la Marqvise de Lezay » et « Av lectevr ». Le corps de l'ouvrage commence à la page 7. A la page 24, on trouve « Discours de l'avthevr auec le Maistre d'hostel ».

Après avoir donné des conseils aux maitres, Crespin en donne au maître d'hôtel, il lui indique la place qu'il doit occuper et ce qu'il doit acheter.

« Monsieur le Maistre, il est bô que vous voyez vn peu comme l'on sert à la maison des grands et particulièrement pour votre cuisinier, qu'il hante Forget escuyer de la reine pour les potages; la Diablerie pour les entrées; Nicolas pour les autres mets, George pour le poisson, Mathieu Pallier pour les ragousts; La Pointe pour les confitures; Hester pour le linge; auec maistre Martin pour le boudin. Trois de nos amis sont morts, qui faisoient bon Ypocras & bonne limonade : Espargnez le bien de vostre Maistres. ie me recommande à vous iusques à la première reueuë; & surtout ayez patez & Jambons près, pour les suruenans; & principalement pour les Chasseurs, car c'est le plaisir du Maistre du logis. »

Cette pièce très curieuse, signée par Crespin qui était maître d'hôtel de la marquise de Lezay, a été réimprimée dans le t. X des *Variétés historiques et littéraires* d'Edouard Fournier, pp. 1-23.

CRI (*sic*) (Les) de Paris tovs novveavx Et sont en nombres cent & sept, Tous y sont vieux & nouueaux, Par dictez & mots nouueaux, second lordre de lalphabet. *On les vend a Paris chez Nicolas Buffet demeurant a la Rue descosse, deuant le college de Reims*, 1545, *avec Priuilège*, pet. in-8 de 16 ff. non chiffrés. (De 150 à 200 fr.)

Au verso du titre, on lit : « A Monsieur le preuost de Paris ou son lieutenant criminel supplye humblement Anthoine Truquet painctre, demourant à Paris... » Au-dessous se trouve la permission d'imprimer datée du « XVI auril 1545 après quasimodo ». Cette permission est signée : I. Séguier.

Les *Cris de Paris* commencent au recto du 2º feuillet. Le recto du dernier feuillet est blanc; au verso : « Fin des cent & sept cri que lon crie Iournellement a paris de nouueau composé en Rhimme françoyse pour resiouir les esprit. — Et fut acheué d'imprimer le cinquiesme iour de may 1545. » Au-dessous, un bois.

— Les Cris de Paris. *A Paris pour la vefue Jean Bonfons rue neuue nostre Dame a l'enseigne Sainct Nicolas*, pet. in-4, goth., de 21 ff. non chiffrés. (De 150 à 200 fr.)

Au recto du 17º feuillet on lit : « Fin des cent sept cri que l'on crie iournellement à paris de nouueau composé en Rhimme françoise pour resiouir les esprit et fut acheué d'imprimer le cinquiesme iour de may mil cinq cens quarante cinq. » La supplique « à Monsieur le preuost de paris » pour demander la permission d'imprimer se trouve au verso de ce feuillet.

Au recto du f. suivant : « Les cris qui ont esté adioustez de nouueau outre les cent sept nô encore imprimez iusques a present. Il y en a vingt et un d'adioustez comme sensuyt. » Suivent ces différents cris.

Au recto du 21º feuillet on lit : *Cy fine le présent liuret imprimé a paris pour nicolas Buffet demourât a la rue descosse deuant le college de Reims* MDXLV.

Cette édition des *Cris de Paris* a été réimprimée dans la « Bibliothèque gothique ». Un 22º feuillet ajouté à cette réimpression porte l'indication suivante : « Acheué de rimprimer le v iour de décembre mil huit cens LXXII par Durand iprimeur à Chartres en baulce pour Bailleu marchant libraire tenant sa boutique sur le quay des grâds Augustins proche le pont-neuf à paris ».

Brunet, *Manuel*, t. IV, col. 1452, indique plusieurs autres éditions dont les deux suivantes paraissent antérieures à celles que nous venons de citer :

— Les rues et eglises d'Paris, auec la despèce qui si fait chacun iour. Le tour et lenclos de ladite ville. Auec lenclos du bois de Vincênes, et les epytaphes de la grosse tour dudit bois; qui la fonda, qui la parfist et acheua. Et auec ce la longueur, la largeur et la haulteur de la grant eglise d'Paris, auec le blason de ladite ville. Et aucûs des cris q̃ lon crie parmy la ville. *S. l. n. d.*, pet. in-4, goth., de 10 ff.

A la fin marque de Pierre Le Caron.

— Les rues et eglises de Paris (même

titre que le précédent) et aussi les crys joyeulx qui se cryent par chascun jour en icelle ville de Paris. *S. l. n. d.*, in-4, goth., de 6 feuillets. (De 100 à 150 fr.)

— Les cris de Paris au nombre de cent sept. *A Paris, Nicolas Buffet*, 1549, pet. in-8, goth., de 16 ff. (De 150 à 200 fr.)

— La despence qui se fait chascun iour en la ville de Paris auec les cris que l'on crie iournellement dedans ladite ville. Plus y est adiousté la dépence qu'une personne peut faire par iour et, trouuerez selon le reuenu que vous au-rez, combien il vous fauldra despendre par chascun jour et plusieurs autres sin-gularites vous y trouuerez. *Paris, de l'impr. de Nicolas Chrétien*, 1556, pet. in-8 de 23 ff. n. chiffr., lettres rondes. (De 80 à 100 fr.)

— Les Cris de Paris que l'on crie journellement par les rues de la dicte ville auec le contenu de la despence qui se faict par chacun jour. Adjouté de nouveau de la despence que chacune personne doit faire par chacun jour, en-semble les rues, eglises, chapelles et colleges de la cité, ville et université de Paris. *Paris, Nicolas Bonfons*, 1584, pet. in-8. (De 80 à 100 fr.)

Plusieurs éditions de cet opuscule ont été données à Troyes, entre autres celle-ci :

— Les rues de Paris avec les cris que l'on entend journellement dans les rues de la ville et la chanson des dits cris. Suivi d'un état de la dépense qui se peut faire en cette ville chaque jour et aussi ce que chaque personne peut dé-penser. Ensemble les eglises, chapelles et rues, hotels des princes, princesses et grands seigneurs et antiquites de la ville, cité et l'université de Paris avec les noms des portes et fauxbourgs de la ville. *A Troyes, chez Garnier le jeune, im-primeur-libraire rue du Temple*, pet. in-8 de 79 pages. (De 30 à 40 fr.)

La permission qui se trouve à la dernière page est datée du 29 mai 1724. Une édition des *Cris de Paris*, Troyes, Vᵉ P. Garnier, s. d. (vers 1724), in-16, a été vendue, en mar. bl. (Bauzonnet), 150 fr. Bᵒⁿ Pichon.

Les *Cris de Paris* ont été réimprimés dans *Paris ridicule et burlesque au dix-septième siècle .. avec des notes de P. L. Jacob biblio-phile*, Paris, Adolphe Delahays, 1859, in-18, (3 fr.), et dans *La vie privée d'autrefois.* (L'annonce et la réclame, les cris de Paris), par M. Alfred Franklin. *Paris, Plon*, 1887, in-18 de 240 pp. (3 fr.)

— Les rues et les Cris de Paris au XIIIᵉ siècle, pièces historiques publiées d'après les manuscrits de la bibliothèque nationale et précédées d'une étude sur les rues de Paris au XIIIᵉ siècle par Alfred Franklin, de la bibliothèque Ma-zarine. *Paris, Willem; Paul Daffis*, 1874, in-12 de 204 pages et de 2 feuil-lets pour la table et l'achevé d'impri-mer.

Tiré à 350 exempl. numérotés, dont 325 sur papier vergé (5 fr.), 22 sur Chine (10 fr.) et 3 sur parchemin.
Parmi les « Cris de Paris » citons ceux : du pâtissier, de l'oublieux, du vin, de l'anis, du hareng soret, du cresson, de la saulce verte, des oignons, du verjus, des pruneaux, etc.
La Biblioth. de l'Arsenal possède un exem-plaire unique des *Cris de Paris au XVIᵉ siècle* avec gravures coloriées. Cet ouvrage a été réimprimé, en fac-similé, par Adam Pilinski, d'après cet exemplaire, avec une notice histo-rique, par M. J. Cousin et tiré à 80 ex. (60 fr.)
On trouvera aussi d'intéressants rensei-gnements sur les *Cris de Paris*, dans les *Cris de Paris, types et physionomies d'autrefois*, par Victor Fournel, *Paris, Didot*, 1887, in-8 de 221 pages, orné de 70 fig.

— Les Voix de Paris, essai d'une histoire littéraire et musicale des cris populaires de la capitale depuis le moyen âge jusqu'à nos jours précédé de consi-dérations sur l'origine et le caractère du cri en général et suivi de Les cris de Paris Grande symphonie humoristique vocale et instrumentale, par Georges Kastner. *Paris, Brandus*, 1857, in-4 de VII-136 pp. de texte, 171-XXXIII pp. de musique.

— Farce nouvelle très bonne et fort récréative pour rire des cris de Paris. A troys personnaiges, c'est assavoir Le premier gallant. Le second gallant et le sot. (à la fin). — *Cy fine la Farce des Cris de Paris. Imprimés nouvellement à Lyon, en la maison de feu Barnabé Chaussard, près Nostre Dame de Confort* MDXLVIII.

Réimprimée dans le t. II de *l'Ancien théâtre françois*, pp. 303-325.

CRISCI. — Lverna de Corteggiani. *Neapoli*, 1634, in-4. (De 25 à 30 fr.)

Ce guide des courtisans dont le titre est gravé et qui est orné d'un portrait, contient un menu de dîner pour chaque jour de l'année.

CROCE (G. B.). — Della eccellenza e diversita de i vini che nella Montagna di Torino si fanno ; E del modo di farli. Nuouamente posto in luce, e dedicato A sva Altezza serenissima Da Gio. Battista Croce suo gioielliere. *In Torino, per Aluigi Pizzamiglio*, 1611, in-4 de 4 ff. limin. et 64 pages.

CROISETTE. — La bonne et parfaite cuisinière grande et simple cuisine. Ouvrage nouveau et très complet contenant le service, la manière de découper les viandes, l'art de la cuisine ; viandes, poissons, légumes, pâtisseries, sirops, etc., etc., par Croisette, officier de bouche, cuisinier en chef. Seizième édition. *Paris, Bernardin-Béchet et fils*, s. d. (1885), in-18 de 283 pages, vignette et figures dans le texte. (2 fr. 50.)

La couverture cartonnée porte : *dix-septième édition*, considérablement augmentée.

La première édition de ce petit traité simple et pratique a paru en 1851, *Paris, Fontenay*, in-18.

CROON (Peeter). — Cocus bonus ofte geestelycke sinne-beelden, ende Godtvruchtige uyt leggingen op alle de gereetschappen van den Kock. Bemerckt door Peeter Croon Canoninck Regulier, ende Religieux van S. Maer-

tens tot Loven. *Tot Brugghe by F. Beernaerts in de Breydel straete, in S. Xaverius, s. d.*, in-12 de 10 feuillets non chiffrés et 207 pages, plus une pour la table. (De 35 à 40 fr.)

Le titre que nous venons de citer est celui de la première partie de l'ouvrage ; voici celui de la seconde :

— Cocus bonus tweede deel ofte Geestelycke bemerckingen op de Tafel ende Spysen Van een volkommen Maeltyt door Peeter Croon Canonick Regulier ende Religieux van S. Maertens tot Loven. *Tot Brugghe van P. J. Vincent inde Breydelstraete in S. Augustinus*, in-12 de 314 pp., les 5 premières non chiffrées.

Chacune des deux parties de ce livre flamand excessivement curieux et rare est ornée d'une planche pliante gravée (la même pour les deux parties). Elle représente un moine tenant un chapelet d'une main et de l'autre écumant un pot-au-feu. Dans une pièce du fond, donnant sur la cuisine, on voit, à travers la porte ouverte, un personnage qui écrit.

Il nous paraît intéressant de donner ici la traduction des deux titres de *Cocus bonus* (Le bon cuisinier).

— Cocus Bonus ou Images religieuses et pieuses explications de tous les ustensiles de cuisine remarquées par Pierre Croon, chanoine régulier, religieux du couvent de St-Martin à Louvain. *A Bruges, chez F. Bernaerts, dans Breydelstraete, à St-Xavier.*

— Le même... Seconde partie ou remarques religieuses sur la table et les mets d'un repas complet, par Pierre Croon, etc. *A Bruges, chez la veuve de P. J. Vincent, dans Breydelstraete, à St-Augustin.*

Cocus bonus a paru sans date, mais la permission (en latin) qui se trouve au recto du 2ᵉ f., a été donnée à Louvain, le 6 mars 1663. L'ouvrage est composé en vers et en prose ; c'est en somme une sorte de traité moral dans lequel l'auteur à la fois théologien et cuisinier compare les vices et les vertus soit aux instruments employés dans les cuisines, soit aux mets servis sur les tables.

Peter Croon, dans la seconde partie de son livre, imagine un repas qu'il sert et dans lequel il fait figurer un grand nombre de plats. Après avoir énuméré les qualités et les défauts matériels des victuailles qu'il a préparées pour ses convives, il s'empresse de tirer un exemple moral, et tel jambon, noirci à la fumée de la cheminée, lui fournit matière à dissertation philosophique et religieuse. Peut-être pourrait-on établir quelque rapprochement entre *Cocus bonus* et le *Quadragésimal spirituel qui traicte de toutes sortes de viandes,* etc., duquel nous parlons plus loin.

Ce qu'il y a de certain, c'est que ce livre est d'une très réelle originalité et que les exemplaires sont loin d'en être communs.

CROZET (L. de). — Notes pour servir à l'Histoire de la Société des buveurs en Provence au xviiie siècle, in-8 de 67 pp. (De 2 à 3 fr.)

CUCINA (La) facile economica e salubre francese, tedesca ed italiana con aggiunte importanti. *Milano, Stabilimento Volpato,* 1851, in-16 de 326 pages. Vign. au titre. (De 2 à 3 fr.)

CUCINA teorico-pratica col corrispondente riposto ed apparecchio di Pranzi e cene Metodo per scalcare, e servire in tavola etc. composta da Ip. Cavalcanti. *Napoli,* 1841, in-8, planches. (De 7 à 8 fr.)

La reine Amélie possédait dans sa bibliothèque un exemplaire de cet ouvrage écrit en dialecte napolitain et réimprimé en 1844 sous ce titre :

— La Cucina theorico-pratica ; in dialetto Napolitano del cav. Ippolito Cavalcante Duca di Buonvicino. *Napoli,* 1844, in-8.

Cet exemplaire qui a figuré dans la vente de la bibliothèque du château de***, en 1881, était composé de cahiers de trois couleurs, bleu, blanc, rose.

CUCINIERE (Il) italiano moderno ovvero l'amico dei Ghiotti economi e dei convalescenti. Opera necessarissima pei Capi di Famiglia che desiderano fare una cucina economica, famigliare, e sana ; per chi vuole dare degli eccellenti pranzi ; ..... per chi vuole imparare la Scalcheria o l'arte di ben trinciare le carni ; ..... pasticciere, confetturiere, liquorista e diacciatore. Edi-

zione XIV con copiose aggiunte e tavole in rame. *Livorno, Egisto Vignozzi e Co,* 1855, in-12 de 322 pages, 2 planches. (De 2 à 3 fr.)

CUCINIERE (Il) moderno. *Milano M. Guigoni,* 1868, in-16. (2 fr.)

CUISINE (La) au salon ou le Cuisinier et le marmiton, pièce en un acte, mêlée de couplets, représentée pour la première fois sur le Théâtre des jeunes acteurs de M. Comte le 1er février 1828. *Paris, Bréauté,* 1829, in-16 de 57 pp. (2 fr.)

Quinzième livraison du *Répertoire du théâtre de M. Comte.*

CUISINE (La) de nos pères. L'art d'accommoder le gibier suivant les principes de Vatel et des grands officiers de bouche. Deux cents recettes à la portée de tout le monde. *Paris, librairie illustrée, s. d.* (1886), in-8 de III-185 pp. (3 fr. 50.)

— L'art d'accommoder le poisson suivant les principes de Vatel et des grands officiers de bouche. *Paris, librairie illustrée, s. d.* (1888), in-8 (3 fr. 50.)

CUISINE (La) de Santé ; préservatif des maladies. *Paris, Audot ; Crochard,* 1831, in-12. (De 2 à 3 fr.)

CUISINE (La) des pauvres ou Collection des meilleurs Mémoires qui ont paru depuis peu soit pour remédier aux accidens imprévus de la disette des grains, soit pour indiquer des moyens aux Personnes peu aisées, de vivre à bon marché dans tous les tems. Dédié aux Etats généraux de Bourgogne, par un Ancien officier desdits Etats. *A Dijon, chez Defay, imprimeur des susdits Etats, de la Ville, de l'Université et des Fermes du Roi,* 1772, in-4 de 84 pages et 3 feuillets limin. (De 10 à 12 fr.)

Titre encadré d'une vignette. Après le titre, se trouve la table des matières contenues dans cet ouvrage ; en voici la nomenclature :

Avis contenant la manière de se nourrir bien et à bon marché, malgré la cherté des vivres ; traduction libre de l'allemand. — Mémoire contenant une méthode sûre pour faire du Pain de Pommes de terre, bon et agréable au goût ; traduction libre de l'allemand. — Manière d'apprêter le riz économique. — Supplément à la manière d'apprêter le riz économique. — Mémoire sur les Pommes de terre et sur le Pain économique par M. Mustel. — Lettre d'un citoyen à ses compatriotes au sujet de la culture des Pommes de terre, par M. Mustel. — Rapport fait à la faculté de médecine de Paris, sur l'usage des Pommes de terre. — Lettre de M. le curé de Mondreville sur l'état de la culture de sa paroisse.

L'auteur qui se cache sous le pseudonyme: Un ancien officier, est, suivant Quérard, M. Varenne de Béost.

CUISINE (La) du vaisseau-école et la gastronomie pendant ma jeunesse.

Chapitre IX des *Souvenirs d'un homme de lettres*, publiés dans le *Bulletin du bibliophile*. Une note de ce même bulletin, année 1874, p. 537. dit que ces chapitres ne sont pas placés par ordre de dates, mais suivant qu'ils ont été retrouvés. Ils reparaitront du reste ailleurs, ajoute-t-elle, corrigés et distribués comme il convient.

Ces *Souvenirs* écrits par M. Jal n'ont jamais été publiés en volume.

CUISINE (La) élémentaire et économique, propre à toutes les conditions et à tous les pays contenant des recettes d'un usage journalier, la plupart inconnues jusqu'à présent, des préceptes généraux clairs et précis pour préparer toutes les espèces d'alimens, de pâtisseries, de confitures et de liqueurs de ménage ; un tarif pour la conservation des viandes avec une planche explicative d'un fourneau et de différens ustensiles de cuisine de nouvelle invention. Par D. L***. Seconde édition. *A Paris, chez Levacher*, an XIII, 1805, in-12 de VIII-304 pp. et 1 planche. (De 4 à 5 fr.)

Deux éditions de ce livre, dont l'auteur est, suivant Quérard, D. Leriget, ont paru la même année.

CUISINE (La) hygiénique, économique et confortable à l'usage de toutes les classes de la Société. *Paris, Desloges, s. d.* (vers 1850), pet. in-8. (De 3 à 4 fr.)

CUISINE (La vraie) jurassienne ou l'art de préparer une bonne cuisine bourgeoise économique par Mme L. M. de Lons-le-Saulnier avec la collaboration de M. C..., ancien maitre d'hôtel dans le Jura. *Lons-le-Saulnier, chez H. Damelet*, 1875, in-16 de 123 pages. (1 fr. 50.)

CUISINE (La) maigre. Recettes et menus de carême. *Paris, Albanel*, 1869, in-18 de IV-86 pp. (2 fr.)

CUISINE (La) moderne, comprenant la cuisine en général, la pâtisserie, la confiserie et les conserves, classées méthodiquement par une réunion de cuisiniers. Le plus complet des livres de cuisine, renfermant outre la classification des vins, les soins nécessaires à l'entretien d'une bonne cave. Indispensable à la maitresse de la maison et à la cuisinière bourgeoise. *Paris, H. Cagnon*, 1885, in-8 de 790 pp. (5 fr.)

CUISINE (La), official organ of the universal union of culinary art. General section of the united states. Devoted to the improvement of the American Table, and to the interests of culinary experts and of all concerned in Alimentary Products and Accessory Industries. *New-York, 440 Sixth Avenue*, pet. in-fol. de 12 pages.

Au mois de décembre 1885, la *Cuisine* en était à sa quatrième année d'existence. Le titre de cette revue mensuelle est écrit en français; les articles, à part quelques avis, sont en langue anglaise.

CUISINE (La) omnibus, divisée en trois chapitres comprenant plus de 600 recettes sur l'art culinaire, l'office, la cuisine des malades et des convalescents. Nouvelle édition considérablement, augmentée et mise à la portée de toutes les intelligences par la manière simple et précise dont chaque article est rédigé, et présentant par ses résultats une économie notable dans tous ses moyens d'exécution par J.-F. Prix 50 centimes. *Principal dépôt, au bureau des Diligentes et Dames-Réunies, rue Saint-Honoré, 202, près la place du Palais-Royal et dans les autres bureaux d'omnibus à Paris,* 1842, in-32 de 64 pages. (De 2 à 3 fr.)

Un feuillet de couleur de plus petit format placé à la fin porte comme titre : « Dispositions d'une table dressée et servie selon les règles reçues par exemple pour 12 personnes. » Suivent les instructions.

CUISINE (La) par les membres du Caveau. *Paris, chez E. Dentu,* 1879, in-12 de 144 pages, couverture illustrée. (1 fr.)

Recueil de chansons culinaires et gastronomiques, par MM. Emile La Bédolière, Eugène Grangé, Charles Vincent, Louis Piesse, etc., etc.

CUISINE parisienne pour le service des repas à domicile, transportés dans des appareils où les mets qui les composent sont conservés à la température à laquelle ils doivent être consommés, c'est-à-dire chauds ou froids. *Paris, chez M. Lejeune,* 1849, in-8. (De 2 à 3 fr.)

CUISINE (La) pour tous. A. B. C. pratique à l'usage des ménagères par l'auteur de l'*Art d'accommoder les restes. Paris, Faure,* 1867, in-12. (1 fr. 50.)

— La même… *Paris, Hachette,* 1881, 1882 et 1887, in-12 de 180 pages (1 fr. 50).

CUISINE (La bonne) simplifiée et mise à la portée de tout le monde. Manuel complet, composé par une réunion de chefs de cuisine, de chefs d'office et de confiseurs, appartenant aux premières maisons de Paris. *Paris,* 1852, in-18. (2 fr.)

CUISINIER (Le Grand) de toute cuisine : tres utille et prouffitable, contenant la maniere dhabiller toutes viandes tant chair que poisson, et de servir es banquetz et festes, avec un memoire pour faire un escriteau pour un ban-

quet; composé par plusieurs cuisiniers, reveu et corrigé par Pierre Pidoulx. *A Paris, pour Jehan Bonfons.* (A la fin :) Cy fine la fleur de toute cuysine nouvellement imprime a Paris, pour Jehan Bonfons, s. d., pet. in-8 goth. de 91 ff.

Au titre, fig. en bois. Ce livre, fort rare, est la réimpression, sous un titre différent, du *Livre fort excellent de cuisine,* Lyon, O. Arnoullet, 1542, in-8, goth. (voyez ce titre). M. le Bon Pichon fournit, à son sujet, dans l'introduction du *Ménagier de Paris,* pp. xxxiii-xxxv, d'intéressants renseignements. Ce traité est d'ailleurs, quant au fond, sauf quelques modifications, le même que le *Livre de Cuysine tres utile et prouffitable* et que le *Livre de Honneste volupté* (voyez ces deux titres), mais il diffère absolument du *Taillevent* avec lequel on le confond assez souvent.

L'exempl. de M. le Bon Pichon, provenant de la vente Saint-Albin (1850) et orné depuis d'une reliure en mar. r. doublé, de Trautz-Bauzonnet, s'est vendu, en 1869, 750 fr.

— Le Grand Cuysinier de toute cuysine tres vtile et profitable, contenant la maniere d'habiller toutes sortes de viandes, tant chair que poisson : et seruir es banquetz et festes ; le tout composé par plusieurs cuysiniers fort expers. *Paris, Jean Bonfons,* s. d. (vers 1560), pet. in-8, lettres rondes.

Vendu, en mar. bl. (Duru) 170 fr., Armand Bertin.

— Le Grand Cuysinier de toute cuysine, tres-utile et profitable, contenant la manière d'habiller toutes sortes de viandes, tant chair que poisson : et de servir es bancquetz et festes. Avec un mémoire pour faire escriteau pour un bancquet. Le tout composé par plusieurs cuysiniers fort experts. Aussi reveu et corrigé par gens de sçavoir. *A Paris, pour Jean Bonfons,* s. d. (vers 1560), pet. in-8.

Vend. en mar. bl. (Chambolle-Duru) 130 fr., Béhague.

— Le Grand Cvysinier de tovte cvysine tres-vtile et profitable, contenât la maniere d'habiller toutes sortes de viâdes tant chair que poisson : & de servir es banquetz & festes. Auec vn memoire pour faire escriteau pour vn Bâquet. Le tout composé par plusieurs cuysiniers fort expers. *A Paris, pour la vefue Iean Bonfons*, s. d. (entre 1566 et 1574), pet. in-8, fig. s. b. au titre.

Cette édition figure au Cat. des livres de M. A. Firmin Didot (1879) sous le n° 272; elle y est indiquée comme ayant été donnée vers 1560. Cette date est évidemment erronée ; il est, en effet, impossible que le nom de la veuve de Jean Bonfons puisse se trouver sur un livre ainsi daté, puisqu'en 1566, celui de son mari est encore inscrit sur le *Voyage de Charles IX*. Le Cat. Didot mentionne cette édition comme étant la première ; l'erreur est évidente, puisque des éditions antérieures portent le nom de Jean Bonfons. D'autre part, le même catal. ajoute : Exemplaire d'A. Bertin. Or, le Catal. Bertin fait bien mention d'une édition du *Grand Cuysinier*, reliée en mar. bl. (Duru) comme celle du Cat. Didot, mais le titre diffère quelque peu et le nom de Jean Bonfons, et non celui de sa veuve, s'y trouve imprimé.
Vendu : en mar. bl. (Duru) 325 fr., Didot.

— Le Grand Cuisinier très utile et profitable à toutes sortes de gens, contenant la manière d'habiller toutes sortes de viandes, tant chair que poisson, avec les mémoires de faire escriteaux pour le service d'iceux. *Paris, et se vendent rue Saint-Jacques à l'enseigne Saint-Nicolas (chez Nicolas Bonfons)*, s. d. (vers 1575), in-16.

Catal. Cigongne, n° 330.

— Le Grand Cvisinier, tres-vtile et profitable. Contenant en soy la maniere d'habiller toutes sortes de viandes, tant chair que poisson, Et de seruir ès banquets & festins, auec vn memoire de faire escriteau pour vn banquet ou nopce. *A Dovay, de l'Imprimerie de Iean Bogard, Imprimeur iuré à la bible d'or*. 1585, in-24 de 131 ff. ch., 12 ff. n. ch. et 1 f. bl., lettres rondes.

Les deux premiers ff., qui ne sont pas chiffrés, comptent néanmoins dans la pagination. Le premier dont le v° est blanc est

occupé par le titre ; au r° du second on lit : « Avx lectevrs salvt », c'est l' « epistre » qui finit au r° du f. 3. Le corps de l'ouvrage commence au v° du f. 3 et finit au v° du f. 130, après la 2° ligne, par ces mots : *Fin du liure de Cuisine*.

Au r° du premier f. n. ch. : « Enseignement dv contenv de ce présent liure, intitulé Le Grand Cuisinier » ; au r° du deuxième f. n. ch. : « Ensvyt la table de ce present liure ». Cette table finit ainsi au v° du dernier f. : *Fin de la table*.

L'exemplaire que nous venons de décrire fait partie de la collection de M. le Bᵒⁿ Pichon.

— Le grand Cuisinier, très utile et profitable a tous, contenant la maniere d'habiller toutes sortes de viandes tant chair que poisson, et de servir es banquets et festins avec memoire de faire escriteau pour le service d'iceux. *A Rouen, de l'imprimerie de Thomas Duré*, s. d. (vers 1620), pet. in-12.

Vendu en mar. r. (Closs), 42 fr., Yemeniz.

Un bon exemplaire du *Grand Cuisinier de toute cuisine* (Cat. Tilliard, n° 785), s'est vendu, le 15 janvier 1840, 2 fr. 15 cent.

CUISINIER (Le) anglais, traduit en français avec le titre de chaque recette en français et en anglais contenant, outre les articles qui concernent la cuisine française, la manière de faire toutes sortes de puddings, dumplings, pâtés, gâteaux, conserves, marinades, catsups, sauces et vins de fruits. Faisant suite à la dixième édition du *Cuisinier royal*. *Paris, Barba*, 1820, in-8. (De 3 à 4 fr.)

CUISINIER (Le petit) de la Halle de Mulhouse ou quelques manières simples et faciles d'accommoder la marée, par G. V. *Mulhouse, Risler et Cⁱᵉ*, 1866, in-18 de 32 pp. (De 1 à 2 fr.)

CUISINIER (Le) de tout le monde ou la cuisine sans cuisinier, précédé de notions sur le service ; de Menus divers ; d'un calendrier gastronomique perpétuel ; d'un Vocabulaire des termes et des ustensiles en usage pour la cuisine, l'office et la cave ; de l'Art de découper et de servir à table, etc. ; suivi de l'art de conserver les substances alimentaires ; d'un traité des altérations et falsifications des substances solides et liquides employées dans l'économie domestique ; des alimens dangereux et nuisibles ; des empoisonnemens par les champignons, les moules, le vert de gris ; de l'asphyxie par la vapeur du charbon, etc., etc. ; publié avec le concours et sous la direction des auteurs de l'Encyclopédie des connaissances utiles. *Paris, Bureau de l'Encyclopédie,* 1835, in-18 de XII-240 pp. (De 3 à 4 fr.)

Au verso du faux titre un dessin représente une dame et deux messieurs mettant le couvert ; une planche repliée indiquant la manière de découper les mets se trouve après la page XII.

— Le même... nouvelle édition. *Paris, Collin jeune,* 1841, in-18.

CUISINIER (Le nouveau) des Cuisiniers ou trésor de la cuisinière de la ville, de la campagne et de la maîtresse de maison. *Bruxelles, Tircher,* 1861, in-18. (1 fr. 50.)

D'après Barbier, c'est une réimpression du *Trésor de la Cuisinière* de M. A. B. de Périgord. (Voyez ce nom.)

CUISINIER (Le petit) des gourmands. Nouvelle édition. *Landau, Vᵉ Fiedel et fils,* 1811, in-12 de 71 pages. (De 2 à 3 fr.)

CUISINIER (Le) Durand. *Nîmes, imprimerie de P. Durand-Belle,* 1830, in-8 de XV-480 pages. (De 8 à 10 fr.)

A la suite de la préface qui finit au milieu de la page XIII, on trouve un petit poème « composé pour l'éloge de Durand, premier Traiteur de Nîmes, et inséré au *Journal du Gard,* le 5 janvier 1810. Ce sujet, mis au concours, fut chanté par beaucoup de gens à talent ; le petit comité, choisi pour juger les divers morceaux, donna la palme au suivant : » (Suit le poème en vers alexandrins qui finit au recto de la page XV dont le verso est blanc.)

Après la table des matières imprimée sur deux colonnes qui finit au recto de la page 469 dont le verso est blanc, l'auteur a donné des indications pour la « mise de table ». Pages 475-480, un dictionnaire des termes de cuisine. Un avis placé à la fin de ce dictionnaire informe que « les personnes qui ne voudraient pas se donner la peine de confectionner le sel épice, en trouveront chez l'auteur, rue Notre-Dame à Nîmes ».

Cette première édition du *Cuisinier Durand* est peu commune.

— Le même.... Cuisine du Midi et du Nord, 8ᵉ édition, revue, corrigée et augmentée par C. Durand, petit-fils de l'auteur. *Nîmes, l'auteur,* 1863, in-8 de XIX-365 pp., avec portraits et planches.

Souvent réimprimé depuis cette date. La *Bibliographie de la France* annonce la 9ᵉ édition, en 1877, *Paris, Garnier frères,* in-18, avec 160 fig. (2 fr. 50.)

CUISINIER (Le petit) économe, ou l'art de faire la cuisine au meilleur marché mis à la portée de chacun, & contenant l'indication des alimens les plus rapprochés des facultés de tous les citoyens ; avec la manière de faire le Pain, & des instructions claires & faciles sur le traitement et l'apprêt des Pommes de terre, dans les temps difficiles &c. On y a joint la manière de conserver les Légumes, les Herbes potagères, les Fruits, &c., & de faire économiquement de bons Ratafias, de bon Vinaigre, le Raisinet, et de bonnes confitures de campagne, &c., &c. *A Paris, chez Janet, rue Jacques, vis-à-vis les Mathurins, nᵒ 31* (1796), pet. in-18 de XXXVI-105 pages.

A la fin : De l'imprimerie de Belin, rue Jacques, nᵒ 22, an IVᵉ de la République.

— Suite du petit Cuisinier économe ou l'art de faire la cuisine au meilleur marché ; mis à la portée de chacun. Supplément ou seconde partie contenant de nouvelles formules de cuisine économique & des Instructions nouvelles & précises pour concilier l'économie avec l'appétit & le goût. On y a joint la manière de faire soi-même & à peu de frais, la Farine ou Fécule de Pommes de Terre, très utile pour remplacer la farine de Froment, & de nouveaux détails intéressans sur la cuisine en général, & sur quelques parties de l'office, pour les desserts & les collations, à la ville & à la campagne, omis dans la première partie de cet ouvrage, &c., &c. *A Paris...* (même adresse et même date que le précédent), pet. in-18 de XXIV-120 pages. (De 7 à 8 fr. les deux part.)

Ces deux ouvrages peu communs portent chacun comme épigraphe sur le titre : *L'art de vaincre est perdu dans l'art de subsister* (Frédéric II, *Art de la guerre*).

CUISINIER (Le petit) français contenant la cuisine, l'office, la pâtisserie, précédé d'un traité de la dissection des viandes, extrait du *Manuel des amphytrions* de Grimod de la Reynière ; 2° d'une instruction sur les connaissances des viandes de boucherie, volailles, gibiers, poissons, etc., 3° d'une Table indicative des productions alimentaires de chaque mois de l'année ; suivi de l'indication des meilleurs procédés pour conserver les œufs, légumes, fruits et autres substances alimentaires ; d'une instruction sur la manière de conserver les vins, de les coller, mettre en bouteille, etc., etc., et d'instructions pour servir une table de 8, 12, 16, ou 20 couverts et orné de trente-huit figures. *Paris, Ferra jeune ; Aimé Payen,* 1823, in-18. (De 3 à 4 fr.)

Ce traité de cuisine a été souvent et est encore réimprimé aujourd'hui sous le titre de Manuel complet de la cuisinière bourgeoise. (Voyez Catherine (Mlle).)

D'après Quérard, *Supercheries,* l'auteur du *Petit Cuisinier français* est J.-J. Mayeux, ancien élève de l'école des langues orientales, et non M. Delaruc, à qui on en avait attribué la paternité.

CUISINIER (Le) gascon. *A Amsterdam (Paris),* 1740, in-12 de 4 ff. limin. et 208 pages. (De 15 à 20 fr.)

Première édition d'un ouvrage anonyme dont l'épître dédicatoire est adressée à « Son Altesse sérénissime Monseigneur le Prince de Dombes » et signée « le Cuisinier Gascon ».

Ce petit traité de cuisine contient peu de recettes, mais elles sont, pour la plupart, assez recherchées et désignées sous des noms pittoresques. C'est ainsi que l'on y trouve les *Bignets bachiques*, le *Hachis d'œufs sans malice*, les *Yeux de veau farcis au gratin*, les *Œufs au Soleil*, les *Poulets à l'allure nouvelle*, en *Chauves-Souris*, en *Culottes*, les *Poulets vilains ou à la motte*, les *Sauces à la marotte, au bleu céleste, à la demoiselle*, le *Veau en crotte d'âne roulé à la Neuteau*, etc.

Un exemplaire en maroquin rouge (Capé), aux armes de M. W. Hope, a été adjugé à la vente Baucel : 30 francs.

— Le Cuisinier gascon. Nouvelle édition, à laquelle on a joint la Lettre du Pâtissier anglais. *A Amsterdam,* 1747, in-12 de 4 ff. lim. n. ch. et 244 pp. (De 10 à 12 fr.)

Vente Desq : en maroq. rouge (Niédrée) 61 fr.

La *Lettre du pâtissier anglais,* qui a été ajoutée à cette édition du *Cuisinier gascon,* a été écrite par le fils d'un ambassadeur à Constantinople, M. Desalleurs l'aîné.

Le catalogue des livres de M. Benzon 1875 mentionne une édition du *Cuisinier gascon, Amsterdam,* 1767, in-12 ; mais nous ne le connaissons pas ; il se pourrait fort bien que l'on ait écrit 1767 au lieu de 1747.

Cet exemplaire a été vendu : en maroq. rouge. (Chambolle-Duru) 165 francs.

CUISINIER (Le) gascon ou traité simplifié des substances alimentaires, mis à la portée de tout le monde. Sixième édition. Prix 1 fr. 50. *Se vend seulement à Dax, chez Marcel Herbet,* 1858, in-12 de 96 pages.

— Le même... revu et augmenté d'un grand nombre de recettes. *Dax, Herbet,* 1864, in-12 de 110 pages.

CUISINIER (Le nouveau) impérial, etc., par un officier de bouche. *Paris, Tardieu-Denesle,* 1813, in-12. (3 fr.)

CUISINIER (Le) méridional d'après la méthode provençale et languedocienne contenant la cuisine, l'office et la pâtisserie ; un traité sur la dissection des viandes ; la connaissance des viandes ; volailles, gibiers et poissons ; un dictionnaire pour servir à l'intelligence des termes de cuisine, Orné de figures. *Avignon, Pierre Chaillot, place du Palais,* 1835, in-18 de 324 pages. (De 2 à 3 fr.)

— Le même, *ibidem, idem,* 1859, in-18 de 324 pp.

CUISINIER (Le nouveau) Royal ou e Manuel des Gastronomes, contenant es meilleurs procédés de l'art de la cuisine, et accompagné d'un traité de la pâtisserie et de l'office, par d'A***. *Paris, Langlois,* 1827, in-12 de VI-400 pages. De 2 à 3 fr.)

CUISINIER (Le nouveau) royal (commencement). *Dijon, impr. Brunot,* 1836.

Une note de la *Bibliographie de la France* ajoute : Le volume sera achevé à Paris.

CUISINIÈRE (La) assiégée ou l'art de vivre en temps de siège par une femme de ménage. *Pai is, A. Laporte,* 1871, in-12 de 36 pages. (2 fr.)

Il est mentionné au titre qu'il sera versé sur la vente de cet ouvrage 10 p. 100 à la caisse des veuves et orphelins des défenseurs de Paris.

Cette plaquette est assez curieuse ; on y trouve une liste des rares comestibles que l'on pouvait se procurer pendant le siège, avec leur prix et des recettes pour accommoder le chien, le rat et le cheval.

CUISINIÈRE (La) bourgeoise, suivie de l'office à l'usage de tous ceux qui se mêlent de dépenses de Maisons. *A Paris, chez Guillyn, Qvay des Augustins, entre les rues Pavée & Git-le-Cœur, au Lys d'or,* 1746, in-12 de VII pp. ch., 1 p. n. ch. et 400 pp. ch., plus 2 feuillets pour le privilège et les errata. (De 10 à 12 fr.)

Première édition d'un livre devenu classique et qui a été très souvent réimprimé. L'auteur de ce traité anonyme est Menon dont le nom se trouve au privilège daté du 4 juin 1745 ; il nous dit, dans sa préface, qu'après avoir fini son *troisième tome du nouveau traité de la cuisine,* il ne comptait plus écrire sur cette matière ; mais il a cédé à la demande de plusieurs personnes de distinction qui l'ont engagé à « donner au Public une Cuisine Bourgeoise, comme étante (*sic*) du goût de beaucoup de Grands Seigneurs ».

La *Cuisinière bourgeoise* est divisée en XVI chapitres dont le dernier est consacré à l'office. Une table des matières termine l'ouvrage ; elle commence à la page 367 et finit à la page 400.

Le traité de Menon a eu de nombreuses éditions au XVIIIᵉ et au XIXᵉ siècles. Ces dernières ne sont pas toutes absolument textuelles et les éditeurs qui les ont publiées ont peu à peu rajeuni le texte original de l'auteur. Nous donnons ici la liste des principales éditions de la *Cuisinière bourgeoise.*

— La même, *Paris, id.,* 1748, 1 vol. in-12 de VI pp. ch., 1 f. n. ch., 449 pp. et 3 pp. n. ch.

— La même... troisième édition beaucoup augmentée. *Paris, id.,* 1750, in-12 de 3 ff. lim. et 440 pp.

— La même... contenant la manière de disséquer, connoître et servir toutes sortes de viandes. *Paris, id.,* 1752, 2 vol. in-12 de 4 ff. lim. n. ch., 451 pp. et 1 f. lim. et 428 pp.

— La même, *Bruxelles, François Foppens,* 1764, in-12.

— La même... nouvelle édition, augmentée de plusieurs Ragoûts des plus nouveaux, & de différentes Recettes pour les Liqueurs. *Bruxelles, François Foppens,* 1767, in-12 de 3 ff. lim. et 492 pp.

— La même... nouvelle édition, augmentée de plusieurs aprêts qui sont marqués par une Etoile. *Paris, Guillyn,* et aussi, *Paris, Monory,* 1769, 2 vol. in-12 de XXX pp., 1 f. n. ch., 392 pp. et 400 pp.

— La même, *Bruxelles,* 1775, in-12.

— La même, *Lyon, Amable Leroy,* 1783, in-12.

— La même, *Liège, C. Plomteux,* 1788, in-12 de 492 pp.

— La même... nouvelle édition, *Paris, Nyon,* 1789, 2 vol. in-12.

Éditions du XIXᵉ siècle :

— La Cuisinière bourgeoise suivie de l'office, etc. *Avignon, imp. Guichard,* 1816, in-12.

— La même, *Paris, Lécrivain,* 1817, in-12

— La même, *Besançon, impr. de Montarsolo,* 1821, in-12.

— La même, *Paris, Guillaume,* 1822, in-12.

— La même, *Paris, Lecomte et Durey,* 1823, in-12.

— La même... précédée d'un manuel prescrivant les devoirs qu'ont à remplir les personnes qui se destinent à entrer en service dans les maisons bourgeoises. Cet ouvrage contient en outre, etc. Nouvelle édition revue par une maîtresse de maison. *Paris, Moronval,* 1823, in-12; 1 planche.

La même... 2ᵉ édition, revue par une maîtresse de maison. *Paris Moronval,* 1823, in-12.

— La même, *Paris, Moronval,* 1824, in-12, avec 1 pl.

— La même, *Paris, Chassaignon,* 1825, in-12.

— La même, *Montbéliard, impr. Deckherr,* 1825, in-12.

— La même, 4ᵉ édition, revue, etc. *Paris, Moronval,* 1826, in-12.

— La même, 5ᵉ édition, *ibidem, idem,* 1827, in-12, avec 1 planche.

— La même, 6ᵉ édition, *ibidem, idem,* 1828, in-12. 1 planche.

— La même, 7ᵉ édition, *ibidem, idem,* 1829, in-12.

— La même, 8ᵉ édition, *ibidem, idem,* 1830, in-12.

— La même. 9ᵉ édit., *ibidem, idem,* 1831, in-12, 1 planche.

— La même, 10ᵉ édition, *ibidem, idem,* 1832, in-12.

La même, *Montbéliard, Deckherr,* 1835, in-8.

— La même, 10ᵉ édition, *Paris, Moronval,* 1836 et 1838, in-12.

— La même, 12ᵉ édition, *ibidem, idem,* 1841, in-12.

— La même, 14ᵉ édition, *ibidem, idem,* 1844, in-12.

— La même, 15ᵉ édition, *ibidem, idem,* 1845, in-12.

— La même, 18ᵉ édition, *ibidem, idem,* 1851, in-12.

— La même, *Montbéliard, Barbier,* 1852, in-12, avec figures.

— La même, 20ᵉ édition, *Paris, Moronval,* 1855, in-12.

— La même, 21ᵉ édition, *ibidem, idem,* 1857, in-12.

Cette édition, est annoncée dans la *Bibliographie de la France* en 1861, 1863, 1864 et 1865. La 22ᵉ édition, *Paris, Moronval,* a paru en 1866.

Il est à remarquer que les éditions de la *Cuisinière bourgeoise,* imprimées pendant ce siècle, sont toutes en un seul volume.

CUISINIÈRE (La bonne) bourgeoise, à l'usage de la ville et de la Campagne. Traité complet sur la manière de faire facilement et économiquement une excellente Cuisine, contenant etc., etc., d'après les meilleurs Cuisiniers de la capitale. *Epinal, chez Pellerin et Cⁱᵉ* (1854), in-12 de 164 pp. (1 fr. 50.)

CUISINIÈRE (La nouvelle) bourgeoise contenant : 1º outre les recettes générales et particulières propres à faire une bonne Cuisine à peu de frais, l'art de découper toutes sortes de viandes, de volaille et de gibier; 2º celui de trousser la volaille et le gibier; 3º la manière de servir une table de huit, douze, seize et vingt couverts; 4º de faire et confectionner toute espèce de confitures au prix le plus modéré, suivie de .... etc. Par l'auteur du *Parfait Cuisinier.* Quatrième édition, *Paris, Davi et Locard,* 1817, in-12 de 305 pp., fig. grav. (De 2 à 3 fr.)

La première édition, *ibidem, idem,* porte la date de 1815; elle a été réimprimée en 1816, 1819, 1820, 1821, 1822 et 1827 (dixième édition). Par Raimbaut (voyez ce nom).

CUISINIÈRE (La plus nouvelle) bourgeoise, suivie de l'office à l'usage des personnes qui se mêlent de la cuisine et de la dépense, contenant, etc. Nouvelle édition. Augmentée de plusieurs ragoûts nouveaux, de différentes recettes pour les liqueurs, de l'art de faire les glaces, la pâtisserie et les crèmes. *Paris, Vauquelin,* 1822, in-12 de 334 pp., planche et frontispice gravés. (De 3 à 4 fr.)

CUISINIÈRE (Nouvelle) canadienne. *Montréal (Canada),* 1865, in-18. (1 fr. 50).

CUISINIÈRE (La) de la ville et de la campagne, ou Recueil des procédés les plus simples et les plus en usage sur l'art alimentaire. *Paris, Lecointe et Durey; Metz,* Mme *Vve Devilly,* 1831, in-8 de 428 pp. (De 2 à 3 fr.)

CUISINIÈRE (La) des familles par un cordon bleu. Nouvelle édition. *Paris, libr. des publications à 5 centimes,* 1885, in-32 de 160 pages. (1 fr. 50.)

CUISINIÈRE (La) des petits ménages, ou la bonne ménagère en exercice ; contenant etc..., terminée par la nomenclature des vins et liqueurs les plus en usage et les meilleurs. Ornée d'une jolie gravure, par un petit cordon bleu de Paris. *Paris, Désirée Eymery,* 1842, in-18 de 236 pp. (1 fr.)

Les deux éditions précédentes avaient paru en 1828 et 1835, *Paris, Audot,* in-18.

CUISINIÈRE (La) du Haut-Rhin, à l'usage des ménagères et des jeunes personnes qui désirent acquérir les connaissances indispensables à une maîtresse de maison dans l'art de la cuisine, de la pâtisserie et des confitures, suivi d'une instruction pour apprêter une nourriture saine aux malades, traduit de l'allemand. *Mulhausen, Jean Risler et Cie,* 1829, in-8 de 295 pp. (2 fr. 50).

— La même... seconde partie, *Mulhausen Risler,* 1833, in-8 de 165 pp.

— La même... Ire partie, seconde édition. *Mulhouse, impr. de Risler,* 1842, in-12.

Après avoir annoncé ce dernier ouvrage, la *Bibliographie de la France* ajoute : Quoique portant Ire partie, le volume paraît complet.

CUISINIÈRE (La jeune) ou l'économe des petits ménages, contenant tous les détails et manières de faire une bonne cuisine, saine et économique ; un peu de pâtisserie, des crèmes, des confitures ; de fumer et saler les viandes, les conserver ainsi que les légumes crus et cuits ; enfin de dresser et de servir la table : terminée par la nomenclature des vins et liqueurs les plus en usage et les meilleurs. Par un petit cordon bleu de

Paris. Orné d'une jolie gravure. *Paris, Désirée Eymery,* 1842, in-18 de 236 pages, petite vignette au titre. (De 3 à 4 fr.)

La gravure, placée en tête de l'ouvrage, entre le faux titre et le titre, représente une maîtresse de maison, parlant à sa cuisinière qui, tout en allumant son feu, lui répond : Vous voyez, madame, je m'occupe du dîner.

CUISINIÈRE (La) républicaine qui enseigne la manière d'accomoder (*sic*) les pommes de terre ; avec quelques avis sur les soins nécessaires pour les conserver. *A Paris, Mérigot jeune,* an III, in-24 de 42 pages. (De 10 à 12 fr.)

Cette brochure est l'œuvre de Mme Mérigot. Un avis placé à la fin indique que l'on trouve chez le même libraire le « *Mémoire* du citoyen Grenet couronné au Licée des Arts, sur les moyens de conserver les pommes de terre, sous la forme de riz ou vermicel, avec figures, prix 20 sols ».

CULINA famulatur Medicina. Receipts in Modern Cookery, with a Medical Commentary by Ignotus, and revised by A. Hunter... and E. *York,* 1806, in-12. (De 3 à 4 fr.)

Quatrième édition.

CURTIUS. — Matthæi Cvrtii Papiensis de prandii ac cœnæ modo libellus. *Romæ, apud Paulum Manutium, Aldi F.* 1562, in-4° de 3 ff. non chiffrés pour la dédicace, 1 feuillet blanc et 90 pages. (De 10 à 12 fr.)

Au titre, la marque des Alde. La dédicace est adressée : Illustriss. ac rever. Carolo Borromeo, pii IIII pont. max. nepoti, Cardinali amplissimo Bononiæ Legato, Raphael Curtius.

Livre rare ; au cat. Benzi figure une autre édition du même ouvrage, *ibidem, idem,* 1566, pet. in-8.

CUSSY (Marquis de). — Voyez Classiques (Les) de la Table.

ĆWIERCZAKIEWICZOWA (Lucyna). Obiadowza piec zlotych. *Warszawa nakład autorki, druk J. Psurskiego,* 1860, in-8° de lix-102 pp.

Recueil de menus pour tous les jours de l'année. L'auteur en a donné de nouvelles éditions augmentées de 120 menus maigres. (Varsovie, 1862. 1864. 1868 et 1869, in-8.) (Estreicher, *Bibliograpfia polska*, t. I, p. 226.)

CYBELEUS. — Opusculum de Laudibus et uituperio Vini & Aquæ Valentini Cybelei, Canonici Ecclesiarum Quinquecclesien. & Albeñ. (In fine:) *Hagenau ex Academia Thomæ Anshelmi mense Iulio. Anno MDXVII*, petit in-4° de 27 feuillets non chiffrés, signés A-GIII. (De 20 à 25 fr.)

Pièce sur l'ivrognerie.

DAIGUE (Estienne). — Singvlier Traicte contenât la propriétédes Tortues Escargotz Grenoilles et artichaulz compose par Estienne Daigue Escuyer Seigneur de Beauluais en Berry. *On le vend par Galliot du Pré au premier pilier de la grande sale du palais Et par maistre Pierre Vidoue en la rue perdue près la place Maulbert,* in-4 de 12 ff. non chiffrés, lettres rondes. (De 25 à 30 fr.)

Au titre, la marque de Galliot du Pré; au dernier feuillet, celle de Pierre Vidoue. Au verso du titre, se trouve la demande de Galliot du Pré adressée a M. le bailly ou son lieutenant pour la permission d'imprimer. Cette demande est datée du 9 août 1530; au recto du second feuillet : *Au lecteur. Salut;* au verso commence le premier des quinze chapitres qui composent l'ouvrage. Les cinq premiers traitent des tortues et de leur usage; les trois suivants, des « escargotz ou limaz »; les trois autres, des « grenoilles »; les quatre derniers, enfin, des « artichaultz ».

La première lettre commençant chacun des chapitres est ornée.

— Le même..... *Nouuellement imprime,* s. d., pet. in-8° goth. de 16 ff., fig. sur bois au titre.

Cette édition, selon du Verdier, aurait été imprimée à *Lyon, par Pierre de Sainte-Lucie.* M. Brunet la considère comme la plus rare de ce traité.

Un exempl. en mar. citr. (Padeloup) s'est vendu : 121 fr., Bon Pichon.

— La Propriété des tortues, escargotz ou limaz, grenoilles, citroulles ou citrulz, champignôs et artichaulz, par Etienne Daigue. *S. l. n. d.* (*Paris, Pierre Vidoue,* 1542), pet. in-8.

En mar. la Vall. (Thibaron-Echaubard) 40 fr., Bancel. Voyez Aquœus (Stephanus).

DALRYMPLE (G.). — The practice of modern Cookery. By George Dalrymple. *Edinburgh,* 1781, in-8. (De 4 à 5 fr.)

DAMERVAL (Eloy). — Le liure de la deablerie (A la fin :) *Icy finist la deablerie* (*Paris, Michel Le Noir,* 1508), in-fol. goth. de 124 ff. à 2 col, de 48 vers à la col. n. ch., signés a-t par 6, v par 4 et x par 6. (Bibl. nat. Y 447, réserve.)

Au titre un grand bois représentant une tête de monstre, sur laquelle est assis Lucifer. La gueule béante du monstre laisse voir la foule des pécheurs; devant elle Sathan. Dans le coin gauche, l'auteur désigné par le mot : Eloy.

Au-dessous de ce bois, on lit les 14 vers suivants, imprimés sur deux col. :

De maistre eloy Damernal sás doubtáce
Venerable prestre plai de prudéce
Icy sensuyt croyeᷓ la deablerye.
Il a conge du roy ie vous affie.
De le faire a paris imprimer.
Aultre ne peut que luy le exprimer
Sur grandes peines cela est deffendu
Jusqs a deux ans il doibt estre vendu
Par iceluy qui en a le conge
C'est vng bon liure vtille et abrege
Lacteᷓ lõg téps a vacque a louurage
Poᷓ expliquer son cueur et só courage
Michelle noir faicte à limpression
Toᷓ deux les mette dieu en sa masion.

Au verso du titre « Le prologue. Sensuit la table du liure de la deablerye... » Cette table finit au vᵒ du 5ᵉ f. après la 13ᵉ ligne de la 2ᵉ colonne. Au-dessous, un bois. Le rᵒ du 6ᵉ f. ne contient que 2 col. de 8 vers chacune. Au verso, « la teneur du preuilege... donne a Bloys le xxix iour de ianuier. Lan de grace mil cinq cens et sept. Et de nostre regne le dixiesme. »

En haut du rᵒ du 7ᵉ f. un bois (portrait d'Eloy d'Amerval). Au-dessous :

Cy cômence le prologue
Sur la deablerie deloy
Quil a dictee en dyalogue
Dieu la face de bon aloy.

L'ouvrage se termine au rᵒ du 124ᵉ f., au bas de la seconde colonne, par la souscription transcrite plus haut; le verso est blanc. Les 16 vers qui précèdent la souscription finale mentionnent le nom et l'adresse de Michel le Noir, ainsi que la date de l'impression de l'ouvrage.

Brunet, *Manuel*, t. II, col. 478, cite cette édition de Michel le Noir, avec les mêmes signatures *a-x*, mais il indique 126 ff. Il est probable que M. Brunet n'a pas fait attention au cahier V, qui ne contient que quatre feuillets, les autres se composant de 6; d'où l'erreur.

Une édition du *Livre de la Deablerie*, même nombre de feuillets, mêmes signatures, même bois au titre, fig. au *Catal. de M. le Bᵒⁿ James de Rothschild*, nᵒ 457; comme celle que nous venons de décrire, elle a été donnée par Michel le Noir, en 1508, mais elle offre cependant quelques dissemblances dans le titre notamment. Les 14 vers placés au-dessous du bois que nous avons cités ne s'y trouvent pas; on les lit au vᵒ du titre, avant la *table*. Il faut aussi signaler des différences dans l'orthographe des mots. De plus, dans cette édition, le rᵒ du 6ᵉ f. est blanc; dans la précédente, il est occupé par 16 vers.

Un exemplaire de cette édition ayant appartenu au prince d'Essling et à M. de La Roche-La-Carelle, a été adjugé à la vente de ce bibliophile: en mar. r. (Trautz-Bauzonnet) 335 fr.

—Sensuit la grant dyablerie Qui traicte comment Sathan fait demonstrance a Lucifer de tous les maulx que les mondains font selon leurs estatz : vacations et mestiers. Et comment il les tire a dampnacion contenant plusieurs chapitres : comme il appert par la table sequente. Imprime a Paris nouuellement. — (A la fin :) *Cy finist la dyablerie*. S. d., in-4, goth., de 150 ff. à 2 col. de 40 vers à la col., n. ch., signés a-ᷓ et A-B.

Les cahiers sont ainsi signés a par 6; b, d, f, g, i, l, n, p, q, s, v, y, ᷓ par 4; c, e, h, k, m, o, r, t, x, z par 8. Le cahier A contient 4 ff.; le cahier B, 8.

Au titre, un bois représentant des diables enfonçant des damnés dans une sorte de baquet. Au vᵒ du titre, commence la table qui se termine à la 21ᵉ ligne de la 2ᵉ col., au rᵒ du 6ᵉ f.; au vᵒ de ce f., un bois représentant des scènes infernales. En haut du rᵒ du 1ᵉʳ f. du cahier B (second alphabet), un bois. L'ouvrage finit au bas du rᵒ du dernier f. par la souscription donnée plus haut; au vᵒ, la marque de Michel le Noir.

— *Sensuit* la grât *dyablerie* Qui traicte côment Sathan fait demonstrence a Lucifer de tous les *maulx* q̄ les mondains font selon *leurs* estatz, vacations et mestiers. *Et comment* il les *tire a dampnation*. Contenant *plusieurs* chapitres, côme il *appert par la* table sequente. *Imprime a Paris nouuellement. On les vent a paris en la Rue neufue nostre dame a Lenseigne de lescu de France.* S. d., in-4, goth., de 150 ff. à 2 col. de 40 vers à la col.; n. ch., signés a-ᷓ et A-B.

La composition des cahiers est identique à celle des cahiers de l'édition précédente (Michel le Noir, in-4). Titre rouge et noir. Au titre, un bois imprimé en noir représentant cinq diables: au vᵒ du titre « Le Prologue. Sensuit la table... » qui finit au rᵒ du 6ᵉ f. après la 3ᵉ ligne de la 2ᵉ col. par ces mots « Cy finist la table ». Au-dessous, 16 vers sur la table. Au vᵒ de ce 6ᵉ f., un bois imprimé moitié en rouge (côté gauche), moitié en noir (côté droit). Et, au-dessous de ce bois, on lit, imprimé en rouge: *Imprime a paris par la veufue iehan trepperel, et Jehan iehannot Libraire & imprimeur Demourans a*

Paris en la rue neufue nostre dame a lenseigne de lescu de France.

L'ouvrage commence au r° du f. b1, par un bois au-dessous duquel :

Cy commence le prologue.

. . . .

et finit au r° du dernier f. par - *Cy finist la dyablerie* ». Le v° est blanc.

M. Brunet citant au *Manuel*, de 1842, cette édition que possède la bibliothèque Mazarine dit qu'elle a dû être imprimée vers 1520 ou 1525. Si la première de ces deux dates peut être admise, il n'en est pas de même de la seconde, l'association de la veuve de Jehan Trepperel et de Jehan Jehannot ayant cessé avant le 18 décembre 1521. (Voyez Henri Harrisse, *Excerpta Colombiniana*, et Silvestre, *Marques typographiques*.) On peut, croyons-nous, penser que cette édition a été imprimée entre 1512 et 1520, peut-être même vers 1510, comme l'avait d'abord dit M. Brunet dans la troisième édition du *Manuel* (1820), t. I, p. 489.

Un exemplaire de cette édition, v. f., a été vendu 425 fr., Yemeniz.

— Le même... (à la fin :) *Cy fine la grant dyablerie nouuellement ĩprimee a paris par Alain loctrian*, s. d., in-4, goth., de 146 ff. à 2 col., titre rouge et noir, fig. s. bois.

Vendu : en v. f., 121 fr., d'Essling ; 400 fr., Yemeniz.

La présence du *Livre de la deablerie* dans cette bibliographie peut surprendre au premier abord ; toutefois, avant d'expliquer les raisons pour lesquelles nous l'y avons fait figurer, disons que les bibliographes ne sont pas d'accord sur sa classification. De Bure le classe dans les sciences et arts (*traités sur les démons*), n° 1414, et Brunet considère qu'il doit trouver sa place dans la théologie, alors qu'au *Cat. Rothschild*, nous le voyons figurer dans les belles-lettres :

Il nous suffira pour justifier la présence ici du livre d'Eloy d'Amerval, de citer les titres des chapitres suivants du second livre :

Chap. xxij : Comment Lucifer demande frians et gourmans pour les damner. — *Chap. xxiij* : Còment lacteur declare le bruuage des dampnez. — *Chap. xxxix* : Comment lacteur desprise les mondains gourmans qui ne pensent que de la pance. — *Chap. xl* : Comment lacteur blasme les gourmans a la table parlant deshonnestement. — *Chap. liii* : Comment Sathan se moque des banquetz des mignons de maintenât. — *Chap. iiiixxxiii* : Coment plusieurs escoliers peu étudient et gaudissent faisans grans chères. — *Chap. iiiixxxiiii* : Commèt les escoliers mondains après la bonne chère ne veul-

lent estudier mais luxurier. — *Chap. cvii* : Còment Sathan fait questions a lucifer des mauuais hostelliers et tauerniers q̃ vendêt plus cher aux passans qu'aux autres gens. — *Chap. cix* : Còment Sathan parle à lucifer des espiciers qui sophistiquent leur espicerie et les en accuse. — *Chap. cx* : Comment Sathan accuse les tauerniers qui brouillent souuent le vin. — *Chap. cxi* : Comment Sathan accuse les bouchers qui souflent les veaulx et vendent chers infaictes. — *Chap. xxix* : Comment au temps que les vignes faillent connient boire eaue bière seruoize cydre ou breuuage de petit pris, etc., etc.

— La grande diablerie, poème du xve siècle par Eloy d'Amerval. *Paris, Georges Hurtrel*, 1884, in-16 carré de 216 pages, front. à l'eau-forte par Avril, dessins de G. Fraipont.

Cette édition, toute récente ne donne pas le texte exact du livre d'Eloy d'Amerval ; outre que l'orthographe n'y est pas respectée, les vers originaux s'y trouvent sensiblement modifiés et transcrits même sous une forme absolument moderne.

DAMOREAU (Louis). — Le premier des gastronomes ou le Gourmand à la barrière, paroles de Louis Damoreau (7 couplets). *Paris, impr. de Juteau*, 1850, in-4. (1 fr.)

DANFLOU (Alfred). — Les Grands crus bordelais, Monographies et photographies des châteaux et vignobles. Première partie. Premiers grands crus — deuxièmes et troisièmes grands crus du Médoc. *Bordeaux, Goudin*, s. d. (1867), in-4 de VIII-110 pages, 25 planches. (Publié à 70 fr.)

— Le même..... Deuxième partie, quatrièmes et cinquièmes grands crus du Médoc. *Bordeaux, Goudin*, s. d. (1867), in-4 de 166 pp. et 23 planches. (Publié à 50 fr.)

L'auteur, dans sa préface, annonce que les *Grands crus bordelais* doivent former quatre parties, les deux dernières consacrées aux crus non classés du Médoc et des Graves, de Saint-Emilion, de la côte de Fronsac, etc., et aux vignes blanches.

Les deux premières parties que nous indiquons plus haut ont seules paru.

DARCET (J. P. Jos.). — Description d'un fourneau de cuisine construit de manière à pouvoir y préparer toute espèce d'aliment, sans être incommodé par la vapeur du charbon, par la fumée du bois ou par l'odeur désagréable qui se répand ordinairement dans les cuisines lorsqu'on y fait griller de la viande ou du poisson, lorsqu'on y emploie de la friture ou lorsqu'on y brûle des os, des plumes, des arêtes, etc., etc., par M. Darcet, membre du conseil de salubrité. *Paris, Bachelier*, 1822, in-8 de 32 pages. (1 fr. 50.)

Extrait des *Annales de l'Industrie nationale et étrangère*.
—Le même... seconde édition, *Paris, Bachelier*, 1828, in-8, 2 planches.

DARDANUS. — Traité médico-gastronomique sur les indigestions, suivi d'un essai sur les remèdes... à administrer en pareil cas ; dédié aux gourmands de tous les pays. Ouvrage posthume de feu Dardanus, ancien apothicaire. *Paris, Audot*, 1828, in-18 de 94 pages, fig. col. (De 7 à 8 fr.)

L'ancien apothicaire Dardanus est M. Alexandre Martin (voyez ce nom), auteur de plusieurs petits manuels très originaux.
Le *Traité médico-gastronomique* est divisé en deux parties ; la première, précédée d'une introduction intitulée : La nature a-t-elle limité le don de manger ? comprend six chapitres ; la seconde, suivie d'appendices, en comprend sept. Au-dessous de la figure coloriée d'Henry Monnier représentant un apothicaire à perruque, un clystère sous le bras, on lit : *Le portrait de l'auteur.*

DARTOIS DE BOURNONVILLE (Armand). — M. Pique-Assiette, comédie-vaudeville en un acte, par MM. Dartois et Gabriel. Représentée pour la première fois à Paris, sur le Théâtre des Variétés, le 18 mai 1824. *Paris, Barba*, 1824, in-8 de 32 pp. (De 2 à 3 fr.)

DAUSSE aîné. — Manuel de l'amateur du café ou l'art de torréfier les cafés convenablement et toujours au même degré, basé sur l'analyse chimique comparée du café vert et du café torréfié, et description de l'appareil le plus complet et le meilleur pour préparer le café en liqueur, toujours limpide contenant tous les principes aromatiques et extractifs du café, par Dausse aîné, pharmacien-chimiste, etc., etc. *Paris, l'auteur et chez Mlle Desrez*, 1846, in-8 de 62 pages. (De 2 à 3 fr.)

Cette brochure est surtout une réclame pour les cafetières inventées par son auteur qui donne, à la fin, la liste des limonadiers faisant usage de ses procédés.

DAVINI. — De potu vini calidi dissertatio auctore Iohanne Baptista Davini Serenissimi Raynaldi i. Mutinæ, Regii, Mirandulæ, & Ducis, Medico. Editio secunda accessit dissertatio clarissimi Vallisnerii cui titulus Dell uso, e dell' Abuso delle Bevande, e Bagnature calde, o fredde. *Mutinæ, Typis Antonii Capponi, impr. Ep.*, 1725, in-4 de 2 ff. lim., 75 et 196 pages. (De 4 à 5 fr.)

La première dissertation occupe les 75 premières pages ; au bas de la dernière, on lit : Mutinæ IV. Non, Martii MDCCXX ; la deuxième occupe le reste du volume.

DAWSON (Thomas). — The Good House-Wife's Jewel. By Thomas Dawson. 1585, deux parties en un vol. in-12. (De 15 à 20 fr.)

DÉBAT (Le) de la vigne et du laboureur. *S. l. n. d.*, pet. in-8, goth., de 4 ff. de 30 vers à la page. (De 60 à 80 fr.)

Réimprimé dans le *Recueil de poésies françoises* de M. A. de Montaiglon, tome II, pages 317-324.

DÉBAT (Le) du vin et de leau. *S. l. n. d.*, in-4, goth., de 8 ff. non chiffrés, avec rubriques, de 24 vers à la page. (De 150 à 200 fr.)

Au-dessous du titre placé en travers de la page se trouve un bois représentant des personnages auprès d'une table à trois pieds. Le verso du titre est blanc. Au recto du dernier feuillet (dont le verso est blanc) on lit : *Cy fine le débat du vin et de l'eau.*

Les premières lettres (Pie]re Jamec) des onze derniers vers forment un acrostiche indiquant le nom de l'auteur : Pierre Jamec.

— Le débat du vin et de l'eaue. (A la fin :) — *Cy fine le débat du vin et de l'eaue. S. l. n. d.*, in-4, goth., de 6 ff. non chiffrés de 32 vers à la page.

Au titre se trouve une marque d'imprimeur qui semble être celle de Martin Havart qui a exercé à Lyon de [1499] à 1508. Le verso du dernier feuillet est blanc. L'acrostiche donne également le nom de Pierre Jamec.

— Le débat du vin et de leaue. *S. l. n. d.*, pet. in-8, goth.. de 8 ff. non chiffrés de 26 vers à la page.

Le titre est orné d'une figure sur bois. Le *débat* commence au verso du titre. On lit au verso du 7ᵉ feuillet : *Cy fine le débat du vin et de l'eaue;* au-dessous, un bois. Le dernier feuillet est occupé (recto et verso) par deux fig. sur bois, la première représentant un homme couché dans son lit et une femme et un autre homme causant devant la porte, la seconde un prédicateur dans sa chaire, un fou près de lui, au pied de la chaire, les assistants.

Sur une note manuscrite placée sur une des gardes de l'exemplaire que possède la Bibliothèque nationale, on lit : Par Pierre James, voy. l'acrostiche à la fin de cette pièce. » Si l'on se reporte à cet acrostiche on y trouve le nom de Pierre *Japes* et non *James*, de même que dans les deux éditions suivantes.

— Le debat du vin et de leaue. — (A la fin :) *Cy finist le debat du vin et de leaue. S. l. n. d.*, in-8, goth., de 8 ff. non chiffrés de 26 vers à la page, fig. sur bois au titre.

Le *débat* commence au verso du titre. Au bas du verso de l'avant-dernier feuillet, un bois représentant un moine assis dans une stalle, un pupitre devant lui. Le recto du dernier feuillet est occupé par un bois (répétition de celui du titre) et le verso par un autre bois (chasse au sanglier).

— Le debat du vin et de leaue. *S. l. n. d.*, in-8, goth., de ff. non chiffrés de 26 vers à la page.

Au titre, un bois représentant la Cène. Au verso, un autre bois. La pièce commence au recto du deuxième feuillet elle se termine au recto du 8ᵉ f. sur le verso duquel se trouve la marque de l'imprimeur Guillaume Nyvert. A la fin de la pièce on lit : *Finis.*

M. Brunet cite trois autres éditions du *Débat* :

— Le Debat du vin et de leau. (Au verso du dernier feuillet :) *Cy fine le debat du vin et de leaue. Nouuellemēt imprime par Guillaume tauernier libraire demourāt a prouins.* In-4, goth., de 6 ff.

La marque de Macé Panthoul se trouve au titre ; les caractères gothiques, dit M. A. de Montaiglon, sont très nets, mais le texte est détestable.

— Le debat du vin et de leau. (A la fin :) *Cy fine le debat du vin et de leau.* (*Paris*) pet. in-4, goth., de 6 ff. (marque de Michel Le Noir au recto du premier feuillet).

Un exempl. ayant appartenu à Ch. Nodier s'est vendu, en mar. vert (Niedrée) 335 fr., Yemeniz.

— Le debat du vin et de leaue. Pet. in-8, goth., de 8 ff.

D'après M. Brunet, cette édition aurait été imprimée à Avignon par Jean Channey, vers 1530. Au Cat. La Vallière figure une autre édition in-8, goth., sans date, *Paris, Jehan Treperel.*

Le *débat du vin et de l'eau* est une pièce excessivement rare et qui a été réimprimée plusieurs fois, notamment par M. de Montaiglon dans son *Recueil de poésies françoises,* t. IV, pages 103-121, et à la suite du *débat de deux demoyselles, Paris, impr. de Firmin Didot,* 1825, in-8, pages 131-142. Cette dernière réimpression donnée par M. de Bock a été faite d'après une édition portant : Pierre Japes au lieu de Pierre Jamec.

On peut rapprocher le *débat du vin et de l'eau* d'un fabliau intitulé : *La desputoison du vin et de l'Iaue* que M. Achille Jubinal a réimprimé, d'après un manuscrit de la Bibliothèque du Roi, dans son *Nouveau recueil de Contes, dits fabliaux et autres pièces inédites des XIII, XIVᵉ et XVᵉ siècles, pour faire suite aux collections Legrand d'Aussy, Barbazan et Méon mis au jour...* Paris, Edouard Pannier, 1839, 2 vol. in-8 tirés à 500 ex. sur papier ordinaire et 20 sur papier de Hollande.

DEBAT (S'ensuit le) et procès de Nature et de Jeunesse, à deux personnages, c'est assavoir Jeunesse, Nature. Avec les joyeux commandemens de la table et plusieurs nouveaux ditiés *S. l. n. d.* (vers 1520), in-8, goth., de 8 ff. n. chiffr. de 24 lign. à la page (200 fr.).

Nous ne faisons figurer cette pièce que pour les joyeux commandements de la table qui se trouvent à la fin. M. de Montaiglon l'a réimprimée dans son *Recueil de poésies françoises*, t. III, pp. 84-96; les *Dix commandements joyeulx* font également partie d'une pièce imprimée en caract. gothiques du commencement du XVIᵉ siècle, intitulée : *Le Dict des pays joyeulx.*

Un exemplaire en mar. bl. (Bauzonnet) a été vendu 400 f., Bᵒⁿ Pichon; il avait été payé 405 fr. à la vente de M. Veinant, en 1855. C'est, dit une note du Catal. du Bᵒⁿ Pichon, le seul exemplaire connu.

DEBAY (Auguste). — Hygiène alimentaire, histoire simplifiée de la digestion des aliments et des boissons à l'usage des gens du monde, par A. Debay. *Paris, Dentu*, 1860, gr. in-18 de 532 pages. (2 fr.)

— Les influences du chocolat, du thé et du café sur l'économie humaine. Leur analyse chimique, leurs falsifications, leur rôle important dans l'alimentation. Ouvrage faisant suite à «l'Hygiène alimentaire», par A. Debay. *Paris, Dentu*, 1864, in-18 de 276 pages. (2 fr. 50.)

— Hygiène spéciale de la digestion, analyse chimique des aliments et boissons... par A. Debay, nouvelle édition, *Paris, E. Dentu*, in-18 de 406 pages. (3 fr.)

DEBRAINE-HELFENBERGER. — Manuel du distillateur et du liquoriste, ouvrage où l'on trouvera les principes de l'art du distillateur fabricant d'eaux-de-vie de grains, d'amidon, de pommes de terre, de betteraves, de mélasses, etc.; l'application de la distillation à l'agriculture et aux arts du Parfumeur, du Con-

fiseur et du Liquoriste... et six planches représentant différents appareils distillatoires, par Debraine-Helfenberger, fabricant de produits chimiques. *Paris, P. Persan et Cⁱᵉ*, 1825, in-18 de 428 pp. (2 fr.)

— Le même, *Paris, Poulton de l'Epée*, 1837, in-18.

— L'art du liquoriste simplifié ou nouvelle méthode pour obtenir sans distillation, par des procédés simples, économiques et prompts les eaux aromatiques de rose, de fleur d'oranger, etc., etc., par Debraine-Helfenberger, fabricant de produits chimiques. *Paris, Belin-Mandar, A. Dupont*, 1826, in-8. (2 fr.)

DECKHART'S (Johan) new Künstlich vnd nützlichs Kochbuch. *Leipzig, bey Henning Grossen den Eltern*, 1611, in-4.

DECLARATION du Roy concernant les cafez provenant des plantations et cultures de la Martinique et autres isles françoises de l'Amérique y dénommées, du 28 janvier 1733. Pet. in-4. (De 4 à 5 fr.)

DECLARATION du Roy, portant réunion à la communauté des Maistres Vinaigriers, Moutardiers, Distillateurs en Eau-de-vie et Esprit de vin, des Offices de Jurez de la dite communauté, créez par Edit du mois de mars 1691. Donnée au camp devant Namur, le 4 juin 1692. *A Paris, chez Estienne Michallet, premier Imprimeur du Roy, ruë S. Jacques, à l'Image S. Paul*, 1692, in-4 de 4 pages. (De 5 à 6 fr.)

DECLARATION du Roy portant suppression des droits qui se perçoivent aux Entrées de Paris, sur les Œufs, Beurres et Fromages. Donnée à Versailles le 22 mars 1729. Registrée en parlement, in-4 de 8 pages. (3 fr.)

DECLARATION du Roy pour l'observation et entretenement de son ordonnance faicte sur le reiglement des hosteliers, taverniers et cabaretiers... *Paris, par Robert Estienne,* 1564. (De 10 à 12 fr.)

DECRET de Bacchus ou Statuts et réglemens concernant les ivrognes et lesivrognesses. *Paris, Stahl,* 1816, in-12. (2 fr. 50.)

DECROIX (Emile). — L'alimentation par la viande de cheval, par Emile Decroix, vétérinaire en premier de la garde de Paris ; 2me édition. *Paris, Asselin,* 1864, in-8 de 24 pages, (1 fr. 50.)

DEDEKINDUS.—Grobianvs et Grobiana. De morvm simplicitate libri tres, in gratiam omnium Rusticitatis amantium conscripti, per M. Fredericvm Dedekindvm. Iam denuò ab Authore diligenter emendati, & plerisq. in locis cùm præceptis, tùm exemplis aucti. Iron episcoptes stvdiosæ Iuuentuti ciuilitatem optat... Cum Gratia & Priuilegio Imperiali. *Franc. Apud Hære. Chr. Egen.,* 1575, in-8 de 96 feuillets.

Au titre, quatre distiques placés entre les mots *optat* et *cum gratia.* Au verso du titre : Bvrchardvs Mithobius D. Studioso Lectori S.; au r° du f. 2 : « Index corvm, qvæ in his libris de simplicitate morum traduntur. » La préface « Ad ornatissimvm virvm dn. Simonem Bingivm, Hassiacvm Secretarium, Friderici Dedekindi Præfatio » qui commence au recto du f. 3 et finit au r° du f. 7 est datée : « Vuitebergæ, 20 Martij, anno Domini MDLII. » Le corps de l'ouvrage, en vers, commence au verso du f. 7, par ces mots : De Antiqva morvm simplicitate.....

Traité de civilité, divisé en trois livres, presque uniquement consacré aux mœurs de la table.

DÉFENSE du vin de Bourgogne contre le vin de Champagne, par la réfutation de ce qui a été avancé par l'auteur de la These soûtenuë aux Ecoles de Médecine de Reims le cinq de May 1700, dans la cinquième partie ou corollaire que l'on raporte ici tout entier. *Parisiis,* 1702, in-4 de 23 pages. (De 4 à 5 fr.)

A la page 3 se trouve le *cinquième corollaire de la Thèse de Reims ;* à la page 7 : *Lettre écrite à un magistrat dù premier ordre, qui fait voir que le Vin de Bourgogne est préférable en toutes choses à celui de Champagne ;* et qui sert de réponse à l'Auteur de la These soutenuë aux Ecoles de Medecine de Reims le 5 May de l'Année 1700, qui a prétendu prouver que le Vin de Reims étoit plus agréable et plus sain que le Vin de Bourgogne.

Cette lettre est datée de Beaune le 21 novembre 1700 et signée : de Salins l'aîné.

L'ouvrage se termine par une : *Lettre de monsieur le Belin, conseiller du Roi au Parlement de Bourgogne, Seigneur du Pasquier, à Monsieur de Salins de Beaune auteur de l'ouvrage.* Elle est datée du 23 novembre 1700.

C'est une traduction de la lettre en latin qui avait paru la même année sous ce titre :

— Defensio vini burgundiani adversus vinum Campanum. *Parisiis,* 1702, in-4 de 31 pages. (De 2 à 3 fr.)

Au verso du titre : Monitvm. Dans le haut de la page 3 commence l'ouvrage : *Theseos Rhemensis corollarivm* 5^{m}. A la p. 29 : *Epistola Domini Le Belin...... ad authorem defensionis vini burgundiani Dominum de Salins Belnensem.*

— **Défense** du Vin de Bourgogne contre le vin de Champagne. Qui sert de réponse à l'Auteur de la Thèse soutenuë aux Ecoles de Medecine de Reims le 5. mai de l'année 1700, qui a prétendu prouver que le vin de Reims étoit plus agréable & plus sain que celui de Bourgogne. *A Luxembourg chez André Chevalier, imprimeur & marchand Libraire,* 1704, in-12 de 31 pages. (De 3 à 4 fr.)

L'avertissement est signé : H. de Salins, et daté du 5 mai 1702. Voici le titre de la thèse à laquelle répond l'ouvrage précédent :

— Question agitée le cinquieme de May de l'année 1700. Aux Ecoles de Medecine de Reims, Si le Vin de Reims est plus agréable et plus sain que le vin de Bourgogne. *A Reims, chez N. Pottier, imp. ordin. de Monseigneur l'Archevêque Duc de Reims, vis à vis S. Estienne, la paroisse au Lion, s. d.* in-4 de 1 f. n. ch. et 12 pp. (De 3 à 4 fr.)

L'édition française de 1702 n'est citée ni par Brunet, ni par Barbier, ni par Quérard.

Le *manuel du libraire, suppl.* mentionne l'édition de : *Dijon, Ressayre,* 1701, in-4. Il ajoute que cette première édition d'une pièce rare a été plusieurs fois réimprimée en 1704, 1705, etc.

Barbier, *Dictionnaire des Anonymes,* cite l'édition de : *Dijon,* 1701, in-4 et une nouvelle édition (publiée par Hugues de Salins, frère de l'auteur) *Luxembourg (Dijon),* 1704, in-4.

Quant à Quérard, *France littéraire,* il donne l'édition de 1701, *Dijon, Ressayre.* in-4; celle de *Luxembourg (Dijon),* 1704, in-4 et une édition latine :

— Defensio vini Burgundiani adversus vinum Campanum; editio tertia. *Belnæ, Simonnet,* 1705, in-4 de 43 pages. (De 3 à 4 fr.)

M. Quérard fait suivre ces indications de la note suivante : « *Les deux premières éditions ont paru en français. On trouve dans le Journal des Savants de 1706 l'analyse de la version latine qui parait être de Hugues de Salins, frère de l'auteur. On lit dans le même journal, de la même année, une analyse piquante d'une lettre publiée sur cette dispute. (Note de Barbier.)*

« C'est vraisemblablement l'analyse de la la « Lettre écrite à un magistrat pour répondre à un docteur rémois (Ch. Coffin) qui a écrit deux lettres contre l'honneur et la réputation des vins de Beaune et particulièrement contre l'auteur de leur défense, par laquelle il prouve que le vin de Beaune est plus sain que le vin de Reims. » *Paris,* 1706, in-4. »

— Lettre de Mr... à Mr... Auteur de la These qui conclut que le vin de Reims est plus agréable, & plus sain, que le vin de Bourgogne. *S. l. n. d.,* in-4 de 13 pages. (2 fr.)

Cette lettre est datée de Paris, ce 1er février 1706. L'avertissement placé au bas de la dernière page est à signaler : en voici le texte : « On avertit M. de Salins, s'il met encore la main à la plume, qu'on ne lui fera pas l'honneur de lui faire reponse à moins qu'il ne bannisse de ses écrits les injures et les faussetez ; c'est ce qui a fait qu'on a méprisé ses premières lettres, mais voyant qu'il persistoit dans sa mauvaise critique on a trouvé à propos de lui faire sentir *qu'il est de Beaune,* c'est tout dire, & de lui envoyer les qualitez d'un bon critique sur lesquelles il doit se regler ».

— Réponse à la troisième édition de la lettre de Monsieur de Salins l'aîné contre la These soutenuë à Reims, en faveur du vin de Champagne, le 5 may 1700. Seconde édition. *A Reims, chez N. Pottier, imprimeur ordinaire de Monseigneur l'archevéque rue saint Estienne, à l'enseigne du Lion,* 1706, in-4 de 12 pages. (2 fr.)

Dans une Introduction qui précède un ouvrage intitulé : *Procès poétique touchant les vins de Bourgogne et de Champagne.....* M. Ph. Milsand, bibliothécaire adjoint de la ville de Dijon, écrit que la lettre de M. de Salins eut trois éditions en latin et français, à Beaune, à Paris, à Luxembourg, mais il n'en cite pas les dates, à l'exception de celle de 1704 portant comme lieu d'impression le nom de cette dernière ville. M. Milsand ne cite pas l'édition de Dijon, mais il semble avoir connu celle de *Paris,* 1702.

DEJEAN. — Traité de la distillation des liqueurs, par Dejan, distillateur, *Paris, Nyon,* 1753, in-12. (De 3 à 4 fr.)

Réimprimé avec un traité des Odeurs : *Paris, Nyon,* 1759, in-12, et sous le titre suivant en 1801 :

— Traité raisonné de la distillation ou la Distillation réduite en principes par Dejean distillateur. Nouvelle édition revue, corrigée, et augmentée. *Paris, Moutardier,* 1801, 2 vol. in-12.

On doit aussi à Dejean un « Traité des odeurs, suite au traité de la distillation..... *Paris, Nyon ; Guillyn ; Saugrain* 1764, in-12. »

Réimprimé en 1777 et chez Didot, 1788, in-12.

Dejean n'est qu'un pseudonyme ; le véritable nom de l'auteur des deux traités que nous venons d'indiquer est Ant. Hornot.

DÉJEUNER. Le Lait, le Café. Examen critique et approfondi par M. F..., maître d'hôtel, et par M. le docteur A. *Paris, Mlle Laignier,* 1845, in-8, avec une vignette. (1 fr. 50.)

DELAFONTAINE. — Le chocolat par Delafontaine et Detwiller, successeur de M. Masson. *Paris, chez les auteurs, rue de Richelieu, 28, et chez tous les libraires,* 1859, in-12 de 104 pp. et 1 f. (1 fr.)

DELAGARDE (N.). — Le pain moins cher et plus nourrissant, par N. Delagarde. *Paris, librairie agricole de la maison rustique*, 1871, in-12. (1 fr.)

DELAGE. — Actualité. Le Vin du peuple, deux lettres à M. Th. de Banville, par P. A. Emile Delage précédées d'un article de M. de Banville, annoté par L. Maurial. *Paris et Bordeaux*, 1883, in-12 de 28 pp. (1 fr.)

DELAHAYE. — La cuisine des petits ménages, par F. Delahaye, ouvrage contenant 11 figures. *Paris, Hachette et Cie*, 1882, in-16 de 184 pp. (0 fr. 50.)

La seconde édition de ce petit traité élémentaire a paru en 1883 ; la troisième, en 1886.

DELAHAYE (Eugène). — La vérité sur les denrées alimentaires, exposé des causes de la cherté des vivres et des moyens d'en faire baisser le prix ; par Eugène Delahaye, rédacteur en chef du Bulletin de l'approvisionnement. 1re partie. Boucherie. *Paris, bureau du Bulletin de l'approvisionnement*, 1875, in-8 de 32 pp. (1 fr.)

DELAMARE. — Traité de la police où l'on trouvera l'histoire de son établissement, les fonctions et les prérogatives de ses magistrats, toutes les loix et tous les règlemens qui la concernent : on y a joint une description historique et topographique de Paris et huit plans gravez qui représentent son ancien Etat et ses divers Accroissemens ; avec un recueil de tous les statuts et règlemens des six corps des marchands et de toutes les communautez des Arts et métiers. *A Paris (le premier tome), chez Jean et Pierre Cot, rue Saint Jacques, à l'entrée de la rue du Foin, à la Minerve, 1705 ; (le deuxième tome) chez Pierre Cot, 1710 ; (le troisième tome) chez Michel Brunet, 1719*, in-fol. (De 50 à 60 fr.)

Les deux premiers tomes ont paru sans le nom de l'auteur qui figure seulement au titre du troisième, mais l'épitre dédicatoire au Roy est signée par Delamare. En tête de chacun des livres qui composent ce traité où fourmillent les documents les plus curieux se trouve une gravure. Ces gravures sont signées Audran, Picart, Desrochers.

L'épitre dédicatoire a été réimprimée en tête du tome second.

Il peut sembler bizarre ou tout au moins singulier de voir figurer dans une bibliographie de la gourmandise un ouvrage qui a pour titre : *Traité de la police* ; malgré tout, l'œuvre de Delamare doit y prendre place. Ce traité a rendu et rend encore les plus grands services aux écrivains qui s'occupent des usages et de la vie privée des Français au XVIII siècle.

L'auteur, dans une longue préface, expose le plan de l'ouvrage qu'il a conçu, mais qui n'a pas été mis à exécution. Sur onze livres qui devaient composer le *Traité de la Police*, six seulement ont vu le jour et encore le dernier n'est-il pas de Delamare. Il forme le tome IV et traite de la voirie. Il a paru en 1738. *Jean Hérissant*, avec ce titre :

Continuation du Traité de la Police, etc. L'épitre dédicatoire au Roy est signée : Lecler du Brillet.

Le *Traité de la Police* est imprimé sur deux colonnes ; le cinquième livre a trait à la police des vivres. « Elle y est traitée, écrit Delamare, dans toute son étendue et divisée en ces neuf principaux points qui comprennent tout ce qui peut être désiré à cet égard : I, le Pain ; II, la Viande ; III, le Poisson de mer frais, sec et salé ; IV, le Poisson d'eau douce ; V, les Œufs, le Beurre et le Fromage ; VI, les Fruits et les Légumes ; VII, le Vin et la Bière ; VIII, le Bois et le Charbon qui servent à préparer les alimens ; IX, etc. »

Delamare nous donne aussi des notes très précieuses sur la vie, les mœurs et usages des bouchers, boulangers, poulailliers, rôtisseurs, etc., etc.

DELAMARRE. — La vie à bon marché. Les vins, par Delamarre. *Paris, impr. de Schiller*, 1851, in-12. (1 fr. 50.)

Extrait du journal la *Patrie*.

DELBETZ (P. Théodore). — Du Topinambour culture, panification et distillation de ce tubercule, par P. Théodore Delbetz, agriculteur, etc. *Paris, Auguste Goin*, s. d., in-18. (1 fr. 50.)

L'auteur considère ce tubercule *frit* comme « un vrai plat de friandises ».

DELCOURT (Pierre). — Ce qu'on mange à Paris. *Paris, librairie illustrée,* sans date (1888), in-18 de IV-205 pp. plus 1 feuillet pour la table des matières. (3 fr. 50.)

Ce livre est divisé en deux parties, dont la première traite des produits alimentaires et de leurs falsifications, la seconde, des produits commerciaux, pharmaceutiques, etc.

DELICES (Les) de la Campagne. Suitte du Iardinier françois ov est enseigné a preparer pour l'vsage de la vie tout ce qui croist sur la Terre, & dans les Eaux. Dédié avx dames Mesnageres. *A Paris, chez Pierre Des-Hayes, ruë de la Harpe, aux Gands Couronnez, près la Roze Rouge,* 1654, pet. in-12 de 12 ff. limin. n. ch., 1 f. bl. et 384 pp., front. et 3 fig. grav. (De 40 à 50 fr.)

Première édition d'un joli petit livre, qui ne se trouve pas à la Biblioth. nation. et dont voici la description d'après l'exempl. de M. le Bon Pichon :
Les 12 ff. lim. sont occupés par le titre (vo blanc), l' « epistre avx dames » signée « R. D. C. D. W. B. D. N. et datée « A Paris, le 12. jour d'aoust 1654 », la « Préface av lectevr », la table des matières et l'extrait du privilège. Ledit privilège a été donné à R. D. C. D. W. B. D. N. (Nicolas de Bonnefons, valet de chambre du Roi), « le 22. jour de May 1654. Ce dernier l'a cédé à Pierre Des-Hayes, maistre imprimeur ». L'achevé d'imprimer est du « douzieme jour d'aoust 1654 ». Le corps de l'ouvrage commence à la page I.
Ce petit traité, qui nous fournit d'intéressants renseignements sur la cuisine et les mets du XVIIe siècle, est divisé en trois livres, Le pain, le vin et les boissons en général, font l'objet du premier ; au second, l'auteur s'occupe des légumes, des fruits, des œufs et du lait ; le troisième et dernier est consacré à la volaille, aux viandes et au poisson.
Les *epîtres* « avx freres Capvcins et avx maistres d'hostels » ne sont pas chiffrées, mais comptent dans la pagination.
Vendu : mar. r. (Duru), 30 fr. Béhague.
Le frontispice est placé avant le titre ; les 3 autres fig. grav. se trouvent avant les pages I, 97 et 217. Le f. bl. se trouve en tête du troisième Livre. Les figures sont gravées par Chauveau ; Nicolas de Bonnefons a également cédé son privilège à Antoine Cellier, maistre imprimeur, ainsi qu'on peut le voir au bas de l'extrait du privilège qui se trouve dans la troisième édition portant la date de 1662.

—Les Delices de la campagne. Suitte du jardinier françois ov est enseigné à préparer pour l'usage de la vie tout ce qui croît sur Terre & dans les Eaux. Dédié avx dames ménagères. Seconde édition augmentée par l'autheur. *A Amsteldan* (sic) *chez Raphaël Smith,* 1655, pet. in-12 de 12 ff. non chiffrés et 384 pages. (De 10 à 12 fr.)

— Les mêmes... *Paris, Pierre Deshayes,* 1656, in-12.

— Les Delices de la Campagne, suitte du Jardinier françois, où est enseigné à preparer pour l'usage de la vie tout ce qui croist sur la Terre, & dans les Eaux. Dédié aux Dames Mesnageres. Seconde édition augmentée par l'Autheur. *A Amsterdam, chez Iean Blaev,* 1661, pet. in-12 de 10 ff. limin. et 350 pages, front. et 3 fig. grav. (De 25 à 30 fr.)

Le front. et les 3 fig. gravées comptent dans la pagination.
Cette édition est rare et recherchée ; les amateurs la placent à côté du *Jardinier françois* de 1654 dans la collection des Elzévir.

— Les mêmes... Troisiesme édition, augmentée par l'Autheur. *A Paris, chez Anthoine Cellier, ruë de la Harpe, aux Gands couronnez, & à l'Imprimerie des Roziers,* 1662, in-12 de 12 ff. lim. n. ch. et 384 pp, front. et 3 fig. grav. par Chauveau. (De 10 à 15 fr.)

— Les mêmes... Quatriesme édition augmentée par l'autheur. *Paris, par la compagnie des marchands libraires de Paris,* 1665, pet. in-12. (De 6 à 7 fr.)

— Les Délices de la campagne Suttie (sic) du Iardinier françois ov est enseigné à preparer tout ce qui croist sur la terre et dans les eaux. Dédié avx dames ménagères. Cinquiesme édition augmentée par l'autheur. *A Paris, Michel Brvnet, dans la grand'sale du Palais du costé de la Sale Dauphine au Louis d'or* 1665, in-12 de 6 ff. n. chiffr. et 228 pages. (De 6 à 7 fr.)

— Les mêmes... *Paris, J. Cochart,* 1673, in-12 de 6 ff. lim. n. ch. et 426 pp.

Cette édition qui, comme celle de 1665, porte : Cinquième édition, comprend, outre les *Délices de la campagne* qui occupent les pages 1-257 : le *Floriste françois* (par le sieur de la Chesnée Monstereux), pp.259-392, et un *Traité des Chasses,* pp. 393-426. Des exemplaires, portant la même date de 1673, sont au nom d'*Estienne Loyson.*

— Les mêmes... Dernière édition augmentée par l'autheur. *A Paris, chez Charles de Sercy, au sixième pilier de la grand Salle du palais, vis-à-vis la montée de la Cour des Aydes à la Bonne foy couronnée,* 1679, in-12. (De 5 à 6 fr.)

— Les mêmes... Sixième édition augmentée par l'autheur. *A Paris, chez Nicolas Le Gras, au troisième pillier de la Grand'salle du palais à L. Couronnée,* 1684, in-12 de 4 ff. limin. non chiffrés et 328 pages, fig. grav. (De 5 à 6 fr.)

Autre édition : *Paris, Prudhomme,* 1712, in-12.

— Les delices de la campagne où il est enseigné à préparer pour l'usage de la vie tout ce qui croît sur la terre et dans les eaux. Suite du jardinier français. Dédié aux dames ménagères. Nouvelle édition augmentée. Du fond de Cl. Prud'homme à la bonne-foy couronnée. *A Paris, au palais, chez Saugrain fils, dans la grande salle du côté de la cour des Aydes, à la Providence.* 1741, in-12 de 8 ff. non chiffrés, 341 pages et 3 pp. non chiffr. pour l'approbation et le privilège daté de 1739, front. et 3 fig. gravés. (De 6 à 7 fr.)

Brunet considère l'édition de 1741 comme la dernière de ce curieux traité de Nicolas de Bonnefons. Voyez Jardinier (le) françois.

DELILLE (Jacques). — Les Trois règnes de la Nature par Jacques Delille. Avec des notes par MM. Cuvier et Lefèvre-Gineau membres de l'Institut. *Strasbourg, de l'imprimerie de G. Levrault,* 1809,

2 vol. gr. in-4 de 286-250 pages. (De 15 à 20 fr.)

En tête de chaque volume, une gravure de Moreau le jeune. Poème divisé en VIII chants ; c'est dans le VI*e*, t. II, p. 29, que Delille a chanté le café, le vin, la bière et le vin de Champagne.

Brunet cite au *Manuel* une autre édition, *Paris, Giguet,* 1808, 2 vol. gr. in-4, pap. vélin, fig., dont un exemplaire sur peau de vélin s'est vendu en 1826, 500 fr. et, *ibidem idem,* 2 vol. in-8.

DELON (Charles). — Parmentier et la pomme de terre, *Paris, Hachette et Cie,* 1881, in-16, avec vignettes. (2 fr.)

Cet ouvrage fait partie de la *Bibliothèque des Ecoles et des familles.*

DELVAILLE (Camille). — De l'usage alimentaire de la viande de cheval. Leçons faites au Muséum d'histoire naturelle par M. Isidore Geoffroy Saint-Hilaire, recueillies et rédigées par M. Camille Delvaille. *Paris, impr. de Gros,* 1856, in-8. (2 fr.)

DELVAU (Alfred). — Histoire anecdotique des cafés et cabarets de Paris avec dessins et Eaux-fortes de Gustave Courbet, Léopold Flameng et Félicien Rops. *Paris, Dentu,* 1862, in-12 de XVIII-298 pp. et 1 f. n. ch. de table. (De 20 à 25 fr.)

Faux titre au verso duquel se trouve le nom des imprimeurs Bonaventure et Ducessois ainsi qu'une liste des ouvrages de Delvau. — Titre rouge et noir. Frontispice, gravé par Félicien Rops. — L'ouvrage est divisé en 44 chapitres. En tête de quelques-uns se trouvent des eaux-fortes. Voici les titres de ces chapitres avec l'indication des eaux-fortes qui les accompagnent :
I. Andler-Keller (eau-forte de Courbet).— II. Le Cabaret Dinochau. — III. Le Café de la Rotonde. — IV. Le Cabaret des Vrais amis. — V. Le Café Minerve. — VI. La Californie (eau-forte de L. Flameng).— VII. Le Café de Foy. — VIII. Un Cabaret de chiffonniers. — IX. Le Café Lemblin. — X. Le Cabaret du père Schumacher. — XI. Le Café Desmares. — XII. La laiterie du Paradoxe. — XIII. Le Café Tabourey. — XIV. Le Café Procope (eau-forte de Flameng). — XV. La brasserie des Martyrs.—

XVI. Le Café de Bruxelles. — XVII. Le Cabaret de Krautheimer. — XVIII. Le Café Talma. — XIX. Le Café de la Régence (eau-forte de Flameng). — XX. Le pâtissier Piton. — XXI. Le Café Tortoni. — XXII. Hill's tavern. — XXIII. Le Café de la porte Saint-Martin. — XXIV. Le Café Genin. — XXV. Le Cabaret de la Montansier. — XXVI. Les cabarets des Halles. — XXVII. Le Café du Cirque. — XXVIII. Le Café des Aveugles. — XXIX. Le Cabaret du lapin blanc (eau-forte de Flameng). — XXX. Le Divan Le Pelletier. — XXXI. Le Cabaret de la canne. — XXXII. La Brasserie du père Franz. — XXXIII. Le Café Momus. — XXXIV. Le Café Cardinal. — XXXV. Le Cabaret de Nicolas. — XXXVI. Le Café Leblond. — XXXVII. Le Café Racine. — XXXVIII. L'île de Calypso. — XXXIX. Le Café Riche. — XL. Le Café des Variétés (eau-forte de Flameng). — XLI. L'estaminet du Stock-Exchange. — XLII. Le Café-concert de la rue Contrescarpe. — XLIII. Le Café de la Belle Paule. — XLIV. Le Cabaret du père Cens.

Vient ensuite un chapitre intitulé : En sortant.

A la fin de la table, une petite eau-forte de Rops.

Le chap. xxx (le Divan Le Peletier) qui figure à la table et devrait se trouver à la page 199, manque dans le volume, bien que les différents exemplaires que nous avons eus sous les yeux soient complets. Il y a aussi une erreur pour le chap. XIII, qui, indiqué à la table, p. 87, se trouve en réalité à la page 97 et après le chap. XIV.

Un exempl. relié sur brochure, auquel on avait ajouté une double épreuve du frontisp. avant la lettre et le tirage à part des eaux-fortes de Leop. Flameng, s'est vendu 67 fr., dans une vente récente.

— Les plaisirs de Paris, guide pratique et illustré par Alfred Delvau, *Paris, Achille Faure*, 1867, in-16 de 299 pp., avec des vignettes intercalées dans le texte. (3 fr.)

Nombreuses notes humoristiques sur les cafés et les restaurants de Paris, depuis les cabarets les plus à la mode jusqu'aux tables d'hôtes les plus modestes.

DEMACHY. — Art du distillateur-liquoriste contenant le brûleur d'eau-de-vie, le fabricant de liqueurs, le débitant ou le cafetier-limonadier. Nouvelle édition publiée avec des observations et augmentée de tout ce qui a été écrit de mieux sur les matières, en Allemagne, en Angleterre, en Suisse, en Italie, etc., par J.-E. Bertrand. *Paris*, 1819, in-4 avec 11 planches. (De 2 à 3 fr.)

Première édition : *Paris*, 1775, in-f°., 16 planches. [De 3 à 4 fr.]

— Art du Vinaigrier, par M. de Demachy avec les notes de M. Struve et de M. J.-E. Bertrand, membre de l'académie des sciences de Munich, orné de planches en taille douce. *Paris, Moronval*, 1814, in-4.

— Le même… *ibidem, idem*, 1820. Première édition : *Neufchâtel*, 1780, in-4, 2 planches. [De 3 à 4 f.]

DEMARCO (Josephi) Medici Melitensis Philosophiæ, & Universitatis Monpelliensis, Medicinæ Doctoris de Lana rite in Secunda, & Adversa valetudine adhibenda, opus, quo villosæ vestis nudi contactus Præstantia, & Actio Staticæ experimentis perspicuè, Vtilitates fusé demonstrantur, Noxæ diligenter expenduntur. Adjecta est ad calcem Dissertatio de usu et abusu chocolatæ in re medica & morali. *Melitæ, in Palatio, & ex Typographia C. S. S. apud Nicolaum Capacium ejus Typographum*, 1759, in-4 de 5 ff. n. chiffr., 367 et XXVIII pages. (3 fr.)

Armes au titre. La dissertation sur l'usage et l'abus du chocolat a le titre suivant :

— Josephi Demarco Medici Melitensis Philosophiæ, & Vniversitatis Monspelliensis Medicinæ Doctoris Dissertatio de Cocholata (sic) ejusque Vsu & Abusu in Medicina, ubi inquiritur etiam : An Potione Cocholatæ (sic) Jejunium Ecclesiasticum frangatur. *Melitæ in Palatio & ex Typogr. C. S. S.*, 1760.

DEMARSON (Mme). — Guide de la ménagère. Manuel complet de la maîtresse de maison contenant, etc., par Mme Demarson. *Paris, Roret ; Audin*, 1828, 2 vol. in-12. (2 fr. 50.)

DEMERSON (L.). — Histoire naturelle de la vigne et du vin, suivie de considérations relatives à l'influence du vin sur l'homme. Par M. L. Demerson, chevalier de la Légion d'honneur, etc. *Paris, Carpentier*, 1826, in-12 de IV-238 pp. (2 fr. 50.)

Cet ouvrage est orné d'une figure coloriée. A la fin se trouvent *Vinum Burgundum* de Grenan, et *Campania vindicata* de Coffin, traduits du latin en vers français par B. de la Monnoye.

DÉMEUNIER. — L'esprit des usages et des coutumes des différens peuples, ou Observations tirées des Voyageurs et des Historiens par M. Démeunier. *A Londres, et se trouve à Paris, chez Pissot*, 1776, 3 vol. in-8. (De 3 à 4 fr.)

Cet ouvrage est divisé en dix-huit livres ; le premier est consacré aux aliments et aux repas ; il comprend six chapitres ; on y trouve des renseignements sur les manières de manger de différents peuples, sur leurs raffinemens dans les plaisirs de la table, sur les gourmands et les ivrognes, etc., etc.

DEMOMMEROT (J.-B.). — L'art de conserver et rétablir sa santé ou Préceptes d'hygiène de l'Ecole de Salerne, traduction nouvelle. Avec le texte en regard et des remarques critiques suivie de l'Ecole de Paris ou traité d'hygiène moderne, en vers français, par J.-B. Demommerot, docteur en médecine de la Faculté de Paris, membre de l'université, etc. *Paris, Ledoyen. Thivet, et chez les principaux libraires de Paris et des départemens*, 1841, in-8 de X-129 pages. (2 fr. 50.)

L'Ecole de Salerne (texte latin en regard de la traduction) finit à la p. 72. Page 73, Hygiène de l'Ecole de Paris. L'auteur y passe en revue toutes les espèces d'aliments ; il indique même, tout comme un simple cuisinier, la manière de les faire cuire.

DE RELAIS (Les) ov le pvrgatoire des bovchers, charcvtiers, povllayers, paticiers, cvisiniers, iovevrs d'instrvmens, comiqves, et avtres gens de mesme farine. *A Paris, s. d.*, in-16. (De 100 à 150 fr.)

Facétie en prose dont l'original figure au catal. de M. le Duc de la Vallière et réimprimée en *fac-simile* dans la collection des *Joyeusetez*, tirées à 76 exempl. *Paris, Techener*, 1829-1831 et dans le recueil des *Variétés historiques et littéraires*, d'Edouard Fournier, t. V, p. 263 à 278.

DEROCHES (J.-J.) — Notice sur l'établissement de soupes existant à Genève. Par J.-J. Deroches, D. M. *Genève et Paris, Paschoud*, 1817, in-8. (De 2 à 3 fr.)

DÉSANAT (J.). — Lou Bouil-Abaïsso, que lou voou pas lou laïsso, journaou populari en vers prouvençaoux, par Joseph Desanat. *Marseille, Carnaud*, 1841-1842, in-4.

Ce journal était tiré à 500 exemplaires ; il paraissait tous les vendredis ; il a eu 78 numéros. Après deux ans d'existence, il a été repris sous ce titre :
— Lou Bouil-Abaïsso, journal en vers provençaux languedociens et comtadins ; avec une préface en françois par M. A. Fabre. *Marseille*, 1844-1846, in-4.
Il ne faut pas confondre cette publication avec une autre qui a paru en 1834 : *Lou Bouillabaisso politiquo, Marseille, Mille et Senès*, in-8 de 8 pages.
Il est inutile de définir ici la Bouillabaisse ; chacun connaît ce plat marseillais. Toutefois disons que l'on emploie le mot Bouillabaisse au figuré dans le sens de pot-pourri, galimatias.

— La sooucissounado de Tarascoun et d'Arlé, pouemo gastronomique eis Marsilhès, per l'ooutour doou Bouil-Abaïsso. *Marseille, impr. de Carnaud*, 1851, in-8o de 16 pages. (De 2 à 3 fr.)

L'envoy est imprimé sur le verso de la couverture ; il se compose de vingt vers que nous reproduisons ici :

Ma muso, fillo generouso,
Adreisso per un gramaci,
A sa clientello noumbrouso
L'obro nouvello que veici.
Amis de la Gastronomio,
Mestre d'hôtel, consoumatour ;
Fin gourmet et chef de famio,
Rentier, négouciant, armatour,
Doou found doou couar vous l'abandouno,
Pleno d'esprit indépenden,
Dien qu'a n'un chivaou que si douno,
Fouu jamai regarda leis den.
Per jes pichoun présen agrado,
De boulangié per cachefue.

Prodigoun la poumpo sucrado,
Leis marchand de via, lou vin cuc.
Et ieou vou mandi coumo primo,
Car n'avieou pres l'engagement :
Just quatre cent quatre vingt rimo
A titré d'encourageamen.

Cette pièce est signée J. D., initiales de M. Joseph Désanat.

— Leis dobos pochos grassos, vo leis avanturos deis Cousinieros dè Marsio, dialogo en vers prouvençaux. *Marseille, Carnaud* (1839), in-12 de 36 pages.

— Véritablés sooucissots d'Arlé, poème historique. *Marseille*, 1852, in-8. (2 fr. 50.)

DESARBRES (Nérée). — Paris Partout par Nerée Desarbres. *Paris, Librairie centrale*, 1865, in-18 de 190 pages et 1 page pour la table. (2 fr. 50.)

Voir page 7, *Paris à table* et page 125, *le Caveau.*

DÉSAUGIERS (Marc-Antoine). — Mars en Carème ou l'Olympe au rocher de Cancale, vaudeville en un acte par MM. Désaugiers et Francis. *Paris, Barba*, 1806, in-8. (1 fr.)

— M. Pistache ou le jour de l'An, folie vaudeville par MM. Désaugiers et Francis, An XII.

— Les Auvergnats ou l'Eau et le Vin, vaudeville grivois par MM. Désaugiers et Gentil, 1812.

— M. Partout ou le dîner manqué, tableau vaudeville en un acte par MM. Désaugiers Léger et Chazet. *Paris, Barba*, 1819, in-8. (1 fr.)

Cette pièce a été réimprimée sous ce titre : Un dimanche à Passy ou M. Partout, tableau vaudeville en un acte... seconde édition *Paris, J. N. Barba*, 1821, in-8. [1 fr.]

— Un dîner à Pantin ou l'amphytrion à la diète, tableau vaudeville en un acte par MM. Désaugiers, Gersin et Gentil, représenté sur le théâtre du vaudeville le 3 juillet 1820. *Paris, Fages*, 1820, in-8. (1 fr.)

Dans les œuvres complètes de Désaugiers, on trouve un grand nombre de chansons gastronomiques et bachiques parmi lesquelles nous citerons : *La bouche et le nez.* — *Code épicurien.* — *Il faut boire et manger.* — *Le petit Gargantua.* — *La Table.* — *Les repas de nos pères.* — *Le Rocher de Cancale.* — *Chanson bachique,* etc.

Désaugiers était membre du Caveau moderne.

DÉSAUGIERS et ses amis, ou Recueil lyrique et bachique en l'honneur de Marc Antoine Désaugiers, président du Caveau moderne et directeur du théâtre du Vaudeville, etc., contenant l'élite de ses chansons épicuriennes, orné de son portrait et d'un air nouveau. *Paris, Plancher ; Eymery ; Delaunay*, 1816, in-18. (2 fr.)

DESCHAMPS (Eustache). — Le miroir de mariage, poème inédit d'Eustache Deschamps, publié avec préface et notes par P. Tarbé. *Reims*, 1865, in-8. (3 fr. 50.)

On trouve dans ce poème d'intéressants détails sur les usages et les mœurs du xv⁵ siècle. Plusieurs chapitres sont consacrés aux soins du ménage et aux aliments.

Tiré à 100 exemplaires.

DESCOURTILZ. — Des champignons comestibles, suspects et vénéneux, par Descourtilz. *Paris*, 1827, in-8 et atlas in-folio, pl. color. (De 5 à 6 fr.)

DESCRIPTION de la Fête des Vignerons, célébrée à Vevey, le 5 aoust 1819, précédée d'une notice sur l'origine et l'institution de cette société qui porte maintenant le nom d'Abbaye des Vignerons. Avec beaucoup de figures. *Vevey, Loertscher et fils, s. d.* (1819), in-8. (De 7 à 8 fr.)

Huit grandes planches. M. Arthur Dinaux, Sociétés badines, t. II, page 284, fournit des renseignements sur ces fêtes où la victuaille jouait un certain rôle.

— Le même... (fêtes des 8 et 9 août 1833)... *Vevey, Steinln*, 1833, in-8, 30 planches obl. coloriées.

— Le même... (1851), avec 5 pl. coloriées.

— Album de la fête des vignerons de Vevey (*Soleure*), 1865.

Dessins de Hennick Jenny (17 feuilles pliantes).

DESCRIPTION (La) du merueilleux cóflict et tres cruelle Bataille faicte entre les deux plus grands princes de la région bufatique appelez Caresme & Charnaige. *S. l. n. d.*, in-8, goth., de 8 ff. non chiffrés, de 20 lignes à la page. (De 150 à 200 fr.)

M. Anatole de Montaiglon a donné une réimpression de ce fabliau dans son *Recueil de poésies françoises*, tome X, pp. 110-127, réimpression qui est accompagnée de notes ort intéressantes. Le Grand d'Aussy, dans ses *Fabliaux ou Contes, Fables et Romans du XIIᵉ siècle*, avait donné une traduction en prose, ou, pour mieux dire, un résumé de ce même fabliau que l'on trouve également dans le Recueil de Barbazan sous le titre de : *Bataille de Karesme et de Charnaige*.

M. de Montaiglon signale, en outre, une imitation italienne de cette pièce, dont il connait sept éditions. L'une entre autres figure dans la Bibliothèque de feu M. le baron James de Rothschild sous ce titre :

— El contrasto ouero battaglia delo Carnoual & de la Quaresima. (*A la fin :*) *Finisce lo contrasto del Carnoual & de la Quaresima. S. l. n. d.* (Venise ou Florence, vers 1515), in-4 de 6 ff. de 32 lignes à la page, impr. à 2 col.

Le titre est en caractères gothiques et le texte en lettres rondes; le bois qui se trouve au titre représente le Carème entouré de poissons et de légumes, le Carnaval, de volailles et de gibier.

DESDIER. — Physiologie du Pâtissier; par un pâtissier. *Nîmes, Typographie Clavel-Ballivet et Cⁱᵉ*, 1868, in-8 de 32 pages. (De 5 à 6 fr.)

La dédicace à Mᵐᵉ Vᵉ T..., née H...., est signée : L. Desdier; elle occupe les deux pages qui suivent le titre. Les pages 3-12 comprennent un « Essai sur l'origine de la Pâtisserie ». La *Physiologie* commence à la page 13. Voici les sous-titres des principaux chapitres : I. Discours préliminaire. — II. Influence de la pâtisserie. — III. Du pâtissier. — IV. De l'épithète de sale pâtissier. —

V. Des passions dans la pâtisserie. — VI. Il n'est point de règle sans exception, etc., etc.

DÉSIRANT-FINET. — Le liquoriste belge. Traité de la fabrication des liqueurs. *Bruxelles, Lebègue et Cⁱᵉ*, 1882, in-12. (1 fr. 50.)

DESLYONS (Jean). — Discovrs ecclesiastiques contre le paganisme des Roys de la Fève et dv Roy-boit. Pratiqués par les chrétiens charnels en la veille et au Iour de l'Epiphanie de N. S. Iesvs Christ par M. Iean Deslyons, Prestre Docteur de la maison et societé de Sorbone, Doyen et Theologal de l'Eglise Cathedrale de Senlis. *A Paris, chez Guillaume Desprez, ruë Saint-Iacques, a S. Prosper*, 1664, in-12 de 32 feuillets et 60 pages. (De 7 à 8 fr.)

Comme l'*Apologie du Banquet* de Nicolas Barthélemy, l'ouvrage de Jean Deslyons est un ouvrage théologique. Dans le premier des deux discours qui le composent, l'auteur s'élève violemment contre les cérémonies des Roys de la Fève et du Roy-boit ; dans le second, il étudie le moyen de reformer les réjouissances de cette fête et de supprimer les repas auxquels elle donnait lieu, ces repas n'étant, selon lui, que de véritables orgies, rappelant les saturnales des anciens.

— Traitez singuliers et nouveaux contre le paganisme du Roy-boit. Le I du ieusne ancien de l'église catholique la veille des Roys, le II de la royauté des Saturnales remise et contrefaite par les chrestiens charnels en cette feste, le III de la superstition du Phœbé ou de la sottise du Fébué par Jean Deslyons, docteur de Sorbonne doyen et théologal de l'église cathedrale de Senlis. *Paris, veuve C. Savereux*, 1670, in-12 de 28 ff. et 346 pages. (10 fr.)

On trouvera des détails sur les Rois de la Fève dans les *Sociétés badines* d'Arthur Dinaux, tome I, page 320.

DESNOIRESTERRES (Gustave). — Grimod de la Reynière et son groupe d'après des documents entièrement inédits par Gustave Desnoiresterres. *Paris.*

*Didier et C*ᶦᵉ, 1877, in-12 de 399 pages. (3 fr. 50.)

Ouvrage orné d'un portrait de Grimod de La Reynière, divisé en X chapitres et suivi d'un appendice. M. Gustave Desnoiresterres publie sur le fameux président du jury dégustateur, sur sa vie et sur ses travaux gastronomiques, des détails très complets et des anecdotes très piquantes. Cette biographie, écrite d'après des documents authentiques, avait paru, en articles, dans une revue. M. Desnoiresterres est également l'auteur d'*Épicuriens et lettrés*, xviiᵉ *et* xviiiᵉ *siècles*, Paris, Charpentier, 1879, in-12.

DESNOYERS (Fernand). — Le Vin. Vers fantasques. La campagne, par Fernand Desnoyers. *Paris, typographie Alcan-Lévy*, 1869, in-18 de 69 pages et 1 feuillet de table non chiffr., portrait de l'auteur grav. à l'eau-forte par Jaure-Dujarric. (4 fr.)

Le *Vin* comprend 16 pièces de vers parmi lesquelles : *Je crois au vin, Effet du vin de Romanée, Propos de table. Sonnet au vin de Chambertin, Sonnet au Clos de Vougeot, Les Assassins du vin, Le Vin de l'Étrier*, etc.

DÉSOLATION générale des Buveurs de Paris et des environs, à l'occasion de la fermeture du cabaret de la mère Radis à la Villette, avec le Procès dressé sur les lieux par trois Habitués de ce cabaret, etc., etc. *Paris, impr. d'Herhan*, 1816, in-8. (1 fr. 50.)

DESPAUX. — Du pain blanc et du pain bis ou de ménage par le Docteur Despaux de Crony sur Ourcq. *Meaux, Destouches*, 1886, in-8 de 33 pages. (1 fr.)

DESPLANQUES (Jules). — Des origines de la pomme, par Jules Desplanques, président de l'association pomologique de l'ouest, etc., etc. *Alençon, imprim. A. Lepage*, 1883, in-8 de 8 pages. (4 fr 50.)

M. Desplanques passe rapidement en revue dans cette brochure les auteurs qui, depuis les Hébreux et les Romains, ont parlé de la pomme et du cidre.

DESSERT (Le) du Gastronome, chansonnier des amateurs de la table. *A Paris, chez Tiger*, sans date, in-16. (2 fr.)

Ce petit recueil de chansons à boire et à manger, imprimé par Didot l'aîné, est orné d'un frontispice gravé représentant des gastronomes attablés, le verre en main. On y trouve plusieurs chansons, non signées, de Désaugiers.

DESTAMINIL. — Le Cuisinier français perfectionné, contenant les meilleures prescriptions anciennes et modernes, etc., par M. Destaminil, chef d'office. *Paris, Renault*, 1844, in-8, 5 planches. (De 2 à 3 fr.)

Réimprimé plusieurs fois jusqu'en 1861 ; la 2ᵉ édition porte la date de 1845.

— La Cuisinière française perfectionnée, contenant les meilleures prescriptions de la cuisine ancienne et moderne, précédée de l'art de découper et de servir à table, par M. Destaminil, chef d'office. *Paris, Renault et* Cᶦᵉ, 1858, in-12 de 204 pp. (2 fr. 50.)

— Le même... *ibidem, idem*, 1860, in-12.

— La cuisine pendant le siège, recettes pour accommoder les viandes de cheval et d'âne et en préparer une nourriture agréable, suivies de conseils sur la conservation ou l'utilisation de diverses substances, par M. Destaminil, chef de cuisine. *Paris, librairie des villes et des campagnes, s. d.*, in-18 de 24 pages. (1 fr. 50.)

DÉTAILS de la grande cérémonie bachique et extraordinaire qui a eu lieu chez la mère Radis, marchande de vin à la Villette, à l'occasion de la réception solennelle des délégués de toutes les guinguettes des environs de Paris, suivis du superbe Discours prononcé par M. Ramponneau et de la Réponse extraordinaire de la mère Radis ; le tout terminé par une ronde bachique et un chœur d'ivrognes. *Paris. impr. de Herhan*, 1816, in-8. (1 fr. 50.)

La *Bibliographie de la France*, en annonçant cet opuscule, le fait suivre de ces deux mots : Prétendue facétie.

DEUOT (Le) et Sainct Sermon de Monseigneur Sainct Jambon et de ma Dame Saincte Andouille. Imprimé nouuellement a Paris. *S. d.*, in-16, goth., fig. sur bois sur le titre. (De 100 à 150 fr.)

Pièce facétieuse en vers et très rare, que nous citons surtout pour la curiosité de son titre ; elle a été réimprimée en *fac-simile* dans la collection des *Joyeusetez* tirées à 76 exempl. *Paris, Techener, 1829-1831.*

DEVRED. — Omelette compliquée aux pointes, par Alexandre Devred. *Paris, librairie théâtrale Charlieu, 1859,* in-4 de 48 pages. (1 fr. 50.)

DIALOGUES de la santé de Mᵣ de***. *A Paris, chez Jacques Villery.* 1683, in-12 de 296 pages et un feuillet d'errata. (De 5 à 6 fr.)

Le titre, la préface et l'extrait du privilège du Roi occupent cinq feuillets. Ces dialogues dont l'auteur est, d'après Barbier, Fremont d'Ablancourt, sont au nombre de douze. Le premier qui est supposé commencer à la fin d'un grand repas a lieu entre le cœur et l'estomac. Le quatrième est tenu par l'estomac et la sobriété ; en voici le titre : *L'estomac pressé par la faim parle de bonne chère, la sobriété le soufre pour mieux venir à ses fins.*

Il y a des exemplaires de cette même édition au nom du libraire *J. de la Caille.*

— Dialogues de la santé de M. de***. Nouvelle édition, revue et corrigée. *Amsterdam, Desbordes,* 1684, pet. in-12. (De 10 à 12 fr.)

Cette édition se place parmi les Elzeviers français. C'est un livre assez singulier où la cuisine et la médecine jouent les principaux rôles. (Catal. Techener, 1865.)

DIALOGUE DES FESTINS. *Paris, Denys du Pré,* 1579, in-8 de 8 ff. (De 30 à 40 fr.)

DIALOGUE dung tauernier et dung pyon en fràçois et en latin. *Imprimé nouuellement,* pet. in-8. (De 75 à 80 fr.)

Plaquette gothique sans titre, de 4 feuillets à 29 lignes par page.

Une réimpression de cet opuscule a été faite à *Chartres, chez Garnier fils* (en avril 1831), gr. in-8 de 4 ff., par les soins de M. Duplessis. Cette réimpression a été tirée à 40 exemplaires.

Ce dialogue a été publié dans le *Recueil des poésies francoises des* xvᵉ *et* xvıᵉ *siècles...* par M. Anatole de Montaiglon, tome II, pages 116-124.

DIALOGUE sur le prix des pommes de terre. *Genève,* 1817, in-8. (1 fr. 50.)

L'auteur de cet écrit anonyme est M. P. Prévost.

DICTIONNAIRE des alimens, vin et liqueurs, leurs qualités, leurs effets, relativement aux différens âges, & aux différens tempéramens ; avec la manière de les apprêter, ancienne et moderne, suivant la méthode des plus habiles chefs d'office & chefs de cuisine, de la cour, & de la ville. Ouvrage très-utile dans toutes les familles. Par M. C. D., chef de cuisine de M. le prince de***. *A Paris, chez Gissey, rue de la vieille Bouclerie ; Bordelet, rue saint Jacques,* 1750, 3 vol in-12. (De 6 à 7 fr.)

Tome I : xvı-xxviij, 538 pp. et 1 f. pour le privilège. — Tome II : 576 pp. — Tome III : 559 pages.

D'après la *France littéraire* de 1769, l'auteur de ce traité complet des aliments par ordre alphabétique, qui se dissimule sous les initiales C. D. et sous la qualification de chef de cuisine de M. le prince de *** est M. Briand.

DICTIONNAIRE portatif de cuisine, d'office, et de distillation ; contenant la manière de préparer toutes sortes de viandes, de volaille, de gibier, de poissons, de légumes, de fruits, etc. ; la façon de faire toutes sortes de gelées, de pâtes, de pastilles, de gâteaux, de tourtes, de pàtés, vermichel, macaronis, etc. ; et de composer toutes sortes de liqueurs, de ratafias, de syrops, de glaces, d'essences, etc. Ouvrage également utile aux chefs d'office & de cuisine les plus habiles, & aux cuisinières qui ne sont employées que pour les Tables bourgeoises. On y a joint des observations médicinales qui font connoître la propriété de chaque aliment, relativement à la santé, & qui indiquent les mets les plus convenables à chaque Tempérament. *A Paris, chez Vincent, libraire, rue S. Severin*, 1767, pet. in-8 de XVI-382 pages, plus un feuillet non chiffré pour le privilège. (De 4 à 5 fr.).

Cet ouvrage anonyme est assez complet. Le faux-titre indique que le *Dictionnaire portatif de Cuisine* peut servir de suite au *Dictionnaire domestique portatif*, 1762-1763, 3 vol. in-8.

Ce dernier a paru, pour la première fois, en 1762, *Paris, Vincent*, et a été plusieurs fois réimprimé, en 1763, 1765, 1769 et 1772. Il a paru comme étant l'œuvre d'une « Société de gens de lettres » et Barbier, qui le cite dans son *Dictionnaire des anonymes*, en attribue la paternité à Aubert de la Chesnaye des Bois, Jean Goulin et Auguste Roux.

Il se pourrait que le *Dictionnaire portatif de Cuisine* fût également l'œuvre de ces trois auteurs ou de l'un d'eux seulement, mais nous n'avons trouvé, à ce sujet, aucun renseignement précis qui nous permette d'être affirmatif.

DICTIONNAIRE universel d'agriculture et de jardinage, de fauconnerie, chasse, pêche, cuisine et manège. *Paris*, 1751, 2 vol. in-4, fig. (De 3 à 4 fr.)

C'est une nouvelle édition, sous un nouveau titre, du *Dictionnaire pratique du bon ménager* de Liger, considérablement augmenté par la Chesnaye des Bois. Voyez Liger.

DIERBACH (J. H.). — Flora Apiciana. Ein Beitrag zur näheren Kenntniß der Nahrungsmittel der alten Römer: mit besonderer Rücksicht auf die Bücher des Cælius Apicius de opsoniis et condimentis sive Arte Coquinaria. Von Dr Johann Heinrich Dierbach, ausserordentlichem Professor der Medizin in Heidelberg, mehrerer gelehrten gesellschaften Mitgliede. *Heidelberg und Leipzig Neue akademische Buchhandlung von Karl Groos*, 1831, in-8 de VIII-75 pages. (De 10 à 12 fr.)

DINAUX (Arthur). — Les sociétés badines, bachiques, littéraires et chantantes, leur histoire et leurs travaux. Ouvrage posthume de M. Arthur Dinaux, revu et classé par M. Gustave Brunet. Avec un portrait à l'eau-forte, par G. Staal. *Paris, Bachelin-Deflorenne*, 1867, 2 vol. in-8 de VI-459 et 410 pages. (De 8 à 10 fr.)

Cet ouvrage, rédigé en forme de dictionnaire, est intéressant par les renseignements que l'on y trouve sur les sociétés gastronomiques, littéraires, chantantes, etc. Nous avons eu plusieurs fois, au cours de cette bibliographie, l'occasion d'y faire des recherches et des emprunts.

— Habitudes conviviales et bachiques de la Flandre : « nunc est bibendum » Horatius. *Valenciennes, imprimerie Prignet*, 1840, in-8 de 33 pages. (De 5 à 6 fr.)

Au titre, une vignette représentant des buveurs. En haut de la page I, on voit une table servie et des convives des deux sexes choquant leurs verres. A la fin de la dernière page, un homme près d'un tonneau sur lequel est écrit le mot : *Fin*.

DINDE (La) du Mans, comédie en un acte et en prose; représentée, pour la première fois, à Paris, sur le Théâtre des Grands Danseurs du Roi, le premier mars 1783. *Paris, Cailleau*, 1783, in-8 de 35 pages. (3 fr. 50.)

Par P.-G. Parisau.

DINER (Le) de garçons (en vers). *Paris, chez Crevot*, 1824, in-8 de 8 pp. (1 fr.)

DINER (Le) de tous les jours, bonne chère avec peu d'argent par l'auteur de la Pâtisserie à la maison. *Paris, Jules Tardieu*, 1868, in-18 de 132 pages, vign. color. sur la couv. (1 fr. 50.)

DINER du 7. Rapports mensuels par Maurice du Seigneur. Dessins de J. Formigé, E. Déménieux, E. Jacob, Fr. Boudin, P. Farochon, M. du Seigneur, J. Aubrun, A. Sandier, C. Lefol. S. l., 1874, in-4. (2 fr.)

Publication tirée à 100 exemplaires et non mise dans le commerce. Le diner du 7 réunissait tous les mois les anciens élèves architectes de l'atelier de M. Laisné, professeur à l'Ecole des Beaux-Arts. La collection complète des rapports se compose : 1° d'un titre ; 2° des règlements; 3° des rapports en (vers) au nombre de neuf; et 4° d'un a-propos en vers lu dans le grand diner annuel.

DINER (Un) du siècle de Louis XIV. S. l. n. d., in-8 de 1 feuillet.

Le verso de cet unique feuillet est blanc. Cette pièce, très curieuse, imprimée d'après un manuscrit de la Bibliothèque du Roi est une lettre à Mᵐᵉ de Sablé, signée : La Rochefoucauld. En voici la copie :

« Comme on ne fait rien pour rien, je vous demande un potage aux carottes, un ragoût de mouton, et un de bœuf, comme celui que nous eûmes lorsque M. le commandeur de Souvré dîna chez vous : de la sauce verte et un autre plat, soit un chapon aux pruneaux, ou telle autre chose que vous jugerez digne de votre choix ; si je pouvais espérer deux assiettes de ces confitures dont je ne méritais pas de manger autrefois, je croirais vous être redevable toute ma vie : j'envoie donc savoir ce que je puis espérer pour lundi à midi. »

On lit au bas du feuillet : Cette pièce a été imprimée à 20 ou 25 exemplaires, pour être jointe à l'édition des Pensées et Maximes de l'auteur publiée par J.-J. Blaise.

DINER gastronomique. Poeme dédié à tous les cochons du monde et notamment à ceux qui sont capables d'apprécier et de goûter les charmes de la malpropreté. A Stercopolis, chez Bernard Mairdoku, vidangeur et marchand de comestibles a l'enseigne de l'Etron fumant, 6581 (1856), in-8 de 9 pages. (De 30 à 40 fr.)

Cet ouvrage n'a de commun avec la gourmandise que le titre. Le nom de l'éditeur, l'enseigne de sa boutique, et le lieu d'impression indiquent suffisamment la nature de ce poème. Si nous le faisons figurer dans cette bibliographie, c'est uniquement pour la singularité de son titre et en raison de sa rareté.

Cet opuscule scatologique écrit par M. Gensse, dit Barbier, sort des presses d'un amateur qui s'est caché sous le pseudonyme de l'Ours ; il n'a été tiré qu'à 22 exemplaires.

Toutefois, de Manne en indique 23 dont 1 sur peau de lapin.

DINER (Le), suivi des règles du jeu de piquet, par un Gastronome lorrain, Prix 1 franc 50 centimes, Nancy, chez Dard, 1842, in-8 de 48 pp. (De 3 à 4 fr.)

Tiré à 300 exemplaires. Dans son Catalogue des collections lorraines, l'ancien notaire Noël, mort en 1856, attribue cet écrit à M. Gastaldy, gastronome émérite de Nancy; mais c'est bien lui qui en était l'auteur. (Quérard, Supercheries.)

DINERS (Les) de Figaro. Paris, impr. Dubuisson et Cⁱᵉ, 1857, in-8 de 12 pp. (1 fr. 50.)

Extrait du journal Le Figaro : règlements.

DINERS (Les) du Vaudeville, avec musique imprimée. Paris, Huet, an V, 1797-an X, 1802, 9 vol. in-18. (De 10 à 12 fr.)

Les Diners du Vaudeville ont été fondés le 19 août 1797 par dix-sept chansonniers et vaudevillistes parmi lesquels de Piis, Barré, Desfontaines, Rozière, Despréaux, etc. Ces diners furent remplacés pendant quelques années par le Caveau moderne. D'après les règlements, chaque convive devait composer un certain nombre de chansons ; ce sont ces chansons qui ont été réunies et qui forment les 9 volumes publiés sous le titre que nous venons d'indiquer.

DISCOURS (Le) demonstrant sans feincte

Comme maints Pions font leur plainte
Et les Tauernes desbauchez
Par quoy Tauerniers sont fachez.

A Rouen, Au portail des Libraires par Jehan du gort et Iaspar de remortier. (A la fin :) Imprimé à Rouen par Iacque Aubin. S. d. (vers 1556), pet. in-8 de 8 feuillets de 23 lignes à la page, sign. A-B, fig. sur le titre. (De 150 à 200 fr.)

Cette pièce excessivement curieuse que cite Charles Nodier dans le Bulletin du Bibliophile, août 1835, contient une nomenclature des cabarets de Rouen au XVIᵉ siècle parmi lesquels Le Coq, Le Loup, La Chèvre, Le Chapeau rouge, Le Petit pot, La Tour carrée, etc.

On ne connaît qu'un exemplaire de cette pièce très rare qui a successivement fait partie de la bibliothèque de MM. Dibdin, Charles Nodier, d'Auffay, Desq, William Martin et La Roche-Lacarelle. Il a été adjugé à la vente de ce dernier bibliophile, en maroq. orange (Trautz-Bauzonnet), 456 fr.

Cet opuscule qui a été réimprimé dans le *Recueil des poésies françoises des xv et xvi° siècles*. t. I, pages 71-86, a été de nouveau publié sous les titres suivants :

— Les Tavernes de Rouen au xvi° siècle. Publié d'après un opuscule rarissime de l'époque, avec une introduction par Charles de Robillard de Beaurepaire. *Rouen, Imprimerie de Henry Boissel*, 1867, pet. in-4 de 4 ff. xxviij pp. et 8 ff. (De 8 à 10 fr.)

Tiré à 60 exemplaires pour la Société des Bibliophiles normands.

— Les Cabarets de Rouen en 1556. 3° édition Réimprimée sur les deux premières et accompagnée d'un avant-propos par un bibliophile du quartier Martainville (M. Cohen). *A Rouen, chez tous les débitants*, 1870, in-16 de VIII-19 pp. (De 5 à 6 fr.)

Fait partie des « raretés bibliographiques » tirées à 100 exempl. numérotés dont 96 sur papier vélin anglais et 4 sur papier de Chine.

DISCOURS et entretiens bachiques. *S. l. n. d.*, in-16 de 12 pages. (De 5 à 6 fr.)

Au verso du titre, on lit ces six vers :

Bachus est aimable,
Son Empire est doux.
Amans misérables,
Que ne cherchez-vous
Les Plaisirs de Table
Souvent avec vous.

En tête de la page 3 : Bonum vinum lœtificat cor Hominis. Le Bon vin réjouit le cœur de l'homme.

Cette plaquette est terminée par un air bachique.

Il existe des exemplaires dont le verso du titre est orné d'une vignette représentant Bacchus sur un tonneau et placée en haut de la page, au-dessus des vers que nous venons de citer.

DISCOURS familier sur le danger de l'usage habituel du café : *A Amsterdam, et se trouve à Paris, chez Bastien, libraire*, 1774, in-12 de 56 pages. (De 4 à 5 fr.)

DISCOURS sur les causes de l'extrême cherté qui est aujourdhuy en France et sur les moyens d'y remédier. *Paris, à l'Olivier de Pierre l'Huilier* 1574, pet. in-8. (De 60 à 80 fr.)

Livret rare et des plus utiles à l'étude de l'histoire économique du xvi° siècle. L'auteur, tendant à prouver l'excessive augmentation du prix des choses depuis le commencement du siècle, donne les prix comparés aux deux époques d'un grand nombre d'objets de commerce de toute nature, principalement des produits du sol et de l'industrie les plus nécessaires ; et, à cette occasion, il entre dans des détails de mœurs et de vie privée non moins précieux que ses chiffres. Je ne sais où nous trouverions les noms *imprimés* des plus fameux restaurateurs de Paris sous Charles IX, si ce n'est dans le passage suivant : « Nous voyons qu'on ne se contente pas en vn disner ordinaire d'auoir trois seruices ordinaires : premier de bouilly, le second de rosty, et le troisiesme de fruict ; et encore il faut d'vne viande en auoir cinq ou six façons, avec tant de saulses, de hachis, de pasticeries, de toutes sortes de salemigondis, et d'autres diuersitez de bigarrures, qu'il s'en fait vne grande dissipation… : chacun auiourd'huy se mesle de faire festins, et vn festin n'est pas bien fait, s'il n'y a vne infinité de viandes sophistiquees, pour aguiser l'apetit, et irriter la nature : chacun auiourd'huy veut aller disner chez *Le More*, chez *Sanson*, chez *Innocent* et chez *Hauart*, maistres de volupté et despense, qui en une chose publique bien policée et réglée seroient bannis et chassez comme corrupteurs des mœurs. » (*Note du cat. Leber.*)

Brunet cite un ouvrage analogue, mais postérieur :

— Discours sur l'extreme cherté qui est aujourd'huy en France présenté à la mère du Roy, par un sien fidelle serviteur. *A Bordeaux*, 1586, pet. in-8.

Cet opuscule a été réimprimé dans le tome VII des *Variétés historiques et littéraires*, d'Edouard Fournier, pp. 137-191.

DISCOURS sur les vignes. *Dijon (et*,

Paris, Pissot), 1756, in-12 de 56 pages. (2 fr. 50.)

Attribué par Barbier à Cl. Jacq. Herbert.

DISCOURS sur l'excellence du vin, contes et autres anecdotes faisant suite aux insomnies du notaire Potot, de Missery. *Dijon, impr. de Carton*, 1830, in-8. (5 fr.)

Tiré à 50 exempl.

DISSERTATION sur les huîtres vertes de Marennes avec des observations critiques sur l'opinion des naturalistes touchant la reproduction des huîtres en général et les causes de la couleur verte que ces animaux peuvent acquérir par M. G. de la B..., président du tribunal de Marennes. *Rochefort, Goulard*, 1821, in-8 de 104 pages. (2 fr. 50.)

Les initiales G. de la B... sont celles de M. Goubeau de la Billennerie.

DISSERTATION svr l'hemine de vin, et svr la livre de pain de S. Benoist, & des autres anciens Religieux. Où l'on fait voir que cette Hemine n'estoit que le Demi-setier, & que cette Livre n'estoit que de douze onces : où l'on represente l'esprit des Peres, & des saints Fondateurs d'ordres, touchant le jeûne et la tempérance, etc... *A Paris, chez Charles Savreux*, 1667, in-12 de 11 ff. limin. et 349 pp. (De 4 à 5 fr.)

L'extrait du privilège commence au verso de la page 349 dont il occupe les deux tiers et finit au recto de la page suivante non chiffrée. Au verso : « Fautes à corriger ».

On trouve dans cet ouvrage paru sans nom d'auteur, mais écrit par Lancelot, de curieux renseignements sur la vie des religieux dans les couvents, sur leur nourriture en temps de jeûnes et de Carême, et sur l'usage du vin.

— Le même, seconde édition, revue, corrigée et augmentée, avec la réponse aux nouvelles difficultés qui avaient été faites sur ce sujet. *Paris, Guillaume Desprez*, 1688.

DISSERTATION sur l'usage de boire à la glace par M. D. D.. licencié en droit. *Paris*, 1763, in-12 de 36 pages. (De 3 à 4 fr.)

Cet opuscule, signé des initiales D D., a été écrit par M. Durey d'Harnoncourt.

DISTRIBUTIONS (Des) d'aliments cuits opérés en divers temps chez les différents peuples du monde. Mémoire lu à l'académie de Stanislas à l'occasion d'un nouveau système de secours alimentaires organisé à Nancy dans l'hiver de 1853-1854. *Nancy, Grimblot et Vve Raybois*, 1855, in-8 de 39 pages. (1 fr. 50.)

Par M. François Guerrier de Dumast.

DODONŒI (Remberti) Historia vitis vinique et stirpium nonnullarum aliarum. Item medicinalium observationum exempla. *Coloniæ, M. Cholinus*, 1580, in-8. (De 12 à 15 fr.)

DOMESTIC Economy and Cookery, for Rich and Poor. By a Lady. *London*, 1827, in-8. (3 fr.)

DONAT (Mrs). — The new Practice of Cookery, Pastry, Baking and preserving, being the Country House wife's best friend writen in conjunction with Mrs Hudson, 1804, in-8. (3 fr.)

DONCOURT (Le chevalier A. de). — Guerre aux petits abus domestiques. L'Anse du panier, par le chevalier A. de Doncourt, etc. *Paris et Lyon, Perisse frères*, s. d., in-16 de 72 pp. (1 fr. 50.)

DONS (Les) de Comus ou les Délices de la Table. Ouvrage non seulement utile aux officiers de Bouche pour ce qui concerne leur art, mais principalement à l'usage des personnes qui sont curieuses de sçavoir donner à manger, & d'être servies délicatement, tant en gras qu'en maigre, suivant les Saisons & dans le goût le plus nouveau. *A Paris, chez Prault fils, quay de Conty, vis-à-vis la descente du Pont Neuf, à la Charité.* 1739, in-12 de xlviij-275 pages, front. gravé. (De 10 à 15 fr.)

Edition originale. Le frontispice est gravé par Le Bas. Le privilége donné le 22 mai 1739 au sieur *** se trouve à la fin du volume. Ce livre a paru sans nom d'auteur, mais il est l'œuvre du cuisinier Marin qui fut aussi maître d'hôtel du maréchal de Soubise. En tête, occupant les XXXIV premières pages, est un « Avertissement » qui n'est, en somme, qu'un discours excessivement intéressant sur l'histoire de la cuisine. Cet avertissement non signé a été écrit, suivant Barbier, par deux Jésuites, les Pères Pierre Brumoy et Guill. Hyacinthe Bougeant. (Voyez *Lettre d'un pâtissier anglois*.) Vient ensuite la *Table des matières* (pages XXXV à XLVIIJ); on remarque, en haut de la page XLV, une faute typographique : des *materes* au lieu de *matieres*.

Le traité de Marin est divisé en trois parties : la première, divisée elle-même en XIII chapitres, contient une liste des potages et une idée des différentes viandes et de leur usage; des poissons; et en général de tout ce qui peut entrer dans un repas. La seconde partie traite des hors-d'œuvre gras et maigres, des entremets chauds et froids en gras et en maigre et des petites sauces qui sont dans le goût le plus nouveau et le plus en usage dans la cuisine moderne; elle est divisée en VI chapitres. Enfin, la troisième et dernière partie donne des menus de table pour les quatre saisons de l'année.

Les *Dons de Comus* qui ont paru, pour la première fois, en un seul volume, ont eu plusieurs éditions considérablement augmentées. C'est ainsi qu'en 1742, ils ont été réimprimés en trois volumes, sous ce titre :

— Suite des dons de Comus ou l'art de la cuisine réduit en pratique. *A Paris, chez la veuve Pissot; Didot; Brunet fils*, 1742, 3 vol. in-12. (De 7 à 8 fr.)

Le frontispice gravé est le même que celui de la première édition, mais l'*Avertissement* de 1739 a été remplacé par une préface attribuée à Meusnier de Querlon. Barbier cite aussi une édition de la *Suite des dons de Comus*. *Paris, veuve Pissot*, 1743, 3 vol. in-12.

— Les Dons de Comus ou l'art de la cuisine réduit en pratique. Nouvelle édition, revue, corrigée et augmentée par l'auteur. *A Paris, chez la veuve Pissot*, 1750, 3 vol. in-12. (De 7 à 8 fr.)

Même frontispice que dans les éditions précédentes. M. Brunet, en citant cette édition, dit qu'elle est la seconde des *Dons de Comus*. En réalité, elle est bien la troisième

puisque la première a paru en 1739, avec l'avertissement des Pères Brumoy et Bougeant et la seconde en 1742 avec la préface de Meusnier de Querlon.

Cette édition contient les deux anciennes préfaces refondues en une seule par Meusnier de Querlon, c'est du reste ce que l'on peut lire dans l'avis suivant : « Pour rendre cette nouvelle édition aussi complette qu'elle pouvait l'être ¹ ° On a fondu dans la préface dont la nouveauté a réussi à l'auteur, l'avertissement qui a donné lieu à la *Lettre du pâtissier anglois* et qui était à la tête du premier ouvrage.... »

Enfin, une nouvelle édition portant le même titre que la précédente a été publiée, *Paris, chez L. Cellot, impr. libr.*, 1775, 3 vol. in-12.

La préface ou discours préliminaire est la même que celle de l'édition de 1750, le privilége donné au nom de la veuve Pissot porte la date du 2 septembre 1749.

Dans la première édition, le titre est rouge et noir; il est entièrement noir dans toutes les autres.

DORNAT (C.-C.). — Traité du négociant de vins et eaux-de-vie, suivi de l'art de faire des liqueurs contenant, etc... par C. C. Dornat. *Se trouve chez l'auteur, à Saint-Jean d'Angely*, 1854, in-8 de 126 pp. (1 fr.)

DOUBLET. — L'art de récolter et de conserver les fruits frais et dans leur état naturel pendant l'hiver : suivi de conseils pour préparer les fruits secs..... par P. Doublet. *Paris, impr. de Gueffier*, 1827, in-18 de 124 pp. (1 fr. 50.)

DOUET-D'ARCQ (M.-L.). — Comptes de l'hôtel des rois de France aux XIVe et XVe siècles, publiés pour la société de l'histoire de France par M. L. Douët-d'Arcq. *A Paris, chez Mme Vve Jules Renouard*, 1865, in-4 de XLII-437 pp. (De 15 à 20 fr.)

On y trouve des détails curieux sur les dépenses des maisons royales, les gages des domestiques, les dîmes de pain et de vin, la panneterie, l'eschançonnerie, la cuisine, la fruicterie...

DOUZE facéties reproduites en fac-similé avec une notice bibliographique, l'ordre des cocus réformés et la patente des cocus. *Bruxelles, Gay et Doucé*, 1881, in-fol. (5 fr.)

Tiré à 500 exempl. numérotés. On trouve dans ce recueil une patente d'ivrogne et une patente de gourmand.

DRONNE (L.-F.). — Charcuterie ancienne et moderne. Traité historique et pratique renfermant tous les préceptes qui se rattachent à la charcuterie proprement dite et à la charcuterie-cuisine. Suivi des Lois Ordonnances et Statuts concernant cette profession avec gravures et dessins par L.-F. Dronne, charcutier, membre correspondant de la société d'agriculture de Louhans, troisième édition. *Paris, Eugène Lacroix*, 1885, in-8 de x-570 pages, portr. de l'auteur. (6 fr.)

La première édition de ce traité assez complet a paru : *E. Lacroix*, 1869, in-8.

DROYN (Gabriel). — Le royal syrop de pommes, antidote des passions mélancholiques par Gabriel Droyn docteur en médecine. *A Paris, chez Iean Moreau, ruë Sainct-Iacques, à la Croix Blanche*. s. d., pet. in-8 de 5 ff. limin et 152 pp. (De 15 à 25 fr.)

Ce livre, qui n'est pas commun, ne manque pas d'originalité ; l'auteur y donne la recette pour faire plusieurs sortes de sirops de suc de pommes pour guérir les melancholiques. L'ouvrage de Gabriel Droyn n'est pas précisément du genre de ceux que nous faisons figurer ici ; aussi ne le citons-nous que pour son titre et pour sa singularité.

DUBARRY (Armand). — Nos aliments, histoire et anecdotes. *Paris, Delagrave*, s. d., in-12, (2 fr. 25.)

— Le boire et le manger, histoire anecdotique des aliments par Armand Dubarry. Ouvrage illustré de 125 gravures sur bois. *Paris, Furne, Jouvet et Cie* 1884, in-16 de VII-256 pages. (2 fr. 25.)

Cet ouvrage est ainsi divisé : Le Pain. — La Viande. — Le Lait. — Les légumineuses. — Les Fruits. — Les Condiments. — Les Boissons.

Fait partie de la « Bibliothèque instructive ».

DUBIEF (L.-F.). — Traité de la fabrication des liqueurs françaises et étrangères sans distillation. Septième édition augmentée de développements plus étendus, de nouvelles recettes pour la fabrication des liqueurs, du Kirsch, du Rhum, du bitter, la préparation et la bonification des eaux-de-vie et l'imitation de celles de Cognac, de différentes provenances, de plus la fabrication des sirops par L.-F. Dubief, chimiste-œnologue, *Paris, Hetzel et Cie*, 1887, in-18 de 283 pp. (3 fr. 50.)

La première édition a paru : *Paris, Leclère fils*. 1860. in-8 de 80 pp. ; le même, 2e édition, *Paris, Lacroix*, 1862 ; 3e édition, *ibidem, idem*, 1864.

— Le liquoriste des dames ou l'art de préparer en quelques instants toutes sortes de liqueurs de table et des parfums de toilette avec toutes les fleurs cultivées dans les jardins suivi de procédés très simples et expérimentés pour mettre les Fruits à l'eau-de-vie, faire des Liqueurs et des Ratafias, des Vins de dessert, mousseux et non mousseux, des sirops rafraîchissants, etc., par L.-F. Dubief, etc. *Paris, E. Lacroix*, 1870, in-18 de VIII-120 pp. (3 fr.)

Première édition : *Paris, E. Lacroix*, 1861, in-18 de 108 pp.

— Guide pratique de la fabrication des vins factices et des boissons vineuses en général ou manière de fabriquer soi-même des Vins, Cidres, Poirés, Bières, Hydromels, Piquettes et toutes sortes de boissons vineuses, par des procédés faciles économiques et des plus hygiéniques par L.-F. Dubief, etc. Deuxième édition. *Paris Hetzel et Cie*, 1887, in-18 de 91 pages. (2 fr.)

Première édition : *Paris, E. Lacroix*, 1877.

M. Dubief est également l'auteur d'un *Traité complet théorique et pratique de vinification ou art de faire du vin*, etc., etc. *Paris, Hetzel et Cie*, in-18 (5me édition) et du *Guide du Brasseur ou l'art de faire la bière. Paris, Hetzel et Cie*, in-18.

La première édition, signée des initiales seules de l'auteur, est de 1824.

Tous ces ouvrages font partie de la Bibliothèque des professions industrielles, commerciales et agricoles.

Dans la collection des manuels-Roret, M. Dubief a publié un *Nouveau Manuel complet théorique et pratique du fabricant de cidre et de poiré*, etc., dont la première édition a paru en 1834.

DUBOIS (L.). — Du pommier, du poirier et du cormier considérés dans leur histoire, leur physiologie et les divers usages de leurs fruits, par L. Dubois. *Paris*, 1804, 2 vol in-12. (2 fr.)

DUBOIS (O.). — Traité théorique et pratique des aliments et des boissons, ouvrage indispensable à consulter pour vivre longtemps et bien se porter contenant la définition, les propriétés et la classification des aliments et des boissons....., par O. Dubois, docteur en médecine, etc. *Paris, l'auteur, s. d.*, in-12 de 166 pages. (1 fr.)

DUBOIS (Urbain). — La Cuisine classique, études pratiques, raisonnées et démonstratives de l'école française par Urbain Dubois et Emile Bernard, chefs de cuisine de LL. MM. l'Empereur et l'impératrice d'Allemagne. Ouvrage illustré de 77 planches gravées et un frontispice embrassant dans son cadre toutes les prescriptions théoriques, d'après l'ordre et les principes de la grande Cuisine. Douzième édition. *Paris, E. Dentu*, 1886, 2 vol. in-4 de LXXXVIII-467 et 491 pages. (40 fr.)

Six planches hors texte. La couverture porte la date de 1887.

La première édition de l'important ouvrage de MM. Urbain Dubois et Emile Bernard a été publiée en un seul volume in-4, en 1856, *Paris, les auteurs*. La *Cuisine classique* était alors signée par Urbain Dubois, élève de Louis Haas (de la maison de

Rothschild) et cuisinier de M. le comte Uruski et Emile Bernard, cuisinier de Son Exc. le général comte de Krasinski.

Le frontispice qui n'est pas le même que celui de l'édition en deux volumes, est une composition de Jehenne.

Une nouvelle édition de la *Cuisine classique*, la seconde, a paru chez Dentu, en 1864. Cette édition illustrée de 60 planches et de 300 dessins, également en un seul volume in-4 de VII-551 pp.

Même frontispice gravé que dans la précédente.

Il a été tiré quatre exemplaires avec les planches sur chine, dont l'un appartient à M. Dessolliers, ancien cuisinier chef de la maison royale de Suède et de S. A. I. la princesse Mathilde.

— Le même, troisième édition, *Paris, Dentu*, 1869, 2 vol. in-4.

La *Cuisine classique* a été réimprimée en 1874, 1882; l'édition que nous citons plus haut, qui est la douzième, porte la date de 1886.

— Cuisine de tous les pays, études cosmopolites avec 220 dessins inédits composés pour la démonstration par Urbain Dubois, chef de cuisine de leurs Majestés royales de Prusse, auteur de la *Cuisine classique*. Deuxième édition, *Paris, E. Dentu*, 1869, in-8 de XLV-457 pp., front. gravé. (15 fr.)

La première édition avait paru, *ibidem, idem*, en 1868, in-8° de XXXIX-457 pp.; la troisième édition est de 1872 et la quatrième, ornée de 400 dessins et d'une planche en chromolithographie, gr. in-8 de XVI-743 pp., porte la date de 1882.

— Cuisine artistique, études de l'école moderne. Ouvrage en deux parties renfermant Cent et une planches gravées hors texte par Urbain-Dubois auteur de la Cuisine de tous les pays, de l'Ecole des Cuisinières etc. *Paris, E. Dentu*, 1872-1874, 2 vol. in-4 de VIII-444 pp. front. gravé. (30 fr.)

— Le même, 2me édition, *ibidem, idem*, in-4 avec planches. (30 fr.)

— Ecole des Cuisinières. Méthodes élémentaires, économiques, Cuisine, pâtisserie, office, Cuisine des malades et des enfants, 1600 recettes, 500 dessins par Urbain-Dubois, auteur de la Cuisine de tous les pays, etc. Sixième édition, *Paris, E. Dentu*, 1887, in-8 de CXXXII-692 pp. (8 fr.)

— Grand Livre des pâtissiers et des Confiseurs par Urbain-Dubois, auteur de la *Cuisine artistique*, etc. Ouvrage en deux parties renfermant cent trente-huit planches gravées. *Paris, E. Dentu*, 1883, 2 vol in-4 de XXIV-701 pp. (30 fr.)

—Nouvelle cuisine bourgeoise pour la ville et pour la Campagne par Urbain Dubois, auteur de l'*Ecole des Cuisinières*, etc. Huitième édition, *Paris, Bernardin-Béchet, s. d.* (1888), in-12 de CLII-640 pp., avec fig. (3 fr. 50.)

La première édition a paru chez Dentu, 1878, in-12.

L'œuvre culinaire d'Urbain Dubois est, on le voit, très considérable; le nom de ce maître de la cuisine moderne passera à la postérité comme celui de Menon, de Carême et de Gouffé.

DUBOST. —La Bresse et sa volaille, par M. Dubost. *Bourg, impr. Milliet-Bottier*, 1864, in-8 de 13 pp. (1 fr.)

DUBOURG (Antony). — Dictionnaire des Ménages, répertoire de toutes les connaissances usuelles, encyclopédie des villes et des campagnes par Antony Dubourg, membre de diverses Sociétés savantes, industrielles et agricoles. *Paris, chez d'Uturbie et Worms, rue Saint-Pierre Montmartre, 17, et à Ham, chez M. Rousseau, ancien notaire*, 1839, 2 vol. in-4 de 491 et 519 pages sur deux colonnes. (De 10 à 15 fr.)

La couverture indique en outre la nomenclature des matières contenues dans ces deux volumes parmi lesquelles un dictionnaire de cuisine.

Les parties *Cuisine* et *Office* sont très développées dans ce dictionnaire dont les auteurs ne seraient autres, sous le pseudonyme d'Antony Dubourg, que MM. Paul Lacroix, le savant bibliophile, et M. Emile de la Bédollière.

Le *Dictionnaire des Ménages* avait été annoncé dans le n° de la *Bibliogr. de la France* portant la date du 11 juillet 1835 sous ce titre :

— Dictionnaire des ménages, à l'usage de la ville et de la campagne, contenant : Code domestique, éducation etc. Par une Société de Savans et de praticiens. .. *Paris, chez Mame....* in-4.

L'ouvrage a paru par livraisons de 1836 à 1837.

DUBUISSON. — L'art du distillateur et marchand de liqueurs considérées comme alimens médicamenteux, avec un mémoire sur les acides natifs du verjus, de l'orange & du citron ; par M. Dubuisson, ancien Maître Distillateur. *A Paris, chez Nyon l'aîné & fils*, 1788, 2 vol. in-8 de XVI-448 et 370-30 pages. (De 5 à 6 fr.)

Le *Mémoire sur les acides natifs du verjus*, etc. est daté de 1785. La première édition du traité de Dubuisson est de 1779. La troisième, publiée en 1809, a paru sous ce nouveau titre :

— L'art du distillateur contenant tous les procédés et toutes les opérations du distillateur-liquoriste limonadiers, et officiers de bouche; l'art du brûleur de vin, du brasseur, du vinaigrier; des recettes et des procédés de liqueurs de table connus sous le nom générique de liqueur des îles et toutes les découvertes dont la chimie moderne vient d'enrichir l'art du distillateur. 3e édition augmentée d'un grand nombre de recettes ou ratafiats, de sirops, de confitures et d'eaux différentes dont l'efficacité est reconnue pour conserver ou rétablir la santé. *Paris, Levacher*, 1809, 2 vol. in-8. (De 4 à 5 fr.)

DUBUISSON. — Airs sérieux et à boire, musique notée. *Paris, C. Ballard*, 1686, 3 vol. in-12 obl. (15 fr.)

DUBUSC. — Nouveau traité de Cuisine pratique et élémentaire par Dubusc, ex-président de la Société de secours mutuels des Cuisiniers de Paris. *Paris*,

Léon Vanier, 1884, gr. in-8 de VII-386 pp. (5 fr.)

DUCHEMIN. — Manuel industriel contenant la manipulation de la pâtisserie et quantité de choses utiles, etc., par Duchemin, anciennement pâtissier, rue des Capucines à Paris maintenant cuisinier au château de Balthazar près Livarot (Calvados). 2e édition. *Versailles, Kléfer*, 1843, in-8. (2 fr. 50.)

La première édition est de 1840.

DUCRET (Etienne). — La margarine Mouriès ou c'est un beurre! chansonnette par Etienne Ducret. *Paris, impr. Le Clerc et Cie*, 1874, in-4 à 2 col. d'une page. (50 cent.)

— Le Bon Chocolat, paroles et musique... par Etienne Ducret, *Paris, l'auteur*, 1875, in-4 de 6 pp. (50 cent.)

DUFOUR (Ph.-Sylvestre). — Traitez nouveaux et curieux dv café, dv thé et dv chocolate. Ouvrage également nécessaire aux médecins, et à tous ceux qui aiment leur santé par Philippe Sylvestre Dufovr. *A Lyon, chez Jean Girin et B. Rivière rüe Mercière a la prudence*. 1685, in-12 de 10 ff. limin. non chiffrés, 445 pages et 5 pages de table, frontispice, et 3 fig. gravés. (De 20 à 25 fr.)

Titre rouge et noir. Les 10 ff. liminaires comprennent l'épître « à Monsieur le chevalier Valon », signée Sylvestre Dufour; la préface, le privilège du Roy, l'attestation, datée de Lyon, 10 mai 1684 et signée : Falconet fils.

Les *Traitez nouveaux et curieux* commencent à la page 1 et finissent à la page 445 ; l'en-tête de la 1re page est gravé ; on trouve cette même gravure reproduite aux pages 223 et 305.

La même année, 1685, Adr. Moetjens donnait à la Haye, suivant la copie de Lyon, une édition de cet ouvrage. Réimprimé, à *Lyon, Jean Baptiste Deville*, 1688, in-12, le livre de Dufour eut enfin une troisième édition que quelques bibliographes font figurer dans la collection elzévirienne et dont voici le titre :

— Traitez nouveaux et curieux du café du thé et du chocolate. Ouvrage également nécessaire aux Médecins, & à tous ceux qui aiment leur santé. par Philippe Sylvestre Dufour. A quoy on a adjouté dans cette Edition, la meilleure de toutes les méthodes, qui manquoit à ce Livre, pour composer l'excellent chocolate par Mr. St. Disdier. Troisième édition. *A la Haye, chez Adrian Moetjens, marchand libraire prez la Cour, à la Libraire (sic) Françoise*. 1693, pet. in-12 de 403 pp., 4 pp. de tables et une d'errata, front. grav. (De 15 à 20 fr.)

Les 14 premières pages qui comprennent le titre, l'épître dédicatoire à Monsieur le chevalier Valon, seigneur de Janlis et de Veuchey, la préface, et l'attestation ne sont pas chiffrées, mais font néanmoins partie de la pagination. Le corps de l'ouvrage commence à la page 15. Il est divisé en trois traités précédés chacun d'une figure gravée. A la fin se trouve un « dialogue du chocolate entre un medecin, un Indien et un bourgeois. »

Les *Traitez nouveaux et curieux du café* ont été traduits en latin sous ce titre :

— Tractatus novi de potu caphé, de Chinensium the et de chocolata. *Parisiis, P. Muguet*, 1685, in-12. (De 7 à 8 fr.)

Ils ont été réimprimés quelques années plus tard :

— Novi Tractatus de potus caphé, de chinensium thé, et de chocolata a D. M. notis illustrati. *Genevæ, apud Cramer et Perachon*, 1699, in-12 de 4 ff. limin. non chiffrés (y compris le frontispice) et 188 pages, 3 fig. gravées. (De 7 à 8 fr.)

Dans la lettre du libraire au lecteur, on trouve le nom de Jacob Spon, médecin lyonnais.

Nous avons cité plus loin un ouvrage intitulé : *De l'vsage du caphé, dv thé, et dv chocolate. A Lyon, chez Jean Girin et Barthelemy Riviere*, 1671, in-12. (Voyez ce titre.) Cet ouvrage est-il de Ph. S. Dufour, ou Jacob Spon, comme le disent plusieurs bibliographes, en est-il l'auteur ? Dufour et Spon ne sont-ils qu'un seul et même personnage ? La question a été souvent discutée, mais la lumière ne semble pas avoir été faite bien complètement sur ce sujet.

L'Usage du caphé, etc., dit Quérard, *Supercheries*, est la traduction d'un ouvrage latin que Spon publia d'abord sous le pseudonyme de Ph.-S. Dufour, quoiqu'il en fût lui-même l'auteur. »

Nous avons sous les yeux l'*Usage du Caphé*, etc., et les *Traitez nouveaux et curieux du Café*, etc. Dans le premier de ces deux ouvrages on ne trouve aucune trace du nom de Spon, ni de celui de Dufour. L'auteur anonyme se borne à dire dans un Avant-propos que « la premiere piece qui paroit dás ce volume est vne dissertation curieuse du Caphé, traduite en François d'vn Original Latin composé depuis peu par vn sçavât Medecin de l'Empire, qui n'a pas voulu se nômer, à laquelle j'ay adjouté quelques extraits tirez des œuvres de divers voyageurs sur ce même sujet ».

Il se peut fort bien que le manuscrit latin composé par le « sçavât medecin » soit l'œuvre de Jacob Spon, mais la traduction française de 1671 paraît être celle de Dufour.

Voici, en effet, ce que nous lisons dans la Préface des *Traitez nouveaux et curieux du Café*, etc., qui sont, eux, signés par Ph. Silvestre Dufour : « Il y a environ douze ans, qu'un manuscrit latin qui traittoit du Café me tomba entre les mains : je l'examinai et je crus quil pouvoit être utile au Public, tant parce que personne dans ce Royaume n'avoit encore rien écrit sur cette matiere, que parce que la boisson qui se fait de cette fève commençoit à devenir à la mode. C'est ce qui me fit résoudre à traduire ce discours et à le faire imprimer. Je mis ma traduction au jour..... »

Il y a environ douze ans, écrit Dufour dans sa préface. Or, on a vu plus haut que l'*Usage du Café* parut en 1671 et c'est en 1685 que l'auteur a écrit sa préface. Plus loin, nous lisons : « Je me mis donc en tête de chercher des memoires assés précis et assés fidelles, pour faire un Traité qui n'ayant rien de commun que le nom avec celui que j'avois traduit, put se rendre considérable par lui-même. »

Il semble résulter des passages que nous venons d'extraire de la préface de Sylvestre Dutour que ce dernier est bien l'auteur de l'ouvrage anonyme publié, en 1671, sous le titre : *De l'usage du Caphé, du thé et du chocolate.*

Une note écrite à la fin d'un exemplaire des *Traitez nouveaux et curieux*, etc., ayant appartenu à Pixerécourt et qu'a publiée le *Bulletin du Bibliophile*, année 1854, p. 935, est très catégorique sur ce point. Il n'y est nullement question de Spon. « Il (Dufour) ne publia, dit cette note, d'abord que la traduction françoise d'un manuscrit latin tombé entre ses mains, qui traittoit du café, du thé et du chocolat. Cette traduction fut imprimée

à Lyon, pour la première fois en 1671. » D'après cette même note, Philippe-Sylvestre Dufour était « originaire de Manosque en Provence, et simple marchand de Lyon, mais savant curieux, habile surtout dans la connoissance de la nature ».

MM. Haag, *France protestante*, à propos de l'ouvrage intitulé : De *l'Usage du Caphé*, etc., *Lyon*, 1671, écrivent ;

« Barbier ne voit dans le nom de Dufour que portent les éditions de ce livre qu'un masque de Spon, mais il pourrait bien se tromper. Selon d'autres, Spon s'est borné à traduire cet ouvrage en latin. *Paris*, 1685. » Cette derniere version est celle qui nous semble la plus vraisemblable ; Dufour serait l'auteur des *Traités sur le Café* et Spon, le traducteur.

Ce que l'on peut, croyons-nous, affirmer sans trop de témérité, c'est que Dufour et Spon qui vivaient à la même époque, qui se réfugièrent tous deux en Suisse après la révocation de l'édit de Nantes, sont deux personnages absolument distincts. MM. Haag sont catégoriques sur ce point.

Une réimpression de la première partie de *Novi tractatus de potus caphé*, avec les notes de Manget et portant le nom de Spon a paru sous ce titre en 1705 :

— Iacobi Sponii Medici Lugdunensis Bevanda Asiatica; hoc est; Physiologia potus café a D. D^{re} Manget Notis; scorsim a Constantinopoli Plantæ Iconismis; recens Illustrata. S. L. (*Lipsiæ*), 1705, in-4 de 2 ff. lim., 56 pages et 1 feuillet non chiffré pour l'explication des planches qui sont au nombre de six. (De 8 à 10 fr.)

On trouve au titre la reproduction de la gravure qui, dans la première édition des *Traitez nouveaux et curieux*, est placée en tête du *Traité sur le Café*. Dans l'édition de 1705, le mot *Café* est imprimé, en partie, sur la gravure même.

DUFOUR (L'abbé Valentin).

— Une question historique, 1720-1868. *Paris, librairie de P. Rouquette*, 1868, in-16 de 72 pp. (De 3 à 4 fr.)

Le second titre de cet opuscule est : *Dissertation historique sur la défense de manger de la chair de cheval*, traduite du latin de J. G. Keysler, membre de la Société royale des sciences de Londres, par l'abbé Valentin Dufour, s. bibliothécaire de la ville de Paris.

Le texte latin, *De interdicto carnis equinæ esu dissertatio historica*, est imprimé à la suite de la traduction française.

DUFRENOY (Mme). — La petite ménagère ou l'éducation maternelle par Madame Dufrenoy, ouvrage orné de vingt-quatre jolies gravures. *Paris, Alexis Eymery,* 1816, 4 vol. in-18. (4 fr.)

Les chapitres XIV, XV, XVI, XVII, XIX, XXI du tome II sont consacrés à la cuisine; l'auteur y donne des recettes pour accommoder les œufs, les poissons, les légumes, faire différentes soupes, etc., et soigner les vins.

DUMAS (Alexandre). — Grand dictionnaire de cuisine par Alexandre Dumas. *Paris, Alphonse Lemerre,* 1873, gr. in-8 de VI-1152 pages, et 2 portraits gravés à l'eau-forte par Rajon, l'un de l'auteur, l'autre de J. Vuillemot. (20 fr.)

Le *Dictionnaire de Cuisine* est précédé de « quelques mots au lecteur » et d'une longue lettre à Jules Janin, signés d'Alexandre Dumas. On y trouve également la réimpression du *Calendrier gastronomique* de Grimod de la Reynière.
Après le dictionnaire sont placés différents menus composés par Dugléré, du *Café anglais,* Verdier, de la *Maison Dorée,* Magny, Brébant, etc.
Enfin, dans une annexe à l'ouvrage d'Alexandre Dumas, on trouvera un *Essai sur la moutarde,* par le célèbre romancier et qui n'est autre chose qu'une réclame pour la maison Bornibus.

— Petit dictionnaire de Cuisine par Alexandre Dumas, revu et complété par J. Vuillemot, élève de Carême. |*Paris, Lemerre,* 1882, in-18 de IV-823 pages. (3 fr. 50.)

— La Bouillie de la comtesse Berthe par Alexandre Dumas, illustré par Bertall. *Paris, Hetzel et Cie,* s. d., in-16 de 126 pp. (4 fr.)

Petite bibliothèque blanche.
Première édition : *Paris, Hetzel,* 1845, in-16. (De 8 à 10 fr.)

— Propos d'art et de cuisine, par Alexandre Dumas. *Paris, Calmann-Lévy,* 1877, in-18 de 304 pp. et 1 p. pour la table. (1 fr. 25.)

On trouvera à la page 20 : « Causerie culinaire » dans laquelle l'auteur des *Trois Mousquetaires* donne la recette du macaroni tel qu'on le fait à Naples.

DUMONT (Emile). — La bonne Cuisine française, tout ce qui a rapport à la table. Manuel-guide de la cuisinière et de la maîtresse de maison publié sous la direction de M. Emile Dumont. Dessins de A... B... gravés par Ysabeau. *Paris, Degorce-Cadot,* 1873, in-12 de 674 pp. (3 fr 50.)

La 2me édition, entièrement revue et augmentée d'un grand nombre de recettes nouvelles, in-18 de 684 pages, a paru *ibidem, idem,* 1875.
La *Bibliographie de la France* mentionne la 13me édition de cet ouvrage en 1885.
— La même..... Nouvelle édition revue et augmentée, admise à l'Exposition universelle de 1889, *ibidem, idem,* in-18 de VII-650 pp. (3 fr. 50.)

— Le parfait pâtissier pour la ville et la campagne. Entremets sucrés, pâtisserie, confiserie, glaces, liqueurs, vins en fûts et en bouteilles, cidre et poiré. Avec plus de 100 gravures dans le texte et une très belle chromolithographie hors texte par Emile Dumont. *Paris, A. Degorce,* in-18. (2 fr.)

DUMOULIN. — L'art de faire toutes les pâtisseries, par M. Dumoulin, pâtissier. *Paris, Blanc,* 1878, in-32 de 16 pp. (2 fr.)

Petite Bibliothèque utile.

DUNCAN. — Avis salutaire à tout le monde, contre l'abus des choses chaudes, et particulièrement Du Café, du Chocolat, et du Thé, par M. Duncan, Docteur en médecine de la Faculté de Montpellier. *A Rotterdam, chez Abraham Acher,* 1705, pet. in-8 de 4 ff. limin. n. ch. et 279 pp. (2 fr. 50)

DUPERTUIS (Mme). — La Cuisine au chocolat. Dédiée aux dames, par Mme Dupertuis. *Neuchâtel, Delachaux et Niestlé,* 1885, in-12. (1 fr. 50.)

— Les recettes de ma tante. Cuisine bourgeoise. 5e édition augmentée d'un appendice sur la cuisine aux champignons. *Neuchâtel, Delachaux et Niestlé*, 1885, in-12. (2 fr. 25.)

— La Cuisine des malades et des convalescents par Mᵐᵉ Dupertuis. *Lausanne, F. Payot*, 1887, in-16. (2 fr.)

DUPLAIS (H.). — Le liquoriste parfait et fabricant de sirops et conserves par Hyᵗᵉ. Duplais, distillateur. *Paris, typ. Appert et fils*, 1850, in-12 de 12 pp. (2 fr.)

DUPLAIS (L.). — Le vin de Champagne. *Paris, l'auteur*, 1888, in-12 de 8 pp. (1 fr. 25.)

DUPONT (Pierre). — Chants et chansons (poésie et musique) de Pierre Dupont, ornés de gravures sur acier d'après T. Johannot, Andrieux, C. Nanteuil, etc. *Paris, chez l'éditeur*, 1851-1859, 4 vol. pet. in-8, fig. grav. (De 12 à 15 fr.)

Les trois derniers volumes portent le nom d'Alexandre Houssiaux, éditeur.

Pierre Dupont, le chansonnier populaire, a écrit un grand nombre de chansons gastronomiques et bachiques parmi lesquelles nous citerons : *La Cave, Les Cerises, Le Cochon, Entrée au Caveau, Les Fraises, Ma Vigne, Le Pain, Le Vin de la Planète*, etc. Nous n'indiquons ici qu'une seule édition des œuvres de Pierre Dupont, dont il convenait de ne pas oublier le nom dans cette bibliographie.

DU PRADEL (Abraham). — Les Adresses de la Ville de Paris avec le Tresor des Almanachs. Livre Commode en tous lieux, en tous temps & en toutes conditions. Par Abraham du Pradel, Astrologue Lionnois. *A Paris, chez la veuve de Denis Nion, marchand libraire sur le quay de Nesle, au coin de la rue Guenegaud, à l'Image Sainte Monique*. 1691, in-12 de 113 pages et 8 pages non chiffrées pour la table et l'extrait du privilège. (De 200 à 250 fr.)

Dans le courant du livre, le numérotage des pages s'arrête à la page 66 et reprend à la page 111. Les pages intermédiaires ne sont pas chiffrées.

Livre fort rare et très précieux pour les documents qu'il renferme sur la vie pratique au xviiᵉ siècle. Le *Bulletin de la librairie Morgand*, à prix marqués (1876-1878), indique le prix d'un exempl. en mar. r. (Masson-Debonnelle), 600 fr.

Sous le pseudonyme d'Abraham du Pradel se dissimulait Nicolas de Blegny, chirurgien-apothicaire, auteur d'un traité intitulé : *Le bon usage du thé, du caffé et du chocolat, etc.*, qui ne manqua pas, dans son livre d'adresses, de vanter outre mesure les produits qu'il tenait dans sa boutique de droguiste.

Mais avant de parler plus longuement de cet ouvrage au point de vue documentaire, il convient d'en parler au point de vue bibliographique. Publié pour la première fois en 1691, les *Adresses de la ville de Paris* furent réimprimées l'année suivante sous ce titre :

— Le Livre Commode contenant les adresses de la ville de Paris et le tresor des almanachs pour l'année Bissextile 1692 avec les seances et les vacations des Tribunaux, l'ordre & la discipline des exercices publics le prix des Materaux & des ouvrages d'Architecture, le Tarif des nouvelles Monnoyes, le Depart des Couriers & des Voitures de Routes, & generalement toutes les commoditez sujettes aux mutations. Par Abraham du Pradel, Philosophe et Mathématicien. *A Paris, chez la veuve de Denis Nion Marchand Libraire sur le quay de Nesle, devant l'abrevoir de Guenegaud a l'image Sainte Monique*, 1692, in-12 de 4 ff. limin. non chiffrés et 196 pages. (250 fr.)

Le privilège du Roy est daté du 14 juillet 1690. On lit au-dessous : Achevé d'imprimer pour la seconde fois le 26 novembre 1691 (de l'imprimerie de Laurent Rondet).

Le *Trésor des Almanachs*, bien que compris dans la pagination du volume, a le titre spécial suivant :

— Le Trésor des Almanachs pour l'année bissextile 1692. Avec vne exacte description de l'œconomie universelle & des parties principales du monde. Un abrégé de la science des temps, le lever & le coucher du Soleil, le Tarif des nouvelles monnoyes, l'ordre du

Département des Couriers & diverses autres pièces également utiles & curieuses. Par Abraham du Pradel, Philosophe et Mathématicien. *A Paris, chez la veuve Denis Nion* (même adresse et même date que sur le titre général).

Cette seconde partie du *Livre commode* commence par un « avertissement » à la page 155. Les pages 157-180 sont occupées par un calendrier, les pages 181-184 par le « tarif des monnoyes » et les pages 185-196 par l' « Exposition alphabétique du département des Postes & Couriers, pour les lieux et villes du Royaume & des Païs étrangers ».

L'exemplaire que possède la Bibliothèque nationale de cette même édition de 1692 offre certaines particularités qu'il n'est pas sans intérêt de signaler.

En premier lieu, sur le titre du *Trésor des Almanachs*, l'imprimeur a inscrit par erreur la date de 1712 au lieu de celle de 1692, date réelle à laquelle a paru l'ouvrage et qui, d'ailleurs, se lit non seulement sur le titre général, mais encore sur le titre courant du *Trésor des Almanachs*. En second lieu, les pages 169 à 180 qui contiennent le calendrier, sont interfoliées. Mais on ne saurait affirmer que les feuillets blancs font partie de l'ouvrage; bien que le papier blanc soit semblable à celui des feuillets imprimés, ce n'est là, croyons-nous, qu'une fantaisie de l'acheteur qui aura fait ajouter ce papier pour y inscrire des éphémérides. Toutefois, étant donné la différence des deux exemplaires que nous avons eus sous les yeux, différence qui nous prouve qu'il y a eu plusieurs, ou tout au moins deux tirages de l'édition de 1692, il serait possible que le libraire ait mis en vente des exemplaires interfoliés, comme celui que nous avons vu. En troisième lieu, l'exempl. de la Bibliothèque nationale, bien que complet, diffère quant à la pagination de celui que nous avons décrit. C'est ainsi qu'après la page 184 où finit le « tarif des monnoyes » nous trouvons « l'Exposition alphabétique du département des Postes, etc., qui commence à une page chiffrée 33 et signée : E., pour finir à la page 44, tandis que dans l'autre exemplaire la pagination se continue, sans interruption, p. 185 à 196, signées Aa-Bb.

Cette seconde édition est beaucoup plus recherchée et beaucoup plus rare que la première; M. Edouard Fournier nous en fournit la raison dans l'introduction qui précède la réimpression du *Livre commode* qu'il a donnée récemment et dont nous parlerons plus loin. Si Du Pradel s'en était tenu, la première année, à publier dans son livre les adresses des marchands et des industriels, il voulut, la seconde année, dit M. Fournier, « y joindre les adresses de Messieurs des Fermes, du Conseil d'État, etc., celles aussi des Curieux célèbres et des Dames Curieuses, et bien d'autres encore ». Cette publication fut loin d'être goûtée en haut lieu et l'ordre de saisie fut donné. Tous les exemplaires qui furent trouvés chez le libraire et chez l'imprimeur furent détruits.

On conçoit aisément que cette édition soit plus difficile à rencontrer que la première dont un grand nombre d'exemplaires ont été mis en circulation.

Vendu : en vélin, 360 fr., B⁰ⁿ Pichon; en maroq. r. (Trautz-Bauzonnet), 670 fr., Béhague.

On trouve dans le *Livre commode*, si nous ne citons ici que ce qui a trait à la gourmandise, les adresses des confiseurs, confituriers, pâtissiers et boulangers, des traiteurs et chaircutiers, etc., on vogue sous le règne de Louis XIV. Du Pradel nous apprend que « la veuve Ronay, rue Saint-Victor, fait un pain de table excellent de toutes farines qu'on nomme « Pains à la Joyeuse » et qu'il « vient d'Isigny de très excellent beurre en petits pots, en hiver seulement, qui est commercé principalement par les dits sieurs Ravenel, Baron, Guilloü et la veuve Prunier ».

« M. Fagnault, Ecuyer de Cuisine de Monseigneur le Prince, fait de très excellentes andouilles qu'il vend à des personnes de connoissance. »

Les gourmands de l'époque étaient ainsi bien renseignés sur les spécialités gastronomiques de chaque marchand de comestibles et la liste en est longue dans le *Livre commode*.

Voici maintenant le titre de la réimpression de cet ouvrage, publiée par M. Edouard Fournier :

— Le Livre Commode des adresses de Paris pour 1692, par Abraham du Pradel (Nicolas de Blegny), suivi d'appendices, précédé d'une introduction et annoté par Edouard Fournier. *Paris, Paul Daffis,* 1878, 2 vol. in-16 de LX-321 et 399 pages. (De 10 à 12 fr.)

Cette édition fait partie de la *Bibliothèque elzévirienne* qui est aujourd'hui la propriété de la maison Plon et Nourrit; les notes qui l'accompagnent sont fort intéressantes.

DURANDEAU (Mme C.). — Guide de la bonne cuisinière par Mme C. Durandeau. *Paris, administration de l'almanach Vermot*, 1887, in-12 de 424 pages, dessins dans le texte (1 fr.)

DURANTE. — Il Tesoro della sanita, Di Castor Durante da Gualdo, Medico & cittadino Romano Nel quale s'insegna il modo di conseruar la Sanità, & prolungar la vita, Et si tratta della natura de' cibi, & de Rimedij de' nocumenti loro. con la tavola delle cose notabili. *In venetia, appresso Andrea Muschio*, in-8 de 8 ff. limin. non chiffr. et 328 pages. (De 15 à 20 fr.)

La dédicace à « la Sig. Donna Camilla Peretta » qui commence au verso du 2e feuillet et finit au recto du 3e, est signée : Castor Durante et datée : Roma, li XX di Luglio MDLXXXVII ».

On y trouve des chapitres intéressants sur les aliments qui servent de nourriture à l'homme, les légumes, les fruits, les viandes, poissons, condiments, sur l'eau, le vin, etc.

La première édition de cet ouvrage a paru : *In Bergamo, per Comino Ventura*, 1588, in-4 de 4 ff. lim. n. ch. et 175 pp. (De 30 à 40 fr.)

— Le même... *In venetia, appresso Michiel Bonibello*, 1596, in-8 de 8 ff. limin. non chiff. et 326 pages.

— Le même... Di nouo ristampato, e corretto con aggiunta di vn breue discorso del modo da preseruarsi da' veleni dell'Eccelentiss. Sig. Angelo Coli Medico Romano. *In Roma, appresso Guglielmo Facciotti*, 1632, in-8 de 8 ff. limin. et 334 pages. (De 15 à 20 fr.)

Au cat. de Morante, 3e partie, p. 99, fig. une édition du même ouvrage. *Venetia*, 1601, in-12, mais nous ne la connaissons pas.

DUROCHER. — Moyens économiques de procurer à meilleur marché à la classe la plus indigente de la nation un pain aussi salubre qu'agréable, inventés par Pichon Durocher. 1791, in-12. (2 fr.)

DUSSERT. — L'art de fabriquer le pain suivi de quelques observations sur la situation de la boulangerie. Par L. Dus-

sert, ancien boulanger. *Lyon, impr. Boursy*, 1862, in-18 de 36 pages. (1 fr. 50.)

DUTRON. — La Printanière ou les légumes conservés à l'état frais. Historique du procédé, ses immenses avantages, moyen facile de s'en servir par J.-B. Dutron, ancien rédacteur des journaux industriels. *Paris, impr. Allard*, 1858, in-12 de 34 pp. (1 fr. 50).

DU VERDIER (Ant.) — Les diverses leçons d'Antoine Dv Verdier sieur de Vaupriuaz, &c Suiuans celles de Pierre Messie, contenans plusieurs histoires, discours & faicts memorables, recueilliz des auteurs Grecs, Latins & Italiens. Augmentees par l'Auteur en ceste troisiesme edition d'vn sixiesme liure. Avec deux tables, l'vne des chapitres, l'autre des principales matieres y contenues. *A Lyon par Barthelemi Honorati, au Vase d'or*, 1584, in-8 de 12 ff. non chiffrés, 478 pp. et 9 ff. pour la table.

Marque de Barthelemi Honorat sur le titre et au verso du dernier feuillet non chiffré. On trouve au troisième livre, chap. XI : *Des banquets des anciens et comment Auguste defendit à Rome que nul ne conviast autrui à manger en sa maison* ; chap. XXIII : *Quand cuisiniers commencerent anciennement d'estre en prix qui furent les premiers qui commencerent a user de tant de viandes et de plusieurs grands mangeurs et gourmands* ; chap. XXV : *Loix et ordonnances des Anciens sur le retranchement de l'excès du manger et superfluité de vestemens.*

Il existe une autre édition, *Lyon, Barthelemi Honorat*, 1577, in-8 ; et une autre, *Lyon, Thomas Soubron*, 1592, in-8.

DUVEYRIER aîné (A. H. J.). — Le diner de Monseigneur, comédie-vaudeville en un acte. *Paris, Marchant*, 1838, in-8. (1 fr. 50.)

DUVRAC (Louis). — Parisiensis agri tenuia vina sunt Burgundo, Campano salubriora, quæstio-medica. Præside Andrea Clesse, 6 avril 1724. *Parisiis, typis Quillau*, in-4 de 4 pages. (De 2 à 3 fr.)

EALES. — Mrs. Mary Eales, Receipts, confectioner to her late Majesty, queen Anne, 1718, in-8. (De 5 à 6 fr.)

EBERT (Jenny-Lina). — La cuisinière suisse. Nouveau manuel de cuisine bernoise pour la ville et la campagne. *Berne, R. Jenni,* 1871, in-8. (De 2 à 3 fr.)

— Berner Kochbuch. Eine leichtsatzliche Anseitung zur bürgerlichen und seineren Kochkunst 1674 Koch-Rezepte enthaltend. Herausgegeben von Jenny Lina Ebert. Zugleich achte Auflage der « Schweizenköchin ». *Bern.* (*Heinrich Koehler*), 1889, in-8 de IV-496 pp. (5 fr.)

— Die Schweizer - Köchin. Neues Kochbuch für Stadt und Land... *Bern.* (*H. Koehler*), in-8.

ECLAIREUR (L') des barrières contenant les noms des principaux restaurants... notions historiques sur quelques localités et monuments des environs de Paris... par Auguste R. *Paris, impr. de Guyot,* 1841, in-12.

ECOLE DE SALERNE. — (Nous avons groupé sous ce titre les *Regimen sanitatis* dont on attribue généralement la composition à Jean de Milan. Cette œuvre médicale, en vers latins, aurait été écrite vers la fin du XIe siècle ou le commencement du XIIe siècle, et commentée plus tard par Arnaldus de Villanova ou Arnaud de Villeneuve.)

— Incipit regimē sanitatis ad inclitū regē Aragonū a magistro Arnaldo de villa noua directum et ordinatum. *S. l. n. d. et s. n. d'impr.,* in-4 de 33 ff. de 24 lignes à la page, sans chiffres, ni signatures, lettres rondes. (De 80 à 100 fr.)

Dans l'exempl. de la Biblioth. nationale, le *Regimen Sanitatis* est suivi de deux autres petits traités, l'un *Tractatus de epidemia et peste domini Valasti de Tarenta* qui occupe 21 ff.; l'autre, *Tractatus magistri Arnaldi de Villanova de arte cognoscendi venena* qui en occupe 5. Au verso de ce 5e et dernier feuillet : *Additio.*

D'après une note du catal. L'héritier de Brutelle, cette édition aurait été imprimée à *Rome par Vlric Galle,* vers 1470.

— Regimen sanitatis salernitanū necnō et magistri Arnoldi de noua villa feliciter incipit. — (In fine) : « *Explicit regimen sanitatis compositum seu ordinatū a magistro Arnoldo de villa noua Cathalono omniū medicorum viuentiū gemma. Hoc opus optatur quod flos medecine vo iur.* » *S. l. n. d. et s. n. d'impr.*, in-4 goth. de 79 ff. de 36 lignes à la page, signés A-K (les neuf premiers cahiers sont de 8 ff., le cahier K de 7 ff.). (80 fr.)

Le feuillet de titre semble manquer dans l'exempl. de la Biblioth. nationale qui commence au feuillet aii.

— Regimen sanitatis cum expositione magistri Arnaldi de villa noua. *S. l. n. d. et s. n. d'impr.* in-4, goth., de 50 ff. à 2 col. signés a-f par 8 (le cahier f est de 10 ff.). (De 30 à 40 fr.)

Le verso du titre est blanc. Au feuillet 2, sign. aij, en tête de la 1re col. : Incipit regimen sanitatis salernitanū exclentissimū ppseruatione sanitatis toti'huāni gnis putilissimū : necnon a magistro Arnaldo de Villa noua Cathellano oīm medicor; viuentiū gēma vtiliter; ac sed; oīm anticor; medicor; doctrinā veraciter expositū; nouiter correctū acemendatu; pegregissimos ac medicine artis pitissimos doctores. Anno Mcccclxxx predeto loco actu moram trahentes.

Le corps de l'ouvrage commence après ces douze lignes et finit au recto du dernier fenillet, au bas de la 2e col., par ces mots : « Hoc opus optatur qued flos medicine vocatur » et cette souscription : *Tractatus qui de regimine sanitatis nuncupatur : finit feliciter.* Vendu en mar. r. (Trautz-Bauzonnet), 55 fr., Yemeniz.

— Regimen sanitatis- (In fine) : *Tractatus excellentissimus qui de regimine sanitatis nuncupatur. Finit feliciter. S. l. n. d. et s. n. d'impr.*, in-4, goth., de 75 ff. signés a-l, (les cahiers a b c d e f g h i par 8, les cahiers k et l par 6). (De 30 à 40 fr.)

Le verso du titre est blanc. On lit, en haut du recto du 2e feuillet : *Incipit regimen sanitatis salernitanú....*

— Regimen sanitatis- (In fine) : *Tractatus excellentissimus qui de regimine sanitatis nuncupatur Finit feliciter. S. l. n. d. et s. n. d'impr. in-4, goth.,* de 80 ff. de 34 lign. à la page, signé A-K par 8.

— Regimen sanitatis Salerni- (In fine): *Explicit regimen sanitatis compositum seu ordinatū a magistro Arnoldo de villa noua cathalono omniū medicorum viuentiū gemma. S. l. n. d. et s. n. d'impr.,* in-4, goth.,

de 87 ff. signés a-l par 8 (le cahier I n'a que 7 feuillets). (De 30 à 40 fr.)

Le *regimen sanitatis* commence en haut du recto du f. signé aII par ces mots : « Regimen sanitatis salernitanū; necnō et magistri Arnoldi de noua villa feliciter incipit. » Le verso du titre est blanc.

— Regimen sanitatis cū expositione magistri Arnaldi de villanoua Cathellano nouiter impressus. *S. l. n. d . et sans n. d'impr.,* in-4 de 82 ff. de 29 lignes à la page, signés a-u par 4 et par 6, lettres rondes. (De 30 à 40 fr.)

Au titre, un bois représentant un savant assis devant une table sur laquelle se trouvent un livre et une écritoire. Près de lui, un enfant; derrière, un compas accroché au mur. Par la fenêtre ouverte, on voit la lune et les étoiles. On lit au milieu du verso du dernier feuillet : *Hoc opus optatur : quod flos medicine vocatur.* Ces mots sont écrits, comme le titre, en caract. goth.

— Regimen sanitatis cū expositione magistri Arnaldi de Villanoua Cathellano nouiter Impressus. — (In fine :) *Impressum Venetijs p. Bernardinū Venetū de Vitalibus,* in-4 de 82 ff. sign. A-V par 4 (le cahier V par 6), lettres rondes. (De 30 à 40 fr.)

On lit en tête du feuillet sign. Aii : Incipit Regimē sanitatis Salernitanū excellētessimi pro cōseruatione sanitatis totius humani generis putilissimū : necnō a magistro Arnaldo de Villa noua Cathellano omniū medicor uiuentiū gēma utiliter: ac sm omniū antiquor; medicor; doctrina ueraciter expositū : nouiter correctū ac emendatū p. egregissimos ac medicine artis peritissimos doctores Montispessulani regentes. Anno Mcccclxxx pdicto loco actu morā trahentes.

Le *Regimen sanitatis* commence après ces sept lignes et finit en bas du recto du dernier f. par l'indication du lieu d'impression et du nom d'imprimeur que nous avons donnée plus haut.

— Regimen sanitatis salernitani necnō mgri Arnoldi d' noua uila feliciter icipit Agloru; regii scripsit scola tota Salerni... — (In fine:) *Impressu; Louanii in domo magistri Iohannis de Westfalia,* in-4, goth., de 136 ff. de 30 l. à la page signés a-r. (De 30 à 40 fr.)

L'exempl. de la Bibliothèque nationale semble incomplet du 1er feuillet sur lequel doit se trouver le titre; le feuillet en haut duquel on lit : *Regimen sanitatis salernitani necnö ͞igri.* etc., etc., est, en effet, signé Aii.

Cette édition figure au Cat. L'héritier de Bruteile sous le n° 1935 et est donnée comme ayant été imprimée en 1482.

Crevenna, *Cat. raisonné,* t. II, p. 140, mentionne une édition du *Regimen sanitatis* qui aurait été imprimée à Pise, en 1484. Cette édition est également citée par Hain et Panzer.

— Regimen sanitatis... *Impressus Bisuntii anno d͞ni millesimo quadringentesimo octuagesimo septimo,* in-4 de 83 ff. de 33 et 34 lignes à la page.

— Regimen sanitatis. — (In fine :) *Impressus Argën. Anno d͞ni* mccccxcj. *In die sancti Thome cätuariens.,* in-4 goth. de 80 ff. non chiffrés, sign. A-K par 8. (De 30 à 40 fr.)

Le verso du titre (f. I) est blanc. Au recto du f. 2, sign. a2 : Incipit regimē sanitat; salernitanū excellētissimū ppseruatione sanitat; totius humani gener; putilissinū. necnon a ͞igrö Arnaldo de villa noua cathelano omniú medicor; viuentiú gemma vtiliter ac sm omniú anti͞qr; médicor; doctrinā veraciter expositū, nouiter correctū ac emēdatu per egregissimos ac medicine artis peritissimos doctores mötispessulani regentes anno Mcccclxxx predicto loco actu moram trahentes. » Le *Regimen sanitatis* commence immédiatement après ; il finit ainsi au r° du dernier feuillet : Hoc opus optatur qd flos medicine vocatur », et la souscription suivante : *Tractatus qui de regimine sanitatis niicupat. Finit feliciter. Impressus Argën. Anno d͞ni* Mccccxcj. *In die sancti Thome Cätuariens.* Le verso du dernier f. est blanc.

— Regimen sanitatis salerni. — (In fine) : *Impressum parisii per magistrum Andreà bocard xv kal. Decêbris. Anno domini Millesimo quadringétesimo nonagesimo tertio* (1493), in-4, goth., de 58 ff. non chiff., sign. a-j (les cahiers a c c par 8, les autres par 6, le cahier j n'a que 4 ff.). (40 fr.)

Au titre, la marque typographique d'André Bocard, libr. et impr., qui, d'après Silvestre, n'aurait exercé qu'à partir de 1496 jusqu'en 1531 et qui, cette édition le prouve,

imprimait déjà en 1493. Le verso du titre est blanc.

En tête du recto du 2e feuillet : « Regimen sanitatis salernitanū : necnon r magistri Arnoldi de noua villa feliciter incipit. » Après ces deux lignes, vient le corps de l'ouvrage qui finit au recto du dernier feuillet par cette souscription : *Explicit regimen sanitatis compositum seu ordinatum a magistro Arnoldo de villa noua : Cathalano omnium medicorū; viuentiu; gemma. Impressum parisii per magistrum Andreà becard xv Kal. Decêbris. Anno domini Millesimo quadringêtesimo nonagesimo tertio.*

Et plus bas : Hoc opus optatur quod flos medicine vocatur. » Au verso du dernier f. on a réimprimé par erreur le texte qui se trouve au v° du 53e feuillet commençant par ces mots : *Ne nervum ledas,* et finissant par : *luce per auras.*

— Regimen sanitatis salerni — (In fine :) *Impressum parisii per felicè balligault xv kal. Decêbris Anno domini Millesimo quadringentesimo nonagesimo tertio* (1493), in-4, goth., de 65 ff. n. chiffr., sign. a-h par 8, plus 1 feuillet non sign. (De 30 à 40 fr.)

Au titre, marque typographique de Félix Baligault (1493-1510). Le v° du titre est blanc. En tête du r° du feuillet sign. a 2 : « Regimen sanitatis salernitanū : necnon r magistri Arnoldi de nouavilla feliciter incipit. » Le corps de l'ouvrage commence aussitôt après ces deux lignes et finit au recto du dernier feuillet par cette souscription :

Explicit regimen sanitatis compositum seu ordinatū a magistro Arnoldo de villa noua : Cathalano omnium medicor. viuentiú gemma. *Impressum parisii per felicè balligault xv Kal. Decêbris Anno domini Millesimo quadringentesimononagesimo tertio.* Et au-dessous : Hoc opus optatur quod flos medicine vocatur.

— Regimē sanitatis metrice côscriptú cù multis âphorismis ex diuersis mediciān doctorib; collectis cù tractatu quodà d regimie contra morbū epidimie siue pestilétie. — (In fine :) *Impressus Colonie Anno d͞ni* Mccccxciiij *in die sancti Vdalrici epi.* In-4, dem. goth., de 75 ff. sans chiffres ni signatures. (De 30 à 40 fr.)

Le titre qui occupe cinq lignes est au recto du 1er f. dont le v° est blanc. En tête du recto du f. 2 : « Incipit rgmē sanitatis salernitanū excellentissimum pro conserua-

tione sanitatis totius húani generis putilissi-
mum. necnó a magistro Arnoldo de villa
noua cathelano omniũ medicor. viuentium
gêma vtiliter ac sm omnium antiq. medicorũ
doctriná veraciter expositũ. Nouiter correctũ
ac emédatũ per egregissimos ac medicine
artis peritissimos doctores in montispessilano
regentes ».

Au-dessous de ces 7 premières lignes, on
lit : *De remdijs generalibus*, puis commence
le corps de l'ouvrage qui prend fin au verso
du dernier feuillet par ces mots : « Hoc
opus optatur quod flos medicine vocatur »,
et plus bas : *Tractatus qui de regimine sanitatis nũcupat. Finit feliciter. Impressus Colonie
Anno dñi Mccccxciiij. In die Sancti Vdalrici
épi.*

— Regimen sanitatis salerni — (In
fine :) *Impressum parisii per Michaelem
le noir, cõmorantem supra pontẽ sancti
Michaelis ad intersigniũ sãcti iohãnis euãgeliste xv Kal. decébris Anno dñi Millesimo
quadrigentesimo nonagesimo septimo* (1497),
in-4, goth., de 58 ff. non chiffr., sign. a-j.
(les cahiers a et j par 8, les autres par 6.)
(De 30 à 35 fr.)

Au titre, marque typographique de Michel
Lenoir, libr. et impr. (1489-1520). Le verso
est blanc. En tête du rº du 2ᵉ feuillet, sign.
AII : Regimen sanitatis salernitatum (*sic*) : nec
..ᵤᵤ et magistri Arnold: de noua villa feliciter incipit. » Le corps de l'ouvrage, commençant après ces deux lignes, finit au milieu
du rº du dernier f. dont le verso est blanc.
On y lit :
Explicit regimen sanitatis compositum seu
ordinatum a magistro Arnoldo de villa noua :
cathalano omnium medicor. viuentium gemma. *Impressum parisii per Michaelem le noir,
cõmorantem supra pontẽ sancti Michaelis ad
intersigniũ sãcti iohãnis euãgeliste. xv Kal.
Decébris Anno dñi Millesimo quadrigentesimo
nonagesimo septimo.* Et au-dessous : Hoc
opus optatur quod flos medicine vocatur.

Dans l'exempl. de la Biblioth. nationale
le feuillet AIIII est placé, par erreur, après
le feuillet BIII ; n'ayant vu que cet exemplaire, il nous est impossible de dire si cette
transposition existe dans tous ceux de la
même édition.

Panzer cite une édition : *Colonia, apud
Ulr. Zell,* 1499.

— Le même...... *S. l., P. Baquelier,* 1501,
pet. in-8º goth.

— Le même...... *Argentin. Math. Brant,*
1502, in-4, goth.

— Regimen sanitatis Salerni. Venale

reperitur parisi sub itersignio diui Claudii
vici Sancti Iacobi. — (In fine :) *Regimen
pro cõseruatione sanitatis corporis humani
a magistro arnaldo de villa noua cathalano
cõpositũ seu ordinatũ. Impressus Parisius
Anno dñi millesimo quingentesimo quinto
die vero xxi nouembris per magistrum
petrum le dru supra carnificiaram vici
sancti Iacobi commorante finit feliciter.*
(1505) in-4, goth., de 51 ff. de 46 l.
à la page, signés a-g (les cahiers a b c d
e par 8, les cahiers f g par 6). (De 80
à 100 fr.)

Au titre la marque de François Regnault ;
au verso du titre, un bois représentant un
personnage entouré de livres.

— Regimen sanitatis. — (au-dessous
du bois placé au titre) : Dist ist ein Regiment der gesuntheyt durch alle Vo-
nadt des ganzen Iare wie man sich
haldresol mir essen und aucht mit trincken uñ saget auch von aderloffen. — (à la
fin :) *Impressum Argentine per Mathiam
Hüpsuff in dem fũnzehundersten und in
dem sechsten Iare* (1506), in-4, goth., de
11 ff. de 25 vers à la page signés a-b.
(De 45 à 50 fr.)

Texte latin et allemand. Le bois du titre
représente une femme dans un bain ; à côté
d'elle, deux personnages dont l'un lui présente un pot de bière.

Au verso du 1ᵉʳ feuillet, on a imprimé les
prescriptions à observer, pour conserver sa
santé, pendant chaque mois de l'année. Ces
prescriptions occupent douze lignes.

— Regimẽ sanitatis Salernitanum editum a magistro Arnoldo de villa noua
Cathalano omnium medicorum gemma.
(In fine :) *Impressum Colonie per Corne-
liũ de Zuryckzee, apud predicatores, anno
millesimo quingentesimo septimo. Mens.
septembris die prima.* In-4, goth.

Vendu, en mar. r. (Trautz-Bauzonnet),
49 fr., Yemeniz.

— Liber Arnaldi de Villa noua de
cõservanda iuuẽtute & retardanda senectute. — Liber de conferentibus et nocentibus principalibus membris nostri

corporis. — (In fine :) *Impressum Lipzk per Baccalaureū Vuolfgangum Monacensem anno domini* 1511, in-4, goth., de 22 ff. de 35 lignes à la page, sign. a-d par 6 (le cahier c n'a que 4 ff.). (60 fr.)

Le premier livre commence au verso du titre et finit au bas du feuillet signé ds, par ces mots : *Explicit liber de côservanda iuuentute et retardanda senectute sm Arnaldū de villa noua;* au verso de ce feuillet : Liber magistri Arnaldi de villa noua de côferentib' et nocentibus principalib' mêbris nostri corpis incipit.» Au bas du recto du dernier feuillet, l'indication du lieu d'impression, le nom de l'imprimeur et la date que nous avons donnés plus haut. Le verso est blanc.

— De Conservanda bona valetvdine opusculum Scholæ Salernitanæ, ad Regem Angliæ : cum Arnoldi Nouicomensis medici et philosophi antiqui enarrationibus vtilissimis denuo recognitis et auctis per Ioan. Curionem et Iac. Crellium. Cum aliis quibusdam scriptionibus quæ pagina sequens tibi indicabit. *Parisiis, apud Gulielmum Cauellat, in pingui Gallina, ex adverso collegij Cameracensis.* S. d., pet. in-8 de 16 ff. non chiffr., 282 ff. et 6 ff. n. ch. (De 12 à 15 fr.)

On lit à la fin de la dédicace : Exphordiæ, XVI calend. septembr. anno MDXLV.
— Le même..... *Francofurti,* 1545, in-8 de 4 ff. limin. n. chiffr., 141 ff. et 2 ff. n. chiffr.
Cette édition parait antérieure à la précédente.
— Le même..... *Franc. apud Chr. Egenolphum* (1553), in-8, fig. s. b.,
Vend. en mar. r. (Trautz-Bauzonnet), 40 fr., Yemeniz.
— Le même..... *Parisiis,* 1553, in-16.
— Le même..... *Parisiis, apud Guilielmum Cauellat,* 1555, in-16 de 16 ff. n. chiffr., 195 ff. et 5 ff. n. chiffr.

— De Conservanda bona valetvdine ; opusculum Scholæ Salernitanæ ad Regem Angliæ, Germanicis rhytmis illustratum. Cum Arnoldi Nouicomensis, Medici & Philosophi antiqui, Enarrationibus utilissimis, nouissime recognitis & auctis, per Ioannem Curionem. Item : de ratione uictus salutaris post in-

cisam uenam, Epigramma Anastasii ad Armatum. Victus et cultus ratio, exposita quatuor per fine gulos menses versibus, per Ioachimum Camerarium. De Electione meliorum simplicium, ac specierum Medicinalium, Rhytmi uenustissimi Othonis Cremonensis. De moderatione cibi et potus; item somni et vigilarium doctrinæ saluberrime D. Philippi Melanth. De uictus salubris ratione priuatorum, Polybij tractatus Andernaco interprete. Cum priuilegio imperiali. *Franc. apud hæred. Egen.* S. d., in-8 de 12 ff. lim. non chiffr. et 283 ff. (les 2 derniers, pour les *errata,* n. chiffr.), lettr. ital. (De 6 à 7 fr.)

Titre rouge et noir. A la fin de la dédicace, on lit la date de 1556, à la fin de l'ouvrage, celle de 1557. De curieuses fig. sont intercalées dans le texte.
— Le même..... *Antuerpiæ, apud Withagium,* 1562, in-16.
— Le même..... *Francofurti, hæred. Chr. Egen.,* 1573, in-8°.
— Le même..... *Parisiis, apud Hieronymum de Marnef et viduam Gulielmi Cauellat, sub Pelicano, monte D Hilarij,* 1580, in-16 de 476 pp. et 6 ff. n. chiffr.

— Medicina Salernitana. Id est conservandæ bonæ valetvdinis præcepta. Cum luculenta & succincta Arnoldi Villanovani in singula capita Exegesi. Per Ioannem Curionem recognita & repurgata. Nova editio melior & aliquot Medicis opusculis (quæ sequens pagina exhibet) auctior. (*Genevæ*), *Excvdebat Iacobvs Stoer,* 1591, in-16 de 8 ff. limin., 464 pp. et 4 ff. n. chiffr. pour l'index. (De 5 à 6 fr.)

— La même..... *S. l. et s. n. d'impr.,* 1594, in-16 de 16 ff. limin., et 478 pages.
— La même..... *Excvdebat Iacobus Stoer,* 1599, in-16 de 8 ff. limin., 464 pp. et 4 ff. non chiffr. pour l'index.
— La même.....Nova editio melior. *Douay, Jean Bogard,* 1611, in-18.
— La même..... *Francofurti, Excvdebat Ioannes Savtius Impensis Vincentii Steinmeyeri,* 1612, in-16 de 16 ff. lim., 478 pp. et 1 f. n. ch. au recto duquel on lit : *Francofurti, E. typographeis Iohannis Savtii, Impensis*

Steinmeyeri (la marque de l'imprimeur, et au-dessous) : anno MDCXII.

— La même..... *Genevæ, apud Franciscum Chouët*, 1622, in-16 de 16 ff. limin. n. chiffr. et 478 pp.

— La même..... *Genevæ, apud Jacobum Stoër*, 1638, in-16 de 16 ff. limin., et 478 pp.

— Schola Salernitana hoc est de valetvdine tvenda opvs novo methodo instrvctvm infinitis versibus auctum commentariis Villanovani, Curionis, Crellij et Costansoni illustratum. Adiectæ svnt. Animadversiones copiosæ Renati Moreav Doctoris Medici Parisiensis. Cum Indicibus quatuor capitum, Qæstionum, Auctorum, et rerum memorabilium. *Parisiis, via Iacobæa sumptibus Thomæ Blasii*, 1625, in-8 de 8 ff. limin. n. chiffr., 795 pp. et 10 ff. n. chiffr. pour l'index. (De 5 à 6 fr.)

Une planche, placée à la page 36, représente la rose des vents.

— Scola Salernitana per acquistare, e custodire la Sanità : Tradotta sedelmente dal verso Latino in Terza rima piaceuole volgare Dall' Incognito Academico Viuo Morto. Aggiontiui i discorsi della vita sobria del signor Lvigi Cornaro. Dedicati al molto Illustre Signor Agostino Correggio. *In Venetia, appresso Carlo Bröggiollo*, 1630, pet. in-8 de 4 ff. lim. et 120 pages. (De 3 à 4 fr.)

La page 1 est chiffrée 9 par erreur. *Scola Salernitana* finit à la page 68.

— Schola salernitana sive de conservandâ valetudine Præcepta Metrica. Autore Joanne de Mediolano hactenus ignoto. Cum luculentâ & succinctâ Arnoldi Villanovani in singula Capita Exegesi. Ex recensione Zachariæ Sylvii Medici Roterodamensis. Cum ejusdem Præfatione. Nova editio, melior & aliquot medicis opusculis auctior. Cum Indicibus duobus, altero capitum, altero rerum. *Roterodami, Ex officinâ Arnoldi Leers*, 1649, in-12 de 24 ff. limin. non chiffr., 519 pp. et 11 pp. non chiffr. p. l'index, front. grav. (De 15 à 16 fr.)

— La même..... *ibidem, idem*, 1657, in-12 de 24 ff. limin., 517 pp. et 11 pp. n. chiffr., front. grav. (De 10 à 12 fr.)

— La même..... *ibidem, idem*, 1667, in-12 de 24 ff. limin., 517 pp. et 10 pp. n. chiffr. p. l'index, front. grav. (De 10 à 12 fr.)

— La même..... *Lutetiæ Parisiorum, apud Lud. Billaine*, 1672, in-8 de 24 ff. limin., 828 pp. et 11 ff. n. chiffrés de table.

— La même... *Hagæ Comit.*, 1683, in-12.

— Apteka Dla tych co iey, áni Lekarza nie maia Albo Sposob Konserwowania zdrowia, mianowicie dla tych spisana Co Lekarza nie maia, Apteki nie znaia To iest szkola Salernitanska z Lacinsteiego wierszu metrem Oyczystym przetozona w podrozy, z nienawisci, az milosci ku ubogim chorym po wsiach mieszkaiacym do druku podana Przez tego ktory Jest Ziemianow Rodakow Kochaiacy ktory oprocz Dyskursu o dawnosci zacnosci Autorach y edicyach Sz koly Salernitanskiey dolozyl kilka cie kawych do konserwacyi zdrowia ludzkiego y gospodarstwa nalezacych Informacyi sine fictione didici, sine invidiâ communico (*Sapientiæ* cap. 4). *IV Warszawie, W Drukarni J. K Mci, y Rzecz pltey : Collegium Soc. Jesu Roku od narodzenia Lekarza Dufz nego*, 1750, in-4 de 3 ff. lim. non chiffr. et 140 pp. (De 7 à 8 fr.)

Au verso du titre, des armes ; la dernière page où se trouve l'*imprimatur* n'est pas numérotée. Voici la traduction du titre : La pharmacie de ceux qui n'ont ni pharmacie ni médecin, ou manière de conserver la santé, écrite spécialement à leur usage, c'est-à-dire *Ecole de Salerne* traduite, en haine de la paresse, du latin en vers polonais, pendant un voyage, et imprimé pour le bien des pauvres habitants de la campagne ; par l'ami des citoyens campagnards (J. Z. R. K.) qui a complété l'œuvre des auteurs et éditeurs de l'Ecole de Salerne par quelques renseignements utiles pour la santé du peuple des campagnes. *Varsovie, imprimerie du Collège de la Société de Jésus.*

— Le regime tres vtile et tresproufitable pour conserver et garder la santé du corps humain. — (A la fin :) *Cy fine le regime de sante tres utile et treproufitable*

pour conseruer et garder le corps humain.
S. l. n. d., in-4, goth., de 119 ff. de 29
et 30 l. à la page, sign. a-r par 6 et
par 8. (De 200 à 300 fr.)

Le verso du titre est blanc. Le *régime de
santé* commence au recto du feuillet 2 par
ces mots : Cy comence la maniere de
viure.....

— Le regime tres utile et très prou-
fitable pour conserver et garder la santé
du corps humain jadis compillé en
l'université de Salerne et véritablement
exposé par un docteur de Cathalone,
nommé Arnoul de Villeneuve et nouvellement corrigé et amendé par les
très-excellents et très-expers docteux
en médecine, regens à Montpellier l'an
mil IV cent IV vingt. *S. l. n. d.* (vers
1500), pet. in-4, goth.

Brunet cite une autre édition sous ce
titre :
— Le Régime de Santé pour conserver
le corps humain et vivre longuement... *Imprime à Rouen, pour Robinet Mace, libraire de
l'université de Caen*, s. d., in-4, goth., de 57 ff.

—Regimen sanitatis en françois souuerain remede côtre lepedimie Et traictie
pour congnoistre les vrines. — (A la fin :)
*Cy finist regimen sanitatis en frãçois. Le
remede côtre la peste, vng petit traicte des
vrines et vng remede contre la grosse verolle. Imprime a lyon le iv iour de iuug
lan mil cinq cens & vng.* In-4, goth., de
114 ff. n. chiffr., sign., a-p par 8 (le cahier
o n'est que de 6 ff.).

Sans nom d'imprimeur. Le verso du titre
est blanc. Au recto du 2e feuillet : Cy commence la maniere de viure tres excellente &
pffitable pour conseruer et garder la santé
corporelle de toute humaine nature iadis
faicte & côpillee au reaulme dangleterre en
luniuersité de Salerne et ueritablement dé-
clarce & exposee par vng venerable docteur
en médecine de Cathelogne nome maistre
Arnoul de Ville neufue, côme pierre precieuse entre tous les medecins viuas en terre :
et nouuellemêt corrigee & amendee ples
tresexcellés docteurs en medicine regens a
montpellier l'an mil cccclxxx avec aulcûes
additiõs a ce adioustees l'an mil cinq cens
et vng. Textus.

Le *Régime de Santé* commence aussitôt et
finit au verso du feuillet signé O1. Les autres
traités viennent après.

— Regime de santé pour conserver
le corps humai et viure lõguemêt le
souuerain remede côtre lespidemie la
cõgnoissance des vrines corrigé par
plusieurs docteurs regẽs en médecie
regens a Montpeslier Auec vne recepte
pour conseruer & garir de la grosse
verolle r̩b j c. — (A la fin :) *Cy finist le
remède contre la peste, vng traicte des
vrines le remède contre la grosse verolle.
Imprime a paris par Alain Lotrian et
Denis ianot Demourans en la rue neufue
nostre dame a l'enseigne de lescu de France.*
S. d., in-4, goth., de 74 ff. de 39 lign. à
la page, signés a-q.

Les cahiers a et g sont signés par 8 ; les
cahiers b c d e f h j k l m n o p, par 4, et le
cahier q par 6.

Titre rouge et noir encadré de fig. s. bois
représentant des personnages dont deux sont
assis devant une table servie. En haut, au
verso du titre : Cy commence la maniere
de viure tres excellentement et proffitable-
ment pour conseruer la santé corporelle de
toute humaine nature..... avec aulcunes
additions a ce addioustées l'an mil cinq cens
vng. Le *Régime de santé* finit au verso du
dernier feuillet comme ci-dessus. Au-dessous
du texte, la marque de Lotrian.

— Regimen sanitatis. Le régime de
santé pour conserver le corps humain
et vivre longuement. *Lyon*, 1503, in-4,
goth.

— Regimê sanitatis en françoys. Souuerain remède contre lepydimie. Traictie
pour congnoistre les vrines Remède
tresutile pour la grosse verole. — (A la
fin :) *Cy finist regimen sanitatis en françoys Le remede contre la peste. Vng petit
traicte vrines et vng remede contre la
grosse verolle. Imprimee a lyon par
Claude nourry le xi iour de may L'an
mil cinq cés & xiiij.* In-4, goth., de 91 ff.
de 34 l. à la page, sign. a-m par 8.

Au titre, un bois ; au verso du titre, un
autre bois représentant la Sainte Vierge et
l'enfant Jésus et au-dessous des vers latins.

Le *Régime de santé* commence en haut du recto du f. 2 sign. a ij, de la même façon que dans l'édition de 1501.

— Regime de santé pour conseruer le corps humaī et viure longuement le souuerain remede côtre l'espidemie, la congnoissance des vrines corrige par plusieurs docteurs regens en medecine regens a Montpellier auec vne recepte de la grosse verolle r b j c.— (A la fin :) *Cy finist le remede contre la peste vng traicte des vrines le remède contre la grosse verolle. Imprimé nouuellement a Paris par Philippe le noir libraire & lung des deux relieurs iurez de luniuersité de Paris en la grant rue Sainct Iacques a lenseigne de la roze blanche couronnée.* (1526), in-4, goth., de 74 ff. de 40 lign. à la page, signés a-q.

Les cahiers a et g sont signés par 8: bc de f h i k l m n o p, par 4; et q, par 6.
Titre rouge et noir encadré de fig. s. b. Au bas, on voit les neuf muses, Calliope couronnant Homère. La date de 1526 est inscrite dans cet encadrement. Le *Régime de santé* commence au verso du titre, de la même manière que dans l'édition donnée par Alain Lotrian et finit au verso du dernier feuillet.

— Retardement de la mort par bon regime ov conseruation de santé jadis enuoyé par l'escolle de Salerne au Roy d'Angleterre. Traduit du latin en rithme françoise par Geofroy le Tellier aduocat, présenté et dédié au duc de Sauoye. *A Paris, chez Martin le jeune, a l'enseigne S. Christophle, deuant le collège de Cambray,* 1559, in-8 de 27 feuillets.

Marque typographique au titre; au v° du titre « Illvstris Allobrogvm Duci And. Beauuoys Medicus S. » La dédicace « A tres hault et tres illvstre et tres magnanime prince Monseigneur le Duc de Sauoye Geofroy le Tellier son tres humble seruiteur, Salut » est placée au verso du 2° feuillet et occupe 3 pages. Au recto du 4° feuillet, « sonnet avdict prince de Sauoye par le dict Tellier ». Le corps de l'ouvrage commence au feuillet 5; la traduction française est en regard du texte latin.

— Retardement de la mort par bon régime ou conservation de santé jadis envoyé de l'escolle de Salerne au roi d'Angleterre... auquel avons adjouté la manière de vivre, par chacun mois de l'an, faict en latin, par Joachim Chambrier, et depuis mis en rithme françoise par le même traducteur. *Paris, Martin le jeune,* 1561, pet. in-8.

— Retardement de la mort par bon regime, ov conservation de santé, iadis enuoyé par l'Escolle de Salerne au Roy d'Angleterre. Traduit de Latin en rithme Françoise, par Geoffroy le Tellier Aduocat. Auquel auons adiousté la manière de viure par chacun mois de l'an. Fait en Latin par Ioachim Chambrier. Et depuis mis en rithme Françoise, par le mesme Traducteur. Nouuellement reueü & corrigé. *A Rouen, de l'imprimerie de Martin le Mesgissier, Imprimeur ordinaire du Roy, au haut des degrez du Palais.* S. d., in-8 de 30 ff. dont 1 blanc, signés A-Hii.

Au verso du titre, une gravure; au feuillet 2, signé Aij. « L'Imprimevr au Lectevr » (10 vers). Le *regimen sanitatis* commence au verso du feuillet 2; la traduction française est en regard du texte latin.
— Le même..... *Rennes, P. Loyselet,* 1627, in-8 et aussi, d'après le cat. Lhéritier de Brutelle, *Rennes,* 1644, in-12.

— Commentaire en vers françois sur l'Ecole de Salerne, contenant les moyens de se passer de medecin et de vivre long-temps en santé, avec une infinité de remédes contre toutes sortes de maladies, et un traité des humeurs et de la saignée, où sont ajoutées la sanguification, circulation et transfusion du sang; la poudre et l'onguent de sympathie; le thé, le caphé, le chocolate et le grand secret de la pierre philosophale et l'ouromantie, scatomantie et hydromantie. *Paris, Gervais Clouzier,* 1671, in-12 de 714 pages. (De 8 à 10 fr.)

Cet ouvrage n'est signé que des initiales D. F. C.
— Le même..... *Paris, Gilles Alliot,* 1672, in-12.

— Regimen sanitatis salernitanum a poem on the preservation of Health in rhyming latin verse addressed by the school of Salerno to Robert of Normandy son of William the conquerar, with an ancient translation; and an introduction and notes by sir Alexander Croke D. C. L. and F. A. S. *Oxford, D. A. Talboys*, 1830, in-12 de XIX-199 pages, vign. (10 fr.)

M. Alexandre Croke donne, dans cet ouvrage, une bibliographie des *Regimen sanitatis* ainsi que l'énumération des manuscrits qu'il a connus. On y trouvera citées plusieurs éditions que nous n'avons pas eues entre les mains. Consultez aussi Brunet, t. V, col. 1227 et suivantes.

Voyez Bruystma; Lelong (Michel); Ancelin (l'abbé); Bertoul (Jean); Gherli; Art (l') de conserver la santé, (Bruzen de la Martinière); Levacher de la Feutrie; Ackermann; Martin (Jean-Claude); Pougens; Demommerot; Myèvre-Verger; et Meaux Saint-Marc.

Pour l'*Ecole de Salerne en vers burlesques* voyez au mot : Eschole.

ECOLE (L') des ragoûts. — Voyez La Varenne.

ECONOMIE (L') domestique, revue illustrée, bi-mensuelle. *Paris, rédaction et administration rue Hautefeuille*, in-4 de 16 pages à 2 col.

Le 1er numéro de ce journal dans lequel on trouve un grand nombre de recettes culinaires, a paru le 1er mars 1881; le dernier numéro porte la date du 31 janvier 1883. Prix de l'abonnement : 25 fr. par an pour toute la France.

ECONOMIE répétée tous les jours. Recettes simples, faciles et infaillibles pour ne rien laisser gâter dans sa cuisine, même en s'absentant pendant une semaine de nos grandes chaleurs. *Paris, Typographie de Firmin Didot frères*, 1851, in-12 de 11 pp. (1 fr.)

EDICT du roy nostre Sire, par lequel est defendu à tous Hostelliers de exiger plus grand somme de deniers qu'il est contenu pour journée, disnée et souppée de leurs hostes, passans et rapassans. Publié à Paris, le Jeudy quatriesme jour de novembre, l'an mil cinq cens quarante. *Paris*, 1540, in-4. (De 5 à 6 fr.)

EDICT du Roy nostre Sire sur les vivres que les hosteliers, taverniers et cabaretiers vendront aux passans et repassans. *On les vend a Paris, en la rue de la Juyvrie à lenseigne Sainct Pierre et Sainct Jacques. Et a la première porte du Palays par Jacques Nyverd*. S. d. (1546), in-8, goth., de 8 ff. (De 15 à 20 fr.)

EDICT du Roy sur le faict des hostelleries, cabarets et tavernes ordinaires de ce royaume.... publié en la Cour de Parlement le IIIe jour de juillet 1577. *Paris*, 1577.

EDIT du roy portant que nul ne pourra tenir hostellerie, auberge, chambre garnie, etc. sans prendre des lettres de permission. Donné à Versailles au mois de Mars 1693, registré en Parlement. *A Paris, chez Estienne Michallet, premier imprimeur du Roy, ruë saint Jacques, à l'image saint Paul*, 1693, in-4 de 7 pages. (De 4 à 5 fr.)

EDICT et Declaration du Roy pour faire entretenir garder & obseruer l'ordonnance faicte par sa maiesté au moys de iâuier mil cinq cês soixâte troys pour pourueoir aux prix excessifz que les hosteliers, & cabaretiers de ce Royaume exigent ordinairement de leurs hostes à l'excessive charté de toutes sortes de viures. Publiez à Rouen le traiziesme iour d'Auril veille de Pasques, mil cinq cens soixante six. *A Roüen, chez Martin le Mégissier Libraire & imprimeur tenant sa Boutique au hault des degrez du Palais. Auec privilège.* In-8 de 12 ff. non chiffrés. (De 5 à 6 fr.)

EDITS et règlements pour la communauté des Cent cinquante marchands privilegiez de Cidre et Poiré en

ros et en détail de cette ville. *Rouen,*
Julien Courant, 1694, in-4. (De 4 à 5 fr.)

Edits pour les mêmes corporations... *Rouen,*
J.-B. Besongne le fils, 1724, pet. in-8, et
Rouen, Jacq. Ferrand, 1759, in-8.

EDLIN. — L'art de faire le Pain et
Observations théoriques et pratiques
sur l'analyse et la synthèse du froment,
et sur la manière la plus avantageuse
de préparer un pain léger; précédées
de quelques recherches sur l'origine et
les maladies du blé; par Edlin, traduit
de l'anglois par Jean Peschier, docteur-
médecin. *Paris, Paschoud,* 1811, in-8.
(3 fr.)

EDWARDS. — Recherches expéri-
mentales sur l'emploi de la gélatine
comme substance alimentaire, par Edwards et B. de Balzac, D. M. *Paris,*
impr. d'Everat, 1833, gr. in-8 de 24 pp.
(De 2 à 3 fr.)

ELGET (D^r). — La Californie du
ménage, plus de deux mille recettes,
formules et procédés économiques empruntés aux sciences, à l'industrie, à
l'hygiène et aux arts domestiques par le
Docteur Elget. Ouvrage à l'usage des
gens du monde. *Paris, Garnier frères;*
Lyon, Charles Mera, s. d. (1868), in-8
de 695 pp. (De 4 à 5 fr.)

A reparu sous ce titre :

— Guide pratique des ménages contenant plus de deux mille recettes sur la
préparation et la conservation des aliments, l'art d'entretenir la santé et de
soigner les malades, etc., par le docteur
Elget. *Paris, Garnier frères,* 1884, in-18
de VI-539 pp. (De 3 à 4 fr.)

ELIMITHAR. — Tacvini sanitatis
Ellvchasem Elimithar Medici de Baldath,
De sex Rebus non naturalibus, earum
naturis, operationibus, & rectificationi-
bus, publico omnium usui, conservandæ
Sanitatis recens exarati. Albengnefit de
uirtutibus Medicinarum & Ciborum. Iac.
Alkindvs de rervm gradibvs. *Argento-*

rati apud Ioannem Schottum Librarium.
Cum prærogatiua Cæs. Maiestatis ad
sexennium., 1531, in-fol. de 163 pp. et
7 pp. non chiff. pour l'index, fig. s. bois.
(De 60 à 80 fr.)

Titre rouge et noir (v° blanc). Au recto
du 2e feuillet commence la dédicace : « Reverendiss. Patri, illvstrissimo auitæ Domus
Brandenburgèn. Marchioni, D. Alberto,
Principi Electori: Ecclesiæ Rom. T T s Petri
ad Vincula Presbytero; cardinali : Mogun-
tinæ, et Magdeburgèn, sedium Archiepisco-
copo, Halsberstadièn. uero Administratori;
sacri Rom. Imp. Archicancellario, Germaniæ Primati & Domino sibi obseruantis-
simo » qui finit au verso du 2e feuillet; elle
est datée : *Argentorati. VI Februarij,* Anno
MDXXXI, et signée : *Ioannes Schottus, libra-*
rius Argentoratèn.

Ces 4 pages ne sont pas chiffrées; la numérotation des pages ne commence qu'à la
page 5 en tête de laquelle on lit : « Ellvchasem Elimithar, filij Hahadum, filij Ducel-
lani, Medici de Baldath, Tacvini sanitatis,
de sex Rebus qui sunt necessariæ cuilibet
homini, ad quotidianam conseruationem Sanitatis suæ, cû suis Rectificationibus & Operationibus ». Puis vient la : *Præfatio.* Le
corps de l'ouvrage commence à la page 7
par ces mots : « Domvs sextadecima, Tacuinorum omniû continens canones intro-
ductorios. »

Ces *Canones* (règles) sont au nombre de
41; ils prennent fin à la page 37. Pages 38
et suivantes, jusqu'à 116. sont imprimés
en rouge (sur les pages chiffrées de n^os pairs)
des sortes de tableaux; en haut de chaque
page : Tacuinus I, II, III et ainsi de suite
jusqu'au n° 40. Sur les pages impaires, en
haut desquelles on lit : Domvs-Domvs, le
texte est imprimé en noir (pages 39-117);
au bas, des figures sur bois très curieuses et
surtout très naïves représentant les différents sujets qui y sont traités. C'est ainsi
que l'on y voit des fruits, des légumes, des
pains de toute espèce, des fromages, de la
viande salée, des oies à la broche, des poissons servis dans des plats, du sucre, des
écrevisses, des ivrognes, etc., etc., et beaucoup d'autres objets et personnages n'ayant
pas de rapport avec le sujet qui nous occupe.

La page 107 est chiffrée par erreur 170.
Page 118, *Avtoris purgatio.* Page 119 : *Liber*
Albengnefit Philosophi de Virtutibus medicina-
rum et ciborvm, translatus a Magistro Gerardo
Cremonensi de Arabico in latinum. Au bas de
la page 139 : *Explicit Albengnefit.* Page 140 :
Lib. Iacob Alkindi philosophi De Gradibvs Re-

rum; au bas de la page 163 : *Finis.* Au verso de cette page (non chiffrée) : *Ad lectorem,* et au-dessous : *Index trium Autorum huius libri.* Au milieu de la 6ᵉ page n. chiffr : *Tacuinorum tituli.*

Ce livre, fort rare, figure au cat. Firmin-Didot (mai 1879), comme étant de 163 pp. et de 2 ff. Dans notre exemplaire il y a 163 pages, plus 7 pages; ces 7 dernières pages ne sont pas numérotées. L'exempl. Didot a été vendu en mar. vert (Duru) 265 fr.; le même exempl. s'est revendu, à la vente Léon Techener, en 1886, 125 fr.

— Le même.... *Argentorati apud Ioannem Schottum,* 1533, in-fol. de 163 pp. et 7 pp. de table n. ch. (De 30 à 40 fr.)

Le nom d'Elimithar ne figure pas au titre qui diffère de celui de la 1ʳᵉ édition et qui est imprimé en noir. Le texte et les figures sont les mêmes.

Un manuscrit italien du xvᵉ siècle : *Tacuinum sanitatis de sex rebus quæ sunt necessariæ cuilibet homini ad cotidianam conservationem sanitatis suæ cum suis ratificationibus et operibus,* pet. in-fol. orné de 70 dessins color., figure au catalogue Leber. Nous reproduisons ici la note qui est insérée à ce catalogue et qui n'est pas sans intérêt au point de vue de l'étymologie du mot *Tacuinum.*

« Le mot *Tacuinum* qui n'est pas latin paraîtrait avoir été inventé par l'auteur de cet ouvrage ou d'un autre semblable. On lit à ce sujet dans le gloss. de Carpentier : Tacuinum inscribitur opus quoddam medicum quod commentariis illustr. magist. Dudo, in biblioth. Sorbonæ, sign. 781. Ce mot, dans le sens italien de *Taccuino,* signifie : Agenda, tablettes, livret du genre des almanachs; et, en effet, les explications techniques et sommaires dont se compose le texte de notre manuscrit répondent assez exactement à l'idée de tablettes. »

Dans le sens arabe, il veut dire : état, situation.

ÉLIXIR (L') du Bénédictin; légende de l'abbaye de Fécamp par le Comte de***. Avec une vue lithographique du monastère en 1510. Prix 50 cent. *Paris, F. Bouquerel,* 1865, in-8 de 30 pages.

A la fin de cette légende, pages 25 et suivantes, on trouve des extraits de journaux servant de réclame pour la liqueur fabriquée par ces religieux et des notes sur leur distillerie.

ÉLOGE de la Gourmandise, morceau de Carnaval. (Traduit de l'anglais et publié dans le *Lycée armoricain,* 7ᵉ année, t. XIII, p. 186 à 192), (Nantes, 1829), in-8.

ÉLOGE (L') de l'yvresse. *A la Haye, chez Pierre Gosse,* 1714, in-12 de 2 ff. n. ch., 216 pp. et 3 ff. n. ch. (De 7 à 8 fr.)

Frontispice gravé. L'*éloge de l'yvresse* est dû à Sallengre, il est divisé en XXXII chapitres.

— Le même..... *La Haye, P. Gosse,* 1715, in-12; *La Haye, Moetjens,* 1715, in-12; *Leyde,* 1715, in-12; *La Haye,* 1720, in-12; *Amsterdam,* 1734, in-12.

Toutes ces éditions sont ornées d'un front. gravé.

L'ouvrage de Sallengre a été entièrement refondu à la fin du xviiiᵉ siècle par Miger, sous ce titre :

— Éloge de l'ivresse, nouvelle édition. Revue, corrigée et considérablement augmentée. *A Bacchopolis, de l'imprimerie du vieux Silène, l'an de la vigne 5555 et à Paris, chez Michel,* an VI, in-12 de 250 pp. (De 4 à 5 fr.)

Frontispice composé par Binet et gravé par Le Roy avec ces deux vers, au bas :
Donne... redouble... ô douce ivresse!
Je suis plus heureux que les Dieux.

L' « avis de l'éditeur » est signé des initiales P. A. M. M. Cette nouvelle édition est tellement augmentée, dit Barbier, qu'on peut la considérer comme un nouveau livre dont l'idée et la base appartiennent à Sallengre.

— Éloge de l'ivresse, des buveurs et du jus de la treille, suivi d'ivrogniana, recueil d'anecdotes bachiques. *Paris, Delarue, s. d.,* (vers 1830), in-16. (2 fr.)

Petite bibliothèque omnibus.

ÉLOGES des vins de Bourgogne et de Champagne ou deux odes latines l'une pour le vin de Bourgogne, l'autre pour le vin de Champagne. Avec la traduction en vers françois. (*Paris,* 1712), pet. in-8 de 15 pages. (De 6 à 7 fr.)

Au verso de la 15ᵉ page, après l'approbation datée du 29 février 1712, on lit : *A*

Paris, chez Jacques Estienne, ruë Saint Jacques, à la vertu MDCCXII.

La première de ces odes latines est de Grenan : elle occupe les pages 4 à 9; la seconde. p. 10 à 15, est signée de Charles Coffin. La traduction française est placée en regard du texte latin.

ELOGE du cidre (Chanson). Automne de 1853. Valognes, Vᵉ Carette-Bondessein, 1854, in-18 de 8 pp. (1 fr.)

Précédé d'une notice sur le cidre. Signé L. R. du..... membre de la Société d'agriculture de l'arrondissement de Valognes.

EMERY (D'). — Le nouveau recueil de Curiositez Rares & nouvelles des plus Admirables Effets de la Nature & de l'Art. Composé de quantité de beaux Secrets gallans & autres : dont quelques-uns ont été tirés du cabinet de feu Monsieur le Marquis de l'Hôpital. Ouvrage très-utile & necessaire à toutes sortes de personnes, pour la conservation de leur vie. Expérimentez & composez par le Sieur d'Emery. Dernière édition, beaucoup augmentée, revûe, corigée & enrichie de tailles-douces. Suivant la copie de Paris. A Leide, Chez Pierre van der Aa, Marchand Libraire, 1685, 1 vol. in-12 en 2 part. de 4 ff. lim. n. ch. et 664 pp. front. et 8 fig. grav. (De 6 à 7 fr.)

La pagination des deux parties se continue; la deuxième partie a un titre spécial (le même que celui de la 1ʳᵉ); les tables comptent dans la pagination, mais ne sont pas chiffrées.

On trouvera dans ce recueil des recettes culinaires telles que les « Jambons de Mᵐᵉ B... » « pour rougir les écrevices en vie », etc., notamment dans les chapitres XIII, pp. 252-273, intitulé « De la Cuisine »; XIV, pp. 273-288, « Somelerie, fleurs & fruits », XV, pp. 289-297, « Diverses sortes de vins, & pour remetre le vin gâté ».

— Nouveau recueil de secrets et curiositez... Septième Edition. Augmenté de plus de la moitié de merveilleux & beaux secrets Gallants & autres. Experimentez & approuvez par Gens de qualité, & composez. Par le Sʳ D'Emery. A Amsterdam, chez Pierre

Mortier, Libraire sur le Vygendam. S. d. (entre 1690 et 1710), 2 vol. in-12 de 4 ff. lim. n. ch., 460 pp. et 12 ff. de table n. ch., front. et 8 fig. grav. (De 4 à 6 fr.)

— Le même..... A Amsterdam, Aux dépens d'Estienne Roger... 1709, 2 vol. in-12, front. et 8 fig. grav.

— Nouveau recueil des plus beaux secrets de médecine..... par M. L'Emery (sic). Nouvelle édition, Revûe, corrigée..... A Paris, chez Ribou, rue S. Jacques, 1737, 4 vol. in-12.

— Le même..... A Paris, Chez Lambert & Durand; & Etienne-François Savoye, 1740, 4 vol. in-12.

EMIEUX-FOURBET (Mᵐᵉ Caroline). — Le Ménagier français. Paris, bureau du Conseiller des dames et des demoiselles, 1857, 1858, 1859, 3 vol. in-8.

Publication qui se donnait en prime aux abonnés de ce journal et dans laquelle on trouve, pour tous les mois de l'année, des recettes culinaires.

Le Ménagier français pour 1863 a été rédigé par Mᵐᵉ Fertiault.

EMSER. — Tractatus de præparandis, conservandis, reformandis, vino, cervisia, et aceto ab Hier. Emser. Viennæ, 1515, in-4. (De 12 à 15 fr.)

EMY. — L'art de bien faire les glaces d'office; ou les vrais principes pour congeler tous les Rafraichissemens. La manière de préparer toutes sortes de Compositions, la façon de les faire prendre, d'en former des Fruits, Cannelons, & toutes sortes de Fromages. Le tout expliqué avec précision selon l'usage actuel. Avec un traité sur les mousses. Ouvrage très-utile à ceux qui font des Glaces ou Fromages glacés. Orné de gravures en taille-douce, par M. Emy, officier. A Paris, chez Le Clerc, 1768, in-12 de viij-242 pp., plus 2 feuillets pour le privilège et les errata. (10 fr.)

Ce petit traité, outre les deux planches qu'il contient, est orné d'un frontispice gravé représentant des petits amours occupés à confectionner des glaces.

ENCYCLOPÉDIE domestique; recueil de procédés et de recettes concernant les arts et métiers, l'économie rurale et domestique, et appplicables à tous les états et dans toutes les circonstances de la vie; extraits des ouvrages spéciaux de MM. Appert, Berthollet, Bouillon-Lagrange, Buchan, Buchoz, Chaptal, Fourcroy, Olivier de Serres, Parmentier, Rozier, Sonnini, Thénard, Virey, etc., par A. F*** avec une table très détaillée indispensable pour la prompte recherche de tous les articles et pour la classification des matières qui appartiennent au même genre d'industrie. *Paris, Raymond Achille Jourdan; Ledentu; Corbet; Lecomte et Durey*, 1821, 3 vol. in-8. (De 7 à 8 fr.)

On y trouve l'art de la Cuisine, l'art du distillateur, etc... Une seconde édition, entièrement refondue, augmentée d'un grand nombre de recettes nouvelles et accompagnée de planches, par M. M***, pharmacien à Paris, a paru à *Paris, Salmon*, 1829-1830, 4 vol. in-8 et atlas, in-4 oblong.

ENFANS (Les) du Caveau. Troisième année. *Paris, Terry*, 1837, in-18. (De 2 à 3 fr.)

Le premier volume de cette publication a paru en 1834; le second en 1836, *Paris, les marchands de nouveautés*, in-18. En 1838, la Société des *Enfans du Caveau* prend le titre de : Le *Caveau* et la publication de ce chansonnier continue sans interruption jusqu'à ce jour. Voyez *Caveau* (le).

ENTRACTE (L') du Gastronome, nouvelliste des théâtres et des plaisirs de Paris. *Paris (impr. de Poussielgue)*, pet. in-fol. de 4 pp. à 2 col.

Rédacteur en chef : Borel d'Hauterive. Prix d'abonnement : six mois, 3 fr. ; un an, 5 fr. ; le n° : 10 cent. Ce journal gastronomique paraissait les dimanches et se trouvait dans les principaux restaurants de Paris ; à la première page, des causeries culinaires et gourmandes ; à la seconde, la carte des restaurants ; la troisième et la quatrième étaient consacrées aux annonces, mais cette dernière contenait en outre, dans chaque numéro, le menu d'un provincial et celui d'un gastronome. Le n°

spécimen a paru le 30 nov. 1851 ; le 1er numéro, le 14 décembre et le troisième le 28 décembre de la même année.

Cette feuille n'a eu que trois numéros sous ce titre; elle a été continuée sous celui de : l'*Entremets du Gastronome* (voyez ce titre).

ENTRE la poire et le fromage, ou les Convertis en goguette, vaudeville impromptu, par une société de gens de lettres et de bouche. *Paris, Dentu; Petit ; Mme Jacob*, 1819, in-8 de 23 pp. (2 fr.)

ENTRÉE magnifique de Bacchvs avec Madame Dimanche grasse sa femme faîcte en la ville de Lyon le 14 feburier 1627. *S. l. n. d.*, in-4. (De 30 à 40 fr.)

— La même..... Nouvelle édition enrichie de notes et de vignettes. *Lyon, chez l'éditeur L. Boitel*, 1838, in-8 de IX-47 pages.

Le texte de cette réimpression tirée à 50 exemplaires sur papier vélin est encadré de filets noirs.
Un exempl. de l'original, en mar. orange (Trautz-Bauzonnet) a été vendu : 105 fr. la Roche-Lacarelle.

ENTREMETS (L'), journal des restaurans, des cafés, des hôtels et des théâtres paraissant le dimanche. *Paris*, in-fol. de 4 pp. à 3 col.

Prix d'abonnement : Paris, un an, 10 fr. ; six mois, 6 fr., un numéro : 4 sous.
Le n° spécimen est daté du 4 février 1838 ; le premier numéro, le 4 mars, le quatrième du 25 mars de la même année.
La Bibliothèque nationale ne possède que ces quatre numéros, sans compter le n° spécimen, peut-être bien les seuls ayant paru de ce journal qui traitait à la fois les questions littéraires, artistiques, gastronomiques et culinaires.

ENTREMETS (L') du Gastronome, nouvelliste de tous les plaisirs, repas, voyages, bals, théâtres. IIe année. *Paris, impr. de Poussielgue*, pet. in-fol.

Le n° 1 a paru le 4 janvier 1852. Le prix d'abonnement de ce journal bi-hebdomadaire (dimanches et jeudis) était de 12 fr. pour Paris et de 15 fr. pour les départements.
L'*Entremets du Gastronome* a été la continuation de l'*Entr'acte du Gastronome*; il a eu

sous ce premier titre 26 numéros ; le n° 27 a paru sous le titre de : *Annales illustrées du Gastronome* (voyez ce titre).

EOBANUS. — Bonæ valetvdinis conservandæ rationes aliquot. Simplicium ciborum facultates quædam. Medicinæ Encomion. Chorus illustrium Medicorum. Nouem musæ. Avthore Helio Eobano Hesso Liber de Seipso loquitur... *S. l. n. d.* (1531), pet. in-8 de 31 ff. non chiffrés. (De 10 à 12 fr.)

La dédicace imprimée au verso du titre est datée de : *Nurêbergæ, Calend. Nouêbris* MDXXXI. Au feuillet signé A 4, commence le corps de l'ouvrage (en distiques) ; au verso du f. signé D 2 : Chorvs illustrivm Medicorvm in mvseo stvrdiadiæ pictvs erphvrdiæ ; au verso de l'avant-dernier f. : Chorvs mvsarvm in eodem, » qui finit au recto du dernier feuillet dont le verso est occupé par les *errata.*

— Bonæ valetvdinis Conservandæ præcepta ad Magnificvm D. Georgivm Strvdiaden, Avthore Eobano Hesso. Medicinæ Laus ad Martinum Hunum. — Cœna Baptistæ Fieræ de Herbarum virtutibus, et ea medicæ artis parte, quæ in victus ratione consistit. — Item Polybus de salubri victus ratione priuatorum Ioanne Guinterio Andernaco Medico interprete. — Aristotelis problemata, quæ ad stirpium genus, et olaraeca pertinent. *Parisiis, apud Simonem Colinæum,* 1533, in-8 de 64 ff. chiffrés. (De 8 à 10 fr.)

EPICURIEN (L') normand, ou Recueil de Poésies fugitives et chansons lues ou chantées aux diners de la Soc. épicurienne de Rouen ; 1re année. *Rouen, J. Duval,* 1810, in-18 de VIII-70 pages. (3 fr.)

EPITRE aux haricots, dédiée au beau sexe de tous les pays, par un citoyen honnête et reconnoissant qui leur dut la vie durant la Révolution. *A Paris, chez les marchands de nouveautés,* an VI, in-8 de 1 f. non chiffr., et 65 pp. (De 5 à 6 fr.)

En tête du titre, on lit : Rions un moment. L'épître qui commence à la page 3 et prend fin à la page 46 est signée par le C. en M*** (le citoyen Molin). Les pages 47-65 sont occupées par un « Dialogue entre une dame très curieuse et l'auteur de l'épître très discret ».

EPITRE aux Mânes de Dorvigni ou l'apologie des Buveurs, par un Auteur du boulevard du Temple, président de la Société littéraire du Pré Saint-Gervais, membre de l'Athénée de Mont-Martre, de Ménil-Montant, etc. Membre Correspondant de ceux de Gonesse, d'Aubervilliers, et secrétaire perpétuel de l'Académie de la Courtille. *A Paris, chez Nicolas Vaucluse,* 1813, in-8 de 23 pages. (De 6 à 7 fr.)

Par Cubières de Palmezeaux.

EPULUM parasiticum, Quod. eruditi conditores, instructoresq ; Car. Feramusius, Aegid. Menagius, Jo. Franc. Saracenus, Nic. Rigaltius, & Jo. Lud. Balsacius, hilarem epulantibus in modum, Macrino Parasitogrammatico, Gargilio Mamurræ Parasitopædagogo, Gargilio Macroni Parasitosophistæ, G. Orbilio Muscæ, L. Biberio Curculioni, atq ; Barboni, jucundé apparârunt & comiter. *Norimbergæ,* 1665, pet. in-12 de 27 ff. non chiffrés et 315 pp. 5 fig. et front. gravés. (De 10 à 12 fr.)

La composition du frontispice est assez originale ; elle représente une table servie en plein air ; un âne, une souris, une écrevisse, un mouton, des mouches et même un escargot s'approchent tous du plat rempli de victuailles pour humer la fine odeur qui s'en dégage, peut-être même, plus vraisemblablement, pour en goûter un tantinet. Au-dessous on lit cette légende : *Verecundari neminem apud mensam decet.*

Petit ouvrage satyrique en prose et en vers assez curieux, à la fin duquel se trouve le *Barbon* de Balzac.

ERASME. — De Civilitate morvm pverilivm Per Des. Erasmvm Roterodamum libellus nunc primum & conditus & æditus. *Parisiis* (sic) *Christianus Wechel, sub scuto Basiliaensi in iud Iacobea.* 1530, in-8 de 15 ff. n. ch., sign. a-d. (De 25 à 30 fr.)

Le vᵒ du titre est blanc. Au vᵒ du dernier
. on lit : *Parisiis Expensis Christiani Wechel,
Anno nostræ salutis MDXXX Mense octobri*.

Nous ne citerons ici que la première édition de ce traité de Civilité dans lequel on
trouve un chapitre assez important intitulé
De Conviviis et de nombreux passages relatifs aux usages de la table. Il a été traduit
en français sous ce titre :

— Déclamation contenant la manière de
bien instruire les enfans dès leur commencement auec vn petit traicte de la ciuilite
puerile et honneste. Le tout translate nouuellement en françoys par Pierre Saliat. *On
les vend a Paris, en la maison de Simon Co-
lines*, 1537, pet. in-8 de vɪ-74 ff.

G. Calviac, en 1560, et Claude Hardy,
en 1613, ont aussi traduit la *Civilité* d'Erasme
dont la meilleur édition latine, d'après Brunet, est celle donnée : *Parisiis, Robert-Step-
hannus*, 1549, in-8º.

Nous ne citerons également qu'une seule édition des *Colloques* d'Erasme qui, en raison
de certains chapitres, doivent prendre place
dans cette bibliographie :

— Les Colloques d'Erasme, ouvrage
très intéressant, par la diversité des
Sujets, par l'Enjoûment, & pour l'Utilité Morale : Nouvelle traduction, par
Monsʳ Gueudeville, Avec des Notes,
& des Figures très ingenieuses. Divisées en six tomes. *A Leide chez Pierre
vander Aa, Boudouin Jansson vander Aa*,
1720, 6 tomes in-12, front. et fig.
grav. (De 30 à 40 fr.)

Voir, tome III, plusieurs dialogues sur la
Table et les Festins; tome IVᵉ, le premier
dialogue intitulé : *l'abstinence de viande*.

ERHARD (A.). — L'omelette, scène
de ménage racontée par Mᶫˡᵉ Rosamond
de la Comédie-Française. *Paris, librairie
théâtrale*, 1884, in-18 de 8 pp. (1 fr.)

Cette plaquette a été tirée spécialement à
15 exempl. sur Whatman bleuté (de 1 à 15)
et 45 sur papier vergé de Hollande (de 16 à 60).

ERRESALDE. — Nouveaux se-
crets rares et curieux. Donnés cha-
ritablement au public par vne personne
de condition. Contenant divers remedes
eprouvez, vtils & profitables pour toutes
sortes de Maladies. Et diuers Secrets
pour la conseruation de la Beauté des
Dames; Auec vne nouuelle maniere
pour faire toutes sortes de confitures,
tant seiches que liquides. *A Paris,
chez Iean Baptiste Loyson rüe Sainct
Iacques près la Poste, à la Croix-
Royalle*, 1660, in-8º de dix feuillets non
chiffrés et 280 pages. (De 12 à 15 fr.)

L'épitre dédicatoire à « Monsieur de Sif-
fredy conseiller du Roy et Maistre d'Hostel
ordinaire de la Reine » est signée : P. Erresalde. Le privilège est donné pour dix ans et
daté de novembre 1659. On trouve à la page
254 plusieurs recettes pour « faire serises incar-
nates, abricots liquides, oranges confites seiches, confire clous de girofle et canelle, etc,
etc. »

— Le même........ ibidem, idem, 1669,
in-12 de ff. lim. n. ch. et 240 pages.

ESCHOLE (L') de Salerne en vers
burlesques et duo poemata macaronica
de bello huguenotico et de gestis magnanimi et prudentissimi Baldi. *Paris, chez
J. Henault*, 1647, in-4. (De 60 à 80 fr.)

Parodie du *Regimen sanitatis* écrite par un
médecin de Paris, Louis Martin.

MM. Barbier et Quérard citent une édition
de *l'Eschole de Salerne en vers burlesques*, portant la même date, mais avec l'adresse suivante : *Grenoble, Nicolas*, in-12.

— La même...... *A Paris, chez Iean Henault*,
1649, in-4 de 11 ff. lim. n. ch. dont 1 bl.
74 pp. et 1 f. n. ch., front. gravé.

— L'Eschole de Salerne en vers Burlesques et poema macaronicum de bello-
Hvgvenotico. *A Paris, chez Iean Henavlt,
au palais, dans la Salle Dauphine, à l'Ange-
Gardien*, 1650, in-4 de 11 ff. non chiffr.,
74 pages et 1 feuillet n. chiffr., front.
grav. (De 25 à 30 fr.)

Le frontispice représente un docteur assis
devant une table et tenant une sorte d'écusson dans lequel on lit : Lescolle de Salerne
en vers Burlesqve (*sic*) par L. M. P. [Louis
Martin, parisien], docteur en médecine. La
main qui soutient l'écusson est appuyée sur
le *Gargantua* et le *Pantagruel* de Rabelais.
En haut une légende : *Ridendo monet*.
Les 11 feuillets liminaires sont occupés
par : la dédicace à « monsieur Patin.Dʳ en
Medecine de la tres ancienne et tres illustre
facvlté de Paris »; l' « Advis serieux et important av lecteur » où il est dit que ce

livre fut composé en 1100 par Jean de Milan médecin de Salerne; l' « Approbation des docteurs en vers burlesques »; « A monsieur Scaron, prince des poetes Burlesques »; « L'Eschole de Salerne av lectevr Burlesque. »; « A monsieur Martin sur son eschole de Salerne », épitre en vers signée : François Colletet, fils de G. Colletet.

Les vers de l'Ecole de Salerne commencent à la page 1 et finissent à la page 74. Le dernier feuillet n. chiffr. est pour le privilège daté de juin 1649 au-dessous duquel on lit : acheué d'imprimer le 30 octobre 1649.

Vendue : parchem. ant. 140 fr., Michelot.

— L'Eschole de Salerne En vers Burlesques & Duo Poemata macaronica ; De bello Huguenotico : Et de Gestis Magnanimi & Prudentissimi Baldi. *Suiuant la copie imprimée. A Paris, MDCLI*, pet. in-12 de 139 pages.

Ce livret, excessivement rare, imprimé à Leyde, est sans nom d'imprimeur mais porte la marque de *la Sphère*, et sort de l'officine de Bonaventure et Abraham Elzevier. En voici la collation :

Un feuillet blanc. Titre, (2 pages). Dédicace « A Monsieur, monsieur Patin, doyen de la tres-Ancienne & tres-Illustre Faculté de Medecine de Paris » (5 pages). Cette épître dédicatoire est signée par Simon Moynet, Par. ; elle est datée de : *Leide ce 12 décembre 1650*. — « Advis sérieux et important av lecteur » (6 pages). — « Approbation des docteurs en vers burlesques » (2 pages). Cette approbation est signée : Le comte de Roncas, le vicomte Boniface, le marquis d'Etmola, le baron de Cheri. — « A Monsieur Scaron, prince des poetes burlesques » (2 pages). — « A Monsieur Martin, sur son Eschole de Salerne travestie. Ode burlesque » (3 pages), est aussi signée : *François Colletet, fils de G. Colletet*. « L'Eschole de Salerne au Lecteur burlesque » (2 pages).

Ces 24 premières pages ne sont pas chiffrées, mais font partie de la pagination puisque le corps de l'ouvrage commence à la page 25 pour finir à la page 58.

A la page 59, on trouve : « L'imprimeur au Lecteur », avis qui occupe 2 pages ; le *Poema macaronicum*, etc. (par Remi Belleau), commence à la page 61 et finit à la page 68. Enfin, les pages 69-139 sont occupées par le poème de Merlin Coccaie. Un feuillet blanc.

Voici maintenant quelques-uns des prix atteints par cet elzévir dans les ventes :

En mar. r. (Bauzonnet-Trautz) haut. 130ᵐᵐ, 190 fr., Desq ; en mar. citr. (Trautz-Bauzonnet), 775 fr. Solar ; en mar. r. (Trautz-Bauzonnet) haut. 131ᵐᵐ, 250 fr., Huillard ; en mar. r., haut. 131ᵐᵐ, 129 fr., Chedeau ; en velin (première reliure) haut. 130ᵐᵐ, 750 fr., Capron ; (Niédrée) haut. 129ᵐᵐ 1/2, 710 fr., de la Villestreux ; en vélin comp., haut. 132ᵐᵐ 1/2, 250 fr., Ch. Brunet ; en mar. citr. (Trautz-Bauzonnet) 980 fr., L. de M...; en velin comp. (rel. anc.) 1,000 fr., Renard (de Lyon) ; en mar. or (Trautz-Bauzonnet) haut. 134ᵐᵐ, 3,000 f., comte d'Es... ; en mar. r. (Thibaron-Joly) 110 fr., Genard.

— L'Escole de Salerne en vers burlesques... *Paris, Jean Henault*, 1652, in-4.

— L'Escole de Salerne en vers burlesques. Et poema macaronicvm de bello Hvgvenotico. *A Paris, chez Iean Henavlt, rüe S. Iacques, a l'Image sainct Raphaël*. 1653, in-4 de 11 ff. limin., n. chiffr., dont 1 blanc, 74 pp. et 1 feuillet n. chiffr., front. gravé. (De 15 à 20 fr.)

La dédicace à « Monsievr Monsievr Patin » est datée du 30 octobre 1649 et signée : Iean Henavlt.

— L'Eschole de Salerne en Vers Burlesque (sic). *A Lyon, chez pierre Compagnon, rüe Mercière au Cœur bon*, 1657, pet. in-8 de 5 ff. limin. n. ch. 52 pp., plus 1 f. pour la permission datée du XII décembre 1657. (De 12 à 15 fr.)

— La même..... Et poema macaronicum de bello huguenotico. *A Grenoble, Jean Nicolas*, 1657, pet. in-12.

— L'Eschole de Salerne en vers Burlesques et poema macaronicvm de bello Hvgvenotico. *A Rouen, chez Clément Malassis, dans le paruis de Nostre Dame deuant la cour des Aydes*, 1660, in-12 de 144 pages, front. gravé. (De 15 à 20 fr.)

Le frontisp. et le titre sont compris dans la pagination ; mais les pages ne sont numérotées qu'à partir de la page 22.

— La même..... *Rouen, Ant. Ferrand*, 1660.

— L'Eschole de Salerne, en svite le poeme macaronique. En vers Burlesques.

A Paris, chez Iean Cochart, au Palais, en la Gallerie des Prisonniers, au S. Esprit, 1664, pet. in-12 de 6 ff. limin., non chiffrés (frontispice compris) et 104 pages. (De 10 à 12 fr.)

Le frontispice gravé représente un docteur dont la main appuyée sur le *Gargantua* et le *Pantagruel* de Rabelais tient un écusson portant inscrits ces mots : Lescolle de Salerne en vers bvrlesques (sic). Par L. M. P. docteur en médecine. En haut à droite : *Ridendo monet.* Des exemplaires de cette même édition portent le nom et l'adresse du libraire *Quinet*; d'autres celui et celle de *Jacq. Le Gras.*

— L'Escole de Salerne en vers Burlesques. *A Caen, chez J. Jacques Gode, proche le collège des R.R. P.P. Jésuites,* 1698, in-12 de 47 pages. (De 7 à 8 fr.)

Au verso du titre : Approbation des Doctevrs en vers Burlesques. Au recto du deuxième feuillet : L'Escole de Salerne en vers burlesques. Lettre dédicatoire au « roy d'engleterre ». (Cette lettre finit au bas de la page 4.)
Le corps de l'ouvrage commence à la page 5 et finit à la page 47. Le verso de cette page est blanc.

— L'Eschole de Salerne, en svite le poeme macaronivqe, en vers burlesques. *A Paris, chez Antoine Rafflé, rüe de Petit-Pont, proche la fontaine S. Severin, a l'Enseigne du Chaudron,* s. d., pet. in-12 de 83 pages. (De 6 à 7 fr.)

— La même...... *A Paris chez Antoine de Raffle, rüe de Petit-Pont, proche la Fontaine S. Severin à l'enseigne du Chaudron,* S. d., pet. in-12 de 85 pages.
La dédicace à « Monsievr Monsievr Patin » est signée : A. R. (page 2 à 4). Advis sé- sérieux et important avx lectevr (sic) (p. 5 à 8). Page 9, « approbation des docteurs ». L'*Eschole de Salerne* commence p. 11 et finit en haut de la page 50. Le poème maca- ronique commence au milieu de la p. 50 et finit p. 85.

— L'Escole de Salerne En vers Bur- lesques. *A Troyes, et se vendent à Paris, chez la veuve Nicolas Oudot, rüe vieille Bouclerie, près le Pont Saint Michel,* s. d., in-12 de 1 f. n. ch., 46 pp., et 1 f. n. ch. (De 4 à 5 fr.)

Le 1er feuillet est occupé par le titre, au verso duquel se trouve l' « approbation des docteurs en vers Burlesques », le dernier par le privilège donné le 19 décembre 1714.

— L'Ecole de Salerne ov preceptes généraux pour conserver sa santé, nou- velle édition. *A Paris, chez de Poilly, quai de Conti, au coin de la rüe Guené- gaud, aux Armes d'Angleterre,* 1736, in-12 de 46 pp. et 1 f. n. ch. pour le privi- lège. (De 4 à 5 fr.)

Le texte latin occupe les pages 1 à 12; la traduction, qui est celle de Louis Martin, commence à la page 13 et finit à la page 46.

— L'Ecole de Salerne, avec la traduc- tion burlesque du docteur Martin, nou- velle édition revue pour le latin sur les meilleurs textes et pour la traduction sur l'édition originale de 1650, aug- mentée de deux suppléments latins traduits et annotés, et d'extraits des anciens commentateurs, par Philibert Le Duc. *Paris, A. Delahaye et Lecrosnier,* 1876, pet. in-8. (3 fr.)

ESCOFFIER (A.). — Traité sur l'art de travailler les fleurs en cire par A. Escof- fier. Deuxième édition. *Paris, bureaux de l'Art culinaire,* 1886, in-12 de 36 pages. (2 fr.)

Petite brochure dans laquelle il est traité de l'art des fleurs en cire appliqué à l'ornementa- tion de la cuisine.

ESCOLE (L') parfaite des officiers de Bouche ; contenant Le Vray Maistre- d'Hostel, Le grand Escuyer-Tranchant, Le Sommelier Royal, Le Confiturier Royal, Le Cuisinier Royal, Et le Patissier Royal. *A Paris, chez la Veuve Pierre David, sur le Quay des Augustins, au Roy David. Et chez Iean Ribov, sur le Quay des Augus- tins, à l'image sainct Louis,* 1662, in-8 de 4 ff. limin. n. ch., 494 pp. et 16 ff. n. chiffr. pour les tables, fig. (De 50 à 60 fr.)

Les 4 ff. limin. sont occupés par le titre au v° duquel se trouve le détail des matières contenues dans chaque partie du livre. Au v° du f. 2 : « Le Libraire au Lecteur », enfin au v° du 4e f. limin., l' « Extraict du Priuilege du Roy » Ce privilège daté du 18 juin 1662, est donné à « Iean Ribov, marchand Libraire à Paris » qui a « associé à son Priuilege la veuve Pierre Dauid » ; on lit au-dessous : « Achevé d'imprimer pour la première fois le 25 septembre 1662 ».

Le *Maistre d'hostel* occupe les pages 1 à 13 ; le *Grand Escvyer-Tranchant*, 14 à 77. Ce traité est orné de figures gravées. Le *Sommelier Royal* commence à la page 78 et finit à la page 108 (y compris les « instructions familières pour bien appprendre à plyer toutes sortes de linges de Table, & en toutes sortes de figures »).

Le *Confiturier royal* occupe les pages 109 (chiffrée par erreur 189) à 261 ; le *Cvisinier royal*, 263 à 428 ; enfin, le *Patissier royal* qui termine l'ouvrage, commence à la p. 429 et finit à la page 494. Viennent ensuite les feuillets de table.

Le libraire, dans sa préface, prévient les lecteurs qu'il ne faut pas confondre le présent livre avec un autre, « lequel a pour titre le Maistre d'Hostel Royal ».

— Le même..... seconde édition reueue et corrigée *Paris*, chez *Iean Ribov*, in-12 de 4 ff. limin. non chiff., 492 pp. et 14 ff. non chiff., fig.

Vendu, en mar. r. (Hardy) 33 fr., Renard (de Lyon).

— Le même..... troisième édition corrigée et augmentée. *Paris*, chez *Jean Ribou*, 1676, in-12 de 4 ff. limin, 480 pp., et 14 ff. de tables n. chiffr., fig.

Le Cat. Techener (année 1865) mentionne une édition également chez *Jean Ribou*, 1677, in-12. A partir de l'édition suivante, l'orthographe du mot : *escole* est modifiée.

— L'Ecole parfaite des officiers de bouche, contenant... Quatrième édition, corrigée & augmentée. *A Paris*, chez *Jean Ribou, au Palais, dans la Salle Royale à l'Image S. Louis*, 1680, in-12 de 4 ff. lim. n. ch., 480 pp. et 14 ff. de tables n. ch., fig. (De 25 à 30 fr.)

Au Cat. Bancel figure une édition, *Paris, Jean Ribou*, 1682, in-12, avec cette mention : Quatrième édition corrigée et augmentée ; mais nous ne la connaissons pas.

Vend : en mar. r. (Hardy) 29 fr., Bancel.

Les figures de l'*Ecole parfaite des officiers de bouche* ont été souvent copiées : nous les trouvons notamment dans un livre allemand du XVIIIe siècle, intitulé : *Vollkommene und neueste Trenchier-Kunst ... Carlsruhe*, 1769, in-12.

L'*Ecole parfaite des officiers de bouche* a été souvent réimprimée.

— L'Ecole parfaite des officiers de Bouche qui enseigne les devoirs du Maitre-d'Hôtel et du Sommelier ; la manière de faire les confitures sèches et liquides ; les Liqueurs, les Eaux, les Pommades et les Parfums ; la Cuisine, a découper les viandes et à faire la Pâtisserie. Septième édition corrigée et augmentée de pâtes et Liqueurs nouvelles, et des nouveaux Ragoûts qu'on sert aujourdhuy. *A Paris chez Pierre Ribou sur le quay des Augustins, a l'Image Saint Louïs*, 1708, in-12 de 6 ff. lim. n. chiffr., 507 pp. et 17 pp. de table n. chiffr. avec 4 pl. hors texte et des fig. dans le texte. (De 10 à 12 fr.)

M. Brunet cite une huitième édition, *Paris, Ribou*, 1710, in-12, et il ajoute que cet ouvrage n'a pas été réimprimé depuis cette époque.

L'auteur du *Manuel* n'a sans doute pas connu les éditions suivantes :

— Le même..... septième édition corrigée et augmentée.... *A Paris, chez Pierre Ribou, seul libraire de l'Académie Royale de Musique ; quai des Augustins, à la descente du Pont-Neuf, à l'Image S. Louïs*, 1715, in-12 de 6 ff. lim. n. ch., 507 pp. et 9 pp. n. ch. de table. (De 10 à 12 fr.)

— L'Ecole parfaite des officiers de Bouche qui enseigne..... Huitième édition, corrigée & augmentée de Pâtes & Liqueurs nouvelles, & des nouveaux Ragoûts qu'on sert aujourdhuy. *A Paris, chez Pierre Ribou sur le Quay des Augustins, à l'Image Saint-Louïs*, 1716, in-12 de 6 ff. limin, n. ch., 507 pp. et 17 pp. n. chiffr. pour les tables, fig. (De 7 à 8 fr.)

Les planches du Grand Ecuyer tranchant sont les mêmes que dans l'édition de 1680, mais les figures représentant des fruits qui se trouvent à la suite du Sommelier royal (édit. de 1680) sont supprimées. Les titres des différents traités sont également modifiés. Le *Confiturier royal* s'appelle le « Chef d'office parfait » ; le *Cuisinier royal* et le *Patissier royal*, « Le Cuisinier parfait » et « Le Pâtissier parfait ». Ce dernier traité est augmenté d'un chapitre sur les idées qu'on se peut former pour servir toutes sortes de repas, tant en gras qu'en maigre, et de quatre planches pliées représentant des tables servies.

— Le même..... neuvième édition, corrigée & augmentée.... *A Paris, chez la veuve de Pierre Ribou, rue des Fossez S. Germain, vis à vis la Comédie-Françoise*, 1729, in-12 de 6 ff. lim. n. ch., 501 pp. et 27 pp. n. ch. (De 5 à 6 fr.)

— Le même..... *ibidem idem*, 1737, in-12, fig.

— L'Ecole parfaite des officiers de bouche qui enseigne... Nouvelle édition, corrigée & augmentée de Pâtes et Liqueurs nouvelles, & des nouveaux Ragoûts qu'on sert aujourd'huy. *A Paris, par la compagnie des Libraires associés*, 1742, in-12 de X-507 pages et 17 pp. n. chiffr. pour les tables, fig. (De 5 à 6 fr.)

Les cinq éditions que nous venons de citer ont été inconnues de M. Brunet ; la dernière qui contient les mêmes planches que celle de 1716, a un titre rouge et noir. En 1682, l'Ecole parfaite des officiers de bouche a été traduite en anglais par Rose, sous ce titre :
— School of Instructions for the officers of the Mouth.
Le traducteur, qui était cuisinier de la maison royale, a dédié son travail à sir Stephen Fox.

ESPRIT (L') des usages et des coutumes des différents peuples, ouvrage curieux dans lequel on a réuni en corps d'histoire tout ce qu'ont imaginé les hommes sur les repas, les femmes, le mariage, la naissance, etc. etc. *Londres*, 1785, 2 vol in-8. (De 12 à 15 fr.)

ESSAI sur la gélatine des os : extrait du mémoire de Cadet de Vaux, par un des Adjudans-majors de la 94ᵉ demi-brigade, *Liège, Desor*, an XI, in-8. (2 fr.)

ESSAI sur la préparation des alimens, dont le but est la Santé, l'Economie, & la perfection de la Théorie. A l'usage des Maîtresses de Maison qui ne dédaignent pas de descendre jusqu'au détail de leur ménage, soit à la Ville, soit à la Campagne. *A Londres, & se trouve a Paris, chez Onfroy, Libraire, quai des Augustins, au Lys d'or*, 1782, in-8 de 33 pages (De 12 à 15 fr.)

Opuscule très curieux et très rare dans lequel l'auteur qui a gardé l'anonyme expose ses vues sur la cuisine au XVIIIᵉ siècle. Selon lui, l'art culinaire n'existerait réellement en France que depuis 1730. Auparavant, les officiers qui avaient acquis une réputation la devaient bien plus à leur ton, à leur politesse et à leurs attentions qu'à leur talent. L'auteur aborde ensuite l'étude de la préparation de certains aliments, la fricassée de poulet, le bouillon de légumes, etc., etc.

ESSAI sur les alimens, pour servir de Commentaire aux Livres Diététiques d'Hippocrate. *A Paris, chez Vincent, Imprimeur-libraire*, 1754, in-12 de XXIV-440 pages plus 2 ff. n. ch. pour le privilège. (De 4 à 5 fr.)

Cet ouvrage a paru sans nom d'auteur mentionné au titre, mais la dédicace à Monseigneur le Maréchal Duc de Richelieu est signée du nom de l'auteur : Lorry, M.D. Il est divisé en trois parties : la première traite de la *matière nutritive en général*, la seconde, des *alimens considérés dans le corps animal* et la troisième de la *matière des alimens dans les différents corps de la nature*.

Quelques années plus tard, le traité de Lorry a été réimprimé. *Paris, Vincent*, 1757, 2 vol. in-12. (6 fr.)

Le tome premier comprend exactement les mêmes matières que celles contenues dans la première édition ; le titre du tome second est légèrement modifié ; il porte : *Essai sur l'usage des alimens*, etc., XV-436 pages.

Il est divisé en cinq chapitres. On y trouve des indications sur les divers régimes alimentaires que l'homme doit suivre selon les saisons et dans les cas de maladies suivant les tempéraments.

Quérard cite une nouvelle édition de l'*Essai sur l'usage des aliments*, 1781, 2 vol. in-12.

ESSAI sur les plaisirs par E. O***. *A Paris, chez Debure et Debray*, an XI-1803, in-8 de xij-166 pages et 1 f. n. chiffr. de table. (De 3 à 4 fr.)

Par E. Ortolani. Le chapitre III de Iʳᵉ section est intitulé : De la nourriture, considérée comme plaisir, ou du plaisir de la table.

— Le même..... seconde édition. *Paris, Demonville*, 1804, in-8.

ESSAI sur l'histoire de la moutarde

de Dijon. *Dijon, E. Jobard impr. Lithogr.* in-12 de 32 pages. (De 3 à 4 fr.)

Frontispice en haut duquel figurent les armes de la ville de Dijon coloriées : titre rouge et or. Ce frontispice est reproduit sur la couverture. A la page 4 se trouve une planche représentant la ville de Dijon.

Cette petite plaquette n'est pas datée, mais elle est enregistrée par la *Bibliographie de la France* en 1854. Voici les titres des chapitres dont elle se compose : *La Moutarde chez les Romains. — Etymologies du mot moutarde. — Antiquité de la moutarde de Dijon et son usage au moyen âge. — Fabrication de la moutarde de Dijon et règlements qui la régissaient ; Moulins. — La moutarde de Dijon au XVIᵉ siècle. — Statuts des moutardiers de Dijon. — Rénovation de la moutarde de Dijon et sa supériorité sur toutes les autres moutardes. — Situation actuelle du commerce de la moutarde.*

ESSE (René). — La Revue des fromages chansonnette, air connu. Paroles de René Esse. *Paris, Bassereau,* in-4 de 4 pp. avec gravure coloriée. (50 c.)

ESTAT et Police sur la chair vendable a la liure par les Bouchers, Reuêdeurs, Charcutiers & Hostelliers, pour l'exécution de l'Edict du Roy nostre sire. Auec priuilège. *A Paris, par Galiot du Pré, libraire iuré de l'Vniuersité au premier pillier de la grand Salle du Palais* 1551, in-8 de 8 ff. n. ch. (De 7 à 8 fr.)

ESTATS (Les) tenus à la Grenoüillière. Les 15, 16, 17 et 18 du present mois de Juin, mil six cens vingt trois. Auec la Resolution et Closture desdits Estats. S. l., 1623, pet. in-8 de 32 pages. (De 15 à 20 fr.)

On y remarque : la Harangue faicte à Messieurs des Eastts (sic) de la Grenouillière par le corps des Pasticiers oublieurs cy-deuant frequentant le parc de la Reine Marguerite, et la Plaincte Generalle des Boulangers de petit pain, qui occupent les pages 17 à 25.

ESTIENNE (Charles) — Vinetum, in qvo varia vitivm, vvarvm, vinorum antiqua , Latina , vulgariaq; nomina. Item ea quæ ad vitium consitionem ac culturam ab antiquis rei rusticæ scriptoribus expressa sunt, ac benè recepta

vocabula, nostræ consuetudini præsertim commoda, breui ratione continentur. In adolescentulorum gratiam ac fauorem. Cvm privilegio. *Parisiis, apud Franciscum Stephanum,* 1537, in-8 de 73 ff. et 15 ff. n. chiffr. pour l'*index* et les *errata.* (De 20 à 25 fr.)

Au verso du titre, le permis d'imprimer donné à Françoys Estienne le « 8ᵉ iour de Iuing 1537 ». Au 2ᵉ feuillet (rᵒ et vᵒ) « Carolus Stephanvs adolescentvlis bonarum literarum studiosis S. » Le corps de l'ouvrage commence au rᵒ du 3ᵉ feuillet. A la fin du volume est placée une table des vins, avec leurs noms français en regard, classés par provinces, villes, bourgs, etc.

— Caroli Stephani de nvtrimentis ad Baillyum, libri tres. *Parisiis, ex officina Rob. Steph. typographi* (sic) *Regii,* 1550, in-8 de 156 pages et 10 ff. n. chiffr. de table, lettr. rondes. (De 12 à 15 fr.)

Le vᵒ du titre est blanc. A la page 3, la dédicace : « Carolvs Stephanvs Io. Baillyo Inquisitori regis S. » qui finit ainsi, à la page 4 : Ex marcelliano nostro, pridie Idus Nouembr. MDL. » Le corps de l'ouvrage commence à la page 5 et finit à la page 156. A la table des matières, on trouve mentionnées toutes les différentes espèces de pain, de bière, de boissons, de fromages, de viandes, de condiments, de poissons, de pâtisseries, etc.

Ces deux opuscules ont été réimprimés dans l'ouvrage suivant :

— Prœdivm rvsticvm in quo cuiusuis soli vel culti vel inculti plâtarum vocabula ac descriptiones, earumque conserêdarum atque excolendarum instrumenta suo ordine describuntur. In adolescentulorum, bonarum literarum studiosorum gratiam. *Lutetiæ, apud Carolum Stephanum Typographú Regium* 1554, in-8 de 643 pp. et 24 ff. n. chiffr. d'index, sur 3 col., lettr. ital. (De 20 à 25 fr.)

Marque d'Estienne, au titre ; au verso, nomenclature des titres des XX chapitres qui composent le *Prœdium rusticum.*

— Le même... opus medicis, Pharmacopolis, Agricolis, cæterisque germanæ Latinitatis studiosis perutile Indice triplici ad maiorem facilitatem locupletatum. *Parisiis, apud Franciscvm Pelicanvm via Iacobœa, sub Pelicano*, 1629, in-8 de 599 pp. et 41 ff. de table.

— Le même... *Parisiis apud Guiliermum Benardum*, 1629, in-8.

Ch. Estienne a traduit son *Prædium rusticum* en français ; cette traduction a été très souvent réimprimée :

— L'agricvltvre et maison rvstiqve de Charles Estienne et Iean Liébavlt, Docteurs en medecine. Edition dernière reueuë et augmentée de beaucoup, dont le contenu se void en la page suiuante. Plus un brief recueil des chasses du Cerf, du Sanglier, du Lieure, du Renard du Blereau, du Conil, du Loup, des Oyseaux et de la Fauconnerie. A monseigneur le Duc d'Vzès pair de France, comte de Crussol, Seigneur d'Assier, et prince de Soyon. *A Paris, pour Iaques dv prys* 1586, in-4 de 8 ff. limin. non chiffr.. 394 ff. et 24 ff. n. chiffr. de table, fig. s. b. (De 25 à 30 fr.)

Au titre, la marque de Jacques du Puys. Le privilége daté du 8 décembre 1581 se trouve au verso du dernier feuillet.

L'Agriculture et Maison rustique a paru pour la première fois, *Paris, Iaques du Puys*, 1564, in-4 : les éditions de cet ouvrage se sont rapidement succédé ; le catal. J. B. Huzard (2ᵉ part.) n'en mentionne pas moins de 48, tant latines et italiennes que françaises, (nᵒˢ 711-758). M. Souhart, *Bibliogr. des ouvrages sur la chasse*, en cite 109.

A la mort de Ch. Estienne, Jean Liébault, son gendre, donna ses soins aux nouvelles éditions de la *Maison rustique* qu'il augmenta considérablement. Nous ne donnerons pas la longue liste des éditions de l'œuvre d'Estienne et de Liébault, nous nous bornerons à citer celles que nous avons eues entre les mains :

— L'agricvltvre et maison rvstiqve,.. *Paris, Iaqves dv Pvys*, 1565, in-4. fig. s. b.

— La même... *ibidem, idem,* 1566, 1567, 1570, 1572, 1573, 1574, 1576, 1578, in-4, fig. s. b.

— La même... *ibidem, idem,* 1583, in-4 de 8 ff. limin. n. ch. 394 ff., et 24 ff. de table n. chiffr., fig. s. bois.

— La même... *Paris, chez Nicolas de la Vigne, proche la porte Sainct-Marcel, à la Croix de Lorraine,* 1640, in-4 de 8 ff. n. ch.

664 pages, 64 pp. pour la Chasse du Loup et l'vsage de la jauge et 8 ff. n. chiffr. pour les tables, fig. s. b.

— La même. *A Roven, chez Jean Berthelin tenant sa bouticque dans la court du palais.* 1641, in-4 de 8 ff. limin., 674 pp., 10 ff. n. ch. de table et 25 ff. n. ch. pour la Chasse au Loup.

— La même..... *A Roven, chez Clement Malassis près le grand portail nostre dame deuant la cour des Aydes.* 1658, in-4 de 8 ff. n. chiffr., 674 pp., 12 ff. n. chiffr. de table et 27 ff. égal. non chiffr. pour la chasse du loup et l'usage de la jauge, fig. s. b.

— La même..... *A Roven, chez David et Pierre Geoffroy, ruë du petit-mont Levrier,* 1658, in-4, fig. s. b.

Même édition que la précédente ; le nom et l'adresse du libraire sont seuls changés.

— La même..... *Roven, chez la veuve de Guillaume Machuel, au bas de la rue Escuyère,* 1676, in-4 de 8 ff. lim. n. ch., 672 pp., 11 ff. de table et 26 ff. n. ch. pour la chasse au loup, fig. s. b.

— La même..... *A Lyon, chez Anthoine Molin. vis-à-vis le grand Collège,* 1680, in-4 de 4 ff. lim. n. ch., 362 pp. et 11 pp. pour les tables et le privilége, fig. s. b.

Le privilége accordé à Laurent Metton est daté de Lyon, 5 février 1677.

— La même..... *A Lyon, Claude Carteron et Charles Amy,* 1689, in-4 de 4 ff. lim. n. ch., 362 pp. et 9 ff. de table n. chiffr, fig. s. b.

— La même..... édition mise de nouveau dans un meilleur langage et plus correcte que les précédentes..... *Lyon, André Laurens,* 1702, in-4, fig. s. b.

C'est la dernière édition.

On trouve dans la *Maison rustique* plusieurs chapitres sur les confitures, les différentes espèces de pain, la pâtisserie, les vins, le vinaigre, l'hydromel, le cidre, la moutarde, etc.

L'ouvrage de Charles Estienne a été aussi traduit en allemand ; une édition a été donnée à *Strasbourg par Bernard Jobin,* 1592, in-fol., goth., de 8 ff. n. n. ch., 773 pp. et 19 ff. n. ch. de table., front. grav. et fig.

ESTOMAC (L'), Hygiène de tout le monde par A. H. prix : 15 centimes. *A Paris chez Christophe libraire,* 1854, in-32 de 38 pages. (1 fr.)

— Le même... 1854, Prix 10 centimes. *A Paris, chez l'auteur,* in-32 de 38 pages.

ETAT ou Tableau de la ville de Paris relativement au nécessaire, à l'utile, à l'agréable etc. *Paris, Prault*, 1760, in-8. (De 4 à 5 fr.)

Renseignements sur le prix des denrées, sur les boulangers, pâtissiers, rôtisseurs, etc. Par de Jeze et Pesselier.

ETIENNE. — Traité de l'office par M. Etienne, ancien officier de l'ambassade d'Angleterre, officier de Madame la princesse Bagration à Paris. Avec de beaux dessins gravés sur acier. *Paris, Mlle Laignier et au dépôt de la collection A. Carême*, 1845-1846, in-8. (De 8 à 10 fr.)

Le *Traité de l'office* qui fait partie de la collection A. Carême, a paru d'abord en livraisons. La *Bibliographie de la France*, avait annoncé que cet ouvrage ne formerait qu'un seul volume, mais il y a eu un tome second.

On trouve dans ce traité, un des plus complets qui existent sur l'office, les hors-d'œuvre, les salades, les desserts, les petits fours, les conserves, etc.

Dans le tome II, se trouvent un traité avec une pagination spéciale pour les glaces et un autre, également spécialement paginé, pour les bonbons.

ETIENNE (Mlle Virginie). — La Cuisinière des restes et des potages, purées, sauces, ragoûts etc. par Mlle Virginie Etienne. *Paris, Delarue*, s.d. (1888), in-8 de 256 pp. plus la table des matières, avec une planche. (2 fr.)

Couverture illustrée. La *Cuisinière des restes*, qui a été souvent réimprimée a été publiée en 1869 sous ce titre :

— Guide, manuel illustré de la Cuisinière de Paris et de la Province par Mlle Virginie Etienne. *Paris, Passard*, 1869, in-18. (3 fr.)

Cet ouvrage paraissait en livraisons ; il devait en avoir 35, mais il n'en a eu en réalité que 15. Ces 15 livraisons ont été réunies en 1869 et ont paru sous ce titre :

— Grands Almanachs utiles. La Cuisinière des restes et des potages, purées, sauces, ragoûts etc. *Paris, Passard*, 1869, in-18. (3 fr.)

L'ouvrage a été ensuite complété et mis en vente sous le titre indiqué plus haut. En 1884, M. Delarue ayant acheté le fonds de Passard, la *Cuisinière des restes* porte depuis cette date le nom du premier de ces deux éditeurs

Mlle Virginie Etienne, d'après Lorenz, est le pseudonyme collectif de F. L. Passard et de Virginie Etienne Passard.

ETIQUETTE du Palais Impérial. (*A Paris, de l'imprimerie impériale, Germinal an XIII*), in-4 de 139 pages.

Titre V : *Des repas de Leurs Majestés*. Le chapitre 1er comprend le « service de LL. MM. en grand couvert » ; le chap. 2e le « service de LL. MM. au petit couvert, dans les appartements ordinaires ; le chap. 3e le « service de LL. MM. dans l'appartement intérieur » ; le chap. 4e « les déjeuners ».

ÉTOILE (L'), journal de l'alimentation, organe spécial des restaurateurs, limonadiers, pâtissiers, glaciers et cuisiniers. (*Paris, impr. Turpin et Javet*), in-fol. de 4 pages à 4 col.

Le 1er n^o de ce journal hebdomadaire a paru le dimanche 18 juin 1876, le n° 29, le 31 décembre de la même année.

Prix de l'abonnement : Paris, un an : 12 fr. ; départements, 16 fr. Etranger, 18 fr.

— Le même..... septième année (sic), (*Paris, impr. de Gouraud*) (1880), in-fol. de 4 pp. à 4 col.

Le n° 1 porte la date du dimanche 11 avril 1880, le n° 18, celle du 15 août de la même année ; mêmes prix d'abonnement.

ETRENNES à tous les amateurs de café pour tous les temps ou Manuel de l'Amateur de café ; contenant : l'histoire, la description, la culture, les propriétés de ce végétal, le commerce qui s'en fait en France, etc. ; l'introduction de son usage parmi les Mahométans & les Européens ; la meilleure manière de le préparer pour en rendre la boisson saine, agréable & même utile, semées de traits, d'anecdotes d'observations les plus propres à faire connoître les effets et les propriétés du café, & suivies de différentes analyses chymiques, etc., etc. On y a joint la Traduction

Françoise d'un Poëme Latin assez rare, de l'Abbé Massieu de l'Académie Françoise et de celle des Belles-Lettres, sur le caffé. Ouvrage mis à la portée de tout le monde, & également utile à tous Maîtres & Maîtresses de Maison ou de Pension, à tous chefs de Communautés, comme à tous les Cafétiers de la Capitale et des Provinces, etc., etc., etc. *A Paris, Hôtel de Bouthillier, rue des Poitevins*, 1790, in-12. (De 4 à 5 fr.)

Ouvrage divisé en deux parties ; la première de xxxvii-121 pages ; la seconde de 109 pages. A la fin se trouve une table des matières commune aux deux parties ; elle comprend xiv chapitres, sans compter la préface, l'introduction et la Traduction française du poème de l'abbé Massieu (voyez ce nom) sur le café. Le titre de l'ouvrage est textuellement répété en tête de la deuxième partie.

ETRENNES aux vivans ou l'art de vivre agréablement sans nuire à sa santé. *A Paris, chez Guil. Leclerc, libraire, quai des Augustins, à la Toison d'Or*, 1786, in-16 de 8 ff. limin., 137 pp. et 3 pp. non chiffr. (De 12 à 15 fr.)

Les huit feuillets limin. comprennent le faux titre, le titre et le Calendrier pour 1786. Page 1, l'auteur s'adresse à ses confrères et termine ainsi, page 3 : « Avec ces petites étrennes vous pourrez ordonner vos repas à votre goût en choisissant les mets et leur accommodement suivant l'ordre des services, parmi les potages, les hors d'œuvres, les entrées, les rôts, les entre-mets, les desserts, qui en sont les divisions. » Au verso de cette page, on trouve la liste avec les prix, de tous les ouvrages de cuisine qui se vendent chez le même libraire.

Les *Etrennes aux Vivans* sont divisées en deux parties, la première (p. 5 à 69) est consacrée à la cuisine ; la deuxième (p. 70 à 137) à l'office. Chacune de ces deux parties est divisée par mois. Les 3 pages non chiffrées sont occupées par l'approbation et le privilège daté du 1er septembre 1784. M. Pouy, dans ses *Nouvelles recherches sur les Almanachs* indique : *Etrennes aux vivans* etc. *Paris*, 1775, in-32, et il ajoute : A la fin on trouve une table de mets hygiéniques.

Nous n'avons pas eu cette édition entre les mains, mais il est probable que l'almanach cité par lui et celui que nous venons de décrire sont semblables, avec des calendriers différents et un titre refait pour le dernier.

Cet almanach a reparu plus tard sous le titre suivant :

— Etrennes aux vivants, ou Cuisinier pour tous les mois de l'année ; Qui indique les productions que la nature donne et la manière de les apprêter sainement, suivies du Traité de l'office. 1 vol. in-24 de 140 pages. Prix : 1 livre et 1 livre 5 sols franc de port. *A Paris, chez Derouault, Libraire, rue Croix-des Petits-Champs, maison de la Paix, nº 30*, 1798 (an VI). (De 12 à 15 fr.)

Le faux titre porte : Petit Cuisinier français. Très curieux petit almanach divisé en deux parties ; la première traite de la cuisine proprement dite ; elle occupe les pages 1-69 ; la seconde précédée d'un avertissement placé à la page 70, contient un traité de l'office (pp. 71-129). La table des matières rédigée par ordre alphabétique commence à la page 130 et finit à la page 137. A la page 138, n. ch., l'approbation datée de juillet 1784, et le privilège donné au sr Leclerc, le 1er septembre de la même année.

ETUDES comparées des appareils de cuisine employés spécialement dans les hôpitaux militaires, casernes, lycées, etc. *Lyon, Schneider frères*, 1877, in-8 de 62 pp. (1 fr.)

EVRARD (Cl.). — Manuel du Boulanger par Cl. Evrard. *Paris, Auguste Desrez*, s. d., in-32 de 128 pages. (0 fr. 50 c.)

— Manuel économique élémentaire et résumé de la cuisinière (1re et 2e partie). *Paris, Desrez*, 1835, in-32. (50 c.)

— Le même... de la bonne Cuisinière, *ibidem, idem*, 1846, in-32.

— Manuel économique, élémentaire de la bonne ménagère. *Paris, Desrez*, 1835 et 1846, in-32. (50 c.)

Ces petits volumes font partie de la Bibliothèque des professions et des ménages.

EXIL de Mardigras, ou arrest donné en la cour de Riflasorets, establis en la royale ville de Saladois par lequel no-

nobstant la garantie des epicurois et atheismates, opposition des esleuz de la Frelanderie, malades, pauvres, artisans, amoureux, dames, gueux et le fermier de boucherie banny du ressort et empire de la dite cour, pour le temps et espace de quarante et un jours. *Lyon, par les supposts de Caresme*, 1603, in-8, de 32 pp.

Cette facétie curieuse et rare se trouve réimprimée, p. 97 à 125, dans le tome V des *Variétés historiques et littéraires*, d'Edouard Fournier.

Un exempl. de l'édition originale, s'est vendu en v. br. 229 francs, Cailhava (de Lyon).

EXPOSITION (L'), catalogue-moniteur gastronomique. (*Paris, impr. Schiller) Bureaux : Salle de l'Exposition, Champs Elysées*, in-4 de 8 pp. à 3 col.

Un exemplaire 50 c. Organisateur président d'honneur : Hervé du Lorin. Secrétaire : Ch. Virmaitre. Ce catalogue a paru le 23 mars 1873.

EXPOSITION universelle de 1867. Concession de la commission impériale. Comment on prend le chocolat chez tous les peuples. Extrait de l'ouvrage le Thé et le Chocolat dans l'Alimentation publique. *Paris, Compagnie française des chocolats et des thés, 18, boulevard de Sébastopol, Palais de l'Exposition*, 1867, in-12 de 24 pp. (1 fr.)

EXTAZE propinatoire de Maistre Gvillaume en l'honnevr de Caresme prenant.

> *Bons Compagnons qui vivez librement,*
> *Et qvi bien nez faictes chère lyriqve*
> *Lisez les vers de ma Mvse bachiqve*
> *Qvi a vovs sevls les offre sevlement.*

A Paris, rve Galande, avx trois Chappelets. S. d., pet. in-8. (De 100 à 150 fr.)

Pièce en vers, fort rare, réimprimée dans la collection des *Joyeusetez* publiées à *Paris* chez *Techener*, 1829-1831, et tirées à 76 exemplaires.

EXTRAIT du rapport adressé à M. le ministre de la marine et des colonies sur la nouvelle cuisine distillatoire du système Zambaux. *Paris, impr. de Bénard*, 1851, in-8.

Voyez Zambaux (J.).

EYSSÉRIC (Ch.). — Les Secrets de la cuisine pour faire soi-même les Conserves, Confitures, Crèmes, Entremets, Pâtisseries, collage des vins, etc., Troisième édition. Prix : 60 centimes. Ne pas confondre avec les livres de cuisine. *Avignon, typ. Lagrange*, 1880, in-8 de 36 pages. (De 2 à 3 fr.)

FABRE (J. Henri). — Le Ménage, causeries d'Aurore avec ses nièces sur l'économie domestique. Lectures courantes à l'usage des écoles de filles, par J. Henri Fabre, etc., douzième édition ornée de figures. *Paris, Delagrave*, 1887, in-12 de 336 pages. (1 fr. 50.)

— Le même..... deuxième édition, *ibidem*, *idem*, 1875, in-12 de 336 pages.

Ouvrage divisé en LXXV chapitres. Un grand nombre de chapitres sont consacrés à l'alimentation et à la cuisine.

FABRICATION facile de boissons de ménage de 5 à 8 centimes la bouteille. Par un ancien brasseur. Economie domestique. *Paris, impr. Dubois et Vert*, 1862, in-18 de 17 pp. (50 cent.)

FABRONI (Adamo). — Dell'Arte di fare il vino ragionamento di Adamo Fabroni.... Edizione Seconda ampliata dall'Autore.... *Firenze*, 1790, *Presso Jacopo Grazioli*, in-8 de VIII-329, pp. 1 pl. et 1 f. *d'errata*. (De 4 à 5 fr.)

La première édition est de *Firenze*, 1787, in-8.

Ce traité a été traduit en français sous ce titre :

— De l'art de faire le vin, par Adam Fabroni... ouvrage couronné par l'Académie royale d'Économie de Florence, Dans lequel on trouve..... Avec Tableaux et treize Figures; Traduit de l'Italien par F.-R. Baud. *Paris, Marchant*, et *Genève, Paschoud. An* X (1801), in-8 de xij-220 pp. (De 5 à 6 fr.)

FAKHRIYYÉ (Aïché). — Ev Kadini « la maîtresse de maison », sorte de *Cuisinière bourgeoise* adaptée aux mœurs turques, par la dame Aïché Fakhriyyé et publiée par Sérafim-Efendi. *Imprimerie Mahmoud-bey* (443 pages avec planches lithographiées, l'an 1300 de l'Hégire, 1882).

Le *Journal asiatique*, 8ᵉ série, t. V, qui annonce ainsi cet ouvrage ajoute qu'on y trouve, entre autres choses curieuses, l'indication de 900 plats de cuisine turque et de cuisine franque.

FALSIFICATION (De la) du pain, contenant le détail des substances introduites dans les farines de qualité inférieure pour obtenir du pain plus blanc... *Vilvorde de Mat*, 1854, in-18.

FARCE nouvelle du pasté et de la tarte. A quatre personnaiges, c'est assavoir Deux coquins — le paticier et la femme.

Le seul exemplaire connu de cette farce imprimée au commencement du xvıe siècle est. dit M. Viollet le Duc, conservé au *British museum* dans un recueil factice qui comprend une quarantaine de pièces de la même époque et qui a été acheté en Allemagne. Cette farce a été réimprimée par M. Viollet le Duc dans l'*Ancien théâtre français*, tome II, pages 64-79 et dans le *Théâtre français avant la Renaissance* (par Edouard Fournier) pages 12-17.

M. Léopold Pannier a publié de nouveau cette pièce rarissime, avec certaines modifications, sous ce titre :

— Le Pâté et la tarte, farce du xve siècle mise en langage moderne par Léopold Pannier. *A Saint-Prix chez tous les libraires*, 1875, in-16 de 2 ff. n. ch. et 56 pages. (De 3 à 4 fr.)

Tome Ier de la Bibliothèque de Jacques, tiré à 120 exemplaires.

Une adaptation de la *Farce du pasté et de la tarte par M. Gassies des Brûlies*, a paru dans le *Musée des Familles*, nos des 1er, 15 mars, 1er, 15 avril 1889, avec de charmantes illustrations de Jean Geoffroy.

FARCE nouvelle très bonne de Folle Bôbance. A quatre personnaiges, c'est assavoir : Folle Bobance, le premier fol, Gentilhomme. Le second fol marchant et le tiers fol, laboureux. (A la fin :) *Cy fine Folle Bobance. S. l. n. d.*

Cette farce dont l'original se trouve au *British museum* dans un recueil factice a été réimprimée par M. Viollet le Duc dans le tome II de l'*Ancien Théâtre françois*, (Bibl. Elzévirienne), pages 264-291.

FARLEY — The London Art of Cookery, and Housekeeper's complete Assistant. On a new Plan Made Plain and Easy to the understanding of every Housekeeper, Cook, and Servant, in the Kingdom, containaing :... &c., &c. Embellished with A Head of the Author, and a Bill of fare for every Month in the Year, elegantly engraven on Thirteen Copper-Plates. By John Farley principal cook at the London Tavern The Eighth edition... *London, Printed for J. Scatcherd and J. Whitaker*, 1790,

in-8 de VIII pp., 10 ff. n. ch. et 459 pp., portr. et 12 pl. grav. (De 5 à 6 fr.)

M. Carew Hazlitt se trompe lorsque dans *Old Cookery books*, p. 178, il cite la quatrième édition de cet ouvrage avec la date de 1807, la 8e ayant paru, comme on vient de le voir, en 1790.

FAUCHAT (Eug.). — Notice sur les vins de Bordeaux par Eug. Fauchat 2e édition. *Bordeaux, Forastié*, in-8 de 30 pages. (1 fr.)

Autre édition, *ibidem, idem*, 1877, in-12 de 32 pages.

FAUCHEUX. — Traité des Conserves alimentaires à l'usage des ménages suivi des meilleurs procédés et recettes pour les fruits secs, fruits à l'eau-de-vie confitures, marmelades, gelées, sucs, sirops, liqueurs, crèmes, etc., par P. Faucheux, Chef-conservateur de l'un des principaux établissements de Nantes. *Nantes, imprim. Mangin*, in-8 de IX-212 et x pages. (De 3 à 4 fr.)

La date, septembre 1851, se trouve sur la couverture.

FAVRE (Joseph). — La Science culinaire ou l'art de la Gastronomie ancienne & moderne, *Genève, impr. coopéral.*, in-4 de 16 pp.

La collection de ce journal est complète en 125 numéros. Le no 1 porte la date du 15 décembre 1877, le no 125 celle du 15 au 31 décembre 1883. A partir du no 92, le format change et le titre est ainsi modifié :

— La science culinaire, hygiène alimentaire organe officiel de l'union universelle pour le progrès de l'art culinaire.... avec un supplément mensuel du Dictionnaire universel de l'alimentation par J. Favre. (*Paris, impr. Ph. Hérault*), gr. in-4 de 4 pp.

— Dictionnaire universel de Cuisine et d'hygiène alimentaire. Modification de l'homme par l'alimentation. Le Dictionnaire comprend : l'Etymologie, la synonymie en trois langues, l'histoire, l'analyse chimique de tous les aliments...... Les cuisines végétarienne, assyrienne, grecque, romaine, française...... la biographie de tous les cuisiniers illustres..... *Paris, chez tous les libraires*, gr. in-4.

Ce dictionnaire, organe officiel de l'*Académie de Cuisine*, rédigé par M. Joseph Favre, ancien chef des maisons Riche et Chevet, paraît par livraisons bi-mensuelles de 16 pp. à 50 cent. La première livraison a paru en 1883. L'ouvrage en cours de publication formera quatre volumes. (50 fr.)

FAYE (De la). — Traité et Remontrance contre l'yvrognerie et excès au boire. *La Rochelle, Pierre Haultin*, 1580, in-8. (De 7 à 8 fr.)

FÉNELON. — Recueil de fables composées pour l'éducation de M. le duc de Bourgogne, *Paris, J. Estienne*, 1701, in-12. (De 6 à 7 fr.)

C'est parmi ces fables que se trouve le *Voyage dans l'île des Plaisirs*.

— Fables de Fenelon. Édition ornée de figures. *Paris, Billois*, 1809, pet. in-12 de 196 pages. (De 3 à 4 fr.)

FÉRET (Edouard). — Almanach du buveur, du négociant en vins et du viticulteur pour 1870, contenant l'art d'avoir une bonne cave avec peu d'argent; par Edouard Féret. *Bordeaux, Féret et fils; Paris, Pagnerre*, 1869, in-8 de 128 pages. (2 fr.)

Cette publication, dit Lorenz, n'a pas été continuée. Voyez Malvezin.

FÉRON (A.). — Du cidre, de sa préparation et de sa conservation. De ses falsifications et du moyen de les reconnaître. *Paris, impr. de Thunot*, 1855, in-4 de 44 pages. (1 fr.)

Thèse présentée et soutenue à l'école supérieure de pharmacie de Paris par M. A. Féron.

FERRARIUS (J.-B.). — Hesperides sive de malorvm avreorvm cvltvra et vsv Libri Quatuor Io : Baptistæ Ferrarii senensis e societate Iesv. *Romæ, sumptibus Hermanni Scheus*, 1646, in-fol. de 6 ff. limin. non chiffrés, 480 pages et 8 ff. n. chiffr., fig. grav. (De 40 à 50 fr.)

Le frontispice dessiné par Petr. Berrettin, Corton. et gravé par P. Grevter occupe le premier des 6 ff. limin; les 5 autres comprennent le titre, la dédicace, l'approbation, datée du 6 septembre 1644, la permission d'imprimer, la liste des auteurs cités, et l'index des chapitres.

Le corps de l'ouvrage commence à la page 1 et finit à la page 480 par ces mots: Lavs Deo deiparæqve Virgini Mariæ; il est divisé en 4 livres. Les figures, gravées par C. Bloemaert, sont au nombre de 101.

FERRIÈRE (De la) — Le ménage universel de la ville et des champs, et le Jardinier accommodés au goût du tems; contenant La Pâtisserie, Confitures, Liqueurs, La Cuisine, Le jardinage, La chasse et la pêche, secrets du ménage, Les abeilles, les chevaux, les étangs, viviers, canaux, fossés et marais, ouvrage utile à toutes sortes de Personnes. Par Mr. de la Ferrière. Nouvelle édition augmentée. *A Bruxelles, chez Jean Léonard, Libraire-Imprimeur, rue de la Cour*, 1733, in-8 de 2 ff. lim., 502 pp. et 12 ff. n. ch. de tables, front. grav. (De 6 à 7 fr.)

Titre rouge et noir. Une édition antérieure a paru, *ibidem idem*, 1725, in-8.

FERRET (Laurent). — Petroselinum hortensia inter condimenta saluberrimum. Quæstio medica (Præside Antonio de Jussieu, 15 avril 1737). *Parisiis, typis Quillau*, in-4 de 4 pages. (De 2 à 3 fr.)

FERRY (Gabriel). — Les dernières années d'Alexandre Dumas, 1864-1870, par Gabriel Ferry. *Paris, Calmann-Lévy*, 1883, in-18 de 347 pp. (3 fr. 50.)

Dans les xxvii chapitres qui composent ce livre, on trouvera une quantité d'anecdotes et recettes culinaires, telles que le « Riz aux tomates, un triomphe culinaire, Histoire d'un jambonneau, le dominicain et

l'art d'accommoder la salade, la vraie manière de faire le macaroni à l'italienne,
recette du schislik, etc., etc. »

FERRY DE LA BELLONE (De). —

La Truffe, étude sur les truffes et les
truffières par le docteur C. de Ferry de
la Bellone, président du Comice agricole de Vaucluse. Avec un dessin de
M. Paul Vayson et 21 fig. intercalées
dans le texte. *Paris, J.-B. Baillière et fils,*
1888, in-16 de VIII-312 pp. (2 fr. 50.)

FESTE (La) de MM. les Sauetiers,

escripte aux Cuisiniers d'Hesdin, pour
faire le festin le jour de leur feste, avec
la liste des viandes. *Paris,* 1639, in-8.

Facétie (cat. La Vallière).

FESTIN exqvis Merueilleux : & Me-

morable Appreste en somptvevx Appareil, & liuré en la ville de Babylone
pour le seruice du grand Turq. Contenant cinq services, Asscauoir Boully,
Rosty, Entremets d'Estuuée & Fricassée,
Pastez, Tartinage & Confitures. Auec
la recherche des viandes les plus rares
qui se trouuèrent iamais au monde,
ensemble les curieux appareils d'icelles,
S. l. n. d., pet. in-8 de 8 pages. (De 15
à 20 fr.)

Curieuse petite plaquette où l'on voit
mentionnés, parmi les mets de ce repas
ultra-fantaisiste : douze corbeaux au bouillon
noir, des lionnes à l'estuuée, des mellons
cueillis au fond de la mer, des pastez de
creste de cocquodrille et de roignons de serpents, douze plats d'œufs de fremy au sucre,
etc., etc.
Le texte est le même que celui que nous
trouvons dans un opuscule qui a paru sous
ce titre :
— Plaisant contract de mariage Passé
nouuellement à Avbervilliers... Ensuite le
Festin dudict mariage apresté à la pleine de
Long-Boyau, le 3 mars ensuiuant auec
l'inuentaire des biens de feu Tavpin-Ventrv.
Paris, chez Delarue; Lille, Blocquel-Castiaux,
in-8 de 24 pp.

FESTIN (Le) fait à Messeigneurs les

Venerables et illustres savetiers, carleurs
et reparateurs de la chaussure humaine
par Maximilien Belllesne (*sic*) nouveau

reçû et agrégé au corps de l'état. Ensemble la liste des mets, ragoûts, services de table, Regals, Desserts, du
Festin. Et la Réjouïssance, les Danses,
et tous les Divertissements de l'Illustre
et Vénérable Compagnie. *A Rouen,
chez la veuve de Jean Oursel rüe S. Jean
a l'enseigne de l'Imprimerie, s. d.,* pet.
in-12 de 10 pp. (De 7 à 8 fr.)

Curieuse pièce, ornée de 15 fig. s. bois
intercalées dans le texte, qui a été réimprimée sous ce titre :

— Le Magnifique et Superlicoquentieux festin fait à Messieurs & Seigneurs
les Venerables Savetiers, Carleurs, &
Réparateurs de la chaussure humaine,
par Maximilien Belle Alesne, nouveau
reçû & agrégé au corps de l'Estat.
Avec la liste de tous les Mets, Services
de table, Régals, Desserts & Préparatifs
du Festin. De plus toute la Reioüys-
sance, les Dances & divertissements de
la venerable et illustre compagnie. *S. l.
n. d.,* in-4 de 2 ff. (De 3 à 4 fr.)

Nous trouvons dans le Cat. la Jarre,
n° 179, la mention d'une édition qui parait
être différente des deux précédentes, *Troyes*
1731, in-8, mais que nous n'avons pas eue
entre les mains.

FESTIN joyeux, ou la cuisine en

musique, en vers libres. *A Paris, chez
Lesclapart Pere, rue Saint André des arcs,
vis-à-vis la rue Pavée, à l'Espérance couronnée. Et Lesclapart Fils, Quay de Conti,
entre la rue de Nevers la rue Guene-
gaut, à l'Espérance couronnée,* 1738,
1 vol. en 2 part. in-12, musique gravée.
(De 30 à 40 fr.)

Le *Festin joyeux* est divisé en deux parties ; chaque partie a un titre spécial. Voici
le collationnement du livre :
Ire *partie* : Titre, — Epître dédicatoire
aux dames de la Cour (p. I à VI) - Préface
(p. VII à X) - 1 feuillet non chiffré pour
l'approbation datée du 29 août 1737 et
signée: Chérier. Au verso, une annonce du
libraire. — Une planche repliée représentant
une table de quatorze à quinze couverts, servie
de trois services à treize. — *Festin joyeux*

(p. 1 à LXXXij, nouvelle pagination) — Table des services contenus dans la première partie du *Festin joyeux*, etc. (p. LXXXiij à LXXXviij) — Table des chansons contenues, etc. (p. LXXXix à xciij).

IIᵉ *partie*. Titre (1 feuillet, verso blanc); il porte en plus que celui de la première partie: Ambigu. — *Festin joyeux* (p. 1 à 189, au verso de la p. 189, l'approbation). — Airs en musique (p. 1 à 24, nouvelle pagination) et enfin les tables et le privilège donné à Jean Lesclapart père, le 10 octobre 1737, qui occupent les pages 1-27, plus 3 pages non chiffrées pour l' « explication de la table de quatorze couverts »..., la dernière blanche.

Le *Festin joyeux* a paru anonyme, mais l'auteur, un officier de bouche nommé J. Lebas, a signé l'épître dédicatoire. Dans ce curieux petit ouvrage, tout est en vers, tout se chante; et Lebas a pris soin de faire placer à la fin du volume vingt-quatre pages de musique avec l'indication des airs sur lesquels se doivent entonner les recettes originales qu'il offre à ses lectrices. Pour n'en citer que quelques-unes, voici les *Pigeonneaux à la lune*, les *Pigeons au soleil*, *Mère carpe à la Chambord*, etc. *La France littéraire* indique une édition, *Paris*, 1788, mais il est à supposer que le 8 mis à la place du 3 n'est dû qu'à une erreur d'impression; nous n'avons, en tout cas, trouvé aucune trace de l'édition indiquée par Quérard.

Vendu: en mar. citr. (Chambolle) 66 fr., Baron Pichon.

FEUILLE (La) nécessaire contenant divers détails sur les sciences, les lettres et les arts. (*Quidquid agunt homines nostri est farrago libelli* (Juven.). *A Paris chez Michel Lambert, imprimeur libraire, rue et à côté de la Comédie Françoise, au Parnasse*, 1759, in-8.

Cette feuille paraissait tous les lundis par livraison de 16 pages et coûtait *six sols* ou, par abonnement annuel, 12 livres pour Paris, 15 pour la Province. Le premier numéro porte la date du 12 février 1759, le dernier, celle du lundi 31 décembre de la même année. La collection complète forme un volume de 752 pages.

La Feuille nécessaire, rédigée par Soret et Boudier de Villemert, traitait d'un grand nombre de sujets: questions théologiques, artistiques, commerciales, littéraires, médicales et gastronomiques. C'est ainsi qu'on y trouve à la fois des descriptions fort détaillées et fort curieuses des tableaux de Chardin, de ces inimitables natures mortes que l'on peut voir au Louvre, et des réclames pour un sieur Macret qui fabriquait des instruments d'un genre absolument spécial. Nous publions la note à titre de document: « On trouve chez le sieur *Macret*, ébéniste, vis-à-vis S. Roch, de petites chaises propres pour la garde-robe. Ces chaises portent une seringue ajustée de manière qu'en s'asseyant sur la chaise, on peut prendre un lavement, sans le secours de personne. Elles sont mieux garnies et tournées, pour une plus grande commodité, que celles qu'on a vues jusqu'à présent. »

La Feuille nécessaire, qui pensait à tout, on le voit, fournissait aussi les adresses des meilleurs marchands de comestibles, annonçait les arrivages de dindons, de poulardes farcies, et ne manquait pas d'indiquer aux gourmands de l'époque les pâtés les plus succulents et les friandises les plus délicates.

FEUILLETONS. *A Orléans, de l'imprimerie d'Alex. Jacob*, 1840, in-18 de 1 f. limin., 330 pages, et 1 f. de table. (De 2 à 3 fr.)

Recueil de pièces qui ont presque toutes été écrites pour le « Garde national du Loiret » sous les initiales F. D. Pages 264-285: *De l'influence de la Cuisine sur l'éloquence. Discours prononcé à un déjeuné de rentrée de l'Ordre des Avocats.*

FICIN (Marsile). — Marsilius Ficinus Florètinus De triplici vita... *S. l. n. d. et s. n. d'impr.* (1489), in-4 de 100 ff. de 35 l. à la page, lettr. rond.

— Le même... una cum textu Salerni (In fine:) *Explicit regimen Sanitatis impressum Rothomagi per Petrum Regault, magistrum Petrum Violette et Natalem de Harsy. S. d.*, in-8.

— Le même... una cum textu seu regimine sanitatis Salerni. *Argentinæ, ex officinâ J. Schotti*, 1511, in-4, goth. (Cat. de Morante, 1872.)

Autres éditions: *Florentiæ, Antonius Mischominus*, 1489, in-fol. de 91 ff. de 32 l. à page; *Venetiis*, 1498, in-4 de 99 ff. de 30 l. à la p., lettres rondes; *Florentiæ*, 1499, in-4; *Argentinæ, per Ioannem Knoblouch*, 1500. Voyez Hain, t. 1, nᵒˢ 7063-7068.

— Marsilii Ficini florentini Medici atqve philosophi celeberrimi, de Vita

Libri tres, recens, iam à mendis situq;
uindicati. Qvorvm Primus, de Studiosorum sanitate tuenda. Secundus de
Vita producenda. Tertius, de Vita cœlitus comparanda. His accessit de Ratione victvs salvbris opvs nvnc recens
natum, autore Gulielmo Insulano Me-
napio Greuibrugensi. Epidemiarum an-
tidotus, tutelam quoq. bonæ ualetudi-
nis continens, autore Marsilio. Cum
nouo omnium rerum atq; uocum indice
Basilea, 1541, in-8 de 651 pp. ch. et 55
pp. non chiffr. pour l'index.

— Le premier livre de Marsille Fis-
cine de la vie saine Traduict de latin en
françoys par Maistre Jeha Beaufilz aduocat au Chastelet de paris. Plaisir faict
viure avec priuilège, 1541. *On les vend
a paris en la rue neufvue Nostredame à
l'enseigne Sainct-Jehan Baptiste par Denys
Janot, libraire et imprimeur*, pet. in-8,
goth., de 6 ff. n. ch. (titre, permission
d'imprimer, epître, prologue et table)
et lii ff. pour les xxvii chapitres de la
vie saine.

— Marsilio Ficino Fiorentino filosofo, eccelentissimo de le tre Vite, cioè,
A qual guisa si possono le persone
letterate mantenere in sanità. Per
qual guisa si possa l'huomo prolungare
la uita. Con che arte, e mezzi ci pos-
siano questa sana, e lunga uita prolungare per uia del cielo. Recato tvtto di
latino in buona lingua uolgare. Col
Priuilegio del Sommo Pontifice Paolo
III & de l'Illustriss, senato venato per
anni X. — (*In fine :*) *In Venetia per Michel Tramezzino*, 1548, in-8 de 8 ff. limin.
non chiffr. et 64 ff., régl.

Au titre marque de l'imprimeur.

— Marsilii Ficini Florentini, medici
atque philosophi celeberrimi, de vita libri
tres, Nunc à mendis situq; uindicati.
Quæ his recens adiecta sunt, versa indicabit pagella. *S. l. n. d.* (1549), in-8 de

7 ff. lim. n. ch., 669 pp. et 28 ff. n.
chiffr. p. l'index.

Le numérotage des pages commence à la
page 7 ainsi chiffrée par erreur, puisqu'il
se trouve avant cette page 7 ff. ou 14 pages.
Au verso de l'avant dernier f., après le
mot *Finis : Basileæ apvd Hæredes Andreæ
Cratandri* anno MDXLIX. Au recto du
dernier f: Series Chartarum. * abcdefghikl
mnopqrstuxyz A B C D E F G H I K L M N
O P Q R S T V X Y Z. Omnes quaterniones, sed a et Z sont duerniones. »
Au verso, marque typographique d'André
Cratander.

— Marsilii Ficini Florentini, medici,
Atque philosophi celeberrimi de Vita
Libri tres. Recèns iam à mendis situq;
uindicati, ac summa castigati diligentia, qvorvm Primus de Studiosorum
sanitate tuenda, Secundus de Vita producenda. Tertius, de Vita cœlitus comparanda. *Lvgdvni, apvd Gvlielmvm Rovil-
livm, sub scuto veneto*, 1560, in-12 de
461 pages.

Marque de Guillaume Rouille, au titre.

— Les trois livres de la vie, Le I.
Pour côseruer la santé des studieux. Le
II. Pour prolonger la vie. Le III. Pour
aquerir la vie du Ciel. Avec vne Apologie pour la Medecine & Astrologie. Le
tout côpose premierement en Latin par
Marsille Ficin, Prestre, Philosophe et
Medecin tresexcellent & traduit en
François par Gvy Le Fevre de la Bo-
derie, secretaire de Monseigneur frere
vnique du Roy & son interprete aux
langues estrangeres. *A Paris, par Abel
l'Angelier, Libraire Iuré, tenàt sa bouticque
au premier pillier de la grand'Salle du
Palais*, 1581, in-8 de 16 ff. limin., non
chiffrés, 198 ff. et 2 ff. n. chiffr.
pour les sonnets et l'extraict du privilège.

On lit au bas de cet extrait : « Acheué
d'Imprimer le tresiesme iour de Nouembre,
par Pierre Le Voirrier, Imprimeur du Roy
ès lettres mathématiques, 1581. »

FIERA. — Baptistæ Fieræ Mantuani

medici Cœna. *S. l. n. d.* (Mantuæ, vers 1490), in-4 de 20 ff., lettres rondes. (De 30 à 40 fr.)

— Cœna Saluberrima Baptistæ Fieræ mâtuani : Medici et pitissimi et litteratissimi : lautius ipô nuper instructa et multo sale condita. *S. l. n. d.* (1508), pet. in-8 de 28 feuillets.

Au titre, marque de Josse Bade libraire et imprimeur qui a exercé à Paris de [1501] à 1535. La dédicace occupe le verso du titre; elle est imprimée en caract. gothiques; le reste de l'ouvrage est en lettres rondes. On lit à la fin : *Baptistæ Fieræ Mantuani, cæna finis. Ex ædibus Ascencianis idib. Augu.* MDVIII.

— Cœna Baptistæ Fieræ de herbarvm Virtutibus, & ea Medicæ Artis parte, quæ in Victus ratione consistit. Colvmella de cultu Hortorum. De Generibvs morborvm, ex imprecatoria Satyra Petri Montani. *Argentorati, apud Christianum Aegenolphum,* s. d., petit in-8 de 27 ff. ch. et 13 ff. n. ch.

Au titre, marque typographique. Au v° du titre, au r° et au v° du f. 2, vers latins. Le texte commence au r° du f. 3 et finit au r° du f. 27. L'*index* commence au v° du f. 27 et occupe les 2 ff. suivants. Au r° du 3° f. n. ch. « L. Ivnii Moderati Colvmellæ, in librum de cultu hortorum præfatio » (cette préface occupe le r° et le v° du 3° f. n. ch.); au r° du 4° f. n. ch. « De cvvltv hortorvm »; au r° du 12° f. n. ch. « De morborvm generibvs, ex satyra imprecatoria Petri Montani » qui finit au r° du 13° f. n. ch. Le v° de ce 13° f. est blanc.

FIORAVANTI. — Dello specchio di scientia vniversale, dell' Eccelente Medico, et Cirurgico M. Leonardo Fiorauanti, Bolognese Libri Tre.... Con la Tauola di tutti i capitoli. *In venetia, Appresso Vincenzo Valgrisi,* 1564, in-8. (De 8 à 10 fr.)

Edition originale. Dans le livre premier, le chapitre X est intitulé : *Dell'arte del Cuoco, et de suoi effetti*; le chapitre L : *« Dell'arte del distillare, e suoi belli effetti. »*
Autres éditions italiennes : *In Venetia, appresso gli Heredi di Marchiô Sessa,* 1572, in-8, ital.; *ibidem, idem,* 1583, pet. in-8, ital.; *In Venetia,* 1603, appresso *Lucio Spineda; In*

Venetia, Per il Valentini, 1624, in-8; *In Venetia, Conzatti,* 1660, in-8.

Le *Miroir* de Fioravanti a été traduit en français par Gabriel Chappuys, sous ce titre :

— Miroir universel des arts et sciences de Leonard Fioravanti, Bolognois, traitant de tous les arts libéraux et mécaniques et des secrets les plus importants d'iceux, de diverses sciences, de plusieurs secrets et inventions nécessaires à sçavoir; mis en françoys par Gab. chappuys Tourangeau, *Paris,* 1586, in-8 de 256 pages. (De 10 à 12 fr.)

Une première édition française également traduite par Gabriel Chappuys avait paru : *Paris, Cauellat,* 1584, in-8.

FIZELIÈRE (Albert de la). — Vins à la mode et cabarets au XVIIᵉ siècle par Albert de la Fizelière. Frontispice à l'eau forte de Maxime Lalanne. *Paris, chez René Pincebourde,* 1866, in-12 de 84 pages. (De 4 à 5 fr.)

Ce livret, qui fait partie de la « Petite bibliothèque des curieux », a été tiré à petit nombre pour les amateurs. Dans la première partie intitulée : *le Vin,* l'auteur passe en revue les différents crus en renom et raconte à leur sujet d'agréables anecdotes; dans la seconde, M. de la Fizelière donne la liste des principaux cabarets du XVIIᵉ siècle où se réunissaient les artistes et les littérateurs, la *Croix de fer,* le *Grand Saint Martin,* la *Table du valeureux Roland,* les *Trois maillets,* la *Tour d'argent,* etc., etc.

Il a été tiré de cet ouvrage quelques exemplaires sur papier chamois.

FLANEUR (Le) ou mon voyage à Paris, mes aventures dans cette capitale et Détails exacts de ce que j'y ai remarqué de curieux et de nécessaire à connaître. Recueilli et composé par un Amateur de la Grande Ville. *Paris, chez les marchands de nouveautés,* s. d. (1824), in-12 de 334 pages. (De 3 à 5 fr.)

Divisé en XXXI chapitres. On trouvera au chapitre V intitulé : *Restaurateurs,* de curieux renseignements sur les restaurants de Paris au commencement du siècle. Voir également le chapitre XIV, les *Marchés.*

La Bibliothèque Carnavalet possède un autre exemplaire de ce même ouvrage, avec un titre modifié : *Le Flâneur, galerie pittoresque*, etc. *par un habitué du boulevard de Gand. Paris, chez tous les marchands de nouveautés, 1826, in-12.*

FLASSCHOEN. — Hygiène alimentaire. Le pain hygiénique par le docteur Flasschoen. *Paris, Davy, 1883,* in-8 de 62 pages. (1 fr.)

FLEUR (La) de toute cuysine, contenant la manière dhabiller toutes viandes tant chair que poisson, etc., composé par plusieurs cuysiniers, revue et corrigée par Pierre Pidoux. *Paris, Alain Lotrian,* 1543, in-16, caract. goth.

Cet ouvrage que cite Brunet, t. IV, col. 639, est excessivement rare; on ne le trouve dans aucune bibliothèque de Paris; il est, vraisemblablement, le même que le *Grand Cuisinier de toute cuisine, Paris,* Jehan Bonfons, s. d., in-8, goth. (voyez ce titre) dont la souscription finale porte : *Cy fine la fleur de toute Cuysine...* Il est également à noter que le *Grand Cuisinier* a été revu et corrigé par le même Pierre Pidoux.

FLEURY (Claude). — Les mœurs des israélites par Mᵉ Claude Fleury, prêtre, Abbé du Loc-Dieu, sous-précepteur de Monseigneur le Duc de Bourgogne. Dernière édition. *Paris, Pierre Aubouyn; Pierre Emery; Charles Clouzier,* 1690, in-12 de 2 ff. lim. n. ch. et 428 pp. (De 3 à 4 fr.)

Pages 128 et suivantes, détails sur la nourriture des Juifs.

L'ouvrage de l'abbé Fleury a eu plusieurs éditions ; mais, la partie qui nous intéresse ayant trop peu d'importance, nous nous bornons à signaler le livre sans donner la date de ses différentes éditions.

FLEURY (J.-H.). — La Bière de Louvain, Poème pour servir d'accompagnement aux plaisirs du carnaval, par J. H. Fleury. *D'après la copie de Louvain, chez Jean Baptiste Vander Haert, A Gand, Duquesne,* 1859, pet. in-8 de 14 pp. (De 4 à 5 fr.)

Tiré à 200 exemplaires dont 170 sur fort papier vergé, 20 sur papier vélin et 10 sur papier de couleur.

FLINTZ (D.). — Le distillateur praticien. *Paris, E. Lacroix,* 1869, in-12. (1 fr.)

FOELCKERSAHMB - KROPPEN (Bⁿ de). — Les Archives de la Gastronomie française par le baron de Foelckersahmb-Kroppen. *Paris, G. Charpentier (s. d.),* in-4 de 52 pages. (De 5 à 6 fr.)

La préface de cette plaquette dont le texte est imprimé en rouge et les dessins en noir, est datée du mois d'août 1883. En haut, dans le coin gauche de la couverture imprimée, on voit les armes de la Champagne ; c'est d'ailleurs aux productions gastronomiques de cette province qu'est consacré le premier fascicule — le seul, croyons-nous qui ait paru — de cet ouvrage. L'auteur y fait l'historique des grandes maisons de vins de Champagne ainsi que de celles réputées pour leurs jambons de Reims, leurs biscuits, leurs pieds de cochons de Sainte-Menehould.

Les *Archives de la Gastronomie* sont ornées de deux planches hors texte ; l'une, un portrait à l'eau-forte de M. A. Werlé à qui l'ouvrage est dédié, et gravé par Daniel Mordant, l'autre une héliogravure d'un dessin assez élégamment traité.

FOREST (H.). — Du cacao et de ses diverses espèces. Historique, analyses chimiques, altérations et falsifications, etc. importance de l'usage du cacao pur par H. Forest, directeur de la chocolaterie parisienne. *Paris, l'auteur,* 1864, in-18 de 103 pp. (1 fr.)

FORTIN (P.). — De l'utilité des marmites, casseroles et cafetières évasineptiques par Pierre Fortin, inventeur et propriétaire breveté pour cette découverte. *Nantes, impr. de Victor Mangin fils,* 1822, in-8 de 16 pages. (1 fr.)

FORSTER (Charles de). — Quinze ans à Paris (1832-1848). Paris et les Parisiens par Charles de Forster. *Paris, Didot,* 1848, 2 vol. in-8 de 408 et 501 pages. (De 15 à 20 fr.)

Dans le premier volume se trouve un intéressant chapitre intitulé : *Comme on dine à Paris* et un autre : *Les Cafés.*

FORSTER (G.). — De Plantis esculentis insularum Oceani Australis com-
mentatio botanica. *Berolini, Haude et
Spener,* 1786, in-8. (De 3 à 4 fr.)

FORTON. — Le liquoriste universel
contenant plus de 100 recettes; par
Forton et Cⁱᵉ, rue de la Colombette, 5,
à Toulouse. *Bordeaux, impr. de Chaynes,*
1856, in-12. (De 2 à 3 fr.)

FOS (Léon de). — Gastronomiana.
Proverbes-Aphorismes-Préceptes et
Anecdotes en vers, précédés de notes
relatives à l'Histoire de la Table par
Georges d'Heylli. *Paris, Rouquette; Clermont-Ferrand,* J. Boucard, 1870, in-18
de XXXV-169 pages. (De 2 à 3 fr.)

Curieux petit volume de vers tiré à
400 exempl. plus 40 exempl. numérotés sur
papier de Hollande.
Gastronomiana est divisé en deux livres
suivis d'un Appendice. Le livre Iᵉʳ, divisé
lui-même en VI chapitres a pour titre :
Proverbes et Aphorismes ; le livre IIᵉ est intitulé : *Historiettes gastronomiques.* L'Appendice reproduit une œuvre de Grimod de la
Reynière : *Avantages de la bonne chère sur
les femmes.*

FOURGEAUD. — L'assassin de sa
cuisinière, événement tragique révélé
pour la première fois au public par A.
Fourgeaud. *Paris, Dentu,* 1864, in-12
de 24 pp. (25 cent.)

FOURNEL (Victor). — Ce qu'on
voit dans les rues de Paris par M. Victor
Fournel. *Paris, Adolphe Delahays,* 1858,
in-12 de 410 pages. (De 3 à 4 fr.)

Pages 360-376 se trouve un intéressant chapitre sur les *Marchands de Vins,
Cafés et Restaurants.*

FOURNIER (Edouard). — Livre
d'or des métiers. Histoire des hotelleries, cabarets, hôtels garnis, restaurants
et cafés et des anciennes communautés
et confréries d'hoteliers, de marchands
de vins, de restaurateurs, de limonadiers etc., etc., par Francisque Michel
Docteur ès lettres, associé correspondant de l'Académie impériale de Vienne,
de l'Académie royale des sciences de
Turin, des Sociétés des antiquaires de
Londres et d'Ecosse, auteur de l'Histoire des races maudites de la France
et de l'Espagne, couronnée par l'Institut de France (2ᵉ prix Gobert), des
études de philologie comparée sur les
divers argots également couronnées par
l'Institut (prix Volney), etc., etc., et par
Edouard Fournier. *Paris, Librairie Historique, archéologique et scientifique de Seré,*
1851., 2 vol. gr. in-8 de X-348 et
410 pages. (De 25 à 30 fr.)

Le tome premier comprend 4 chapitres
dont voici les principales subdivisions :
Chap. I.—L'Orient (temps anciens), Judée,
Egypte, Inde, Perse, etc. — Auberges des
grandes routes en Egypte... Les vins juifs...
Les festins sous la treille.... Défense de boire
du vin sans eau et de s'enivrer le matin...
D'où vient notre mot : bière, l'arack des
Indous... Comment punch est un mot de
la langue des Indous.
Chap. II. — Hotelleries et cabarets chez
les Grecs — Si les Lydiens, comme le veut
Hérodote, ont ouvert les premiers cabarets, les
premières hôtelleries... Comment le même
mot grec veut dire cabaretier marchand et
voleur. ...Le cabaretier grec... ...Déjeuner
de Diogène... Voleries des Taverniers. ...Les
inspecteurs des vins... Le plum pouding à
Athènes, — Restaurants athéniens, etc., etc.
Chap. III. — Les Hotelleries et cabarets à
Rome et dans l'empire Romain... Prix des
aubergistes... Cuisines enfumées et lits durs
des hôtelleries ...Tavernières syriennes...
Menu d'un repas rustique chez la Copa...
Lois sur les festins... Les vins frelatés...
Diverses espèces de vins.
Chap. IV.—Les Hôtelleries et les cabarets
au moyen âge.... Pourquoi il n'y avait ni
hôtellerie, ni cabarets chez les Germains...
Rareté et cherté de la volaille au VIᵉ siècle.....
Orgies effroyables chez les Francs...
Moines Buveurs... Mauvaise cuisine des col-
lèges... Le miracle de Saint Nicolas...
Rôtisseurs... Auberges et cabarets d'Italie et
d'Espagne, etc.
Le tome II comprend les chapitres V et VI.
Chap. V. — Les hôtelleries et les cabarets
du XVᵉ au XVIᵉ siècle... Famine... Encore
les Moines au cabaret... Les Taverniers
hypocrites ...Hôtes divers des Tavernes...
etc., etc.
Chap. VI. — Les Hôtelleries et les cabarets

de France depuis la fin du xvie siècle jusqu'à nos jours... Henri IV au cabaret... Un homme tué pour un gigot... L'omnibus restaurant au xvie siècle.... Les Tavernes littéraires... Origine du vin de Beaune... L'Ecu d'argent et ses soupes... Les délicats... Les porcherons, etc... Conclusion.

On a ajouté à cet ouvrage un recueil de planches, extraites de la *Grande Bohême,* mais ces planches, en couleurs dans certains exemplaires, en noir dans d'autres, n'en font pas intégralement partie. Toutefois, les exemplaires auxquels est joint ce recueil sont plus recherchés.

L'*Histoire des hôtelleries, cabarets,* etc., a reparu en 1859. Le nom d'Ad. Delahays se trouve au titre.

FOURNIER (P.-C.). — La Mitronéide ou mémoire sur la profession de boulanger à Paris, contenant l'exposé des motifs qui ont fait naître la collision qui a existé entre les maîtres et les ouvriers de cette profession, en octobre et novembre 1833. Poésie empâtée en dix chants, divisée ainsi qu'il suit : 1º Hommage à la vérité; 2º le monopole..... rédigé et mis en vers et publié par P. C. Fournier (de Soissons), ancien boulanger. Prix 1 fr. 50. *Paris, l'auteur et les principaux libraires du Palais-Royal,* 1834, in-8 de 48 pages. (De 4 à 5 fr.)

FOURNIER (Prosper). — Amende honorable à Bacchus. *Bordeaux, impr. de* Mme *Crugy* 1856, in-8. (1 fr.)

— Epître au caveau. *Ibidem, idem,* in-8.

FRANÇAIS (Les) peints par eux-mêmes. *Paris, L. Curmer,* 1840-1842, 8 vol. gr. in-8, avec illustrations. (De 40 à 50 fr.)

Les 7 derniers volumes portent sur le titre; après le mot, *eux-mêmes* : Encyclopédie morale du dix-neuvième siècle.

Tome I. L'Epicier (4 dessins de Gavarni). — La maîtresse de table d'hôte par M. A. de Lacroix (1 dessin de Gavarni et 2 de Gagniet). — La fruitière par F. Coquille (2 dessins d'Henry Monnier et 1 de Gagniet).

Tome II. Le garçon de café, par M. Ricard (2 dessins de Gagniet et 1 d'Henry Monnier.)

Tome IV. Le Pâtissier, par M. J. Mainzier, (5 dessins de Pauquet). — La laitière, par le même (4 dessins de Pauquet). — Le marchand de coco, par le même (4 dessins de Pauquet). — Le cafetier, par le même (4 dessins de Pauquet).

Tome V. La Halle, par M. J. Mainzier (4 dessins de Pauquet). — La marchande de poisson, par le même (5 dessins de Pauquet). — La marchande de friture, par le même (3 dessins de Pauquet).

Nous n'avons cité, bien entendu, que les articles relatifs à notre sujet ; pour la description plus détaillée de cet ouvrage, voyez la *Bibliogr. parisienne* de M. Lacombe, nos 876-878.

FRANCE. — Les desserts de Momus, chansonnier dédié aux Enfans de Silène p. M. France. 3e année. *Paris, Garnier,* 1830, in-18 de 306 pp., 1 planche et front. gravé. (2 fr.)

Recueils de chansons bachiques et de table. Les deux premiers volumes ont paru en 1823 et 1825, in-18, fig.

FRANCK (William). — Traité sur les vins du Médoc et les autres vins rouges et blancs du département de la Gironde par Wm Franck. Sixième édition corrigée, accompagnée d'un grand nombre de vues de châteaux du Médoc, d'une carte du département de la Gironde, de deux cartes donnant la classification des vins rouges et des vins blancs et de divers tableaux synoptiques. *Bordeaux, P. Chaumas,* 1868, in-8 de vi-366 pages. (De 4 à 5 fr.)

Avant le titre, et après le faux-titre, frontispice dessiné par Pauquet sur lequel on lit : Grands vins de Bordeaux, l'adresse de l'éditeur et la date, 1868.

La première édition du traité de William Franck a paru à *Bordeaux, impr. de Laguillotière,* in-8, en 1824 ; la deuxième, *Bordeaux, Chaumas,* 1845; plusieurs autres éditions ont été données en 1858, 1860, 1864, 1867 et la dernière en 1871.

Cet ouvrage avait été annoncé dans la *Bibliogr. de la France* sous ce titre : *De l'œnologie ou Traité des vins du Médoc,* etc. L'ouvrage, y était-il dit, formera un volume in-4 de 150 pages.

FRANÇOIS (Gérard). — Les trois premiers livres de la santé. Par M. Gérard François, Docteur en Médecine

A Paris, chez Iean Richer, Libraire ruë S. Iean de Latran, à l'Arbre verdoyant, 1583, in-16 de 14 ff. limin., 194 pages et 1 f. n. ch. (De 12 à 15 fr.)

Les 14 ff. limin. sont occupés par le titre (verso blanc) (1 f.), l'Epistre « a Noble et illvstre Seignevr Monseignevr le Viconte de Cheuerny... » signée de Gérard François (3 ff.), un avis « av lectevr débonnaire », le sommaire des matières contenues dans l'ouvrage (8 ff.) et par des vers grecs et latins (2 ff.). Le f. n. ch. de la fin est occupé par l'Extrait du privilège.

Ce traité est en vers ; le second livre traite des aliments et des boissons, de leurs usages et de leurs qualités.

FRANÇOISE (Mᴵˡᵉ). — Economie et bonne chère. Mᴵˡᵉ Françoise, nouvelle cuisinière bourgeoise de la ville et de la campagne ou Manuel des recettes culinaires, mises à la portée des personnes qui s'occupent du soin d'un ménage indiquant positivement les manières les plus simples et les plus économiques de faire plus de 800 plats d'entrée, d'entremets, de desserts, etc., et suivi d'un Traité sur les Huîtres, les Champignons, les Truffes et les melons ; de la manière de soigner les vins ; de la manière de faire les sirops, de conserver les substances alimentaires, les Fruits confits, les Fruits à l'eau-de-vie, la manière de faire les cornichons, d'un Traité sur les vins du pays et étrangers ; etc., etc. Troisième édition, revue et enrichie de beaucoup de mets nouveaux français et étrangers. *Paris, Maison; Dijon, Noellat*, pet. in-18 de 178 pages, 1 vignette. (2 fr. 50.)

La couverture porte la date : 1838. Le titre est plié. La première édition a paru en 1836 ; la seconde en 1837.

FRANÇOISE (Mᴵˡᵉ). — Les 100 recettes de mademoiselle Françoise. *Paris, J. Renoult*, s. d. (1885 ou 1886), in-4 de CVII-2 pp. (5 fr.)

Première édition d'un livre de cuisine qui a été réimprimé, en 1886, *Paris, Ollendorff*, in-8 de 118 pp. (5 fr.)

Une nouvelle édition des *Cent recettes de Mᴵˡⁿ Françoise* a paru, *ibidem, idem*, 1887, in-18 de 113 pp. (2 fr.)

FRANCUS. — Joannis Franci veronica theezans id est Collatio Veronicæ Europææ cum Theé Chinitico. Accedit Mantissæ loco conjectura de Alysso Dioscoridis Ad Virum Magnificum, D. D. Jo. Georgium Klosterbaur, S. Cæs. Maj. Consiliarium, & Si vegetum, Lector, corpus servare ‡cupiscis, Et comitem quæris, sit veronica mea. *Lipsiæ, Ap. P. G. Pfotenhauerum, Bibliop.*, sans date, pet. in-12 de 5 feuillets lim. non chiffrés, 172 pages et 4 feuillets non chiffrés pour l'index, front. et 3 pl. grav. (De 5 à 6 fr.)

FRANKLIN (Alfred). — La vie privée d'autrefois. Arts et métiers, modes, mœurs, usages des Parisiens du XIIᵉ au XVIIIᵉ siècle d'après des documents originaux et inédits par Alfred Franklin. La Cuisine. *Paris, E. Plon, Nourrit et Cⁱᵉ*, 1888, in-18 de 265 pp. (3 fr. 50.)

— La Vie privée d'autrefois... Les Repas. *Paris, Plon, Nourrit et Cⁱᵉ*, 1887, in-18 de 4 ff. n. ch. et 300 pp. (3 fr.50.)

M. Franklin donne, dans ce volume qui est le cinquième de cette collection, une réimpression des *Contenances de la table* et de la *Contenance de la table*, d'après les manuscrits 1181 du fonds français de la Bibl. nation., de la *Civilité d'Erasme*, d'après différentes éditions, du *Traité de Civilité* d'Ant. de Courtin, de la *Civilité puérile et honnête dressée par un missionnaire* (1749), des *Règles de la bienséance et de la Civilité chrétienne* par J.-B. de la Salle (1732), etc., etc.

Voyez Cris (les) de Paris.

FRASSET. — Le vin, poème par F. J. Frasset. *Chambéry, impr. Ménard, et Cⁱᵉ*, 1867, in-8 de 8 pp. (1 fr.)

FRAUDES (Les) du Chocolat dévoilées par un Amateur (sur la couverture. *Paris* (1862), in-8 de 8 pages. (0 fr. 50.)

Pièce de vers sans valeur littéraire dans

laquelle l'auteur qui l'a signée des initiales C. Ch. nous raconte qu'

On mêle au chocolat, en dépit de nos goûts
La graisse qui rancit, les huiles, le saindoux.
Le storax, le benjoin remplacent la vanille.

. . . .

Le même « Amateur » a publié *les Fraudes du Café dévoilées. Paris, impr. Seringe et Poitevin*, 1862, in-8 de 8 pp. (0,50 cent.)

FRAZER (Mrs). — The practice of Cookery, pastry, pickling Preserving, etc. Edin. 1791, in-8.

FRITZ-CHALL. — Tribulations de M. Roupistache marchand de denrées coloniales par Fritz-Chall (pochade). *Toulouse, impr. P. Savy*, 1867, in-18 de 158 pp. (1 fr.)

FROT (C.). — Treize à table, monologue en vers par Ch. Frot. *Paris, Laurens*, 1887, in-4 de 3 pages avec grav. (1 fr.)

FRUGOLI (Antonio). — Pratica e Scalcaria d' Antonio Frvgoli Lvcchese. Intitolata Pianta di delicati frvtti Da Servirsi à qualsivoglia Mensa di Prencipi, e gran Signori, & à Persone ordinarie ancora : con molti avvertimenti circa all' honorato Officio di Scalco. Con le liste di tutt'i mesi dell' Anno, compartite nelle quatro Stagioni. Con vn Trattato dell' Inventori delle viuande, e beuande, cosi antiche, Come moderne, nuovamente ritrovato, e tradotto di lingua Armenia in Italiana. Divisa in Sette libri. Con la Tavola copiosa di tutto quello che al principio di ciaschedun libro si contiene, à beneficio universale. Con privilegio. *In Roma, Appresso Francesco Cavalli* 1632. in-4 de 20 ff. limin. non chiffrés et 464 pages. (De 30 à 40 fr.)

Au verso du titre l'*Imprimatur* (f. 1). La dédicace « all' emmo et Rmo sig. il sig. Cardinale Capponi Archivescovo di Rauenna » est signée : Antonio Frugoli, et datée de Rome, 28 février 1831 (f. 2).

Le recto du feuillet 3 est occupé par l'avis « Alli Signori Lettori » ; au verso, est un portrait gravé sur cuivre de l'auteur ; les 17 feuillets suivants contiennent la table des matières.

Le corps de l'ouvrage commence à la page 1. Le premier livre (p. 1-48) indique les devoirs du maître d'hôtel et la manière d'ordonner des banquets à l'Italienne, à l'Espagnole, à l'Allemande et à la Française. — Le second livre (p. 48-131) traite de la qualité des viandes, volailles, gibiers bons à manger. — Le troisième (p. 131-177) s'occupe des poissons de mer et d'eau douce. — Le quatrième (p. 177-205) a trait aux condiments, aromates et légumes. — Le cinquième (p. 205-248) énumère les herbes bonnes à faire cuire et à servir crues ou cuites. — Le sixième (p. 248-430) donne la liste des boissons qui se doivent servir pendant tous les mois de l'année. Enfin, on trouve dans le septième et dernier livre (p. 430-464) des renseignements sur les mets et boissons antiques et modernes.

A la page 164, après les mots : *Il Fine* on lit : Registro.

— Le même .. ristampato di nuovo, con la giunta del Discorso del Trinciante. *In Roma, Cavalli*, 1638, in-4. (De 25 à 30 fr.)

Le traité d'Antonio Frugoli est très rare et très curieux.

FUCUS (Léonard). — Histoire générale des plantes et herbes avec leurs propriétés par M. Léonard Fucus avec la vertu du petum ou Nicotiane, vulgairement appellée herbe à la Royne. Plus un nouveau préservatif contre la peste ensemble vn recueil d'excellentes receptes tirez de divers Autheurs, plus l'œcoiatrie contenant en soy (sous choses utiles) plusieurs recettes nécessaires à vn chacun. *A Rouen, et se vendent à Paris, chez Antoine Raffle, ruë du petit Pont au Chaudron*, 1675, in-12, fig. gr. (De 5 à 6 fr.)

On trouve, dans ce traité peu commun, l'usage alimentaire de différents légumes, tels que choux, asperges...

Une édition antérieure a paru, à *Paris, chez Robert Mallard libraire ruë de l'orloge, a la grand'nef*, 1583, pet. in-8 de 368 pages et 5 pages de table.

FUHRMANN. — M. Jac Fuhrmann Medicina Diätetica, ein nützliches Büchlein von Speise vnd Tranck der Gesunden vnd Krancken. Stettin bey

Joh. Ch. ph. Landtrechtingern. *Leipsizb. Gottfr. Gross.*, s. d., in-8. (De 7 à 8 fr.)

FURNIVALL (Frederick-J.). — The Babees Book, Aristotle's A. B. C. Urbanitis, stans Puer ad Mensam, The Lytille Childrenes Lytil Boke, The Bokes of Nurture of Hugh Rhodes and John Russell, Wynkyn de Worde's Boke of Keruynge, The booke of Demeanor, The Boke of Curtasye, Seager's Schoole of Vertue, &c. &c. with some French & Latin Poems on like Subjects, and some Forewords on Education in Early England. Edited by Frederick. J. Furnivall, M. A. Trin. Hall, Cambridge. *London, published for the early english text society by N. Trübner & Co 60 paternoster row.* 1868, in-8 de CXXXVI-405 pp. pour la première partie et 132 pp. pour la seconde. (10 fr.)

Ce livre très curieux contient de précieux renseignements sur les anciens ouvrages anglais traitant des alimens et de la civilité.

FUSCONE (P.-P.). — Trattato del bere caldo e fredo Di Pietro Paolo Fvscone romano filosofo e medico. Doue si disputa, se conuiene generalmente à tutti cosi sani, come amalati, & in particolare a' Podagrosi il beuere del continouo l'acqua col vino, tanto calda quanto si può sofferire, ouero molto fredda con neue, ò pure come ci vien data dalla natura. Aggiungendouisi in fine vn Capitolo, doue s'insegna il vero modo di conoscere le acque buone, e di correggere le triste. *In Genova, Appresso Giuseppe Pauoni*, 1605., in-4 de 4 ff. n. ch., 388 pp. et 4 ff. n. ch. de table. (De 8 à 10 fr.)

Au verso du dernier feuillet, au-dessous de la marque d'imprimeur : In Genova appresso Givseppe Pavoni MDCV Con licenza de' Superiori.

GABRIEL. — Les Bouillons à domicile, revue-vaudeville en un acte par MM. Gabriel, de Ville-neuve et Charles, représenté pour la première fois sur le théâtre du Palais-Royal, le 28 octobre 1830. *Paris, J. A. Barba*, 1831, in-8 de 36 pages. (1 fr. 50)

Voyez Dartois, M. Pique-Assiette.

GACON-DUFOUR (Mme). — Manuel de la ménagère à la ville et à la campagne et de la femme de basse-cour par Mme Gacon-Dufour. *Paris, Buisson*, 1805, 2 vol. in-12. (2 fr.)

— Manuel du pâtissier et de la pâtissière à l'usage de la ville et de la campagne, par Mme Gacon-Dufour. *Paris, Roret*, 1825, in-12. (1 fr.)

— Manuel complet de la maîtresse de maison et de la parfaite ménagère, etc., par Mme Gacon-Dufour. *Paris, Roret*, 1826, in-18. (1 fr.)

Voyez Havet, Dictionnaire (le) des ménages...

GAGNEUR (Wladimir). — Des fruitières, ou associations domestiques pour la fabrication du fromage de Gruyère. *Paris, imp. Duverger*, 1859, in-8. (1 fr. 50.)

GAIDOZ (H.). — Les Gâteaux alphabétiques. *Paris, F. Vieweg*, 1886, in-8 de 8 pp. (2 fr. 50.)

Extrait des *Mélanges Renier*. Recueil de travaux publiés par l'école pratique des hautes études (section des sciences historiques et philologiques) en mémoire de son président Léon Renier.

Tirage à part non mis dans le commerce.

GALIEN. — Clavdii Galeni De alimentorvm facvltatibvs libri III Ioachimo Martinio Gandavo interprete. *Parisiis, apvd Simonem Colinævm*, 1530, in-4 de 4 ff. lim. n. ch. et 110 ff. ch., lettres rondes. (De 15 à 18 fr.)

Les 4 ff. lim. comprennent le titre (v° blanc), la table, l'épître au lecteur et les *errata*. Au titre, marque typographique.

— Clavdii Galeni Pergameni, de alimentorvm facvltatibvs libri tres, iam recens multis in locis recogniti. Eiusdem de attenuante victus ratione libellus, Martino Gregorio interprete. *Parisiis, apvd Christianum Wechelum sub scuto Basilaensi in vico Iacobæo & sub Pegaso in vico Bellouacensi*, 1541, in-fol. de 4 ff. lim. et 130 pp., plus 1 f., lettres rondes. (De 12 à 15 fr.)

On voit une marque typographique au v° du dernier f.

— Le même..... *Lvgdvni, apvd Gvlielmvm*

Rovillium, 1547, in-16 de 271 pages. (De 10 à 12 fr.)

Au v° de la dernière page chiffrée : *Lvgdvni, Excudebant Stephanus Rusinæus & Ioannes Ausultus.*

— Le même..... *ibidem, idem*, 1549, in-16 de 271 pages.

Au v° de la page 271 : *Lvgdvni, excudebant Philibertus Rolletius, & Bartholomæus Frænus.*

— Clavdii Galeni de alimentorvm facvltatibvs lib. III. Martino Gregorio interprete. De attenuante victus ratione Lib. I eodem interprete. De bonis & malis succis, Lib. I Ferdinando Balamio interprete. De excercitatione parvæ pilæ, Libellus Ioanne Fichardo interprete. *Lvgdvni, apud Gulielmum Rouillium, sub scuto Veneto*, 1555, in-16 de 532 pp. et 30 ff. n. ch pour l'index. (De 8 à 10 fr.)

— Le même..... cum indicibus copiosissimis, *ibidem, idem*, 1570, in-16 de 390 pp. et 35 ff. n. ch. pour l'*index*.

— Cl. Galeni De bono et malo svcco, liber vnus, a Sebastiano Scrofa in Latinum conuersus, multisque in locis castigatus & explicatus. Ad Ioannem Calceivm Mecænatem suum. *Parisiis, apud Christianum Wechelum, sub Pegaso, in vico Bellouacensi*, 1546, in-8 de 148 pp. et 2 ff. n. ch. (De 7 à 8 fr.)

— Le même..... Adscripsimus non pœnitenda, in margine, scholia : breumq; de Cibo & Potu, ex Fuschio assumptam disputationem in libri calce, adiecimus. *Lvgdvni, apud Paulum Mirallietum, sub effigie Diui Pauli*, 1547, in-16 de 160 pp. (De 7 à 8 fr.)

On lit à la fin : *Lvgdvni, Mathias Bonhomme excudebat.*

— L'œvvre de Clavde Galien des choses nutritues, contenant trois liures, Traduict en François par maistre Iehan Massé, medecin, Châpenois, habitant de Sainct-Florentin. Le lecteur pourra aisément cognoistre par ces liures les viandes propres pour le temps de santé & de maladie, & les qualitez d'icelles. *A Paris, on les vend à l'enseigne Sainct Martin, en la rue Sainct Iaques par Viuant Gaultherot*, 1552, in-16 de 8 ff. lim. n.

ch., 260 ff. ch. et 4 ff. n. ch. de table. (De 30 à 40 fr.)

Les 4 ff. lim. comprennent 1 f. blanc, le titre au v° duquel l'extrait des registres de parlement, la dédicace datée de MDLI et des « annotations briefues & succinctes pour plaisément entendre les liures de Galien des choses nutritues ».

Au v° du 260° f. on lit : Fin du troisième et dernier liure de C. Galien, des proprietez des choses nutritues. *Imprimé à Paris par Michel Fezandat, Imprimeur, demourant à l'hostel d'Albret au mont Sainct-Hilaire.*

L'impression en caract. italiques de cette édition rare est fort jolie ; Geoffroy Tory a dessiné les majuscules.

Le premier livre du traité de Galien traite des grains et de leur emploi dans l'alimentation ; le second, des légumes, des fruits et de tous les végétaux en général ; dans le troisième, le célèbre médecin s'occupe des animaux, volailles, poissons, lait, fromage, vin, miel, etc.

Le traité *De bono et malo svcco* a été traduit en français sous ce titre :

— Livre traictant des viandes qui engendrent bon et mauvais suc, mis en françois par J. de Starach. *Paris, V. Sertenas*, 1553, in-8. (De 20 à 25 fr.)

Galien est également l'auteur d'un ouvrage intitulé : *De sanitate tuenda libri sex*, qui a été plusieurs fois réimprimé.

GALLAIS. — Monographie du Cacao ou manuel de l'amateur de Chocolat, ouvrage contenant la description, l'histoire et la culture du cacaotier, l'analyse et les caractères commerciaux du cacao, la préparation et les propriétés du chocolat, avec une cantate de Métastase, par A. Gallais, ex-pharmacien, associé de M. Debauve, fabricant de chocolat du roi. *Paris, Debauve et Gallais, marchands de chocolat*, 1827, in-8, 1 carte et 2 planches. (1 fr. 50.)

GARDETON (César). — Le Directeur des Estomachs, ou Instruction sur les alimens de toute espèce, dont chacun, selon son âge et son tempérament, peut se permettre, ou doit s'interdire l'usage, d'après l'avis des plus célèbres médecins tels que Pisanelle, Boerhaave, Chomel, Lémery, etc., etc., etc. Prix 30 sols. *A Paris, chez Debray.... Desenne.... De l'Imprimerie d'Adrien Garnier, quai Conti n° 4*, s. d. (vers 1801 ou 1802), in-32 de 4 ff. n. ch., IX-255 pp. (De 8 à 10 fr.)

Un avis placé au verso du titre indique que l' « on trouve aux mêmes adresses une petite brochure intitulée : le *Véritable médecin des urines* ; ou *instructions simple* (sic), *claire* (sic) *et de facile intelligence*, à l'aide de laquelle chacun peut, d'après des principes certains (et avoués par les plus célèbres professeurs) juger des maladies dont il est menacé. »

— Le même... Seconde édition, *ibidem, idem*, an XIII-1805, in-32 de XIII-254 pp. (De 5 à 6 fr.)

— Le Directeur des Estomacs ou instruction pratique sur la nature, les qualités et les propriétés de chaque espèce d'aliments, soit qu'ils croissent sous notre climat ou qu'on nous le fournisse des pays étrangers ; suivie d'une esquisse sur le régime qui convient aux différents tempéraments. Complément aux différents ouvrages concernant la cuisine et l'office par M. C.*** G***. *Paris, Pillet aîné*, 1827, in-18 de 22 ff. lim. et 248 pp. (De 5 à 7 fr.)

M. Barbier, après avoir cité les titres de ces deux ouvrages dont l'édition de 1805 seule lui est connue ajoute à propos de cette édition : C. Gardeton en était-il l'auteur ou ne serait-il que l'éditeur de l'édition de 1827 ?

Le titre de la *Gastronomie pour rire* que nous citons plus loin semble répondre à la question posée par M. Barbier. Il porte en effet... par M. César Gardeton auteur du *Directeur des estomacs*. Ce qu'il y a de certain, aussi, c'est que la seconde partie du titre du *Directeur des estomacs* (Paris, 1805) se retrouve à peu près textuellement dans l'ouvrage suivant signé des initiales du docteur César Gardeton :

— Nouveau dictionnaire des ménages, de santé, de cuisine et d'économie contenant : 1° instruction sur les alimens dont chacun, selon son âge et son tempérament peut se permettre ou doit s'interdire l'usage, etc., etc. Ouvrage utile aux gens de la ville et des campagnes publié d'après les travaux des sociétés savantes par C*** G***. *Paris, Corbet aîné*, 1825, in-12 de XII-696 pp. (De 3 à 4 fr.)

Il est juste d'ajouter que l'auteur dit lui-même dans sa préface qu'il doit la majeure partie des objets importants qu'il a rassemblés aux excellentes observations... de (suit une longue liste de noms d'auteurs).

— De l'abstinence des alimens ou du jeûne, du carême et du maigre, sous le rapport de la santé, ouvrage aussi utile aux gens du monde qu'aux médecins. Par C. G., D. M. *Paris, Guilleminet*, 1821, in-8 de XVJ-274 pp. (De 3 à 4 fr.)

— Dictionnaire des alimens précédé d'une hygiène des tempéramens, de réflexions sur la digestion et les maladies de l'estomac par M. C. G., docteur en médecine. *Paris, Naudin*, 1826, in-8. (2 fr. 50.)

— Le même... seconde édition, *ibidem, idem*, 1828, in-8.

— Nouveau guide des dîneurs ou répertoire des restaurants à la carte et à prix fixe, des cafés, tables d'hôte, pensions bourgeoises... A l'usage des bons vivants par C*** G***. *Paris, J. Bréauté*, 1828, in-32 de 96 pp. (De 3 à 4 fr.)

— La Gastronomie pour rire ou Anecdotes, réflexions, maximes et folies gourmandes sur la bonne chère, les indigestions, le vin, les ivrognes, les buveurs d'eau, les gourmands, la gourmandise, les cuisiniers, les alimens, les boissons, etc., suivis de principes généraux de politesse et de bonne chère, de notices gastronomiques, d'une topographie alimentaire de la France et de l'étranger, de considérations hygiéniques sur les alimens en général, sur les liquides qui nous servent de boissons, etc. etc., par M. César Gardeton, auteur du *Directeur des Estomacs. Paris, J.-G. Dentu*, 1827, pet. in-18 de 281 pages. (De 4 à 5 fr.)

On lit, au-dessous de la gravure qui se

trouve en tête : Le cochon parlant. La *Gastronomie pour rire* est un petit recueil d'anecdotes fort variées et assez amusantes. L'auteur, contrairement à ce qu'il avait fait pour la plupart de ses ouvrages, l'a signé de son nom en toutes lettres, de même que l'ouvrage suivant :

— Hygiène du Gastronome, ou essai sur les substances alimentaires considérées comme causes de maladies et comme remèdes ; précédé d'une dissertation sur le régime qu'il convient de suivre relativement aux tempéramens, aux climats, aux saisons, etc. Ouvrage utile à ceux qui veulent prévenir ou 'guérir les maladies sans le secours de la médecine ni des médecins. Par M. César Gardeton, auteur du *Nouveau Dictionnaire des alimens*, du *Directeur des estomacs*, etc., traducteur de l'*Histoire de l'efficacité de l'eau*, etc. *Paris, à la librairie du commerce, chez Renard*, 1830, in-18 de 215 pages. (De 2 à 3 fr.)

GARGANTUA à la diète, ou la Marmite renversée. (*Paris*), *de l'impr. de L. P. Setier* (1814), in-8 de 8 pp. (2 fr. 50.)

GARGANTUIANA (Le nouveau) ou le Gastronome des Gastronomes, recueil amusant et curieux, sur les plus fameux Gastronomes de France, et de tous les autres Pays ; Réparties, Anecdotes, Bons-mots, et bonnes Saillies de tous les bons Vivans professant la Gastronomie, Plaisanteries de Gueules et grandes Gourmandises, contenant aussi Chansons joyeuses de table et bonnes réflexions gastronomiques. *Paris, Chassaignon*, 1839, pet. in-12 de 110 pages. (De 3 à 4 fr.)

Frontispice au bas duquel on lit ces quatre vers :

A chaque mets que je touche,
Je me crois l'égal des dieux ;
Et ceux qu'épargne ma bouche,
Sont dévorés par mes yeux.

Cette vignette est reproduite au dos de la couverture.

GARLIN, de Tonnerre. — Le Cui-

sinier moderne ou les Secrets de l'art culinaire. Menus-Haute Cuisine-Pâtisserie-Glaces-Office, etc., suivi d'un dictionnaire complet des termes techniques par Gustave Garlin (de Tonnerre), élève des premiers Cuisiniers de Paris. Ouvrage complet illustré de 60 planches (330 dessins) comprenant 5000 titres et 700 observations. *Paris, Garnier frères*, 1887, 2 vol. in-4 de XLIV-278 et 357 pages. (30 fr.)

Le corps de l'ouvrage est imprimé sur deux colonnes, les tables des matières sur trois. C'est le dernier des livres modernes, ayant une certaine importance, écrit sur l'art culinaire. On peut dire que l'ouvrage de Garlin demeurera comme un des types les plus exacts de la cuisine des grands restaurants de notre époque.

— Le Pâtissier moderne, par A. Garlin (de Tonnerre), auteur du Cuisinier moderne. *Paris, Garnier frères*, 1888, gr. in-8. (15 fr.)

GARNIER (L.) — La fève et le haricot, fable légumineuse par L. Garnier. *Paris, Le Bailly*, 1883, in-18 de 9 pages. (50 cent.)

GASTRONOME (Le), journal universel du goût rédigé par une société d'hommes de bouche et d'hommes de lettres. *Paris (Impr. de Fain)*, pet. in-fol. de 8 pages, format des agendas.

Au-dessous du titre, on lit : « Le *Gastronome* paraît les jeudi et dimanche de chaque semaine. Prix de l'abonnement pour trois mois : 9 fr. ; départements, 10 fr. ; l'étranger, 13 fr. On s'abonne à Paris, au bureau du journal, place de la Bourse, n° 31 ; chez Mongie aîné libraire boulevart des Italiens n° 10, chez tous les libraires et chez tous les directeurs des postes. Les lettres, réclamations, chansons et articles communiqués doivent être adressés franc de port au rédacteur en chef ; une boite est placée à la porte du bureau. Le Gastronome a l'honneur de prévenir MM. les restaurateurs, propriétaires de cafés, marchands de vin, de comestibles, que trouvant chez lui bonne table et bonne cave, il ne recevra aucune invitation à dîner en ville. »

En tête du journal on voit une vignette sur bois, gravée par Poret, représentant un gastronome attablé sous une treille, derrière lui un paysan mangeant un morceau de pain, et au premier plan un cochon dévorant avec avidité toutes les ordures du ruisseau. Audessous, comme légende, l'aphorisme de Brillat-Savarin : « Les animaux se repaissent, l'homme mange, l'homme d'esprit seul sait manger. »

Cette vignette figurait sur le prospectus annonçant l'apparition du *Gastronome* et dans lequel était exposé le but du journal, avec l'indication des endroits où l'on pouvait s'abonner : au bureau du journal, chez Corcellet, au Gourmand, Palais Royal, n° 104; chez Gobillard, au grand Vatel, place de la Bourse n° 29, et chez Félix, au gâteau d'amandes, passage des Panoramas.

Le premier numéro du *Gastronome* a paru le 14 mars 1830, le dernier le 18 août 1831. La collection qui forme deux volumes est complète en 148 numéros.

En tête du journal était inscrit un aphorisme qui variait avec chaque numéro; celui du premier était : Périssent quatre sens plutôt que le goût! » Les articles du *Gastronome* n'étaient pas signés; citons au hasard : « Le cerveau et l'estomac, dialogue philosophico-médico-gastronomico-littéraire, un dîner féodal, la cuisine de Pétrone, promenades gastronomiques, la gastronomie, chanson-menu, cuisine Hopkinsonienne, le patronet, la gastronomie dans ses rapports avec la liberté, écoliers et marmitons, le grand friturier de France, la table et l'amour, histoire de la cuisine en France, etc.

La direction du *Gastronome* organisait aussi des concours avec prix; l'un des sujets proposés fut : Lequel est préférable de manger assis ou couché ?

Nous avons cru devoir donner d'assez longs détails sur cette feuille gastronomique dont le rédacteur en chef était M. Paul Lacroix, qui comptait parmi ses principaux collaborateurs M. Henri Martin; mais laissons au bibliophile Jacob le soin de nous dire lui-même quels étaient ces collaborateurs. Voici en effet un passage d'une lettre qu'il adressait à Charles Monselet et qui fut insérée dans le premier numéro du journal *le Gourmet* :

« Les rédacteurs étaient Henri Martin, Charles Lemesle, Félix Davin, Edmond Marcotte, Pierquin de Gembloux, Marquis de Cussy et moi, moi, toujours moi, habillant et rhabillant prose et vers. »

M. Paul Lacroix oublie de dire que le *Gastronome* a publié des vers de Béranger et de Victor Hugo.

La collection de ce journal est excessivement difficile à rencontrer complète; elle vaut de 100 à 150 francs.

GASTRONOME (Le), journal des gens du monde et des praticiens, publié sous le patronage des principaux officiers de bouche de la France et de l'Étranger. Organe spécial de l'Institut gastronomique universel. *Paris, impr. Kugelmann*, in-4 de 16 pp. à 2 col.

Le premier numéro de cette revue bimensuelle porte la date du 5 août 1872. Il contient un calendrier gastronomique où les noms de saints sont remplacés par des noms de livres, écrits ou publiés par des gourmands. Le nom de M. Firmin-Didot s'y trouve placé en tête, comme éditeur des *Classiques de la Table*.

Prix de l'abonnement : un an, 20 fr.; six mois, 11 fr.; trois mois, 6 fr. On s'abonnait rue Laffitte, à la Maison-Dorée.

GASTRONOME (Le) numéro-spécimen 8 avril 1873. *Paris, 12 rue Cadet, in-fol.* de 4 pages à 4 col.

Mensuel. Prix de l'abonnement : Paris, 4 fr.; départements, 5 fr. Un n°, 25 cent.

GASTRONOME (Le) à Paris. Épître à l'auteur de la Gastronomie ou l'homme des champs à table par S.C.C.M. *Paris, de l'imprimerie de Suret*, an XI — 1803, in-12 de 45 pages y compris le titre et le faux titre. (De 2 à 3 fr.)

Le nom du libraire, Desenne, se trouve sur le faux titre.

Dans une épître écrite en vers de dix syllabes, l'auteur, M. S. C. Croze-Magnan, reconnaît à Berchoux les qualités du poète, mais il lui conteste celles du gourmand. Il l'engage à compléter son poème.

Ranimez donc votre muse riande;

lui dit-il.

En jolis vers veuillez nous enseigner
Ce que le goût général vous demande,
Et que le vôtre eût dû vous désigner.

. . . .

Censeur discret dans votre ouvrage aimable
Permettez-moi de suivre pas à pas
Votre Clio, puis de me mettre à table
Pour rechercher ce qu'on n'y trouve pas.

M. Croze-Magnan, tout en flattant l'auteur de la *Gastronomie*, lui décoche quelques traits assez vifs; l'épigraphe qu'il a empruntée à Boileau et qu'il a placée sur le titre de son ouvrage.

C'est peu d'être poète, il faut être gourmand.
                    Art poét.

prouve de reste que, s'il estime Berchoux poète, il éprouve peu de considération pour Berchoux gastronome.

GASTRONOME (Le) cosmopolite. (*Paris, impr. de Perreau*), in-4 de 12 pages à 2 col.

Le n° 1 a paru le 31 août 1879; sur la couverture, dessin d'Ernest Pichio représentant un gourmet à table et découpant une volaille. Une écrevisse et un cep de vigne, ayant forme humaine, le servent. Au pied de la table gisent des pâtés, du gibier, et toutes sortes de comestibles.

En haut de la première page, une vignette représentant un amour à cheval sur le globe terrestre et brandissant une fourchette.

On y voit également un chemin de fer, la mer, des bateaux dans le lointain et au premier plan des chasseurs et des paysans travaillant la terre.

La Bibliothèque nationale possède une collection, mais probablement incomplète, qui forme un volume de 108 pages.

Dans un des numéros, il est annoncé que les abonnés recevront à la fin de l'année une couverture en chromo-lithographie.

Prix de l'abonnement : France, un an, 24 fr.; six mois, 13 fr.; étranger, le port en sus.

GASTRONOME (Le) français, ou l'art de bien vivre, par les anciens Auteurs du Journal des Gourmands, MM. G. D. L. R***, D. D***, Gastermann, G***, Clytophon, Charles Sartrouville, C. L. C***, C***, Marie de Saint-Ursin, B***, etc. Ouvrage mis en ordre, accompagné de notes, de Dissertations et d'observations par M. C***. *Paris, Charles-Béchet*, 1828, in-8 de VIII-503 pp. (De 7 à 8 fr.)

Frontispice dessiné et gravé par Rouargue représentant un gastronome ventru faisant, un panier au bras, sa promenade au marché. Au bas on lit : Promenade nutritive.

Les auteurs ont pris pour épigraphe cet aphorisme de Brillat-Savarin : « La découverte d'un mets nouveau fait plus pour le bonheur de l'humanité que la découverte d'une étoile. » Mais ils l'attribuent faussement à Henrion de Pansey, magistrat mort en 1829.

Le *Gastronome français* est divisé en cinq chapitres. Le premier contient un Essai sur la cuisine des Anciens ; le second, l'Année gourmande ; le troisième, Education gastronomique ; le quatrième, l'Hygiène de la Table et le cinquième, Produits de l'industrie gourmande.

Grimod de la Reynière et Cadet-Gassicourt ont collaboré, pour une large part, à cet ouvrage.

Au verso du faux titre, on lit : Imprimerie de H. Balzac.

C'est, du reste, le célèbre auteur de la *Comédie humaine* qui a écrit pour le *Gastronome français* le discours préliminaire signé : L'auteur de cet article.

GASTRONOMIANA ou recueil d'anecdotes, réflexions, maximes et folies gourmandes. Dédié aux amateurs de la bonne-chère. *Paris, tous les marchands de nouveautés*, 5825 (vers 1810), in-32 de 128 pp. (De 2 à 3 fr.)

Figure coloriée : Le Gastronome à table. Cette figure est reproduite en noir sur la couverture rouge.

— Le même..... *Avignon, impr. de J. A. Joly*, 1817, in-32.

GASTRONOMIANA ou recueil curieux et amusant d'anecdotes, Bons mots, Plaisanteries, Maximes et Réflexions Gastronomiques, précédé d'une Dissertation historique sur la science de la Gueule, et entremêlé de Chansons et Propos de table propres à égayer la fin d'un Repas. *Paris, librairie économique*, 1809, in-18 de 175 pp. (De 2 à 3 fr.)

La dédicace à M. Gasterman est signée : C. D. L'auteur a pris pour épigraphe : Nous n'avons qu'un temps à vivre. Amis, passons-le à table.

GASTRONOMIE (La), revue de l'art culinaire ancien et moderne, journal paraissant tous les dimanches, rédigé par une Société de gens de lettres et de gastronomes formés à l'Ecole de Grimod de la Reynière et de Brillat-Savarin. (*Paris, impr. de Boulé,*) pet. in-fol. de 4 pages à 2 col.

Administration, 3 bis, rue du Coq-Héron. Prix de l'abonnement : Paris, trois mois : 5 fr.; six mois : 9 fr.; un an : 16 fr. Province, trois mois : 6 fr.; six mois : 10 fr.; un an : 18 fr.

Le premier numéro porte la date du dimanche 6 octobre 1839; le dernier celle du 28 mars 1841. Le 1er numéro a paru deux fois, renfermant les mêmes matières, mais différent au point de vue typographique; ces deux exemplaires portent la même date.

Dans l'un on lit la note suivante : « Nous avions le projet de mettre en tête de ce journal une charmante vignette due à l'un de nos premiers artistes, mais l'inexactitude du graveur nous force, à notre grand regret, à en retarder la publication jusqu'au numéro de dimanche prochain. » Il faut croire que le graveur aura été moins inexact qu'on le supposait, car l'autre exemplaire a paru avec la vignette annoncée qui forme l'encadrement de la première page ; on y voit du gibier, des poissons, des fruits, des bouteilles, en un mot toutes sortes d'objets de consommation.

La *Gastronomie* a continué sa publication dans le même format, avec la même vignette jusqu'au n° 43 (26 juillet 1840) ; à partir du numéro suivant (2 août 1840) jusques et y compris le n° 59 (15 nov. 1840), elle a paru in-4 avec une nouvelle vignette (ne formant pas encadrement) et signée : Porret.

A cette date, des modifications se produisent ; une nouvelle série de la *Gastronomie* commence au n° 1 ; M. G. de Cherville en devient le rédacteur responsable et le journal annonce qu'il publiera dans chacun de ses numéros une gravure. Cette nouvelle série n'a eu que 8 numéros qui ont paru sans date, mais qui, d'après les programmes de spectacles placés à la dernière page, ont dû être mis en vente les 29 déc. 1840, 15 et 25 janvier, 8, 16 et 26 février, 12 et 28 mars 1841. Les trois premiers numéros ont seuls la gravure annoncée.

C'est dans la *Gastronomie* dont l'épigraphe était ce vers de Berchoux :

Mettre au rang des beaux-arts celui de la cuisine.

qu'a été publié l'amusant petit livre de Jacques Arago, *Comme on dine partout*.

La collection est complète en 67 ou 68 numéros, si l'on compte les deux types du premier ; elle est difficile à rencontrer. (De 15 à 20 fr.)

GASTRONOMO (Il) italiano, pubblicazione quindicinale teorico-pratica per i buongustai, cuochi, pasticcieri, liquoristi, caffettieri, vinai, massaie, produttori, venditori e consumatori di generi alimentari, ristoratori, ed alberghi. Roma, *tipografia del Commercio*, in-4 de 16 pages.

Le premier numéro de cette publication culinaire a paru au mois d'avril 1886. Vignette sur la couverture. Un numéro, 50 cent.

GASTRONOMO (Il). Periodico mensile. Organo ufficiale dell'unione progressista dei cuochi italiani e della scuola professionale di cucina e d'igiene alimentare. Torino, *tipografia Borgarelli e origlia*, gr. in-8 de 12 pp.

Il Gastronomo a paru, pour la première fois, en 1884.

GASTROPHILE (Le), journal de l'art culinaire paraissant tous les dimanches. Service à la française — Service à la russe. *Paris, et Angers*, in-8 de 16 pages.

Le premier numéro a paru le 31 juillet 1864, le 34e et dernier, le 19 mars 1865 ; chaque numéro porte sur sa première page un menu encadré. Prix de l'abonnement : un an 12 fr., six mois 6 fr., un numéro 0 fr. 25.

Le propriétaire-gérant de ce journal gastronomique était M. Paput-Lebeau, chef de cuisine du Cheval-Blanc à Angers. (Voyez ce nom.)

GAUBERT. — Hygiène de la digestion, suivie d'un nouveau dictionnaire des alimens, par le Dr Paul Gaubert, de la légion d'honneur, etc. *Paris, au dépôt de la librairie rue Thérèse, n° 11; Tresse; Dentu; Mansut*, 1845, in-8 de VI-552 pp. (De 4 à 5 fr.)

Le dictionnaire des alimens occupe la troisième partie de cet ouvrage dédié à Mme la comtesse de Preissac.

— Etude sur les vins et les conserves suivie du compte rendu de la séance de dégustation tenue par les membres de la onzième classe de l'exposition universelle par le Docteur P. Gaubert etc. *Paris, Madame Croissant éditeur de la collection culinaire d'Antonin Carême*, 1857, in-8 de IX-467 pages. (De 5 à 6 fr.)

L'auteur, dans sa dédicace à M. Auguste de Ruzé, dit, en parlant de cet ouvrage, qu'il est le supplément nécessaire à l'*Hygiène de la Digestion* et au *Conservateur* d'Appert.

GAULTIER DE CLAUBRY. — Notice sur l'extraction de la gélatine des os et sur son application à la nourriture des pauvres, par Gaultier de Claubry. *Paris*,

Firmin-Didot, 1831, in-8 de 20 pp.
(1 fr.)

Extrait du *Bulletin universel des Sciences*.

GAUT (J.-B.). — Essai historique sur la Confiture, mémoire lu aux Assises scientifiques d'Apt, le 15 septembre 1862, par M. J.-B. Gaut. *Marseille, typographie Roux*, 1863, in-8 de 38 pages. (De 4 à 5 fr.)

Tirage à part d'un article extrait du *Répertoire des travaux de la Société de statistique de Marseille*, t. XXVI, année 1862.

GAUTHIER, de Sellières. — Le Petit Cuisinier de la ville et de la campagne. Par M. Gauthier, cuisinier à Sellières. Première édition. *Lons-le-Saulnier, Courbet*, 1827, pet. in-8. (2 fr.)

Ce petit traité de cuisine a eu quatre éditions, la seconde, par le cuisinier Gauthier, de Sellières, à *Lons-le-Saulnier, Courbet fils aîné*, 1832, in-8 ; la troisième, *ibidem, idem* 1845, in-12 et la quatrième *ibidem, imprimerie et lithographie de E. Journel-Meynier*, 1859, in-16 de 32 pages, vign. sur la couverture.

GAUTIER (Alexandre). — Traité des alimens, leurs qualités, leurs effets et du choix que l'on doit en faire selon l'âge, le sexe, le tempérament, la profession ; les climats, les habitudes, et les maladies, pendant la grossesse, l'allaitement, etc., par M. A. Gautier, docteur en médecine. *Paris, Audot*, 1828, in-18 de XII-239 pages. (De 3 à 4 fr.)

— Le même... deuxième édition, entièrement refondue et considérablement augmentée par M. L. P. Chapusot, docteur en médecine, *Paris, Audot*, 1872, in-18 de 208 pp., fig. gravée. (De 2 à 3 fr.)

GAZETIN DU COMESTIBLE, feuille périodique du XVIIIe siècle, in-4.

La Bibliothèque de l'Arsenal possède un exemplaire, probablement unique, du *Gazetin*, catalogué dans la section d'histoire sous le n° 18628 B. Il ne comprend que douze numéros, ayant paru de janvier à décembre 1767 ; ces douze numéros sont-ils les seuls qui aient paru, c'est ce que nous ne saurions affirmer. Cette collection est rarissime. En tête, on a relié un feuillet in-8, intitulé : Idée du *Gazetin du Comestible*, le « Prospectus pour l'établissement d'une Feuille périodique, sous le titre de Gazetin du Comestible (2 feuillets in-4), deux quittances d'abonnement, signées, l'une, du directeur et receveur : Dure ; un avis adressé à M. Sendras, rue de la femme sans tête, ainsi conçu : M... IL Y A ACTUELLEMENT A CE BUREAU, trois pâtés, dont deux de poulets et un de pigeon garni chacun d'un gratin QUI VIENNENT D'ARRIVER PAR L'a messagerie ET DONT LE PRIX EST DE 5 et 6 fr. pièce RENDU CHEZ SOI CE 13 juillet 1767 », et enfin un avertissement de fin d'abonnement.

Nous ne saurions mieux faire, pour décrire ce journal, que de reproduire ici *in-extenso* le feuillet contenant l' « Idée du *Gazetin du Comestible* ». Le voici :

« Idée du *Gazetin du Comestible* annoncé pour le premier janvier 1767.

Nombre de personnes qui ont vu le Prospectus pour l'établissement d'un Gazetin du Comestible ayant paru désirer quelques explications sur les différens objets qui doivent composer cette feuille périodique concernant le service de la Table, on a cru devoir les donner avant la publication du premier Gazetin.

Ces Gazetins indiqueront tout ce qu'il y a de plus renommé et de plus rare, en tous genres de Comestibles, naturels et factices, tant dans le Royaume que chez l'Etranger Naturels, comme Veaux, Moutons, Gibier grand et petit, Volaille, Poisson de mer et d'Eau douce, Légumes, fruits verts et secs, Vins, Cidres, Bierre, Huile, Truffles, Marons (sic), etc., et Factices comme toutes sortes de Pâtisseries, Chaircuiteries, Fromages, Beurres, Confitures, Liqueurs, glaces, etc. En un mot, tous les objets qui concernent le service de la Table, parmi lesquels on sera agréablement surpris d'en trouver beaucoup qui sont ignorés ou très peu connus, avec le prix ; et l'on en fera la Commission à ce Bureau.

Aux Considérations d'utilité publique et d'intérêt général qui parlent pour cet établissement, et qui ont déterminé le Gouvernement à l'autoriser, il s'en joint de bien intéressantes pour le particulier : la fidélité et l'exactitude du service, l'affranchissemene de tout soin et surtout, de la tyrannie d'une foule d'Agens, d'Etres intermédiaires entre le marchand de la première main et le consommateur qui, non contens de dénaturer souvent la marchandise exigent encore un salaire qui en augmente considérablement le prix ; d'où il résulte nécessairement, une moindre consommation.

Plusieurs Fermiers paroissant désirer de trouver dans cette Feuille, à la suite de l'Article des grains et graines qui servent à la nourriture de l'homme, les noms et les adresses de ceux qui ont des foins, de la paille, de l'avoine, de la vesse et des bois à vendre, avec le prix, nous annonçons qu'il en sera fait mention dans les Gazettes, pour procurer le débit de ces denrées à ceux qui en ont des provisions.

Ce Gazetin qui paroîtra tous les mois et dont l'abonnement est de 6 liv. pour l'année, sera remis, ainsi que les suivants, franc de port à Paris et dans tout le Royaume. »

En ce qui concerne la physionomie du ournal, disons qu'il est composé de tableaux ayant chacun 4 colonnes. La première indique les *Noms des Denrées* ; la seconde les *Villes qui les produisent* ; la troisième les *Prix* ; la quatrième colonne est réservée pour les *Observations.* Ces dernières sont parfois assez curieuses. Prenons-en une au hasard dans le nº 2 du *Gazetin :*
Bœuf à l'écarlate | de Saint-Malo | 18ᵉ la livre rendu chez soi | c'est un bon manger. |

Le *Gazetin du Comestible* est une source de renseignements très précieux sur le prix des denrées dans la seconde moitié du XVIIIᵉ siècle. Il a paru sans nom d'imprimeur jusqu'au 7ᵉ numéro inclusivement. Le 8ᵉ et les suivants portent le nom de *Guessier, rue de la Harpe, à la Liberté,* 1767. Le premier numéro du *Gazetin* a paru avec un supplément de 5 pages.

GAZETTE (La) alimentaire, journal des denrées de production et de consommation, in-fol.

M. Hatin, *Bibliogr. de la Presse,* ne fournit pas de renseignements sur cette feuille dont nous n'avons pu voir un seul numéro.

GAZETTE de la boulangerie, moniteur de la minoterie et de la boulangerie méridionales, revue bi-mensuelle, paraissant le 1er de chaque mois. *Marseille,* in-8 de 16 pp. à 2 col.

Le premier numéro a paru le 15 nov. 1887.
Prix de l'abonnement annuel : Marseille et Bouches-du-Rhône : 10 fr. ; autres départements : 12 fr. ; un numéro : 0 fr. 50.

GAZETTE des gourmets, recueil des meilleures recettes de cuisine. *Pa-*

ris, *impr. A. Lévy,* in-8 de 16 pp. à 2 col.

Le premier numéro de ce journal hebdomadaire (le samedi) a paru le 18 novembre 1882. La Biblioth. nationale en possède trois numéros, le dernier, daté du 2 décembre 1882.
Prix de l'abonnement: Paris, un an, 15 fr. ; six mois, 8 r. ; départements, un an, 16 fr. ; six mois, 8 fr. 50 ; un numéro, 0 fr. 30.

GAZETTE DES MÉNAGES, journal de l'économie domestique. (*Paris, impr. de Poussin*), pet. in-fol. de 4 pp. à 2 col.

Prix de l'abonnement : trois mois, 5 r. ; six mois, 10 fr. ; un an, 20 fr.

Le numéro-spécimen a paru le 9 décembre 1830 ; le premier numéro, le dimanche 12 décembre de la même année ; le dernier, le jeudi 31 mars 1831. La collection forme un volume de 132 pages (non compris le numéro-spécimen).

GAZETTE (La) gastronomique de Paris, moniteur de la Table. *Paris, impr. Bernard,* in-fol. de 4 pp. à 3 col.

Le nº 1 de cette feuille hebdomadaire a paru le 20 mars 1873.
Prix de l'abonnement: Paris, un an, 12 r. ; départements, 15 fr. ; le numéro, 0 fr. 25.
Le rédacteur en chef de cette feuille était M. Brives de Caux. La Biblioth. nationale possède cinq numéros ; le cinquième, et probablement le dernier, porte la date du 24 avril 1873.

GAZIUS (Anton.). — Florida Corona que ad Sanitatis hominum conseruationê ac longeuam vitam perducendâ sunt pernecessaria côtenês. Ab Anthonio Gazio Patauino medico doctissimo composita. (*Lyon,* 1516), in-4, goth., de 6 ff. limin. non chiffrés et 120 ff. à 2 col. (De 15 à 20 fr.)

Au titre, qui est imprimé en rouge, sauf le prénom et le nom de l'auteur qui sont en noir, une grande marque typographique.
Les feuillets limin. sont occupés par la « Tabula capitulorum ». Le recto du 6ᵉ f. est blanc.
On lit à la fin de la dernière colonne (rº du dernier f. dont le verso est blanc) : Impressum est presens opus in preclaro Lugd. emporio in officina magistri Simonis beue

Laqua. Impésis honestiviri Bartholomei trot : bibliopole, Anno Salutis humani generis xccccc decimosexto. Absolutú fuit mense Decembri Die XX. » Puis, le « Registrum » : A a b c d e f g h i k l m n o p, omnes sunt quaterni prœter A qui est ternus ». Puis : Finis huius libri.

— Le même..... (avec quelques différences dans l'orthographe du titre) (Lyon, 1514) in-4 goth. de 8 ff. limin. n. chiffr. et 159 ff. à 2 col.

Titre rouge et noir et même marque typographique que dans l'édition précédente. On lit à la fin : Impressum Lugd. per Gilbertum devilliers. Impensis honesti viri Bartholomei trot. Anno Salutis xccccccxiiij Die xvij mensis octobris. » Puis le « Registrú huius operis » : A a b c d e f g h i k l m n o p q r s t. Omnes sunt quaterni. »

GEAIR (Mlle J.). — La Petite Cuisinière bourgeoise, avec renseignements utiles aux familles ; par Mlle Julie Geair, professeur, *Paris, impr. Barnagaud*, (1889), in-16 de 738 pp., vign. (2 fr. 50.)

GEBAUERUS. — Georgii Christiani Gebaueri de caldæ et caldi apvd veteres potv liber singvlaris. *Lipsiæ, apud Jacobum Schuster*, 1721, pet. in-8 de 6 ff. n. ch. et 96 pp., front. gravé. (De 5 à 6 fr.)

Page 52, une figure repliée hors texte et page 50, une fig. dans le texte.

GENERIBUS (De) ebriosorum et ebrietate vitanda, quæstio facetiarum et urbanitatis plena. (In fine :) *Finis adest*, 1516. *S. l.*, in-4 de 16 ff., caract. goth., fig. s. bois. (De 20 à 25 fr.)

Cette édition est probablement la première de cet opuscule facétieux ; la fig. s. bois placée au titre représente plusieurs animaux se livrant à la gloutonnerie.

Le Cat. Leber indique une édition de la même date pet. in-4, *Nurnberge, per Hier. Holzel*, et ajoute la note suivante : Voici la conclusion de cette histoire : Le premier verre de vin est pour ta soif ; le second pour la gaîté ; le troisième pour le plaisir ; le quatrième pour l'ivrognerie ; le cinquième pour la colère ; le sixième pour la querelle ; le septième pour la fureur ; le huitième pour le sommeil ; le neuvième pour la maladie. (Le dixième serait apparemment le coup de la mort.)

— De Generibvs ebriosorvm et ebrie-

tate vitanda cvi adiecimvs de meretricvm in svos amatores et concubinarum in sacerdotes fide : quæstiones salibus et facetijs plenæ ; laxandi animi, iociq ; suscitandi causa nuper editæ. *S. l. n. a.*, 1557, pet. in-12 de 92 ff. non chiffr.

Divisé en trois parties ; chaque partie a un titre spécial et différent.

— Le même...*S. l. n. à*, 1565, in-18 (cat. Van den Zande)

— Le même... *Francforti ad Mænvm*, 1581, pet. in-8 de 76 feuillets non chiffrés.

Au titre, marque de l'imprimeur. A la fin, on lit : *Francoforti ad mænum apud Ioannem Spies Impensis Sigismundi Feyerabenij*.

— Le même... *Francofurti ad Mænum*, 1599, pet. in-8. (De 15 à 20 fr.)

— Bacchi et Veneris facetiæ vbi agitvr I de generibus ebriosorum et Ebrietate vitanda II de meretricum in suos amatores ; et concubinarum in sacerdotes fide. Quæstiones salibvs, laxandi animi, jocique suscitanda causa publici iuris factæ. *S. l. n. a.*, 1616, in-12 de 190 pages. (De 12 à 15 fr.)

GENTEEL (The) Housekeeper's Pastime ; or, The mode of Carving at the Table represented in a Pack of Playing Cards 1693, in-8.

GENTIL. — Dissertation sur le caffé, et sur les moyens propres à prévenir les effets qui résultent de sa préparation communément vicieuse ; & en rendre la boisson plus agréable et plus salutaire. Avec une gravure en taille-douce. Par M. Gentil, Docteur-Régent et ancien Professeur de la Faculté de Médecine en l'université de Paris ; ancien médecin de camps & armées, etc., etc. *A Paris, chez l'auteur, rue Saint-Hiacynthe, n° 53 et Pyre, libraire*, 1787, in-8 de VI-176 pp. et 2 ff. *d'errata*. (De 5 à 6 fr.)

La gravure qui représente une branche du caffier est signée par O. Michel.

—Cervisia potus saluberrimus. Quæstio medica (Præside Ludovico Lucas de Laurembert, 1751). *Parisiis, typis Quillau*, in-4 de 4 pages. (De 2 à 3 fr.)

GEOFFROY (Etienne-Louis) — Hygieine sive ars sanitatem conservandi, Poema. Auctore Stephano-Ludovico Geoffroy, Parisino ; Doctore & antiquo Professore Medico Parisiensi ; Regi à Consiliis & secretis, etc. *Parisiis, apud Petrum-Guillelmum Cavelier, viâ San-Jacobæâ, sub signo Lilii aurei*, 1771, in-8 de XI-191 pp. (De 3 à 4 fr.)

Le poème de Geoffroy, divisé en sept livres, est dédié au médecin Lorry.

Suivant Quérard, cet ouvrage, relatif à l'Hygiène, est le premier, de ce genre, publié en France, qui ait une certaine valeur. Trois ans après son apparition, ce poème latin a été traduit en français sous ce titre :

— L'Hygieine ou l'art de conserver la santé. Poeme latin de M. Geoffroy, Ecuyer, Docteur-Regent de la Faculté de Médecine en l'Université de Paris, etc. Traduit en françois par M. de Launay, Docteur en médecine et membre de plusieurs Académies littéraires. *A Paris, chez Pierre Guillaume Cavelier*, 1774, in-8 de xlvij-269 pp. (De 3 à 4 fr.)

Cette traduction en prose est dédiée à M. Geoffroy ; après l'épître dédicatoire, on trouve un « Avertissement de l'auteur » et ensuite les « réflexions du traducteur ». Nous avons dit que le poème de Geoffroy était divisé en sept livres. Le premier est intitulé : *De l'air* ; le second, *des Alimens* ; le troisième, *de la Boisson* ; le quatrième, *du Mouvement et du Repos* ; le cinquième, *du Sommeil et des Veilles* ; le sixième, *des Différentes excrétions*, et le septième, *des Affections de l'âme*. Dans le livre II, l'auteur étudie les propriétés des divers aliments qui servent à la nourriture de l'homme ; légumes, poissons, fruits, fromages, viandes, volailles, etc. Dans le livre III, il parle des vins, du cidre, de la bière, du café, du thé, du chocolat, etc. Parmi les vins, c'est celui de Bourgogne que Geoffroy place au premier rang, réservant la seconde place aux vins mousseux de la Champagne.

Le poème de Geoffroy a été traduit en vers français par M. Lequenne Cousin, *Paris,* *Just et Rouvier*, 1839, in-8 (texte latin en regard de la traduction).

GEOFFROY SAINT-HILAIRE — Lettres sur les substances alimentaires et particulièrement sur la viande de cheval par M. Isidore Geoffroy Saint-Hilaire... *Paris, Masson et fils*, 1856, in-12 de VIII-263 pp. (2 fr.)

Voyez Delvaille (Camille).

GEORGES l'apôstre. — Traicté s'il faut manger de la chair en Caresme par Georges l'apôstre. *A. Caen, par Bénédic Macé, imprimeur du Roy*, 1597, in-16 de IV ff. lim. et 156 pp. (De 25 à 30 fr.)

Edition originale d'une pièce rare, dit Brunet ; l'épître dédicatoire à dame Magdalene de Montmorency, abbesse de Sainte Trinité de Caen, est datée de Caen ce 2 mars 1597.

— La dispute et résolution s'il faut manger de la chair en Caresme. Auec l'instruction du Caresme, Vendredy, Samedy, Quatre-temps et Rogations par Georges l'Apostre. *A Paris, par Denis Binet, près la porte S. Marcel à la Court de Bavière*, 1599, pet. in-8 de 20|ff. n. chiffr. (De 15 à 20 fr.)

Au titre, une figure représentant saint Pierre et saint Georges. Au verso du titre : « L'imprimeur av lecteur Beneuole Salut. »

— Le même... *ibidem, idem*, 1600, in-8 de 20 ff. non chiffr.

Au titre, une fig. représentant saint Denis.

— Le même... *ibidem, idem*, 1602, in-8 de 40 pages chiffrées.

Au titre, même gravure que dans l'édition précédente.

GERA (Dr F.). — De la fabrication du fromage, par le Dr Fo Gera, de Conegliano. Traduit de l'Italien par Vor Rendu, inspecteur de l'agriculture... *Paris, Roret*, 1843, in-8 de 4 ff. lim. n. ch. et 251 pp., 39 fig. (De 2 à 3 fr.)

GÉRARD (Charles). — L'ancienne Alsace à table. Etude historique et archéologique sur l'alimentation, les mœurs et les usages épulaires de l'ancienne province d'Alsace; par Charles Gérard, Avocat à la Cour impériale de Colmar. *Colmar, imprimerie et ¡lithographie de Camille Decker*, 1862, in-8 de x-269 pp. (15 fr.)

Une deuxième édition a paru : *Paris, Berger-Levrault et C¹ᵉ*, 1877, gr. in-8 de VI-362 pp. (10 fr.)

Ce livre contient un grand nombre d'anecdotes gastronomiques, telles que : Mets favoris de quelques fortes têtes. — Influence d'une carpe du Rhin sur un financier de l'école de Fouquet. — La friture, son caractère et son importance dans les mœurs. — La choucroute. — Le pâté de foie gras. — Un état de dépenses de bouche en 1478, etc., etc.

Il a été fait un tirage spécial d'exemplaires d'amateurs numérotés à la presse :

3 sur papier de Chine (nᵒˢ 1 à 3).
15   —   Whatman (nᵒˢ 4 à 18).
50   —   Hollande (nᵒˢ 19 à 68).

GÉRARD. — Conseils d'hygiène et d'alimentation pour tous les âges de la vie résumés en trois mille aphorismes par M. Gérard. *Paris, A. Delahaye et Lecrosnier*, 1884, in-18. (3 fr.)

GERARD KNOLL. — Lettre à un ami sur les opérations du Caffé par Jean Chrétien Gerard Knoll. *Quedlin-bourg, chez Gothofr. Henr. Schwan*, 1752, in-4. (De 3 à 4 fr.)

GERARDI Bucoldiani pro Ebrietate Oratio. *Coloniæ*, 1529, in-8. (De 8 à 10 fr.)

GERVAIS (E). — L'art de faire vieillir le vin avec brièveté et sans ingrédiens, par M. Emmanuel Gervais, propriétaire de vignobles. *Toulouse, Devers*, 1830, in-8 de IV-16 pp. (50 cent.)

GERVAISE (Alexandre). — Cæteris medicinæ ancillis, præstat μαγειρικη. Quæstio medica (Præside David Vasse, 17 avril 1749). *Parisiis, Typis Quillau*, in-4 de 8 pages. (De 3 à 4 fr.)

GESSNERUS (Conradus). — Sanitatis tvendæ præcepta cvm aliis, tvm literarum studiosis hominibus, & ijs qui minus exercentur cognitu necessaria. Contra luxvm conviviorum. Contra notas astrologicas Ephemeridum de secandis uenis. *Tigvri, per Andream Gessnerum F. & Iacobū Gessnerum fratres*, S. d. (1556), in-8 de 23 pages. (De 8 à 10 fr.)

Dédicace à « D.D. Ioanni wegmanno et felici pëiro senatoribus & tribunis reip. Tigurinæ amplissimis, dominis et patronis suis obseruandis Conradus Gessnerus Medicus, s. d. »

GHERLI (Fulvio). — La Scuola Salernitana dilucidata : o sia lo scovrimento del vero e del falso, dell'utile e dell'inutile di questa stimatissima Opera, per supersi conservar sano, e prolungare la vita, spiengandosi tutto sul buon gusto moderno. Opera de Fulvio Gherli cittadino modonese Ed al presente Proto. Medico dell' Altezza sereniss. del sig. Duca di Guastalla. *In Venetia, pressis Giuseppe, Corona in Mesceria*, 1733, in-8 de 6 ff. limin. non chiffr. et 523 pages. (De 4 à 5 fr.)

GIEGHER (Mattia). — Li Tre Trattati di Messer Mattia Giegher Bavaro di Mosbvrc, Trinciante de ll'illᵐᵃ natione alemanna in Padova. Nel primo si mostra con facilità grande il modo di piegare ogni sorte di panni lini, cioè, saluiette, e touaglie, e d'apparecchiare vna tauola, concerte altre galanterie degne d'esser sapute; le quali cose tutte son rappresentate in figure di rame; e questa è inuenzion dei tutto nuoua dell'autore, ne mai più per addietro veduta. — Nel secondo intitolato lo Scalco, s'insegna, oltr'al conoscere le stagioni di tutte le cose, che si mangiano, la maniera di mettere in tauola le viuande; il che, con tre differenti figure di tauole intagliate in rame, chiaramente si mostra. — Nel terzo, detto il Trinciante, s'insegna il modo di trinciare ogni sorte di viuande, con le sue figure medesimamente in rame; opera rinuouata, e di molte cose accresciuta. *In Padova Per Paolo Frambotto MDCXXXIX* (1639). Con licenza de' Superiori. In-4 obl. de 9 ff. non chiffr., 54 pages et 17 ff. non chiffr., fig. grav.

Collation du vol. : Titre au verso duquel se trouve le « registro » (1 feuillet). — Dédicace à « il sig. Bvrcardo Ranzovio » datée de Padoue, le 22 septembre 1629 et signée : Mattia Giegher (1 feuillet). — Avis de l'éditeur Paolo Frambotto « al benigno Lettore » (1 feuillet). — Tavola de' capitoli delle cose contenuta nella presente opera (au nombre de XX) (1 feuillet). — Trattato delle piegatvre (4 ff.). — Portrait de Mattia Giegher grav. sur cuivre et six planches également gravées sur cuivre, pour le pliage des serviettes. — Un feuillet blanc. — 54 pages chiffrées et signées A-G. La dédicace « a' nobilissimi svoi sig. Scolari l'avtor dell' opera » signée : Mattia Giegher et datée de Padoue le 18 avril 1623, occupe la première page. — Page 2, « Tavola de capitoli principali delle cose nell'opera presente contenuta ». A la suite de ces 54 pages, viennent 4 planches grav. pour le service de la table et numérotées : 55, 56, 57 et 58. — 17 ff. non chiffr. signés : A-E. contenant les 20 chapitres de l'écuyer tranchant et les tables des planches. Il est à remarquer que la table qui se trouve au recto du dernier feuillet dont le verso est blanc, n'indique que onze planches (pour la façon de découper les viandes) tandis qu'il y en a, en réalité, douze dans l'ouvrage. — Deux planches repliées de fourchettes et de couteaux. — Les 12 planches gravées dont nous venons de parler — et 24 planches gravées, pour la manière de découper les volailles, les poissons et les fruits.

Les traités de Mattia Giegher contiennent donc en tout 48 planches et 1 portrait gravés; ce dernier manque assez souvent. Nous avons vu un autre exemplaire bien complet de ce curieux ouvrage avec la reliure en vélin de l'époque dont la pagination est différente et dans lequel toutes les planches sont réunies à la fin.

Les trois traités de Giegher sont fort rares; on les trouve assez difficilement complets. Un exemplaire en mar. r. (Chambolle-Duru) a été adjugé 90 rr., Potier; un exempl. en vélin figure sur un des catal. à prix marqués de la librairie Techener (1888), 180 fr.

GIGOT (Le) conspirateur ou Prétendue conspiration à propos d'un gigot de mouton, à Bourges en 1821. *Bourges*

(*impr. de Manceron*), 1852, in-12 de 12 pages. (1 fr.)

Par le colonel J. Marnier.

GILBERT. — La bonne Cuisinière bourgeoise de la ville et de la campagne, suivie de l'office, à l'usage de tous ceux qui se mêlent de la dépense d'une maison; contenant la manière de disséquer, connaître et servir toutes sortes de viandes. Nouvelle édition, augmentée de beaucoup de mets et de plusieurs apprêts nouveaux pour la cuisine et l'office; Par H. Gilbert chef d'office. *A Nancy, chez Hœner*, 1831, in-12 de xij-272 pp. (De 2 à 3 fr.)

— La nouvelle Cuisinière des villes et des campagnes, suivie de l'office, à l'usage des personnes qui sont chargées de la dépense des ménages par M. Gilbert, chef d'office. Nouvelle édition, augmentée de beaucoup de mets et de plusieurs apprêts nouveaux pour la cuisine et pour l'office, d'après les meilleurs cuisiniers de Paris. *Paris, Lebigre frères*, 1840, in-12 de 276 pp., frontispice. (De 2 à 3 fr.)

Une édition de ce même ouvrage avait paru, *Nancy, Vincenot*, 1837, in-12.

— Le nouveau Cordon bleu, Cuisinière des villes et des campagnes, suivi de l'office, à l'usage des personnes qui sont chargées de la dépense des ménages, par M. Gilbert chef d'office. Nouvelle édition augmentée... *Nancy, Vincenot; Paris, Lebigre*, 1845, in-12 de 190 pp. fig. (2 fr.)

En réalité, ces trois ouvrages n'en forment qu'un seul qui a paru sous des titres différents.

GILLE (Jean-Joseph). — Inter edendum ostrea non meri potus. Quæstio medica (Præside Joanne Baptista Langlois) 1783, *Parisiis, typis Guillau*, in-4 de 4 pages. (De 2 à 3 fr.)

GILLIERS. — Le Cannameliste français ou nouvelle instruction pour ceux qui desirent d'apprendre l'office, rédigé en orme de dictionnaire, contenant les noms, les descriptions, les usages, les choix et les principes de tout ce qui se pratique dans l'office, l'explication de tous les termes dont on se sert; avec la manière de dessiner et de former toutes sortes de contours de Tables et de Dormants. Enrichi de planches en taille douce. Par le sieur Gilliers, chef d'office, et Distillateur de Sa Majesté le Roi de Pologne, Duc de Lorraine et de Bar. *A Nancy, de l'impr. d'Abel-Denis Cusson, au nom de Jesus et se vend a Luneville chez l'auteur*, 1751, in-4 de 1 . n. ch. III-238 pp. et 13 pp. ch. de table, front, et 13 planches gravés. (De 15 à 20 fr.)

L'épître dédicatoire est adressée à Monseigneur le Duc de Tenczin Ossolinski, prince du saint Empire, et signée : Gilliers. En-tête gravé. (1 f.) Trois pages pour la dédicace, la préface non signée et le privilége.

Le *Cannameliste français* a été réimprimé avec le même titre exactement : *A Nancy, chez Jean-Baptiste-Hiacinthe Leclerc, imprimeur-libraire et à Paris, chez Merlin, libraire, rue de la Harpe*, 1768, in-4 de 238 pages et 13 pages de table, frontispice et 13 planches gravés.

Le *Guide Cohen* indique une édition de cette même année 1768, portant : *Nancy, veuve Leclerc et Paris, Gogué et Née de la Rochelle.*

Le *Cannameliste français* est un livre très recherché, non seulement par ceux qui s'intéressent à l'histoire de la friandise et à l'art culinaire, mais par les artistes et les orfèvres qui trouvent, dans les planches signées à gauche du dessinateur Dupuis et à droite du graveur Lotha, des modèles de pièces élégantes et gracieuses du XVIIIe siècle, telles que gobelets, gobichons, verres à tiges pour monter un fruit, mettre des neiges, surtouts de table, cafetières d'argent, etc.

Ces gravures sont finement exécutées. Le frontispice, qui porte bien le cachet du siècle dernier, n'est pas signé.

Cannameliste vient de *cannamelle*, mot par lequel les Anciens désignaient la *canne à sucre*, dont le goût se rapproche de celui du miel, *canna* et *mel*.

Quant aux gourmands qui recherchent plutôt les moyens de faire bonne chère que les merveilles de verrerie et d'orfèvrerie, le sieur Gilliers, dans le *Cannameliste français*, leur fournira nombre de recettes aussi délicates que friandes pour satisfaire leur très respectable passion.

GINISTY (Paul). — De Paris à Paris, dessins de Decoprez, Garnier, Genest, Henriot, Merwart, Régamey, Zier. *Paris, N. Martinet, s. d.* (1888), in-18 de 214 pages (2 fr.).

Pages 111-119 : Le carnet d'un gastronome.

GINORI. — Delle specie diverse di frumento e di pane siccome della panizzazione, da And. Ginori. *Firenze*, 1765, in-8. (De 3 à 4 fr.)

GIOVANE. — Opera dignissima : & vtile per chi si diletta di Cucinare : con molti bellissimi secreti di compoere : coseruare viuande : molti altri secreti di piu cose; Composto p. il valète Maestro Giouane De la cucina de la Santtita dil nostro summo pontefice. (A la fin :) *Stampata nela magnifica Citta di Milano per Pietro Paulo verini Fiorentino in la côdrada delle bandiere all ballone. S. d., pet. in-4* de 28 ff. signés a-g par 4. (De 25 à 30 fr.)

Au titre, un bois représentant une cuisine. Un cuisinier s'apprête à jeter un coq dans la marmite pendue à la crémaillère, tandis que deux autres devant une table plument et dressent des volailles.

Le corps de l'ouvrage commence au verso du titre; les deux derniers feuillets sont occupés par la table imprimée sur deux colonnes; au verso du dernier feuillet, la souscription que nous avons reproduite plus haut : *Stampata*, etc., et une marque typographique.

Ce petit livre de cuisine est excessivement rare.

GIOVANNI. — Dell' uso e dell' abuso del caffé dissertazione storico-fisico-medica del Dottor Giovanni dalla bona seconda edizione con aggiunte, massime interno la Cioccolata ed il Rosoli. *In Verona, per Pierantonio Berno Stampatore e Librajo sulla via de' Leoni*, 1760, in-4 de 100 pages. (De 4 à 5 fr.)

GIRARDIN (J.). — Rapport sur l'emploi de la gélatine des os dans le régime alimentaire des pauvres et des ouvriers, lu à la Société libre d'émulation de Rouen, le 23 avril 1831, par J. Girardin, professeur de chimie. *Rouen, Baudry*, 1831, in-8 de 67 pp. (1 fr. 50.)

— Sur le pain mixte de blé et de riz, valeur du riz comme aliment, et réflexions générales sur l'alimentation ; par J. Girardin. *Rouen, impr. de Peron*, 1836, in-8. (1 fr.)

GIRAUD. — Le Café perfectionné par M. Giraud. Ouvrage entièrement inédit. *Paris, l'auteur et tous les libraires*, 1846, in-8. (1 fr.)

— Cafés de Paris procédés uniques pour la préparation du café, glorias, grogs à l'américaine, mazagrans à chaud, à la glace et à l'eau de Seltz, crèmes et gelées, bavaroises, glaces et sorbets, les bonbons et la pâtisserie ; Liquides hygiéniques, Conservation inaltérable, même en vidange ; propres au commerce de détail et de gros, de commission et d'exportation. Par A. Giraud, chimiste, de Valbonne (Var), Auteur et éditeur. *Paris, cet ouvrage étant la propriété de l'auteur-éditeur, ne se trouve chez aucun libraire*, 1853, in-8 de 75 pages et 2 ff. de table. (2 fr.)

GIRAUD (Vincent). — Le liquoriste parfait par Vincent Giraud, à Beaucaire. *Paris, impr. de Bénard*, 1848, in-12. (1 fr.)

GIULIANI (J. F.). — Dialogo di vn medico con' vn Secretario, e vn Palafreniere di vn Prencipe Romano. Del modo & utilita di far la quadragesima, Acquistar la sanità e Conseruarla infino al fine della Vita, de Gioan. Francesco Givliani Vicentino, Medico Fisico Romano. *In Roma, Per Gio. Pietro Colligni*, 1651, in-8 de 4 ff. limin, 110 pp. et 10 ff. non ch. pour l'*index*, la liste des auteurs cités, et les *errata*. (De 6 à 7 fr.)

GLANVILLA (Bartholomœus anglicus). — Incipit prohemiū de proprieta-

tibus rerū fratris bartholomei anglici de ordine fratrū minorum. (In fine :) *Explicit tractat' de ppetatib' rer, edit' a fri bartolomeo aglico ordis frat ; minor.; S. l. n. d. et sans n. d'impr.*, in-fol., goth, à 2 col. de 247 ff. de 55 lignes, sans chiffres ni signatures. (De 30 à 40 fr.)

Cette édition, d'après Hain, t. I, n° 2498, aurait été imprimée à Cologne.

— Incipit phemiū de pprietatibus rer ; fratris bartholomei anglici de ordine frat ; minor ; (Avant les 3 ff. de table) *Explicic* (sic) *tractatus de proprietatibus rerū editus a fratre bartholomeo anglico ordinis fratrū minorum. S. l. n. d. et s. n. d'impr.* in-fol., goth., de 218 ff. à 2 col. de 60 et 61 lignes. (De 30 à 40 fr.)

Imprimée à Bâle, Richer et Wenster, d'après Hain, n° 2499.
Pour les autres éditions latines, voyez Graesse, *Trésor des livres rares*, etc., et Hain, *Repertorium bibliographicum*, n°s 2500-2511.

— Liber de proprietatibus rēr Bartholomei Anglici Ordinis minor. (In fine :) *Explicit liber de prietatib ; rerū editus a fratre Bartholomeo Anglico ordis fratrū Minor. Impressus Argentine Anno Domini MDV Finitus altera die ante festum sancti Laurentij martyris.* pet. in-fol., goth., de 6 feuillets limin, signés 1, 2, 3, 4 et 249 ff. n. chiffr., signés ai-z 4 et A-R 4. (De 25 à 30 fr.)

Le verso du titre est blanc. Au recto du feuillet 2 en tête de la page : *Registrū*, imprim. sur 3 col. La première col. commence par ces mots : « Incipiūt tituli librorum et Capitulor. venerabilis Bartholomei Anglici de prietatib. rerum. » En haut du verso de ce deuxième feuillet et des 2 suivants on lit : *Tabula*. Au recto du 5ᵉ feuillet, on a inscrit par erreur le mot : *Registrū* ; le verso porte *tabula* de même que le recto du 6ᵉ feuillet ; la table n'y occupe qu'une colonne et demie à la fin de laquelle : « Explicūt tituli librorū et Capitlor. Bartholomei Anglici de prietatib. rerū. » Au verso, *tabula Autorū*.
Le corps de l'ouvrage est imprimé sur 2 col. Au recto du 1ᵉʳ feuillet « Prœmiū et Diuisio huius liber. »

— Cy commence ung tresexcellent

liure nomme le proprietaire des choses translate de latin en frâçoys a la requeste de trescrestien et trespuissant roy charles quint de ce nom adonc regnant en france paisiblemêt, lequel traicte moult amplement de plusieurs notables matieres comme on pourra appceuoir par les prologues qui s'ensuyent. (A la fin :) *Cestuy liure des proprietez des choses fut translate de lutin en françeois lá de grace Mccclxxii par le commâdement de tres puissant et noble prince Charles le Quint de ce nom regnant en France paisiblement, et le translata son petit et humble chapellain frere iehan corbichô de lordre saint augustin, maistre en théologie de la grace et pmocion du dit prince et seigneur tres excellêt, et a este reuisite par uenerable & discrete personne frere pierre serget docteur en theologie du couuent des augustins de lion. Et imprime au dit lion par hônorable hôme maistre Iehan cyber maistre ê lart de impression.* S. d., in-fol., goth., à 2 col., fig. s. bois.

Cette édition figure au catal. Yemeniz ; une note de ce bibliophile dit que chacun des dix-neuf livres dont se compose cet ouvrage est précédé d'une grande vignette sur bois relative au sujet du livre. Le titre occupe le feuillet II ; le premier f. est blanc.

Vendu, en mar. vert (rel. anc.) 300, Yemeniz.

— Cy commence ung tres excellent liure nomme le proprietaire des choses trâslate de latin en françoys à la requeste de tres crestien et trespuissant roy Charles Quint de ce nom adôc regnât en france paisiblement. Lequel traicte moult amplemêt de plusieurs notables matieres côme on pourra apperceuoir par les prologues qui s'ensuyvent. — (A la fin :) *Estuy liure de propriétés des choses fut translate de latin en françois lange grace milccclxxii par le cômandement de trespuissant et noble prince Charles le Quint de son nom regnant en ce temps en france paisiblement. Et le translata son petit et humble chapellain frere iehan Cor-*

bichô de lordre Saint Augustin maistre en théologie de la grace et pmocion du dit prince et seigneur tres excellent. Et a este reuisite p. venerable et discrète personne frere Pierre Serget docteur en théologie du couuent des Augustins de Lyon. Et imprime au dit lieu de Lyon par honnorable hôme maistre Mathieu Husz maistre en l'art de impression, le XIIⁿ iour d'octobre l'an mil ccccbuitante et cinq, in-fol., goth., à 2 col. de 48 lign., de 8 ff. signés a-aiiii et 285 ff. signés a-ziiii et A-Niiii.

Le titre se trouve au verso du premier feuillet dont le recto est blanc. En tête du verso le mot : *Prologue* et au-dessous : *Cy commence*, etc., etc., et un bois représentant l'auteur offrant son livre à Charles V. Le *Propriétaire des choses* est divisé en XIX livres, précédés chacun d'une gravure sur bois représentant les choses dont il est traité dans ledit livre. Le IVe livre traite des éléments et de leurs propriétés, des viandes et des breuvages ; le XVIIe parle des arbres et des plantes, le XVIIIe des « proprietez des bestes », et le XIXe des saveurs, odeurs, liqueurs ainsi que des œufs.

Vendu, en v. f. 300 fr. Yemeniz.

La première édition avec date du *Propriétaire en françoys* paraît être celle donnée en 1482, par le même Mathieu Husz que M. Brunet décrit au *Manuel*, t. II, col. 1621. Il est inutile d'en transcrire le titre qui est le même que celui de l'édition précédente ; il suffit de faire remarquer qu'il existe quelques différences dans son orthographe, dans le nombre des lignes qui est de 46 au lieu de 48 et dans les signatures.

— Le même... *imprime au dit lieu de lion par Mathieu Husz l'an mil cccc!xxxvij,* in-fol., goth., à 2 col. de 50 l., fig. s. bois.

— Le grand Propriétaire des Choses de Bartholomé de Glanville, traduit du latin en hollandois. *Harlem, Jacob Bellaert,* 1485, *la veille de Noël,* in-fol., goth. (De 25 à 30 fr.)

Cette édition figure au cat. La Vallière.

— Le propriétaire en françoys... (A la fin :) *Ce liure des p̄prietes des choses fut traslate de latin en frácoys... Et imprime au dit lieu de Lyon par honorable homme maistre Mathieu Husz maistre en lart de impression le XVe iour de mars, l'an mil* ccclxxxxi, in-fol. goth. à 2 col., fig. s. bois, lettr. ornées. (De 30 à 40 fr.)

— Le Proprietaire des choses tres vtile et prouffitable aux Corps humains auec aucûes additiôs nouuellement adioustees cest assauoir Les vertus et proprietés des eaues artificielles et des herbes les natiuitez des hômes et des sêmes selon les douze signes. plusieurs receptes côtre aulcunes maladies. Item ung remède tres vtile contre fieure pestilentieuse et autre maniere depydimie approuue par plusieurs docteurs en medecine. — (A la fin :) Cestuy liure des proprietez des choses fut translaté de latin en françoys l'an de grace mil ccclxxii p. le cômandement de tres crestien roy de france Charles le Quint de son nom regnât en ce téps paisiblement. Et le translata son petit & humble chapellain frere Jehan Corbichon de lordre Sainct Augustin maistre en théologie de la grace et promotion du dit prince et seigneur tres excellent. Et y est adiouste les vertus et proprietés des herbes et des eaues artificielles. Les natiuitez des hommes et des sêmes et aulcunes receptes tresvtilles Auec ung souuerain remède cotre fieure pestilécieuse. Imprime nouuellement a Paris l'an de grace mil cinq cés & dix huit le VIIIe iour de Janvier pour iehan petit et Michel le noir libraires jurez en luniuersité de Paris Demourans en la rue Sainc Iaques, in-fol., goth., de 8 ff. n. chiffr. signés ai-aiiii et de 276 ff. n. chiffr. signés ai-ziii, A-yiii et AAi-BBiii, fig. s. bois. (De 50 à 60 fr.)

Titre rouge et noir. Le verso du dernier feuillet est blanc ; au recto, marque de Michel le Noir.

— Le proprietaire des choses tres vtille et proffitable aux corps humains : auecques aulcunes addicions nouuellemêt adioustees. Cest assauoir les vertus et pprietez des eaux artificielles : et des Herbes parellemêt, les natiuitez des hommes et des emmes selon les XII signes de lan. Item plusieurs receptes contre aulcunes maladies Item vng remede tresutille contre fieure pestilencieuse : et aultre maniere depydemye appprouuee par plusieurs docteurs en medecine Item est adiouste a la fin vne medicine tres utille : appellee la Medicine des cheuaulx : et aultres bestes. Le tout reueu et corrige nouuellement. (A la fin :) Cestuy liure des proprietez des choses fut translatee de latin en frâçoys lan de grace mil ccclxxii... Et translata son petit & humble chapelain Frere iehan corbichon... S.l.n.d., in-fol., goth., à 2 col. de 6 ff. limin. et 276 ff. n. chiffr., fig. s. bois. (De 40 à 50 fr.)

D'après le cat. Firmin-Didot où elle figure, cette édition aurait été imprimée, vers 1525, par Ph. Lenoir.

— Le Grand proprietaire de toutes choses tres vtile et profitable povr tenir le corps humain en santé contenant plusieurs diuerses maladies, et dont ils procèdent, et aussi les remèdes preseruatifz. Auec les proprietez du Ciel, de la Terre, des Bestes, des Oyseaulx, des Pieres et des Metaulx et autre matière moult bonne pour toute personne qui a volunté de scauoir diuerses choses. Translaté de Latin en françois par maistre Iean Corbichon, additions nouuellement faictes. Les vertus et proprietez des Eaues artificielles, et des Herbes. Les Natuitez des Hommes et des femmes selon les douze signes, et plusieurs Receptes contre aucunes Maladies. Remède moult vtile et profitable contre Fieure pestilencieuse et autre maniere d'Epidemie, aprouvée par plusieurs Docteurs en medecine. A Paris, par Estienne Grouleau, demourant en la rue Neufue Nostre Dame à l'Enseigne Sainct Jean Baptiste, 1556, in-fol. de 6 ff. non chiffrés et ccxxiiij ff. chiffr. à 2 col., lettres rondes. (De 30 à 40 fr.)

Au titre, marque de l'imprimeur. Gravures en tête du prologue et de chaque livre. On lit à la fin : Fin du grand proprietaire de toutes choses. Translaté de Latin en François par maistre Iean Corbichon de l'ordre de sainct Augustin Docteur en théologie.

— Le même... *Paris, par Loys de Banuille tenant sa boutieque en la grand Salle du Palay près la Chappelle de messieurs les presidens,* 1556, in-fol. de 6 ff. lim. non chiffr. et 224 ff. chiffr.

— Le même... *A Paris, Par Magdaleine Boursette demourant à la Rue sainct Iacques, à l'Enseigne de l'Elephant, deuant les mathurins,* 1556, in-fol. de 6 ff. limin. non chiffr. et 224 ff. chiffr.

Les deux éditions que nous venons de citer sont les mêmes que celle donnée par Estienne Groulleau. Le nom et la marque du libraire seuls sont changés sur le titre. Brunet indique une édition portant même titre e même date, *Paris, l'Angelier.*

Un exemplaire, avec le nom d'Estienne Groulleau, a été vendu, en v. f. (Niédrée) 100 fr. Yemeniz.

Le cat. Huzard ne renferme pas moins de huit éditions françaises de l'ouvrage de Bartholomœus Anglicus (Glanville); nous citons, d'après lui, celles que nous n'avons pu avoir entre les mains :

— Le proprietaire des choses... auec aucunes additions nouuellement adioustees cest assauoir les vertus et proprietez des eaues artificielles et des herbes, etc. — *Imprime a Rouen an lan mil V cens et XII le XVᵉ iour de nouembre pour françoys regnauld libraire en luniversite de paris et pour Jehan mace... a renes, et pour Michel angier... de Caen et pour Richard mace... a Rouen.* In-fol., goth., à 2 col., fig. et lettres ornées.

— Le même... *Imprime nouuellement a Paris lan de grace mil cinq cens et dix le XVᵉ iour de nouembre. Pour Jehan petit et Michel lenoir,* pet. in-fol., fig. s. bois et lettres ornées.

— Le même... Mil Dxxxix *Paris... Iehan Longis,* in-fol., goth., à 2 col., fig. s. b. et lettres ornées.

D'autre part, Brunet indique, d'après Panzer, t. IV, p. 400, une édition du Proprietaire en françoys... *imprime a paris pour anthoine verard marchant libraire,* s. d., in-fol., goth., à 2 col. et une autre édition de *Lyon, Jean Dyamantier,* 1500, in-fol., goth.

GLASSE (Mrs). — The art of cookery made plain easy; which far exceeds any Thing of the kind yet published containing : 1º How to Roast and Boil to perfection every Thing necessary to be sent up to table, 2º of made dishes, 3º How expensive a French cook's sauce..... To which are added, By way of Appendix, one Hundred and fifty new and useful Receipts and a Copious Index. By a Lady. The Eigth edition. *London Printed for A. Millar. J. and R. Tonson...* 1763, in-8 de VI pp., 12 ff. n. ch. de table, 384 pp. et 12 ff. n. ch. d'*index* alphabétique. (De 5 à 6 fr.)

Cet ouvrage, dont nous avons indiqué la première édition au mot *Art (The) of Cookery,* est divisé en 23 chapitres. Les premières éditions ont paru sans nom d'auteur.

— Le même... fourth edition with additions... 1751, in-8.

— Le même... with appendix of 150 new and useful Receipts, 1767, in-8.

— Le même... new Edition, *ibidem, idem,* 1770, in-8 de VI pp., 12 ff. n. ch., 384 pp. et 12 ff. n. ch.

— Le même.... By Mrs Glasse, *ibidem, idem,* 1784, in-8 de VI pp., 12 ff. n. ch., 409 pp. et 12 ff. n. ch. avec 1 pl.

— Le même... *ibidem, idem,* 1788, in-8 de VI pp., 12 ff. n. ch., 409 pp. et 12 ff. n. ch.

— Le même... new edition with modern Improvements, 1803, in-8.

GOBY (Emile). — Les Confitures de ma Tante, scène de la vie de province, en un acte, par MM. Emile Goby et Antoine, de Nantes. *Paris, Lévy frères,* 1863, in-12. (1 fr.)

GODARD (P.). — Histoire de la pomme de terre, son origine, ses emplois culinaires et industriels. Moyen de faire soi-même du pain à 7 c. le demi-kilogramme, précédée d'une notice biographique de Parmentier, par Pierre Vinçard. *Paris, l'auteur,* 1847, in-12. (2 fr. 50.)

GOGUÉ. — Les Secrets de la Cuisine française par A. Gogué, ancien chef des cuisines du comte Ducayla, de lord Melville, etc. Ouvrage illustré de 45 gravures sur bois par Rouyer. *Paris, librairie Hachette,* 1856, in-12 de IV-438 pages. (3 fr.)

La seconde édition a paru sous le titre suivant : *La Cuisine française par A. Goguel, ancien chef des cuisines*, etc., etc. ; la 6ᵉ édition, *Paris, Hachette*, in-18 de vIII-536 pages, porte la date de 1882.

GOGUEL (Ed.). — Les Banquets chez les Grecs, par Ed. Goguel. *Strasbourg, Berger-Levrault*, 1864, in-8 de 49 pages. (De 2 à 3 fr.)

GONET (Gabriel de). — La Cuisinière universelle, nouveau livre de Cuisine indispensable à tous les ménages contenant l'art d'utiliser les restes par Gabriel de Gonet, le calendrier culinaire, le guide complet de l'étiquette aux déjeûners, Diners et Soupers, suivant les Convives par Madame la Comtesse de Bassanville augmenté du Service de la table, de 31 menus de la manière de confectionner les confitures et les pâtisseries, et du tableau comparatif des aliments digestifs ou non digestifs par J. de Riols. Ouvrage très complet, précédé d'une introduction sur les classiques de la table par Alphonse Karr. *Paris, Le Bailly*, s. d. (1884), in-8 de 288 pp. avec fig. (3 fr.)

La Cuisinière universelle n'est qu'une réimpression ; elle avait été publiée déjà en 1872 sous ce titre :

— Livre de famille. Répertoire de Cuisine simplifiée colligé, extrait et résumé, sur les travaux des écrivains de l'art culinaire par Gabriel (l'encyclopédiste) précédé d'une introduction sur les classiques de la table par Alph. Karr et suivi du guide complet de l'étiquette du Service de table par Mᵐᵉ la comtesse de Bassanville. *Paris, l'auteur-éditeur*, s. d. (1872), in-8 de 276 pages. (De 3 à 4 fr.)

Le *Répertoire de Cuisine simplifiée* offre une particularité qui est à noter. Le texte n'est imprimé que sur le recto de chaque page, le verso restant blanc afin qu'on puisse y écrire les « recettes nouvelles et modifications » ; il est rédigé par ordre alphabétique. La réimpression (*Cuisinière universelle*) est textuelle ; mais les pages blanches n'existent plus. En ce qui concerne les figures, empruntées à l'*Empire des Légumes* et dessinées par Varin, elles sont dans le *répertoire*, coloriées et telles qu'elles ont paru dans le livre de MM. Nus et Méray, édité d'ailleurs par de Gonet ; dans la *Cuisinière universelle*, elles sont monochromes. En revanche, il existe dans ce dernier des figures noires qui ne se trouvent pas dans le premier, ainsi que des additions sur l'ordonnance du service par J. de Riols.

Dans la première édition, M. Gabriel de Gonet avait pris le pseudonyme de « Gabriel l'Encyclopédiste ».

GONZALLE (J.-L.). — Le Vin de Champagne, poème lyrique en huit chants et poésies diverses par J.-L. Gonzalle, auteur de la Muse prolétaire, de l'Euménide, etc. *Paris, Dentu ; Rheims, Brissart-Binet ; l'auteur*, 1860, in-18 de 140 pages. (2 fr.)

Voici les titres des huit chants du poème, *le Vin de Champagne :* Prologue. Le Rêve. Le Myosotis. Tout passe. Origine du vin mousseux. Les vins d'Horace. Du vin ! du vin ! Le Champagne. Le Réveil. Epilogue.

GOOD (The) Huswsife's Handmaid for the kitchen ; containing manie principall pointes of cookerie as well how to dress meates, after sundrie the best vsed in English and other countries, with their apt and proper sawces, both for flesh and fish ; as also the orderly seruing of the same to the table. Hereunto are anexed sundrie necessarie conceits for the preseruation of Health verie meete to be adioined to the good Huswife's closet or prouision for her houshold, 1594, in-8.

Imprimé par Richard Jones.

GOOD (The) Huservives Treasuries, being a very necessarie booke instructing to the dressing of meates. *London*, 1588, in-8.

GOSPODYNI polskiéj Kuchni. Wydanie 4te. *Warszawa, nakład W. Lange*, 1873.

Cuisinière bourgeoise polonaise, 4ᵉ édition, Estreicher, t, VI, 248.

GOSSELIN (Augustin). — Manuel des chocolatiers traitant de la partie pratique des appareils en usage et de la confection des bonbons à base de chocolat, par Augustin Gosselin. *Paris, Roret,* 1869, in-8. (1 fr. 50.)

GOUERNAYLE (The) of Helthe with the medecyne of ye stomacke reprinted from Caxton's edition (circa Mccccxci) with Introductory remarks and notes by William Blades. *Imprinted by Blades East & Blades. Abchurch Lane London,* 1858, pet. in-4 de VIII-110 pages.

M. Blades a donné, dans ce volume, une réimpression *fac-simile* de l'édition de Caxton publiée vers 1491, et dont voici le titre : *In this tretyse that is cleped Gouernayle of Helthe* (à la fin :) *Explicit medicina stomachi.* Ce pet. in-4 goth. de 18 ff. de 23 lignes. à la page sign. A-B par 8, plus 2 ff. n. chiff. pour « Medicina stomachi » est sans date et ne mentionne ni lieu d'impression, ni nom d'imprimeur. Le seul exemplaire connu de cet ouvrage se trouve à Ham-House (Surrey). Nous empruntons également à M. Blades la description de l'édition suivante :

— Here begyneth a iytell treatyse called the gouernall of Helthe with ye medecyne of ye stomacke. (à la fin :) *Here endeth the gouernall of helth. Emprentend in flete strete in London in the sygn of the sonne by Wynkin de Worde,* pet. in-4 goth. de 12 ff. de 32 lignes à la page signés A-B par 6.

GOUFFÉ (Jules). — Le livre de Cuisine par Jules Gouffé, ancien officier de bouche du Jockey Club de Paris comprenant la Cuisine de ménage et la grande Cuisine avec 25 planches imprimées en chromolithographie et 161 gravures sur bois dessinées d'après nature par E. Ronjat Cinquième édition. *Paris, Hachette et C*ie, 1881, gr. in-8 de XI-864 pages. (25 fr.)

Cet ouvrage culinaire est, avec ceux d'Urbain Dubois, un des plus complets et des plus sérieusement traités qui existent ; les recettes que l'on y trouve sont fort recherchées, mais il faut avoir un budget assez important, affecté aux dépenses de table, pour pouvoir suivre les savants conseils de ce maître de l'art culinaire.

Les planches en chromolithographie qui se trouvent au nombre de 25 dans le volume sont très soignées et donnent une idée exacte des mets et pièces qu'elles indiquent.

La première édition du *Livre de Cuisine* a été publiée, *Paris, Hachette,* 1867 ; il a été réimprimé plusieurs fois. La 7e édition porte la date de 1888 ; une nouvelle édition a paru en 1889. Certains exemplaires ne sont ornés que de 4 chromolith., 21 planches en noir et 161 fig. (15 fr.)

— Le livre des Conserves ou recettes pour préparer et conserver les viandes et les poissons salés et fumés, les terrines, les galantines, les fruits, les confitures, les liqueurs de famille, les sirops, les petits fours etc., etc., par Jules Gouffé officier de bouche du Jockey Club, auteur du *Livre de Cuisine.* Ouvrage illustré de 34 vignettes sur bois. *Paris, L. Hachette et C*ie, 1869, gr. in-8 de VI-450 pages. (10 fr.)

En tête se trouve un portrait de l'auteur.

— Le livre de pâtisserie par Jules Gouffé, officier de bouche du Jockey Club de Paris. Ouvrage contenant 10 planches chromolithographiques et 137 gravures sur bois, d'après les peintures à l'huile et les dessins de E. Ronjat. *Paris, Hachette et C*ie, 1873, gr. in-8 de VII-506 pages. (20 fr.)

Le *Livre de pâtisserie* est, pour ainsi dire, le complément nécessaire du *Livre de Cuisine.* Il est divisé en deux parties ; la première traite des préparations, la seconde des grosses pièces et entremets détachés. Ces deux parties sont précédées de considérations préliminaires où l'auteur donne des conseils aux jeunes pâtissiers, indique les termes de pâtisserie et parle du four et de la cuisson. Après la table des chapitres qui se trouve au commencement, avant la préface, un portrait de Jules Gouffé, gravé sur bois. Les 10 planches en couleur, soigneusement tirées, représentent des croustades, des petits gâteaux variés, des timbales, des pièces montées, etc. Le *Livre de pâtisserie* porte la date de 1873, mais a paru à la fin de l'année 1872.

— Le livre des Soupes et des potages contenant plus de quatre cents recettes de potages français et étrangers par Jules Gouffé, ancien officier de bouche du Jockey-Club de Paris, auteur du *Livre de Cuisine*. *Paris, Hachette et Cie*, 1875, in-18 de III-260 pp. (2 fr.)

GOUGET (E.). — Croquignole, lamentations d'un patronnet, paroles et musique par Emile Gouget. *Paris, Boyer*, 1881, in-8 de 4 pp. (50 cent.)

GOURCUFF (Olivier de). — Le Caffé, épître attribuée a Senecé publiée sur le manuscrit inédit avec un avant-propos par Olivier de Gourcuff. *Nantes, Vier*, 1883, pet. in-8 de VIII-19 pages. (2 fr. 50.)

GOURMAND (Le) Journal des amateurs de la bonne chère, revue gastronomique, paraissant tous les jours. Bulletin financier, cours des Halles et marchés, programme des spectacles (Annales de la cuisine française). *Paris, (impr. Dubuisson)*, in-4 de 4 pages à 4 col.

Prix de l'abonnement : Paris, pour un semestre, 25 fr. ; départ^{ts}, 28 fr.

Le directeur-gérant et rédacteur en chef de cette feuille fort peu intéressante était M. J. Denizé. Le premier numéro a paru le 11 juillet 1855 ; d'après le titre, le *Gourmand* aurait dû paraitre tous les jours, mais à la date du 14 septembre 1855, il n'en était encore qu'à son neuvième numéro.

GOURMET (Le), journal des intérêts gastronomiques. *Paris (impr. Dubuisson et Cie)*, in-4 de 4 pages à 3 col.

Une vignette, placée en tête de la première page, représente un gastronome assis sous une treille et entouré de petits amours tenant les uns un pâté, les autres des bouteilles, des couteaux, des fourchettes, en un mot tous les attributs de la table. L'un d'entre eux est à califourchon sur un tonneau.

Le 1er numéro du *Gourmet*, dont le rédacteur en chef était Charles Monselet, porte la date du dimanche 21 février 1858. Le *Gourmet* devait paraitre tous les dimanches, mais son existence n'a pas été de longue durée. Le 1er août 1858, son 24e et dernier numéro était mis en vente ; il donnait la liste des principaux articles publiés dans les 23 numéros précédents. Voici les titres de quelques-uns de ces articles : La Bouillabaisse, par Méry. Les Restaurateurs, par Théodore de Banville. Lettres à Emile sur la Gastronomie, par Monselet. Un diner turc, par Théophile Gautier. Deux repas royaux, par J. de Goncourt. Le Cochon, par Xavier Aubryet. Stances gastronomiques, par E. de la Bedollière. Physiologie du dineur, par Eugène Woestyn, etc., etc.

Prix de l'abonnemement annuel : Paris, un an, 12 fr ; six mois, 6 fr. 50. Départements, un an : 14 fr. ; six mois, 7 fr. 50. Le n° 0,20 c.

La collection complète du *Gourmet*, sans être rare, n'est pas commune ; elle vaut de 15 à 20 fr.

GOURMET (M.) de la Feuillade ou l'amateur de café au Palais-Royal. *S. l. n. d.*, in-8 de 7 pages. (De 2 à 3 fr.)

GOUUERNEMENT (Le) de mesnaige selon la Doctrine Sainct-Bernard (à la fin :) *Cy finist le gouuernement de mesnaige selon la doctrine de môsieur saict Bernard nouuellement imprime a Paris pour Jean Saict Denys demourant en la rue neufue Nostre dame a l'enseigne Sainct Nicolas*, S. d., pet. in-4 goth. de 4 ff. non chiffrés.

Au titre, une figure sur bois. Le texte commence au verso du titre. Ce petit livre est d'une excessive rareté ; il contient des conseils sur la façon de vivre tant au point de vue de la nourriture que de la manière d'élever les enfants. C'est, dans des proportions infiniment réduites, un traité dans le genre du *Ménagier de Paris*.

— Regime commêt on se doit gouuerner en mesnage selon la doctrine Sainct Bernard. *S. l. n. d. et s. nom d'impr.*, pet. in-8 goth. de 4 ff. de 24 lignes la page, sans chiffr. ni signat.

Le *Répertoire Techener* mentionne une autre édition de ce petit traité de la fin du XVe ou du commencement du XVIe siècle avec le titre suivant :

— Le Regime de mesnaige selon saint-Bernard. *S. l. n. d.*, in-4 goth. de 6 ff. avec une fig. s. bois au verso du 1er feuillet et une autre, au bas du recto du dernier.

Cette édition a été imprimée à Lyon ; un

exemplaire en veau fauve a été vendu, 76 fr., Yemeniz.

GRAINGER. — The sugar cane, a poem, by James Grainger. *London*, 1764, in-4.

GRANADO. — Libro del arte de Cozina en el qval se contiene El modo de guisar de comer en qualquier tiempo, assi de carne, como de pescado, para sanos y enfermos, y conualecientes : assi de pasteles, tortas, y salsas, como de conseruas a la vsança Espanôla, Italiana, y Tudesca de nuestros tiempos. Por Diego Granado oficial de cozina, residence en esta Corte. *En Madrid : Por Alonzo Martin Anô 1609. Vendese en casa de Iuan Berrillo, librero A la puerta de Guadalajara*, in-8 de 4 ff. lim. n. ch., 348 ff. ch. et 16 ff. n. ch. de table. (De 7 à 8 fr.)

Les 4 ff. lim. comprennent le titre, la permission d'imprimer, le privilège « Fecha en Madrid a 30 dias del mes de Março de 1609 años, et le prologue.

GRANDCHAMP. — Le Cuisinier à la bonne franquette; par Mique Grandchamp, maître d'hôtel. 1ʳᵉ édition. *Annecy, impr. Dépollier et Cⁱᵉ*, 1884, in-12 de 950 pp. (3 fr.)

GRANDI (Ferdinando). — Les Nouveautés de la Gastronomie princière par Ferdinando Grandi chef des cuisines de son excellence le prince Anatole Démidoff. Ouvrage orné de 25 figures. *Paris, Audot*, 1866, gr. in-8 de 212 pages. (De 4 à 5 fr.)

Cet ouvrage culinaire est dédié au prince Démidoff; l'auteur, ainsi qu'il le dit lui-même dans un Avertissement placé en tête, « ne s'est point assujetti à de trop minutieuses explications. Il écrit surtout pour ses confrères de la haute cuisine et il est sûr d'être compris d'eux. »
Les recettes indiquées par M. F. Grandi ne sont pas banales, si l'on en juge par les noms qu'il leur donne; relevons au hasard, la *Pyramide à la rentrée des armées*, *Filet de bœuf au nouveau règne*, *Oie à la Don Carlos*, *Timbale aux armées de France et d'Italie*

réunies, etc., etc. Voyez Audot. Supplément à la Cuisinière.

GRANDIDIER (L'abbé). — Anecdotes relatives à une ancienne confrairie de buveurs, établie sur les confins de la Lorraine et de l'Alsace ; extraite des Essais histôriques sur cette dernière province. Manuscrit composé par M. l'abbé Grandidier, chanoine et prébendier du grand chœur de l'Eglise Cathédrale de Strasbourg, membre de plusieurs académies de France, d'Allemagne et d'Italie, etc. Nouvelle édition, soigneusement revue et annotée. *Nancy, à la librairie Ancienne et moderne de Cayon-Liébaut*, 1864, in-8 de VII-24 pages. (De 4 à 5 fr.)

Faux titre au verso duquel se trouve l'indication du tirage : Cent vingt exemplaires. — Frontispice gravé à l'eau-forte. — Titre. — Préface du nouvel éditeur. Les *Anecdotes* commencent à la page I et finissent à la page 24.
L'exemplaire que nous avons sous les yeux est imprimé sur papier vert.
La première édition de cet opuscule a été publiée à Nancy, en 1850.
La confrérie de Buveurs dont il est ici question est la confrérie de la Corne, dont on voit les emblèmes au frontispice, et qui fut instituée, à la fin du seizième siècle, par l'évêque Jean de Manderscheidt-Blanckenheim. Arthur Dinaux, *Sociétés badines*, fournit un grand nombre de renseignements sur cette réunion dont les membres devaient, pour y être admis, vider d'un seul trait une vaste corne contenant à peu près deux pots de vin.

GRANGÉ (Eugène). — Le pâté de Chartres, vaudeville en un acte par MM. Eugène Grangé, Selme-Davenay et Abel. *Paris, Gallet*, 1840, in-8. (1 fr.)

— Le Punch Grassot, à propos en un acte par MM. Eugène Grangé et Delacour. *Paris, Michel Lévy frères*, 1859, in-4 à 2 col. (1 fr.)

Représenté pour la première fois sur le théâtre du Palais-Royal, le 2 octobre 1858.

— Toasts prononcés aux banquets du Caveau pendant l'année 1859 par Eugène Grangé, président. *Paris, impr. Jules Juteau*, 1870, in-18 de 36 pp. (1 fr. 50

Voyez Cormon (Eugène), Festin (le) de Balthazar.

GRANS (Les) abvs et barbovilleries des taverniers & Tauernières, qui meslent & broüillent le vin. Auec la feinte reception & ruse des Hostesses & chambrieres enuers leurs Hostes. Plus vne reformation des Tauerniers & gourmanmandise. *A Rouen chez Nicolas Lescuyer, rue aux Iuifs, a la Prudence,* 1578, in-16 de 93 pages. (De 35 à 40 fr.)

Le nom de l'auteur, Artus Désiré, se trouve! ormé par les premières lettres des onze premiers vers imprimés au verso du titre.

Page 3 : A nos bien aymez et loyaux sommeliers, et boutilliers du tres puissant et tres vertueux roy Bacchus L'autheur de ce present liure.

Mille saluts de fin or et d'Arabie
Pour maintenir folatieuse vie.

GRANT (D.) — La botte d'asperges, monologue par Daniel Grant. *Paris, Michaud,* 1883, in-18 de 7 pp. (50 cent.)

GRASS (J.) — Kuchnia zdrowia, albo Przepisy przyrzadzania potraw z produktow Krajowych, najprosciejszym, najwlasciwszym sposobem, dla osob tak chorych, jako tez i powracajacych do zdrowia, sluzacych, przez J. Jankowskiego. *Wilno, T. Glücksberg,* 1838, in-12 de 124 pp.

Estreicher, t. II, p. 78.

GRATAROLUS (Guilielmus). — De Vini natura, artificio, et vsv, deqve re omni potabili, opus certis capitibus distinctum & nunc primum in lucem editum. Authore Guilielmo Gratarolo Bergomate, Medico & Philosopho. Huic addita quedam opuscula eiusdem Authoris, quorum catalogum uersa pagella indicabit. Cum indice rerum in hisce opusculis contentarum locupletissimo... Cvm privilegio cæsareo ad annos octo. (*Bâle,* 1565), in-8 de 4 ff. limin. non chiffrés, 912 pages et 12 ff. non chiffrés pour l'index. (De 10 à 12 fr.)

Sur le titre, après le mot *locupletissimo,* on lit ces distiques latins :

Ad Lectorem.

Codex magnus erit non qui foliosus et altus
Sed qui magna capit, raraq̄; et utilia,
Omne tulit punctum qui miscuit utile dulci ;
Dulce nil est illi qui sel in ore gerit.

Au verso du titre : « Catalogvs opvsculorum libro de uino adiectorum. » La préface est datée de Bâle, 1565 ; le livre de *Vini natura* commence à la page 1 et finit à la page 400. Les autres pages sont occupées par les opuscules annoncés au titre. Au recto du dernier feuillet, après le mot, *finis,* on lit : Argentorati, Excudebat Theodosius Rihelius anno MDLXV ; au verso, marque de l'imprimeur.

GREBITZ (Karolina-Eleonora). — Rzadna gospodyni we wzgledzie Kuchni i spizarni... *Wilno,* 1838-1839, 2 vol. in-8 de XXVI-434 et VIII-302 pp.

Reimprimé, *Wilno, Zawadzki,* 1844, 2 vol. in-8.

Estreicher, t. II, p. 79.

GRELOT (P. E.). — Le Trésor du boulanger ou les Secrets de la boulangerie, contenant les meilleures recettes d'amélioration et d'économie qui se rattachent à la confection du pain et de la pâtisserie. *Orléans, impr. de Coussot,* 1848, in-12. (2 fr.)

GRÉTRY aîné. — Treize à table ou le Préjugé de société, comédie-vaudeville en un acte et en vers par Grétry aîné. *Paris, Ducrocq,* 1807, in-8. (1 fr. 50.)

GRIMOD DE LA REYNIÈRE (Alexandre-Balthazar-Laurent). — Almanach des Gourmands ou Calendrier nutritif servant de guide dans les moyens de faire excellente chère ; suivi de l'itinéraire d'un Gourmand dans divers quartiers de Paris et de quelques variétés morales, nutritives, Anecdotes gourmandes, etc. par un Vieux Amateur. *A Paris, chez Maradan,* an XI-1803, in-18 de VIII-247 pp.

Dédié à M. d'Aigrefeuille. Titre du frontispice : Bibliothèque d'un Gourmand du XIXe siècle. Une seconde et une troisième édition revue et corrigée ont paru la même année. Les *Almanachs des Gourmands* bien que non signés sont l'œuvre de Grimod de la Reynière, le célèbre gourmand dont on connaît les excentricités gastronomiques. M. Quérard, dans la *France Littéraire*, lui donne un collaborateur, M. Coste.

Les *Almanachs des Gourmands* ont vécu pendant huit années. Le premier, ainsi que nous le disons plus haut, porte la date de 1803, le dernier celle de 1812. En 1809, il n'en a pas été publié.

L'*Almanach des Gourmands* a paru, chaque année, avec un titre général qui est le même mais avec un sous-titre légèrement modifié ; chaque année également, il y a un nouveau frontispice gravé. Tous les dessins sont l'œuvre de Grimod lui-même.

— Le même... Seconde année, contenant un grand nombre de dissertations philosophico-gourmandes ; les quatre Parties du jour d'un Gourmand ; des Variétés morales et nutritives ; des Anecdotes gourmandes ; plusieurs articles relatifs à la Friandise, etc. etc. *A Paris, chez Maradan* an XII-1804, in-18 de 6 ff. non chiffrés pour le calendrier et 282 pp.

Dédié à M. Camerani. Titre du frontispice : Les audiences d'un Gourmand.

— Le même... Troisième année, contenant plusieurs Articles de morale et de politesse gourmande ; une notice raisonnée des principaux Fruits qui se servent à table ; la seconde Promenade d'un Gourmand dans Paris ; les Découvertes nouvelles de 1804 ; plusieurs Recettes alimentaires et friandes ; un grand nombre d'Anecdotes gourmandes ; des principes d'hygiène et de savoir-vivre ; un extrait de la correspondance gourmande de l'auteur, etc., etc. *A Paris, chez Maradan*, an XIII-1805, in-18 de XIV-342 pp.

Dédié à Carlin Bertinazzi, dernier Arlequin de la Comédie française. Titre du frontispice : Séance d'un jury de Gourmands dégustateurs.

Ces deux années ont eu chacune deux éditions.

— Le même... Quatrième année, Contenant un grand nombre d'Articles de morale Gourmande et de considérations alimentaires ; beaucoup de recettes gourmandes inédites et curieuses ; la description de plusieurs espèces de Ragoûts, tant exotiques qu'indigènes ; la Petite Revue gourmande ou troisième promenade d'un Gourmand dans Paris ; les Découvertes Gourmandes et friandes de l'année 1805 ; la Nécrologie gourmande de 1805, etc. *A Paris, chez Maradan*, 1806, in-18 de XX-336 pp.

Dédié à la Société des mercredis. Titre du frontispice : Les méditations d'un Gourmand.

— Le même... Cinquième année, contenant un grand nombre d'Articles de morale, de Politesse et d'Hygiène gourmandes, plusieurs Recettes gourmandes inédites et curieuses ; un petit Traité des dîners par cœur, du Savoir-vivre et des offres réelles ; les Découvertes Gourmandes et Friandes de 1806 ; quelques anecdotes Gourmandes ; la correspondance gourmande ; la Petite Revue de l'Année 1806, formant la quatrième Promenade d'un Gourmand dans Paris ; Poésies gourmandes etc. *A Paris, chez Maradan*, 1807, in-18 de XIV-362 pp.

Dédié aux Mânes du docteur Gastaldy. Titre du frontispice : Le premier devoir d'un Amphitrion.

— Le même... Sixième année, contenant plusieurs articles qu'il importe aux Amphitryons, aux Convives, et surtout aux Gourmands, de lire et de méditer ; des Découvertes importantes pour les Gourmets ; quelques chapitres de morale et de métaphysique gourmandes ; des Recettes inédites et curieuses ; un petit Traité des Liaisons, des Braisés, et des Coulis ; des considérations sur les Progrès de l'art du Four, sur plusieurs objets d'économie domestique et sur quelques marchés de Paris ; des poésies et des chansons gourmandes ; la Petite Revue de l'année 1808, formant la sixième (sic) Promenade d'un gourmand dans Paris etc.,

etc., etc. *A Paris, chez Maradan*, 1808, in-18 de xij-331 pp.

Dédié à M. Grimod de Verneuil. Titre du frontispice : Les Rêves d'un gourmand.

— Le même... Septième année, contenant un grand nombre de chapitres intéressans, pour servir à l'histoire de l'Art alimentaire ; plusieurs recettes gourmandes inédites ; un article sur la conserve de café ; des considérations importantes sur les Sautés, le Chocolat et les Andouilles de Vire... de petits Traités sur les Sardines de Nantes, les Liqueurs de Bordeaux, le Riz de Pommes de terre etc ; des Aperçus nouveaux sur les mutations gourmandes... la Petite Revue de l'année 1809 formant la sixième Promenade d'un gourmand dans Paris, etc., etc., etc. *A Paris, chez Joseph Chaumerot*, 1810, in-18 de XVI-340 pp.

Dédié aux Mânes de J. Albouis d'Azincourt. Titre du frontispice : Le lever d'un gourmand.

— Le même... Huitième année, contenant parmi un grand nombre d'Articles intéressans sur l'Art alimentaire, une petite Dissertation sur les Truffes ; une sur les Grillades, sur les Réductions, sur le Beurre, le Vin de Madère, les Repas de noces, les Cuisinières, les Œufs, les progrès de la cuisine dans le 18e siècle, le Kirschwasser, etc. ; l'éloge des cure-dents... la Petite Revue de l'année 1811 formant la septième Promenade d'un Gourmand dans la bonne ville de Paris ; quelques articles de gastronomie étrangère, etc., etc., etc. *A Paris, chez Joseph Chaumerot*, 1812, in-18 de XIV-360 pp.

Dédié à l'ombre de Vatel. Titre du frontispice : Le plus mortel ennemi du dîner.

— Manuel des Amphitryons ; contenant un Traité de la Dissection des viandes à table, la Nomenclature des menus les plus nouveaux pour chaque saison, et des Elemens de politesse gourmande. Ouvrage indispensable à tous ceux qui sont jaloux de faire bonne chère, et de la faire faire aux autres. Orné d'un grand nombre de planches gravées en taille-douce. Par l'Auteur de l'*Almanach des Gourmands*. *A Paris, chez Capelle et Renand*, 1808, in-8 de 384 pp. (De 7 à 8 fr.)

Le *Manuel des Amphitryons* est divisé en trois parties. La première contient XXX chapitres ; la seconde VII et la troisième X. A la page 357 se trouve une table alphabétique et raisonnée des matières. Les planches sont au nombre de 17.

Une annonce des libraires, placée à la page 383, prévient les lecteurs qu'ils vont bientôt mettre sous presse le *Dictionnaire de Cuisine ou Manuel des Gourmands* par l'Auteur de l'*Almanach des Gourmands*, etc. « Cet ouvrage formera, disent-ils, un fort volume in-8°. La copie est déjà fort avancée ; on espère que ce dictionnaire pourra paroître vers la Saint-Martin de 1808. »

Bien des Saint-Martin se sont passées depuis cette époque et le *Dictionnaire de Cuisine* de Grimod de la Reynière n'a pas paru.

Voyez *Gastronome (le) français* et le *Journal des Gourmands et des Belles.*

M. Gustave Desnoiresterres a publié un volume fort intéressant sur Grimod de la Reynière qui a laissé, outre ses écrits gourmands, plusieurs ouvrages littéraires.

La plupart des œuvres gastronomiques de l'auteur du *Manuel des Amphitryons* ont été souvent reproduites dans un grand nombre de livres, journaux, etc., notamment dans les *Classiques de la Table.*

GROS (Dr C. H.). — Mémoires d'un estomac écrits par lui-même pour le bénéfice de tous ceux qui mangent et qui lisent et édités par un ministre de l'intérieur ; traduit de l'anglais par le Dr C. H. Gros, médecin en chef de l'hôpital de Boulogne-s/mer. Troisième édition revue et augmentée. *Paris, Baillière et fils*, 1876, in-12 de 186 pp. (2 fr.)

GROSS (Antoine). — Manuel du petit four par Antoine Gross. *Paris, Mercier*, 1832, in-18. (1 fr. 50)

GROSSMANN DE BONNE. — Pas plus de six plats. Tableau de famille en cinq actes par M. G. Grossmann de

Bonne traduit par J. H. (Eberts.) *A Paris chez L. Cellot, Imprimeur-Libraire rue Dauphine* 1781, gr. in-8 de 232 pp. (3 fr.)

GUARINONIUS. — Hydrœnogamia triumphans, seu Aquæ Vinique Connubium, etc. Hippolyto Guarinonio Auctore. *Oeniponti, apud Michaelem Wagner,* 1640, in-8.

Cet ouvrage singulier est assez rare.

GUÉRIN jurassique. — L'oignon fait la force, proverbe bourgeois en deux actes, par Guérin jurassique, T. P. G. de l'Adour. *Paris, impr. Jousset,* s. d., in-8 de 61 pp. (1 fr.)

GUERRE (La) et le debat entre la Langue, les membres et le vêtre, cest assauoir, La langue, les yeulx, Les oreilles, Le nez, les Mains, les piedz quilz ne veullent plus rien bailler ne administrer au ventre. Et cessent chascun de besongner. *On les vend a Paris en la rue Neufue nostre Dame a lenseigne sainct Nicolas,* s. d., pet. in-4 goth. de 18 ff., fig. s. bois.

Du Verdier, *Bibliothèque françoise,* indique deux autres éditions l'une, à *Lyon, Jacques Moderne,* in-4°, l'autre, à *Paris, chez Jean Trepperel,* pet. in-4 goth.

Pièce des plus rares attribuée à Jean d'Abundance.

La Société des bibliophiles françois a donné une réimpression *fac simile* de cette pièce en vers d'après l'édition que nous venons de citer.

Cette réimpression, tirée à 30 exempl. sur papier vélin fort, a été faite par les soins de MM. Bérard et Monmerqué *chez J. Didot frères,* en novembre 1835.

Une autre réimpression exécutée d'après la même édition par Crapelet, a paru en 1840, *chez Silvestre,* avec les vignettes sur bois qui sont très curieuses.

GUERRINI (Olindo). — Il libro della cucina del sec. XIV. Testo di lingua non mai fin qui stampato. *Bologna, presso Gaetano Romagnoli,* 1862, in-16 de LIII-127 pp.

— La tavola e la cucina nei secoli XIV et XV. Conferenza tenuta all'Es-posizione di Torino il 21 giugno 1884. *Firenze, G. Barbèra,* 1884, in-8 de 67 pp.

GUIDE dans les principaux restaurants de Paris et des environs, avec les prix de dejeûners et diners; hôtels meublés, pensions bourgeoises, tables d'hôtes, cafés, concerts, bals et théâtres, salons pour repas de noces et soirées dansantes, pensions au mois avec ou sans cachets. Trimestre de juillet 1855, *Paris, Barrault,* 1855, in-16. (1 fr. 50.)

GUIDE (Le) de santé ou l'art de se la conserver par les préceptes qui donnent la vie la plus longue et exempte de maladies... Suivi des Dons de la nature, mis en ordre pour l'usage de la Table suivant les saisons de l'année; ou Recueil contenant une idée des qualités et propriétés des Alimens, tant animaux que végétaux, servant à la subsistance de l'homme. *A Paris et se trouve à Liège, chez F.-J. Desoer,* 1785, in-12 de 214 pages. (De 7 à 8 fr.)

Nous ne nous occuperons que de la seconde partie de cet ouvrage anonyme, les *Dons de la nature* qui commencent à la page 107. L'auteur, dans la préface qui la précède, dit que « le *Guide de Santé* doit mettre en garde contre l'abus des bienfaits abondans de la Nature, qui sont étalés dans ce Recueil de ses dons ».

A la page 186 et non 182 comme l'indique la table des matières, on trouvera une « Table des services pour les quatre Saisons, à l'usage de ceux qui veulent ordonner des Repas ».

GUIDE (The Lady's) to the ordering of her household, and the Economy of the dinner Table. By a Lady. *London, Smith Elder,* 1861, in-8.

GUIDE (Le) du domestique, à l'usage du simple domestique, du valet de chambre, de la femme de chambre et de la cuisinière, contenant des conseils de conduite et des instructions claires et précises sur tout le détail du service dans les petits ménages, dans les maisons bourgeoises et dans les grandes maisons; la manière de servir à table et de mettre le couvert pour les déjeûners et dîners de famille, d'invitation et de cérémonie; et des recettes et renseignements pour le nettoyage de l'argenterie, des cristaux, des meubles, des habits, etc., avec neuf planches gravées indiquant l'arrangement des différents services de la table pour le déjeûner et le dîner. *Paris, Martinon*, 1851, in-12. (2 fr.)

La première édition, in-12 avec 2 planches, est de 1849.

GUIDE (Le) du promeneur aux barrières et dans les environs de Paris, indiquant les bons endroits pour boire, manger, se promener, respirer un air pur, etc., suivi de tableaux relatifs aux restaurants, marchands de vins, cafés, etc. *Paris*, 1856, in-12, fig. et plan. (2 fr.)

GUILLEMEAU (Dr). — Le marché aux légumes et aux herbes potagères du célèbre Linné, traduit en français pour la première fois, par le Docteur Guillemeau, traducteur du pan suédois, etc., etc. *Niort, impr. de Morisset*, 1841, in-8 de 14 pages. (1 fr. 50.)

GUILLON (Alfred). — Le Gourmet, monologue comique. *Paris, librairie théâtrale*, 1885, in-12. (50 cent.)

GUILLORY (aîné). — Les vins alimentaires considérés au point de vue hygiénique. Guide du consommateur par Guillory aîné. *Angers, Barassé*, 1869, in-12. (1 fr.)

— Les vins blancs d'Anjou et de Maine-et-Loire par Guillory aîné. Deuxième édition revue et augmentée. *Angers, Barassé et Paris, librairie agricole*, 1874, in-12. (1 fr.)

Première édition; *Angers, Cosnier et Lachèse*, 1860, in-8.

— Les vignes rouges et les vins rouges en Maine-et-Loire. *Angers, Cosnier et Lachèse*, 1861, in-8, avec 5 planches (2 fr.)

M. Guillory aîné est aussi l'auteur d'un *Calendrier du Vigneron* dont la 2ᵉ édition a paru en 1868, *Angers, Barassé*, in-12.

GUISLIER DU VERGIER. — Traité des Liqueurs, esprits ou essences; Et la manière de s'en servir utilement par François Guislier du Verger maître distillateur en l'art de chimie à Paris, établi à Brusselle. *A Louvain, chez Guillaume Stryckwant, à la langue d'or*, 1728, in-12 de 13 ff. limin. n. chiffr., 169 pages et 7 pages n. chiffr. (De 8 à 10 fr.)

L'ouvrage est dédié à Monseigneur Joseph Lotaire. Le décret de la faculté de Louvain qui l'approuve se trouve au vᵒ de la page 169 et est daté du 16 décembre 1726.

GURY (J.). — L'art d'acheter son vin, par J. Gury, marchand de vins en gros, distillateur-liquoriste. *Troyes, impr. Caffé*, 1884, in-12 de 11 pages. (1 fr.)

GVYBERT (Philbert). — Tovtes les Œvvres Charitables de Philbert Gvybert, Escuyer, Docteur Regent en la Faculté de Medecine à Paris. Sçauoir : Le Medecin Charitable. Le prix & valeur des Medicamens. L'apothicaire Charitable. Le choix des Medicamens. Le traicté du Sené. La maniere de faire toutes sortes de gelées. La maniere de faire diuerses confitures. La conseruation de Santé. Le Discours de la Peste. Le traicté de la Saignée. La methode agreable & facile pour se purger doucement & sans aucun dégoust. La maniere d'embaumer les corps morts. Reueuës, corrigées & augmentées en cette derniere Edition, par l'Autheur, *A Paris, chez Ivlian Iacqvin, rüe des Massons, deuant l'Eglise de Sorbonne*, 1645, in-8. (De 10 à 12 fr.)

Cinq feuillets non chiffrés pour le titre, l'épitre dédicatoire à « Monsievr Patin, etc. », signée I. Iost, et l'avis au lecteur signé Gvybert; un portrait gravé de l'auteur se trouve entre le titre et l'epitre. Au bas de ce portrait on lit : « Gvybert par ces escritz, malgré les enuieux Conceruë la santé des Ieunes et des Vieux. Roussel fecit. »

Le corps de l'ouvrage occupe 880 pages et la table, 15 feuillets non chiffrés.

La « maniere de faire en la maison, facilement et à peu de frais, des gelées de chair, de poisson, et cordiales pour les malades, tant riches que pauures » commence au milieu de la page 364 pour finir à la page 380. Le traité des Confitures commence page 381 et finit page 423. On y trouve des recettes pour « faire des confitures au sel, premierement des oliues » « des capres », pour faire « des confitures au vinaigre », du « pourpier confit » ; du cotignac, etc.

La même année, une édition du livre de Philbert Guybert a paru : *A Rouen, chez Nicolas Loyselet, près St-Lô, derrière le Palais, à l'Oyselet*, 1645, in-12 de 900 pages.

Le *Bulletin du Bibliophile*, 1857, page 551 mentionne une autre édition : *Paris, Cl. Blanqueteau*, 1634, in-8, front. gravé.

— Autre édition, *Paris, Le Mercier*, 1670, in-8.

GUYOT (Sieur). — Les chansons povr danser et povr boire du Sieur Gvyot. *A Paris par Robert Ballard, seul imprimeur du Roy pour la musique, rüe Sainct Iean de Beauuais au Mont-Parnasse*, 1654. *Auec Priuilège de sa Majesté*, in-8 de 42 ff. (le dernier non chiffré). (De 10 à 12 fr.)

HABASQUE (F.). — La vie en province au XVIᵉ siècle. Comment Agen mangeait au temps des derniers Valois, par Francisque Habasque. *Agen, imprimerie et lithographie veuve Lamy,* 1887, gr. in-8 de 145 pp. (2 fr.)

Tiré à 100 exemplaires.

HACHEBÉE. — Cent trente recettes pour apprêter le lapin; ouvrage utile à la ville, indispensable à la campagne, dédié aux personnes économes et gourmandes par Hachebée, ex-chasseur de lapin. *Paris, Goin,* 1879, in-18 de 176 pp. (2 fr.)

HAGGER (Conrad). — Neues Saltzburgisches Koch-Buch, für hocfürstliche und andere vornehme Hoefe, Herren-Hauser, Hof und Hauss-Meister, Koch und Einkauffer; wie auch fur einschichtige, gesund und krancke Persohnen, nicht allein zu hauss, sondern auch im Feld. Mit mehr dann 2500 speisen, und 318 in schœnen Rupffer gestochenen formen, aus eigener langwieriger praxi also ungerichtet. Dass mun auch ben Hoch-Furstl und vornehmer Hœfe Tafeln, bey grossen Gastereyen und gemeinen Mahlzeiten die Tische auf das zierlichste mit annehmlichsten Abwechslungen täglich versehen und bestellen kan, Bestebend Aus. 4 Theilen, in-8 Büchern eingetheilt, beyderen jeden ein doppelt Register mit angehünget. Durch Conrad Hagger, Hoch-Furstlich-Saltzburgische Stadt und Landschafft Koch. Mit Rœm. Kays. Maj. allergnädigsten Privilegio. *Augspurg Druckts und verlegts Iohann Jacob Lotter,* 1719, in-4. (De 20 à 25 fr.)

Très intéressant ouvrage sur la cuisine, dont voici, d'après l'exemplaire de M. le Bᵒⁿ Pichon, la collation :
1 f. de titre. — 20 ff. n. ch. — 206 pages. — 11 ff. n. ch., — 100 pages, — 8 ff. n. ch., — 21 planches gravées. — 2 ff. n. ch., — 14 planches grav. — 1 f. n. ch., — 131 planches grav. — 1 . n. ch., — 34 pl. grav. — 1 f. n. ch., — 16 pl. grav. — 4 ff. n. ch., — 85 pl. grav. — 30 pages — 2 ff. n. ch., — 86 pages. — 6 ff. n. ch., — 216 pages — 19 ff. n. ch., — 116 pages — 10 ff. n. ch., — 199 pages. — 18 ff. n. ch., — 203 pages et 16 ff. n. ch.
Les figures de ce livre fort rare sont des plus curieuses.

HALL (J.). — The Queen's Roya Cookery, by J. Hall, Free Cook of London, 1713, in-12.

HALLES (Les), journal des approvisionneurs. *Paris, (impr. Lapirot et Boullay)*, in-4 de 8 pp. à 2 col.

Le nº 1 a paru le 10 juillet 1881. Au mois d'août de la même année, le journal agrandit son format et est imprimé sur trois colonnes.

En tête de cette feuille qui publie des recettes culinaires et le prix des denrées se trouve une vignette représentant toutes sortes de comestibles.

Prix de l'abonnement : France, un an 8 fr. ; six mois, 4 fr. ; trois mois, 2 fr.

HANDERSON. — The history of ancient and modern wines. *London*, 1824, in-4.

HARDY (A. F.) — Expériences sur les cidres et Poirés et les Bierres ; sur les falsifications de ces boissons : sur les différens moyens de les découvrir... par A. F. Hardy. *Rouen, Seyer*, 1785, in-4 de 96 pages. (De 3 à 4 fr.)

HAREL (Ch.). — Ménage sociétaire ou moyen d'augmenter son bien-être en diminuant sa dépense, avec indication de quelques nouvelles combinaisons pour améliorer et assurer son avenir. Par Charles Harel, Ancien membre des Sociétés d'encouragement. *A Paris, Au bureau de la Phalange, rue Jacob*, 54... 1839, in-8 de x-1 f.-212 pp. (De 7 à 8 fr.)

Curieux traité dans lequel l'auteur expose, d'après les doctrines de Fourier, les avantages de la vie en commun. Nous relevons parmi les articles de cet ouvrage assez rare, les titres suivants : *Influence des aliments et des boissons fermentées* ; *Inconvénients de la vie du restaurant* ; *Inconvénients de la table d'hôte* ; *Inconvénients de la pension privée, etc., etc.*

HAREL (Paul). — Gousses d'ail et fleurs de serpolet. *Paris, Paul Ollendorff*, 1881, in-18 de 2 ff. non chiffr. et 126 pages. (3 fr.)

Dédicace à Madame Gustave Le Vavasseur. Préface en vers de G. Le Vavasseur. Relevons à la Table des matières les pièces de vers intitulées : *Vatel.* — *Epitre à mon ami J. T****. — *Le Tournebroche.* — *Les Tripes.* — *Le fromage.* — *Toast d'antan.* — *Petit duo pour poêle et flûte.*

— Rimes de broche et d'épée, *Paris, A. Sauton*, 1883, in-18 de VI-48 pages, et 1 feuillet de table. (3 fr.)

La plupart de ces poésies de M. Paul Harel, le poète-aubergiste d'Echauffour (Orne) dont la science culinaire et le talent littéraire sont justement appréciés des lettrés et des gourmets se trouvent réimprimées dans : *Aux champs, Paris, A. Lemerre*, 1886, in-18 (3 fr.) et dans : *Sous les pommiers, ibidem, idem*, 1888, in-18. (3 fr.)

HARRISON. — The House-Keeper's Pocket Book; And Compleat Family Cook. Containing Above Seven Hundred Curious and uncommon Receipts, in Cookery, Pastry, Preserving, Pickling, Candying, Collaring, &c. With plain and easy Instructions for preparing and dressing every Thing suitable for an Elegant Entertainment, from Two Dishes to Five or Ten &c. And Directions, for ranging them in their proper order. To which is prefix'd... By Mrs Sarah Harrison, of Devonshire. The Fifth edition corrected and Improv'd, with the Addition of Four Hundred Genuine Receipts... *London, Printed for R. Ware, at the Bible and Sun on Ludgate-Hill*, 1751, in-12 de IV pages, 2 ff. n. ch., 268 pp. et 18 ff. n. ch. d'index et de tables. (De 7 à 8 fr.)

La sixième édition a paru : *London*, 1755, 2 vol. in-12.

HART (John). — The School of Grace; or, A. Book of Nurture. By John Hart. *S. d.* (vers 1680), in-12.

HARTMAN. — A Choice Collection of Select Remedies... Together with excellent Directions for Cooking, and also for Preserving and Conserving. By G. Hartman, 1684, in-8.

HATTÉ (J. B.). — Caro assata Alimentum Litteratis accommodatius, quæstio medica. (Præside Joanne Jacobo Belleteste). *Parisiis, typis viduæ Quillau*, 1753, in-4 de 4 pages. (De 2 à 3 fr.)

HAUTEROCHE. — Le souper mal apresté, comédie représentée sur le théâtre royal de l'hostel de Bourgogne. *Paris*, 1671, in-12.

Réimprimé dans les « Œuvres de théâtre de Monsieur de Hauteroche. *Paris, Pierre Jacques Ribou*, 1736, » in-12, tome Ier, pages 167-234.

HAVET.—Le Dictionnaire des ménages, ou Recueil de recettes et d'instructions pour l'économie domestique, savoir: Moyens de conserver les fruits, etc., etc., par M. Havet, docteur en médecine et botaniste. Seconde édition corrigée très soigneusement et augmentée d'un grand nombre d'articles, notamment du Calendrier de la bonne Ménagère, par M. Stéph. Robinet, pharmacien, et Madame Gacon-Dufour. *Paris, Blanchard*, 1822, in-8. (De 2 à 3 fr.)

La première édition de ce dictionnaire a paru en 1820. Elle ne portait que les trois premières lettres du nom de l'auteur, Hav... médecin et botaniste, auteur du *Moniteur médical* et celui d'un collaborateur, M. Lancin, propriétaire-cultivateur. Le nom de ce dernier ne figure pas sur la seconde édition pas plus que sur la troisième. *Paris, Blanchard*, 1826, in-8.

HAYÈRE. — Boisson économique, hygiénique, toxique, et digestive, pouvant remplacer le vin; par J. T. Hayère, médecin, chimiste-pharmacien à Paris. *Paris, impr. Allard*, 1857, in-8 de 4 pp. (50 cent.)

HAZARD. — L'Hippophagie, ses rapports avec l'hygiène publique et l'économie sociale; suivie des principales recettes pour la préparation de la viande de cheval; par C. Hazard, membre de la Société protectrice des animaux. *Troyes, impr. Dufour-Bouquot*, 1869, in-8 de 20 pages. (1 fr. 50.)

HAZLITT (W. Carew). — Old Cookery books and Ancient Cuisine By W. Carew Hazlitt. *London Elliot Stock, 62 paternoster row 1886*, in-8 de 271 pp. (5 fr.)

HÉBERT (N.-A). — Considérations sur la nécessité de régler le choix et l'usage des substances alimentaires · soit pour conserver la santé soit pour guérir les maladies, etc. *Rouen, impr. Périaux*, 1841, in-8. (2 fr.)

Premier chapitre d'un essai raisonné sur la partie de l'hygiène relative aux aliments et à la boisson.

HEGENDORFF. — Encomivm sobrietatis avthore Christophoro Hegendorffino Lipsico. *S. l. n. d.*, pet. in-8, de 8 ff. de 28 lig. à la page, n. ch. sig. A, lettres rondes. (De 15 à 20 fr.)

Au v° du titre : « Philippi Noveniani Hasfvrnini ad Christophorū Hegēdorffinū amicū suū, Carmē. » Suivent 13 distiques. Au r° du f. aij « Vdalrico de Dhinstat ivris pontificij Doctori Cantori & Canonico exempte ecclesie Vuittēpurgensis Christophorus Hegēdorffinus se cōmendat », L'*Encomivm sobrietatis* commence au milieu du v° de ce f. aij et finit au bas du v° de l'avant-dernier f. par le mot : τελοσ. Au r° du dernier f. « Georgio Rhav Sebaldo Rosenpachio Grymnicio, Ioanni Galliculo amicis suis C. H. S. D. » Au v° « Carmen in orgia S. Martini ». Suivent 20 vers latins terminés par le mot : τελοσ.

— Encomium ebrietatis Christophoro Hegendorffino authore. *S. l. n. d.*, pet. in-8.

Le Catal. Leber mentionne une édition *Lipsiæ*, 1519, pet. in-4, avec un curieux frontispice sur bois. Le *Bulletin du Bibliophile*, ann. 1856, page 657, dit que Christophe Hegendorff, poète, jurisconsulte et théologien luthérien, né à Leipsig en 1500 et mort en 1540, composa son *Eloge de l'ivresse* en 1526, et peu de temps après son *Eloge de la Sobriété*.

L'édition citée par le Cat. Leber donnerait à croire au contraire, que l'auteur écrivit son ouvrage à l'âge de 19 ans et non à celui de 26 comme le dit le *Bulletin du bibliophile*.

Ces deux dissertations facétieuses d'Hegendorff sont fort recherchées à cause de leur rareté.

HELIOGABALE ou esquisse morale de la dissolution romaine sous les Empereurs. *Paris, Dentu*, an X (1802), in-8, front. gravé. (De 4 à 5 fr.)

Ouvrage anonyme mais dont l'auteur, d'après Barbier, est Chaussard. Le chapitre xvii contient la description de somptueux festins. M. Œttinger, Mlle Mars et sa cour, t. II, p. 163, raconte que c'est la lecture de ce récit qui engagea l'Impératrice Joséphine à offrir à ses dames d'honneur un festin composé suivant la mode des anciens et pour lequel on tua le fameux perroquet de Napoléon Ier qui savait crier : *Vive l'Empereur,* en trois langues différentes.

HELOUIS (Edouard). — Les Royal-Diners, guide du gourmet, contenant des menus pour chaque saison, avec la manière de les préparer et des conseils sur le service de la table ; par Edouard Helouis, ancien chef de Cuisine des rois Charles-Albert et Victor-Emmanuel. Ouvrage orné de 24 planches coloriées. *Paris, Dentu,* 1878, in-8 de IV-499 pages. (De 8 à 10 fr.)

HENDERSON.—The House keeper's Instructor ; or, Universal Family Book. By W. A. Henderson. Seventeenth edition. By S. C. Schrubbelie, Cook to the Albany. *London,* 1811, in-8. (3 fr.)

HENRION (C.) — Le Cuisinier supposé, comédie-folie en un acte et en prose par M. C. Henrion. *Paris, Allut,* 1805, in-8. (1 fr. 50.)

HENRY. — M. Descroquignoles ou le bal bourgeois, comédie-folie en un acte, mêlée de couplets par M. Henry ; représentée pour la première fois, à Paris, sur le Théâtre de la Gaîté, le 21 mars 1816. *Paris, J. N. Barba,* 1816, in-8 de 35 pp. (2 fr.)

HERE begynneth the Boke of Keruynge. *Enprinted by Wynkyn de Worde at London in the Flete Strete at the sygne of the sonne. The yere of our lorde,* Mccccviii (1508) in-4.

Au titre, un dessin représentant une famille royale à table ; près d'elle, le fou du roi et un maître d'hôtel apportant des mets. Au bas du titre on lit : Here begynneth the boke of Keruynge and seruynge, and all the feestes in the yere for the seruyce of a prynce or any other estate as ye shall fynde eche offyce the seruyce accordynge in this boke folowynge ».

— Le même.... MCCCCCXIII (1513), in-4.

Au-dessous du titre, un bois réprésentant une table, avec une nappe et des couteaux. Près de la porte, un bouffon se livre aux exercices de son métier.

Le *Book of Carving* traite des devoirs de l'Ecuyer tranchant, du sommelier et du panetier ; il indique les différents noms des vins, la manière de faire l'ypocras, etc., etc

M. Carew Hazlitt mentionne, dans son *Old Cookery books,* une réimpression de ce livre d'une excessive rareté en 1613.

Voyez *Typographical Antiquities* de Ames, édition Dibdin, tome II, p. 133, où nous avons puisé ces renseignements.

Le *Book of Keruynge* a été réimprimé, en 1868, par la « Société des anciens textes anglais » dans un volume intitulé : *Manners and meals in olden time,* in-8.

HERILACUS. — Aqvarvm natvra et facvltates per qvinqve libros digesta : vinorvm et aquarvm effectvvm invicem comparatorum Tractatus. De Arthritide et podagra consilivm Pamphili Herilaci, Reatini, Medici Philosophi. In quibus quæ ipsorum enarrentur index quisquis vnus indicabit Adnotationes et svmmaria in capitibus omnibus adiecta sunt. Periocham in Tabularum modum congestam omnium librorum reperies vt vndique omnium specierum Aquarum facultates absolutissimæ pateant. *Coloniæ, Expensis Ioann. Bapt. Ciotti Senens.,* 1591, pet. in-8. (De 7 à 8 fr.)

Collation : 32 ff. limin. non chiffrés, 384 pages pour le traité *Aquarum natura* et 4 ff. limin. non chiffrés, 118 pages pour le traité de *Arthritide et podagra.* L'Index, placé à la fin occupe 14 feuillets et est commun aux deux ouvrages.

HERMANN-LACHAPELLE. — Des boissons gazeuses au point de vue alimentaire, hygiénique et industriel. Guide pratique du fabricant et du Consommateur. Par MM. Hermann-Lachapelle et Ch. Glover. *Paris, l'auteur,* 1861, in-8. (De 2 à 3 fr.)

Réimprimé en 1865 avec des augmentations.

HERVILLY (Ernest d'). — Aventures d'un petit garçon préhistorique en

France par Ernest d'Hervilly, dessins de Félix Régamey. (*Paris, librairie mondaine*). S. d., in-4 de 265 pp. et 2 ff. pour les tables. (9 fr.)

Divisé en X chapitres précédés d'un avant-propos. Le spirituel et fantaisiste conteur, fait, dans le courant de son livre à l'usage des enfants, le récit d'un déjeuner préhistorique et d'un repas en plein air ; il raconte comment, à cette époque, on confectionnait le pot au feu, et, comment aussi se fabriquait la purée d'os rongés.

— Les Bêtes à Paris 36 sonnets par Ernest d'Hervilly, illustrées par G. Fraipont. *Paris, H. Launette et Cie*, s. d. (1886), in-4 de 40 ff. n. chiffr. (6 fr.)

Sept sonnets sont gastronomiques : l'huitre ; le porc ; les goujons ; le lapin ; le chevreuil ; le hareng ; le homard.
M. E. d'Hervilly a également publié plusieurs sonnets dans les *Almanachs Gourmands* de Charles Monselet, ainsi que des contes gastronomiques dans le Journal le *Saint-Nicolas*, entre autres, « les *Aventures du Prince Frangipane* ».

HEULHARD (Arthur). — La ourchette harmonique histoire de cette société musicale, littéraire et gastronomique avec des notes sur la musicologie en France. *Paris, Alphonse Lemerre*, 1872, in-12 de 84 pp. (De 5 à 6 fr.)

Bien que le titre porte : société... gastronomique, la gastronomie semble y jouer un rôle bien minime.
Il a été tiré quelques exemplaires numérotés de cet ouvrage sur grand papier jonquille pour les membres de la *Fourchette harmonique*.

HIPPEAU (Mme Eugénie). — Cours d'économie domestique. Leçons faites aux cours établis par l'association secondaire des jeunes filles etc., par Mme Eugénie Hippeau. Sixième édition. *Paris, Hetzel*, S. d., in-18 de 319 pp. (2 fr. 50.)

L'avant-propos est daté du 1er juillet 1869. Ouvrage divisé en douze leçons ; on trouve dans la huitième : Les dîners.

HISTOIRE chronologique, pathologique, politique, économique, artistique, soporifique, et mellifiue, du très noble très-excellent et très-vertueux pain d'épice de Reims. *Société des Bibliophiles de Reims*, 1842, in-18 de VI-42 pages. (De 5 à 6 fr.)

Les deux alinéas formant préface sont signés : Prosper Tarbé. Aux pages 30-37 se trouve le règlement des pains d'Epiciers de Reims donné au dit Reims le 19e jour du mois d'août 1614.

HISTOIRE de l'Ordre de la Boisson suivi des statuts de cet Ordre. *Lille, imprimerie de Blocquel-Castiaux*, S. d., in-8. (De 7 à 8 fr.)

Cette petite plaquette, peu commune, tirée à 50 exemplaires dont quelques-uns sur papier de couleur fait partie d'un volume intitulé : *Deux opuscules extraits d'anciens manuscrits*. Elle en occupe les pages 25-47. Les cinq premières pages (faux titre, titre et début de l'ouvrage) ne sont pas chiffrées. M. Arthur Dinaux, dans ses *Sociétés badines*, tome I, page 111, dit que cette *Histoire de l'ordre de la boisson* a été publiée en 1841. On n'en trouve aucune trace dans la *Bibliographie de la France*. Notre exemplaire est sur papier rose.
L'origine de la Société de l'Ordre de la Boisson remonte au commencement du XVIIIe siècle ; elle se forma dans le Bas-Languedoc en 1703. Les membres qui la composaient étaient tous des amoureux passionnés de la table et de ses incomparables jouissances. Le fondateur de cet ordre serait un gentilhomme d'Aramon, M. de Posquières, qui fut nommé Grand-Maître. Il y avait en outre un Garde-Sceau, un secrétaire, un visiteur général, un garçon major des caves et divers officiers. Quant à l'historiographe, ce fut M. Mourgier.
Les statuts de l'Ordre de la Boisson sont écrits en vers et en prose ; ils sont d'une originalité très fantaisiste. De plus, M. Mourgier a publié des gazettes sous le titre de : *Nouvelles de l'ordre de la Boisson*.
L'opuscule dont nous indiquons le titre est extrait d'un *Mémoire pour servir à l'histoire de l'ordre de la Boisson*, adressé par M. Ménard à M. le marquis de Gerlande.

HISTOIRE naturelle du Cacao, et du Sucre, divisée en deux traités qui contiennent plusieurs faits nouveaux & beaucoup d'observations également curieuses & utiles. *A Paris, rue de la Harpe, chez Laurent d'Houry, Imprimeur-Libraire, vis à vis la rue S. Severin, au*

Saint-Esprit, 1719, in-12 de 4 ff. lim.
n. ch., 227 pp. et 10 pp. n. chiffr., 5
planches. (De 6 à 7 fr.)

On trouve dans cet ouvrage dû à M. de
Caïlus, ingénieur, les diverses manières de
préparer le chocolat et la recette du cacao en
confitures.

— Le même... seconde édition, Revuë
& corrigée par l'Auteur. *A Amsterdam, chez
Heuri Strik, Libraire à côté de la Maison de
Ville*, 1720, pet. in-8 de 6 ff. lim. n. ch.
et 228 pp., 5 planches. (De 4 à 5 fr.)

HITZ (S.-F.). — Nouveau procédé
approuvé par diverses expériences pour
fabriquer (avec peu de dépense pour les
ustensiles) dans une heure de tems
40-50 bouteilles de liqueurs de trente
sortes etc., etc., publié par S. F. Hitz,
destillateur de Francfort, s. m., rue
neuve S.-Eustache, n° 18 à Paris.
Prix : 5 francs, etc., (*Paris, impr. Moquet*, 1839), in-8 de 14 pp. (1 fr. 50.)

HIVER (L') à table en 1888. Noel—
Les Rois — Le Carnaval. Noel Gourmand, supplément exceptionnel illustré
de *l'Art Culinaire. Paris, administration
de l'Art Culinaire*, in-4 de 20 pp. (2 fr.)

HOCQUART (E.). — La Cuisinière
modèle ou l'art de faire une bonne
cuisine avec économie par E. Hocquart.
Paris, Langlumé et Peltier, 1845, in-18
de 128 pp. (2 fr.)

La quatrième édition, revue et augmentée
avec une table alphabétique, *Paris, Langlumé*, 1853, in-18, ne porte plus que les
initiales E. H. et le nom de Mme Gobriel.
Dans les éditions suivantes, 1859 et 1861,
7e et 8e, donnant un vocabulaire explicatif
des termes de cuisine des notes sur les substances alimentaires, etc. le nom de Mme Gobriel disparaît; les initiales E. H. restent
seules.
Les nouvelles éditions de ce traité qui ont
paru depuis 1878 jusqu'à 1884, *Paris, Lefèvre*, in-18 de 324 pp. avec fig., mentionnent comme nom d'auteur : par Mme E. H.
Gabrielle.

— Le trésor de la bonne ménagère,
conseils et recettes économiques, fruits
éprouvés de la pratique et de la science,

recueillis par E. Hocquart. *Paris, Laroche*, in-12 de 252 pp. (1 fr. 50.)

HOLLYNGI (Edmundi) Eboraceni
angli, doctoris medici et professoris Ingolstadiani, De salvbri stvdioso-
rvm victv hoc est. De literatorvm
omnivm valetvdine conseruanda, vitaq;
diuissime producenda, libellus. Cum
licentia et facultate superiorum. *Ingol-
stadii, Typis Ederianis, per Andream An-
germarium*, 1602, in-12 de 7 ff. limin.
et 149 pp. (De 7 à 8 fr.)

Les 7 feuillets limin. sont occupés par le
titre, au verso duquel la marque de l'imprimeur; au-dessous, ce distique latin :

> *Liba, Dvcvm, & Leo, Cur Bavarorum insignia?*
> [*Norunt.*
> *Pascere pane bonos, plectere morte malos.*

par la préface signée: Edmundus Hollyngus,
Anglus et l'avis au lecteur.
Cet ouvrage est divisé en six chapitres ;
le second, p. 21 à 61, traite des aliments et
des boissons.

HOME (The American) confectionary book, containing receipts for
all Kings of Cakes, sweetmeats, preserves, pastry, puddings and pies as pre-
pared in both Americas and the Indies.
Adapted for the use of American and
English Housekeepers by miss F. *Paris,
Gaillard*, 1888, in-12 de 174 pages. (3 fr.)

HONOURS (The) of the Table; or,
Rules for Behaviour during Meals,
with the Whole Art of Carving... By
the Author of *Principles of Politeness*,
etc. Second edition Woodcuts by
Bewick. *London*, 1791, in-12.

HORACE. — (Quinti Horatii Flacci
opera), in-4 de 157 ff. de 26 lignes à la
page, sans chiffres, réclames, ni signatures.

L'ouvrage n'a pas de titre et commence
ainsi au recto du 1er feuillet : QVINTI ORATII
FLACCI CARMINVM LIBER PRIMVS. Il finit au
recto du dernier feuillet par ce vers :

Canidia afflasset, peior serpentibus aphris.

D'après Hain, qui la décrit sous le n° 8866, cette édition précieuse aurait été imprimée à Venise. L'exempl. de la Biblioth. nationale est orné de lettres en couleurs.

Nous n'avons, du reste, pas l'intention de faire ici la bibliographie des nombreuses éditions d'Horace ; mais comme nous tenions à citer cet auteur, pour plusieurs de ses odes ou de ses satires, nous avons pensé que, ne mentionnant qu'une édition, il convenait d'indiquer la première ou plutôt celle qui passe pour être la première.

Comme traduction française, nous n'indiquerons que celle donnée par Leconte de Lisle.

— Œuvres de Horace, traduction nouvelle par Leconte de Lisle avec le texte latin. *Paris, Alphonse Lemerre*, 1873, 2 vol. in-12 de 268-263 pp., front. grav. (10 fr.)

Il a été tiré de ce livre : 70 exemplaires sur papier Whatman ; 35 sur papier de Chine et 2 sur peau de vélin.
Citons parmi les odes : *Livre I* : Odes XX, XXXI. *Livre II* : Ode XIX (sur Bacchus), *Livre III* : Ode XXI (a une amphore); *Epodes:* III (imprécation contre l'ail).
Parmi les satires : *Livre* II, sat. II (Eloge de la frugalité) ; sat. IV (il tourne en ridicule les préceptes des épicuriens sur l'art de la cuisine) et enfin la sat. VIII (description d'un repas ridicule).

HOTELS, Restaurants et Cafés de Paris recommandés par le guide Conti (année 1889). *Paris, Chaix*, in-32 de 36 pp., avec grav. (1 fr. 50.)

HOUSSAYE (G.). — Instructions sur la manière de préparer la boisson du Thé par J. G. Houssaye. *Paris, l'auteur*, 1833, in-8. (1 fr. 50.)

— Le même..... *Paris, à la Porte Chinoise*, 1837, 1839, in-32, 1846, in-16, et 1852, in-12.

— Monographie du Thé, description botanique, torréfaction, composition chimique, propriétés hygiéniques de cette feuille, orné de 18 gravures par J. G. Houssaye. *Paris, l'auteur*, 1843, in-8 de 160 pp. (3 fr. 50.)

HOWARD (H.) England's Newest Way in all sorts of Cookery. By Henry Howard Free Cook of London. *London*, 1703, in-8. (De 4 à 5 fr.)

La seconde édition a paru en 1708.

HUBNER (B.). — New Speisebüchlein : Darinnen Kurtzert unterricht von allerley Speise und Tranck, so zur Menschlichen Nahrung dienlich, und in teglichem gebrauch sind, sampt vielen guten hauss Artneyen, dem Kinfeletigen zu gut. Ietzt zum dritten mal vom Autore kurtz fur seinem Ende Ubersehen, und in gewise Bücher und capitel abgethebelet, Auch an vielen orten verbessert. Durch Doct. Bartholomæum Hubnerum Med. *Erffurdt, zu vorlegung Heinrich Birnstiels, Buch. Im Jhar*, 1603, pet. in-8 de 8 ff. lim. n. ch. et 219 pp. (De 8 à 10 fr.)

Titre rouge et noir. Au v° de la dernière page, marque typographique au-dessous de laquelle on lit : *Gedruckt zu Erffurdt bey Martin Wittel wom hafft gegen der meimergassen.* (Collection de M. le Bᵒⁿ Pichon.)

HUFELAND (Docteur). — Code hygiénique de la table ou Influence des aliments sur la santé. Extrait de la 7ᵉ édition de la *Macrobiotique. Berne, Blom*, 1859, in-16.

HUGELMANN (G.). — Les vins de Bordeaux, pièce en cinq actes, par G. Hugelmann. *Bordeaux, les principaux libraires*, 1863, gr. in-8 de 130 pages. (1 fr.)

Représentée, pour la première fois, sur le théâtre français de Bordeaux, en septembre 1863.

HUMELBERGIUS (Dick) secundus. — Apician Morsels; or Tales of the Table, Kitchen and Larder. By Dick Humelbergius Secundus. *London*, 1834, in-8.

HUSSON (Armand). — Les Consommations de Paris, par M. Armand Husson, chef de division à la préfecture du département de la Seine. *Paris*,

Guillaumin et Cie, 1856, in-8 de XI-992 pp. (De 2 à 3 fr.)

Ouvrage de statistique intéressant au point de vue documentaire, divisé en quatre parties; la deuxième traite des consommations principales comme le pain, la viande de boucherie, le porc, etc.; la troisième, de la volaille et du gibier, du poisson, du lait, des œufs, des pâtisseries, des pâtes alimentaires, des fruits, des légumes, etc.

— Le même, 2ᵉ édition, *Paris, Hachette*, 1875, in-8 de 550 pp.

HUSSON (C.). — Histoire du pain à toutes les époques et chez tous les peuples d'après un manuscrit de C. Husson (de Toul), président de la société de pharmacie de Lorraine. *Tours, Cattier*, 1877, in-8 de 215 pages, avec gravure. (De 2 à 3 fr.)

— Le lait, la crème et le beurre au point de vue de l'alimentation, de l'allaitement naturel, de l'allaitement artificiel et de l'analyse chimique, par C. Husson, pharmacien de 1ʳᵉ classe à Toul... *Paris, Asselin*, 1878, in-18 de VII-252 pp. (2 fr.)

— Le café, la bière et le tabac. étude physiologique et chimique par C. Husson (de Toul), etc... *Paris, Asselin et Cie*, 1879, in-12 de VII-206 pp. (2 fr. 50.)

— L'alimentation Animale, ce qu'elle a été — ce qu'elle doit être, ce qu'elle devient — ce qu'elle produit, — comment on la prépare. La viande, son histoire — ses caractères — son utilité — ses dangers — statistique — hygiène — police sanitaire par C. Husson etc. *Paris, Dunod*, 1881, gr. in-8, de VI-272 pp., 10 fig. (De 2 à 3 fr.)

— Etude sur les épices, Aromates, condiments, sauces et assaisonnements; leur histoire, leur utilité, leur danger, par C. Husson, etc. *Paris, Dunod*, 1883, in-8 de VII-350 pp., 5 planches color. (4 fr.)

M. C. Husson est également l'auteur d'une étude sur le *Vin, ses propriétés*, etc. *Paris, Asselin*, 1877, in-18 de 204 pp., fig.

HUSSON (Mˡˡᵉ). — Manuel de Cuisine dressé et édité par Mˡˡᵉ Husson, ex-cuisinière actuellement marchande de comestibles. *Bourgoin, impr. Simonnet*, 1864, in-16 de 151 pp. (1 fr. 50.)

HUYSHOUDSTER (De ervarene en verstandige Hollandsche). Onderwyzende alle Jonge Vrouwen. hoe zy zich in't Bestuuren van het Huyshouden moeten Gedragen. door ieder zyn Plicht wel te doen Waarneemen... Dienende tot een volmaakte Onderwyzing in deeze groote en nuttige Kunst. en Zonder welkers kennisse, alle Boeken, dewelke van de Kook-Kunst... *Te Amsterdam, By Bernardus Mourik...*, s. d., in-8o de LVI-214 pp., vign. au titre. (De 5 à 6 fr.)

HUZARD fils. — Fabrication du fromage de Parmesan, par M. Huzard fils, correspondant de la Société royale et centrale d'agriculture. *Paris, madame Huzard*, 1823, in-8 de 44 pp. et 1 planche gravée. (1 fr.)

Extrait des *Annales d'agriculture*.

ILLUSTRATION (L') culinaire. *Bruxelles, Imprimerie Ad. Mertens,* in-fol. de 20 pp. (2 fr.)

Couverture illustrée. Ce numéro unique a été publié, en 1888, à l'occasion de l'Exposition nationale d'art culinaire, par l'union syndicale et mutuelle des cafetiers, hôteliers et restaurateurs de l'agglomération bruxelloise.

IMITATION de l'ode latine de M. Coffin sur le vin de Champagne, par deux rhétoriciens du collège des Bons-Enfants de l'Université de Reims. *Reims, Muller,* 1712, in-4 de 8 pp. (2 fr. 50.)

IMITATOYRE bachique. Venite Potemus. *(typ. Pinard). Se vend place du Louvre chez Techener libraire.* S. d. (1831) in-8 de 4 pages. (De 5 à 6 fr.)

En vers.

INDICULUS universalis. Rerum ferè omnium, quæ in Mundò sunt, Scientiarum item, Artiùmque Nomina, Aptè, brevitèrque colligens. L'Univers en abrégé, ov sont contenvs en diverses Listes, presque tous les Noms des Ouvrages de la Nature, de toutes les Sciences, & de tous les Arts, avec leurs principaux Termes. Par le P. F. P. de la Compagnie de Jeuss (*sic*). Edition III. Reveüe, corrigée & augmentée par l'Auteur. *A Lyon, chez Antoine Molin,* 1679, in-12 de 12 ff. limin. ch. et 334 pages. (De 4 à 5 fr.)

La dédicace à Monseigneur le Dauphin est signée: François Pomey, de la Compagnie de Jésus. Le privilège a été donné le 30 octobre 1673, date de la première édition.

Petit dictionnaire assez curieux. On y trouve, Ire part., chap. IV, p. 45, une liste des *oiseaux à manger*; IIe part., chap. IV. p. 100 à 106, *Des viandes et des repas* (pain, chair, potage, ragoûts, etc); IIIe part., chap. II, p. 137, 138, et 139, les *ustensiles de cuisine, Table,* l'indication des *officiers d'une maison.*

INDUSTRIA (La) azucarera y confitera, revista mensual, dedicada al fomento de las industrias azucarera, confitera, destiladora y sus derivadas en la Peninsula y provincias de Ultramar. *Madrid, imprenta de Gonzazes Princesa,* in-8 de 32 pages.

Le premier numéro de cette revue mensuelle a paru le 15 septembre 1885.

INDUSTRIE (L') beurrière donnant le cours officiel des beurres, fromages, volailles, œufs. *Paris, impr. Schmidt,* in-4 de 4 pp. à 2 col.

Le n° 1 de ce journal hebdomadaire a paru le 21 mai 1876. Prix de l'abonnement : Paris et France, un an : 5 francs ; étranger, 7 f. 50. Un numéro 10 et 15 cent.

INDUSTRIE (L') laitière. *Paris, 16 rue Sauval*, in-4 de 16 pp.

En 1881, ce journal hebdomadaire, organe du commerce des beurres, volailles, œufs et fromages. en était à sa huitième année d'existence. Prix de l'abonnement : 15 fr. ; le numéro, 30 cent.

INHIBICIONS (Les) et deffences a tous, Tauernies (*sic*), cabaretiers qui asseent en ceste ville & faulxbourgs de Paris de vendre vin a plus hault pris que douze deniers parisis la pinte & au dessoubz. Et autres choses cy apres contenues Publie a son de trompes le Samedy vingtiesme iour de Nouembre. Auec priuilege. *S. l. n. d.* (Jacques Nyverd, 1546), pet. in-4 goth. de 2 ff. sans chiffr., récl., ni signat.

Au titre, les armes de France. Cette pièce, reliée avec une autre intitulée : *Le taux et pris à quoy les vollailles*, etc. (Voyez ce titre), a été vendue, mar. bleu, jans. (*Thibaron-Joly*), 102 francs, La Roche-Lacarelle. Toutes deux fournissent des indications sur la valeur des objets de consommation à la fin du règne de François premier.

INSTRUCTION de la Loge de Table ou de Banquet. A l'usage des membres de la R∴ L∴ F∴ de la Fraternité des Peuples. (*Paris, lith. Barousse*), *S. d.*, in-16 de 16 pages. (De 2 à 3 fr.)

Curieuse plaquette lithographiée sur les usages suivis dans les banquets de la francmaçonnerie où la table s'appelle *atelier*, les assiettes, des *tuiles*, les aliments, des *matériaux*, les liqueurs, de la *poudre fulminante*, et le poivre, du *sable jaune*, etc. Dans cette même plaquette se trouve un cant. chanté par le F∴ Trembloy, au banquet du 4 janvier 1848, sur l'air : *A la voix du canon d'alarme.*

INSTRUCTION (Nouvelle) Pour Les confitures ; Les liqueurs, Et les fruits. Avec la manière de bien ordonner un Dessert, & tout le reste qui est du Devoir des Maîtres d'Hôtels, Sommeliers, Confiseurs, &

autres Officiers de bouche. Suite du Cuisinier Roïal & Bourgeois. Egalement utile dans les Familles, pour sçavoir ce qu'on sert de plus à la mode dans les Repas, & en d'autres occasions. *A Paris, Chez Charles de Sercy, au Palais, au sixième Pilier de la Grand'Salle, vis-à-vis la Montée de la Cour des Aides, à la Bonne-Foi couronnée.* 1692, in-12 de 12 ff. lim. n. chiffr., 444 pp.. 10 ff. de table non chiffr. et 1 pl. repliée. (De 12 à 15 fr.)

Les 12 ff. lim. comprennent le titre (v° blanc) la préface, la table des chapitres des 3 parties de l'ouvrage et le privilège daté du 9 avril 1691. Au-dessous on lit : « Achevé d'imprimer pour la première fois, le vingtième Novembre 1691. »
La marque de Charles de Sercy se trouve au titre. On lit à la fin : De l'Imprimerie d'Estienne Chardon.

— La même... également utile dans les Familles, pour sçavoir ce qu'on sert de plus à la mode dans les Repas, & en d'autres accasions (*sic*). Nouvelle édition, revue, corrigée, & beaucoup augmentée. *A Paris, chez Claude Prudhomme* (même adresse que dans l'édition de 1692), 1705, in-12 de 10 ff. lim. n. ch., 480 pages et 12 ff. n. ch., 1 planche. (De 6 à 8 fr.)

Au titre, marque de Charles de Sercy. Le dernier f. lim. est occupé par le privilège donné le 26 juillet 1705 à Claude Prudhomme qui a acquis « de feu Charles de Sercy son oncle, Libraire à Paris, le droit de privilège a luy accordé le vingt-cinquième de septembre 1697 pour 8 ans ».

— Le même... *Paris Prudhomme*, 1708 et 1712, in-12.

— Nouvelle instruction pour les confitures, les liqueurs et les fruits : Où l'on apprend à confire toute sorte de Fruits, tant secs que liquides ; & divers ouvrages de sucre qui sont du fait des officiers & confiseurs, avec la manière de bien ordoner (*sic*) un Fruit. Suite du Nouveau Cuisinier Royal & Bourgeois, egalement utile aux Maîtres-d'Hôtels & dans les Familles, pour sçavoir ce qu'on sert de plus à la mode dans les Repas.

Nouvelle édition, revue, corrigée & beaucoup augmentée. Avec de nouveaux Desseins de Table. *A Paris, chez Claude Prudhomme* (même adresse que dans les éditions précédentes), 1715, in-12 de 6 ff. lim. n. ch., 464 pp. et 13 ff. n. ch., 2 pl. (De 6 à 7 fr.)

Le privilège donné à Claude Prudhomme est daté du 11 juillet 1711.

— La même..... *ibidem, idem,* 1716 et 1717 in-12.

— La même..... *ibidem, idem,* 1724, in-12 de 6 ff. lim. n. ch., 508 pp. et 15 ff. n. ch. pour la table et le privilège daté du 3 mai 1719.

La 3ᵉ partie comprend 2 planches hors texte.

— La même..... *ibidem, idem,* 1725 et 1734, in-12.

— La même..... Du fonds & en la Boutique de Cl. Prudhomme. *A Paris, au Palais, chez Joseph Saugrain, au sixième pilier de la Grand'Salle vis-à-vis l'Escalier de la cour des Aydes, à la Bonne-Foi couronnée.* 1740, in-12 de 8 ff. lim. n. ch., 518 pp. et 21 ff. n. ch.

Le privilège daté du 4 juin 1734 est accordé à la veuve de Claude Prudhomme. L'ouvrage est orné de 4 planches repliées représentant un surtout et des tables servies.

Des exemplaires de cette édition portent : *A Paris, chez Didot, à la Bible d'or,* 1740.

La « Nouvelle instruction pour les confitures » a été très souvent réimprimée, notamment sous le titre suivant :

— Le confiturier royal, ou nouvelle instruction pour les confitures, les liqueurs et les fruits ; où l'on apprend à confire toutes sortes de Fruits, tant sec que liquides ; la façon de faire différens Rafiats, & divers ouvrages de sucre qui sont du fait des officiers & confiseurs ; avec la manière de bien ordonner un Fruit. Quatrième édition, revue, corrigée & beaucoup augmentée ; Avec de nouveaux Dessins de Table. *A Paris,* 1765, in-12 de XVI-518 pp. et 18 ff. n. ch., 3 pl. (De 5 à 6 fr.)

Le nom des libraires chez qui se vend l'ouvrage se trouve au vᵒ du faux titre.

— Le même..... *Paris,* 1776, in-12.

— Le même..... sixième édition revue et corrigée. *A Paris, chez les libraires associés,* 1791, in-12 de 3 ff. lim., 542 pp. et 1 f. n. ch. pour le privilège.

Cette édition est ornée de 3 planches ; mais l'une de ces trois planches réunit deux figures qui étaient séparées dans l'édition de 1740.

D'après Barbier, l'auteur de la « Nouvelle instruction » serait Massialot à qui l'on doit déjà le *Cuisinier Roïal et Bourgeois* (voyez Massialot).

INSTRUCTION sur la conservation et les usages des Pommes de terre, publiée par la Commission d'Agriculture et des Arts. *Paris, imprim. de la Feuille du Cultivateur* (an III-1794), in-8 de 38 pages. (De 1 à 2 fr.)

INSTRUCTION sur la culture et l'usage des choux publié par la Commission d'Agriculture et des Arts. *De l'impr. de la Feuille du Cultivateur* (Prairial an II-1793), in-8 de 28 pages. (1 fr. 50.)

INSTRUCTION sur la Culture et les usages des pommes de terre. *Paris, impr. nation.,* an III (1794) in-8 de 14 pages. (1 fr.)

ISAACI ivdæi Salomonis arabiæ regis adoptiui filij De diætis uniuersalibus & particularibus. Libri II hoc est, de Victvs salvbris ratione et alimentorvm facultatibus, quinque Tractatus summopere utilis : in quibus non solùm de ciborum uarietate atque delectu generatim, sed etiam de quibuslibet herbarum, fructuum, leguminum, granorum, carnium, piscium, liquorum & formis, natuis & facultatibus, qua q ratione in cibos quælibet sint adhibenda, clarè & perspicuè agitur. Liber omnibvs philosophiæ & medicinæ imò sanitatis studiosis apprimè necessarius, superiori seculo ex Arabica lingua in Latinam conuersus nunc uero opera D. Ioannis posthij Germershemij sedulò castigatus in lucem editus. Cvm privileg. Cæsar. Maiest. Basileæ. (In fine :) *Basileæ ex officina Sixti Henricpetri, anno salutis humanæ.* MDLXX *mense*

Nouembri, in-8 de 8 ff. non chiffr. et 605 pages. (De 10 à 12 fr.)

IVROGNIANA ou bons mots et aventures d'ivrognes, recueil de Cabaret, suite de Grivoisiana, Brunétiana. etc., par Anagramme Dauneur. *Paris, madame Cavanagh,* an XII-1804, pet. in-12, fig. (2 fr.)

JACKSON (Sarah) Complete Family cook ; or young Woman's best companion . *London*, 1754, in-12.

JACOB (Bibliophile). — Mystificateurs et mystifiés histoires comiques par P. L. Jacob bibliophile. *Paris, chez tous les libraires*, 1873, in-18 de 311 pp. (2 fr. 50.)

Divisé en 4 chapitres dont : Les repas de Grimod de la Reynière et Les Déjeûners des Mystificateurs du Palais-Royal.
M. Paul Lacroix (voyez ce nom) a signé la plupart de ses œuvres du pseudonyme de Bibliophile Jacob.

JACQUELIN (Jacques-André). — Les Héros de cuisine, ou L'enfant de l'amour, Tragédie burlesque, en un acte et en vers, par J. A. Jacquelin, Auteur de plusieurs Pièces de Théâtre. *Paris, chez Fages*, 1815, in-8 de 12 pp. (2 fr.)

Plusieurs fois réimprimée dans le même format ; 4ᵉ édition, revue et corrigée. *Paris, Fages*, 1823, in-8 de 16 pp., et *Paris, Foullon ; Barba ; Bezou*, 1840, in-32.
Cette pièce a été représentée pour la première fois le 2 mars 1799.

JACQUEMIN-MOLEZ. — Histoire de la Boulangerie ancienne et moderne.
Poëme en trois chants dédiés aux boulangers de Reims. Suivi de : Le Café Saint Denis et l'agence commerciale de Reims, poëme dédié à M. Méhaut, limonadier, maitre de cet établissement. par Jacquemin-Molez. *Reims, impr. Lagarde*, 1869, in-8 de 24 pages. (2 fr. 50.)

JACQUIN (M. l'abbé). — De la Santé, ouvrage utile à tout le monde. Par M. l'abbé Jacquin, chapelain de mesdames Victoire et Sophie ; membre des Académies royales de Rouen et de Metz, et Honoraire de la Société littéraire d'Arras. Quatrième édition, considérablement augmentée. *A Paris, chez G. Desprez*, 1771, in-12 de XXIV-557 pp. plus 3 pp. pour l'approbation et le privilège. (De 3 à 4 fr.)

La dédicace est adressée à monseigneur le duc de la Vrillière, ministre et secrétaire d'état ; elle est signée : Jacquin. L'ouvrage est divisé en dix chapitres. Au chapitre III, l'auteur traite des aliments solides et de leurs assaisonnements, des boissons et de la sobriété. C'est un des chapitres les plus importants de ce traité d'hygiène.

JANDIN (François). — Le nouveau conseiller des familles ou l'art de conserver les substances alimentaires, animales et végétales, avec les meilleurs procédés pour la fabrication des moutardes, vinaigres, liqueurs, fruits à l'eau-de-vie, et pour conserver tout ce qui est utile et détruire tout ce qui est nuisible. suivis de précieux renseignements sur l'horticulture, et l'agriculture, par François Jandin. Première édition. *Mâcon, imprimerie d'Emile Protat*, 1857, in-8 de 106 pages. (1 fr. 50).

IARDINIER (Le) François, qvi enseigne à cvltiver les Arbres, les Herbes potagères. Auec la manière de conseruer les Fruicts, & faire toutes sortes de Confitures, Conserues et Massepans. Dédié avx dames. *A Paris, chez Pierre Des Hayes, rüe de la Harpe aux Gands Couronnez près la Roze-Rouge*, 1651, in-12 de 10 ff. limin. non chiffr., 374 pages et 1 feuillet n. chiffr. (De 40 à 50 fr.)

Frontispice gravé. Les 10 ff. limin. sont occupés par le titre, « l'épistre avx dames » signée : RDCDWBDN et datée de Paris, le 1er juillet 1651, et la « préface av lectevr ». Les initiales sont, à rebours, celles des prénom, nom et qualité de l'auteur, Nicolas de Bonnefons, valet de chambre du Roi.

Le *Jardinier françois* est orné, en plus du frontispice, de trois figures, gravées par Chauveau, placées en tête de chacun des trois traités qui le composent. La première qui représente un jardin potager dans lequel travaillent des jardiniers et se promènent un seigneur et une dame, se trouve avant la page 1 ; la seconde, représentant un jardin, avant la page 117 ; et la troisième montrant un intérieur de cuisine, avant la page 241.

Le premier traité occupe les pages 1-116 ; le second, les pages 117-240, et le troisième les pages 241 à 374. Ce dernier a rapport aux fruits, à leur conservation, aux confitures sèches et liquides, ainsi qu'aux « massepans » et aux macarons.

Le privilège est imprimé au dernier feuillet (recto et verso) ; il est daté du « 12e iour de Iuin 1651 » et l'achevé d'imprimer du « premier iour de Iuillet » de la même année.

Il faut croire que le succès du *Jardinier françois* fut grand, car, paru pour la première fois en 1651, il en était déjà, deux ans plus tard, à sa quatrième édition, ainsi qu'on peut le voir sur le titre de l'édition suivante :

— Le Iardinier françois, Qvi enseigne à Cultiver les Arbres, & Herbes Potageres ; Avec la maniere de conserver les Fruicts. & faire toutes sortes de Confitures, Conserves & Massepans Dédié avx dames. Qvatriesme edition, Reueuë par l'Autheur. *A Paris, chez Pierre Des-Hayes, rüe de la Harpe, aux Gands Couronnez, près la Roze Rouge.* 1653, pet. in-12, front. et 3 fig. gravés. (De 20 à 25 fr.)

« L'épistre avx dames » qui se trouve immédiatement après le titre (v° blanc) occupe 6 ff. non chiffrés ; elle est signée, comme dans la précédente édition, des initiales à rebours de Nicolas de Bonnefons. — 2 ff. non chiffrés pour la « préface av lecteur » et 3 pour la « table des principaux sujets de ce livre ». Vient ensuite le corps de l'ouvrage qui comprend 380 pages et 1 f. non chiffr. pour le privilège.

Le frontispice et les trois figures sont les mêmes que dans la première édition.

Mentionnons encore, avant de parler de la cinquième édition qui est, après celle de 1651, la plus recherchée de toutes, une édition qui parut la même année que la quatrième, *Amsterdam, Smith*, 1653, in-12.

Le titre de la cinquième édition est exactement le même que celui de la précédente ; le lieu d'impression et le nom du libraire sont seuls différents ; elle porte : *A Amsterdam, chez Iean Blaev*, 1654. (in-12, front. grav. et 3 fig.)

Douze feuillets limin., 343 pp. et 5 pages non chiffrées pour la table des matières. Les 3 gravures sont paginées avec l'ouvrage.

Cette édition, ainsi que nous venons de le dire, est avec celle de 1651, une des plus estimées ; les bibliophiles la placent dans leur bibliothèque, à côté des elzevirs. Toutefois, certains d'entre eux, dit Brunet, tome III, col. 510, recherchent aussi la sixième édition également à *Amsterdam, Jean Blaev*, pet. in-12, fig., et la font figurer dans la même collection.

Voici quelques-uns des prix de vente du *Iardinier françois* (1654) :

Vendu : en mar. vert (Koehler) 100 fr., Yemeniz ; mar. br. (Chambolle-Duru) 88 fr., Potier ; le même exemplaire 210 fr., Benzon ; mar. r. (Trautz-Bauzonnet), 185 fr., Béhague. Ce dernier exempl. était celui de M. Solar.

Une nouvelle édition du *Jardinier françois* a paru, *Paris*, 1659, in-12, avec fig. Quant à la huitième édition « augmentée par l'Autheur d'un tiers dans la première partie », elle a été publiée ; *A Paris chez Anthoine Cel-*

lier ruë de la Harpe, aux Gands Couronnez et à l'imprimerie des Roziers, 1666, in-12 de 12 ff. n. chiffr., 390 pages et 3 ff. n. chiffr., front. et 3 figures gravés.

Les figures sont les mêmes que celles de l'édition de 1651 ; elles sont ainsi placées : la 1ᵉ avant la page 1, la 2ᵉ avant la page 169, et la 3ᵉ avant la page 285.

Le privilège, daté du 13 août 1665, où ne se trouvent, dans les éditions précédentes, que les initiales de l'auteur. donne son nom imprimé en toutes lettres. L'achevé d'imprimer pour la première fois (sic) porte la date du 12 avril 1666.

— Le Iardinier françois. Qvi enseigne à cvltiuer les Arbres, & Herbes Potageres : Auec la maniere de conseruer les Fruits, & faire toutes sortes de Confitures, Conserues, & Massepans. Dédié avx Dames. A Paris, chez Gilles Tompere, ruë Chartière, près le Puits-Certain, au Treilly verd. 1675, in-12 de 10 ff. limin. non chiffrés et 292 pages. (De 15 à 20 fr.)

La page 292 est chiffrée par erreur 192.

— Le Jardinier François..... Dernière édition augmentée par l'auteur d'un tiers dans la première partie. A Paris, chez Charles de Sercy. au palais, au sixième pilier de la Grand'Sale a la Bonne foi couronnée, 1692, in-12 de 10 ff. lim. non chiffr., 389 pages et 9 pages non chiffr. de table, fig. grav. (De 10 à 12 fr.)

Autres éditions : Rouen, 1680, in-12 front. grav., et Rouen, Besongne, 1701, in-12.

— Le même... Dernière édition... A Paris, Chez la Veuve Prudhomme, 1737, in-12 de 8 ff. lim. n. ch., 387 pp. et 5 pp. non ch. de table, fig. (De 4 à 5 fr.)

Nicolas de Bonnefons a donné une suite au Jardinier françois ; voyez Délices (les) de la campagne.

JEAN DE PARIS. — Un Conseil par jour, guide pratique de la vie usuelle. Paris, Dentu, 1879, in-18 de VII-279 pages. (3 fr.)

La cinquième édition a paru en 1880.

— Un Conseil par jour (deuxième série). L'art de bien vivre. Paris, Dentu, 1880, in-18 de 255 pages. (3 fr.)

Ces conseils, avant d'être réunis en vo-lume, ont paru quotidiennement dans le Figaro.

JEANNE (Dame). — Traité pratique du pâté froid et chaud par Dame Jeanne, collaboratrice du Figaro pour le courrier des gourmets. Paris, Ch. Delagrave, 1875, in-12 de 70 pages. (2 fr.)

JEANNETTE. — La jeune Cuisinière ou l'Econome des petits ménages, contenant les détails pour faire une bonne cuisine, saine et économique ; un peu de pâtisserie, etc. ; la manière de fumer, saler et conserver les viandes et les légumes, le moyen de dresser et servir une table ; suivie d'une nomenclature des vins et liqueurs. 2ᵉ édition revue, corrigée et augmentée de modèles de mémoires de boulanger, boucher, fruitier, épicier, blanchisseuses de gros et de fin, etc. ; par Jeannette, petit cordon-bleu de Paris. Ornée d'une jolie gravure. Paris, maison Désirée Eymeri, Fayé, libraire-éditeur, successeur, 1845, in-18 de 248 pages, vignette au titre. (2 fr.)

JEANNETTE (Mlle). — La grande et véritable cuisinière bourgeoise ou le cordon bleu des villes et des campagnes contenant des conseils indispensables pour faire les honneurs d'une table, l'art de découper, etc. Augmentée aux articles Bœuf, Veau, Mouton, de la nouvelle taxe de la viande, par Mlle Jeannette. Paris, Le Bailly, 1857, in-12 de 192 pp. et 47 fig. (1 fr.)

— La même, ibidem, idem, nouvelles éditions, 1858 et 1861 (1 fr.)

— La nouvelle cuisinière habile, contenant toutes les meilleures recettes sur la manière d'apprêter les aliments avec délicatesse et économie précédée de conseils pour faire les honneurs d'une table et de l'art de découper, ou dissection des viandes, volaille, gibier et poisson, accompagnée de 30 figures par

Mlle Jeannette. *Paris, Le Bailly*, s. d. (1866) in-18 de 120 pp. (1 fr.)

JOBEY (Charles). — La chasse et la table, nouveau traité en vers et en prose donnant la manière de chasser, de tuer, et d'apprêter le gibier. *Paris, Furne et Cie*, s. d. (1864), in-12 de 204 pp. (De 8 à 10 fr.)

Faux titre, frontispice gravé représentant des chiens, des chasseurs en quête de gibier, des cuisiniers l'apprêtant, des laquais le servant et des convives le mangeant (en tout 7 vignettes et, dans le milieu, titre de l'ouvrage ; au bas deux fusils). Titre.

La *Chasse et la Table* débute par une invocation en vers, puis vient la préface signée de l'auteur, une introduction, et ensuite le corps de l'ouvrage qui peut intéresser à la fois les disciples de saint Hubert et ceux de Grimod de la Reynière, les chasseurs et les gourmands.

La préface de M. Charles Jobey est beaucoup plus culinaire que cynégétique ; Lucullus et Brillat-Savarin y tiennent une plus grande place que Nemrod et Saint-Hubert, et si l'auteur aimait à tirailler dans la plaine, ses vers peuvent nous faire croire qu'il était plutôt gastronome que chasseur.

JOHNSON (Mrs). — Madam Johnson's Present : or every young woman's companion, in useful and Universal Knowledge. Digested under the following Heads : I Spelling... III The Cook's Guide for dressing all sorts of Flesh, Fowl and Fish. IV. For Pickling, Pastry and confectionary, etc., etc... The second edition. *London, Printed for J. Fuller*, 1759, in-12 de IV-192 pp. et 10 ff. n. ch., portr. de l'aut. grav. (De 7 à 8 fr.)

JOLY (Adolphe). — Le vin et l'eau, romance Vinico-Hydrophobique chantée par Lefèvre à la salle Bonne-Nouvelle, musique de V. Parizot, paroles d'Adolphe Joly, *Paris, Cassanet* (1854), in-4 d'une page. (50 cent.)

JOUBERT (A.). — Du Médoc. Observations sur la culture de cette contrée, suivies de la manière de soigner les vins et de les servir, dédiées à MM. Barton et Guestier, négociants à Bordeaux, par A. Joubert, *Paris, l'auteur*, 1851, in-8 de 90 pp. (3 fr.)

JOURDEUIL (E.). — La Truite, son histoire, ses habitudes, ses différents modes de pêche. *Dijon, Lamarche*, 1872, in-12 de 144 pp. (1 fr. 50.)

Divisé en XIV chapitres. L'avant-propos est dédié aux pêcheurs et aux gourmets ; le chapitre XIII, uniquement dédié à ces derniers, contient cinq recettes pour apprêter la truite.

JOURNAL de la Cuisine et de la vie pratique à la ville et à la campagne. Economie domestique. — Encyclopédie des familles. Bureaux, 40 rue de l'Abondance. (*Bruxelles, Imprimerie J. Lebègue*) in-4 de 8 pp. à 2 col.

Le 1er n° de ce journal hebdomadaire (le jeudi) a paru le 7 mars 1889 ; le directeur est M. Jean De Gouy, ancien chef des Cuisines de S. A. I. et R. l'archiduc Rodolphe et de S. A. S. le prince d'Arenberg. Prix de l'abonnement : Belgique, 6 francs par an ; union postale, 8 fr. 50 par an.

JOURNAL des Boulangers, organe de la boulangerie française. *Lyon, impr. spéciale*, petit in-fol. de 4 pp. à 4 col.

Le premier numéro de cette feuille hebdomadaire (le dimanche) a paru le 18 juin 1882. Prix de l'abonnement : Un an, 6 fr ; six mois, 3 fr. 25.

JOURNAL des gourmands et des belles ou l'Epicurien français. Redigé par l'auteur de l'*Almanach des gourmands*, plusieurs convives des *Diners du Vaudeville* et un docteur en médecine. Premier trimestre de 1806. Janvier. *Paris, Capelle et Renand*. 1806, in-18.

Journal mensuel dont Grimod de la Reynière était le principal rédacteur et qui parut pour la première fois en janvier 1806. Les « cahiers » de ce journal ne se vendaient point séparément. Un avis placé au 3e cahier annonce que les rédacteurs de cette publication gastronomique ont « cru devoir diviser ce journal en autant de sections qu'il se trouve de services dans un dîner ». Voici cet avis :

« *Premier service*, contenant : 1° La littérature gourmande ; 2° *(en hors-d'œuvres)* les petits contes, anecdotes et historiettes relatives à la Table.

Second service, contenant : 1° l'Hygiène de la Table et autres dissertations sur l'Art alimentaire ; 2° *(pour entremets)* la correspondance avec nos abonnés, et autres Articles relatifs à ce Service.

Dessert, contenant : 1° les chansons de de Table et relatives aux Belles ; 2° celles sur le mot donné.

Le *Café* ou l'*Après-Dînée*, où seront placés : 1° les articles indépendans de la Table ; 2° les Pièces gourmandes qui arriveront trop tard pour être placées à leur Service respectif ; 3° les modes ; 4° les charades et énigmes ».

Le dernier numéro du *Journal des Gourmands et des Belles* a paru au mois d'octobre 1807 ; chaque « cahier » était orné d'une gravure ; le portrait de Grimod de la Reynière est en tête du premier.

En 1808, à partir du 1er janvier, le *Journal des Gourmands et des Belles* modifie son titre et parait sous le suivant :

— L'Epicurien rançais ou les Diners du Caveau moderne. Troisième année. Premier trimestre de 1808. Janvier. *Imprimerie de Brasseur aîné. Paris, Capelle et Renand*, 1808, in-18.

Un « avis aux abonnés » placé en tête de ce cahier et signé A-G. secrétaire perpétuel, explique les raisons pour lesquelles la rédaction a décidé de changer le titre primitif du journal. « Epicure, y est-il dit à la fin, aimait tous les plaisirs ; nous les aimons, et nous les chantons tous : les Belles et le Vin sont au premier rang, mais n'excluent pas les autres ».

Le dernier numéro de l'*Epicurien français* (dixième année, quatrième trimestre de 1815, nov. et déc., n°⁵ 120 et 121), *imp. de* Mᵐᵉ Vᵉ *Perronneau, à Paris, chez Rosa*, porte la date de 1816.

La collection du *Journal des Gourmands et des Belles*, devenu l'*Epicurien français*, est complète en 40 vol. in-18,8 pour le premier, 32 pour le second. Cette collection, sans être rare, ne se rencontre qu'assez difficilement complète. Elle vaut de 50 à 60 francs.

JOURNAL des gourmands, moniteur de la Table, à l'usage des gens du monde, des praticiens et des véritables gastronomes. Avec la colla-

boration exclusive de MM. les praticiens des grandes maisons. L'élite des écrivains contemporains concourt à la partie littéraire. *Paris, impr. de* Mᵐᵉ *De la Combe*, in-8.

Le n° 1 porte la date du 25 décembre 1847.

Le rédacteur en chef était M. I. S. de Gosse. Ce journal était divisé en deux parties, une partie pratique comprenant : Revue des principes généraux de la science culinaire au point de vue artistique et non au point de vue de la cuisinière bourgeoise, histoire naturelle culinaire, hygiène gastronomique ; et une partie littéraire à laquelle collaboraient Alexandre Dumas, de Banville, Edouard Plouvier, Fiorentino. A. Vitu, etc. Les collaborateurs de la partie technique étaient MM. Etienne, Chevet, Gillet, Plumerey, etc.

Prix de l'abonnement : Paris, 12 fr. ; les départements, 15 fr ; l'étranger, 18 fr. Un numéro seul, 1 f. 50.

Le premier numéro du *Journal des Gourmands* a été précédé d'un prospectus où il était dit que cette publication paraissait sous le patronage de Mᵐᵉ la princesse Bagration ; il donnait une assez longue liste des collaborateurs du journal, parmi lesquels Marquis, auteur du *Traité du Thé* ; Corcelet, auteur du *Manuel du café* ; Plumery (sic), l'élève de Carême, et ceux que nous avons cités plus haut.

La Biblioth. nation. possède deux livraisons du *Journal des Gourmands* ; la première, enrichie d'un portrait de Carême, paginée 1-52, la seconde datée du 25 janvier 1848 et paginée 53-72. (De 6 à 7 fr.)

JOURNAL (Le) des Gourmets Paraissant tous les samedis. Directeur : Mathieu de Bronne. Bureaux 257 rue Saint-Honoré (*Paris, impr. Schlœber*), in-8.

La seule collection de ce journal que nous ayons pu voir se trouve à la Bibliothèque nationale, et encore est-elle incomplète. Elle commence à la 3ᵉ année, 2ᵉ série, n° 121. (du 28 mai au 4 juin 1881.)

Au titre, une vignette représentant d'un côté le dîner frugal, de l'autre un repas somptueux, avec cette devise : « Fault vivre pour manger et non manger pour vivre. »

Les n°⁵ 121 et 122 n'ont que 4 pp. Une nouvelle série commence avec le n° 130 et continue jusqu'au n° 144. Chaque n° a 8 pp. Au n° 146, le titre se modifie ainsi :

— Le Journal des Gourmets Organe des intérêts gastronomiques. économiques et domestiques paraissant tous les samedis. (103ᵉ année, 2ᵉ série).

La gravure n'est plus la même; la publication continue sous cette forme jusqu'au n° 162 (19 mars 1882), mais une note indique que le n° 159 n'a pas paru.

A partir de ce n°, le format devient in-4; le titre reste le même, mais le sous-titre et la gravure changent. On lit en effet : « Paraît tous les dimanches. Fondé en 1778 par Grimod de la Reynière. Directeur : Mathieu de Bronne et en tête : « 104ᵉ année n° 26 ».

C'est le dernier n° qui figure dans la collection de la Bibliothèque nationale, avec cette note manuscrite : Ce numéro est le premier de la série, le journal fait suite au *Journal des Gourmets* dont la publication s'est arrêtée au n° 162.

JOURNAL des limonadiers, hebdomadaire (*Asnières, impr. Louis Boyer*), in-fol. de 4 pp. à 5 col.

Le premier numéro a paru le 15 septembre 1884. Prix de l'abonnement : France, 10 fr; union postale, 12 fr.

JOURNAL des limonadiers et des restaurateurs, restaurants, marchands de vins, bars, débitants, hôtels, 2ᵉ série (*Montdidier, impr. Hourdequin-Deschaux*), *Paris, 28 rue Notre-Dame des Victoires*, gr. in-fol. de 4 pp. à 5 col.

Le premier numéro a paru le 28 août 1887. Prix de l'abonnement annuel : Paris, 8 fr.; départᵗˢ 10 fr; étranger, 12 fr.

JOURNAL (Le) des marchands de vins, hebdomadaire. (*Asnières, impr. Boyer*), in-fol. de 4 pp. à 5 col.

Le n° 1 date du 15 septembre 1884. Prix de l'abonnement : France, 10 fr.; union postale, 12 fr.

JOURNAL (Le) des Restaurateurs, hebdomadaire. (*Asnières, impr. Boyer*), in-fol. de 4 pp. à 5 col.

Le n° 1 a paru le 15 septembre 1884. Prix de l'abonnement : France, 10 fr; union postale, 12 fr.

JUGEMENT impartial et sério-comicritique d'un manant, cultivateur et bailly de son village, sur le Pain de Pomme de terre pur, de Parmentier et Cadet ; et, par occasion, sur quelques

autres points avec un Avant-Propos de son greffier. *Berne, et Paris, veuve Vallat-la-Chapelle*, 1780, in-8 de 31 pp. (De 3 à 4 fr.)

Attribué à Parmentier.

JULIA DE FONTENELLE (Eug.) — Manuel du vinaigrier et du moutardier, suivi de nouvelles recherches sur la fermentation vineuse présentées à l'académie royale des sciences. Par M. Julia de Fontenelle, professeur de chimie médicale *Paris, Roret*, 1827, in-18. (2 fr.)

La *France littéraire* indique une édition de ce manuel, *Paris, Ponthieu*, 1828, in-8.
Réimprimé sous ce titre : Nouveau manuel complet du vinaigrier et du moutardier. suivi... etc. Nouvelle édition, revue, corrigée, augmentée, par M. F. Malepeyre. *Paris, Roret*, 1854, in-18 avec planches.
— Le même... *Paris, Roret*, 1887, in-18.
Fait partie de la collection des Manuels-Roret. Voyez Chautard et Lebeaud.

JULIENNE (Mˡˡᵉ). — Petite Cuisinière bourgeoise par Mˡˡᵉ Julienne. *Montargis, Molle*, 1858, in-12 de 50 pp. (1 fr.)

JULLIEN. — Topographie de tous les vignobles connus, contenant : leur position géographique, l'indication du genre et de la qualité des produits de chaque cru, les lieux où se font les chargemens et le principal commerce de vin, le nom et la capacité des tonneaux et des mesures en usage, les moyens de transport ordinairement employés etc., etc. suivie d'une classification générale des vins ; par A. Jullien, auteur du Manuel du Sommelier, etc., etc. *Paris, l'auteur ; Madame Huzard ; L. Colas*, 1816, in-8 de XXXII-566 pp. (De 5 à 6 fr.)

Ouvrage intéressant au point de vue des vins non seulement de la France, mais de l'univers entier. C'est à tort que M. Quérard (*Littérat. contemp.*), écrit que la première édition est de 1822 ; nous l'avons sous les yeux et c'est bien la date de 1816 qui s'y trouve inscrite.

La *Topographie de tous les vignobles* a eu plusieurs éditions ; la 3ᵉ est datée de 1832, la 5ᵉ, corrigée et augmentée par C. E. Jullien, ingénieur, chez la Vᵉ Bouchard-Huzard, de 1866.

M. A. Jullien est l'auteur du *Manuel du Sommelier ou instruction pratique sur la manière de soigner les vins*, etc., etc., dont la 1ʳᵉ édition a paru en 1813 et qui a été souvent réimprimé avec des additions et un supplément. Sous le titre de *Nouveau manuel du sommelier ou instruction pratique*, etc., il fait partie de la collection des *Manuels-Roret*. Voyez Archambault, Cuisinier (Le) économe.

JUSSIEU (Ant. de). — Histoire du café par M. de Jussieu, 1713.

Cette *Histoire du café* occupe les pages 291-299 du tome de l'*Histoire de l'Académie royale des sciences* (année 1713), imprimé *Paris, de l'imprimerie Royale*, 1716, in-4.

JUSTE (Louise). — Bibliothèque Gilon. Miss Guhtrie Wright. La Cuisine traduction de l'anglais par Louise Juste. *Verviers*, 1887, in-8 de 124 pp. (2 fr.)

KAISER (Georges). — La panification hygiénique. *Bruxelles, office de publicité*, 1878, in-8. (1 fr.)

KEHRIG (H.). — Le privilège des vins à Bordeaux jusqu'en 1789, suivi d'un appendice comprenant : le ban des vendanges, des courtiers, des taverniers; prix payés pour les vins du XIIᵉ au XVIIIᵉ siècle. Tableau de l'exploitation des vignes en 1725 etc., par Henri Kehrig. *Bordeaux, Feret et fils; Paris, G. Masson*, 1886, in-8 de IV-118 pp. (2 fr.)

KETTNER. — Kesttner's Book of the Table a manual of cookery practical, theoretical, historical. *London, Dulau and Co. Soho Square*, 1877, in-8. (2 fr. 50.)

KEUKEN-MEESTER (De geoefende en ervaren) of de verstandige Kok. *Amsterdam*, 1740, 2 tomes en 1 vol. in-12, front. grav. (2 fr. 50.)

KEUKENMEYD (De belgische) of de zorgvuldige Huyshoudster, Gevoldg van eenige Huysmiddelen, Remedien en Geheymen; vermeerderd met een byvoegsel... Beschreven Door Mev. B***, te Brussel overleden. Nieuwe uytgave. *Gent, drukkery van Snoeck-Ducaju en zoon, veldstraet* 40. S. d., in-12 de 220 pp., 1 fig. (1 fr.)

KEUKENMEID (Het Echte Aaltje de volmaakte en zuinige); leerende het braden, koken, stoven, inleggen, confijten, droogen, enz., van alle spijzen, die een burgerkeuken worden toebereid, op de zuinigste, gemakkelijkste en smakelijkste wijze; benevens een aantal beproefde en heilzame Huismiddelen. vijfde veel vermeerderde en verbeterde druk. *Te Amsterdam, bij. B. Ouwerkerk* (1804), in-12 de 224 pp., vign. sur le titre. (3 fr.)

KHAIR al tha' am ma-hazar. L'apprêt de bonne Cuisine. Les faveurs et les agréments du service de table mis à la portée du public. *En vente dans la boutique de librairie de Hadji-Nouri* (1873), in-8 de 136 pages. (4 piastres-1 fr.)

Livre turc, publié à Constantinople, « l'an mille deux cent quatre vingt dix du noble (saint) mois de Ramazan le quinzième jour, à l'imprimerie Sultan Bayézid de monsieur Maître Iahi ».

Nous devons à l'obligeance de M. Léon Cahun, de la Bibliothèque Mazarine, qui a été chargé de plusieurs missions en Turquie, la traduction du titre de cet ouvrage divisé en 13 chapitres. Citons parmi les potages turcs, le *Potage au Tarkhanè* (le tarkhanè est du lait caillé et séché avec du blé), le *Potage à la sauce au foie*, le *Potage aigre*, etc., etc.

KIDDER (E.). — E. Kidder's Receipts of Pastry and Cookery, for the use of his Scholars, who teaches at his School in Queen Street, near St-Thomas Apostle's on Mondays, Tuesdays and Wednesdays in the afternoon. Also on Thursdays, Fridays and Saturdays, in the afternoon at his School next to Furnivalls Inn in Holborn. Ladies may be taught at their own Houses. In-8. de 50 pp.

Cité par Carew Hazlitt, *Old Cookery Books*, p. 156.

KIESLINGIUS. — Historia concertationis græcorvm latinorvmqve de csv sangvinis et carnis morticinæ in re cibaria. Avctore Ioanne Rvdolpho Kieslingio D. S. S. Theol. eivsdemqve prof. ord. et antistite Templi collegiati in vniversitate fridericiana erlangensi. *Erlangæ, typis et svmtibvs Wolfgangi Waltheri*, 1763, pet. in-8 de 6 ff. limin. et 276 pages. (De 5 à 4 fr.)

KING (William). — The Art of Cookery; in Imitation of Horace's Art of Poetry. With some Letters to Dr. Lister, and others; occasion'd principally by the Title of a Book publish'd by the Doctor, being the Works of Apicius Cœlius, Concerning the soups and Sauces of the Antients. With an Extract of the greatest curiousities contain'd in that Book. To which is added, Horace's Art of Poetry, in Latin. By the Author of the Journey to London. Humbly inscrib'd to the Honourable Beec Steak Club. *London, Printed for Bernard Lintott at the Croix-Keys between the two Temple Gates in Fleet-Street*. s. d., in-8 de 4 ff. limin. n. ch. et 160 pages. (De 8 à 10 fr.)

Ce poème : *L'art de la cuisine*, imité de l'*Art poétique* d'Horace, a été réimprimé dans le second volume des *Miscellany poems*, London, Bernard Lintot, 1732, in-12. The Art of cookery est suivi de plusieurs autres pièces gastronomiques et occupe, y compris ces pièces, 54 pages.

William King est l'auteur de ce poème satirique, d'une valeur médiocre, dans lequel il prend à partie le savant Lister et son édition d'Apicius. On trouvera dans un « Essai sur la vie du docteur Lister », pp. 8, 9 et 10 du *Voyage de Lister à Paris en MDCXVIII*, publié par la société des Bibliophiles françois, des notes fort intéressantes sur le Dr William King.

KINGSFORD (Mme Algernon), docteur en médecine. — De l'alimentation végétale chez l'homme, (végétarisme) par Mme Algernon Kinsgford. *Paris, Delahaye et Lecrosnier*, 1880, in-8 de 88 pp. (1 fr. 50.)

KLEIN (C.-F.). — Die Küche. Vollstandiges praktisches Handbuch der Kochkunst... herausgegeben von C. F. Klein, Restaurateur und Gasthalter zum rothen Haus in Mainz. Zweite Ausgabe. *Mainz, druck und verlag von J.-G. Wirth und Comp.*, 1856, in-8 de LXX-499 pages, avec une lithogr. (De 4 à 5 fr.)

KLENCK (A.) — Le vieux Mulhouse à table. Esquisse de mœurs épulaires. *Mulhouse*, 1875, in-8º de VI-60 pp. (1 fr. 50.)

KLETTEN. — Neues Trenchier-und Plicatur-Büchlein, Darinnen begriffen : Wie nach jetziger Hof-Art, allerhand Speisen und Früchte Künstlicher Weise zernschnitten, vorgeleget, aufgetragen, gesetzet, eingeschoben, und wiederum abgehoben, auch wie an Keyserl'. Königl. Fürstl. und Herzl. Tafeln, das Tafel zeug nettiret, frichiret, zubereit, daraus allerhand Plicarturn gearbeitet und gebildet werden Können. Aufs fleissigste corriget, mit gantz neren Rupffer-Stücken gezieret, und ans Tage-

Liecht gebracht Durch Andream Kletten, Exercitiorum Magistrum. *Nürnberg, In Verlegung Leonhard Loschge, Buchhandlern,* 1677, pet. in-8 oblong de 4 ff. lim. n. ch. et 120 pages, front. grav. (De 25 à 30 fr.)

Les 4 ff. lim. sont occupés par le frontispice gravé signé P. Froschel et représentant des convives attablés en plein air. L'Ecuyer tranchant est debout près de la table. Dans le haut, une sorte d'écusson formé par deux poissons et au milieu duquel on lit : « Neues Trenchier = ü Plicatur Büchlein » ; par le titre. (v° blanc) et la dédicace signée des initiales A. K. Page I « Vorrede, an den Gust-und Kunst-geneigten Leser » qui finit en haut de la page 4. Viennent ensuite des vers qui finissent à la page 8. Le corps de l'ouvrage commence à la page 9.

Ce traité rare et curieux sur l'art de découper et les devoirs de l'écuyer tranchant est orné de 28 planches gravées, plus 1 planche repliée de fourchettes et de couteaux. On trouve en plus, dans cet ouvrage, trois grands tableaux indiquant l'arrangement des plats sur une table de banquet.

Une note inscrite sur un feuillet de garde de l'exempl. de M. le Bon Pichon signale une édition antérieure, publiée en 1660.

KOCH-BUCH (Das Kleine Nurnberger) oder : Die Curiose Kochin, welche lehret, wie man nicht allein vornehme Tafeln, nach bester manier des heutigen staats, sondern auch geringer Leute Tische mit gut zugerichteten und wohl-schmeckenden Speisen galant bestellen und versehen Konne. Nebst einer zugabe für das honette Frauenzimmer, die Schonheit des Leibes auf das beste zu unterhalten. Mit einem vollkommenen Register versehen, und durch grosse Mühe und Fleitz denen Liebhabern guter Speisen also ausgefertiget. Von einer Nürnbergischen Kochin. *Nurnberg bey Buggel und Seitz,* 1727, in-4 de 6 ff. limin. n. ch., 804 pages et 35 ff. n. ch. pour le Register, front. grav. (De 30 à 40 fr.)

Titre rouge et noir. Le frontispice est divisé en plusieurs sujets ; aux quatre coins, quatre fig. de femmes ; le sujet principal, placé dans la partie inférieure, représente une salle à manger et des convives attablés.

Fait partie de la collection de M. le Bon Pichon.

KOCHBUCH (Oberrheinisches) oder Anweisung für iunge Hausmütter und Tochter, die in der Kunst zu Kochen und einzumachen einige Geschicklichkeit erlangen vollen. Nebst einem Anhang von Speisen für Kranke. Dritte und wieder verbesserte Ausgabe. *Mülhausen, Johannes Rissler und Kompagnie,* 1819, in-8° de 400 pp. et 12 ff. n. ch. de table. (De 4 à 5 fr.)

La deuxième partie de ce livre alsacien (Le Cuisinier du Haut-Rhin) a paru sous ce titre :

— Guter Rath für angehende haus wirthinnen, zu ökonomischer Einrichtung einer Haushaltung, anständiger Besetzung ihres Tisches, Anordnung und Auftragen der verschiedenen Speisen bey mehr oder Weniger grossen Gastmalen oder Familien-Essen, nach den verschiedenen Iahrszeiten eingerichtet. Anhang. Die Bereitung mehrerer Speisen, nur für grössere Haushaltung en bestimmt. als zweyter Theil zum Oberrheinischen Kochbuch. Mit Ruptern *Mülhausen, bey Johannes Rissler und Kompagnie,* 1820, in-8° de 168 pp. et 4 ff. n. ch. de table, 6 planches. (De 4 à 5 fr.)

— Le même... 4° édition, *ibidem, idem.* 1825, in-8 et 1827, in-8 avec 4 planches.

KOCH-BUCH so wol für Geistliche als auch Weltliche Grosse vnd geringe Hauszhaltungen, wie bey denen taglich wiel Lent. am fürstlichsten abgespeiset werden. Dorinn über die achthunderterley, Fleisch, Wildprett, Geflügel, Fisch, Eyer, vnd Garten-Speysen, auch die Manier vnd Weisz selbige zu bereiten, Neben andern nutzlichen Hauszhaltung Stücklein zufinden und begriffen sind, Durch Einem geistlichen Kuchen-Meister desz Gottshauses Lützel beschriben vnd practicirt. Zum andern ma

auffgelegt und vermehrt. *Lautterbach.*
Mühlh. bey J. Henr. Meyer, 1672, in-8.

— Le même..... *Lautterbach,* 1700, in-8.

KOCHBUCH (Ain sehr Künstlichs
vnnd Fürtrefflichs) von allerlay speysen,
auch wie man Latwergen, vnd zucker
einmachen soll, vnd sunst von anderen
gütten haimlichen Künsten Ainem ye-
den im hauss sehr notwendig vnnd
nützlich zü gebrauchen. Durch ainen
Fürnemen vnd berümtem 'Koch seinem
Ehegemahel zü der Letze geschenckt.
*Mit Ad : Bay : May : freyhait, in zway
Iaren nit nach zü trucken.* 1559, in-4
goth. de 4 ff. limin. n. ch., et 24 ff.
n. ch. (De 40 à 50 fr.)

Les 24 ff. n. ch. sont signés A-F par 4.
Titre rouge et noir. Au titre, une fig. très
naïve représentant des cuisiniers : l'un
trousse une volaille, l'autre est près du fourneau ; deux autres personnages au dernier
plan. Le v° du titre est blanc ; au 2° f. lim.
n. ch. signé ii. « An den Leser » (r° et v°) ;
au r° du 3° f. lim. signé iii commence
« Volgt das Register » qui finit au v° du
4° f. lim.
Le corps de l'ouvrage commence au r° du
f. a et finit au r° du dernier f, dont le v°
est blanc, par ces mots : Finis. — *Gedruckt
zü Augspurg durch Valentin Othmar.*

— Ein sehr Künstliches vnd fürtref-
fliches Koch-buch, von allerlen speysen. Auch wie man Latwergen vnd
zucker einmachen sol und sonst von
andern guten heimlichen Künsten. Einem jeden im haus sehr notwendig,
vnd nützlich zu gebrauchen. Durch
einen fürnemen vnd berümbten Koch,
seinem Ehegemahel zur lese geschenc-
ket. — (à la fin :) *Gedruckt zü Nurnberg
durch Valentin Newber,* S. d. (vers 1560).
in-8 goth. de 40 ff. n. ch. signés a-e
par 8. (De 30 à 40 fr.)

Au titre, fig. s. bois représentant un intérieur de cuisine (à peu près la même fig.
que dans la précédente édition).
Ces deux éditions font partie de la collection de M. le B°° Pichon.

KOCHBUCH (Ein sehr Kunstlichs

vnnd nutzliches) vormals nye so leicht,
Mannen vnnd personen, von jhnen
selbst zu lernen, inn Truck verfatzt vnd
auszgangen ist, Artlich in acht Bücher
getheilt. sampt etlichen fast nutzen
bewerten Hausznotturften oder Künsten. Auch wie man Essig machet vnnd
wein güt behelt. Balthazar Staindl von
Dillingen Anno MDLXXXII. In-4 goth.
de 4 ff. lim. n. ch., 50 ff. ch. et 1 f.
n. ch. (De 50 à 60 fr.)

Au titre rouge et noir, fig. s. bois représentant un intérieur de cuisine dans lequel
se meuvent quatre personnages. Au v° du
titre « Inhalt dises Büchs ». Au r° du
2° f. lim. commence le *Register,* imprimé
sur 2 col ; ce *register* finit au bas du v° du
dernier f. lim. On lit, au bas du r° du dernier f. n. ch. : *Gedruckt zü Augspurg durch
Michael Manger.* Le v° du dernier f. est
blanc.
Fait partie de la collection de M. le
B°° Pichon.

Graesse cite une édition antérieure :
Gedr. zu Angsp. d. Mattheum Francken, 1569.
in-4. (50, 51 ff. et 4 ff.)

KOCH vnd Kellerey, von allen
Speisen vnnd geträncken. viel güter
heimlicher Künste. Auch wie mann
Latwergen, Confect, Conseruen, vnd
einbetzung machen soll von mancherley Frücten, Blümen, Kreutern, vnnd
Wurtzelen. Einem jeden im hauss
sehr nützlich zü gebrauchen. *Gedruckt
zü Franckfurdt am Mayn, durch Her-
man Gulfferich* MDXLV. in-4 goth. de
49 ff. ch. et 2 ff. n. ch. (De 50 à 60 fr.)

Au titre, fig. en bois représentant un cuisinier devant ses fourneaux. Le v° du titre
est blanc. Le corps de l'ouvrage commence
au r° du 2° f. par une grande lettre ornée
et finit au v° du 49° f. ch. Au r° du 1er f.
n. ch. le « Register der Koch und Keller
meisterey ».

— Koch und Kellermeisterey. Von
allen Speisen und getrancken, viel guter heimlicher Künst. Auch wie man
Lattwergen, Salsen, Confect. Conseruen,
und Einbeykung machen soll, von mancherley, Früchten, Blumen, Krautern,

und Wurkeln, Einem jeden im Hauss sehr nothwendig und nützlich zugebrauchen. Jetzund von neuwem wider erschen, und mit lustigen Figuren durch aus gezieret. *Gedruckt zu Franckfort am Mann* MDLXXXI, pet. in-8 goth. de 119 ff. ch. et 8 ff. n. ch. (De 30 à 40 fr.)

Le v° du titre rouge et noir est blanc. L'ouvrage commence au f. 2 et finit au r° du f. 119. Au v° du f. 119 commence le « Register diss Büchlins » qui finit au bas du v° de l'avant-dernier f. On lit en haut du r° du dernier f. dont le v° est blanc : *Gedruckt zu Franckfort am Mann Bey Christian Egenollfs Erben, In verlegung Adami Loniceri, Johannis Enipii, Doctorum, und Pauli Steinmeyers. Im iar nach der Geburt Christi unsers Erlosers MDLXXXI.* Ces deux éditions font partie de la collection de M. le Bᵒⁿ Pichon.
— Le même… *Franckfurt, a M. d. Thom. Rebart*, 1566, in-4 de 62 ff. et 4 ff. de table.
— Le même… 1574 et 1576, in-8.

KOCH vnd Kellermeisterey varaus man alle heimligkeit des Kochens zu lernen hat, von allen Speissen wie man sie bereiten sol, sampt eines jeden essens wirckung vnd natur zu auffenthaltung der gesundheit, Iekundt erst an tag geben Durch Meister Sebastian N. Röm. Key. Man. gewesener Mundkoch. Auch wie man gute Wein Bier und Essigziehen, halten, widerbringen, vnd mit allerhand kreutern zur gesundheit bereiten vnd gebrauchen sol, dergleichen vornie gedruckt. *Zu Franckfurt am Mayn, bey Sigmund Feyrabend*, 1581, in-4 goth. de 74 ff. chiffr. et 6 ff. n. ch. (De 60 à 70 fr.)

Au titre rouge et noir, une fig. sur bois représentant un intérieur de cuisine. Au premier plan, un cuisinier ventru; au second, une cuisinière goûtant le pot-au-feu. Le v° du titre est blanc. Au r° du f. 1 « Wie fursten und Berren Bancket, zu bestellen vnd an zuordnen, was auch für officier vnd beampte Diener darzu nottürfftiglich zugebrauchen seyen ». L'ouvrage finit au r° du f. 74. Au v° de ce feuillet, en haut « Register dieser Koch vnd Kellermeisterey »; ce *register* occupe les 5 ff.

suivants. Au r° du dernier , dont le v° est blanc, on lit : *Gedruckt zu Franckfurt am Mann, durch Ioannem Schmidt in verlegung Sigmundt Feyrabendis.* Au-dessous de cette souscription, marque typographique, puis la date : MDLXXXI.
Ce livre de cuisine, excessivement rare, est orné de figures aussi naïves que curieuses intercalées dans le texte ; il fait partie de la collection de M. le Bᵒⁿ Pichon.

KOMGEN et Cⁱᵉ. — La Prévoyance ou l'art de conserver, même pour plusieurs années, toutes les substances alimentaires végétales. Moyen de se monter à peu de frais et partout un petit grenier d'abondance très varié pour l'hiver et les mauvais temps; par MM. Komgen et Cⁱᵉ. *Paris, Komgen et Cⁱᵉ*, 1857, in-12 de 12 pp. et fig. (50 cent.)

KREBS (Léon). — Le Conservateur ou livre de tous les ménages contenant les différents procédés de conservation des substances alimentaires, Viandes, Gibier, Poisson, Œufs, Lait, Fromage, Beurre, Graisses et Huiles, Fruits et Légumes et la conservation des boissons d'après les travaux de Carême, Appert et des auteurs spéciaux les plus estimés Par Léon Krebs. *Paris, Garnier frères*, s. d. (1886), in-18 de IV-568 pages. (3 fr.)
— Boissons économiques et liqueurs de table. Traité pratique de la fabrication des vins, bières, cidres, poirés, sirops, ratafias, etc., par Léon Krebs. *Paris, Garnier frères*, in-12, s. d. (1887). (2 fr.)

KRÜGER. — Traité du café, du thé et du tabac, par J. G. Krüger, *Halle* 1743, pet. in-8. (De 3 à 4 fr.)

KUCHARKA neb' Kucharstwj o rozlienych Krmjch Kterak x vzitěcné s chutj strogitj magj. w *Praze Jan Kantor*, s. d., in-8.

Ce traité de l'art de la cuisine en bohème, dit Graesse, a été reproduit : *Praze, Gir, Nigrin, 1591, in-8.*

KUCHENMEISTEREY. (A la fin :) *Gedruckt und volendet in der loblicé statt*

16

Strassburg, durch Ioannē Knobloch. Als man zalt nach d̄ geburt Christi unsers herrē Tausent Fünfflundert vn̄ sechtzehē Iare (1516), in-8 goth. de 46 ff. n. ch., signés a-h. (De 100 à 150 fr.)

Les cahiers ont des signatures irrégulières. Le cahier a est signé par 6; b, e, h par 8, c, d, f, g, par 4.

Au titre, une grande figure représentant un cuisinier faisant cuire des mets dans une grande cheminée; un autre hache de la viande sur une table; dans le fond, une tête de femme apparait dans l'encadrement d'une lucarne.

Les 4 premiers feuillets sont occupés par le titre (v° blanc), la préface : « Die Worred » qui, commençant au r° du f. aij, finit au r° du f. aiij, après la 4ª ligne. Aussitôt après vient le « Register » qui occupe le v° du f. aiij et les 3 ff. suivants (r° et v°). Le corps de l'ouvrage commence au r° du f. B et finit au r° du dernier f. par la souscription transcrite plus haut. Le v° de ce dernier f. est blanc.

— Kuchen meistercy. Ein schön nutzlich buchlein von bereytung der speis, zu gesundheit und nutzbarkeit der menschen. (A la fin :) *Gedruckt ynn der Churfurtlichen stadt zwickaw durch Wolffgang Meyepeck* (vers 1520), in-8 goth. de 46 ff. n. ch., signés a-f. (De 80 à 100 fr.)

Les cahiers a, b, c, d, e sont signés par 8 ; le cahier f par 6. C'est une réimpression de la précédente édition. Au titre, une fig. s. bois représentant un intérieur de cuisine. On y voit une femme lavant un plat dans un baquet; au 2ª plan, un cuisinier. La préface « Die Vorrede » commence au v° du titre; elle finit au r° du f. aij. Au v° du f. aij « Das Register » qui finit au v° du 5ª f. L'ouvrage commence au r° du 6ª f. et finit au v° du dernier par la souscription ci-dessus.

Ces deux traités de cuisine allemande, du XVIª siècle, sont de toute rareté; ils font partie de la collection de M. le Bᵒⁿ Pichon. Graesse, *Trésor des livres rares et précieux*, cite une édition antérieure, sous ce titre :

— Kuchemeystrey : in funff teyl ge-

teylt : von Fastenspeys, von Fleischspeys, von Eyer speys, von Salssen, von essig und wein. *S. l. n. d.* (*Nurnberg, J. Zeninger*, vers 1480), in-4 de 32 ff.

KUCHMISTRZ nadworny polski, czyli Ksiazka podreczna dla uzytku dobrze zagospodarowanego domu i wygody wzorowych gospodyn... *Warszawa, Merzbach, drukiem Henryka Hirszla*, 1847, in-8 de 196 pp. et 4 planches.

Estreicher, *Bibliografia polska XIX. stólecia*, t. II, p. 517.

KUCHMISTRZ nowy dla lakotnisiów czyli Wybór Skladajacy sie z przeszlo 100 potraw w guscie francuskim angielskim i wloskim. *Wroclaw*, 1817, in-12.

Réimprimé avec quelques changements : *Wroclaw u Wilhelma Bogumila Korna*, 1826, in-8 de 144 pp.

Estreicher, II, 517.

KUCHMISTRZ polski czyli Poradnik napisany przez doswiadczonego w pierwszych domach polskich Kuchmistrza... *Warszawa, druk Strabskiego* [et pour le tome II: *druk Gazety codzienney* J. 1856, 2 vol. in-8 de 272 et 369 pp.

Estreicher, II, 517.

KUCHNIA i apteczka narodowa... *Wilno, druk Syrkina*, 1860, in-8.

Estreicher, II, 518.

KUCHNIA Klassyczna wykwintnego smaku dla polskich gospodyn... *Warszawa*, 1859, in-12 de 331 et xx pp.

Estreicher, II, 518, VI, 431.

KUCHNIA warszawaska nowa czyli Wyklad smacznego i oszczednego przyrzadzania potraw... *Warszawa, Sennewald, druk M. Chmielewskiego*, 1838, in-8 de XVIII-348 pp.

Estreicher, t. II, p. 518.

LABORIE (P. S.). — The coffee planter of St Domingo; with an appendice containing a view of the colony, previous to 1789. *London*, 1798, in-8.

Brunet considère cet ouvrage comme très rare.

LACAM (P.). — Le nouveau pâtissier-glacier français et étranger traité complet et pratique de pâtisserie fine et de glaces contenant 540 recettes françaises et étrangères, dont beaucoup inconnues jusqu'à ce jour, spécialement en entremets, après seize années de travail en France et à l'étranger, par P. Lacam, pâtissier (de 1849 à 1865) 77 rue Montmartre (Paris). Ouvrage spécialement destiné à MM. les pâtissiers-glaciers. Très compliqué et facile à saisir. (*Paris*) *l'auteur, et chez M. Darenne*, in-8 de v-151 pages. (De 2 à 3 fr.)

— Le même... *Paris, Menessier*, 1878, in-8 de 148 pages. (2 fr.)

LACAN (Ernest). — Un réveillon à l'hôtel Carnavalet en 1677. *Paris, chez Auguste Aubry*, 1868, in-12 de 35 pages. (2 fr.)

Au recto du second feuillet se trouve la dédicace suivante, signée par l'auteur : A Monsieur le prévôt des marchands et à messieurs les échevins de l'an de grâce MDCCCLXVI qui ont eu l'honneur de réaliser l'excellente pensée d'un musée historique de la ville de Paris et de l'instituer à l'hôtel Carnavalet, etc. »

M. Lacan donne le menu du souper qui fut servi le 24 décembre 1677, à l'hôtel Carnavalet, et qui ne comportait pas moins de huit services.

LACHEISSERIE (Ant.) — Préfecture du département de la Drôme. Gélatine d'os ou Gelée faite avec des os. Rapport fait par Ant. Lacheisserie, m; et Ch. François Delandes propr. sur l'ouvrage intitulé : Mémoire sur la gélatine des os... par Cadet Devaux. (*Valence*), *impr. de Marc Aurel*, an XI, in-8 de 29 pp. (2 fr. 50.)

LACOMBE (F.). — Le Mitron de Vaugirard, dialogues sur le blé, la arine et le pain, avec un Traité de la boulangerie. *Amsterdam* (*Paris*), 1776, in-8. (De 3 à 4 fr.)

— Le même... Nouvelle édition, *ibidem*, 1777, in-8.

LACOMBE (Paul). — Fragments d'une histoire des mœurs. — Le Dîner chez les Romains par M. Paul Lacombe

Cahors, imprimerie H. Combarieu, F. Delpérier, succ., 1880, in-8 de 15 pp. (2 fr.)

LACOUR (Louis). — Mémoires d'Audiger, limonadier à Paris, XVIIe siècle recueillis par Louis Lacour. Paris, Académie des Bibliophiles, janvier 1869 n-18 de XIX-18 pp. (2 fr.)

Tiré à 440 exemplaires sur papier de Hollande et 10 sur papier de Chine.

M. Louis Lacour a reproduit la préface de la Maison réglée dont d'Audiger est l'auteur et l'Avant-propos qui se trouve placé en tête du quatrième livre du même ouvrage.

LACROIX (Paul). — Mœurs, usages et costumes au moyen-âge et à l'époque de la Renaissance par Paul Lacroix (Bibliophile Jacob), conservateur de la bibliothèque nationale de l'Arsenal. Ouvrage illustré de quinze planches chromolithographiques exécutées par F. Kellerhoven et de quatre cent quarante gravures. Paris, Librairie de Firmin Didot et Cie, 1878, gr. in-8 de IV-603 pages. (De 25 à 30 r.)

Le chap. IV (pp. III-192) est intitulé : Nourriture et cuisine; en voici les subdivisions : Histoire du pain. — Légumes et plantes potagères. — Fruits. — Viande de boucherie. — Volaille, gibier. — Lait, beurre, œufs, fromage. — Poissons et coquillages. — Boissons : bière, cidre, vin, hypocras, breuvages rafraîchissants, eau-de-vie. — Cuisine : soupes, bouillies, pâtés, ragoûts, salades, rôtis, grillades. — Assaisonnements : truffes, sucre, verjus. — Entremets : dorures, desserts, pâtisserie. — Repas et festins. — Ordonnance du service de table du quinzième au seizième siècle.

— XVIIIe siècle. Institutions usages et costumes France 1700-1789. Ouvrage illustré de 21 chromolithographies et de 350 gravures sur bois d'après Watteau, Vanloo, Rigaud, Boucher, Lancret, J. Vernet, Chardin, Jeaurat, Bouchardon, Saint-Aubin, Eisen, Gravelot, Moreau, Cochin, Wille, Debucourt, etc. Paris, Firmin Didot frères, fils et Cie, 1875. gr. in-8 de XII-520 pages. (De 25 à 30 fr.)

Chap. XV : (pp. 383-404) La cuisine et la table. — Anciennes habitudes françaises. — Le déjeuner, le dîner et le souper. — Les repas de cour sous Louis XIV. — Progrès de l'art culinaire sous Louis XV. — Le prince de Soubise et son cuisinier Marin. — Gourmets célèbres. — Luxe du service de table. — Repas du roi en public. — Les soupers. — Un excentrique : Grimod de la Reynière.

— Directoire, Consulat et Empire. Mœurs et usages, lettres, sciences et arts. France 1795-1815. Ouvrage illustré de 12 chromolithographies et de 410 gravures sur bois, d'après Ingres, Gros, Prudhon... Deuxième édition Paris, Firmin Didot et Cie, 1885, gr. in-8 de 5 ff. lim. et 564 pages. (De 25 à 30 fr.)

Chap. VII (pp. 145-164) : La cuisine et la table. Renaissance de l'art alimentaire. — Les restaurateurs : Robert, Véry, Naudet. — Les Frères Provençaux, Méot. — Restaurateurs des petites bourses : le Veau qui tette, la Marmite perpétuelle. — Grimod de la Reynière et l'Almanach des Gourmands. — Les marchands de comestibles : déjeuners, dîners et soupers.

Voyez Dubourg (Antony), Jacob (Bibliophile) et Gastronome (le).

LADIMIR (Jules). — Physiologie du pochard par Jules Ladimir, membre de la Grande Goguette du Mississipi, chevalier de La Bouteille d'or, etc., etc., assaisonnée de vignettes réjouissantes et bachiques par Maurisset et Josquin, Paris, Waprée, s. d. (1842), in-32 de 117 pp. (De 2 à 3 fr.)

LA FOUNTAINE — A Curious Treasury of twenty rare Secrets. By La Fountaine an Expert Operator, 1649, in-4.

Carew Hazlitt, Old cookery books, p. 68.

LA GARENNE (Sieur de). — Les Bachanales ov Loix de Bachvs prince de Nise en Arabie roy d'Egypte et des Indes & Dieu des bevvevrs. Ouurage Lirosophique, dans lequel on void les diuers & merveilleux effects du vin, les extrauagantes & ridicules saillies où il porte l'homme par les excez & le mauuais vsage de cette precieuse & charmante boisson ; bref, tout ce que peut produire la fumée d'vn long & libre repas. Ensemble l'éloge du Tabac. Tiré des Burlesques du sieur de la Garenne. Qui non intelligit, aut taceat, aut discat Suiuant l'original composé à Turin par le mesme autheur en l'année mil six cens trente. *A Grenoble, chez André Gales, imprimeur, rue Brocherie Proche le Bureau de la Poste*, 1657, in-8 de 62 pp. et 1 f. n. ch. (De 40 à 50 fr.)

Au vᵒ du titre, on voit Bacchus sur un tonneau, un verre et une bouteille à la main ; au rᵒ du f. n. ch. se trouve le privilège.

Une édition du même ouvrage (moins l'éloge du Tabac) avait été donnée *à Lyon, Fr. de Masso*, 1650, in-4. Cette édition ne porte pas le nom de l'auteur.

Une réimpression des *Bachanales* tirée à 150 exempl. sur papier teinté et 50 sur papier de Hollande, a été faite, en 1870, par MM. Chenevier et Chavet, imprimeurs à Valence, d'après l'édition de 1657.

LAITAGE (Le), organe du commerce des beurres, fromages, laits et œufs. *Paris, 155 rue Montmartre*, in-4 de 8 pp. à 3 col.

Le nᵒ 1 porte la date du 21 mai 1889 ; abonnement annuel : 10 fr.

LAITERIE (La) ou Art de traiter le laitage, de faire le beurre, et de fabriquer diverses sortes de Fromages par J. L. R. *Paris, Audot*, 1823, in-12 de 143 pages. (1 fr. 50.)

— Le même... 2ᵉ édition revue et corrigée par MM. ***. *Paris, Audot*, 1828, in-18.

LALANNE (J-B.) — Le Potager, essai didactique. *Paris, Pougens*, an VIII, (1800), in-8 de 35 pp. (2 fr. 50.)

— Le même... suivi du voyage à Sorese et de quelques autres poésies par J.-B. Lalanne. *Paris, Louis*, 1802, in-12 de 132 pp.

On a du même auteur un autre poème intitulé : Les oiseaux de la ferme, *Paris, Louis*, 1805, in-12 de 62 pp.

Ces deux poèmes ont été reproduits dans les *Classiques de la table*.

LAMB (Patrick). — Royal-Cookery : or, the compleat court-cook. Containing the choicest Receipts in all the several Branches of Cookery, viz for making of Soops, Bisques, Olio's, Terrines, Surtouts, Puptons, Ragoos, Forc'd-Meats, Sauces, Pattys, Pies, Tarts, Tausies, Cakes, Puddings, Jellies, &c. As likewise Forty Plates, curiousty engraven on Copper, of the Magnificent Entertainments at Coronations and Instalments ; of Balls, Weddings, &c., at court ; as likewise of City-Feasts. To which are added, Bills of Fare for every Month in the Year. By Patrich Lamb, Esq. Near Fifty Years Master-Cook to their late Majesties King Charles II King James II. King William and Queen Mary, and Queen Anne. The second Edition, with the Addition of several new Cuts, and above five Hundred new Receipts, all disposed Alphabetically. *London, Printed for J. Nutt, and A. Roper ; and to be sold by E. Nutt at the Middle-Temple. Gate in Fleetstreet.*, 1716, in-8 de 4 ff. lim. n. ch., 302 pages et 5 ff. n. ch. (De 15 à 20 fr.)

La première édition de ce « Cuisinier royal » anglais, orné de 36 planches, a paru en 1710 ; une troisième édition en a été donnée en 1726.

LAMELIN (Mᶜ Engelbert).—L'avantgovst dv vin, declaration de sa natvre, facvlté medicinale et alimentaire. La manière de preparer les vins artificiels. Auec la méthode d'extraire l'esprit et la pure quint'essence d'iceluy. Composé par Mᶜ Engelbert Lamelin, Licencié et medecin ordinaire en la ville de Vallencienne. *A Dovay, chez Iean de Fampovx imprimeur juré, au Sainct-Esprit.* 1630, pet. in-8 de 154 pages et 2 feuillets pour la table. (De 30 à 40 fr.)

L'*Avant-govst* du vin, composé en prose et en vers, est divisé en trois livres ; il est dédié à Dom Nicolas Dubois, abbé de Sᵗ Amand.

LANCELLOTTI (V.). — Lo Scalco prattico di Vittorio Lancellotti da Camerino All'Illustrissimo, e Reuerendiss. Prencipe il Card. Ippolito Aldobrandino Camerlengo di Santa Chiesa. *In Roma Appresso Francesco Corbelletti.* 1627, in-4 de 4 ff. lim. n. chiff. et 300 pages. (De 15 à 20 fr.)

Gravure au titre. Les 4 ff. limin. sont occupés par l'épître dédicatoire « All illustriss. e reverendiss. prencipe il card. Ippolito Aldobrandino », datée de Rome le 14 décembre 1627 et signée : Vittorio Lancellotti, l'avis « Al Lettore », l'approbation « Vrbanus P. P. VIII ad futuram rei memoriam » et l'*Imprimatur.* Le corps de l'ouvrage commence à la page I.

Ce curieux livre donne mois par mois la description d'un grand nombre de banquets donnés par différents prélats et princes romains à de grands seigneurs, à l'ambassadeur de France, etc., au commencement du xviie siècle.

LANDOALDE-AUBERT. — Le Gentilhomme Cuisinier ou les Quatre noms, comédie en un acte et en prose. Par M. Landoalde-Aubert. *A Bordeaux, chez Pallandre l'aîné, libraire ordinaire de Monsieur Frère du Roi, place Saint-Projet.* 1789, in-8 de 54 pages. (De 2 à 3 fr.)

La date est ainsi chiffrée par erreur : MDDCLXXXIX.

LANDRINIUS. — Galeatii Landrinii Ferrariensis. De vini et aquæ mutua inter se mixtione, Quæstio. Ad serenissimum Principem Franciscvm Mariam II. vrbini dvcem sextvm. *Ferrariæ apud Victorium Baldinum,* 1593, pet. in-4 de 25 ff. n. ch., signés A.-F. (De 12 à 15 fr.)

LANDRY (A.) — Art de filer et de couler le sucre. Traité élémentaire de procéder par un nouveau système. Illustré de pièces modernes par A. Landry. *Londres, l'auteur,* s. d. (1885), in-18 de 48 pp. et 7 planches. (1 fr. 50.)

LAPORTE DES VAULX (Dr de). — Les Clefs de la Cave : vins, cidre, bière, liqueurs. *Lille, Lefort,* 1882, in-12. (1 fr. 50.)

LAPOSTOLLE. — De la nécessité de bannir de nos cuisines le cuivre, pour y substituer le zinc étamé, par Lapostolle, professeur de chimie. *Amiens, de l'imprimerie Caron-Vitet,* in-8 de 16 pages. (De 3 à 4 fr.)

Extrait du *Journal de la Somme,* septembre 1821.

LA RUE (A. de). — Les 31 manières de manger le lapin par A. de La Rue, ancien inspecteur des forêts de la couronne. *Paris, Paul Dupont,* 1883, in-8 de 54 pp. (2 fr.)

— Le lièvre, chasse à tir et à courre par A. de La Rue, etc. *Paris, Firmin-Didot,* 1876, in-18 de 223 pp. (2 fr.)

Le chapitre xiii de cet ouvrage sur la chasse est intitulé : *Mérites gastronomiques du lièvre,* et subdivisé de la façon suivante : *Recettes inédites.* — *Manière de procéder du chasseur d'élite.* — *On ne mange bien qu'en France.* — *La cuisine chez les Grecs, les Romains.* — *Les grands artistes.* — *Un bon dîner propage l'instruction.* — *Mes recettes.* — *Le marquis de Nicolay.* — *Moïse et Mahomet.* — *Les six recettes inédites.* — *Qualités de la chair du lièvre.* — *Les 21 manières de manger le lièvre.*

LASTIC SAINT-JAL (De). — Cuisine usuelle (Encyclopédie) Recettes culinaires, remèdes pratiques, compositions pour toilette, réunissant dans leur confection, la simplicité et la perfection par le Comte de Lastic Saint-Jal. *Poitiers et Paris, Oudin frères,* 1879, in-8 de 197 pp. (1 fr. 50.)

LATINI (Antonio). — Lo Scalco alla moderna, overo l'Arte di ben disporre i conviti, con le regole piu scelte di Scalcheria, insegnate, e poste in prattica, à beneficio de'Professori, ed'altri Studiosi. Dal Cavalier Antonio Latini da colle Amato di Fabriano nella marca d'Ancona, Essercitato nel servigio di Varii Porporati, e Prencipi Grandi. Dove s'insegna il modo facile, e nobile di Trinciare fare Arrosti, Bolliti, Stuati, varie Minestre signorili, diverse Zuppe alla Reale, Morseletti delicati,

Brodi sostantiosi, Fritti appettitosi, Pasticci d'ogni sorte, con la loro dosa proportionata, per quante persone si vorrà, Piatti composti differenti, crostate, o Pizze Reali con la loro dosa, Salse, e Sapori, in variati modi. Con un facile modo di far Profumi, in diverse maniere, Aceti odorosi, e salutiferi, di conservare ogni sorte di frutti per tutto l'Anno, di fare vaghi, e nobili Trionfi, di bène imbandire le'Tavole di conoscere i gradi qualitativi d'ogni sorte d'Animale comestibile. Et unitamente si tratta delli primi Inventori, che hanno posto in uso il cibo di molti Animali cosi volatili come quadrupedi, e formar di quelli varie vivande, Et una nota de'Paesi di questo Regno, dove nascono Frutti, Vini, ed altra cose simili, per uso de'conviti. *In Napoli*, 1694, in-4 de 2 ff. lim. n. ch., 606 pages et 5 ff. n. ch., portrait et 1 pl. grav. (De 30 à 40 fr.)

Au-dessous de ce portrait qui est celui de l'auteur, on lit ces deux vers latins :

Latinus, Latina quidem dat fercula raris,
Hic condita modis rarus in Arte uiget.

Les 2 ff. lim. sont occupés par le titre, (v° blanc), l'approbation et la permission d'imprimer, datée du 30 sept. 1691. Vient ensuite une grande planche, gravée sur cuivre, représentant une table luxueusement servie. Le corps de l'ouvrage commence à la page 1 et finit à la page 606. Les 5 derniers ff. n. ch. sont occupés par l'*index* et les « fautes à corriger ». A la fin de l'*index*, au v° du 4ᵉ f. on lit : *In Napoli Nella Nuova stampa delli Socii Dom. Ant. Parrino, e Michele Luigi Mutii, 1692, con Licenzia de' Superiori et Privilegio.* Le v° du 5ᵉ et dernier est blanc.

Fait partie de la collection de M. le Bᵒⁿ Pichon.

LATOUR (J.) — Simplicité — économie — facilité. La meilleure cuisine et le guide du ménage par J. Latour, ex-chef d'ambassade à Paris, profes seur de cuisine. *Paris, L Boulanger G. Guérin et Cⁱᵉ, H. Vivien,* s. d. (1885), in-12. (4 fr.)

Le *Guide du ménage* comprend 205 pages ; le *Manuel de cuisine*, 278.

LATREILLE (de). — La Cuisine de Carême et des jours d'abstinence. Plus de 300 plats en maigre, potages-poissons-crustacés-mollusques-œufs-ragoûts-sauces-entremets-pâtisserie-confitures-liqueurs-conserves-procédés divers par MM. de Latreille et Henry Palmé. *Paris, Victor Palmé,* 1872, in-18 de 235 pp. (1 fr. 50.)

—Le même... 2ᵉ édition, *ibidem, idem,* 1873, in-18 de 239 pp.

LAURENT (A.) — La première leçon du cours de cuisine hygiénique créé par la Société normande d'hygiène pratique. Lu à la séance publique de distribution des Prix au cours de Cuisine hygiénique le samedi 20 juin 1885. Grande salle de l'Hôtel de Ville de Rouen. *Rouen, Lecerf,* 1885, in-8 de 12 pp. (1 fr. 50.)

Cette première leçon est en vers, elle est divisée en cinq parties : 1° Discours d'inauguration. 2° La Cuisine et les ustensiles. 3° Le feu. 4° L'approvisionnement. La 5ᵉ partie n'a pas de titre.

LAUSSEURE (J.-J.) — Les Grands vins de table ou observations pratiques sur les vins fins de France, notes manuscrites par M. Joseph-Jules Lausseure mises en ordre et publiées par Jules Lausseure. *Paris, Amyot,* 1858, in-8 de VII-72 pp. (De 5 à 6 fr.)

LAVALLE (Dʳ). — Traité pratique des champignons comestibles comprenant leur organisation, leurs caractères botaniques, leurs propriétés alimentaires, leur culture, les moyens de les distinguer, etc., etc. *Paris, Baillière,* 1851, in-8.

Cet ouvrage, orné de 12 planches coloriées, a paru en dix livraisons.

— Histoire et statistique de la vigne et des grands vins de la Côte d'or par le Dʳ Jean Lavalle. *Paris, Dusacq,* 1855, gr. in-8, avec des lithogr., 1 plan topographique et un album de 9 planches.

LA VARENNE. — Le Cvisinier françois enseignant la maniere de bien apprester et assaisonner toutes sortes de
Viandes grasses et maigres, Legumes
patisseries, et autres mets qui se servent
tant sur les Tables des Grands que des
particuliers. Par le Sieur de La Varenne
Escuyer de Cuisine de monsieur le
Marquis d'Vxelles. *A Paris, chez Pierre
David, Au palais a l'entrée de la Gallerie
des prisonniers*, 1651, in-8 de 8 ff. lim.
et 309 pp. (De 30 à 40 fr.)

Première édition, très recherchée, d'un
livre de cuisine qui a été souvent réimprimé.
Les 8 ff. liminaires sont occupés par le titre,
la dédicace « A messire Louis Chalon du
Bled..., marquis d'Uxelles etc », « Amy lectevr », le privilège daté du 17 juillet 1651,
l'avis du « libraire av lectevr » et la « table
des viandes ».

— Le Cvisinier françois, enseignant
la maniere de bien apprester, & assaisonner toutes sortes de viandes, grasses &
maigres, legumes, Patisseries etc. Reueu,
corrigé, & augmenté d'vn Traitté de
Confitures Seiches & liquides, & autres
delicatesses de bouche. Ensemble d'vne
Table Alphabétique des Matieres qui sont
traittées dans tout le Liure. Par le sieur
de La Varenne, Escuyer de Cuisine de
Monsieur le Marquis d'Vxelles. Seconde
édition. *A Paris, chez Pierre David,
au Palais, à l'entrée de la Gallerie des
Prisonniers*, 1652, avec privilège dv
Roy. in-8 de 8 ff. limin. n. ch., 370 pp.
et 15 ff. de table n. ch. (De 25 à 30 fr.)

Titre (verso blanc) (1 feuillet) — Dédicace
à « Havt et pvissant seignevr messire Lovis
Chaalon dv Bled, conseiller du Roy » signée
François Pierre, dit La Varenne » (2 feuillets) — « Amy lectevr » et « Extraict du
Priuilège du Roy » signé : Gvitonneav. (2 ff.)
— Le « libraire av lectevr » (2 ff.) — « Table
des viandes qui se trouuent, & se seruent
d'ordinaire aux diuerses saisons de l'année »
(1 f.)
Le corps de l'ouvrage commence à la page
1 et finit à la page 370; puis, vient la « Table
générale des viandes grasses, etc. qui occupe
les 15 derniers feuillets non chiffrés.

— Le Cuisinier françois, enseignant

la maniere de bien apprester et assaisonner toutes sortes de viandes grasses
et maigres, legumes et patisseries en
perfection etc. Reueu corrigé et augmenté d'un Traitté de Confitures seiches
et liquides, et autres délicatesses de
bouche. Ensemble une table alphabétique des matières qui sont traittées
dans tout le Liure. par le sieur de la
Varenne Escuyer de Cuisine de Monsieur le marquis d'Vxelles. Cinquiesme
édition. *A Paris chez Pierre David au
Palais sur les degrez de la Saincte Chapelle
au roy David*, 1654, in-8 de 8 ff. lim.
n. ch., 354 pp. et 15 ff. de tables également n. ch. (De 25 à 30 fr.)

Le privilège qui avait été donné à Pierre
David pour une période de dix années porte
la date du 17 juillet 1651.

— Le Cuisinier françois enseignant
la maniere de bien apprester et assaisonner toutes sortes de Viandes grasses
et maigres, Legumes, patisseries et
autres mets qui se servent tant sur les
Tables des Grands que des particuliers.
Avec une instruction pour faire des confitures et des tables necessaires par le
sieur de La Varenne, ecuyer, etc.
Derniere Edition augmentée et corrigée. *A la Haye, chez Adrian Vlacq*, 1656,
pet. in-12 de 2 ff. lim.| n. ch.,
426 pp. et 14 ff. de tables n. ch., front.
gravé. (De 40 à 50 fr.)

Les 2 ff. limin. sont occupés par le titre
et la table des viandes.
Cette édition, la plus estimée de toutes, se
classe parmi les Elzévirs ; elle forme, en quelque sorte, le pendant du *Pastissier françois*,
de 1655, mais n'atteint pas, dans les ventes,
les prix considérables de ce dernier. Elle
s'est vendue :
En mar. r., 75 fr., Capron ; mar. vert,
(Trautz-Bauzonnet), 195 fr., Béhague ; mar.
or. (Chambolle Duru) 156 fr., Potier. L'exemplaire de M. van der Helle, mar. r. (Duru)
est monté à 510 fr.

— Le même... *Troyes, Nicolas Oudot*,
1661, in-8.

Vendu en mar. r. (Petit-Simier) 41 fr.,
Bancel.

L'édition suivante, comme celle de 1656, se classe dans la collection elzévirienne ; elle est ornée du même frontispice gravé ; le titre est le même, mais il y a une différence dans l'orthographe du lieu d'impression et du prénom de l'imprimeur.

— Le Cuisinierf rançois enseignant... *Mahaye chez Adriaen Vlacq*, 1664, pet. in-12 de 6 ff. lim., 426 pp. et 14 ff. de tables non chiffrés.

Un exempl. de cette édition figure au catal. Yemeniz, mais n'a pas été vendu ; il y est annoncé comme ayant été imprimé non pas à Mahaye, mais à La Haye. L'exemplaire de M. Pieters, adjugé à la vente de ce bibliophile 115. r. a atteint, en mar. r. (Capé) le prix de 335 fr., Benzon.
Il est à noter qu'au catal. des livres de cet amateur cette édition de 1664 est annoncée comme ayant été donnée à *La Haye chez A. Flacq* au lieu de *Vlacq*.

— Le Cuisinier françois, enseignant la manière de bien apprester et assaisonner toutes sortes de viandes, grasses et maigres, legumes, et patisseries en perfection, etc., *Reueu, corrigé et augmenté d'vn traité de Confitures seiches et liquides et autres délicatesses de bouche. Ensemble les Tables des matières qui sont traitées dans tout le Liure. par le sieur de la Varenne, ecuyer de Cuisine de monsieur le marquis d'Vxelles. A Paris, par la Compagnie des Imprimeurs et marchands libraires associés.* 1670, in-12 de 6 ff. limin. n. ch., 356 pp. et 1 f. de table n. ch. (De 15 à 20 fr.)

— Le même... Ensemble d'vne Table alphabétique des matières qui sont traitées dans tout le Livre. Par le sieur de La Varanne (*sic*) Ecuyer de Cuisine de Mr le Marq. d'Vxelles. *A Roven, chez Laurents Machuël, au haut de la ruë Escuyère, près le grand Hostel,* 1676, in-12 de 6 ff. lim., 374 pp. et 17 ff. de table.

Nous avons ait remarquer que le nom de La Varenne était dans cette édition, écrit : *La Varanne.* Il se peut que ce soit une faute typographique, les autres éditions portant *La Varenne* ; mais il est bon de citer ici le quatrain suivant (Paris, 74, les Gens de lettres) de M. de Marolles, abbé de Villeloin :

Le Cuisinier françois on doit à la Varanne
On lui doit le Fruitier & le Confiturier
La Muë a composé l'estat du Sommelier,
Et pour plier le Linge, on le doit à Mérane.

— Le Vray Cuisinier françois enseignant la manière de bien apprester et assaisonner toutes sortes de viandes, grasses et maigres, Legumes et pastisseries en perfection, etc. Augmenté d'un nouveau confiturier qui apprend à bien faire toutes sortes de confitures tant sèches que liquide, de Compostes, de Fruits, de Salades, de Dragées, Breuvages délicieux et autres délicatesses de bouche. Ensemble d'une Table Alphabétique des Matières qui sont traitées dans tout le livre. par le sieur de La Varenne Ecuyer de Cuisine de Monsieur le marquis d'Vxelles. Nouvelle édition. *A Paris, chez Jean Ribou, sur le quay des Augustins à la descente du pont Neuf, proche la porte de l'Eglise a l'Image S. Loüis,* 1682, in-12. (De 12 à 15 fr)

Cinq feuillets n. ch. pour le titre, « Av lectevr », le privilège et les tables. Le *Cuisinier* occupe les pages I à 315, plus 13 ff. n. ch. pour la table des matières qui y sont contenues. Vient ensuite le *Nouveau Confiturier,* avec une pagination spéciale, pages 1 à 73, et 7 pages de table non chiffrées.

— Le Cuisinier françois enseignant la manière de bien apprester et assaisonner toutes sortes de viandes grasses et maigres... *A Rouen, chez Jean Dumesnil,* 1689, in-12.

— Le vrai Cuisinier françois, Enseignant la manière de bien apprêter & assaisonner toutes sortes de Viandes, grasses & maigres, Légumes & Patisseries en perfection, &c. Augmenté d'un Nouveau Confiturier, qui apprend à bien faire toutes sortes de Confitures, tant seches que liquides, de Compostes, de Fruits, de Dragées, Breuvages delicieux, & autres delicatesses de bouche. Le Maitre d'hôtel Et le grand Ecuyer-Tranchant, Ensemble d'une Table Alphabétique des Matieres qui sont traitées dans tout le Livre. Par le Sr. de La Varenne,

Ecuyer de Cuisine de Mr. le Marquis d'Uxelles. Nouvelle Edition. *A Brusselles, chez George de Backer, Marchand Libraire, près l'Hôtel du Prince de Berghes*, 1698, in-12, front. gravé. (De 10 à 12 fr.)

Titre rouge et noir. Le frontispice est dessiné et gravé par Harrewÿn. Dix feuillets liminaires non chiffrés (non compris le titre) pour l'avis au lecteur et la table des viandes. — Le « Cuisinier françois », p. 1 à 248. — Le « Nouveau confiturier », p. 249 à 307, plus 5 pages n o chiffrées (mais faisant partie de la pagination) pour la table du « Confiturier ». — Le « Maître d'hôtel et le Grand Ecuyer Tranchant, » pages 313 à 357 (les 2 premières non chiffrées). Ce traité est orné d'une planche hors texte repliée et de figures intercalées dans le texte. — Le « Sommelier royal, » p. 358 à 371. — Trois pages non chiffrées pour la table des matières contenues dans ces deux derniers traités et 1 feuillet non chiffré, dont le verso est blanc, pour l'extrait du privilège donné le 3 février 1695.

— Le Cuisinier françois enseignant la manière de bien apprêter... *Rouen, chez Jean-Baptiste Besongne, rue Ecuyère, Au Soleil royal.* 1700, pet. in-12 de 6 ff. limin. n. ch. et 408 pp.

— Le vrai Cuisinier françois, enseignant la manière... (même titre que celui de l'édition de 1698, mais en lettres noires)... par le Sieur de la Varenne, Ecuyer de cuisine de Monsr. le Marquis d'Uxelles, Premier Plénipotentiaire aux Conferences de la Paix a Utrecht. Nouvelle édition augmentée des nouveaux Ragoûts qu'on sert aujourd'hui. *A Amsterdam, chez Pierre Brunel, sur le Dam, à la Bible d'or*, 1712, in-12 de 11 ff. limin. n. ch. 380 pp. et 2 ff. de table n. ch. (le vo du dernier blanc), front. gravé. (De 8 à 10 fr.)

Le frontispice n'est pas le même que celui qui se trouve dans l'édition de 1698. Le traité du « Grand Ecuyer Tranchant » est orné d'un plus grand nombre de planches hors texte ; notre exemplaire en contient six.

— Le vrai Cuisinier françois (même titre et même: ront. grav. que dans l'édition de 1698). *A Brusselle, chez Georges de Backer, Marchand-Libraire à la Bergh-Straet*, 1712, in-12 de 12 ff. lim. n. ch., 371 pp. et 4 pp. n. ch., fig. (De 5 à 6 fr.)

— Le Cuisinier françois enseignant la manière de bien apprêter et assaisonner toutes sortes de viandes grasses et maigres, légumes et Pâtisseries en perfection etc. Revûe, corrigé et augmenté d'un Traité de Confiture s^{che} liquides et autres delicatesses de bouche par le Sieur de la Varenne, Ecuyer de cuisine de Monsieur le Marquis d'Uxelles. *A Troyes, chez la veuve de Jacques Oudot imprimeur et marchand Libraire, rue du Temple*, S. d. pet. in-8. (De 4 à 5 fr.)

Le privilège porte la date de mai 1723.

— Le vray cuisinier françois, enseignant la Manière de bien apprester et assaisonner toutes sortes de viandes... (même titre que celui de l'édition de 1712)..... par le sieur de la Varenne, Ecuyer de Cuisine de monsieur le marquis d'Uxelles. Nouvelle édition. *A Amsterdam chez Pierre Mortier, libraire, sur le Vygendam à la ville de Paris*, s. d. (de 1690 à 1715), in-12 de 13 ff. limin., 380 pp. et 2 ff. de table, front. gravé et planches.

— Le même... *La Haye, Jean Neaume*, 1721, in-12.

— Le Cuisinier françois..... *Rouen, Oursel*, s. d., in-12.

— Le Cuisinier françois enseignant la manière d'apprêter et assaisonner toutes sortes de viandes grasses et maigres, légumes et Pâtisseries en perfection, etc. Revû, corrigé et augmenté d'un Traité enseignant la manière de faire des confitures sèches, liquides, et autres delicatesses de bouche. par le sieur de La Varenne, Ecuyer de cuisine de M. le marquis d'Uxelles. *A Troyes, chez Jean Garnier, imprimeur Libraire rue du Temple.*, S. d., in-8 de 230 pp., plus 1 f. pour l'extrait de la permission donnée à Pierre Garnier et datée du 19 mai 1738. (De 4 à 5 fr.)

— Le même... *Rouen*, 1726, pet. in-12.

On a vu figurer au titre de plusieurs éditions du *Cuisinier françois* que nous venons de citer, un traité du Maitre d'hôtel et de l'Ecuyer Tranchant. Il convient de faire remarquer que ce traité est identique à celui qui est imprimé dans l'*Ecole parfaite des Officiers de bouche* dont la première édition a paru en 1662 et dont La Varenne pourrait bien être l'auteur.

Une traduction du *Cuisinier françois* de la Varenne a paru en Italie, *Bologne*, 1693, in-8.

— Le parfaict Confitvrier qvi enseigne a bien faire toutes sortes de confitures tant seiches que liquides de compostes, de fruicts, de sallades, de Dragées, Breuuages délicieux et autres délicatesses de bouche. *A Paris, chez Jean Ribov, au palais sur le grand Peron vis à vis de l'Eglise de la Saincte Chapelle, à l'image S. Louis*, 1667, in-12 de 132 pp. y compris le titre, et 6 ff. n. ch. pour la table et le privilège. (De 10 à 12 fr.)

Le nom de l'auteur se trouve au privilège donnant à Jean Ribou la permission d'imprimer le livre intitulé : *Le parfaict confiturier françois* composé par le sieur de La Varenne ; ce privilège porte la date du 6 décembre 1664 ; on lit au-dessous : Achevé d'imprimer pour la première fois le 4 auril 1667.

M. Brunet indique au *Manuel* un *Confiturier françois* du sieur La Varenne, publié à Paris en 1650, in-8°, c.-a.-d. un an avant le *Cuisinier françois* du même écuyer de Cuisine.

— Le Confiturier françois. Où est enseigné la manière de faire toutes sortes de confitures dragées, liqueurs, & breuvages agréables. Ensemble La Manière de plier le Linge de Table & en faire toutes sortes de figures. *A Troyes, chez Iacques Febvre, Imprimeur & Marchand Libraire demeurant en la Grand Ruë, au grand S. Augustin.*, S. d., pet. in-8 de 3 ff. lim. n. ch. et 90 pp. (De 8 à 10 fr.)

La dédicace à « Monsieur, Monsieur de Maridat le fils » est signée des initiales I. G.; elle occupe les 2 ff. qui suivent le titre. Pages 1-6 « Avertissement av lectevr ». Le *Confiturier* commence a la page 7 et finit à la page 76. Page 77, la « Maniere de plier toutes sortes de linge de Table & en faire toutes sortes de figures » qui finit à la page 90.

On trouve également le nom de La Varenne sur un autre traité culinaire qui a été souvent réimprimé sous des titres divers ; certaines éditions ont paru anonymes, les autres portent le nom de l'Ecuyer de Cuisine de M. le Mis d'Uxelles.

Voici par ordre de date les différentes éditions que nous connaissons de cet ouvrage :

— Le Cvisinier méthodiqve, Où est enseigné la manière d'aprester toute sorte de Viandes, Poissons, Legumes, Gelees, Cresmes, Salades & autres curiositez. Vtile à toute sorte de Personnes. *A Paris, chez Iean Promé sur le quay des Augustins, au Cheual de Bronze*, 1662. — Le Pastissier françois ; Où est enseigné la maniere de faire toute sorte de Pastisserie, tres-vtile à toute sorte de personnes. Ensemble Le moyen d'apprester toute sorte d'œufs pour les iours maigres & autres en plus de soixante façons. Troisième édition. *Ibidem, idem*, 1662. — Le Confitvrier françois ou la manière de faire toutes sortes de confitures, Liqueurs, & Breuages agréables. 3 part. en 1 vol. in-8. (De 25 à 30 fr.)

Chaque partie a une pagination et des signatures différentes ; les deux premières ont un titre spécial. Le *Cvisinier méthodique* comprend 169 pp., 3 pp. n. ch. de table et 1 f. dont le r° est occupé par l' « Extraict dv privilège du Roy donné à Iean Gaillard le 26 avril 1658 qui a cédé son droit à Iean Promé ». Le v° du dernier f. est blanc.

Le *Pastissier françois :* 205 pages et 4 pp. n. ch. pour la table et l'extrait du privilège donné à Paris le 18 avril 1653 à Jean Gaillard qui l'a cédé à Jean Promé. Au-dessous du privilège, on lit : « Acheué d'imprimer pour la seconde fois le dernier février 1662. » Cet « achevé d'imprimer » offre une particularité qui est à noter. Il y est dit pour la *seconde fois* et le titre porte *troisième édition*. C'est bien, en effet, une troisième édition, deux éditions du *Pastissier* ayant déjà paru, toutes deux à Paris chez Jean Gaillard, l'une en 1653, l'autre en 1657.

On trouve ensuite dans l'exemplaire que nous avons sous les yeux et qui fait partie de la superbe collection de M. le baron Pichon, le *Confiturier françois* qui, lui, n'a pas de titre spécial, mais une pagination à part. Il commence par un « Advertissement av lectevr » qui occupe les 6 premières pages. Le *Confiturier* comprend 72 pages et 1 f. n. ch. de table. Enfin, le volume se termine par la « Maniere de plier toutes sortes de linge de Table & en faire toutes sortes de figures, » paginées 85-96.

Bien que ces trois ouvrages aient leur pagination et des titres spéciaux, nous sommes porté à croire qu'ils ont été ainsi réunis et publiés par l'éditeur. Le nom de La Varenne n'y figure pas.

Le *Pastissier françois* est la reproduction textuelle de l'édition de 1653. Ne serait-il pas permis d'attribuer à La Varenne la paternité de ce traité dont aucun bibliographe n'a encore révélé le nom de l'auteur ? Voir Pastissier (le) françois.

— L'Ecole Des ragovst, ov Le chef-d'evvre Dv Cvisinier Dv patissier, Et dv Confitvrier. Ov est enseignée la maniere d'apprêter toute sorte de viandes, de faire toute sorte de Patisseries, & de Confitures. *A Lyon, Chez Iacqves Canier, & Flevry Martin, ruë Confort.* 1668, in-12 de 458 pages et 4 ff. n. ch. (De 40 à 50 fr.)

Le vᵒ du titre est blanc. Page 1, commence « Le Cvisinier françois et méthodiqve : et la manière de faire toute sorte de Potage », qui finit à la page 166. — Le « Patissier françois » occupe les pp. 167-372; le « Confitvrier françois » et la « Manière de plier le linge », les pp. 373-458. Les 4 ff. n. ch., (le vᵒ du dernier blanc,) sont occupés par les tables de ces trois ouvrages qui, dans cette édition, ont été réunis avec une pagination qui se suit. Le texte est exactement le même que celui de l'édition précédente ; le nom de La Varenne ne figure pas non plus dans cette édition.

Coté en mar. La Vallière (Thibaron-Joly), 120 fr., *Répertoire de la librairie Morgand et Fatout*, 1878.

Au cat. des livres de Gabriel Peignot figure une édition de l'*Ecole des Ragouts, Lyon,* 1675, pet. in-12 ; mais nous ne la connaissons pas.

— Le Cuisinier françois, ov est enseigné la maniere d'apprester toute sorte de viandes, de faire toute sorte de Patisseries, & de Confitures. Reveu & augmenté d'un Traité de Confitures seiches & liquide, & pour aprêter les festins aux quatre saisons de l'Année. Par le sieur de La Varenne Ecuyer de Cuisine de Monsieur le marquis d'Vxelles. Onzieme édition. *A Lyon, chez Jacques Canier, ruë Confort, au Chef S. Jean Baptiste,* 1685, in-12 de 458 pp. et 5 ff. de tables non chiffrés. (De 15 à 20 fr.)

C'est la réimpression textuelle des deux éditions précédentes sur lesquelles ne figurait pas le nom de l'auteur.

Une édition portant le même titre avait paru cinq ans auparavant. *Lyon,* 1680, in-12.

— L'Ecole des ragoûts, ou le chef-d'œuvre du Cuisinier, (même titre que l'édition de 1668). *A Lyon, chez Jacques Canier,* 1688, in-12.

Vend.: en v. olive (Closs), 39 fr., Yemeniz.

— Le Cuisinier François, ov L'ecole des ragoûts. Où est enseigné la maniere d'apprêter toute sorte de viandes, de faire toute sorte de Pâtisseries, & de Confitures. Par le sieur De La Varenne, Ecuyer de Cuisine de Monsieur le Marquis d'Uxelles. Douzième édition. *A Lyon, chez André Canier, au Bourg-chanin, a l'Ecu d'Orleans.* 1695, in-12 de 456 pp. et 5 ff. n. chiffr. pour les tables. (De 12 à 15 fr.)

— Le Cuisignier (*sic*) François ou l'Ecole des ragoûts, où est enseigné la manière d'apprêter toutes sortes de viandes, de pâtisseries et confitures, par le sieur de la Varenne, écuyer de cuisine de M. le Marquis d'Uxelles. *A Lyon, chez François Sarrazin,* 1699, pet. in-12.

Vendu en mar. vert (Capé), 49 fr., Yemeniz.

— Nouveau Cuisinier françois ov l'Ecole des ragoûts, où est enseigné la manière d'apprêter toutes sortes de viandes, de pâtisseries et de confitures. Par le sieur de la Varenne, écuyer de Cuisine de Monsieur le Marquis d'Uxelles. Nouvelle édition, revûë, corrigée, et augmentée. *A Lyon, chez Marcellin Duplain, libraire ruë Mercière,* 1727, in-12 de 456 pp. et 5 ff. de table non chiffrés. (De 7 à 8 fr.)

LEBEAUD. — Manuel complet théorique et pratique du distillateur-liquoriste, ou Traité de distillation en général ; suivi de l'art de fabriquer les liqueurs à peu de frais, et d'après les meilleurs procédés. Par M. Lebeaud. *Paris, Roret,*

1826, in-18 de 3 ff. n. ch. et 378 pp. (2 fr. 50)

— Le même, *ibidem*, *idem*, 1827 et 1830. Réimprimé sous ce titre :

— Nouveau manuel du distillateur et du liquoriste etc., etc. *Paris, Roret*, 1838, 1842, 1856, 1862, 1868, 1883 et 1888, in-18. Avec la collaboration de MM. Julia de Fontenelle et Malepeyre. Fait partie de la collection des Manuels-Roret.

LEBEUF (V. F.). — Traité de l'amélioration des liquides tels que vins, alcools, eaux-de-vie, liqueurs, kirschs, rhums, bières, cidres, poirés et vinaigres, contenant les meilleures recettes pour la fabrication des liqueurs avec ou sans distillation, les vins de liqueur, sirops, vinaigres, etc.; la manière de déguster, reconnaître et classer les vins. *Paris, Chamerot*, 1861, in-18.

La 2e édition, revue et augmentée, ainsi que la troisième, a paru sous ce nouveau titre : *Nouveau manuel complet de l'amélioration des liquides* etc., etc., *Paris, à la librairie encyclopédique Roret*, 1862 et 1869, in-18 de 267 pp. et fait partie de la collection des Manuels-Roret.

— L'Horticulteur gastronome. Bons légumes et bons fruits ou choix des meilleures variétés de plantes potagères et d'arbres fruitiers etc., Suivis des 365 salades de l'ami Antoine et du Calendrier de l'horticulteur, par V. F. Lebeuf. *Paris, Roret; Chamerot et Lauweroyns*, 1868, in-18 de 132 pp. (2 fr.)

— Le même..... *Paris*, 1878, in-18 de 132 pp.

LEBLANC. — Manuel du Pâtissier ou traité complet et simplifié de la pâtisserie de ménage, de boutique et d'hôtel; suivi d'un vocabulaire explicatif des termes de cet art. Seconde édition, entièrement refondue et ornée de planches par M. Leblanc, pâtissier. *Paris, Roret*, 1833, in-12, planches. (2 fr.)

Réimprimé sous ce titre :

— Nouveau manuel complet du pâtissier, etc., etc. Nouvelle édition, en-

tièrement refondue et ornée de planches. Par M. Leblanc, Pâtissier. *Paris, Roret*, 1860, in-18 de 283 pp. (2 fr.)

Fait partie de la collection des Manuels-Roret.

LEBLOND (F.). — L'art du limonadier avec des procédés nouveaux et une méthode plus facile et moins dispendieuse, par F. Leblond. *Paris, Servière*, 1803, in-18.

LEBRUN. — Nouveau Manuel complet du charcutier contenant l'art d'élever le porc, de l'engraisser, de prévenir et de guérir ses maladies et de tirer le plus grand bénéfice pour l'éleveur ainsi que les meilleures manières de tuer le cochon, de le dépecer, de préparer et de conserver ses différentes parties d'après les plus nouveaux procédés; par M. Lebrun, ancien charcutier. Nouvelle édition augmentée de considérations pratiques sur les trichines et la trichinose et mise au courant de l'industrie actuelle. *Paris, Roret*, 1866, in-12 de 252 pp. (2 fr.)

Première édition : *Paris, Roret*, 1840, in-18; dernière édition, *ibidem*, *idem*, 1888. (Collection des Manuels-Roret.)

LECLERC (Louis). — La Vigne et le vin du Johannisberg. Note lue à la Société nationale et centrale d'agriculture dans la séance du 21 juin 1848. *Paris, impr. de Mme Bouchard-Huzard*, 1848, in-8 de 12 pp. (1 fr.)

Voyez Joubert (A.) et Conservateur (le).

LE COINTE (Jourdan). — La Pâtisserie de santé, ou moyens faciles et économiques de préparer tous les genres de Pâtisseries de la manière la plus délicate et la plus salutaire par M. Jourdan Le Cointe, ouvrage destiné à l'instruction des Gens de l'Art, à l'amusement des Amateurs et particulièrement à la conservation de la Santé. *A Paris, chez Briand*, 1792, 2 vol. in-12 de 550 et

416 pages, avec une grande planche. (De 4 à 5 fr.)

En tête, se trouve, en guise de préface, un « Hommage à la beauté du sexe ». Une première édition de ce traité avait paru en 1790.

— La Cuisine de Santé ou moyens faciles & économiques de préparer toutes nos Productions Alimentaires de la manière la plus délicate & la plus salutaire, d'après les nouvelles découvertes de la la Cuisine Françoise & Italienne. Par M. Jourdan Le Cointe, Docteur en médecine, revue par un praticien de Montpellier. Ouvrage destiné à l'instruction des Gens de l'Art, à l'amusement des Amateurs & particulièrement à la conservation de la Santé. *A Paris, chez Briand,* 1790, 3 vol. in-12 de 465-490 et 570 pp., 1 pl. (De 6 à 7 fr.)

Il existe, dit M. Quérard, des exemplaires portant pour titre : Le Cuisinier royal ou cuisine de santé adapté aux préparations les plus économiques et les plus salutaires de nos aliments. *Paris,* 1790 ou 1792, 3 vol. in-12.

A propos de ce même auteur, M. Quérard mentionne au nom de Jourdan Lecointe, dans la *France littéraire,* un ouvrage intitulé : *La Cuisine renversée* ou *le nouveau ménage, Lyon, Ballanche,* an IV (1796), in-12.

Dans la même *France littéraire* il indique au nom de Cointereau un livre portant le même titre, imprimé la même année, chez le même libraire : La Cuisine renversée ou le nouveau ménage, par la famille du professeur Cointereau. *Lyon, Ballanche,* 1796, in-12.

Il est à supposer que Cointereau n'est que le pseudonyme du docteur Jourdan Lecointe et que ces deux livres n'en font qu'un.

— Le Cuisinier des Cuisiniers. 1000 recettes de cordon bleu faciles, économiques, pour préparer de la manière la plus délicate et la plus salutaire toute espèce de mets, d'après les découvertes récentes de la Cuisine française, anglaise, italienne, suisse et les procédés des maîtres les plus renommés tels que Balaine, Lefèvre, Véry, etc. suivi d'un traité sur la dissection des viandes, l'entretien des vins, la conservation d'après les procédés d'Appert de toute espèce de substance alimentaire, viande, fruits, légumes. Avec l'indication de l'influence de chaque mets sur la santé par M. le docteur Jourdan Lecointe à l'usage des grandes et moyennes fortunes. *Paris, Audin,* 1833, in-12 de 329 pages, planches. (De 3 à 4 fr.)

Le *Cuisinier des Cuisiniers* avait paru, en 1825, dans un format différent et signé simplement des initiales A. M. V... Y., sous ce titre :

— Le Cuisinier des Cuisiniers ou l'art de la Cuisine enseigné économiquement d'après les plus grands maîtres anciens et modernes tels que d'Alègre, Chaud, Laguipierre, Mézelier, Richaud, Souvent, Balaine, Robert, etc., suivi d'une chimie appliquée à la cuisine par Accum, de l'art de soigner les vins, de conserver les substances alimentaires. Par A. M. V. Y, ex-majordome du prince Marescalchi, ex-maître d'hôtel du prince Butera. *Paris, Audin ; Urbain Canel,* 1825, in-8. (De 4 à 5 fr.)

Cet ouvrage a eu un grand nombre d'éditions ; en voici quelques-unes :
— Le même..... dixième édition, avec planches. *Paris, L. Maison,* 1844, in-12 de 524 pages.
— Le même..... onzième édition, avec planches, *Paris, L. Maison* (1849), in-12 de 599 pages.
— Le même..... 15ᵉ édition revue par R. de L. *Paris, Magnin, Blanchard et Cⁱᵉ,* 1858, in-12 de 670 pages, front. et grav. s. bois.
— Le même..... 18ᵉ édition, augmentée et entièrement refondue par L. M., ornée de grav. *Paris, Laplace,* 1867, in-12 de 684 pages. La 22ᵉ édition porte la date de 1877.

LECOCQ (Georges). — Une ville flamande au XVIᵉ siècle récit de mœurs populaires publié d'après un manuscrit inédit par Georges Lecocq. *Paris, librairie des bibliophiles,* 1876, in-16 de 16 pages. (3 fr.)

Tiré à 150 exempl., dont 5 sur papier Whatman.

On trouve dans cette plaquette un tableau des mœurs en Flandre, au seizième siècle, des détails sur les victuailles qui se vendaient dans les hôtelleries et chez les *échopiers,* l'énumération de vins français et étrangers, la description d'un repas public, un jour de fête, etc. etc. Le manuscrit, en vers, dont M. G. Lecoq a donné des extraits date de 1580 environ.

LECOQ (L. M.). — Nouvelle découverte de la culture du thé et de sa préparation en France, à l'instar des Chinois; suivi d'un bon traité de la confiture d'oseille. *Paris, Michaud*, 1845, in-8 de 36 pages. (1 r. 50.)

LE CORDIER (Hélie). — Le Pont-L'evesqve poëme dédié a Mademoiselle par le sieur H. Le Cordier, M. *A Paris, chez Charles de Tvnes, rüe Chartiere proche le Puits Certain*, 1662, in-4 de 10 ff. lim. n. ch., 215 pp., 1 f. n. ch. et 8 pp. ch., portrait gravé. (De 100 à 150 fr.)

Le f. n. ch. contient le privilège et l'achevé d'imprimer daté du 6 septembre 1662; les 8 dernières pages sont occupées par le « Remerciment à Mademoiselle ».

Le « Pont-l'Evesqve » est un poème très curieux, en vers de 8 syllabes; il est divisé en seize chants. Le « chant dovziesme » est consacré au délicieux fromage qui porte le nom de cette ville; voici d'ailleurs en quels termes Le Cordier le décrit :

> *Il est comme gris, demy-bleu*
> *Et marqveté de rouge vn peu.*
> *Signe que sa substance est bonne,*
> *Et que de l'Art, il tire vn sel*
> *Aussy bon que Nature en donne*
> *Dans nostre herbe, vn vniuersel.*
>
> *Il n'est point d'vne odeur mauuaise*
> *Ny d'vne plûre qui déplaise ;*
> *Des autres il n'a point le fart*
> *Tout le monde également l'aime*
> *Car il est fait auec tant d'art*
> *Que jeune ou vieux, il n'est que cresme.*

Plus loin, le poète semble répondre à une pièce de vers de Saint-Amant, intitulée : *Le Fromage* et dans laquelle ce dernier vante le « Brie », quand il écrit :

> *Tu ris quand le Brie est confus*
> *Et des dédains & des refus,*
> *Qu'il souffre même en sa patrie,*
> *Sa confusion le rend blanc ;*
> *Quand, on dit, laissons là ce Brie,*
> *Le Pont-l'Evesqve est bien plus franc.*

Le Cordier dans le « chant qvatorzième » énumère les poissons et crustacés qui se pêchent en mer, sur les plages voisines du Pont-l'Evesque et qui faisaient les délices des gourmands de l'époque. C'est ainsi qu'il chante le turbot, la truite blanche, le mer-

lan, l'orphie, l'éguille (que nous appelons aujourd'hui l'équille), le « suave et doux éperlan » sans oublier les huîtres.

> *D'autres, avec moins d'aspreté*
> *En leur écaille, & dureté,*
> *Sont le Bouquet, & la Creuette,*
> *L'araigné de mer, & le poupar,*
> *Et celuy que plus on souhaitte*
> *Est l'Ecreuisse, ou le Houmar.*

Cet ouvrage est rarissime; on en connaît fort peu d'exemplaires; la Bibliothèque de l'Arsenal en possède un; un autre se trouve dans la collection de M. le Bᵒⁿ Pichon.

LEFEBVRE (Eugène). — Les aliments. par Eugène Lefebvre, ancien élève de l'Ecole normale supérieure, professeur au lycée de Versailles. *Paris, Hachette et Cⁱᵉ*, 1882, in-8 de 228 pp. et 1 f. de table. (2 fr.)

Fait partie de la « Bibliothèque des écoles et des familles. »

LE GRAND D'AUSSY. — Histoire de la vie privée des Français, Depuis l'origine de la Nation jusqu'à nos jours. Par M. Le Grand d'Aussy. *A Paris, De l'Imprimerie de Ph.-D. Pierres*, 1782, 3 vol. in-8 de XVI-373, 383 et 363 pp. (De 15 à 20 fr.)

Ouvrage très intéressant et très utile à consulter pour ceux qui font des recherches sur la manière de se nourrir en usage chez les Français. Ces trois volumes ne sont que la première partie d'une histoire que se proposait d'écrire M. Le Grand d'Aussy, mais qui n'a pas vu le jour. Cette première partie seule a paru. L'auteur y étudie en détail tout ce qui a rapport à l'alimentation, aux repas, festins et usages de table observés en France ; on y trouve également des renseignements sur les diverses corporations des charcutiers, cuisiniers, pâtissiers, oublayeurs, etc.

Les autres parties de l'*Histoire de la vie privée des Français*, devaient traiter de la manière de se vêtir, de l'habitation etc.

Le troisième volume est terminé par une pièce du XIIIᵉ siècle, intitulée *Proverbes*, et qui contient, dit le Grand d'Aussy, les « choses de ce tems qui avaient le plus de réputation ou celles qui étaient devenues proverbiales »

Quérard indique une autre édition : *Paris, Onfroy*, 1783, 3 vol. in-8.

— Le même..... nouvelle édition, avec des notes, corrections et additions, par J. B. de

Roquefort. *Paris, Laurent-Beaupré,* 1825, 3 vol in-8.

LEGRET (G. P.). — Le Chansonnier des bonnes gens ou les Diners de famille suivis des Banquets Maçonniques, et de quelques chansons détachées par M. G. P. Legret, Habitant de Belleville. *Paris, Quoy,* 1822, in-8 de 360 pp., et 3 pl. de musique. (2 fr. 50.)

LEHMANN (Karolina) — Najnowsza Kuchnia miejska i wiejska dla wszystkich stanow... *Warszawa, G. L. Glücksberg, w drukarni P. Baryckiego,* 1839, in-8 de 214 et XII pp.

Estreicher, t. II, p. 560.

LEHOC (P.-L.-P.) — Nouveau traité de l'épicerie et des branches accessoires par Pierre Lucien Prosper Lehoc. *Paris l'auteur, Juillet 1836,* in-12 de VII-124 pages. (1 fr. 50.)

Au commencement est un supplément de 4 pp. in-8, pliées, sur la cire, et à la fin, un autre supplément de 4 pp. in-12 annonçant une baisse de prix de ses comestibles.
— Le même..... *Paris, l'auteur,* 1838, in-18.
— Manuel du fabricant de miel, etc. 3ᵉ édition, augmentée de plusieurs procédés nouveaux. *Paris, impr. de Pollet,* 1839, in-16.

LE HOUX (Jean). — Les Vaux-de-Vire de Jean le Houx, publiés pour la première fois sur le manuscrit autographe du poëte avec une introduction et des notes par Armand Gasté. *Paris, Alphonse Lemerre,* 1875, in-12 de VI-261 pages, portrait gravé à l'eau-forte par Valentin. (7 fr. 50.)

Voyez Basselin (Olivier).

LEJEAL (Dʳ Alfred). — L'hygiène de la Table conférence faite au profit de l'association valenciennoise de l'enseignement populaire par le Dʳ Alfred Lejeal, Vice-président de l'Association, etc... *Valenciennes, Lemaitre,* 1870, in-8 de 33 pages. (1 fr.)

LE LONG (Michel). — Le Regime de santé de l'eschole de Salerne tradvit et commenté par M. Michel Le Long Prouinois Docteur en medecine. Auec l'epistre de Diocle Carystien touchant les présages des maladies a Antigon roy d'Asie et le Serment d'Hippocrate, mis de prose en vers par le mesme. *A Paris chez Nicolas et Iean de la Coste au mont S. Hilaire, a l'Escu de Bretagne et en leur boutique à la petite porte du Palais deuant les Augustins,* 1613, in-8 de 16 ff. limin. n. chiffr., sign. a-e par 8, (sans les lettres c et d) 360 ff. signés a-z et aa-Yy par 8. (De 12 à 15 fr.)

— Le même..... seconde édition, *ibidem, idem,* 1637, in-8 de 8 ff. limin. non chiffr., 705 pp. et 21 ff. n. chiffr.

— Le regime De santé De l'escole De Salerne. Tradvit et commenté par Maistre Michel Le Long, Prouinois, Docteur en Medecine... Troisiesme edition. *A Paris, chez Nicolas et Iean de la Coste,* 1643, in-8 de 8 ff. n. ch., 705 pp. et 21 ff. n. ch. (De 10 à 12 fr.)

L'épitre dédicatoire, signée Le Long, est adressée à Messire Louys d'Halligre (3 ff.). — « Avx lectevrs beneuoles » (3 pp.) — « Table des textes contenvs en ce liure » (5 pp.) Le corps de l'ouvrage vient après. — « Epistre de Diocle Carystien » (6 ff.) — « Le serment d'Hippocrate » (1 f.) « Table des matières et extrait du privilège » au bas de cet extrait on lit : Acheué d'imprimer le sixiesme Feurier mil six cens trente-sept (14 ff.)
— Le même... quatrième édition, *ibidem idem,* 1649, in-8 de 8 ff. limin., 705 pp. et 21 ff. n.chiffr.

—L'Escole Des medecins de Salerne, Qvi enseigne comme il favlt Sainnement & longuement Viure. Par la connoissance qv'elle donne des Facultez, de tous les Aliments qui entrent au Corps humain, Enrichie de plusieurs Beaux & Doctes discours, sur les choses naturelles, non naturelles, & contre nature. Et sur les proprietez des Médicaments qui seruent pour la guerison des plus fascheuses maladies. Augmentée de l'Epistre que

Diocle Carystien Medecin, enuoyé à Antigon Roy d'Asie, pour le preseruer ou guerir de toutes les indispositions qui luy pouuoient arriuer. Oeuvres necessaires à toutes sortes de personnes. Et qui donnera vn agreable diuertissement aux Lecteurs & beaucoup de profit aux Amateurs de leur Santé. Tradvit dv grec en françois & illustré des commentaires de M. Michel Le Long Docteur en medecine à Provi... A Rouen, Chez Clement Malassis, dans l'Estre Nostre-Dame, deuant la Cour des Aydes, 1660 in-8 de 8 ff. limin, non chiffr., 606 pages, et 21 ff. non chiffr. (De 6 à 7 fr.)

Autre édition : Rouen, Ferrand, 1660, in-8.

LEMER (Julien). — Paris au gaz, par Julien Lemer. Paris, Dentu, 1861, in-12 de 2 ff. et 288 pages. (De 2 à 3 fr.)

On trouve, dans cet ouvrage, un chapitre intitulé : La vie de Paris entre cinq et six heures du soir ou comment on dine et comment on ne dine pas.

LEMERCIER DE NEUVILLE. — Le Général Pruneau (de Tours), comédie en un acte avec la mise en scène, par Lemercier de Neuville. Paris, librairie théâtrale, 1888, in-18 de 28 pp. (1 fr.)

— Le Pâté, comédie en un acte en vers avec la mise en scène. prix un franc. Paris, librairie théâtrale, 1887, in-18 de 23 pp.

LEMERY (Louis). — Traité des Alimens, où l'on trouve La différence, & le choix, qu'on en doit faire ; les bons, & les mauvais effets, qu'ils peuvent produire : leurs principes ; les circonstances où ils conviennent, Par M. Louis Lémery, Docteur Regent en la Faculté de Médecine de Paris, de l'Académie Royale des Sciences. Troisième édition, Revue, corrigée, & augmentée sur la seconde de l'Auteur, par M. Jacques Jean Bruhier Docteur en Médecine, Censeur royal des Académies d'Angers, &c. A Paris, chez Durand, 1755, 2 vol. in-12. (De 5 à 6 fr.)

Tome I, LXXX-552 pp. Tome II, 595 pp. plus 2 ff. pour le privilège et les errata.

Le privilège est à la fin du tome II, après la table des matières commune aux deux volumes.

La première édition du Traité des Alimens a été publiée : Paris, J.B. Cusson et P. Witte 1702, in-12.

— Le même... 2e édition, revue, corrigée et augmentée par l'auteur, Paris, P. Witte, 1705, in-12.

Le Traité des aliments de Lemery a été traduit en anglais deux ans après son apparition sous ce titre :

— A Treatise of Foods in general. By Louis Lemery. Translated in to English. 1704, in-8 (De 2 à 3 fr.)

Une nouvelle édition anglaise, traduite par D. Hay, M. D. a été publiée à Londres, 1745, in-12.

LEMESLE (Charles). — Chansonnier du gastronome par Messieurs Béranger, Justin Cabassol, Félix Davin, Casimir Delavigne, etc., etc. publié par Charles Lemesle. 1re année. Paris, Au bureau du Gastronome ; Renduel, 1831, in-18 de XVII-303 pp. (De 2 à 3 fr.)

Recueil de chansons gastronomiques, parmi lesquelles : Manger, chanson de résistance, le Dindon et les Canards, Hymne à la Truffe, Chanson à digérer, la Gastronomie, chanson-menu.

LEONARDI. — L'Apicio moderno ossia l'arte di apprestare ogni sorta di vivande di Francesco Leonardi Romano già cuoco di S. M. Caterina II. Imperatrice di tutte le Russie &c &c. S. l., 1790, 6 vol. in-8. (De 15 à 20 fr.)

Collation des vol. : Tome I : LVIII-259 pp. — Tome II : LXX-248 pp. Tome III : 350 pp. Tome IV : 327 pp. et 1 p. n. ch. d'errata. — Tome V : 290 pp. — Tome VI : 325 pp. Léonardi est également l'auteur d'Il pasticciere publié à Florence, 1797, in-8 et d'Il cuciniere perfetto italiano, Firenze, 1843, in-8.

LÉON PINELO (Antonio de). — Question moral si el chocolate que branta el ayuno Eclesiastico, Tratase de otras bebidas j confecciones que se vsan en varias Provincias. A D. Garcia de Avellanéda y Haro Condé de Castrillo de la Camara de su Mag[d] comendador de la

Obreria de los Consejos de Estado y guerra Castilla y Camara, y Governador del Réal de las Indias. Por el Lic^do Antonio de Léon Pinelo, Relator del mismo consejo. *En Madrid, por la Viuda de Iuan Gonçalez áno 1636, in-4 de 6 ff. limin. n. chiffr., 122 ff., et 12 ff. de tablen. ch., titre gravé.* (De 12 à 15 fr.)

Frontispice gravé représentant une indienne dont la partie inférieure du corps est cachée par l'emplacement qu'occupe le titre gravé. Cette indienne tient dans une main un petit cacaoyer, dans l'autre une branche du même arbre; au-dessus, des armes.

Le sujet de ce livre est assez singulier. L'auteur y examine la question de savoir si le chocolat peut rompre le jeûne des ecclésiastiques et conclut à la négative. Cet examen fournit à l'écrivain espagnol l'occasion de disserter sur le chocolat, son origine, sa composition et les manières de le préparer.

LÉONTINE (Mlle). — La Cuisine hygiénique confortable et économique, à l'usage de toutes les classes de la Société. Nouvelle édition, par Mlle Léontine, cordon bleu. *Paris, Desloges, 1857, in-16 de 128 pp.* (3 fr.)

LEPAGE (Auguste). — Les dîners artistiques et littéraires de Paris. *Paris, Frinzine, Klein et Cie, 1884, in-12 de XI-360 pp.* (3 fr. 50.)

La dédicace est adressée à M. André Theuriet. M. Auguste Lepage fait l'historique d'un grand nombre de dîners qui réunissent périodiquement certains groupes d'artistes et de littérateurs. Ces dîners sont fort nombreux; citons parmi les principaux : *Les Spartiates, les Gaudes, la Marmite, le Dîner celtique, la Soupe aux choux, le Bœuf nature,* etc.

M. A. Lepage avait publié précédemment : — Les cafés politiques et littéraires de Paris..... *Paris, Dentu, 1874, in-16 de 110 pages.*

LEPAGE (Henri). — Une table princière en Lorraine aux XVIe et XVIIe siècles par Henri Lepage. *Nancy, René Wiener, 1883, in-8 de 52 pp.* (De 2 à 3 fr.)

Intéressante petite plaquette divisée en quatre chapitres dont voici les titres :

I. *Table du duc Antoine* : Prix de quelques denrées au temps de René II. Moutarde comestible, Cuisine d'un jour gras, Cuisine d'un jour maigre, Pâtés de loches, Hypocras. Fritures de goujon, Les apothicaires jouant un rôle dans la cuisine.

II *Table de Charles III* : Menus de repas., Soupe aux cerises, le « Cannaméliste français », à propos de ces dernières tourtes, Pâtisseries, coqueluches, massepains, épices, bière, échaudés, etc.

III. *Table de François de Lorraine, comte de Vaudemont* : Rôties au beurre et au sucre, à l'hypocras, potages. Soupes dorées, panades, sauce verte. Buvettes après dîner faites en la chambre de Madame. Beignets au vin et pets de nonne. Rissoles, Gelées, Consommés et étuvées, tétines de vache, cuisine de jours maigres, etc.

IV. *Table de Léopold et de François II* : Vins étrangers, surtout de Champagne, Bière des Bénédictins de Dieulouard, Eaux cordiales et divines, eaux glacées, Pruneaux de Tours, jambons de Mayence, Bayonne, etc., Confitures et dragées, les apothicaires détrônés par les confiseurs. Marée amenée de Bruxelles, de Dieppe et de Tréport, prix du gibier.

Les quatre dernières pages sont occupées par la table des matières dont nous venons de donner un extrait.

LEPEINTRE-DESROCHES. — Les Limonadiers, satire par M. Lepeintre-Desroches. *Paris, au Palais-Royal et chez tous les marchands de nouveautés, 1837, in-8 de 16 pp.* (2 fr. 50)

LE PLÉ (Am.) — Le café. Histoire-Science-Hygiène. *Rouen, J. Lecerf, 1877, in-8 de 38 pp., avec 1 pl.* (1 fr.)

LERICHE (J.-B.). — Utilité pratique dans l'économie domestique, emploi du miel; recueil de recettes pour boissons fermentées; bière, hydromel, vin, champagne, wischniak, maliniak, déréniak, vinaigre, limonade, oximel, sirop, kirsch, publié par J. B. Leriche, vulgarisateur de l'apiculture en France. *Lamotte en Santerre (Somme), l'auteur, 1886, in-8 de 27 pp.* (1 fr.)

LÉRUE (J-A. de). — La Gastronomie *Rouen, imprimerie de Espérance Cagniard, 1886, in-8 de 8 pp.* (1 fr. 50.)

La couverture imprimée sert de titre à ce poème gastronomique.

LE SÉNÉCHAL. — Fromage de Hollande, sa fabrication, par Le Sénéchal. *Paris, librairie centrale d'agriculture*, s.d. in-18.

Fait partie de l'*Almanach de l'agriculteur praticien* pour 1865.

LESPÈS (Léo) — Souvenirs et Croquis militaires. Prix : un sou ! ! ! Physiologie culinaire du 55e. Supplique adressée au dieu du Goût par un estomac fatigué. (*Clermont-Ferrand, imprimerie de Thibaud-Landriot*, 1836), in-8 de 4 pp. (De 6 à 7 fr.)

Pièce de vers composée de 13 strophes, imprimée sur papier rose, datée du 25 décembre 1836, et signée : « Napoléon Lespès, fusilier au 55e régiment de ligne. » Napoléon Lespès (Léo Lespès) n'est autre, on le sait, que Thimothée Trimm, l'écrivain populaire qui signa de nombreuses chroniques dans la *Petite Presse* et le *Petit Journal*. On lit au bas de cette pièce, devenue fort rare, « Les personnes qui désireront garder ces vers, voudront bien faire parvenir à l'auteur le prix modique qui y est fixé, pour couvrir les frais d'impression. »

— Paris dans un fauteuil, types histoires et physionomies par Léo Lespès. Troisième édition. *Paris, Bolle Lasalle*, 1855, in-18 de 444 pp. (De 2 à 3 fr.)

Voir p. 105, *les Restaurants*, et p. 373, *les Tables d'Hôte*.

LESPINASSE (René de). — Histoire générale de Paris. Les métiers et corporations de la ville de Paris, XIVe-XVIIIe siècle. Ordonnances générales ; métiers de l'alimentation. Par René de Lespinasse, ancien élève de l'école des chartes. *Paris, imprimerie nationale*, 1886, in-4 de VIII-711 pages. (Tome premier.)

La deuxième partie contient les statuts des métiers de l'alimentation : boulangers, bouchers, cuisiniers, traiteurs, charcutiers, rôtisseurs, pâtissiers oubloyers, pâtissiers de pain d'épices, poissonniers, marchands de vin, regrattiers, etc., etc. Les armes de chaque communauté se trouvent en tête du chapitre qui lui est consacré.

LE TELLIER (Ch.). — La Truffo-manie, opéra bouffe en un acte par M. Ch. Le Tellier, musique de M. Malliot, Représenté pour la première fois à Rouen, sur le Théâtre des Arts, le 29 novembre 1861. *Paris, Etienne Challiot et Cie*, 1862, in-18 de 33 pp. (1 fr.)

LETELLIER (J. B. L.). — Dissertation sur les propriétés alimentaires, médicales et vénéneuses des champignons qui croissent aux environs de Paris, etc., par J. B. L. Letellier. *Paris, Didot jeune*, 1826, in-4 de 33 pp. (2 fr.)

M. Letellier a publié une *Histoire et description des champignons alimentaires et vénéneux qui croissent aux environs de Paris*, etc. *Paris, Crevot*, 1826, in-8.

LETHEBY (H.). — Les Aliments. Quatre conférences faites devant la Société des arts de Londres, par M. H. Letheby, traduites de l'anglais par M. l'abbé Moigno. *Paris, Gauthier-Villars*, 1870 in-12 de 258 pp. (2 fr. 50).

Imprimé dans la première partie des *Actualités scientifiques* publiées par l'abbé Moigno.

LETTRE d'un pâtissier anglois au Nouveau Cuisinier françois avec un extrait du Crafstman. *S. l. n. d.*, in-8 de 1 f. et 22 pp. (De 3 à 4 fr.)

L'auteur de cette plaquette anonyme qui a paru en 1739 est Desalleurs l'aîné, fils de l'ambassadeur à Constantinople.
La *Lettre d'un pâtissier anglois* a été réimprimée sans l'extrait du Crafstman *s. l. n. d.* in-12 de 28 pages, et à la suite de la seconde édition du *Cuisinier gascon*. L'auteur y raille avec esprit « l'avertissement » placé en tête de la première édition des *Dons de Comus*. Voyez Apologie des Modernes...

LETTRE sur la bière. *Valenciennes, Gab. Henry*, 1734, in-8 de 61 pages. (De 5 à 6 fr.)

L'auteur de ce traité rare et curieux où il désigne la bière sous le nom de « pain liquide » est un médecin nommé Creudal.

LETTRES patentes (du 23 février 1565) portant défenses de ne vendre en public ni privé aucunes espèces de chairs durant le Caresme. *Paris, Estienne*, 1565, pet. in-8.

LETTRES Patentes du Roi, contenant règlement sur le Commerce des nouvelles communautés des cabaretiers, aubergistes, limonadiers et sur celui des détailleurs d'eau-de-vie et des vendans vin et autres boissons en Normandie, 12 novembre 1780, *Rouen, impr. privil.* 1781, in-4 de 7 pp. (De 4 à 5 fr.)

LETTRES patentes du roi Henry IV. Portant établissement des Maîtres Cuisiniers-Traiteurs en communauté, & leurs Statuts. Données à Paris au mois de mars 1599. *A Paris, de l'imprimerie de Le Breton, premier Imprimeur ordinaire du Roi,* 1765, in-4 de 257 pp. (De 6 à 7 fr.)

LE VAVASSEUR (Gustave) — Les Tripes par Deux Normands. *En Normandie Chez tous les libraires,* 1873, in-8 de 10 pp. et 2 ff. n. ch. (De 6 à 7 fr.)

Frontispice dessiné par l'un des deux Normands, Edmond Morin, et représentant des convives joyeusement attablés autour d'un plat de tripes fumantes que vient d'apporter une servante accorte et grassouillette. Au-dessus du dessin, on lit : Les Tripes!!!!! (et au bas)... Et qu'on voie, Au verre Transparent le cidre qui flamboie !

L'autre Normand est le poète Gustave Le Vavasseur, auteur de plusieurs volumes de poésies empreintes d'une exquise intimité.

Les quatorze strophes qu'il consacre aux Tripes sont pleines de bonne humeur et de gaîté.

Au dernier feuillet de cet opuscule on lit : *Paris, Auguste Ghio, libraire éditeur,* etc.

Il a été tiré des exemplaires sur papier vergé et 12 exemplaires numérotés sur chine. M. Lorenz cite une autre édition des *Tripes* portant la même date : (*En Normandie, chez tous les libraires*) Baur, in-12.

LEVACHER DE LA FEUTRIE. — L'Ecole de Salerne ou l'art de conserver la santé, en vers latins et françois, avec des remarques, recueillie, augmentée et publiée par M. Levacher de la Feutrie. *Au mont Cassin et se trouve à Paris chez*

Segand libraire rue des Cordeliers, vis-à-vis celle de Haute feuille, 1779, in-8 de XV-408 pages. (De 3 à 4 fr.)

— Le même..... *A Paris, Méquignon l'aîné libraire rue des Cordeliers,* 1782, in-8 de XV-408 pages.

LEYS (Irénée). — Conservation des subsistances alimentaires. Conservation des fromages de la Nord-Hollande par le procédé de M. Irénée Leys *fromage Hoornleys. Dunkerque, typographie de Vanderest,* 1856, in-8 de 46 pages. (1 fr.)

LIGER (Louis) — Œconomie générale de la campagne, ov Nouvelle Maison rustique, Par le Sieur Louis Liger, d'Auxerre. *A Paris, Chez Charles de Sercy, au Palais, au sixième Pilier de la Grand'Sale, vis-à-vis la Montée de la Cour des Aydes, à la Bonne-Foi couronnée,* 1700, 2 vol. in-4. (De 40 à 50 fr.)

Au titre, rouge et noir, marque de Charles de Sercy, dans une sorte d'écusson gravé.

TOME I. L'épître dédicatoire qui occupe les deux premiers feuillets non chiffrés est adressée à Monseigneur Jules Hardouin-Mansard, conseiller du roy en ses conseils, etc ; elle est signée : L. Liger. Les sept feuillets suivants, également non chiffrés, sont occupés par la préface. Vient ensuite la table des chapitres pour les deux premiers tomes contenus dans le premier tome (4 pages non chiffrées, à la quatrième se trouve le privilège). Le corps de l'ouvrage contient 500 pp. A la fin, 17 pages non chiffrées pour la table des matières contenues dans le premier tome.

TOME II. Même marque sur le titre que pour le tome I. Trois feuillets non chiffrés pour la table des chapitres des 3e et 4e livres. Le corps de l'ouvrage comprend 470 pp.; la table des matières, 7 ff. n. ch.

Le quatrième livre est divisé en XXII chapitres. Les treize premiers traitent de la cuisine, des confitures et de la pâtisserie; les autres sont consacrés à la chasse.

L'*Œconomie générale* etc. est ornée de figures sur bois intercalées dans le texte.

C'est la première édition d'un ouvrage qui a été souvent réimprimé, surtout sous le titre de *Nouvelle maison rustique.*

Vendu : en mar. r. (rel. anc.), 135 f., Bon Pichon.

Il y a eu deux *Seconde édition, revue et corrigée,* l'une, *Amsterdam, Desbordes,* 1701,

2 tomes en un vol. in-4, l'autre, *Paris, Claude Prudhomme*, 1708, 2 vol. in-4, toutes deux avec des fig. sur bois.

A partir de la troisième édition Liger modifie ainsi le titre de son ouvrage.

— La Nouvelle Maison rustique ou Economie générale de tous les biens de Campagne, la manière de les entretenir et de les multiplier, par le sieur Liger. Troisième édition, revûe, corrigée, augmentée, mise en meilleur ordre par M*** (H. Besnier, suivant Barbier). *Paris, Prudhomme*, 1721, 2 vol. in-4, 28 planches hors texte et nombreuses figures. (De 12 à 15 fr.)

Le *Catal. J. B. Huzard* nous donne la liste assez longue des différentes éditions de la *Nouvelle maison rustique* :

— La même... Quatrième édition, '*Paris, Prudhomme*, 1732, 2 vol. in-4, 28 pl.

— La même, *ibidem, Veuve Prudhomme*, 1736, 2 vol. in-4, 28 pl.

— La même..... Cinquième édition, *Paris, Saugrain*, 1740, 2 vol. in-4, 28 pl.

— La même..... Sixième édition, *ibidem*, 1749, 2 vol. in-4, 28 pl.

— La même.... Septième édition, *ibidem*, 1755, 2 vol. in-4, 28 pl.

— La même.... Huitième édition, *ibidem*, 1762, 2 vol. in-4, 28 pl.

— La même..... *ibidem*, 1763, 2 vol. in-4, 28 pl.

— La même..... Neuvième édition, *Paris, Samson*, 1768, 2 vol. in-4, 28 pl.

— La même..... Dixième édition, *Paris, Desaint*, 1772, 2 vol. in-4, 33 pl.

— La même..... Dixième édition, *Paris, Bailly*, 1775, 2 vol. in-4, 37 pl.

La onzième édition, revue, corrigée et considérablement augmentée... par l'auteur de la correspondance rurale, a été donnée, *Paris, Durand*, 1790, 2 vol. in-4, 40 pl.

Cette édition a été faite par les soins de M. de la Bretonnerie.

— La même..... Nouvelle Edition, entièrement refondue, considérablement augmentée, et mise en ordre, d'après les expériences les plus sûres, les auteurs les plus estimés, les mémoires et les procédés de cultivateurs, amateurs et artistes, chacun dans les parties qui les concernent; Par J.-F. Bastien; Avec 60 figures. *Paris, Déterville, Desray*, an VI-1798, 3 vol. in-4.

La septième partie du tome III est consacrée à cuisine, à l'office, aux confitures et liqueurs, etc.

Le *Manuel du Libraire* indique une autre édition de la *Nouvelle maison rustique* arrangée par J.-F. Bastien, *Paris*, an XII (1804).

— Dictionnaire Pratique du bon menager de campagne et de ville, Qui apprend generalement la maniere etc., etc. avec un traité de tout ce qui concerne la Cuisine, les Confitures, la Pâtisserie, les Liqueurs de toutes sortes, les Chasses differentes, la Pêche........ par le Sieur L. Liger. Nouvelle Edition revûe, corrigée et augmentée. *A Paris, Chez la veuve de Pierre Ribou*, 1722, 2 vol. in-4 de 436 et 400 pages sur 2 col. (De 15 à 20 fr.)

La première édition de ce dictionnaire avait paru. *Paris, Ribou*, 1715, 2 vol. in-4; la seconde, *ibidem, idem*, 1721, 2 vol. in-4.

En 1751, cet ouvrage a été réimprimé avec de nombreuses augmentations par la Chesnaye des Bois, sous le titre de : Dictionnaire universel d'agriculture et de jardinage, etc. (voyez ce titre).

— Le nouveau Théâtre d'agriculture et ménage des champs, contenant etc. etc. le tout suivi d'un traité de la Pêche et de la Chasse, extrait de Fouilloux et des meilleurs auteurs, par Liger. *Paris, Michel David*, 1713, in-4, 27 pl. (De 12 à 15 fr.)

— Le même, *Paris, Beugnié*, 1723, in-4, 27 pl.

— Le Ménage des champs, et le Jardinier françois accommodez au goût du temps Dans lesquelles on peut apprendre facilement à aprêter tout ce qui est nécessaire pour l'usage de la vie à la campagne, & même à la Ville; & la maniere de cultiver parfaitement les Jardins fruitiers, potagers, & fleuristes, avec un traité de la chasse & de la Pêche. Ouvrage utile à toutes sortes de personnes. *A Paris, chez Michel David, quay des Augustins à la Providence*, 1711, in-12 de 4 ff. lim. n. ch., 536 pp. et 4 ff. n. ch. pour la table des chapitres et le privilège. (De 15 à 20 fr.)

Le privilège est donné au sieur Liger qui l'a cédé le 30 mai 1710 aux sieurs Michel David & Damien Beugnié. La Iⁱᵉ édition du *Ménage des Champs* a paru en 1710.

Cet ouvrage qui n'est, à vrai dire, qu'une compilation du *Jardinier françois* et des *Délices de la Campagne* de Nic. de Bonnefons, est divisé en 4 livres. Les trois premiers sont relatifs à la Cuisine; le quatrième traite des jardins, puis vient ensuite le Traité de la chasse et de la pêche. Il est orné de 6 planches.

— Le même..... *Bruxelles, Léonard,* 1712, in-12.
— Le même..... *Paris, Beugnié,* 1715, in-12.
— Le même..... *Paris, David,* 1737, in-12.
— Le même..... *Bruxelles, Léonard,* 1720, in-8.
— Le même... *Paris,* 1729, in-12.

— Le ménage des champs et de la ville, ou nouveau Cuisinier françois accommodé au goût du temps. Contenant tout ce qu'un parfait chef de cuisine doit sçavoir pour servir toutes sortes de tables, depuis celles des plus grands Seigneurs jusqu'à celles des bons Bourgeois, avec une instruction pour faire toutes sortes de pâtisseries, confitures sèches et liquides, et toutes les différentes liqueurs qui sont aujourd'huy en usage. Première partie du ménage. *A Paris, au Palais, chez Damien Beugnié, dans la grande salle, au pilier des consultations au Lion d'or,* 1714, in-12 de 4 ff. n. ch., 584 pages et 11 ff. n. ch., fig. grav. et 5 planches.

— Le même.... *A Paris, au Palais, chez Paulus-du-Mesnil,* 1732, in-12 de 6 ff. lim. n. ch., 474 pp. et 8 ff. n. ch.
Le privilège est donné à Michel David, le 29 octobre 1717.
— Le même..... *Paris, Christ. David,* 1739, pet. in-8.
— Le même..... *Paris, Paulus-du-Mesnil,* 1740, in-12 de 5 ff. n. ch., 582 pp. et 9 ff. n. ch., fig. grav.
— Le même... *Paris, Christ. David,* 1756, in-12 de 6 ff. lim. n. ch., 473 pp. et 7 pp. n. ch.
La seconde partie du *Ménage des Champs ou Le Nouveau Jardinier françois,* Paris, Paulus-du-Mesnil, 1737, in-12 de 8 ff. n. ch. 447 pages et 17 pages n. ch., n'a trait qu'au jardinage.

LINAND (Barthélemy). — L'abstinence de la viande rendue aisée ou moins difficile à pratiquer ou Regime de vie avec lequel on peut prévenir ou rendre moins grandes les incommoditez qui surviennent à ceux qui font maigre, par le ménagement des tempéramens, le choix et le bon usage des alimens maigres simplement aprêtez, etc., par M. Barthelemy Linand, Docteur en médecine. *A Paris, chez Pierre Bienfait, sur le quay des grands Augustins, à l'Image S-Pierre, où l'on trouve aussi le traité des Eaux minérales de Forges du même auteur,* 1700, pet. in-8. de 12 ff. limin. et 225 pp. (De 6 à 7 fr.)

L'épître dédicatoire à « Monseigneur Louis Antoine de Noailles archevesque de Paris » est signée : Linand.

LINCOLN (Mrs.) — Mrs Lincoln's Boston Cook Book what to do and what not to do in cooking, by mrs d. a. Lincoln, of the Boston cooking school, *Boston, Robert Brothers,* 1887, in-12 de 536 pp. (3 fr.)

Livre de cuisine américaine avec fig. intercalées dans le texte.
— Carving and serving. By mrs D. A. Lincoln author of « the Boston cook book », *Boston, Robert Brothers.*

LINGUET. — Dissertation sur le bled et le pain par M. Linguet avec la réfutation de M. Tissot, D.M. *A Neufchatel,* 1779, in-12 de 84 pp. (2 fr.)

LIONNET-CLÉMANDOT. — Le nouveau confiseur moderne, ou l'art du confiseur et du Distillateur, contenant les meilleurs procédés pour cuire et préparer toutes les espèces de Sucres, Dragées, Bonbons, Pastilles, Candis, Pâtes, Marmelades, Compottes, Raisinés, Gelées, Conserves, Chocolats, Glaces, Biscuits, Macarons, Meringues, Pains-d'Epices, Croquets, Gaufres, Sirops, Fruits et Légumes confits, Fruits à l'eau-de-vie, Liqueurs, Ratafiats, Vins, etc.; à l'usage des jeunes confiseurs et de toutes les personnes qui désirent confectionner elles-mêmes toutes les douceurs les plus nécessaires à un ménage. Par M. J. Lionnet-Clémandot, confiseur. *Paris, Lecointe,* 1828, in-12 de 329 pages. (2 fr.)

— Le nouveau manuel complet du Limo-

LIQUORISTE (Le) parfait et Fabricant de Vins fins, Sirops, Glaces et autres Recettes particulières. Prospectus des Recettes contenues dans cet ouvrage. (*Alais, impr. de J. Martin*), s. d., in-12. (1 fr.)

℃ Liure de Cuy sine tres vtille e prouffitable contenāt en soy La manière dhabiller toutes Viādes. Auec La manière de seruir es bancquetz e festins Le tout reueu e corrige oustre la pmiere impressiō par le grant escuyer de cuysine.

℃ On les vend a Paris en la Rue neufue nostre dame a lenseigne sainct Nicolas.

nadier, du glacier, du chocolatier et du confiseur, etc., par MM. Cardelli, Lionnet-Clemandot, Julia de Fontenelle et A. M. Chautard. *Paris, Roret,* 1851, in-12 de 516 pp. et 6 pl.

Fait partie de la collection des manuels Roret. Voyez Cardelli.

LIQUORISTE (Le) parfait contenant 80 recettes et plus ; par M. le Comte Ferdinand de G***. *Metz, impr. de Collignon,* 1844, in-12. (1 fr.)

LIQUORISTE (Le). Recueil contenant la manière de fabriquer soi-même, à la minute, sans le secours d'aucun ustensile, toutes espèces de liqueurs, eaux-de-vie, rhum, etc. ; suivi de la manière de préparer les fruits à l'eau-de-vie, par M. A.-S. *Paris, impr. de Pilloy,* 1852, in-16. (50 cent.)

LIURE de Cuysine tres vtille & prouffitable contenât en soy La maniere d'habiller toutes viâdes. Auec La maniere de seruir es bancquetz & festins Le tout reueu & corrige oultre la pmiere impression par le grant escuyer de cuysine. *On les vend a Paris en la Rue neufue nostre dame a lenseigne sainct Nicolas,* s. d. (vers 1540), pet. in-8 goth. de 8 ff. lim. et 72 ff. ch., sign. A-K par 8.

Au titre que nous reproduisons à la page précédente, une figure s. b. représentant un écuyer de cuisine. Un exemplaire de ce livre fort rare, provenant de la bibliothèque de M. le Bon Pichon, a été vendu, en mar. bl. doublé (Trautz-Bauzonnet) 700 fr.; il figure aujourd'hui au Catal. des livres de la bibliothèque de M. le Bon James de Rothschild, (n°284) auquel nous en empruntons la description. La vignette est répétée au v° du titre. La table qui ne contient pas moins de 257 articles occupe les ff. Aij-Avij; à la suite de la table on trouve une recette intitulée: *Fontaine d'eaue dedans un bassin ou plat sur une table.* Cette recette occupe la fin du f. Avij, (v°), et le r° du f. suivant. La marque du libraire Pierre Sergent se voit au v° du f. Aviij.

C'est le même ouvrage, avec quelques modifications, que le *Grand Cuisinier de toute Cuisine.* le *Livre fort excellent de Cuisine, Livre de honneste volupté.* (voyez ces titres).

LIVRE (Le petit) de cuisine par Mme Marie G. V. avec une lettre-préface et une chanson de Gustave Nadaud. *Paris, Hachette et Cie,* 1885, in-18 de XIV-135 pp. et 1 f. de table. (2 fr.)

La chanson a pour titre: l'*Estomac.*

LIVRE (Le) de honneste volupté. Contenant la maniere d'habiller toutes, sortes de viandes, tant Chair que Poisson & de seruir en Bancquets & Festes. Auec vn memoire pour faire Escripteau pour vn Bancquet: extraict de plusieurs fort experts, & le tout reueu nouuellement, contenant cinq chapitres. *A Lyon, par Benoist Rigaud,* 1588, in-16 de 96 ff. ch. de 29 lignes à la page et 8 ff. n. ch. (De 60 à 80 fr.)

Au titre, marque typographique. Au v° du titre, se trouve une sorte de table des chapitres que nous reproduisons intégralement:

« Le premier chapitre traicte, de faire brouët, choux, ciue, haricot, potage & ris.

« Le second, d'appareiller chappons, perdrix, lieures, connins, cignes, cormorás, mouton, & veau, tant bouilly, rosty, qu'en paste.

« Le tiers, de faire gelee, laict d'amendes, cresmes, coulis, orge mödé, & plusieurs sauces.

« Le quatrième, d'appareiller œufs, anguilles, brochets, carpes, esturgeö, & toute sorte de poisson tant de mer, que d'eau douce.

« Le cinquième, enseigne de seruir en báquets & festes, selon la saison. Ité, a la fin du liure, y a vn memoire pour faire vn escripteau pour vn banquet ».

Le 1er chapitre commence au r° du f. 2. Le « Memoire, quand tu voudras faire vn banquet regarde en ce chapitre, & tu troueras des memoires pour faire ton Escriteau » commence au r° du f. 93 et finit au bas du r° du f. 96 par ces mots: « Fin du Liure de Cuisine ». Le v° du f. 96 est blanc. Les 8 ff. n. ch. sont occupés par la table « Sensuit la table de ce present Liure » qui finit au r° du 8e et dernier f. dont le v° est blanc.

Une édition postérieure de cet ouvrage figure au Cat. Yéméniz, sous le n° 905; le titre en est à très peu de chose près le même. Cette édition a été donnée à *Lyon, pour Pierre Rigaud,* 1602, in-16.

Vend.: en veau fauve (Simier), 51 fr., Yéméniz.

Le *Livre de honneste volupté* que nous venons de décrire d'après l'exemplaire de M. le Bon Pichon, a été et est encore souvent confondu avec le traité de Platine, *de l'honneste volupté.* C'est ainsi que M. Brunet, *Manuel,* t. IV, col. 691, fait figurer parmi les éditions de l'œuvre de Platine, cette édition donnée à Lyon pour Pierre Rigaud, en 1602.

Nous avons scrupuleusement comparé le *livre de honneste volupté* avec le *De l'honneste volupté* de Platine et nous avons pu nous convaincre qu'il n'y avait point de ressemblance entre ces deux ouvrages. D'autre part, nous avons examiné ensemble le *Livre fort excellent de Cuysine,* (Lyon, 1555) et le livre qui fait l'objet de cette notice et nous avons constaté que les deux étaient, sinon tout à fait semblables quant à l'ordre de classement, du moins conformes quant au texte des différents articles qui les composent.

Pour nous résumer, le *Livre de honneste volupté* est une réimpression, dans un ordre un peu différent du *Livre fort excellent de Cuysine* (Voyez ce titre); voyez aussi *Cuisinier (Le Grand) de toute Cuisine, Livre de Cuysine très utile et prouffitable.*

LIVRE (Le) de glace ou Histoire concise et abrégée de tout ce qui regarde la glace, depuis son premier usage en Europe, comme article de luxe, jusqu'au temps présent. Avec des instructions sur la manière de produire de la Glace pure et solide, au moyen de l'appareil frigorifique, suivies d'un recueil de recettes pour faire les glaces et les crèmes ou fromages glacés. *Paris, se vend au dépôt des machines frigorifiques, chez Laboche, Palais-Royal, galerie de Valois, n° 158, 1845, in-8 de IV-120 pages et 1 planche.* (De 3 à 4 fr.)

LIVRE (Le) de tous les ménages. Recueil de toutes les découvertes, améliorations, procédés et secrets les plus utiles et les plus pratiques qui ont paru depuis plusieurs années et qui, chaque jour encore, perfectionnent l'agriculture, l'horticulture, l'économie et la médecine domestique et la médecine vétérinaire. *Guincourt, par Alligny (Somme), Taillard-Jaunet, 1854, in-18.* (2 fr.)

— Le même..... deuxième édition. Prix 3 fr. 50. *Charleville, typ. Pouillard, 1854,* in-18 de 470 pages. (1 fr. 50).
— Le même... 3ᵐᵉ édition, *ibidem, idem,* 1855, in-18 de 480 pages.

LIURE fort excellēt de Cuysine tresutille & proffitable contenāt en soy la maniere Dhabiller toutes viandes. Auec la maniere de seruir es Bacquetz & festins. Le tout reueu & corrige oultre la p̄miere Impressiō p le grāt Escuyer de Cuysine. *On les Vend a Lyon pres nostre dame de Confort chez Oliuier Arnoullet* (1542), pet. in-8 goth. de 8 ff. lim. n. ch. et 72 ff. ch. (De 300 à 400 fr.)

Au titre, rouge et noir, fig. sur bois représentant un personnage assis écrivant dans un cahier placé sur ses genoux. Le v° du titre est blanc. Les 7 autres ff. lim. sont occupés par la table et une recette « Fontaine deaue dedans vng bassin ou plat sur une table ». Le v° du dernier f. lim. est blanc. Au r° du f. I, en haut « Liure de Cuysine ». Enfin, au v° du 72ᵉ et dernier f. on lit la souscription suivante : *Cy finist le liure de cuysine nouuellemēt Imprime a Lyon par Oliuier Arnoullet le xxixᵉ iour de Octobre Mileccccxlij* ».

— Liure fort excellēt de Cuysine tresutille & proffitable contenāt en soy la maniere dabiller toutes viādes. Auec la maniere de seruir es bāquetz & festins. Le tout veu & corrige oultre la p̄miere impressiō par le grāt Escuyer de Cuysine du Roy. *On les vend a Lyon au pres de nostre dame de confort chez Oliuier Arnoullet.* (à la fin) *Cy finist le liure de Cuysine nouuellemēt Imprime a Lyon par Oliuier Arnoullet le ixᵉ iour de mars mil cccccclv.* (1555) pet. in-8 goth. de 8 ff. lim. n. ch. et 72 ff. chiffr.

Au titre rouge et noir, fig. s. b. (la même que dans l'édition précédente).
Le v° du titre est blanc. (1 f.). Au r° du 2ᵉ f. n. ch. signé aij « La Table — Sensuyt la table de ce present liure Intitule Le Liure de Cuysine ». Cette table finit au v° du 7ᵉ f. n. ch., après la 9ᵐᵉ ligne de texte, par le mot *Finis.* Au dessous, on trouve « Fontaine deaue dedans vng bassin ou plat sur vne table », Cette recette finit, après la 17ᵉ ligne, par le mot *Finis,* au r° du 8ᵉ et dernier f. lim. n. ch. dont le v° est blanc. Le « Liure de Cuisine » commence au r° du 1ᵉʳ f. ch. Le « memoire quant tu vouldras faire vng bancquet regarde en ce chapitre tu trouueras des memoires pour faire tō escripteau » commence au v° du f. lxx, après la 5ᵐᵉ ligne et finit au v° du lxxij f. au bas duquel on lit la souscription transcrite plus haut : *Cy finist le liure,* etc., etc.
Un exemplaire de l'édition de 1542 figure au Cat. Cigongne, sous le n° 329 ; il provenait de la bibliothèque de M. J. J. de Bure et s'était vendu, en 1853, relié en dem. mar. vert, 500 fr., De Bure. Le Cat. du cabinet de M. Filheul mentionne une édition antérieure, *Lyon, Olivier Arnoullet, 1541, in-12.*
La composition du *Livre fort excellent de Cuysine* date du XIVᵉ siècle. M. Le Bᵒⁿ Pichon l'a prouvé dans son introduction du *Ménagier de Paris* en constatant qu'un grand nombre de recettes du « Viandier » avaient été empruntées par l'auteur au *Livre fort excellent de Cuysine.* Or, on sait que le *Ménagier* a été écrit entre 1392 et 1394.
L'ouvrage qui fait l'objet de cette notice a été plusieurs fois réimprimé, en 1555 d'abord, comme on l'a vu plus haut, sous le

même titre, et, plus tard, sous ceux de : *Le Grand Cuisinier de toute Cuisine ; le Grand Cuisinier très utille et proffitable ;* la *Fleur de toute Cuysine* et le *Livre de honneste volupté* (voyez ces titres).

C'est aussi le même ouvrage que le *Livre de Cuysine très utille et proffitable* imprimé vers 1540 (voyez ce titre).

LIVRE nouueau nomme le difficile des Receptes. *Finis. S. l. n. d.* (*Lyon, Jacques Moderne, vers 1540*), pet. in-8 goth. de 8 ff. de 22 lignes à la page, sign. A-B par 4.

Ce livre décrit dans le catalogue de la bibliothèque de M. le Bᵒⁿ James de Rothschild, nᵒ 199, où l'on trouve un *fac-simile* du 1ᵉʳ feuillet, contient quelques recettes analogues à celles du *Bastiment des receptes*, entre autres pour faire de bon vinaigre et améliorer le vin.

LOBERA DE AVILA. — Vanquete de nobles cavalleros e modo de bivir desde que se leuantan hasta q̄ se acuestan, y habla de Cada manjar que complexion y propiedad tiene e que daños y prouechos haze, e trata del reginiento curatiuo e preseruatio de las fiebres Pestilenciales e de la Pestilencia e otras cosas utilissimas, nueuamente compuesto por el Doctor Luys de Auila Medico desu Magestad, dirigido al Illustre y muy Magnifico Señor el, S. don Francisco de los Couos Comendador mayor de Leon Secretario y del consejo del estado y secreto de su Magestad, &c. (*Augustæ Vindelicorum*, 1530), in-4 de 84 ff. n. chiff. sign. a-y. (De 60 à 80 fr.)

Au-dessus des armes qui occupent une grande partie du titre on lit : Plvs vltra ; et au-dessous : Con priuilegio Imperial. Les 7 premiers feuillets sont occupés par différentes dédicaces du docteur, et des vers. Le corps de l'ouvrage commence au 8ᵉ f. par ces mots : « Comiença la obra, Porqvelos cavalleros y senores assi de Españā y de Francia y de Alemanā como de Italia, etc. » Ce livre est orné de curieuses figures placées aux feuillets Iiij (portrait de l'auteur au-dessus duquel on lit : Doctor scripsit iste qui Sanus esse velit a malis se abstineret cibis, maxime fructibus ipsis. suoq vnum

tempore viscisse sanum, qui de eius consilio penitus, se abstinuit fructibus. ») — aux feuillets K, Q, au verso du f. R, aux ff. S, Si, S4, au verso du f. T3, aux ff. T4, V et au recto du dernier feuillet (deux personnages dont l'un agite une bouteille et l'autre tient une cuillère et un pot).

On lit au verso de l'avant-dern. f. : « Excvssvm in inclyta vindelicorum Vrbe Augusta, Augusti die vltimo in celeberrima Augustissimi Ro. Imper. Caroli V. ac aliorum Germaniæ procerū conuētu. Per industriam virū Henricum Staincrū chalco typū. »

Dans l'exempl. de la Biblioth. nationale, les figures et les lettres ornées sont coloriées.

— Vergel de sanidad, que por otro nombre se llamava : Banquete de cavalleros y orden de bivir. ansicu tiempo de sanidad como de enfermedad, y habla copiosamente de cada manjar que complexion y propriedad tenga... Nueuamente corregido y añadido por el mismo autor que es el doctissimo y excelente doctor Luys Lobera, de Avila.

— Remedio de cuerpos humanos y silva de experiencias y otras cosas utilissimas, nueuamente compuesto por el excellentissimo doctor Luys Lobera. (à la fin.) *Fue impressa la presenta obra, llamada Vergel d sanidad cō otras muchas cosas vtilissimas que se côtienen en el en la muy noble & insigne vniuersidad de Alcala āc Henares : en casade Joan de Brocar. Acabo se aveynte y siete de Março año de M DXLII,* in-fol. goth. à 2 col de 10 ff. limin. n. chiff. et Cij ff. (1ʳᵉ partie) et 4 fl. limin., Clxxxiii ff. chiffr. et 1 f. n. ch. (2ᵉ partie).

La première partie est le même ouvrage que : *Vanquete de nobles cavalleros,* que nous venons de décrire.

Un exempl. aux armes de Morante, en mar. bl. a été vendu 80 fr., Morante.

Curieux traité alimentaire, divisé en 77 chapitres et dans lequel on trouvera d'intéressants détails sur les aliments et les boissons employés au xvıᵉ siècle en Espagne, les vins, la bière, les fruits de toutes sortes, les melons, les viandes, les poissons, etc., etc. Ce livre fort rare a été traduit en allemand sous ce titre :

— Ein nuztlich Regiment der gesundtheyt, Genant das Vanquete, oder Gastmal der Edlen diener von der Complexion Eigenschafft, Schad, und nutz allerley Speyss, Tranks, uñ von allem, darmit sich der menschen gesundtheyt. enthelt Mit sampt einem kurtzen Regiment, Wyeman sich in der Pestilentz Pestilentzischen fieber vnnd Schweysz halten soll. Gemacht durch..... *Ludouicvm de Avila...* (A la fin :) *Gedruckt in der Kayserlichen Statt Augspurg durch Heynrich Steyner am 20 tag Februarij im* MDXXXI, in-4 goth. de 5 ff. n. chiffr. xc ff. et 2 ff. n. chiffr. pour le *Register.* (De 50 à 60 fr.)

Au titre, une gravure représentant un repas de grands seigneurs. Au verso du 4ᵉ ff. n. ch., le portrait de l'auteur.

— Bancket der Hofe und Edelleut. Des Gesundenn Lebens Regiment. von eygenschafft, nutz und schedlicheyt alles so zu menschlicherspeise, tranck, und gebrauch, In Küchen, Keller und Apotecken, auch zu leibs mancherley gebrehen von nôten. Des Hochgelerten weiland herrn Ludouici de Auila, Keyserlicher Maiestat Leibartzt. Auffm Reischtag zu Augspurg, der Ritterschafft, Adel, Hoffleuten und Iederman zu underthenigem und freundlichem gefallen gestellet. *Zu Franckfurt, Bei Christian Egenolff.* (1551), in-4 de XXXIX ff. chiffr. et 1 f. n. ch. (De 60 à 80 fr.)

Au titre, fig. en bois représentant deux personnages entourés de huit autres. Devant la table, à droite, un homme dans une baignoire assez rudimentaire ; à gauche, une femme prenant un bain de pied. Dans les derniers plans un joueur de flûte, un fou, un serviteur, un médecin, etc. Au vᵒ du titre « Zum Gütigen Leser ». Au rᵒ du 2 f. « Vorred über das Büchlein, genent das Bancket oder Gastmal der hoff vnd Edelleut D. Ludouici de Auila. » L'ouvrage finit au vᵒ du 39ᵉ f. ; après la 6ᵉ ligne, vient le *Register* qui prend fin au rᵒ du dernier f. n. ch. (vᵒ blanc) par la souscription suivante : *Gedruckt Zu Franckfurt am Meyn bei Christian Egenolff.* MDLI.

Cet ouvrage fait partie de la collection de M. le Bᵒⁿ Pichon.

Il existe une autre édition, *Franckfurt,* 1556.

LOIRE (Louis). — Les joyeux propos de table. Anecdotes, bons mots — traits plaisants — boutades entremêlées de curieuses recettes culinaires recueillis par Louis Loire. *Paris E. Dentu,* 1879, in-18 de 216 pages. (2 fr. 50.)

Amusant petit volume où l'on trouve, à côté des recettes données par les meilleurs restaurateurs, des anecdotes littéraires et gourmandes.

LOMBARD (L.-M.). — Le Cuisinier et le Médecin et le médecin et le cuisinier ou Le Cuisinier médecin et le Médecin cuisinier ou l'art de conserver ou de rétablir sa santé par une alimentation convenable, guide indispensable à toutes les personnes qui veulent connaître leur tempérament, le gouverner en santé ou en maladie, selon les règles de l'hygiène, Suivi d'un livre de cuisine d'économie domestique et d'hygiène alimentaire appliquée selon les divers tempéraments indiquant par ordre alphabétique le mode de préparation de tous les aliments français et étrangers, les qualités et les prix de tous les vins, liqueurs et boissons, l'indication de tous les végétaux et animaux qui servent à l'alimentation, la manière de découper toutes les viandes rôties, gibiers, etc. ; le service de la table, etc. ; les propriétés de toutes les substances alimentaires... par une société de médecins, de chimistes, de cuisiniers et d'officiers de bouche, sous la direction de Mʳ L-M. Lombard docteur en médecine de la faculté de Paris. *Paris, L. Curmer,* 1855, in-8 de XIX-239 et 368-48 pages. (De 12 à 15 fr.)

Faux-titre, titre, gravure et frontispice gravé. La gravure signée par Pauquet représente un cuisinier et un médecin se serrant la main. Sur le frontispice, comestibles de toute espèce ; à gauche, sur des banderolles des noms des gourmands et des cuisiniers fameux, Balthazar, Lucullus, Talleyrand, Vatel, Ca-

rême; à droite ceux des princes de la médecine, Hippocrate, Galien, etc.

La préface est signée par l'éditeur, L. Curmer. Le livre est divisé en deux parties; la
première traite de l'alimentation au point
de vue du régime à suivre; la seconde, imprimée sur deux colonnes et rédigée en forme
de dictionnaire est un véritable livre de cuisine
pratique, dans le texte duquel sont intercalées des vignettes. Enfin, à la fin de cet ouvrage assez original, se trouve un *Guide des
consommateurs*, imprimé sur papier jaune,
guide qui n'est pas autre chose qu'une réunion de réclames et d'annonces. Ce guide a
une pagination spéciale.

Le frontispice, dont il a été fait deux tirages, est reproduit sur la couverture.

LOMBARD (Nicolas). — Nouveau
manuel du Distillateur-liquoriste, Confiseur, Droguiste et Parfumeur, à la
portée de tous ceux qui savent lire, et
ne contenant que des recettes utiles,
claires, simples, précises, éprouvées et
garanties, par Lombard (Nicolas) ayant
vingt années de pratique. Prix : 1 fr. 50.
Dépôt : Galerie du Grand Théâtre, à Lyon
1850, in-12 de 48 pages. (1 fr.)

LOMBEZ. — Nouvelle Cuisinière
bourgeoise ou manuel complet du Cuisinier et de la cuisinière contenant des
recettes pour faire une bonne et saine
cuisine à peu de frais ; la manière de
faire la pâtisserie et les confitures etc.
Nouvelle édition augmentée d'un traité
sur les melons, manière de connaître
s'ils sont bons, par H. Lombez, chef
d'office. *Limoges, Barbou,* 1880, in-12
de 167 pp., 1 grav. (2 fr.)

Ce livre de cuisine a été souvent réimprimé; la première édition, *Limoges, Barbou,*
in-12, avec une gravure, date de 1846.

LOMMIUS. — Jodoci Lommii Bu-
rani reipublicæ nerviorum medico physici, commentarii de sanitate tuenda,
in primum lib. de re medica Aurel.
Cornelii Celsi, medicorum Romanorum
longe Principis. Editio nova emenda-
tissima. Cum Indice Rerum et Verborum
Accuratissimo. *Amstelodami sumptibus*

Societatis, 1745, in-12 de 15 ff. n. ch.,
325 pp. et 39 pp. de table n. ch. (De 2
à 3 fr.)

La dédicace, non signée, adressée à Guillaume de Nassau, prince d'Orange, est datée
de Tournai, 1557.

Traité d'hygiène dans lequel l'auteur ait
une large place aux aliments et aux boissons
qui conviennent à l'homme pour se tenir en
santé. La première édition est de *Lovanii,
Ant. Maria Bergogne,* 1558. in-8.

— Le même... *Lugd. Batavorum,* 1724,
in-12.

LORBAC (Charles de). — Les Ri-
chesses Gastronomiques de la France,
les vins de Bordeaux. Première partie
généralités, culture, vendanges, classification, châteaux vinicoles, crus classés.
Texte par Charles de Lorbac, illustré
par Charles Lallemand, (*Paris*) *Hetzel,
s. d.* (1868) gr. in-4 de 154 pages avec
planches et dessins dans le texte. (De
10 à 12 fr.)

— Les mêmes... Les vins de Graves des
environs de Bordeaux. Texte par Charles de
Lorbac, illustré par Charles Lallemand.
Ibidem, idem, gr. in-4 de 62 pp.

— Les mêmes... Saint Émilion, son histoire, ses monuments et ses vins. Texte par
Charles de Lorbac, illustré par Charles Lallemand. (*Paris, Hetzel*) ; *En vente au caveau
Saint-Émilionnais (palais de, l'exposition universelle), et chez les principaux libraires,* gr.
in-4 de 44 pages.

— Les mêmes... Le Fronsadais, son histoire et ses vins, Texte, etc. *Paris, Hetzel,* gr.
in-4 de 44 pages.

LOREIN. — Traité de la préparation
des substances alimentaires. Première
partie, contenant la cuisine proprement
dite, la charcuterie, la pâtisserie, les
crèmes, les gelées, les compotes etc ;
avec l'indication des propriétés diététiques de chaque substance et l'explication
théorique, mise à la portée de tout le
monde, des préparations qu'on leur fait
subir, plus des procédés pour la conservation des viandes, des œufs, du beurre,
du lait, du bouillon, des légumes, etc.
et la description, accompagnée de planches, de plusieurs fourneaux et ustensi-

les économiques. Par B.-A. Lorein. *Paris , Rousselon*, 1830 , in-8 de xx-463 pages, 4 pl. (De 2 à 3 fr.)

— Le même... Deuxième partie :De l'office contenant toutes les préparations de l'office proprement dite, et toutes celles dépendantes des arts du distillateur et du confiseur, qui peuvent s'exécuter facilement dans l'économie domestique, avec deux planches. Par B. A. Lorein *Paris, Rousselon*, 1830, in-8 de 228 pages. (De 2 à 3 fr.)

LOTICHIUS. — Iohannis-Petri Lotichii de Casei nequitia, tractatus Medico-Philologicus novus. *Francofurti ad Mœnum. Typis et sumptibus Johannis Friderici Weissii*, 1643, in-12 de 7 ff. limin non chiffr. et 45 pages. (De 7 à 8 fr.)

La dédicace « nobilissimo, Amplissimoq ; Viro, Dn Hectori Wilhemo à Günterod, Reipubl. Mœno-Francofurtensis præfecto... » est signée : J.-P. Lotichius et datée de 1643 ; elle occupe, avec le titre, les 7 ff. liminaires. Au verso du dernier, les *errata*.

LOUIS-PERRIER. — Mémoire sur le vin de Champagne *A Paris, pour la Société des Bibliophiles*, 1865, in-8 de 114 pages et 1 f. n. ch. (De 6 à 7 fr.)

Le nom de l'auteur ne figure pas sur le titre, mais on le trouve à la fin du *Mémoire*, page 83. Un appendice occupe les pages 84-114. Le f. n. ch., dont le v° est blanc, porte au r° : *Paris, imprimerie générale de Ch. Lahure, rue de Fleurus, 9...* La même indication se trouve au v° du faux-titre.
— Le même... *Epernay, Bonnedame*, 1887, n-12 de VII- 217 pages, vign.

LOYAVTE (La) conscientievse des Tauerniers avec l'honneste reception & belle chere des hostes et hostesses. Le tout composé par l'Autheur de ce present liure. *A Paris (Sans nom d'imprimeur.)* 1602, in-32 de 80 pages. (De 30 à 40 fr.)

Le titre est orné d'une vignette sur bois. Au verso du titre : A noz bien aymez loiaux sommeliers & boutilliers du très puissant et

très vertueux Roy Bacchus. L'Autheur de ce présent liure.

Mille saluts de fin or d'Arabie
Pour maintenir folatreuse vie.

Opuscule en vers. A la page 79 on lit : « Fin de la loyauté conscientieuse des Tauerniers. » (Vignette.) A la page 80 est un Rondeau « contre les Tauerniers qui brouillent les vins, » qui commence ainsi :
Brouilleurs de vins malheureux et manditz.

. . . .
Le Bulletin de la librairie Morgand cite une édition de cet opuscule facétieux portant exactement le même titre que celle que nous venons de décrire, mais antérieure, *A Paris, par Nicolas Buffet*, 1550, in-16 régléde 48 ff. non chiffrés.
Cette édition n'est pas mentionnée par Brunet.

LOYAUTÉ. — La Leaulte des femmes. Avec les neuf preux de Gourmandise. Et aussi vne recepte pour guerir les yurongnes. *S. l. n. d.*, pet. in-8 goth. de 4 ff. de 27 et 29 vers à la page, signés A.

Au titre, un bois représentant trois femmes debout qui, d'après M. de Montaiglon, pourraient bien être les Saintes femmes allant au Sépulcre. L'ouvrage commence au v° du titre ; au bas du recto du feuillet aii « Cy fine la loyaulte des femmes. » En haut du v° de ce feuillet « *Sensuyuent les neuf preux de gourmandise* ». Au-dessous, un bois représentant quatre personnages dont l'un pourrait, sans inconvénient, mettre en pratique la « recepte » pour les ivrognes. Viennent ensuite les neuf huitains en vers de huit pieds (un huitain par preux) et au r° du 4e feuillet « *Sensuyt la recepte pour guerir les yurongnes. Primo recipe et statin (sic) accipe.* » La « recepte » comprend les 4 vers suivants :
Se pour trop boyre le lendemain
Nous tremble téste bras ou main
Auoir vous fault sans contredit
Du poil du chien qui vous mordit.
Explicit.

Au verso du dernier feuillet, un bois divisé en deux parties ; dans chacune d'elles, un personnage.
La Bibliothèque nationale possède deux exemplaires de cette pièce excessivement rare, attribuée au Sieur Molinet. Ces deux exemplaires, presque semblables, offrent néanmoins tant dans l'orthographe du titre que dans la disposition typographique et des bois certaines différences.

— La leaulte des femmes. Avec les neuf preux de Gourmâdise. Et aussi

vne bône recepte pour guérir les yurô-
gnes. *S. l. n. d.*, pet. in-8 goth. de 4 ff.
sans ch., signés A.

Au titre, même bois que dans l'édition
précédente, avec quelques différences dans
son encadrement du côté de la marge.

« Au titre, un bois qui représente un
homme et une femme couchés dans leur lit
et assaillis par quatre femmes dont les noms
sont inscrits dans des banderolles : Disette,
Besoing, Necessité, Souffrette. Au v° du dernier feuillet, au-dessous de 8 lignes de texte,
un homme et une femme à la porte d'un
château gothique. »

La loyaulte des
femmes, Auec les neuf Preux de Gour-
mandise, Et vne Recepte pour
guerir les yurongues.

Au f. aii, le 8° vers, imprimé deux fois
dans l'édition précédente, ne s'y trouve
qu'une fois. Le bois placé au v° du 2° f. est
le même, mais celui placé au v° du dernier
f. est différent. Il représente deux hommes
d'armes dont l'un tient un verre.

— La loyavlte des Femmes. Auec les
neuf preux de Gourmandise. Et vne
Recepte pour guarir les yurongnes. *S. l.
n. d.*, pet in-8 goth. de 4 ff. de 24 vers
à la page, signés A.

Cette édition figure au *Cat. de M. le Bon
James de Rothschild* (n° 573), ainsi que la suivante. Nous lui en empruntons la description.

— La loyavlte des femmes, Auec les
neuf Preux de Gourmandise. Et vne Recepte pour guerir les yurongnes. *S. l. n.
d.*, pet. in-8 goth. de 4 ff. signés A en
caract. romains.

Au titre, même bois que dans l'édition
précédente; nous en donnons ici la reproduction. Cette pièce fig. au *Cat. Rothschild* sous
le n° 574.

Au v° du dernier feuillet, une femme tirant
des bijoux d'un coffre.

D'après M. Emile Picot, ces deux pièces
auraient été imprimées vers 1530. M. A. de
Montaiglon les a réimprimées dans son *Recueil
de poésies françaises*, t. II, pages 35-41.

D'autre part, M. Brunet cite l'édition suivante :

— La loyaulte des femmes. Avec les neuf preux de gourmādie. Et (deux) balades damours. *S. l. n. d.*, pet. in-8 goth. de 5 ff.

LUCAS (Louis). — Le Vin des disettes. *Paris, Raçon, s. d.* (1855), in-piano à 3 col. (1 fr.)

L'auteur prône dans ce placard une boisson composée avec le brou de noix.

LUCHET (Auguste). — Le clos de Vougeot et la Romanée-Conti par Auguste Luchet, Auteur de la *Côte d'or à vol d'oiseau*, de la *Science du Vin. Paris, Dijon, Beaune*, 1859, in-18 de 71 pages. (1 fr. 50.)

— La Science du vin. Lettres écrites à M. L. Havin, après la récolte de 1859, par Auguste Luchet, Auteur de la Côte d'or à vol d'oiseau etc., suivies de Le Triomphe du vin par Gustave Mathieu *Paris, Michel Lévy frères*, 1861, in-12 de 181 pp. (2 fr.)

— Paris. Esquisses dédiées au peuple parisien et à M. J. A. Dulaure, membre de la société des Antiques de Paris, par Auguste Luchet. *Paris, J. Barbezat*, 1830, in-16 de 318 pages.

Page 296 à 318, chapitre sur les Restaurants.

LUCIFER demande frians et gourmans pour les damner. *S. l. n. d.* (vers 1525), pet. in-8 goth. de 4 ff.

Pièce excessivement rare qui n'est pas citée par M. Brunet ; elle s'est vendue en mar. r. jans. (Duru et Chambolle), 215 fr., Behague.
La figure de Lucifer se trouve sur le titre ; la marque de James Meunier est imprimée au verso du 4° feuillet.
Une copie manuscrite et figurée sur velin, faite, dit le *Cat. Renard (de Lyon)*, sur le *seul* exempl. connu a été adjugé à la vente de cet amateur, en mar. r. (Capé) 29 fr.
Cette pièce n'est autre que le chapitre xxii du *Livre de la Deablerie*, d'Eloy d'Amerval.

LUNE (Pierre de). — Le novveav et

parfait maistre d'hostel royal, enseignant la maniere de couurir les Tables dans les Ordinaires et Festins, tant en Viande qu'en Poisson, suiuant les quatre saisons de l'Année. Le tout représenté par vn grand nombre de Figures. Ensemble vn novveav cuisinier à l'Espagnole, contenant vne nouuelle façon d'apprester toutes sortes de Mets, tant en Chair qu'en Poisson, d'vne méthode fort agréable par le sieur Pierre de Lvne, Escuyer de Cuisine de feu Monsieur le Duc de Rohan. *A Paris, chez Estienne Loyson, au Palais, dans la Galerie des Prisonniers, au nom de Iesus*, 1662, in-8 de 4 ff. lim. n. ch. et 357 pages. (De 20 à 25 fr.)

Les 4 ff. lim. sont occupés par le titre (v° blanc), l'épistre « à Monsievr de Chantelov maistre d'hostel de Monseignevr le premier président » signée : de Lvne ; l'« Advertissement aux curieux d'apprendre à seruir sur Table », l' « Extrait du Priuilege du Roy » donné à Charles de Sercy qui a associé « au dit Priuilege Estienne Loyson et Iean Guignard ». Cet extrait occupe le v° du 4° f. lim. au bas duquel on lit : « Achevé d'imprimer pour la première fois le 9 septembre 1662. »
M. le B°° Pichon a inscrit sur un feuillet de garde de son exemplaire qui porte le nom et l'adresse de *Iean Gvignard, au Palais dans la Grand'Salle, à l'Image S. Iean*, une note trèsintéressante qui nous apprend qu'en 1655, Pierre de Lune, étant écuyer de cuisine de la duchesse d'Orléans, enseignait à des élèves le métier de cuisinier.

Le « Traitté de cvisine à l'espagnole » commence à la page 253 et finit à la page 326. De nombreuses figures gravées sur bois sont intercalées dans le texte.

— Le Cvisinier ov il est traitté de la véritable méthode pour apprester toutes sortes de Viandes, Gibbier, Volatiles, Poissons tant de mer que d'eau douce. Suiuant les quatre saisons de l'Année. Ensemble la manière de faire toutes sortes de patisseries, tant froides que chaudes, en perfection. Par le Sieur Pierre de Lvne, Escvyer de Cuisine de feu monsieur le duc de Rohan. *A Paris, chez Pierre David au Palais sur le premier perron des degrez de la Saincte Chapelle, au Roy Dauid*, 1656, in-8. (De 25 à 30 fr.)

Quatre feuillets non chiffrés pour le Titre, la Dédicace à « Monseigneur Messire Jacques Amelot... » « Av lectevr » et « Autre advis av lectevr ». — Le corps de l'ouvrage commence à la page 1 et finit à la page 364. — Puis, dix-huit feuillets non chiffrés pour la table et le privilège.

Ce privilège est daté de novembre 1654; il permet à Pierre David de réimprimer le *Cuisinier françois* composé par La Varenne: ensemble un autre ouvrage intitulé : *La méthode de traitter suiuant les quatre saisons de l'année avec une instruction concernant la patisserie et tout ce qui generallement traitté de la cuisine.*

Il existe des exemplaires de ce livre, portant la même date, ayant le même nombre de feuillets et de pages, la même disposition typographique, mais avec le titre ainsi modifié : *Le nouueau cuisinier* (le reste du libellé essentiellement semblable à celui du *Cuisinier*).

— Le novueau et parfait Cvisinier ov il est traitté de la véritable méthode pour apprester toutes sortes de Viandes, Gibbier, Volatiles, poissons tant de mère (*sic*) que d'eau douce, Suiuant les quatre saisons de l'Année. Ensemble la manière de faire toutes sortes de patisseries, tant froides que chaudes, en perfection par le Sieur Pierre de Lvne, Escuyer de Cuysine de feu Monsieur le duc de Rohan. Nouvelle édition. *A Paris, chez Estienne Loyson, au palais a l'entrée de la Gallerie des Prisonniers au nom de Jésus*, 1668, in-12. (De 15 à 20 fr.)

Quatre feuillets non chiffrés pour le Titre, la Dédicace à « Messire Jacqves Amelot, chevalier... ». Av lecteur et « Avtre avis av lecteur nécessaire à scavoir ». — Le corps de l'ouvrage occupe 362 pages. — Dix-huit feuillets non chiffrés pour la table et le privilège.

Le Nouveau et parfaict Cvisinier commence à la page 1 et finit à la page 229; le *Traité de pâtisserie* (pages 230-262).

Le privilège est daté du 6 Xbre 1664.

LUNEL (Dr B.) —Guide pratique d'économie domestique, publié sous forme de dictionnaire contenant des notions d'une application journalière, chauffage, éclairage,... Préparation et conservation des substances alimentaires, Boissons, liqueurs de toutes sortes... par le Docteur B. Lunel, etc. *Paris, Eugène Lacroix*, 1864, in-18 de 227 pp. (2 fr.)

— Guide pratique de l'Epicerie ou dictionnaire des denrées indigènes et exotiques en usage dans l'économie domestique, comprenant l'étude, la description des objets consommables... les procédés de préparation, d'amélioration et de conservation des denrées, etc; contenant, en outre, la fabrication des liqueurs, le collage des vins, etc. Par le docteur B. Lunel, etc. *Paris, Eugène Lacroix*, 1864, in-18 de III-256 pp. (3 fr.)

— Guide pratique pour reconnaître les falsifications et altérations des substances alimentaires et de quelques autres produits le plus généralement employés dans l'industrie et en pharmacie, contenant la description de l'état naturel ou normal des substances alimentaires, etc, etc. Ouvrage posthume du Dr Bénestor Lunel, augmenté d'additions puisées dans le *Dictionnaire industriel* à l'usage de tout le monde. *Paris, Eugène Lacroix*, s. d. (vers 1875), in-18 de VI-303 pp. (3 fr.)

Ces trois ouvrages font partie de la bibliothèque des professions industrielles, commerciales et agricoles (Hetzel et Cie).

LUTTERBACH. — Physiologie hygiénique pour se bien nourrir avec peu de nourriture, bien se désaltérer en buvant peu, et pour éviter l'indigestion en cas de surabondance, par Lutterbach professeur de médecine naturelle et spontanée prix 50 centimes. *Paris, comptoir des imprimeurs-unis, librairie Scientifique, agricole et littéraire. Pour les démonstrations, chez l'auteur*, S. d. (1856) in-12 de 36 pages.

MACDONALD. — The new London Family cook, 1809, in-8.

MACÉ (Jean). — Histoire d'une bouchée de pain, *Paris, Dentu,* 1861, in-18 de 408 pp. (3 fr.)

Très souvent réimprimé; la 66ᵉ édition a paru, *Paris, Hetzel et Cⁱᵉ,* 1888, in-18 de 348 pp.

L'*Histoire d'une bouchée de pain* a été également publiée avec des illustrations par L. Froëlich, *Paris, Hetzel,* 1865, gr. in-8 de 408 pp.

— Les Serviteurs de l'estomac, pour faire suite à l'histoire d'une bouchée de pain par Jean Macé. *Paris, Hetzel et Cⁱᵉ, s. d.,* in-18 de 302 pp. (3 fr.)

La 16ᵉ édition a paru en 1888.

MACHET (J. P.). — Le pain meilleur et à meilleur marché. Pain réglementaire. Organisation nouvelle de la boulangerie, mouture, panification, taxe du pain. Question de la boulangerie et de la pâtisserie par J.-P. Machet. *Batignolles, l'auteur,* 1862, in-8 de VIII-196 pages. (1 fr. 50.)

MACHET (J.-J.). — Le Confiseur moderne ou l'art du confiseur, du distillateur, du raffineur de sucre, du parfumeur et du limonadier, contenant tous les procédés généraux de quelques arts qui s'y rapportent avec le moyen de connaître les falsifications et les sophistications en tout genre : auquel on a joint, etc. etc., par J.-J. Machet, confiseur et distillateur. Huitième édition, revue par Robineau, confiseur. *Paris, Corbet; F. Bèchet,* 1846, in-8 de XVI-464 pp. (De 3 à 4 fr.)

La première édition du *Confiseur moderne* date de 1803; les autres, de 1817, 1821, 1828, 1829, 1830 et 1837.

MACIVEY (Mrs). — Cookery and Pastry. *London,* 1787, in-12.

— Le même... *Edinburgh,* 1800, in-12.

MAÇOUDI. — Société asiatique. Maçoudi. Les prairies d'Or. Texte et traduction par C. Barbier de Meynard. *Paris, imprimerie nationale,* 1877, 8 vol. in-8 (7 fr. 50 chaq. vol.)

Tome VIII, chap. ccxix, pp. 376-406 : (Kalifat de Mostakfi-Bellah), Fragments des pièces bachiques d'Abou-Nowas — Poésies didactiques sur différents mets ; le *Kamik* — Description d'un repas délicat — Le *wast* — Le *Saubousadj* — Les asperges — Le riz au sucre — La *bériçeh* — La *madirah* — La *djoudabad* — Les *kalaif*.

On trouve, dans ce chapitre, de curieuses recettes de cuisine turque.

MACROBIUS.

MACROBIUS. — Macrobii Avrelii Theodosii viri consvlaris et Illvstris satvrnaliorvm libri impressi venetiis opera et impensa nicolai ienson Gallici, 1472, in-fol. régl. de 163 ff. sans ch., ni signat. de 40 lignes à la page, lettres rondes.

Première édition, très rare, des œuvres de Macrobe qui était un des grands maîtres de la garde-robe de l'Empereur Théodose. Cet ouvrage a été souvent réimprimé.

Autres éditions : *Florentiæ, opera e sumptu Philippi Iuntæ*, 1515, in-8 ; *Venetiis, in œdibus Aldi, et Andreæ Asulani Soceri*, 1528, in-8 ; *Lugduni, apud Seb. Gryphium*, 1550, in-8 et *Parisiis*, 1585, in-8 de 8 ff. n. chiffr. dont 1 blanc et 578 pp., plus 40 ff. n. chiffr. pour l'index. Cette dernière édition est précédée d'une lettre (en latin) d'Henri Estienne au lecteur.

Nous faisons figurer ici cet ouvrage pour les dissertations qui s'y rencontrent dans les sept livres des « Conviviorum Saturnaliorum » sur l'usage que l'on doit faire des aliments, sur leurs propriétés, etc.

MADELEINE (Mlle).

MADELEINE (Mlle). — La parfaite cuisinière bourgeoise ou la bonne cuisine des villes et des campagnes renfermant toutes les connaissances indispensables pour faire d'excellentes ménagères par Mlle Madeleine. Dix-neuvième édition. Près de 300 figures dans le texte. *Paris, Bernardin Béchet et fils, S. d.* (1888), in-18 de 462 pp. (3 fr.)

La première édition de ce livre de cuisine très clairement expliqué a paru en 1864 in-12 de 443 pages. Les deux éditions suivantes ont été données la même année. La cinquième édition date de 1865, la 9e de 1872.

MAGIRON.

MAGIRON. — Le nouveau Cuisinier universel ou l'art d'apprêter les viandes, légumes, laitages, et fruits. Accompagné de documents utiles et relatifs à la connaissance de la Pâtisserie, ainsi que les Confitures Vins et Liqueurs. Suivi de l'office. Par Magiron homme de bouche. Ouvrage enrichi de notes instructives sur la salubrité des Mets, leurs qualités échauffantes ou rafraîchissantes, apéritives ou astringentes, d'après Quincy et autres écrivains. *Paris, Ledentu*, 1812, in-12 de 334 pages, 1 fig. grav. (2 fr. 50.)

MAGNANINI (Ottavio).

MAGNANINI (Ottavio). — Del convito d'Ottavio Magnanini parte prima ovvero il pio. dedicata all'eminentiss. e reverendiss. sig. Il sig. Cardinal Francesco Barberini V. Cancelliere di S. Chiesa ecc. *In Ferrara, per Francesco Suzzi Stampator Camerale*, 1640, pet. in-fol. de 4 ff. lim. n. chiffr., 28 et 268 pages, lettr. rondes et ital.

Le texte est encadré d'un double filet noir. Les 4 ff. limin. comprennent : le faux titre, le titre et la dédicace « Eminentiss. e reverendiss. signore mio signore, e padrone colendissimo » datée « Di Ferrara di 28 Aprile 1640. » Les 28 pages qui suivent sont occupées par « L'avtore a Chi legge » (pp. 1 à 7), « Introdvzione al convito » (pp. 9 à 25), « Capi della prima parte del Convito » (pp. 26-27). La page 28 contient seulement une sorte de mascaron. Le corps de l'ouvrage divisé en 26 chapitres occupe les pages 1 à 254, les dernières étant consacrées à la table des matières par ordre alphabétique.

— Del convito d'Ottavio Magnanini parte seconda ovvero il Gualengo... *ibidem, idem*, 1641, pet. in-fol. de 22 ff. lim. n. ch., 12 et 295 pages. (De 20 à 25 fr. les 2 parties.)

Les 2 ff. lim. comprennent le faux titre et le titre ; les 12 pages suivantes, la dédicace, l'avis de l'éditeur aux lecteurs et la table. A la page 295, on trouve les approbations datées du 14 août 1638.

MAGNINO.

MAGNINO. — Regimen sanitatis magnini mediolanésis medici famosissimi attrebatéci episcopo directū. Insuper opusculum de flegbotomia editum a perspicacis ingenii viro magistro Reginaldo de villa noua; Addit; quoq; astronomia ypocratis facile omnivm medicorum principis devariis egritudinibus et morbis. Item qui pro quo appotecareorū nuperrime castigatum accuratissimeq; p.

peritissimŭ artis medice cultorĕ magistrum nicholaŭ rabby Recognitum. Cum nonnullis insup. auicennĕ ac plerorumq; alior; auctorum in margine cartharum infertis. *S. l. n. d.*, in-4 de 124 ff. chiffrés, 12 ff. n. ch. sign. a-b par 6 et 20 ff. n. ch. sign. aa-cc par 6 (le cahier cc par 8).

Au titre, marque typographique de Felix Baligault et ces quatre vers :

Fœlix que faciunt aliena pericula cautū
Est fortunatus fœlix diuesq ; beatus.
Fœlici monumenta die fœlicia fœlix,
Pressit & hec vitii dant retinentvenichil

Cette marque est reproduite au verso du fol. CXXIIII. Mais les vers sont supprimés et remplacés par l'indication suivante : Pour Glaude Iaumar et Thomas Iulian.

A la suite de ce *regimen sanitatis* ont été ajoutés deux autres traités ayant chacun un titre spécial, avec la marque de Baligault reproduite au verso du dernier feuillet (p. Gl. I et T J) l'un est intitulé : *Incipit tractatus de vinis editus a magistro arnaldo de villa noua* (12 ff.), l'autre : *Libellus de regimine seňum et seniorum arnaldi de villa noua* (20 ff.) (même m. typogr.)

Mais ces deux traités semblent faire partie de l'ouvrage.

— Regimen sanitatis mediolanensis medici famosissimi attrebatensi episcopo directum insuper opusculŭ de flebothomia editum a perspicacis ingenij viro magistro Reginaldo de villa noua. Additur quor; astronomia Hippocratis facile omnium medicorum principis de varijs egritudinibus et morbis. Item secreta Hippocratis. Item Auerrois de venenis. Itĕ quid pro quo apothecariorum nuperrime castigatum accuratissimeq; per peritissimum artis medice cultorem magistri Nicolaum Rabby recognitum. Cum nônullis insuper Auicenne : ac plerŭq; aliorum auctorum in margine cartharum infertis. (In fine:) *Finit regimen sanitatis magnini Mediolanensis. Impressum Lugduni per Jacobum Myt. Anno salutis humane millesimo quingentesimo decimoseptimo. Die vero sexta mensis Februari*, in-4 goth. de cı ff. de 50 lignes à la page et de 3 ff. n. chiffr. de table.

Le titre, à l'exception de la lettre initiale, est imprimé en rouge. Au-dessous se trouve la marque (en noir) de Barthélemy Trot, libraire à Lyon.

— Le même... *S. l. n. d. et s. n. d'impr.*, in-4ᵒ goth. de cxxviij ff. et 2 ff. n. chiffr. La table commence au verso du dernier f. chiffré et finit au verso du dernier non chiffré.

Cette édition parait antérieure aux deux éditions précédentes.

— Excellêtissimi Magnini Mediolanensis Medici famosissimi Regimen sanitatis. (In fine:) *Regimê sanitatis Magnini mediolensis medici exptissimi op'equidem nô parū vtile omni cū diligētia in hoc volumen redactum. Finit feliciter. Impressum Basilee per Nicolaum Kezlerc.* In-4 goth. de 4 ff. n. chiffr. et xc feuillets de 42 l. à la page.

Les 4 ff. limin. dont un blanc sont occupés par le titre (vᵒ blanc) et la table alphabêtique. Le prologue commence au folio I par ces mots : « Regimê sanitatis Magnini mediolanêsis medici famosissimi Attrebatensi episcopo directum feliciter incipit. »

— Le même... (In fine :) *Regimê sanitatis Magnini Mediolanensis medici expertissimi opus equidé non par; utile omni cum diligentia in hoc volumê redactū feliciter explicit. Impressum in domo Johānis de Westphalia alma in uniuersate Louaniensi anno Mccccccxxxvi*, in-4 goth. de 176 ff. de 30 l. à la page, signés a-y par 8.

L'exempl. de la Biblioth. nation. commence au f. aii.

— Le même... (In fine :) *Regimê sanitatis mediolanêsis medici explissimi : opus equidê nô par vtile oî cū diligêta in hoc volumen redactū feliciter finit. Impressus parisiis p. magistrū vdalricū Gering anno dñi Mccccclxxxiii die vero quinta martii*, in-4, lettres rondes.

— Tregement der ghesontheyt ghemaert by den vermaerden medecynmeester der stadt van melanen Magninus. Ende nu ghetranslateert mten Latÿne in Duytsche. *Gheprint Tantwerpen op du Camerpoœ brugghe inden schlit van Artoys bydie weduwe van Jacob van Liefueld.* in-8 goth. de 169 ff. de 32 lign. à la page, signés a-x par 8, plus 1 feuillet non sign. portant une marque typographique.

Au titre, un bois représentant un malade; au-dessous, la date de 1554. La table des matiéres commence au verso du titre.

MAGRATH DE MOYECQUE. —
L'éloge du café et du tabac, fragment du poëme sur l'Orient; par le baron de Magrath de Moyecque. *Paris, Goupy* 1864, in-12 de 24 pp. (1 fr.)

MAGRI (Domenico). — Virtv del
Kafe bevanda introdotta nvovamente nell' Italia. Con alcune osseruationi per conseruar la sanità nella vecchiaia all' eminentissimo signor cardinal Brancacci seconda impressione con aggiunta del medesimo Autore. *In Roma per Michele Hercole,* 1671, *con licenza de' Superiori. A spese di Giouanni Casone, all' Insegna di S. Paolo.* in-4 de 16 pages. (De 5 à 6 fr.)

Le nom de l'auteur ne figure pas au titre, mais se trouve au bas de la dédicace à la page 9. Cette dédicace est datée : di Malta 29 dt. Luglio 1665, date de la premiére édition.

MAHÉLIN. — Traité de l'office à
l'usage des maîtres d'hôtel, des maîtresses de maison, des confiseurs, des distillateurs et de ceux qui récoltent des fruits par Mahélin, ancien chef d'office de Charles X et de la reine d'Angleterre etc. etc., *Paris, Comptoir des imprimeurs-unis,* 1844, in-12 de 78 pages et trois planches. (De 2 à 3 fr.)

Ces trois planches pliées représentent la façon dont le dessert doit être servi sur des tables de 40 à 50, de 30 à 36 et de 16 à 20 couverts.

MAIGNE (P.). — Histoire de l'in-
dustrie et exposition sommaire des progrès réalisés dans les principales branches du travail industriel, par P. Maigne auteur du dictionnaire des inventions et découvertes et de nombreux ouvrages scientifiques. Troisième édition *Paris, Eugène Belin,* 1880, in-12 de VII-622 pages (3 fr. 50).

Orné de 148 gravures et divisé en 20 parties. La première traite des substances alimentaires (Pain, sucre, boissons fermentées, alcool, chocolat, conserves, etc.)
Le même ouvrage in-8 (5 fr.).

— Arts et manufactures, procédés généraux de l'industrie contemporaine contenant un grand nombre de figures intercalées dans le texte, par P. Maigne. *Paris, Eugène Belin,* 1880, 3 vol. in-12. (9 fr.)

Chaque vol. forme un ensemble complet; dans le vol. intitulé : Chasse et pêche. Agriculture, l'auteur s'est occupé des industries alimentaires.
P. Maigne était le pseudonyme de M. Neulat qui a publié de nombreux articles scientifiques dans diverses revues, dans la *Petite Presse* et le *Petit Moniteur Universel.*

MAIGNE (W.). — Dictionnaire por-
tatif des formules et recettes relatives à l'économie domestique, à l'hygiène privée, à la pharmacie et à la médecine populaire par W. Maigne. *Paris, Adolphe Delahays,* 1858, in-32 de VII-312 pp. (1 fr.)

Petite encyclopédie des familles où l'on trouve la manière de préparer les conserves alimentaires, de faire la moutarde, de fabriquer diverses liqueurs, gelées, etc.

— Nouveau manuel du Sommelier et du marchand de vins, contenant des notions succinctes sur les vins rouges, blancs et mousseux, leur classification par vignobles et par crus, l'art de les déguster, etc. *Paris, Roret,* 1874, in-18.

— Le même, nouvelle édition, *ibidem, idem,* 1884.
Fait partie de la collection des Manuels-Roret.

— Nouveau manuel complet de la laiterie ou Traité analytique de toutes les méthodes proposées et adoptées pour traiter et conserver le lait, fabriquer le beurre et confectionner les fromages... *Paris, Roret*, 1885, in-18.

MAISTRE (Le) d'hostel qvi apprend l'ordre de bien servir svr table et d'y ranger les seruices. Ensemble le Sommelier qvi enseigne la maniere de bien plier le linge en plusieurs figures. Et à faire toutes sortes de Confitures, tant seiches que liquides. Comme aussi toutes sortes de Dragées, & autres gentillesses fort vtiles à tout le monde. Avec vne Table Alphabétique des matières qui sont traittées dans ce Liure. *A Paris chez Pierre David, sur le Quay & proche la porte des Augustins du Grand Couuent au Roy David,* 1659, *avec Priuilege du Roy,* in-8 de 8 ff. limin. n. chiffr., 145 pages et 7 ff. de table n. chiffr. (De 10 à 12 fr.)

Le titre, l'épitre dédicatoire à « Monsievr De Lvne Escvyer de Cvisine de feu Monseigneur le Duc de Rohan », signée : Pierre David ; l' « Advis av lectevr » et l' « Extrait du Priuilege du Roy » au-dessous duquel on lit : Achevé d'imprimer le 4 Auril 1659, » occupent les 8 ff. liminaires.

Le corps de l'ouvrage commence à la p. 1 par «L'ordre et le pouuoir du Maistre d'Hostel» — Page 9 : « Dv Sommelier. » — P. 13 : « Instructions familières pour bien apprendre à plyer toutes sortes de linges de Table & en toutes sortes de figures. » — P. 27 : « Le Confitvrier de la covr qui enseigne à bien faire toutes sortes de confitures tant seiches que liquides. » Ce dernier traité finit à la p. 145. Viennent ensuite les feuillets de table.

Vend. : en maroq. citr. (Chambolle), 125 fr., Bᵒⁿ Pichon ; le même exempl. s'est revendu le même prix à la vente Béhague.

MAIZIÈRE. — Origine et développement du commerce du vin de Champagne. *Reims, Maréchal-Gruat,* 1848, in-4 de 11 pages. (1 fr.)

Extrait des Séances et travaux de l'Académie de Reims.

MALDAN (J.-C.). — Mémoire de la Cuisinière pour toute l'année, par J.C. Maldan. *Paris, impr. de Saintin,* 1841, in-12. (50 cent.)

Livre de dépense à l'usage des Cuisinières.

MALÉ (Maurice). — L'Ecrevisse différentes espèces reproduction — élevage, ses ennemis — ses maladies, pêche — législation, Recettes culinaires, par Maurice Malé, rédacteur en chef du *Journal des Campagnes. Paris, Le Bailly,* s. d., in-12 de 36 pp. (50 cent.)

MALHEURS (Les) de maître Gigot, boucher de première classe. Conte fantastique. *Paris, impr. de Boisseau,* 1851, in-8 de 16 pages. (1 fr. 50.)

Par l'Eclanche, maitre boucher.

MALHEURS (Les) d'un marchand de pommes de terre. Chanson nouvelle en patois de Lille chantée par la société des Amis—Joyeux—Trifouillards, siégeant à la porte de Toile. *Lille, Alcan Lévy* (1858), in-4 de 1 feuillet. (1 fr.)

Huit couplets imprimés sur 3 col.

MALOUIN. — Description des arts et métiers faites ou approuvées par Messieurs de l'Académie Royale des Sciences. Avec figures en taille douce. *A Paris chez Saillant & Nyon rue Saint-Jean de Beauvais ; Dessaint,* 1761, gr. in. fol. de 4 ff. n. ch., 340 pages et dix planches. (De 10 à 12 fr.)

Le second titre porte : Description et détails des arts du meunier, du vermicelier et du boulanger ; avec une Histoire abrégée de la Boulengerie & un Dictionnaire de ces Arts par M. Malouin MDCCLXVII.

« L'Histoire abrégée de l'origine et des progrès de la boulangerie et de la meunerie » occupe les pages 1-94, l' « Art du vermicelier », les pages 95-111 ; l' « Art du Boulenger », les pages 113-308 ; le « Dictionnaire ou vocabulaire des arts du meunier, du vermicelier et du boulenger » les pages 308-340.

Le Cat. H. Boulard mentionne une autre édition, *Paris,* 1779, gr. in-fol.

MALTOTE (La) des Cuisinières, ou la manière de bien ferrer la mule. *Paris, Guill. Valleyre* 1713, pet. in-8 de 12 pp.

En mar. citr. (David), une fig. ajoutée, 82 fr. Baron Pichon.

—La Maltote des Cuisinières ou la manière de bien serrer la mule. Dialogue entre une vieille cuisinière & une jeune servante. *A Rouen, chez François Behourt, en la Boutique de la Veuve Oursel rue Ecuyère, à l'Imprimerie du Levant.* S. d., pet. in 12 de 21 pages., vign. sur le titre.

C'est d'après cette dernière édition qu'à été faite la réimpression donnée en 1863 par M. G. Véricel, réimpression tirée à 32 exempl. dont 2 sur peau de vélin, 5 sur papier de couleur et 25 sur papier vergé. Elle sort des presses de Perrin, à Lyon et n'a pas été mise dans le commerce. Une notice de M. G. Véricel précède la pièce réimprimée. (In-8 de VI-22 pp.)

La *Maltote des Cuisinières* est un dialogue en vers facétieux entre une vieille cuisinière et une jeune servante.

Pour ceux qui seraient tentés de croire que ce sont nos cordons-bleus modernes qui ont inventé la danse de l'anse du panier et le sou pour livre, nous citerons ici ces quelques vers :

(C'est la vieille cuisinière qui parle)

.... *je juge à vos discours*
Que vous ne sçavez pas la moitié des bons
tours.
Une maistresse a beau donner dans la lésine,
On peut avec profit gouverner sa cuisine ;
Mais il faut s'entremettre, il faut agir, cher,
cher ;
Taschez de rencontrer un honneste boucher
Qui, vendant à la main ou vendant à la livre,
Outre le droit commun, donne le sol pour
livre.

Voilà pour le sou pour livre ; voici maintenant pour l'anse du panier :

Quand j'allois au marché, loin d'y mettre
du mien,
Sans peine je gagnois mon petit entretien ;
Mesme de mes profits, puisqu'il faut tout vous
dire.
Je sçavois en deux mois remplir ma tirelire.

La *Maltote des Cuisinières* à été également réimprimée dans la *Collection des Joyeusetés,* publiée par Techener et tirée à 76 exempl. numérotés, ainsi que dans le *Recueil de pièces rares et facétieuses anciennes et modernes. Paris A. Barrand,* 1874, 4 vol. in-8. et dans le t. V des *Variétés historiques et littéraires,* revues et annotées par Edouard Fournier, p. 243 à 257.

MALVEZIN. — Le Médoc et ses vins, guide vinicole et pittoresque de Bordeaux à Soulac, par Théophile Malvezin et

Edouard Féret. Orné de vignettes et d'une carte du Médoc. *Bordeaux, Durand ; Paris, Musson,* 1877, in-8 de 151 pp. (2 fr.)

MANDEL (François). — Rapport sur la gélatine des os, par François Mandel. (*Nancy*) an XI-1803, in-18 de 19 pp. (1 fr. 50.)

— L'art de faire, de gouverner et de guérir les vins. *Nanci,* an XII-(1804), in-8.

MANELPHUS. — Mensa Romana, siue Vrbana Victvs ratio ioan. Manelphi cretani Sabini, Archiatri Romani, atque in Almæ Vrbis Archigymnaso Primarij Medicinæ Practicæ Professoris. Ad gloriosiss. & sanctiss. principem Innocentivm X pont. opt. max. *Romæ, Typis & expensis Philippi de Rubeis, anno Iubilei,* 1650, in-4 de 6 ff. lim. non chiffr., 239 pages et 10 ff. non chiffr. pour *l'index* et les *errata.* (De 8 à 10 fr.)

Au titre, les armes du Pape. Au recto du 2me feuillet : « Gloriosissimo et sanctissimo principi Innocentio decimo pamphilio romano pont. Opt. Max. Ioannes Manelphus Eretanus Sabinus Felicitatem » Cette dédicace finit au verso de ce même feuillet. Au 3me f. (r° et v°) : « Innocentio X pont. opt. max. Elogium » Le 4e f. (r°) commence par ces mots : « Perillustri & Excellentissimo Physico Ioanni Manelpho... » au verso : « Ioannis Baptistæ pacini pistoriensis.... epigramma ». Les 2 derniers ff. limin. sont occupés par l'*index capitum.*

L'ouvrage est composé de 61 chapitres traitant des différents aliments et des boissons diverses dont l'homme fait usage.

MANERINI. — Mens sana in corpore sano. Tableau des substances alimentaires suivant leur puissance nutritive par 100 grammes de leur poids ; par D. Manerini. *Paris, Lefrançois, herboriste,* 1876, in-fol. d'une page. (50 cent.)

— Traité sur l'alimentation par M. David Manerini. *La Rochelle, imp. Noël Texier,* in-8 de 78 pp. (2 fr.)

MANFREDI. — Liber de Homine : civis sût Libri Dvo. Primvs Liber De conservatione Sanitatis. Capitvlvm primvm De cavsis & natvris omniv; Eorvm quæ svmvntvr in cibo. Quæsita LXX. Quæsitvm primvm. (In fine :) *Bononiæ impressvm per me vgonem rvgerivm et Dominvm Bertochvm egienses Anno domini mccccbxxiiii Die primo ivlii*, In-fol. de 109 ff. de 40 lign. à la page, sans chiffres, ni signatures, lettres rondes.

Le recto du 1er feuillet est blanc. Au verso, lettre dédicatoire commençant par ces mots « mea interest, etc., etc. » Au r° du f. 2, la table de l'ouvrage commençant par le titre cité plus haut, et qui finit au recto du 11ème feuillet dont le v° est blanc.

Hain décrit cette édition sous le n° 10689 mais il n'indique que 100 ff; il est à présumer que, par suite d'une erreur typographique, le dernier zéro aura été mis à la place d'un *neuf*. Græsse trouve 110 ff. qu'il énumère ainsi : 11-97 et 2 ff ; puis, ajoute-t-il (100 ff. selon Hain à 49, faute typogr. pour 40 l.) Or, Hain indique bien 40 l. et non 49 ; l'erreur typ. porte selon nous, sur le nombre de feuillets et non le nombre de lignes, l'exempl. de la Bibliothèque nationale contenant 109 ff.

— Le même… (In fine :) *Impresso nel alma inclite citade Bolognia p. me Ugodi di rugerij stampatore sotto al dino & illustrissimo principe e signore messer Hiouani secōdo bētinoglio sfortia di vesconti darogonia Neli añi del nro signore mesere ihu xpo mccccbxxxxvij Adi iiij di marzo. Laus Deo omnipotenti.* In-fol. goth. de 56 ff. à 2 col. signés a par 8 et b-i par 6.

Au-dessous, marque typographique de Vgo de Ragerij.

— Libro intitolato il perche tradotto di latino in italiano, Dell Eccellente Medico, et Astrologo, M. Gieronimo de' Manfredi. Et dall'istesso in molti luochi dilucidato, et illustrato. Con mostrar le cagioni d'infinite cose, appartenenti alla sanità : Con la dichiaratione delle virtù d'alcune herbe. Di nuouo ristampata, et ripurgata da quelle cose, che hanessero potuto offendere il simplice animo del Lettore. *In Venetia pressio Mattio Zanetti*, 1597, in-8 de 16 ff. lim. n. ch. et 314 pp.

L'ouvrage est divisé en 8 livres ; les deux premiers seuls nous intéressent ; le 1er s'occupe des aliments propres à la nourriture de l'homme et le second du vin.

— Le même… *In Venetia Appresso Lucio Spineda*, 1600, in-8 de 16 ff. lim. et 314 pp.

— Le même… *Ibidem*, idem, 1622, in-8 de 16 ff. lim. et 314 pages.

— Il novo Lume dell'Arte, overo Il Perchè ; cioè, Osservationi per la sanità, qualità de'cibi, virtù dell'herbe, fisionomia, secreti mirabili… del Sgr. G. de Manfredi. *Padova*, 1668, pet. in-12.

MANGENVILLE (Feu le chevalier de). — L'art de ne jamais déjeûner chez soi et de dîner toujours chez les autres ; enseigné en huit leçons, indiquant les diverses recettes pour se faire inviter tous les jours, toute l'année, toute la vie. Par feu M. le Cher de Mangenville. Précédé d'une simple notice sur l'auteur et orné de son portrait. *À Paris, à la Librairie universelle (imprim. de H. Balzac)*, 1827, in-18 de 140 pp. (De 8 à 10 fr.)

Petit livre original dont l'auteur est M. Emile Marco de Saint-Hilaire.

Voyez Art (l') de donner à dîner. Des exemplaires (1827) portent : troisième édition sur le titre, et sur la couverture, 5ème édition ; un grand nombre d'exemplaires contiennent, au lieu du portrait de l'auteur annoncé sur le titre, le portrait de Montaigne.

MANGIN (A.). — Le Cacao et le chocolat considérés aux points de vue botanique, chimique, physiologique, agricole, commercial, industriel et économique, par Arthur Mangin, rédacteur de la Revue scientifique au Journal des Économistes, etc. ; suivi de la légende du Cacahualt par Ferdinand Denis, conservateur de la Bibliothèque Sainte-Geneviève. *Paris, Guillaumin et Cie*, 1860, in-18 de 331 pp. et 2 pl. color. (De 2 à 3 fr.)

— Le même… 2ème édition, *ibidem*, idem, 1862, in-18 de 385 pages.

MANIÈRE (La Véritable) de faire le punch. *Se trouve à la cuisine et à la librairie du Petit Journal*, S. d., in-18 de 34 pp. (1 fr.)

On lit à la fin de cette plaquette : *Exegi monumentum* et la signature : *Turenne, cuisinier, Paris février 1866.*

(MANIERE (La) de faire tovtes confitures auec la Vertu Et propriete du vinaigre.) — (A la fin :) *Cy finist La manière de faire tovtes confitures Nouuellement imprime a paris pour Iehan, Bôfons, Libraire demourant en la Rue neufue nostre dame a limaige, sainct Nicolas*, S. d., pet. in-8 de 88 ff. n. ch. (le dernier blanc) de 28 Lignes à la page, signés A-L par 8.

Dans l'exempl. incomplet de la Bibl. Nation., le 1er f. manque. La souscription indiquée plus haut se trouve au r° de l'avant dernier f. au v° duquel est la marque de Jean Bonfons.

MANIÈRES (365) d'accommoder les œufs et 100 potages. Tableaux préparés pour faciliter la variété dans les menus. Recettes diverses. *Paris, impr. Alcan-Lévy*, s. d. (1883), in-8 de 255 pp. (2 fr. 50.)

. Les pages 179-188 sont blanches; elles sont destinées à recevoir des « recettes nouvelles ».

MANIFESTE de Bacchus contre les cafés et les vendeurs de bierre, 1711.

Pièce facétieuse citée au Catal. Leber. N'est pas à la Biblioth. Nation.

MANTELLIER (P.). — Mémoire sur la valeur des principales denrées et marchandises qui se vendaient ou se consommaient en la ville d'Orléans au cours des XIVe, XVe, XVIe, XVIIe, et XVIIIe siècles, par P. Mantellier, conseiller à la Cour impériale d'Orléans. *Orléans Imp. de Georges Jacob, 1861*, in-8 de 400 pages. (De 3 à 4 fr.)

MANUAL (Nuevo) del Cocinero, repostero, pastelero, confitero y botillero o Arte de cocina puesto al alcance de todos. *Paris, imprenta de Beaulé y Jubin, 1839*, in-18 de 370 pp. (De 2 à 3 fr.)

MANUAL (Novo) do cozinheiro, ou Arte da Cozinha posta ao alcance de todos. *Lisboa. vende-se em casa dos principaes livreiros*, 1841, in-18 de 360 pp. (De 2 à 3 fr.)

Des exemplaires de ce traité de Cuisine, qui est le même que le précédent, mais écrit en langue portugaise, portent : *Paris, impr. de Pommeret.*

MANUEL d'économie domestique, recueil alphabétique des meilleures recettes concernant l'hygiène, la médecine domestique, les secrets de toilette, l'Economie rurale et domestique, les arts, les sciences, l'industrie, etc., etc. rédigé d'après les ouvrages de Julia de Fontenelle, Boitard-Vergnaud, Morin, etc., etc., ouvrage indispensable aux maitresses de maison. *Paris et Limoges, Ardant, 1839*, in-18 de 324 pages, et 1 fig. (2 fr.)

MANUEL d'économie rurale et domestique ou Recueil de plus de sept cents recettes ou instructions pour l'économie rurale et domestique pour la santé et les agréments de la vie, tirées des ouvrages les plus estimés sur cette matière et garanties par des Savans d'un mérite reconnu. Traduit de l'anglais par M.*** *Paris, Alexis Eymery*, 1820, in-12.

— Le même, 2e édition, revue et corrigée, *ibidem, idem*, 1823, in-12 de 391 pages.
— Le même, 3e édition, revue, corrigée et augmentée considérablement, *ibidem, idem*, 1827, in-12.

MANUEL de Cuisine à l'usage de tous les ménages par Marie L***. *Mézières, impr. de Trécourt et A. Defarge.* S. d., in-12 de 180 pages. (2 fr.)

L'auteur a pris pour épigraphe : Plus de mauvais repas pour celui qui sait lire.

MANUEL de cuisine, recettes choisies disposées en tableaux par ordre d'opérations. Ouvrage déjà paru en sténographie Duployé et qui a obtenu une médaille de bronze en 1873 à l'Exposition universelle de Vienne. *Paris, à la librairie illustrée*, s. d. (1876), in-16 carré de 2 ff. et 572 pages. (De 2 à 3 fr.)

MANUEL de Gastronomie, Contenant particulièrement la manière de dresser et de servir une table, et d'observer la symétrie des mets ; la nomenclature alphabétique de 54 potages, 27 relevés de potage, 40 hors-d'œuvres, 600 plats d'entrée, 100 plats de rôt, 350 plats d'entremets, et 100 articles de dessert, avec la manière de les préparer et de les servir. Ouvrage mis à la portée de toutes les classes de la société, indispensable aux ménagères, et surtout aux personnes qui habitent la campagne, etc., etc. *Paris, F G. Levrault, rue de la Harpe, n° 81 et rue des Juifs n° 33 à Strasbourg, 1825*, in-12 de 1 f. et 349 pages, planche repliée. (De 4 à 5 fr.)

MANUEL de la bonne Cuisinière enseignant le menu d'une bonne Cuisine bourgeoise moderne du nord et du midi de la France. *Avignon, Chaillot, 1877*, in-32 de 159 pp. (1 fr. 50.)

MANUEL (Le petit) de la bonne Cuisinière ; contenant la manière d'apprêter toutes sortes de viandes, gibiers, légumes, poissons, etc. Nouvelle édition. Augmentée des recettes les plus nouvelles dans l'art de la cuisine. *Paris, Masson et Yonet, rue Haute-Feuille, 1829*, in-18 de 108 pages. (De 2 à 3 fr.)

MANUEL de la Cuisinière bourgeoise contenant : 1° la manière de servir une Table avec goût, et d'apprêter toutes sortes de Viandes, Poissons, Légumes et autres Alimens ; 2° Ce qui regarde la Pâtisserie et l'Office ; 3° Plusieurs Recettes pour faire des Confitures et Liqueurs. *A Paris, chez Ancelle, 1807*, in-18 de xviij-340 pp. (De 3 à 4 fr.)

MANUEL (Nouveau) de la Cuisinière bourgeoise et économique, contenant les meilleurs procédés pour faire une excellente cuisine à très bon marché.

L'art de faire les honneurs d'une table, de découper toute sorte de viande, volaille, gibier, poisson, de composer le menu d'un repas, une notice sur les vins, les soins de la Cave, etc., etc., revu par un ancien Cordon bleu. *Paris, Bernardin Béchet, 1866*, in-12 de 332 pp. (2 fr. 50.)

Ce manuel culinaire a été plusieurs fois réimprimé, en 1862, 1865, 1872. Il est orné de planches.

MANUEL de la Cuisinière provençale, contenant la préparation et la conservation des aliments particuliers à la Provence ; suivi de la Cuisine bourgeoise, de l'office et de quelques indications pour le choix et la conservation des vins de table. *Marseille, Chauffard, 1858,* in-12 de IX-276 pp. (2 fr. 50.)

Une édition de ce manuel avait paru, *Marseille, 1843*, in-12.

MANUEL (Le) de la friandise ou les talents de ma cuisinière Isabeau mis en lumière, contenant l'Art de faire soi-même une excellente Cuisine, et de manger de bons morceaux sans faire trop de dépense. On y a joint la manière de faire des pâtés excellents et de choix, des pâtisseries fines, des œufs au sucre et à la crème, des fruits à l'eau-de-vie d'élite, des confitures fines, sèches et liquides ; des fromages glacés, et enfin le café et le chocolat, etc., etc. Par l'Auteur du petit cuisinier économe. *A Paris, chez Janet, Libraire rue Saint-Jacques n° 31.* L'an V, 1796 et 1797, in-18 de xxxviij-264 pages, fig. grav. (De 5 à 6 fr.)

Après l'avant-propos, on trouve une pièce de vers intitulée : « Idées d'un homme d'esprit sur la Cuisine, A une parente aimable qui lui avait indiqué une Cuisinière nommée Isabeau. » Vient ensuite le « vocabulaire ou table alphabétique des formules de cet ouvrage, etc. » Entre les pages limin. et le commencement du Manuel, un feuillet blanc.

MANUEL de la jeune femme contenant tout ce qu'il est utile de savoir pour diriger avec ordre, agrément et économie, l'intérieur d'un ménage par Mme la Comtesse Clémence de G...., *Paris, Charles Béchet*, 1826, in-18, 1 planche. (2 fr.)

— Le même... *ibidem, idem*, 1829, in-18, front. grav. et 2 pl.

MANUEL de l'homme du bon ton ou cérémonial de la bonne Compagnie comprenant des notions sur la manière de faire les honneurs d'une table, sur l'art de découper, etc. *Paris, Audin.* 1822, in-12. (2 fr. 50.)

Réimprimé en 1825, *Paris, Udron*, front. gravé, et *Paris Philippe*, 1830, in-18 de xvi-287 pp., front. grav.

MANUEL domestique comprenant la cuisine économique, des recettes d'économie domestique, l'infirmier chez soi, un précis d'hygiène, le jardin potager. *Paris, Lecoffre et fils*, 1873, in-12 de XXIV-397 pp. (2 fr.)

— Le même... avec 6 pl., 2e édition, revue et augmentée, *ibidem, idem*, gr. in-8 de XXXVI-462 pp.

MANUEL pratique ou l'art de faire les vins de fruits et les boissons saines et économiques, mis à la portée de tout le monde, suivi de renseignements sur les opérations conservatrices des vins, par un distillateur-liquoriste. *Saumur, imp. de Roland fils*, 1855, in-12.

MAPPO. — Dissertationes medicæ tres de receptis hodie etiam in Europa potus Calidi generibus, Thée, Café, Chocolata, authore Marco. Mappo Med. D. & P.P. in academia argentorat. *Argentorati Literis Joh. Friderici Spoor*, 1695, in-4. (De 8 à 10 fr.)

Cet ouvrage est divisé en trois parties, ayant, chacune, un titre et une pagination différents. La première « Dissertatio medica de Potu Thée, etc. » occupe 54 pages ; la deuxième « Dissertatio medica de potu Café, etc. », 66 pages ; et la troisième « Dissertatio medica de potu Chocolatæ », 69 pages.

MARAIS (J.). — L'art du charcutier, en vingt-cinq recettes, suivies d'une autre pour la moutarde, d'exécution facile, et à la portée du consommateur; contenant le meilleur mode de cuire et conserver la charcuterie. Par J. Marais, confiseur, pâtissier et charcutier. Prix : 50 centimes. *Lons-le-Saulnier, imprimerie et lithographie de Fréd. Gauthier*, 1849, in-12 de 12 pp. (2 fr.)

MARCHAND (Le) arrivé sur les affaires de ce temps. *S. l. n. d.*, pet. in-8 de 16 pages. (De 15 à 20 fr.)

Au titre, une fig. représentant un personnage grotesque qui tient à la main une sorte de rouleau sur lequel est écrit : « Pier a esgvde. » Le v° du titre est blanc. On lit à la page 3 : « Les statuts reigles et ordonnances dv herpinot réformé, touchant la conservation & police Humaine. Donnez en l'Assemblée dernière tenue par son Commandement le 49 de Iuin 10062040. »

Ces réglements facétieux concernent tous les métiers : on y trouve, entr'autres, les articles pour les Boulangers, Cuisiniers, Taverniers, Meuniers, Brasseurs, etc.

MARCHAND (Le) de pommes de terre frites. Chanson nouvelle en patois de Lille, chanté par la Société régulière des amis réunis aux bons enfants. *Lille, impr. de Lefebvre-Ducrocq*, 1852, in-4. (1 fr.)

MARC-MICHEL. — La Cuisinière bourgeoise, comédie-vaudeville en deux actes, par M. Marc-Michel, représentée pour la première fois, à Paris, sur le théâtre des Folies-Dramatiques, le 9 mars 1849. *Paris, Marchant* (1850), gr. in-8 de 26 pp. (50 cent.)

Voyez Couailhac, *La Cuisinière mariée.*

MARC-MONNIER. — La Soupe aux choux, comédie en un acte, en prose, par Marc-Monnier. *Paris, Michel Lévy frères*, 1869, in-18 de 36 pp. (1 fr.)

MARCOUVILLE (J. de). — De la dignité & vtilité du Sel & de la grande

Charté & presque famine d'iceluy en l'An présent, 1574. Par Iean de Marcouille Percheron. *A Paris, Pour la veuue Iean Dallier, & Nicolas Roffet, libraires demourants sur le pont S. Michel, a l'enseigne de la Rose blanche. Avec privilége du Roy,* in-8 de 28 pp. (De 10 à 12 fr.)

L' « extraict dv priuilege », est « données (sic) a Paris, le deuxiesme de Décembre, 1574 » à Nicole Pleau, veuve de feu Jean Dallier et à Nicolas Roffet. Il se trouve à la page 28.

L'Avis « Av lectevr » occupe les pages 21-27; il est daté « de Montgoubert ce 28. novembre, 1574. »

MARDELIN. — Nouveau manuel du sommelier, contenant l'art de soigner et de conserver les vins, de les préserver et de les guérir des diverses maladies auxquelles ils sont exposés; la nomenclature de tous les vins français et étrangers; un vocabulaire à l'usage du sommelier; le tout précédé d'une notice sur l'art de faire les vins, par M. Mardelin. *Paris, au dépôt des nouveaux manuels,* 1836, in-18 de 288 pp., 1 grav. (2 fr.)

MARGUERITE (Mlle). — Le Cordon bleu ou nouvelle cuisinière bourgeoise, rédigée et mise en ordre alphabétique par Mlle Marguerite. *Paris, Baudoin fréres,* 1827, in-32 de 108 pages, fig. grav. (De 4 à 5 fr.)

La figure représente un intérieur de Cuisine. L'auteur de ce petit volume publié sous le nom de Mlle Marguerite est M. Horace Raisson.

— Le Cordon bleu. Nouvelle Cuisinière bourgeoise, rédigée et mise par ordre alphabétique par Mademoiselle Marguerite. Deuxième édition augmentée de plusieurs menus appropriés aux diverses saisons de l'année, d'un traité sur les vins et de l'art de soigner soi-même sa cave, d'instructions sur les huîtres, les truffes, les melons, les champignons, etc. *Paris, Baudoin fréres,* 1828, in-32 de 144 pages. (De 4 à 5 fr.)

Avec une figure coloriée, d'Henry Monnier, représentant Mlle Marguerite revenant du marché.

Le *Cordon Bleu* a été très souvent réimprimé; la 3e édition parait, *Paris, Rignoux* 1831, in-32; en 1834, *Roret* donne la 4e édition in-18; d'autres ont paru jusqu'en 1861. Dans l'une d'elles, sans date, on trouve un « avant-propos de Mademoiselle Marguerite » signé : Horace Raison (sic).

Une contrefaçon de ce livret a été donnée par la Société typographique belge, Ad. Wahlen et Cie. Les éditeurs belges ajoutent que cette 5e édition est ornée de 5 planches gravées dont quatre indiquent la manière de découper à table qui ne se trouvent pas dans l'édition de Paris.

Voyez Raisson (Horace) et Périgord (A. B. de).

MARISSALLE (J.-B.). — Chanson en patois de Roubaix chantée par la Société du Mogador. Le dîner de Saint-Crépin. *Imp. J. Reboux* (1858), in-4 d'un f. à 2 col. (50 cent.)

Six couplets.

MARMETTE. — The Perfect Cook: being the most exact directions for the making all kinds of pastes, with the perfect way teaching how to raise, season, and make all sorts of pies... As also the Perfect English Cook... To which is added the way of dressing all manner of Flesh. By M. Marmette. *London,* 1686, in-12.

Carew Hazlitt, *Old cookery books,* p. 69.

MARIANNE (Mlle). — La nouvelle et bonne cuisinière bourgeoise pour la ville et la campagne. Rédigée par Mlle Marianne. Seconde édition. *Lille, Blocquel-Castiaux; Paris, Delarue,* 1841, in-18. (De 2 à 3 fr.)

— La Cuisine facile pour tout le monde de la ville et de la campagne; par Mlle Marianne cordon bleu. *Paris, Goupy et Cie,* 1861, in-18 de 72 pages. (1 fr.)

— Petit Manuel de la Cuisinière par Mademoiselle Marianne. Nouvelle édition. *Paris, Delarue*, S. d. (1888), in-16 de 108 pages, fig. (1 fr.)

La première édition de cet ouvrage qui a été souvent réimprimé a paru vers 1820.

MARION (Mlle). — Le restaurateur des ménages, ou la Cuisine bourgeoise démontrée par Mlle Marion, ouvrage indispensable à toutes les bonnes ménagères et aux petits restaurateurs. Indiquant avec précision les manières de préparer avec économie plus de 500 mets différents, le service de la table, l'art de découper, le temps que chaque pièce doit rester à la broche. Les recettes par M. Appert pour les conserves alimentaires, crèmes, confitures, ratafias, liqueurs, fruits à l'eau-de-vie, etc. 4e édition augmentée des Mystères de la Cave ou Choix des meilleures recettes pour la gouverne des vins. *Paris, chez les marchands de nouveautés*, 1848, in-18 de 66 pp. et 1 f. de table. (1 fr.)

MARIOT-DIDIEUX. — Guide de l'éducateur de lapins ou traité de la race cuniculine par Mariot-Didieux, vétérinaire de la garde de Paris, etc., etc. *Paris, librairie centrale d'agriculture*, 1854, in-18 de 92 pp. (75 cent.)

Le chapitre XV est consacré aux préparations culinaires de la viande de lapins.

MARQUIS (F.). — Du thé ou nouveau traité sur sa culture, sa récolte, sa préparation et ses usages, par F. Marquis, orné de gravures coloriées faites d'après nature et d'après des peintures originales de la Chine. *Paris, Nepveu; Audot; F. Marquis*, 1820, in-8 de 68 pages.

La même année, une édition de cet ouvrage écrit par le fameux fabricant de chocolats a paru, avec des figures coloriées, dans le format in-18.
— Le même... 2e édition revue et corrigée. *Paris, Nepveu*, 1834, in-8 avec 8 gravures et 1 plan.
M. Bourquelot, *Littérature contemporaine*, ait remarquer que cette édition, bien que portant sur son titre : 2e édition, est la troisième, cet ouvrage ayant paru, en 1820, dans deux formats différents.

MARRON DE SAINT-GEOIRS. — Almanach contenant les adresses de MM. les limonadiers, restaurateurs, traiteurs, pâtissiers, etc., pour l'année 1837. Par Marron de Saint-Geoirs. *Paris, impr. de Maulde*, 1837, in-18. (1 fr.)

— Le même pour l'année 1838. *Paris, l'auteur*, 1838, in-18.

MARS (Prosper). — Les Cuisinières, macédoine en deux volumes, paroles de MM. Mars et Raban, musique de M. Ant. Fontaine. Lithographie de M. Lemercier. *Paris, Sanson*, 1823, 2 vol. in-12 de 200-199 pages et 2 ff. de musique. (De 8 à 10 fr.)

— Le même, nouvelle édition revue et corrigée. *Paris, Tenon*, 1837, 2 vol. in-12.
— M. Raban a signé un roman intitulé : Le *Pâtisser de Châteauroux*, Paris, 1838, in-8 de 570 pp. que nous ne mentionnons ici que pour son titre.

MARSHALL (Elizabeth). — The Young Ladies' Guide in the Art of Cookery. By Elisabeth Marshall. *Newcastle*, 1777, in-8.

Carew Hazlitt, *Old Cookery books*, p. 177.

MARTFELT (Christian). — Traité sur la salaison des viandes et du beurre en Irlande, et manière de fumer le bœuf à Hambourg ; traduit du danois de Christian Martfelt, par T.-C. Bruun-Neergaard, gentilhomme de la chambre du roi de Danemarck, membre de diverses sociétés savantes. *A Paris, de l'imprimerie royale*, 1821, in-8, de xvj-76 pages. (3 fr.)

MARTIN (Alexandre). — Manuel de l'amateur de melons, ou l'art de reconnaître et d'acheter de bons melons ; Précédé d'une histoire de ce fruit, avec un traité sur sa culture et une nomenclature de ses diverses espèces et variétés, Par Alexandre Martin, orné de 4 planches coloriées.

Paris, Aug. Udron, 1827, in-18 de IV-156 pages. (De 10 à 12 fr.)

— Bréviaire du gastronome, ou l'art d'ordonner le dîner de chaque jour, suivant les diverses saisons de l'année. Pour la petite et la grande propriété. Précédé d'une histoire de la cuisine française, ancienne et moderne. Par l'auteur du Manuel de l'amateur d'huîtres. *Paris, Audot*, 1828, in-18 de 110 pp. et 1 f. de table. (De 12 à 15 fr.)

Ce petit volume fait partie de la petite bibliothèque utile et amusante. Après le faux titre se trouve une figure coloriée d'Henry Monnier. Elle représente un gastronome, dans une cuisine, pressant le menton à sa cuisinière. Au-dessous, on lit cette légende : « Le jour où vous donnerez à dîner, vous ne tourmenterez pas votre cuisinière ; point de brusquerie, de mauvaise humeur, un visage gai, ouvert, un air de satisfaction et de contentement. »

—Le même... Seconde édition, augmentée de plusieurs menus nouveaux. *Paris, Audot*, 1828, in-18, fig. color.

— Manuel de l'amateur d'huîtres. Contenant l'histoire naturelle de l'huître, une notice sur la pêche, le parcage et le commerce de ce mollusque en France, Et des Dissertations hygiéniques et gourmandes sur l'Huître considérée comme aliment et comme médicament. Par Alexandre Martin. *Paris, Audot*, 1828, in-18 de viij-84 pp., fig. color. (De 12 à 15 fr.)

Le manuel d'Alexandre Martin est orné de deux planches ; l'une représente les instruments nécessaires pour manger confortablement les huîtres, l'autre, coloriée et signée par Henry Monnier, trois gourmands attablés dévorant à belles dents ce qu'Ostende et Marennes leur ont envoyé de plus exquis. Comme légende : De l'influence des comestibles sur le moral des convives. Fait partie de la Petite bibliothèque utile et amusante.

La *France littéraire* indique une seconde édition, *Paris, Leroy ; Audin*, 1829, in-18 fig. ; nous ne la connaissons pas.

— Manuel de l'amateur de café, ou l'art de prendre toujours de bon café.

Ouvrage Contenant plusieurs procédés nouveaux, faciles et économiques, pour préparer le café et en rendre la boisson plus saine et plus agréable. Dédié aux gourmets, aux bonnes ménagères, etc., etc., par M. H... Doyen des habitués du café de Foi. *Paris, Audot*, 1828, in-18 de vij-84 pp. et un f. de table. (De 10 à 12 fr.)

La figure coloriée, d'Henry Monnier, représente un gourmet buvant une tasse de café ; à la fin, une planche, également coloriée, représente une branche du caféier arabe ; elle est peinte par P. Bessa et gravée par Maria Gabriel Coignet. Le doyen des habitués du café de Foi n'est autre qu'Alexandre Martin. Pour les deux manuels précédents, voyez Clerc (Louis) qui a publié des ouvrages portant le même titre, quelques mois après l'apparition de ceux d'Alexandre Martin.

— Manuel de l'amateur de truffes ou l'art d'obtenir des truffes, au moyen de plants artificiels, dans les parcs, bosquets jardins, etc., etc. ; précédé d'une histoire de la truffe et d'anecdotes gourmandes et suivi d'un traité sur la culture des champignons publié par A. Martin, auteur du Manuel de l'amateur de melons. Seconde édition. *Paris, Leroi ; Audin*, 1829, in-18 de xij-143 pages, fig. color. (De 8 à 10 fr.)

La fig. col. d'Henry Monnier représente un gastronome et un auteur dans la boutique de Chevet, avec cette légende : Voilà une belle pièce..... et des truffes qui ont un parfum.....

Tous ces petits manuels sont très curieux ; ils sont empreints d'une bonne humeur fort réjouissante et les figures de l'auteur des *Scènes populaires* ont certainement contribué au succès qu'ils ont obtenu. Sans être très rares, les exemplaires des Manuels d'Alexandre Martin, de même que les deux ouvrages suivants de cet auteur, sont assez recherchés.

— Le Cuisinier des gourmands ou la Cuisine moderne enseignée d'après les plus grands maîtres ; suivi de l'art de découper les viandes et de les servir à table ; par A. Martin, auteur du Bréviaire du gastronome. *Paris, Ch.*

Froment, 1829, in-18 de 320 pages, fig. (De 7 à 8 fr.)

— Traité médico-gastronomique... (Voy. Dardanus.)

MARTIN (Alphonse). — Les anciennes communautés d'arts et métiers du Hâvre, étude historique par Alphonse Martin, membre de la Société hâvraise d'études diverses. *Fécamp, imprimerie de L. Durand*, 1880, in-18 de VIII-235 pages. (De 2 à 3 fr.)

Dans la deuxième partie intitulée : *Description des arts et métiers*, on trouve des renseignements sur les Boulangers, Bouchers, Charcutiers, Pâtissiers, Rôtisseurs, Brasseurs de bière et de cidre, etc., etc.

MARTIN (B.). — Traité de l'usage du lait. Par B. Martin, Apothicaire du Corps de S. A^e S^{me} Monseigneur le Prince. *A Paris. Chez Denys Thierry*, 1684, in-12 de 6 ff. lim., 146 pp. et 4 ff. n. ch. de table. (De 8 à 10 fr.)

Curieux traité divisé en XII chapitres ; il y est question du beurre, du fromage, de la qualité du lait, etc., etc.

— Traité du lait, du choix qu'on en doit faire et de la manière d'en user par Barth. Martin... Seconde édition corrigée et augmentée de la pratique d'Hippocrate dans la cure des maladies par l'usage de ce médicament. *Paris, L. d'Houry*, 1706, in-12.

MARTIN (E.). — Art de la conservation des substances alimentaires par E. Martin. *Paris, Audot*, 1829, in-18 de 122 pages. (2 fr.)

Le faux titre porte : Guide de la Ménagère dans la Conservation des substances alimentaires.

MARTIN (Edouard). — Les Truffes, comédie en un acte, mêlée de chant par MM. Edouard Martin & Albert Monnier. Représentée pour la première fois à Paris sur le théâtre du Gymnase, le 11 décembre 1864. *Paris, E. Dentu*, 1864, in-12 de 36 pp. (1 fr.)

— La même... *Paris, librairie nouvelle*, 1865, in-12.

MARTIN (Jean-Claude). — Le Trésor de la Santé ou maximes de l'Ecole de Salerne ouvrage traduit de latin en français par Jean-Claude Martin Professeur de Langues orientales à Lyon... *A Lyon, chez Guy et Comp. ; à Paris chez Lenormand*, an XIII-1805, in-12 de 23 pages. (De 2 à 3 fr.)

MARTIN (Stanislas). — Physiologie des substances alimentaires ou histoire physique, chimique, hygiénique et poétique des aliments avec leur étymologie grecque, celtique, latine, et leurs dénominations en langue allemande, anglaise, espagnole ou italienne par Stanislas Martin, pharmacien de l'Ecole spéciale de pharmacie de Paris, etc., etc. *Paris, l'auteur*, 1853, in-18 de VI-352 pp. (2 fr.)

MARX (Adrien). — Les Petits mémoires de Paris par Adrien Marx, préface de Edouard Pailleron, de l'Académie française. *Paris, Calmann-Lévy*, 1888, in-18 de V-396 pp. (3 fr. 50.)

Citons les chapitres : III, Les Cuisinières à Paris. V, Le Pain à Paris. XIII, Paris qui mange.

MASINIUS (Nicolaus). — Nicolai Masinii Cæsenatis, philosophi et medici, de gelidi potvs abvsv Libri tres. Assentientibus superioribus. *Cæsenæ, apud Bartholomæum Rauerium*, 1587, in-4 de 38 ff. non chiffr., 305 pages et 1 planche. (De 6 à 7 fr.)

MASON (Mrs. Sarah). — The lady's Assistant for regulating and supplying her table; Containing 150 select Bills of Fare, properly disposed for Family Diners of five Dishes to tow courses of eleven and fifteen, with upwards of 50 Bills of Fare for Suppers, from five nishes to nineteen and several Desserts. now first published from her manuscript collection. *London*, 1773, in-8.

— Le même... seconde édition, corrigée et augmentée, London, 1775, in-8.

MASSÆ Baptistæ de Argenta Opusculum de fructibus vescendis et tractatus de modo confitiendi ordaceum. S. l. n. d. (Ferrare, 1471), in-4 de 48 ff. n. ch., sans signat., lettres rondes.

Le premier traité est dédié « ad illvstrem. ac. invictvm. Armorvm. Dominvm. Hercvlem. estensem..... » : le deuxième « ad venerabilem virum ordinis minorum... Petrû de trano Illustrissimi domini Borsii Ducis Ferrariæ et bene merito (sic) prædicatorê dignissimum ». A la fin, on lit : *M.cccc.lxxi. Finis.*

La Serna Santander qui donne la description de cet ouvrage fort rare, *Dict. bibl. du XVᵉ siècle*, t. III, p. 156, ajoute que cette date paraît être celle de la composition de l'ouvrage mais aussi que, d'après l'exécution typographique, cette édition a paru à Ferrare la même année.

MASSIALOT. — Le Cuisinier roial et bourgeois, qui apprend à ordonner toute sorte de Repas, & la meilleure maniere des Ragoûts les plus à la mode & les plus exquis. Ouvrage tres-utile dans les Familles & singulierement necessaire à tous Maîtres d'Hôtels, & Ecuiers de Cuisine. *A Paris, chez Charles de Sercy, au Palais, au sixième Pilier de la Grand'Salle, vis-à-vis la montée de la cour des Aides, à la Bonne-Foi couronnée.* 1691, in-12 de 10 ff. lim. n. ch., 505 pp. et 46 pp. n. ch. (De 20 à 25 fr.)

Première édition, très rare, de ce livre de cuisine dont l'auteur est Massialot. Au titre, marque typographique de Charles de Sercy ; le vᵒ du titre est blanc. Au rᵒ du 2ᵉ f. n. ch. commence la « Préface » qui finit au rᵒ du 6ᵉ f. n. ch. Au vᵒ de ce 6ᵉ f. la « Table des repas et instructions contenues dans ce livre » qui finit au vᵒ du 8ᵉ f. Le privilége, donné à Charles de Sercy, le 9 avril 1691, occupe les 2 derniers ff. lim.

Cet ouvrage est divisé en deux parties, la 1ʳᵉ comprend l' « Ordonnance des Repas » ; la 2ᵉ, l' « Instruction en forme de dictionnaire où l'on apprendra comment apprêter chaque chose, & comment la servir pour Entrée, pour Entremets, pour le Rôti ou autrement » qui occupe les pages 89-305. Les 46 pp. n. ch. contiennent la *table des mets* ; au bas de la dernière page, on lit : *De l'imprimerie de Laurent Rondet*, 1691.

— Le Cuisinier royal et bourgeois... Seconde édition revuë & augmentée, *ibidem, idem*, 1693, in-12 de 10 ff. lim. n. ch., 505 pp. et 46 pp. n. ch. (De 12 à 15 fr.)

Au titre, marque de Charles de Sercy ; à la fin de la « Table des mets », on lit : De l'imprimerie de Laurent Rondet, 1692.

La troisième édition, *ibidem, idem*, in-12, porte la date de 1698. Un exempl. de cette édition, aux armes de M. W. Hope, a été vendu, pl.v.f. (Petit-Simier), 215 fr., Bancel.

— Le même... nouvelle édition revue corrigée et beaucoup augmentée avec des figures. *A Paris, chez Claude Prudhomme*, 1705, in-12.

— Le même... *ibidem, idem*, 1709, in-12.

En 1712, *Le Cuisinier roïal et bourgeois* paraît sous ce titre rajeuni :

— Le nouveau Cuisinier Royal et Bourgeois ; Qui apprend à ordonner toute sorte de Repas en gras & en maigre, & la meilleure maniere des Ragoûts les plus delicats & les plus à la mode ; & toutes sortes de Pâtisseries : avec des nouveaux desseins de Tables. Ouvrage tres-utile dans les Familles, aux Maîtres d'Hôtels et Officiers de Cuisine. *Paris, Claude Prudhomme*, 1712, 2 vol. in-12. (De 12 à 15 fr.)

— Le même... *ibidem, idem*, 1714 et 1715 2 vol. in-12.

— Le même... *A Paris, chez Claude Prudhomme, au Palais, au sixième Pilier de la Grand'Salle, vis-à-vis l'Ecalier* (sic) *de la Cour des Aides, à la Bonne-Foy couronnée*, 1716, 2 vol. in-12, 10 planches. (De 12 à 15 fr.)

Tome I : 6 ff. limin. n. ch., 491 pp. et 12 ff. n. ch. — Tome II : 496 pp. et 15 ff. n. ch.

Un avis placé au vᵒ du dernier f. du t. II indique que « toutes les Figures se doivent placer dans le Iᵉʳ volume où les menus sont expliquez ».

— Le même... *ibidem, idem*, 1717, 2 vol. in-12, 11 planches.

Même pagination que dans l'édition précédente. Au titre, la marque de Charles de Sercy.

— Le même... *ibidem, idem,* 1722, 2 vol. in-12.

— Le même... *ibidem, idem,* 1728, 2 vol. in-12, 11 planches.

Tome I : 6 ff. limin. n. ch., 500 pp. et 12 ff. n. ch. — *Tome II* : 496 pp., 15 ff. n. ch. de table et 1 f. n. ch. (catal. des livres imprimés chez le même libraire). Le privilège est donné à Claude Prudhomme le 13 février 1727.

—Le même... nouvelle édition Revue & corrigée. *A Amsterdam, aux dépens de la Compagnie,* 1734, 3 vol. in-12, planches.

Titre rouge et noir sur lequel figure le nom de Massialot.

— Le même... par M. Massialot. Ouvrage très-utile dans les Familles, aux Maîtres d'Hôtel & officiers de Cuisine. Augmenté de nouveaux Ragoûts par le sieur Vincent de la Chapelle, Chef de Cuisine, de S. A. S. Monseigneur le Prince d'Orange & de Nassau, &c. Du fonds & en la Boutique de Cl. Prudhomme. *A Paris, au Palais, chez Joseph Saugrain, au sixième Pilier de la Grande Salle, vis-à-vis l'Escalier de la cour des Aydes, à la Bonne Foy couronnée,* 1748-1750, 3 vol. in-12, 23 planches. (De 12 à 15 fr.)

Tome I : 4 ff. limin., 544 pp. et 14 ff. de tables n. ch., 13 pl. — *Tome II* : 520 pp, et 18 ff. n. ch. — *Tome III* : 1 f. limin. n. ch., 400 pp. et 12 ff. n. ch., 10 pl.

Les deux premiers volumes portent la date de 1748, le troisième, celle de 1750. Le privilège donné à la veuve de Claude Prudhomme le 14 juin 1734 est placé à la fin du tome II.

Autres éditions : *Paris, Vᵉ Claude Prudhomme,* 1739, 3 vol. in-12 ; *ibidem, idem,* 1741, 3 vol. in-12 ; *Paris, Didot,* 1751, 2 vol. in-12.

On a remarqué que le nom de Massialot — et non Massaliot, comme on dit assez communément — ne figure sur aucune des éditions du *Cuisinier roïal et bourgeois.* Faut-il en déduire que le dit Massialot n'est pas l'auteur de cet ouvrage ? Nous ne le croyons pas ; car, après avoir comparé le *Cuisinier roïal et bourgeois* avec le *Nouveau Cuisinier royal et bourgeois,* nous avons constaté la si-

militude presque entière des deux ouvrages rédigés tous deux en forme de dictionnaire, dans le même ordre, avec cette différence toutefois que le second, notablement augmenté, est plus complet que le premier. Ce que l'on pourrait alors dire, au cas où Massialot n'aurait pas écrit le *Cuisinier roïal et bourgeois,* c'est qu'il ne se serait guère gêné pour s'approprier l'œuvre d'autrui en ajoutant son nom au titre du *Nouveau Cuisinier ;* car, nous le répétons, les deux traités se ressemblent infiniment trop pour qu'ils n'aient pas été écrits par le même auteur. Il faudrait donc accuser Massialot de plagiat et cette hypothèse ne nous paraît pas vraisemblable, le *Cuisinier roïal* et le *Nouveau Cuisinier royal* ayant été publiés par les mêmes libraires et rien n'indiquant que Massialot n'aurait fait que revoir, corriger et augmenter le premier de ces deux ouvrages.

Voyez Instruction (nouvelle) pour les Confitures.

MASSIEU. Caffœum carmen, aut. Guil. Massieu, lat. et italicè, in-8.

Ce poème de 254 vers latins sur le café composé par l'abbé Guillaume Massieu, membre de l'académie des Belles-Lettres et de l'Académie française, a été publié par l'abbé d'Olivet dans son recueil de quelques poètes latins modernes. Il a été traduit en français ; on le trouve à la fin de la seconde partie d'un ouvrage intitulé : *Etrennes à tous les amateurs de café,* etc., *Paris,* 1790. (Version française en regard du texte latin.)

MASSON (L'abbé). — Le Café, ses propriétés, manières nouvelles de le préparer par l'abbé Masson, curé de Férébrianges (Marne). *Epernay, imp. de Victor Fiévet,* 1855, in-12 de 24 pp. (1 fr. 50.)

MASSON (P.). — Le Parfait Limonadier, Ou La manière de préparer le Thé, le Caffé, le Chocolat, & autres Liqueurs chaudes & froides. Par P. Masson, Limonadier. *A Paris, Chez Charles Moette ruë de la Bouclerie, entre le Pont S. Michel, et le bas de la ruë de la Harpe, à l'Etoille,* 1705, in-16 de 108-42 pages et 2 feuillets non chiffrés pour la permission et la table. (De 10 à 12 fr.)

L'auteur a divisé son petit livre en deux parties : l'une qui s'adresse aux Limonadiers Distillateurs, l'autre aux Limonadiers Confiseurs. Dans cette deuxième partie, l'auteur donne les recettes pour faire les pralines, les marrons glacés et toutes sortes de pastilles...

— Nouveau parfait limonadier ou manière de préparer le thé, le café, le chocolat et autres liqueurs. *Paris, Boucher,* 1774, in-12.

MASSONIO (Salvatore). — Archidipno, overo dell' Insalata, e dell' vso di essa, Trattato nuouo, curioso, e non mai più dato in luce, da Salvatore Massonio scritto, e diviso in sessanta otto capi ; Dedicato à molto Illustri signori fratelli Ludovico Antonio, e Fabritio Col'Antonii. *In Venetia, appresso Marc'. Antonio Broggiollo,* 1627, in-4 de 28 ff. limin. et 426 pp. et 1 f. d'errata, lett. ital. (De 25 à 30 fr.)

Au vº du dernier f. on lit : « Corresse D. Angelo Cantini Correttore approbato » et au-dessous « In Venetia, MDCXXVII. Appresso Marc' Antonio Brogiollo ».
Au titre, une gravure représentant un aigle couronné tenant dans ses serres des armoiries. Les ff. limin. sont occupés par la dédicace datée : Vicenza, 20 Maggio MDCXXVII et signée : Alessandro Maganza ; la préface, et la table des chapitres.
Traité curieux divisé en 68 chapitres sur manière dont on doit assaisonner la salade, sur les salades en usage dans l'antiquité ; on y discute également la question de savoir si l'on doit boire immédiatement après avoir mangé ce mets.

MATA (Juan de la). — Arte de reposteria, en que se contiene todo genero de hacer Dulces secos, y en líquido, vizcochos, turrones, natas : bebidas peladas de todos Generos, rosolis, mistelas, &c. Con una breve instruccion para conocer las frutas, y servir las crudas. Y diez mesas con su explicacion. su autor Juan de la Mata, Repostero en esta Corte, natural del Lugar de Matalavilla, Concejo del Sil de Arriba, Montañas, y Reyno de Leon, y Obispado de Oviedo. Con licencia : *En Madrid : en la oficina de Ramon Ruiz,* 1791, in-4 de 2 ff. limin. n. chiffr. et 208 pp. (De 5 à 6 fr.)

MATENESUS. — Ioan. Friderici Matenesi. S. J. Theol. Licentiati ad D. Cumberti Canon. & Pastoris, Historiarumque ac Græcæ linguæ in Acad. Colon. Profess. Ord. Critices christianæ libri dvo de ritv Bibendi svper sanitate, Pontificum, Cæsarum, Principum, Ducum, Magnatum Amicorum, Amicarum &c. Ad nobiles amplissimos. Clariss. Consultiss. viros ac Dominos, Dominos Ioannem Hardenradium X. Guilielm. Hachstein, L. V. D. II. Coss. Vniversumque Senatum celeberrimæ Agrippinensis Reipublicæ. *Coloniæ, sumptibus Conradi Butgenij,* 1611, in-8 de 8 ff. limin. n. chiffr. et 189 pp. (De 10 à 12 fr.)

A la page 64, une planche repliée représente un immense pot à bière au bas duquel est écrit : *Catechismvs M. Lutheri.*

MATHEY. — Mercurey et ses vins, par M. Adalbert Mathey, propriétaire viticulteur. *Châlons-sur-Saône, imp. Sordet-Montalan,* 1870, in-8 de 23 pp. (50 cent.)

MAURIAL (L.). — L'art de boire, connaître et acheter le vin et toutes les boissons, guide pratique du producteur, du marchand et du consommateur, par L. Maurial, agronome. *Paris, librairie du Petit Journal ; l'auteur,* 1865, in-18 de 215 pp. (2 fr.)

— Le même, 4ª édition, revue, corrigée et considérablement augmentée. *Paris, Alphonse Lemerre,* 1881, in-16 de 262 pp.

— La clef de la Cave. Ce que chacun doit indispensablement savoir sur les vins et toutes les boissons. *A l'agence du vignoble,* 1865, in-18.

MAY (Robert). — The Accomplished Cook. By Robert May. 1660, in-8.

Carew Hazlitt, *Old Cookery books,* p. 79.
Une cinquième édition de ce « cuisinier accompli » a paru en 1685 in-8.

MAYOR (Matthias). — Sur l'hippophagie en Suisse, ou sur l'usage, comme aliment, de la chair de l'espèce chevaline; mémoire adressé aux Sociétés helvétiques d'utilité publique, par Matthias Mayor. *En Suisse, chez les principaux libraires*, 1858, in-8 de 23 pp. (1 fr. 50.)

Dans l'exemplaire de la Biblioth. nation. on a relié, à la suite de cette plaquette, un feuillet contenant huit couplets dans lesquels est chantée l'excellence de la langue de cheval comme aliment.

MEAUX SAINT-MARC. — L'Ecole de Salerne. Traduction en vers français par M. Ch. Meaux Saint-Marc avec le texte latin en regard, précédée d'une introduction par M. le D^r Ch. Daremberg. etc. *Paris, J.-B. Baillière et fils*, 1860, in-8 de LXX-344 pp. et 5 vign.

— Le même... suivie de commentaires avec figures, *ibidem, idem*, 1880, in-18 de VIII-609 pp. (5 fr.)

MÉDECIN (Le) du peuple, journal de santé et d'économie domestique, par une Société de Médecins. (*Impr. Firmin-Didot.*) Pet. in-fol. de 4 pp. à 2 col.

Ce journal dans lequel on trouve nombre de recettes culinaires paraissait tous les dimanches; le n° 1 porte la date du 2 décembre 1827. Au n° 25, date du 18 mai 1828, il modifie son titre et paraît sous le suivant :

— L'Economiste (le médecin du Peuple), *journal de santé et d'économie domestique et rurale par une société de médecins.*

Le rédacteur en chef était M. Chaponnier. Prix de l'abonnement : 6 fr. pour trois mois; 11 fr. pour 6 mois et 20 fr. pour une année.

MEDICUS (Guillaume). — Nos champignons comestibles. Guide populaire pour distinguer les champignons mangeables les plus connus et manière de les apprêter. *Bruxelles, Muquardt*, 1884, in-12, 23 figures coloriées. (De 2 à 3 fr.)

MÈGE-MOURIÈS (H.). — Du froment et du pain de froment par H. Mège-Mouriès. Extrait des mémoires de la Société impériale et centrale d'a-

griculture de France. Année 1860. *Paris, Mme Bouchard-Huzard*, 1860, in-8 de 39 pages et 1 pl. color. (2 fr.)

MEIBOMIUS. — Joan. Henrici Meibomii de Cervisiis potibusque & ebriaminibus extra vinum aliis Commentarivs; accedit Adr. Turnebi libellus de Vino. *Helmestadii, Typis & sumtibus Johannis Heitmulleri*, 1668, in-4 de 96 ff. signés a et A-Z par 4. (De 15 à 20 fr.)

La dédicace « Magnifico nobilissimo, amplissimoque viro D N. Henrico Langerbecio Jeto Sereniss. Brunso & Lynaeburg. Ducis D. Johannis Friderici Cancellario & Consiliario intimo, Domino suo pl. observando Henricus Meibomius S.p.d. » datée « Idibus Jul. Anni MDCLXIIX », occupe, avec un avertissement au lecteur, tout le cahier a.

Le corps de l'ouvrage commence au f. A et finit au r° du f. signé S2. Au r° du f. S3, on lit : « V C. Adriani Tvrnebi de Vino libellvs nunc seorsim editus. »

Le traité de Turnebus commence au v° de ce feuillet et finit au r° du f. Y3; au v°, l'*index* qui occupe le reste du volume.

Traité sur la cervoise (bière), le vin, le vin de pomme, le coco et autres breuvages et liqueurs fermentées.

Un exemplaire en mar. r., aux armes et au chiffre de J.-B. Colbert, s'est vendu 40 fr., Bon Pichon.

Aux catal. Van Hippe et Lemarié figure ce même ouvrage, même nom d'imprimeur, même lieu d'impression, mais avec des dates différentes; l'un porte celle de 1677, l'autre celle de 1679, tous deux in-4.

MEINERT (Dr C. A.). — Comment on se nourrit bien et à bon marché. Etude de la question alimentaire par le Dr C. A. Meinert etc., traduit de l'allemand par F. Timmerhans, etc., avec deux planches coloriées et plusieurs gravures sur bois. Deuxième édition. *Paris, Le Soudier; Bruxelles, Gustave Mayolez*, 1883, in-8 de 111 pages. (2 fr.)

Etude dont le sujet avait été mis au concours par le cercle *Concordia* de Mayence. Le prix unique a été décerné à M. Meinert. La première édition allemande a été tirée à 20000 exemplaires.

MEISNER (L.-F.). — Leonh. Ferdinand Meisneri Med. Doct. & prof. Regii De caffe, chocolatæ, herbæ thee, ac nicotianæ natura, usu et abusu Anacrisis. Medico-Historico Diætetica. *Norimbergæ, sumpt. Joh. Frider. Rudigeri* 1721, in-8 de : f. n. ch., 124 pp. et 4 pl. gravées. (De 4 à 5 fr.)

Titre rouge et noir. Les pl. représentent : le Café, le Cacao, le Thé et le Tabac.

MELAYE (Stéphano). — Eloge du Café. *(Paris)* Pollet, *impr.* (1852), in-8 de 4 pp. (1 fr.)

Chanson.

MELROE (Eliza). — An Economical and New Method of Cookery; describing upwards of eighty cheap, wholesome, and nourishing Dishes. *London,* 1798, in-8.

MÉMOIRE concernant les Boucheries de Paris. *Paris, impr. de Guefflier,* 1790, in-4 de 18 pages. (De 3 à 4 fr.).

Par Robert, avocat.

MÉMOIRE pour les Cuisinières ou pour toute personne chargée d'acheter les objets de consommation, ou la dépense de chaque journée. *Paris,* Painsmay, 1831, in-8. (1 fr.)

MÉMOIRE pour servir à l'histoire de l'ordre de la boisson Revu, corrigé et augmenté de nombreuses Anecdotes, plus un Avis préliminaire du Très Recherché Grand-Maître Frère Belle-Humeur, et le Catalogue des Œuvres de divers Collaborateurs, Par un Membre actif de l'Ordre de la Treille, Zélateur des côtes des Chanoines, Pagny, Thiaucourt, Bayon et Saint-Michel en Lorraine. Affilié aux *Bons-Compagnons* de Strasbourg, Haut et Bas-Rhin ; Correspondant des *Amis de la Dive-Bouteille,* en Provence ; de *Vide-Flacons,* à Beaune ; des *Altérés,* de Mâcon ; du Cercle de *Saute-Bouchon,* en Champagne ; de l'*Académie des Verres,* de

Bordeaux, et autres Sociétés nationales et étrangères. *Nancy. Cayon-Liébault, Libraire-Éditeur, rue Stanislas,* 10, 1864, in-8 de x-50 pages. (De 8 à 10 fr.)

Faux titre, portrait, titre. Au-dessous du portrait-charge reproduit d'après un dessin à la plume, on lit : Statue de Gastaldy hospitalier trouvée dans les ruines d'Herculanum par MMᵣˢ Montfranc, Diavergot, Jacquemont, de Querelles, etc. MVIIIXXXVI. Le dessin est signé N. de Querelles

Au verso du faux titre est l'indication du tirage : Cent vingt exemplaires. Au verso du titre : *Dis-moi ce que tu bois, et avec qui tu bois, je te dirai qui tu es?* (Variante de Brillat-Savarin).

Les X premières pages sont occupées par un « Avis préliminaire aux très dévoués frères et très aimables sœurs de l'ordre de la Treille en Lorraine. » Cet avis est signé par « le Secrétaire-Archiviste-point-Trésorier et pour cause : F∴ Vide-Broc », et approuvé par le F∴ Haussecoude, expéditeur.

Le *Mémoire pour servir à l'Histoire de l'ordre de la Boisson* est l'œuvre de M. Léon Ménard (voyez ce nom) conseiller présidial de Nimes et auteur d'un livre intitulé : Les *mœurs et les usages des Grecs.* Il a paru, pour la première fois, dans le Mercure de France. C'est de cet ouvrage que M. Cayon-Liébault l'a extrait pour en donner la réimpression que nous citons ici.

Bien que nous ayions exclu les manuscrits de cette bibliographie, il nous paraît intéressant de donner, par exception, les titres des suivants, le premier qui figure au cat. Leber, le second qui est cité par M. Arthur Dinaux, *Sociétés badines,* t. II, p. 94 :

— Loix et règlements de l'ordre de Noé, suivis de l'Etat contenant les noms, surnoms, qualités et demeures des Chevaliers, pet. in-12 (vers 1754).

L'ordre de Noé était un ordre de Buveurs analogue aux ordres de Méduse et de la Boisson.

— Institutions académiques des sciences et beaux-arts, annales de l'ordre immortel et respectable du bon père et patriarche Noé, du 25 juin 1732, par le frère P.-L. Voisin, fondateur des lois et statuts qui sont observés par les Seigneurs, frères chevaliers, et transcrits au commencement du règne de frère Claude Pezé, par Joseph Lemoyne grand commandeur, grand-écuyer et secrétaire d'Etat. In-8.

MÉMOIRE sur l'usage œconomique du digesteur de Papin. donné au public par la Société des Belles-lettres, Sciences et Arts de Clermont-Ferrand. Par M***, Avoc. anc. Secret. de la même Société et Auteur des Ouvertures de Paix universelle. *A Clermont-Ferrand, de l'impr. de Pierre Viallanes*, 1761, pet. in-8 de 43 pages, 1 planche. (De 3 à 4 fr.)

Par M. Quériau.

MÉMOIRE tres-particvlier de la despence qui a esté faicte dans la ville de la Rochelle, Auec le prix & qualités des viandes qui ont esté excessiuement venduës en laditte Ville. Depuis le commencement du mois d'Octobre, iusque à sa Réduction. *A Paris Chez Charles Hvlpeav, sur le pont S. Michel, à l'Ancre double, & en sa Boutique dans la grand'-salle du Palais*, 1628, pet. in-8 de 7 pages. (De 10 à 12 fr.)

On y voit que l'on payait un œuf 8 livres la tête d'un chien dix sols, la piute de vin 3 livres, une poule 23 livres, etc., etc.

MÉNAGÈRE (La) modèle. Traité complet de cuisine bourgeoise; par une grande dame qui a perdu une partie de sa fortune mais qui est restée gourmande; précédée d'une notice sur l'art de faire les honneurs d'une table. *Paris, l'auteur*, 1867, in-18 de 72 pp. (De 2 à 3 fr.)

Nouvelles éditions du même ouvrage, *Paris, au guide Rose*, 1870 et *Paris, l'auteur*, 1874, in-18 de 94 pp.

MÉNAGIER (Le) de Paris, Traité de morale et d'économie domestique composé vers 1393, par un bourgeois parisien; Contenant des préceptes moraux, quelques faits historiques, des instructions sur l'art de diriger une maison, des renseignements sur la consommation du Roi, des Princes et de la ville de Paris, à la fin du quatorzième siècle, des conseils sur le jardinage et sur le choix des chevaux; un traité de cuisine fort étendu, et un autre non moins complet sur la chasse à l'épervier. Ensemble : L'histoire de Grisélidis, Mellibée et Prudence par Albertan de Brescia (1246), traduit par frère Renault de Louens; et le chemin de Povreté et de Richesse, poëme composé, en 1342, par Jean Bruyant, notaire au Châtelet de Paris; Publié pour la première fois par la Société des Bibliophiles françois. *A Paris, de l'imprimerie de Crapelet, rue de Vaugirard*, 9, 1846, 2 vol. in-8. (De 70 à 80 fr.)

Titre rouge et noir. Voici la collation des deux tomes du *Ménagier*.

Tome I : Faux titre. titre, 1 feuillet blanc, IV pages, dont une blanche, pour l'indication du tirage et la liste des membres faisant partie de la Société des Bibliophiles françois au moment de la mise sous presse; 2 ff. n. ch. pour la table des matières, LXXXVIII pages (Notice sur M. de Noailles, prince-duc de Poix, introduction, indication des ouvrages cités, corrections et additions) et 240 pp.

Tome II : Faux titre, titre et 382 pp. On lit à la dernière : *Achevé d'imprimer, à Paris, chez Crapelet et Lahure, le XXVII novembre* MDCCCXLVII. La table alphabétique des matières occupe les pages 327-379. Les pages 380-382 contiennent un « supplément aux corrections »

Le *Ménagier de Paris* a été publié, avons-nous dit, par la Société des bibliophiles françois; ce fut M. le Bᵒⁿ Pichon, son savant et érudit président, qui fut chargé par elle de mettre au jour cet intéressant ouvrage qui n'existait alors qu'à l'état de manuscrit.

Certains mots un peu crus se trouvant dans le *Ménagier*, M. le Bᵒⁿ Pichon crut devoir les supprimer dans la plupart des exemplaires; ces mots se trouvent aux pages 59 à 62 pour lesquelles il existe des cartons. Mais, dans une note placée au bas de la page 60 du tome II, Distinction II, art. III (Des domestiques) M. le Bᵒⁿ Pichon s'explique au sujet de ces mots « que j'ai laissé subsister, écrit-il, sous ma responsabilité personnelle d'éditeur dans cent exemplaires du *Ménagier*, pour conserver dans quelques bibliothèques l'intégrité du texte que je publie ».

On connaît trois manuscrits du *Ménagier de Paris*. Le président de la Société des Bibliophiles en donne la description dans l'Introduction de l'ouvrage édité par lui.

1° Le manuscrit sur lequel a été faite l'édition de 1846, manuscrit acquis en 1842 par M. le Bon Pichon, à la vente de M. J.-B. Huzard et qui était annoncé, en ces termes, au catalogue de sa bibliothèque, sous le n° 662 :

— Le *Mesnaigier de Paris*. Pet. in-folio. Manuscrit du xv° siècle, sur papier, composé de 282 ff. et divisé en deux parties : la première traite de la Religion, de l'Éducation, de la Morale; la deuxième, de l'Économie rurale et domestique, de la Cuisine. etc. — Ce singulier ouvrage paraît avoir été composé par un jeune marié, en forme d'instruction à sa jeune femme; il commence ainsi : Chière seur pour ce que.....

2° Un manuscrit sur vélin, de 173 ff. in-folio, « paraissant, dit M. le Bon Pichon, écrit dans la première moitié du xv° siècle et orné au commencement d'une miniature ».

Cette miniature est reproduite en noir dans l'édition donnée par la Société des bibliophiles; c'est ce manuscrit, ayant appartenu aux Ducs de Bourgogne, qui a servi au copiste du manuscrit n° 1.

3° Un manuscrit, ayant appartenu également aux Ducs de Bourgogne et qui se trouve à la Bibliothèque Royale de Bruxelles. M. le Bon de Reiffemberg a publié, au sujet de ce manuscrit du *Ménagier de Paris*, en 1843, de curieux renseignements dans *l'Annuaire de la Bibliothèque royale de Belgique*.

Ces deux manuscrits ont été communiqués à M. le Baron Pichon lorsqu'en 1845, il préparait la publication du précieux manuscrit dont il est possesseur.

Nous allons maintenant énumérer les matières contenues dans cet ouvrage, mais il convient, auparavant, de dire quelques mots sur son auteur de même que sur la date de sa composition.

« Le *Ménagier*, dit M. le Bon Pichon, fut écrit entre juin 1392 et septembre 1394. » L'auteur, lorsqu'il composa son traité, était déjà fort âgé et venait d'épouser une jeune femme de 15 ans. Ce fut pour elle qu'il l'écrivit. Le président de la Société des bibliophiles estime que le *bourgeois parisien* connaissait à fond les sujets dont il s'est occupé, mais aussi qu'il n'a pas écrit seul sans le secours d'autres livres. En ce qui concerne le *Viandier* notamment « il me paraît impossible, ajoute-t-il, d'attribuer à l'auteur la composition première du fond de ces articles. Assurément, il connaissait le sujet, et la multiplicité des objections qu'il fait à son

texte prouve sa compétence mais elle prouve en même temps sa position de transcripteur et d'annotateur. » M. le Bon Pichon a, dès lors, recherché dans quels ouvrages pouvait avoir puisé ses documents l'auteur du *Ménagier* et il n'a pas tardé à se convaincre que le Livre de Taillevent lui avait fourni des recettes, et, plus particulièrement, un autre traité culinaire, le *Livre fort excellent de Cuisine*.

Le *Ménagier de Paris* est ainsi divisé :

Tome I. Préliminaires. Première distinction divisée elle-même en ix articles. C'est le traité de morale.

Tome II. Seconde distinction divisée en v articles, ayant rapport à l'économie domestique, au jardinage et à la cuisine. *Art. I :* Avoir soin de son mesnage, diligence et persévérance — Le Chemin de Pauvreté et de Richesse par Jean Bruyant.

Art. II : Du jardinage.

Art. III. — Choisir varlets, aides et chambrières et les mettre en œuvre. Jeune femme parlant grossièrement. — Soins de la maison. — Vie à la campagne. — Recettes diverses. — Des domestiques. — Des chevaux.

Art. IV. — Savoir ordonner diners et soupers. — Le fait des bouchers et poulaillers. — Termes généraux de cuisine. — Diners et soupers. — Aucuns incidens servans à ce propos (repas de l'abbé de Lagny, noces, etc.).

Art. V. — Commander, deviser et faire faire toutes manières de potaiges, etc.; et autres viandes. — Termes généraux de Cuisine. — Potages communs sans espices et non lians. — Potages qui sont à espices et non lians. — Potages lians de char. — Potages lians sans char. — Rost de char. — Pastés. — Poisson d'eaue doulce. — Poisson de mer ront. — Poisson de mer plat. — Œufs de divers appareils. — Entremés, fritures et dorures. — Autres entremés. — Saulces non boulies. — Saulces boulies. — Buvrages pour malades. — Potages pour malades. — Autres menues choses qui ne sont de nécessité. — Autres menues choses diverses qui ne désirent point de chappitre.

Appendice à l'article V.

Recettes d'Hotin, cuisinier de Monseigneur de Roubais.

Troisième distinction (Art. II et unique). — Cette troisième partie est entièrement consacrée à la chasse à l'épervier. A la page 298 se trouve une planche gravée, la chasse à l'épervier.

Le *Ménagier de Paris* a été tiré au nombre de 24 exemplaires sur grand papier impérial de Hollande et de 300 en petit papier. Les exempl. sur grand papier étaient destinés aux membres résidens de la Société.

Et maintenant, avant de terminer cette notice sur l'ouvrage plein de renseignements instructifs et curieux sur la vie intérieure d'un bourgeois de Paris au XIVe siècle, voici quelques-uns des prix atteints dans les ventes par le *Ménagier* :

En mar. r. (Trautz-Bauzonnet), exemp. de sociétaire, 90 fr., Coste; en cuir de Russie (Trautz-Bauzonnet), exempl. de sociétaire, 185 fr., Yemeniz.

M. Le Roux de Lincy a consacré au *Ménagier de Paris* un article intéressant dans le *Bulletin du Bibliophile*, année 1848, p. 609.

MÉNARD. — Les Mœurs et les usages des Grecs.

Par M. Menard, Conseiller au Présidial de Nîmes, Académicien honoraire de l'Académie des Sciences & des Belles Lettres de Lyon, & associé à celle des Belles Lettres de Marseille. *A Lyon, Chez la Veuve Delaroche & Fils, ruë Mercière, à l'Occasion,* 1743, in-12 de 37 ff. limin., 356 pages et 10 ff. n. chiffr. (De 2 à 3 fr.)

Aux pages 315 et suivantes, renseignements sur les repas des Grecs, sur les sortes de viandes qu'ils mangeaient, la manière dont on les apprêtait et servait, sur les tasses dans lesquelles ils buvaient, etc., etc.

M. Ménard est l'auteur d'un *Mémoire pour servir à l'histoire de l'ordre de la boisson.* (Voyez ce titre.)

MÉNARD (René). — La vie privée des Anciens,

texte par René Ménard, Dessins d'après les monuments antiques par Cl. Sauvageot. *Paris, Ve A. Morel et Cie,* 4 vol. in-8. (De 50 à 60 fr.)

Tome I : *Les Peuples dans l'Antiquité.* — Tome II : *La famille dans l'Antiquité* : ch. 11, les repas égyptiens, les morts à table, les ustensiles de table; chap. IV, les repas des Hébreux, les repas assyriens; chap. IX, Repas homériques, le partage des mets, Repas des Spartiates, Repas des Athéniens, Menu d'un repas, les Invitations, le Savoir vivre, les lits de table (pages 110-121); chap. XV, Plats et ustensiles romains, les Bouteilles, les Cuillères, etc. (p. 175-185); chap. XVI, Repas des Romains, repas des Etrusques, etc., etc. (p. 187-204). — Tome III : *Le travail dans l'antiquité* : chap. I, Industries alimentaires, la Boulangerie, la Pâtisserie, les Bouchers, les Préparateurs de poissons, la Préparation du poisson, les Cuisiniers, la foire aux cuisiniers, les approvisionnements, les ustensiles d cuisine, les chaudrons, les casseroles, etc., etc. (p. 89-113).

Tome IV : *Les Institutions de l'antiquité.*

MENDEZ (Gabino). — Manual del destilador licorista,

comprende un Tratado teorico-pratico de destilacion, la manera de fabricar toda clase de aguardiente, aquas destiladas, aceites esenciales y perfumados, licores, cremas, etc., por D. Gabino Mendez y D. Juan B. Pereda. Nueva edicion. *Paris, Bouret et fils,* 1873, in-18 de 315 pp. (2 fr.)

MÉNIER. — Café;

succédanés du café, cacao et chocolat; coca et thé maté par M. Ménier. Exposition universelle de 1867 à Paris. *Paris, Dupont,* in-8 de 24 pp. (1 fr.)

Rapports du Jury international.

MENON. — Nouveau traité de la cuisine,

Avec de nouveaux desseins de tables et vingt-quatre menus; Où l'on apprend ce que l'on doit servir suivant chaque Saison, en gras, en maigre, & en Pâtisserie; & très-utiles à toutes les personnes qui s'en mêlent, tant pour ordonner, que pour exécuter toutes sortes de nouveaux ragoûts, & des plus à la mode. *A Paris, quay des Augustins, Chez Michel-Etienne David, à la Providence & au Roy David,* 1739, 2 vol. in-12. (De 12 à 15 fr.)

Tome I : viij pages, 2 ff. n. ch., 456 pages et 12 ff. n. ch. pour la Table des matières et le privilège, 8 planches.

Tome II : 18 ff. n. ch. et 386 pages.

Ce traité a paru anonyme, mais le nom de son auteur, Menon, se trouve au privilège placé à la fin du tome premier. Ce privilège, Menon l'a cédé, le 26 août 1738, à la dame veuve Prudhomme qui l'a elle-même cédé à Michel-Etienne David et à Paulus du Mesnil. Les huit planches qui se trouvent toutes dans la première partie du tome I représentent des tables servies de 24, 16, 50, 30, 14, 18, 20 et 80 couverts.

Des exemplaires portent: *A Paris, au Palais, chez Paulus-du-Mesnil, Imprimeur Li-*

braire *Grand'Salle, au Pilier des Consultations, au Lion d'or.*

Quelques années plus tard, Menon fit paraître un troisième volume portant un nouveau titre, mais qui fait suite à l'ouvrage précédent :

— La Nouvelle Cuisine avec de nouveaux menus pour chaque saison de l'année, qui explique la façon de travailler toutes sortes de Mets, qui se servent aujourd'hui, en gras & en maigre ; très utile aux personnes qui veulent diversifier une Table par des Ragoûts nouveaux. Pour servir de continuation au nouveau Traité de la cuisine. *A Paris, chez David, père, quay des Augustins, à la Providence, & au Roy David,* 1742, in-12 de 4 ff. n. ch. et 400 pages, 4 planches. (De 5 à 6 fr.)

Le privilège, placé après la préface, est donné à Menon qui l'a cédé, le 26 janvier 1742, aux Sieurs David père, Paulus-du-Mesnil, G. Saugrain fils & J. Saugrain. Nous avons vu un exemplaire où est inscrite l'adresse de ce dernier, à *Paris, au Palais, au sixième pilier de la Grand'Salle vis à vis l'escalier de la cour des Aydes, à la bonne Foy couronnée.*

Il existe des exemplaires qui portent sur le titre la mention : tome troisième ; dans celui que nous venons de décrire, c'est dans l'approbation seulement qu'il est dit que *la Nouvelle Cuisine* forme le 3ᵉ volume du *Nouveau Traité de la Cuisine.*

« La délicatesse de la Table, écrit Menon dans la préface non signée, augmentée depuis peu par le goût exquis de plusieurs seigneurs qui ont contribué à perfectionner leurs chefs de cuisine, a fourni matière de réformer les anciens Ragoûts, pour les mettre dans un goût nouveau ».

— La Cuisinière bourgeoise, suivie de l'office, etc... *Paris, Guillyn,* 1746, in-12.

Cette *Cuisinière* qui a été tant de fois réimprimée a été écrite par Menon, mais le livre ne porte pas son nom. C'est à tort que, dans l'avant-propos de la *Néo-physiologie du goût,* l'auteur de cet ouvrage culinaire donne Madame Blanc, cuisinière de madame la Présidente d'Ormesson comme ayant rédigé la *Cuisinière bourgeoise.*

On trouvera au mot *Cuisinière (la) bourgeoise* l'énumération des principales éditions de ce traité devenu absolument populaire.

— La Science du maître d'hôte Cuisinier avec des observations sur la connoissance et propriétés des Alimens. *A Paris, au Palais, chez Paulus du Mesnil, Imprimeur-libraire, Grand'Salle, au Pilier des Consultations, au Lion d'Or,* 1749, in-12 de xcvj-552 pages. (De 6 à 7 fr.)

Cet ouvrage, qui a paru sans le nom de son auteur, est précédé d'une « Dissertation préliminaire sur la Cuisine moderne ». Dans un « Avis à ceux qui voudront faire usage de ce livre » l'auteur prévient que tous les exemplaires seront paraphés et signés de sa main au bas de la première page. On trouve en effet, au bas de la page 1, la signature de Menon.

La *Science du Maître d'hôtel Confiseur* qui est la suite du *Maître d'hôtel Cuisinier* et dont nous donnons le titre un peu plus loin est annoncée dans ce dernier.

La *Science du maître d'hôtel Cuisinier* a été réimprimée, en 1768, en 1776. — Cette dernière édition revue et corrigée a paru, *Paris, chez Leclerc,* in-12 de xxiv-561 pp. plus 3 pp. non chiffrées pour l'approbation et le privilège.

— La même... *Paris, les libraires associés,* 1789, in-12 (même pagination).

D'après Barbier, la *Dissertation sur la Cuisine moderne* est due à Et. de Foncemagne.

— La Science du maître d'hôtel, Confiseur, A l'usage des officiers, Avec des observations Sur la connoissance & les propriétés des Fruits. Enrichie de Desseins en Décorations & Parterres pour les Desserts. Suite du Maître d'Hôtel Cuisinier. *A Paris, au Palais ; chez Paulus-du-Mesnil, Imprimeur-Libraire, Grand'Salle, au Lion d'Or, & à l'Envie,* 1750, in-12. (De 6 à 7 fr.)

IX pages pour la Préface et la table des observations, II pages non chiffrées (cat. des livres imprimés chez Paulus-du-Mesnil, le privilège où est inscrit le nom de Menon, le premier plan et table de douze à quinze couverts) et 525 pages pour le corps de l'ouvrage. A la fin, la table des matières *pour le travail* occupe vingt-cinq pages également non chiffrées.

La *Science du Maître d'hôtel confiseur* est ornée de 5 planches pliantes qui se trouvent aux pages 1, 19, 267, 348 et 349.

Le même ouvrage a été réimprimé à Paris, en 1760, 1768, 1777 et 1788, in-12 de ·x pages, 1 f. n. ch., 525 pp. et 27 pp. n. ch., planches.

— Les Soupers de la Cour, ou l'art de travailler toutes sortes d'alimens, Pour servir les meilleures Tables, suivant les quatre Saisons. *A Paris, chez Guillyn, Libraire, Quai des Augustins, au Lys d'Or,* 1755, 4 vol. in-12. (De 50 à 60 fr.)

Le tome I commence par un avertissement qui occupe xij pages; la table des matières contenues dans ce premier volume a une pagination spéciale de 1 à xxij. Vient ensuite un feuillet non chiffré occupé par le privilège. La page I de l'avertissement est paraphée par Menon dont le nom ne figure pas au privilège. Après le privilège, est le corps del' ouvrage qui comprend 404 pages.

En tête du tome II, immédiatement après le titre, xxij pages pour la table des matières puis 460 pages pour le corps de l'ouvrage. Le tome III a également xxij pages de table, et 300 pages. Enfin, pour le tome IV. l'ouvrage est composé de 367 pages y compris la table qui se trouve, cette fois, à la fin.

Les *Soupers de la Cour* sont rares; on ne les rencontre qu'assez difficilement. Ces quatre volumes sont très estimés et atteignent un prix assez élevé dans les ventes. C'est ainsi qu'à la vente de Béhague, en 1880, un exemplaire de cette édition, en mar. bl. (Belz-Niédrée) a été adjugé 107 fr.

Une autre édition des *Soupers de la Cour* portant le même titre avec cette indication en plus « Nouvelle édition », a été donnée. *A Paris, chez L. Cellot, Imprimeur-Libraire, rue Dauphine,* 1778, 3 vol. in-12. Tome I : viij-xxiv-459 pp. — Tome II : xxx-524 pp. — Tome III : xxxvj-574 pp. et 1 f. n. ch.

La préface est la même que celle de la première édition. Quant au privilège que l'on trouve à la fin du tome III, il a été accordé à Pierre Guillain et registré sur le registre xviii de la Chambre Royale des Libraires le 23 novembre 1772.

— Cuisine et office de Santé Propre à ceux qui vivent avec œconomie et régime. *A Paris chez Leclerc; Prault père; Babuty père,* 1758, in-12 de 12 pp., 1 f. n. ch., 416-viij pp. (De 7 à 8 fr.)

Ce traité est composé par ordre alphabétique; il a paru sans nom d'auteur. Le privilège a été donné au Sieur **** et la préface n'est pas signée. L'auteur y dit qu'il donne « les qualités et les propriétés des alimens d'après les observations de plusieurs sçavans Medecins ». Il ajoute « Pour ceux qui sont peu touchés de ces intérêts (ménager leur santé et la dépense) je les renvoie pour les moyennes Tables à la *Cuisinière Bourgeoise* en deux vol. in-12. qui se vend à Paris chez Guillin, libraire, au Lis d'or quai des Augustins et pour les grandes tables aux *Soupers de la Cour* en quatre volumes in-douze, chez le même libraire ».

— Le même..... Propre à ceux qui vivent avec œconomie & régime, & veulent allier le bon goût à la simplicité des mets. Nouvelle édition. *A Paris, Chez Le Clerc,* 1767, in-12 de 12 pp., 2 ff. n. ch., 416-viij pages. (De 5 à 6 fr.)

— Traité historique et pratique de la cuisine ou le Cuisinier Instruit, De la connoissance des Animaux, tant Volatiles, que Terrestres, Aquatiques & Amphibies; de la façon. de Préparer les divers Alimens, & de les Servir. Suivi d'un petit abrégé. Sur la maniere de faire les Confitures liquides & autres Desserts de toute espèce. Ouvrage très-utile, non-seulement pour les Maitres d'Hôtel et Officiers de Cuisine; mais encore pour toutes les Communautés Religieuses, les grandes Familles, & tous ceux qui veulent donner à manger honnêtement. Par le Sieur*** : *A Paris, Quay des Augustins; Chez CL. J. B. Bauche, Libraire, à l'Image Sainte-Geneviève & à Saint Jean dans le Desert,* 1758, 2 vol. in-12 de cliij-468 et 552 pages. (De 10 à 12 fr.)

Ce traité est orné de quatre planches pliées représentant des tables servies; ces figures doivent se trouver réunies, dans le premier volume, entre les pages xcvi et xcvij. Le faux titre porte : Le Cuisinier instruit.

— Le Manuel des officiers de bouche ou le précis de tous les apprêts que l'on peut faire des alimens pour servir toutes les Tables depuis celles des grands Seigneurs jusqu'à celles des Bourgeois suivant l'ordre des Saisons et des Services : ouvrage très utile aux Maitres pour ordonner des Repas et aux Artistes pour les exécuter. *A Paris, chez Le Clerc, libraire, Quay des Augustins, a la Toison d'Or*, 1759, in-12 de 16-618 pages et 2 ff. non chiffrés pour l'approbation et le privilége daté du 30 novembre 1758. (De 15 à 20 fr.)

— Almanach de Cuisine, Pour l'Année M.DCC.LXI. Qui explique les productions des Alimens de chaque mois, & leur apprêt. *A Paris, chez Leclerc, Libraire, Quai des Augustins, à la Toison d'Or*, 1761, pet. in-12 de 6 ff. lim. et 62 pp. (De 15 à 20 fr.)

Voici la collation de ce petit volume excessivement rare que nous n'avons pu voir que dans la bibliothèque de M. le Bᵒⁿ Pichon :

Faux titre. (1 f.) — Titre, vᵒ blanc. (1 f.) — Préface et avertissement (1 f. paginé, 5 et 6). — Les 3 autres ff. lim. n. ch., de même que les 2 premiers, sont occupés par un calendrier. A la page I commence, l'*Almanach de Cuisine* qui finit à la page 58. Les pp. 59-62 sont occupées par la table, au bas de laquelle on trouve l'approbation donnée « A Paris ce 1 Juillet 1760 » et signée : Gibert. Une note ajoute « Le Privilège est à la fin du Manuel des Officiers de bouche. »

— Almanach D'Office, Pour l'Année M.DCC.LXI. *A Paris, Chez Leclerc, Libraire, Quai des Augustins, à la Toison d'Or*, 1761, pet. in-12 de 4 pp. lim. et 53 pp. (De 15 à 20 fr.)

On le voit, l'œuvre culinaire de Menon est considérable, et les traités de cet auteur sont pour la plupart, assez recherchés. Avec le *Cuisinier moderne* de Vincent La Chapelle, ce sont les meilleurs ouvrages que nous possédions sur l'art de la Cuisine au XVIIIᵉ siècle.

MENU (Le) des principaux restaurants de Paris. *Paris, impr. Balitout, Questoy et Cⁱᵉ*, in-fol. de 4 pages.

Le nᵒ 1, le seul que nous ayons vu, a paru le 1ᵉʳ décembre 1876. Il est divisé en 60 cases dont 18 sont numérotées et portent un nom de restaurateur. Le menu des restaurants aurait dû, selon les désirs irréalisés des auteurs de ce journal, y être imprimé. Brebant et Ledoyen paraissent avoir seuls répondu à l'appel de l'administrateur-gérant. Les autres cases sont demeurées vides ainsi que celles destinées aux annonces. Un nᵒ 5 cent.

MENU (Le) illustré, tous les jours en permanence dans les principaux restaurants et cafés-restaurants du hig-life de Paris. Seul journal ne se vendant pas au numéro. *Paris, impr. Motteroz*, in-8 de 8 pages à 2 col. (De 4 à 5 fr. la collect.)

Couverture dessinée par Edmond Morin. Le nᵒ 1 a paru en février 1880. Prix de l'abonnement : Paris, un an, 20 fr., six mois, 10 fr.; départⁱᵃ, un an, 22 fr., six mois, 11 fr.

Le *Menu illustré* n'a eu que 8 numéros ; il a cessé de paraître en octobre 1880.

MENU (Le) parisien, indicateur de la publicité des Hôtels et des Restaurants. *Paris, Fillion*, in-fol. de 4 pages à 3 col.

Le nᵒ 1 a paru le 28 juin 1874. Cette feuille quotidienne qui donnait le menu de différents hôtels était surtout un ournal d'annonces.

MERCIER. — Tableau de Paris. Nouvelle édition corrigée & augmentée. *A Amsterdam*, 1782-1788, 12 vol. in-8. (De 15 à 20 fr.)

Nous citons cette édition parce qu'elle est plus complète que les deux précédentes et que, dans la première notamment, il ne se trouve que peu de chapitres relatifs à notre sujet. Voici l'énumération de ceux que nous avons relevés :

Tome I : Les Dineurs en ville, pp. 103-106; les Halles, pp. 126-128; — les Marchés, pp. 128-129; Quai de la vallée, pp. 130-131; Tables d'hôtes, pp. 131-132; Cafés, pp. 133-134. — *Tome IV* : — Melons, pp. 22-23; Pain de pommes de terre, pp. 76-79. — *Tome V* : Patissiers, rôtisseurs, pp. 8-9; Cuisiniers, pp. 44-49. Marmite perpétuelle, pp. 49-50; Viande en carême, pp. 141-142. Mets hideux, pp. 145-149. — *Tome VI* : Porcs, p. 51. — *Tome VII* : Vinaigriers, pp. 24-26; Table, pp. 175-176. — *Tome VIII* : Ecole de Boulangerie, p. 91; Vins, p. 132. — *Tome IX* : Champignons, pp. 78-80; la foire aux jambons, p. 157. — *Tome X* : Huitres, pp. 83-86; Loyer de Casseroles, p. 97; Primeurs, pp. 118-119; Triperies, pp. 139-140; Cuisinières, pp. 192-195. — *Tome XI* : Garçons limonadiers, pp. 43-47; Table des riches, p. 60; Cherté de la marée, p. 61; Poètes gourmands, p. 112; Cuisinier, p. 140; Gourmand, pp. 214-220; — *Tome XII:* Caves, p. 69; Heures des repas, p. 127. Panification, p. 145 ; Punch, p. 179; Glaces. *id.*; Cuisine, p. 188.

La première édition, 2 vol. in-8 a paru en 1781.

MERGOUX. — Essai sur l'extraction de la farine de pommes de terre, avec la manière d'en faire du Pain... par Mergoux, curé de Bezons. *Paris, madame Huzard,* 1816, in-8 de 59 pp. (2 fr.)

MERLE. — Je cherche un dîner, vaudeville, en un acte et en prose, par MM. Merle et M***, Représenté pour la première fois, à Paris, sur le théâtre des Variétés, le 11 juillet 1810. Prix: 25 sous, avec portrait, in-8 de 28 pp.

Le collaborateur anonyme de M. Merle est M. A. Marie Coster. La figure coloriée (costume de Tiercelin, rôle de *Flanard*) est signée : J. Merle. Voyez Simonnin, *Le Cuisinier de Buffon ;* et Carmouche, *La Carte à payer.*

MERVEILLES (Les) et les excellences dv Salmigondis de l'Alloyau. Auec les Confitures renuersees. *A Paris, chez Iean Martin,* 1627, in-8 de 14 pp. (De 30 à 40 fr.)

Le vᵒ du titre est blanc. Cet opuscule rare se compose de deux pièces en vers; la première commence à la page 3 et finit à la page 10 ; la seconde, occupe les pp. 11-14. Il a été réimprimé, par M. Édouard Fournier, dans les *Variétés historiques et littéraires,* t. I, pp. 369-373.

MERY (C. de). — Le Café, poeme; accompagné de documents historiques sur le café, sur son origine, sur son commerce, et sur les peuples d'Orient qui font spécialement usage du café... par C. de Mery. *Paris, Jacques Ledoyen ; Rennes, Verdier,* 1837, in-12 de cxviij-204 pages. (De 6 à 8 fr.)

MERY. — Marseille et les Marseillais. Deuxième édition. *Paris, librairie nouvelle,* 1860, in-18 de 308 pp. (3 fr.)

Chapitre VI, page 191, la *Bouille-à-Baisse* et page 200, *Ode à l'ail.*

MESNARD (J.-B.). — Rapport à Messieurs les Restaurateurs de la ville de Paris relatif à leur approvisionnement d'huîtres. *(Paris, impr. de Mᵐᵉ De Lacombe,* 1843), in-4 de 10 pp. (1 fr. 50.)

MESSIE (Pierre). — Traité de la Vigne et du Vin, extrait des diverses leçons de M. Pierre Messie gentilhomme de Sicile ; ensemble, un brief discours de l'excellence de l'Eau et de ses qualitez. *A Paris, chez Frédéric Morel,* 1579, pet. in-8. (De 5 à 6 fr.)

Vendu, en veau f. (Petit) 10 fr., Yemeniz.

MESSISBUGO (Chr. de). — Banchetti compositioni di vivande, et apparecchio generale di Christoforo di Messisbvgo, Allo illvstrissimo et reverendissimo signor il signor don Hippolito da Este Cardinale di Ferrara. Con gratia et Priuilegio. *In Ferrara, per Giovanni de Bvglhat et Antonio Hucher Compagni,* 1549, in-4 de 71 ff. ch., 1 f. bl., 7 ff. de table et 1 f. bl., lettr. ital. (De 50 à 60 fr.)

Au vᵒ du titre, portrait gravé de l'auteur; au vᵒ du 7ᵉ f. une grav. représentant des seigneurs à table; au premier plan, des chiens mangent les restes qu'on leur a jetés. Au vᵒ du f. 71, marque typographique; au vᵒ du 7ᵉ f. de table, répétition de la marque placée au vᵒ du f. 71.

Cet ouvrage, où l'on trouve une liste des banquets donnés par le duc de Ferrare, a été réimprimé, en 1552, sous ce nouveau titre :

— Libro novo nel quale s'insegna a far d'ogni sorte di uiuanda secondo la diuersità de' tempi, cosi di carne come di pesci e'l modo d'ordinar banchetti, apparecchiar tauole fornir palazzi, & ornar camere per ogni gran Prècipe. Opera assai bella, e molto Bisognevole à maestri di Casa, à Scalchi à Credenzieri, & à Cuochi. Composta per M. Christofaro di Messisbugo & hora di nouo stampata, con la sua Tauola ordinata, oue ageuolmente si trouar à ogni cosa. *In venetia al segno di san Girolamo* (1552), pet. in-8 de 115 feuillets. (De 30 à 40 fr.)

Au titre une vignette sur bois. Le vᵒ du titre est blanc. Au f. 2 « Allo illvstrissimo et reverendissimo signore il Signor don Hippolito da Este, Cardinal di Ferrara ». La pagination ne commence qu'au f. 3 et finit au f. 112, les 3 derniers ff. ne sont pas chiffrés. Au rᵒ du dernier f. on lit : « In Venetia ad instantia di Giouanni dalla Chiesa Pauese. Nell'anno. MDLII. » Le vᵒ contient les errata.

— Le même..... Composta per M. Cristofaro di Messisbugo & hora di nouo corretta & ristampata. Aggiontoui di nuouo, il modo di saper tagliare ogni sorte di carne & uccellami. Con la sua Tavola ordinata, oue ageuolmente si trouar à ogni cosa. *In Venetia, Al signo di San Girolamo* (1556) in-8 de 120 ff. ch. et 4 ff. n. chiffr. (De 25 à 30 fr.)

Au titre, même vignette sur bois que dans l'édition précédente. Au rᵒ du dernier f. n. ch. « In Venetia ad instantia di Giovanni dalla Chiesa Pauese. Nell'anno MDLVI; au vᵒ, marque typographique, avec les initiales I-G.
— Le même... *Venetia*, 1576, in-16 de 133 ff.; *In Venetia, In Frezzaria al Segno della Regina*, 1578, in-8 de 123 ff; *Venetia*, 1581, in-8, et *Venetia, L. Spineda*, 1617, in-8. (De 15 à 20 fr.)
Brunet indique une autre édition publiée en 1626 et qui s'est vendue, en v. f. (Capé) 2 livres 7 shellings, Libri.

MEUREIN. — La Bière à Lille, par MM. Meurein et Thibaut. *Lille, Danel*, 1885, in-8 de 10 pp. (De 2 à 3 fr.)

MEVRSI (Joannis) Fili Arboretvm sacrvm, sive de arborum, fruticum et herbarum, consecratione, proprietate, usu ac qualitate Libri III. *Lugduni Batavorum, ex officinâ Elzeviriana*, 1642, in-8 de 8 feuillets limin., 140 pp. et 2 ff. de table. (De 10 à 15 fr.)

MEUSY (Victor). — Le Fromage, chanson. Paroles de Victor Meusy,

musique de Frédéric Ziem. *A Patay*, in-8. (50 cent.)

MEYDEN. — Trattato della natvra del vino, E del ber caldo, e freddo : Di Theodoro a Meyden, Theologo, Filosofo, e Giureconsulto All' illvstriss. et reverendiss. Signor Cardinale Bianchetti .*In Roma appresso Giacomo Mascardi*, 1608, in-8 de 126 pp. et 1 f. n. ch. de table. (De 5 à 6 fr.)

MEYSSONNIER (Lazare). — Œnologie ov discovrs dv vin, et de ses excellentes propriétés, pour l'entretien de la santé et guérison des plus grandes maladies..... par M. Lazare Meyssonnier, Masconnois. *A Lyon, pour Louys Odin*, 1636, in-8 de 8 ff. et 117 pp.

Un exempl., provenant de la bibliothèque de M. Coste, a été vendu en veau f. (Koehler) 51 fr., Desbarreaux-Bernard.
— Les merveillevx effects dv vin ov la manière de guerir auec le vin seul, ou mixtionné, facilement & sans grande dépense, les plus longues & enracinées maladies. Confirmée par de belles expériences..... Par M. L. Meyssonnier. Docteur medecin de la Faculté de Montpellier, aggrégé, demeurant à Lyon. *A Lyon, et se treuvent chez l'Aulheur rue de la Grenette, vis à vis l'Arche de Noé*, 1639, in-8 de 10 ff. n. ch. et 117 pp.
Ces deux ouvrages réunis se sont vendus, en mar. vert (Duru) 40 fr., Yemeniz.

MICHAUX (Mᵐᵉ Marceline). — La Cuisine de la ferme par Mᵐᵉ Marceline Michaux. *Paris, librairie agricole de la Maison rustique, s. d.* (1868), in-18 de 172 pp. (2 fr.)

MICHON (Joseph. L. A.). — Des céréales en Italie sous les Romains, par L.-A. Joseph Michon. *Paris, A. Durand*, 1859, in-8 de 214 pp. (2 fr.)

MIDDLETON (John). — Five hundred new Receipts in Cookery, Confectionary, pastry, preserving, conserving, pickling. By John Middleton... Revised by Henry Howard. *London*, 1734, in-8 de IV-249 pp. et 4 ff. (De 5 à 6 fr.)

MIGNIEN. — Dictionnaire des vins et spiritueux, par MM. Mignien et D. Marcolino Prat. *Paris, au bureau du Journal* Le Commerce, 1858, in-18 de 344 pp. (De 2 à 3 fr.)

MILLET-ROBINET (Mme). — Maison rustique des dames, par Mme Millet-Robinet, chevalier de l'ordre du mérite agricole; officier d'académie, membre correspondant de la société d'agriculture de France, etc., etc. Treizième édition. *Paris, librairie agricole de la Maison rustique,* 1888, 2 vol. in-18 de XVI-692 et 648 pp., 236 fig. (7 fr. 75 c.)

La première édition de la *Maison rustique des dames* a paru en 1844-1845, elle a été souvent réimprimée, notamment en 1859, 1862, 1880.

Cet ouvrage qui est devenu absolument classique est une petite encyclopédie très complète et qui rend de grands services à bien des ménagères. La partie culinaire y est très importante, elle occupe, à elle seule, une bonne moitié du tome premier.

— Economie domestique par Mme C. Millet-Robinet. 2e édition. *Paris, librairie agricole,* 1859, in-18 de 324 pp.

Extrait de la maison rustique.

La première édition a paru : *Paris, Dusacq,* 1854, in-12.

— Conservation des fruits, par Mme Millet-Robinet. *Paris, Dusacq,* 1854, in-12. (1 fr.)

MILLINGTON. — The Housekeeper's Domestic Library. By Charles Millington. *London,* 1810, in-8. (2 fr.)

Carew Hazlitt, *Old Cookery Books,* p. 179.

MILLS ELY (Elisha). — Observations sur l'usage du thé, d'après les auteurs les plus anciens et les plus renommés, par Elisha Mills Ely. *Paris, Place Vendôme, no 23,* janvier 1827, in-18 de 26 pp. et 1 f. n. ch. (1 fr. 50)

— Le même..... *Paris, impr. de Carpentier Méricourt,* 1830, in-18.

MINI (Paolo). — Discorso della natvra del vino delle sve differenze e del svo vso retto. Di Paolo Mini medico filosofo, e citadin fiorentino. *In Firenze, presso Giorgio Marescotti,* 1596, pet. in-8 de 4 ff. lim. n. ch. et 111 pp. (De 7 à 8 fr.)

MIRECOURT (Eugène de). — Charles Monselet par Eugène de Mirecourt. *Paris, chez Achille Faure,* 1867, pet. in-12 de 71 pages. (50 cent.)

No 31 de la collection des portraits et silhouettes au XIXe siècle.

M. E. de Mirecourt, page 44, semble contester à Charles Monselet la réputation gastronomique qu'il s'était acquise, ou, plutôt, il veut établir que le spirituel auteur du *Sonnet au Cochon* n'était pas un gourmand bien convaincu.

MISERE (La) des garçons Boulangers de la ville et fauxbourgs de Paris. *A Troyes, chez la Veuve Garnier,* s. d., in-12 de 8 pages. (De 10 à 12 fr.)

La permission qui se trouve au verso du titre est datée du 2 octobre 1715. Pièce de 188 vers dans laquelle un garçon boulanger raconte les misères de son métier et les exigences des clients qui, dès le matin, viennent chercher leur pain :

L'un en veut du mollet, l'autre du Ségovie;
Celui-ci du pain long contente son envie.
Celui-là du Chapitre et le veut Chapelé.
Au trachant d'un couteau d'acier bien affilé.

MITZKY (Jo-Henr.) De vario Coffeæ potum parandi modo. *Wittebergæ,* 1782, in-4. (De 3 à 4 fr.)

MODO di fare il vino alla franceze, secondo l'uso di migliori paesi di Francia. *Firenze,* 1607, in-4 de 8 ff. (De 5 à 6 fr.)

MOLINARIIS (S. de). — Ambrosia asiatica, sev de Virtute & Vsu herbæ The sive Cia necnon de modo adhibendæ & præparandæ eius potionis iuxta regulas bene medendi, avctore Simone de Molinariis Genvensi. *Genuæ,* 1672, *Typis Antonij Georgij Franchelli,* in-12 de 227 pages. (De 5 à 6 fr.)

L'épître dédicatoire signée : Simon de Molinariis et datée : die 31 martij 1672 ; l'éloge de D. Lavrentio ruggio cardinali, etc. et un avertissement au lecteur occupent les 24 premières pages. Le corps de l'ouvrage commence à la page 25.

MOLLAID (John). — The art of Cookery refined ; in which attention has been paid to Economy as well as to please the palate. 1801, in-8. (3 fr.)

MOLLET (Jules). — Le centenaire de la propagation de la pomme de terre. Parmentier et la pomme de terre, par Jules Mollet, Membre de la Société des antiquaires de Picardie, Correspondant de la Société d'Emulation d'Abbeville, Lauréat de plusieurs sociétés savantes. *Montdidier.-Impr. Hourdequin-Deschaux, 1886*, in-8 de 20 pp. (De 2 à 3 fr.)

MOMUSIENNES (Les). —Recueil de chansons et poésies inédites. *Paris, Lemaire et Pousset ; Hautecœur-Martinet*, 1829, in-18 de 108 pages. (1 fr.)

Chansons de table et bachiques.

MONGROLLE. — Le Cuisinier modèle ou le lapin roulé. Chansonnette comique de M. Mongrolle, chantée au théâtre de la ville de Montmartre pour la première fois, le 3 mars 1855. *Montmartre, impr. Pilloy*, 1855, in-8. (1 fr.)

MONITEUR de l'alimentation, journal des cours officiels, commercial, financier, littéraire, paraissant le samedi. (*Paris, impr. Debons*), in-4 de 8 pp. à 3 col.

Le n° 1 a paru le 1er mai 1880. Prix de l'abonnement : 3 fr. par an. Un n° : 20 cent.

MONITEUR (Le) des restaurans, programme des spectacles, feuille quotidienne d'annonces et avis divers, faisant partie de la carte de tous les principaux restaurans de la Capitale. *Paris, impr. de Dondey-Dupré*, in-4.

Le premier numéro porte la date du 3 mai 1843. Ce « Moniteur des restaurans », malgré son titre, n'a rien de gastronomique ;

on n'y trouve même aucune annonce culinaire.

MONOLOGUE (Le) des Sotz joyeulx de la nouvelle bande, la declaration du preparatif de leur festin et banquet, mis en lumiere par le seigneur du Rouge et Noir, adressant à tous joyeulx Sotz et autres : (à la fin :) *On les vend à Paris, par Guillaume Nyverd, imprimeur et libraire, avec privilège et deffense à tous de n'en faire imprimer ne en vendre d'autre que de ceulx qui auront esté imprimez par le dit Nyverd...* pet. in-8 goth. de 8 feuillets de 28 vers à la page, fig. s. boi (De 80 à 100 fr.)

Ce monologue a été réimprimé par M. A. de Montaiglon dans son *Recueil des poésies françoises*, tome III, pages 11-25. d'après l'exemplaire de M. Cigongne. Dans la seconde partie de cette pièce facétieuse qui a pour sous titre : le *préparatif du festin*, on trouve une pantagruélique énumération des mets qui composent le dit banquet, on y voit, entre autres victuailles, figurer :

> *Cent paons, troys mille chappons,*
> *Mille ramiers, deux cens herons*
> *Cent coqz d'Inde, cent cormorantz*
> *Deux mil pardriaulx fort friantz ;*
> *Deux mil beccasses et sercelles*
> *Autant de cailles et de merles*

et bien d'autres volatiles de toutes sortes ;

> *Douze milliers de pastez chaulx*
> *Et les boudins de cent pourceaulx.*

Les légumes ne manquaient pas non plus au festin :

> *Sept fors chevaulx chargez d'oingnons,*
> *Dix de concombre, huyct de pompons ;*
> *Vingt chevaulx chargez de navetz,*
> *Autant de raves et panetz.*

Le *Monologue des nouveaulx Sotz de la joyeuse bende, faict et compose nouvellement...* pet. in-8 goth. de 4 feuillets, contient une énumération analogue, un peu plus longue même, de mets, mais disposés dans un ordre différent.

Cette pièce est également réimprimée dans le *Recueil des poésies françoises*, tome I, pages 11-16.

MONOLOGUE du g Clerc de tauerne. S. l. n. d., pet. in-8 goth. de 4 ff. signés A, de 23 vers à la page. (De 60 à 80 fr.)

Au titre, un bois représentant deux personnages. Cette pièce en vers, fort rare, dont

la Bibliothèque nationale possède un exemplaire. commence au v° du titre.

Elle a été réimprimée à Paris vers 1530.
M. de Montaiglon en a donné une réimpression dans son *Recueil des poésies françoises*, t. XI, pp. 46-54.

MONSELET (Charles).— Les Vignes
du Seigneur. *Paris, Victor Lecou*, 1854,
in-16 de 127 pp. et 1 f. n. ch. (De 15
à 18 fr.)

Ce petit livret de vers est très recherché;
il est imprimé en caractères roses et sort des
presses typographiques de Gounouilhou à
Bordeaux. A la vente d'une partie de la bibliothèque de Charles Monselet, qui eut lieu
fin novembre 1871 (Bibliothèque d'un
homme de lettres bien connu). a été adjugé
un exemplaire des *Vignes du Seigneur*, portant sur un feuillet de garde la note manuscrite suivante, signée par le poète gastronome :

« J'ai fait imprimer ce volume à Bordeaux pendant un séjour que j'y fis en 1853.
L'extrême chaleur nuisit beaucoup à la netteté de l'impression en couleur rouge. »

M. Lorenz mentionne une autre édition
des *Vignes du Seigneur*, *Bordeaux, Lavalle*,
1855, in-16.

—La Cuisinière poétique, par M. Char-
les Monselet avec le concours de MM.
Méry, A. Dumas, Th. de Banville, Th.
Gautier, Em. Deschamps, C. Caraguel,
A. Barthet, Emile Solié, Xavier Au-
bryet, Aur. Scholl, Charles Bataille, etc.
Paris, Michel Lévy frères, S. d. (1859),
in-16 de 199 pages. (De 4 à 5 fr.)

Les collaborateurs de la *Cuisinière poétique*
ne sont pas, on le voit, des cuisiniers ordinaires, et les recettes qu'ils ont publiées sous
la direction du chef Monselet, sont loin
d'être banales. Ce petit ouvrage, où fourmillent les anecdotes les plus spirituelles en
même temps que les plus culinaires, est écrit
en prose et en vers. Alexandre Dumas y donne
la manière de faire rôtir un poulet, Duranty,
celle de traiter les boudins de Lille, et tandis que Méry chante, en alexandrins, les apprêts savants de la bouillabaisse chère aux
Marseillais. Monselet disserte avec l'esprit le
plus fin et le plus délicat sur les avantages
et l'utilité de la gastronomie.

Fait partie de la petite collection Hetzel-
Lévy.

— Almanach des gourmands pour
1863. Archives gastronomiques, recettes, menus de saison, Guide du dîneur,
conseiller des estomacs, dialogues de
table, variétés apéritives, poésies rele-
vées, etc., par Charles Monselet avec le
concours de Léon Gozlan, Fernand
Desnoyers, Antoine Gandon, Armand
Barthet, Edouard Fournier, Bernard
Lopez, Pierre Véron, Amédée Rolland,
Jules de Goncourt, Achille Arnaud, Ch.
Jobey, Ch. Coligny, Vicomte L. de Dax,
L. Villiam Hughes, V. Michal, A. Lebailly, L. Gouas, Amédée Hardy, Albert de
la Salle, J. de Filippi. Deuxième édition,
à la demande générale. Prix : 50 cent.
Paris, Eugène Pick, de l'Isère, 1863, in-16
de 126 pp. (De 8 à 10 fr.)

Cet almanach dont la première édition a
paru chez Pick, en 1861, pour 1862, est
illustré par Mariani, Régnier, etc. Il est dédié à Grimod de la Reynière. Au commencement se trouve un calendrier, intitulé :
Panthéon gastronomique, où les noms des
saints sont remplacés par ceux des gourmands illustres et des marchands de comestibles fameux. Comme l'ouvrage précédent
et comme les suivants, l'*Almanach des Gourmands* est rédigé en vers et en prose; il est
devenu très rare, on ne le trouve que difficilement et les amateurs de curiosités bibliographiques le recherchent.

La vignette de la couverture nous montre
l'auteur à table, entouré de quelques-uns de
ses collaborateurs.

L'*Almanach des Gourmands* ne fut pas
continué les années suivantes, mais en 1866
ou plutôt à la fin de 1865, pour l'année
1866, Charles Monselet reprit la publication
de ses almanachs gastronomiques. Cette publication dura cinq ans; voici les titres de
ces cinq almanachs :

— Le double almanach gourmand,
par Charles Monselet, pour 1866. *Paris,
librairie du Petit Journal*, in-16 carré de
136 pages.

— Le Triple almanach gourmand par
Charles Monselet pour 1867. *Paris, librairie du Petit Journal*, in-16 carré, de
122 pages, plus des feuillets non chiffrés pour la table et des annonces.

—L'almanach gourmand, par Charles
Monselet, pour 1868. *Paris, librairie*

du *Petit Journal*, in-16 carré de 112 pages et des pages d'annonces.

— Le même, pour 1869, *ibidem*, *idem*, in-16 carré de 95 pages et des pages d'annonces.

— Le même, pour 1870, *ibidem*, *idem*, in-16 carré de 90 pages et des pages d'annonces.

Le texte est encadré; cet encadrement est le même pour les trois premières années et diffère pour les dernières. La couverture (excepté celle de 1870) porte après le nom de Monselet : avec le concours d'une foule de Sommités littéraires et gastronomiques.

La collection des *Almanachs gourmands* est remplie d'historiettes amusantes; toutes, cela va sans dire, empruntent leur sujet à la gastronomie et à la gourmandise. Il y a, dans ces cinq petits volumes, de véritables petits chefs-d'œuvre.

Une vraie rareté bibliographique, c'est la petite plaquette suivante :

— Les Potages Feyeux, 12 sonnets inédits par Charles Monselet. *S. l. n. d.* (Paris, impr. Poitevin, 1868), in-32 de 8 ff. non chiffrés. (De 15 à 20 fr.)

Couverture illustrée. Le premier feuillet est occupé par une réclame de la maison Feyeux, son historique et la liste des récompenses obtenues par elle dans différentes expositions. Les 12 pages suivantes contiennent chacune un sonnet; la signature de Ch. Monselet se trouve au bas du dernier. Voici les titres de ces douze sonnets : *Tapioca Feyeux*. — *Couscoussou des Arabes*. — *Farine de petits pois*. — *Crème de riz*. — *Maranta des Antilles*. — *Farine de châtaignes*. — *Semoule d'Italie*. — *Sagou Feyeux*. — *Perles du Nizam*. — *Purée Richelieu*. — *Tapioca Julienne*. — *Purée Crécy*.

La plupart de ces pièces ont été réimprimées dans les *Almanachs gourmands* et dans divers autres ouvrages.

Au recto du dernier feuillet, on trouve un prix courant des *Potages nouveaux* de la maison Feyeux. Au verso, une annonce pour la maison de faïences et porcelaines A. Loisy, place et rue du Louvre.

Sur la couverture, on voit, en haut, une soupière; en bas, des marmitons, portant des paquets de tapioca, d'autres faisant la soupe dans une casserole. Le dessin placé au dos de la couverture représente une soupière portée par quatre marmitons qui passent entre des gâte-sauces armés de cuillers, de

fourchettes, formant la haie. Le premier à gauche tient une oriflamme sur laquelle on lit : *Potages Feyeux*.

Bien qu'ils aient été tirés à un nombre considérable — des milliers d'exemplaires — ces 12 sonnets ainsi réunis sont devenus aujourd'hui presque introuvables.

On nous signale une autre édition de cette réclame imprimée en lettres italiques, et en bleu, *Paris, 1868, in-64*, mais nous ne la connaissons pas et nous n'en garantissons pas l'existence.

— Gastronomie. *Récits de table. Paris, Charpentier et Cie, 1874, in-18 de III-396 pp.* (3 fr. 50.)

Divisé en XXII chapitres. L'avant-dernier contient un « choix de recettes sérieuses, plaisantes, extraordinaires »; le chapitre VI est entièrement consacré à Grimod de la Reynière dont Monselet s'est fait l'historien dans les *Oubliés et les Dédaignés*. (Paris, Poulet Malassis, 1861.)

Il a été tiré 50 exemplaires numérotés sur papier de Hollande.

Une deuxième édition de *Gastronomie* a paru la même année.

— Lettres gourmandes, manuel de l'homme à table. *Paris, E. Dentu, 1877, in-18 de 299 pp.* (3 fr.)

— Les mois gastronomiques, compositions de *Edmond Morin avec douze rondeaux de Charles Monselet. Paris, Société anonyme de publications périodiques, S. d. (1880), in-folio de 12 pl.* (De 15 à 20 fr.)

Les *Mois gastronomiques* ont paru, pour la première fois, dans le *Monde illustré*, en 1877.

Nous avons énuméré les œuvres purement gastronomiques de Charles Monselet; mais on pourrait citer encore bien des ouvrages où le spirituel écrivain a semé des anecdotes gourmandes, entre autres : *Panier fleuri, prose et vers, Paris, Bachelin Deflorenne, 1873, in-18*, sans compter les nombreuses chroniques parues dans les journaux parisiens.

On attribue à Charles Monselet une petite plaquette, intitulée, *Manière (la véritable) de faire le punch* (voyez ce titre), signée Turenne, Cuisinier, mais elle n'est pas de lui.

Enfin, il faut mentionner différentes préfaces écrites par l'auteur des *Almanachs gourmands*, l'une pour l'édition de la *Physiologie du goût, Paris, Jouaust, 1879*, l'autre (un sonnet) pour les *Vins de Bordeaux* par le vicomte Paul de Chasteigner, *Paris, Bachelin Deflorenne*, 1873, et la troisième pour les *Sonnets du docteur* (première édition) par le Dr Camuset.

M. Charles Monselet a publié, en 1858, un journal culinaire intitulé : *Le Gourmet* (voyez ce titre).

MONTIGNY (L.). — Le Provincial à Paris, Esquisses des mœurs parisiennes par L. Montigny. *Paris, chez l'Advocat* 1825, 3 vol. in-12. (De 4 à 5 fr.)

Le *Tome I* comprend xxx chapitres : Voir chap. viii, les Tables d'hôte; chap. xi, les Guinguettes; chap. xii, Cafés-restaurans; chap. xvi, le Café turc; chap. xxv, les cafés du Boulevard; chap. xxvii, les Restaurateurs.
Tome II : (xxv chap.) voir chap. viii., les marchands de vin en détail; chap. xvii, les Restaurateurs à vingt-deux sous; chap. xxiv, les Halles.
Tome III : (xx chap.) voir chap. v, les Estaminets; chap. x, une pension bourgeoise.

MONTINO. — Arte de cozina, pasteleria vizcocheria, y conserueria. Compvesta por Francisco Martinez Môtino, Cozinero mayor del rey nuestro senor. *En Madrid, por Juan de la Cuesta. A costa de Antonio Rodriguez M. de libros.* Anõ 1617, in-12 de 8 ff. l. n. ch., 316 ff. ch. et 12 ff n. ch. (De 7 à 8 fr.)

Au titre, une marque de libraire avec cette devise : vigili labore »; le verso est blanc. Le privilège est daté de 1610.
Au milieu du ro du dernier f. non chiffré : *En Madrid, Por Iuan de la Cuesta Ano MDCXVII.* Le vo est blanc.
— Le même..... *En Madrid : Por Iulian de Paredes Impressor de libros, en la Placuela del Angel*, 1676, in-8 de 8 ff. lim. non chiffr., 231 ff. chiffr. et 9 ff. n. ch.
— Le même..... *Madrid*, 1728, in-12.

MORALITÉ joyeuse à IIII personnages. C'est à sçauoir Le Ventre, les Lambes, Le Cœur, Le Chef. *Se vend place du Louvre chez Techener libraire*, (typ. *Pinard*) S. d., in-8 de 24 pages.

Tirée à 76 exemplaires.

MORARD (Marius). — Les Secrets de la Cuisine dévoilés. Ire partie, Cuisine exclusivement provençale renfermant : 1o Un résumé d'histoire naturelle de toutes les espèces de poissons, crustacés et mollusques, servant aussi bien à la préparation de la Bouillabaisse qu'à celle de diverses soupes; — 2o le système de pêche en usage à Marseille; — 3o les plats du pays. 2me partie, Cuisine nouvelle, appliquée aux Restaurants, Maisons bourgeoises et Petits Ménages, renfermant : 1o Un traité complet de Cuisine; 2o Conserves alimentaires et Pâtisserie. Le tout, complété par la manière de se tenir et de servir à table, par des conseils d'économie domestique, par Marius Morard chef de Cuisine du *Rosbif*, ancien élève de Henri Campé, d'Avignon, Roubion et Isnard, et Secrétaire de la Société culinaire de Marseille. *Marseille, impr. générale Achard et Cie*, 1886-1888, gr. in-8.

Cet ouvrage, intéressant pour les renseignements qu'il donne sur la cuisine provençale, paraît par livraisons à 10 cent.
La première partie a paru entièrement; la seconde est en cours de publication (2 livraisons par semaine).

— Le Courrier de la Ménagère divisé en trois sections : Section de la cuisine provençale et italienne. Section de la cuisine européenne. Section de la cuisine pour les malades, convalescents, enfants et vieillards. Publié par Marius Morard, ancien élève de Henri Campé d'Avignon. (*Marseille, imprimerie de J. Doucet*), in-4 de 4 pp. à 2 col.

Le premier numéro de ce journal culinaire (*Ex-Bouillabaisse*) qui paraissait le 5 de chaque mois, porte la date du 5 mai 1880. Le prix d'abonnement était pour Marseille : un an : 2 fr. 50; six mois, 1 fr. 25. Un numéro : 20 c. Le dernier numéro a paru le 10 février 1881. La collection est complète en dix numéros.
Voyez Bouillabaisse.

MOREAU DE JONNÈS (Alex.). — Aperçus statistiques sur la vie civile et l'économie domestique des Romains au commencement du quatrième siècle de notre ère, par Alex. Moreau de Jonnès. *Paris, au bureau du Journal des Économistes*, 1842, in-8 de 32 pages. (2 fr.)

Curieux renseignements sur le prix de la viande, du poisson, des volailles, du gibier, des légumes chez les Romains. Extrait du *Journal des Économistes*.

M. Moreau de Jonnès est l'auteur d'*Observations sur les Géophages des Antilles, Paris, Migneret*, 1816, in-8.

MORGAN (Lady). — La France ; par Lady Morgan ci-devant Miss Owenson ; traduit de l'anglois par A. J. B. D., avec des notes critiques, par le traducteur. Troisième édition, revue et corrigée, etc. *Paris et Londres, chez Treuttel et Würtz, libraires*, 1818, 2 vol. in-8 de XIV-346 et 478 pp. (De 7 à 8 fr.)

Le texte original a paru en 1817 ainsi que la première et la seconde édition de la traduction française qui est, suivant Quérard, de P.-A. Lebrun des Charmettes.

La *France* a paru simultanément en français et en anglais, à Londres et à Paris. Il y a peu de différence entre les trois éditions françaises ; toutefois les deux dernières revues sur le texte anglais sont plus complètes.

L'ouvrage de lady Morgan est divisé en huit livres et trois appendices. Nous ne mentionnons dans chaque livre que les passages ayant rapport à notre sujet : Livre I : *Des Paysans*, nourriture. Livre IV : *Paris*, Table parisienne. — Petits Soupers. — Déjeuners à la Fourchette. — Diners. Livre V : *Paris* : Hôtel de la Reynière. — Almanach des Gourmands.

Dans ce dernier livre, Lady Morgan raconte quelques anecdotes sur Grimod de la Reynière qu'elle appelle un « Apicius littéraire ».

MORIBUS (De) et facetijs mense. (In fine :) *Translatum in teuthonicum Basilee per Sebastianū Brant utriusq ; iuris doctorem. Anno &c nonagesimo Kalendis aprilibus*, (1490), in-4 goth. de 20 ff. n. ch. (De 60 à 80 fr.)

Cet ouvrage singulier et rare du XV° siècle fait partie de la collection de M. le B°ⁿ Pichon. Le texte des vers latins est suivi, paragraphe par paragraphe, de la traduction en vers allemands.

MORIERE. — De l'industrie fromagère dans le département du Calvados. *Caen, Hardel*, 1858, in-8 de 48 pp. (1 fr. 50).

MORLAND (John). — The art of cookery made easy and refined. *London*, 1807, in-8. (2 fr.)

MOSELEY. — Traité sur les propriétés et les effets du café, par M. B. Moseley, Docteur en Medecine, Auteur des Observations sur la Dyssenterie des Indes occidentales ; traduit de l'anglois sur la troisième édition, par M. Lebreton, Inspecteur général des Remises des Capitaineries Royales de l'Académie Royale des Sciences d'Upsal & correspondant de la Société Royale d'Agriculture de Paris. Avec les observations sur la culture du Café, par M. Fusée-Aublet. *A Paris, chez Prault...* 1786, in-12 de viij-xxv-120 pp. et 2 ff. n. ch. pour le privilège. (De 3 à 4 fr.)

MOTTON (Célestin). — L'école des meilleures Cuisinières bourgeoises, illustré de 250 gravures et de 20 planches en chromo. par Célestin Motton. *Paris, Fayard, s. d.,* in-18 de XXX-662 pp. (3 fr. 50).

Voyez Audot, supplément à la cuisinière.

MOUCHON (Emile). — Dictionnaire de bromatologie végétale exotique, contenant en outre de nombreux articles consacrés aux plantes indigènes dont on ignore ou néglige généralement les propriétés alimentaires, si utilement applicables aux besoins journaliers des classes pauvres, par Emile Mouchon, pharmacien. *Paris, Baillière ; Lyon, Guilbert et Dorier*, 1847-1848, in-8 de xj-423 pp. (4 fr.)

MOULINET (le S^r du). — Facecievx deuis et Plaisans Contes, Par le S^r Dv Movlinet comedien Auec Priuilège du Roy. *A Paris, Chez I Millot, libraire, tenant sa Boutique* (sic) *denant St Barthélemy*. S. d., in-16 de 8 ff. lim. n. ch. et

270 pp., titre gravé. (De 50 à 60 fr.)

Réimprimés en *fac-simile* dans la Collection des *Joyeusetez*, tirées à 76 exemplaires, *Techener*, 1829-31. A la page 165 se trouve un conte intitulé : D'vn potage exqvis, ov estvvée de poisson qve fit un gentilhomme avx pavvres.

MOUSIN (Jean). — Discovrs de l'yvresse et yvrongnerie. Auquel les causes, nature, et effects de l'yuresse sont amplement deduictz, auec la guerison et preseruation d'icelle. Ensemble la manière de carousser, et les combats Bacchiques des anciens yurongnes. Le tout pour le contentement des Curieux. Par I. Movsin Conseiller et Medecin ordinaire de son Altesse. *A Tovl, par Sebastien Philippe Imprimeur iuré*, 1612, pet. in-8 de XII ff. lim. n. ch. et 390 pages. (De 15 à 20 fr.)

Les XII ff. lim. sont occupés par l'épître dédicatoire, la table des chapitres, différentes pièces de vers adressées à Mousin et l'extrait du privilège.

Cet ouvrage rare est divisé en 67 chapitres. Mousin fournit un grand nombre de renseignements sur les mœurs épulaires des anciens peuples, sur leurs banquets, sur les vins, divers qu'on y servait et sur l'ivresse et ses effets. L'auteur indique ensuite les moyens de se préserver de ce vice et de guérir les ivrognes.

L'épitre dédicatoire est adressée à « Son Altesse Monseigneur ».

Vendu : en maroq. bleu, 92 fr., Ch. Brunet; en mar. r., 50 fr. Renard (de Lyon).

Le *Discours de l'yvresse* a été traduit en latin, deux ans après son apparition, par Christophe Cachet, sous le titre suivant :

— Pandora bachica furens medicis armis oppugnata, hic tumulentiæ ortus et progressus ex antiquorum monumentis investigatur; Bacchi vis effrenis, Esculapii clava rotunditur atque compescitur: opus a Mousino gallicè primúm conscriptum, nunc vero latinè redditum, auctum et locupletatum operá Christoph. Cacheti. *Tulli, Sebastien Philippe*, 1614, in-12.

MOUSK. — Le Livarot, le Poisson rouge et la poupée, poème héroïcomique à la manière d'Emile Zola. *Paris, Union des Bibliophiles*, 1888, in-18 de 12 pp. (0 fr. 50 c.)

MOXON (Elizabeth). — English Housewifry. Exemplified In above four Hundred and Fifty Receipts, Giving Directions in most Parts of Cookery, and how to prepare various Sorts of Soops, Made-Dishes, Pasts... With Cuts for the orderly placing the Dishes and Courses; also Bills of Fare... A Book necessary for Mistresses of Families... By Elizabeth Moxon. The fourth edition. *Leedes : Printed by James Lister; and sold by the Author*... s. d. (vers 1780), in-12 de 212 pp. et 12 ff. de menus, fig. dans le texte et index, 1 pl. repliée. (De 12 à 15 fr.)

MOYEN assuré pour bien mesnager le bled des bourgeois et remédier à la cherté du pain dans Paris. *Paris*, 1649, in-4. (De 10 à 12 fr.)

MOYEN (Du) le plus propre d'utiliser la chair du cheval, de l'âne et du mulet. *Toulouse, imp. de Ph. Montaubin* (1856), in-8 de 12 pp. (2 fr.)

Cette plaquette est signée : A. Daunassans, memb. résid. de la Soc. d'agric. de Toulouse.

MOYENS (Des) d'améliorer la viande de boucherie et de la mettre à la portée de tous. Mémoire adressé au citoyen ministre du commerce et de l'agriculture et soumis aux représentants du peuple par un homme spécial. *Paris, Rilliot*, 1848, in-4. (De 2 à 3 fr.)

Signé : Rilliot.

MOYENS de porter remède à l'exhaussement du prix de la viande en détail, demandé par MM. les bouchers de la ville de Rouen depuis le 1er janvier 1853. Rapport publié par la société libre d'Emulation. *Rouen, H. Rivoire* (1853) in-4 de 7 pages. (1 fr.)

(Voyez Bergasse (Alph.).)

MOYNIER. — De la truffe, traité complet de ce tubercule, contenant sa description et son histoire naturelle la plus détaillée, son exploitation et sa position dans l'art culinaire; suivi d'une quatrième partie contenant les meilleurs moyens d'employer les truffes en apprêts culinaires; les meilleures méthodes d'en faire des conserves certaines; les indications, recettes et moyens les plus positifs et les plus compliqués sur tout ce qui concerne cette substance par MM. Moynier. *Paris, Barba; Legrand et Bergougnioux,* 1836, in-8 de 404 pp. (De 6 à 8 fr.)

Ce traité sur les truffes et sur le rôle qu'elles jouent dans la cuisine moderne est très complet, on y trouve toutes sortes de manières excellentes d'accommoder ces délicieux tubercules, de les conserver, de les faire cuire, etc. Une première édition avait paru, *Paris, Delaunay,* 1835, in-18.

MOZARD. — La cuisinière des Cuisinières de la ville et de la campagne, manuel complet de cuisine à l'usage de tous ceux qui se mêlent de la dépense des maisons. Nouvelle édition revue par Molard (sic). *Limoges et Paris, Ardant,* 1847, in-12 de 192 pp., avec une gravure. (2 fr. 50.)

— Le même..... Limoges, *Martial Ardant; Paris, Béchet,* 1848, in-12 et 1853, in-12. Ce livre a été réimprimé souvent. L'édition, parue en 1867, *Limoges, Ardant et Thibault* est signée par Mozard, ancien chef d'office. La plus récente est de 1883.

MUFFETT (Thomas). — Healths Improvement : or rules comprizing and discovering The nature, Method, and Manner of preparing all sorts of food used in this nation. Written by that ever famous Thomas Muffett doctor in physick : Corrected and Enlarged by Christopher Bennet Doctor in physick, and Fellow of the Colledg of physitians in London. *London, Printed by Tho : nencomb. for Samuel Thomson, at the sign of the white horse in Pauls Churchyard,* 1655, pet. in-4 de 8-296 pp. (De 12 à 15 fr.)

MULLER (Eug.). — Bibliothèque des écoles et des familles. Les Apôtres de l'agriculture par Eugène Muller. *Paris, Hachette et Cie,* 1881, in-8 de 192 pp. grav. (2 fr. 50.)

M. Eugène Muller, conservateur de la bibliothèque de l'Arsenal, prépare en ce moment un *Dictionnaire pratique, historique et anecdotique des aliments et de l'alimentation,* dont un grand nombre d'articles sont déjà écrits.

MULOT (J.). — Notice indispensable pour employer convenablement les extraits aromatiques de légumes et de condiments composés par J. Mulot, admis à l'exposition de 1844. *Paris, impr. Panckoucke,* 1845, in-16 de 36 pp. (1 fr.)

MUNDIUS. — Henr. Mundii Medic. Doct. Londinens. Opera omnia Medico-Physica, Tractatibus tribus comprehensa. De Acre vitali De esculentis De potulentis. Una cum appendice de Parergis in Victu ut Chocolata Coffe, Thea, Tabaco, &c. *Lugd. Batav. Apud Petrum Vander Aa,* 1685, in-8 de 11 ff. lim. n. ch. et 362 pp. (De 2 à 3 fr.)

Au titre, marque typographique.

MUNIER (Etienne). — Notice sur la culture et l'usage des pommes de terre. *Angoulême, Trémeau,* 1816, in-8. (1 fr. 50.)

MURET. — Traité des Festins. Par M. Muret .... A *Paris, Chez Guillaume Desprez, rüe S. Jacques, à S. Prosper, & aux trois Vertus, au-dessus des Mathurins,* 1682, in-12 de 9 ff. lim. n. ch., 230 pp. et 12 ff. n. ch. (De 8 à 10 fr.)

Les 9 ff. lim. sont occupés par le titre, l'épître dédicatoire, l'avertissement, la table des chapitres, et l'extrait du privilège daté du 5 décembre 1681. L'épître dédicatoire est adressée à « treshaut et très-puissant Seigneur messire François d'Aubusson, de la Feuillade, etc., etc., », elle est signée par l'auteur. La table des matières occupe les 12 ff. n. ch. qui se trouvent à la fin. L'achevé d'imprimer pour la première fois est daté du 26 janvier 1682. Le *Traité des Festins* est divisé en XXXIII chapitres, et un chapitre dernier intitulé :

Réflexions chrestiennes pour éviter tous les désordres des Festins.

Le *Traité des Festins* a paru de nouveau sous ce titre :

— Dissertation sur les festins des anciens Grecs et Romains, et sur les cérémonies qui s'y pratiquoient. P. M. *A La Haye, Chez Chrétien Vanlom, & Compagnie*, 1715, in-12 de 6 ff. lim. n. ch., 230 pp. et 12 ff. n. ch. de table. (De 6 à 7 fr.)

MURRELL (John). — The Ladies' Practice; or, a plain and easy direction for ladies and gentlewomen. By John Murrell. Licensed in 1617. Printed in 1621. (De 12 à 15 fr.)

A eu plusieurs éditions, avec des additions, notamment en 1638, 1641 et 1650.

Carew Hazlitt, *Old Cookery books*, p. 68.

MVSIQUE (La) de la Taverne et les Prophéties dv cabaret. Ensemble le mespris des Mvses. *S. l. n. d.*, in-8 de 15 pp. (De 25 à 30 fr.)

Au titre, une vignette représentant Bacchus à cheval sur un tonneau, et tenant un verre et une bouteille. Le v° du titre est blanc. La « Mvsiqve de la taverne » est en prose; le « Mespris des Mvses » en vers; à la fin de cette pièce, une vignette. On trouve ensuite deux chansons à boire; au bas de la deuxième page, deux figures.

Cette pièce, excessivement rare, a été réimprimée, par M. Edouard Fournier, dans le tome VI des *Variétés historiques et littéraires*, p. 341.

MUSTEL. — Mémoire sur les pommes de terre et sur le pain œconomique, lu à la Société Royale d'Agriculture de Rouen par M. Mustel, chevalier de l'Ordre Royal et Militaire de Saint-Louis, Associé. *A Rouen, de l'imprimerie de la Veuve Besongne*, 1767, in-8 de VI-51 pp. (De 3 à 4 fr.)

MUTEL (D. Ph.) — Le Parfait Boulanger ou l'art de la boulangerie, Par D. Ph. Mutel, membre de plusieurs sociétés savantes. *Paris, chez Locard et Davi*, 1822, pet. in-8 de 178 pp. (De 3 à 4 fr.)

MYÈVRE-VERGER. — L'art de conserver la santé composé par l'école de Salerne, publiée par M. Myèvre-Verger. *Paris, Baillière, et Lyon, rue Buisson, 17*, 1844, in-8 de 68 pp. (3 fr.)

En vers libres. Ce n'est pas une traduction nouvelle, ajoute la *Bibliographie de la France*, mais une reproduction dans un autre ordre (sans égard pour le latin qu'au reste on ne donne pas), de la traduction de Bruzen de la Martinière, publiée pour la première fois en 1743. Lors de cette première édition, trois vers furent omis, et manquent ainsi dans toutes les réimpressions du travail de B. D. L. M. Ce sont les vers 5, 6 et 7 du chapitre 49, les voici :

Celui (le lait) d'ânesse est le plus doux;
Mais le plus nourrissant de tous,
La vache et la brebis nous présentent l'usage,
Que si d'une migraine, etc.

Voici le titre d'une traduction de l'Ecole de Salerne qui n'a pas eu place dans la *France littéraire*, par M. Quérard (tome IV, page 220) : Préceptes de l'Ecole de Salerne ou l'art de conserver sa santé. Traduction nouvelle en vers français, par M. J.-P. Allouel, membre du Collége et Académie royale de chirurgie de Paris, etc. *Londres, de l'imp. de Nardini*, janvier 1804, in-12 de VIII-100 pp.

NAIRONI. — De salvberrima potione cahve sev cafe Nuncupata discvrsvs Favsti Naironi Banesii Maronitæ, Linguæ Chaldaicæ, seu Syriacæ in Almo Vrbis Archigymnasio Lectoris Ad Eminentiss. ac Reverendiss. principem D. Io Nicolavm S. R. E. Card. de comitibvs. *Romae, Typis Michaelis Herculis, 1671,* in-12 de 57 pages. (De 7 à 8 fr.)

NAJAC (Emile de). — Madame est servie. *Paris, E. Dentu,* 1874, in-18 de 284 pp. et 1 f. de table. (3 fr.)

Divisé en XXII chap., dont voici les titres : I. De l'appétit; II. Commander un dîner; III. Invitations; IV. Couvert bien mis; V. Ma cave; VI. Ce qui se fait. — Ce qui ne se fait pas; VII. L'amour à table; VIII. De la table au point de vue du mariage; IX. La sainte table; X. Les gens chez qui l'on dîne; XI. Les banquets de la vie; XII. Les soupers dans le monde; XIII. Donnez-nous à souper, Mesdames; XIV. Les soupers à la sortie du théâtre; XV. Les soupeurs; XVI. La dînette; XVII. A quoi servent les champignons; XVIII. Une crémaillère; XIX. Un cas d'ivresse; XX. Un repas sur l'herbe; XXI. Un dîner au château; XXII. Le repas des funérailles.

NAYRAL (Magloire). — La Table par M. Magloire Nayral juge de Paix secrétaire du comice Agricole de Castres. *Castres, imp. Vᵉ Guillou* (1856), in-12 de 4 pp. (1 fr. 50 cent.)

Pièce lue dans un banquet donné dans la ferme-école de Mandoul, à la suite d'un Comice présidé par M. Ramacie, préfet du Tarn.

NEF (La) de Sante. Avec le gouvernail Du corps humain et la condânacion des bancquetz à la louenge de Diepte et sobriete et le traicté Des passions De lame. — (A la fin :) *Cy fine la nef de sante et condampnation des banquetz avec le traicte des passiös de lame. Imprime a paris pour Anthoine verard marchant libraire Demourant a Paris.* S. d. (vers 1508) In-4 goth. de 98 ff. de 38 et 39 lignes, sur 2 col., signés a-p par 6 et q par 8.

Au titre, la lettre historiée d'Antoine Verard; le vᵒ est blanc. L'ouvrage commence au rᵒ du f. aii par un prologue en tête duquel est placé un bois représentant l'auteur présentant son livre au roi. Ce prologue, dont les lettres initiales des dernières lignes forment un acrostiche qui nous donne le nom de l'auteur, Nicole de la Chesnaye, se termine à la seconde colonne du vᵒ de ce même feuillet. A la suite on lit : « Cy commêce le tres vtille, tres louable, necessaire & recommandable liure nomme la nef de sante avec le gouvernail du corps humain et le traicte des passions de lame. Nouvelle-mét compose a paris ».

La 1ʳᵉ partie est divisée en iiii.xx.xii chapitres qui occupent les ff. aii à hiii et qui traitent des différents aliments tant viandes, poissons, légumes, pain, beurre, fromages, fruits, que vin et autres breuvages.

La 2ᵉ partie « Comment lacteur descript en ensuyuãt la nef de sante du gouuernail du corps humain ensuit son prologue »

la tête. Au bas de la dernière col. du f. Iii on lit : « Comment lacteur ensuyt en la nef de sante la condamnacion des bancquetz a la louenge de diette et sobriete pour le prouffit du corps humain faisant prologue sur ceste matière ». Au f. Iiii, un bois représentant l'acteur, en chaire, faisant son discours. Cette partie, la plus curieuse de l'ouvrage, est une moralité à 38 personnages ; elle finit à la moitié de la 1ʳᵉ col. du f. qii.

La dernière partie commence au milieu de la première col. du f. qii par ces mots « Comét lacteur ésuyt en la nef de sante les passions de lame ». Elle se termine au rᵒ du dernier feuillet par le mot : *Finis*. Elle contient 18 fig. s. bois.

Au vᵒ du dernier f., en tête, « *Cy fine la nef de sante*, etc. (comme au titre) ; au-dessous, la marque d'Antoine Vérard et au bas : *Ce present liure a este acheué d'imprimer par le dit Verard le XVIIᵉ iour de ianvier mil cinq cens sept. Et a le roy nře sire dõné audit verard lectres de preuilege terme de trois ans pour vẽdre et distribuer ledit liure pour soy rẽbourser des frais et mises p̃ luy faictes. Et defend le roy nostre dit Seigneur a to imprimeurs libraires et autres du royaulme de france de non imprimer ledit liure de trois ans sur paine de confiscation desditz liures* ».

Il existe des exemplaires de cette même

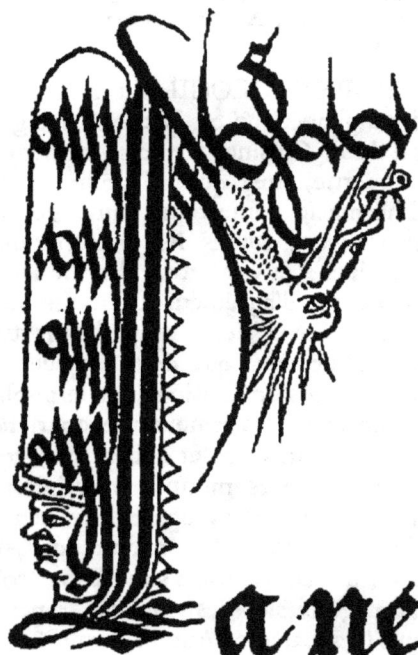

a nef de fante

Auec le gouuernail du corps humain et la condãnacion des bancquetz a la louenge de diepte et sobriete, et le traictie des passions de lame.

commence à la moitié de la seconde colonne du vᵒ du f. hiii et se termine au rᵒ du f. Iii. Cette 2ᵉ partie traite des éléments et de l'influence des astres sur le corps humain. Elle contient plusieurs figures sur bois, entre autres une représentant un homme nu dont on voit les entrailles. Autour de lui, le soleil, la lune et les étoiles correspondent par des traits à différentes parties de son corps ; le soleil le touche au cœur, la lune à

édition qui ne contiennent pas la souscription placée au-dessous de la marque d'Antoine Vérard. La Bibliothèque nationale en possède un superbe avec toutes ses marges.

Un exemplaire de cette édition qui avait appartenu à Ballesdens, à Guyon de Sardière, s'est vendu : en veau fauve, 13 f., La Vallière ; 295 fr. Soleinne ; le même, en mar. r. doubl. (Trautz-Bauzonnet), 1815 fr., Bᵒⁿ Pichon. Il figure aujourd'hui au *Cat. des* livres de *M. le baron James de Rothschild*, (t. II, n° 108t) qui l'a acquis, en 1879, à la vente Paradis, au prix de 5.000 francs.

Un autre exemplaire a été adjugé récemment, en mar. r. (rel. ancienne), 1,800 fr., Léon Techener.

— La nef de sante..... (à la fin :) *Cy fine la nef de sante et condampnacion des bancquetz avec le traicté des passiós de lame imprime a paris le dix sepliesme iour dauril mil cinq cés et xi par Michel lenoir libraire iure de luniuersité demourant a la grat rue Saict iacques a lenseigne de la roche (sic) blanche couronnée.* In-4 goth. de 96 ff. n. ch. de 40 lign. à 2 col., signés A-S, fig. s. b.

L'exempl. vendu, librairie de Bure, dit Brunet, portait *rose* au lieu de *roche*.

— Sensuit *La nef de sâte Auec le gouernail du corps humain, et la côdanació des bacquetz a la louenge de diepte et sobriete Et le traiclie* des passions de lame. Imprime *a paris* en la Rue neufue nostre dame A lescu de Frāce. In-4 goth. de 96 ff. de 40 lign. à 2 col. signés a-r. (De 400 à 600 fr.)

Titre rouge et noir; les mots en italiques indiquent ceux imprimés en rouge. Les cahiers a, e, f, j. l, n, q sont signés par 8, les cahiers b. d, e. g, h, k, m, o, p, r par 4. Graesse et Brunet citent cette édition mais n'ont compté que 90 ff. sign. A-Siij. Au titre, un bois imprimé en rouge représentant une nef dans laquelle sont un homme et une femme, très peu vêtus, et deux fous ramant. Au second plan, un château. Au vᵒ du titre, un grand bois. En haut du rᵒ du f. aii, le « prologue de lacteur ». Au bas de la 2ᵉ col., après la 30ᵉ ligne « Cy commence le tres vtil, treslouable, necessaire & recommandable liure nomme la nef de sante auec le gouuernail du corps humain & le traicte des passions de lame. Nouuellement cópose a paris ». An vᵒ du f. aii (en haut), un bois et au-dessous commence l'ouvrage. Au rᵒ du dernier f., après la 30ᵉ ligne de la seconde col., le mot : *Finis* et au-dessous : *Cy fine la nef de sante et cõdampnation des bacquetz auec le traicte des passions de lame. Imprime a Paris par la veufue de feu iehā trepperel & Jehā iehannot demourans en la rue neufue nostre dame a lenseigne de lescu de France.*

Nombreuses fig. intercalées dans le texte.

D'après le bibliophile Jacob, cette édition aurait paru vers 1520. Brunet cite, d'après du Verdier, une édition. *Paris, Phil. le Noir*, in-4 et une autre : *A paris en la rue neufue nostre dame A lenseigne sainct iehan Baptiste pres saincte Geneuiefue des ardans* (avec la marque de Jehan Jehannot).

La *Nef de Santé* a été réimprimée dans le *Recueil de farces, soties et moralités du quinzième siècle réunies pour la première fois et publiés avec des notices et des notes par P.-L. Jacob, bibliophile.* Paris. A. Delahays, 1859, in-18 et in-16.

NÉO-PHYSIOLOGIE du goût par ordre alphabétique ou Dictionnaire général de la Cuisine française ancienne et moderne, ainsi que de l'office et de la Pharmacie domestique, ouvrage où l'on trouvera toutes les prescriptions nécessaires à la confection des aliments nutritifs ou d'agrément à l'usage des plus grandes et des plus petites fortunes ; Publication qui doit suppléer à tous les livres de Cuisine dont le public n'a que trop expérimenté le charlatanisme, l'insuffisance et l'obscurité ; enrichi de plusieurs menus, prescriptions culinaires, et autres opuscules inédits de M. de la Reynière, auteur de l'*Almanach des Gourmands* ; suivi d'une collection générale des menus français depuis le douzième siècle et terminé..... Dédié à l'auteur des *Mémoires de la Marquise de Créquy. Paris, au bureau du Dictionnaire général de Cuisine, 16 boulevart Montmartre*, 1839, gr. in-8 de III-635 pp. (De 15 à 20 fr.)

Ce livre, dit Quérard, s'est glissé, sans avoir fait de bruit, dans la librairie française. Il en eût peut-être été autrement si son auteur, M. Maurice Cousin, comte de Courchamps, qui passait alors pour un gastronome des plus distingués, avait signé son œuvre. Cette *Néo-physiologie du goût* est, en effet, assez intéressante ; elle n'a pas la sécheresse ordinaire du livre de cuisine, elle n'en a pas non plus la banalité. Çà et là, dans les colonnes de cette sorte d'encyclopédie de la gourmandise, à côté des recettes pratiques, se rencontrent des anecdotes piquantes.

L'auteur a dédié son ouvrage, ainsi qu'il en est fait mention sur le titre, à l'auteur des *Mémoires de la marquise de Créquy*. Or, on sait que ce dernier n'est autre que le comte de Courchamps lui-même.

Roger de Beauvoir a tracé d'une façon fantaisiste, dans les *Soupeurs de mon temps*, le portrait de M. de Courchamps.

La *Néo-physiologie du goût* a reparu, en 1853, sous le second de ses deux titres :

— Dictionnaire général de la Cuisine française ancienne et moderne, ainsi que de l'office et de la pharmacie domestique. Enrichi de plusieurs menus, prescriptions culinaires et autres opuscules inédits de M. de la Reynière. *Paris, Plon frères*, 1853, in-8.

NEUCRANTZUS. — D. O. M. S. Pauli Neucrantzi Rostochiensis, Phil : Et med : Doct : De Harengo Exercitatio Medica. In quâ principis piscium exquisitissima bonitas summaq; gloria asserta & vindicata, Ad Amplissimos Reipubl : Lubec : Consules. *Lubecæ, Literis Gothofredi Jegeri, anno* 1654, *sumptibus Joachimi Wildii, Bibliopol : Rostoch :* in-4 de 88 pp. (De 6 à 7 fr.)

Les 5 premières et les cinq dernières pages ne sont pas chiffrées.

NICOLAI. — De Fane, ejus natura, usu etc. tractatus, Aut. Henr. Nicolai. *Dantisci*, 1651, in-4. (De 4 à 5 fr.)

NICOLARDOT (Louis). — Histoire de la Table, curiosités gastronomiques de tous les temps et de tous les pays par Louis Nicolardot. *Paris, E. Dentu*, 1868, in-12 de XXIV-435 pages. (2 fr.)

L'*Histoire de la Table* de M. Nicolardot, avant de paraître en volume, avait été publiée en articles dans différents journaux tels que le *Grand journal*, le *Nain jaune*, le *Journal pour tous*, etc., etc.

NOCTURNO. — Triomphi de gli miràdi Spettaculi et ricche uiuande de Solenne Còuiuio fatto da sacri Romani al Magnifico Iuliano et inuicto Laurètio de Medici con il resto creato il sommo Pontifice Leone Decimo con tutta la geonologia et gloria de firenza e Roma.

Composti per Nocturno Neapolitano : (A la fin :) *In Bologna, apresso Maestro Hieronymo di Benedetti*. MDXIX, pet. in-8 de 28 ff. dont 1 blanc. (De 25 à 30 fr.)

Dans cet opuscule en vers qui figure au catal. Libri et au catal. Soleinne, on trouve la description des banquets donnés à Rome, au XVI° siècle, en l'honneur de Léon X.

M. Brunet, après l'avoir décrit au *Manuel*, ajoute que Nocturno serait un pseudonyme d'Ant. Caracciolo.

NOLA (Ruberto de). — Libro d guisados manjares y potages intitulado libro de cozina : enel qual esta el regimièto delas casas delos reyes y grandes senóres : y los officiales dlas casas dellos cada vno como an de seruir su officio. Cy enesta segunda impression se ha anàdido vn regimiento de las casas delos caualleros y gentiles hombres y religiosos de dignidades y personas d medianos estados, y otros que tienen familia & criados en sus casas : & algúos màjares de dolictes y otras cosas enel anàdidas : todo nueuamente reuisto anàdido y emendado por su mismo autor. Con preuilegio Imperial. (Au recto du f. lxix :) *Fue iprimido este libro segùda vez en la ciudad de Logroño por Miguel de eguia : a despensas de Diego peraz dauilla alcaide de la dicha ciudad. E se acabo el año d Mil.D.xxix a xxiiij de nouièbre.* In-4 goth. de lxix ff. de 35 lignes à la page, et 2 ff. n. chiffr.

Titre encadré. L'ouvrage commence au verso du titre par « Prologo » et au-dessous « Prologo del presente libro. Dirigido al serenissimo rey don Hernádo de Napoles Compuesto por Maestre Ruberto su cozinero mayor ». A la fin du « prologo » (r° du 2° feuillet) on lit : *Fue sacado este tractado de légua catalana en nue stra légua materna z vulgar castellano : enla ciudad de Toledo estando enella el Emperador don Carlos ⁊ro señor. Dóde se acabo a ocho del mes de Julio Año de mil z quinientos : z Veynte z cinco. y fue enmèdado enla ciudad de Logroño por el mesmo q̃ lo hinzo imprimir en Toledo. Año de MDxxix.*

Au v° du dernier feuillet, des armes audessus desquelles on lit : « jesus Christus » et au-dessous « Escam timètibus se ».

Panzer, tome VII, p. 275, cite cette édition, mais avec un titre différant un peu de celui que nous venons de décrire. Il ajoute, en effet, après le mot « potages » *para los Reyes y grandes sennores con otro tratado de algunos manjares de dolientes.*

— Libro de guisados manjares y potages. Intitulado libro de cozina. Enel qual esta el regimiento de las casas de los reyes y grandes senóres y los officiales de las casas dllos cada vno como tiene de seruir su officio. Cy enesta segûda impresssion se ha aña dido vn regimiento de las casas dlos cauallaros : y gentiles hombres y religiosos de dignidades y personas de medianos estados y otros que tiené familia & criados en sus casas. E vâ tambiè algunos manjares de dolientes : y otras muchas cosas enel añadidas. Todo neuaumente reuisto añadido y emendado por su mismo autor. Año de MDxliiij. Con preuilegio Imperial. In-4 goth. de LXIX ff. de 33 lignes à la page et 3 ff. n. ch.

Titre rouge et noir encadré. Les vignettes supérieure et inférieure de l'encadrement représentent des intérieurs de cuisine ; celles des côtés, des oiseaux et des lapins. Le « Prologo », sauf quelques différences dans l'orthographe des mots et dans les caractères typographiques, est le même que dans l'édition précédente. Il finit à la 22ᵉ ligne du rᵒ du f. 2.

Vient ensuite à la 23ᵉ ligne du rᵒ du t. 2 « Introducion de la presente obra » qui finit à la 24ᵉ ligne du f. iij. A la 25ᵉ ligne du f. lxix, on lit : « Deo Gracias » et au-dessous : *Fue impresso el presente libro : en la imperial ciudad de Toledo en casa de Fernando de Santa Catalina. Acabose ayuente dias delmes de Junio año del nacimièto de ñro señor Jesu Christo de mil y quinientos y quaréta y quatro. Años...* Au vᵒ de ce feuillet commence la « Tabla del presente libro segun la orden del alfabeto ». Cette table est imprimée sur 2 col. ; le vᵒ du dernier f. n. chiff. est blanc.

La première édition de ce livre de cuisine espagnole rarissime. pet. in-4 goth. de 70 ff. a été donnée à Tolède en 1525 par Ramon de Petras sous le titre de : *Libro de Cozina côpuesto por maestre de Nola*, etc.

Brunet cite une autre édition ayant paru, *Toledo*, 1577, in-8.

NONNUS. — Lvdovici Nonni Medici ichtyophagia sive de piscivm esv commentarius. *Antverpiæ, apud Petrum et Ioannem Belleros*, 1616, in-8 de 176 pages et 7 feuillets pour l'index et les *errata*. (De 12 à 15 fr.)

Ce petit traité, entièrement écrit en latin, est divisé en 42 chapitres ; après la dédicace et l'avis au lecteur, on trouve une momenclature des poissons dont il est fait mention dans ce livre, puis la table des chapitres et le corps de l'ouvrage.

— Lvdovici Nonni Diœteticon sive de re cibaria libri IV. *Antverpiæ, apud Petrum & Ioannem Belleros*, 1627, in-8 de 16 ff. limin. n. chiffr., 638 pages et 1 f. pour les *errata*. (De 15 à 20 fr.)

L'approbation qui se trouve au vᵒ du 16ᵉ f. est datée : *Antverpiæ* 6 Iuly, 1627.

La dédicace « Rᵐᵒ et Amplissᵐᵒ domino D. Ioanni Maldero ecclesiæ antverp. Episcopo » occupe les 5 premières pages qui suivent le titre. Elle est signée : Ludovicvs Nonnius, et datée du 6 juillet 1627. La table vient ensuite.

— Lvdovici Nonni medici antverpiensis diœteticon sive de re cibaria libri IV. Secvnda editio et auctior. *Antverpiæ, ex officina Petri Belleri*, 1645, in-4 de 12 ff. lim. n. ch. et 526 pp. (De 12 à 15 fr.)

Le frontispice gravé sert de titre ; il occupe le premier feuillet et représente Esculape assis sur un piédestal. A droite, Cérès et Bacchus offrent au dieu de la Médecine, l'une des fruits et des légumes, l'autre, les produits de la vigne. A gauche, Neptune retire des ondes les poissons les plus estimés et Diane lui présente les gibiers les plus exquis.

Au second feuillet, l'épitre dédicatoire à « Perillvstri viro D. Thomæ Lopes de Vlloa, Baroni de Limale, etc., datée d'Anvers, mai 1645 ; elle occupe deux feuillets. On trouve ensuite au feuillet suivant deux pièces de vers adressées au lecteur, la première signée C. Gevartius Pos., la seconde, signée : *Io van Buyten M. L;* en dessous, le privilège du roi, daté du 26 octobre 1644. Six feuillets pour les *Argumenta capitvm* et deux pour : *Nomenclator. propriorvm nominvm quorvm hic fit mentio* et l'*Approbatio* qui, elle, est datée du 6 juillet 1627.

Le corps de l'ouvrage qui commence à la

page 1 finit à la page 500 ; l'*Index* imprimé sur deux colonnes occupe 26 pages ; au bas de la dernière se trouvent les *errata*. Enfin, au recto du dernier feuillet non chiffré est inscrit le lieu d'impression et le nom de l'imprimeur : *Antverpiæ, ex officina Belleriana, Petri Belleri.*

Nonnus, dans le premier livre de son ouvrage *De re cibaria*, après avoir écrit quelques considérations générales sur les repas, traite des légumes et des fruits ; le second est consacré aux animaux comestibles, au gibier, à la volaille ; le troisième aux poissons, le quatrième et dernier aux boissons.

NORMAND (Jacques). — Les écrevisses, fantaisie en vers dite par M. Coquelin, de la Comédie française, dessins de S. Arcos. *Paris, Tresse,* 1880, in-18 de 12 pp. (2 fr.)

Souvent réimprimé.

NORTEGA. — Manual del Confitero y pastelero por D. Ceferino Nortega, confitero. 4e édition. *Paris, Bouret,* 1881, in-18 de 285 pp. (1 fr. 50.)

NOSTREDAME (Michel de). — Excellent & moult utile Opuscule à touts (*sic*) necessaire, qui desirent auoir cognoissance de plusieurs exquises Receptes, diuisé en deux parties. La premiere traicte de diuerses façons de Fardemens & Senteurs pour illustrer & embellir la ace. La seconde nous monstre la façon & maniere, de faire confitures de plusieurs sortes, tant en miel, que sucre, & vin cuict, le tout mis par chapitres, comme est fait ample mention en la Table. Nouuellement composé par maistre Michel de Nostredame docteur en Medicine de la ville de Salon de Craux en Prouence, & de nouueau mis en lumiere. *A Lyon, Par Antoine Volant,* 1555, in-16 de 228 pp. et 6 ff. de table n. ch. (De 80 à 100 fr.)

Le v° du titre est blanc. P. 3, « Michel de Nostredame médicin au Lecteur Béniuole salut » ; c'est le « prooeme » qui finit ainsi à la page 24 : « Toy disant à Dieu de saint Remy en Prouence dite Sextrophœa, ce

premier iour d'Auril mil cinq cens cinquante deux, composé à Salon de Craux en Prouence ». P. 25-124. « Le vray et parfait Embellissement de la face...... » P. 125-132. « A maistre Iean de Nostredame procureur à la Cour de Parlement d'Aix en Prouence, Michel de Nostredame medicin enuoye salut & felicité. » P. 133-221. « La seconde partie contenant la façon & maniere de faire toutes confitures liquides, tant en sucre, miel, qu'en vin cuit.... » P. 222. « In commendationem celeberrimi Medicæ facultatis doctoris, DN Michaelis Nostradami..... » puis « Hexastichvm ». P. 223-228, « Hermolavs Barbarus enuoie salut a Pierre Cara iureconsulte & facondissime Orateur. Translatée de Latin en François par maistre Michel Nostradamus. » Au bas de la p. 228. « Michael Nostradamus Sextrophœanus faciebat Salone litorece 1552 ». Puis viennent les 6 ff. n. ch. de table.

A la fin, au r° du dernier f. dont le v° est blanc, on lit : *Imprimé à Lyon, par Iean Pullon, dit de Trin.*

Très curieux et très rare petit traité dont la seconde partie est consacrée aux confitures. On y trouve, entre autres recettes, celles pour faire « confitures des guignes ou agryotes, gelee des guignes, cõfiture de gyngembre ; confire petitz limons & orenges tous entiers des nouueaulx ; faire du codignac, le sucre candi et tartre de massapan que Hermolaus Barbarus nommoit Martios panes, qui se peuuent cuyre dedans la maison, ou en quelque lieu que ce soyt facilement. »

— Le même...... *A Lyon par Antoine Volant,* 1556, in-16.

Vend : en mar. bistre (Bauzonnet) 60 fr., Yemeniz.

— Le même... *Paris, Olivier de Harsy,* 1556, in-16.

Vend : 14 fr., Monmerqué ; en mar. r. (Duru) 102 fr., Béhague.

— Le Vray et parfaict embellissement de la face, & conseruation du corps en son entier : contenant plusieurs Receptes secretes & desirées non encore veuës. Par M. Michael Nostradamus. — Pour accoustrer le sublimé qui ha telle vertu... *S. l. n. d.* (*Anvers, Christophe Plantin,* 1557 (?)), pet. in-8 de 80 ff. ch., lettres ital..

Le texte commence au v° du titre qui est numéroté 1 ; la 1re partie de l'ouvrage est intitulée « La maniere de faire divers lavemens» ; elle occupe les ff. 1 (v°) à 40 (r°).

« La Seconde partie, contenant la façon et maniere de faire toutes confitures liquides, tant en succre, miel, qu'en vin cuit. Ensemble deux façons pour faire le syrop rosat laxatif: & pour faire le succre candi, penites & tourrons d'Hespaigne » commence au v° du f. 40 et finit au v° du f. 77. Au r° du f. 78 « Sensvit la table des choses contenües en ce present Liuret », table qui finit au r° du f. 80. Au v° de ce feuillet, marque de Christophe Plantin (Silvestre, n° 1220).

Le titre courant de la seconde partie porte « la maniere de faire des confitures » : par erreur, aux ff. 41, 43, 45, 47, on a imprimé lavemens au lieu de confitvres.

Cette édition est fort rare; le musée Plantin, à Anvers, ne la possède pas; c'est d'après l'exempl. de la Bibl. de l'Arsenal (S. et A. 807; bis) que nous en avons fait la description.

— Excellent & Vtile Opvscvle, à tous necessaire, qui desirent sçauoir & auoir cognoissance de plusieurs exquises Receptes, diuisé en deux parties. La premiere traicte de diuerses façons de Fardemens pour illustrer & embellir la face, & pour faire bonnes Senteurs. La seconde nous monstre à faire Confitures de plusieurs sortes, tant en miel, que sucre & uin cuit. Nouuellement composé par maistre Michel de Nostredame, docteur en Medecine de la ville de Craux en Prouence. A Poitiers, Par les de Marnefz & Bouchetz, freres. S. d. (1567), pet. in-12 de 179 pp. ch. et 11 pp. n. ch. de table.

La 2e partie, celle qui nous intéresse, commence à la page 97 et finit au bas de la page 179.

— Excellent et tres util opuscule à tous necessaire, de plusieurs exquises receptes, divisé en deux parties..... A Lyon, par Benoist Rigaud, 1572, pet. in-16.

Vend: rel. anc. 20 fr., Coste.

Le Manuel du libraire (Supplément), t. II, col. 37, cite une édition portant même lieu d'impression, même libraire, même date, sous ce titre :

— Opuscule de plusieurs exquises receptes pour faire diuers fardemens et senteurs pour la face, et confitures de diuerses sortes, in-16.

— L'Embellissement de la face et Conservation dv corps en son entier. Ensemble pour faire diuers lauemens, parfuns (sic) & senteurs. Auec la maniere de faire toutes sortes de confitures liquides & Excellentes. Adiousté la maniere de faire plusieurs sortes d'Ypocras, & autres vins fort exquis, Outre la maniere & proprieté de faire de plusieurs sortes de vinaigre tant de senteurs qu'autre (sic). Recueillis des œuures de M. Mi. de Nostradamus, par messieurs les Docteurs en la faculté de médicine de la ville et cité de Basle. Dedié au peuple de France. A Paris, Par la vefue Iean Bonfons, demeurant en la rue neuue nostre Dame à l'enseigne Sainct-Nicolas. S. d. (après 1572), in-16 de 3 ff. lim. n. ch., 118 ff. ch. et 7 ff. de table n. ch.

Les 3 ff. lim. sont occupés par le titre (v° blanc); « Avx Lecters (sic) Salut. », et l'épitre « Av pevple de la France... » qui finit au v° du f. Aiij par ces mots : « Faict en lescolle de medicine, en la ville & cité de Basle, par nous docteurs en la faculté de medicine. Le 6 iour de Luillet 1569 ». Le v° du dernier f. de table est blanc.

Une édition du traité de Nostredame traduit en allemand, a paru : Augspurg, bey Michael Manger, 1589, in-8 de 8 ff. lim. n. ch., 206 pp. et 5 ff. n. ch. pour le register.

NOTICE de vins de France, Espagne, Portugal, etc., etc., etc. des plus précieux et des plus rares par leurs qualités, âge et origine composant la cave qui a appartenu à M. T..... et dont la vente aura lieu, le mercredi 12 avril, à midi et jours suivants, rue Richelieu, n° 106. Paris, impr. de Thomassin, 1837, in-8. (1 fr.)

NOTICE sur les glacières parisiennes, et instructions relatives aux divers appareils propres à faire de la glace, des glaces et sorbets, et à frapper le champagne et autres boissons, 5e édition revue et corrigée. Paris, impr. de Claye, 1854, in-12. (1 fr.)

NOTICE sur les vins de Bordeaux (extrait du guide de l'étranger à Bordeaux). *Bordeaux, Fillastre et Neven,* 1827, in-24 de 123 pp. (0, 50 cent.)

NOTT (John). — The Cook's and Confectioner's Dictionary. *London,* 1723, in-8. (De 3 à 4 fr.)

NOURRIR (Se) pour rien. 30 menus pour repas à 15 centimes et au-dessous. 10ᵉ édition. *Paris, Roy,* 1883, in-8. de 20 pages. (1 fr.)

NOUVELLES de la Grappe, 1703.

Nous n'avons, sur cette gazette, d'autres renseignements que ceux que nous fournit Apicius a Vindemiis (*Études et recherches sur le culte de Bacchus en Provence,* pp. 16 et suivantes). Un nᵒ de ce journal, portant la date de 1703, est conservé dans les recueils de la Bibliothèque d'Arles. Nous avions écrit à M. le conservateur de cette bibliothèque, mais notre lettre est restée sans réponse. Nous sommes donc obligé de nous en rapporter entièrement au livre précité, regrettant que M. le conservateur d'Arles n'ait pas, ainsi que l'ont fait, avec une extrême obligeance, ses collègues des autres bibliothèques, cru devoir nous donner, au sujet des *Nouvelles de la Grappe,* des renseignements qui eussent été pour nous d'un très grand intérêt.

D'après Apicius a Vindemiis (M. Laurent de Crozet), cette gazette était éditée à *Théline* (Arles) chez le *frère Belletrogne* (Mesnier, imprimeur de la ville).

— Journal des dipnosophistes, 1705, in-4 de 8 pp.

La bibliothèque d'Arles ne possède qu'un seul numéro de cette publication qui a succédé aux *Nouvelles de la Grappe* et qui porte la date du 15 janvier 1705. L'«ordre de la Grappe » a été fondé à Arles, vers 1693, par Ignace-d'Amat de Graveson. Cette société a, paraît-il, publié des *statuts* dont les exemplaires sont aujourd'hui aussi introuvables que ceux des *Nouvelles* dont le tirage a cependant été très grand.

NOUVELLES de l'Ordre de la Boisson. *Du jeudi 29 Décembre* 1703, in-12 de 12 pp., fig. au titre.

Nous n'avons pu voir, à la Bibliothèque nationale, qu'un seul numéro de ce journal extrêmement rare. Une note manuscrite sur cet exemplaire dit : « Nᵒ 1. Il y en eut 4. Ce pamphlet est fort rare. Il parut aussi in-4. J'en donnai un exemplaire in-4 au célèbre abbé Goujet en 1749. » (Montpellier, 1704.)

Apicius a Vindemiis, pp. 22-27, donne quelques détails sur cette feuille, imprimée d'après lui, à Avignon, chez *Museau Cramoisy* et dont le dernier nᵒ serait du 20 août 1707.

Arthur Dinaux, *Sociétés badines,* t. I, p. 111, fournit aussi d'intéressants renseignements sur cette gazette rédigée par Mourgier, viguier royal de Villeneuve-les-Avignon. Voyez aussi : *Mémoire pour servir à l'histoire de l'ordre de la Boisson.*

Enfin, M. Barbier cite : *Nouvelles de l'ordre de la Boisson* (par Franç. Morenas), s. l., 1734, in-4.

NUCHRICHTEN (Aufrichtige und bewährte) von allem ersinnlichen Koch- und Backwerck, auch andern Dem Frauenzimmer dienlichen Mitteln und Kunst-Stucken, nebst Einer Kleinen Hauss-Apotecke. Erster Iahrgang, 1748, Mit einer nöthigen Vorrede, einer nuzlichen zugabe von Kuchen-Zetteln und einem ausführlichen Register versehen, zweyte verbesserte Auflage. *Gedruckt im Iahr,* 1749, in-4 de 3 ff. lim. n. ch. et 446 pp. (De 10 à 12 fr.)

Dans l'exemplaire que nous avons vu chez M. le Bᵒⁿ Pichon, les 2 dernières pp. sont chiffrées par erreur 441 et 442, au lieu de 445-446.

NUMÉROS (Les) parisiens, ouvrage utile et nécessaire aux voyageurs à Paris par M. D*****. *A Paris, de l'imprimerie de la Vérité,* 1788, in-16 de VIII-111 pages. (De 6 à 7 fr.)

Ouvrage divisé en XLII numéros. Voici un extrait de la table des matières :

I. Marchands de vin, p. 1 ; II. Boulangers, p. 7; III. Traiteurs. p. 9; IV. Rôtisseurs, p. 11; XIII. Limmonadiers (*sic*), p. 33.

NUNEZ. — Regimiento y aviso de sanidad, qve trata de todos los generos de alimentos y del regimiento della-Agora nvevamenta añadido y corregido por el famoso y erudito Doctor

Francisco Nuñez de Oria, Toledano y natural de Casarrubios. *Impresso con licencia, en Medina del Campo. Por Francisco del Canto. Por Pedro Landry, y Ambrosio du port.* Año de MDLXXXVI, pet. in-8 de 8 ff. n. ch., 380 ff. ch. et 8 ff. n. ch. de table. (De 10 à 12 fr.)

NURSIA (Benedictus de). — (Libellus de conservatione sanitatis)*S. l. n. d. et s. n. d'impr.*, in-4 goth. de 53 ff. de 33 lignes à la page, sans chiffres, ni signatures.

Au recto du euillet 1 : « Tabula huius libri »; au v°, après la 2° col. : « Tabula super hoc opusculo finit feliciter. »; au recto du f. 2 : « Incipit libellus de conseruatione Sanitatis, Secundum ordine; Alphabeti distinctus. per eximiū doctorem magistrū Benedictum compositus » Le corps de l'ouvrage commence aussitôt après ces trois lignes. Au r° du dernier f. dont le v° est blanc, après la 14° ligne : « Finit feliciter. » Au-dessous, « Registrum foliorum. » Le *Cat. des Sciences médicales* de la Bibl. nation. donne cette édition comme étant la première, Brunet, au contraire, indique celle de 1475, que nous décrivons plus bas.

— Le même..... *S. l. n. d. et s. n. d'impr.*, in-4 goth. de 53 ff. de 33 lign. à la page, s. chiffr. ni signat.

Cette édition offre de très légères différences typographiques avec la précédente, au recto du dernier f. notamment.

— Le même..... (In fine :) *Rome in domo Nobilis uiri Iohannis Philippi de Lignamine Messañ. S. D. N. familiaris hic libellus impssq est. Anno dñi MccccLXXV Die XIIII Mensis Ianuarii. Pont. Syxti IIII. Anno eius quarto.* In-4 de 139 ff. de 21 lignes à la page, sans chiffres, ni signat., lettres rondes.

Le r° du 1ᵉʳ . est blanc; au v° : « Iohânes philippi de Lignamïe Messanensis Siculus ad S. D. N. Sixtū quartū pontificem maximum. » Au r° du 6° f. : « Tabula huius libri »; cette table occupe 2 ff.; au r° du

8° f. commence l'ouvrage qui finit au v° du 137° feuillet par ces mots : *Finis huius libri.* En haut du r° de l'avant-dernier f., la souscription transcrite plus haut : Rome in domo, etc., etc. et qui occupe 6 lignes. Au dessous le « Registrum huius libri » qui finit au v°. Le dernier feuillet est blanc.

Vendu : en mar. r., 50 fr., Yemeniz.

Le Traité de B. de Nursia est divisé en 96 chapitres dans lesquels sont examinées les qualités et propriétés des différents aliments, viandes, légumes, fruits, condiments, fromages, etc.

— Le même..... (In fine :) *Tractatus quidam de regimine sanitatis. opera & industria Dominici de Lapis. impendio tamen Sigismundi a libris ciuis atqz liberarii Bononiensis feliciter finiunt » Anno DMcccc lxxvii.* In-4 de 140 ff. de 21 lign. à la p., s. ch., ni sign., lettr. rondes.

Le r° du 1ᵉʳ f. est blanc. Au v° : « Pulcherrimum & utilissimū opus ad sanitatis cōseruationem. æditū ab eximio artium & medicine professore magistro Benedicto de Nursia tunc Serenissimi ac Potētissimi ducis Mediolani medico : ad sanctissimum in xp̄o patrem & dominum nostrum dominum. N. diuina prouidentia summum pontificem. Incipit Fœliciter. » — Similiter etiam de magistro Tadeo de florentia de regimine sanitatis secundum quattuor partes annu. — Seqtur nunc libellus ipse de cōseruatione saitatis secūdū ordine; Alphabeti distinctus. »

L'ouvrage commence au r° du f. 2. Au v° du 139° f., la souscription transcrite plus haut. Le « registrum » occupe 1 feuillet.

— Incipit libellus de conservatione sanitatis, per Benedictum (de Nursia) compositus. *Impressum Rome per Steph. Planck,* 1493, pet. in-4 goth. de 54 ff. (De 25 à 30 fr.)

NUTT (Fréd.)—The complete Confectioner. 3ᵉ édition. *London*, 1806, in-8. (De 2 à 3 fr.)

— The Imperial and Royal Cook. *London*, 1809, in-8. (De 2 à 3 fr.)

OBSERVATIONS (Concise) on the nature of our Common Food, so far as it tends to promote or injure Health; With remarks on Water - Bread - Meat - Chease - Butter - Milk - Wine - Punch - Beer - Coffee - Tea - Sugar, etc., etc. By a gentleman of the Faculty. *London, printed by W. Justins n° 5 Shoemaker row Black-fnars,* 1787, in-8 de 56 pages. (De 4 à 5 fr.)

OBSERVATIONS sur a boucherie de Paris. *Paris, impr. de Lebègue,* 1838, in-4. (2 fr.)

OBSERVATIONS sur le cacao et sur le chocolat. Où l'on examine les avantages et les inconvéniens qui peuvent résulter de l'usage de ces substances nourricières. Le tout fondé sur l'expérience & sur les recherches analytiques de l'amande du cacao. Suivies de Réflexions sur le système de N. de Lamure, touchant le battement des Artères. *A Amsterdam, & se trouve à Paris, Chez P. Fr. Didot jeune,* 1772, in-12 de 144 pp. (De 2 à 3 fr.)

Par le Dr Pierre Toussaint Navier, d'après Barbier; par Pelissard, d'après une note du catal. Lhéritier de Brutelle.

OBSOPŒUS (Vincentius). — De arte bibendi libri tres, avtore Vincentio Obsopœo. D. Sebastiani Hamaxvrgi apvd fontes frumentatoris, Hexasticon (suivent 3 distiques) (A la fin :) - *Norimbergæ apud Ioh. Petreium Anno MDXXXVI.* in-4 de 50 ff. n. ch., signés A-M. (De 30 à 40 fr.)

Les cahiers A-L sont signés par 4, le cahier M par 6.

— Le même.... denuo ab autore recognitum, & plus quam sexcentis uersibus locupletatum.... (A la fin :) *Norimbergæ apud Ioh. Petreium, Anno* M.D.XXXVII., in-4 de 52 ff. n. ch., signés a-n par 4.

— De arte bibendi libri tres, avtore Vincentio Obsopœo Germano. Quibus adiunximus De arte iocandi libros quatuor, Matthiæ Delij Hamburgensis, cum luculenta in eosdem Præfatione. D. Sebastiani Hamaxvrgi apud Fontes salutares Frumentatoris, Hexastichon. (suivent trois distiques). Cum Pruilegio Imperiali. *Francoforti ad Mœnum,* 1578, in-8 de 100 ff. n. ch., signés A-O., lettres ital. (De 20 à 25 fr.)

Le poème « de arte bibendi » occupe les 52 premiers ff. Les quatre livres de « de arte iocandi » commencent au rᵒ du f. signé H et finissent au rᵒ du f. signé

O 4. Au vᵒ de ce même feuillet, se trouve une élégie intitulée : In ebrietatem Nicodemi Frischlini Elegia Ad Iohan. Posthium. »

Au rᵒ du dernier f. dont le vᵒ est blanc, on lit : *Impressum Francoforti ad. Maenum, ex officina hæredum Adami Loniceri, Ioannis Cnipij Andronici secundi, Doctorum, & Pauli Steinmeyers Anno MDLXXVIII.* »

— Vinc. Obsopœvs de arte bibendi libri quatvor, et arte jocandi libri quatvor. Accedunt artis amandi, dansandi practica ; item meretricvm fides : aliaque faceta. *Lugd. Batav. ex typographia rediviva*, 1648, in-12 de 135-280 pp. (De 10 à 12 fr.)

Bien que le titre (tel que le donne M. Brunet) mentionne quatre livres pour *de Arte bibendi*, il ne s'en trouve que trois dans le corps du volume et il ne doit, d'ailleurs, s'en trouver que trois. Cette édition est quelquefois placée dans la collection elzévirienne.

— Le même... *Amstelædami, apud Joannem Pauli*, 1757, in-12.

— Vincentius Obsopœus de arte bibendi... accedunt et alii tractatus lectu ucundissimi maltisve moralibus ad mores seculi nostri accommodati, illustrati et adornati. *Lugdun. Batav., apud Joan. Le Maire*, 1754, pet. in-12. (De 5 à 6 fr.)

On trouve également *de Arte bibendi* dans un volume intitulé :
— Facetiæ facetiarum, hoc est joco-seriorum fasciculus exhibens varia variorum auctorum scripta, etc. *Francofurti ad Mænum*, 1615, in-12.

OCCASION (A l') des jours gras, février 1868. *Alençon, E. de Broise*, 1868, in-8 de 15 pages. (De 5 à 6 fr.)

Cette plaquette, attribuée par Barbier à M. le Mⁱˢ de Chennevières-Pointel, est signée : Un Bourgeois de Bellesme.

L'auteur, à la suite d'un banquet donné à l'occasion d'un comice, y porte un toast « Aux saines traditions de la cuisine dans le département de l'Orne ». Agriculture et Cuisine ! Toutes deux, d'après lui, sont consacrées au culte du même Dieu — le Dieu Gaster — celle-ci fait valoir celle-là.

C'est une amusante fantaisie culinaire à laquelle M. Gustave Le Vavasseur a répondu sous le pseudonyme d' « un lauréat du Comice

d'Argentan » par une brochure intitulée *Banquet de Comice* (voyez ce titre).

OETTINGER (Edouard-Marie). — Un Agathopède de l'Empire, ou Essai sur la vie et les travaux gastronomico-littéraires de feu Grimod de la Reynière, par Edouard-Marie Oettinger. *Bruxelles et Leipzig, Kiessling, Schnée et Cⁱᵉ, éditeurs*, 1854, in-32 de 57 pages. (De 8 à 10 fr.)

Dans ce livret assez difficile à rencontrer, M. Oettinger analyse les *Almanachs des Gourmands* et le *Manuel des Amphitryons* de Grimod de la Reynière. Il raconte également plusieurs anecdotes relatives à l'illustre gastronome et publie un extrait du Catalogue des livres composant sa bibliothèque gourmande.

Un Agathopède de l'Empire n'a été tiré qu'à 300 exemplaires. On trouvera des renseignements sur la Société des Agathopèdes dans l'*Annuaire agathopédique* et dans les *Sociétés badines*, de M. Arthur Dinaux.

— Mademoiselle Mars et sa cour, traduit de l'allemand avec l'autorisation de l'auteur par P. Royer. *Bruxelles et Leipzig, Auguste Schnée, éditeur*, 1858, 2 vol. pet. in-12. de 226-232 pp. (De 12 à 15 fr.)

Nous citons ces deux volumes parce que de la première à la dernière page, il n'y est à peu près question que de Grimod de la Reynière et des soupers donnés par la célèbre tragédienne. On y trouve de très amusantes anecdotes gastronomiques et culinaires.

Le premier vol. est divisé en XIX chapitres ; le second en XXII.

Dans le tome I, les chapitres I, IV, VIII, XII, sont particulièrement consacrés à Grimod de la Reynière ; dans ce dernier chapitre, l'auteur nous montre Grimod ébauchant, en prison, son *Manuel des Amphitryons* et donne d'importants extraits.

Dans le tome II, le chapitre II est consacré à l'histoire de l'antiquité considérée au point de vue de la gastronomie ; voir aussi les chapitres IV, XIII, XIV, XVIII et XXI. Dans le premier des deux derniers chapitres, nous assistons à la mort de Geoffroy qui laisse, avant de mourir, à Grimod de la Reynière la recette du pudding à la diplomate, et aux derniers moments de l'auteur de l'*Almanach des Gourmands*. Ces deux volumes sont assez rares.

OFFICIER (L') de bouche. Journal universel de la bonne chère, des restaurateurs, marchands de Comestibles, pâtissiers, confiseurs, limonadiers, glaciers, crèmiers, maitres d'hôtels, négocians en denrées coloniales, marchands de vins, distillateurs, des ménages, des marchés, des halles. etc.. etc., et des consommateurs de toutes classes. (*Paris, impr. Pinard*), in-4 de 4 pp. à 2 col.

Le premier numéro de cette feuille bi-hebdomadaire a paru le jeudi 17 mars 1836. Il avait pris pour épigraphe : La Cuisine, c'est l'homme (Carême).

Une note placée en tête des six premiers numéros occupe la place destinée à la gravure qui « n'était pas encore terminée ». Ce n'est qu'à partir du 7ᵉ numéro que cette gravure représentant une table servie et des convives figure sur le journal; le 24ᵉ et dernier n° est daté du 9 juin 1836.

Prix de l'abonnement : Paris, 3 mois, 5 francs; six mois, 10 fr.; un an, 20 fr.

OFFRET. — Observations sur l'action physiologique du café selon ses diverses torréfactions par Offret pharmacien. *Nantes, Forest et Grimaud*, 1862, in-8 de 34 pages. (2 fr.)

OILLE (La), melange ou assemblage de divers mets pour tous les goûts, par un vieux Cuisinier gaulois. *Constantinople, l'an de l'ère chrétienne, 1755, de l'hégire 1233*, pet. in-12 de XIX-314 pp. et 12 ff. n. ch. (De 4 à 5 fr.)

Si le titre de ce livre imprimé à Liège est culinaire, il n'en est pas ainsi de son contenu. L'auteur y aborde un grand nombre de sujets qu'il traite surtout au point de vue philosophique et moral ; toutefois il a consacré un chapitre à l'ivrognerie.

OLEÆ (De) cultura et conditura, carmen ab uno e sacerdotibus oratorii Domini Jesu. *Parisiis*, 1789, in-8. (2 fr.)

Par l'abbé Sabatier.

OMELETTE (L') au lard, ou les Alléluias de Pâques. (*A Bordeaux, de l'imprimerie de M. Duviella, rue Saint-Remy, n° 52* (1831), in-8 de 2 pp. (1 fr. 50.)

Sept couplets non signés.

OMELETTE (L'), tartine littéraire critique et nourrissante prix 20 centimes. *Paris, chez Armand Léon, s.d.* (1868), in-12 de 48 pp.

Cette publication, imprimée sur papier jaune, n'a de culinaire que son titre et le dessin qui y figure. On y voit, en effet, un Cuisinier tenant une poêle et faisant sauter différents personnages. Au-dessous : « On ne fait pas d'omelette sans casser des œufs. Aussi en casserons-nous sur la tête de tout le monde. » Cette note est signée : Le Cuisinier du journal. Les titres des articles sont également empruntés à la cuisine. A la dernière page : « On s'abonne à *l'Omelette* au prix de 40 fr. par an, avec le droit d'assister aux diners de la rédaction mais à une petite table. L'omelette est mise sur la table tous les samedis très régulièrement. »

ONFROY. — Observations sur la nature et les procédés de quelques liqueurs ou compositions usuelles, par M. Onfroy, distillateur ordinaire du Roy. *A Paris*, 1765, pet. in-8 de 30 pages. (1 fr. 50.)

ONIATOLOGIA, ovvero Discorso De'cibi con le ricette e regole per bene cucinare all' uso moderno. *Firenze, Pigani*, 1804-1806, 4 vol. in-12. (De 4 à 5 fr.)

OPERA noua di Ricette et secreti che insegna aparechiar una mensa a uno couito. Et etiã a tagliar in tavola de ogni sorte carne e dar li cibi secondo lordine che usano li scalchi : et seguita il modo di incalmar ogni sorte frutti e a coseruar quelli con altre gentilezze. *S. l. n. d.*, pet. in-4 de 12 ff. de 34 lignes à la page, sign. a-b. (De 20 à 25 fr.)

D'après Brunet, ce livret aurait été imprimé vers 1500.

OPERA nuoua intitolata Dificio d Ricette... nella quale si contengono tre utilissimi Ricettarii. *Vinegia, Vavassore*, 1541, in-8.

Ouvrage italien traduit en français sous le titre : Bastiment des Receptes. (Voyez *Bastiment.*)

—Dificio di recette nel qvale si contenego tre vtilissimi ricettari nel primo si tratta di molte & diuerse uirtù. Nel secondo si insegna a comporre uarie sorti di soaui et utilissi odori. Nel terzo & vltimo si tratta di alcuini secreti medicinali necessari in risanar li corpi humani, come nella tauola si portia uedere. *In Venetia, appresso Francesco Rampazetto*, s.d. (1553), in-8 de 30 ff.

Au titre, marque typographique.

OPOIX (Chr.). — Beurre frais épuré, et conservant longtemps ses bonnes qualités sans devenir rance. *Provins, de l'impr. de Lebeau*, 1825, in-8 de 12 pages. (2 fr.)

ORACLE (The Cook's); containing receipts for plain cookery on the most economical plan for private families... The fourth edition to which are added, one hundred and thirty new receipts, for pastry, preserves, puddings... *London*, 1822, in-12 de XVIII-545 pp. (2 fr. 50.)

Par le Dr Kitchiner.

ORAISON fvnebre de Caresme prenant composé par le Seruiteur du Roy des melons Andardois. *S.l.n.d.* (1624), in-16.

Pièce facétieuse en vers, excessivement rare, dans laquelle l'auteur déplore l'arrivée du Carême.

Pleurez, pleurez, pleurez, pleurez en mille
        [diables,
He pleurez pour celuy qui faisoit que les
        [tables
Estoient tousiours remplies de mets deli-
        [cieux,
De vins clairets, vins blancs, vins mous-
        [seux et vins vieux.
Pleurez, broches, landiers, pleurez, vous
        [lechefrites;
Pleurez casses, chaudrons, pleurez grasses
        [marmites
Pleurez, pleurez la mort de celuy qui
        [faisoit
Que servant tous les iours chacun vous
        [cherissoit.

Réimprimée en *fac simile* dans la collection des *Joyeusetez* tirées à 76 exempl. *Techener*, 1829-1831 et dans le tome III des *Variétés historiques et littéraires*, d'Edouard Fournier, p. 361 à 364.

ORDONNANCE de la police svr le reiglement dv gibier, vollaille, Beurre, Fromages, Fuicts (*sic*), Grains, Vins, & Foing. Et de l'heure à laquelle les Regratiers & Reuendeurs doibuent entrer dans les marchez de ceste dicte ville, sur les peines y mentionnées. *A Rouen, De l'Imprimerie, De Martin le Mesgissier, Imprimeur ordinaire du Roy, tenant sa bouticque au haut des degrez du Palais*, 1610, in-8 de 8 ff. n. ch. (De 8 à 10 fr.)

— de la police svr le reglement des hosteliers, et Taverniers, Revendevrs de Viures, & autres ayant quitté leurs mestiers pour faire ladicte reuente : Deffences d'aller enarrer les Vins, Foings, & Fruicts. D'aller aux Tauernes. Auec le priuilege des Bourgeois de faire apporter du Vin en leurs maisons par pots ou gallons, & iceluy renuoyer si ne leur semble bon. Ensemble sur le reglement des Poullaillers, & Rotisseurs. Et deffences aux Chandeliers de fondre aucun suif creu, ou brun, en ceste dite ville, n'y d'auoir aucuns Foings ny Pailles pour reuendre. *A Rouen, De l'Imprimerie, De Martin le Mesgissier, Imprimeur ordinaire du Roy, tenant sa boutique au haut des degrez du Palais*, 1624, in-8 de 4 ff. n. ch. (De 8 à 10 fr.)

— de la police contenant le taux et le prix que les boullangers doivent vendre le pain tant bis que blanc, 1631, pet. in-8. (De 5 à 6 fr.)

— de monsieur le lieutenant général de police qui enjoint aux Maîtres Fruitiers-orangers de faire apporter en entier sur le carreau de la halle le beurre frais qu'ils feront venir pour leur compte, etc. Du 11 avril 1744 (*A Paris, de l'imprimerie Royale*) 1744, in-4 de 4 pp. (De 4 à 5 fr.)

— de police concernant l'Etablissement des cuiseurs d'Abattis dans l'Isle des Cygnes. Du douze octobre mil sept cent soixante quatre (*L. Guerin & L.-*

F. Delatour Imprimeurs de la Police 1764) in-4 de 6 pp. (De 4 à 5 fr.)

— de police qui fait défenses d'exposer ni vendre aucuns Mousserons, Morilles, & autres especes de Champignons d'une qualité suspecte, ou qui étant de bonne qualité auroient été gardés d'un jour à l'autre, sous peine de cinquante livres d'amendes. Du treize Mai mil sept cent quatre vingt deux. (*A Paris chez P. G. Simon, Imprimeur du Parlement*), in-4 de 4 pp. (De 2 à 3 fr.)

— des juges deputez par le Roy, pour la police, par laquelle est défendu à tous bourgeois, manans et habitans de la ville, fauxbourgs, prevosté et viconté de Paris, leurs gens et serviteurs, et mesmes aux gens des villages, d'aller ny eux transporter ès tavernes et cabarests; et à toutes personnes de les y recevoir; de vendre vin emmy les rues, bleds ou grains ailleurs que ès marchez ordinaires........ *Paris*, 1573. (De 7 à 8 fr.)

— donnée av bvreav de la pollice, svr le Reglement donné aux Maistres & Gardes de Cuisinier Rotissier, Hosteliers, Tauerniers, & Cabaretiers de ceste ville de Roüen. Publié le vingt-septième Mars mil six cēs dixneuf. *A Roven. De l'Imprimerie, De Martin le Mesgissier, Imprimeur ordinaire du Roy, tenant sa boutique au haut des degréz du Palais,* 1627, in-8 de 16 pp. (De 6 à 8 fr.)

— du 13 mai 1572 portant défenses à tous bouchers d'aller au-devant de la marchandise destinée au marchè de Paris et défenses d'achepter aucune marchandise sept lieues a lentour de Paris, de vendre aucuns agneaux. *Paris*, 1572, pet. in-8. (De 7 à 8 fr.)

— du 20 novembre 1573, portant defenses a tous Taverniers, Cabarestiers, et autres qui vendent vin à pots et en détail, de ne mesler cidre ny eau avec le vin; Et a tous artisans, gents de mestier, clercs, etc de n'aller ny eux transporter ès jeux de paume ou escrime, ès estuves ou logis de menestriers, pour y jouer, boire, ne prendre aucun repas. *Paris, Morel*, 1573, pet. in-8. (De 7 à 8 fr.)

— du Roy pour la police et reglemēt des hosteliers, tauerniers et cabaretiers (*sic*) de cette ville, que faulx bourgs, Prevosté et Vicomté de Paris. Ensemble defenses faites à toutes gēs de metier, artisans, leurs femmes, serviteurs, chambrières de ne porter ne user d'aucune soie en quelques habits qu'ils puissent avoir ou porter. Ensemble à tous laboureurs, vignerons et autres personnes demourans aux villages de ne porter drap de couleur, ne chausses deschiquetées. *Paris, Jean Dallier*, 1572, pet. in-8 de 4 ff. n. ch. (De 10 à 15 fr.)

— du Roy svr le faict de la Police generale de son Royaume : contenant les Articles & reglemens que sa Maiesté veut estre inuiolablement gardez, suyuis & obseruez, tant en la ville de Paris, qu'en toutes les autres de sondict Royaume. *A Lyon, Par Michel Ioue & Iean Pillehotte.* M. D. LXXVIII (1578). Auec priuilege du Roy, in-8 de 77 pp., 1 p. bl., 1 f. n. ch. (privilège au rᵒ, vᵒ blanc) et 1 f. bl. (De 15 à 20 fr.)

Ordonnance relative aux grains, au pain, au vin, à la grosse chair, la volaille, au gibier, etc., et concernant les hosteliers et cabaretiers.

— du Roy touchant la nourriture et l'entretenement des pauvres des villes de ce royaume. *Paris, Fr. Morel*, 1526. (De 7 à 8 fr.)

— du roy svr le reiglement des hosteliers, tauerniers & cabaretiers de son Royaume, & pris des viures en chascune saison de l'année. *A Paris, Par Robert Estienne Imprimeur du Roy.* M. D. LXIII. Auec priuilege dudict Seigneur, in-8 de 20 ff. n. ch. signés A-E par 4. (De 15 à 20 fr.)

Le rᵉ de l'avant dernier f. est occupé par un fleuron; le vᵒ et le dernier f. sont blancs.

— La même... *A Lyon par Pierre Merant, en la rue Sainct Jean, 1564.* av. privilège, in-8 de 20 ff. n. ch. (De 12 à 15 fr.)

— pour les hosteliers, taverniers, cabaretiers de la ville, banlieue, prevosté et viconté de Paris. *Paris, 1600.* (De 5 à 6 fr.)

— sur le fait de la police de Paris, contenant les reiglements qui doivent estre gardez par les Boullengers, Bouchers, Chandeliers et autres avec le pris du pain, suif et chandelle. *Paris, 1500,* pet. in-8. (De 12 à 15 fr.)

— sur le reiglement des Tauerniers, cabaretiers, Rotisseurs, patissiers et maistres des ieux de paulmes; & defences à tous manâs et habitâs de la ville & faulxbourgs de Paris de n'aller aux tauernes pour boire et manger, sur les peines y contenues. *Imprimé a Paris par Guillaume Niuerd Imprimeur & Libraire, demeurât au bout du pont aux Muniers, vers le Chastelet, 1560. Auec priuilege.* In-8 de 4 ff. (De 20 à 25 fr.)

Ce reglement de police, signalé par M. A. de Montaiglon, *Recueil de poésies françoises,* tome XI, p. 38, est daté du 26 avril 1560 et signé : Bertrand.

ORDONNANCES de la police, contenant le Reglement faict pour les Poullaillers, Rotissiers, Paticiers, & autres Regratiers de viures & victuailles en ceste dicte ville, Et de l'heure à laquelle lesdicts Regratiers, Salleurs & Saleresses de Beurre, Chandeliers, Fourmagers, Fruictiers & autres doibuent entrer dans les marchez ordinaires d'icelle. Publiées à Rouen les Vendredy & Samedy cinq & sixième iour de Feburier, 1610. *A Roven. De L'imprimerie, De Martin le Mesgissier, Imprimeur ordinaire du Roy, tenant sa boutique au haut des degrez du Palais.* 1610, in-8 de 8 ff. n. ch. (De 7 à 8 fr.)

— des roys de France de la troisième race, recueillies par ordre chronologique. Avec des renvoys des unes aux autres, des sommaires, des observations sur le Texte et cinq Tables, La rᵉʳᵉ des Pâques, la 2ᵉᵐᵉ des ordonnances par ordre de date, la 3ᵉᵐᵉ des Matières, la 4ᵉᵐᵉ des Noms des personnes et la 5ᵉᵐᵉ des noms des lieux. *A Paris, de l'imprimerie royale,* 1723-1847, 21 vol. in-fol.

Ces ordonnances ont été recueillies et réunies en volume par M. de Laurière, d'abord, ensuite par MM. Secousse, Pastoret et Pardessus. On y trouvera toutes les ordonnances royales concernant le vin, le pain, les traiteurs, les restaurateurs, les rôtisseurs, etc., etc.

— statuts, et règlements des Marchands de Vins de la ville de Paris et fauxbourgs de Paris. *Paris, de l'impr. de Jacques Vincent,* 1732, in-4. (De 3 à 4 fr.)

ORGIES (Les) de Bacchus ou chansons à boire. *Paris, Boisset, S. d.,* in-12. (3 fr.)

ORIGINE des Chapons du Mans. Et la manière de les engraisser. *S. l.* (1703), in-8 de 14 pages. (De 8 à 10 fr.)

Curieuse pièce dans laquelle l'auteur raconte, en vers de huit pieds, comment il advint malheur aux coqs; la seconde partie qui commence à la page 9 enseigne la manière d'engraisser les chapons pour leur donner cette chair tendre et rosée qui fait la joie des gourmets et des gastronomes.

ORIGINE (De l') et du progrez du Café : Sur un manuscrit Arabe de la bibliothèque du Roy. *A Caen, chez Cavelier, seul imprimeur du Roy & de l'Université & à Paris, chez Florentin et Delaulne, rüe S. Jacq, à l'Empereur & au Lyon d'or,* 1699, in-12 de 79 pages. (De 12 à 15 fr.)

Cet opuscule est adressé à Monsieur Chassebras de Cramaille. Il est signé : Galland, à la page 77. Page 78, huit vers à M. Galland, sur son Traité du Café; page 79, six vers signés comme les précédents, de Maumeret.

Une réimpression de ce traité a été faite à Caen en 1856, *impr. de Poisson*, mais in-8. Sur la couverture. on lit, en plus du titre : *Opuscule du 17ᵉ siècle par Galland, auteur des Mille et une Nuits. Nouvelle édition augmentée d'instructions sur les propriétés de cette fève et le meilleur procédé pour en obtenir la boisson dans toute sa perfection.*

ORMEAUX (A. des). — Le Trésor des ménages ou recueil complet de recettes journellement utiles et peu connues. pour faire des confitures, des marmelades, des gelées, des compotes, des dragées en tout genre, du chocolat, des glaces. des pâtisseries, des liqueurs de toutes espèces, du punch, des pommades, des élixirs pour les dents, augmenté de plusieurs recettes pour faire l'eau de Cologne, l'eau des quatre voleurs. etc. publié par A. des Ormeaux. *Paris, Lebigre frères*, 1838, in-12 de 240 pp. (De 2 à 3 fr.)

OURRY. — Le nouveau Caveau pour 1819 faisant suite au *Caveau moderne* et à l'*Enfant lyrique du Carnaval ;* choix des meilleures chansons, la plupart inédites, des membres du « Caveau moderne » et des « Soupers de Momus » publié par M. Ourry. *Paris, A. Eymery*, 1818 in-18. (2 fr.)

Le *Nouveau Caveau* a paru pendant neuf ans ; le premier volume porte la date de 1818, le dernier celle de 1826.

Voyez Caveau (le) moderne et Enfants (les) du Caveau.

OZANNE (Achille). — Poésies gourmandes, menus et recettes en vers par Achille Ozanne. Préface par Chatillon-Plessis. *Bibliothèque de « l'Art culinaire » nᵒ 52 rue Laffitte. Paris*, in-18 de 48 pages. (2 fr.)

Couverture illustrée par Henriot. M. Achille Ozanne a été pendant de longues années chef de cuisine du Roi de Grèce. Les recettes en vers qu'il a réunies dans ce petit livre ont paru, pour la plupart, dans l'*Art culinaire.*

PAIN (Le) mollet, poeme. 1768, in-12. (De 3 à 4 fr.)

Par Ch. Mar. La Condamine.

PALAIS (Le) de Scaurus ou description d'une maison romaine, fragment d'un voyage fait à Rome vers la fin de la république par Mérovir, prince des Suèves. Seconde édition. *Paris, impr. de Firmin-Didot*, 1822, in-8 de 308 pp. (De 7 à 8 fr.)

Par F. Mazois.

Détails sur la Cuisine et ses dépendances (chap. XIV) et sur le triclinium (chap. XIX).

La première édition a paru, en 1819, in-4. Une troisième édition, a été publiée, chez *Didot*, 1860, in-8.

PALLADIUS (R. T. Æ.) — Palladii Rvtilii Tavri Æmiliani de Re rvstica libri XIIII. *Parisiis, ex officinâ Roberti Stephani*, 1543, in-8.

Les œuvres de Palladius, agronome latin vivant au Vᵉ siècle, ont été imprimées, pour la première fois, *Venetiis Nic. Jenson*, 1472, avec les traités de Porcius Caton, Varron et Columelle, en un vol in-fol.

Nous ne donnerons pas ici la liste des éditions latines des œuvres de Palladius que nous ne citons que, parce que dans ses « choses rustiques » se trouvent quelques chapitres relatifs au sujet qui nous occupe. (Voyez Cat. J.-B. Huzard, pages 53 et suivantes.)

L'auteur, en effet, enseigne la manière de faire l'hydromel, de confire le verjus, les olives, les raves, de faire le cotignac, l'huile verte, etc.

Le Traité de Palladius a été plusieurs fois traduit en italien et en français. Nous citerons parmi les traductions françaises :

— Les Treze Liures des Choses rustiques de Palladius Rutilius Taurus Æmilianus ; traduicts nouuellement de latin en françois par Jean Darces. *Paris, de l'impr. de Michel de Vascosan*, 1553 (et aussi 1554), pet. in-8.

— L'Economie rurale de Palladius Rutilius Taurus Æmilianus. Traduction nouvelle par M. Cabaret-Dupaty. *Paris, impr. de Panckoucke*, 1844, in-8.

PALLAIS. — La Quimica del Gusto y del olfato, puesta al alcance de todo el mundo, escrita en francés por D. Pallais, y traducida al castellano por D. Miguel de Yaniz. *Paris, en casa de Jules Renouard*, 1828, in-12 de III-256 pp. (2 fr.)

— Tratado sobre la destilacion, que contiene la teoria de la fermentacion y su aplicacion a la practica, escrito en frances por D. Pallais y traducido al castellano por D. M. de Yaniz. *Paris, Jules Renouard*, in-12.

PALMARIUS. — Ivliani Palmarii de

vino et pomaceo Libri duo. *Parisiis, apud Guillelmum Auuray, viâ D. Ioann. Bellouacensis sub insigni Bellerophontis coronati*, 1588, in-8 de 6 ff. lim. n. ch., 75 ff. et 1 f. *d'errata*. (De 30 à 40 fr.)

Au titre, marque de Guillaume Auvray. Les ff. limin. comprennent le titre (v° blanc), la dédicace, des vers adressés à Palmarius et l'extrait du privilége daté du 20 novembre 1587.

Traité curieux sur le vin et sur le cidre. L'auteur met cette dernière boisson au-dessus du vin. On raconte, dit la *Bibliograph. agronomique*, que, devenu hypocondre à la suite du massacre de la Saint-Barthélemy, il se retira en Normandie et dut principalement au cidre sa tardive guérison.

L'ouvrage de Julien de Paulmier a été traduit en français sous ce titre :

— Traité dv vin et dv sidre, par Julien de Paulmier Docteur en la faculté de Médecine à Paris, *A Caen, chez Pierre le Chandelier*, 1589, in-8 de 4 ff. lim. n. ch. et 87 ff. (De 60 à 70 fr.)

Les ff. limin. sont occupés par le titre au v° duquel l'extrait du privilége daté de novembre 1587, la dédicace à « Monsievr de Lysores » signée : de Pavlmier, et des vers latins.

Le premier livre « Traité dv vin » occupe les ff. 1 à 27; l' « apologie dv translateur contre l'vsage du Vin & du Sidre sans eau », les ff. 28 à 83. Aux ff. 84 et 85, « Jac. Cahagnesivs Joan. Riolano Medico Parisiensi S. » et aux ff. 86 et 87, « Jacobo, Cahagnesio, Joan. Riolanus S. ».

Jacob de Cahaignes, le traducteur du traité de Palmarius auquel il fit d'importantes additions, était un des élèves de l'auteur.

Vend : en vélin, 95 fr.

— Le même..... *A Caen, chez Adam Cavellier*, 1607, in-8. (De 25 à 30 fr.)

Vend : en mar. bl. (Trautz-Bauzonnet) 62 fr. Yemeniz.

PAPE-CARPANTIER (Mme Marie). — Histoire du Blé par Mme Marie Pape-Carpantier inspectrice générale des salles d'asile, directrice du cours pratique. *Paris, Hachette et Cie*, 1873, in-18 de 4-145 pp., fig. (2 fr.)

PAPIN. — La manière d'amolir les os, et de faire cuire toutes sortes de viandes en fort peu de temps & à peu de frais. Avec une description de la Machine dont il se faut servir pour cet effet, ses proprietez & ses usages, Confirmez par plusieurs Expériences. Nouvellement inventé. Par Mr Papin, Docteur en médecine. *A Paris, chez Estienne Michallet ruë Saint-Jacques, proche la Fontaine Saint Severin, à l'image Saint-Paul*, 1682, in-12 de 6 ff. limin. n. ch., 164 pp. et 6 ff. n. chiffr., 2 planches. (De 50 à 60 fr.)

Les 6 ff. lim. sont occupés par le titre (v° blanc), « A l'illustre Société de Londres », la « Préface », la « table des chapitres » (IX) et l'approbation des docteurs signée Lienard et datée du 6 juillet 1681.

Le traité occupe les pages 1-158. Pages 159-164 « Advis » Les 6 derniers ff. contiennent « Advis de Monsievr Comiers Prevôt de Ternant, Professeur des Mathématiques, à Paris »; viennent ensuite les 2 planches. »

Vend : en mar. vert (Belz-Niédrée) 126 fr., Bancel.

— La manière d'amolir les os et de faire cuire toutes sortes de Viandes en fort peu de temps, & à peu de frais; avec une description de la Machine dont il se faut servir pour cet effet, ses proprietez & ses usages, confirmez par plusieurs Expériences. Par Mr Papin, Doct. en Medecine, & Membre de la Société R. de Londres. Nouvelle édition revûë & augmentée d'une Seconde partie. *A Amsterdam, chez Henry Desbordes, dans le Kalver-Straat, près le Dam*, 1688, in-12, 4 planches. (De 35 à 40 fr.)

Cette seconde édition est beaucoup plus complète que la première. Elle est divisée en deux parties.

1re partie : 6 ff. n. ch. pour le Titre, la dédicace à Messieurs de la Société royale de Londres, Préface pour la première partie, table des chapitres (au nombre de IX) et l'approbation. — Le « Traité tres-curieux et utile pour amolir les os » commence à la page 1 et finit à la page 127. On lit au bas de cette dernière page : Ceux qui souhaiteront avoir la Machine réduite dans toute sa facilité & de moindre dépense, telle que nous l'avons donné cy-dessus. s'adresseront au sieur Houdry, Maître-fondeur, rûe de la Ferronnerie ».

II° *partie* : Cette seconde partie porte le titre spécial suivant :

— Continuation du digesteur ou manière d'amolir les os. Seconde partie. Contenant les perfections qu'on y a ajoutées, & les nouveaux usages à quoy on l'a appliqué ; avec plusieurs nouvelles utilitez de la Machine du Vuide. Eprouvées tant en Angleterre qu'en Italie. Par M⁽ʳ⁾ Papin, Doct. en Medecine, & Membre de la Société R. de Londres. *A Amsterdam, chez Henry Desbordes,.... 1688.*

Six feuillets non chiffrés pour le Titre, la dédicace à Monseigneur le Comte de Carbery, président de la Société royale, la préface et la liste des membres de la dite Société.

Le corps de l'ouvrage commence à la page 1 et finit à la page 240.

L'approbation, placée à la première partie, porte la date du 9 juillet 1681, le permis d'imprimer celle du 8 du même mois de la même année.

Le curieux traité de Papin a paru, pour la première fois en anglais sous ce titre :

— A new Digester or Engine for softaing bones, containing the description of its make and use in Cookery, voyages and sea confectionary, making of drinks, chymistry and dying..... *London*, 1681, in-4.

PAPPASIMOS. — Les Corps gras alimentaires, laitage et œufs à l'Exposition universelle internationale de 1878 à Paris ; par M. Pappasimos. *Paris, impr. nationale*, 1880, in-8 de 49 pp. (1 fr. 50.)

PAPUT-LEBEAU. — Le Gastrophile ou Art culinaire renfermant 60 menus, 275 recettes choisis par Paput-Lebeau, chef de Cuisine. *Paris, Audot, Lebroc et C*⁽ⁱᵉ⁾, 1883, in-18 de 360 pp. (3 fr.)

M. Paput-Lebeau avait déjà publié en 1864 un journal culinaire intitulé : *Le Gastrophile* (voyez ce titre), mais le volume que nous citons n'est pas une simple réunion des diverses livraisons de cette publication. On y retrouve beaucoup de menus et recettes insérés dans le journal, mais l'ouvrage, considérablement augmenté, a subi une nouvelle classification ; on a réuni ensemble les potages, les entrées, les sauces, etc., et on a ajouté à la fin une liste intitulée : Renommée de certains départements pour leurs produits, et un dictionnaire des termes de cuisine.

PARADOXE sᴠʀ l'incertitvde, vanité & abus des Sciences. Traduitte en François, du Latin de Henry Corneille Agr. Oeuure qui peut profiter & qui apporte merueilleux contentement à ceux qui fréquentent les Cours des grands Seigneurs, & qui veulent apprendre à discourir d'vne infinité de choses contre la Commune opinion. ᴍ ᴅ ᴄ ɪɪɪ, in-12 de 10 ff. n. ch. et 737 pages. (De 10 à 12 fr.)

Sans lieu d'impression comme sans nom d'imprimeur. Cet ouvrage est divisé en ᴄɪɪɪ chapitres. Le chapitre ʟxxxɪx est intitulé : *De la Cuisine.* « L'art de cuisiner, y est-il dit, est fort commode, & si n'est point deshonneste, pourueu qu'il ne passe les limites de discretion, à raison dequoy plusieurs grands personnages, voire & sobres, n'ont eu honte de faire des liures de la Cuisine & manière de faire de bonnes sauces & bien assaisonner les viandes : » L'auteur cite alors parmi les Grecs, Pantaléon, Mithecus, Epiricus, Zophon, Egesippus, Pazanius, Epenetus, Heraclides syracusain, Symonastides de Zio, Glaucus de Locres et, parmi les Romains, Cato, Varro, Columella, Apice, etc., etc. On trouve dans ce chapitre de très curieux détails sur Apicius, sur la cuisine des Anciens et sur l'origine des lois somptuaires, loi Archie, Fannie, Didie, Licinie, Cornelie, etc.

PARFAIT (Le) charcutier, ou l'Art d'apprêter, d'assaisonner et de faire cuire toutes les diverses parties du Cochon et du Cochon de lait, du Sanglier et du Marcassin, dans le goût le plus moderne ; avec des observations propres à faire connaître les avantages que l'on peut en tirer pour l'économie domestique ; suivi de la liste des charcutiers de Paris. *A Paris, chez J. Mo-*

ronval, 1815, in-18 de 175 pp., fig. grav. (De 2 à 3 fr.)

— Le même... 2ᵉ édition, *ibidem, idem*, 1817, in-18.

PARFAIT (Le) liquoriste, contenant plus de 100 recettes pour la fabrication des liqueurs superfines. *Besançon, impr. Jacquin; M. Guichard, pharmacien*, 1859, in-8 de 16 pages. (2 fr.)

PARIS-GOURMET. Moniteur de la Gastronomie. *Saint-Germain, impr. Toinon et Cⁱᵉ*, in-fol. de 4 pp. à 3 col.

Le nᵒ 1 (numéro-spécimen) de cette feuille quotidienne a paru le 25 octobre 1872.
Prix de l'abonnement : un an, 30 fr.; six mois, 15 fr.; trois mois, 8 fr.; un numéro 10 c.

PARIS-GUIDE par les principaux écrivains et artistes de la France. *Paris, A. Lacroix, etc.*, 2 part. in-12. (De 10 à 15 fr.)

On trouve dans la 2ᵉ partie un chapitre intitulé : *L'alimentation à Paris* (p. 1519 à 1555) et qui se compose de : *La Halle et les Marchés*, par Victor Borie; *les grandes Cuisines et les grandes Caves*, par Auguste Luchet; *les petites Caves et les petites Cuisines*, par Charles Joliet.

PARIS ou le Livre des Cent et Un. *Paris, Ladvocat*, 1831-1834, 15 vol. in-8.

Voyez : tome VI, les tables d'hôtes parisiennes, par L. D. Derville; tome XII, la mort de Carême, par F. Fayot et tome XV, les Déjeuners de Paris, par E. Pougat.

PARISET (Mᵐᵉ). — Manuel de la maîtresse de maison ou Lettres sur l'économie domestique par Mᵐᵉ Pariset, seconde édition revue et augmentée. *Paris, Audot*, 1822, in-18 de 246 pages, avec une gravure. (1 fr. 50.)

Le faux titre porte : *Encyclopédie des Dames*; la première édition est de 1821, la troisième, de 1824. Petit manuel composé de XVII lettres suivies de quelques recettes culinaires. Voyez Celnart (Mᵐᵉ).

PARIS-RESTAURANT par les auteurs des Mémoires de Bilboquet. *Paris, Alphonse Taride*. 1854, in-18 de 96 pages. (De 3 à 4 fr.)

Fait partie de la collection des *Petits-Paris*. C'est la couverture, dont la moitié supérieure est occupée par une vignette, qui sert de titre. A la page 1, faux titre sur une seule ligne. *Paris-restaurant* est divisé en XXXV chapitres. Selon Barbier, les auteurs des *Mémoires de Bilboquet* sont Maurice Alhoy, Edmond Texier et Taxile Delord.

PARMENTIER. — Ouvrage économique sur les pommes de terre, le froment et le riz par Parmentier. *Paris, Monory*, 1774, in-12. (5 fr.)

— Le parfait Boulanger, ou traité complet Sur la Fabrication & le Commerce du Pain. Par M. Parmentier, Pensionnaire de l'hôtel royal des Invalides, Membre du Collège de Pharmacie de Paris, de l'Académie des Sciences de Rouen & de celle de Lyon, Démonstrateur d'Histoire Naturelle. *Paris, impr. Royale*, 1778, in-8 de liij-639 pp. et 1 f. n. ch. (8 fr.)

Parmentier, dans l'introduction de son ouvrage, fait un historique de la Boulangerie.

— Avis aux bonnes ménagères des villes et des campagnes sur la meilleure manière de faire leur pain par M. Parmentier. (*A Paris, de l'impr. royale*, 1777), in-8 de 108 pp. (De 4 à 5 fr.)

Autres éditions : *Paris*, 1782, 1785 et 1794.

— Manière de faire le pain de pommes de terre sans mélange de farine, par Parmentier. *Paris, impr. royale*, 1779, in-8 de 55 pp. (De 3 à 4 fr.)

— Discours prononcés à l'ouverture de l'école gratuite de boulangerie Le 8 juin 1780. Par MM. Parmentier & Cadet de Vaux, Professeurs de cette Ecole, &c., &c. *A Paris, de l'impr. royale de Ph.-D. Pierres*, 1780, in-8 de 99 pp. (2 fr. 50.)

—Traité de la Châtaigne par Parmentier. *Bastia et Paris, Monory,* 1780, in-8. (3 fr.)

— Les pommes de terre considérées relativement à la Santé et à l'Economie; ouvrage dans lequel on traite aussi du Froment et du Riz, par Parmentier. *Paris, Nyon l'aîné,* 1781, in-12. (3 fr.)

— Recherches sur les végétaux nourrissans, Qui, dans les temps de disette, peuvent remplacer les alimens ordinaires. Avec de nouvelles Observations sur la culture des Pommes de terre. Par M. Parmentier, Censeur royal, Pensionnaire de l'Hôtel royal des Invalides, Apothicaire-major des Camps & Armées du Roi, Membre du Collége de Pharmacie de Paris..... *A Paris, de l'imprimerie royale,* 1781, in-8 de XVI-599 pp., avec une planche pliée. (De 4 à 5 fr.)

— Moyen proposé pour perfectionner promptement dans le royaume la Meunerie et la Boulangerie. Lu au Comité de la Boulangerie le 24 janvier 1783 par M. Parmentier, Censeur royal, etc. *Paris, chez Barrois l'aîné,* 1783. (2 fr. 50.)

— Instruction sur la conservation et les usages de la pomme de terre, publié par ordre du gouvernement. *Paris, de l'impr. royale,* 1787, in 8. (2 fr. 50.)

— Traité sur la culture et les usages des Pommes de terre, de la Patate et du Topinambour par Parmentier. *Paris, Barrois l'aîné,* 1789, in-8. (3 fr.)

— L'art de faire les eaux-de-vie d'après la doctrine de Chaptal où l'on trouve les procédés de Rozier pour économiser la dépense de leur distillation, etc... Suivi de l'art de faire les vinaigres simples et composés avec la méthode en usage à Orléans pour la fabrication; les recettes des vinaigres aromatiques et les procédés par lesquels on obtient le vinaigre de bierre, de cidre, de lait, de malt, etc. Ouvrage orné de cinq planches par A. A. Parmentier. *Paris, Delalain,* an X, in-8 avec 5 pl. (De 3 à 4 fr.)

— Instruction sur les Sirops et les Conserves de Raisins, destinés à remplacer le sucre dans les principaux usages de l'Economie domestique, par A. A. Parmentier. *Paris, Méquignon aîné,* 1809, in-8. (2 fr.)

La première édition, *ibidem, idem,* 1808, in-8 et la 3e édition, *ibidem, idem,* 1810, in-8, ont paru sous des titres différents.

— Instruction pratique sur la composition, la préparation et l'emploi des soupes aux légumes, dites à la Rumford, rédigée par A. A. Parmentier, vice-président de la Société philanthropique. *Paris, Méquignon aîné père,* 1812, in-8. (2 fr.)

Parmentier est l'auteur d'un grand nombre d'autres travaux sur la vigne, les raisins, les sirops de raisins, la meunerie, la boulangerie, etc., mais qui sont de nature trop technique pour que nous les fassions figurer dans cette bibliographie. Ces travaux ont été, pour la plupart, traduits en anglais, italien, etc. Le propagateur de la pomme de terre a, en outre, écrit plusieurs ouvrages en collaboration avec Cadet de Vaux, Rozier, Chaptal, Delessert, etc. Voyez : Recueil de Rapports.

PARMENTIÈRES (Les). Stances dédiées à la mémoire de leur immortel parrain. Par M. J. A. L******, ancien officier dans les armées françaises. *Lyon, Guilloud,* 1823, in-18 de 18 pp. (De 3 à 4 fr.)

Le *Catal. J.-B. Huzard* indique la même édition, *Lyon, Guilloud,* 1823, mais avec 16 pages seulement.

PARTRIDGE (John). — The Treasury of Commodious Conceits and Hidden Secrets. By John Partridge, 1580, in-12.

M. W. Carew Hazlitt cite une autre édition, de 1586, de ce livre de cuisine qui a reparu in-4 sous le titre de « Treasury of Hidden Secrets » en 1596, 1600, 1637 et 1653.

PASSE-PARTOVT (Le) du Mardy gras. *S. l. n. d.*, pet. in-8 de 8 pages. (De 15 à 20 fr.)

Pièce de vers bachique curieuse et rare.

PASSEPORT (Le) des Bons Bevvvers Enuoyé par leur Prince, dont en voicy le Portraict pour conseruer ses ordonnances Dédié à ceux qui sont capables d'en iouïr. Ensuite la lettre generalle d'Escorniflerie & l'arest des paresseux. *A Paris*, *s. d.*, pet. in-8 de 8 pages. (De 20 à 30 fr.)

Au titre, une fig. représentant Bacchus sur un tonneau. Le v° du titre est blanc.

Pièce fort amusante dans laquelle on voit qu'après leur mort, tous les bons buveurs « escorniflerons en l'autre monde » c'est-à-dire « seront logez par étiquettes dans un merueilleux chasteau dont la description en suit ». Cette description serait un peu longue à donner ici; disons toutefois que « le pont leuis du dit chasteau est fait de pain de Gònesse » que « les murailles sont faites de grosses pièces de bœuf sallé, entassées les unes sur les autres en façon de pierres de taille » que, « les moulures frizées corniches & architectures sont côposez de ceruelats, andouilles, boudins & saucisses. » Quant à la « tapisserie qui est dedans, ne sont que perdrix rosties, oysons farcis, pastez chauds, leuraux à la sauce douce, poulés fricassez, salades, grillades, capilotades & carbonades ». Le tout est à l'avenant.

Cette pièce signée : Boy sans soif et Harpineav, secrétaire, est d'une originalité curieuse; elle a été réimprimée par M. Edouard Fournier, dans ses *Variétés historiques et littéraires*, t. IV, pp. 69-73.

PASTIME (The royal) of cockfigthing, or the art of breeding, feeding, fighting, and curing cocks of the game. *London*, 1709, pet. in-8, fig. (De 7 à 8 fr.)

PASTISSIER (Le) François; Où est enseigné la manière de faire toute sorte de Pastisserie tres-vtile à toutes personnes. Ensemble Le moyen d'aprester les œufs pour les iours maigres, & autres, en plus de soixante façons. *A Paris chez Iean Gaillard ruë Sainct-Iacques à la Diligence*, 1653, in-8 de 233 pages et 5 pages de table non chiffrées. (De 30 à 40 fr.)

Au v° du titre est imprimé un avis « Av lecteur » Le corps de l'ouvrage commence à la page 1 et finit à la page 233. L'extrait du privilège daté du 28 avril 1653 est placé au bas de cette page ainsi que « l'achevé d'imprimer pour la première fois » qui porte la date du 15 sept. de la même année. La table occupe les 5 dernières pages.

Un exemplaire lavé, en mar. r. (Petit-Simier), ayant appartenu au célèbre Carême et annoté par lui, a été adjugé 45 fr., Bancel.

— **Le Pastissier françois.** Où est enseigné la manière de faire toute sorte de Pastisserie, tres-utile à toute sorte de personnes. Ensemble Le moyen d'aprester toutes sortes d'œufs pour les jours maigres & autres, en plus de soixante façons. *A Amsterdam, chez Louys et Daniel Elzevier. A° MDCLV*, pet. in-12 de 6 ff. limin. n. ch. et 252 pages, front. grav.

Le front. représente un intérieur de cuisine. Près d'une table chargée de mets, au premier plan, un cuisinier; au dernier plan, un autre cuisinier enfournant des pâtisseries. Egalement debout près de la table, une femme tenant un hachoir. Des volailles accrochées au mur. En haut du frontisp. on lit : Le || Pastissier || françois. — (Au bas :) A Amsterdam || chez Louys et Daniel Elzevier A° 1655.

Les 6 ff. limin. sont occupés par le frontisp. dont le v° est blanc, le titre (v° blanc), l'avis « Av Lectevr » surmonté d'un fleuron et la « Table générale des Matières contenues en ce livre », rédigée par ordre alphabétique. Le corps de l'ouvrage commence à la page 1 et finit à la page 252.

On connaît actuellement une trentaine d'exemplaires du *Pastissier* (édition de 1655). M. Willems, dans ses *Elzevirs*, signale une dizaine d'exemplaires à Mons, à Tournay, etc., mais, leur existence ne lui paraissant pas suffisamment avérée, il a renoncé à recueillir des renseignements à leur sujet. En revanche, il donne une liste de 29 exemplaires avec les noms de leurs propriétaires successifs. En 1847, M. de Reume, dans ses *Recherches sur les Elzevier* (Bruxelles) ne signalait que 5 exemplaires du *Pastissier*, 2 à

Paris, 2 en Belgique et 1 à Nancy. M. Pieters, *Annales des Elzeviers*, p. 210, en a compté 9. M. Willems, pas plus que M. Brunet, ne s'explique l'engouement que l'on semble avoir pour le *Pastissier* et va jusqu'à le qualifier de « bouquin insignifiant ». Il est juste de dire que cet ouvrage n'est pas imprimé avec le soin qu'ont apporté les Elzeviers dans l'exécution de bien d'autres livres sortis de leurs presses, mais c'est peut-être aller un peu loin que de dire que « sa réputation de rareté est tout à fait usurpée ».

On conçoit aisément que les exemplaires du *Pastissier* qui, au moment où ils ont été mis en vente, se vendaient douze sous soient difficiles à rencontrer en bonne condition, bien que le livre ait été tiré à un grand nombre, à plusieurs milliers sans doute. Sera-t-on sûr, dans deux siècles d'ici, de trouver un exemplaire bien conservé de la *Cuisinière de la Campagne et de la Ville*. Il faut bien se rendre compte que le *Pastissier françois* était alors un livre de cuisine pratique que l'on mettait entre les mains des cuisiniers de l'époque. Ce n'était même pas un livre de luxe comme certains d'aujourd'hui dont le prix est assez élevé pour qu'il ne soit pas à la portée de tous les ménages, comme les œuvres de Gouffé ou d'Urbain Dubois par exemple.

C'est, du reste, ce que dit très judicieusement M. Paul Lacroix dans une note que nous trouvons au Catalogue Pixérécourt et qui est ainsi conçue : Louis et Daniel Elzévier ne soupçonnaient pas en répandant des milliers d'exemplaires de cet ouvrage qu'un volume qui ne coûtait que quelques sous, serait payé plus de deux cents francs et obtiendrait une mention spéciale dans les catalogues de livres précieux ».

Deux cents francs! dit M. Paul Lacroix. Ce n'est plus par centaines, mais par milliers de francs que l'on peut compter le prix du *Pastissier* depuis l'époque à laquelle écrivait le bibliophile Jacob.

En 1878, un exemplaire de cet Elzévir a atteint le prix fabuleux de 10,000 francs; il est vrai qu'on se trouvait en présence d'un exemplaire absolument spécial. Cet exempl. vendu à M. Delbergue par MM. Morgand et Fatout, venait d'Italie; il était broché et non rogné et alors que les autres exemplaires connus ont une hauteur variant entre 124 et 130 mill., celui-là en atteignait une de 145. La trouvaille était, on le voit, curieuse, intéressante. Mais à peine venait-on de la faire que l'on découvrait, encore en Italie, un exemplaire identique et comme condition et comme conservation. Cette découverte provoqua dans le monde des libraires et des

bibliophiles, un certain émoi; des doutes s'élevèrent et l'on alla jusqu'à dire que ces exemplaires avaient été fabriqués. MM. Morgand et Fatout, alarmés à bon droit, des bruits que l'on faisait courir, voulurent pour eux-mêmes et pour l'amateur qui s'était rendu acquéreur de cet exemplaire dégager leur responsabilité. On résolut de soumettre la question à deux experts choisis, l'un parmi les libraires, l'autre parmi les bibliophiles. MM. L. Potier et Quentin-Beauchard furent désignés; ces messieurs examinèrent le plus scrupuleusement possible le sujet de l'expertise et, leur examen terminé, rédigèrent un procès-verbal daté du 17 mars 1879 qui fut inséré dans le *Bulletin mensuel de la librairie Morgand et Fatout*, de juin 1879 et remis à chacune des parties. Après avoir exposé toutes les considérations résultant de leurs recherches, MM. Potier et Quentin-Beauchart ont ainsi conclu :

« Avons été d'avis que l'exemplaire broché du *Pastissier françois* qui a été soumis à notre examen est d'une authenticité incontestable. »

Il n'y a donc aucun doute à avoir à ce sujet. Voici, maintenant, quelques-uns des prix atteints par cet elzevir dans différentes ventes :

L'exemplaire Sensier, h^{teur} 128^{mm}, acheté 128 fr. en 1828, s'est revendu. après avoir figuré dans la collection de MM. Bignon, Coislin, Montesson, 2,910 fr., mar. bl. (Trautz-Bauzonnet), Potier; 3,255 fr., Benzon.

Un autre exemplaire, 131^{mm} 1/2, ayant appartenu au cardinal de Brienne et à la duchesse douairière de Manchester, relié en vélin, a été vendu, en mar. vert (Thibaron) 1,000 fr., Bancel; celui de M. Van den Bogaerde, 129^{mm}, en vélin, a été acheté par M. Capron et revendu 3,200 fr. à M. de Sauvage. A la vente de ce dernier amateur, il a été adjugé, en mar. r. doublé, 4,100 fr. Le même exemplaire vient de se revendre 1,950 fr., Léon Techener. (Voyez Willems, *Les Elzeviers*, p. 301 et suivantes.)

— Le Pastissier François..... Seconde édition. *A Paris, Chez Iean Gaillard, rüe S. Iacques, à la Diligence*, 1657, in-8 de 205 pages, 5 pages de table n. ch. et 1 f. (v° blanc) pour l'extrait du privilège. (De 30 à 35 fr.)

Le titre est le même que celui de la première édition, mais il y a quelques légères différences dans l'orthographe de certains mots.

— Le Pastissier françois..... Troisième

édition. *A Paris, chez Iean Promé, en sa Boutique proche les Augustins, au Cheual de Bronze*, 1662, in-8 de 205 pages et 4 pp. n. ch. (De 20 à 25 fr.)

Les 4 pp. n. ch. sont occupées par la table et l'extrait du privilège donné à Jean Gaillard, à Paris, le 18 avril 1653. Il y est dit que Jean Gaillard a cédé ses droits à Jean Promé.

Au-dessous du privilège on lit « Acheué d'imprimer pour la seconde fois le dernier février 1662 », ce qui paraît assez singulier puisqu'il y a déjà eu deux éditions françaises du *Pastissier*, l'une en 1653, l'autre en 1657, et que, de plus, le titre que nous venons de transcrire porte : Troisième édition.

— Le Patissier françois Où est enseigné la manière de faire toute sorte de Patisserie, tres-vtile à toute sorte de personnes. Ensemble le moyen d'apprester toute sorte d'œufs pour les iours maigres & autres en plus de soixante façons. Troisieme édition. *A Troyes, chez Nicolas Ovdot en la ruë nostre Dame au Chappon d'Or couronné.* 1662, in-8 de 205 pp. et 5 pages non chiffrées de table. (De 10 à 12 fr.)

— Le même... *Lyon, Jacques Canier*, 1663, pet. in-12.

Le *Pastissier françois* a été réimprimé plusieurs fois dans le *Cuisinier françois*, de La Varenne. *Lyon, Jacques Canier*, 1685, pet. in-12. dans l'*Ecole des Ragoûts. ibidem*, 1668 et 1688, in-12 ; dans le *Cuisinier françois ou l'Ecole des Ragoûts. Lyon, André Canier*, 1695. in-12 ; dans le *Cuisignier* (sic) *françois ou l'Ecole des Ragoûts, Lyon, François Sarrazin*, 1699, pet. in-12 ; ainsi que dans le *Nouveau cuisinier françois ou l'Ecole des Ragoûts, Lyon, Marcellin Duplain*, 1727, in-12.

Il a été beaucoup écrit sur le *Pastissier françois*, cet elzévir si convoité par tous les amateurs d'éditions rares ; les bibliographes lui ont consacré d'assez longues notices, notices purement bibliographiques, et dans lesquelles on ne paraît pas s'être attaché à rechercher le nom de l'auteur de ce livre de cuisine anonyme.

Sans vouloir rien affirmer, n'ayant aucune preuve absolument précise à produire, il nous semblerait assez vraisemblable que l'auteur du *Pastissier françois* fût le sieur de la Varenne, auteur du *Cuisinier françois*, publié pour la première fois en 1651. Et ce qui nous porterait à le croire, ce serait d'abord une note de Brunet, t. IV, col. 426, qui se demande s'il n'existe pas un « *Cuisinier françois* », également imprimé par les Elzevier et qui puisse devenir le digne pendant du fameux « *Pastissier* ». « Tout ce que, faute de mieux, dit l'auteur du *Manuel* avec un certain dédain, je puis recommander aux amateurs de curiosités *hétéroclites*, c'est le *Cuisinier françois* par de La Varenne, imprimé à la Haye en 1656, de format pet. in-12. » Mais ce qui nous paraît plus concluant, c'est que, dans plusieurs éditions du *Cuisinier françois* de La Varenne, entre autres dans celle de *Lyon*, 1685, le *Pastissier françois* se trouve textuellement réimprimé, sans que rien puisse faire supposer que l'Ecuyer de Cuisine du Marquis d'Uxelles n'en soit pas l'auteur. Notre conviction est que La Varenne est bien l'auteur du *Pastissier françois*, mais cette opinion peut être sujette à controverse et nous nous estimerions fort heureux si, en l'émettant, nous pouvions amener les hommes compétents à faire la lumière sur ce point.

PATIN (Gui). — Traité de la conservation de santé par vn bon regime & legitime vsage des choses requises pour bien & sainement viure. Seconde édition augmentée de la moitié. *A Paris, chez Iean Iost, ruë S. Iacques au Sainct-Esprit*, 1632, in-12 de 6 ff. limin. n. ch. et 127 pages. (De 8 à 10 fr.)

Les 6 ff. lim. sont occupés par le titre au v° duquel « Avthorad librvm in Zoilvm », l' « Epistola dedicatoria » signée par Gui Patin, deux distiques latins. de Gui Patin, la « préface au Lecteur », « Amicvs ad avctorem » (distiques signés R. M) et la « table des chapitres de ce livret. »

L'ouvrage est divisé en 12 chapitres ; les chapitres II et III traitent « du boire et du manger ». L'extrait du privilège daté du 20 janvier 1631 est placé au v° de la page 127.

PATISSERIE (La) et le dessert à la maison. Recettes faciles recueillies par une ménagère. *Paris, Jules Tardieu*, 1866, in-18 de 83 pp. (2 fr.)

Ce petit manuel est le complément du *Dîner de tous les jours*, par le même auteur.

PATISSIER (Le) à tout feu, ou Nouveaux principes économiques de pâtisserie, à l'usage des dames et des personnes qui s'occupent elles-mêmes de leur cuisine. Ouvrage dans lequel on enseigne à fabriquer d'une manière facile et à faire cuire, quand on le veut, sans aucune espèce de four dans une cheminée de cuisine ou de chambre, toutes sortes de feuilletages, de pâtés froids ou chauds, de brioches, de biscuits, de gâteaux de Savoie, et d'accessoires ou ornements pour chacun d'eux. On y a joint un Supplément sur l'emploi des pâtes manquées ou de rebut, et un Vocabulaire de Cuisine pâtissière, par G. P. L., ancien pâtissier retiré. Deuxième édition, considérablement augmentée; avec six planches. *Paris, Audot*, 1838, in-12 de 282 pages. (De 2 à 3 fr.)

La première édition de cet ouvrage a paru la même année; les initiales G. P. L. n'y figurent pas; il est signé : par un ancien pâtissier retiré.

L'auteur, qui s'est caché sous cette dénomination, est un prêtre de la paroisse St-Roch, M. l'abbé Tarenne de Laval, décédé en 1847.

PATISSIER (Le) bourgeois. 1000 recettes de ménage, faciles, économiques pour préparer de la manière la plus délicate et la plus salutaire toute espèce de pâtisseries grosses et légères, d'après les recettes des meilleurs pâtissiers de Paris, de Milan, de Berne, de Genève, etc., etc.; avec un traité complet des crèmes, glaces, sirops et confitures; par l'auteur du Cuisinier des Cuisiniers. A l'usage des grandes et moyennes fortunes. *Paris, Audin*, 1834, in-12 de 2 ff. n. ch. et 247 pp. (De 2 à 3 fr.)

PATISSIER (Le) en colere svr les Bovlangers et les Taverniers, en vers bvrlesques. *A Paris, chez Nicolas de la Vigne, près Sainct-Hilaire*, 1649, in-4 de 8 pages. (De 15 à 20 fr.)

Pièce de 188 vers. Le Pâtissier s'y plaint de la concurrence que lui font les Boulangers et les Taverniers. On peut y voir également que le pâté de venaison fait avec du chat de gouttière en guise de lièvre n'est pas une invention moderne et que les gar-

gottiers d'aujourd'hui n'ont fait que suivre une tradition remontant an moins à deux siècles. Le dit Patissier, peu consciencieux raconte ainsi le « bon tour » qu'il a joué :

Car il me ressouuient qu'un iour
Au lieu d'un lieure de campagne
Je suuis vn gros chat d'Espagne
Et après l'auoir bien couru,
Bien chassé & bien recouru
Je le pris dans vne gouttiere
Puis il me seruit de matiere
Pour faire selon La saison
Un bon pâté de venaison.

PATISSIÈRE (La) de la Campagne et de la Ville, suivie de l'art de faire le pain-d'épices, les gaufres et les oublies, pour faire suite à la *Cuisinière de Campagne. A Paris, chez Audot*, 1818, in-12 de 131 pp. (De 4 à 5 fr.)

— La même... seconde édition, *ibidem, idem*, 1825, in-12.

Voyez Quentin (Pierre).

PATISSIERS DE PAIN D'ÉPICE. Extrait des registres du Conseil d'Etat (relatif aux patissiers de pain d'épice). *De l'imprimerie de la veuve Knapen, rue de la Huchette, a l'Ange*, 1742, in-4 de 4 pages. (De 4 à 5 fr.)

Les pâtissiers de pain d'épice formaient une communauté séparée de celle des pâtissiers oublayers.

PATRICK. — The ladies' Cabinet Opened. By Patrick, Lord Ruthven. 1639, in-4 et 1655, in-8 (De 10 à 12 fr.)

Carew Hazlitt, *Old Cookery books*, p. 68.

PATRON (Ch. Alph.). — Réponse par M. Ch. Alph. Patron aux nouvelles attaques contre la boucherie de Rouen contenues dans les recherches sur la consommation de la viande à Rouen par M. Alph. Bergasse (*voyez ce nom*) Rouen, *H. Renaux*, 1853, in-8 de 23 pages. (1 fr.)

PAULET. — Traité des Champignons, ouvrage dans lequel on trouve après l'histoire analytique et chronologique des Découvertes et des travaux sur ces Plantes, suivie de leur synonymie botanique et de tables nécessaires, la Description détaillée, les qualités, les effets, les différens usages non seulement des champignons proprement dits, mais des Truffes, des Agarics, etc., par Paulet. *Paris, impr. nationale,* 1793, 2 vol. in-4. (De 7 à 8 fr.)

— De la mycétologie ou Traité historique, graphique, culinaire et médical des champignons par Paulet. *Paris, madame Huzard,* 1808, in-4 de 48 pp., avec 3 pl. (De 3 à 4 fr.)

PAULLINI. — Cœnarum Helena seu anguilla juxta methodum et leges illustris Academiæ naturæ curiosorum descripta selectisque observationibus et Curiositatibus condita a Chr. Francisco Paullini. *Francofurti et Lipsiæ, sumptibus J. C. Wohlfarti,* 1689, in-12. (De 4 à 5 fr.)

PAULLUS. — Simonis Paulli, D. Medici Regij, ac Prælati Aarhusiensis Commentarius de abusu Tabaci americanorum veteri et herbæ theæ asiaticorum in Europa novo, quæ ipsisissima est Chamæleagnos Dodonæi alias Myrtus Brabanticæ, Danicè Portz. German. Post Gallicè Piment Royal, Belgicè, Gagel dicta; cum figuris aneis, utensilia quædam Chinensivm eaq. pretiosissima repræsentantibus, 1665. *Argentorati, sumptibus Authoris Filij Simonis Paulli Bibliop.* In-4 de 12 ff. lim. n. ch., 56 ff. ch. et 2 ff. n. ch., portr. grav. de l'auteur. (De 6 à 7 fr.)

— Le même... Editio secunda priori auctior & correctior. *Argentorati, sumptibus B. Authoris Filii Simonis Paulli Bibliop.* 1681, in-4 de 30 ff. lim., 87 pp. et 6 ff. n. ch. portr. et 1 fig. grav.

Ce traité sur le thé et le tabac a été traduit en anglais par le Dr J. James, *London, Osborne,* 1746, in-8 de 2 ff. lim., 171 pp. et 2 pl.

PAYEN (A.). — Traité de la pomme de terre; sa culture, ses divers emplois dans les préparations alimentaires, les arts économiques, la fabrication du sirop, de l'eau-de-vie, de la potasse, etc.

Par MM. Payen et Chevallier. *Paris, chez Thomine,* 1826, in-8 de VIII-160 pp. et 3 pl. (De 3 à 4 fr.)

— Des substances alimentaires et des moyens de les améliorer, de les conserver et d'en reconnaitre les altérations par A. Payen, membre de l'Institut... *Paris, Hachette,* 1853, in-18 de II-403 pp. (2 fr.)

— Le même... 2e édition, *ibidem, idem,* 1854, in-18.

— Précis théorique et pratique des substances alimentaires et des moyens de les conserver et d'en reconnaître les altérations par A. Payen, membre de l'Institut... quatrième édition, augmentée de plusieurs applications nouvelles. *Paris, L. Hachette et Cie,* 1865, in-8 de XII-569 pp. (De 4 à 5 fr.)

C'est le même ouvrage que le précédent, mais très augmenté.

— Viandes et poissons; par MM. Payen et Martin de Moussy. Exposition universelle de 1867 à Paris. *Paris, Dupont,* 1868, in-8 de 52 pp. (1 fr. 50.)

Rapport du jury international.

PECCANA. — Del bever freddo libro vno, con problemi intorno alla stessa materia, di Alessandro Peccana, Fil. e Med. di Collegio di Verona, Con due Tavoli, vna de' Capitoli, e l'altra de' Problemi. *In Verona, nella stamparia di Angelo Tamo.* In-4 de 12 ff. lim. n. ch., 128 pages, et 1 f. d'errata. (De 7 à 8 fr.)

Au titre, marque typographique. La dédicace est datée « di Verona le 15 maggio 1627 ».

PECHLINUS. — Johannis Nicolai Pechlini, Med. D. P. Serenissimi Cimbriæ Principis Reg. Archiatri, Theopilus Bibaculus, sive de potu theæ Dialogus. *Francofurti impensis Johannis Sebastiani Riechelii Bibliopolæ Kiloniensis,* 1684, in-4 de 4 ff. lim. n. ch. et 103 pages. (De 4 à 5 fr.)

PECKHAM (Ann). — The complete English Cook; or, Prudent Housewife. Being A. Collection of the most general, yet least expensive Receipts in every Branch of cookery and Good Housewifery, With Direction for Roasting, Boiling... By Ann Peckham, of Leeds. The third edition..... Leeds, Printed for Griffith Wright and John Binns..... s.d. (vers 1770), in-12 de 242 pp. et 5 ff. n. ch. pour l'index. (De 4 à 5 fr.)

PECQUET (F. E.). — La viande à bon marché ou à bas la réjouissance, paroles de F. E. Pecquet. Paris, l'auteur, 1855. in-4 de 1 f. à 3 col. (50 cent.)

Six couplets sur l'air du Petit Bleu.

PEGGE (Samuel). — The form of Cury, a roll of ancient english Cookery, edited from Mr Brander's manuscript. With. notes and in index. London, 1780, in-8, portr. (De 20 à 25 fr.)

Cet ouvrage a été composé par le maitre-queux du roi Richard; le manuscrit, ayant appartenu au duc d'Oxford, fut acheté par l'éditeur Gustave Brander et publié par Samuel Pegge.

PEIGNOT (Gabriel). — Des Comestibles et des vins de la Grèce et de l'Italie, en usage chez les Romains; fragment d'un ouvrage manuscr. sur le luxe et la somptuosité des Romains.... dans leurs repas. Par G. Peignot. Extrait du compte-rendu des travaux de l'académie des sciences, arts et belles-lettres de Dijon; 1821. Dijon (de l'impr. Frantin), 1822, in-8 de 43 pp. (De 12 à 15 fr.)

Tiré à 50 exemplaires; ce tirage à part est assez rare; on y trouve de très utiles renseignements sur les mœurs épulaires des Romains et des notes fort intéressantes extraites des auteurs latins.

— Du luxe de Cléopâtre dans ses festins avec Jules César, puis avec Marc-Antoine; extrait lu à l'Académie de Dijon dans sa séance du 25 juillet 1827. Par M. Gabriel Peignot. Dijon, Frantin, impr. du roi, 1828, in-8 de 25 pp. (De 10 à 12 fr.)

La Bibliogr. de la France annonce qu'il a été tiré 100 exempl. de cet extrait; Gabriel Peignot, dans la notice écrite par lui sur ses ouvrages. ne parle que d'un tirage de 75.

Cette brochure. comme la précédente, est un fragment du manuscrit que nous avons indiqué plus haut.

— Mémoire sur différens objets, tels que couteaux, cuillers, nappes, serviettes, plats assiettes vases, coupes, etc., dont les Romains faisaient usage pendant le repas et pour le service de la table.

Ce mémoire, qui est également un fragment du manuscrit précédemment cité, a été lu à l'Académie des sciences de Dijon; il se trouve dans le compte-rendu de ses travaux, année 1827, pp. 189-194, mais il n'a pas été tiré à part.

La Notice des ouvrages tant imprimés que manuscrits de G. P., Paris, 1850, in-8, nous fournit les indications suivantes sur le manuscrit auquel nous venons de faire allusion et qui n'a pas été publié intégralement:

— Traité du luxe et de la somptuosité des Romains dans leurs repas, considéré sous le rapport historique, descriptif et archéologique. Détails préliminaires sur tout ce qui regarde la dénomination des repas; le triclinium ou salle à manger; les ustensiles et meubles de table, les apprêts du service; l'ordre des places; les comestibles les plus recherchés; leur prix; les vins les plus estimés tant de l'Italie que de la Grèce et de l'Egypte, etc. Description de repas publics et particuliers, donnés sous la République et sous les Empereurs, avec un luxe et une profusion vraiment étonnante. Narration de différens repas faits par les Romains eux-mêmes et autres. — Appendice. — Des repas chez les Gaulois puis en France depuis le cinquième siècle jusqu'au dix-septième. Ce manuscrit, s'il était imprimé, formerait 2 forts vol. in-8.

— Nouvelle Ambassade des Bartavelles du Dauphiné. S.l.n.d. (1810), in-8 de 9 pp. (De 15 à 20 fr.)

Cette pièce très rare a été réimprimée, Paris, Aubry, 1864, in-8 de 15 pp. et tirée à 25 exempl.

— La vraie ambassade des Bartavelles du Dauphiné, par Gabriel Peignot, précédé de quelques réflexions sur le texte de cet opuscule. Dijon, 1865, in-8 de 12 pp. (De 5 à 6 fr.)

— Recherches historiques et philologiques sur la philotésie ou usage de boire à la santé, chez les anciens, au moyen âge et chez les modernes par Gabriel Peignot. *Dijon, Victor Lagier,* 1836, in-8 de 51 pp. (De 4 à 5 fr.)

Tiré à 150 exemplaires.

— Nouvelles recherches sur le dicton populaire : Faire ripaille, par Gabriel Peignot. *Dijon, Victor Lagier,* 1836, in-8 de 15 pp. (De 3 à 4 fr.)

Tiré à 200 exemplaires.

— Les Oies et le Chevreuil, conte en vers par G. Peignot. Janvier 1811. *Paris, Aug. Aubry,* 1863, in-8 de 8 pp. (De 4 à 5 fr.)

Tiré à 25 exemplaires. Extrait du *Bulletin du Bouquiniste* du 1er août 1863.

— Relation d'un congrès tenu par les oiseaux de la haute Saône à l'occasion d'une certaine ambassade de bartavelles qui fit son entrée, l'hiver dernier dans la bonne ville de Vesoul. *Paris, Aug. Aubry,* 1863, in-8 de 4 pp. (De 7 à 8 fr.)

Tiré à 25 exempl. Extrait du *Bulletin du Bouquiniste* du 1er avril 1863.

PELLENC (César). — Les plaisirs de la vie par César Pellenc. *A Aix chez Iean Roize, imprimeur de l'Vniversité, a la place des Prescheurs,* 1655, pet. in-8 de 7 ff. lim. et 159 pp. (De 40 à 50 fr.)

Cet ouvrage, excessivement rare, n'est pas à la Bibliothèque nationale; la Bibliothèque Méjanes, à Aix en Provence, en possède un exemplaire et nous devons à l'obligeance de M. J. B. Gaut, son conservateur, de pouvoir donner ici quelques renseignements sur ce livre :

Les 7 ff. limin. sont occupés par la dédicace à Mgr Honoré de Brancas de Forcalquier, baron de Villeneufve, Cereste, etc., une pièce de vers à l'auteur et un avis au lecteur également en vers.

Le livre de César Pellenc est un recueil de dizains en vers de 8 syllabes sur l'art culinaire. L'auteur y passe en revue la viande de boucherie, la volaille, le gibier, le poisson, les légumes, l'office, le dessert, les boissons, vins et liqueurs, les ustensiles de cuisine et le mobilier de la salle à manger. Pellenc y a ajouté, comme hors-d'œuvre, le tabac à fumer, à priser, le jeu, l'argent, la musique, la chasse, la pêche et finit par l'amour.

D'après M. Gaut, le poète des *Plaisirs de la Vie* « faisait de la versification analogue au latin de cuisine » et l'on peut croire, à lire la dédicace à Mgr de Brancas, qu'il était un familier de ce grand seigneur et appartenait peut-être même à sa domesticité.

Ce qui pourrait faire prévaloir cette dernière opinion, c'est la phrase suivante écrite par Pellenc dans son épître dédicatoire : « Il y a longtemps que je vois comment votre table est servie et que je profite des restes de votre bonne chère... » On serait aussi tenté de dire que Mgr de Brancas n'est pas étranger au livre, lorsque l'auteur écrit : « Vous ne verrez que peu de stances dans ce recueil qui ne soit de votre style... »

On trouvera également d'intéressants renseignements sur César Pellenc dans : *Supplément ou critique de l'ouvrage intitulé : Etudes et Recherches sur le culte de Bacchus en Provence* (par le Chevalier Apicius a Vindemiis) variis incertisque auctoribus. *Marseille,* 1861, in-8. (Lettre datée d'Apt le 1er mai 1861 et signée : Le Chevalier Elzéard de la Rabasse.)

Brunet, *Manuel,* t. IV, col. 472. cite une édition antérieure, *Aix, Jean Roize,* 1654, pet. in-8 de 8 ff. lim. et 155 pp. qui s'est vendue 25 fr., *Cat. L. Potier,* 1860, n° 1328.

PELLETIER (Eugène et Auguste). — Le thé et le chocolat dans l'alimentation publique au point de vue historique, botanique, physiologique, hygiénique, économique industriel et commercial, par Eugène et Auguste Pelletier..., directeurs-gérants de la compagnie française, membres de la Société d'encouragement. *Paris, les auteurs,* 1861, in-18 de 142 pages. (2 fr.)

— Le même... *ibidem, idem,* 1861, in-8 de 150 pages.

PENILLEAU (Dr). — Etude sur le Café au point de vue historique, physiologique et alimentaire. *Paris, A. Delahaye et Lecrosnier,* 1864, gr. in-8 de 90 pp. (2 fr.)

PÉNITENCE (La) des Beuveurs ov l'on enseigne, dans un petit Traité Théologique les moyens dont se doit servir le Pénitent qui veut corriger son excès du boire; & le confesseur qui le veut aider à ce dessein. *A Paris, chez Estienne Michallet, rüe S. Jacques a l'Image S. Paul,* 1673, pet. in-8 de 72 pages. (De 12 à 15 fr.)

Le titre et la préface occupent les 4 premières pages; à la 5ᵉ « La Pénitence des Bevvevrs ». Divisé en 10 articles; le dernier comprend cinq dialogues. L'approbation, placée à la dernière page, est datée d'Avon, 14 mars 1671; au-dessous, le permis d'imprimer porte la date du 4 août 1672.

PENNIER DE LONGCHAMPS (P. B.). — Dissertation physico-médicale sur les truffes et sur les champignons, par M. Pennier de Longchamps. *Avignon, Roberty et Guilhermont,* 1766, in-12. (3 fr.)

PÉRIGORD (A. B. de). — Nouvel Almanach des Gourmands, Servant de guide dans les moyens de faire excellente chère. Dédié au Ventre. Par A. B. de Périgord. Première Année. *Paris, Baudouin frères,* 1825, in-8 de XXIV-224 pp., fig. grav. (De 3 à 4 fr.)

La fig. grav. représente : « l'Inspiration du Gourmand ». Après le titre, est placée une « Carte gastronomique de la France », repliée. Les XXIV pages sont occupées par le « calendrier nutritif ». Le *Nouvel almanach des Gourmands* a eu deux éditions la même année.

— Le même... Deuxième année. *Paris, Baudouin frères,* 1826, in-18 de 9 ff. n. ch. et 264 pp., fig. grav. (De 3 à 4 fr.)

La fig. représente « le premier devoir du gourmand »; la même carte gastronomique se trouve dans ce volume dédié à « Son Eminence le Général de la société des Jésuites ».
Le *Nouvel almanach des Gourmands* pour l'année 1827 a paru, chez le même éditeur, le 30 décembre 1826; il est orné d'une planche.
Périgord est le pseudonyme d'Horace Rais-

son. Quérard lui donne comme collaborateur pour cet ouvrage M. Léon Thiessé.

— Le Manuel du Gastronome, ou nouvel almanach des Gourmands, servant de guide dans les moyens de faire excellente chère. Orné d'une jolie gravure. *Paris, Lebigre,* 1830, in-18 de 2 ff. n. ch. et 246 pp., fig. grav. (De 4 à 5 fr.)

Ce manuel a paru sans nom d'auteur, mais la dédicace « aux gourmands de tous les partis » est signée : A. B. de Périgord.

— Cuisine naturelle. L'art d'apprêter d'une manière simple, économique et facile toute espèce de mets, viandes, etc., par A. B. de Périgord. *Paris, tous les épiciers de Paris, de la banlieue et des départements,* 1836, in-8 de 16 pp. à 2 col. (3 fr.)

— Cinq cents recettes de cuisine, par A.-B. de Périgord. *Paris, impr. de Didot aîné,* 1836, in-32 de 64 pp. (3 fr.)

— Les mêmes... *Paris, Gallet; Marchant,* 1844, in-12.
La couverture porte : Cuisine naturelle.

— Dictionnaire de cuisine française, anglaise et flamande; manuel alphabétique du cuisinier et de la cuisinière; Avec l'art de découper et de servir à table, de soigner les vins et la bière, de faire la pâtisserie, les liqueurs et les confitures, — des instructions sur les champignons, les truffes, les melons, les huitres; sur les altérations et les falsifications des aliments; — la cuisine des convalescents et des malades, etc. Par MM. de Beauvillers et de Périgord. *Paris et Bruxelles Janet et Compagnie, Langlet et Compagnie,* 1837, in-18 de 264 pp., vign. (De 2 à 3 fr.)

— Le même... par MM. Bauvilliers et de Périgord. *Bruxelles,* 1838, in-12, fig.

M. Quérard, *Superch. littér.,* fait suivre la citation de ce dernier titre de la note suivante que nous reproduisons dans son entier.

« Il a été publié à Paris, en 1836, un *Dictionnaire de cuisine et d'économie ménagère contenant, etc., etc.,* par M. Burnet, ex-officier de bouche. *Paris, rue neuve St-Marc.....* Ce nom de Burnet ne serait-il pas un nouveau masque d'Horace Raisson qui en a tant pris et le volume imprimé à Bruxelles une contrefaçon de celui de Paris 1836? Ce qu'il y a de certain, c'est que H. Raisson a compilé un Dictionnaire de cuisine ; il n'a pu avoir comme collaborateur Ant. Beauvilliers, mort le 24 janvier 1817, mais il a dû mettre à profit l' « art du cuisinier » de celui-ci ».

Il se peut qu'Horace Raisson et Burnet ne soient qu'un seul et même personnage ; mais nous avons sous les yeux le Dictionnaire de Burnet et celui de MM. Bauvilliers et de de Périgord et nous pouvons affirmer que le texte de l'un ne ressemble en rien à celui de l'autre et, en outre, qu'il n'existe aucune analogie entre l'*art du Cuisinier* du restaurateur Beauvilliers et le *dictionnaire de cuisine* de Bauvilliers. (Voyez Bauvilliers.)

Le *Dictionnaire* imprimé en Belgique signé Bauvilliers et de Périgord est la réimpression textuelle du *Cordon bleu, par mademoiselle Marguerite* dont la 2ᵉ édition a paru en 1828. Or, Mˡˡᵉ Marguerite est aussi un pseudonyme d'Horace Raisson.

— Le Trésor de la Cuisinière et de la maîtresse de maison, contenant par classification et par ordre alphabétique 1° le calendrier culinaire pour tous les mois de l'année ; 2° le moyen de faire bonne chère au meilleur marché possible, etc.; et enfin le dictionnaire complet de cuisine de pâtisserie et d'office par A. B. de Périgord, 5ᵉ édition, revue, corrigée et augmentée. *Paris, Garnier frères, 1857,* in-18 de 202 pp. (2 fr.)

La première édition de ce traité a paru à la fin de l'année 1851, *Paris, Comon,* in-12, mais avec la date de 1852. La quatrième édition est de 1860, la sixième de 1874, la septième de 1875. Le *Trésor de la Cuisinière,* annoncé fréquemment dans la *Bibliogr. de la France,* depuis cette date, jusqu'en 1887, est toujours porté : Septième édition. Voyez Raisson (Horace) et Marguerite (Mˡˡᵉ).

PÉRIGORD (C. G.) cadet. — Almanach des Gourmands, servant de guide aux convives et aux amphitryons, dédié à M. Rossini par C. G. Périgord, cadet. 5ᵉ année. *Paris, Baudouin frères ;*

Charles Béchet, 1829, in-32 de 124 pp. (De 10 à 12 fr.)

Charmante figure coloriée de Grandville représentant des animaux attablés et dévorant les mets avec avidité.

« C'est à vous qui maniez également bien la lyre et la fourchette, écrit l'auteur dans sa dédicace à Rossini, c'est à vous qui possédez avec une égale supériorité les deux arts de la table et du chant, d'accomplir enfin cette révolution si utile et si désirée ; de ramener nos fêtes à l'imitation classique. »

Ce petit Almanach n'est pas commun.

PERRIER (J. P. Félix). — Notice sur la production, la culture, l'emploi & l'importance de la Truffe par J.-P. Félix Perrier, négociant en truffes noires à Crest (Drôme)... *Paris, imprimerie de E. Donnaud,* 1864, in-8 de 20 pp. (50 cent.)

PERRIN. — Choix de nouveaux Secrets et Recettes de médecine, suivis de la Nouvelle Cuisinière bourgeoise. *Paris, impr. de Gratiot,* 1840, in-12. (2 fr.)

PERRIN (Jules). — Le roman d'un oignon, poème comique par Jules Perrin (de l'Eldorado). (*Paris, impr. L. Hugonis*), 1877, in-8 de 8 pp. (50 cent.)

Cette pièce n'est que la traduction en vers très médiocres d'un chapitre du *Double almanach gourmand* par Charles Monselet, intitulé : *Les mémoires d'un oignon pour faire suite aux mémoires d'un baiser,* et signé : *Fritzo.*

PERRON. — Un mot sur la préparation du chocolat d'après les procédés les plus simples et les plus économiques, suivi d'un essai sur la manière de préparer du café parfait, par Perron, fabricant. *Paris, l'auteur,* 1835, in-8. (2 fr.)

— Du chocolat et du Thé par Perron, fabricant. *Paris, chez l'auteur, 14, rue Vivienne.* 1852, in-8 de 16 pp. (1 fr.)

PERSIO (Antonio). — Del bever caldo costumato da gli antichi Romani. Trattato d'Antonio Persio. Nel quale si pruoua con l'historia, & essempio de gli antichi, &con la ragione, che il bere fatto caldo al fuoco, è di maggior giouamento, &forse anche gusto, che non è il freddo hoggidi vsato. Alla Santità' di N. S. Clemente Ottauo. *In Venetia, Presso Gio. Battista Ciotti al segno della Minerua.* 1593, pet. in-8 de 8 ff. l. n. ch., 86 ff. et 8 ff. n. ch. de table. (De 8 à 10 fr.)

PETIT (A.). — La Gastronomie en Russie par A. Petit, chef de cuisine de son excellence monsieur le Comte Panine, ministre de la Justice. *Paris, l'auteur et Emile Mellier,* 1860, in-12 de VIII-275 pages. (3 fr.)

Renseignements pratiques sur la cuisine russe. Le volume est terminé par une sorte de dictionnaire franco-russe des termes techniques usités dans l'art culinaire, des ustensiles, accessoires et provisions de bouche, etc.

PETIT (Pierre). — L'art de trancher la la viande et toutes sortes de fruits nouvellement à la françoise, par Pierre Petit, ecuyer tranchant. *S. l. n. d.,* pet. in-fol., 35 pl. (De 30 à 40 fr.)

Le texte de cet ouvrage, dont il existe plusieurs exemplaires puisque celui que nous décrivons faisait déjà partie de la bibliothèque de M. le B⁰ⁿ Pichon lorsque celui de M. de Béhague fut mis en vente, est manuscrit; les planches sont gravées. La composition des deux exemplaires, d'après l'indication du catalogue (1880, n° 402) semble la même, du moins quant au titre et au nombre de gravures.

Les 35 planches gravées se décomposent ainsi : 1° Blason ; 2° Maniere de tenir la fourchette et le couteau ; 3° La Poule Boulie ; 4° l'Agneau ; 5° L'Eclanche ; 6° Le Rognon de veau ; 7° Le poulet roty ou bouilly ; 8° Le Chapon ; 9° La Poularde ; 10° Le grand cocq d'jnde ; 11° La Bécassine et le Bécasson ; 12° La Becasse ; 13° Le Perdreau ; 14° Le Faisan ; 15° Le Paon ; 16° Le levreau ; 17° Le Lièvre ; 18° Le Conil (lapin) ; 19° La Poule d'eau ; 20° le Canard Sauvage ; 21° L'oye sauvage et domestique ; 22° Le cochon de lait ; 23° La hure du sanglier et du porc ; 24° Le Jambon ; 25° La Truitte et le Brochet ; 26° Sur les fruits ; 27° Les fruits ; 28° Les Pommes ; 29° Les Pommes douces ou calvilles ; 30° Poires, oranges ; 31° Poires à deux yeux ; 32° Poires perles ; 33° Les différents poissons que vous voyez sont faits avec des citrons ; 34° *Idem,* avec des citrons ; 35° Les armes de l'Empire (avec des citrons).

A chacune de ces planches correspondent une ou plusieurs pages de texte manuscrit.

Pierre Petit, dans un « Avis vtile & nécessaire pour ceux qui desirent sçavoir l'art de trancher les viandes, & toutes sortes de fruits » placé en tête de l'ouvrage, après le blason et le titre, s'exprime ainsi : « J'aurois cru manquer d'amour pour ma patrie, si j'avois négligé plus Longtemps de mettre au jour un art qui fait honneur à tous ceux qui le possèdent, et qui ne déroge point à la Noblesse, puisque les Rois, & les Grands Seigneurs se font une gloire d'avoir un Ecuyer-Tranchant qui tient le premier rang entre les domestiques de son maitre. »

Ce curieux traité sur l'art de trancher la viande a très probablement été écrit sous le règne de Louis XIII. Il s'est vendu en bas. jasp. 38 fr., Béhague.

PETITION des oies de Strasbourg à la Chambre des Pairs. *Imprimerie de Cosson, rue Garencière n° 5; Paris, à la librairie grecque latine et française et chez les marchands de nouveautés, septembre* 1821, in-12 de 11 pages. (De 2 à 3 fr.)

Les oies de Strasbourg se plaignent des traitements que l'on fait subir à leur foie pour les engraisser et en confectionner les succulents pâtés dont le renom est universel. Cette pièce est remplie d'allusions politiques.

PETITPOISSON. — Le Trésor des Ménages ou Recueil d'utiles connaissances, de recettes et de procédés faciles et peu coûteux, contenant l'industrie et l'économie domestique, la cuisine et l'office ; le potager et le jardin ; la cave et le cellier ; et de précieuses notions sur l'hygiène et l'art de soigner les malades, etc. ; par J. J. Petitpoisson, curé à Haunneville. *Nancy, Magner,* 1859, in-12 de 690 pages. (De 3 à 4 fr.)

PETIT-THOUARS (Du). — Notice sur les vignobles de la Touraine et de l'Anjou ou Histoire d'une barrique de vin depuis le moment où la végétation se met en mouvement pour la produire, jusqu'à celui où elle va être débitée dans un Cabaret de Paris. Par M. du Petit-Thouars, propriétaire de vignes dans les deux provinces, etc. Seconde édition, revue et augmentée de plusieurs faits également historiques. *Paris, Alexandre Mesnier*, 1829, in-8 de 32 pages. (De 2 à 3 fr.)

PETITUS (Petrus). — Thia Sinensis, ad Petrvm Danielem Hvetivm, Abbatem Alnetanvm. (à la fin) : *Parisiis, ex Typographia Andreæ Cramoisy, vià dictâ de la Harpe, sub Abrahami Sacrificio* M. DC. LXXXV., in-8 de 16 pp. (De 4 à 5 fr.)

Ce poème sur le Thé n'a pas de titre imprimé; le premier et le dernier feuillet sont blancs.

On trouve également cette pièce dans le tome I, pp. 24-42 de l'ouvrage suivant :

— Poemata didascalia nunc primum vel edita vel collecta. *Parisiis, P. Le Mercier*, 1749, 4 vol. in-12.

PÉTRONE latin et françois, traduction entière, suivant le manuscrit trouvé à Belgrade en 1688. Avec plusieurs Remarques & Additions. qui manquent dans la première Edition. Nouvelle edition augmentée de la contre-critique de Pétrone. *(Sans lieu d'impression et sans nom d'imprimeur)*, 1713, 2 vol. in-12, fig.

Nous ne citons aucune des éditions latines de Petrone qui sont fort nombreuses et pour lesquelles on pourra consulter le *Manuel du libraire*, t. IV, col. 573.

Nous ne donnerons pas davantage la liste assez longue des traductions françaises du *Satyricon*, car nous ne faisons figurer cet ouvrage dans notre bibliographie que parce qu'il contient un fragment curieux sur la manière dont on mangeait à Rome, sous le règne de Néron. Le « Festin de Trimalcion » est d'ailleurs assez connu pour qu'il ne soit pas nécessaire d'entrer dans des détails au sujet de cette partie de l'œuvre de Pétrone. M. Justin Amero, dans l'édition des *Classiques de la table* publiée par *Firmin-Didot*, donne des extraits de ce *festin*, tome II, pages 66-70.

PETRONIUS. — Alexandri T. Petronii De victv Romanorvm et de sanitate tvenda libri qvinqve ad Gregorivm XIII. pont. opt. max. His accessere libelli duo De Alvo sine medicamentis mollienda. *Romæ In Ædibus Populi Romani*, 1581, in-fol. de 540 pages et 12 ff. n. ch. (De 20 à 25 fr.)

Au titre, une gravure représentant deux amours qui soutiennent la tiare et les clefs; au-dessous, un médaillon au milieu duquel est un dragon ailé. Au vº du titre « Gregorivs papa XIII Dilecto filio Alexandro (sic) Petronio Laïco ». A la page 3 « Sanctissimo D. N. Gregorio XIII pont. opt. max. Alexander T. Petronivs ». Le corps de l'ouvrage commence à la page 5. Les 12 ff. lim. de la fin sont occupés par la table, les *errata* et le *regestum* (sic); au-dessous, une figure et la souscription suivante : Romæ I œdibus Populi Romani, anno MDLXXXII.

Traité curieux sur les habitudes épulaires des Romains et sur le régime alimentaire à suivre pour se conserver en santé.

— Del Viver delli Romani et di conservar la sanità di M. Alessandro Petronio da Ciuita Castellana Libri cinque Doue si tratta del sito di Roma, dell' Aria, di' Venti, delle Stagioni, dell' Acque, di' Vini, delle Carni, di' pesci, de' Frutti, delle Herbe, & di tutte l'altre cose pertinenti al gouerno de gli Huomini, & delle Donne d'ogni età, & conditione. Opera vtile & necessaria non solo a Roma, mà ancora ad ogn'altro paese. Con dvi libri appresso dell' istesso avtore del mantenere Il Ventri molte senza Medicine tradotti della lingua Latina nella Volgare, dall' Eccellente Medico M. Basilio Paravicino Da Como. Con molte postille in margine, & vna Tauola copiosissima delle cose notabili. *In Roma appresso Domenico Basa*, 1592, in-4 de 6 ff. lim., 416 pages et 18 ff. n. ch. de table.

PHYSIOLOGIE des Cafés de Paris. *Paris, Desloges*, 1841, in-32 de 144 pp. (De 5 à 6 fr.)

Illustré par Porret.

PHYSIOLOGIE du vin de Champagne par deux buveurs d'eau. *Paris,*

Desloges, 1841, in-16 de 142 pages. (De 6 à 7 fr.)

Dessins et gravures par MM. Elmerich et Rouget. Vignettes au verso du faux titre et sur le titre. Cette dernière est reproduite sur la couverture. La *Physiologie du Vin de Champagne* est divisée en XXVI chapitres précédés d'une dédicace à Etienne Béquet et d'une préface. Les « Deux Buveurs d'eau » qui ont signé cette physiologie à la dernière page sont MM. Louis Lurine et Bouvier.

Au dos de la couverture, en dessous de la vignette qui est la répétition de celle qui se trouve au verso de la page 125 est annoncée comme étant sous presse, une : *Physiologie de l'Huître, homme et mollusque.*

Il est à croire que l'impression de ce volume a dû être fort longue, car il n'en existe aucune trace dans la *Bibliographie de la France* des années 1841, 1842 et 1843.

PICHENOT. — La Véritable cuisine de famille comprenant 1000 recettes et 500 menus. Par M. Pichenot. Troisième édition. (*Paris*) *chez Lassailly*, in-18 de 480 pp. (De 2 à 3 fr.)

PICOT. — Guide du Consommateur de chocolat et de thé, suivi de Conseils pour préparer du Café parfait, Par Picot, Fabricant. *Paris, chez l'auteur, 15 rue Tronchet*, 1845, in-8 de 8 pp. (50 cent.)

PIIS (De). — Plan d'une association fraternelle et chevaleresque pour la délivrance des vins captifs; dédié aux convives des Soupers de Momus, par l'ermite de Montmorency, ex général du Vaudeville, ex prieur du Rocher de Cancale et aujourd'hui simple visiteur des ordres bachiques. (*Imprimerie Cosson*), s. d. (1820), in-8 de 4 pages. (De 2 à 3 fr.)

Pièce composée de 15 couplets. M. de Piis a collaboré aux *Soupers de Momus*, aux *Diners du Vaudeville*; il est également l'auteur, en collaboration avec M. Barré, d'un divertissement en un acte et en vaudevilles, intitulé : Le Gâteau à deux fèves, *Paris, Vente*, 1782, in-8.

PIMENT (Le), journal de l'épicerie artistique littéraire et commerciale paraissant tous les mardis. *Marseille, impr. Vial*, pet. in-fol. de 4 pp. à 3 col.

Le premier numéro a paru le 14 décembre 1858. Prix de l'abonnement : un an, 10 fr.; six mois, 6 fr.; départ[s], 12 fr. et 7 fr.

PIRÉ (Louis). — Les Condiments. *Bruxelles, office de publicité*, 1883, in-12.

PISANELLI. — Trattato della natvra de cibi et del Bere, del sig. Baldassare Pisanelli, Medico Bolognesi. Nel quale non solo tutte le virtù, & i vitij di quelli minutamente si palesano; ma ancoi rimedij per correggere i loro disetti copiosamente s'insegnano : tanto nell' apparecchiarli per l'vso, quanto nell' ordinare il modo di receuerli. Distinto in vn vago e bellissimo partimento, tutto ripieno della dottrina de' piu celebrati Medici, & Filosofi : con molte belle Historie Naturali. 1584. *In Venetia, Appresso Gio. Battista Porta*. In-4 de 4 ff. limin. n. ch. et 162 pages, lettres rondes et ital. (De 30 à 40 fr.)

Les 4 ff. lim. sont occupés par le titre (v° blanc), la dédicace « al serenissimo sig. Gvglielmo Gonzaga dvca di Mantva Et di Monferrato » datée « Di Roma, il primo d'Agosto MDLXXXIII » et signée « Baldassare Pisanelli Medico Bolognese ». Cette dédicace finit au v° du 3° f. Le 4° f. lim. est blanc. Les pages sont encadrées de filets noirs, hormis le feuillet de titre.

Première édition de ce traité curieux sur les aliments.

— Le même... *In Venetia, Appresso Gio. Alberti*, 1586, in-4 de 2 ff. lim. n. ch. et 152 pages, lettres ital. et rondes.

Les 2 ff. limin. sont occupés par le titre, au milieu duquel se trouvent des armes, et la dédicace.

— Le même... Di nouuo reuista q con somma diligenza corretto. Aggiontoui vna Tauola copiosissima. *In Torino, appresso Antonio de' Bianchi*, 1587, in-4 de 6 ff. limin. et 152 pages.

Comme dans les précédentes éditions, les pages sont encadrées de filets noirs; celles chiffrées de n°s pairs sont imprimées en lettres rondes, celles qui portent des n°s impairs, en italiques. Le cat. La Vallière mentionne une édition portant la même date, *Bergamo, Comino Ventura et Compagni*, 1587, in-8.

— Trattato de' cibi, et del bere del signor Baldassar Pisanelli Medico Bolognese, ove non solo si tratta delle virtù de' cibi che ordinariamente si mangiano, & de' vini che si beuono ma insieme s'insegna il modo di corregger i disetti, che si trouono in essi, per mantener la sanità. Ridotto in vn'assai bell' ordine, & aggiontoui di molte dotte, & belle Annotationi sopr'ogni capo dal sig. Franc. Gallina Medico di S. M. Christianiss. et del luogo di Carmagnola in Piemonte. Di nuouo ristampato, & con diligenza ricorretto. *In Carmagnola. Appresso Marc'Antonio Bellone*, 1589, in-4 de 4 ff. lim. n. ch. et 238 pages. (De 25 à 30 fr.)

Au titre, marque typographique; au vº du titre, 9 distiques latins, en tête desquels on lit : « Io Baptista Trabvcherivs I. V. D. Carmagnoliensis, in lavdem Francisci Gallinæ, Medici Regij in patria Pedemontana. » Au rº du 2ᵉ f. commence la dédicace datée « Da Carmagnola li 25 di Genaio MDLXXXIX » et signée « Giacomo nouarese » qui finit au vº du 4ᵉ f. lim.

Le traité occupe les pages 1-229. A la page 230, la table des chapitres qui sont au nombre de 166. Page 237, l'approbation des additions faites dans cette édition, datée de mars 1587; enfin à la page 238 le « Registro » et une marque typographique au-dessous de laquelle on lit : *In Carmagnola. Appresso Marc' Antonio Bellone* MDLXXXIX.

— Le même..... *Venitia, Bonibelli*, 1596, in-12.

— Le même..... *In Venezia, appresso Lucio Spineda*, 1598, in-8 de 4 ff. lim. n. ch. et 182 pages.

— Le même..... *In Venetia, appresso Pietro Miloco*, 1619, pet. in-8 de 4 ff. lim. n. ch. et 182 pp.

Autres éditions : *Trevigi, Angelo Reghettini*, 1602, in-8, et, *Venetiæ, Pietro Vsso*, 1629, in-8.

— De Esculentorvm potvlentorvmqve facvltatibvs. Liber vnus. Laconica quidem, at varia iucundaque, medica & historica eruditione refertus. Ex Italico Balthasari Pisanelli Medici Bononiensis scripto nunc primum in Latinam linguam conuersus Ab Arnoldo Freitagio Embricensi, Rᵐⁱ & Illᵐⁱ P. ac D. Domini Henrici-Ivlii, Episcopi Halberstadiensium, Ducis Brunsuicensis & Lunæburg. &c. Medico aulico : Cuius..... seu argumentum ex nuncupatoria epistola beneuolo lectori innotescet. *Geneuæ, Apud Philippum Albert, s. d.*, in-12 de 320 pages. (De 25 à 30 fr.)

La dédicace est datée : Halberstadij : non Iun, 1592.

— Balthasaris Pisanelli : Doctoris medici Bononiensis; de Alimentorum facultatibus libellus aureus. *Bruxelles, Typis Francisci Foppens, sub signo S. Spiritus*, 1662, in-12 de 2 ff. limin., 398 pages et 3 ff. n. chiffr. (De 20 à 25 fr.)

Ces trois derniers ff. sont occupés par la table et le privilège daté : Bruxellæ VIII junij MDCLV.

Comme dans les deux premières éditions italiennes, les pages sont alternativement imprimées en lettres rondes et italiques. Le traité de Pisanelli a été réimprimé dans un ouvrage de Ugo Benzo intitulé : Regole de la Sanita et natvra de cibi..... *Torino*, 1620, in-8 de 899 pages.

Le « Trattato della natvra de' cibi, etc. » a été traduit, pour la première fois, en français, en 1596, par Antoine de Pouvillon, sous ce titre :

— Traicté de la natvre des viandes et dv boire : avec levrs vertvs, vices, remedes, et histoires naturelles : Vtile & delectable à tout bon esprit. De l'italien du Docteur Baltazar Pisanelli mis en nostre vulgaire, par A. D. P. *A Arras, chez Gilles Bauduyn Marchant libraire. au Missel d'or*, 1596, pet. in-12 de 8 ff. lim. n. ch., 240 pages et 4 ff. de table n. chiffr. (De 40 à 50 fr.)

Les 8 ff. limin. sont occupés par l'épître « a Monsievr mons. Fovrsy Desprez, Seigneur de Baralle, general des aydes de sa Majesté au Palais d'Arthois, &c. A. D. P. S. » datée de « Cambray, ce xxv en Novembre 1595 »; « Av tradvcteur sonnet » au bas duquel on lit : « l'espere ou i'aspire B. », la Préface et les Approbations.

Le corps de l'ouvrage commence à la page 1. La table est rédigée par ordre alphabétique. On lit à la fin : A Arras, de l'Imprimerie de Guillaume de la Riuière, MDXCII.

Vend. : en mar. br. (Capé) 92 fr., Béhague.

— Le même... Vtile & delectable à quiconque desire viure en santé... *A S. Omer, chez Charles Boscart Imprimeur juré au nom de Iésus*, 1620, in-12 de 6 ff. lim. n. ch. et 225 pages.

Vend.: en veau olive (Closs) 13 fr., Yemeniz; en mar. r. (H. Duru) 83 fr., Bᵒⁿ Pichon.

M. Barbier cite une édition du traité de Pisanelli en français, *Arras, Gilles Bauduyn*, 1606, in-16 de 244 pp.; nous ne connaissons pas cette édition.

PISTEL (Philippe). — Le Tombeau des Yvrongnes, contenant les fatalles traverses et divers accidens des nez escarlattez. A monsieur du Haut-Mont, gentilhomme angevin, par Philippe Pistel. *Caen, Iaques Mangeant*, 1611, pet. in-8, réglé.

Vendu : en mar. bl. (Chambolle-Duru) 270 fr., Baron Pichon.

PLACE (Ch.). — De l'alimentation des classes ouvrières. Choix, conservation et préparation hygiénique et économique des substances alimentaires par F.-M. Ch. Place, Professeur d'hygiène publique au musée royal de l'Industrie. *Bruxelles, Philippe Hen*, 1859, in-12 de 166 pp. (2 fr.)

PLACOTOMUS. — De tvenda valetvdine libellus Iohani Hessi, Commentarijs doctissimis illustratus a Ioanne Placotomo, in Academia Regiomótana Professore, Medico. In quibus multa erudité explicantur, Studiosis Philosophiæ plurimum profutura. Eivsdem de Natura & uiribus Cereuisiarum, & mulsarum, opusculum, De Causis, præserruatione, & curatione Ebrietatis, dissertationes, cvm indice. Cum Gratia & Priuilegio Imperiali. *Franc. Apud Chr. Egen. s. d.* (1551), pet. in-8 de 114 ff. chiffr.

et 2 ff. n. ch. pour l'index. (De 15 à 20 fr.)

On lit à la fin de l'index : « Franc. apud Chr. Egenolphum Mense octobri MDLI. » Le verso du dernier f. est blanc.

— Le même... *Parisiis, apud Gulielmum Cauellat, in pingui Gallina, ex aduerso Collegii Cameracensis* 1555, in-16 de 8 ff. limin. non chiffr. et 151 ff.

— Le même... *Franc. Apud Hæred. Chr. Egen.*, 1564. in-8 de 4 ff. limin. n. ch., 183 ff, ch. et 3 ff. n. ch.

Au rᵒ du dernier f. dont le vᵒ est blanc, on lit : *Francoforti excudebant Hæredes Christiani Egenolphi M. D. LXIIII.*

PLAINCTE (La) du Commun : contre les boulengers et les brouillons taverniers ou cabaretiers et autres, avec la desesperance des usuriers.

> *Qui en vouldra si se transporte*
> *Devant le Palays la grand porte.*

(A la fin :) *A Paris, par Guillaume Nyverd, imprimeur, s. d.*, in-8 goth. de 4 ff.

C'est d'après l'exemplaire de cette pièce que possédait M. Cigongne que M. A. de Montaiglon en a donné la réimpression dans son *Recueil de poésies françoises*, tome II, pages 230-237.

— La Plainte du Commun : a lencontre des Tauerniers. Boulangers & la desesperance des usuriers. *A Paris, par Guillaume Nyuerd Imprimeur, s. d.*, pet. in-8 goth. de 4 ff. de 28 vers à la page, n. ch., signés A, fig. s. bois au titre.

La fig. s. bois représente deux personnages; l'un tient un pot et un pain qu'il offre à l'autre. La pièce commence au vᵒ du titre, par ces mots : « Plainte contre les Boulengers et les brouillons Tauerniers » et finit au vᵒ du 4ᵉ f. par « Ainsi soit-il - Fin. »

PLAINTE (La) du Caresme. *Paris, de l'imprimerie des nouueaux caracthères Inuentez par P. Moreau Mᵉ Escrivain juré à Paris et Imprimeur ordrᵉ du roy et se vend en la Boutique, au Palais à la salle Dauphine, a l'enseigne de la Vérité par E. Rouuelin*, 1644, in-8 de 16-23 pages et 2 ff. non chiffrés (civilité).

La *Plainte du Caresme* occupe les 16 premières pages; les 23 pages suivantes contiennent la *Response a la Plainte de Caresme*, les 2 ff. non chiffrés, le *Jugement* qui débute ainsi ; Veu la plainte du Caresme par écrit, contenant les ressentiments sensibles au peu d'estat et d'estime qu'on fait du Jeusne, de l'abstinence, etc...

PLAISIRS (Les) de la table et du lit, chansonnier gaillard. *Rouen, impr. de Lecrène-Labbey*, 1817, in-32. (2 fr.)

PLATINE de honesta voluptate et valitudine ad amplissimum ac doctissimum. D. B. Rouerellam. S. Clementis Presbiterum Cardinalem Lib. incip. *S. l. n. d.* (vers 1474), in-4 de 117 ff. de 30 lignes à la page, s. ch., récl., ni signat.

Cette édition que Panzer (*Annales typ.*, t. II, p. 554) cite, d'après Audiffredi (supp. p. 48), comme la plus ancienne, figure au Catal. de la biblioth. de M. le Bon James de Rothschild (n° 193) auquel nous en empruntons la description. Elle est imprimée en lettres rondes et se compose de 4 ff. de table à deux colonnes, 112 ff. à longues lignes, en tête desquels est placé le titre reproduit ci-dessus, et 1 f. à deux col. pour le *Registrum*.

— Platyne de honesta voluptate. z valitudie ad amplissimum ac doctissimû. D. B. Rouerellam. S. Clemêtis presbiterum cardinalem. — (A la fin :) *Uiri doctissimi Platine opusculum de obsoniis. ac de honesta uoluptate. z ualitudine. Impressum alma in uniuersitate Louaniensi. Per me Iohannem de westfalia. S. d.*, in-4 goth. de 160 ff. n. chiffr. de 30 lignes à la page, sign. aii-n.

L'exemplaire de la Bibliothèque nationale commence au f. aii; il est d'ailleurs conforme à la description donnée par Hain sous le n° 13050 du *Repertorium bibliographicum*. Il serait fort possible qu'il manquât soit un feuillet blanc, soit un feuillet de titre, car le premier cahier n'a que 7 feuillets, tous les autres en ayant 8, à l'exception du cahier n qui n'en contient que 5. L'ouvrage finit au v° du 96° feuillet par la souscription transcrite plus haut. Viennent ensuite 4 ff. de table; celle-ci commence au r° du f. 97 par ces mots, en tête de la 1re col : « Platine de honesta voluptate & valitudine » et finit au milieu du v° du 100° f. par ces mots placés à la fin de la 2° col : « Ca-

pitulor; libri platine de obsoniis & hôesta uoluptate & ualitudie finis. »

Au catal. Yemeniz figure, sous le n° 882, un exempl. de cette même édition, signé a-m par 8, n par 6 avec cette indication : Le 1er et le dernier feuillet blancs. Nous n'avons pas vu cet exemplaire, mais il semble confirmer l'opinion que nous avons émise plus haut.

D'autre part, le *suppl^t au Manuel du Libraire* mentionne cette même édition et l'annonce comme ayant 102 ff. semi-goth. avec signat. a 2 - n 3, s. ch., n. récl.

Les signatures ci-dessus sont exactement celles de l'exemplaire que possède la bibliothèque nationale, et dont nous avons donné la description. Nous ne voyons même guère comment, avec ces signatures, les continuateurs du *Manuel du Libraire*, ont pu trouver 102 ff. s'ils ne se sont pas basés sur de pures hypothèses.

Vend. : en mar. r. (Trautz-Bauzonnet), 110 fr., Yemeniz.

— Viri doctissimi Platynæ opusculum de obsoniis ac honesta uoluptate : *impressum Venetiis Duce iclyto Petro Mocenico. Idibus Iuniis Mcccclxxv*, pet. in-fol. de 93 ff. de 32 lignes à la page, sans chiffres, ni signatures.

Les 4 premiers ff. sont occupés par la table impr. à 2 col., qui commence au verso du 1er f. dont le r° est blanc. A la fin de la 2° col., au v° du 4° feuillet, on lit : « Cap. Lib. Platynæ de obsoniis et Honesta volvptate et valitvdine Fi. » et la souscription que nous avons transcrite plus haut à la place du titre qui n'existe pas dans cette édition.

Le corps de l'ouvrage commence au r° du 5° f. par ces mots : « Platynæ de Honesta volvptate : et valitvdine ad amplissimvm ac doctissimvm D. B. Roverellam. S. Clementis præsbitervm cardinalem liber primvs. » Il finit, après la troisième ligne, au v° de l'avant-dernier feuillet, par ces mots : « Platynæ de obsoniis lib. fin. »

Dans certains exemplaires de la même édition, cette ligne manque.

Il existe, d'après Hain, n° 13051, des exemplaires de l'édition de 1475 portant cette souscription au v° du 4° feuillet : « *Viri doctissimi Platynæ opusculum de Obsoniis ac honesta uoluptate : impressum Venetiis labore & diligentia Laurentii presbyteri d Aquila : necño Sibyllini Vmbri Duce inclyto Petro Mocenico. Idibus Iuniis MCCCCLXXV.* »

Cette édition est la première portant une date.

Vend : en vélin, 25 fr., Yemeniz; en cuir de Russie, 80 fr., Morante.

— Platyne De Honesta Uoluptate & Ualitudie. ad Amplissimû ac Doctissimum. D. B. Rouelleram. S. Clemètis Presbiterû Cardinalem —*Finis* Uiri doctissimi Platyne opusculum de obsoniis: ac de honesta voluptate ⁊ valitudine : Impressu⁊ in Ciuitate Austrie : impensis ⁊ expensis Gerardi de Flandria. Ueuetiaru⁊ Duce Inclito Johanne Mocéico. Nono kalendas Nouembris* Mᵒ ccccᵒ lxxxᵒ. In-4 goth. de 93 ff. n. chiffr. de 32 lignes à la page, sans signatures.

L'ouvrage commence en tête du 1ᵉʳ feuillet, et finit au verso du 89ᵉ feuillet, après la 8ᵉ ligne, par le mot *Finis* et la souscription que nous avons transcrite plus haut. Au-dessous, on lit : « Laus omni potenti Deo. » Les 4 derniers ff. sont occupés par *l'index*, imprimé sur 2 col., qui finit au rᵒ du 4ᵉ feuillet, par ces mots : « Capitulorû libri Platine de obsoniis & honesta voluptate & valitudie finis. » et par « Cartarum presentis operis registrum », impr. sur 3 col. au vᵒ du 4ᵉ et dernier feuillet.

Deux exemplaires de cette édition très rare, imprimée à Frioul, figurent au Cat. Yemeniz. L'un y est indiqué comme ayant 89 ff. de texte, 4 de table et un blanc, l'autre, l'exemplaire Huzard, 88 ff. de texte et 4 de table. Le premier, en mar. rouge (Trautz-Bauzonnet) a été vendu 160 fr., le second, en mar. r. (Trautz-Bauzonnet), 105 fr., Yemeniz. Nous avons soigneusement collationné ce dernier (exemplaire Huzard) et nous y avons trouvé 89 ff. de texte et 4 de table. Il a atteint, dans une vente récente, le prix de 210 fr. Il est probable qu'il y manque le f. blanc.

Vend. : 27 fr., La Serna, 51 fr., Bearzi; en mar. rouge, 60 fr.; Renard (de Lyon); 100 fr., Cat. Belin, 1886.

— Le même... *Bononiæ*; 1494 et 1498, in-4. (Hain, nᵒˢ 13053 et 13054.)

— Platynæ de honesta uoluptate : et ualetudine : uel de obsoniis : et arte Coquinaria libri decem. (*In fine:*) *Platynæ de honesta Voluptate et Valetudine. seu de arte coquinaria et cibariis Libri Decimi et Vltimi Finis. Venetiis Bernardinus Venetus Impressit Anno Domini MIID (1498)*, in-4.

Vend. : reliure anc., 42 fr., Morante.

— Libellus platine de honesta uoluptate ac ualitudine. (In fine, ante tabulam :) *Habes splendidissime lector uiri doctissimi Platinæ opusculum de obsoniis : de honesta uoluptate ac ualitudine diligenterq; Bononiæ Impressum per Ioanne antonium platonidem Benediciorum bibliopolam necnõ ciuem Bononiensem sub Anno domini Mccccxcix. die uero. XI mensis Maii. Ioanne Bentiuolo fœliciter illustrante*, in-4 de 95 feuillets de 29 lignes à la page, n. chiffr., signés a-miiii par 8, lettres rondes. (De 30 à 40 fr.)

Le dernier cahier, dans notre exemplaire conforme à la description donnée par Brunet, n'a que 7 feuillets. Il est à croire qu'il y manque un f. blanc formant le 8ᵉ du dernier cahier. Le vᵒ du titre est blanc. L'ouvrage commence en haut du rᵒ du feuillet 2 sign. aii, par ces mots : « Platynæ De Honesta Voluptate : et Valitudine. ad Amplissimum ac Doctissimum. D. B. Rouellam. S. Clementis Presbiterum Cardinalem » (2 lign. 1/2.). Au verso du f. signé mii, dessous du mot : *Finis* placé à la suite et au milieu de la 4ᵉ ligne, on lit : « Laus Deo trino. » Puis vient la souscription donnée plus haut; au-dessous, marque typographique. Les cinq derniers ff. sont occupés par la table, imprimée sur deux colonnes, qui finit au rᵒ du dernier f. par ces mots : Hic finis est huius tabulæ. » Au verso, le « Registrvm. »

Il existe des exemplaires portant le même titre, avec cette différence toutefois que le mot : *ualitudine* y est écrit : *valitudine*, le même nom d'imprimeur, le même lieu d'impression et la même date, in-4 de 96 ff. de 29 l. à la p., n. chiffr. signés a-miiii par 8, mais avec quelques légères différences dans l'orthographe des mots, notamment dans les premières lignes qui se trouvent au rᵒ du f. a ii et dans la souscription finale au-dessous de laquelle ne figure aucune marque typographique. Le dernier f. est blanc.

Vend : 14 fr., La Vallière.

— Le même... *Argentinæ, J. Knoblouch*, 1517, pet. in-4, lettres rondes.

— B. Platinæ Cremonensis De honesta uoluptate. De ratione uictus, & modo uiuendi. De natura rerum & arte coquendi Libri X (2 lignes en grec). *Coloniæ, ex officina Eucharij, anno* 1529, in-8 de 120 ff. n. chiffr. signés a-p., par 8., lettres ital.

Titre encadré d'une gravure : au bas, Cléopâtre se faisant piquer par un aspic. (v° blanc). Au r° du feuillet signé a2, on lit : « Platinæ de honesta uoluptate & ualetudine ad amplissimū ac doctissimum D. B. Rouerellā S. Clementis presbyterum Cardinalem. »

Au bas de l'avant-dernier feuillet : *Colòniæ, apud Eucharium Ceruicornum. procurante M. Godefrido Hittorpio ciue Coloni. mense septem anni MDXXIX.* Au r° du dernier f. 16 lignes d'errata (v° blanc).

— Bap. Platinæ Cremonensis. De honesta voluptate. De ratione victus, & modo viuendi. De natura rerum & arte coquendi Libri X. *In ædibus Ioannis Parui,* 1530. in-8 de xcviij ff. chiffr. et 1 f. n. chiffr.

Au titre, la marque de « Iehan Petit. » Au v° du titre : « Petrus Viduoeus Vernoliensis Vuldequino Thyuetio academiæ Parisiacæ quæstori fidelissimo ac diuinarum humanarumq; disciplinarum doctissimo S. P. D. » Les ff. ne sont chiffrés qu'à partir du f. iij. L'ouvrage commence au r° du f. 2. Au bas du v° du dernier feuillet chiffré : « Baptiste Platine De Honesta voluptate ac proinde ratione valetudinis opus hoc adiectum historiæ Pontificum maximorum, ac dialogis aliquot insignioribus ex officina M. Petri Viduoei calcographi eximij, peurante Ioanne Paruo Bibliopola optimo, pdijt à Christo nato Anno MDXXX. » Cette souscription occupe six lignes. Puis vient le f. n. chiffr.

— Bap. Platinæ cremonensis, de honesta voluptate et valetudine libri decem. Cum indice gemino, rerum pariter ac uerborum ita locuplete, ut momento, quod uelis, inuenias. *Coloniæ ex officina Eucharij Ceruicorni,* 1537, pet. in-8 de 8 ff. lim. n. chiffr., 232 pages et 16 ff. n. chiffr., lettres ital.

Au titre, marque typographique. Les 8 ff. limin. sont occupés par le titre au v° duquel est placée une note de l'éditeur « Platinæ vita ex tritemio », *l'index capitvm,* impr. sur 2 col. et « Bap. Platinæ in svos x de honesta uoluptate & ualetudine libros, ad amplissimum ac doctissimum D. B. Rouerellam, S. Clementis presbyterum Cardinalem, Præfatio ». Le corps de l'ouvrage commence à la page 1 et finit à la page 232.

L'index rervm, un avis « Ad Lectorem » et Avtorvm vetervm..... catalogvs » occupent les 16 derniers ff. Au bas du r° du dernier dont le v° est blanc on lit : *Coloniæ apud Eucharium Ceruicornum, Anno M.D.XXXVII, sexto Cal. Februarias, Gerardo Lauacrio, iacobo Rubrielesio, Coss.*

— Bap. Platinæ Cremonésis De honesta voluptate. De ratione victus, & modo viuendi. De natura rerum & arte coquendi Libri X. *Parisiis, ex officina Petri Vidovæi,* 1538, in-8 de xcviij ff. chiffr., plus 1 f. n. chiffr.

Titre encadré, au v° duquel est une lettre de Pierre Vidoue.

Le traité de Platine se trouve également réimprimé à la suite du *de Re Culinaria* d'Apicius, dans les éditions de *Bâle* et *Lyon,* 1541.

— Platine en françoys tresutile & necessaire pour le corps humain qui traicte de hóneste volupte et de toutes viandes et choses que lôme menge, quelles vertus ont, et en quoy nuysent ou prouffitêt au corps humain. et cóment se doyuent apprester ou appareiller, et de faire a chascune dicelles viandes soit chair ou poysson sa propre saulce & des proprietes & vertus que ont lesdites viandes, Et du lieu et place cóuenable a lôme pour abiter, et de plusieurs aultres gentilesses par quoy lomme se peult maintenir en prosperite et sante sans auoir grât indigêce dauoir aultre medicin sil est homme de rayson. (A la fin :) *Cy finist Platine leql a eté tráslate de latin en fráçoys, z augmêle copieusemêt de plusieurs docteurs, principalemêt p. messire Desdier xpol prieur de saît Maurice pres môtpelier. Et imprime à Lyon par Fráçoys fradin pres nostre dame de cófort. Lan mil cinq cens z cinq. Et le dixhuitiesme iour Dauril.* In-fol. goth. à 2 col. de 4 ff. lim. n. ch. et Cii feuillets de 44 lignes à la col., signés a-r par 6.

Les 4 ff. limin. sont occupés par le titre, (verso blanc., 1 f.) Au r° du 2e feuillet « la table de ce present liure », (Au-dessous :) Cy cômence la table ou rubrique de tout ce

quest contenu en ce present liure »; elle occupe trois ff. et finit au vᵒ du 4ᵉ f. limin.

Au rᵒ du 1ᵉʳ feuillet chiffré, en haut : « Le
Prologue. » (Au-dessous, en tête de la
1ʳᵉ col.) : Sensuit le liure de hôneste volupte
et sante premiéremét compose en latin par
Platîne en court de Rôme. Et apres tràslate
en frâcoys par messire xpol a Montpelier. »

Au rᵒ du f. cii, on trouve la souscription
indiquée plus haut : Cy fine etc., etc.. Le
verso de ce dernier f. est blanc.

Cette édition, d'une excessive rareté, est
la première de la traduction française du *De
honesta Voluptate*.

Vend.: en v. f. (Kœlher), 60 fr., Caillhava
(de Lyon) ; 80 fr., Coste ; en mar. La Vallière (Hardy-Menil), 225 fr., Bancel.

— Platine En françoys tresutile &
necessaire pour le corps humaî qui
traicte de hôneste volupte et de toutes
viandes & choses que lhôme mège :
quelles vertus ont : & en quoy nuysent
ou prouffitent au corps humain et côment
se doyuèt apprester ou appareiller : et
de faire a chascune dicelles viàdes soit
chair ou poysson sa propre saulce : &
des proprietes et vertus que ôt lesdites
viandes. Et du lieu et place conucable
a lhôme pour habiter : et de plusieurs
aultres gètillesses par quoy l'homme se
peult maîtenir en prosperite et sante sâs
auoir grât indigèce dauoir aultre medicin sil est hôme de raysô. — (A la fin :)
*Cy finist Platine leq̄l a este tràslate de latin
en frâçoys : ʒ augmête copieusemêt de plusieurs docteurs : principalemêt p̄ messire desdier xpol prieur de saint maurice près
montpellier. Imprime a paris p̄. Michel le
noir Imprimeʳ ʒ libraire demourât en la
rue sait iacq̄s a lenseigne de la rose blâche
courônee Lan mil cinq cens ʒ neuf le xviij
iour de septembre.* In-4 goth. de 4 ff.
limin. n. chiffr. et clxxxvi ff. de 37 lignes
à la page.

Au titre rouge et noir, un bois, imprimé
en rouge, représentant trois personnages devant une table; au-dessus de celui qui est
placé au milieu, on lit : Platine. Les deux
autres paraissent écrire sous sa dictée. Les
4 ff. limin. sont occupés par le titre et la
table qui commence au vᵒ de ce f. Le corps
de l'ouvrage commence ainsi au rᵒ du 1ᵉʳ f.

chiffré : « Le prologue. Sensuit le liure de
hôneste volupte et sante premieremêt compose en latin par Platine en court de Romme
Et après trāslate en françoys par messire
Desdier x̄pol a Montpelier. » Au vᵒ du dernier feuillet, la marque de Michel Le Noir.

— **Platine en françoys**... —(A la fin :)
— *Cy finist Platine, qui traicte de honneste volupte et de toutes viàdes proffitables
a lhôme leq̄l a este trāslate de latin en frā-
çois, et augmente copieusement de plusieurs
docteurs, principalement par messire Desdier x̄pol prieur de Sainct-Maurice près
Môtpellier, et imprime nouuellement a Lyon
par Antoine Dury, lan mil cinq cens
vingt huit le iiii iour de iung,* in-4 goth.
à 2 col.

Edition que nous n'avons pas vue mais
qui figure au Cat. Cigongne. Vend. 101 fr.,
Hope, et en mar. rouge (Trautz-Bauzonnet)
165 fr., Yemeniz.

— **Platine en françoys**..... (*A la fin :*)
— *Cy finist Platine leq̄l a ete translate
de latin en françoysʒ augmente copieusement
de plusieurs docteurs p̄ricipalement p̄ messire
desdier crestofle prieur de saīct maurice pres môtpellier. Imprime a paris p̄
Philippe le noir lung des deux relieurs
iure de luniuersité de Paris nouuellement
imprime a Paris Et fust acheue le xii. iour
de Daoust* (sic) *Lan mil. cccc. xxix. Pet.*
in-4 goth. de 4 ff. limin et de Clxxxvi ff.

Edition qui figure au cat. Didot, mai
1879, vend. en mar. orange (Thompson)
80 fr.

— **Baptiste Platine de Cremonne
de lhonneste volvpte**, liure tresnecessaire a la vie humaine pour obseruer
bonne sante. 1539. *On les vend a Paris
au Palays a la gallerie par où on va u la
châcellerie par Felix guilbert.* In-8 de 8 ff.
limin. n. ch. et cclxiiii ff.

Au titre, la marque de Felix Gvibert. Au
vᵒ : « L'ordre de ce present liure. Sensvyent
les parties contenves en ce present liure. »
Cette énumération finit au rᵒ du 2ᵉ f. limin.
Les autres ff. n. ch. sont occupés par la
table. On lit à la fin du volume : « *Cy fine
Platine tresutile et necessaire pour le corps*

humain qui traicte de honneste volupte et de toutes viandes protafibles a lhomme : lequel a este translate de latin en françoys, ⁊ augmente copieusement de plusieurs docteurs principallement par messire Desdier Christol prieur de sainct Maurice pres Montpeslier. Et imprime nouuellement a Paris. 1539.»

— Le même....1559 (sic) *On les vend a Paris en la rue Sainct Iacques à la queue de regnard par Iehan ruelle*, in-8 de 8 ff. lim. n. ch. et cclxiiii ff.

Cette édition est la même que la précédente ; son titre offre néanmoins quelques différences. D'abord, pas de marque typographique, ensuite la date de 1559 y a été inscrite par erreur, car la souscription finale porte bien celle de 1539.

— Le même... 1539. *On les vend à Paris par Pierre Sergent demourant en la rue neufue nostre dame, a lenseigne Sainct-Nicolas.* in-8.

Vend. : mar. bl. (Closs) 120 fr., Yemeniz.

— Baptiste Platine de Cremonne, de l'Honneste volupté, liure tresnecessaire à la vie humaine, pour obseruer bonne santé. Diligemment reueu & corrigé comme est fait mention à la page suyuante. *A Lyon, par Balthazar Arnoullet.* 1548, in-8 de 352 pages.

Marque typographique au titre. L'ouvrage commence au v° du titre, par ces mots : « B. A. Au lecteur Salut » À la fin, p. 352 « Lovange a Dieu. Fin de ce present Liure ».

Vend. : mar. v. (Trautz-Bauzonnet), 110 fr., Yemeniz.

— Les X livres de B. Platine de Cremonne de l'honneste volupté, traduit de Latin en François par M. Desdier Christol, M. à Montpellier. Tresnecessaire à toutes Gens pour obseruer bonne santé. Nouuellement reueu & corrigé. *A Paris, par Iean Ruelle, Libraire, demeurant en la rue sainct Iacques à l'enseigne S. Nicolas,* 1567, in-8 de 8 ff. limin. n. chiffr. et ccxlv ff.

Les ff. lim. sont occupés par le titre (v° blanc), la table des x parties contenues dans l'ouvrage, la table et le prologue.

— Baptiste Platine de Cremonne, de l'Honneste volupte, liure tresnecessaire à la vie humaine, pour obseruer bonne

santé. Diligemment reueu & corrigé comme est fait mention à la page suyuante. *Lyon, par Benoist Rigaud,* 1571, in-16 de 667 pages.

Au v° de la page 667, on lit : *A Lyon de l'imprimerie de François Durelle.* 1571, Vend. : veau f. (Kœlher), 19 fr. 50, Cailhava (de Lyon) ; le même exempl., 34 fr., Desq. ; en mar. r. (Capé) 47 fr., Béhague.

Brunet, t. IV, col. 691, cite une édition de *Lyon, P. Rigaud,* 1602, in-16, sans en donner le titre. Il y a lieu de croire que l'auteur du *Manuel* ne l'ayant pas vue, une confusion se sera produite. Pierre Rigaud a publié à Lyon, en 1602, dans le format in-16 un livre portant le titre suivant :

— Le Livre de honneste volupté. Contenant la manière d'habiller toutes sortes de viandes, tant chair que poisson et de seruir en banquets et festes. Auec un memoire pour faire escriteau pour un banquet.

Cet ouvrage n'est pas de Platine ; c'est le même que le *Grand Cuisinier de toute cuisine,* le *Livre fort excellent de cuisine,* le *Livre de cuysine très utille et prouffitable,* la *Fleur de toute Cuysine.* (Voyez ces différents titres.)

Enfin M. Brunet signale, d'après Ebert, 1702 :

— Le livre de l'honnete volupté et santé, premierement composé en latin par Platine et apres translaté en franç. par Messe de Foyer, *S. l. n. d.,* in-fol.

M. Brunet pense que ce Messe de Foyer n'est autre que messire Desdier dont le nom aura été mal écrit.

— Le Grand Cvisinier de B. Platine de Cremonne contenât en soy la maniere d'habiller toutes sortes de viâdes tant chair que poissô. Auecques la vertu des herbes, fruictz, greines & autres. Traduit de Latin en François par M. Desdier Christol M. à Montpellier. Tres necessaire à toutes gens pour obseruer bonne sante. Nouuellement Reucu & Corrigé. *A Paris, Par la Veufue Iean Ruelle, demeurant en la Ruë Sainct Iaques a l'enseigne Sainct Nicolas,* 1586, in-8 de 8 ff. lim. n. ch. et ccxlv ff.

Titre (v° blanc) — « Sensvyvent les x parties contenues en ce present Liure »

(1 f. r° et v°). — « Cy commence la table ov rubriqve de tovt ce qvi est contenu en ce present liure. » (Cette table, commençant au r° du f. aiij, occupe 4 ff.) — « Sensvit le prologve Des dix Liures de L'Honneste Volupté & Santé, premièremět côposé en latin par B. Platine : & translaté en Françoys par M. D. Christol M. à Montpellier. » (Ce prologue finit au v° du 8e f. après la 13e ligne.)

Le corps de l'ouvrage commence au f. 1 et finit au v° du f. ccxlv après la 19e ligne.

Une autre édition portant le même titre, aurait, d'après Brunet, été publiée, *Paris*, 1588, pet. in-8.

— Di Platina : đ la hôesta voluptate; & valitudine : ad lo âplissimo & doctissimo signore. B. Rouerella. Di sctó clemête p̄te cardiale : libro p̄mo (*In fine :*) *Qui finisse Platina di li obsonnij stampata in Venetia. nel anno del signore. Mcccclxxxvij. adi. xv de Decembrio. Deo Gratias.* In-4 goth. de 4 ff. limin. n. chiffr. et 74 ff. chiffr. de 38 lignes à la page.

Le r° du 1er f. limin. est blanc; au v° commence la table : In comîcia la tauola di le'viuande fructi sapori & magnari di diuersi paesi che sonno anotadi p. ordine in dîece libri di platina. » Cette table, impr. sur 2 col., finit au v° du 4e f. limin.

Au r° du f. I : « Di Platina, etc... »; la souscription « Qui finisse Platina, etc. etc. » est placée au v° du 73e f., après la 10e ligne. On trouve ensuite deux chapitres : Di Buzulati peverati » et « Buzolati di farina pura bianchi. » L'ouvrage finit au r° du 74e f.; le v° est blanc.

Hain, n° 13058. cite une autre édition italienne, *Venetia, Mcccclxxxxiiii a di xxv de Agosto*, pet. in-4.

Autres éditions : *Venetia Rusconi*, 1500, in-4; *ibidem, 11 marzo*, 1508, in-4.

— Platina de honesta voluptate & valitudine vulgare. — *Finis. Qui finisse Platino di li obsonii stâpata in Venetia del MCCCCCXVI adi primo de zugno.* In-4 de 4 ff. lim. n. chiffr. et xcv ff. de 32 lignes à la page, lettres rondes.

Le premier f. n. ch. dont le v° est blanc est occupé par le titre. Au r° du 2e f. « Incomincia la tauola delle uiuande fructi & sapori magnari di diuersi paesi si ch sono anotati per ordine in diece libri di platino. »

Cette table occupe 3 ff. Le corps de l'ouvrage commence au 1er f. chiffr. « De platina : de la honesta uoluptate : & ualitudine : ad lo amplissimo & doctissimo signore B. Rouerella : De scto Clemente pete Cardinale : libro primo. » et finit au v° du dernier feuillet.

— Von allen Speisen vnd Gerichten rc. Wieman sie allerhandt art Künstlich vnd wol, Kochen. einmachen vnd bereyten sol. Sampt eines ieden Essen wirckung vnd natur, zù auffenthaltung menschlicher gsundtheit. Durch den hochgelerten vnd erfanen Platinam. Babst. Pii des II Hoffmeyster. Wie man gütten Wein vnd Essig, zichen, halten, widerbringen, vnd mit allerhand Kreuttern zù gesundtheit bereyten vnnd gebrauchen sol. Alles new vnd ordenlich zusamenbracht (à la fin :) *zù Straszburg bei Christian Egenolphen Im zenner des M.D. vnd XXX, iars*, in-4 goth. de 4 ff. n. ch., 23 ff. ch. et 1 f. blanc.

Au titre, fig. sur bois représentant un cuisinier ventru debout, dans sa cuisine, au milieu des provisions et des tonneaux; de la main droite il brandit une écumoire. Le v° du titre est blanc; au r° du 2e f. n. ch. le « Register » qui finit au v° du 3° f. n. ch. Le r° du 4e f. n. ch. est blanc. Le v° est occupé par dix vers dans un encadrement gravé. En haut du 1er f. ch. commence le « Kuchenmeysterei » qui finit au v° du 23e f. par la souscription donnée plus haut. Le dernier f. n. ch. est blanc.

Fait partie de la collection de M. le B⁰ⁿ Pichon.

— Von der Eerlichñ zimlichen auch erlaubten Wolust des leibs, sich im essen, trincken, Kurtzweil et c zu gebrauchen... durch... Bapt. Platinam von Cremona... verteutscht durch Stephanum Vigilium Pedemontanum. *Augsb. Stainer*, 1542, in-fol., fig.

M. Graesse, auquel nous empruntons le titre de cette édition ajoute qu'il existe une édition antérieure de cette traduction allemande, *Augsb.* 1531, in-4.

Un manuscrit du xve siècle du *De honesta voluptate.* sur vélin, gr. in-8 de 120 ff. init. rubr. a été détruit dans l'incendie des livres de M. Techener, à Londres, le 29 juin 1865.

PLENCK. — Josephi Jacobi Plenck, chirurgiæ Doctoris, Chemiæ atque Botanices Professoris, publici, ordinarii in Academia chirurgica militari, nec non Directoris pharmacopæarum militarium atque chirurgi status militaris supremi. Bromatologia seu Doctrina de esculentis et potulentis. *Viennæ, apud Rudolphum Græffer*, 1784, in-8 de 428 pp. et 6 ff. n. ch. (De 6 à 7 fr.)

Avant le titre, sur lequel est une petite gravure signée de Jacob Adam et représentant des comestibles, un cochon, une langouste, des légumes et des fruits, se trouve un portrait du chirurgien Alexandre Brambilla, gravé par Jacob Adam d'après Jean-Baptiste Lambi.

PLETUS. — Compendivm de victvs ratione, pro anni & ætatis partibus, instituenda ac de alimentorum facultatibus, quorum vsus hodie est frequentior, Authore Nicola Pletio Vimaco. *Parisijs apud viduam Claudij Cheuallonij sub signo Solis aurei*. 1538, pet. in-8 de 2 ff. n. ch. et 26 ff. ch. (De 6 à 7 fr.)

Au titre, la marque de C. Chevallon.

— Le même..... *Parisiis apud Carolam Guillart, via ad dium Jacobum, sub sole aureo 1539*, pet. in-8 de 2 ff. lim. n. ch. et 26 ff. n. ch.
Même marque typographique. Charlotte Guillard était la veuve de Cl. Chevallon.

— Le même..... *Parisiis apud Nicolaum Egidium, 1539*, in-16 de 63 ff. ch.

PLINIUS. — (Caii Plinii secundi naturalis historiæ libri XXXVII.) *Venetiis, Johannes Spira*, 1469, in-fol. de 355 ff. de 50 lignes à la page, sans ch., récl., ni signat., lettres rondes.

Cet ouvrage n'a pas de titre ; au rº du Ier f. « Plinivs secundus nouocomensis equestribus militiis industrie functus : procurationes quoq ; splendidissimas atqu ; continuas summa integritate administrauit. Et tamen liberalibus studiis tantam operam dedit : ut non temere qs plura inotio scripserit..... » Au vº du dernier f. on lit :

Quem modo tam rarum cupiens uix
           [lector habet & :
Qviq ; etiam fractus pene legendus
           [eram :

Restituit Venetis me nuper Spira Joan-
           [nes :
Excripsitq ; libros ere notante meos.
Fessa manus quondam moneo : Cala-
           [musq ; quiescat.
Nanq ; labor studio cessit : & ingenio.
        M. CCCC. LXVIIII.

Première édition, d'une exécution remarquable. Nous ne citerons que cette édition de l'*Histoire naturelle* de Pline qui contient un grand nombre de renseignements sur les divers aliments, sur les mœurs épulaires des Romains. L'exemplaire de la Bibliothèque nationale est orné de lettres initiales rehaussées d'or et de rubriques ; un autre exemplaire figure sous le nº 182, dans le catal. de la bibliothèque de M. le Bᵒⁿ James de Rothschild.
Vend. : en mar. r. 1,699 fr. 95 cent., La Vallière ; 1,551 fr., F. Didot ; en mar. bl., 3,000 fr., de Limare.

PLUMEREY. — L'art de la Cuisine française au XIXᵉ siècle, Traité des entrées chaudes, des rôts en gras et en maigre, des entremets de légumes, entremets sucrés et autres ou 6ᵉ, 7ᵉ et dernière partie de l'ouvrage de Carême ; par Plumerey, Elève de la Maison du prince de Talleyrand, ancien chef des cuisines de madame la princesse de Poniatowski, chef actuel des Cuisines de son Excellence le comte de Pahlen, ambassadeur de Russie à Paris. *Paris, au dépôt rue Thérèse, 11 Dentu ; Tresse, etc.* 1843-1844, 2 vol. in-8 de 2 ff., 425 pp., 1 f. *d'errata* et XXXV-539 pp. (De 15 à 20 fr.)

Ces 2 vol. complètent l'ouvrage inachevé de Carême, l'*Art de la Cuisine française au XIXᵉ Siècle* et en forment les tomes IV et V.
Des exemplaires, dit la *Littérat. contemp.*, portent pour titre : *Le principal de la Cuisine de Paris*, traité des entrées chaudes, etc.

PLUMPTRE (Arabella.) — Domestic Management ; or The Healthy Cookery Book. 1810, in-12.

— Le même..... 2ᵉ édition, 1812.

PLUTARQUE. — Les regles et préceptes De santé, De Plutarque, Traduits du Grec par Jacques Amyot, Grand-Aumônier de France ; Avec des Notes

et des Observations de M. l'Abbé Bro-
tier, Neveu, *A Paris, Chez Jean-Baptiste
Cussac*, 1785, in-8 de VII-111 pp., front.
grav. (De 7 à 8 fr.)

Le frontisp. est dessiné par Marchand et
gravé par N. Ponce. Les « Observations »
sont dues à M. F.-N. Simonnet, régent de
la faculté de médecine de Paris.

POLYONIMUS SYNGRAPHEUS.—
Schola Apiciana, Ex optimis quibusdam authoribus diligenter constructa.
qua continentur officia Conuiuatoris.
Cultus & Habitus boni Côuiuij, Quali-
tates & Regulæ Opsoniorum, Rationes
Secandi uel Scrutandi in mensa, Sermones conuiuales, Quæstiones conuiuales iucundissimæ, & alia item plura.
Polyonimo Syngrapheo authore.......
*Francoforti, Apud Christianum Egenolo-
phum*, (1534), pet. in-8 de 47 ff. ch.
et 4 ff. n. ch. *d'index*, lettres ital. (De
40 à 50 fr.)

Titre encadré d'une vign. s. bois. La dédicace de l'éditeur « Doctissimo uiro Dn.
Iustino Goblero Confluentino, amico eximio » occupe le vº du titre; la préface, le
f. 2 et le rº du f. 3. Puis vient le corps de
l'ouvrage qui finit au vº du f. 47. Au vº du
dernier f. *d'index*. on lit : « Francofordiæ
apud Christianvm Egenolphvm, Anno 1534,
Mense Septembri. » Le titre courant porte :
Schola Apitiana.
Première édition d'un opuscule fort rare
qui s'est vendu, dem. rel., 35 fr., Antony
Meray.

— Schola Apitiana, ex optimis qvi-
bvsdam authoribus diligenter ac nouiter
constructa, authore Polyonimo Syngrapheo. Accessere Dialogi aliquot D. Erasmi
Roterodami, & alia quedã lectu iucun-
dissima. *Veneunt Antuerpie in œdibus
Ioannis Steelsii*. I. G. 1535, in-8 de
68 ff. n. ch., signés A-I par 8 (le cahier I par 4). (De 30 à 35 fr.)

Titre encadré au vº duquel commence
« In Scholam Apitianam Prœfatio » qui
finit au vº du f. 22. Le texte de l'ouvrage
commence au rº du f.23 et finit au rº du
dernier f. par ces mots : *Finis. Typis Ioan.
Graphei. M. D. XXXV.* Au vº marque de
Joh Steels.

PONS (Jacques). — Sommaire
traitté des melons contenant la nature
et l'usage d'iceux, avec les commodités
et incommodités qui en reviennent par
I.P.D.E.M. *Lyon, Jean de Tournes*, 1583,
in-8 de 39 pp. (De 25 à 30 fr.)

— Le même... contenant la nature,
election, vtilité et droit vsage d'iceux.
Par I.P.L.D.M. *A Lyon, par Benoist Rigaud*, 1586, pet. in-8 de 48 pp. (De 20
à 25 fr.)

L'épître dédicatoire est adressée : « Av
Roy tres-chrestien de France et de Pologne,
Henry troisième. »
On trouve à la page 29 de cet opuscule
rare les diverses façons d'user du melon
« Lon vse d'iceluy en viáde, écrit l'auteur,
et en remedes medicinaux. En viáde, l'on le
préd et crud, et cuit, et en côposte; crud à
l'entree de table, apres l'auoir laissé quelque
téps en lieu frais, autrement il est mal
plaisant, et moins rafraischissant. On le
mange cuit en potages ainsi que la courge,
qui est fort bon, mais touttefois non si plaisant ne si agreable que crud » etc., etc.

Le *Sommaire traitté des melons* dont les
deux premières éditions ne portent que les
initiales de l'auteur, Jacques Pons, a été
réimprimé près d'un siècle plus tard, avec
son nom en entier et cette modification
dans le titre :

— Traité des melons ov il est parlé
de leur nature, de leur culture, de
leurs vertus et de leur usage. Par
M. Iaqves Pons vivant Conseiller Medecin du Roy Henry IV et Doyen des
Medecins aggregez au College de Lyon.
Nouvellement mis au jour. *A Lyon,
chez Antoine Cellier fils, ruë Merciere
à la Constance*, 1680, pet. in-8 de 4 ff.
n. ch. et 51 pp. (De 10 à 12 fr.)

Le texte, suivant Barbier, a été retouché
par Jacques Spon.

POPEL ou le Cuisinier du séminaire
de Bordeaux, poeme heroi-comique
en six chants. *Bordeaux, J. Chappuis*,
1767, in-8 de 76 pp. (De 3 à 4 fr.)

M. Barbier attribue ce poeme à l'abbé
J.-B. Gourrèges mort en 1780; le catalogue
de M. Viollet le Duc qui annonce cet ou-

vrage, avec la même date et le même lieu
d'impression, mais in-4, le donne comme
étant de M. Curé.

PORCHON (A.). — Les Regles de
la Santé ov le veritable regime de vivre, que l'on doit observer dans la
Santé & dans la maladie. Et une Table
qui contient par Alphabet les facultez
& vertus de tous les Alimens tirez des
Plantes & des Animaux dont on use ordinairement. Par A. P. Docteur en
medecine. Avec approbation de Messieurs les Docteurs en Medecine de
la Faculté de Paris. *A Paris, chez
Maurice Villery, Quay des Augustins
tenant l'hôtel de Luynes, a l'Image S.
Pierre, proche le pont S. Michel*, 1684,
in-12 de 9 ff. lim. n. ch., 184 pages et
1 f. *d'errata*. (De 8 à 10 fr.)

Les 9 ff. lim. comprennent le titre (v°
blanc); l'épitre à « Monseigneur Louis de
Bailleul », signée Porchon, la préface, l'approbation, le privilège et l'achevé d'imprimer
pour la première fois daté du 30 nov. 1683.
L'ouvrage est divisé en deux parties, le
Regime de vivre, pp. 1-94 et la *Table de santé*,
pp. 95-184.

— Le même... augmenté en cette seconde
édition d'un grand nombre de Remarques
Curieuses de Medecine, de Physique de
Moralle & d'Histoire, *A Paris, chez Maurice
Villery, quay des Augustins proche l'Hostel de
Luynes à la décente du pont S. Michel à l'image
S. Jean Chrysostome*, 1688, in-12 de 9 ff.
lim. n. ch., 173 et 260 pp. (De 7 à 8 fr.)

PORPHYRE. — Porphyrii de absti-
nentia ab esv animalivm, libri qvatvor,
Ioanne Bernardo Feliciano interprete.
Cum Summi Pontificis, & Senatus
Veneti priuilegio in annos X. (In fine :).
Venetiis apud Ioan. Gryphium MDXLVII.
(1547), in-4 de 6 ff. lim. n. ch. et
100 ff. ch.

Les 6 ff. lim. sont occupés par le titre
(v° blanc), la dédicace « Aloisio Michaelio
Ioannes Bernardvs Felicianvs S. », « Porphyrii vita ex Eunapio » et « Eivsdem vita
atq. opervm envmeratio ex svida. »
Le traité de Porphyre commence au f. 1
et finit au r° du dernier f. ch. 100. Au bas
la souscription transcrite plus haut; au v°,
les *errata*.

— Porphyrii philosophi de non ne-
candis ad epulandum animantibus libri
IIII. Ejusdem Selectæ sententiæ ducen-
tes ad intelligentiam rerum quæ mente
noscuntur; Michaelis Ephesii Scholia
in IIII libros Aristotelis de partibus
Animantium : e Medicea Bibliotheca. (In
fine :) *Florentiæ, in officina Bernardi
Juntæ*, 1548, in-fol de 129 pp. et 4 ff.
n. ch., front. grav.

Première édition, en grec.

— Le même... Cum versione Latina
et Scholiis F. de Fogerolles. *Lugduni,
apud Claudium Morillon*, 1620, in-8.

Texte grec et latin.

— Traité de Porphyre touchant l'abstinence de la chair des animaux, avec
la vie de Plotin par ce philosophe et une
dissertation sur les génies, par M. de
Burigny. *Paris, chez de Bure l'ainé*, 1747,
in-12 de 11-498 pages et 3 ff. non
chiffrés.

— Πορφυριου φιλοσοφου περι αποχης
εμψυχων βιβλια τεσσαρα. Porphyrii Philosophi de abstinentia ab esu anima-
lium libri quatuor cum notis integris Petri Victorii et Ioannis Valentini, Et interpretatione Latina Ioannis Bernardi
Feliciani, Editionem curavit & suas
itemque Ioannis Iacobi Reiskii notas
adiecit Iacobus de Rhoer Accedunt IV.
Epistolæ de Apostasia Porphyrii. *Tra-
jecti ad Rhenum, apud Abrahamum a
Paddenburg, bibliopolam*, 1767, in-4 de
18 ff. limin. n. ch., 398 pp. et 7 ff. n. ch.
pour les *index*. (De 10 à 12 fr.)

A la fin de l'index : Daventriæ, e typographia Ioannis de Lange, 1767.
Texte latin et grec. Crevenna, t. II, p. 34,
dit que cette édition est peut-être la meilleure de cet ouvrage.

PORTA (J. B.). — Ioh. Baptistæ
Portæ Neapolitani magiæ naturalis libri
viginti. Ab ipso quidem authore adaucti,
nunc vero ab infinitis, quibus editio illa
scatebat mendis, optime repurgati : in qui-

bus scientiarum Naturalium divitiæ & deliciæ demonstrantur. Accessit index rem omnem dilucide repræsentans, copiosissimus. Librorum ordinem. qui in hoc opere continentur, pest (*sic*) præfationem inveniet Lector. *Lvgd. Batavorvm, apud Petrum Leffen*, 1651, in-12 de 8 ff. limin. n. ch., 670 pp. et 11 ff. n. ch. pour l'*index*, front. grav. (De 10 à 12 fr.)

Le front. grav. porte la date de 1650. Au titre, marque typographique ; au vᵒ du dernier f. on lit : Lvgdvni Batavorvm, Typis Philippi de Croy. Anno 1651.
Le livre IV, *Œconomia*, occupe les pages 169 à 241 ; le livre X, *De Distilationibus*, les pages 397 à 447 ; enfin le livre XIV, *De re coquinaria*, commence à la page 501 et finit à la page 526.

PORTE (J.-P.-A. de la). — Hygiène de la Table, traité du choix des aliments dans leurs rapports avec la santé par J.-P.-A de la Porte, docteur en médecine, médecin-major dans l'armée. *Paris, F. Savy*, 1870, gr. in-8 de 3 ff. et 516 pp. (5 fr.)

PORTRAIT (Le) des Yvrognes ou les effets funestes de l'abondance du vin. (*Paris, de l'Imp. de Valleyre père, rue de la Huchette*), in-4 de 4 pp. (De 6 à 8 fr.)

Pièce en vers.

PORTUS (Æmilius). — Περὶ τῆς παλαιᾶς τῶν Ἑλλήνων ἐντὸς τοῦ συμποσίου Συμπεριφορᾶς — De Prisca græcorum compotatione, quæ poculis de maniun manum ordine traditis, & in orbem redeuntibus, in conviviis fieri solebat. Novvm opvs à M. Æmilio Porto, Francisci Porti Cretensis F. in per vetusta, & illustri Heidelbergensi Academia ordinario Linguæ Græcæ Professore. compositum, & in lucem nunc primum emissum in gratiam illorum, qui Musarum & Antiquitatum sunt studiosi. Quid in hoc libello præterea contineatur, sequens pagina docet. *Typis Vœgelinianis*, 1604, in-8 de 96 pp. (De 6 à 7 fr.)

Le numérotage des pages ne commence qu'à la page 4. La dédicace est signée : Æmilius Portus.

POTRAW (Tysiac), ciast i wetow, podlug najbieglejszych europejskich Kuchmistrzow, z dodaniem Kilku słów o usludze stolowéj. *Warszawa, Merzbach, druk Kaczanowskiego J.*, 1854, in-12 de 307-xx pp. et 2 pl.

Estreicher, t. III, p. 510.

POUGENS (Alexandre). — L'art de conserver la santé de vivre longtemps et heureusement, avec une traduction en vers français des vers latins de l'école de Salerne, par M.M. J.-F.-Alexandre Pougens, ex médecin en chef de l'hospice et des prisons de Millau, etc. *Montpellier, l'auteur ; Paris, Béchet*, 1825, in-8 de VIII-320 et 89 pp. (De 3 à 4 fr.)

A la suite de la traduction de M. Pougens se trouve un traité du même auteur intitulé : *Hygiène ou l'art de conserver sa santé.*

POURIAU (A.-F.). — Calendrier de l'amateur de fromages par A. F. Pouriau, docteur ès-sciences, etc. *Paris, Audot*, s. d. (1873), in-18. (0,25 cent.)

— Du commerce du lait destiné à l'alimentation parisienne. De la fabrication du fromage de Gruyère dans l'Yonne, par A. F. Pouriau..... Extrait du Journal de l'agriculture (novembre-décembre 1873), *Paris, librairie Audot, Niclaus et Cⁱᵉ*, gr. in-8 de 32 pp. (2 fr.)
— De l'industrie fromagère dans la Meuse et la Marne, par A. F. Pouriau..... Extrait du Journal de l'agriculture (décembre 1873-janvier 1874), *Paris, librairie Audot, Niclaus et Cⁱᵉ*, 1874, gr. in-8 de 31 pages. (1 fr.)
— De l'industrie laitière dans les deux Savoies. *Paris, Niclaus et Cⁱᵉ*, 1873, in-8 (1 fr. 50.)
— La Laiterie, art de traiter le lait, de fabriquer le beurre et les principaux fromages français et étrangers. *Paris, idem*, 1872, in-8 de 430 pp., 125 fig. (4 fr.)

POUY. — Les pâtés de canard d'Amiens, documents historiques publiés par F. Pouy, de la Société des Antiquaires de Picardie, précédés d'une légende par Pierre d'Issy. *Amiens, impr.*

Jeunet (1887), in-16 de 60 pp. (De 2 à 3 fr.)

PRÆFECTUS. — Iacobi Præfecti netini, philosophi et medici siculi, de diversorum uini generum natura liber. Cum indice copiosissimo. *Venetiis, ex officina Iordani Zilletti*, 1559, in-8 de 8 ff. lim. n. ch. et 56 ff. (De 10 à 15 fr.)

Au titre (v° blanc) marque typographique. Au r° du 2ᵉ f. « Iacobvs Præfectvs octaviano lecto patricio Romano s.p.d. » qui finit au r° du 3ᵉ f. Au v° « Avctoris carmen de Baccho ad lectores »; enfin les 5 derniers ff. lim. sont occupés par l' « Index vinorvm aliarvmqve rervm memorabilivm qvæ in hoc opere continentur ». Intéressant ouvrage sur les différentes espèces de vins.

PRATIQUE (La) de faire toutes confitures, condiments, distillations d'eaux odoriférantes et plusieurs autres receptes tres utiles. Auec la vertu et propriété du vinaigre, approuué (contre l'opinion de plusieurs) grandement profitable au corps humain. *A Lyon, par Benoist Rigaud et Jean Saugrain*, 1558, in-16.

Petit livre rare. Un exempl. en maroq. vert (Trautz-Bauzonnet) a été adjugé, vente Yéméniz, 43 fr.; le même exempl., à la vente Potier, 78 fr.

PRATIQUE de la fabrication du fromage façon Hollande à l'établissement agricole de Saint-Angeau (Cantal). *Paris, imprimerie impériale*, 1862, in-12 de 33 pp. (1 fr. 50.)

PRÉCIS de la Vie privée des Français dans tous les temps et toutes les provinces de la Monarchie. *Paris, Moutard*, 1783, in-8. (De 3 à 4 fr.)

Ce précis qui résume l'*Histoire de la vie privée des Français* de Le Grand d'Aussy forme le tome III des *Mélanges tirés d'une grande Bibliothèque*. Une note du cat. Leber nous apprend que Le Grand d'Aussy n'est pas l'auteur du *Précis* que nous citons, comme on le croit communément. Il a été rédigé sous la direction de M. de Paulmy, par Contant d'Orville, d'après les matériaux préparés par Le

Grand et puisés en partie dans la précieuse bibliothèque de M. de Paulmy. Il a été tiré de cet ouvrage un certain nombre d'exemplaires avec un titre spécial.

PRÉCIS sur l'art de soigner les vins. Vade mecum du consommateur précédé du prix courant des vins fins et ordinaires de la société œnophile. Réunion de 80 propriétaires des principaux vignobles de France. *Siège de la Société, 171 rue Montmartre*, s. d. (1842), in-32 de 32 pp. (50 cent.)

— Le même... 1850, in-32 de 32 pp.

PRÉFONTAINE (De). — Maison rustique à l'usage des Habitans de la partie de la France equinoxiale, connue sous le nom de Cayenne. Par M. de Préfontaine, ancien Habitant, Chevalier de l'ordre de Saint-Louis, Commandant de la partie du nord de la Guyane. *Paris, J. B. Bauche*, 1763, in-8 de 3 ff. lim. n. ch., 7 et 215 pp.; 7 pl. (De 8 à 10 fr.)

Cet ouvrage contient des renseignements sur les fruits et les légumes que l'on trouve dans le pays, sur la façon dont on les mange, sur les différentes boissons, le cacao, le sucre et le café. Il est suivi d'un « Dictionnaire Galibi » par M. D. L. S.

PRESTINI. — La providence des ménages, recueil de secrets, recettes, compositions, etc. Contenant 220 recettes pour la fabrication et conservation de toutes sortes de vins, liqueurs, etc., par M. Prestini. *Paris, Garnier ; Bar-le-Duc, Duval*, 1831, in-12. (1 fr. 50.)

PRÉVILLE (L*. de) — Méthode aisée pour conserver sa santé jusqu'à une extrème vieillesse fondée sur les Loix de l'œconomie animale & les observations pratiques des meilleurs Médecins tant anciens que modernes. Traduite de l'Anglois par M. L*. de Préville. *A Paris, chez Prault jeune*, 1752, in-12 de VIII-509 pp. et 5 pp. n. ch. (De 3 à 4 fr.)

Les 9 premières pp. n. ch. contiennent

la table des chapitres qui sont au nombre de x. Le chapitre II est consacré aux aliments, à leurs différentes préparations et aux avantages de la sobriété.

PRÉVOYANCE (La). Manuel complet sur l'art de conserver indéfiniment toutes les substances alimentaires : légumes, viandes, fruits, céréales, etc. Suivi de quelques renseignements sur la fabrication des boissons économiques, dites de ménage, donnant aussi le plan d'une nouvelle industrie très productive pouvant se fonder en tous pays avec un capital de 500 fr. par Ch. W. *Paris, les libraires*, 1857-1858, in-12 de 95 pp. (1 fr.)

PRIS (Sensuytle) que les poulailliers, Regratiers : Rotisseurs : & to' autres : védront chascune pièce de vollaille : et gibier : Et aussi ce quilz auront pour icelle larder appareiller : et cuyre Auec les deffences de vendre ne en exiger plus grand pris que celuy qui est contenu cy apres : Auec priuilege. *S.l.n.d.*, in-4 goth. de 2 ff. n. ch. (De 20 à 25 fr.)

On lit vers la fin de cette pièce : « faict en la chambre de la police Le mecredi vingtiesme iour Doctobre Lan mil cinq cens quarante six » signé « Morin et Seguyer ».

PRIVILÈGES accordez aux maîtres patissiers-oublayers de la Ville et Banlieuë de Paris. Par le Roy Charles IX. par ses lettres du mois de Juillet 1566. signées par le Roy, De Laubespine. Registrées en Parlement le 10 février 1567. par acte signé *du Tillet*. enregistrées aussi en la Chambre du Procureur du Roy, au second Cahier neuf, par Acte signé *De Villemontée*. Et aussi enregistrées au Livre de police le 21 janvier 1573 par acte signé, *Du Tillet*. — Lettres-Patentes du même Roy Charles IX, du dernier Juin 1567, adressantes au Prevôt de Paris, portant jussion et commandement qu'il eut à vérifier lesd. Lettres signées, par le Roy en son conseil. De Lomenie. *A Paris, de l'impri-*

merie de Sevestre, Pont Saint-Michel, près le Palais, à S. Sylvestre, 1742, in-8 de 103 pp. (De 4 à 5 fr.)

— accordez aux Maîtres patissiers-oublayers de la Ville, Faubourgs et Banlieue de Paris. Imprimés par les soins des Sieurs Jean-Etienne Curlu. Jean Duchenoy. Jean Meleau. Remy Carré. Tous quatre Jurés en Charge. M. Thomas-François Serouge, receveur. *A Paris, de l'Imprimerie de Gonichon, rue de la Huchette, au Sacrifice d'Abraham* 1750, in-8 de 113 pp. et 6 pp. de table.

— Les mêmes..... *Paris*, 1756, in-8.

— Les mêmes..... Imprimés par les soins des sieurs François Le Mercier, Pierre Etienne Rousseau, Louis Fagard, Jean Joseph Gron, tous quatre jurés en charge M. Denis le Roi receveur. *A Paris, chez la veuve Delormel et fils*, 1757, in-8.

Les *oublieux* étaient des patissiers ambulants qui parcouraient les rues, à l'heure du souper, annonçant leur marchandise à hauts cris.

Sous le nom d'*oublie*, on désignait, en France, une feuille très mince de patisserie analogue aux *Obélias* des Grecs et que nous appelons aujourd'hui des *plaisirs*.

PRIVILÈGE des enfans sans soucy qui donne lettre patente a Madame la comtesse de Gosier-Sallé, à Monsieur de Briguerazade, pour aller et venir par tous les vignobles de France, avec le Cordon de leurs Ordres. *S. l. n. d.*, pet. in-12.

Cette pièce facétieuse, excessivement rare, a été réimprimée dans la Collection des *Joyeuzetez* publiées, *Paris, Techener*, 1829-1831, et tirées à 76 exempl. numérotés.

PROCACCHI. — Trincier oder Vorleg-Buch, Darinnen berichtet wird, Wie man allerhand gebratene vnd gesottene Speisen, so auff Kurstliche vnd andere Taffeln getragen werden mögen, nach Italianischer, und vornemlich Romanischer Arth, anschneiden vnd auff der Gabel zierlich zerlegen soll. Vor dessen, Von Giacomo Procacchi. In Italianischer Sprach beschrieben. An ietz aber In das hochdeutsche trewlichen versetzet vnd mit den signirten Kupfferstlichen auffs best vnd fleissigste gezieret, etc. *Leipzig, In verlegung Henning Grossen des Iüngern Büchländers.* 1621, in-fol. de 4 ff. lim. n. ch., 70 pp. et 17 pl. gravées. (De 20 à 25 fr.)

Le titre est imprimé dans un encadrement gravé (volailles, fruits, gibiers) ; dans le bas de cet encadrement, des seigneurs à table et des écuyers tranchants, sommeliers, etc. Le vᵒ du titre est blanc; au rᵒ du 2ᵉ f. n. ch. « Ad benevolum Lectorem. » Cet avis signé du libraire est écrit en allemand, le titre seul est en latin ; il finit au vᵒ du 2ᵉ f. n. ch. Au rᵒ du 3ᵉ f. n. ch. « Vorrede des Authoris » qui occupe les 2 derniers ff. lim. L'ouvrage commence à la page 1 et finit au bas de la page 68. P. 69 « An den Buchbinder. » On lit à la page 70 (qui n'est pas chiffrée) : *Leipzig, In Verlegung Henning Broszen des Iüngern Buchhandlers Typis Grosianis. Gedruckt durch Georgium Liger. Im Iahr MDCXX.* » Marque typographique.

Les 17 planches, très curieuses, représentent des couteaux, des volailles, gibiers, poissons et viandes.

Fait partie de la collection de M. le Bᵒⁿ Pichon.

— Voorlegh Boeck ofte Maniere om verscheyden Soorten van Spijse Soo gesooden als Gebraden, Aende Vorck te Snyden ende om dienen. Eerst int Italiaensch beschreven door Giaccomo Procacchi, Ende nu van nieuws in onse Nederduytsche taele getrouwelick overgeset. *Gedruckt tot Leyden, voor Iacob Roels Boeckvercooper, in de Nieuwe-Bybel. Anno 1639,* in-4 de 4 ff. lim. n. ch., 74 pp. ch. et 1 f. n. ch., 17 pl. grav. (De 20 à 25 fr.)

Les 3 premières planches hors texte représentant des couteaux et des fourchettes ne comptent pas dans la pagination; les 14 autres planches qui représentent des viandes, poissons, etc. y sont comptées.

PROCES (Le) dv melon. A Monsieur du Laurens, Conseiller & premier medecin du Roy par M. L. M. *A Paris, chez Mathieu Le Maistre, Libraire demeurant ruë S. Iean de Latran, pres la Salemandre Royale,* 1607, pet. in-4 de 8 ff. (De 80 à 100 fr.)

La dédicace à monsieur du Laurens est signée : M. Le Maistre.

Poème singulier sur un melon mangé par Henri IV. C'est à propos de l'indigestion que ce cucurbitacé occasionna si malencontreusement au Roi de France que l'auteur en fait d'une façon sérieuse le procès.

Vendu : en mar. orange, 290 fr., La Roche-Lacarelle.

PROCÈS poétique touchant les vins de Bourgogne et de Champagne jugé souverainement par la faculté de médecine de l'île de Co précédé d'une introduction par Ph. Milsand, bibliothécaire adjoint de la ville de Dijon. *Paris, Auguste Aubry,* 1866, in-8 de 59 pp. (De 3 à 4 fr.)

Tiré à 140 exempl. dont 5 sur papier de couleur, 115 sur papier vergé ancien et 20 format in-4 sur papier vergé.

On y trouve « l'Ode au vin de Bourgogne », de Grenan, la « Champagne vengée » de Coffin, et d'autres pièces de vers, en latin et en français, relatives à la dispute mémorable qui eut lieu, au commencement du XVIIIᵉ siècle, entre les Bourguignons et les Champenois, au sujet des vins de la Bourgogne et de la Champagne.

C'est, en somme, la réimpression du *Recueil de poésies latines et françoises sur les vins de Champagne et de Bourgogne.* Paris, Vᵉ de Claude Thiboust (et non Claude Thiboust, comme l'indique M. Ph. Milsand dans son introduction) 1712, in-8. (Voyez ce titre.)

PROGNOSTICATION (La) des prognostications composés par Caresme prenant Docteur es deux Facultez de Bacchus et de Venus, ensemble la chanson des Biberons. *S. l.,* 1642, in-16.

Réimprimée dans la Collection des *Joyeusetez* tirée à 76 exempl. *Paris, Techener,* 1829-1831.

Nous ne citons ici cette pièce que pour la *Chanson des Biberons,* la première partie n'ayant aucun point commun avec notre sujet.

PROGRÈS (Le) des Cuisiniers, organe de la Chambre syndicale ouvrière des Cuisiniers paraissant le 1ᵉʳ et le 15 de chaque mois. *Paris imp. Perreau,* pet. in-fol. de 4 pp. à 2 col.

Le nᵒ 1 de ce journal qui paraît encore porte la date du 15 février 1886.

Prix de l'abonnement ; Paris, un an 5 fr. ;

six mois, 3 fr.; départ¹ et Alsace-Lorraine 6 fr., et 3 fr. 50.

PROGRÈS (Le) gastronomique, organe spécial des cuisiniers, pâtissiers, confiseurs, glaciers, publié sous les auspices de la Chambre syndicale des Cuisiniers-Pâtissiers de Paris; paraissant le 10 et le 25 de chaque mois. *Paris, impr. Schiller*, in-fol. de 4 pp.

Le premier numéro a paru le 25 novembre 1884. Prix de l'abonnement : France, un an, 6 fr. Etranger : 7 fr.

PROMENADE gastronomique dans Paris, présentant un tableau fidèle, anecdotique et comique des faits et gestes des cuisiniers et cuisinières de tous les étages, ainsi que des traiteurs, restaurateurs, consommateurs, etc. Par un amateur (Thévenin). Ouvrage orné de six gravures. *Paris, librairie orientale de Dondey-Dupré*, 1833, in-18 de XXIII-171 pp. (De 4 à 5 fr.)

Les six gravures représentent : *Café de la Régence. — La galette du boulevard St Denis. — Diners à 21 sous par tête. — Restaurant fashionable. — Partie fine. — Salon de 200 couverts.*
Barbier mentionne une édition de cet ouvrage assez rare portant la date de 1835, mais nous ne la connaissons pas.

PROPOS de table suivis des Contes pour la veillée, et de fables nouvelles par Mr de M***. *Paris, chez Lenormant; Goujon*, 1807, in-8 de XV-274 pp. et 1 f. d'errata. (De 7 à 8 fr.)

L'auteur de ce livre qui a paru, pour la première fois sous ce titre : Propos de table par M. L. B. de M***. *Montpellier, de l'impr. d'Auguste Ricard*, 1805, in-8 de 46 pp., est M. L. Bernard de Montbrison.
Dans cette première édition tirée à un petit nombre d'exemplaires pour les amis de l'auteur, les propos de table étaient au nombre de six; dans celle de 1807 on en compte douze, mais il n'y en a que cinq qui soient réellement gastronomiques.
Les *Contes pour la veillée* et les *fables* n'ont rien de gastronomique. A la fin de l'ouvrage, se trouvent des *Notes et Elucubrations* sur les « propos de table » par Damasippe N**, membre de plusieurs sociétés savantes.

L'une de ces notes, relative au célèbre cuisinier Aufan est très intéressante. Page 252, est reproduite une *Epitre à Aurit* par M. A. L. de S***. Aurit était un cuisinier fameux qui, établi dans une ville voisine de celle où opérait Aufan, pouvait rivaliser avec ce dernier.

PROPPER. — Praktisches Kaninchen-Kochbuch Die Zubereitung der Kaninchen in 130 Recepten. Von Propper. *Bern (H. Koehler)*. (1 fr. 35.)

PROPRIÉTÉS des substances alimentaires. *Paris, Desloges* (1857), in-16 de 16 pp. (1 fr.)

PROPRIÉTÉS (Des) hygiéniques du chocolat et de sa fabrication. *Paris, impr. de Maulde*, 1851, in-12. (60 cent.)

Réclame pour la Compagnie Coloniale.

PROPRIÉTÉS, usage et qualités merveilleuse (sic) du Cassis pour l'utilité publique. (*Paris, de l'imprimerie de Valleyre*, 1753), pet. in-8 de 8 pp. (De 4 à 5 fr.)

PROTAT (Louis). — Jérémiades d'un boucher sur la Taxe de la Viande. (*Paris, imp. de Appert et Vavasseur*, 1855), in-18 de 4 pp. (50 cent.)

Chanson de 11 couplets, signée : Louis Protat, membre du caveau.

PROVENÇAL (Le), guide de l'épicerie. *Avignon, impr. Roux*, gr. in-4 de 8 pp. à 3 col.

Le n° 1 de ce journal hebdomadaire (le dimanche) a paru le 21 février 1875.
Prix de l'abonnement : France, un an, 10 fr. Etranger, le port en sus.

PROVENCE (Thérèse). — La Cuisine de tous les jours, méthode pour faire une cuisine de famille simple et peu coûteuse contenant un bon choix de mets les plus en usage et la manière de les préparer facilement et économiquement, augmentée des pâtisseries de ménage, confitures, compotes, liqueurs et du découpage, par Thérèse Pro-

vence. *Paris, Lefèvre,* 1877, in-18 de
180 pp. (2 fr.)

— La même..... nouvelle édition, *ibidem,
idem,* 1878 et 1880, in-18 de 180 pp.

PROVENCE.—Le Cuisinier. Manuel
économique contenant la cuisine dans
toutes ses parties, les soins à donner à la
cave et aux vins, le chauffage, la conservation des viandes, fruits et légumes ;
un guide de la maîtresse de maison,
des procédés éprouvés d'économie domestique, de dégraissage, etc. ; un
grand nombre de recettes utiles, un
traité de jardinage usuel, etc., etc. Par
Provence. *Paris, Louis Babeuf,* 1836,
in-8 de 409 pp. (De 5 à 6 fr.)

PUTEANUS (Erycius). — Errici
Pvteani Svgambri Avditoris lipsiani
Reliqviæ Convivii prisci ; Tum ritvs alii,
& censvræ, Ad Excellentissimum Principem Ignicvm Velascivm Hari Comitem. *Mediolani, Ex officina Pandulphi
Malatestæ, Typographi Regij,* 1598, in-4
de 12 ff. limin. n. ch., 93 pp. et 5 pp.
n. ch. (De 7 à 8 fr.)

Le 1ᵉʳ f. est blanc ; les autres ff. lim. sont
occupés par le titre (vᵒ blanc) un éloge de
Puteanus, la dédicace, un avis aux lecteurs et
la préface. Le texte commence à la page 1 et
finit à la page 93. Au vᵒ n. ch. de cette
page, on lit : « Lare secreto. » Les 4 pp.
suivantes n. ch. comprennent des vers latins
et les *errata.*

— Erycl Pvteani De Conviviorum
Lvxv Epistola, Ad Clariss. Virum Ioannem Hollantivm. *Loveni, In Officinâ
Gerardi Rivi,* 1608, pet. in-12 de 70 pp.
et 1 f. n. ch. (De 12 à 15 fr.)

Les 6 premières pp., occupées par le titre
et l'avis au lecteur ne sont pas numérotées,
mais comptent dans la pagination.
Petit livre excessivement rare. M. Fernand Drujon, dans la 6ᵉ livraison du *Livre,*
nᵒ 114, 10ᵉ année, rapporte que la plupart
des exemplaires ont été détruits par les
Anversois, grands amis de la bonne chère et
qui se crurent personnellement visés et ou-
tragés par l'auteur.

— Erycl Pvteani Comvs, sive Phage-

siposia cimmeria. Somnivm. *Lovanii, In
Officinâ Typographicâ Gerardi Rivii,*
1608, in-12 de 150 pp. et 5 ff. n. ch.
(De 8 à 10 fr.)

Les 12 premières pp., qui ne sont pas
chiffrées, sont occupées par la dédicace à
« nobili viro Christophoro Van Etten, domino de Cavwerbvrch.... », « operi Inse-
renda », et « Errores sic corrige ». Le texte
commence à la page 13 et finit à la page
150. Au rᵒ du dernier f. n. ch., on lit :
*Lovanii, In officina Typographica Gerardi Rivii
Typographi Ivrati.* cɪɔ.ɪɔc.VIII. *Mense Qvinc-
tili.* Au vᵒ, répétition de la marque typographique du titre. Le privilège est daté
de juin 1608.
Brunet indique une autre édition, *ibidem,
idem,* 1611, pet. in-12 ; nous ne l'avons pas
vue.

— Le même... *Lvgdvni-Batavorvm,
Ex Officinâ Iosephi Navii,* 1630, pet.
in-12 de 144 pp.

Vignette s. bois au titre dont le vᵒ est
blanc. La dédicace est la même que dans la
précédente édition ; le nom de *Christophoro*
y est écrit par erreur « Christpohoro »

— Le même... Oxonii. (Oxford) *Excudebat Gulielmus Turner, impensis H.
Carteyne.* 1634, pet. in-12 de 7 ff. limin.
n. ch. et 190 pp.

Ce petit livre a été traduit en français sous
ce titre :

— Comvs, Ov banqvet dissolv des
Cimmeriens. Songe. Où par vne infinité de belles feintes, gayes, gentilles,
& serieuses inuentions, les mœurs de-
prauées de ce siecle (& principalement
aux bâquets) sont doctement, naïue-
ment, & singulierement décrites, reprises, & condamnées. Traduit du Latin d'Erycivs Pvteanvs, Conseiller des
Serenissimes Archiducs, Professeur de
leurs Altesses en l'Vniuersité de
Louuain, & Historiographe du Roy catholique. Par Nicolas Pelloqvin. *A Paris, chez Gilles Robinot, ruë saint Iaques,
aux deux Colomnes,* 1613, in-12 de 12 ff.
lim. n. ch., 117 ff. ch. et 3 ff. n. ch.
(De 10 à 15 fr.)

Le privilège donné à Nicolas La Caille,

marchand libraire, est daté du 1er juillet 1613 ; le 12ᵉ f. lim. est entièrement blanc. Des exemplaires de la même édition portent le nom du libraire *Nicolas Touzard* à Paris. *Comus* est écrit en vers et en prose.

—Erycl Pvteani Ovi Encomivm, Quo Summum & unicum Naturæ Miraculum describitur..... *Monaci. Ex Formis Bergianis, apud viduam. Impensis Raphaelis Sadeleri.* 1617, pet. in-12 de 120 pp., fig au titre. (De 8 à 10 fr.)

Erycius Puteanus n'est autre qu'Henry Dupuy né à Gueldre en 1574 et mort à Louvain en 1646.

PUYMAURIN (A. de). — Mémoire sur les applications dans l'économie domestique de la gélatine extraite des os au moyen de la vapeur ; par M. A. de Puymaurin, directeur de la monnaie royale des médailles. Lu à la Société d'encouragement dans la séance du 25 mars 1829. *Paris, madame Huzard (née Vallat la Chapelle)*, 1829, in-8 de 81 pp., 3 pl. (2 fr.)

QUADRAGESIMAL (Le) spirituel, cest assauoir la salade, les feubues frites, les poys passez, la puree, la lamproye, le saffren, les orëges, la violette de mars, les pruneaulx, les figues, les alemâdes, le miel, le paï, les eschauldez, le vin blanc & rouge, l'ypocras, les fuitez au disner, les cuisiniers, les seruiteurs a table, les chambrieres seruans de blâches nappes seruiettes potz & vaisselles les graces aps disner, le luc ou harpe, la dragee, pasques flories, & les grandes pasques. Puis enfin le double des lettres du sainct esprit enuoyees aulx dames de Paris, veufues, ieunes religieuses, filles & pucelles, touchât les voyages de pasques, cest assauoir sainct saulueur, argêtuel, nostre dame des vertuz, & montmartre. (A la fin :) *Cy finist ce present liure nomme le Quadragesimal spirituel nouuellemêt Imprime a Paris p la veufue Michel le Noir demourant en la grant Rue sainct Jacques a lenseigne de la Rose blanche couronnee.* S. d. (vers 1521), in-4 goth. de 28 ff. n. ch. de 34 lignes à la page, signés A-G par 4.

Au titre, une fig. s. bois représentant une nef remplie de femmes et voguant sur l'eau. Au premier plan, un homme, dont la chevelure et la barbe sont longues, est à moitié plongé dans l'eau. Au vº du titre, autre fig. s. bois. En haut du rº du f. aii on lit « Non in solo pane viuit homo, et in omni verbo quod procedit de ore dei ».

Cet ouvrage singulier finit au vº de l'avant-dernier f. après la 10e ligne par la souscription transcrite plus haut. Le rº du dernier f. est blanc; au vº, une fig. s. bois représentant un personnage à table, entouré de quatre serviteurs et servantes.

Nous ne faisons pas figurer ici ce *Quadragesimal spirituel* comme livre de cuisine : c'est un ouvrage théologique, mais toutes les comparaisons dont s'est servi l'auteur sont empruntées à l'art culinaire. En tête de chaque chapitre se trouvent des quatrains tels que ceux-ci, pris au hasard dans le livre :

La Salade moult proffitable
Signe la parolle de dieu
Quil fault ouyr en chascun lieu
Pécheurs entendez ce notable.

Bons cuysiniers te fault auoir
Pour bien assortyr tes viandes
Bonnes monicions friandes
Te les feront pour peu dauoir.

Et voici ce qu'il est dit à propos de ce dernier quatrain : « Affin dauoir bons potaiges & viandes bien aparagées, il est requis auoir bons cuysiniers a gens de bien seigneurs & marchâs. Les bons Cuysiniers qui noʼ doibuent seruir en Karesme sont les moniciôs de noz bons anges inspirations et persuasions ausquelz nous debuons croire specialement plus en ce sainct temps de penitence quen aultre, car plus ilz nous inspirent adonc a bien faire quen aultre temps : pour ce que le dyable plus malicieusement nous tempte communement son mengeue plus de sortes de viandes en Karesme que aultre saison. Aussi debuons nous plus menger, vser & prendre des celestes monicions en cest temps quen toute la saison de lautre, car cest le téps de penytence......».

Vendu : en mar. r., 18 fr. 75, La Vallière; en mar. citr. (Duru et Chambolle), 141 fr., M. de L...... (1865).

Cette édition, fort rare, fait partie de la collection de M. le Bon Pichon.

— Le même..... *Paris, Jean Sainct-Denys,* 1521, in-4.

Une autre édition du *Quadragésimal spirituel* figure, avec un titre modifié au catal. des livres de M. le Bon Pichon, vendus en 1869, (n° 72) :

— Sensuyt le quadragesimal spirituel, qui traicte de toutes sortes de viandes qui sont necessaires pour user en karesme, avec les servans et servantes qui servent à table et puis le jeu de la harpe pour yssue de table; contenant davantage le double des lettres du sainct Esprit envoye aux dames de Paris, touchant les voyages de Pasques, cest assavoir sainct Saulveur, Argentueil, Nostre Dame des Vertus et Montmartre. Et est le tout figure moult honnorablement pour le salut du poure pecheur. (A la fin) : *Cy finist ce present livre..... nouuellement imprime a Paris par Jehan Jannot.* S. d., in-4 goth., 2 fig. s. bois.

On voit à la fin la marque de Jehan Jannot.

L'exemplaire de M. le Bon Pichon, ayant auparavant appartenu à M. le duc de Sussex, s'est vendu, en mar. r. (anc. reliure) 140 fr. Ce même exempl. figuré sur le catal. a prix marqués de la librairie Fontaine (1872) et est coté : 400 fr.

Enfin, on connaît encore une édition postérieure du *Quadragesimal spirituel* dont voici le titre :

— Le Quadragesimal spirituel ou Caresme allégorié, pour enseigner le simple peuple a deuement et salutairement jeûner et voyager, reueu et corrigé par deux venerables docteurs en la faculté de théologie. *Paris, Jean Bonfons,* 1565, in-8 de 55 ff.

C'est d'après cette dernière édition citée par Brunet, t. IV, col. 994, qu'Henri Estienne a donné, dans son *Apologie pour Hérodote,* de nombreux passages extraits du *Quadragesimal spirituel* et que nous trouvons au tome II, pages 277 et suivantes de l'édition Liséux.

Vend : en veau fauve, 12 fr., La Vallière.

Nous citons au nom de Croon (Peeter), un livre flamand du 17ᵉ siècle, intitulé *Cocus bonus,* qui rappelle par bien des côtés le *Quadragesimal spirituel* et dont la forme est tout au moins aussi originale que celle de ce dernier.

QUEMINEL. — Dissertation sur la bière et réponse à la lettre anonyme sur le même sujet par F. Queminel. *Bruxelles,* 1737, in-8. (De 3 à 4 fr.)

La lettre anonyme à laquelle il est fait allusion est la lettre écrite par le médecin Creudal. Voyez *Lettre sur la bière.*

QUENTIN (Pierre). — Office. L'art de conserver et d'employer les fruits contenant tous les procédés les plus économiques pour les désécher et les confire et pour composer les liqueurs, vins liquoreux artificiels, ratafias, sirops, etc. 4ᵉ édition augmentée des descriptions de plusieurs glacières domestiques et économiques et d'une fontaine à conserver la glace. Illustré de nombreuses gravures. *Paris, Niclaus et Cie,* 1874, in-18 de 268 pp. (2 fr.)

— Le même, 5ᵉ édition, *Paris, Audot* 1886, in-18.

Pour les éditions précédentes, voyez Art (l') d'employer les fruits.....

— La pâtissière de la campagne et de la ville, ouvrage complet, renfermant les meilleures recettes pour faire soi-même toute espèce de pâtisserie par les procédés les plus simples et les plus économiques jusqu'au moyen d'obtenir la cuisson sans four mis à la portée de tout le monde par Pierre Quentin. Illustré de 95 figures intercalées dans le texte. *Paris, Audot,* 1875, in-18 de 448 pp. (2 fr.)

— Le même...., 3ᵉ édition, *Paris Audot, Lebroc,* 1886, in-18 de 461 pp. avec 110 fig.

Voyez Patissière (la) de la campagne...

— Art de la conservation des substances alimentaires par Pierre Quentin et Barbier-Duval. *Paris, Lebroc*, 1885, in-18 de VIII-180 pp. (2 fr.)

QUEST.—Plus de disette. Conservation et panification de la pomme de terre amenée à l'état de parmentine (farine de pomme de terre) ou le pain a un sou la livre et la viande a moitié de sa valeur actuelle. Par Quest, cultivateur à Bruyères le Châtel, près Arpajon (Seine et Oise). *Paris, impr. Sétier*, 1834, in-8 de 16 pp. (1 fr. 50.)

QUESTION d'Etat pour les Poulardes de la Flèche. Contre celles du Mans, prix 75 centimes. *A Paris, se vend à l'imprimerie des Sciences et Arts, rue, Ventadour, n° 474. Ventose an 9*, in-4 de 1 f. et 24 pp. (De 6 à 7 fr.)

Le titre occupe le r° du premier f. dont le v° est blanc; à la première page « Mémoire à consulter pour les poulaillers de la Flèche. Contre les poulaillers du Mans. »

Cette pièce amusante dont l'auteur serait, si nous en croyons une note écrite sur un feuillet de garde de l'exemplaire de la Bibliothèque nationale, Leblanc, expose les revendications des poulaillers de la Flèche qui réclament cette ville comme la vraie patrie des poulardes.

L'épilogue est signé : J. E. Bruguière (du Gard) fondé de pouvoirs, nom qui pourrait bien être le pseudonyme de l'auteur.

QUESTION de médecine qui doit être discutée le matin pour les disputes Cardinales, dans les Ecoles de Médecine, le Jeudi vingtième du mois de Février de l'année 1749. Sous la présidence de M. Camille Falconet, medecin consultant du Roi, de l'Académie Royale des inscriptions et belleslettres, Docteur-Régent de la Faculté. Si on doit rejetter entièrement l'usage des vaisseaux de cuivre dans la préparation des alimens. *S.l.n.d.*, in-12 de 72 pp. (De 3 à 4 fr.)

L'auteur de cette thèse, François Thiery, de Toul, docteur en médecine de Pont-à-Mousson, conclut à l'affirmative.

QUESTION (La) du Café. Le Café du Brésil au Palais de l'Industrie (concours agricole, janvier 1883), par l'auteur du livre *Le Pays du Café. Paris, Guillaumin et Cie*, 1883, in-8 de 68 pp. (2 fr.)

RABASCO. — Il Convito overo discorsi di qvelle materie che al Conuito s'appartengono Del Sig. Ottaviano Rabasco. Nelle Accademie de gl' Incitati in Roma e de Gelati in Bologna detto l'Assicurato. Doue s'hanno stettamente, e con ordine diligente la Diffinitione, l'origine, la Materia, in Luogo, Il tempo, l'Apparato, i Ministri, le Feste, i Giuochi, i Ragionamenti, le Circostanze, gl' Effetti, le Deita, & imaginati Numi tutelari de' Conuiti tanto publlici quanto priuati, e di qualunque genere d'essi distintamente. Con l'vso di varie nattioni di Greci, Romani, Egitty, Persiani, Ebrei, e d'altri, tanto de gl' Antichi quanto de nostri tempi. E con vn Discorso, a qual parte della Filosofia si subordini il Conuito. Al Magnanimo don Carlo Medici De' Serenissimi Principi di Toscana. Aggiuntoui vn Indice copiosissimo. *In Fiorenza, 1615, per Gio; Donato, e Bernardino Giunti, & Compagni,* in-4 de 6 ff. limin. n. ch., 253 pp. ch. et 39 pp. n. ch. (De 30 à 40 fr.)

Les ff. lim. comprennent le titre (v° blanc), la dédicace au prince de Toscane, datée de Rome, 1615 et signée par l'auteur, l'avis de l'éditeur au lecteur et la table des XVII chapitres qui composent l'ouvrage. Le v° du dernier f. lim. est blanc.

Il Convito commence à la page 1 et finit à la page 253. Vient ensuite la table générale des matières qui occupe 37 pages n. ch.. A la 38ᵉ p. se trouvent les *errata* et à la 39ᵉ et dernière, les approbations et le privilège; à la fin on lit : « Stampisi secondo gli ordini questi di Luglio 1613 — Nicolo dell'Antella. »

Traité fort curieux sur la manière de régler l'ordre des festins publics ou privés.

RABELAIS (François). — La Sciomachie & Festins faits à Rome au Palais de Monseigneur reuerendissime Cardinal du Bellay, pour l'heureuse naissance de Monseigneur d'Orléans. Le tout extraict d'vne copie des lettres escrites à mon seigneur le reuerendissime Cardinal de Guise, par M. François Rabelais, docteur en médecine. *A Lyon, par Sébastien Gryph., 1549,* in-8 de 31 pages. (De 80 à 100 fr.)

Le v° du titre est blanc; l'ouvrage commence à la page 3.

Pièce excessivement rare dans laquelle on trouve des descriptions de festins. Nous n'énumérerons pas ici. toutes les éditions, qui sont fort nombreuses, des Œuvres de Mᵉ François Rabelais, qui fut, comme on sait, un maître en *l'art de la gueule*, mais nous tenions à ce que le nom de l'illustre auteur de *Gargantua* et de *Pantagruel* figurât dans notre bibliographie.

Le quatrième livre de *Pantagruel* (chap. LIX et LX) contient une liste fort longue de mets gras et maigres que les « Gastrolatres offrent en sacrifice à leur dieu ventripotens ».

Un exempl. de la *Sciomachie* a été vendu en mar. vert, 92 fr. Ch. Nodier; en mar. bleu (Masson-Debonnelle) 520 fr., Double (1865); le même exemplaire, 290 fr. Bancel.

RABISHA. — The Whole Body of Cookery Dissected. By Will. Rabisha 1661, in-8.

Carew Hazlitt, *Old cookery books*, p. 79.

RADETZKY. — Almanach des Gastronomes, contenant beaucoup de menus et de prescriptions culinaires, de J. M. Radetzky, 1852 à 1855. *St-Pétersbourg*, 3 vol. in-8.

Chacun des menus qui se trouvent dans cet almanach publié en russe est accompagné d'une traduction française.

RAFFALD (E.). — The experienced English Housekeeper For the use and Ease of Ladies, Housekeepers, Cooks, &c Wrote purely from Practice, and dedicated to the Hon. Lady Elizabeth Warburton, whom the Author lately served as House-Keeper : consisting of near Nine Hundred original Receipts... The third edition with Three Copper Plates of curious new-invented Fire Stove, wherein any common Fuel may be burnt instead of charcoal and Two Plans of a Grand Table of Two Covers. By Elizabeth Raffald. *London, Printed for the Author, and sold by R. Baldwin, No 47, in Pater-Noster row*, 1773, in-8 de 3 ff. n. ch., 3 pp. n. ch., 366 pp., plus 9 ff. n. ch. (De 7 à 8 fr.)

Une édition de cet ouvrage avait paru, *London*, 1771, in-8; la neuvième édition a paru, *ibidem*, *idem*, 1784, in-8 de VII-382 pp. et 7 ff. n. ch. d'*index*, portr. de l'auteur et 3 pl. grav. Cet ouvrage a été souvent réimprimé jusqu'en 1806.

RAIMBAULT (A. T.). — Le parfait Cuisinier ou le breviaire des Gourmands, Contenant les recettes les plus nouvelles dant l'art de la cuisine, et de nouveaux procédés propres à porter cet art à sa dernière perfection. Troisième édition, Beaucoup plus Complette que toutes les précédentes augmentée du Cuisinier étranger et du Patissier impérial. Orné de Figures et Planches, propres à guider les Novices dans l'art de préparer les Services. Par A. T. Raimbault, Homme de Bouche; Revu avec le plus grand soin, Par Mr Borel, cidevant Chef de Cuisine de S. E. l'Ambassadeur de Portugal. *Paris, Beaucé; Delacour*, 1814, in-12 de 252-156 pp., titr. grav. (De 4 à 5 fr.)

Une fig., assez singulière, placée en tête, porte comme légende : « le Roti sans pareil ou le délice des Gastronomes ». *Le Cuisinier étranger pour faire suite au parfait cuisinier* qui a un titre spécial porte la date de 1813 et est signé par : Un gastronome cosmopolite; le *Patissier impérial* (1813), par M. R..., Pâtissier et homme de bouche.

La 1re édition a paru en 1810; la seconde en 1811.

— La Nouvelle Cuisinière Française, appropriée aux progrès de l'art culinaire contenant : 1° Des Recettes pour faire une bonne et saine Cuisine à peu de frais; les meilleurs Moyens pour vider et trousser la Volaille, le Gibier, et disséquer toutes sortes de Viandes 2° La manière de faire la Pâtisserie..... Par Raimbaut, Homme de bouche. Sixième édition. *Paris, Lebigre*, 1833, in-8 de VI-352 pp., 1 grav. (De 3 à 4 fr.)

— La parfaite Cuisinière Bourgeoise, Contenant 1° Les meilleures recettes pour faire une bonne cuisine à peu de frais, avec une instruction pour bien servir une table de 8, 12, 16 ou 20 couverts; 2° la méthode la plus usitée pour vider et trousser convenablement la volaille..... Suivie de la Bonne Ménagère de la ville et des champs....Onzième édition. Ornée de quinze gravures... *Paris, Delarue; Lille, Castiaux*, 1822, in-12 de 244 pp. (De 2 à 3 fr.)

Cette *Parfaite cuisinière* qui a paru sans nom d'auteur est une réimpression de la *Nouvelle cuisinière bourgeoise...* par l'auteur du Parfait Cuisinier.

(Voyez Cuisinière (la Nouvelle) bourgeoise.)

D'après Quérard, Raimbault est le pseudonyme de Charles Cousin d'Avalon.

RAISSON (Horace). — Code gourmand. Manuel complet de Gastronomie contenant les lois, règles, applications et exemples de l'art de bien vivre; par l'auteur du Code des honnêtes gens, etc. *Paris, Ambroise Dupont et Cie*, 1827, in-18 de XXXIV-264 pp. (De 5 à 6 fr.)

Le prospectus annonçant cette publication a paru le 31 mars 1827, *Lyon, imp. de Brunet*, in-8, et le *Code gourmand*, in-18, le 25 juillet de la même année. La deuxième édition, revue et augmentée, qui a été publiée le 3 novembre de la même année, porte le nom des auteurs, MM. H. Raisson et A. R. (M. Auguste Romieu, suivant Barbier).

Le *Code gourmand* a été réimprimé en 1828 et en 1829. Cette dernière édition qui est la quatrième est signée par Horace Raisson tout seul. Elle a paru chez *Roret*, in-18 de 342 pages et est ornée d'une gravure; elle contient une carte gastronomique de la France qui diffère un peu de celle du *Nouvel almanach des Gourmands* de M. A. B. de Périgord, pseudonyme, on le sait, d'Horace Raisson (Voyez Périgord et Mlle Marguerite).

Le *Code gourmand* se trouve également dans un autre ouvrage du même auteur :

— Almanach perpétuel des gourmands, contenant le *Code gourmand.....* sixième édition, et des explications, règles et méditations de gastronomie transcendante. *Paris, au Palais Royal*, 1829, in-18. (De 4 à 5 fr.)

Des contrefaçons du *Code Gourmand* ont été publiées en Belgique. Nous avons sous les yeux un exemplaire portant : Quatrième édition revue et augmentée. *Bruxelles, Aug. Wahlen, lib.-imp. de la Cour*, 1829, in-18 de 198 pp., fig.

RAPPORT au ministre de l'intérieur par le comité général de bienfaisance sur les soupes de légumes dites à la Rumford. *Paris, impr. de la République*, an VIII, in-8° de 39 pp. (De 2 à 3 fr.)

— sur la substitution de l'orge mondé au Riz avec des observations sur la soupe aux légumes. *Paris, impr. de la République*, an X, in-8 de 76 pp. (De 2 à 3 fr.)

— sur l'analyse comparée du bouillon d'os et de celui de viande fait par ordre du Préfet de la Haute-Garonne. *Toulouse, veuve Douladoure*, 1803, in-8 de 22 pp. (1 fr. 50.)

— sur l'instruction du bouillon d'os Par M. le Maire du Ier arrondissement, présenté au Roi par délibération du bureau de charité. *Paris, impr. de Fain*, 1817, in-4.

RAUCH. — Joan. Franc. Rauch Disputatio Medico-Diœtetica, de aëre & esculentis; necnon de Potu. *Viennæ Austriæ, Schilgen*, 1622 & 1624, in-4. (De 12 à 15 fr.)

Petit traité, dit de Bure, *Bibliogr. Instr.*, recherché à cause de sa singularité. Cette singularité consiste, en ce qu'à la fin de la dissertation que l'on y trouve sur les effets que peuvent produire le chocolat et le vin, l'auteur fait remarquer que l'on devrait en interdire l'usage aux moines; ce qui aurait épargné, à ce qu'il prétend, et épargnerait encore bien du scandale. Ces avis salutaires n'ont pas été trouvés bons par ceux à qui ils avaient été donnés, en sorte qu'ils ont cherché à en supprimer autant d'exemplaires qu'il leur a été possible.

Cet ouvrage se rencontre très difficilement.

RAYMOND (Mme Emmeline). — La bonne ménagère par Mme Emmeline Raymond. Ouvrage illustré de 13 figures sur l'art de découper. Huitième édition. *Paris, Firmin-Didot et Cie*, 1887, in-18 de 377 pp. (2 fr. 50.)

La première édition de ce traité qui comprend un grand nombre de recettes culinaires a paru chez les mêmes éditeurs en 1867.

— Le nouveau livre de cuisine, recettes pratiques recueillies et classées par Mme Emmeline Raymond vérifiées avec la collaboration d'Henriette Poul. Instructions concernant les déjeûners et diners, le couvert, le service de la table, le nettoyage de l'argenterie, de la verrerie, etc. etc. Septième édition. *Paris, Firmin-Didot et Cie*, 1888, in-18 de IX-517 pp. (2 fr. 50.)

La couverture porte : troisième édition. La 2e édition avait paru en 1886, in-18 de IX-503 pp.

RÉAL (Antony). — Les Grands vins, curiosités historiques. *Paris, E. Plon Nourrit et Cie*, s. d. (1887), in-18 de 284 pp. (6 fr.)

RECETTES de Cuisine (*Remiremont, impr. Mougin* 1856), in-8 de 1 f. et 8 pp. (1 fr. 50.)

Cette plaquette a paru sans titre et sans nom d'auteur. Toutefois, on lit au r° du r^{er} f. « Je suis natif de Plombières, il y a plus de quarante ans que je travaille de l'état de cuisinier et je me suis aperçu que MM. les Etrangers désirent tous les ans emporter quelques recettes de cuisine; j'ai l'honneur aujourd'hui de leur fournir un petit recueil contenant celles les plus désirées : j'ai mis tous mes soins à les bien détailler pour bien réussir. » L'auteur-cuisinier termine cette petite notice en faisant l'éloge de la cuisine de Plombières, très délicate, dit-il, et approuvée par Messieurs les médecins.

RECUEIL d'arrêts, ordonnances, statuts et Règlemens concernant la Communauté des Maitres Queulx Cuisiniers-Traiteurs de la Ville, Faubourgs et banlieue de Paris ; fait en octobre 1761, par les soins, la diligence & pendant la comptabilité du sieur Marcille, & des sieurs Rouard, Leprêtre & Coquin, Jurés en charge. *A Paris de l'imprimerie de Le Breton, premier Imprimeur ordinaire du Roi & de la Communauté*, 1761, in-4 de viij-257 pp. (De 7 à 8 fr.)

RECUEIL de chansons sur l'usage du Caffé du Chocolat & du Ratafiat, avec leurs proprietez, & la manière de les bien préparer. (*Paris*, 1723), in-12 de 24 pp. (De 8 à 10 fr.)

RECUEIL de poésies latines et françoises svr les vins de Champagne et de Bovrgogne. *A Paris chez la Veuve de Claude Thiboust, et Pierre Esclassan, Libraire-Juré, & Imprimeur ordinaire de l'Université, rue S. Jean de Latran vis-à-vis le college Royal*, 1712, in-8 de 40 pp. (De 15 à 20 fr.)

Ce recueil qui contient les odes de Grenan et de Coffin, traduites par M. de Bellechaume, et plusieurs autres pièces a été réimprimé, avec une introduction de M. Ph. Milsand, sous ce titre : *Procès poétique touchant les vins de Bourgogne et de Champagne*, etc. (Voyez *Procès poétique*.)

RECUEIL de rapports, de mémoires et d'expériences sur les soupes économiques et les fourneaux à la Rumford ; suivi de deux mémoires sur la substitution de l'orge mondé et grué au Riz, etc., par Cadet de Vaux, Decoustelle, Delessert, Money et Parmentier. *Paris, Marchant*, an X, in-8. (De 2 à 3 fr.)

RECUEIL des poésies gastronomiques d'Abou Ishaq Halladj Chirazi. *Constantinople*, 1303 de l'Hégire.

On trouvera sur ce livre turc édité par Mirza Habib Isfahani, des renseignements dans le *Journal Asiatique*, 8e série, vol. VIII (1886).

RECUEIL (Nouveau) des statuts et reglemens de la communauté des Maitres-Distillateurs, Marchands d'Eau-de-vie & de toutes sortes de Liqueurs de la Ville et Fauxbourgs de Paris fait de la Jurande des sieurs Claude Wiliet, Pierre René Maciet, Marie-René Bernard, & Pierre Millet-Mottet. *A Paris de l'Imprimerie de J. Chardon, rue Galande près la Place Maubert, à la Croix-d'Or*, 1754, in-4 de 4 ff. n. ch., 86 pp. et 3 ff. n.ch. de table. (De 4 à 5 fr.)

RECUEIL d'opuscules en vers et en prose. *A Paris, de l'imprimerie de P. Didot l'aîné an XII - 1804*, in-16 de 3 ff. n. ch., 133 pp. et 1 p. de table n. ch. (De 2 à 3 fr.)

Parmi les pièces contenues dans ce recueil, citons : Le *Thé*, poème qui occupe les pages 1-58.

RECULET. — Le Cuisinier praticien ou la Cuisine simple et pratique par C. Reculet, cuisinier de madame la comtesse d'Auteroche et de madame la marquise de Courtavelle aux châteaux de Touchaillou et de Lierville. *Paris, E. Dentu; Lacroix et Baudry*, 1859, in-8 de XII-516 pp. (De 5 à 6 fr.)

Une des particularités de ce traité culinaire, c'est qu'il est « dédié à la Sainte Vierge, mère de Dieu ».

RÉFLEXIONS sur l'usage du thé... par M.*** licencié en médecine. *Mons, Plon*, 1750, in-12 de 56 pp. (1 fr.)

Par le Dr Jos. Eloy qui est également l'auteur d'un opuscule sur le café. Voyez Reynal (de).

REFORMATION (La) des Tavernes et Cabaretz : destruction de Gormandise. En forme de dialogue

> *Qui en vouldra si se transporte*
> *Devant le Palays la grand'porte.*

(A la fin :) *A Paris, par Guillaume Nyuerd imprimeur (S. d.).* In-8 goth. de 4 ff. à 28 vers par page.

Pièce très rare à 12 personnages, imprimée de 1520 à 1530; la fig. s. bois, placée sur le titre, représente un jeune garçon qui sert trois femmes et un homme attablés. C'est *Gormandise* qui parle la première :

> *Pour tousjours nostre train tenir,*
> *De bons vins fault habondamment.*
> *Tavernes et jeux maintenir,*
> *L'un et l'autre entretenir*
> *Pour avoir de gens largement*
> *Et tousjours vendre chèrement*
> *A cela fault que l'on procure :*
> *Il n'y a plus beau train qu'usure.*

Les autres interlocuteurs sont *Blasphème, Paillardise, Vérité, Justice, le Peuple, le Dyable,* etc., etc.

M. A. de Montaiglon a donné une réimpression de cette pièce dans le *Recueil des poésies françoises,* tome II, pages 223-229.

Vendu : en mar. r., 7 fr. 50, La Vallière, le même exemplaire, mar. r., 99 fr., Soleinne, et 325 fr., Yemeniz.

RÉFORME (La) alimentaire, journal de la Société végétarienne de France. Vegetare : Fortifier. Siège de la Société et bureaux du journal 163 rue St Honoré (*Clermont, impr. Daix*), in-8 de 24 pp.

Le premier numéro de ce journal mensuel a paru le 1er avril 1881. Prix de l'abonnement : France, un an 5 fr. ; Etranger, 6 fr.

La collection des 12 premiers numéros forme jusqu'en mars 1882, inclusivement, un volume de 200 pages.

RÉFUTATION du Pain de Pommes de terre, sans mélange de farine. *Liège*, 1780, in-12 de 21 pp. (1 fr.)

REGIME de santé pour se procurer une longue vie & une Vieillesse heureuse; Fondé sur la maxime de Medecine. *A Lædentibus & Iuuantibus* contre un Livre intitulé le Medecin de soymême. Par le Sieur D. L. C. *A Paris, chez Maurice Villery, ruë S. Jacques, proche la Fontaine S. Severin, à l'Image S. Crisostome,* 1686, in-12 de 11 ff. n. ch. et 146 pp. (De 7 à 8 fr.)

La dédicace à Monseigneur Louis Boucherat est signée par l'auteur, De la Cour. Dans ce petit traité d'hygiène, De la Cour a donné une assez large place à l'alimentation et à l'usage du vin.

Une deuxième édition, avec le nom de l'auteur, a paru en 1690.

REGIME de vivre, et conseruation du corps humain, auquel est amplement discouru des choses naturelles, & de tous viures qui sont cômunement en vsage, auec plusieurs receptes bien approuuées : le tout nouuellement recueilly des bons autheurs, tant anciens que modernes. *A Paris Pour Vincent Sertenas Libraire, tenant sa boutique au Palais, en la gallerie par ou on va à la Chancellerie.* 1561, in-8 de 86 ff. et 2 ff. n. ch. pour la table. (De 20 à 25 fr.)

Au verso du dernier f. l'« extraict dv Priuilège », daté de « Paris le vingt-quatriesme iour de Mars, Mil cinq cens soixante & vn. »

RÉGNIER (Mathurin).—Les Satyres Du Sieur Regnier. Reueues & augmentées de nouueau : Dédiées Av Roy. *A Paris, Chez Toussaint Dv Bray, ruë*

Sainct Iacques, aux Espics meurs, & en sa boutieque au Palais, en la gallerie des prisonniers MDCIX. Avec Privilege dv Roy. In-8 de 4 ff. lim. n. ch., 133 pp. ch. et 1 p. n. ch. (De 200 à 300 fr.)

Le texte est imprimé en caractères italiques, à l'exception de l « Ode A Regnier svr ses Satyres », signée : *Motin*, qui occupe les ff. lim. 3 et 4. L' « Extraict du priuilege du Roy », de même que le permis d'imprimer donné « ce 13. May 1608 » se trouve au vᵒ n. ch. de la page 133.

Nous ne citons ici que la seconde édition des œuvres de Mathurin Regnier, ne pouvant pas citer la première dans laquelle ne se trouve pas la satire X appelée « le Souper ridicule », satire qui devait figurer dans cette bibliographie.

Il convient toutefois de remarquer qu'il existe bien dans l'édition de 1608 une satire X, mais ce n'est pas celle dont il s'agit; cette satire X, dédiée au peintre Fréminet, figure dans les éditions postérieures sous le nᵒ XII.

REGNOUF DE VAINS. — Du beurre de Normandie (d'Isigny). Fabrication, soins pratiques à donner à la laiterie, etc. par E. Regnouf de Vains, agriculteur. Brochure ayant obtenu une médaille d'argent au concours ouvert par la Société des agriculteurs de France. *Paris, Léon Vanier*, 1885, in-8 de 12 pp. (1 fr. 25.)

REGRETS (Les) et complaintes des gosiers alterez pour la désolation du pauure monde qui n'a croix. *Nouuellement imprime a Paris*, pet. in-8 de 16 pages, vignette s. bois sur le titre.

L'auteur anonyme de cette pièce en vers qui est excessivement rare y décrit facétieusement les misères du peuple au XVIᵉ siècle, pendant les guerres civiles. Elle se compose de 25 huitains dont le premier s'adresse aux lecteurs. Les autres sont adressés « aux Nez enrubinés », « aux Beuveurs de bière », « aux Taverniers », « aux Morseaux sallez », « aux Rôtisseurs », « aux Cuisiniers », « à ceux qui disnent sous les orgues », etc., etc. Chacun de ces huitains, de même que la ballade qui les suit, est terminé par ce vers :

Le pauure monde n'a plus croix

M. A. de Montaiglon a réimprimé cette facétie dans son *Recueil des poésies françoises*,

ome VII, page 75-90, d'après un *fac-simile* publié vers 1830 par M. Montaran chez Guiraudet, dans un volume intitulé : Recueil de livrets singuliers et rares...... Il est dit sur le titre général du volume que ces réimpressions ont été tirées à 20 exemplaires, mais le tirage, également indiqué à la fin de chaque pièce, n'accuse que 15 exemplaires.

Au Catal. de Béhague figure une édition de cette même pièce portant la date de 1575, édition, y est-il dit, que M. Brunet ne cite pas dans le *Manuel*.

Vendue : en mar. bl. (Bauzonnet) 470 fr., Béhague. Cet exemplaire fait actuellement partie de la bibliothèque de feu M. le Bᵒⁿ James de Rothschild.

Une autre édition des *Regrets et Complaintes des gosiers alterez* a paru, à Rennes, *chez Anthoine Huet*, 1624, pet. in-8.

REIBER (Emile). — Les Propos de Table de la Vieille Alsace Illustrés tout au long de Dessins originaux des anciens Maîtres alsaciens Œuvre de Réconfort ajustée à l'heure présente Traduite, annotée et enrichie de Compositions nouvelles Par Emile Reiber, Alsacien Maître ès Arts en la bonne ville de Paris. *Imprimé à Paris par R. Engelmann, se vend chez Launette*, 1886, in-4 de 2 ff. n. ch., XVI-231 pp. et 1 f. n. ch. (15 fr.)

Frontispice, portraits, etc., en bistre foncé et encadrements en double filet rouge. Tiré à 700 exempl. dont 100 sur papier du Japon et 600 sur papier des Vosges.

REIBER (Ferdinand). — Etudes Gambrinales. Histoire et Archéologie de la bière et principalement de la bière de Strasbourg par Ferdinand Reiber. *Paris, Berger-Levrault et Cⁱᵉ*, 1882, in-8 de 4 ff. n. ch., 245 pp. et 1 f. n. ch. (12 fr.)

REMENTERIA y Fica (D. Mariano de). — Manual del Cocinero, Cocinera, repostero, confitero y botillero, con el método para trinchar y servir toda clase de viandas, y la cortesania y urbanidad que se debe usar en la mesa; Traducido por D. Mariano de Rementeria y Fica, Aumentado con el modo de conservar toda clase de sustancias alimenticias,

los pescados frescos, y otros varios articulos curiosos. Sexta edicion. *Paris, imprenta de H. Moreau, calle Montmartre n° 39, 1835*, in-12 de 389 pp. (2 fr.)

— Le même..... nueva edicion..... *Paris, Garnier frères, 1856*, in-12.

L'édition la plus récente de ce traité culinaire, en langue espagnole, a paru : *Paris, Garnier frères, 1882*, in-12.

REMY (Jules). — Champignons et truffes par Jules Remy. *Paris, librairie agricole de la maison rustique, 1861*, in-18 de 173 pp., 1 f. n. ch. et 12 pl. color. (De 3 à 4 fr.)

Le chapitre v est consacré aux « Mets dont les champignons comestibles sont la base » ; dans le chapitre xi, intitulé « Préparation et Conservation des truffes », on trouvera différentes recettes qui se recommandent à l'attention des gastronomes.

RENARD (Charles). — Les bons Charcutiers, chansonnette chantée par les Enfants de l'Etoile Estaminet tenu par Auguste Morel à Roubaix. *Roubaix, imp. Lesguillon* (1868), in-4 de 1 f. à 2 col. (1 fr.)

4 couplets imprimés sur papier jaune.

RENAULD (Jules). — Les Hostelains et Taverniers de Nancy, ainsi que tous les gens faisant estat de mettre la nappe. Essai sur les mœurs épulaires de la Lorraine. *Nancy, Wiener, 1875*, in-8 de 228 pp. et planches. (De 3 à 4 fr.)

— L'office du roi de Pologne et les mets nationaux lorrains, fragments d'une étude sur les mœurs épulaires de la Lorraine par Jules Renauld, vice-président de la Société d'Archéologie lorraine. *Nancy, Lucien Wiener, 1875*, in-8 de 36 pp. (De 2 à 3 fr.)

Ces deux chapitres, publiés en 1875, dans les *Mémoires de la Société d'archéologie lorraine*, sont extraits de l'ouvrage précédent.

RENDELLA (Prosp.). — Tractatvs de Vinea, Vindemia et Vino. Prospero Rendella Monopolitano IC celeberrimo Authore. In quo quæ ad vineæ tutelam & culturam, Vindemiæ opus, Vinitoris documenta pertinent ; ac plures quæstiones, & leges, animadvertuntur, & dilucidè explicantur. Nec non Vini genera plurima, ac de Vini commercio, & vsu solerti cura proponuntur. Omnibus tam Iusdiscentibus, quam in foro versantibus ac etiam agriculturæ incumbentibus, apprimè vtilis, & necessarius. Cum indice capitum, & rerum notatu dignarum ; quæ in opere continentur. Superiorvm licentia et privilegio. *Venetiis, apud Iuntas, 1629*, in-fol. de 14 ff. lim. n. ch. et 98 pp. (De 12 à 15 fr.)

Au catal. de la Bibl. de Bordeaux figure une édition de ce traité sur le vin, assez rare, même lieu d'impression, même imprimeur ou libraire et même format, en 1627.

REPAS dans tous les districts de Paris par la garde nationale parisienne et fête donnée à MM. les députés des troupes de ligne et gardes nationales du royaume : par l'Hôtel de ville de Paris, le dimanche 18 juillet 1790, entre le Pont neuf et le Pont royal. Il y aura joute et lance. (*Paris de l'impr. de Joliot*), pet. in-8 de 8 pp. sur papier teinté (De 2 à 3 fr.)

REPAS (Le) des clercs ou la dinde aux louis, comédie en un acte et en prose, représentée pour la première fois, à Paris sur le théâtre de l'Ambigu Comique le 16 mars 1783. Prix 1 l. 4 sols. *A Paris, chez Cailleau, 1783*, in-8 de 41 pages.

Par J. B. Radet. Le sujet de cette comédie est à peu près le même que celui d'une autre pièce intitulée : *La Dinde du Mans*, représentée à Paris, pour la première fois le 1er mars 1783, sur le théâtre des Grands danseurs. La *Dinde du Mans* a également été publiée chez Cailleau.

RESPONSE (La) dv Bovlanger av Pâtissier en colère contre les Boulangers & Tauerniers en vers Bvrlesqves. *A Paris, Nic. de la Vigne, pres Sainct Hilaire, 1649*, in-4 de 8 pages.

Dans cette pièce facétieuse, le boulanger veut prouver au pâtissier que son métier est un métier de maltôtier.

> *Ce n'ont esté que tes gasteaux*
> *Tes pastez, tes casse-museaux,*
> *Et tes petits gasteaux d'vn double*
> *Que tu faisois deuant le trouble.*
> *Tes tartes de toutes façons*
> *Tes gros biscuits en limaçons*
> *En fleur de lys, en pyramide*
> *Qui ont fait nostre poche vuide.*

. . . .

RESTAURANT (Raymond). —

Hippocrate de l'vsage dv boire à la glace pour la Conseruation de la Santé. Par le Sieur Raymond Restavrant de la Ville du S. Esprit, Docteur en Medecine de la Faculté de Montpellier. *A Lyon, chez Clavde Bourgeat, sur le quais des Celestins au Mercure François,* 1670, pet. in-12 de 8 ff. n. ch. et 88 pp. (De 7 à 8 fr.)

L'épitre dédicatoire à Monseigneur Claude Bazin, chevalier, conseiller du roy, etc., est signée : R. Restaurant, et datée du 18 mars 1670.

Ce petit traité, original et curieux, n'est pas commun.

RESTIF DE LA BRETONNE. —

Les Contemporaines graduées ou Avantures des jolies Fammes de l'âge actuel suivant la gradacion des principaux Etats de la Société. Recueillies par V. E. R** d* L* B*** *Imprimé à Leipsick par Büschel, marchand libraire et se trouve à Paris,* 1785, 42 vol. in-12, fig. grav.

Voir, XXe vol. : La Belle Boulangère. — La Belle Pâtissière. — La Belle Bouchère. — Les IV Belles Chaircutières. — Les IV Jolies Rôtisseuses. — La Jolie Restauratrice. — La Belle Marchande de vin. — La petite écaillère.

XXIe vol. : La petite regratière. — La jolie fruitière.

XXIIe vol. : La belle épicière. — La belle limonadière. — La petite laitière. — La jolie Crèmière. — La jolie confiseuse.

XXVIIe vol. : Les femmes qui portent bonheur à leurs maris (cafetière, traiteuse, pâtissière, guinguettière). — Les petites marchandes du boulevard (gaufres, fruits et œufs rouges).

XXVIIIe vol. : Les Jolies poissarde. tripière, gargotière. — Les Jolies Crieuses (cerises, prunes, cerneaux et noix vertes, raisin, marons boulus et grillés, pois ramés, pommes cuites). — Les Jolies Crieuses (chansonière, pain d'épicière, herbière et saladière, beurrière, coquetière, fromagère, harangère, orangère).

RETOVR (Le)

de l'abondance Dans les Ports & Places & Publiques de la ville de Paris. En Vers Burlesques. *A Paris, Chez Mathvrin Henavlt,* 1649, in-4 de 4 ff. (De 12 à 15 fr.)

Pièce de 140 vers, peu commune. L'auteur anonyme y rapporte avec satisfaction qu'

> *Aux Halles on reuoid la Sole*
> *Qui beaucoup de monde console,*
> *Et nommément les Religieux*
> *Qui ne peuuent se nourrir d'œufs,*
> *N'y se seruir d'aucune viande.*

. . . .

Et plus loin :

> *Maintenant les petits enfants*
> *Trouuent les echaudez bouillans,*
> *Les gasteaux et pâtisseries*
> *Qu'ils croyoient tout à fait bannies*
> *Des boutiques des Pâtissiers.*

REVUE (La)

culinaire. Recueil périodique de cuisine française et étrangère. *Paris, impr. de Mersch,* in-8.

Ce journal, fondé en 1883, dirigé par M. Pasquier, pseudonyme de M. Marrhem, n'a eu dans ce format qu'un seul numéro.

Un numéro a été publié le 9 janvier 1886 avec le titre de : *La Cuisine française* sur la couverture, et *Revue culinaire* en tête de chaque page du journal. Il reparait, en 1887, in-4 avec ce titre :

— La Revue Culinaire, cuisine pratique, confiserie, pâtisserie, charcuterie, paraissant le 15 et le 30 de chaque mois.

Le n° 1 de cette revue porte la date du vendredi 15 avril 1887; elle est encore actuellement dirigée par M. Marrhem.

Prix de l'abonnement : 10 fr.

REVUE de l'alimentation,

bulletin hebdomadaire de l'épicerie française de détail, paraissant tous les samedis tous les mercredis. *Paris, 49 rue de Rivoli,* in-4 de 8 ff. à 3 col., vign.

Le premier numéro a paru le 3 octobre 1888. Prix de l'abonnement : un an, 9 fr.; six mois, 5 fr. Un numéro, 50 cent.

REVUE du Comfort.

Paris, au dépôt

de librairie, rue des Moulins 8 (impr. de Guiraudet) *s. d.,* in-12 de 144 pp.

Vignette sur le titre (portrait d'Antonin Carême); ouvrage annoncé dans la *Bibliographie de la France,* n° du 16 août 1851.

(Voyez Almanach des chasseurs et des gourmets et Causeries de chasseurs et de gourmets.)

REVUE (La) gastronomique. (*Paris, rue de l'Echiquier, 38*). In-4 de 32 pages.

Le premier numéro de cette revue qui paraissait le 1er et le 15 de chaque mois est daté du 1er octobre 1851; le 2e numéro, du 16 novembre de la même année. La pagination des n°s se suit.

Nous ne connaissons de cette revue que les deux numéros de la Bibliothèque nationale. Ces deux numéros sont reliés avec leur couverture jaune, illustrée, en haut de laquelle on voit un médaillon de Brillat-Savarin et en bas d'autres dessins gastronomiques. Sur des banderoles sont écrits les noms d'Apicius, Lucullus, Brillat-Savarin, Carême.

REVUE (La petite), littéraire, artistique et gastronomique, organe hebdomadaire des Sociétés amicales de Paris, paraissant le dimanche. *Paris, impr. Masquin,* in-8 de 16 pp.

Le numéro I a paru le 19 février 1882; le dernier, en mai 1884.

La *Petite Revue,* dont la collection est difficile à rencontrer complète, était dirigée par M. Maurice Dancourt. En 1883, le 28 janvier, cette publication fit paraître un supplément intitulé : *L'Art culinaire* (n° 48 de la *Petite Revue*).

Ce supplément fut le premier numéro du journal qui porte ce nom, et qui en est aujourd'hui à sa huitième année d'existence. (Voyez Art culinaire.)

La couverture de la *Petite Revue* a été dessinée par M. José Frappa.

REYAR (S.). — La Compote d'ananas, fantaisie dite par M. Noblet, du théâtre du Palais-Royal. *Paris, Barbré,* 1880, in-18 de 8 pp. (50 cent.)

REYNAL (de) . — Opuscule medico-politique sur le café, question. L'usage habituel du Café est-il avantageux, ou doit-il être mis au rang des choses indifférentes à la conservation de la santé;

peut-il se concilier avec le bien de l'Etat dans l'étendue de l'Empire Français? est-il enfin nuisible et contraire à tous égards? Par M. de Reynal, Docteur en Médecine, ancien Médecin en chef des Armées, etc., etc. *A Evreux, de l'Imprim. de J. J. L. Ancelle,* 1813, in-8 de 48 pp. (2 fr. 50.)

Le titre de cet opuscule est à peu de chose près le même que celui de l'opuscule suivant que nous avons vu à la Bibliothèque royale de Belgique :

— Examen de la question medico-politique : Si l'usage habituel du Caffé est avantageux ou doit être mis au rang des choses indifférentes à la conservation de la santé; s'il peut se concilier avec le bien de l'Etat dans les Provinces Belgiques; ou s'il est nuisible & contraire à tous égards? Par N. F. J. Eloy, conseiller medecin de feu S. A. R. le Duc Charles Alexandre... *A Mons, chez H. Hoyois, Imprimeur-Libraire,* s. d. (1781), in-8 de 2 ff. n. ch. et XLIV-47 pp.

La même année a paru :

— Réponse à la question (même titre que dans le précédent). *A Liège,* 1781, in-8 de 24 pp.

RHODES (Hugh). — The boke of Nurture, or Schoole of good maners : For men, Seruants, and children with Stans puer ad mensam. Newly corrected, very necessary for all youth and children. *Imprinted at London in Fleetestreete, beneath the Conduite, at the signe of S. Iohn Euangelist by H. Jackson.* 1577.

A la fin : « Thus endeth the Booke of nurture or gouernaunce with Stans puer ad mensam. Compyled by Hugh Rhodes of the Kinges Chappel. »

Ce livre a été réimprimé, en 1868, pour la Société des anciens textes anglais. M. Furnivall qui en a dirigé la publication cite différentes autres éditions de l'ouvrage de Rhodes, et dit que le *Book of nurture* d'Hugh. Rhodes a été imprimé au moins cinq fois, premièrement par Thomas Petit in-8, avant 1554; 2° par Thomas Colwell qui imprima de 1561 à 1575; 3° par Abraham Veale qui imprima de 1551 à 1586; 4° par Thomas East. Cette édition a pour titre :

— «The Book of nurture for men seruantes and children, Hereunto is anexed our Lord's Prayer, our believe and the comman-

dements with godly Graces to be sayde at
the table before and after meat. Very utile
and necessary for all youth to learne. *Imprinted at London in Breadstreet at the nether
ende by Thomas East*, 1568, in-4 oblong de
22 ff. avec un bois au titre représentant un
maître et ses élèves;

5° Par H. Jackson en 1577, pet. in-8. Un
seul exemplaire seulement de l'édition de
Thomas Petit est connu, il en manque le
titre et 2 feuillets de texte. Mr Furniwal à
qui nous empruntons ces renseignements a
pu comparer cette édition avec celle de 1577
dont nous donnons le titre plus haut.

Mr Carew Hazlitt indique une autre édition qui doit être la première, c'est un in-4
de 12 ff. « *Imprynted at London in Southwarke
by me Joahn Redman.* »

RIANT. — Le Café, le Chocolat, le
Thé par le docteur Riant. Ouvrage contenant 30 figures. *Paris, Hachette et Cⁱᵉ*,
1875, in-32 de IX-160 pp. (1 fr.)

RICARD (Adolphe). — Eloge de
Jean Raisin et de sa bonne mère la
Vigne par Adolphe Ricard, d'après tous
les poètes.

*Qui depuis trois mille ans et jusques à nos
[jours,
Ont chanté le bon vin. Comus et les amours.*

Paris, Gustave Sandré, s. d. (1853),
in-18 de 218 pp. et 1 f. de table. (De 4
à 5 fr.)

RICHARD (Jules-Marie).—Une petite nièce de saint Louis. Mahaut, comtesse d'Artois et de Bourgogne (1302-
1329). Etude sur la vie privée, les arts
et l'industrie, en Artois et à Paris, au
commencement du xivᵉ siècle par Jules-
Marie Richard, ancien archiviste du
Pas-de-Calais. *Paris, H. Champion,*
1887, gr. in-8 de XIII-456 pp. plus
1 feuillet non chiffré pour les « divisions
de ce livre ».

Le chapitre XII (p. 133-151) est intitulé :
la *Cuisine et la Table.*

M. Jules-Marie Richard a également publié
dans le *Bulletin de la Commission des Antiquités départementales du Pas-de-Calais,* t. IV,
p. 41, un article fort intéressant, intitulé :
Un banquet à Arras en 1328. Cet article qui
occupe six pages in-8 n'a pas été tiré à part.

RICHE (Alfred). — Conseils sur la
manière de se nourrir dans les circonstances présentes. Conférence faite le
11 novembre 1870, par M. Alfred Riche,
professeur agrégé à l'Ecole supérieure
de pharmacie. *Paris, Germer-Baillière,*
1870, in-8 de 16 pp. (1 fr. 50.)

Conseils alimentaires donnés pendant le
siège de Paris.

RICHTER (G. G.). — Georg. Gottlob. Richter medicinæ quondam doctoris, magnæ Britanniæ regis consiliarii
aulici et archiatri, medicinæ in academia
goettingensi profes. primarii, &c. Præcepta diætetica. *Heidelbergæ et Lipsiæ,
sumtibus fratrum Pfæhler, bibliopol. Univers. Heidelberg.*1780, in-8 de 384 pages.
(De 3 à 4 fr.)

— Le même..... Præcepta diætetica et
materia alimentaria. Editio nova.*Bernæ, sumtibus Societatis Typographicæ,* 1791, in-8 de
384 pages. (De 2 à 3 fr.)

RIGAL. — Manuel du Cafetier, aubergiste, marchand de vin et du propriétaire-vigneron ou l'art de faire soi-
même toute sorte de liqueurs sans le
secours de la distillation, avec et sans
essence; suivi de plusieurs procédés
pour colorer le vin, etc., par A. E. S. Rigal. *Montpellier, l'auteur,* 1857, in-12
de 96 pp. (1 fr.)

RIGAUD (Lucas). — Cozinheiro moderno ou nova Arte de Cozinha onde
se ensina a pelo methodo mais facil, e
mais breve o modo de se prepararem
varios manjares, tanto de carne, como
de peisce : Mariscos, legumes, ovos,
lacticinios : Varias qualidades de massas
para paés, empadas, tortas, timbales,
pasteis, bôlos, e outros pratos de entremeio : Varias receitas de caldos para
differentes sopas : Caldos para doentes,
e hum caldo portativo para viagens longas. Com huma observacaõ sobre algumas frutas; o tempo de se colherem ;
tanto para se comerem na sobre mesa,

como para doces, e se conservarem para o Inverno. Dado a luz por Lucas Rigaud. Hum dos Chefes da Cozinha de Suas Ma Magestades Fidelissimas, &c. Segunda edicaõ correcta e emendada. *Lisboa na officina de Lino da Silva Godinho*, 1785, in-12 de 469 pp. (De 7 à 8 fr.)

RIMBAUT. — Les Diners à trente-deux sous, vaudeville en un acte, par MM. Cogniard frères et Rimbaut, représenté, pour la première fois, à Paris, sur le théâtre du Palais-Royal, le 16 mai 1840. *Paris, Imprimerie de Mme Ve Doudey-Dupré*, gr. in-8 de 16 pp., vign. (1 fr.)

Publié dans le « Magasin théâtral ».

RIVET (J.-B.). — Notice sur l'indostane, le sagou, le salep, l'arrow-root et le tapioka. Analyse des principes constituants de ces cinq substances alimentaires; examen de leurs propriétés physiques et chimiques. *Paris, l'auteur*, 1835, in-8 de 32 pp. (1 fr.)

RIVOIRE. — Gras double et Miroton ou les deux Gargotiers, Saynette avec dialogue en vers, paroles de Francisque Rivoire, musique de Charles Pourny. *Paris, typ. Beaulé* (1862), in-8 de 8 pp. (1 fr.)

ROBERT. — La Grande Cuisine simplifiée, art de la cuisine nouvelle mise à la portée de toutes les fortunes, suivie de la charcuterie, de la pâtisserie, de l'office, des conserves de légumes et précédée d'un dictionnaire du Cuisinier, avec 52 gravures par Robert, ex-officier de bouche des ministres de l'intérieur et de la marine, de l'ambassadeur d'Angleterre, etc. *Paris, Audot*, 1845, in-8 de XXX-405 pp. (De 4 à 5 fr.)

Robert, après avoir exercé ses talents de chef au service des particuliers, établit un restaurant dans la forêt de Romainville, le *Tourne-bride*, restaurant dont parle Paul de Kock dans la *Laitière de Montfermeil* et qui fut, paraît-il, le rendez-vous des gastronomes et... des amoureux.

ROBERTS (J.). — Young Cooks Guide with practical observations a new treatise on french and english Cookery combining economy with elegance by J. Roberts. 1836, in-8. (De 2 à 3 fr.)

ROBIN. — Mémoire sur le café, sur sa culture, son commerce, ses propriétés physiologiques, thérapeuthiques et alimentaires. Du Café Robin ; par L. Robin fils, négociant. *Abbeville, impr. Briez*, 1864, in-18 de 106 pp. (1 fr.)

ROBINSON (A.). — Les corps gras alimentaires. Le lait, le beurre, les fromages, la production et l'industrie chez toutes les nations, par M. A. Robinson, Professeur de chimie industrielle et agricole.... *Paris, E. Lacroix*, 1870, gr. in-8 de 60 pp., 5 planches et 5 fig. (2 fr.)

Extrait des « Archives de l'industrie au XIXe siècle », 2e livraison.

ROCCACONTRADA (Don Ant. Ad. dalla). — Il Novitiato del maestro di casa; Nel qual si dà notitia particolare di tutte le cose necessarie per essercitare conuenientemente quest' Offitio nella Corte di Roma. Con vna instruttione generale, per conoscer le qualità della roba, fuggir le fraudi, e far le prouisioni con vantaggio co' loro prezzi. Vi si mostrano in oltre le regole da misurare fabriche, e diuerse prattiche d'Agricoltura, e particolarmente per fare diuerse sorti di Vini, e conseruarli. Opera di Don Antonio Adami Dalla Roccacontrada; Vtile si à Prencipi, come ad ogni altra qualità di persone priuate per il buon gouerno delle lor Case. *In Roma, Appresso Pietr' Antonio Facciotti*. 1636, in-8 de 252 pp. et 2 ff. n. ch. de table. (De 10 à 12 fr.)

Titre rouge et noir. Au vo du titre, la permission d'imprimer datée de Rome, du 5 novembre 1635. La dédicace « All' Emin.mo, e Reuer^mo Signore e Padron mio colendissimo Fr. Antonio Barberino card. di. S. Honofrio Penitentiero maggiore » est signée : Antonio Adami.

— Il perfetto e vtile Novitiato Del mastro di casa di D. Antonio Adami..... Serue anche per le Case private. Al Molto Ill. Sig. Mio Giacintho Giardini. *Roma, Per Il Dragondell.* 1670, in-12 de 2 ff. lim. n. ch., 281 pp. et 3 ff. n. ch. de table. (De 7 à 8 fr.)

Ouvrage analogue, mais antérieur, à la *Maison réglée* d'Audiger.

ROCHEFORT (Edmond).—Les Cuisiniers diplomates, vaudeville en un acte par MM. Rochefort, Barthélemi et Masson, représenté pour la première fois, à Paris, sur le théâre du Vaudeville, le 22 novembre 1828. *Paris, Quoy,* 1828, in-8 de 36 pp. (1 fr. 50.)

ROMAN (Le) d'une Cuisinière raconté par son sapeur avec 55 dessins sur bois de Léonce Petit gravés par Ecosse. *Paris, Guérin,* 1866, in-18 de 198 pp. (3 fr.)

ROMOLI. — La Singolare Dottrina di M. Domenico Romoli sopranominato Panunto, Dell' ufficio dello Scalco, dei condimenti di tutte le viuande, le stagioni che si conuengono a tutti gli animali, veccelli, & pesci, Banchetti di ogni tempo, & mangiare de apparecchiarsi di di, in di, per tutto l'anno a Prencipi. Con la dichiaratione della qualità delle carni di tutti gli animali, & pesci, & di tutte le viuande circa la sanità. Nel fine vn breue trattato del reggimento della sanità. Opera sommamente vtile a tutti. Col Priuilegio del Sommo Pontefice, & dell' illustr. Senato Veneto per anni XX. (*Venise, Michel Tramezzino,* 1560), in-8 de 16 ff. lim. n. ch. et 376 ff. ch. (De 15 à 20 fr.)

Les ff. lim. sont occupés par le titre (v° blanc), l'approbation donnée à Michel Tramezino et datée de 1560; la dédicace : « A M. Francesco rvstica nobile Padovano. Mi-

chele Tramezzino », et la table des matières. Le v° du dernier f. lim. est blanc. Au v° du 359ᵉ f. ch. se trouve le « Trattato della sanita » qui finit au r° du 376ᵉ f. dont le v° est blanc.

La Bibliothèque de l'Arsenal possède, S et A 1620, une édition de l'ouvrage de Romoli, ayant le même nombre de ff. ch. et probablement le même de ff. lim. que l'édition précédente (ce que nous n'avons pu contrôler, ces ff. lim. étant incomplets), mais portant au r° du 376ᵉ f. ch. la souscription suivante : *In Venetia per Michele Tramezino,* 1560.

Le titre, dont l'orthographe est légèrement différente de celle de l'édition précédemment décrite, porte : *Romoli sopranominato Panonto,* au lieu de *Panunto.*

— La Singolar dottrina di M. Domenico Romoli detto il Panonto; nel qual si tratta del' officio del Scalco; del condimento d'ogni viuanda ; delle Stagioni d'ogni animale, veccelli, & pesci : del far banchetti d'ogni tempo a Prencipi ; & la dichiaratione della qualità delle carni d'ogni animale, & pesci. Nel fine vn breue Trattato del Regimento della Sanità. Di nouo Con Somma diligenza ricorretta, & ristampata. Con la Tauola copiosissima di tutto quello che in essa si contiene. *In Venetia, Presso Daniel Zanetti, 1598, A Santo Apostolo, In cale dal Dragan,* in-8 de 8 ff. limin. n. ch. et 368 ff. ch. (De 10 à 12 fr.)

Au titre, marque typographique. Les douze livres dont se compose l'ouvrage finissent au f. 359. Au v° « Vn breve, et notabil Trattato del reggimento della sanità... » qui finit au r° du f. 368 dont le v° est blanc. Au bas du r° du f. 368, le « Registro ».

RONTZIER (De).—Kunstbuch Von mancherley Essen, Gesotten, Gebraten, Posteten, von Hirschen, Vogelen, Wildtprat, vnd andern Schawessen, so auff Fürstlichen, vnd andern Bancketen zuzurichten gehörich : Gestelt, durch Den Erbarn vnd Wolersahren Meister Frantz de Rontzier, furstlichen Braunschweigischen bestalten Mundtkoch. Dergleichen bisshero in druck nicht gesehen. *In der Fürstlichen Druckeren zu*

Wolffenbüttel, anno 1598, in-4 de 4 ff. lim. n. ch, 543 pages et 9 ff. n. ch. (De 25 à 30 fr.)

Titre rouge et noir ; au v°, des armes. Au r° du 2° f. lim. n. ch. « Vorrede. Dem Hochwurdigē, Durchleuchtigen, Hochgebornen Fursten vnd Herrn, Herrn Heinrichen Iulio Postulirten Bischoffen zu Halberstat vnd Hertzogen zu Braunschweig vnd Luneburgk, etc. Meinem-gnedigen Fursten vnd Herrn, etc. » Cette dédicace est datée de 1594 et signée : Frantz de Rontzier ; elle finit au v° du 4° f. lim.

Vient ensuite le corps de l'ouvrage qui occupe les pages 1-543. Huit des 9 ff. n. ch. comprennent le « Register » ; au r° du 9° f. dont le v° est blanc, on lit : *In der Furstlichen Druckeren zu Wolffenbüttel gedruckt Anno, Ein Tausent, Fünffhundert neuntzick Acht, etc.*

Traité fort rare qui fait partie de la collection de M. le B°ⁿ Pichon.

ROQUEPLAN (Nestor). — Parisine. *Paris, J. Hetzel et C°*, s. d., in-18 de 330 pages. (3 fr.)

Divisé en 17 chapitres, parmi lesquels le chapitre de la « cuisine », ainsi subdivisé : La *cuisine étrangère.* — La *cuisine française.* — *Menus propos d'un chef.* — L'*hippophagie.* — La *charcuterie.* — Le *dîner en ville.* — *Chiperies domestiques.* — Le *pain.* — Le *vin* ; le chapitre des » Restaurants » et le chapitre des « primeurs ».

ROQUES (Joseph). — Histoire des champignons comestibles et vénéneux ornée de figures coloriées représentant les principales espèces dans leurs dimensions naturelles, où l'on expose leurs caractères distinctifs, leurs propriétés alimentaires et économiques, leurs effets nuisibles et les moyens de s'en garantir et d'y remédier, etc., par Joseph Roques. *Paris, Hocquart aîné ; Ch. Gosselin ; Treuttel et Würtz*, 1832, in-4, 24 pl.

— Le même..... Deuxième édition, revue et augmentée avec un atlas grand in-4 de 24 pl. coloriées et terminées au pinceau. *Paris, Fortin ; Masson et C°*, 1841, in-8 de 482 pp. (De 15 à 20 fr.)

— Le même..... (édition du cours d'agriculture), *Paris, Mᵐᵉ Croissant*, 1856, in-8.

— Le même... (extrait de la 2° édition). *Paris, V. Masson et fils*, 1864, in-4 de 26 pp. à 2 col. et 24 pl.

— Nouveau traité des plantes usuelles spécialement appliqué à la médecine domestique et au régime alimentaire de l'homme sain ou malade, par Joseph Roques, etc. *Paris, P. Dufart*, 1837, 2 vol. in-8.

ROSARY (Eugène). — Nos aliments, par E. Rosary. *Rouen, Mégard*, 1881, in-8 de 159 pp. (2 fr.)

ROSSELLI. — Epulario Quale tratta del modo de cucinare ogni carne Ucelli pesci de ogni sorte : & fare Sapori : Torte : & pastelli al modo de tutte le Prouintie. — (A la fin :) *Stampato in Venetia per marchio Sessa. Nel anno del Signore.* MDXXXVI *Adi. xviii. de Agosto.* in-8 de 48 ff. n. chiffrés, signés A-F par 8.

Au bas du titre écrit en semi-goth. un bois représentant trois personnages, deux debout, l'autre agenouillé ; le v° du titre est blanc. Au r° du f. Aii « Incomincia el Libro chiamato Epulario elquale insegna el modo de cucinare ogni carne : & pesce : & ogni altra ragione de viuande ». Le traité finit au r° du f. Fiii ; au v° de ce feuillet commence la table qui finit au v° de l'avant-dernier feuillet par la souscription donnée plus haut. Le dernier f. est blanc.

La plus ancienne édition connue, dit Brunet, *Manuel*, t. IV, col. 1393, date de 1516 et a paru sous ce titre :

— Opera nova chiamata Epulario, quale tracta il modo de cucinare ogni carne, ucelli, pesci d'ogni sorte. Et fare sapori, torte, pastelli, al modo de tutte le provincie, composta per maestro Giovanne de Rosselli. *In Venetia, per Agostino Zanni da Portese*, 1516, pet. in-8, fig. s. b. au titre.

Autres éditions citées au *Manuel du libraire* :

— Opera nova chiamata Epulario, quale tracta il modo di cucinare ogni carne, ucelli, pesci d'ogni sorte, far sapori, torte, pastelli, côposte p mæstro Giouâne, Rosselli frâcese. (A la fin :) *Stampato in Venetia, per Nic. Zopino et Vincenzo compagni, Nel M.D.XVII. a di xx de Agosto*, pet. in-8 goth. à 2 col. de 45 ff.

— Le même..... (à la fin :) *In Uenetia per industria e spesa di Nicolo Zopino et Uincenzo compagni in la chasa de Maistro Jacomo Penci da Lecho impressore acuratissimo Nel M.D.XVII. adi III del Mese de Aprile*, pet. in-4.

— Opera noua chiamata Epulario Quale tracta il modo de cucinare ogni carne, ucelli, pesci, de ogni sorte Et fare sapori, torte, pastelli, al modo di tutte le prouincie : & molte altre gêtilezze. Côposto p Maestro Giouâne de rosselli Frâcese. *Stampato in Venetia per Nicolo Zopino* MDxviii, in-8.

Cette édition qui figure au Cat. Yemeniz (n° 902) a été adjugée, en mar. vert (Trautz-Bauzonnet), 45 fr. à la vente de cet amateur.

— Le même..... *Venetia, per Nic. Zoppino et Vincenzo compagni, in la Casa di Alexandro de Bindoni*, 1521, pet. in-8.

— Epulario, il quale tratta del modo del cucinare ogni carne, uccelli, et pesci d'ogni sorte; et di piu insegna far sapori, torte, pastelli, al modo di tutte le prouincie del mondo ; con la gionta di molte altre cose bellissime. *In Venetia*, 1579, pet. in-8.

Catal. J. B. Huzard, 1842 (Ire partie, n° 710).

La Bibl. Nat. possède en outre de l'édition de 1536 dont nous avons donné la description plus haut, un exemplaire incomplet (44 ff.) d'une édition dont le titre offre, avec celui des éditions précédemment citées quelques différences. Voici ce titre :

— Epulario Opera noua laquale tratta el modo de cucinare ogni carne; vccelli : pesci : d'ogni sorte. Et fare sapori : torte : pastelli al modo de tutte le prouincie. Et molte altre gentilezze côposta per Maestro Giouanne Rosselli.

Ce titre est imprimé dans un encadrement. Le ou les derniers ff. faisant défaut, nous ne pouvons dire où et par qui a été donnée cette édition : quant à la date, on peut croire quelle a été publiée vers 1530.

ROSSETTI. — Dello scalco del sig. Gio. Battista Rossetti, Scalco della Serenissima Madama Lucretia da Este Duchessa d'Vrbino, nelquale si contengono le qualità de vno Scalco perfetto, & tutti i carichi suoi, con diuersi vfficiali a lui sotto posti ; Et gli ordini di vna casa da Prencipe, e i modi de seruirlo, cosi in banchetti, come in tauole ordinarie. Con gran numero di banchetti alla Italiana, & alla Alemana, di varie, e bellissime inuentioni, e desinari, e cene familiari per tutti i mesi dell' anno ; con apparecchi diuersi di tauole non vsati, Et con molte varietà di viuande che si possono cauare di ciascuna cosa atta a mangiarsi. Et con tutto ciò che è buono ciascun mese : & con le prouisioni da sarsi da esso Scalco in tempo di guerra. *In Ferrara, Appresso Domenico Mammarello*, 1584, in-4 de 8 ff. lim. n. ch. et 547 pp. (De 30 à 40 fr.)

Les 8 ff. lim. comprennent le titre (v° blanc), la dédicace à « Madama Lucretia da Este Duchessa d'Vrbino », datée : « In Ferrara, il giorno della conuersione di San Paolo l'anno M D L XXXIIII » et signée « Gio. Battista Rossetti. », « Lo Stampatore al benigni lettori », la « tavola » et le « proemio ».

Ce traité est divisé en trois livres. Le 1er enseigne les devoirs d'un bon maître d'hôtel (p. 1-54) ; le 2e donne, mois par mois, des menus de banquets ; le 3e traite des différentes « viandes ».

ROTI-COCHON ou Méthode Tres-facile Pour bien apprendre Les Enfans à Lire En Latin & en françois, Par des Inscriptions moralement expliquées de plusieurs Representations figurées de différentes choses de leurs connoissances ; tres-utile, & même nécessaire, tant pour la vie & le salut, que pour la gloire de Dieu. *A Dijon, Chez Claude Michard Imprimeur & Marchand Libraire à Saint Jean l'Evangéliste*. S.d. (vers 1696), pet. in-8 de 36 pages, figures.

Cet alphabet à l'usage des petits Bourguignons qui date de la fin du XVIIᵉ siècle, est excessivement rare. La Bibliothèque de l'Arsenal (B.L. 728) en possède un exemplaire, peut-être même l'unique exemplaire connu. Nous donnons ici le *fac-simile* du titre.

Si nous faisons figurer dans cette Bibliographie le *Roti-Cochon*, qui n'est, en somme,

ROTI-COCHON

OU

ME'THODE

TRES - FACILE

POUR BIEN APPRENDRE

LES ENFANS A LIRE

EN·LATIN & EN FRANÇOIS,

Par des Inscriptions moralement expliquées de plusieurs Representations figurées de différentes choses de leurs connoissances ; tres-utile, & même nécessaire, tant pour la vie & le salut, que pour la gloire de Dieu.

A DIJON,

Chez CLAUDE MICHARD Imprimeur & Marchand Libraire à Saint Jean l'Evangéliste.

qu'un livre de lecture, c'est que presque tous les exemples mis sous les yeux des enfants sont empruntés au vocabulaire de la Cuisine ou de la Gourmandise. Nous allons en donner une description exacte :

Au verso du titre, une gravure sur bois représente le maître d'école. Après cette figure, se trouve un « avertissement » dans lequel l'auteur anonyme enseigne la manière dont on doit faire l'instruction des enfants ;

à la page 5, une Oraison que l'on fera dire à l'Enfant, « outre ses Prières avant que de l'Enseigner ».

Une vignette très originale représente le Pays de Cocagne; on lit au-dessous la légende suivante :

Convivas familiares convoca. 15
Invite les plus familiers à Banqueter.

Du Cochon Roti,
vive la Peau,
étant chaud.

Principibus fervire & Populo.
Il fert aux Princes & au Peuple.

LE JAMBON
de Pourceau
bien Mayencé, eft bon à Manger,
non pas fans boire.

C ij

« Ce païs ainsi représenté, avec ses Aloüettes Roties, Montagnes de Beurre, Ruisseaux et Rivieres de Miel, Vin, Lait, etc., ne se découvre qu'aux Gens d'esprit, lesquels par leurs sciences sont bien élevés, venus et reçus partout. »

Pour donner maintenant une idée des phrases données en exemple aux enfants, nous allons en citer un certain nombre : « Les Pommes sont bonnes à l'Eau Rose et force sucre. » — « Après la Poire faut boire. » — « Les Poires de fil d'or ou de bon chrétien sont meilleures que les Pommes Turc. » — « Les Prunes de Damas sont bonnes à manger pour ceux qui les aiment. » — « Oublie sucrée, Bugnets cornus, Gauffre fretillante. — Quoiqu'elle ressemble à une fenêtre, elle n'éclaire pourtant pas le Vente (sic), ni l'Estomach. »

« Œufs frais, poisson roti et Harangs salés, sont pour le Carême et autres jours de l'année, soit maigres ou gras, et selon l'apétit ou le bon marché. » — « Cailles et perdrix ouvrent l'apétit. Les Friants mangent bien les maigres, à faute de grives (quand ils en ont, s'entend) et même leur orange. » — « Bouilli pour abattre la grosse faim ; avec le Roti pour les Festins. » — « Le Chapon boulli est bon pour ceux qui n'ont point de Dents en gueule. »

— « Le Jambon de Pourceau bien mayencé, est bon a manger non pas sans boire. » (Voir le fac-simile que nous donnons de la page 15.) — « Le Pâté de Venaison et des Craquelins ne sont pas pour les enfans mutins. » — « La Venaison est meilleure en Paté qu'en toutes autres sortes de sausse, lorsqu'elle est bien assaisonnée et rrosée (sic) de vin. L'on en est degoûté lorsque la Barbe lui vient. » — « Les moyeux confits, Cotignats, dragées, figues, raisins, marons, etc., ont plus d'agrémens que l'entrée de Table, après quoi faut desserrir, afin de se récréer, soit à Jeux honêtes, à la Promenade, ou a la Dance qui suit (come on dit) la Pance. »

Nous pourrions citer encore beaucoup de phrases analogues qui prouvent de reste que nos ancêtres étaient infiniment plus gourmands que nous. A chaque page, on trouve une ou plusieurs vignettes sur bois représentant des « choses qui se mangent », notamment à la page 23 où l'on voit un pâté dans un écusson, avec cette devise inscrite sur une banderole : Ingenii Largitor Venter.

Dans l'exemplaire de l'Arsenal est relié, à la suite de Roti-Cochon, un petit livret de la même époque, imprimé par le même libraire et dont voici le titre :

— Civilité puérile et morale. Pour instruire les Enfans, à se bien comporter, tant envers Dieu, que le Prochain ; par des Figures exemplaires sur plusieurs defauts et accidens qui leurs arrivent. Très-utile pour porter a l'Ecole, afin d'y aprendre à bien vivre et lire, soit en latin ou en François. A Dijon, chez

C. Michard, Impr et Marchand Libraire a St Jean-l'Evangeliste, pet. in-8 de 36 pages, fig. sur bois.

L'avertissement est le même que dans Roti-Cochon, l'oraison également.

Comme dans l'ouvrage précédent, un grand nombre d'exemples sont empruntés à la gourmandise ; citons-en quelques-uns :

« Il faut aporter des Plats et assiettes sur Table quand on voit quil en faut et sans se le faire commander. »

« Prier Dieu nous devons
En le remerciant
A l'heure que dinons
Comme aussi en soûpant. »

« Il faut tourner la Broche et faire bouillir le Pot, quand la Mère le commande, ou que l'on voit quil est necessaire, et ne point être Chaton, Gourmand, Yvrogne ny Paresseux. »

La gravure sur bois qui se trouve à la page où est cité ce précepte, est la même que celle du Roti-Cochon page 14, au-dessus de laquelle on lit : Cuisine garnie. Sur la dernière page, après le mot « fin » on lit : « Le Roticochon, ou Méthode facile pour aprendre les Enfans se vend aussi séparément si l'on le veut. »

On trouvera, sur le livre que nous venons de décrire, un article fort intéressant de M. Edouard Garnier, avec des fac-simile, dans le Magasin pittoresque du 30 juin 1888 pages 203 et suivantes.

ROUGET. — Hygiène alimentaire, ou l'art de vivre en bonne santé. Traité des aliments : leurs qualités, leurs effets et le choix qu'il convient d'en faire selon l'âge, le tempérament, la profession, la saison et l'état de convalescence par le Docteur F. Rouget. 14e édition revue et augmentée. Marseille, Seren, 1876, in-8 de 198 pp. (2 fr.)

Avait paru en 1862, Toulouse, Bompard, sous ce titre :

— Dictionnaire d'hygiène alimentaire. Traité des aliments.....

ROULHAC DE CLUSAUD. — Traduction en vers français du Prædium rusticum, poème du P. Vanière, par Roulhac de Clusaud, ouvrage couronné par l'Académie des sciences et belles-lettres de Montauban. Limoges, 1779, in-8. (2 fr.)

ROUSSELET (L.). — Les Huitres ou les mois en R, fantaisie en vers créée par Emile Desroches du Théâtre Déjazet. *Limoges, impr. Ducourtieux*, 1887, in-18 de 12 pp. (50 cent.)

ROUSSET (Charles). — Code parisien; manuel complet du provincial et de l'étranger à Paris, contenant les lois, règles, applications et exemples de l'art de vivre dans cette Capitale, sans être dupe et de s'y amuser à peu de frais. Par Ch. Rousset. *Paris, A.-J. Dénain*, 1829, in-18 de 2 ff. et 311 pp., 1 fig. (De 3 à 4 fr.)

Ce petit manuel donne d'intéressants renseignements sur les cafés et les restaurants; d'après M. Lacombe, *Bibliogr. parisienne*, le nom de Rousset est le pseudonyme de M. de Saint-Maurice.

ROUVIÈRE. — Quelques conseils sur l'hygiène du cuisinier par F. Rouvière, restaurateur. *Bordeaux, impr. J. Durand*, 1886, in-18 de 108 pp. (1 fr. 50.)

ROUZEAU (Simon). — L'Hercvle Gvespin ov L'Himne dv Vin d'Orleans. A Monsievr d'Escvres Conseiller, du Roy, Mareschal General des Logis de ses Armées, Commissaire ordinaire des Guerres & Intendant des Turcies & Leuées de Loyre & cher. Par Simon Rouzeau D'Orleans. *A Orleans. Par Saturnin Hotot Imprimeur ordinaire du Roy, & de ladicte Ville & Vniuersité demeurant à la Bible D'or* 1605, pet. in-4 de 6 ff. et 31 pp.

Première édition d'un petit poème du commencement du XVII° siècle qui devint rare quelques années après sa publication, probablement en raison de son tirage à petit nombre. Dès 1646, il fut réimprimé par François Lemaire dans le *Recueil des panégyristes orléanais*. Une autre réimpression en a été faite en 1860, par Louis Perrin, imprimeur lyonnais dont les productions sont très estimées. En voici le titre :

— L'Hercule Guepin poeme en l'honneur du Vin d'Orleans par Simon Rouzeau. Edition conforme à celle de 1605, accompagnée de notes et d'une Notice biographique. *Orléans chez H. Herluison, libraire-éditeur, rue Jeanne-d'Arc* 29, 1860, in-8 de XVII-55 pages. (De 8 à 10 fr.)

Cette réimpression a été tirée à cent exemplaires. La notice sur Simon Rouzeau est signée G. B. de V.

Après l'épître dédicatoire, se trouvent quelques pièces de vers en latin et en français adressées à Simon Rouzeau, quatrains sonnets. etc.; à la fin de ces pièces on lit : *Constantia cœlo*, devise de l'auteur de l'*Hercule Guespin*; vient alors le poème à la fin duquel on retrouve la devise déjà citée et, avant elle ces deux lignes :

> *A frvctv vini et olei svi*
> *Mvltiplicati svnt.*

Un exemplaire de l'édition princeps de l'*Hercule Guespin*, ayant appartenu à Méon d'abord (cat. n° 1762), à M. le baron Pichon ensuite (cat. n° 575), figure maintenant dans le catalogue de la Bibliothèque de feu M. le B°ⁿ James de Rothschild (n° 770). Il avait été adjugé, en 1869, vente B°ⁿ Pichon, v. m. au prix de 51 fr.

RUMFORD. — Essais politiques, économiques et philosophiques, Par Benjamin, comte de Rumford, Chevalier des Ordres de l'Aigle blanc & de St Stanislas, Chambellan, etc., etc... Traduits de l'Anglais par L. M. D. C. *A Genève. Chez G. J. Manget, imprimeur-Libraire*. An VII, 1799, vieux style, 2 vol. in-8 de 461 et XII-525 pp., 8 planch. repliées. (De 10 à 12 fr.)

Ces deux volumes contiennent les 9 premiers « essais ». Le second et le troisième essai traitent « des aliments et de la nourriture des pauvres »; on y trouve quelques recettes culinaires entre autres celles « pour faire l'espèce de macaroni qu'on appelle en Italie, *tagliati* »; « pour faire les puddings aux pommes de terre cuites au four ».

— Les mêmes..... par Benjamin Comte Rumford. X^(ème) essai, orné de sept planches Sur la construction des cuisines publiques et particulières, et la fabrication de leurs ustensiles; avec diverses remarques et observations indiquant la manière de perfectionner la cuisson de quelques alimens. Traduit de l'Anglais, par Tanneguy de Courtivron. *Paris, Pougens; Pichon*. An X (1802), in-8 de 126 pp. et 1 f. d'errata.

— Les mêmes..... Dixième essai, Seconde partie, sur la construction des foyers des cuisines, etc. Orné de six planches; traduit de l'anglais par Paul Seignette. *A Paris, de l'Imprimerie des Sourds-Muets de naissance se trouve chez Pougens; Treuttel et Wurtz: Heinrichs.* An X (1802), in-8 de 130 pp.

— Les mêmes..... Xme essai. Troisième partie. Construction des cuisines publiques... ornée de 29 planches et enrichie de diverses remarques et observations sur la manière de perfectionner la cuisson de quelques alimens. Traduit de l'anglais, par Tanneguy de Courtivron. *Paris, F. Cocheris fils, successeur de Ch. Pougens...* An XIII-(1804), in-8 de 222 pp.

Les cinq derniers essais, publiés en 1806 (1 vol.). n'ont aucun rapport avec le sujet de notre bibliographie.

RUMPOLT (Marx). — Ein new Kochbuch, Das ist ein grundtliche Beschreibung, wie man recht vnd wol nicht allein von vierfüssigen heymischen vnd wilden Thieren/sondern auch von mancherley Vögel vnnd Federwildpret, darzu von allem grünen vnd dürren Fischwerck, allerley speisz, als gesotten, gebraten, Presolen, Carbonaden, mancherley Pasteten vnd Füllwerck, Gallrat, etc., auff Teutsche, Vngerische, Hispanische, Italianische vnd Frantzösische weiss, Kochen vnd zubereiten solle : Auch wie man allerley Gemüsz, Obst, Salsen, Senff, Confect vnd Latwergen, zuzurichten seye, etc. Auch ist darinnen zu vernemmen, wie man herrliche grosse Banckten, sampt gemeinen Gastereyen, ordentlich anrichten vnd bestellen soll. Allen Menschen, hohes vnd nidriges Standts, Weibs vnd Manns personen zu nutz jetzundt zum ersten in Druck gegeben, dergleichen vor nie ist aussgegangen. Durch M. Marxen Rumpolt, Churf. Meintzischen Mundtkock. Mit Röm. Keyserlicher Maiestat, special Priuilegio. Sampt einem gründtlichen Bericht, wie man alle Wein vor allen zu fällen bewaren, die bresthafften widerbringen, Kräuter vnd andere Wein, Bier, Essig vnd alle andere Getränck machen vnd bereiten soll dasz

sie natürlich vnd allen Menschen vns chädtlich zu trincken seinds. *Gedruckt zu Franckfort am Mayn In verlegung Sigmundt Feyerabendts, Peter Fischers, vnd Heinrich Tacken,* 1587, in-fol. de 6 ff. lim. n. ch., 41 ff. ch., 1 f. blanc, cc ff. ch. et 1 f. n. ch.

Titre rouge et noir. Au titre, une fig. grav. représentant un Cuisinier et une Cuisinière. Le v° du titre est blanc. Au r° du 2° f. n. ch. la dédicace « Der Durchleuchtgoten, hochgebornen Fürstin vnd Frawen. Frawen Annen gebornen Königin zu Danemarck...» Au-dessous, les armes de la reine de Danemarck. La dédicace finit au r° du 5° f.; elle est signée : Marx Rumpolt Churf. Meintzischer Mundtkoch. » Au v° du 5° f. « An den gutherzigen Leser »; au r° du 6° et dernier f. lim. dont le v° est blanc, l'approbation.

Les 41 ff. ch. qui suivent sont ornés de 16 fig. grav. excessivement curieuses; la fig. qui se trouve au f. 11 est tirée du *Thurnierbuch,* Francfort, 1566, in fol. Entre le 41° f. ch. et le 1er des 200 suivants, on trouve un feuillet blanc. Au v° du f. CC. commence le *register* qui occupe le r° du dernier f. n. ch. au v° duquel on lit, au-dessus de la marque typographique de Feyrabend : *Gedruckt in der Statt Frankfork am Mayn, bey Johan Feyrabendt, in verlegung Sigmundt Feyrabendt, Heinrich Tack, vnnd Peter Fischern.* Dans le bas : MDLXXXVII.

Ce traité culinaire allemand du xvi° siècle est excessivement rare; la plus ancienne édition que nous en connaissions et qui fait partie de la collection de M. le Bon Pichon ainsi que la précédente est la suivante :

— Le même..... (à la fin :) *Gedruckt in der Statt Franckfort am Mayn, bey Johann Feyerabendt, in verlegung M. Marx Rumpolts, Churf. Mayntzischen Mundtkochs vnd Sigmundt Feyerabendts.* 1581, in-fol. (même pagination et mêmes gravures que dans l'édition précédemment citée).

Au v° du dernier f., après la souscription que nous avons reproduite plus haut, la marque de Johannes Feirabend.

Graesse cite une édition du même ouvrage, *Francfort* 1582, in-fol. de 6-42 et cc. ff. ch. et 2 ff. n. ch., front. et 10 grav. s. bois gravées par Amman et deux autres également publiées à Francfort, l'une, *bey Fischer und Jonas Ross,* 1586, in-fol.; l'autre, bey Job Sauer in verlegung P. Fischers Erben, 1604, in-fol.

— Le même..... *Franckfurt am Mayn bey Simon Beckenstein und Christian Gerlach* MDCLXXVj, in-fol. de 5 ff. lim. n. ch., 41 ff. et CXCIX ff. ch. et 2 ff. n. ch.

Le titre est légèrement différent de celui de l'édition de 1587. Les figures sont les mêmes que dans l'édition dont nous avons donné la description mais placées dans un ordre différent.

Marx Rumpolt était le Cuisinier de bouche de la reine de Danemarck.

RYFF (G.). — New Kochbuch, für die krancken. Wie mann Krancker Personen, In mancherley fel vñ Gebrecken des leibs pflegen, Mitzûrichtung vnnd Kockung viler nützlicher gesunder speiss, Getrânck, vnd allen ausserlichen dingen warren sol. Den Branckern wartern, vnnd sunst iederman in der notturft zu vnder weissung gestelt, Durch Gualtherum Ryff. Medicum. Mit Keys. Gnaden vnd Privilegien. (A la fin:) *Gedruckt zu Franckfurt am Meyn, Bei Christian Egenolff. Anno MDXLV*, in-4 goth. de 4 ff. lim. n. ch. et 152 ff. chiffr.

Au titre, rouge et noir, une figure représentant une salle où l'on voit, à la fois, des malades alités, d'autres attablés, des garde-malades, et des gens faisant la cuisine sur de grands fourneaux.

Au v° du titre « Vorred zum Leser ». Cette préface finit au v° du 3ᵉ f. n. ch. Le r° et le verso du 4ᵉ et dernier f. lim. sont occupés par « Register der pfleg vnnd wartung ».

Le corps de l'ouvrage commence au r° du 1ᵉʳ f. ch. par ces mots « Kochbuchlin fur die Krancken ». Au-dessous, après la 8ᵉ ligne, une fig. s. b. représentant un malade à qui l'on apporte à boire dans son lit. Le « Kochbuchlin », orné de dessins naïfs et curieux, intercalés dans le texte, finit au r° du f. 152 par la souscription que nous avons transcrite plus haut. Le v° du dernier f. est blanc.

Fait partie de la collection de M. le Bᵒⁿ Pichon.

M. Graesse cite deux autres éditions de ce traité culinaire, l'une de *Francfurt, Chr. Egenolffs Erben* 1564, in-8 de 8 ff. et 246 pages, l'autre, de *Francfurt b. Vinc. Steinmeyer*, 1608, in-8.

— Confect-Buch vnnd Hauss Apoteck Künstlich zu bercyten, einmachen, vnd gebrauchen, wess in ordentlichen, Apotecken, vnd Haushaltungen zur Artzney, tâglicher nottürfft vnd auch zum lust dienlich vnd nütz, etc. *Frankfurt, Egenolff*, 1593, in-8.

D'autres éditions ont été données *ibidem, idem*, in-8, en 1544 et 1554.

RYTZ (L.). — La bonne Cuisinière bourgeoise ou instruction pour préparer de la meilleure manière les mets usités soit dans la vie ordinaire soit pour les occasions de fêtes; accompagné d'un tableau représentant la manière d'arranger les plats sur la table, 6ᵉ édition revue, corrigée et augmentée de 82 recettes d'après la 2ᵉ édition allemande. *Berne, Wüterich-Gaudard*, 1865, in-8. (3 fr.)

SAINT-AMANT (De). — Les Oevvres dv Sievr de Saint-Amant. *A Paris, De l'imprimerie de Rob. Estienne. Povr Francois Pomeray, et Tovssainct Qvinet. Au Palais, en la grande & petite galerie.* 1629, in-4 de 12 ff. n. ch. et 255 pp. (De 50 à 60 fr.)

Nous ne décrivons ici que la première édition des œuvres de ce poëte qui a écrit plusieurs pièces gastronomiques et qui devait, à ce titre, figurer dans notre bibliographie. C'est ainsi que nous relevons les pièces suivantes : *La desbauche,* pp. 179-181 ; *les Cabarets,* pp. 183-188 ; *le Fromage,* pp. 202-207 ; *la Vigne,* pp. 220-229 ; *Chanson à boire.* p. 243.

Toutefois, comme certaines pièces gourmandes ne figurent pas dans la 1ʳᵉ édition des œuvres de St-Amant, nous devons, pour être complet, mentionner l'édition de 1642-43-49 (3 parties) dans laquelle se rencontrent des poésies relatives à notre sujet :

— Les mêmes..... Première partie. *Paris, Tovssainct Qvinet,* 1642, in-4 de 12 ff. lim. n. ch. et 255 pp.

Cette première partie contient les mêmes pièces que l'édition précédente.

— Svitte de la premiere partie des Oevvres dv Sievr de Saint-Amant. *A Paris, chez Tovssainct Qvinet.....* 1642, in-4 de 75 pp.

Voir : *Le Melon,* pp. 13-27 ; *la Crevaille,* pp. 59-64 ; *Orgye,* pp. 65-66 ; les *Goinfres* (sonnet), pp. 73-74.

— Les Œvvres dv sievr de Saint-Amant. Seconde partie. *Ibidem, idem,* 1643, in-4 de 6 ff. lim. n. ch. et 140 pp.

— Voir : *le Cantal,* pp. 49-52 et *le Cidre,* pp. 114-118.

La troisième partie, *ibidem idem,* 1649, ne renferme aucune pièce gastronomique.

Toutes ces pièces se trouvent dans l'édition de 1661. *Paris, Gvillaume de Lvyne.* in-12 de 466 pp. et 1 f. n. ch. p. le privilège.

SAINT-AMANT. — Le Vin de Bordeaux. Promenade en Médoc (1855), par M. Saint-Amant, ancien négociant en vins..... *Paris, chez Mme Ve Huzard ; Bordeaux, chez Chaumas,* 1855, in-12 de 151 pp. (De 2 à 3 fr.)

SAINT-ARROMAN (A.).— De l'action du Café, du Thé et du chocolat sur la santé et de leur influence sur l'intelligence et le moral de l'homme, par A. Saint-Arroman, ancien chirurgien, etc... *Paris, Jules Laisné,* 1845, in-8 de 64 pp. (1 fr.)

SAINTINE (Xavier-Boniface). — Le duel aux mauviettes, comédie en un acte mêlée de couplets par MM. Saintine et Varin. *Paris, Beck, Tresse,* 1849, in-8 de 16 pp. (1 fr.)

SAINT-LAURENT. — Le Mardi-Gras et le lendemain, ou Vivent la joie et les pommes de terre, esquisse en un acte et demi; par MM. St-Laurent, Durand et Florentin. Représenté pour la première fois, sur le théâtre des Variétés, le 5 février 1830. *Paris, R. Riga,* 1830, in-8 de 33 pp. (1 fr. 50.)

Saint-Laurent est le pseudonyme de Nombret. Cette esquisse est écrite en prose mêlée de vaudevilles.

SAINT-OLIVE (Paul). — Imitation de la ive satire de Juvénal Le Turbot par Paul Saint-Olive. *Lyon, typographie d'Aimé Vingtrinier,* 1866, in-8 de 39 pp. (3 fr.)

SAINTE-MARIE (Et.). — De l'huître et de son usage comme aliment et comme remède; par Etienne Sainte-Marie, docteur en médecine..... *Lyon, Boursy,* 1827, in-8 de 34 pp. (2 fr.)

SALA. — De alimentis et corvm recta administratione liber Io. Dominici Sala patavini primi Theorici extr. in qvo Primo ex recensu omnium differentiarum Alimentorum, tum optima eliguntur tum idonea pro quacunque constitutione, deinde Recte administrationis præcepta traduntur. *Patavii,* 1628, *apud Io. Bapt. Martinum Typ. Magistralem,* in-4 de 4 ff. lim. n. ch., 152 et 48 pages. (De 7 à 8 fr.)

Au titre, marque typographique. Au vo du 4e f. lim. une gravure. L'ouvrage est divisé en deux parties, ayant chacune une pagination spéciale; la 1re traite des différents aliments et assaisonnements et de leurs qualités; la 2e, de la manière dont on doit en faire usage suivant les divers tempéraments.

SALLE A MANGER (La), chronique de la table Revue anecdotique. — Recettes culinaires. — Menus de saison — Approvisionnement — par des gourmets littéraires et des maîtres de bouche. Paraissant les 1er, 10 et 20 de chaque mois. *Paris, 23 quai Voltaire,* in-4 de 8 pages à 2 col.

La *Salle à manger* a paru pendant deux ans, du 1er juin 1864 au 20 décembre 1865. Le directeur de ce journal gastronomique était le Baron Brisse; ses collaborateurs étaient, pour la plupart, des cuisiniers fort expérimentés, tels que M. Dessolliers qui a signé de nombreux menus et qui écrivait aussi sous le pseudonyme : « Le maître d'hôtel de la *Salle à manger,* » des articles intéressants. Prix de l'abonnement : Paris, un an, 15 fr. Six mois : 8 fr. Départ**ts**, 18 et 10 fr. Un no 25 cent.
La *Salle à manger* a publié un *Almanach de la Salle à manger.* (Voyez ce titre.)

SANDERSON (John). — The american in paris by John Sanderson. in two volumes. *Philadelphia Carey et Hart 1839,* 2 vol. in-12 de 233 et 254 pages. (De 5 à 6 fr.)

Ouvrage divisé en 23 lettres. On y trouve des passages très intéressants sur les cafés, les restaurants et la cuisine à Paris :
Vol. I: M. Carême — Splendid — Café — The café Turc — Cafés in the Palais-Royal - Mille Colonnes — Very's — French Dinners — Effects of French Cookery. — French Gastronomy — Goose liver Pie — Mode of Procuring the Repletion of the Liver — French Cookery — The Locomotive Cook — Fruit — The Pension.
Vol. II. Rules for Dinner.
M. Lacombe, *Bibliogr. parisienne,* fait remarquer qu'il ne faut pas confondre cet ouvrage avec un autre qui porte le même titre, mais qui n'est qu'une adaptation d'un livre de Jules Janin intitulé : *Un hiver à Paris.*

SATYRES chrestiennes de la Cuisine Papale. *Imprimé par Conrad Badius.* MDLX. Auec Priuilege. S. l. (Genève), in-8 de 131 pp.

Nous faisons figurer ici ces « Satyres », non seulement pour leur titre, mais encore parce que, dans ce pamphlet violent contre le Pape, l'auteur a emprunté à la cuisine, à ceux qui la font et aux ustensiles dont ils se servent pour la faire, toutes ses comparaisons. Ces « Satyres » sont au nombre de huit. En voici les titres : De la cvisine en général et du bastiment d'icelle. — Description dv jardin de la Cuisine et du moyen d'y entrer. — Des officiers de la Cuisine, Sires et Messires. — Des Sovillars et Vtensiles de la Cuisine. — Banquet papal. Avtre Banquet papal de Penitence papale, et autres menus seruices. — Les devis d'après disner. —(Satyre VIII) contenant le trouble de la feste.

C'est à la fin de la satyre VII que se trouve le : *Colloqve dv qvel sont interlocvteurs, Monsievr Nostre maistre Friquandouille, Frère Thibaud et Messire Nicaise.*

Le Cat. La Vallière mentionne les *Satyres chrestiennes* avec la date de 1560, mais il donne *Lyon* comme lieu d'impression. M. le Duc de la Vallière qui a fait figurer cette pièce dans sa *Bibliothèque du théâtre français* t. III, p. 273, écrit après l'avoir citée : « Cette pièce est si scandaleuse que je n'ose en donner l'extrait. » M. Viollet-le-Duc, *Bibliothèque poétique*, a donné l'analyse de ce pamphlet, mais en le jugeant avec une juste sévérité.

On attribue généralement cette œuvre de mauvais goût à P. Viret; Charles Nodier estime qu'elle pourrait bien être de Conrad Badius, imprimeur du livre. Quoi qu'il en soit, les *Satyres chrestiennes* sont fort rares.

Un exemplaire ayant appartenu à Méon, en mar. bl. (Derôme) a été vendu, 64 fr., Soleinne (1844). M. Gustave Revillliod a donné une réimpression *fac simile* de cet ouvrage, en 1857, tirée à petit nombre. Cette réimpression, ainsi qu'on peut le voir au verso de la page 131, a été faite pour M. Gustave Revilliod par Jules-Guillaume Fick MDCCCLVII.

SAUCEROTTE. — Recherches sur le régime alimentaire des Anciens, pour servir à l'histoire de l'hygiène, des mœurs, et à l'intelligence des auteurs de l'antiquité; par M. Saucerotte, officier de l'instruction publique. *Paris, Dupont*, 1861, in-8 de 60 pp. (De 2 à 3 fr.)

SAUTEL (A.). — Manuel-annuaire de la cuisine française. Les Menus d'Aix-les-Bains, suivi du nouveau Service de table par Ange Sautel, chef de Cuisine au Grand Hôtel de la Galerie..... *Aix-les-Bains, Typ. Gérente*, 1886, in-8 de 43 pp. (1 fr. 50.)

SAUVAGE (T. M. F.). — Marmitons et grands seigneurs. Comédie-vaudeville

en un acte, par MM. T. Sauvage et G. de Lurieu. Représentée pour la première fois, à Paris, sur le théâtre des Variétés, le 25 février 1835. *Paris, Barba; Marchant*, 1835, in-8 de 34 pp. (1 fr. 50.)

Une seconde édition a paru, imprimée sur deux colonnes.

— Un Cordon bleu, ou la Cuisinière en bonne fortune, vaudeville en deux actes par M. Sauvage. *Paris, Marchant; Barba*, 1839, in-8. (1 fr. 50.)

SAVVEGARDE (La) de la vie hvmaine. *S.l.n.d.*, in-4 de 8 pages. (De 15 à 20 fr.)

Pièce de 120 vers. fort rare, qui fait partie de la collection de M. le Bon Pichon, et dont voici un extrait :

Lors que le froid est redoutable
Le dos au feu le ventre à table
Autant en Hyver qu'en Esté
De bons potages de santé
Bœuf, Veau, Mouton, bonne Volaille
Vieil lard salé pour la Canail (sic)
Quand au meilleur de plus grand coust
La fréquence en oste le goust.
Après avoir remply ta panse
Ou l'exercice ou l'abstinence,
Souuien-toy de ne faire pas
En mesme iour deux grands repas.

SAVÈNE (P.). — Physiologie du buveur par P. Savène. *Publiée par l'association littéraire des jeunes auteurs, au Salon littéraire rue neuve des Petits champs*, 1842, in-16 de 128 pp., vign. (De 3 à 4 fr.)

La vignette du titre est reproduite sur la couverture. L'ouvrage, illustré de dessins hors texte et dans le texte se termine par un petit traité de l'ivrognerie.

SAVONAROLE (Michel). — Libro della natvra et virtv delle cose, che nvtriscono, & delle cose non naturali, Con alcune, osseruationi per conseruar la sanità & alcuni quesiti bellissimi da notare. Raccolto da diuersi auttori Greci, & Latini, & Arabi, prima per M. Michel Sauonarola medico Padoano : Poi di nuouo con miglior ordine riformato,

accresciuto, & emendato, & quasi fatto vn'altro per Bartolomeo Boldo, medico Bressano. Con privilegio. *In Venetia, appresso Domenico, & Gio. Battista Guerra fratelli.* 1576, in-4 de 8 ff. limin. et 299 pages. (De 12 à 15 fr.)

Les 8 ff. lim. sont occupés par le titre (v° blanc), la Dédicace « allo illvstrissimo et reverendissimo Monsignor Cesar Gambara, vescovo di Tortona, et Senator regio » ; et la table des matières par ordre alphabétique.

— Trattato vtilissimo di molte regole per conseruare la sanità, dichiarando qual cose siano utile da mangiare, & quali triste : & medesimamente di quelle che si beuono per Italia. Aggiontoui alcuni dubij molto notabili. Composto per M. Michele Sauonarola Fisico Eccellentissimo. *Venetiis,* in-8 de 84 ff. ch. regl., lettres ital.

Au v° du titre est un bois représentant Jésus crucifié & les Saintes femmes au pied de la croix. On lit à la fin : *In Vinegia per gli heredi di Gioanne Paduano MDLIII.*

Ouvrage divisé en 26 chapitres traitant de toutes sortes d'aliments, des fruits, des légumes, des poissons, des huitres, des viandes, de l'eau, du vin, du miel, etc., etc.

SCACCHI (Francisci) Fabrianensis de Salvbri potv dissertatio. *Romæ, Apud Alexandrū Zanettum,* 1622, in-4 de 5 ff. lim. n. ch., 235 pp. et 6 ff. n. ch. de table, titr. gravé. (De 12 à 15 fr.)

SCAPPI (B.). — Opera di M. Bartolomeo Scappi, cvoco secreto di Papa Pio V. Divisa in sei libri, nel primo si côtiene il ragionaméto che fa l'autore con Gio. suo discepolo. Nel secondo si tratta di diuerse uiuande di carne si di quadrupedi, come di uolatili. Nel terzo si parla della statura, e stagione di pesci. Nel quarto si mostrano le liste del presentar le uiuande in tauola cosi di grasso come di magro. Nel quinto si contiene l'ordine di far diuerse sorti di paste, & altri lauori. Nel sesto, & ulti-

mo libro si ragiona de conualescenti, & molte altre sorti di uiande per gli infermi. Con il discorso funerale che fu fatto nelle esequie di Papa Paulo III. Con le figure che fanno bisogno nella cucina, & alli Reuerendiss. nel Conclaue. Col priuillegio del sommo Pontefice Papa Pio V & dell Illustrissimo Senato Veneto per anni XX. (A la fin:) *In Venetia. Appresso Michele Tramezino MDLXX,* in-4 de 6 ff. lim. n. ch., 436 ff. ch. et 8 ff. n. ch., portr. et 27 pl. grav. (De 60 à 80 fr.)

Au titre, marque de Tramezino. Les 6 ff. limin. sont occupés par le titre (v° blanc) (1er f.) — « Pivs Papa V; Motv proprio & cum sicut..... Datum Romæ apud Sanctum Petrum, tertio calend. Aprilis anno Quinto » (r° et v°, 2° f.) — « 157022 Martij in Rog. Che sia concesso al sedel nostro Michiel Tramezino..... il libro intitolato epulario, ouero de re coquinaria di Bartolomeo Scappi. » sign. : Iulius Zambertus Duc. Not. (r° du 3° f.) — « Cosmvs Medices Dei gratia Magnus Dux Hetruriæ Florentiæ..... Dat. Florentie die II. Aprilis. Anno Dominicæ & salutifere Incarnationis MDLXX. Nostri Magni Ducatus Hetruriæ primo, Florentiæ XXXIIII Senensis uero XIII. Magnus Dux Hetruriæ Lælius T. Franciscus Vintha. » (v° du f. 3.) — « All' illvstre, et molto Reuerendo Signor, il Signor don Francesco di Reinoso Scalco, & Camericro secreto della Santita di N. S. Pio Quinto », dédicace signée : « Bartolomeo Scappi. » (r° et v° du 4° f.) — « A i lettori. » (r° du 5° f. dont le v° est blanc). Le v° du 6° f. lim. dont le r° est blanc est occupé par le portrait gravé de Barth. Scappi.

Le corps de l'ouvrage commence à la page I par ces mots : « Ragionamento che fa l'avtore M. Bartolomeo Scappi con Giovanni svo discepolo. » Le f. 17 où se trouve une partie de la table du Ier livre n'est pas chiffré, mais compte dans la pagination. Il en est de même pour les ff. 97, 98, 99, 100, 101, 102 (table du II° livre), 163, 164, 165, 166, 167 (table du III° livre), 331, 332, 333, 334 (tables du IV° livre). Les 5 ff. de la table du V° livre ne sont pas chiffrés et ne comptent pas dans la pagination, non plus que le 1er f. du livre VI. Le V° livre finit, en effet, au f. 391 et le 2° f. du VI° livre est chiffré 392. La table du VI° livre commence au r° du f. 436 et occupe en outre 4 ff.; elle finit au r° du 4° f. On lit au-dessous : « Registro. Tutti sono quaterni eccetto

il primo alfabetto da a & A per fino V, che
sono diuerni, » puis la souscription transcrite plus haut. Viennent ensuite 4 ff. consacrés à l'explication des 27 figures qui ornent l'ouvrage, groupées entre les livres IV
et V, et particulièrement à celle qui représente x Le Banquet servi au Conclave ».

Au *Cat. Huzard* (n° 708) figure une édition du même ouvrage (*Venetiis, circà* 1576),
pet. in-4, portr. et 28 pl., lettres ital.

— Opera di M. Bartolomeo Scappi
cvoco secreto di Papa Pio Qvinto, Diuisa in sei libri..... Con le Figure che
fanno bisogno nella Cucina et alli Reue-
rendissimi nel Conclaue. *In Venetia,
Appresso Alessandro Vecchi*, 1596, in-4
de 4 ff. lim., 343 ff. ch., 1 f. bl. et
14 ff. contenant des fig. s. bois, 1 pliée
à la fin.

Cette édition figure au Catalogue des livres
composant la Bibliothèque de M. Horace de
Landau (*Florence*, 1885); elle y est indiquée,
par erreur, comme étant la première de l'œuvre
de Scappi. Une note ajoute que « ce livre
a fourni à Gr. Fr. Grazzini (*Il Lasca*) le
sujet pour une de ses poésies facétieuses. »

— Opera di M. Bartolomeo Scappi,
cvoco secreto di Papa Pio Qvinto, Diuisa
in sei libri..... *In Venetia, MDXCVIII,
Appresso Alessandro Vecchi*, in-4 de 4 ff.
lim. n. ch. et 311 ff. ch., portr. et
26 pl. grav. (De 40 à 50 fr.)

Les 4 ff. lim. n. ch. comprennent: le titre
(v° blanc) (1 f.), « Pivs Papa V. Motu
proprio...» (1 f.), la dédicace (comme dans la
première édition, de 1570) et « A i lettori »
(1 f.) Le portrait gravé de B. Scappi occupe
le 4e f. lim. Le corps de l'ouvrage commence
au f. 1 et finit au f. 311.

Brunet cite une édition de 1600 qui a
été vendue 17 fr. 50 à la vente Revoil.

— La même..... Ristampata con dve
aggivnte, Cioè; il Trinciante, & il
Mastro di Casa. Con le figvre che fan
bisogno nella cvcina, & alli Reueren-
dissimi nel Conclaue. *In Venetia, Presso
Alessandro Vecchi*, 1605, in-4 de 4 ff.
lim. n. ch. et 310 ff. ch., portr. et
27 pl. grav. (De 40 à 45 fr.)

Au titre, un bois divisé en deux parties;
celle de gauche représente un écuyer tranchant, découpant une volaille; celle de droite,

une grande cheminée devant laquelle rôtis-
sent, embrochées, différentes pièces, viandes,
pigeons et gibiers.

A la suite des 311 ff. ch. se trouvent « Il
Trinciante di M. Vincenzo Cervio » (voyez
ce nom) et « Il mastro di Casa del sig. Cesar Pandini. » Ces deux traités ont une
pagination spéciale.

Le 4 ff. lim. comprennent les mêmes
matières placées dans le même ordre que
l'édition de 1598.

On trouve au titre d' « *Il Trinciante* » la
même vignette qu'au titre général; ce traité
porte la date de 1604.

— Opera di Bartolomeo Scappi M.
dell' arte del cvcinare, con laquale si può
ammaestrare qual si voglia Cuoco, Scalco, Trinciante, o Mastro di Casa : Divisa
en sei libri : Nel primo Libro si intende
il ragionamento..... Aggiontoui nuouamente il Trinciante, & il Mastro di
Casa. Dedicate Al. Mag. M. Matteo
Barbini Cuoco, e Scalco celeberrimo
della Città di Venetia. *In Venetia,
MDCX, Presso Alessandro Vecchi*, in-4
de 4 ff. lim. n. ch. et 310 ff., portr.
et 27 pl. grav. (De 30 à 40 fr.)

Mêmes vignettes au titre que dans l'édition
précédente. A la suite de l'ouvrage de
Scappi on trouve dans cette édition, comme
dans les précédentes :

— Il Trinciante di M. Vincenzo Cervio,
Ampliato e ridotto à perfettione dal Caualier Reale Fusorito da Narni. Trinciante
dell' illvstriss. & Reuerendiss. Sig. Cardinal
Farnese. Con Privilegio. *In Venetia MDCX
Appresso Alessandro de' Vecchi*, in-4 de 4 ff.
lim. n. ch. et 39 ff. ch.

— Il mastro di Casa del sig. Cesar Pandini Mastro di Casa dell' illvstriss. & Reuerendiss. Sig. Cardinal Farnese. Ragionamento
fatto tra il cavalier Reale Fusorito da Narni
Trinciante & esso Mastro di Casa. Con privilegio. *In Venetia MDCX Appresso Alessandro
de' Vecchi*, in-4 de 22 pages.

Au titre de ces deux traités, mêmes vignettes qu'au titre général.

— La même..... *In Venetia, Per Alessandro de' Vecchi*, 1622, in-4 de 4 ff. lim.
n. ch. et 310 ff. ch., portr. et 27 pl.
grav.

Au titre, mêmes vignettes que dans l'édition précédente. A la suite du traité de
Scappi, on trouve :

— Il Trinciante di Vincenzo Cervio.... *Venetia, MDCXXII, Appresso Alessandro de'Vecchi*, in-4 de 4 ff. lim. n. ch. et 38 ff. ch.

— Il Mastro di Casa del sig. Cesare Pandini.... *In Venetia, MDCXXII*, in-4 de 2 ff. lim. et 22 pages.

Dans cette édition, la planche représentant une selle de voyage et qui se trouve au v° d'une partie de la grande planche du conclave, a été imprimée à l'envers ; la légende qui l'accompagne est dans le sens voulu.

— M. Bortolomeo (*sic*) Scappi dell' arte d'el cucinare con il mastro di casa e Trinciante. *Venetia, 1643, Combi*, in-4 de 636 pages, front. et 28 pl. grav. s. cuivre.

Les six livres de l'œuvre de Scappi occupent les pages 1-550 ; *Il Trinciante*, les pp. 551-622 et *Il Mastro di Casa*, les pp. 623-636. Le frontisp. grav. sert de titre. Les planches sont d'une exécution infiniment plus soignée que dans les précédentes éditions. Ces planches sont imprimées sur le r° seulement des feuillets.

SCHEUCHZER (Johannes). — Dissertatio medica inauguralis de Alimentis farinaceis..... *Lugduni Batavorum, apud Georgium Wishoff*, 1760, in-4 de 2 ff. lim. n. ch., 38 pp. et 1 f. n. ch., 1 pl. (De 2 à 3 fr.)

SCHMIDT (Joseph). — Kuchnia polska czyli dokladna i dluga praktyka wypróbowana nauka sporzadzania potraw mie snych i postnych, szóste wydanie. *Przemysl, nakl. braci Jeleniów ; Cieszyn, czcionkami K. Prochaski*, 1879, in-8 de XXXI-287 pp.

Estreicher, t. VII, p. 119.

SCHOOCKIUS. — Martini Schoockii Liber de Cervisia. Quo Non modo omnia ad Cerealem potum pertinentia comprehenduntur, sed varia quoque Problemata, Philosophiphica & Philologica, discutientur : Simul incidenter quædam Authorum antiquorum loca illustrantur. *Groningæ, Typis Francisci Bronchortsii*, 1661, in-12 de 8 ff. lim. n. ch., 429 pp. et 8 pp. n. ch. de table. (De 12 à 15 fr.)

Traité sur la cervoise dédié à Gui Patin. Histoire de la bière depuis les temps les plus reculés jusqu'au xvii° siècle.

— Martini Schoockii tractatus de Butyro. Accessit ejusdem Diatriba de Aversatione casei, Hac altera Editione aucta et vindicata. *Groningæ Typis Johannis Colleni*, 1664, in-12 de 6 ff. lim. n. ch. et 312 pp. (De 12 à 15 fr.)

Au titre, la marque de l'imprimeur.

SCHOOL (The) of Good Living; or, A Literary and Historical Essay on the European Kitchen, beginning with Cadmus, the Cook and King, and Concluding with the Union of Cookery and Chymistry. *London*, 1804, in-12.

Carew Hazlitt, *Old Cookery books*, p. 178.

SCHUTZE (J.-F.). — Abhandung von dem Nutze und Schaden der Salade überhaupt. *Leipzig*, 1758, in-4.

Traité sur les avantages et les inconvénients des salades.

SCOTUS (Michael). — Incipit tabula in librum qui dicitur mensa philosophica Et primo ponuntur tituli primi libri. — *S.l.n.d.*, in-4 goth. de 4 ff. n. ch., sans signat., et 76 ff. n. ch. de 31 lignes à la page, signés a-k.

Les cahiers a, b, c, d, e, f, g, h, sont signés par 8 ; les cahiers i et k par 6. Le r° du 1er f. (non signé) est blanc ; au v°, le sommaire que nous avons transcrit plus haut et immédiatement après, les tables qui finissent au v° du 4° f. (n. sign.) par ces mots : « Et hec de tabula tituloru libri mense philosophice ». Au r° du f. a i « Prohemium in librum qui dicitur mensa philosophica incipit » ; au r° du dernier f. dont le v° est blanc, on lit : « Presens liber quem mensaz philosophicā vocant vnicuiq ; perutilis cōpendiose pertractās i primis quid i cōuiuiis pro cibis et potibus sumendū ē : Deinde qui sermōes i illis secundū exigentiā personarū habendi sunt : et que questiōes discutiende : que i super facecie siue ioci interferendi feliciter explicit. »

— Incipit tabula In librū qui dicitur Mensa philosophica. *S.l.n.d.*, in-4 goth. de 8 ff. n. ch. sans signat., et de 106 ff.

n. ch., sign. a-m par 8 et n par 10.

Le 1er f. n. sign. (r° et v°) est blanc ; au r° du 2e f. n. sign., le sommaire transcrit plus haut, suivi des tables qui finissent au v° du 8e f. n. sign. par ce mot : Explicit. Au r° du f. a i « Prohemium in librum qui dicitur mensa philosophica incipit » ; le texte finit au r° du 106e f. par ces mots : Et in hoc finitur tractatus qui dicitur Mensa philosophica. » Le v° est blanc.

Cette édition n'est pas décrite par Hain.

— Mensa philosophica.

Hec mea mensa docz cognôine philosophorū
Que cuius et quos sint comedenda modo.
Hec conuiuandi mores. hec verba recenset,
Salibus vt fiat dulcis. et apta ioco.

(*Heidelberg*, 1489), in-4 goth. de 4 ff. n. ch., sign. a et de 46 ff. chiffr. de 39 lignes à la page.

Première édition avec date. Au r° du 1er f. n. ch., le titre ; au v°, la dédicace qui commence ainsi : « Jodocus gallus Rubiacensis Artium et philosophie magister : et Sacre Theologie baccalaureus....... » et finit par ces mots « Date heidelberge quinto kalendas aprilis Anno christiane salutis millesimo quadringentesimo octogesimo-nono » ; au r° du f. aij « Sequitur registr;... » (tables qui finissent au v° du 4e f. du cahier a.) Au r° du f. bj (Foliū Primū) « Prohemium in librū qui dicitur mensa philosophica incipit. Capitulum primum ». Au v° du f. 44 (chiffr. par erreur : quadragesimū quintum) on lit : « Presens liber quē mensam philosophicā vocant : vnicuiq ; perutilis : ɔpendiose pertractās i primis quid in ɔuiuijs pro cibis et potibus sumendū est. deinde qui sermôes illis fm exigentiaz personarū habēdi sunt : et que questiones discutiēde que insuper facetie siue ioci interferēdi Feliciter explicit. Impressum heidelberge Anno. M.cccc.lxxxix. »

Le texte finit au r° du f. 46 et dernier, après la 9e ligne, par ces mots : « Parate queso mihi si non sint omnia vera | Uel non digna ioco : parcite queso mihi : | Finit feliciter. » Le v° du dernier f. est blanc.

— In hoc Opusculo tractatur de his quibus vtimur in mensa. De naturis rerum videlicet cibi et potus. De questionibus mensalibus varijs ac iocundis quibus in mensa recreamur. deq; conditionibus eorum quibus in mensa conuersamur phylosophice hilariterq; procedit quare merito appellatur. Mensa

Philosophica (*Colonie, apud predicatores*). S. d., in-4 goth. de 4 ff. n. ch., sans signat. et 48 ff. ch. de 37 lignes à la page, signés A-H.

Les cahiers A, C, H, sont signés par 8, les cahiers B, D, F par 4, les cahiers E, G, par 6. Les ff. sont numérotés en toutes lettres (primum, secundum, etc.), mais il y a des erreurs dans la numérotation.

Hain, n° 11077, compte 54 ff.; l'exemplaire de la Biblioth. nation. qui paraît cependant complet n'en contient que 52. Le v° du titre est blanc.

Au r° du f. Ai « Prohemiū in librum qui mensa phica dicitur » ; au r° du dernier f. dont le v° est blanc, on lit : « Preseus (*sic*) liber (quē mensam philosophicā vocat) vnicuiq ; putilis cōpendiose ptractans in primis quid in ɔuiuijs pro cibis & potibus sumendū est, deinde q̄ sermones in illis fm exigentiam psonarū habendi sunt & q̄ questiones discutiēde que insup facecie siue ioci interferendi feliciter explicit. Impressus Colonie apud predicatores. »

— Le même..... *Impressus Lovanii per me Joannem de Westfalia*, s. d., in-4 goth. de 84 ff. (le 1er blanc).

Cette édition figure au Cat. Bearzi sous le n° 1890 ; elle s'est vendue 36 francs.

M. de la Serna Santander, *Dict. bibliogr. choisi du XVe siècle*, après avoir cité cette édition, dit que c'est une nouvelle édition de la *Mensa philosophica* de Conrad de Halberstad, imprimée à Lubeck en 1476. Ce dernier ouvrage est, selon Brunet, purement philosophique et n'a aucun rapport avec celui de Théobaldus Anguilbertus.

D'après Quérard, *Sup. litt.*, le nom de Michel Scotus serait le pseudonyme de Théobaldus Anguilbertus.

Hain, n° 11079, cite une édition, S. l., 1481, in-4, sans plus de renseignements ; Brunet dit que l'existence n'en paraît pas avérée.

— Le même..... *S. l. n. d.* (Coloniæ, Joh. Guldenschaaf), in-4 goth. de 95 ff. de 26 lignes à la page.

Hain, n° 11075.

On connaît également d'autres éditions : *Paris, Jehan Petit*, 1500, pet. in-8 goth.; *Paris, Fr. Regnauld*, 1507 et 1512 ; *Rouen, J. Mace*, 1508.

Man. du Libr., t. III, col. 1636.

— Mensa phica optime custos valetudis studiosis iuvenib' apparata nô min' sniaz gravitate côducibilis az facetiaz enaratiue delectabilis. *Venundantur Parisiis a Johañe Petit*, 1515, pet. in-8.

Catal. Solar (1860).

— Mensa philosophica Optime custos valitudinis studiosis Iuuenibus apparata non minus sententiarum grauitate conducibilis cq̃ facetiarum enarratione delectabilis. *Venundantur Parisius (sic) a Iohãne Petit sub intersignio Lilii aurei* (1517), pet. in-8 goth. de 72 ff. n. ch. de 35 lignes à la page, signés a-i par 8.

Le dernier feuillet est blanc. Au v° du titre « Epistola Theobaldus auguilbertus bybernicst. artium & medicine doctor iuũtuti bonarum littera; percupide. S. D. » Cette lettre occupe la page entière. Au r° du f. aii « Incipit Tabula in librũ qui dicitur mésa philosophica. Et primo ponũt tituli primi libri. » Le corps de l'ouvrage commence au v° du 5° feuillet par ces mots : Prohemium in librum... » Au verso de l'avant-dernier feuillet, après la 5ᵐᵉ ligne de texte, on lit : *Presens liber quem mensam philosophicam vocant vnicuiq; perutilis, compendiose pertractans Inprimis quid in conuiuijs pro cibis et potibus sumendum est. Deinde qui sermones in illis secundum exigentiam persona; habendi sunt, et que questiones discutiende. que insuper facetie sine ioci interserendi feliciter explicit. Parrisij impressus Anno ab orbe redẽpto. M.cccc.xvij.*

— Le même.... *Parisiis, apud J. de Harsy*, 1530, pet. in-8 goth.

— Mensa Philosophica, sev Enchiridion, In qvo de qvæstionibvs mensalibvs, rervm naturis, statuum diuersitate, variis & iucundis congressibus hominum philosophicè agitur, In quatuor Libros accuratè distributum. Auctore Michaele Scoto. Pro cvivs maiori venvstate & vrbanitate accessit Libellus Iocorum & Facetiarum lepidissimus, olim operâ Othomari Lvscinii Argentinensis concinnatus. *Francofvrti, Typis Wolfgangi Richteri, Sumptibus Nicolai Steinii Not.*, 1602, in-12 de 12 ff. lim. n. ch. et 527 pp.

— Le même..... *Lipsiæ, Imprimebant hæredes Francisci Scnelboltzii. Typis hæredum*

Beyeri. 1603, in-12 de 12 ff. lim. n. ch. et 526 pp.

— Le même..... *Typis Wolfgangi Richteri*, 1608, in-12.

Mensa philosophica est divisée en quatre livres. Dans le premier, l'auteur examine les qualités des différents aliments; dans le second, il conte des anecdotes sur les empereurs, les nobles, les soldats, les religieux, etc.; les questions posées dans le troisième sont assez curieuses; quant au quatrième livre, il est consacré à des réflexions facétieuses sur les comédiens, les voleurs, les enfants, les aveugles, etc.

SCRIBE (Eugène). — Le Gastronome sans argent, vaudeville en un acte Par MM. Eugène Scribe et Brulay; représenté sur le théâtre du Gymnase dramatique, le 10 mars, 1821. *Paris, Fages*, 1821, in-8. (2 fr.)

— Le même..... seconde édition, *Paris, Bezou*, 1825, in-8 de 39 pp.. et 1829, in-32 de 74 pp. (Répertoire du Théâtre de Madame.)

— Le Secrétaire et le Cuisinier, comédie-vaudeville en un acte par MM. Eugène Scribe et Melesville. Représentée pour la première fois à Paris, sur le Théâtre du Gymnase, le 10 janvier 1821. *A Paris, chez Hubert*, 1821, in-8 de 39 pp. (1.50 cent.)

Réimprimé en 1828, et en 1830, dans le Répertoire du théâtre de Madame.
Une imitation de cette comédie a été faite en Espagne, sous ce titre :
— El Cocinero y el secretario, comedia en un acto, imitada del francés, par D. M. E. Garostiza. *Madrid, imp. de Yenes*, 1840, in-8 de 48 pp.

— La pension bourgeoise, comédie-vaudeville en un acte, par MM. Scribe, Dupin et Dumersan. *Paris, Duvernois*, 1823, in-8.

— La même.... *Baudouin frères; Pollet*, 1828, in-32. (Répertoire du théâtre de Madame.)

— Rossini à Paris ou le Grand dîner, A-Propos-Vaudeville en un acte, par MM. Eugène Scribe et Mazères; représenté pour la première fois sur le théâtre du Gymnase dramatique, le 29 novembre 1823. *Paris, Pollet*, 1823, in-8 de 31 pp. (1 fr. 50.)

— Le même. *Paris, Baudouin frères ; Pollet*, 1829, in-32. (Répertoire du théâtre de Madame.)

— Le dîner sur l'herbe, tableau-vaudeville en un acte par MM. Scribe et Mélesville ; représenté pour la première fois, à Paris, sur le théâtre du Gymnase dramatique, le 2 juillet 1824. *Paris, Pollet*, 1824, in-8 de 35 pp. (1 fr. 50.)

—Le même, *Paris, Baudouin frères, Pollet*, 1828. in-32. (Répertoire du théâtre de Madame.)

— Vatel ou le petit-fils d'un Grand homme, comédie-vaudeville en un acte par MM. Scribe et Mazères ; représentée pour la première fois, à Paris, sur le théâtre de Madame, duchesse de Berry, par les comédiens ordinaires de son Altesse Royale, le 18 janvier 1825. *Paris, Pollet*, 1825, in-8 de 34 pp. (1 fr. 50.)

— Le même.... *Paris, Baudouin frères ; Pollet*, 1828. 1830, in-32. (Répertoire du théâtre de Madame.)

SCRIPTORES (Rei Rusticæ); Marcus Priscus Cato; Marcus Terentius Varro; Lucius Junius Moderatus Columella; et Palladius Rutilius Taurus Aemilianus. *Venetiis, Nicolaus Jenson*, 1472, in-fol. de 40 l. à la page.

Première édition très rare, dit La Serna, Santander, t. III. p. 345, très précieuse et de la plus belle exécution. Chaque traité de ces quatre auteurs porte à la fin une souscription imprimée en lettres capitales avec la date de l'impression.

Vend : Gaignat (n° 1031), 126 fr. ; La Vallière (n° 1509), 360 fr. ; Crevenna (n° 2188), 100 florins (de Hollande) ; Brienne-Laire, 1500 fr.

Nous ne citons ici que cette 1ʳᵉ édition, voulant simplement faire figurer les agronomes latins dans notre bibliographie ; pour les autres éditions, voyez Brunet, *Man.*, t. V, col. 245-247 et le Cat. de J. B. Huzard (1842), 2ᵉ part., p. 53.

SEBIZIUS. — De alimentorum facultatibus libri quinque. Ex optimorum Authorum monumentis conscripti & editi a Melchiore Sebizio med. Doct. ac profess. Comite palatino cæsarco et reip. Argentoratensis Archiatro. *Argentinæ. Ex officina Ioh. Philippi Mülbii, & Josiæ Stedelii*, 1650, in-4 de 13 ff. lim. n. ch., 1552 pp. et 24 ff. n. ch. de table, et un tableau plié.

Au titre, marque des imprimeurs.

SECTIONE (De) mensariâ. Ad Lectorem :

Si multis quondam placuit sine veste libellus
Quidni vestitus, recte placere potest?
Nuda fugit virtus : puro velamine gaudet.
Hunc cinctum ergo sua simplicitate cole.

Exemplaire de la Biblioth. de l'Arsenal. Le titre manque. Petit in-8 oblong, de 31 pages, signé A.-B. par 8 et de 48 planches gravées sur bois.

Ouvrage des plus rares et dont les planches sont excessivement curieuses. Nous en citerons les titres ; voici d'abord l'avis au lecteur :

« Amy Lecteur, remarquant es diuerses Nations diuerses mœurs et coustumes, il n'est pas à douter, qu'ès diuerses Cours des Princes, vous n'y remarquiez aussi de diuerses cérémonies : dont laissant l'exacte recherche aux Curieux, ie vous adverty seplement par cét abrégé, fait au profit du Voyageur. que sans égard ny aux personnes, ny aux lieux, vous estant approché de la table, et ayant fait vne reverence, il faut que vous mettiez la seruiete sur l'espaule gauche, et le plat où il y a la pièce que découperez entre deux assiettes, de peur d'engraisser la nappe. Et d'autant que le plus precieux merite le premier rang : commençant par le Chapon delicat, vous obseruerez, qu'en baisant quasi la main droite vous leuerez le cousteau et après auoir ietté la fourchette dans la main gauche auec vn tour en forme de croix, la teste estant rangée vers la main droite, enfoncerez le cousteau dans la poictrine à l'aide de la fourchette, puis tourné sur le ventre, et couché au plat, l'embrocherez auec icelle, tenant le cousteau, comme la figure l'enseigne. »

Ce recueil enseigne la manière de découper les volailles, gibiers, viandes, poissons, tartes et pâtés, les écrevisses, et d'ouvrir les huitres.

Les 48 planches dont il est orné correspondent jusqu'à l'écrevisse inclusivement au texte où est enseignée la manière de découper.

La 1re représente la façon dont on doit tenir le couteau.

Viennent ensuite le *Chapon* - le *Poulet Dinde*, le *faisan*, *Loye prive et sarvage*, *Canard prive et sarvage*, la *poule boullie*, *poullets*, la *perdrix entiere*, le *poulet et beccasse*, *Pigeonnea et poulctons en 4 pieces*, *pigionneaux en 2 pieces et caille et avtres oiseavx*, le *lapin ov levreav*, *rable de lievre*, *teste de veav*, *teste de sanglier ou Hvre*, *longe de veav*, *coste de veav*, *leschine de cerf*, *espavle de movton*, *esclanche de movton*, *Ianbon de devan* - *Ianbon de derrier*, *qvartier de chevreav*, *cochon de laict.* l'*articbavx*, l'*œvf*, *gran trvite et brochet* - *Hvistre*, *trvite-brochet et poisson semblables*, *lecrevisse*, *paste-tovrte* - *tartes* - *melon*, *Pommes* (5 planches), *presche et poires* - *abricots* - *braselets* - Les *Poires* (3 planches), *oranges* (2 planches). *citrons* (7 planches).

SÉGURET (De). — La Gastronomie Contemporaine. Epître (en vers) à M. Ch. Clausel de Cousseynes par Adrien de Séguret. *Rodez, impr. Ratery*, 1863, in-8 de 14 pp. (2 fr.)

SEINGUERLET (Eugène). — Propos de table du Comte de Bismarck pendant la campagne de France. *Paris, Maurice Dreyfous*, 1879, in-18 de VII-314 pp. et 1 f. de table. (3 fr.)

Page 214 « M. de Bismarck à table », notes sur les habitudes et principes gastronomiques du chancelier.

SÉJOUR DES THONS. — Plus de pain ! moyen de préparer soi-même les pilules persanes contre la faim, D'après Avicenne, Médecin Arabe. Par Séjour des Thons. 60 Grammes de ces Pilules contiennent autant de nourriture qu'un kilogramme de Pain, et ne reviennent qu'à 10 centimes. Prix : 25 centimes. *A Paris, Desloges*, 1854, in-12 de 12 pp. (1 fr.)

SENTENCE de police qui condamne le nommé Mareschal, Aubergiste-Traiteur, en l'amende, pour avoir donné à manger chez lui passé les heures prescrites par les Ordonnances de Police. *De l'imprimerie de P. J. Mariette impri-*

meur de la police, 1746, in-4 de 2 ft. (De 2 à 3 fr.)

— ordonnance et règlemens de police, concernant l'apport et vente des Fruits de toutes espèces. Du 15 février 1721. *A Paris, chez la veuve Grou, imprimeur, demeurant rue de la Vielle Bouclerie, à l'Image Saint-Jacques*, in-4 de 10 pp. (De 3 à 4 fr.)

— Qvi défend aux Cabaretiers, Traiteurs, Aubergistes et autres, de donner à manger de la Viande chez eux les Vendredis, Samedis et autres jours prohibez par l'Eglise, à peine de mille livres d'amende, de fermeture de leur boutique et de privation de la Maistrise pour la première fois, et de punition corporelle en cas de recidive. Du 25 octobre 1721. (à la fin:) *Chez Jean de la Caille imprimeur de la police*, in-4 de 4 pp. (De 3 à 4 fr.)

SERMON (Sensuit le) fort joyeux de Saint-Raisin. *S. l. n. d.*, pet. in-8 goth. de 4 feuillets de 25 lignes à la page, fig. s. bois.

Pièce rarissime de 152 vers dans laquelle sont chantées les merveilleuses vertus du vin et de la bonne chère.

> *Premierement beuvez matin,*
> *Contre colle, contre frimatz,*
> *Qvil ne boit bien, il est tant mast;*
> *Jà il ne fera bonne chère,*
> *Ne compagnie n'aura chère;*
> *Boire au matin fait clère voix.*

Figure au Catal. Cigongne comme le seul exemplaire connu; cette pièce avait fait d'abord partie de la bibliothèque de M. Monmerqué.

Le *Sermon de Saint-Raisin* a été réimprimé par M. A. de Montaiglon, *Recueil des poésies françoises*, t. II, pages 112-117. Une reproduction en *fac simile* a été tirée à 41 exemplaires par la lithographie dont 40 sur papier de Chine et 1 sur vélin. (Collection de pièces en vers..... 12 vol. pet. in-8.)

Egalement réimprimé dans la collection des *Joyeusetez* tirées à 76 exempl. *Paris, Techener*, 1829-31.

SERMŌ (Sêsuit vng) fort ioyeulx pour lentree de table. Avec graces molt fort ioyeuses. *On les vend a Paris en la rue neufue ūre dame a lēseigne de lescu de Frâce. S.d.* (vers 1520), pet. in-8 goth. de 4 ff.

Nous empruntons la description de cette pièce de 74 vers à M. Emile Picot (*Romania*. t. XXV pp. 454-455) ; ce *Sermon* est orné de trois bois ; le v⁰ du dernier f. contient deux vers ; l'adresse est celle des Trepperel et de leurs successeurs. Janot. et Lotrian. Après avoir figuré au *Cat. Cigongne*, n° 713, cet opuscule fait actuellement partie de la bibliothèque de Mgr le duc d'Aumale.

Viollet le Duc, *Bibliothèque poétique*, dit que le *Sermon joyeux pour l'entrée de table*, est une parodie fort libre et même obscène du Bénédicité et des Grâces.

— Sensuyt vng sermon fort ioyeulx pour lentree de table. *S.l.n.d.* (vers 1520), pet. in-8 goth. de 4 ff. de 19 lignes à la page, 4 vignettes s. bois.

M. A. de Montaiglon, *Recueil des poésies françoises des XV* et *XVI* siècles*, t. II, pp. 146-149, a réimprimé cette pièce, qui a été aussi reproduite, vers 1830, en *fac simile* par le moyen de la lithographie, sur papier de Chine. Cette réimpression exécutée, à Paris, par Pinard, a été tirée à 40 exemplaires.

SERMŌ ioyeux de bien boire. A deux personnaiges. Cest assauoir. Le prescheur Et le cuysinier. *S.l.n.d.* (Lyon, en la maison de feu Barnabé Chaussard, v. 1545), in-4 goth. allongé de 6 ff. de 46 lignes à la page, sign. A par 4, B par 2.

M. Emile Picot (*Romania*, t. XXV, pp. 440-442), donne, dans un excellent article sur le « monologue dramatique », la description de cette curieuse pièce dont l'original se trouve au Musée Britannique et qui a été réimprimée par Viollet le Duc dans l'*Ancien Théâtre françois*, t. II, pp. 5-20.

Au titre, un grand *S* grotesque sur fond noir ; au-dessous, un bois représentant une comète. bois qui se retrouve sur le titre de la *Farce des Cris de Paris*. Le v° du dernier f. est blanc.

SERMON ioyeulx de la vie saint Ongnon. Côment nabuzarden le maistre cuisinier le fist martirer. auec les miracles q̄l fait chascun iour. *S.l.n.d.*, in-8

goth. de 4 ff. n. ch. de 24 vers à la page, signés aïi.

Au titre, un bois représentant une femme debout, et deux hommes agenouillés. Au v° du titre on lit : « Ad deliberandum patris, sit sanctorum ongnonaris, filius syboularis, in ortum sit vita, capitutum, mentendez-vous. »

La pièce finit au r° du dernier feuillet, après le sixième vers et le mot « *Explicit* », au-dessous duquel un bois. Au v°, un autre bois représentant un homme sentant une fleur près d'une table sur laquelle sont un poisson et un pain.

Dans cette pièce fort rare, l'auteur raconte comment un cuisinier, pour se venger de Saint-Ongnon qui l'avait fait pleurer, lui « persa la peau,

    Et l'escorcha d'ung bon cousteau ;

. . . .

Oncques larron tant ne pecha
Com [me] celuy dont je devise :
Puis le fist bouillir en huille ;
Et puis la faulce créature
Le bouillit lendemain en beurre ;
Et puis si le bouillit en sain
Brouillé avec [ques] maint boudain.

etc., etc.

M. A. de Montaiglon a donné une réimpression de cette pièce facétieuse dans son *Recueil des poésies françoises des XV* et *XVI* siècles*, tome I, pages 204-209.

Cet opuscule se trouve également reproduit en *fac simile* par le moyen de la lithographie dans un recueil de pièces en vers, pet. in-8 (12 vol.) tiré à 40 exempl.

SERMON ioyeulx De monsieur Sainct Haren : Nouuellement imprime. (A la fin :) —*Cy fine le Sermon ioyeulx de monsieur sainct haren. Nouuellement faict et imprime. S.l.n.d.*, pet. in-8 goth. de 4 ff. de 23 lignes à la page.

Pièce en vers de huit syllabes, excessivement rare, citée au *Manuel*, t. V. col. 308. M. Léon Techener, *Repert. univ. de bibliogr*, 1869, p. 207, dit que l'on n'en connaît, sous ce titre, qu'un seul exemplaire qui, selon lui, se trouverait à l'Arsenal.

Nous avons pu constater, après de longues recherches très obligeamment faites par les bibliothécaires de cet établissement, qu'il n'y avait, sur les catalogues, aucune trace de cette édition. Nous en relevons l'indication sommaire dans le *Cat. La Vallière*, 1ʳᵉ partie (n° 3095), parmi les pièces d'un *Recueil de pièces goth.* (n° 12).

M. A. de Montaiglon, qui a été bibliothécaire à l'Arsenal, a réimprimé, en 1855, la *Vie de Saint Haren* dans son *Recueil de poésies françoises*, t. II. pp. 325-352 ; mais il ne mentionne pas le *Sermon Joyeulx*, ce qu'il n'eut manqué de faire, s'il se fut trouvé à l'Arsenal.

Cette édition, probablement antérieure à celles qui ont paru sous le titre de *Vie de Saint Harenc*, contient 15 vers de plus que celles-ci. Une réimpression en a été donnée en 1830 :

— Poésies gothiques françoises. Sermon joyeux de monsieur Saint Hareng. Monologue des nouveaux sots de la joyeuse bande. *A Paris, de l'imprimerie de Crapelet, rue de Vaugirard, n° 9, 1830,* in-8 de 1 f. et XIV pp.

Cette réimpression qui se vendait chez Silvestre, a été tirée à cent exemplaires ; le *Sermon Joyeux* occupe les pages 3 à 8.

Une autre réimpression, *fac simile*, tirée à 60 exemplaires sur papier de Chine a paru Paris, Techener, in-8.

— La vie sait harem Et comment il fut pesche et martire. *S. l. n. d.,* pet. in-8 goth. de 4 ff. n. ch. de 24 vers à la page, sign. aii.

Au titre, un bois représentant une barque sur l'eau et trois femmes, à terre, près d'une tente. Au v° du titre, on lit : Craticulus harengie, sup'igné tribulatio, vinaigre ya sinapium.» La pièce finit au r° du 4° et dernier f., après le 11° vers, par le mot : *Explicit.* Au-dessous, un bois représentant trois personnages dont une femme. Au v°, un autre bois représentant un bateau et des pêcheurs.

M. de Montaiglon cite une édition analogue à celle que nous venons de décrire d'après l'exemplaire de la Biblioth. nationale. (Réserve Y, 4370) ; le nombre de feuillets et de vers à la page est le même, mais il ne fait mention que des deux premiers bois, ce qui tendrait à prouver que le v° du dernier f. est blanc dans l'édition qu'il décrit.

— La vie saint harenc glorieux martir & cômét il fut pesche en la mer et porte a dieppe. *S. l. n. d.,* pet. in-8 goth. de 4 ff. n. ch. de 22 vers à la page, signés A.ii.

Au titre, un bois représentant une barque dans laquelle deux saints relèvent un filet ; le Christ est au milieu. Au v° du titre : « Graticulus harengie super ignem tribula-tio, vinagria sinapium. » La pièce finit au r° du 4° f., après le 19° vers, par le mot : *Explicit.* Au v°, une lettre très ornée, un D. (Bibl. nat. Réserve, Y. 6158 c3).

C'est d'après cette édition que M. de Montaiglon a donné sa réimpression.

Cette édition a été reproduite en *fac simile* et tirée à 40 exemplaires.

Enfin citons une autre réimpression donnée par M. de Bock dans l'ouvrage suivant :

— Le Débat de deux demoyselles, l'une nommée la noyre, et l'autre la tannée, suivi de la vie de Saint Harene, et d'autres poésies du XV° siècle. avec des notes et un glossaire, *Paris, imprimerie de Firmin Didot,* 1825, in-8 de VIII-175 pp.

La *Vie de Saint Harene* occupe, y compris les notes, les pp. 59-67.

SERRES (Olivier de). — Le Theatre d'Agricvltvre et Mesnage des champs d'Olivier de Serres Seignevr dv Pradel. *A Paris.* M.DC. (1600) *Par Iamet Métayer Imprimeur ordinaire du Roy. Auec privilège de sa Ma*té *& de l'Empereur.* In-fol. de 8 ff. lim. n. ch. et 1004 pp., titr. grav. (De 40 à 50 fr.)

Les 8 ff. lim. contiennent, en plus du titre, la dédicace « Av Roi », signée : Olivier de Serres ; le privilège « donné à Paris le viij. jour de Ianvier l'an de grace mil cinq cens quatre vingts dixneuf » ; la préface, et le plan de l'ouvrage divisé en huit « lieux ».

Chacun des huit lieux est précédé d'une vignette gravée. Dans le second, Olivier de Serres parle du pain et des légumes « qui seruent beaucoup à l'entretenement du Mesnage champestre », dans le troisième. du vin et des autres boissons. Enfin le huitième et dernier lieu traite d'une manière spéciale de l'usage des aliments de toutes sortes ; le chapitre 11, notamment, a pour objet la « façon des confitvres, av sel, av vinaigre, av moust, av vin-cvit, av svccre, av miel ».

Vend. : 13 fr., Huzard ; 88 fr., de Jussieu ; en mar. écaillé (rel. anc.), 300 fr., B°n Pichon.

Le Théâtre d'agriculture a été très souvent réimprimé depuis 1600, date de la première édition.

Nous trouvons dans le Catalogue des livres de M. J. B. Huzard (1842) une nomenclature des éditions de l'œuvre d'Olivier de Serres que nous reproduisons ici :

Paris, Saugrain, 1603, in-4, fig. sur bois. C'est la seconde édition ; la troisième a été donnée également à Paris, par Saugrain, en 1605.

Paris, *Jean Berjon*, 1608, in-4.

Genève, *Berjon*, 1611, in-8 } même édition
Cologne, *Berjon*, 1611, in-8 }

Paris, *Saugrain*, 1615 et 1617, in-4.

(Genève), *pour Pierre et Jacques Chouët*, 1619, in-4.

Genève, *Berjon*, 1619, in-4.
Rouen, *Hollant*, 1623, in-4.
Rouen, *Valentin*, 1623, in-4.
Genève, *Chouët*, 1629, in-4.
Rouen, *Valentin*, 1635, in-4.
Genève, *Chouët*, 1639, in-4.
Rouen, *Berthelin*, 1646, in-4.
Genève, *Chouët*, 1651, in-4.

Rouen, *Malassis*, 1663, in-4 } même
Rouen, *Berthelin*, 1663, in-4. } édition

Lyon, *Jean-Baptiste Deville*,) même
1675, in-4 } édition
Lyon, *Beaujollin*, 1675, in-4.)

Au commencement du xixᵉ siècle, le *Théâtre d'agriculture* a été réimprimé sous ce titre :

— Théâtre d'agriculture et ménage des champs, où l'on voit avec clarté et précision l'art de bien employer et cultiver la terre, en tout ce qui la concerne....... Remis en français par A.-M. Gisors. *Paris, chez Meurant*, an XI (1803), 4 vol. in-8, grav.

— Théâtre d'agriculture et mesnage des champs dans lequel est représenté tout ce qui est requis et nécessaire pour bien dresser, gouverner, enrichir et embellir la maison rustique. Nouvelle édition augmentée de notes et d'un vocabulaire publiée par la Société d'agriculture du département de la Seine. *Paris, Madame Huzard*, 1804-1807, 2 vol. in-4, portrait et 16 planches. (De 25 à 30 fr.)

Cette édition, avec celle de 1600, est une des plus estimées ; un exempl., en grand papier vélin, relié en mar. r. s'est vendu, 79 fr. Huzard.

Enfin, en 1873, une nouvelle édition, précédée d'une notice sur Olivier de Serres par M. P. Favre, a paru, chez Sagnier, in-8.

SERVAIS (A.). — Suzanne ou la Cuisinière modèle par A. Servais, chef de Cuisine. *Bruxelles, Vᵉ J. Rozez*, s. d., in-8 de VIII-274 pp. (2 fr. 50.)

SETHUS. — ΣΥΜΕΩΝΟΣ ΜΑΓΙΣ-ΤΡΟΥ ΑΝΤΙΟΧΕΙΑΣ ΤΟΥ ΣΗΘΙ, συν-

ταγμα κατα στοιχειον περι τροφων δυναμεων. — Symeonis Sethi magistri Antiochiæ, syntagma per literarum ordinem, de cibariorum facultate, Lilio Gregorio Gyraldo Ferrariense interprete. *Basileæ, apud Mich. Isingrinium*, 1538, in-8 de 199 pp. et 1 p. n. ch. (De 30 à 40 fr.)

Le texte grec commence à la page 2 (vᵒ du titre) et finit à la page 86 ; le texte latin occupe les pp. 87-199.

Curieux traité de diététique. L'auteur y examine les qualités et propriétés de tous les aliments liquides et solides, classés par ordre alphabétique des noms grecs.

— Simeonis Sethi magistri Antiochiæ syntagma per elementorum ordinem, de alimentorum facultate ad Michaelem Ducam Imperatorem à Lilio Gregorio Giraldo Ferrariense olim latinitate donatum : Nvnc vero per Dominicvm Monthesaurum Veronensem correctum & penè reformatum. *Basileæ Apud Petrum Pernam*, 1561, in-8 de 144 pp., et 8 ff. n. ch. (De 30 à 40 fr.)

Le recto du dernier feuillet est blanc. Au verso se trouvent des armes au-dessous desquelles on lit : *Arma Magnifici D. Domini Spitkonis Iordan De Zaklyczin in Melstin hæredi, Palatini Sandomiriensis, Senatoris Regni Poloniæ, Premisliensis & Kamonacensis Capitanei.*

— ΣΥΜΕΩΝΟΣ ΜΑΓΙΣΤΡΟΥ ΑΝ-ΤΙΟΧΕΙΑΣ ΤΟΥ ΣΗΘΙ ΣΥΝΤΑΓΜΑ ΚΑΤΑ ΣΤΟΙΧΕΙΩΝ Περι ΤΡΟΦΩΝ ΔΥ-ΝΑΜΕΩΝ. Simeonis Sethi magistri Antiocheni volvmen De Alimentorvm Facvltatibus ivxta ordinem Literarum digestum, Ex duob. Bibliothecæ Mentelianæ MMSS. Codd. emendatum, auctum & Latina versione donatum, cum difficilium Locorum explicatione. A Martino Bogdano Drisna Marchico. *Lvtetiæ Parisiorvm, Ex Offic. Viduæ Mathvrini Dvpvis vid Iacobæá, sub insigne Coronæ aurei.* 1668, in-8 de 4 ff. lim. n. ch., 174 pp. et 1 f. bl. (De 12 à 15 fr.)

Des exemplaires de la même édition portent l'adresse suivante : *Lvtetiæ Parisiorvm. Ex offic. Dion. Bechet & Lvd. Billanii, viâ Iacobæâ, sub Scuto Solari.* 1668.

Le texte, grec et latin, est imprimé sur 2 colonnes.

SHACKLEFORD (Mrs Anne,) of Winchester—The modern art of Cookery improved ; or, élégant, cheap and easy Methods of preparing most of the Dishes now in vogue ; in the composition whereof both health and pleasure hath been consulted. *London,* 1767, in-12.

SILLETTE (Mlle). — La Cuisine facile économique et salubre. Cuisine Française, Cuisine Lyonnaise—Provençale,—Allemande et Cuisine Italienne ; Avec un Traité de la Dissection des viandes et des poissons ; l'Entretien des vins ; la Conservation des substances. Dédiée aux Bonnes Ménagères, Par Mlle Sillette, Ancien Cordon bleu. *Paris, Maison; Lyon, Chambet* (1842), in-18 de 298 pp. et VI pl. (De 2 à 3 fr.)

SILVESTRE (A. J.). — Histoire des professions alimentaires dans Paris et ses Environs, par A. J. Silvestre. *Paris, Dentu,* 1853, in-18 de XX-107 pp.

La couverture porte : Première partie Boulangerie, Pâtisserie et Pain d'épices. Prix : 1 fr.

SIMONNIN. — Le Cuisinier de Bufson, vaudeville en un acte par MM. Rougemont, Merle et Simonnin ; représenté pour la première fois, à Paris, sur le théâtre de la porte Saint-Martin, le 29 juillet 1823. *Paris, Pollet,* 1823, in-8 de 36 pp. (1 fr. 50.)

— Le même..., seconde édition, *ibidem, idem,* 1824, in-8 de 40 pp.

— Le Grand Dîner, tableau-vaudeville en un acte ; par MM. Simonnin et S. T. Georges. Représenté pour la première fois, à Paris, sur le théâtre du Vaudeville, le 25 février 1828, *Paris, Duvernois,* 1828, in-8 de 29 pp. (1 fr. 50.)

— Le Cuisinier politique, vaudeville non politique, en un acte, par MM. Théodore N*** et Simonnin ; représenté pour la première fois à Paris, sur le théâtre de l'Ambigu-Comique, le 11 juin 1832. *Paris, A. Leclaire,* 1832, in-8 de 39 pp. (1 fr. 50.)

— Le pâtissier usurpateur. Pièce historique en cinq petits actes, par MM. Simonnin, Benjamin et Théodore N., représentée pour la première fois à Paris, sur le théâtre de la Gaîté, le 4 décembre 1830. *Paris, Hardy,* 1831, in-8 de 53 pp. (1 fr. 50.)

— Ramponeau ou le procès bachique, comédie en un acte, mêlée de vaudeville, par M. Simonnin. *Paris, Barba,* 1815, in-8.

SIMPSON (John). — A Complete system of Cookery. By John Simpson Cook. *London,* 1806, in-8.

Réimprimé en 1816. Une nouvelle édition de cet ouvrage, augmenté et modernisé par W. Brand, a été publiée à Londres en 1834.

SINGER (Max). — Traité pratique pour reconnaître sans le secours de la chimie les fraudes, falsifications et sophistications des denrées alimentaires par Max Singer chimiste-industriel, auteur de la *Teinture moderne. Paris, Louis Camut, s. d.* (1876), in-16 de 195 pp. (1 fr.)

SIRAND (Alexandre). — Notice sur l'engraissement des volailles en Bresse. (*Bourg, Milliet-Bottier*), s. d., in-8 de 23 pp. (De 5 à 6 fr.)

Signée : A. S. L'auteur de cet article qui a d'abord paru dans une revue du département de l'Ain et dont il a été fait un tirage à part à petit nombre, est M. Alexandre Sirand, magistrat, né à Bourg le 24 avril 1799 et mort le 7 septembre 1871.

M. Alexandre Sirand est le magistrat-gastronome auquel fait allusion Alexandre Dumas dans la préface des *Compagnons de Jéhu*; il a laissé de nombreux travaux archéologiques et des écrits sur la gastronomie. Dans la notice que nous venons de citer, le compatriote de Brillat-Savarin fait l'éloge des poulardes et des chapons de Bresse qui « recèlent de merveilleux attraits. »

Les canards gras sont aussi, d'après lui, un fin morceau, à la condition qu'ils soient mangés rôtis et pas autrement, mais il faut une sauce. M. A. Sirand n'a pas oublié d'en donner la recette.

Nous pouvons citer parmi les œuvres de cet auteur :

— Essai sur la culture de la vigne dans le département de l'Ain, *Bourg, Milliet-Bottier*, 1848, in-8 de 102 pp. (tiré à 25 exempl.).

— Vins du département de l'Ain. *Bourg, Milliet-Bottier*, 1850, in-8 de 18 pp. Tiré à 25 exempl. (Extrait de l'*Annuaire* de 1850.)

— Champignons comestibles du département de l'Ain, *Bourg, Milliet-Bottier*, 1852, in-8 de 33 pp.

M. Alexandre Sirand a laissé plusieurs manuscrits inachevés dont l'un, *Nouveau traité complet du melon*, est divisé en trois parties. Un autre, *Nouvelles méditations de gastronomie semi-transcendante*, avec cette épigraphe : *Famelici discant et ament meminisse saturati*, ne comporte pas moins de 33 chapitres. En voici les titres que nous devons à la gracieuse obligeance du petit-fils de l'auteur, M. Joseph de Sainte-Agathe, ancien élève de l'école des Chartes.

Préface en forme de dialogue entre l'auteur et son libraire. — Dédicace au peuple français. — I. Statuts gastronomiques; décrets souverains. — II. Les 7 joies gastronomiques. — III. Création des ordres gastronomiques. — IV. De la vie. — V. Des tempéraments. — VI. A tout âge, on peut apprendre à manger. — VII. De l'appétit. — VIII. De la digestion. — IX. Du gras et du maigre. — X. Des révolutions culinaires. — XI. Dialogue entre Balthazar et son maître-queux. — XII. Du Cuisinier. — XIII. Des petits plats. — XIV. Du goût. — XV. Anomalies, goûts singuliers. — XVI. Des goulus. — XVII. Tribulations. — XVIII. Réformes, abus de table; usages vicieux. — XIX. Des préventions. — XX. Retenue des maîtres de maison. — XXI. Physiologie de la Soupe. — XXII. Physiologie du pain. — XXIII. Manière de boire. — XXIV. Des vins et des gourmets. — XXV. Physiologie de l'œuf. — XXVI. Études diverses : lièvre, chevreuil, porc, poudding, etc., cotelettes à la bressanne, ramequins, riz à l'italienne... — XXVII. Des champignons comestibles. — XXVIII. De la truffe. — XXIX. Fromage blanc. — XXX. Des fromages. — XXXI. Des fruits. — XXXII. Que doit-on faire après le repas? — XXXIII. Un dîner impromptu.

Parmi les articles de journaux publiés par M. A. Sirand, nous pouvons citer : Conserve des fines herbes, *Journal de l'Ain* du 20 oct. 1858; De l'art de boire (même journal), 1868; Sur les fromages. *Journal de l'Ain* du 5 juillet 1850, etc.

SIRAUDIN. — Les Vins de France vaudeville en un acte et deux tableaux de MM. P. Siraudin et Delacour. Représenté pour la première fois, à Paris, sur le théâtre du Vaudeville, le 5 novembre 1853. *Paris, Beck*, 1853, gr. in-8 de 11 pp. (60 cent.)

SIRONVALLE. — Le liquoriste ou l'art de fabriquer pour soi-même et à la minute sans le secours d'aucun ustensile, c'est-à-dire sans feu et sans alambic, toutes espèces de liqueurs, eaux-de-vie etc.; manière de préparer les fruits à l'eau-de-vie tels que : chinois, prunes, cerises etc. Ouvrage unique dans son genre par A. Sironvalle, fils d'un ancien distillateur. *Paris, impr. Dubois et Vert*, 1857, in-8 de 20 pp. (1 fr. 50.)

Réimprimé en 1858, et en 1871 sous ce titre : Le parfait liquoriste, etc., etc. 4ᵉ édition, *Paris, l'auteur*, 1871, in-8 de 100 pp.

SMITH (E.). — The Complete Housewife : or, Accomplished Gentlewoman's companion. Being A collection of upwards of seven Hundred of the most approved Receipts in Cookery, Pastry, confectionary..... With Copper Plates, curiosity engraven, for the regular Disposition or Placing of the various Dishes and Courses..... By E. Smith. The Seventeenth Edition, with Additions. *London, Printed for J. Buckland, H. Woodfall, J. Rivington, R. Baldwin*..... 1766, in-8 de 8 ff. n. ch. dont un blanc, 364 pp. et 8 ff. n. ch. d'index, 1 fig. grav. et 4 pl. (De 7 à 8 fr.)

La septième édition porte la date de 1736; la onzième, celle de 1742.

SMITH (R. S.). — Court Cookery : or the compleat English Cook. Containing the Choisest and Newest Re-

ccipts. For making Soops, Pottages,.....
By R. S. Smith, cook (under Mr Lamb)
to king William as also to the Dukes
of Buckingham, Ormond, D'Aumont,
(the French Ambassador) and others
of the Nobility and Gentry. *Dublin,
Printed for Pat. Dugan, on Cork-Hill,
and W. Smith, in Dames-Street,* 1724,
in-8 de 4 ff. lim. n. ch., 100 pp., 4 ff.
n. ch. *d'index* (cuisine), 69 pp. et 5 ff.
n. ch. *d'index* (pâtisserie). (De 12 à 15 fr.)

La dédicace « to the Nobility and Gentry
of Great-Britain » est signée : R. Smith, et
datée « Piccadilly, April 2. 1723 ».
Voyez Lamb (Patrick).

SMYTH (Alfred). — L'île de Madère
et la vérité sur ses vins par Alfred
Smyth. *Paris, J.-B. Baillière et fils,* 1877,
in-18 de 54 pp. (1 fr. 50.)

Petite brochure de réclame pour un négociant en vins de Madère.

SOCIÉTÉ culinaire philanthropique
de New-York 1866–1888. To Their
Patrons and Friends. *Metropolitan opera
house Thursday feb. 2.* in-16 de 72 pp.
(1 fr. 50.)

Petit livre d'annonces alimentaires et
gastronomiques. Au verso de chacune des
pages se trouvent des recettes culinaires.

SOCIÉTÉ des Secours mutuels des
Cuisiniers amis de Saint-Laurent, fondée à Paris le 1er janvier 1842 autorisée
à se constituer légalement sous le
n° 119. *Paris, imprimerie Le Normant,*
in-16 de 36 pp. (2 fr.)

SOIRÉE (La) de Paphos ou les
Plaisirs de la Table, chansonnier fran-
çais par Dorat, Vadé, Moncrif, etc.
Paris, Desnos, s. d., front. et 12 fig.
(De 12 à 15 fr.)

SOIRÉES (Les) de Momus, 1818,
avec musique et gravures. *Paris, Alexis
Eymery ; Delaunay,* 1818, in-18 de
249 pp. (1 fr. 50.)

Frontisp. gravé représentant une Société
joyeuse à table.

Sur le titre gravé, on voit un cheval, une
serviette au cou, devant une table servie.
Comme légende : Le cheval gastronome.

— Le même... 2e année, *Paris, Ladvocat,*
1819, in-18 de 288 pp., front. et titre grav.
(1.50.)

La troisième année des *Soirées de Momus*
(pour 1820) a paru *Paris, Rosa,* 1819, in-18.
Chansons de table et à boire.

SOLIMAN AL HARAÏRI. — Traité
sur le café et le vin par M. Soliman al
Haraïri, notaire et secrétaire arabe au
Consulat général de France à Tunis.
Paris, Challamel aîné, 1859, in-8 de
20 pages.

Imprimé en caractères arabes.

SOMMAIRE (Le) de l'œconomie de
la despence. Comment il faut regler la
despence selon le reuenu. Et sçauoir ce
qu'on peut despendre, soit par an ou
par iour particulierement par chasque
espece de despence. *S. l.,* 1624, in-4 de
61 pages.

Au titre encadré, une curieuse figure
autour de laquelle on lit : *Ars non perficitur
ab Inuentore ;* au-dessus de la fig. : Aut frugi
hominem esse oportet, aut Cæsarem. Le ve
du titre est blanc.

L'auteur de cet ouvrage d'un intérêt véritablement curieux indique le prix des
denrées à l'époque où il vivait et la manière
dont chacun doit régler ses dépenses suivant
sa fortune. C'est ainsi que l'on trouve :
Pages 28-37, *De la bonne chere ordinaire ;*
pp. 39-40, *De la bonne chere extraordinaire,
festins et banquets ;* pp. 41-42, *Après la reformation du luxe des Anciens Romains, voyons la
reformation des Chrestiens. & de nostre temps
pour les festins ;* p. 43, *Estat du prix commun des viures de l'année courante mil six
cens vingt-quatre au pays de Guyenne, suyuant
lequel les viures sont estimés.*
D'après Brunet, ce livre fort rare aurait
été imprimé à Bordeaux. (Collect. de M. le
Bon Pichon.)

SONNETS (Les) du Docteur. *Paris,
chez la plupart des libraires,* 1884 (*Impr.
Darantière, à Dijon*), in-8 de 47 pp.,
front. grav. (De 8 à 10 fr.)

Chaque page est encadrée de filets rouges
et ornée d'un fleuron ; le frontispice est
de Clairin. A la fin de ce volume dont l'au-

teur est M. le docteur Camuzet se trouve
une eau-forte de Félicien Rops. Charles Monselet a écrit la lettre-préface.

L'appétit, p. 13. — *Digestion*, p. 25. —
Bonbon laxatif, p. 32. — *Homard nature*,
p. 36. — *Les Gaudes*, p. 37. — *Diffab*, p. 38.
— *Le Homard à la Coppée*, p. 39. — *Langue
fumée*, p. 40.

Tiré à 350 exempl. sur Hollande; 125, sur
simili-Japon et 25 sur Japon.

— Les mêmes..... 2e édition. *Paris,
chez la plupart des libraires*, 1888 (*impr.
Darantière à Dijon*), in-8 de 70 pp.
(20 et 30 fr.)

Cette édition, tirée à 200 exemplaires
dont 100 sur Hollande et 100 sur Japon,
est ornée de 2 eaux-fortes de Rops, 1 de
Bayard et 1 de Legrand. Armand Silvestre a
signé la préface.

SORBET (C. P.). — Le Trésor des
vignerons et des marchands de vins sur
l'art d'améliorer et de conserver les vins
de fabriquer des boissons artificielles et
toutes sortes de liqueurs, suivi de quelques conseils sur la panification. Par
P. Sorbet. *Paris, A. Goin*, 1862, in-8
de 32 pp. (1 fr. 50.)

SOUCHAY. — Le Bon Cuisinier
illustré; par Léon Souchay avec la collaboration de M. Lebroc. *Paris, Audot*,
1885, in-8 de XII-780 pp. et 300 fig.
(5 fr.)

SOULLIER (Charles). — La Castro-
manie ou le nouvel Abeilard, poème
héroï-comique par Charles Soullier. *Paris, Baudmont*, 1834, in-18 de 173 pp.,
6 fig. (De 7 à 8 fr.)

Le titre de ce poème semble n'avoir aucun rapport avec le sujet de notre bibliographie; mais cet ouvrage doit cependant y
figurer, car le nouvel Abeilard n'est autre
qu'un chapon dont l'auteur nous conte les
infortunes.

Ce poème est divisé en six chants. Les
quatre premiers sont consacrés à l'histoire
du malheureux chapon; au cinquième, se
trouve la Découverte de l'île Gastronomal et
la description du Palais de la Gourmandise
habité par Lord Pudding. Enfin, au sixième
et dernier chant, le héros du poème, finit
par être mangé dans un repas servi à Lyon.

SOUPERS (Les) de Momus, recueil
de chansons et de Poésies fugitives.
Paris, Barba, 1813, in-18.

Première année de ce chansonnier de table
qui a paru alternativement chez Barba, Eymery, Bertrand, Béchet, etc., et dont la
collection complète forme 15 volumes. Le
dernier porte la date de 1828.

Il a été publié, vers la même époque,
un recueil analogue intitulé : *Les Soupers
lyriques. Paris, Vauquelin*, 1819-1823, 4 vol.
in-18, qui ont pris plus tard le titre de
Soirées lyriques.

SOYER (Alexis). — The gastronomic Regenerator, a simplified and entirely new system of cookery..... by
A. Soyer. *London*, 1846, in-8, figures.
(De 3 à 4 fr.)

— Le même, *London, Simpkin Marshall*, 1853, in-8.

— The Modern housewife or Ménagère Comprising nearly one thousand
receipts for the economic and judicious
Preparation of every meal of the day.....,
Illustrated with Engravings..... By
Alexis Soyer, Author of « The Gastronomic regenerator ». *London, Simpkin,
Marshall, & Co.*, 1849, in-8 de XII-430 pp.,
portr. de l'auteur et fig. (De 3 à 4 fr.)

— The Pantropheon or History of
Food, and its preparation, from the
earliest ages of the World. By A. Soyer,
author of « The Gastronomic, etc., etc.
Embellished with forty-two steel plates
illustrating the greatest gastronomic
marvels of antiquity. *London, Simpkin,
Marshall & Co*, 1853, in-8. (De 8 à
10 fr.)

Titre noir et or. Au milieu du frontispice
gravé, on voit le portrait d'Alexis Soyer;
l'encadrement représente des victuailles de
toutes sortes et des petits amours-cuisiniers.

Cet ouvrage, qui est une histoire assez
complète de la Cuisine depuis les temps les
plus reculés jusqu'à nos jours, est fort intéressant et les planches sont assez soignées.

— A Shilling Cookery for the people:
embracing an entirely new system of
plain Cookery and domestic economy,

By Alexis Soyer, author of « The Culinary campaign » etc., etc. *London, Routledge Warne*, 1845, in-8 avec vignettes. (2 fr.)

— Le même..... Eightieth Thousand, *ibidem, idem*, 1855, in-18 de x-194 pp., portr. Le 248ᵉ mille de cet ouvrage a paru en 1864.

Soyer, cuisinier français, eut en Angleterre une réputation considérable. Il fut pendant plusieurs années chef du « *Reform club* » ; ses ouvrages culinaires, ou du moins la plupart ont atteint un tirage énorme. M. Alfred Suzanne, ancien chef des cuisines du duc de Bedford, qui a connu Soyer à Londres a publié, dans l'*Art culinaire*, nᵒˢ du 15 avril et du 15 mai 1887, de très intéressants détails sur la vie et sur la carrière de ce cuisinier célèbre.

SPECHT (F. A.). — Gastmähler und Trinkgelage bei den Deutschen von den ältesten zeiten bis ins neunte Jahrhundert. Ein beitrag zur deutschen Kulturgeschichte von Franz Anton Specht *Stuttgart, J.-G. Gotta*, 1887, in-18 de 61 pp. (1 fr. 50.)

SPON (Jacob). — Voyez Dufour (Ph. Silvestre) et Vsage (de l') du Caphé, etc.

SPRINGER (A.). — Paris au treizième siècle par A. Springer, traduit librement de l'allemand avec introduction et notes par un membre de l'édilité de Paris. *Paris, Auguste Aubry*, 1860, in-12.

Cet ouvrage, qui donne d'intéressants renseignements sur les aliments en usage, à Paris, au XVIIᵉ siècle, sur les crieurs de vin, les marchés et leur approvisionnement, fait partie d'une collection intitulée : Le Trésor des pièces rares ou inédites. Il en est le XVIIᵉ volume et a été tiré à 400 exemplaires dont 2 sur peau de vélin.

SQUILLIER (J.). — Traité populaire des denrées alimentaires et de l'alimentation. Choix, falsification, manutention, conservation et utilisation des denrées alimentaires par J. Squillier. *Bruxelles, Emile Tarlier*, 1863, in-12 de 432 pp. (De 2 à 3 fr.)

STAHL (P. J.). — Le royaume des Gourmands, vignettes par Lorentz (*sic*) Froelich. Texte par Stahl, gravures par Ch. Emile Matthis, impression en camaïeu par Silbermann. *Paris, bibliothèque du magasin d'éducation et de récréation, J. Hetzel, s. d.*, in-4 de 48 ff. n. ch.

— La Salade de la Grande Jeanne, texte par P.-J. Stahl, vignettes par Lorenz Frœlich, gravures par F. Méaulle. *Bibliothèque d'éducation et de récréation, J. Hetzel, Paris, s. d.* (1879), in-4 de 24 ff. n. ch.

— La Crème au chocolat, texte par P.-J. Stahl, vignettes par Lorenz Frœlich, gravures par Matthis. *Bibliothèque d'éducation et de récréation. J. Hetzel, Paris, s. d.* (1880), in-4 de 24 ff.

Trois amusants albums pour les enfants sur des sujets empruntés à la gourmandise. Stahl est le pseudonyme de M. Pierre Jules Hetzel.

STATUTS de l'Académie de Cuisine de Paris de l'Union universelle pour le Progrès de l'Art Culinaire. (Siège, 27 rue Vivienne.) (*Vincennes, imp. Albert Lévy*), in-12 de 15 pp.

Ces statuts n'ont pas été mis dans le commerce.

STATUTS et secrets de l'ordre du Bouchon, in-8.

M. Arthur Dinaux, *Sociétés badines*, tome I, page 120, cite cette brochure non datée, d'après de l'Aulnay, seul document que l'on ait sur cette société de buveurs.

STATUTS et lettres patentes pour les maistres Boulangers de la ville et faubourgs de Paris Du 14 May 1719. Obtenus pendant la Jurande des Sieurs Forestier, Desouches, Decq, Le Fevre, Billot et Corbelet, registrés en Parlement le 4 avril 1721. *A Paris, chez Charles Maurice d'Houry, rue de la Harpe vis a vis la rue S. Severin au St Esprit,* in-4 de 38 pp. (De 3 à 4 fr.)

— anciens et nouveaux registrez en parlement, concernant la Communauté des Maîtres Chaircuitiers de la ville et faux bourgs de Paris. Reïmprimez à la diligence d'Estienne La Marre, Sindic, Simon Chemelard, Jean Tremblay, Nicolas Marc-Pinard, et Jean Gabriel Marin, Jurez en charge, mil sept cent trente six. *A Paris, de l'imprimerie de C. L. Thiboust, à la Renommée place Cambray*, 1736, in-4 de 43 pp. (De 3 à 4 fr.)

Les premiers statuts des Chaircuitiers datent du règne de Louis XI.

— et ordonnances des maîtres rotisseurs de la ville et fauxbourgs de Paris. *A Paris, de l'Imprimerie de Jean Lamesle, Pont Saint Michel, du côté du Marché-neuf, au Livre royal*, 1737, in-8 de 76 pp. (De 3 à 4 fr.)

— (Les) et ordonnances des Maîtres et Conservateurs de la marchandise de fruits es gruns et savoureux de cette Ville et faux bourgs de Paris. Avec le résultat de la communauté du 21 may 1691. Et la déclaration du Roy, du 19 juin, 1691. Vérifié en Parlement le 4 juillet même année. *A Paris, chez Jacques-François Grou, Imprimeur-libraire, Juré de l'Université, ruë de la Huchette au Soleil d'or*, 1738, in-4 de 38 pp. (De 3 à 4 fr.)

Les Statuts des Fruitiers remontent à l'an 1412.

— et Reglemens de la Communauté des Maîtres & Marchands Bouchers de la Ville & Fauxbourgs de Paris. Lettres patentes confirmatives et arrest d'enregistrement. Avec un Recüeil rangé par ordre de matières & de dattes de tous les Edits, Declarations, Ordonnances, Arrêts & Reglemens rendus en faveur des Marchands Bouchers, & au sujet du Commerce de Boucherie. *A Paris Chez la Veuve Delatour, ruë de la Harpe, aux trois Rois*. 1744, in-8 de 102 pp. (De 4 à 5 fr.)

— ordonnances et règlemens de la communauté des Maîtres Rôtisseurs de la ville, fauxbourgs, et banlieue de Pa-

ris. Du mois de Juin 1744. Rédigés par M. l'Abbé ***. Registrés en Parlement le 19 Janvier 1747. A la diligence de Me Deshayes, Procureur en la Cour. *A Paris, chez la veuve Delatour*, 1747, in-4 de 56 pp. (De 3 à 4 fr.)

— (Nouveaux) de la communauté des maîtres et marchands chaircutiers de la ville et fauxbourgs de Paris, Avec la Conference des Réglemens & Autorités relatifs à chacun des Titres & Articles desdits Statuts : Ensemble un recueil Chronologique des anciens Statuts à commencer par ceux de 1475. jusques & compris les derniers. Redigés & mis en ordre par les soins & à la diligence des Sieurs Etienne Jacquesson syndic en Charge. Antoine-André Nicolas, Juré Comptable. Louis Cuel, Louis-Charles Desgroux & Jean Domage Jurés en charge. Pendant l'année commençant au premier octobre 1754 & finissant au dernier septembre 1755. *A Paris*, 1755, in-4 de IX-206 pp. (De 5 à 6 fr.)

— arrêts, sentences et règlemens de la Communauté des maîtres Vinaigriers, marchands Limonadiers, Caffetiers, Distillateurs, faiseurs et vendeurs d'Eau-de-vie, esprit de Vin et de toutes sortes de liqueurs et autres Eaux, composées d'Eau de vie et Esprit de vin, Grains et Fruits..... *Rouen, Jacques Ferrand*, 1757, in-4 de IV-80 pages. (De 2 à 3 fr.)

— et règlemens de la Communauté des maîtres boulangers de la ville, fauxbourgs et banlieue de Rouen. *Rouen, Rich. Lallemant*, 1763, in-4 de 107 pp. (De 2 à 3 fr.)

— (Nouveaux) et règlements pour les maîtres boulangers de la ville et faux bourgs de Lyon. *A Lyon, de l'Imprimerie d'Aimé Delaroche*, 1763, in-8 de 101 pp. (De 2 à 3 fr.)

Frontispice gravé représentant le « Chef-d'œuvre » des Maîtres-Boulangers.

— privilèges, ordonnances et reglemens de la communauté des maistres boulangers de la ville, fauxbourgs & banlieue de Paris. *A Paris de l'imprimerie de Moreau, Libraire imprimeur de la Reine & de Monseigneur le Dauphin,* 1766, in-12 de 162 pp. (De 3 à 4 fr.)

— et règlements pour les maîtres Boulangers de la ville et faux bourgs de Lyon. *A Lyon, de l'Imprimerie de Louis Buisson,* 1769, in-8 de 143 pp. et 2 pp. n. ch. de table, 1 pl. grav. (De 3 à 4 fr.)

— et règlemens de la Communauté des maîtres-cuisiniers-traiteurs et rôtisseurs de la ville..... *Rouen, Viret,* 1772, in-4. (De 2 à 3 fr.)

STEFANI. — L'Arte di ben cvcinare, et instrvire i men periti in questa lodeuole professione. Doue anco s'insegna à far Pasticci, Sapori, Salse, Gelatine, Torte, & altre di Bartolomeo Stefani Cuoco Bolognese, All' Illmo, & Ecc^{mo} Sig. Marchese Ottavio Gonzaga Prencipe del Sacro Romano Imperio, de' Marchesi di Mantoua, e Signor di Vescouato, &c. *In Mantova, Appresso gli Osanna, Stampatori Ducali, 1662,* con licenze de' Superiori. in-4 de 144 pp. et 4 ff. n. ch. de table. (De 15 à 20 fr.)

Au titre, portrait gravé de « Bartolomeo Stefani cvoco bolognese ».

— L'Arte di ben cvcinare & instruire i mèn periti in questa lodeuole professione. Doue anco s'insegna à far Pasticci, Sapori Salse, Gelatine, Torte & altro di Bartolomeo Stefani cuoco di S. A. S. di Mantoua. All Illustriss. & Eccellentiss. sig. Marchesa Petro-Maria Gonzaca Prencipe..... Seconde Impressione con nuoua Aggiunta. *In Venetia,* 1666, *Appresso Gio. Giacomo Hertz con licenz de sup. & Priuilegio.* In-12 de 12 ff. lim. n. ch. et 251 pages. (De 10 à 12 fr.)

Les 12 ff. lim. comprennent le titre (v°

blanc), la dédicace « illvstrissimo ed eccellent. sig. Mio Signor, E Padron colendissimo » datée : « In venezia le 20 di Marzo 1666 » et signée « Gio. Giac. Hertz », « Cortesissimi E Discretti Lettori », un sonnet « sopra l'arte di ben cucinare di Bartolameo (*sic*) Stefani » signé : « Amstellio Pastifai », « Che si deve far stima maggiore della Cucina, che d'Amore » (vers signés : Astolfo Bultrisio), la « tavola » et l'approbation. Le v° du dernier f. limin. est blanc.

— Le même..... In quest vltima Impressione con nuoua aggiunta. *In Venetia.* 1680, *Appresso il Curli,* in-12 de 230 pages et 5 ff. n. ch. de table.

— Le même.... *Bologna, s. d.,* pet. in-12.

STERBEECK. — Theatrum Fungorum oft Het tooneel der Campernoelien Waer inne vertoont wort de gedaente, Ken-teeckens, natuere, crachten, voetsel, deught ende ondeught ; mitsgaders het voorsichtigh schoonmaken ende bereyden van alderhande Fungien ; en blijckteeckenen van de gene die vergistighe gegeten hebben, met de gheneesmiddelen tot soodanigh ongeval dienende : beneffens eene naukeurighe beschrijvinghe vande *Aerd-buylen, Papas, Tarratouffli, Artichiocken onder d'aerde* ende dierghelijcken ghewasschen...... Alles met neerstigheyt, lanckduerige ondervindinghe, ende ijverigh ondersoecken vande schristen der ervarenste cruyt-kenders vergaedert ende beschreven door Franciscus van Sterbeeck Priester...... *T'Antwerpen, By Joseph Iacobs, inde Borse-straet, boven op de Borse.* 1675. in-4 de 20 ff. lim. n. ch. (y compris le front. gravé), 396 pp. et 10 ff. n. ch. de table, portrait et 36 planches gravés. (De 15 à 20 fr.)

STRUPPIUS (Ioach). — Σιτοποτιαματαχνια. Antidotarii Antitrimastigi, id est, Medelæ trium extremorum Dei flagellorum, Libri I. Advmbratio, Qui est de corporali nec non Spirituali Anchora, famis, sitis, valetvdinisque mortalium. Durch hottessegen, newe

Speisskammer, vnd speisskeller......Vnà cum Corollario œconomico perutili : Et indice locupletissimo. Per Ioach : Strüppium, à Geilhausen, Doctorem.... (Francfort), 1574, in-4 de 4 ff. lim. n. ch., 143 ff. ch. et 4 ff. n. ch. (De 20 à 25 fr.)

On lit à la fin de cet ouvrage assez rare : *Impressum Franckofurti Mæni, per Martinum Lechlerum Typographum, impensis ipsius Authoris. Cum speciali Priuilegio Cæsareo Decennali. Anno per Iesum restitutæ salutis nostræ,* M.D.LXXIIII.

STUCKIUS. — Antiqvitatvm Convivialivm libri III. In qvibvs Hebræorvm, Græcorvm, Romanorvm aliarvmqve nationvm antiqva conviviorvm genera, mores, consuetudines, ritus ceremoniæq; conviviales atque etiam alia explicantur ; & cum ijs, quæ hodie cùm apud Christianos, tum apud alias gentes, a christiano nomine alienas, in usu sunt, conferuntur : multa Grammatica, Physica, Medica, Ethica, Œconomica, Politica, Philosophica, deniq ; atq ; Historica cognitu jucunda simul & utilia tractantur ; plurima sacrorum prophanorumq ; Auctorum veterum loca obscura illustrantur, corrupta emendantur : deniq ; desperatus deploratusq ; nostrorum temporum luxus atq ; luxuria gravi censura damnatur. Avctore Io. Gvilielmo Stvckio, Tigvrino. Editio secvnda Auctoris ipsius curà auctior, melior & longè emendatior; cum totius operis Indice novo eoq; copiosissimo. *Tigvri, Apvd Iohannem wolphivm, typis Frosch. Anno* MDXCVII (1597), in-fol. de 20 ff. lim. n. ch., 419 ff. ch. au r°, et 1 f. bl., lettres ital. (De 40 à 50 fr.)

La première édition de cet ouvrage a été donnée : *Tiguri*, 1582, in-fol.

Le *Cat. Crevenna*, t. V, p. 228, mentionne une autre édition : *Lugduni Batav., apud Jac. Hæckium. Amstelodami, apud H. & Vid. Theodori Boom*, 1695, 2 tom. en 1 vol. in-fol.

SUAVE. — Deuis sur la Vigne, vin et vendanges d'orl. de Suaue, auquel la

façon anciéne du plât, labour & garde est descouuerte & reduitte au present vsage. *On les vend au Palais, en la Gallerie, près la Chancellerie, en la boutique de Vincent Sertenas, Et au mont Sainct Hylaire, a l'hostel d'Albret,* 1550, in-8 de 48 ff, n. ch., signés A.-M. par 4.

Au titre, fig. représentant Bacchus assis sur un tonneau et le coude appuyé sur une cuve pleine de raisins. Un enfant recueille dans une coupe le vin qui coule de la tonne. Au-dessus de cette fig. on lit : *Ennie d'enuie ennie.* Au v° du titre se trouve le privilège donné à Vincent Sertenas, le 4 octobre 1549; enfin au r° du f. Miij « L'auteur a tous bons beuueurs Salut ».

Brunet, t. V, col. 576, mentionne une édition de cet ouvrage devenu fort rare et attribué à Jacques Gohory (*Paris*), *Vincent Sertenas*, 1549, in-8 de 48 ff. n. ch.

Un exemplaire portant la date de 1550 s'est vendu, en mar. r., 79 fr., Veinant.

SUCRE a 7 sous la livre. Instruction simple, claire et précise, au moyen de laquelle toute emme de ménage peut se préparer elle-même à ce prix, pour l'usage de sa maison, du sucre aussi beau et aussi savoureux que celui qui se vend partout 1 franc. *Reims, Huet Imprimeur*, s. d. (1854), in-18 de 22 pages. (1 fr. 50.)

SULPITIUS (Verulanus). — Sulpicii verulani libellus elegans de morib' puerorum et regimine mense. *S. l. n. d.*, in-4, dem. goth., de 6 ff. n. ch. de 20 et 21 vers à la page signés A.

Au titre, marque typogr. de Félix Balligault (1493-1510) au-dessous de laquelle on lit :

Felix quê faciût aliena picta cautû,
Felici monumenta die felicia felix.
Pressit et hec vicii dant retinent
ve nichil.

Au v° du titre « Distichon »; au r° du 2° f. « Sulpicius de moribus pueror ; & regimine mèse. » Le v° du 5° f. ne contient que 8 vers. Le dernier f. (r° et v°) est blanc.

Hain, t. III, p. 71 (n° 15167) cite l'édition suivante :

— De moribus puerorum carmen iuuenile. (*In fine*). Marque typographique, *S. l. n. d.* (*Lipsiae, Martinus Herbipolens*), in-4.

— Carmen de moribus In mensa seruandis. *Veneunt Cadomi in edibus Michaelis Angier Ad intersignium diui Michaelis arch. e regione magnarum scolarum. S. d.*, pet. in-8 goth. de 12 ff. n. ch., sign. A par 8, B par 4.

Au titre, marque de Michel Angier, libraire ayant exercé de 1502 à 1530. Le texte commence au vº du titre et finit au rº de l'avant-dernier f. par le mot : *Finis*. Au vº, dix distiques et au-dessous : *Finis*. Au rº du dernier f. on lit : *Imprimé à Caen par Laurens bostingue pour Michel angier, libraire et relieur de Luniuersite dudict lieu demourant a lenseigne du mont Sainct Michel pres les grandes Escolles*. Au vº une fig. sur bois représentant un saint.

— Le même... *Parisiis, Joan. Petit*, 1508, in-4.

— Carmen iuuenile sulpitii verulani de morib' in mensa scruâdis. (*Lyon, Claude Nourry*, 1513), pet. in-4 goth. de 12 ff. n. ch., signés A par 8, B par 4.

Au-dessous du titre, un bois représentant une table devant laquelle soṅt assis trois enfants et un maître ; au-dessous de ce bois, 14 vers. Le vº du titre est blanc. Le corps de l'ouvrage commence en haut du rº du f. aii par ces mots « Carmen iuuenile » et finit ainsi au vº de l'avant dernier f. « *Explicit carmen Sulpitij verulani de moribus in mensa scruandis. Impressus Lugd. per Claupiū* (sic, pour *Claudiū*) *nourry Anno dñi M.CCCCC. xiij. Die vero. xv mêsis Januarij*. Au-dessous de cette souscription est placé un bois. Le dernier f. (rº et vº) est blanc.

— Carmen ivvenile svlpitij Verulani de moribus in mensa seruandis, nunc demû maxima cura recognitum, & a multis maculis fidelissime expurgatum. *Lvgdvni, Ex officina Theobaldi Pagani*, 1538, in-8 de 16 ff. n. ch., sign. A-B par 8.

— Libellvs de moribvs in mensa servandis, Ioanne Sulpitio Verulano authore, cum familiarissima, & rudi Iuuentuti aptissima elucidatione Gallicolatina, Gulielmi Durâdi. *Parisiis, Apud Gabrielem Buon, in clauso Brunello, ad D. Claudij insigne*. 1563, in-8 de 40 pp.

Marque typographique au titre.

— Le même..... *Lugduni, apud Stephanum Doletum*, 1542. pet. in-8 de 56 pp.

— Le même.... *Parisiis, Lud. Grandinus*, 1552, in-8.

— Le même..... *Lugduni, Joh. Pullon, alias de Trin*, 1554, in-8 de 54 pp.

— Le même..... *Parisiis, Buon*, 1570, in-8.

— Le même.... *Parisiis, Rob. Stephanus*, 1574, in-12 de 128 pp.

— Le même..... *Parisiis, Buon*, 1576, in-8.

— Le même...... *Parisiis, Ex officina Gabrielis Buon, in clauso Br..nello, sub signo D. Claudij.* 1577, in-8 de 20 ff. n. ch. sign. A et B par 8, C par 4.

— Le même.... *Parisiis, Ex officina Gabrielis Buon, in Clauso Brunello ad Diui Claudij insigne*, 1579, in-8 de 20 ff. n. ch. sign. A et B par 8, C par 4.

— Le même..... *Parisiis, Ex typographia Leonis Cauellat, sub signo Gryphonis argentei, monte D. Hilarij*, 1583, in-8 de 44 pp. et 1 f. n. ch.

Au titre, marque de Léon Cavellat ; les deux premières pages comprises dans la pagination ne sont pas chiffrées ; au rº du dernier f. n. ch. dont le vº est blanc, marque de Léon Cavellat.

— Le même..... *Parisiis, Apud Renatum Ruellium, via Iacobæa sub signo Diuj Nicolaj*, 1604, in-8 de 48 pp.

Le f. de titre compte dans la pagination qui est très défectueuse ; il y a 24 ff. et le vº du dernier est chiffré 47 au lieu de 48. De semblables erreurs se rencontrent à d'autres pages.

— Libellvs De moribvs in mensa servandis. Joanne Sulpitio Verulano authore. Cum familiari interpretatione Guillelmi Coeffetelli cenomanèsis cûm Latina, tûm Gallica in gratiam & commodum iuuentutis bonarum literarum studiosæ. Item cum scholijs, quæ vocabulorum vim, & rerum obseruationes continent. *Parisiis, Apud Franciscum Hvby, via Iacobæa, ad insigne viridis Folliculi, è regione Collegij de Marmoutier, Et in Palatio ante portam Sancti Sacrarij*, 1609, in-8 de 41 ff. ch. et 3 ff. n. ch. dont 1 blanc.

— De moribus in mensa servandis libellus, Ioanne Sulpitio Verulano authore, cum familiarissima, & rudi Iuuètuti aptissima elucidatione Gallicolatina Gulielmi Durandi. *Parisiis, Ex officina Caroli Stephani, Typographi Regii* 1555, in-8 de 40 pp.

Au titre, la marque de Ch. Estienne. Le vº du titre est blanc. A la p. 3 « Gvlielmvs Dvrandvs Lvdi magister Lugdunensis, Stephano Doleto Salutem »; au bas de cette dédicace, on lit la date de 1542. Le texte du traité commence à la page 5.

— Le même..... (même titre que l'édition de 1555) *Parisiis, Apud Ioann. Libert, via D. Ioannis Lateranensis, è regione Auditorij Regij.* 1616, in-8 de 40 pp. (la dernière blanche).

Autres éditions :

Lugduni, Jacobus Myt, 1510, in-4; *Lugduni,* 1511, in-4; *Coloniæ, Quentel,* 1519, pet. in-8 de 8 pp.; *S. l.* (marque de Simon Vincent), 1521, in 8º; *Basileæ,* 1555 et 1556, in-12; *Parisiis,* 1582, in-8.

Le traité de Sulpitius Verulanus se trouve également imprimé dans l'ouvrage suivant :

— *Avtores cvm svis commentis* scilicet, Catonis Romani sententiæ morales Distichis descriptæ, & marginalibus Adnotamentis illustratæ cum scholiis Desid. Erasmi Roterodami hoc signo ✱ prænotatis. Theodolus Aegloga. Faceti lusus...... Sulpitij verulani viri disertissimi mensalis præceptio pueris mirè vtilis... (*Lugd. per Matthiam Bonhome,* 1538), in-fol. goth. de 132 ff. chiffr. à 2 col.

Le *Carmen juvenile* occupe les folios cxxx (rº) à cxxxii (au milieu du rº). Le vº du dernier f. est blanc.

— Des bonnes Mevrs et honestes Contenances que doit garder vn ieune home, tant à table qu'ailleurs, auec autres notables enseignemens. Euure composé premierement en Latin par M. Iean Sulpice de saint Alban dit Verulan : Et nouuelement tourné & traduit en rime Françoyse par paraphrase par M. Pierre Broë practicien de Tournon sur le Rhosne. *A Lyon, Par Macé Bonhomme,* 1555. Auec priuilege du Roy pour dix ans. In-8 de 38 pp. et 1 f. blanc.

Vend. en maroq. bl. (H. Duru), 255 fr., Bⁿ Pichon.

Une note du *Catal. de la biblioth. du Bⁿ James de Rothschild* dit qu'un lyonnais, Michel Bleyn, a également traduit le poëme de Sulpice Vérulan. Cette traduction a paru, *Lyon, Benoist Rigaud,* 1580, in-8.

Enfin, M. Brunet, t. V, col. 591, cite deux autres éditions de la traduction de Pierre Broë, l'une à *Lyon, Macé Bonhomme,* 1552, pet. in-8 de 38 pp.; l'autre, à *Paris, Léon Cavellat,* 1584 (en caract. de civilité). M. Alfred Franklin a donné des extraits de la civilité de Sulpice Verulan dans la *Vie privée d'autrefois* (Les repas) p. 180, d'après le manuscrit de la Bibliothèque nationale, fonds français nº 1181.

SUPPLÉMENT ou Critique de l'Ouvrage intitulé Recherches sur le culte de Bacchus En Provence. Variis incertisque auctoribus. *S. l.,* 1861, in-8. (De 8 à 10 fr.)

L'ouvrage auquel il est fait allusion est celui d'Apicius a Vindemiis (voyez ce nom). Le faux titre porte : « Milord Barimborough et ses amis. » Ce supplément est composé de cinq lettres imprimées sur papier de couleur. La 1ʳᵉ (sur papier jaune, 29 pages), est signée « le Chevalier Elzéard de la Rabasse » et tirée à 100 exemplaires numérotés; la 2ᵉ (papier vert, 29 pp.) est signée « Trophime Amadou »; la 3ᵉ (papier bleu, 32 pp.) est signée « Agricol, baron d'Aioli » et tirée à 100 exemplaires numérotés; la 4ᵉ (papier vert, 30 pp., tirée à 100 exempl. numérotés) est signée : Lazare Arleri; la 5ᵉ et dernière (papier bleu, 32 pp.) est tirée à 100 exempl. numérotés. Viennent ensuite 8 pages d'errata signées : Georges Alkarius, et un post-scriptum « Lord Barimborough » (tiré à 91 exemplaires).

SUPRÉMATIE du Fromage de Brie, Hymne d'un Meldois : dédié à M. J....t, propriétaire en Brie. *Paris, impr. de Félix Locquin,* 1830, in-18 de 12 pp. (De 5 à 6 fr.)

Par Verfèle (Lefèvre) de Meaux.

SUZANNE (Alfred). — 100 manières d'accommoder et de manger les œufs par Alfred Suzanne. Suivi d'un aperçu sur les œufs en général, leurs propriétés chimiques et hygiéniques; manière de les conserver, de reconnaître leur fraîcheur, etc. *Paris, I. Frank ; Londres, Dulau et chez tous les libraires français,* 1885, in-18 de XII-70 pages. (2 fr.)

Couverture cartonnée avec un dessin en chromo. Le petit traité très complet et surtout très pratique de M. Alfred Suzanne a été publié également en langue anglaise sous ce titre :

— Egg Cookery. One hundred and fifty ways of cooking and serbing Eggs. by Alfred Suzanne. Twenty-eight Chef de Cuisine to the Earl of Wilton; now Chef to the Duke of Bedford K. G. Second edition. *London, Newton et Eskell,* 1887, in-12 de 97 pages. (2 fr.)

Cette édition donne cinquante recettes de plus que l'édition française. L'ouvrage de M. A. Suzanne a été également traduit en flamand.

SWALVE (Bernhard). — Querelæ & opprobria ventriculi; sive προσοποποιια Ejusdem Naturalia sua sibi vendicantis, & Abusus Tam Diœteticos, quam Pharmaceuticos perstringentis. Operâ ac Studio Bernhardi Swalve Med. *Amstelodami, Ex officina Joannis Janssonii à Waesberge, & Elizei Weyerstraten,* 1664, pet. in-12 de 8 ff. lim. n. ch. (y compris le front. grav.) 321 pp. ch. et 11 pp. n. ch. de table. (De 10 à 12 fr.)

SWIFT (Jonathan). — L'art de voler ses maîtres par Swift, traduction de Flor O'Square. *Paris, C. Marpon et Flammarion,* 1882, in-16 de 135 pp. et 2 ff. n. ch. (2 fr.)

L'auteur, dans ce petit ouvrage, donne des instructions aux domestiques pour leur apprendre à voler leurs maîtres, ce qui n'est peut-être pas absolument nécessaire; il indique, notamment, aux cuisinières la manière de faire danser l'anse du panier.

La traduction de Swift par Flor O'Square avait été déjà publiée en Belgique, *Bruxelles, Rosez,* 1854, in-32.

SYLVATICUS. — Matthæi Sylvatici, medici de Salerno, Liber cibalis et medicinalis pandectarum, ex emendatione Angeli Catonis Supinatis de Benevento. *Neapoli,* 1474, in-fol.

Première édition fort rare de ce traité relatif à l'alimentation. Voici la description qu'en donne de Bure, *Bibliogr. instruct.* : ce volume commence par un *Index* de cinq feuillets suivis de trois autres qui contiennent une Epître dédicatoire de Angelus Cato Supinas de Benevento, adressée à Ferdinand, roi de Sicile ; et un avis aux lecteurs, à l'occasion de cet ouvrage. L'on doit trouver ensuite le corps du volume qui commence par l'intitulé qui suit, lequel est imprimé en lettres rouges et capitales :

Incipit Liber Cibalis et Medicinalis Pandectarum Matthæi Sylvatici Medici de Salerno et gloriosissimo Roberto Regi Siciliæ inscriptus.

A la fin de l'ouvrage, on lit cette souscription dont nous ne donnons que les premières lignes : *Explicit Liber Pandectarum quem Angelus Cato Supinas de Benevento Philosophus et Medicus...* et enfin, après cette souscription, on trouve un feuillet imprimé d'un seul côté, au *recto*, et qui contient la Table ou le *Registre* des cahiers.

M. de la Serna, *Dict. bibl. du XVᵉ siècle,* cite une édition du même ouvrage, *Mantuæ vel Mutinæ, Johannes Vurster de Campidonia,* 1474, in-fol. M. de la Serna ajoute que cette édition, d'une très belle exécution typographique n'est pas moins rare que celle que nous avons citée en premier lieu.

SYSTEM (A new) of Domestic Cookery; formed upon principles of economy, and adapted to the Use of Private families. By a Lady. A new edition, corrected. *London, John Murray,* 1807, in-12 de 11 ff. n. ch., XXX et 351 pp., front. et 9 pl. grav. (De 5 à 6 fr.)

La troisième édition porte la date de 1808.

— Le même..... *ibidem, idem,* 1816, in-12.

Cet ouvrage, dont Mrs. Rundell est l'auteur, a été très souvent réimprimé; la 69ᵉ édition augmentée par Miss Emma Roberts a été publiée, *London, John Murray,* 1846, in-12 de liv-571 pp., front. et pl. grav. (De 2 à 3 fr.)

SYSTÈME (Le) végétarien. *Paris, Imprimerie Preve et Compᵉ* (1855), in-8 de 8 pp. (1 fr.)

Publié par la Société végétarienne établie, en 1847, en Angleterre.

TABLE (La). *Paris, P. Lebigre-Duquesne*, 1868, in-12 de 173 pp. (De 5 à 6 fr.)

Ce petit livre dont l'auteur est M. Virmaître fait partie de la « Bibliothèque des Curiosités ».

TABLE (La), journal culinaire paraissant trois fois par mois. *Paris*, in-4 à 2 col., vignette en tête.

Le premier numéro a paru le 13 juin 1844. Prix de l'abonnement annuel : 8 fr.

La collection de cette feuille culinaire est complète en 37 numéros. Le dernier a paru le 18 mai 1845. Les 24 premiers ont été imprimés chez Lacrampe et Cⁱᵉ; les 5 suivants chez Schneider et Cⁱᵉ; les derniers chez François et Cⁱᵉ.

La *Table* a été fondée par M. Victor Bouton à la demande de Flotte, l'ami de Blanqui, pour combattre les bureaux de placement des Cuisiniers. Les vignettes sont dessinées par Charles Pinot.

TABLE (La) a Paris. Mystères des restaurants, cafés et comestibles. Promenade d'un friand à travers les rues de la Capitale. *Paris, Victor Bouton*, 1845, in-18 de 72 pages. (De 2 à 3 fr.)

Ouvrage paru sans nom d'auteur, mais dû à M. Victor Bouton; c'est une revue critique des établissements culinaires de Paris en 1844, des cafés-restaurants, pâtissiers et marchands de beurre.

TABLEAU (Le) du premier jour de l'an ou Je vous la souhaite bonne et heureuse. Esquisses des mœurs parisiennes.

Visites, compliments, doux baisers de Ju-
Cadeaux de joujous, d'almanachs, [das.
Souvenirs, diablotins, pistaches, papil-
Etiquette, ennui, neige ou crottes, [lotes,
Temps perdu, fous en beaux habits :
Voilà le jour de l'an tel qu'il est à Paris.

A l'Ile des Bonbons Chez Friandet Marchand de caramels, s. d. (1816), in-18 de 140 pp. et 1 f. de table, fig. grav. (De 12 à 15 fr.)

On lit à la fin « Imprimerie de J. L. Chanson ». Barbier qui cite cet ouvrage assez rare et l'attribue à J. P. R. Cuisin et P. Blanchard, ajoute qu'il a été donné : *Paris, Blanchard*, 1816.

La fig. grav. qui se replie représente la boutique du *Fidèle Berger*, le premier jour de l'an. L'ouvrage est divisé en une préface et six esquisses. La préface qui comprend le tiers du volume est intitulée : *Madame Préface à ses chers lecteurs.* C'est une longue nomenclature des bonbons et friandises de l'époque, parmi lesquels nous citerons des « pêches glacées à l'ours Martin », et « au Cerf coco », du « Sucre d'olive à la Pie voleuse, » des « adoucissants à la Louis XVIII », des « vaisseaux de gelée de prune à la Jean Bart », etc., etc.

TABLETTES gastronomiques de Saint-Pétersbourg rédigées par un amateur et précédées d'une liste d'ouvrages à consulter. *St-Pétersbourg, imprimerie d'Edouard Pratz*, 1856-1858, 2 vol. in-8 de IX pp. prélim., 1 f., 302 pp. et VIII pp., 1 f., 308-14 pp., vign. au titre. (De 60 à 80 fr.)

Tome I : Les IX pp. prélim. sont occupées par le faux titre, l'indication du tirage à 100 exemplaires, le titre, le permis d'imprimer daté du 29 janvier 1856, la table des matières et la liste des ouvrages à consulter. Vient ensuite 1 f. portant au r° « Tablettes gastronomiques » (v° blanc). A la page 1 commence la liste des plats qui sont au nombre de 3339 et se décomposent ainsi : 366 potages ; 147 hors-d'œuvre chauds ; 195 relevés de poissons ; 418 relevés ; 1340 entrées ; 65 rôtis et fritures ; 198 entremets de légumes ; 57 entremets d'œufs et 553 entremets sucrés.

Tome II : Les VIII pp. limin. comprennent le faux titre, l'indication du tirage à 100 exemplaires, le permis d'imprimer, l'avertissement et la « nomenclature des poissons qui se trouvent sur les marchés de St-Pétersbourg ». Le f. n. ch. dont le v° est blanc porte au r° « Recueil de Menus ». Ce recueil commence à la page 1 et finit à la page 308. Les 14 dernières pages sont occupées par la table des matières de la 2e partie.

Au titre de ce deuxième volume on lit, au lieu de « Suivi d'une liste d'ouvrages à consulter », *Seconde partie, Recueil de menus.*

L'auteur de ce livre anonyme est le prince Labanoff qui y a réuni une collection de menus servis en Russie de 1841 à 1857. Cet ouvrage, tiré à petit nombre et non mis dans le commerce, est très rare ; tous les exemplaires ont été donnés en Russie sauf trois en France, dont un fait partie de la collection de M. le Bon Pichon.

On trouvera sur les *Tablettes gastronomiques* un article intéressant dans le *Bulletin du Bibliophile*, année 1868, p. 453.

TABOUREAU. — Le Viandier de Taboureau. *S. l. n. d.*, manuscrit, in-fol. de 109 pp. n. ch., caract. goth.

Ce manuscrit, d'une belle conservation, fait partie de la collection de M. le Bon Pichon qui, avant de le faire richement habiller par Chambolle-Duru, a écrit un curieux avertissement pour ce traité de cuisine d'une excessive rareté et dont voici un extrait :

« Ce manuscrit, dit le Président de la Société des Bibliophiles françois, n'a été écrit que vers 1570, quoiqu'au premier coup d'œil on puisse le croire plus ancien. Il renferme l'ouvrage d'un certain Taboureau qui semble avoir existé assez longtemps avant l'époque où le présent volume fut écrit et qui pourrait avoir été maître queux chez un d'Egmont. Par un procédé assez rare chez les vieux auteurs il intervient et se nomme à diverses reprises et communique au lecteur sa pensée ou son but avec une naïveté qui ne manque pas de charme et qui ne paraît nullement rappeler le style et les allures de 1550 ou 60. »

« Telle est, par exemple, et surtout la jolie péroraison de son livre « Dist Taboureau que est mon livre parfait. Loué soit celui qui m'a fait et sa douche mère Marie. Si saluerai d'un ave-maria la belle dame de joye ! »

« Ce livre de cuisine, comme celui qui fait une notable partie du *Ménagier de Paris*, contient évidemment des recettes provenant de diverses sources. Le fond du livre est l'ouvrage de Taboureau. Il finit à la page 29. Après la jolie phrase de clôture que j'ai citée plus haut, vient une recette pour faire « œufs lombards » qui paraît ajoutée à l'œuvre de Taboureau et remplit 9 lignes, le reste de la page étant blanc. »

« A la page 31 commence une énumération des plats paraissant le commencement ou introduction d'un autre traité. Cela rappelle le début de Taillevent et cela a du rapport avec lui, mais ce n'est pas la même chose. «

M. le Bon Pichon, après avoir examiné en détail son manuscrit, comparé différentes recettes avec celles du Taillevent, ajoute : « Il me semble résulter de tout cela qu'à l'œuvre de Taboureau on a ajouté des extraits de divers traités de cuisine dont les copies circulaient chez les châtelaines et les ménagères des XVIe, XVe et peut être bien du XIVe siècle. »

Voici d'ailleurs le titre que M. le Bon Pichon a inscrit en tête du traité de Taboureau :

— Le Viandier de Taboureau auquel sont ajoutées plusieurs recettes de Cuisine et écriteaux de banquets dont celui du dîner et souper que le comte de Harcourt donna au Roi de France nostre sire (1396 ?) plus un avertissement et une Table des matières par le B. J. P. (voyez Taillevent).

TAILLEVENT (Guillaume Tirel, dit). — Cj apres sen suyt le viandier pour appareiller toutes manieres de viàdes que tailleuent queulx du roi nře sire fist tant pour abiller & appeiller boully rousty poissons de mer et deaue doulce : saulces espices et aultres choses a ce conuenables et necessaires comme cy apres sera dit... (A la fin :) *Cy finist le liure de cuysine nomme Taylleuant lequel traicte de plusieurs choses appartenant a cuysine.* S. l. n. d. (vers 1490), in-4 goth. de 38 ff. n. ch. de 25 lignes à la page, signés Aij-Eiij.

Un exemplaire de cette rarissime édition, probablement la première du livre de Taille-vent, figure, sous le n° 271, au catal. des livres de M. le Bᵒⁿ Pichon (1869). Il provenait des bibliothèques Baron et Huzard. M. L. Potier, libraire, a fait suivre, au catal., l'énoncé du livre d'une note fort in-téressante que nous croyons utile de repro-duire ici : « M. Brunet dit (*man. du libr.*, t. V, col. 646) qu'il y manque le premier feuillet qui, ajoute-t-il, est peut-être tout blanc. En effet, ayant possédé un exemplaire de cette édition, j'ai pu constater, le livre étant dérelié, que le premier feuillet tenant au huitième, son correspondant était tout blanc. Il y a entre les deux exemplaires qui sont certainement de la même édition une variante singulière : le premier mot de la dernière ligne de l'*explicit* est écrit dans l'un *appartenantes* au lieu d'*appartenant* qui se trouve dans l'autre. C'est une correction faite sans doute pendant le tirage. »

Il n'y a donc pas de titre ; le sommaire que nous avons transcrit plus haut en tient lieu ; quant à la souscription : *Cy finist.....*, elle se trouve au r° du dernier f.

Vend : 16 fr., Baron ; 81 fr., Huzard, et, en mar. r. (Bauzonnet-Trautz), 1950 fr., Bᵒⁿ Pichon.

— Cy apres sensuyt le viàdier pour appareiller toutes manieres de viandes que tailleuent queulx du roy nostre syre fist tant pour abiller et appareiller bouilly rousty poissons de mer et deaue doulce saulces espices et autres choses a ce conuenables & necessaires côme cy apres sera dit. — (A la fin :) *Cy finist le liure de cuysine nôme tailleuant lequel traicte de plusieurs choses appartenant a cuysine.* S. l. n. d., pet. in-4 goth. de

26 ff. n. ch. de 31 lignes à la page, signés aii-diiii.

Brunet, *Man.*, t. V, col. 647, donne cette édition comme imprimée avec les caractères de Pierre Schenck qui exerçait, vers 1490, à Vienne en Dauphiné. Cette édition n'a pas de titre (comme la précédente).

Nous trouvons dans un fascicule imprimé à Gap, en mars 1837, intitulé : *Matériaux pour servir à une histoire de l'imprimerie en Dauphiné*, pp. 12 et suivantes, une note sur cette édition dont un exemplaire figure au catal. manuscr. de la Biblioth. de Grenoble, sous le n° 7612. L'auteur de cette note cherche noise à M. Brunet et dit que « c'est par erreur qu'il compte 32 lignes à la page, tandis qu'il n'y en a que 31 et encore qu'en rapportant la souscription finale, il écrit : *Cy finist le liure de cuysine nome tailleuant* (sic). » M. Brunet ne se trompe nullement (voir *Nelles rech. bibliogr.* Paris, Silvestre, 1834, 3 vol. in-8, t. III, p. 306.) L'édition citée par Brunet est celle que nous décrivons ci-après et où le mot *tailleuant* est bien écrit *tailleuant*, édition différente de la précé-dente.

Vend. : 12 fr., Brienne-Laire, en 1792.

— Sj sensuit le viandier pour appa-reiller toutes manieres de viàdes que tailleuant queux du roy nostre sire fist pour appareiller Boully, Rousty Pois-son de mer et deaue doulce, saulces, espices, & autres choses a ce côuenables et necessaires comme cy apres sera dit. (A la fin :) *Cy finist le liure de cuysine nomme Taillenant* (sic) *lequel traicte de plusieurs choses appartenantes a cuysine.* S. l. n. d., in-4 goth. de 26 ff. n. ch. de 32 lignes à la page, signés a-c par 6, d par 8.

Le sommaire que nous venons de trans-crire d'après l'exempl. de la Bibl. de l'Arse-nal se trouve au r° du f. aii ; le 1ᵉʳ f. qui manque dans cet exemplaire est probable-ment tout blanc. La souscription «Cy finist..... est placée au r° du dernier f. dont le v° est blanc.

— (Le liure de Cuysine nomme tail-leuant?) S. l. n. d. (vers 1500), in-4 goth. de 24 ff. n. ch. de 33 lignes à la page, signés A-C par 8.

Nous ne donnons ce titre que sous ré-serve, bien qu'une note manuscrite sur un feuillet de garde de l'exemplaire qui se trouve à la Bibliothèque nationale dise : « Il manque le feuillet aï sur lequel se trouvait le titre ci-dessus, et le 8ᵉ feuillet de la feuille C. »

Le feuillet aï qui manque certainement peut très bien être blanc et l'ouvrage ne commencer (comme dans l'édition donnée vers 1490) que par le sommaire suivant placé en haut du rᵒ du f. aii : *Cy sensuit le*

— tailleuât Grant cuysinier du Roy de france. — (a la fin :) *Cy fine le liure de cuysine nôme Tailleuent Nouuellement imprime a Paris par Guillaume Niuerd. Imprimeur demourât en la rue de la iuyfrie a lèseigne Saint. Pierre, ou a la première Porte du Palais.* S. d., in-8 goth. de

tailleuēt
Grant cuisinyer du
Roy de France.

(Voir col. 821.)

viander (sic) *pour appareiller toutes manieres de viandes que tailleuât queux du roy nostre sire fist tât poʳ abiller et appareiller bouilly rousty poisson de mer & deaue doulce saulces espices et aultres choses a ce conuenables et necessaires côe cy apres sera dit. Et premièremêt du premier chapitre.* »

La note que nous citons ajoute : Le présent exemplaire faisait autrefois partie du recueil porté dans le cat. de Clement sous le nᵒ 4ᵒ Y 3711. »

32 ff. n. ch. de 28 lignes à la page, signés A-D par 8.

Au titre, fig. s. bois représentant trois personnages, deux hommes debout dont l'un, bossu, porte deux canards qu'il tient de la main gauche et un panier de la main droite. A gauche, on voit, à travers une lucarne, la tête d'une femme. Au-dessous de ce bois, un autre bois, assez étroit, où l'on voit des gens attablés.

Le texte commence au v° du titre par ces mots « Sensuyt lart & science de appareiller viddes selon Tailleuat queux du roy charles septiesme tant pour habiller boullir, rosty, poissons de mer & deaue doulce espices & autres choses a ce couenables còme cy apres sera dit..... » Les 3 premiers ff. (titre compris) comprennent la « table des viandes » qui finit au r° du 4° f. après la 22° ligne. « Cy fine la table et commence le d liure. »

Au bas du r° de l'avant dernier feuillet, la souscription transcrite plus haut et au v° de ce même feuillet, marque de Guillaume Niverd ; au r° du dernier feuillet, un bois et au v°, répétition de la marque de G. Nyverd.

Cette édition dont nous donnons la description d'après l'exemplaire de M. le B°⁰ Pichon, a dû être donnée entre 1511 et 1521, probablement en 1520 ; suivant Lottin, c'est en 1511 que Nyverd a pris sa marque.

— tailleuct Grant cuisinyer du Roy de France. (a la fin :)— *Cy fine le liure de cuysine nôme Tailleuent nouuellement imprime a Paris par Guillaume Nyverd. S. d., in-8 goth.*

Au titre dont nous donnons à la page précédente la reproduction, même fig. s. bois que dans l'édition précédente, moins le petit bois qui se trouve au-dessous. Au v° du dernier f., marque de Guillaume Nyverd.

Un exemplaire de cette édition fort rare, ayant appartenu à M. Bourdillon (n° 46 du cat. de 1850), puis à M. le Baron Pichon (n° 272 du cat. de 1869) a été vendu, avec une reliure de Mouillié, en mar. v., 550 fr. à la vente de ce bibliophile ; le même exemplaire, avec la même reliure, a été adjugé, en 1888, 1600 fr., La Roche-Lacarelle.

— Le liure du grant & tresexcellent cuysinier Tailleuent. Lequel est vtille & proffitable a toutes manieres de gens Lesquelx ce veullent meslez dabillez toutes sortes de viandes tant fresches q̄ sallees Aussi de poyssons de mer q̄ deaue doulce. Pour le seruice de Roys, Prices, q̄ en aultres grosses maisous (sic). *S. l. n. d.*, pet. in-8 goth. de 56 ff. n. ch. de 22 lignes à la page, signés A-G par 8.

Au-dessous du titre, on voit la marque de Pierre Gaudoul, imprimeur à Paris de 1514 à 1534. Le nom de « Tailleuent » remplace la devise : « *Sic Luceat. lux. vestra. Mat. 5.* » ordinairement placée au bas de cette marque.

Le texte commence au v° du titre ; au v° du f. GⅢⅠ, en haut, on lit : « Adiouste la façon de plusieurs potaiges. Lesquelx ne furent iat mais (*sic*) mis au liure de tailleuent jusques a present. Et primo. »

Au bas du v° du 56° f., le mot : *Finis.*

— Le liure de tailleuent grant cuysinier du Roy de France. (A la fin :) *Cy fine le liure de cuysine nomme Tailleuant nouuellement imprimee a paris en la rue neufue nostre dame a lenseigne de lescu de France. S. d.* (vers 1520), pet. in-8 goth. de 32 ff. n. ch. de 27 lign. à la page, signés A-D par 8.

Au titre, même fig. s. bois que dans l'édition donnée par Guillaume Nyverd. Le r° du 1ᵉʳ f. est occupé par le titre ; au v° de ce feuillet, on lit : « Sensuit lart et science de appareiller viddes selô Tailleuèt queux du roy Charles septiesmement (*sic*) pour habiller boullir, rostyr, poissons de mer et deaue doulce espices et autres choses a ce couenables côme cy apres sera dit..... »

Vient ensuite la table des viandes qui finit au v° du 4° f., après la première ligne, par ces mots : *Cy fine la table et commence le dit liure.* » Au r° du dernier f. dont le v° est blanc, la souscription transcrite plus haut.

L'exemplaire de cette édition que possède la Bibliothèque nationale provient de la vente Mac-Carthy ; il est incomplet des ff. 6, 7 et 8 de la feuille A.

— Le liure de tailleuant grant cuisinier du Roy de France. *On les vent a Parys en la rue neufue nostre Dame a lenseigne de lescu de France* (a la fin :) *Cy fine le liure de cuisine nomme Tailleuât nouuellement imprime a Paris par Alain Lotrian et Denis iannot demourans en la rue neufue nostre Dame a lenseigne de lescu de France. S. d.*, in-8 goth.

— Le liure de tailleuent grand cuysinier du Roy de France. *On les vend a Lyon, en la maison de feu Barnabe Chaussard, pres nostre dame de Confort.* (a la fin :) *Cy finist le liure de Tailleuêt grant cuysinier. Imprime nouuellement : a la maison de feu Barnabe chaussard, pres nostre dame de confort.* 1545, pet. in-8 goth. de 44 ff. n. ch. de 22 lignes à la page, signés A-E par 8, F par 4.

Au titre fig. s. bois (voir la reproduction ci-contre); au vᵒ du titre, dans le haut : « Sensuyt lart et science dapareiller viandes selon tailleuèt queux du Roy..... » au vᵒ du

de Taillevent est portée au cat. Yemeniz (nᵒ 903) comme ayant été publiée en 1515.

Un autre exemplaire de la même édition, celui de M. Rouard, fait actuellement partie

ℭ Le liure de tailleuent grant cuy sinier du Roy de France,

ℭ On les vend a Lyon, en la maison de feu Barnabe Chaussard, pres nostre dame de Confozt.

ℭ Cy finist le liure de Tailleuèt grant cupsinier. Imprime nouuellement: a la maison de feu Barnabe chaussard, pres nostre dame de Confozt. M. D. pi ſ.

dernier f., la souscription transcrite plus haut.

La Biblioth. nationale possède l'exemplaire de M. Yemeniz qui, à la vente de cet amateur, a été adjugé en mar. v. doubl. de citr. (Bauzonnet) 850 francs. Cette édition

de la biblioth. de feu M. le Bᵒⁿ James de Rothschild et figure au catal. sous le nᵒ 283. M. Emile Picot y fait ressortir, dans une courte note, et l'on pourra le constater sur le *fac-simile* ci-joint, le peu de netteté que présente la date.

« Il semble écrit M. Picot, que le volume porte M.D. xiv (1514), mais à cette date Barnabé Chaussard était encore vivant et, d'ailleurs, l'aspect général du volume trahit une époque plus avancée du xvi° siècle. » Comme conclusion, M. Picot dont l'autorité en matière bibliographique est justement reconnue, assigne à la publication de cette édition la date de 1545 ; nous ne saurions mieux faire que de nous en rapporter entièrement à son opinion.

D'autre part, le cat. Coste indique, sous le n° 539, une édition dont l'adresse est identique avec la date de 1510 ; cette date est inadmissible, Barnabé Chaussard ayant exercé jusqu'en 1515. Cet exemplaire, en mar. bl. doubl. de citr. (Bauzonnet), avec un raccommodage, a été adjugé 280 fr.

Quant à l'édition de 1515 (toujours avec la même adresse) décrite au *Manuel*, t. V, col. 647, et au *Supplément du Manuel*, t. II, col. 723 (d'après l'exempl. Yemeniz, aujourd'hui à la Biblioth. nation.), il nous sera permis de mettre en doute son existence. Dans cet exemplaire, la lettre qui se trouve entre le *x* et le *v*, étant très effacée, est à peine visible et ce n'est qu'en la regardant avec beaucoup d'attention qu'on l'aperçoit ; de sorte que ce qui frappe d'abord, c'est la date de 1515. Dans l'exemplaire de la même édition dont nous donnons ici un *fac-simile*, la lettre est plus visible et l'on pourrait lire 1514, comme le fait observer M. Picot, mais non 1515.

Un exemplaire en v. b. s'était vendu 3 fr. La Vallière.

M. Brunet cite encore l'édition suivante :

— Le Livre de Taillevant grant cuysinier du roy de France. *Lyon, Barnabé Chaussard*, 1545, pet. in-8.

Et il ajoute : « Peut-être est-ce la même édition que celle qui est décrite ci-dessus sous la date M.D.xv. ? »

— Le cuisinier Tailleuent. *S.l.n.d.*, pet. in-8 goth. de 28 ff. n. ch. de 32 lignes à la page, sign. A-C par 8, D par 4.

M. Brunet, *Manuel*, t. V, col. 647, cite cette édition mais il ne compte que 24 ff. Il est à présumer que l'auteur du *Manuel* n'aura vu que l'exemplaire incomplet de la Bibliothèque nationale qui n'a, en effet, que 24 ff. Le dernier cahier manque. De combien de ff. se compose ce cahier ? Voilà ce qui est à établir. Nous sommes tenté de croire que le cahier D ne doit avoir que 4 ff. ; et ce qui nous porte à émettre cette opinion, c'est que

le texte qui manque, dans cette édition, ne saurait tenir dans deux feuillets et qu'il n'en manque toutefois pas assez pour en occuper plus de quatre. Il se peut aussi que le dernier f. soit blanc, comme il se peut aussi, qu'à ce dernier f. se trouve le nom de l'imprimeur, ou l'adresse, voire même la date de l'impression du livre. Nous ne pouvons être affirmatif à ce sujet, mais ce qui est évident, c'est que l'édition dont il s'agit a plus de 24 ff.

— Le livre de Taillcuët grant Cuysinier du Roy de France. Contenant l'art : & science d'appareiller viandes : à sçauoir boully, rousty : poisson de mer & d'eau douce : sauces, espices, & autres choses a ce conuenables : comme cy apres sera dit. *A Lyon, Par Benoist Rigaud.* 1580, in-16 de 96 pages de 22 lignes à la page.

Le v° du titre est blanc. L'ouvrage commence ainsi à la page 3 : « Sensuit l'art et science d'apareiller viandes selon Talleuent, à sçauoir : bouilly, rosty, poysson de mer, & d'eau douce : sauce : espices & autres chose (*sic*) a ce conuenables, comme cy apres sera dict. », et finit à la page 96, après la 10° ligne, par le mot : *Fin.*

— Le Livre de Taillevent, grand cuysinier du Roy de France. Contenant l'art et science d'appareiller viandes : à sçavoir boully, rousty : poisson de mer et d'eau douce : sauces, espices et aultres choses a ce conuenables. *A Lyon, chez Pierre Rigaud*, 1603, in-16.

Vendu : en veau olive (Kœhler), 58 fr., Yemeniz.

— Le même..... *Lyon, Pierre Rigaud*, 1604, in-16.

Vendu : en mar. v. (Bauzonnet) 44 fr., Cailhava (de Lyon).

Enfin, voici une autre édition qui figure au *Manuel*, t. V, col. 648 :

— Le Livre de Taillevent grand cuysinier de France ; suivi du livre de honneste volupté ; contenant la maniere d'habiller toute sorte de viandes..... le tout reveu nouvellement. *Lyon, pour Pierre Rigaud*, 1602 et aussi 1604, 2 part. en 1 vol. in-16.

M. Quérard, *Superch. litt.*, cite l'édition suivante :

— Taillevent, grand cuysinier du roy de France. *Paris*, s. d., pet. in-8 goth.

et il ajoute : Réimprimé sous ce titre :

— Livre de cuysine tres utile et proffitable... par le grand escuyer de cuysine. *Paris*, s. d. (marque de Pierre Sergent), pet. in-8° goth., fig. s. bois.

Le *Livre de Cuysine* n'est pas une réimpression du Taillevent; M. Quérard s'est trompé. Les deux ouvrages, qui datent tous deux du XIV° siècle, sont absolument distincts et le texte du premier diffère essentiellement de celui du second. Voyez: *Livre de Cuysine très utille*; *Cuisinier (Le Grand) de toute cuisine*; *Livre fort excellent de cuisine*...

C'est à M. le Baron Pichon que nous devons de connaître le véritable nom de l'auteur du *Viandier*. L'éminent président de la Société des Bibliophiles françois a bien voulu nous communiquer un travail manuscrit quil a consacré à Taillevent et dans lequel nous avons puisé de très précieux renseignements sur les états de service de ce personnage.

Nous y trouvons, en effet, que Guillaume Tirel, dit Taillevent, était en octobre 1349 « queux de bouche » de Philippe de Valois. A cette époque, Philippe VI lui accorda à lui et à sa femme Jeanne (sa première femme), l'amortissement gratuit d'une rente de 24 francs pour la fondation d'une chapelle. (*Trésor des chartes*, J. 53,183.) Guillaume Tirel fut sergent d'armes, à une époque indéterminée, probablement sous le règne du Roi Jean. En 1361, nous le voyons queux du duc de Normandie qui lui donne une somme de 100 fr. d'or « pour ses bons et agréables services ». Premier queux du roi en 1373, il devient écuyer de cuisine en 1381, et en 1387, premier écuyer de cuisine investi de fonctions spéciales. A partir de cette date, Taillevent cesse d'exercer. En 1388 (1389, nouveau style), il n'est plus fait mention de lui; peut-être s'est-il retiré, peut-être aussi est-il mort.

M. le B°ⁿ Pichon a également pu établir, d'après une note de l'époque inscrite sur le manuscrit conservé à la Biblioth. nat. que le *Viandier*, le premier traité de cuisine français, a dû être composé, vers 1375, sous le règne de Charles V qui, on le sait, a fait écrire plusieurs traités analogues.

C'est aussi M. le B°ⁿ Pichon qui a découvert à Hennemont, près Saint-Germain-en-Laye, la pierre tombale de Guillaume Tirel, actuellement conservée au musée de cette ville et où l'écuyer de cuisine est représenté debout entre ses deux femmes.

On trouvera d'intéressants renseignements sur Taillevent dans un article de M. le B°ⁿ Pichon publié dans le *Bulletin du Bibliophile*, année 1843, p. 253.

Le nom de Taillevent se trouve cité dans le *Grand Testament* de François Villon (ed. Janet, p. 76.)

> *Si aille veoir en Taillevent,*
> *Ou chapitre de fricassure,*
> *Tout au long, derrière et devant,*
> *Lequel n'en parle jus ne sure;*
> *Maisa Macquaire vous asseure.*
> *A tout le poil cuysant ung diable,*
> *Affin que sentist bon l'arsure*
> *Ce Recipe m'escript, sans fable.*

Deux manuscrits du Taillevent sont conservés à Paris, l'un à la Bibliothèque Mazarine, & l'autre à la Bibliothèque nationale. Le premier (Mss. n° 1253) est un pet. in-fol. de 10 ff.; il occupe les ff. 219 à 228 d'un recueil factice écrit au XV° siècle (vers 1480) et commence par ces mots : *Tailleuent maistre queux du roy de france icy enseigne a toutes gens pour apparoillier a maingier en cusine de roy duc conte marquis barons prelas & de tous aultres seigneurs bourgois merchans et gens d'ouncur.*

En tête de ce recueil, on lit « C'est a moi Tabourot » Ce Tabourot, bien que l'orthographe de son nom soit différente, ne serait-il pas le même que le *Taboureau* dont nous décrivons ci-avant un Traité de cuisine?

Le second (Biblioth. nation. Mss., fonds français, 19791) est un pet. in-4° de 18 ff. n. ch., sur vélin. Il commence au r° du 1er feuillet par ces mots : « Cy comence le viandier tailleuant maistre queux du Roy nostres (ire) » et finit au v° du 18e f., après la 9e ligne, par le mot : *Explicit*.

TAMBURIN. — Méthode pour la fabrication artificielle des vins, ou mieux pour la préparation de quelques boissons économiques, suivie de moyens faciles..... par F. Tamburin, pharmacien de 1re classe. *Toulon, les libraires, l'auteur*, 1854, in-16. (1 fr. 50.)

TANNEGUY DE WOGAN. — La Vie à bon marché, ouvrage accompagné de 50 menus et recettes culinaires par E. Tanneguy de Wogan, lauréat (1er prix au concours) de la Société libre pour le développement de l'instruction et de l'éducation populaires, etc. *Paris, E. Plon, Nourrit et Cie*, 1885, in-18 de 218 pages. (2 fr.)

Traité de cuisine végétarienne assez curieux où l'auteur donne des recettes telles que le *Potage Elisée Reclus*, les *Grenouilles aux épinards*, le *Turbot végétarien*, la *Soupe sultane*, etc. D'après lui, on peut faire un repas pour 15 cent. On trouve également dans ce livre des menus de banquet végétarien.
— Le Moyen de vivre pour dix sous par jour. Préface de M. J. de Gasté, ancien député. 9me édition revue et augmentée. *Paris, Roy*, 1883, in-8 de 39 ff. (60 cent.).

TARIF des Gages que prendront les commis des portes & barrières des entrées de Paris, pour assurer les droits sur les œufs, beurres & fromages, qui doivent être perçus suivant le Tarif arrêté au Conseil le 24 décembre 1743, en conséquence de l'édit & déclaration desdits mois & an ; & assurer aussi les droits qui doivent être perçus sur la volaille, gibier, &c. en conséquence desdits édit & déclaration, dont a été fait Bail à Joseph Melet, & ceux qui appartiennent à la Communauté de la volaille : le tout pour lesdites marchandises & denrées qui entreront par leurs Bureaux, en détail, & même en gros lorsque ce seront des marchands qu'ils ne connoîtront point pour forains qui mènent ordinairement des marchandises, tant sur le carreau de la Vallée que de la Halle. Arrêté le 18 Janvier 1744. (*A Paris de l'Imprimerie Royale 1744*), in-4 de 4 pp. (De 4 à 5 fr.)

TARIF des viandes de boucherie et de porc sortant des abattoirs de Paris. *Paris, impr. de Rouzeau*, 1860, in-12 de 16 pp. (2 fr.)

TAUX (Le) & pris aquoy les vollaiges & Gibier doibuent estre venduz par les poullailliers de ceste ville & faulxbourgs de Paris. Cum priuilegio. *On les vend a Paris, en la rue de la Juyrie a lenseigne sainct Pierre & sainct Iacques. Et a la*

première porte du Palays par Iaques Nyuerd. S. d. (1546), in-4 goth. de 2 ff. n. ch., sans recl., ni signat.

Au titre, un bois représentant deux volatiles. On trouve vers la fin de cette pièce la date suivante : « le vingtneufiesme iour de Decembre Lan mil cinq cens quarante six, »
La même pièce, avec une légère modification dans le titre, a paru la même année :

— Le taux & pris aquoy les vollailles & Gibier doibuent estre venduz par les poullailliers de ceste ville & faulxbourgs de Paris. Cum priuilegio. *On les vend a Paris, en la rue de la Juyrie a lenseigne sainct Pierre & sainct Iacques. Et a la première porte du Palays par Iaques Nyuerd.* S. d. (1546), pet. in-4 goth. de 2 ff. sans ch., recl., ni signat.

Au titre, même bois que dans la pièce précédente. La seule différence qui existe consiste dans l'orthographe du mot *vollailles* qui, dans la première pièce est écrit *vollaiges*.
Vend. en mar. bl. jans. (Thibaron-Joly), relié avec deux autres pièces goth., 102 fr., La Roche-Lacarelle. Voyez *Inhibicions (Les) et deffences*.

TAVENET (A.). — Annuaire de la cuisine transcendante par A. Tavenet. *Paris, l'auteur*, 1874, in-12 de 203 pp. (2 fr.)

TAXE (La) de la viande ou le pied de nez des bouchers. *Paris, impr. Beaulé*, 1855, in-4.

Neuf couplets par Durand.

TELLIER. — Ecole pratique de l'art du glacier, seul ouvrage en son genre qui traite, explique et démontre l'Art du Glacier et l'office, avec une économie de 50 à 80 %, indispensable aux Maîtres-d'hôtel, aux Glaciers-Patissiers et Confiseurs, aux Chefs de cuisine, aux valets de chambre qui aspirent au titre de Maître-d'hôtel, pour MM. les Propriétaires des grands cafés et restaurants et pour MM. les Epiciers et Garçons de Café. par MM. Tellier et Pigeon, glaciers et officiers de bouche. *Montargis, impr. de E. Grimont*, 1879, in-4 de 52 pp. et 5 planches. (De 4 à 5 fr.)

TELLIER. — Note sur la conservation de la viande présentée le 6 décembre 1870, à l'Académie des Sciences, par Ch. Tellier. *Paris, impr. Claye*, 1871, in-8 de 19 pp.

— Conservation de la viande et autres substances alimentaires par le froid ou la dessiccation ; par Ch. Tellier. Ouvrage théorique et pratique orné de 108 fig. inédites dans le texte, de 12 planches et de 3 cartes par M. V. A. Malte-Brun, 1er fascicule, in-8 de 325 pp. *Auteuil, l'auteur*, 1872.

— La vie à bon marché par Ch. Tellier. *Paris, imp. Roussel*, 1880, in-8 de 132 pp.

TERR (J. L. F.). — Hygie, ou l'art de se bien porter, poëme en VI chants et en vers familiers de huit syllabes, suivi d'une esquisse du Temple d'Hygie par J. L. F. Terr. *Paris, Allut*, 1807, in-12 de VIII-172 pp. (De 2 à 3 fr.)

TESTAMENT (Sensuyt le) de taste vin roy des pions. — (A la fin :) *Cy finist le testament de taste vin roy des pions.* S. l. n. d., in-4 goth. de 4 ff. de 24 vers à la page, sans chiffr., reclam., ni signat.

Le vº du titre est blanc ; celui du dernier f. ne contient que huit vers, et les deux lignes : *Cy finist....* que nous avons citées plus haut.

M. Brunet, *Manuel du libraire*, t. V, col. 733, indique une édition qui, bien que semblable à celle que nous venons de décrire, d'après l'exemplaire de la Bibliothèque nationale, quant au titre et aux deux lignes de la fin, présenterait néanmoins quelques différences. Elle n'aurait que 21 vers à la page et finirait au rº du 4ᵐᵉ et dernier f. dont le vº serait blanc. Nous n'avons pas vu cette édition dont M. de Montaiglon (*Recueil de poésies françoises*, t. III, p. 77) ne fait, d'ailleurs, aucune mention.

M. de Montaiglon décrit, par contre, une autre édition qu'il a vue chez M. Cigongne et dont voici le titre :

— Le grand Testament de Taste vin Roy des Pions. (A la fin :) *Cy fine le testament de Taste-vin, roy des Pions.* S. l. n. d., in-4 goth. de 4 ff. n. ch. de 24 vers à la page.

Un grand bois, placé sur le premier feuillet, représente trois jardiniers occupés à mettre des greffes.

— Sèsuit le testamèt de taste vî roy d's piòs. S. l. n. d., pet. in-8 goth. de 4 ff. n. ch. de 26 vers à la page, signés A.

Au titre, un bois représentant deux personnages et des hommes d'armes. Le texte commence au vº du titre et finit au vº de l'avant-dernier f. par le mot : *Finis*. Au rº du dernier f., un bois représentant David terrassant Goliath et au vº de ce même f., un autre bois où l'on voit des ouvriers construisant des remparts.

Le *testament de Taste vin*, si l'on s'en rapporte aux derniers vers de cette pièce, a été composé en 1488 :

> *Fait en vendanges par desduit*
> *Huit iours durant la nostre dame*
> *Mil. cccc. octante huit.*

Cette dernière édition a été réimprimée vers 1850, en *fac-simile* lithographique et tirée à 40 exemplaires sur papier de Chine.

Une autre réimpression d'après le texte de cette même édition avait été donnée, en 1829, par les soins de M. Gratet-Duplessis, et tirée à 32 exemplaires. En voici le titre :

— Sensuyt le testament de taste vin roy des pions. (A la fin :) *Imprime nouuellement le 14ᵉ iour du moys de may Lan 1829 par pierre guyot ainsne imprimeur demourant a Orléans et Ledict Liuret imprime seullement a trente deux exemplaires asçauoir vingt deux sur papier de hollande et dix sur papier de couleur. Peu et bien.* In-8 de 8 ff. n. ch.

M. Brunet cite une réimpression : *Paris, chez Guiraudet*, 1829, in-16 de 4 ff. que nous ne connaissons pas.

Enfin, on trouvera la réimpression de cette petite pièce fort rare, donnée d'après l'exemplaire de M. Cigongne, par M. A. de Montaiglon, *Recueil de poésies françoises*, t. III, p. 77-83.

TEXTOR (Vincent). — Traicté de la natvre dv vin, et de l'abvs tant d'icelvi, qve des autres bruuages par le vice d'yurongnerie. Distingué en II liures. Composé, et nouuellement mis en lumiere par Vincent Textor. *S. l.*, par *Gabriel Cartier*, 1604, in-8 de 190 pp. (De 20 à 25 fr.)

Cet opuscule est précédé de deux sonnets adressés à « Monsievr Textor svr son livre de l'vsage dv vin », l'un signé Théoph. Gassegrein, l'autre des initiales M. D. M.

Il fournit de curieux détails sur le vin, l'ivresse et les ivrognes. Au chapitre VI notamment, intitulé *Des diuerses qualitez du vin des yurongnes, à scauoir du vin de Singe, du vin de Lion, du vin de Chien et de celui de Pourceau.* Vincent Textor étudie les différents effets du vin sur l'homme s'adonnant à l'ivrognerie et qui le rend, suivant les temperaments, tantôt folâtre, tantôt méchant.

On trouvera une note intéressante sur ce traité dans le *Bulletin du Bibliophile*, année 1857, page 460.

Vendu en mar. r. (Duru et Chambolle), 50 fr., Behague.

THÉ (Le) Poème, Par Alexandre P……. *A Bordeaux, de l'imprimerie de Vence Cavazza*, 1823, in-8.

— Le même….. (seconde édition). *A Bordeaux de l'imprimerie de Castillon*, 1823, in-8 de 13 pp. (2 fr.)

THÉRÈSE (Mlle). — La Cuisinière bourgeoise contenant, etc. Nouvelle édition augmentée de nombreuses recettes et revue par Mlle Thérèse. *Paris, tous les libraires*, 1840, in-18, 1 grav. (De 2 à 3 fr.)

— **THESES** ex universa Vinosophia quas in antiquissima ac celeberrima Vinoversitate Weni-Biriensi humoribus ac venerationi humidissimi liquidissimi omnibusque humentibus titulis perfundendissimi Domini Biberii Comitis Palatini in Trinck-Hausen, etc… Solemni disputationi proposuit liquidissimus orator vinandus Bieira. *Vinoberga sumptibus Vinophyli, s. d.* — Vino fumosissima Bacho-inaugurato promotio in Vinosophia. *S. l. n. d.*, 2 part. en un vol. pet. in-8.

Cette facétie singulière sur le vin, la bière et les ivrognes a paru vers le milieu du XVIII° siècle, et a été réimprimée en 1860.

THIÉBAUT DE BERNEAUD. —

Nouveau manuel complet de la laiterie, etc. ou Traité de toutes les méthodes pour la laiterie; l'art de faire le beurre, de confectionner les fromages etc. par M. Thiébaut de Berneaud. *Paris, Roret* 1842, in-18 avec 1 planche.

— Nouveau manuel complet du vigneron français ou l'art de cultiver la vigne, de faire les vins, eaux de vie et vinaigres. 5e édition revue et augmentée par M. F. Malepeyre. *Paris, Roret*, 1850, in-18 avec 14 pl.

La première édition, *ibidem, idem*, est de 1823.

Ces deux ouvrages font partie de la collection des Manuels-Roret.

THIER (De). — La laiterie. notions pratiques sur l'art de faire le beurre et de fabriquer les fromages etc. par P. Arnold de Thier, *Bruxelles, Tarlier* 1856, in-12. (1 fr.)

THORRE (J.-A.). — L'indicateur des mets, ou Précis de la composition des préparations culinaires modernes, et de leurs qualités alimentaires, etc, Par J.-A. Thorre. cuisinier. *Paris, A. Hiard*, 1855, in-18 de 197 pp. (2 fr. 50.)

THORY (C. A.). — Monographie ou Histoire naturelle du genre Groseilles, contenant la description, l'histoire, la culture et les usages de toutes les groseilles connues, avec 24 planches coloriées par C.-A. Thory. *Paris, Dufart*, 1829, in-8 de xvj-152 pp. (De 5 à 6 fr.)

Les 24 planches annoncées en couleur sont imprimées en noir. On voit en tête du volume un portrait lithographié de l'auteur.

THRESOR (Le) de santé, Ov, Mesnage de la vie Hvmaine. Diuisé en dix Liures. Lesquels traictent amplement de toutes sortes de Viandes & Breuuages, ensemble de leur qualité & preparation. Oeuure autant curieuse & recerchee, qu'vtile & necessaire. Faict par un des plus celebres & fameux Medecins de ce siecle. *A Lyon, Chez Iean Ant. Huguetan, rue Merciere, à la Sphere,* 1607, in 8 de 10 ff. n. ch., 562 pp. et 12 ff. n. ch. d'*index.* (De 30 à 40 fr.)

Les dix premiers feuillets sont occupés par l'épitre dédicatoire à « Monsievr de Villars, conseiller dv Roy » etc., signée du nom du libraire, *Iean Ant. Hvgvetan.*; la préface non signée, le « sommaire de tovtes les especes de viandes & de breuuages, seruant a la nourriture du corps humain dont il est faict mention en ce Liure » et les « sommaires des livres de ce traicté » qui sont au nombre de dix.

Le premier traite de toutes les graines et légumes; le second, des vins, vins de Pommes, Bieres, etc.; le troisième, des viandes; le quatrième, des volailles, gibiers; le cinquième, des poissons de mer; le sixième, des poissons d'eau douce, des ecrevisses, etc.; le septième, du lait, du fromage, de la moutarde, du vinaigre, des epices, etc.; le huitième, des potages, des concombres, des melons, etc.; le neuvième, des fruits et le dixième des « Confitures de fruicts, d'herbes, d'escorces, de racines et de fleurs tant seches que liquides ».

Le *Thresor de santé* fournit de très intéressants documents sur l'alimentation sous le règne de Henri IV.

Le « Brief dv privilège dv Roy, extrait de l'original » se trouve à la dernière page des feuillets non chiffrés et est signé : Bricard.

Un exemplaire de cet ouvrage rare, maroq. vert, mais lavé (titre doublé) a été adjugé à la vente A. Meray, 26 francs.

— Le même..... Œuure nouuelle, autant curieuse et recherchee qu'vtile & necessaire. Faict par vn des plus célèbres & fameux Medecins de ce siècle. *A Lyon, chez Jean Ant. Huguetan, rue Merciere à la Sphere,* 1616, in-8 de 10 ff. lim. n. ch., 562 pp. et 13 ff. d'*index* n. ch.

On lit, au r° du 13° et dernier f. n. ch. : *A Lyon, de l'Imprimerie d'Estienne Seruain* MDCVII.

TICKLETOOTH (Tabitha). — The Dinner question. *London,* 1860, in-18 (2 fr.)

— Le même..... *London,* 1872, in-18.

TIGRINTO. — Gli elogi del porco capitoli berneschi di Tigrinto bistonio p. a. e accademico ducale de dissonanti di Modena. *In Modena, per gli Eredi di Bartolomeo Soliani Stampatori ducali,* 1761, in-4 de XLVIII pages.

Au titre qui est rouge et noir, un cochon est imprimé en rouge dans un écusson. La dédicace est signée de D. Giuseppe Ferrari qui doit être le véritable nom de l'auteur. *Tigrinto bistonio* ne serait qu'un pseudonyme comme en prenaient, à cette époque, les membres de ces sortes d'académies.

Cette pièce facétieuse est un éloge du Cochon.

TILLINGHAST (Mary). — Rare and excellent Receipts Experienced and Taught by Mrs. Mary Tillinghast, and now printed for the use of her Scholars only. 1678.

Carew Hazlitt, *Old Cookery books,* p. 77.

TIROIR (Le) du Diable. Paris et les Parisiens. Mœurs et coutumes, caractères et portraits des habitants de Paris, tableau complet de leur vie privée, publique, politique, artistique, littéraire, industrielle, etc. Par MM. de Balzac, Eugène Sue, George Sand, P. J. Stahl, Alphonse Karr, Henry Monnier..... *Paris, chez les principaux libraires.* S. d., gr. in-8 de 2 ff de titre, LXXX-357 pp. et 1 f. de table. (De 20 à 25 fr.)

Page 314, *Comment on mange à Paris,* 18 vignettes de Bertall avec légendes du même.

Voyez pour la description détaillée de cet ouvrage la *Bibliogr. parisienne* de M. Lacombe, n° 920.

TOGNI (Michel). — Raccolta Delle singolari qualità Del Caffe; Da Michiel Togni Dedicata Al Molto Illustre Sig. il Sig. Francesco Pelegrino. *In Venetia,* 1675, *Per Gio : Francesco Valuasense.* In-12 de 48 pp. (y compris la fig. grav.) (De 5 à 6 fr.)

TOL-EDEM-MEAEB-CLOC. — Le thé et le fourrage. Confabulation chinoise à l'usage des maitresses de maison, par Tol-Edem-Meaeb-Cloc, mandarin lettré. *A Péking l'an des crocheteurs*, MDXXXLXXX, in-12-carré de 147 pp. et 2 pp. de table.

Cet opuscule singulier qui nous a été signalé par M. A. de la Devansaye n'a pas été mis dans le commerce; il n'a été imprimé à *Pau, chez A. Menatière*, qu'en 1881, bien que le titre porte la date de 1880.

TOLOMAS. — Dissertation sur le Caffé par le P. Tolomas, *Paris*, 1757, in-12.

TOMBEAU (Le) des Yvrognes, en forme d'épitre au procureur S...ter, par M. de M***. *Imprimé à Fez en Barbarie* (1765) in-12. (De 10 à 12 fr.)

A la suite de cette pièce en vers qui est rare et singulière, dit le cat. Techener, on trouve la recherche suivante : Pourquoi Bacchus est représenté portant des cornes au front et des diverses sortes de s'enyvrer.

TONDEUR (Ch.). — Fabrication des liqueurs sans alambic ni aucun autre appareil de distillation par Ch. Tondeur, chimiste-œnologue. *Paris, l'auteur*, 1862, in-18 de 144 pp. (2 fr.)

M. Tondeur a publié, en 1869, un *Almanach de la Vigne et du Vin*, etc. *Paris, V. Masson et fils*, in-16 de 192 pp.

TOSTAIN. — La Poire molle et le Fromage de Roquefort, monologue de Stanislas Tostain dit par Régiane de l'Eden-Concert. *Paris, L. Labbé*, (1887), in-8 de 3 pp. avec grav. (50 cent.)

TOURNEMINE. — Treize à table ou un Pique-nique, Collation assaisonnée de couplets, en un acte. Par MM. Pre Tournemine et Gérau. Représentée sur le théâtre de la Porte Saint Antoine, le 16 février 1837. *Paris, Nobis*, 1837, in-8 de 20 pp. vign. (1 fr. 50.)

Gérau est le nom retourné de M. Hippolyte Auger.

— La Pâtissière de Darmstadt, vaudeville en deux actes, Tiré des nouveaux contes allemands d'Auguste Lafontaine. Par MM. Pre Tournemine et Adolphe Poujol. Représenté

pour la première fois sur le théâtre du Panthéon, le 27 octobre 1839. *Paris, E. Michaud*, 1859, gr. in-8 de 18 pp. à 2 col. (1 fr.)

TOUZIN (Mme J.). — La Sauce. La cuisine chez soi (Hygiène, simplicité, délicatesse). Cuisine des célibataires. Cuisine des Diabétiques. Avec Préface... par le docteur Foveau de Courmelles. *Paris, Felix Brossier* (1889), in-8 de 520 pp., grav. (3 fr. 50.)

TOWNLEY. — Le Salon dans la Cuisine. Farce en deux actes traduite de l'anglais avec le texte en regard. *Paris, Lance*, 1834, in-18.

Cette pièce, dit la France littéraire, fait partie du *Robertson's English théatre*.

TOZZI (Guilielmi) Doctoris Medici Parisiensis, Tractatus novus De Potu Cophe, De Sinensium Thee, Et de Chocolate Juxta Exemplar Parisiense. *Francofurti*, 1693, in-12, front. grav.

La Bibliothèque nationale ne possède que le titre et le front. gravé de cet ouvrage.

TRACTATUS de vino et eius proprietate. *S. l. n. d.*, pet. in-4 de 10 ff.

Ce traité sur le vin et ses propriétés, divisé en 21 chapitres, dit le *Suppl. au Manuel du Libraire*, a été publié en Italie vers 1470.

TRAICTE auquel est declaré la faculté de toutes sortes de Pain, Vin, Eau, Chair, Poisson, & autres choses pour l'entretenement de la santé de la vie humaine. Extraict de plusieurs anciens Docteurs, comme Hippocrates, Dioscoride, Aristote, Galien, Pline & autres. *A Lyon, Par Benoist Rigaud*, 1567, in-16 de 3 ff. lim. n. ch. et 153 pp. (De 15 à 20 fr.)

Au titre, marque typographique. Les trois ff. lim. sont occupés par le titre (vo blanc) et la dédicace « A Monseigneur monsieur de Monbourdon, gouverneur de hault & puyssant Prince, Charles par la grace de Dieu Duc de Lorraine, de Bar, &c., le trâslateur humble salut » qui finit au ro du 3e f. lim. dont le vo est blanc.

Voyez Calanius Prosper).

TRAICTÉ contre les Bacchanales ou Mardigras auquel tous chrestiens sont exhortez de s'abstenir des bâquets du dict Mardigras et des masques et mommeries. *Imprimé nouvellement (Paris)*, 1582, in-8 de 68 pp. et 1 f. (De 25 à 30 fr.)

Par Lambert Daneau.

TRAITÉ de confiture ou le Nouveau et parfait confiturier; qui enseigne la manière de bien faire toutes sortes de Confitures tant seches que liquides, au sucre, a demy-sucre, et sans sucre, au miel, au moust, a l'eau, sel et vinaigre. Des Compostes, des pastes, des Sirops et Gelées de toutes sortes de fruits : Des Dragées, Biscuits, Macaron, et Massepain. Des breuvages delicieux, des Eaux de liqueurs de toute façon, et plusieurs autres delicatesses de bouche. Avec l'instruction et Devoirs des chefs d'office de Fruiterie et de Sommelerie. *A Paris, chez Thomas Guillain, sur le quay des Augustins, a la descente du Pont-neuf, à l'image S. Loüis.* 1689, pet. in-8 de 8 ff. lim. n. ch., 324 pages et 9 ff. n. chiffr. de table. (De 30 à 40 fr.)

Les 8 ff. lim. sont occupés par « l'instruction et devoir du chef d'office de fruiterie et de sommelerie », et l'extrait du privilège daté du 19ᵉ jour de septembre 1675.

Le privilège est donné à Jean-Baptiste Loyson, marchand-libraire, privilège qui lui permet « en considération de la perte quil a fait (sic) dans l'incendie arrivé au college de Montaigu, de faire imprimer ou reimprimer le *Traité de Confiture*, etc. » L'achevé d'imprimer pour la première fois est daté du 22 juillet 1689. A la page 317, se trouve un « avis nécessaire au confiturier pour se servir utilement de ce livre ». Les 2 derniers feuillets de la table des matières sont imprimés en caractères plus petits que les précédents.

— Le même..... *Amsterdam, Pierre Mortier*, s. d. (1698), in-12, front. grav.

Vendu : en mar. r. (Hardy) 54 fr., Behague.

TRAITÉ (Petit) de Cuisine. *Paris, Moronval*, 1832, in-18. (1 fr. 50.)

— Le même..... *Paris, impr. Poussielgue*, 1836, in-18 de 35 pp.

TRAITÉ de la nature, de la culture et de l'utilité des pommes de terre par un ami des hommes. *Lausanne*, 1771, in-12 de 82 pp. (De 2 à 3 fr.)

Par Sam. Engel, d'après Barbier.

TRAITÉ des dispenses du Carême, Dans lequel on decouvre la fausseté des prétextes qu'on apporte pour les obtenir, En faisant voir par la mécaniqve du corps, les rapports naturels des alimens maigres, avec la nature de l'homme : Et par l'histoire, par l'analyse & par l'observation, leur convenance avec la santé. Seconde édition. Revûe, corrigée, & augmentée par l'Auteur, de deux Dissertations, l'une sur les Macreuses, & l'autre sur le Tabac. *A Paris, Chez François Fournier Libraire, en la maison de Frederic Leonard, Imprimeur du Roi, rue Saint Jacques, a l'Ecu de Venise.* 1710, 2 vol. in-12 de 22 ff. n. ch., 509 pp., 17 pp. n. ch., et 3 ff. n. ch., 529 pp. et 14 pp. n. ch. (De 12 à 15 fr.)

L'auteur de ce livre anonyme est le médecin Philippe Hecquet qui entend prouver que le Carême, loin d'être nuisible à la santé de l'homme, lui est, au contraire, très profitable.

C'est à ce traité que répond Mᵉ Nicolas Andry (voyez ce nom), dans son ouvrage *Le régime du Caresme*.

La première édition du *Traité des dispenses du Carême* a paru chez le même libraire 1709, mais en un seul volume in-12.

Une nouvelle édition en a été donnée. 1741, 2 vol. in-12, à *Cologne (Paris) chez Roderique*.

Hecquet est également l'auteur d'un livre sur la *Digestion et les maladies d'estomac*.

TRAITÉ du Café, contenant l'histoire, la description, la culture et les propriétés de ce végétal. *A Paris*, 1798-an VI, in-12 de 121 et 109 pp. (De 3 à 4 fr.)

Ouvrage divisé en deux parties; la seconde porte le titre de : Etrennes à tous les amateurs de café, etc. Ce « Traité du Café » est d'ailleurs le même ouvrage que celui que nous avons décrit sous le titre : Etrennes à tous les amateurs de café, etc. (Voyez ce titre.)

TRAITÉ sur la nature chimique, les effets hygiéniques, la préparation, la torréfaction et l'usage du café Par un duo-septuagénaire, A. L. *Paris, Ledoyen,* 1855, in-18 de 34 pp. (1 fr.)

TRAITTE plaisant et sentencieux de Figue Noez et Chastegne Et côtiet troys petites parties. La première est joyeuse. La Secunde serieuse. La tierce theologalle. Pet. in-8 goth.

L'exemplaire de la Bibliothèque nationale est incomplet; il n'a que cinq feuillets; M. A. de Montaiglon, dans une notice qu'il a écrite pour le *Chasseur bibliographe*, n° du 4 avril 1863, estime que la pièce devait comporter huit feuillets de 30 lignes à la page.

Dans ce « traité plaisant » les figues, les noix et les châtaignes vantent, chacune, leurs qualités respectives. Voici quelques vers qui donneront une idée de l'esprit dans lequel est conçue cette pièce :

Son fait vng bon paste de veau
Ou de chapons & gy soys mise
Pas plus espice al mor seau
Je seray la premiere prise
Bonne suis cuitte en toute guise
Soit en pot en poesle ou en rost
(Je le dy puisquen suis requise)
En boire en mäger iay bon goust.

TRAMBLY. — L'Œnologie, poeme didactique en quatre chants, suivi de notes historiques par M. T...., de Mâcon. *Chalon-sur-Saône*, 1820, in-12. (De 3 à 4 fr.)

— Le même..... *Paris, Vve Nyon,* 1820, in-12.

TREASURY (The Good Housewife's) 1588, in-12.

Carew Hazlitt, *Old Cookery books*, p. 67.

TRENCHIER-KUNST (Vollkomene und neueste) oder gedoppelte Anweisung alle Gattungen sowolh gesottener als gebratener Speisen Geflügel, Wildprett, Schlegel, Keulen, etc. auf die geschiktesche Art nicht allein zu zerlegen sondern mit der besten Wohlans-

tändigkeit bei allen vornehmen Tafeln oder Tischen der Gesellchaft vorzulegen. Alles auf das deutlischste nach gedoppelter Art beschrieben und in Figuren Vorgestellt. *Carlsruhe ben Michael Macklot*, 1769, in-8 de 62 pages.

Traitéde l'Ecuyer-tranchantdont les figures intercalées dans le texte sont absolument les mêmes que celles qui se trouvent dans l'*Ecole parfaite des Officiers de bouche, Paris, Jean Ribou,* 1680, in-12.

TRÉSOR (Le) de l'humanité pour conserver sa santé et prolonger sa vie. Accompagné des préceptes des sages de la Grèce qui sont : Thalès, Solon, Bias, Chilon, Pittacus, Périandre et Cléobule indiquant les moyens d'être heureux sur la terre, suivi des principes hygiéniques pour conserver la santé et se terminant par un régime alimentaire tellement simple et raisonné pour prolonger notre existence, que l'un de nos plus grands diplomates de notre siècle est arrivé à 85 ans, alors qu'il avait été condamné par tous les médecins à ne jamais atteindre la cinquantaine : Le tout recueilli par un magistrat ayant 34 ans de services et qui offre cet ouvrage dans un but de charité en faveur d'une famille digne du plus grand intérêt et éprouvée par d'immenses malheurs. *Paris, Imprimerie Décembre, 1882,* in-12 de 244 pp. (De 3 à 4 fr.)

TRÉSOR (Le Petit) du ménage ou Choix de Recettes en tout genre. *Paris Chez les Mln de Nouveautés; Lyon, Chambet,* s. d. (1827), in-32 de 112 pp. (50 cent.)

TRÉSOR des recettes utiles de Gastronomie et des moyens d'augmenter la force corporelle, de conserver la Santé, de prolonger la vie, etc. suivi d'une gymnastique hygienque (*sic*), sans appareil mise à la portée de tout le monde : d'un procédé magnétique pour faire passer instantanément et soi-même la migraine et autres maux de tête,

2ᵉ édition. *Paris, Desloges*, in-16 de 93 pp. (De 3 à 4 fr.)

TRIFET (Dʳ). — Histoire et physiologie du café. De son action sur l'homme à l'état de santé et à l'état de maladie, par le Dʳ Trifet..... *Paris, Moquet*, 1846, in-8 de 40 pp. (1 fr.)

TRIMM (Thimothée). — Physiologie du vin de Champagne, par Thimothée Trimm, avec portrait de l'auteur. *Paris, librairie du Petit Journal*, 1866, in-32 de 46 pp. (De 4 à 5 fr.)

Voyez Léspès (Léo).

TRINCIR-BUCH (Vollständig vermehrtes) handlend. I Von den Tafeldecken, und Was demselbigen anhängig. II Von zerschneidung und vorlegung der Speisen, III Von rechter Zeitigung aller Mundkoste, oder von dem Kuchenkalender, durch das gantze Iahr. IV Von den Schaugerichten, und etlichen Denckwürdigen Banckelen. Diesen sind angefüget XXIV. Gast-oder Tischfragen, und ist ferners neurlich beygebracht, was in den ersten Theilen, und sonderlich von dem Tafeldecken ausgelassen worden. Nach Italianischer und dieser zeit üblichen Hof. Art mit fleisz beschrieben, und mit vielen nothwendigen Kuppffer Kunstrichtig aus gebildet. *Nurnberg, in Verlegung Paulus Fursten Kunsthandlers, Gedruckt durch Heinrich Pillenhofer, Im Iahr*, 1652, in-8 obl. de 8 ff. n. ch., 327 pp. et 11 pp. n. ch. de table, front. et 61 pl. grav. (De 20 à 25 fr.)

Le frontisp. grav. représente des Seigneurs à table dans une grande salle. L'Écuyer tranchant est debout, à droite, tournant le dos à une grande cheminée. On lit dans le haut : *Vollstandig vermehrtes Trincir-Buch von Tafeldecken Trinciren, zeitigung der Mundkoste Schauessen und schaugerichten benebens XXIV Gast-oder Tischfragen*, et au bas : *Nurnberg, bey Paulus Fürsten Kunsthandlern Anno 1652.*
Les 8 ff. lim. sont occupés par le titre (dans un encadrement), la dédicace « Dem

Hoch-und Wolgebornen herrn, herrn Maximilian Wilibalden.... ». signée « Paulus Fürst Kunsthandler in Nurnberg ». 8 distiques latins, signés : « G. P. Harsdorfferus » et la préface « an den hostlichen Leser ». Cette dernière finit au rᵒ du 8ᵉ f. n. ch. Entre les vers latins et la préface, se trouve une figure gravée, deux femmes couronnant un buste. Une planche repliée (fourchettes et couteaux) est placée entre le dernier f. lim. et la page 1; entre les pp. 2 et 3, une autre planche de couteaux.
Les planches gravées font partie de la pagination du volume ; elles occupent les pages 1, 3, 5, 7, 9. 11 (pliage des serviettes), 25, 31, 33, 35, 37, 39, 41, 43, 45, 47, 49, 51, 53, 55, 57, 59, 61, 63, 65, 67, 69, 71, 73, 75, 77, 79. 81 (manière de découper les volailles, viandes, poissons et écrevisses), 91, 93, 95, 97, 99, 101, 103, 105 (manière de découper les fruits).
Un autre front. grav. se trouve entre les pages 130-133 (il est compté dans la pagination). Les autres planches occupent les pages 159, 161, 194, 195, 225, 307, 309, 311, 313, 315, 317, 319, 321, 323, 325, 327.

— Vollständiges und von neuem vermehrtes Trincir-Buch..... *In Verlegung Paulus Fursten Kunsthändlern, Nurnberg, gedruckt bey Christoff. Gerhard* (1657), in-8 obl. de 4 ff. lim. n. ch., 379 pp. et 13 pp. n. ch. de table.

Les figures et planches sont les mêmes que dans l'édition précédente, mais disposées dans un ordre différent. Toutefois la page 10 est occupée par une gravure qui ne figure pas dans l'édition de 1652.
Ces deux éditions font partie de la collection de M. le Bᵒⁿ Pichon.

TRIOMPHE (Le) de Bacchus, almanach Ramponneau, par M. D***. *Paris, Cuissart*, 1762, in-32. (De 3 à 4 fr.)

Un almanach analogue a paru en 1828 sous ce titre :
— Le Triomphe de Bacchus choix de chansons et rondes de table par P. E. Almanach chantant pour la présente année. *Paris, Stahl*, s. d., in-32 de 32 pp. et 1 calendrier de 8 ff.
Le même almanach a paru, *ibidem, idem*, en 1834.

TROUSSET. — Un million de recettes. Grande encyclopédie illustrée d'Economie domestique et rurale, grande cuisine, cuisine bourgeoise, petite cuisine des ménages, Cuisines étrangères, Pâtisserie, Office, Confiserie, Art d'accommoder les restes, Dissection... Par une société de Praticiens, de Savants et de Gens de lettres sous la direction de M. Jules Trousset, ancien professeur..... Illustrée de 2,000 gravures inédites dessinées et gravées par l'élite de nos Artistes. *Paris, Fayard*, 1875, 2 vol. in-8 de 2588 et 2992 col. (15 fr.)

Cet ouvrage a paru par livraisons.

TRVFFES de Montbard. *S. l. M.D.* LXXXX, in-8 de 8 pp. (De 50 à 60 fr.)

Pièce politique très rare, que nous ne citons que pour son titre.

TRYON (Thomas). — A Treatise of Cleanness in Meats and Drinks, of the Preparation of Food, etc. By Thomas Tryon. 1682, in-4.

— A New Art of Brewing Beer, Ale, and other sorts of Liquors. By Thomas Tryon, 1690-91, in-12.
— The Way to get Wealth; or, A New and Ready Way to make twenty-three sorts of Wines, equal to that of France.... also to make Cyder... 1702, in-12.
Carew Hazlitt, *Old Cookery books*, p. 80.

TURBOT (Le), Anecdote. *Lyon, impr. de Rossary, s. d.* (1831), in-8 de 8 pp. (De 3 à 4 fr.)

Par F. de Montherot, d'après Barbier. Le héros présumé de cette aventure est l'auteur de la *Physiologie du Goût*. Mais une note, placée à la fin de cette pièce de vers médiocre, ajoute : « L'anecdote est apocryphe. Brilliat (sic — Savarin n'en fut jamais ni le héros, ni le raconteur. »

TURBOT (Le), satire de Juvénal, traduite en vers français par A. de la Ch***. *A Paris, chez Firmin Didot, imprimeur de l'Institut et graveur de l'imprimerie impériale rue Jacob, nº 24,* 1812, in-8 de 46 pp. (2 fr.)

Par A. de la Chataigneraye, fils. Texte latin placé en regard de la traduction française.

TURINUS. — Disceptativncvla medica Andrêe Turini ad sanctiss. in Christo patrem Clementem eius nominis septimum adversus opinionem Matthœi Curtii de prandii et cœnæ ratione. *Parisiis, Prostat apud Christianum Wechelum in vico Jacobæo, sub scuto Basiliensis. S. d.,* pet. in-12 de XXIII pp. (De 6 à 7 fr.)

Au titre, marque de l'imprimeur qui est répétée au vº du dernier f. Voyez Curtius.

TURNEBUS. — Adriani Tvrnebi de vino libellvs. Cum proemio Io. Caselii, ad Theod. Faresbachvm. Eiusdem Caselii ad latinam-linguam accuratius discendam cohortatio. *Hæmaelstadii Ex officina typographica Iacobi Lvcii,* 1619, in-4 de 8 ff. lim., sign. a-ɔc par 4 et 32 ff. sign. B-I par 4. (De 10 à 12 fr.)

La dédicace est datée de 1605. La première édition de ce traité sur le vin a été donnée : *Parisiis, apud Claudium Morellum,* 1600, pet. in-8.
On trouve également cet ouvrage à la suite du Commentaire de Meibomius (voyez ce nom), *Helmestadii,* 1668, in-4.

TUXIGANO. — Tractatvs de regimine sanitatis, editus per insignem virum dominū P. de Tuxigano medicinæ monarcham doctorem Bononie, rerū experientia clarissimum. *Parisiis. Ex officina Christiani Wecheli sub scuto Basiliensi,* 1535, in-8 de 8 ff. n. ch. sign. a.

La Croix du Maine et du Verdier indiquent une autre édition de cet ouvrage, *Paris, Chrétien Wechel,* 1538, in-8 de 13 pp., qui a été traduit en français par Claude Grivel.

TYGODNIK KUCHARSKI, journal culinaire polonais. Irᵉ année, *Varszawa,* 1883, in-4 de 8 pp., vign. s. le titre.

TYMPIUS. — Mensa theolo-philosophica sev conviviorvm pvlpamenta et condimenta suauissima, Hoc Est Qvæstiones symposiacæ, facetæ quidem, seriæ tamen & multa grauitate conditæ, nec non per LXII Locos communes dispositæ Studio & industria Matthæi Tympii Theol..... *Cum licentia Superiorum Monasterii Westphaliæ, Apud Michaelem Dalium.* Anno M.DC.XIX., in-12 de 6 ff. lim. n. ch. et 357 pp. (De 7 à 8 fr.)

L'exemplaire de la Biblioth. nationale comprend une autre partie..... *Monasterii West-*

phaliæ, Typis Viduæ Lamberti Rassefeldij, 1618, in-12 de 6 ff. lim. n. ch. et 300 pp.

M. Brunet cite une autre édition :

— Mensa theolophilosophica, L. e., quœstiones symposaicœ facetœ et seriœ. *Cum licentia superiorum Monasterii Westphaliæ,* 1623, 2 part. in-12. (De 6 à 9 fr.)

D'autre part, les catal. Boulard et Verbeyst mentionnent une autre édition de cet ouvrage, *ibidem,* 1645, in-12.

UDE (L. E.)— The French Cook or the art of Cookery developed. *London*, 1814, in-8.

Louis-Eustache Ude était cuisinier de Louis XVI. Une édition précédente a paru, *London*, 1813, in-8, avec un titre un peu différent.

UNDERRICHT (Ein schön), vor die Jungen Eheleut, was sie anfecklien von Hauszrath beförden alles ordentlich angezeigt..... *S.l.*, 1570, in-12 de 8 ff.

Le catal. Capron qui mentionne ce livre dit que cette pièce en vers allemands est curieuse. Dans un chapitre en prose, il est traité des prix des objets de ménage, des aliments et de ce que peut dépenser la ménagère pendant un an.

UNION (L') syndicale des marchands ruitiers, crémiers, beurre, œufs, fromages, volaille, poisson et comestibles du département de la Seine, paraissant tous les mois. *Paris, impr. Lobert et Person*, in-fol. de 4 pp. à 4 col.

Le n° 1 a paru en avril 1888. Prix de l'abonnement : Paris et Seine, un an 6 fr.; six mois, 3: r. 50; Etranger, le port en sus. Un numéro, 10 c.

UNTER dem allerhöchsten Protektorate J. Maj. der Königin Carola von Sachsen. I. Internationale Ausstellung für Volksernährung und Kochkunst zu Leipsig 1887, veraustaltet vom Internationalen Kochkunst-Verein zu Leipzig, vom 27. bis 31. Januar 1887, in den sämtlichen Raümen des Krystall-Palastes zu Leipzig. *Leipzig, Druck von Herm. Schlag.* in-8 de 15 pp. (1 fr.)

USAGE alimentaire de la viande de cheval. Banquet des hippophages. *Paris, de Soye*, 1865, in-8 de 72 pp. (2 fr.)

VSAGE (De l') du Caphé, Dv thé, Et dv Chocolate. *A Lyon, Chez Iean Girin, & Barthelemy Riviere, en rüe Merciere, à la Prudence.* 1671, in-12 de 12 ff. limin. n. ch. et 188 pp. (De 15 à 20 fr.)

Epitre dédicatoire au R. P. Jean de Bussières, signée : Iean Girin. Au verso du dernier f. n. ch. se trouve une figure gravée. A la page 73, commence le traité du Chocolat qui n'est autre que le discours curieux d'Antoine Colmenero de Ledesma (voyez ce nom), traduit en français par René Moreau.

Voyez Dufour (Ph. Sylvestre).

Un exemplaire de ce petit livre en mar. r. (rel. anc.) portant sur la couverture : *Pour Mademoiselle de Scudéry* a été adjugé 92 fr., Mirabeau; il s'est revendu, après avoir figuré dans la Bibliothèque J.-J. de Bure, avec la même reliure, 425 fr., La Roche-Lacarelle.

L'Usage du Café a été traduit en anglais sous ce titre :

— The manner of Making of Coffee, tea and chocolate. As it is used in most parts of Europe, Asia, Africa and America. With their virtues. Newly done out of french and spanish. (By John Chamberlain) *London, W. Crook*, 1685, in-12,

Chaque partie a un titre particulier, mais la pagination se suit.

UTILE (L') et l'agréable et Journal universel des ménages réunis; revue mensuelle d'économie domestique, agricole et industrielle, guide pratique et usuel de tous à la ville et à la campagne..... rédigé par une société de savants, de praticiens, de Fabricants, d'Industriels et de Dames, sous la direction de M. C. Bailly de Merlieux, chevalier de la Légion d'honneur..... *Bureaux et Administration du Journal, rue Furstemberg 7 près la rue Jacob, à Paris*, gr. in-8 à 2 col.

On trouve dans cette publication dont le 1er numéro a paru au mois d'avril 1854 et le dernier en 1857, des articles sur la nourriture, les boissons, la cuisine, l'office, etc.

Prix de l'abonnement annuel : pour toute la France, 5 fr., Belgique, Suisse, Espagne, 7 fr. Pays d'outre-mer et autres que ci-dessus : 9 fr.

UTRECHT-FRIEDEL (Mme). — L'art du Confiseur, ou manière simple et facile de faire toutes sortes de confitures au four et à la poêle, dragées, pastilles, fruits confits, gelées, fruits à l'eau-de-vie, syrops et glaces ; avec le procédé pour faire les pains d'épices d'Hollande, et quelques liqueurs fines, les plus fameuses du Nord; Avec trois Planches, par Louise-Auguste-B. Utrecht; veuve de P. J. Friedel, en son vivant, Négociant et célèbre Confiseur à Berlin. Prix : trois francs, franc de port, pour toute la République. *A Paris, chez l'Auteur*,.... an X-1801, in-8 de IX-83 pp. et 5 pp. de table, 3 pl. (De 3 à 4 fr.)

— Le même... *Paris, Servière*, 1802, in-12.

La troisième édition, *Paris, Tardieu*, 1811, a paru sous le titre : *Le Confiseur impérial ou l'art du Confiseur dévoilé aux gourmands...*;

en 1816, l'ouvrage de Mme Utrecht-Friedel prend le titre suivant :

— Le Confiseur royal où l'art du confiseur dévoilé aux gourmands; contenant la manière de faire les confitures, marmelades, compotes, Dragées, Pastilles, etc.; des instructions sur la distillation, la composition des Liqueurs, Crèmes, Huiles, et la manière de faire les Ratafias et les fruits à l'Eau-de-vie; divers articles concernant l'office, les crèmes d'entremets, macarons et biscuits; la manière de préparer le Chocolat, le Café, le Thé, les Sirops, la Limonade, le Punch, les Glaces et les Sorbets; enfin les recettes d'économie domestique pour faire toutes sortes de vinaigres et les aromatiser, les Eaux odoriférantes et les procédés à suivre pour conserver toute l'année des Légumes et des Fruits comme dans leur primeur; par Mme Utrecht-Friedel. Quatrième édition. *Paris, Tardieu-Denesle*, 1816, in-12 de X-352 p. (3 fr.)

Ce titre figure sur toutes les autres éditions de 1818, 1821 et 1825. Cette dernière est la septième; elle n'a que 347 pages.

Le *Confiseur royal* est orné de trois planches dont l'une, placée en tête du volume, représente un laboratoire de confiseur; les deux autres montrent les instruments nécessaires à la fabrication de toutes les friandises dévoilées par l'auteur aux gourmands. La préface s'adresse : aux sectateurs de la gastronomie.

— Le petit Cuisinier habile ou l'art d'apprêter les alimens avec délicatesse et économie suivie d'un petit Traité sur les confitures et sur la conservation des Fruits et Légumes les plus estimés par Mme Fr... Nouvelle édition, corrigée et augmentée. *Paris, l'auteur*, 1814, in-18.

La première édition du *Petit Cuisinier habile* a paru la même année, à *Nîmes, imp. de Guibert*. En 1821, ce petit livre est réimprimé sous le titre de :

— La petite Cuisinière habile ou l'art d'apprêter, etc. (même titre que le précédent), par Mme Fr. Nouvelle édition. *Paris, Friedel et Gasc*, 1821, in-18.

Réimprimée en 1822, 1823, 1827, 1828 et 1829; l'édition de 1823 a paru, corrigée et augmentée par L. Friedel et B. Gasc; celle de 1829, avec le titre ainsi modifié :

— La petite cuisinière habile ou l'art d'apprêter les alimens avec délicatesse et économie, écrit sous la dictée de Mademoiselle Jeannette par un gastronome de ses amis. *Paris, Friedel*, 1829, in-18.

Voyez Jeannette (Mlle).

UZANNE (Octave). — Le Miroir du Monde Notes et Sensations de la vie pittoresque par Octave Uzanne. Illustrations en couleurs d'après Paul Avril. *Paris, Quantin*, 1888, in-4.

Couverture illustrée. — Faux titre. — Titre. — *Proscenium* (IV pp.) et 163 pp. de texte. — 1 feuillet de table (verso blanc) et 1 feuillet (achevé d'imprimer, septième jour de novembre 1887) (Maison Quantin).

Au verso du faux-titre se trouve l'indication du tirage : 2000 exempl. sur Hollande de 1 à 2000 — 100 exempl. sur grand papier du Japon de I à C. — 100 exempl. sur Japon du format du volume, de CI à CC.

Un chapitre de cet ouvrage dont l'exécution est très soignée, est consacré à la *Table*, p. 113 à 128.

VADE-MECUM Vinicole. La Vigne et le Vin. *Paris, Société fermière du grand hôtel, 1884, in-18 de v-188 pp. (1 fr.)*

— Conseils d'un amateur. Le Vin. Extrait du Vade Mecum Vinicole « La Vigne et le Vin ». *Paris, imp. Seringe, 1889, in-12 de 24 pp. (50 cent.)*

VALET (C.). — Le Guide du Consommateur de vin de Bordeaux, La Vigne dans le Bordelais et Historique de ces produits par Camille Valet Propriétaire de vignobles, Membre de la Société d'agriculture de la Gironde. *Bordeaux, imprimerie Eugène Bissel, 1869, in-16 carré de 212 pp. (2 fr. 50.)*

VALYN. — Traité détaillé et pratique de distillation à l'usage des familles par Valyn, 2e édition. *Paris, l'auteur, 1885, in-18 de X-228 pp. (1 fr. 50.)*

VANDENBOSCH. — Huishouding en landbouw of raedgevingen en voorschriften vooraldienstig voor Huishouders en landbouwers door J. M. L. Vandenbosch, rector der Kapel van offelken, onder Tongeren. Vierde en merkelyk vermeerderde uitgaet. *Leuven Boekdrukkery van C.-J. Fonteyn, 1867, in-16 de 400 pp. (De 2 à 3 fr.)*

VANDERBURCH. — Les Tartelettes à la Reine comédie-vaudeville en un acte, par MM. Vanderburch et de Forges. Représentée, pour la première fois, à Paris, sur le Théâtre du Palais-Royal, le 19 août 1846. *Paris, au magasin central des pièces de théâtre anciennes et modernes rue de Grammont, 14, 1846, gr. in-8 de 16 pp. à 2 col. (1 fr.)*

VANIÈRE (Le P.). — Jacobi Vanierii e societate Jesu Sacerdotis prædium rusticum nova editio auctior et emendatior. *Parisiis, apud viduam Bordelet, 1756, in-12 de XXIV-334 pp. (De 8 à 10 fr.)*

Frontispice gravé par Brunet. L'ouvrage du P. Vanière est divisé en XVI livres précédés chacun d'une figure gravée. Poème latin dans lequel l'auteur chante les agréments de la campagne, la vigne, le vin, les légumes, etc., et qui a eu un très grand nombre d'éditions. La première a paru, *Parisiis, Benard, in-12, avec 10 fig.*

Voici, d'après le *Catal. J. B. Huzard*, la liste des éditions nombreuses du *Prædium Rusticum* :

— *Parisiis, apud viduam Sim. Bernard, 1704, in-12.*
— *Tolosæ, Colomiez, 1706, in-12.*
— *Paris, Le Clerc, 1707, in-12, 10 fig.*
— *Tolosæ, Guillemette (1708), in-12.*

— *Tolosæ. Robert*, 1750, in-12, 17 fig.

— *Amstelodami, Bernard*, 1731, in-12, 17 fig.

— *Paris. Bordelet*, 1746, in-12, 17 fig.

— *Amstelodami, Justice*, 1749, in-12, 17 fig.

— *Coloniæ-Munatianæ, Thurneisen*, 1750, pet. in-8, 17 fig.

— *Parisiis, Barbou*, 1765, in-12, 17 fig.

— *ibidem, idem.* 1765, in-12, 17 fig.

Cette édition est différente de la précédente qui porte la même date.

— *Parisiis, Barbou*, 1774, pet. in-8, 1 fig.

— *ibidem, idem.* 1786, in-12, 1 fig.

M. Souhart, *Bibl. des ouvr. relat.* à la *chasse*, cite plusieurs autres éditions :

Munich, 1762, in-8 ; *Paris, Barbou*, 1817, et *Lyon*, 1829, in-12.

Le *Prædium rusticum* a été traduit plusieurs fois en français notamment par MM. Berland d'Halouvry, Roulhac de Clusaud (voyez ces noms) et Antoine le Camus dont la traduction a paru en 1755 sous ce titre : *L'œconomie champêtre.*

VARIN (Victor). — La dinde truffée vaudeville en un acte par MM. Varin et de Léris. *Paris, D. Giraud et J. Dagneau*, 1851, in-18 (60 cent.)

Collection de la Biblioth. théâtrale. De Léris est le pseudonyme de M. Alfred Desrosiers.

— La Salade d'oranges, ou les Etrennes dans la mansarde, vaudeville en un acte, par MM. Varin et Desvergers, représenté pour la première fois, sur le théâtre du Palais-Royal, le 31 décembre 1831. *Paris, Bezou*, 1832, in-8 de 32 pp. (1 fr. 50.)

VARRON. — L'Economie rurale de Varron. Traduction nouvelle par M. X. Rousselot. *Paris, Panckoucke*, 1844, in-8.

Voyez *Scriptores rei rusticæ.*

VASSELLI (Gio. Francesco). — L'Apicio overo Il Maestro de' Conuiti di Gio. Francesco Vasselli. Dedicato All' Illustrissimo Senato di Bologna. *In Bologna, MDCXLVII. Per gli HH. del Dozza, con licenza de' Superiori.* In-4 de 8 ff. lim. n. chiffr., 117 pp. et 15 pp. n. ch. (De 25 à 30 fr.)

Titre (v° blanc). Au r° du 2e f. n. ch. (v° blanc) « Il maestro de'conviti di Gio. Francesco Vasselli » ; au 3e f. (r° et v°) « Begnissimo Lettore ». Le 4e f. est occupé par la dédicace datée « di Bologna li 24 Luglio 1647 » et signée « Gio. Francesco Vasselli ». Les 5e, 6e et 7e ff. contiennent différentes pièces de vers adressées à l'auteur, de même que le r° du 8e f. dont le v° est consacré aux « errori et correttioni ».

Il maestro de Conviti commence à la page 1 et finit à la page 117. Les 15 dernières pages n. ch. sont occupées par les tables.

VATEL tragédie (si l'on veut) ou drame burlesque en trois actes et en vers par un Gastronome en défaut. *Poitiers, de l'imprimerie de F. A. Saurin*, 1845, in-8 de 55 pp. (De 6 à 7 fr.)

Sous le masque de ce « Gastronome en défaut » se cache M. Doussin-Delys, conservateur honoraire de la Bibliothèque de Poitiers.

VAURY (S.). — Le Guide du boulanger indiquant les moyens à prendre pour bien fabriquer le pain, et les économies que le boulanger peut apporter dans son travail, par S. Vaury, boulanger praticien. *Paris, Legouix*, 1834, in-18 de 246 pp. (De 2 à 3 fr.)

VENANTIO (Mattei). — Teatro nobilissimo di scalcheria per apparecchio di banchetti à gran principi..... di Venantio Mattei, da Camerino. *Roma*, 1669, in-4.

Ce curieux volume sur l'ancienne cuisine figure dans le Catal. des livres de M. Techener détruits, à Londres, par un incendie le 29 juin 1865.

VENCATACHELLUM (S.). — Cuisine créole et indienne, par Samy Vencatachellum. *Paris, impr. Prissette*, 1881, in-16 de 32 pp. (2 fr.)

VERBOOM (Mme Agnès). — La Table. Guide complet de la maîtresse de maison en tout ce qui concerne la cuisine, l'office et les conserves alimentaires. Par Mme Agnès Verboom. Ouvrage illustré de 434 gravures sur bois intercalées dans le texte. *Paris, admi-*

nistration du *Moniteur des dames et des demoiselles; Bruxelles, administration du Journal des Dames et des demoiselles* (1877), in-8 de 720 pp. (3 fr.)

— Le même... deuxième édition, *ibidem, idem, s. d.,* in-8 de 720 pp.

— L'art de plier les serviettes de table par Mme Agnès Verboom. Administration du Journal des Dames et des Demoiselles. *Bruxelles; Paris,* s. d. (1889), in-8 de 32 pp. (1 fr. 50.)

VERDOT. — Historiographie de la table ou abrégé historique, philosophique, anecdotique et littéraire des substances alimentaires et des objets qui leur sont relatifs, des principales fêtes, mœurs, usages et coutumes de tous les peuples anciens et modernes. Dédié à l'Académie de l'industrie agricole, manufacturière et commerciale, Par C. Verdot, Membre de la dite Académie. Deuxième édition. *Paris, chez l'auteur,* 1833, in-18 de viij-384 pp. et 4 ff. n. ch. (De 4 à 5 fr.)

La première édition a paru la même année, *Paris, l'auteur; Delaunay,* in-18.

VERGNETTE-LAMOTTE (de). — Le Vin par A. de Vergnette-Lamotte, correspondant de l'Institut Ouvrage orné de 3 planches en couleur et de 29 gravures noires. *Paris, librairie agricole,* 1867, in-18 de 388 pp. (De 3 à 4 fr.)

— Le même.... 2e édition, *ibidem, idem,* 1868.

VERNES-PRESCOTT. — Souvenirs des fêtes de vignerons à Vevey depuis leur origine jusqu'à nos jours. *Berne, Haller,* 1865, in-8.

VERRAL. — A Complete System of Cookery. In which is set forth, A variety of genuine Receipts, collected from Several Years Experience under the celebrated Mr. de St. Clouet, sometime since Cook to his Grace the Duke of Newcastle. By William Verral, Master of the White-Hart Inn in Lewes, Sussex, Together with an Introductory Preface..... To which is added, A true Character of Mons. de St. Clouet. *London Printed for the Author, and sold by him; as also by Edward Verral Bookseller, in Lewes; and by John Rivington in St. Paul's Churchyard, London,* 1759, in-8 de 8 ff. n. ch. XXXIII-240 pp. (De 8 à 10 fr.)

VIARD. — Le Cuisinier impérial, ou l'art de faire la Cuisine et la pâtisserie pour toutes les fortunes; Avec différentes Recettes d'Office et de Fruits confits, et la manière de servir une table depuis vingt jusqu'à soixante Couverts. Par A. Viard, Homme de bouche. *A Paris, Chez Barba,* 1806, in-8 de xij-459 pp. (De 5 à 6 fr.)

Première édition d'un livre qui, souvent réimprimé, est beaucoup plus connu sous le titre de *Cuisinier royal.* La préface est dédiée aux auteurs du « Journal des Gourmands ». La seconde édition a été publiée en 1807, *ibidem, idem.*

— Le même..... Troisième édition, revue et corrigée par l'Auteur, augmentée d'un grand nombre d'articles concernant l'office et suivie d'une Table plus étendue et mieux ordonnée que la première; par A. Viard, homme de bouche, *Paris, Barba,* 1808, in-8 de VIII-448 pp.

Cette édition est dédiée « aux gourmands passés, présents et futurs ». La cinquième édition, qui porte la date de 1810, a paru *ibidem, idem,* in-8 de xvj-446 pp.; en 1814, cet ouvrage avait atteint sa huitième édition. En 1817, son titre se modifie; il devient le *Cuisinier royal* et est augmenté d'une notice sur les vins par Pierhugue, sommelier du Roi. La 10e édition qui parut en 1820, augmentée de 850 articles et ornée de 9 planches, n'est plus signée de Viard seul; on y voit figurer pour la première fois, le nom de Fouret, ex-officier de bouche du roi d'Espagne. La 11e, en 1822, augmentée de 1100 articles, porte les noms de MM. Viard et Fouret, hommes de bouche, ainsi que la 12e et la 13e qui furent données en 1825 et 1828.

En 1831, paraît la 14e édition; aux signataires des précédentes vient s'ajouter le nom de M. Délan qui l'augmente de 300 articles nouveaux. La « notice complète sur tous les vins, par ordre de service », est de M. G..., restaurateur.

Réimprimé en 1837, 1840 et 1846; l'édition qui a paru pendant cette dernière année est la 20ᵉ et il convient de signaler que le nom de Viard y est écrit. ainsi que dans les suivantes. *Viart*, avec un T. Bernardi, officier de bouche, l'augmente encore de 200 articles nouveaux.

La 22ᵉ édition paraît à la fin de 1852 avec la date de 1853 ; ce n'est plus le *Cuisinier royal*, mais le *Cuisinier national de la ville et de la campagne* (*ex-cuisinier royal*) par *Viart. Fouret et Delan, hommes de bouche. 22ᵉ édition augmentée de 200 articles nouveaux par Bernardi, officier de bouche. Encyclopédie culinaire contenant* etc. Paris, G. Barba. in-8.

De *Cuisinier national* qu'il a été pendant un an, le traité de Viart redevient, en 1854. le *Cuisinier impérial de la ville et de la campagne* et se voit réimprimer sous ce titre en 1858 et 1864 pour reprendre en 1875, le titre de *Cuisinier national*.

Cette édition est la 52ᵉ; elle est augmentée de 500 articles nouveaux et du Glacier national par Bernardi, officier de bouche.... *Paris. Barba*, in-8 de XXXI-743 pp.

Le *Cuisinier royal, impérial ou national*, comme on voudra, est un livre qui eut une grande vogue sous les différents titres que les changements de gouvernement l'ont obligé à prendre.

A part l'édition de 1828, la 15ᵉ, qui a paru. ornée d'un frontispice, *Paris, Dupont; Corbet*, in-8, toutes portent le nom de Barba.

VIDALEIN.

— La Cuisinière des familles ou Traité de la Cuisine domestique enseignée par des préceptes à la portée de toutes les intelligences; par F. Vidalein, ancien restaurateur. 2ᵉ édition augmentée d'un supplément. *Paris, Dentu*, 1864, in-8 de 549 pp. (De 2 à 3 fr.)

La première édition est de 1862 ; la quatrième de 1886.

VIDALIN (Mˡˡᵉ A.).

— La Cuisinière bourgeoise, suivie de la pâtisserie et de l'office, à l'usage de tous ceux qui se mêlent de dépense de maisons; contenant la manière de connaître et disséquer toutes sortes de viandes, de les apprêter et de les servir, ainsi que les poissons et les légumes. Nouvelle édition. soigneusement revue, corrigée et augmentée de quelques nouveaux apprêts; Par Mˡˡᵉ Adélaïde Vidalin. *Paris, H. Langlois fils et Cⁱᵉ*, 1827, in-12 de VI-304 pp. (De 2 à 3 fr.)

VIE (La) à bon marché! Aliments vendus au poids, à la mesure, au prix de revient. Appel au peuple parisien, aux citoyens de toutes les classes, aux hommes éclairés de toutes les opinions, pour la fondation de la Société des Cuisines populaires qui seront ouvertes au nombre de cent dans les divers quartiers de Paris. *Paris, impr. de Maulde*, 1849, in-4. (1 fr. 50.)

VIE de Charles-Henry Comte de Hoym ambassadeur de Saxe-Pologne en France et célèbre amateur de livres 1694-1736, publié par la Société des Bibliophiles françois. *A Paris. chez Techener, libraire de la Société des Bibliophiles*, 1880, 2 vol. gr. in-8. (De 20 à 25 fr.)

Tome II : pp. 193-204, *Instruction pour un maître d'Hôtel* (Fonctions d'un maître d'hôtel rigide et honnête homme. — Observations sur la table du maître et les extraordinaires. — Autre observation sur les morceaux choisis et rares pour la saison.)

On trouve également dans ce même volume des états de dépense de bouche faits dans la maison du Comte de Hoym en 1725, 1726 et 1727.

VIE (La) de Monsieur Saint harenc. (Voyez Sermon.)

VIE (La Terrible) testamēt et fin de Loyson. Io le hap. *S. l. n. d.*, pet. in-8 goth. de 4 ff. n. ch. de 27 vers à la page, signés A. (De 60 à 80 fr.)

La dernière page ne contient que 21 vers, Au-dessous du dernier : *Finis*. Voici comment se termine cette pièce excessivement rare :

Ainsi mourut lhorrible oyson
Rosty bouilly et puis menge
Et en vng lit mis la toison
Ne lauoit il pas bien gaigne
Messieurs qui aues tout migne.
Prenez en gre nostre blaison
Vie testament et fin de loison.

L'exemplaire de la Bibliothèque nationale diffère de celui du *British Museum* dont M. A. de Montaiglon a donné une réimpression dans le tome X du *Recueil de poésies françoises*, pp. 159-169. Ce dernier porte *Jo. le Hay*, celui de la Bibliothèque nationale *Io le bap.*

VIETTE (F.-J.). — Les confiseurs devant L'Histoire, la Politique, la Religion et la Magistrature par F.-J. Viette, membre de la Société des pétitionnaires de France. *Besançon, imprimerie Ordinaire fils* (1875), in-8 de 8 pp. (1 fr.)

VIEUGET (Du). — Diversitez Poétiqves Par le Sievr Dv Vievget. *A Paris, Chez Pierre Billaine, rüe S. Iacques, à la Bonne-Foy deuant Sainct Yues*, 1632, in-8 de 4 ff. lim. n. ch., 133 pp. ch. et 1 p. n. ch. pour le privilège. (De 40 à 50 fr.)

On trouve dans ce volume rare, pp. 115-120, une *Ode à la Goinfrerie*, adressée à Rochus, cuisinier de Montargis. Le *Bulletin du Bibliophile*, 1873, p. 484, signale une autre pièce du sieur du Vieuget, intitulée : *La Débauche de Belley* et qui figure dans une collection manuscrite laissée par l'historien bressan Guichenon, collection formée de 54 vol. in-fol. et conservée à la Bibliothèque de l'Ecole de Médecine de Montpellier. D'après le *Bulletin du Bibliophile* on pourrait croire que l'*Ode à la goinfrerie* a été imprimée séparément; nous ne connaissons pas cette édition non plus que celle des *Diversitez poétiques*, Paris, Bellami, 1632, in-8, qu'il indique.

Un exemplaire s'est vendu en mar. r. (Chambolle-Duru) 140 fr., Potier.

VIEUX (Le) Bacchus, chansonnier dédié aux jeunes buveurs. *Paris, Tiger*, 1813, in-18.

VIGNEAU (Auguste). — Le Trésor de la Campagne. Instructions familières sur la fabrication du pain dédiées aux habitants des Campagnes par Auguste Vigneau, Boulanger, à Juzix. Deuxième édition. *La Réole, impr. Th. Henrion*, 1858, in-8 de 44 pp. (1 fr.)

Extrait du « Recueil des travaux de la Société d'agriculture sciences et arts d'Agen», tome III, II° partie.

La première édition a paru, *Agen, imp. de Prosper Noubel*, 1854, in-8.

VIGO. — Tubera terræ, carmen Joh. Bern. Vigi. *Taurini*, 1776.

— I tartufi, poemetto di Giamb. Bernardo Vigo, trad. dal latino, *Torino*, 1776, in-4.

VILLAIN. — Histoire d'un grain de sel par Henri Villain. *Paris, P. Brunet*, 1869, in-18 de 216 pp., 25 grav. (2 fr.)

VILLANOVA. — Dyser tractat heit iñ von beraytung der Wein, zū gesundtheit vnnd nutzbarkeit der menschen. Vnnd wie man gūtten Essick machen sol. Durch Doctorem Arnolphum de Villa Nova. (a la fin :) — *Gedruckt vnd vollendt zū Augspurg durch hainrich Stainer, Am xxiiij Nouembris des MDXXIX Jars.* In-4 de 16 ff. n. ch., signés. a-d par 4.

Au titre, fig. s. bois représentant un cellier dans lequel un sommelier met en perce un tonneau. L'ouvrage commence au v° du titre « Die nach volget einn loblicher Tractat.... » Le dernier f. est blanc. (Collection de M. le B°ⁿ Pichon.)

Voyez Ecole de Salerne.

VILLENA (de). — Arte Cisoria, o tratado del arte del cortar del cuchillo, que escrivio Don Henrique de Aragon, Marques de Villena : La da a Luz, con licencia del Rey nuestro Señor, La bibliotheca real de San Lorenzo del Escorial. *En Madrid, en la Oficina de Antonio Marin, Año de* 1766, in-4 de 12 ff. lim. n. chiffr. et 197 pp. (De 15 à 20 fr.)

Le texte est encadré d'un double filet noir. Au v° du titre, cinq vers (120 et suiv.) de la Satire IV de Juvénal. Le « Prologo » commence au r° du 2° f. et finit au v° du 3° f. Au r° du 4° f. « Breve resumen de la vida del marques de Villena. » Cette notice se termine au v° du 12° f. lim. A la page 1. « Comienza il Tractado del arte del cortar del cuchillo, que Hordeno el Señor don Enrrique de Villena à prezos de Sancho de Jarava ».

Ce traité espagnol sur l'art de découper est divisé en 20 chapitres; il a été écrit, ainsi qu'on peut le voir à la dernière page, en 1423. Voici, en effet, les lignes qui le terminent : Escrita en la mi Villa de Torralua, Lunes, seys dias de Setienbre. año del Nascimiento de Nuestro Saluador Jesu Xpto-de mill. è quatrocientos, è veynte, è tres anos. Amen — *Finito libro, reddatur laus, & honor Domino Deo. Amen* ». (Collect. de M. le Bon Pichon.)

Une réimpression de cet ouvrage a été publiée récemment sous ce titre :

— Arte cisoria de D. Enrique de Villena con varios estudios sobre su vida y obras y muchas notas y apéndices, por Felipe-Benicio Navarro. *Madrid, Murillo; Barcelona, Verdaguer,* 1879, in-8 de lxxxvi pp., 2 ff. n. ch., 315 pp. et 2 ff. n. ch., portr. grav. (12 fr.)

VILLON (François). — Sermon des repevz frâches de Maistre Françoys villon. — (a la fin :) *Cy finist le Sermon des Repeuez frâchez de Maistre Françoys Villon.* S. l. n. d. (vers 1500?), pet. in-8 goth. de 32 ff. n. ch. de 21 lignes à la page, sign. A-D.

Nous ne voulons citer ici qu'une seule édition des *Repues franches* que l'on attribue souvent à Villon, sans que toutefois on puisse affirmer qu'elles soient son œuvre, et qui doivent trouver place dans cette bibliographie ; cette édition — la plus ancienne probablement — figure au *Cat. Rothschild,* sous le n° 454; nous lui en empruntons la description suivante : « Le titre est orné d'un bois représentant un homme vêtu du costume des clercs, qui tient à la main une banderole au milieu de laquelle on lit : *F. Villon;* le v° du titre est blanc ainsi que le v° du dernier f.

Cette édition, inconnue à tous les bibliographes, doit être antérieure à celles qui portent le titre de *Recueil des Repeues franches.* »

VILLEROY (Félix). — Laiterie Beurre et Fromages par Félix Villeroy, cultivateur à Rittershof. *Paris, librairie agricole de la maison rustique* (1863), in-18 de 392 pp. (3 fr. 50.)

VIN (Le) blanc de Bordeaux. *Bordeaux, Imprimerie de Prosper Faye* (1843), in-8 de 7 pp. (2 fr. 50.)

Pièce de vers anonyme signée X.

VIN (Le) de Bordeaux. *Marseille, imprimerie de Marius Olive,* (1832), in-8 de 2 pp. (1 fr. 50.)

Onze quatrains signés Z.

VIN (Le) de Bordeaux, journal des gourmets, paraissant 2 fois par mois. *Bordeaux, impr. Bord; Paris, rue Rochechouart,* in-fol. de 4 pp. à 3 col.

Le n° 1 porte la date du 1er janvier 1865. Prix de l'abonnement : 20 fr. pour toute la France.

VIN (Le) de Champagne. *Lith. Blot, rue de Rivoli 58* (1858), in-8 de 8 pp. (2 fr.)

Parmi les chansons de ce petit recueil, on en trouve une intitulée : *La boule de son, allocution d'un vieux caporal à un jeune conscrit.* On sait que les troupiers désignent sous le nom de « boule de son » le pain réglementaire.

VIN (Le) de Champagne. *Rouen, Surville,* 1856, in-12. (1 fr. 50.)

7 couplets signés Dezaubris aîné de Darnétal.

VIN (Le) sans raisin ou manière de fabriquer soi-même toutes espèces de vins et boissons économiques à l'usage des ménages depuis 3 francs l'hectolitre. 2e édition. *Saintes, Fontanier,* 1856, in-18 de 144 pp. (1 fr.)

VINÇARD (Pierre). — Le banquet des sept gourmands, roman gastronomique par Pierre Vinçard. *Paris, Gustave Sandré,* s. d. (1853), in-12 de 210 pp. et 1 f. de table, frontisp. (De 2 à 3 fr.)

— Les Ouvriers de Paris. Alimentation. *Paris, Gosselin,* 1863, in-12 de XXXI-360 pp. (De 3 à 4 fr.)

Voyez Godard, Histoire de la pomme de terre.

VINCENT LA CHAPELLE. — The modern Cook. By Mr Vincent la Chapelle, Chief Cook to the Right Honourable the Earl of Chesterfield. *London, Printed for the Author, And Sold by Nicolas Prevost, at the ship over-against*

Southampton-Street, in the Strand, 1735, 3 vol. in-8.

Collation des trois volumes :

Vol. I : 2 ff. n. ch. pour le titre et la dédicace « To the Right Honourable the Earl of Chesterfield », signée par l'auteur ; VIII pp. pour la préface, 10 ff. n. ch. de table et 528 pp. ch.

Entre la table des matières et la page 1 se trouvent placés 9 planches et 7 tableaux gravés et repliés.

Vol. II : XXII pp. pour le titre et la table des matières, 1 f. bl., 516 pp. et 1 fig. grav. repliée.

Vol. III : 12 ff. n. ch. pour le titre et la table des matières, 307 pp., 38 pp. pour un « Appendix », 1 f. n. ch. pour la table de l'appendix et 1 fig. grav.

The modern Cook a été traduit en français sous le titre suivant :

— Le Cuisinier moderne Qui aprend à donner toutes sortes de repas, En Gras & en Maigre, d'une maniere plus délicate que ce qui en a été écrit jusqu'à présent ; Divisé en quatre volumes, Orné de Figures en Tailles-douces, Dédié A Son Altesse Serenissime, Monseigneur le Prince d'Orange et de Nassau &c Par le Sieur Vincent La Chapelle, Son Chef de Cuisine & ci devant de Mylord Chesterfield. *A La Haye, Imprimé chez Antoine de Groot, Aux dépens de l'Auteur & ce* (sic) *vend Chez Antoine van Dole, libraire*, 1735, 4 vol. in-8, 11 planches et 4 tableaux. (De 50 à 60 fr.)

Voici la collation de ces quatre volumes :

Tome I : 2 ff. lim., 261 pages et 8 ff. n. chiffr. Le v° du titre est blanc. Les 2 ff. lim. sont occupés par la dédicace « A Son Altesse Serenissime, Guillaume-Charles-Henri Friso, prince d'Orange, et de Nassau ; comte de Catzenellenbogen, etc., etc. » (l'énumération des titres du prince occupe 1 f. plus 8 lignes de la page suivante). Cette dédicace, en tête de laquelle on voit les armes du prince d'Orange, est signée : Vincent la Chapelle.

Le corps de l'ouvrage commence à la page 1 et finit à la page 261. Les 8 ff. n. chiffr. comprennent la table des matières contenues dans ce premier volume.

Ce volume contient 4 planches gravées, placées entre les 2 ff. lim. et le corps de l'ouvrage et représentant des « Modelle des Plats tant Grands, moyens que petits, etc.,

un « pot a oille », une « Terrine or olio » et un surtout.

Tome II : Titre (v° blanc), 258 pages et 7 ff. n. chiffr., ces derniers pour la table des matieres du second volume.

Ce volume contient 2 planches pliées représentant des tables servies, et 1 tableau de menus.

Tome III : Titre (v° blanc), 288 pages et 8 ff. n. chiffr. pour la table des matieres du troisième volume, plus 2 planches pliées et 1 tableau.

Tome IV : Titre (v° blanc), 313 pages ; 10 ff. pour la table des matieres et 1 f. blanc, avec 3 planches pliées et 2 tableaux.

Nous avons vu des exemplaires de la même édition portant la date de 1736.

Le *Cuisinier Moderne* est difficile à rencontrer ; c'est un ouvrage fort complet et fort intéressant pour qui veut étudier la Cuisine au XVIIIe siècle. Une seconde édition française de ce traité a paru en 1742 sous le titre suivant :

— Le Cuisinier moderne qui aprend.... (même titre que le précédent)... divisé en cinq volumes, avec de nouveaux Modèles de Vaisselle & des Desseins de Table dans le grand goût d'aujourd'hui, gravez en Taille-douce ; dédié à son Altesse Serenissime Monseigneur le Prince d'Orange et de Nassau &c. par le sieur Vincent la Chapelle, son chef de Cuisine. Seconde édition, revue, corrigée et augmentée. *A la Haye aux dépens de l'Auteur*, 1742, 5 vol. in-8, 13 planches et 5 tableaux. (De 40 à 50 fr.)

Tome I : 6 ff. lim. comprenant le titre, « l'avertissement de l'auteur pour cette seconde édition », la table des chapitres, la table des planches, et la dédicace en tête de laquelle les armes du prince d'Orange, 261 pages et 8 ff. n. ch. pour la table des matieres, 3 planches et 1 tableau.

Tome II : 2 ff. limin. 258 pages, et 7 ff. de table avec 3 pl. et 1 tableau.

Tome III : 2 ff. lim., 288 pages, et 8 ff. n. ch. de table, 3 planches et 1 tableau.

Tome IV : 2 ff. limin. 313 pages, 10 ff. n. ch. de table, 2 pl. et 1 tabl.

Tome V : 4 ff. limin. (titre, table des chapitres, et une préface spéciale pour ce volume) 346 pages et 7 ff. n. chiffr. de table, 2 planches et 1 tableau.

A la fin de ce dernier volume, p. 229, Vincent La Chapelle a publié des remarques sur le *Cuisinier royal et bourgeois* qui a été imprimé, à Paris, 1739, chez la veuve Prud-homme.

M. Carew Haszlitt mentionne une autre édition anglaise :

— The Modern Cook. By Vincent la Chapelle, cook to the Prince of Orange. Third edition, 1744, in-8.

C'est par erreur que le traité de Vincent la Chapelle figure à cette place ; il eût dû figurer au nom de La Chapelle (Vincent), mais la lettre L était déjà imprimée lorsque nous nous en sommes aperçu.

VIOLET (Louis). — Du pain. *Paris, A. Delahaye et Lecrosnier*, 1876, in-8 de 86 pp. (1 fr.)

VIREY (J.-J.). — Du régime alimentaire des Anciens et des résultats de la différence de leur nourriture avec celle des modernes : par J. J. Virey. *A Paris, chez Colas*, 1813, in-8 de 51 pp. (2 fr.)

— Nouvelles considérations sur l'histoire et les effets hygiéniques du Café, et sur le genre Coffea L. Par J. J. Virey, Docteur en Médecine. *A Paris, chez L. Colas*, 1816, in-12 de 35 pp. (1 fr. 50.)

— Histoire naturelle des Médicamens, des Alimens et des Poisons, Tirés des trois règnes de la nature, classés suivant les méthodes naturelles modernes les plus exactes ; avec l'Indication de leurs propriétés, de leurs usages..... Par J.-J. Virey,.... *A Paris, chez Rémont et fils ; Ferra je*, 1820, in-8 de xij-570 pp. (De 5 à 6 fr.)

VIRGILE. — Moretum, avec la traduction par Louis de Chevigné. *Paris, impr. de Crapelet*, 1816, in-8 de 24 pp. (De 5 à 6 fr.)

Cette traduction en vers, est peu commune ; elle n'a pas été mise dans le commerce.

— Le Moretum, poëme de Virgile, traduit en vers français et suivi de notes par E.-P. de Saint-Ferréol. *Paris, Delaunay ; Causette*, 1833, in-16 de 67 pp.

M. Quérard, mentionne une autre édition

de cette traduction, en 1838, *ibidem, idem*, in-18 de 74 pp.

Le *Moretum* était un composé de fromage et d'herbes potagères, pilés ensemble dans un mortier, et assaisonnés de vinaigre, d'huile et de sel.

Le poëme de Virgile, ou du moins attribué à Virgile, a été souvent traduit en français, notamment en 1564, en vers dissyllabiques par Joachim du Bellay, en tête de ses *Jeux rustiques*. On le trouve également dans les deux ouvrages suivants :

— Petits poëmes de Virgile : Le Moucheron,.... le Moret, traductions nouvelles par M. Val. Parisot. *Paris impr. Panckoucke*, 1855, in-8.

— Le Moucheron, le Moretum, et l'Hôtesse, poëmes attribués à Virgile, trad. en vers français et suivis de Fables morales et politiques par Ch. G. Sourdille de la Valette. *Laval, impr. Feillé-Grandpré*, 1833, in-12.

VIRINGUS. — Doctoris Ioannis VV. Viringi presbyteri, et canonici Atrebatensis. De Ieiunio, et abstinentia medicoecclesiastici Libri quinque. *Rigiaci Atrebativm ex officina Gvlielmi Riverii*, 1597, in-4 de 12 ff. lim. n. ch., 157 pp. et 3 pp. n. ch. (De 3 à 4 fr.)

VONTET (Jacques). — La vraye mettode de bien trencher les viandes, tant à l'Italienne qu'a la main & les différantes façon de peler et seruir touttes sortes de fruicts et le moyen d'en faire diuerses figures par Jacques Vontet, fribourgeois. 1647, *Lyon*, in-4, 36 pl. gravées.

Curieux manuscrit qui fait partie de la collection de M. le B⁰ⁿ Pichon.

VOORSNYDINGE (De cierlycke) Aller Tafel-gerechten ; Ondervijsende Hoe allerhande Spyzen, zo wel op de Vork als zonder dezelve, aardiglik konnen voorgesneden, en in bequame ordre omgedient worden. Alles met zinlicke Konst-platen afgebeelt. *T'Amsterdam, By Hieronymus Sveerts, op de Cingel, by Ian Roonpoorts Toren*, 1664, in-12 oblong de 96 pages, front. et 32 planches grav. (De 30 à 40 fr.)

Le front. représente un seigneur à table; debout près de lui, un écuyer-tranchant découpe, au bout de la fourchette, une volaille. Sur la nappe de la table, on lit : « De Cierlijcke Voorsnydinge Aller Tafel Gerechten » et au-dessous, sur une seule ligne : « t'Amsterdam by Hieronymus Sveerts, Boek — en Printverkooper in de Kalverstraat. »

Il est à noter que dans certaines éditions du *Cuisinier françois* de La Varenne, notamment dans celle d'*Amsterdam, Pierre Brunel*, 1712, le frontispice est analogue sans être tout à fait semblable. Après le front. vient le titre (v° blanc). A la page 3 « Noodige voor-reden » qui finit à la page 8. A la page 9, « Blad-Wyzer » qui finit au bas de la page 10. Le corps de l'ouvrage commence à la page 11.

Parmi les 52 planches gravées, s'en trouve une repliée représentant des couteaux et des fourchettes.

VORLAC (Gaston). — Les garçons de café et de restaurant de Paris; pamphlet extrait d'une Physiologie du mauvais goût par Gaston Vorlac. *Paris, Alphonse Taride*, 1856, in-8 de 22 pp. (De 3 à 4 fr.)

On lit au titre : Che n'est pas que che soye sale, mais cha tient de la plache.

Apophthegme auvergnat.

Vorlac est le pseudonyme de M. Louis Lacour (voyez ce nom).

VOYAGE de Lister à Paris en MDCXCVIII traduit pour la première fois publié et annoté par la Société des Bibliophiles François. on y a joint des ouvrages d'Evelyn relatifs à ses voyages en France de 1648 à 1661. *A Paris pour la Société des Bibliophiles*, 1873, in-4 de XXVIII-344 pages. (De 10 à 12 fr.)

Ce volume renferme un chapitre sur la nourriture habituelle des Parisiens et un autre sur les vins et liqueurs.

On y trouve, en outre, des notes fort intéressantes sur Lister et son édition d'Apicius, pp. 8-10.

VRESSE (Arnaud de). — De la défense de Paris pendant le siège au point de vue de l'alimentation par Arnaud de Vresse et P.-Ch. Joubert. *Paris, Arnaud de Vresse*, 1871, in-8 de 52 pp. (1 fr. 50.)

WALLUT (Charles). — Les Mémoires d'une fourchette par Ch. Vallut (*sic*). Illustrations par Lix. *Paris, Librairie Ch. Delagrave,* 1889, in-12 de 71 pp. (1 fr. 50.)

WARNER (R.). — Antiquitates Culinariæ; or Curious Tracts relating to the Culinary affairs of the Old English, With a preliminary discourse, Notes, and Illustrations, By The Reverend Richard Warner, of Sway, near Lymington, Hants. Πολλῶ τοι πλεονατ λιμοῦ χορος ωλεσεν ανθρατ. Non in Caro nidore voluptas Summa, sed in teipso est; tu pulmentaria quære Sudando. *London, Printed for R. Blamire, Strand,* 1791, in-4 de lx-137 pages, 3 fig. (De 25 à 30 fr.)

Titre gravé. L'ouvrage est divisé en deux parties; la première « Discours préliminaire » est une revue de l'ancienne cuisine anglaise; la seconde contient des ouvrages relatifs à la cuisine anglaise. Ce sont 1° *The form of Cury* (pp. 1-35); 2° *Ancient Cookery*, A. D. 1381 (pp. 37-49) (à la fin :) « Explicit de coquina que est optima medicina »; 3° *Ancient Cookery* (pp. 51-90); 4° : *Ancient Receipts to preserve fruits* (pp. 91-92); 5° relation de la fête d'intronisation de Georges Newel, archevêque d'York; 6° la relation de la fête d'intronisation de Wilhem Warham. Ces deux derniers ont été publiés en 1770 d'après d'anciens manuscrits, par M. Hearne dans *Leland's Collection*, vol. VI.

Les *Antiquitates Culinariæ* sont ornées de trois figures dont deux coloriées représentant l'une « la fête du Paon », l'autre « un repas saxon », la troisième (en noir) « des personnages attablés ».

WATTEL (Sophie). — Les Cent mille recettes de la bonne Cuisinière bourgeoise de la ville et de la campagne; Grande Cuisine, Cuisine bourgeoise, Cuisine des petits ménages. Ouvrage illustré de 450 fig. et 16 chromolith. *Paris, Fayard, s.d.* (1886), in-8 à 2 col.

WAUTERS (P. E.). — Dissertation sur la manière de faire l'uytzet, et sur sa salubrité comparée Avec celle des autres Bières & autres Boissons, qui sont le plus en usage dans les neut Départements réunis, Par P. E. Wauters,.... *A Gand, chez Charles de Goesin... Thermidor an VI,* in-8 de VIII-127 pp. (2 fr.)

WAY (The True) of Preserving and Candying, and making several sorts of Sweetmeats. 1681, in-8.

Carew Hazlitt, *Old Cookery books*, p. 79.

WECKERIN (Anna). — Neu Köstlich vnd nützliches Koch-Buch, in welchem kürtzlich begriffen. Wie allerhand künstliche Speisen, so wol von zahmen als wilden Thieren, Vôgel vnd Feder-wildbraët, grün-vnd gedörrtem Fisch-werck : Wie auch allerley Gebackens, als Dorten, Marcipanen, Pasteten vnd dergleichen. Beneben von viel vnd man-cherley Obs, von Gemüse, für Gesunde vnd Krancke, in allerley Beschwârungen vnd Gebresten. Auch für schwangere Weiber vnd Kindbetterinnen, Alt be-tagte schwache Personen Kunst vnd nutz-lich in der Eyl vnd mit geringen Kos-ten zu bereiten. Weyland feiszig bes-chrieben durc *Frau Anna Weckerin* Diese letzte Edition mit vielen Speisen von Garten, etc., etc. *Gedr. zu Basel in Ver-lag Eman. Konigs vnd Sohnem, 1607,* in-8 de 8 ff. lim., 459 pp.

Il existe, dit Graesse, plusieurs éditions de ce livre, entre autres : *Amsterdam,* 1597, in-4; *ibidem, Michel Forster,* 1611, in-4 et *Basel,* 1620, in-8.

WELTER (Henri). — Essai sur l'his-toire du café par Henri Welter. *Paris, C. Reinwald,* 1868, in-18 de XI-476 pp. (De 3 à 4 fr.)

WERNER. — Oratio de confectione ejus Potus, qui Germaniæ usitatus, ve-teri vocabulo, secundum Plinium, Ce-revisia vocatur. Auctore Abrahamo Wernero. *Witebergæ, Joannes Schwertel,* 1567, in-8. (De 10 à 12 fr.)

WHITAKERUS. — Tractatus de Sanguine uvæ, ejusque natura et usu, diœteticè & pharmaceuticè Per Tob. Whitakervm med. D. et Caroli II. Re-gis Magnæ Britanniæ Medicum famulo-rum ordinarium. *Francofurti, Ex Officina Typographica Wolfgangi Hoffmanni,1655,* in-8 de 118 pp. et 1 f. bl. (De 6 à 8 fr.)

WILLICHIUS. — Ars magirica hoc est coqvinaria de cibariis, fercvlis opso-nijs, alimentis et potibus diuersis paran-dis, eorumq; facultatibus. Liber Medicis,

philologis, et sanitatis tuendæ studiosis omnibus apprimé vtilis. Iodoco Willi-chio reselliano Medico et Theologo, Academia Francfordiana Viadrum pro-fessore doctissimo nunc primùm editus. Huic accedit Iacobi Bifrontis Rhæti de operibus lactariis epistola. Cum indice rerum et verborum. *Tiguri, apud Iaco-bum Gesnerum, s. d.,* pet. in-8 de 8 ff. lim. non chiffrés, 227 pp. et 29 pp. non chiffrées. (De 30 à 40 fr.)

Les huit feuillets liminaires sont occupés par la dédicace datée de : *Tiguri, Nonis Augusti* anno 1563 et l'« Index capitvm ». Vient ensuite le corps de l'ouvrage com-posé de LXXIII chapitres dans lesquels il est traité : de l'art de faire cuire, des cuisiniers, de la cuisine, de la bonne chère, des gour-mands, des instruments de cuisine, des viandes, légumes, pain, poissons, fruits, etc. La préface occupe les six premières pages ; les LXXIII chapitres du traité commencent à la page 7 et finissent à la page 219 au bas de laquelle on lit : *finis.* A la page 220, une sorte d'avis au lecteur annonce que l'on a ajouté au traité une lettre de Jacob Bifrons à Conrad Gesner sur le fromage et sur la manière dont on le prépare dans les Alpes Rhétiques. Cette lettre, datée du 27 janvier 1556, se termine à la page 227. Enfin, les 29 pages non chiffrées pour un autre avis de Conrad Gesner au lecteur, et l'index.

M. Brunet indique, *Manuel du Libraire,* t. V, col. 1456, une édition de l'ouvrage de Willichius dont il ne donne d'ailleurs pas la description, et il ajoute entre parenthèses que cette édition a dû être donnée vers 1540. Cette date nous semble difficile à admettre. En effet, si l'on remarque le titre de l'é-dition que nous venons de citer, et qui porte : *Nunc primùm editus,* on ne peut s'expliquer que la dédicace puisse être datée de 1563, si l'ouvrage, comme le dit Brunet, avait été publié en 1540.

Au cat. Lheritier de Brutelle figure l'*Ars magirica* de Willichius, mais ce livre y est annoncé comme ayant été publié en 1563,

WILLIAUMEZ. — De la conserva-tion des substances alimentaires procédé de la Meurthe, Par Williaumez confi-seur à Lunéville. *A Paris, au Comptoir des romans et à Lunéville, chez Waltrin,* 1849, in-12 de IV-88 pp., 1 pl. (2 fr.)

— Le même..... *Paris, Roret ; Lunéville, Waltrin,* 1851, in-12.

WILLIS. — Cookery made easy : being A complete system of domestic management, uniting Elegance with Economy. To which are added, Instructions for trussing & carving with several descriptive plates..... By Michael Willis many years cook at the thatched-house tavern. *London, Orlando Hodgson,* s. d., in-12 de XVI-216 pp., front. et 5 pl. grav. (De 2 à 3 fr.)

WINTER. — A new Dispensatory of Fourty Physical Receipts. Published by Salvatore Winter of Naples, an expert Operator, 1649, in-4.

Réimprimé la même année. Carew Hazlitt, *Old Cookery books,* p. 68.

WIRTH (Mlle E.). — Premières leçons d'économie domestique : tenue du ménage, de la ferme, du jardin et de la basse-cour; Cuisine, hygiène..... à l'usage des écoles et des pensionnats de demoiselles, par Mlle Ernestine Wirth, auteur de plusieurs ouvrages d'instruction et d'éducation et Mme E. Bret, professeur d'ouvrages manuels au lycée de jeunes filles. 2e édition. *Paris, Hachette et Cie,* 1887, in-12 de VIII-228 pp. (2 fr. 50.)

WIRTHE. — Le Confiseur national et universel contenant les meilleurs procédés pour faire les confitures, compotes, dragées et pâtes diverses par M. Wirthe, ancien Confiseur suivi du Distillateur-liquoriste et du Limonadier, traité complet et moderne de la distillation et des opérations du limonadier d'après les découvertes modernes de la chimie, pour fabriquer les liqueurs de table et autres, la préparation du café, du thé, du chocolat, du punch, des sirops, glaces, sorbets, limonade, etc., par M. Mathieu. Avec planches gravées. *Paris, impr. de P. Baudouin,* 1836, in-8 de 316 pp. (De 2 à 3 fr.)

— Nouveau manuel du Confiseur-chimiste contenant, etc. Par M. Wirthe. *Paris, impr. de Mme Poussin,* 1838, in-18, grav.

WOCHENSCHRIFT für Nahrungsmittel und Kochkunst herausgegeben vom Internationalen Kochkunst-Verein zu Leipzig. *Leipzig,* pet. in-fol. de 8 pp.

En 1888, le 30 juin, cette publication culinaire en est à sa troisième année.

WOLLEY (Hannah). — The Queen-like Closet ; a Rich Cabinet, stored with all manner of rare receipts. By Hannah Wolley. 1670, in-8.

Carew Haszlitt, *Old Cookery books,* p. 79.

WORLIDGE (J.). — Vinetum Britanicum : or a treatise of cider, And other Wines and Drinks extracted from Fruits growing in this Kingdom. With the Method of Propagating all sorts of Vinous Fruit-Trees. And a Description of the new-Invented ingenio or Mill For the more expedious making of cider. And also the right way of making Metheglin and birch-wine. The third Impression, much enlarged..... With Copper Plates. By J. Worlidge. Gent. *London printed for Thomas Dring, over against the Inner Temple-gate in Fleet street.* 1691, pet. in-8 de 12 ff. lim. n.ch., 236 pp. pour la 1re partie et 4 ff. lim. n. ch. et 46 pp. pour la 2e partie consacrée aux abeilles, 2 pl. gravées. (De 20 à 25 fr.)

Une édition antérieure avait paru, *ibidem idem,* 1678, in-8.

XENOCRATE. — Xenocratis de alimento ex aqvatilibvs Animantium libellus, Græcè nunc primùm editus, imperfectus. Idem Latinè perfectior, Io. Baptista Rasario medico Nouariensi interprete. Accedvnt Conradi Gesneri Scholia, in ea Xenocratis que Grecè hic damus : & eorumdem interpretationem Latinam (S. l. n. d. au titre). *Tiguri*, 1569, in-8 de 35 ff., sig. A-D. par 8 et E par 3.

Le verso du f. A 4 est paginé 3 ; le rº du f. A 5 est également paginé 4 et le vº 5. La pagination du volume cesse à cet endroit.

— ΞΕΝΟΚΡΑΤΟΥΣ ΠΕΡΙ ΤΗΣ ΑΠΟ ΕΝΥΔΡΩΝ ΤΡΟΦΗΣ. Xenocratis de Alimento ex aqvatilibvs, Cum Latina interpretatione Io. Bapt. Rasarii Scholiis Conradi Gesneri, & Notis integris Io. Friderici Franzii. Accedvnt Novae variantes Lectiones ex Codd. Mss. depromtae, & Animaversiones Diamantis Coray nunc primum editæ ; itemque Adnotationes in Auctorem, Additamenta in glossarium Franzii hodiernam. Ichthyologiam illustrantia & Lucubratio de Piscium Esu. Caietani de Ancora *Neapoli 1794. typis regiis*, in-8 de XLVIII-266 pp. et 1 f. n. ch. d'*errata*.

Le *Manuel du Libraire* indique une autre

édition avec des notes de Jo.-G. Frid. Franzius, *Francoforti et Lipsiæ*, 1774 (nouveau titre 1779). pet. in-8. (De 3 à 4 fr.)

— Le même..... (en grec). (*Paris*), *Théophile Barrois père*, 1814, in-8 de 245 pp.

La *France littéraire* signale une édition, *Paris, Eberhart*, 1814, in-8.

X. T. D. — Avant de quitter la table, causeries du dessert par X. T. D. *Paris, Auguste Ghio, et Londres. A. Maurice*, 1881, in-12 de XV-379 pp. (De à   .)

Avant le titre, portrait de l'auteur.

Avant de quitter la table est divisé en quatre parties. La première intitulée *Notice historique* est consacrée à l'Histoire de la cuisine depuis les temps les plus reculés jusqu'à nos jours ; la seconde porte le sous-titre de : *Théorie et pratique* ; on y trouve des réflexions sur la digestion, les apéritifs, les hors-d'œuvre, sur ceux qu'on mange (le cochon, le bœuf, le veau, le mouton, etc.) et un grand nombre de recettes culinaires et hygiéniques. L'auteur, dans la troisième partie, raconte quelques anecdotes sur le Fromage de Neuchâtel en Bray, notamment, la Perdrix aux choux ; enfin la quatrième, *Gastrologie spéculative*, traite de l'avenir de la cuisine, de la cuisine et de l'éducation de la femme, etc.

L'ouvrage débute et finit par un avis au lecteur ; il est dédié à Mᵐᵉ Ernest Lebarbier.

YBERT (Ch.). — Eloge du cidre. Ode latine Avec la traduction en vers François. *S. l. n. d.*, in-8 de 8 pp. (De 4 à 5 fr.)

La traduction française signée A. D. N. est placée en regard du texte latin signé : Carolus Ybert Normannus.

YOUNG (The) Cooks' Monitor; by M. H. *London*, 1683, in-8.

YVRONGNES (Les), comédie satiribulesque (sic). *A Cologne, chez Pierre Marteav*, 1687, in-16 de 52 pages. (De 12 à 15 fr.)

Cette comédie *satiribulesque*, comme il est dit au titre, écrite en vers, est de Péchantré; mais elle a paru sans nom d'auteur. Au verso du titre, ces quatre vers, sous le titre *Eloge des Yvrongnes* :

> *J'ose publier devant tous*
> *En faveur des bachiques trongnes*
> *Que le plus sage des Yvrongnes*
> *Sera partout le Roy des fous.*

Vient ensuite un *Avertissement* non signé que nous reproduisons *in extenso* :

« Si les Hôtesses trouvent quelques traits Satyriques dans cette Comedie, je proteste ouvertement que mon intention n'est pas de toucher celles qui ont l'honneur pour guide, en voulant seulement à celles qui pleument l'oison avec trop de licence : et je souhaite que les pointes qu'elles y remarqueront, les puissent si vivement piquer, que leur rementevant leurs fautes présentes et passées, elles ayent la vertu de les faire venir a resipicence. »

La pièce est à cinq personnages; une faute d'impression est à remarquer dans la liste des acteurs. Le nom de l'hôtesse Guillemette a été écrit *Guillemtte*. L'orthographe véritable est rétablie dans la scène première.

ZABOROWSKI (S.). — Les Boissons hygiéniques (l'Eau et les Filtres; l'Eau glacée; les Eaux minérales; les Eaux gazeuses artificielles; les Infusions; le Thé, le Café; le Lait; les Fruits et les Boissons de Fruits; le Cidre; le Vin de raisin sec; la Bière); par S. Zaborowski. Avec figures intercalées dans le texte. *Paris, J.-B. Baillière et fils*, 1889, in-16 de 160 pp. (2 fr.)

ZACCHIA. — Il vitto qvaresimale di Paolo Zacchia medico romano. Due insegnasi, come senza offender la sanita si possa viver nella Quaresima. Si discarre de' cibi in essa vsati, de gli errori, che si commettono nell' vsargli, dell' indispositioni, ch'il lor uso impediscono, de gli accidenti, che soglion cagionare, e del modo di rimediarui. *In Roma per Antonio Facciotti*, 1636, in-8 de 4 ff. lim. n. ch., 264 pages et 8 ff. n. ch. de table.

Cet ouvrage, divisé en huit chapitres, traite des aliments qui sont en usage pendant le Carême.

ZAMBAUX (J.). — Notice sur un appareil distillatoire et culinaire propre à convertir l'eau de mer en eau douce et à opérer simultanément la cuisson des aliments des équipages de marine, par J. Zambaux (d'Ambly), Ancien chimiste de la marine nationale. *Paris, imprimerie Bénard et Cie*, juillet 1849, in-8 de 7 pp. (1 fr. 50.)

ZUCKERT. — Ioannis Friderici M. d. Acad. Caesar Leopold Carolin. nat. curios. ut et academiæ elector. moguntin. scient. util. sodal. Materia Alimentaria in genera, classes et species disposita. *Berolini, apud Augustum Mylium*, 1769, in-8 de 4 ff. n. ch. et 427 pages. (De 7 à 8 fr.)

L'ouvrage est divisé en deux parties, la 1re « Generalis Alimentorum consideratio » comprend 5 chapitres; la seconde « Alimentorum Genera, Classes & species » est ainsi divisée : Esculenta-Potulenta-Condimenta.

— Johann. Friederich. Zuckerts, der Arzneigelartheit Doctors, des Romisekaiserlichen Akademie der Naturforscher, der Kurmainzischen Akademie nützlicher Wissenschaften, und der Gesellschaft Naturforschender Freunde zu Berlin Mitglieds medicinisches Tischbuch oder cur und präservation der krankheiten durch diatatische Mittel Zweite vermehrre Auflage. *Frankenthal im Verlag einer typographischen Gesellschaft*, 1785, in-8 de XXIV-355 pages et 5 pp. n. ch. de table. (De 3 à 4 fr.)

APPENDICE

ALMANACH de table contenant un catalogue des Viandes, Volailles, Gibiers, Venaisons, Poissons, Légumes, Entremets, Fruits, Vins, Liqueurs, & autres Mets les plus exquis : avec une indication des Pays qui les produisent dans leur perfection, & des Saisons les plus convenables pour s'en servir. *A Paris, chez Pierre Simon Imprimeur du Parlement, ruë de la Harpe, à l'Hercule,* 1729, in-24 de 6 ff. lim. n. ch., 38 pp. et 2 ff. n. ch. (De 25 à 30 fr.)

Une note inscrite sur l'exempl. de M. le B⁰ⁿ Pichon dit : « D'après les *mélanges de Bois-Jourdain,* t. III. p. 60, cet almanach qui est de l'abbé Chérier (examinateur des feuilles qui ont besoin de la permission de la police) parut en 1726 et fut supprimé sur les plaintes qu'en firent les marchands de comestibles, mais il reparut en 1729. Il a reparu aussi plus tard. »

ANGOT (A.). — Le Cidre; son introduction dans le pays de Laval; par l'abbé A. Angot. *Mamers, impr. et libr. Fleury et Dangin,* 1889, in-8 de 15 pp. (1 fr.)

APICIUS (Cœlius). — Apici cœli de re coquinaria libri decem..... et interim explanavit Chr. Theoph. Schuch. *Hei-*delberga*, Carolus Winter,* 1874, in-8 de 202 pp. (3 fr.)

APICIUS redivivus; or, the cook's oracle : Wherein especially the art of composing soups, sauces, and flavouring essences..... Being six hundred Receipts the result of actual experiments instituted in the kitchen of a physician for the purpose of composing a culinary code for the rational Epicure..... *London, Printed for Samuel Bagster,* 1817, in-12. (De 3 à 4 fr.)

ARRESTS de la Court de Parlemèt, Et ordonnance faictes, sur la Police en ceste ville de Rouen. *A Rouen, De l'Imprimerie de Martin le Mesgissier, Imprimeur du Roy.* 1618, in-8 de 8 ff. n. ch.

— du conseil d'état du Roy, Qui ordonne que tous les Marchands faisant commerce d'œufs, beurres, fromages & autres denrées nécessaires pour la provision de la ville de Paris, seront tenus de les apporter directement sur le carreau de la halle, à peine de confiscation & de trois cens livres d'amende. Du 10 mars 1744. (*A Paris, de l'imp. royale,* 1744), in-4 de 4 pp.

— du conseil d'état du roy, qui modère à trente sols du cent pesant, les droits d'entrée sur les Fromages de Suisse. Du 4 février 1744. (*A Paris, de l'imp. royale,* 1744), in-4 de 3 pp.

ART (L') de bien traiter..... *Paris, Frederic Léonard,* 1674, in-12.

Nous avons décrit, col. 43, ce volume excessivement curieux et nous avons dit, d'après Barbier, que les initiales L. S. R. signifiaient : Le Sieur Robert.

La feuille qui contient cet article était déjà tirée lorsque M. le Baron Pichon a bien voulu nous communiquer la note suivante d'après laquelle l'auteur de *l'Art de bien traiter* serait non pas le sieur Robert mais le sieur Rolland.

« Ce Rolland, dit M. le Bon Pichon, était un officier de bouche de la Princesse de Carignan, auteur de la *Maison réglée* (1692, in-12), dit (p. 178) qu'il servit le roi chez M. Rossignol au château de Juvisy à un retour de Fontainebleau et fit porter la collation dans toutes les allées où passait la cour.

Or, on peut voir dans *l'Art de bien traiter*, pp. 306 et suivantes, qu'il est beaucoup question de collations dans les jardins. »

ART (L') de conserver sa santé, composé par l'Ecole de Salerne. Traduction nouvelle en vers françois, Par Mr. B. L. M. (Bruzen La Martinière). Augmenté d'un Traité sur la conservation de la Beauté des Dames. *A Paris, Et se vend à Bruxelles chez J. Moris...* 1759, in-8 de 153 pp. et 7 pp. de tables. (De 3 à 4 r.)

ART (The) of dining; or, Gastronomy and Gastronomers. *London : John Murray, Albemarle Street,* 1852, in-12 de 3 ff. lim. n. ch. et 137 pp. (De 3 à 4 fr.)

AURICOSTE DE LAZARQUE. — Cuisine messine, par E. Auricoste de Lazarque. *Metz, A. Béha; Paris, E. Rolland,* 1890, in-12 de XIII-255 pp. (1 fr. 50.)

Ouvrage très curieux et très original, divisé en 4 parties. 1re *partie* : Potages, œufs, légumes et pâtes, viandes, poissons, sauces, épices, salades, conserves, fromages, boissons; 2e *partie* : Cuisine de chasse; 3e *partie* : Cuisine folkloriste du pays messin; 4e *partie* : Cuisine des dames.

M. E. Auricoste de Lazarque, ancien président de l'Académie de Metz, a écrit ce petit livre surtout au point de vue de la tradition populaire; on y trouve des anecdotes très amusantes et des recherches savantes sur l'origine de différents mets en même temps que des recettes pratiques à l'usage des gourmands... de lettres et des gourmets. Dans une courte préface l'auteur explique pourquoi ses « observations l'ont conduit à diviser les mets de nos tables en *plats gais* et en *plats tristes* ».

BASTIMENT de receptes. Nouvellement traduict..... *On les vend à Lyon, près nostre dame de confort, chez Grand-Jaques (Jacques Moderne),* S. d. (vers 1550), pet. in-8 goth. de 69 ff. ch. et 11 ff. n. ch. (De 25 à 30 fr.)

BIEN-SEANCE de la conversation entre les hommes. Communis vitæ inter homines scita vrbanitas. *A S. Omer, De l'Imprimerie de Charles Boscart, au Nom de Iesvs,* 1621, in-16 de 205 pp. et 5 pp. n. ch.

Le v^o du titre est blanc, A la page 3, on lit : « A la tres-noble et tres-florissante ieunesse du College des Pensionnaires de la Côpagnie de Iesvs à la Flesche : Les pensionnaires du College de la mesme Compagnie au Pont-à-Mousson. Honneur & Salut. » Cette dédicace est datée : Du Pont-à-Mousson ce 25. Aoust. 1617.

La table des chapitres contenus dans ce très rare et très curieux petit traité de civilité et l'approbation occupent les 5 pp. n. ch. Le chapitre IX, pp. 152-161, est intitulé : « Service de table »; pp. 164-205, « Addition touchât les seruices & hôneurs de table ».

Fait partie de la collection de M. le Bon Pichon.

BONTEKOE (C.). — Tractaat Van het Excellenste Kruyd Thee : 't Welk vertoond het regte gebruyk, en de groote kragten van 't selve in Gesondheyd, en Siekten : Benevens een Kort Discours..... I. Van de Coffi; II. Van de Chocolate,.... Door Cornelis Bonrekoe, Doctor in de Medicijnen. *In 's Gravenhage, Gedrukt by Pieter Hagen, Boekverkooper in de Hoogstraat, inde Pauw,* 1679, in-8 de 16 ff. n. ch., 367 pp. (De 7 à 8 fr.)

Le titre porte comme nom d'auteur : *Bonrekoe*; la préface, Bontekoe.

BOISSEUIL (E A.). — La Truffe et le Champagne par Le Docteur E. A. Boisseuil. *Bordeaux, imprimerie générale de Mme Crugy* (1856), in-8 de 4 pp. (1 fr.)

Pièce de vers lue au banquet annuel de la Société de Médecine à Bordeaux, le 21 février 1856.

BOUVRET (Alphonse). — La fortune du pot monologue comique dit par M. Liesse du Théâtre des Menus-Plaisirs. Illustration d'Emile Cohl. *Paris, Martin-Boursin,* 1884, in-18 de 8 pp. (75 cent.)

— Madame est servie!.... comédie de salon en un acte; par Alphonse Bouvret. *Paris, Tresse et Stock,* 1889, in-8 de 25 pp.

BRENDEL (F. H.). — Le Gastronome. Der Gastronom. The Gastronomer. Handbuch für alle im Hôtel und Restaurationswesen vorkommenden Speisen und Gerichte nach ihrer Benennung in Deutscher, französischer und englischer Sprache..... von F. H. Brendel. Dritte unveränderte Auflage. *Tharant b. Dresden F.-H. Brendel's Verlag,* 1884, in-8 de 61 pp. et 1 f. n. ch. de table. (2 fr.)

BUTLER (Marcel). — La bonne cuisine pour tous ou l'art de bien vivre à bon marché Par Marcel Butler ex-chef de cuisine rédacteur du carnet de la ménagère à l'omnibus illustré. Deuxième mille. *Librairies de l'Omnibus illustré, Paris-Bruxelles-Lille,* 1885, in-8 de 288 pp. (1 fr. 50.)

CACAO (Le) Historique, préparation et propriétés du Chocolat. Le Chocolat d'Aiguebelle. Fabriqué par les pères Trappistes du monastere de N. D. d'Aiguebelle par Grignan (Drôme). (*Imp. d'Aiguebelle,* 1889), in-32 de 8 ff.

CAGNATUS (M.). — Marsilii Cagnati veronensis Doctoris Medici et philosophi. Variarvm observationvm libri dvo. Eivsdem dispvtatio de Ordine in cibis servando. *Romæ, Permissu Superiorum.* MDLXXXI. *Ex Typographia Georgij Ferrarij.* In-8 de 4 ff. lim. n. ch., 219 pp. ch., 25 pp. n. ch., 1 f. n. ch., 40 pp. ch. et 5 ff. n. ch. (De 15 à 20 fr.)

Au titre (vo blanc), marque typographique. Au ro du 2e f. lim. « Ivlio Antonio Sanctorio S. Severinæ cardinali. Marsilivs Cagnatvs S. P. D. »; cette dédicace occupe le 2e f. lim. (ro et vo) plus 4 lignes 1/2 du ro du 3e f. lim. Au vo de ce 3e f. « Ad lectorem Præfatio » qui finit au vo du 4e et dernier f. lim.

Le corps de l'ouvrage occupe les pages 1-218. Pages 219 et suivantes, les différents *index* qui occupe les 25 pp. n. ch. Vient ensuite un f. n. ch. dont le vo est blanc et sur lequel on lit ce titre :

— Marsilii Cagnati veronensis Doctoris Medici et philosophi. Dispvtatio de ordine in cibis servando.

Les pp. ch. 1-40 comprennent le texte, les 5 ff. n. ch. qui suivent, les *index* et les *errata*; au vo du dernier on lit : *Regestum* + ABCDEFGHIKLMNOPQRST. *Omnes sunt quaterniones, præter,* +, *T qui est Duernio,* et au-dessous d'une marque typographique : *Romæ, Apud Vincentium Accoltum* M. D. LXXXI.

CAVIGIOLLES de Massarie. — Liure des proprietes dv vinaigre. Composé par Messire Baptiste des Cauigiolles de Massarie, docteur en Medecine. *On les uend à Poictiers, à l'enseigne du Pelican.* 1541, in-12 de 40 ff. n. ch., sign. A-E, caract. ital.

Le dernier f. est blanc. Dans ce petit traité, dont la Bibliothèque nat. possède un exemplaire, le vinaigre est surtout envisagé au point de vue médical. Nous le citons néanmoins en raison de sa grande rareté.

CHATILLON-PLESSIS. — Figaro Gourmand. (Supplément littéraire du *Figaro* du samedi 21 décembre 1889.) Gr. in-fol. de 4 pp. avec illustrations.

Le texte de ce curieux numéro qui a fait prime, dès le lendemain de son apparition, a été écrit par notre spirituel confrère, Chatillon-Plessis.

CIDRE (Que le) est bon. *Alençon, impr. de Poulet-Malassis et de Broise* (1856), in-8 de 2 pp. (De 1 à 2 fr.)

Chanson composée de 7 couplets signés L. R.

CLERMONT (B.). — Professed Cook, or modern Art of Cookery, pastry, and Confectionary made plain and Easy, comprising the most approved method in the french and english Cookery by B. Clermont. 1812, in-8. (De 3 à 4 fr.)

CONTENANCES (Les) de la table. Et le doctrinal des filles. S. d. (Avignon, Jean de Channey), in-8 goth. de 8 ff. n. ch. de 23 vers à la page, signés A-Aiiij.

Au titre, fig. s. bois représentant des emmes. Cette fig. semble composée de deux bois placés l'un à côté de l'autre. Le texte des Contenances commence au v° du titre par ces mots « Sensuyuent les côtenance (sic) de la table » et finit au bas du r° du 5ᵉ f. Au v° de ce 5ᵉ f. « Cy commence le doctrinal des filles » Cette pièce finit au v° du dernier f.; au-dessous des deux vers qui occupent ce v° on lit : Cy finist le doctrinal des filles nouuellement imprime en Auignô par Jehan de Channey.

Jean de Channey (Silvestre, marques typ.) a été imprimeur à Lyon et à Avignon, de 1510-1536.

COOKERY-BOOKS (Two Fifteenth-Century). Harleian ms. 279 (ab. 1430), & Harl. ms. 4016 (ab. 1450) with extracts from ashmole ms. 1429, laud ms. 553, & douce ms. 55. Edited by Thomas Austin. London published for the early english text Society by N. Trübner & co., 57 and 59 Ludgate hill, e. c. 1888, in-8 de 4-18, XIX et 151 pp. (12 fr. 50.)

CORRADO (Vincenzo). — Il Cuoco galante di F. Vincenzo Corrado quinta edizione Accresciuta del Trattato delle Patate ed in tutto Migliorata per veppiu' soddisfare gli uomini di buon senso, e di buon gusto, Napoli, 1801 Della Stamperia Orsiniana Presso i fratelli terres, in-4 de VIII ff. lim. et 232 pp., portr. de l'auteur grav. et 2 planch. repliées. (De 7 à 8 fr.)

Le portrait, assez finement gravé, porte au bas : Ferdinand Castiglia delin. et Cima-

relli, sculps. L'éditeur dans sa préface dit que la première édition d'Il Cuoco galante a paru en 1773, la seconde en 1778, la 3ᵉ en 1786 et la quatrième en 1794. La cinquième est celle dont nous venons de donner le titre.

CROCE (Giulio-Cesare). — L'eccellenza, Et trionfo Del porco, Discorso piaceuole, Di Giulio Cesare Croce, Diuiso in cinque capi. Nel Primo si tratta..... Con vn capitolo alle Muse, inuitandole al detto Trionfo. In Ferrara, Per Vittorio Baldini, 1594, pet. in-8 de 72 pp.

Au titre, encadré légèrement, une vignette représentant un porc. La Bibl. nation. possède un exemplaire de cet opuscule écrit en prose.

Avant de donner ici les titres des ouvrages gastronomiques de G. C. Croce, le célèbre poète populaire italien né en 1550, mort en 1609. nous devons remercier M. Fumagalli, bibliothécaire à la Bibl. nation. de Milan. de même que son collègue de la Bibl. de l'Univers. de Bologne. pour les indications qu'ils nous ont obligeamment fournies.

La description que nous publions des œuvres du Croce, nous l'empruntons, pour la plupart, à un ouvrage italien fort intéressant de M. Olindo Guerrini, le spirituel poète connu sous le nom de Lorenzo Stecchetti, actuellement bibliothécaire de l'université de Bologne. Cet ouvrage est intitulé : La vita e le opere di Giulio Cesare Croce..... Bologna, Nicola Zanichetti, 1879, in-8; il est suivi d'un « Essai bibliographique » des œuvres de Croce.

— Lamento de' Bevanti per la gran carestia del vino et delle Castellate di questo anno Opera nuova in dialogo di Giulio Cesare dalla Croce Interlocutori Sponga Trippa Bacialorcio. In Bologna per li Her. di Gio. Rossi, 1598, pet. in-8 de 4 ff.

— Le même..... Bologna, Bart. Cocchi, 1620, pet. in-8.

— La Sollecita et studiosa Academia de Golosi Nella quale s'intendono tutte le loro Leccardissime Scienze Con un Compendio di tutti i buon bocconi et vini che sono compartiti in tutte le città del mondo Et gli inventori del cucinare esse vivande di Giulio Cesare

Croce. *In Bologna per Vittorio Benacci,* 1602, pet. in-8 de 8 ff., fig.

La fig. représente une scène de cuisine. Au vᵒ du frontispice, dédicace « Al molto goloso e tutto Leccardo M. Pan Unto degli Ingordi Bettolante honorando ». Le corps de l'ouvrage comprend 138 tercets.

— Le même..... *Bologna, Bartolomeo Cocchi,* 1617, pet. in-8.

— Il giocondo et florido convito fatto nelle sontuose nozze del raffano et della rapa al quale intervengono di piante fiori e frutti copiosissimo numero. Con l'origine della carrota (*sic*) et sue lodevoli virtù et qualità Opera curiosissima di Giulio Cesare dalla Croce. *In Bologna, per Bartolomeo Cochi al Pozzo rosso,* 1607.

D'après M. Olindo Guerrini, ce livre comprend 10 grands feuillets (dieci carte grandi) Armes au frontispice; au vᵒ du dernier f., une racine couronnée. Le cat. Belvisi cite une édition de 1611.

— Canzone nuova e ridicolosa in lode de' Sughi che s'usano di fare nel tempo delle Vendemmie in queste parti di Giu. Cesare Croce. *In Bolog. p. l'Er. del Cochi,* s. d., pet. in-8 de 4 ff., fig.

La fig. représente un grand pot-au-feu; au-dessous sont imprimés huit vers. La pièce contient 29 strophes de 6 vers de huit pieds chacune, avec ce refrain : « Viva i Sughi dolci e bon. » Le cat. Belvisi mentionne une édition de Bologne, 1607.

— Le même..... *Bologna, Bart. Cochi,* 1610; *ibidem, idem,* 1621.

— Cinquanta cortesie overo creanze da tavola di Giulio Cesare Croce. *In Bologna per Bartolomeo Cocchi al Pozzo rosso,* 1609, pet. in-8 de 4 ff., fig., lettr. ital.

La fig. représente quatre personnes assises à table. L'ouvrage que l'on pourrait comparer à nos *Contenances de la table,* se compose d'une pièce de vers de 58 tercets.

— Vita, gesti e costumi di Gian Diluvio da Trippaldo Arcigrandissimo mangiatore e diluviatore del mondo di Giulio Cesare Croce. *In Bologna per lo Erede del Cochi,* s. d., pet. in-8 de 4 ff., fig.

La fig. représente un homme ventru assis devant une table richement apprêtée. La pièce se compose de 50 strophes de 4 vers de huit pieds chacune et du refrain suivant : « Oh! che orrendo e gran mangiare. » On y conte les exploits gastronomiques du héros.

La Bibliothèque communale de Bologne possède une édition de *Bologna, alla Colomba,* s. d.

— Le même..... *Eredi del Cocchi,* s. d.; *ibidem. Girolamo Cocchi,* s. d.

— Le même..... *In Milano et Bologna per lo Cocchi,* 1617, fig.

La fig. représente un visage horrible.

— Contrasto del pane di Formento e quello di Fava per la precedenza Con un sonetto in dialogo fra un Mastro et un Garzone sopra il pane alloiato di Giulio Cesare Croce. *In Bologna presso Bartolomeo Cochi al Pozzo rozzo,* 1617, pet. in-8 de 4 ff., fig.

La fig., grossièrement faite, représente un visage soufflant sur du feu. La pièce se compose de 67 tercets, en forme de dialogue.

— Burla fatta allo autore da un suo amico in luogo di colatione di Giulio Cesare Croce. *In Bolo. per gli Er. del Cochi. Super. Per al Poz. rosso, sotto le scole.* S. d., pet. in-8 de 4 ff., front.

Sur le frontisp., une bordure représentant deux branches de poirier. Il s'agit d'un amphitryon, dont le nom n'est pas connu, qui, après avoir fait visiter à ses invités la maison, la cuisine, et la cave fort bien garnie, leur donne pour toute pitance du pain et de l'eau.

Le cat. Belvisi mentionne une édition de Bologne, 1620.

— Banchetto de' Malcibati Comedia Dell' Academico Frvsto. Recitata da gli affamati Nella Città Calamitosa. Alli 15. del-Mese d'ell' Estrema Miseria, l'Anno dell' aspra, & insoportabile Necessità. Opera di Giulio Cesare Croce. *In Ferrara, per Vittorio Baldini, con licenza de' superiori*, 1601, pet. in-8 de 63 pp., lettr. ital.

Au titre, vignette représentant six personnes attablées et une septième qui les sert. Devant la table, un petit chien. Au bas de la page 63, une vignette encadrant les mots : *Il fine*. Une 64ᵉ page, non chiffrée, marque typographique au-dessous de laquelle on lit : *In Ferrara, Appresso Vittorio Baldini. M.DCI. Con licenza de' Superiori*. Cette édition se trouve à la Bibliothèque nationale.

Comédie allégorique, en trois actes, dont les acteurs n'ont tous qu'un désir, celui de manger; elle comprend 556 tercets. Ce n'est qu'au 3ᵉ acte, après un supplice de Tantale prolongé, que les malheureux parviennent à assouvir leur faim, grâce à l'arrivée opportune d'une botte d'oignons et d'ail.

Brunet, *Man.*, t. I, p. 390 (éd. 1834), cite une édition : *Ferrare*, 1596, pet. in-8. M. Guerrini en cite une autre : *In Bologna Per gli Eredi del Cochi al Pozzo Rosso da S. Damiano*, 1625, pet. in-8 de 32 ff. sign. A-D, fig.

La fig. représente trois personnages à table et un quatrième les servant.

Le *British Museum* possède une édition de *Venise*, 1608, et une autre donnée par Baldini, de 1609.

On a encore de G. C. Croce : *Alfabeto bergamasco per il formaggio*, pièce non signée, mais que M. O. Guerrini croit, pour plusieurs raisons qu'il explique, devoir être du Croce; *Canzone sopra la frittata*; *Contrasto fra i Melloni ed i Fichi*; *Lodi del Mellone*; *Narrazione sopra le vivande da quaresima*, etc., etc.

CUISINIÈRE (La) bourgeoise, suivie de l'office, à l'usage..... Nouvelle édition. *Bruxelles, Fr. Foppens*, 1766, in-12.

— La même..... Nouvelle édition, Augmentée de plusieurs ragoûts des plus nouveaux, de différentes recettes pour les liqueurs. *A Paris, chez André... An VI de la République*, in-12 de 408 pp. (2 fr.)

— La même..... Suivie de l'office et des dons de la nature pour l'usage de la table. *Liège, de Soer*, 1797, in-12.

CUOCO (Il) piemontese, ridotto all' ultimo gusto che insegna facilmente a cucinare qualunque sorta di vivande in grasso ed in magro. *Torino*, 1843, in-12, planch. (De 2 à 3 fr.)

DÉLIÉE (J.). — The franco-American Cookery book olive twor howel

and wisely every day in the year containing over 2000 Recipes by Felix J. Déliée, caterer of the new York club : ex-chef of the union and manhattan clubs. A new treatise containing 365 different bills of fare..... fifth edition revised. *New York & London, G.P. Putnam's sons*, 1886, in-8 de 626 pp. (De 2 à 3 fr.)

DESBEAUX (Emile). — La Maison de Mademoiselle Nicolle par Emile Desbeaux. 100 compositions de A. Brun, Chovin, Habert Dys, Clair Guyot, L. Mouchot, Massoulle, Sellier, Tofani, Vogel. Gravure de F. Méaulle. *Paris, P. Ducrocq*, 1886, in-4 de 290 pp. (7 fr.)

Divisé en xxviii chapitres : Chap. VI, *Le Sucre de Canne*. — Chap. VII, *Le sucre de betterave et le sucre d'orge*. — Chap. VIII, *Le beurre*. — Chap. IX, *La fabrication du fromage*. — Chap. X, *Végétaux et fromages*. — Chap. XII, *Ce que c'est qu'un œuf*. — Chap. XIII, *La Viande*. — Chap. XIV, *L'opinion de M. René sur le pot au feu*. — Chap. XVII, *Les Aliments qui nourrissent*. — Chap. XVIII, *Les Aliments qui brûlent*. — Chap. XIX, *Le Chocolat de Mˡˡᵉ Nicolle*. — Chap. XX, *Le thé et le café*.

DUBOIS (Urbain). — La Cuisine d'aujourd'hui, école des jeunes cuisiniers. Service des déjeuners — Service des diners. 250 manières de préparer les œufs, 260 Dessins, dont 40 Planches gravées par Urbain Dubois, auteur de la *Cuisine de tous les pays*, etc. *Paris, E. Dentu*, 1889, in-4 de xv-760 pp. (12 fr.)

ÉLOGE de l'Yvresse. *Utrecht, Schouten*, 1716, in-12, pl. grav. (De 3 à 4 fr.)

ÉTRENNES bachiques, ou les plaisirs de la table, Almanach chantant.

Boire, chanter, aimer & bonne table, Pour un mortel quelle vie agréable!

A Cocagne, & à Paris chez Cailleau rue Saint Severin.

Cité dans l'*Esprit des Almanachs*, sans autre indication. N'est pas à la Bibliothèque nationale.

EVITASCANDALO — Il Maestro di Casa Dialogo di Cesare Evitascandalo Romano. Nel quale si contiene di quanto il Maestro di Casa deu' essere instrutto E quanto deue sapere ciascun altro che voglia esercitare offitio in Corte. Con vna nuoua aggiunta del medesimo Autore di altri documenti, e necessarij ricordi per tutto quell' offitio. Vtile a tutti li Padroni, Cortegiani, Officiali, & Seruitori della Corte : & à qualsiuoglia Capo, & Padre di Famiglia. *In Viterbo, Appresso Pietro, & Agostino Discepoli*, 1620, in-8 de 8 ff. lim. n. ch. et 252 pp.

FERMIÈRE (La Bonne). Par M. L. R. ancien Echevin de la Ville de B***..... Troisième édition. Revue et corrigée. *A Lille, Chez J. B. Henry, Imprimeur-Libraire*, 1769, in-12 de v-285 pp. et 3 pp. n. ch. (De 4 à 5 fr.)

Le privilège a été donné à Paris, le 2 octobre 1765.

FITTE (Jules). — Guide-Restaurant pour Paris & l'Exposition....., Par Jules Fitte. *Paris* (1889), in-32 de 64 pp. (30 cent.)

FRANKLIN (Alfred). — La Vie privée d'autrefois. Arts et métiers, modes, mœurs, usages des parisiens du XIIᵉ au XVIIIᵉ siècle d'après des documents originaux et inédits par Alfred Franklin. Variétés gastronomiques. *Paris, E. Plon, Nourrit et Cⁱᵉ*, 1890, in-18. (3 fr. 50.)

FUMAGALLI (Giuseppe). — Gastronomia del secolo XVI.

Article paru dans l'*Illustrazione italiana* (Milano, Fratelli Treves) le 24 février 1889, page 123.

GALA (Lou) de Moussu Flari, Pouèmo prouvençaou en cinq trouas (Dialecte d'Apt.) Apt, novembre 1852. *Apt, Typographie J.-S. Jean*, 1853, in-12 de 40 pp. (De 2 à 3 fr.)

Poème signé « per l'ooutour doou Boujaroun », attribué par Barbier à M. Ant. Perrin.

GANDINI (L. A.). — Tavola, cantina e cucina della corte di Ferrara nel quattrocento. Saggio Storico. *Modena, Società typografica milanese*, 1889, in-8 de VIII-69 pp.

GARDRAT (C.). — Le Pâtissier rustique. Recettes pour faire soi-même pain, gâteaux, pâtés, biscuits, tartes, flans et toutes sortes de pâtisseries; par C. Gardrat, ancien boulanger. *Beauvais, impr. Schmitz*, 1889, in-32 de 24 pp. (De 1 à 2 fr.)

GARLIN (Gustave). — Carte illustrée à l'usage de MM. Les Restaurateurs — Maitres d'hôtels — Etablissements de comestibles — Patissiers — Glaciers, contenant 320 dessins gravés par Blitz, *Paris, Garnier frères*, 1889, in-4 de 173 pp. (10 fr.)

— Le petit Cuisinier moderne ou Les secrets de l'art culinaire Par Gustave Garlin (de Tonnerre) élève des premiers cuisiniers de Paris. Ouvrage illustré de 174 dessins comprenant 2,000 titres et 335 observations. Traitant de la cuisine, de la pâtisserie, de l'office et des glaces. Suivi d'un dictionnaire de cuisine et de la table des planches. *Paris, Garnier frères*, 1890, in-8.

GASSIES DES BRULIES. — La Farce du Pâté et de la Tarte comédie du quinzième siècle arrangée en vers modernes par Gassies des Brulies avec neuf compositions en taille douce, hors texte Par J. Geoffroy. *Paris, Ch. Delagrave*, s. d. (1890), in-8 de 51 pp. (8 fr.)

Voyez dans le corps de la Bibliographie *Farce nouvelle du pâté*, où cette adaptation a déjà été signalée. Jean Geoffroy, le peintre des enfants, a illustré d'une façon ravissante, pour ses petits amis, cette farce pleine de gaité et de fantaisie.

Il a été tiré quelques exemplaires sur papier du Japon. (30 fr.)

GEORG (Carl) — Verzeichnis der Litteratur über Speise und Trank bis zum Iahre 1887. Bearbeitet von Carl Georg. *Hannover*, 1888, in-8 de 2 ff.-131 pp. (4 fr.)

GŒTSCHY (F.). — Le Concours d'appareils de cuisine pour la troupe en 1887 Par F. Gœtschy capitaine du génie. Avec 6 planches. Extrait de la Revue du génie militaire. Sept. oct. et nov. déc. 1887. *Paris, Berger-Levrault & Cie*, 1887, in-8 de 36 pp. (1 fr. 50.)

GRAPPA. — Commento del Grappa alla canzone del Firenzuola in lode della salsiccia. *S. l. et s. n. d'impr.*, 1545, in-8.

Dizionario di opere anonime e pseudonime di scrittori italiani (Melzi), t. I, p. 472,

Cette pièce est fort rare; c'est un éloge de la Saucisse écrit par Agnolo Firenzuola et commenté par Grappa.

HEALTH for the household : Based on a Knowledge of Air, Water, food, Clothing, drink and the training of the Mind. *London, Jarrold and sons*, s. d., in-12 de 32-30-32-32-32-32 pp. (3 fr.)

HERVILLY (Ernest d'). — Aventures du Prince Frangipane par Ernest d'Hervilly. Illustrations de A. Gaillard. *Paris, Ch. Delagrave*, 1890, pet. in-4 de 70 pp. (1 fr. 25.)

Voyez dans le corps de la Bibliographie *Hervilly (Ernest d')*.

INSTRUCTION (Nouvelle) pour les Confitures, les Liqueurs et les Fruits. Suite du Nouveau Cuisinier Royal & Bourgeois. Nouvelle édition, revue. *Paris, Didot*, 1751, in-8, planches.

JARDINIER (Le) françois qui enseigne à cultiver les arbres..... Dédié aux dames. *Paris*, 1665, in-12.

JEWRY (Mary). — Warne's Model Cookery and Housekeeping Book : containing...., compiled and edited by Mary Jewry..... *London, F. Warne and Co*, s. d., in-8 de 736 pp. (7 sh. 6 d.)

— Warne's Every-Day Cookery. Containing one thousand... Compiled and edited by Mary Jewry... With original illustrations printed in colours. *London, F. Warne and Co*, s. d., in-8 de 3 ff. n. ch. et 364 pp. à 2 col. (3 sh. 6 d.)

KOCHKUNST (Verbindung deutscher und franzoesischer) (L'art du cuisinier allemand et du cuisinier français réunis). *Strasbourg, Treuttel et Würtz*, 1822, in-8.

LATIL-THIMÉCOUR. — Notice sur le Kwas, ou bière russe; par Latil-Thimécour. *(Bourg, Bottier*, 1822), in-8 de 77 pp.

Tiré à 500 exempl.

LEMERCIER DE NEUVILLE. — Les Cuisinières tableau culinaire en un acte par Lemercier de Neuville. *Paris, librairie théâtrale*, 1889, in-18 de 29 pp. (1 fr.)

LETTRE (La) de cornifflerie. Imprime nouuellement (*Lyon*) s. d., pet. in-4 goth. de 4 ff. n. ch. de 22 lignes à la page, signés Aii-Aiii.

Au titre, fig. s. bois représentant deux personnages; l'un d'eux, assis, remet une lettre à un personnage dont on ne voit que la main. Au vᵒ du titre un autre bois (qui paraît être la marque d'un libraire ou d'un imprimeur et sur laquelle on lit : *Spes-Nemesis.*) et une sorte de monogramme.

Au rᵒ du f. aii « Sensuit la lettre Descornifflerie nouuellement Imprime A Lyon. » La lettre finit par ces mots : « Cy fine la lettre descornifflerie », après la 18ᵉ ligne, au vᵒ du 3ᵉ feuillet. Au rᵒ du 4ᵉ f., un bois représentant un satyre soufflant dans une corne; au vᵒ un autre bois.

La « Lettre de cornifflerie » se trouve également à la suite de la pièce suivante :

— les quize Signes descendus en Angleterre Auec la lettre Descornifflerie. *S. l. n. d.*, pet. in-8 goth. de 4 ff. sans ch., récl., ni signat., de 31 lignes à la page.

Au r⁰ du 1ᵉʳ f. (qui sert de titre), un petit bois représentant des hommes et des femmes qui semblent se lamenter. Le texte de la pièce (en vers) commence au-dessous du bois, et finit au v⁰ du 3ᵉ f. (après la 1ʳᵉ ligne) par le mot *finis*.

Au-dessous « Sensuit la lettre Descorniflerie » qui se termine par le mot *finis*, au bas du v⁰ du 4ᵉ et dernier feuillet.

Pour les « Quinze signes » que Du Verdier attribue à Jehan d'Abundance, et qui peuvent figurer dans cette bibliographie, voir une très intéressante notice de M. Emile Picot, *Romania*, t. XV, pp. 459-462. La « Lettre de cornifflerie » se trouve également imprimée à la suite d'une pièce intitulée : *Le Passeport des Bons Bevveurs* (voyez ce titre).

Brunet, *Manuel*, t. III, col. 1024. cite une réimpression *fac simile* de cette lettre, *Paris, Silvestre*, vers 1852, in-16 goth. de 4 ff., exécutée par H. Jouy et tirée à 30 exempl. seulement dont 4 sur papier de Chine et 2 sur vélin.

LIBER Cure Cocorum. Copied and ed. from the Sloane ms. 1986 by R. Morris. *London*, 1862, in-8.

LIBERATI (Francesco). — Il perfetto Mastro di casa di Francesco Liberati Romano. Distinto in tre libri. Opera vtilissima, e necessaria al buon gouerno di qualsiuoglia Corte, e Casa priuata. All' illvstriss. Signore Il Sig. Galgano Marchese Bichi. *In Roma, Per Angelo Bernabo dal Verme*, 1658, in-8 de 8 ff. lim. n. ch., 269 pp. et 8 pp. n. ch. d'*index*, 1 tabl. replié.

— Le même..... I quali contengono vna esatta instruttione per l'vfficio di ciascun Ministro, e Corteggiano..... Di nuouo corretta, & ampliata dall'Autore..... *In Roma, Per Angelo Bernabo*, 1665, in-8 de 108 pp.

MALORTIE (Bᵒⁿ Ernest de). — Das Menu. Eine culinarische Studie. *Hannover*, 1879, gr. in-8 de 248 pp., 1 chromolith.

Kayser, *Bücher Lexicon*, t. 22, p. 99. Plusieurs éditions de cette étude culinaire ont été données depuis cette date.

Le Bᵒⁿ de Malortie, ancien grand maître de la cour du roi Georges de Hanovre est mort, en 1887, à l'âge de 84 ans. Cet

homme d'état doublé d'un gourmet, a laissé d'autres ouvrages parmi lesquels :

— Handbuch zur Einrichtung und Führung eines Hofhalts. *Hannover*, 1842, in-8. Kayser, t. 10, p. 65.

MARE (E.). — Manuel de Cuisine contenant un dictionnaire de recettes usuelles par E. Mare. *Bruxelles, J. Vincent* (1886), in-18 de 375 pp. (1 fr. 50 cent.)

MISÈRE (La) des garçons boulangers de la ville et faux-bourgs de Paris. *Troyes, Chez la veuve de Jacques Oudot*, 1729, pet. in-8 de 23 pp. (De 2 à 3 fr.)

MOSS (Maria J.). — A poetical Cook-Book By M. J. M. *Philadelphia, Caxton press of c. Sherman, son*, 1864, in 12 de XII-144 pp.

NOLA (Ruberto de). — Libro de cozina côpuesto por maestre Ruberto de Nola q̃ fue d̃l serenissimo Señor rey dó Hernãdo de Napoles : de muchos potajes y salsas y guisados paral tiẽpo d̃l carnal y dela q̃resma : y majares y salsas y caldos para dolìetes de muy grã sustãcia. y frutas de sarten : y marçapanes : y otras cosas muy puechosas. y del seruicio y officios de las casas delos reyes y grãdes señores y caualleros : cada vno como a de seruir cargo. y el trinchàte como a de costar todas maneras de carnes. y de aues. y otras muchas cosas enel añadidas muy prouechosas. Muy bien corregido y emendado. Co preuilegio real de diez años que niguno lo pue da imprimir en todos los reynos y señorios de sus magestades : so las penas contenidas enel dicho preuilegio. (*Tolède, Ramon de Petras*, 1525), in-4 goth. de 71 ff. ch. et 3 ff. n. ch. (De 100 à 150 fr.)

Armes au titre. Première édition d'un livre fort rare que nous avons mentionnée d'après Brunet, au mot *Nola* et que, grâce à l'obligeance de M. le Baron Pichon qui nous a communiqué son exemplaire, nous pouvons décrire dans notre appendice. M. Brunet n'indique que 70 ff. nous en avons compté 74.

Le texte commence au v° du titre par un « Prologo » et une « Introducion » qui occupent ledit v°, le f. II (r° et v°) et une partie du r° du f. III. Au bas de ce f. III, commence le corps de l'ouvrage proprement dit qui se termine au v° du f. lxxi par la souscription suivante : *A loor y gloria de nuestro senor dios. y dela gloriosa virgen Maria su madre. Fue imprimida la presente obra en la imperial ciudad de Toledo por Ramon de Petras : a costas y despensas de Diego Perez Dauila : Alcayde de la ciudad de Logroño. Enel año del' nacimiento de nro senor Jesu xpo de M. D. y. xxv. años. A. xxj. del mes d Nouiembre.*

La table, imprimée sur deux colonnes, qui finit au v° du 2° f. n. ch., occupe deux des ff. n. ch.; le 3° et dernier, dont le v° est blanc, est rempli par des armes, dans un encadrement, autour et au bas desquelles on lit : *Jesus-Christus. Escà dedit timétibus se.*

PAPIN (Denis). — La manière d'amolir les os, Et de faire cuire toutes sortes de Viandes..... (*même titre que dans l'édition de 1688, voyez Papin*). *A Paris, Chez Charles Osmont, rüe Saint-Jacques ; a l'Ecu de France.* 1721, in-12 de 6 ff. lim. n. ch. et 127 pp. (1re partie) et de 6 ff. lim. n. ch. et 240 pp. (2e partie), 4 planches. (De 8 à 10 fr.)

PARASITE (Le). Fable avec des reflexions curieuses & divertissantes. Par M**** Pour le mois de Novembre 1729. *A Rouen, Chez Abraham Viret, Imprimeur-Libraire rüe Sénécaux, près S. Martin sur Renelle.* In-12 de 60 pp. (De 7 à 8 fr.)

PLATINE. — De honesta voluptate : e valitudine : vel de obsoniis : e arte coquinaria libri dece. — (A la fin) *Impressum uenetiis per Ioannem de Cereto de Tridino alias Tacuinum Anno 1503. die*

XXVIII mensis Iulii. In-4, lettr. rondes. (De 12 à 15 fr.)

SERMON gastronomique. (*Metz, impr. Delhalt Roy et Thomas,* 1859), in-8 de 37 pp. (De 8 à 10 fr.)

Nous devons à M. Auricoste de Lazarque, ancien président de l'Académie de Metz, de connaître l'auteur de cette brochure curieuse et rare, M. le Comte Ferdinand de Bony, ancien élève de l'école du génie en 1789, capitaine du génie en 1792. M. le Cte de Bony était âgé de 91 ans lorsqu'il écrivit ce *Sermon gastronomique* dans lequel on trouve, en outre d'un grand nombre d'anecdotes gourmandes, une nomenclature intéressante de chansons de table, en canon, chantées par les élèves de l'ancienne école militaire de Mézières, à la fin du siècle dernier.

VICAIRE (Gabriel) — Emaux bressans. *Paris, G. Charpentier et Cie,* 1884, in-18 de 291 pp. (3 fr. 50.)

Si nous faisons figurer ici ce volume de vers, c'est que le poète, aussi fin lettré que rabelaisien joyeux, a consacré à la gourmandise quelques-unes de ses adorables pièces. Citons notamment : *Victime du Réveillon, Petit Cochon, Volailles de Bresse* (la poularde — le chapon), *Buveurs bressans, Noel, Chez la Mère Gagnoux, etc.*

Il a été tiré 25 exemplaires sur papier de Hollande. Une nouvelle édition a paru, en 1889, chez les mêmes éditeurs.

VIEUGET (Du). — Ode à la Goinfrerie. Par le Sievr dv Vieuget. *A Paris,* M.DC.XXXII. in-12.

Réimpression d'une pièce curieuse extraite des *Diversitez poétiques* (Paris, Pierre Billaine, 1632) et tirée à 35 exemplaires numérotés, dont 2 pour le dépôt légal et 1 sur papier vieux rose. Cette réimpression faite, en 1890, pour M. Georges Vicaire, sort des presses de Joseph Pigelet, imprimeur à Chateaudun.

TABLE DES MATIÈRES

A

B

C

D

E

F

G

H

I

J

K

L

M

N

O

P

Q

R

S

T

U

V

W

Y

ERRATA

COLONNE	LIGNE	AU LIEU DE :	LIRE :
6	32	culunaria	culinaria.
34	13	Vendemiis	Vindemiis.
46	21	auteur	éditeur.
62	49	1672	1627
70	42	1883	1833.
135	6	Roger	Rogier.
180	46	troisène	troisième.
225	31	n'ont jamais été publiés	ont paru en volume, *Paris, Léon Techener*, 1877, in-12.
339	25	(pour la 2e édition la date de 1666).	
388	53	aut	faut.
402	28	de ll'ill^{ma}	dell' ill^{ma}.
422	16	VII	VIII.
436	29	Roya	Royal
443	26	ourchette	fourchette.
467	29	rançais	français.
497	7	cuisinierf rançois	cuisinier françois.
568	21	Patisser	Patissier.
590	1	hôte	hôtel.
606	27	manue	manuel.
610	27	662 pp.	652 pp.
611	29	vins, divers	vins divers.
624	20	anãdido	añadido.
—	30	Logronō	Logroño.
625	10	senõres	señores.
—	35	t	f.
627	6	Autverpiæ	Antverpiæ.
—	33	ace	face.
633	13	euillet	feuillet.
—	42	du 1er est blanc	du 1er f. est blanc.

COLONNE	LIGNE	AU LIEU DE :	LIRE :
635	10	5	35.
—	13	a	la.
637	27	ucundissimi	jucundissimi.
640	44	d	di.
689	3	Uoluptate &	Uoluptate : &.
—	5	Rouclleram	Rouerellam.
—	6	Finis*	* Finis *
—	8	Impressuz	impressuz.
705	(titre courant)	orte	porte.
806	25	emme	femme.
815	14	ensuite 1 portant	1 f. portant.

ÉVREUX, IMPRIMERIE DE CHARLES HÉRISSEY

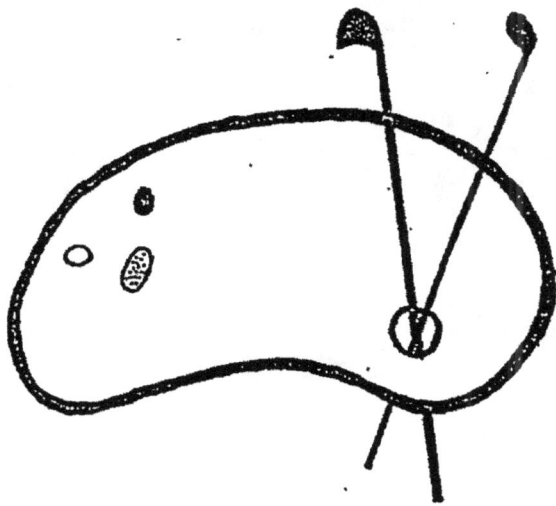

ORIGINAL EN COULEUR
NF Z 43-120-8